中国扫黄打非年鉴

Eliminating Pornography and Illegal Publications

——2008年卷——

全国“扫黄打非”工作小组办公室　主办

全国百佳出版社
中央编译出版社
CCTP
Central Compilation & Translation Press

图书在版编目(CIP)数据

中国扫黄打非年鉴. 2008卷/全国“扫黄打非”工作小组办公室编. —北京:中央编译出版社,2012.04

ISBN 978-7-5117-1124-3

Ⅰ.①中… Ⅱ.①全… Ⅲ.①文化市场-市场管理-中国-2008-年鉴 Ⅳ.①G124-54

中国版本图书馆CIP数据核字(2011)第232073号

中国扫黄打非年鉴(2008年卷)

主　　办: 全国“扫黄打非”工作小组办公室
出 版 人: 和　龑
责任编辑: 董　妍
封面设计: 张喜民
责任印制: 尹　珺
出版发行: 中央编译出版社
地　　址: 北京市西城区车公庄大街乙5号鸿儒大厦B座(100044)
电　　话: (010)55612345(总编室)　(010)52612345(编辑部)
(010)66130345(发行部)　(010)66509618(读者服务部)
h t t p: //www.cctpbook.com
印　　刷: 北京印刷一厂
开　　本: 787×1092毫米　1/16
字　　数: 1095千字
印　　张: 41.75　**彩插:** 4.5
版　　次: 2012年4月第1版第1次印刷
定　　价: 220.00元

本社常年法律顾问:北京建元律师事务所　首席顾问律师鲁哈达
(内部发行,注意保密)

◀全国“扫黄打非”工作小组召开第二十一次电视电话会议。

▶中央政治局委员、中宣部部长、全国“扫黄打非”工作小组组长刘云山出席第二十一次电视电话会作重要讲话。

◀2008年，全国“扫黄打非”工作小组组织召开，迎奥运维护出版物市场稳定“扫黄打非”办公室主任会议。

▶全国“扫黄打非”工作小组表彰北京“10·12”侵权盗版案办案有功集体、有功个人大会。

◀全国“扫黄打非”工作小组办公室召开天津、江苏制售非法出版物团伙网络案办案协调会。

▶全国“扫黄打非”工作小组办公室召开文化环境保护工程座谈会。

◀全国“扫黄打非”工作小组组织各地4月22日同时开展集中销毁非法出版物活动，此为北京会场场景。

▶全国“扫黄打非”工作小组领导柳斌杰、陈冀平等参观“扫黄打非”公益宣传画大赛展。

◀新闻出版总署署长柳斌杰会见第29届奥运会协调委员会主席海因·维尔布鲁根，国际奥委会高度评价中国奥运反盗版工作。

◀新闻出版总署署长柳斌杰聘请成龙担任反盗版形象大使。

▶新闻出版总署署长柳斌杰就中国开展打击侵权盗版保护知识产权话题接受媒体采访。

◀全国“扫黄打非”工作小组副组长兼办公室主任、新闻出版总署副署长蒋建国接受媒体采访。

北 京 市

▶北京"10·12"侵权盗版案办案集体个人成绩突出，受到全国"扫黄打非"工作小组表彰。

◀2008年北京市"扫黄打非"暨文化市场管理工作大会。

▶2008年全国集中销毁侵权盗版及非法出版物活动北京主会场。

◀ 北京市委常委、宣传部长、副市长蔡赴朝在大会上讲话。

▶ 北京市"扫黄打非"办、文管办聘请法律专家工作组，市委宣传部副部长陈启刚给聘请的律师颁授聘书。

▲ 北京市委宣传部副部长、市"平安奥运行动"文化娱乐服务场所专项清理整治工作领导小组组长陈启刚带队检查文化市场。

▲ 北京市海淀区开展迎奥运倒计时一百天法制宣传活动。

▶2008年度文化市场监督员工作总结表彰大会上，获得表彰的文化市场监督员。

◀北京市文管办、"扫黄打非"办法律专家顾问组聘任仪式。

▶京冀两地文化市场联手"护城河工程"，确保奥运会期间北京出版物市场的安全稳定。

◀2008年4月20日，北京市委宣传部部长蔡赴朝参加违法音像制品集中销毁活动。

▶2008年7月24日，北京市文化执法总队赵安良（左二）陪同北京市委宣传部常务副部长陈启刚检查东城区文化市场。

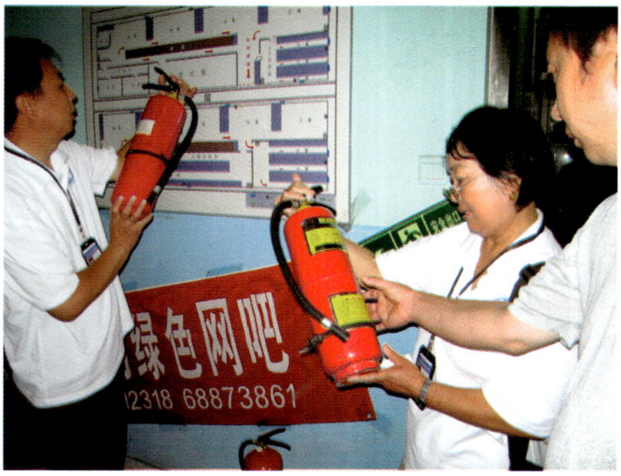

◀活跃在首都文化市场上的文化监督员。

▶平安奥运期间，为进一步加大对文化市场的监管力度，总队多次组织人力集中对物流货运站进行反复检查。

天 津 市

◀ 天津市委常委、市委宣传部长、市"扫黄打非"工作领导小组组长肖怀远出席天津市集中销毁侵权盗版及非法出版物活动并销毁非法光盘。

▶ 天津市公安机关组织开展销毁淫秽光盘活动。

◀天津市文化市场行政执法总队执法人员对一超市内的图书、音像制品销售专柜进行检查。

▶ 2008年7月，天津市文化市场行政执法部门查获一销售非法图书的黑窝点。

▲天津市文化市场行政执法总队截获一运输非法试卷的车辆。

▲天津市海关驻邮局办事处工作人员正在从进境邮件中检查非法出版物。

▲2008年4月20日，天津市举行集中销毁侵权盗版及非法出版物活动。

▲天津市文化市场行政执法部门端掉一贩卖非法光盘的黑窝点。

上 海 市

◀全国集中销毁侵权盗版及非法出版物活动上海分会场。

▲2008年1月17日，上海市领导王仲伟同志、杨定华同志出席全国“扫黄打非”工作电视电话上海分会场会议并讲话。

▲上海市“扫黄打非”办开展文化市场法制宣传活动。

▲2008年1月10日，全国“扫黄打非”办在沪表彰广州—上海“3・30”非法出版物团伙网络案有功集体和有功个人。

▲2008年全国集中销毁侵权盗版及非法出版物活动上海分会场。

上海市文化市场行政执法人员查获大批非法音像制品。

上海市文化市场行政执法人员夜查出版物市场。

上海市文化市场行政执法人员在公路道口查堵非法出版物。

▶上海市"扫黄打非"办严厉打击非法出版物的批发、储运行为。

◀2008年5月29日，上海市破获一特大批销音像制品案，执法人员收缴非法音像制品逾33万张，抓获3名涉案人员。

▶广州－上海"3·30"非法出版物团伙网络案主要犯罪嫌疑人张某、胡某在法庭上接受审判。

重 庆 市

◀重庆市委常委宣传部长何事忠在“扫黄打非”会议上讲话。

▶重庆市人大常委会副主任余远牧视察“扫黄打非”成果展。

◀重庆市副市长谢小军在“扫黄打非”会议上讲话。

▶重庆市文化市场行政执法总队总队长方来珊检查出版物市场。

第二十一次全国“扫黄打非”工作电视电话会议重庆分会场。

重庆市“扫黄打非”工作汇报会。

重庆市文化市场管理暨“扫黄打非”工作会议。

重庆市副市长谭栖伟在重庆大渡口非法出版物销毁仪式上讲话。

重庆市“扫黄打非”办查获盗版光盘窝点。

山 西 省

▲山西省委常委、宣传部长高建民，副省长张平出席2008年全国集中销毁侵权盗版及非法出版物活动山西太原分会场会议。

▲山西省委常委、宣传部长高建民，副省长张平，省新闻出版局局长李锐锋等检查出版物市场。

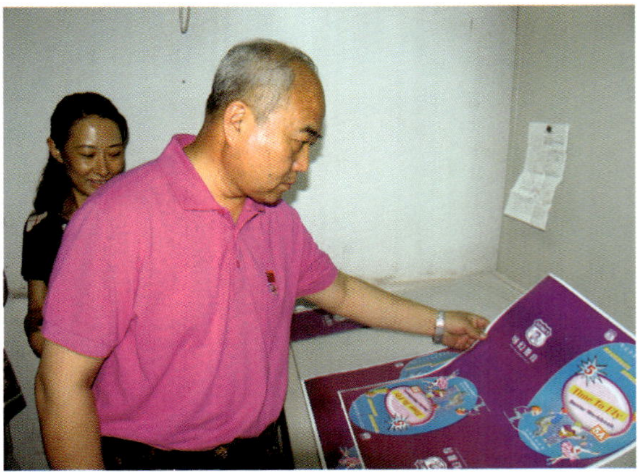

▲山西省新闻出版局局长、省“扫黄打非”工作领导小组副组长李锐锋检查印刷复制企业。

◀ 山西省新闻出版局局长李锐锋为山西省第一家县区级新闻出版（版权）局挂牌。

▶ 山西省“扫黄打非”工作领导小组办公室主任梁宝印鉴定非法出版物。

◀ 山西省新闻出版局副局长、省“扫黄打非”工作领导小组办公室主任梁宝印检查印刷复制企业。

▲ 山西省召开全省“扫黄打非”办主任会议。

▲ 国家联合检查组检查山西省报刊市场整顿情况。

▲ 太原市“5·27”查获假证照案收缴的大量假证件。

▲ 太原市“扫黄打非”办同志检查出版物市场。

内蒙古自治区

▲内蒙古"扫黄打非"办在呼和浩特市举办全国集中销毁侵权盗版及非法出版物活动。

▲呼和浩特市公开销毁非法音像制品和书刊活动现场，执法人员正在销毁查缴的非法电子出版物。

▲呼和浩特市“扫黄打非”办执法人员查封一非法出版物仓库。

▲呼和浩特市“扫黄打非”办执法人员销毁查缴的非法电子出版物。

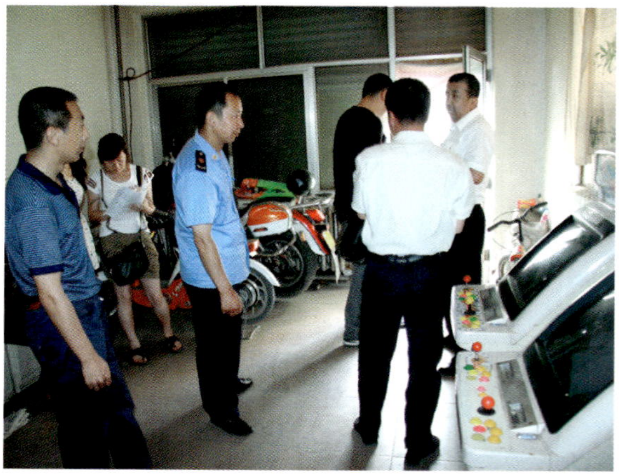

▲呼和浩特市“扫黄打非”办执法人员查封一黑电子游戏厅。

辽 宁 省

▲辽宁省委常委、省委宣传部长、省“扫黄打非”工作领导小组副组长焦利在2008年全省“扫黄打非”工作电视电话会议上讲话。

▲2008年1月17日，辽宁省召开2008年“扫黄打非”工作电视电话会议。

▲辽宁省副省长、省“扫黄打非”工作领导小组副组长滕卫平在全国集中销毁侵权盗版及非法出版物辽宁分会场启动仪式上讲话。

▲2008年4月20日，辽宁省举行全国集中销毁侵权盗版及非法出版物启动仪式。

▲全国“扫黄打非”办领导在辽宁督办《沿海时报》非法记者站案件。

▲2008年10月26日，辽宁省营口市召开“把有害少儿读物逐出店档”试点工作现场经验交流会。

▲全国集中销毁侵权盗版及非法出版物辽宁分会场。

▲全国集中销毁侵权盗版及非法出版物辽宁分会场销毁现场。

吉 林 省

吉林省副省长陈晓光出席吉林省2008年“扫黄打非”工作会议。

吉林省副省长陈晓光出席集中销毁侵权盗版图书、光盘现场。

吉林省新闻出版局副局长胡宪武出席吉林省“扫黄打非”工作会议。

▶吉林省新闻出版局副局长胡宪武检察“扫黄打非”工作。

◀吉林省社会各界群众踊跃参加集中销毁盗版图书光盘活动。

▶吉林省集中销毁盗版图书光盘活动现场。

黑龙江省

▲黑龙江省委常委、宣传部长、省“扫黄打非”工作领导小组组长衣俊卿宣布黑龙江省2008年集中销毁盗版及非法出版物活动正式开始。

▲黑龙江省、市领导出席集中销毁活动。

▲社会各界群众踊跃参加2008年黑龙江省集中销毁活动。

▲中小学生在“拒绝盗版，保护知识产权”条幅上签名。

◀哈尔滨“5·24”案件现场查缴的已装订完毕的淫秽色情图书。

▲哈尔滨“5·24”案件中查获的非法印刷半成品。

▲哈尔滨“5·24”案件中查获的用于印刷非法出版物的硫酸纸。

▶哈尔滨“5·24”案件现场查缴的用于印刷非法出版物的机器。

江 苏 省

◀江苏省"扫黄打非"办召开2008年全省"扫黄打非"工作电视电话会议。

▶江苏省"扫黄打非"工作领导小组副组长、省新闻出版局局长徐毅英检查奥运期间出版物市场。

◀2008年4月20日，江苏省在南京市举行集中销毁侵权盗版及非法出版物现场会，共销毁各类非法出版物240万件。

▲江苏省“扫黄打非”办公室主任、省新闻出版局副局长傅杰三带队检查印刷复制企业。

▲江苏省“扫黄打非”办召开主任会议部署奥运期间出版物市场专项清查行动。

▲江苏省“扫黄打非”办为2007-2008年度“扫黄打非”工作先进单位和个人代表颁奖。

▲江苏省新闻出版学校学生和各界代表在“拒绝盗版 保护知识产权”横幅上签名。

浙 江 省

▲ 浙江省暨杭州市2008年全国集中销毁侵权盗版及非法出版物活动现场。

▲ 浙江省委常委、省政府副省长、省"扫黄打非"工作领导小组副组长葛慧君出席并宣布浙江省暨杭州市2008年全国统一集中销毁侵权盗版及非法出版物活动开始。

▲ 浙江省市及相关成员单位领导、杭州市文广新局、公安局、工商局、城市管理行政执法局的执法人员以及部分省、市新闻媒体和学生代表等共计300多人参加集中销毁活动。

▲ 浙江省文化市场行政执法人员对非法出版物进行现场销毁。

安 徽 省

▲安徽省委常委、宣传部长、省“扫黄打非”工作领导小组组长臧世凯检查指导“扫黄打非”工作。

▲安徽省领导孙金龙、臧世凯带队检查合肥文化市场。

▲安徽省“扫黄打非”工作领导小组办公室主任简五一带队检查文化音像制品市场。

▲安徽省“扫黄打非”办、省文化厅、省新闻出版局联合检查合肥市各大超市内的图书音像制品。

▲安徽省“扫黄打非”办开展全省文化出版市场大检查。

▲安徽省暨合肥市集中销毁侵权盗版及非法出版物活动主会场。

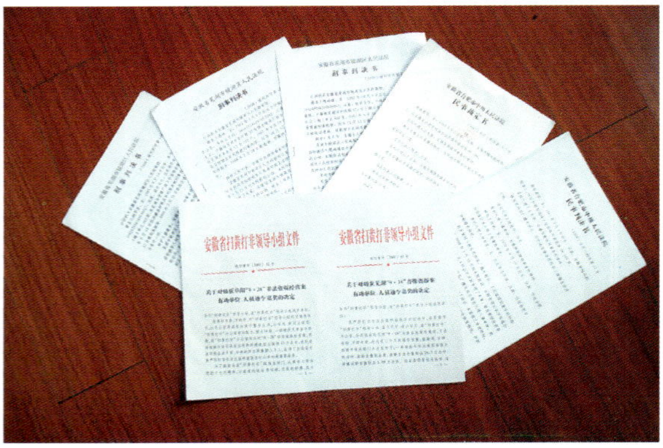

▲部分罪犯刑事判决书。

▲部分领导批示和媒体宣传材料。

▶安徽省“扫黄打非”成果宣传展。

福 建 省

◀ 2008年1月17日，福建省委常委、宣传部长、省“扫黄打非”工作领导小组组长唐国忠在福建省2008年“扫黄打非”工作电视电话会议上讲话；福建副省长、省“扫黄打非”领导小组副组长汪毅夫参加会议。

▶ 2008年7月3日，福建省迎奥运、维护出版物市场稳定“扫黄打非”工作会议召开，福建省委常委、宣传部长、省“扫黄打非”工作领导小组组长唐国忠，省政协副主席、省“扫黄打非”工作领导小组副组长、省新闻出版局局长郭振家出席会议。

◀ 2008年11月11日至14日，福建省“扫黄打非”办在泉州举办福建省“扫黄打非”行政执法第二期培训班。

▲2008年8月29日，福建省政协副主席、省“扫黄打非”工作领导小组副组长、省新闻出版局局长郭振家，省新闻出版局党组书记、省“扫黄打非”工作领导小组办公室主任陈秋平对福建鸿博印刷股份有限公司进行调研。

▲2008年4月20日，福建省“扫黄打非”办在福州市金山影剧院举行2008年集中销毁侵权盗版及非法出版物活动。福建省委常委、宣传部长、省“扫黄打非”领导小组组长唐国忠参加了销毁活动。

▲2008年5月6日，厦门市公安局和市文化市场稽查队联合行动，破获“久久女儿情”色情论坛案，办案人员正在调查取证。

▲2008年9月2日、3日，泉州市“扫黄打非”办组织协调市“扫黄打非”稽查队、鲤城区文体局、公安局等部门，先后取缔两处非法出版物批销窝点，收缴非法出版物1.5万余册。

▲2008年10月29日，厦门市公安局治安行动大队会同市文化市场稽查队在集美区查获一淫秽光盘刻录窝点。

▲2008年9月1日，泉州晋江市“扫黄打非”办协调公安、工商等有关部门查获一非法出版物批发窝点，收缴盗版光碟26160盘，盗版图书6320册。

山东省

▲山东省召开全省"扫黄打非"电视电话会议，省委常委、宣传部长、省"扫黄打非"工作领导小组组长李群出席会议。

▲济南市召开全市"扫黄打非"工作会议，安排部署全年"扫黄打非"工作。

▲山东省暨济南市集中销毁侵权盗版及非法出版物活动现场。

▲济南市加大非法报刊查处收缴力度，集中整治报刊市场环境。

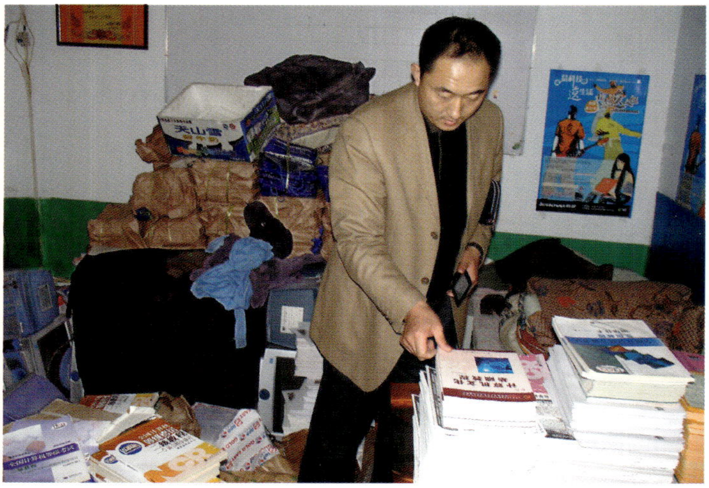

▶济南市“扫黄打非”办取缔一地下非法印刷窝点。

▲济南市“扫黄打非”办坚决取缔不法游商和无证经营摊点，净化城市文化环境。

▲山东省暨济南市集中销毁侵权盗版及非法出版物活动销毁现场。

▲山东省“扫黄打非”办联合济南市“扫黄打非”办深挖盗版及非法电子出版物批销窝点查获大量非法出版物。

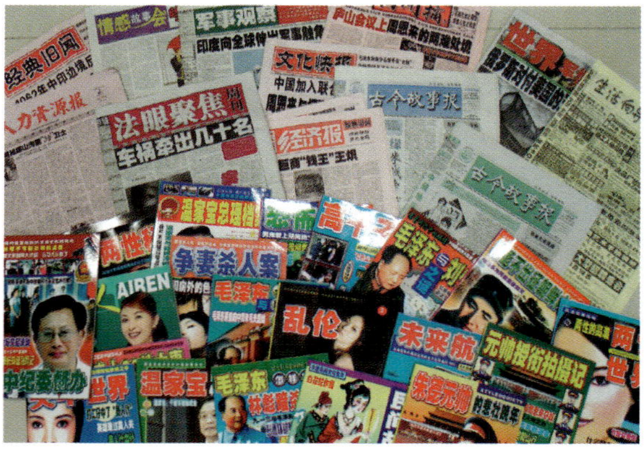

▲山东省“扫黄打非”办查缴的部分非法出版物。

河 北 省

▶2004年4月20日，全国集中销毁侵权盗版及非法出版物活动河北分会场。

◀河北省政府副省长、省“扫黄打非”工作领导小组第一副组长孙士彬主持河北省“扫黄打非”工作电视电话会议。

▶2008年7月23日，河北召开全省“扫黄打非”领导小组办公室联席会议。

◀2008年8月22日，河北省委常委、宣传部长、省“扫黄打非”工作领导小组组长聂辰席同志到省“扫黄打非”办检查指导工作并看望、慰问全体干部职工。

▶河北省新闻出版局局长、省“扫黄打非”工作领导小组副组长李晓明带队检查印刷复制企业。

◀河北省新闻出版局局长、省“扫黄打非”工作领导小组副组长李晓明检查图书、音像市场。

▶2008年10月10日，河北省"扫黄打非"办召开打击非法报刊专项行动汇报会。

◀2008年5月8日，石家庄市委、市人民政府组织召开全市"扫黄打非"暨出版工作会议。

▶2008年5月28日，石家庄市委常委、宣传部长、市"扫黄打非"工作领导小组组长孙万勇率相关部门对桥西区文化市场进行检查。

2008年10月13日，石家庄市新闻出版局在河北宾馆举行“石家庄市保护版权志愿服务总队成立仪式”。

志愿者和广大群众在“打击盗版、支持正版、保护知识产权”条幅上签名。

河北省集中销毁非法出版物活动现场。

湖 北 省

▲2008年1月17日，湖北省"扫黄打非"办领导和有关单位负责同志在湖北分会场参加第二十一次全国"扫黄打非"工作电视电话会议。

▲2008年1月17日，湖北省"扫黄打非"办领导参加全省"扫黄打非"工作电视电话会议。

▲2008年4月20日，湖北省政府副省长、省"扫黄打非"工作领导小组第一副组长张岱梨在2008年全国集中销毁侵权盗版及非法出版物活动湖北省暨武汉市分会场上讲话。

▲2008年4月20日，全国集中销毁侵权盗版及非法出版物活动湖北省暨武汉市分会场上，群众在横幅上签名。

▲ 2008年6月30日，湖北省召开“扫黄打非”办公室主任暨印刷复制业专项检查行动会议。

▲ 2008年4月20日，全国集中销毁侵权盗版及非法出版物活动湖北省暨武汉市分会场上，群众在活动现场观看展板，学习“扫黄打非”知识。

▲ 2008年7月18日，湖北省“扫黄打非”工作领导小组副组长、省新闻出版局局长张儒芝带队检查武汉市出版物市场。

▲ 武汉市新闻出版局、工商、公安等部门执法人员对汉口火车站站内出版物经营单位进行联合检查。

▲ 湖北省在高校内发布“扫黄打非”公益广告。

▲ 2008年12月10日，执法人员在孝感市京珠高速大悟段截获一贩运非法音像制品的大货车。

湖 南 省

▲ 2008年1月17日，湖南省第二十一次“扫黄打非”工作电视电话会议在长沙召开。

▲ 湖南省委常委、宣传部长、省“扫黄打非”工作领导小组组长蒋建国在全省第二十一次“扫黄打非”工作电视电话会议上讲话。

▲ 湖南省委常委、宣传部长、省“扫黄打非”工作领导小组组长蒋建国在非法出版物集中销毁活动现场，倾听未成年人对打击盗版非法出版物行动的认识。

▲ 湖南省委常委、宣传部长、省“扫黄打非”工作领导小组组长蒋建国亲手销毁盗版音像制品。

◀ 2008年4月20日，湖南省委常委、宣传部长、省“扫黄打非”工作领导小组组长蒋建国在集中销毁非法出版物活动现场讲话。

▲2008年6月17日，湖南省“扫黄打非”办召开2008年全省“扫黄打非” 办公室主任会议。

▲2008年4月25日，湖南省委常委、宣传部长、省“扫黄打非”工作领导小组组长蒋建国在省“扫黄打非”办视察指导工作。

▲湖南省“扫黄打非”工作领导小组副组长、省新闻出版局局长朱建纲在全省第二十一次“扫黄打非”工作电视电话会议上讲话。

▲湖南省新闻出版局副局长、省“扫黄打非”工作领导小组办公室主任朱三平参加销毁盗版音像制品活动。

◀湖南省暨长沙市“保护知识产权、打击侵权盗版”集中销毁非法出版物活动现场。

广 东 省

◀2008年1月12日，全国"扫黄打非"办在广州市珠岛宾馆召开广州"3·17"特大磨码盗版光盘案、上海－广州"3·30"非法出版物团伙网络案表彰大会，广东省副省长、省"扫黄打非"工作领导小组副组长雷于蓝，新闻出版总署出版物市场监管局局长、全国"扫黄打非"办副主任李宝中等出席了表彰大会。

▶2008年4月20日，广东省委常委、宣传部长林雄，副省长雷于蓝，出席在广州新体育馆举办的2008年集中销毁侵权盗版及非法出版物活动。

◀2008年1月17日，广东省委常委、宣传部长林雄，副省长雷于蓝出席第二十次全国"扫黄打非"工作电视电话会议广东分会场会议。

▶2008年11月7日，广东省生产力促进中心组织信息技术专家对广州市文化市场工作管理信息平台进行评估。

◀深圳海关加大对口岸、海上、陆路巡查和对货运、快件、行邮、旅检等渠道的查验力度。对有不良记录的“重点人”做到过关必查。

▶深圳市文化执法部门大力推进标准化处罚，使持证音像门店的正版上架率明显提高。

▶2008年10月31日，深圳市公安局治安巡警支队在龙岗区坂田和宝安区西乡，连续捣毁三个贩卖非法出版物窝点，收缴非法出版物4万余本。

◀2008年4月21日，福田区文化局联合莲花派出所捣毁一地下盗版窝点。

▶2008年5月20日，广州市文化市场行政综合执法总队一举端掉三个非法音像制品仓库，收缴境外码非法音像制品352.34万张。

◀2008年8月19日，东莞市文化执法大队、麻涌执法分队在广东省"扫黄打非"办的直接领导下，分别查处了两个大型非法音像制品批发窝点，共收缴盗版音像制品80.2万余张。

广西壮族自治区

▲2008年广西壮族自治区“扫黄打非”工作新闻发布会现场。

▲2008年广西壮族自治区“扫黄打非”行政执法培训班开班仪式。

▲广西壮族自治区副主席、自治区“扫黄打非”工作领导小组副组长李康在2008年全国统一集中销毁活动广西分会场上宣布销毁活动开始。

▲广西壮族自治区党委常委、宣传部长、自治区“扫黄打非”工作领导小组组长沈北海在2008年全国统一集中销毁活动广西分会场上亲自销毁盗版、非法光盘。

◀广西壮族自治区新闻出版局党组高度重视出版物的日常市场监管。党组书记、局长邓纯东和党组副书记、副局长黄健，党组成员、副局长覃益功，党组成员、纪检组长陈小建对图书市场进行检查。

▶广西壮族自治区"扫黄打非"工作领导小组副组长、自治区新闻出版局、版权局局长邓纯东在有关人员的陪同下检查出版物市场。

◀广西壮族自治区新闻出版局党组副书记、副局长、自治区"扫黄打非"工作领导小组办公室主任黄健在南宁市委常委、市委宣传部长、副市长、市"扫黄打非"工作领导小组组长肖莺子的陪同对南宁市音像市场的经营监管情况进行了解。

▶广西贺州市"扫黄打非"办组织查处地下非法出版物批销窝点。

海 南 省

◀ 海南省文体广电出版体育厅分管副厅长柳松华主持召开案件分析会。

▶ 海南省文化市场稽查总队执法人员现场抓获犯罪嫌疑人。

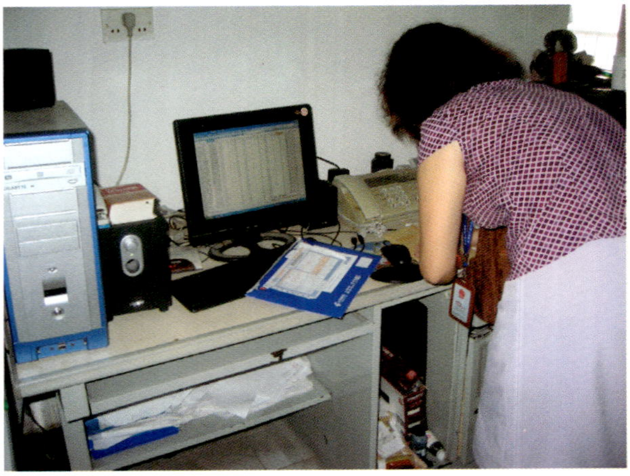

◀ 海南省文化市场稽查总队执法人员查扣电脑上保存的非法诈骗资料。

▲ 海南省文化市场稽查总队执法人员现场捣毁制假窝点。

▲ 海南省文体厅、省文化稽查总队文化部处长陈通现场查看收缴的无SID码光碟。

▲ 海南省文化市场稽查总队执法人员查获大量非法期刊。

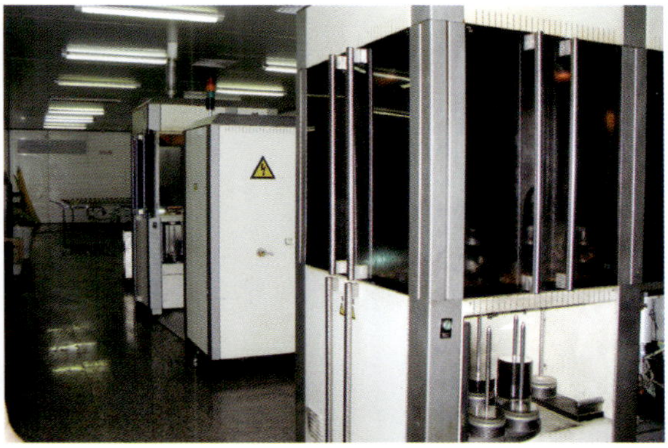

▲ 海南省文体厅、省文化稽查总队的执法人员现场查获无SID码的H200生产线。

▲ 海南省文化市场稽查总队执法人员当场收缴8台母盘翻录机。

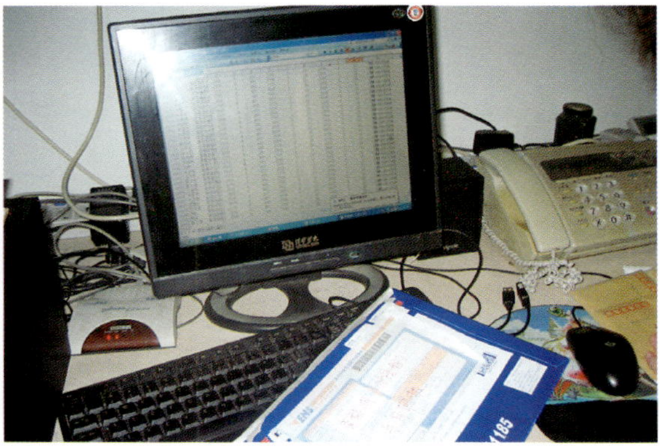

▲ 海南省文化市场稽查总队执法人员统计整理电脑上保存的非法诈骗资料及相关信息。

四 川 省

◀2008年全国集中销毁侵权盗版及非法出版物四川省暨成都市分会场会议。

▶2008年1月31日，四川省“扫黄打非”工作电视电话会议在成都召开。

◀2008年6月20日，四川省“扫黄打非”办公室主任会议在成都召开。

▲ 四川省副省长黄彦蓉参加全国集中销毁盗版及非法出版物四川省分会场销毁活动。

▲ 2008年3月14日，四川省"扫黄打非"部分成员单位联络员会议在成都召开。

▲ 2008年8月5日，四川省"扫黄打非"办召开成都片区出版物市场情况分析会。

▲ 四川省少年儿童积极踊跃参加反盗版签名活动。

西 藏 自 治 区

◀第二十一次全国“扫黄打非”电视电话会议西藏分会场。

▶八省区召开打击“藏独”反动出版物协调联动工作会议。

◀八省区打击“藏独”反动出版物协调联动工作会议林芝汇报会。

▶西藏自治区“扫黄打非”办，开展对藏语言音像制品检查行动。

◀ 西藏自治区“扫黄打非”办对出版物市场进行检查。

▶ 西藏自治区新闻出版局、自治区“扫黄打非”办向“3·14”事件受损学校捐赠图书。

◀ 查获的达赖集团反动出版物（一）。

▶ 查获的达赖集团反动出版物（二）。

陕 西 省

▲ 2008年1月17日，陕西省委常委、省委宣传部长、省“扫黄打非”工作领导小组组长马中平等出席第二十一次全国“扫黄打非”工作电视电话会议陕西分会暨2008年全省“扫黄打非”工作电视电话会议。

▲ 2008年6月24日，陕西省“扫黄打非”案件查办暨迎奥运维护出版物市场稳定工作会议召开。

▲ 2008年4月20日，陕西省委常委、省委宣传部长、省“扫黄打非”工作领导小组组长胡悦出席全国集中销毁侵权盗版及非法出版物活动陕西分会场会议并宣读销毁令。

▲ 2008年4月3日，陕西省“扫黄打非”办、省委宣传部、西安市“扫黄打非”办研究部署“4·20”侵权盗版等非法出版物销毁活动。

▲2008年12月4日，陕西省“扫黄打非”办主任会议召开，考评2008年度工作，复评年度先进（有功）集体（个人），研讨2008年重点工作。

▲2008年11月10日，陕西省“扫黄打非”办与省新闻出版局法规处、图书处、印刷处研究奥运期间西安海关暂扣拟出境涉及宗教出版物后续调查工作。

▲2008年1月17日，在陕西省“扫黄打非”工作电视电话会议上隆重表彰了2007年度“扫黄打非”工作先进集体（个人）代表。

▲2008年4月26日，西安市文化市场行政执法总队等单位举办“西安市图书音像经营单位拒绝盗版宣传及签名活动”。

▲2008年5月23日，西安“5·22”非法出版案专案组到涉案印刷厂调查取证。

▲2008年4月20日，陕西省公开销毁盗版非法书、报、刊、音像制品及电子出版物共计80万件。

甘 肃 省

▲2008年1月8日，第二十一次全国“扫黄打非”电视电话会议召开。甘肃省省委常委、宣传部长、省“扫黄打非”工作领导小组组长励小捷，副省长、省“扫黄打非”工作领导小组副组长咸辉出席分会场会议。

▲2008年4月17日，甘肃“扫黄打非”工作会议在兰州召开。省委常委、宣传部长、省“扫黄打非”工作领导小组组长励小捷出席会议并讲话。

▲2008年7月9日，兰州市文化市场行政执法支队抓获一贩卖政治性非法出版物的街头游商。

▲2008年9月，兰州市加大了对非法报刊的整治力度。兰州市文化市场稽查人员正在检查街头报刊和零售摊点。

▲2008年4月20日，兰州市中心广场举行全国2008年集中销毁侵权盗版非法出版物活动甘肃分会场启动仪式。

▲2008年4月18日，兰州东方红广场举行甘肃省保护知识产权宣传周启动仪式。

▲2008年6月14日，兰州市文化市场行政执法支队破获一起运输贩卖非法出版物案，查获非法出版物4万余册，码洋150余万元。

▲2008年4月7日，兰州市文化市场行政执法支队端掉一藏书黑库房，查获盗版教辅53个品种，9000余册，涉案码洋80余万元。办案人员正在对图书进行登记检查。

宁夏回族自治区

◀ 全国2008年集中销毁侵权盗版非法出版物活动宁夏回族自治区分会销毁现场（一）。

▶ 全国2008年集中销毁侵权盗版非法出版物活动宁夏回族自治区分会销毁现场（二）。

◀ 宁夏回族自治区政协副主席安纯人亲自销毁盗版光盘。

◀现场停放着装满待销毁非法制品的车辆。

▲执法人员清理街头游商地摊出售的非法出版物。

▲中小学生在写有“打击侵权盗版，保护知识产权”的横幅上签名。

▲社会各界群众在写有“打击侵权盗版，保护知识产权”的横幅上签名。

青 海 省

▲2008年4月16日至18日，青海省“扫黄打非”办在西宁市召开全省“扫黄打非”办公室主任培训班。

▲2008年6月13日，青海省召开“维护社会稳定，迎接北京奥运‘扫黄打非’工作专题会议”。省“扫黄打非”工作领导小组副组长、省委宣传部常务副部长王向明出席会议并讲话。

▲2008年5月27日，青海省“扫黄打非”办与青海省新闻出版局共同举行“青少年版权保护主题教育活动启动仪式”。

▲青海省“扫黄打非”办在西宁市举行“青海省2008年集中销毁侵权盗版及非法出版物活动”。销毁活动由省“扫黄打非”领导小组专职副组长、省新闻出版局副局长张承伟主持。

▶ 2008年6月26日，青海省副省长、省“扫黄打非”工作领导小组组长吉狄马加参加全省“扫黄打非”巡回展活动。

▲ 2008年4月23日至26日，青海省“扫黄打非”办精心制作了藏文宣传展板和藏文宣传资料，在青海省海南藏族自治州举办了“扫黄打非”宣传展。

▲ 2008年5月27日，西宁市第9中学学生在“青少年版权保护主题教育活动启动仪式”上踊跃签名。

贵 州 省

▲ 2008年4月20日，贵州省“扫黄打非”办、贵阳市“扫黄打非”办联合在贵阳市人民广场举行销毁侵权盗版及非法出版物100余万件活动。省委常委、省委宣传部长、省“扫黄打非”工作领导小组副组长谌贻琴宣布活动召开。

▲ 贵州省人民政府副省长谢庆生代表省委、省政府在集中销毁活动上讲话。

▲ 贵州省委常委、省委宣传部长、省“扫黄打非”工作领导小组副组长谌贻琴，省人民政府副省长谢庆生，省新闻出版（版权）局局长、省“扫黄打非”工作领导小组办公室常务副主任刘援朝，在“打击盗版，支持正版，保护知识产权”条幅上签名。

▲ 2008年4月26日，贵州省版权局，安顺市新闻出版（版权）局，安顺市“扫黄打非”办，安顺市知识产权局，安顺市工商联等部门，联合在安顺市大十字广场举行“安顺市2008年‘4·26’世界知识产权日宣传活动”。

▶ 2008年12月15日至18日，贵州省“扫黄打非”办在贵阳举办新闻出版执法人员培训班。

▲2008年7月30日，贵州省“扫黄打非”办组织召开省出版物市场经营业主“我为奥运做贡献、文明经营我争先”动员会。

▲2008年3月13日，贵州省出版物市场稽查队会同安顺市“扫黄打非”办，对西秀区出版物经营单位违规行为进行调查取证。

▲2008年9月4日，北京残奥会期间，贵州省出版物市场稽查队会同省新闻出版局印刷处对贵阳市违规的印刷企业进行了查处。

▲2008年9月18日，贵阳市文化市场稽查支队执法人员突击检查销售盗版光盘的“环宇音像店”。

▲贵阳市的学生代表在销毁活动上向全省青少年发出“保护知识产权，打击侵权盗版”的倡议。

▲贵阳地区幼儿园小朋友在“打击盗版，支持正版，保护知识产权”条幅上签名。

江 西 省

▲2008年1月17日，江西省“扫黄打非”办召开全省第二十一次“扫黄打非”工作电视电话会议，省委常委、宣传部长、省“扫黄打非”工作领导小组组长刘上洋出席会议并讲话，省政府副省长、省“扫黄打非”工作领导小组第一副组长孙刚同志主持会议。

▲2008年“4·26”世界知识产权日期间，江西省“扫黄打非”办会同省政府新闻办、省新闻出版局、省版权局召开江西省“扫黄打非”暨版权保护新闻发布会。

▲2008年4月20日，江西省举行2008年全国集中销毁侵权盗版及非法出版物活动江西分会场仪式。省人民政府副省长、省“扫黄打非”工作领导小组第一副组长孙刚参加活动并作重要讲话。

▲2008年北京奥运会期间，江西省委常委、宣传部长、省“扫黄打非”工作领导小组组长刘上洋对南昌海关驻机场办事处和南昌机场的“扫黄打非”工作进行检查、指导。

▲2008年6月6日，江西省“扫黄打非”办召开“全省迎奥运　维护出版物市场稳定‘扫黄打非’工作会议”。

▲2008年6月4日至5日，江西省“扫黄打非”办举办全省“扫黄打非”工作培训班。

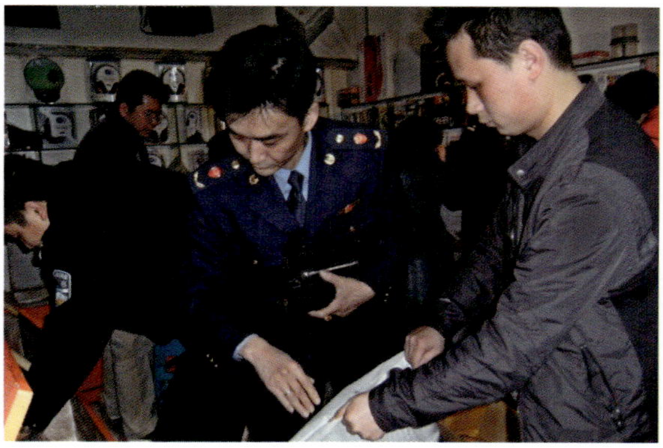

▲江西省“扫黄打非”办组织各成员单位联合对文化市场开展集中整治行动。

云南省

▲ 2008年全国集中销毁盗版及非法出版物活动云南会场。

▲ 2008年云南省“6·11”非法出版案，查获的涉案图书。

新疆维吾尔自治区

◀ 2008年3月17日，新疆维吾尔自治区召开2008年"扫黄打非"和出版工作电视电话会议。

▶ 新疆维吾尔自治区党委常委、宣传部长、自治区"扫黄打非"工作领导小组组长李屹在2008年自治区"扫黄打非"和出版工作会议上讲话。

◀ 新疆维吾尔自治区副主席、自治区"扫黄打非"工作领导小组副组长铁力瓦尔迪·阿不都热西提在新疆非法出版物销毁活动上讲话。

▲2008年1月18日，新疆维吾尔自治区“扫黄打非”办召开自治区文化厅、公安厅、通信管理局、民宗委等“扫黄打非”成员单位座谈会。

▲荣获2008年新疆维吾尔自治区“扫黄打非”的先进个人。

▲新疆维吾尔自治区“扫黄打非”办联合执法小组检查出版物市场。

▲新疆维吾尔自治区“扫黄打非”办联合执法小组对印刷厂正在复制企业的印刷品进行检查。

▲学生代表在销毁会上发言，代表新疆维吾尔自治区各族青少年使用正版，拒绝盗版的决心。

▲乌鲁木齐市文化市场稽查队截获一辆运输非法图书的车。

▲停放在乌鲁木齐市九家湾装有非法出版物的销毁车。

▲乌鲁木齐市文化市场稽查队查缴的宗教类非法图书。

《中国扫黄打非年鉴》编辑委员会

赵勤义 黑龙江省新闻出版局局长、黑龙江省“扫黄打非”工作领导小组办公室主任
傅杰三 江苏省新闻出版局副局长、江苏省“扫黄打非”工作领导小组办公室主任
田宇原 浙江省文化厅副厅长、浙江省“扫黄打非”工作领导小组办公室主任
李先锋 安徽省“扫黄打非”工作领导小组办公室主任
李闽榕 福建省新闻出版局党组书记,福建省“扫黄打非”工作领导小组办公室主任
刘　平 江西省新闻出版局副局长、江西省“扫黄打非”工作领导小组副组长兼办公室主任
宿　华 山东省“扫黄打非”工作领导小组办公室主任
詹玉荣 河南省新闻出版局局长、河南省“扫黄打非”工作领导小组副组长兼办公室主任
姚德新 湖北省新闻出版局副巡视员、湖北省“扫黄打非”工作领导小组办公室主任
黄赞佳 湖南省新闻出版局副局长、湖南省“扫黄打非”工作领导小组办公室主任
韩安贵 广东省新闻出版局副局长、广东省“扫黄打非”工作领导小组办公室主任
龙　毅 广西壮族自治区新闻出版局、版权局党组副书记、副局长、广西壮族自治区“扫黄打非”工作领导小组办公室主任
陈亚冠 海南省“扫黄打非”工作领导小组办公室主任
周国良 四川省新闻出版局局长、党组书记、四川省“扫黄打非”工作领导小组副组长兼办公室主任
刘援朝 贵州省新闻出版局党组书记、局长、贵州省“扫黄打非”工作领导小组办公室常务副主任
艾罕炳 云南省新闻出版局副局长,云南省“扫黄打非”工作领导小组办公室主任
王喜凯 西藏自治区新闻出版局副局长、西藏自治区“扫黄打非”工作领导小组办公室主任
陆柯仑 陕西省新闻出版局副局长、陕西省“扫黄打非”工作领导小组办公室主任
张余胜 甘肃省新闻出版局局长、甘肃省“扫黄打非”工作小组副组长兼办公室主任
张承伟 青海文化新闻出版厅副厅长、青海省“扫黄打非”工作领导小组专职副组长兼办公室主任
黄洪乾 宁夏回族自治区新闻出版局副局长、宁夏回族自治区“扫黄打非”工作领导小组办公室主任
杨少全 新疆维吾尔自治区党委宣传部副部长、新疆维吾尔自治区“扫黄打非”工作领导小组办公室主任

《中国扫黄打非年鉴》通讯员

北京市:柳　璐
天津市:贲永明
上海市:陈忠信
重庆市:郭松峦
河北省:李振忠
山西省:吕治水
内蒙古自治区:贾翼飞
辽宁省:马　春
吉林省:王淳光
黑龙江省:刘　涛
江苏省:赵　军
浙江省:章建军
安徽省:张旭东
福建省:邱建宏
江西省:欧阳东来
山东省:刘金祥
河南省:云俊波
湖北省:李道胜
湖南省:刘时军
广东省:杨　健
广西壮族自治区:秦红德
海南省:赵　武
四川省:胡　格
贵州省:李　翔
云南省:谢卫民
西藏自治区:周　宇
陕西省:苏有军
甘肃省:赵富春
青海省:李进祥
宁夏回族自治区:高云峰
新疆维吾尔自治区:钱　倩

《中国扫黄打非年鉴》编辑部

主　　任:田绍垚
策划编辑:吴颖丽
责任编辑:董　妍
特约编辑:(按姓氏字母排序)
车壮丽　冯　章　高立志　韩继海　韩慧强　贾宇琰　刘艳宇　苗永姝
任志强　谭　洁　王　松　汪　强　王忠波　徐家和　邢艳琦　杨梦东
杨　茜

卷首语

柳斌杰

2008年极不寻常。回首这一年，大喜大悲、大事难事历历在目：雪灾、震灾、奥运、神七、反恐反分裂、两岸三通、国际金融危机、全球经济衰退……。既有令人民难以抹去的伤痕，也有战胜困难、实现梦想的喜悦。

现今时代，社会思想意识多元多样多变的特点更加明显，人们思想观念、价值取向与现实利益相互交织产生的矛盾更加突出，互联网等新兴媒体对人们思想的影响更加广泛，各种突发事件的应对和处置政治要求更高。“扫黄打非”作为一项事关意识形态和文化安全的重要工作，在2008年面临着种种新形势、新情况、新要求。

这一年中，在党中央、国务院的高度重视和坚强领导下，全国“扫黄打非”工作以党的十七大和十七届三中全会精神为指导，以深入学习实践科学发展观为主题，以迎奥运、保稳定为重点，认真贯彻落实中央“两办”转发的《2008年“扫黄打非”行动方案》和中央领导同志的重要指示、批示精神，高举保护知识产权旗帜，在强化日常监管的同时，始终保持对各类非法出版活动的高压态势，不间断地组织开展了迎接“两节”“两会”、维护西藏稳定、抗震救灾、奥运前60天集中治理等六个专项行动和奥运会后防反弹工作，为抗震救灾、北京奥运会的成功举办和纪念改革开放30周年等营造了良好的舆论文化环境，“扫黄打非”工作取得显著成效，为服务全党全国工作大局作出了积极贡献。

2008年全国“扫黄打非”工作在四个方面取得了新突破：一是查缴非法出版物工作有两个提升，重视强化日常监管机制建设和从查缴非法出版物向追查幕后主犯、向打团伙破网络延伸；二是打击侵权盗版保护知识产权呈现三大亮点，严厉打击盗版盗印党和国家领导人经典著作以及党和国家公开发行的文件汇编、与国际组织合作打击侵权盗版、连续不断地查处侵权盗版大案等；三是网上“扫黄打非”力度持续加大，共查办网络“扫黄打非”案件1848起，既持续开展多部门参加的联合打击行动，同时注重发挥网上监管机构的日常监管作用；四是整治“四假”态度坚决，集中开展了严厉打击非法报刊专项行动，查处非法报刊取得重要进展，全年全国共收缴非法报刊390.4万份，“扫黄打非”进一步得到了人民群众的拥护和支持。

回顾一年的工作历程，它积淀的精神是永恒的；总结一年的工作实践，它创造的经验是宝贵的。为了全面展示2008年全国“扫黄打非”工作的风貌，总结、推广各地区各部门在开展“扫黄打非”工作中创造的好经验、好做法，全国“扫黄打非”办公室组织编辑了《中国扫黄打非年鉴（2008年卷)》，即将出版。本卷在2007年卷的基础上，充实了栏目内容，加大了图片、照片等刊登量，强化了内容覆盖面，在指导性和可读性方面有了进一步提高。希望这一册《年鉴》能够成为“扫黄打非”工作者的良师益友。

《中国扫黄打非年鉴（2008年卷)》这本书的编辑出版，得到了各方面的关心、支持和帮助，在此一并表示诚挚的谢意，《年鉴》既是历史记录，也是工作总汇。欢迎大家继续提出宝贵的意见和建议，以使《年鉴》越办越好。

目　　录

三、全国31个省、自治区、直辖市“扫黄打非”工作

四、表彰与奖励

五、附　录

一、总　类

专　论

在第二十一次全国"扫黄打非"工作电视电话会议上的讲话（摘要）

中共中央政治局委员、书记处书记、中央宣传部部长、全国"扫黄打非"工作小组组长
刘云山

党的十六大以来，中央高度重视"扫黄打非"工作，每年都作出专门部署。各地各部门按照中央的统一部署和要求，做了大量富有成效的工作。5年来，"扫黄打非"工作有声势、有力度，取得明显成效。收缴了一大批非法出版物，查处了一批违法违规企业，端掉了一批非法印制窝点，摧毁了一批地下发行销售网络，严惩了一批违法犯罪分子，有效打击和遏制了各类非法出版活动，使文化市场始终保持了繁荣健康有序的态势，有力地维护了社会政治稳定和文化安全，为党和国家工作大局作出了积极贡献。特别是刚刚过去的2007年，各地各部门始终保持良好的精神状态，开展集中行动和专项治理，切实加强文化市场日常监管，在为党的十七大营造良好思想舆论氛围和文化环境方面发挥了重要作用。这次会上表彰的先进单位、有功集体和个人，就是2007年"扫黄打非"工作中涌现出来的先进代表。借此机会，向受到表彰的单位和个人，向多年来付出辛勤努力的同志们特别是战斗在"扫黄打非"一线的同志们表示崇高敬意和衷心感谢！

下面，我讲四点意见。

第一，认真总结经验，巩固和扩大"扫黄打非"工作成果。回顾5年的"扫黄打非"工作，各地各部门创造了许多好经验，值得认真总结。其中最重要的是做到七个"坚持"。一是坚持在党和国家工作大局下部署和行动，自觉为大局服务。二是坚持保障最广大人民群众的文化权益，着力维护文化市场的良好秩序，着力解决群众反映强烈的文化垃圾问题。三是坚持保护知识产权，广泛团结各种社会力量参与"扫黄打非"，争取国际舆论的理解和认同。四是坚持运用法律、行政、经济、文化等手段综合治理文化市场，教育与惩治相结合，行政执法与打击犯罪相结合，积极探索中国特色文化管理模式。五是坚持属地管理和"谁主管、谁负责"的原则，做到守土有责、守土负责。六是坚持密切配合、协同作战，上下一体、区域联动、部门互动，形成工作合力。七是坚持改革创新，不断完善工作机制，拓展工作领域，丰富工作手段，提高工作水平。这些经验体现了我们对"扫黄打非"工作规

律的认识和把握，要很好地珍惜，并在今后工作中不断丰富完善。

第二，深刻认识“扫黄打非”面临的新形势新任务新要求，进一步增强工作责任感和使命感。党的十七大高举中国特色社会主义伟大旗帜，确定了在新的历史起点上继续全面建设小康社会、加快推进社会主义现代化的奋斗目标。这一目标是经济建设、政治建设、文化建设和社会建设共同发展的目标。坚持不懈开展“扫黄打非”，营造良好的社会环境、文化环境和社会风气，是建设社会主义先进文化、巩固马克思主义在意识形态领域指导地位的迫切需要，是加强社会主义法制建设、维护社会主义市场经济秩序的迫切需要，是顺应人民群众强烈愿望、保护青少年身心健康的迫切需要。面对复杂形势和繁重任务，我们要保持清醒头脑，增强忧患意识，深刻认识新形势下“扫黄打非”工作的极端重要性和现实紧迫性，进一步增强责任感使命感，坚定不移地把“扫黄打非”工作深入持久开展下去。

第三，准确把握总体要求，抓住“扫黄打非”工作重点。今年是全面学习宣传贯彻党的十七大精神、加快推进社会主义现代化的重要一年，我们将纪念改革开放30周年，将举办北京奥运会。“扫黄打非”工作服务党和国家工作大局、维护社会政治稳定的任务很重，保护知识产权、净化文化环境、促进文化大发展大繁荣的任务很重。根据中央部署，2008年“扫黄打非”工作要认真贯彻党的十七大精神，高举中国特色社会主义伟大旗帜，以邓小平理论和“三个代表”重要思想为指导，深入贯彻落实科学发展观，坚定不移地保护知识产权，开展专项治理，加强日常监管，坚决打击各种非法出版活动，全力维护社会政治稳定和文化安全，积极营造良好社会环境、文化环境和社会风尚，为推动文化大发展大繁荣、促进全面建设小康社会提供保障。工作中，要突出以下重点：

一是坚决查缴非法出版物，切实维护社会政治稳定。要继续保持高压态势，开展集中行动，做到严密监控、立体防范、露头就打。

二是集中打击各种侵权盗版活动，维护国家形象。我们要加大对各类侵权盗版行为和非法出版活动的打击力度，进一步树立中国政府保护知识产权的良好形象，进一步为促进自主创新、提升国家核心竞争力营造良好的舆论氛围和社会环境。要在加强文化市场日常监管的基础上，抓紧查办、审结、曝光一批侵权盗版重点案件，形成震慑。在“4·26”世界知识产权日前后，全国“扫黄打非”工作小组要组织各地开展集中销毁盗版制品的活动。奥运会前后，各地要重点清查书报刊、音像制品、计算机软件等市场，严格清理兜售非法出版物的游商小贩。

三是全面开展网上“扫黄打非”，集中打击网络淫秽色情活动。我们要把网上“扫黄打非”作为全年的经常性工作。近期，要组织开展网络扫黄专项行动，坚决遏制网络色情泛滥的趋势。我们要认真研究网络传播规律和网络技术发展趋势，进一步完善网络管理法规，依法清除网上淫秽色情等有害信息，依法严厉打击网上违法犯罪活动，依法加强互联网管理，努力构建和谐健康的网络环境。

四是严肃查处各类非法报刊，维护文化市场良好秩序。非法报刊近年来有愈演愈烈之势，往往以合法形式在报刊亭等场所公开出现，传播政治谣言和低俗色情等文化垃圾，欺骗性强，社会各界和广大群众反映强烈，必须加大整治力度。前一段专项行动成效明显，要继续推进、扩大战果。坚决取缔各种形式的非法报刊，以及利用广告印刷品形式非法出版的报刊。

第四，明确责任要求，完善工作机制，狠抓任务落实。今年“扫黄打非”工作任务重，要求高，影响大，各地各有关部门要增强政治意识和大局观念，加强整体谋划，注重统筹协调，按照属地管理和谁主管谁负责的原则，严格落实责任制，把总体目标与阶段性目标紧密结合起来，确保各项任务落到实处。

一要加强组织领导。“扫黄打非”事关全局，各地各部门主要负责同志要亲自过问，分管领导要靠前指挥，切实担负起领导责任。要按照中央批准的2008年行动方案，结合实际，细化措施，完善机制，强化监督检查，确保各项任务落实到位，防止有分工不负责，有责任不落实。对领导有力、工作扎实、成效显著的地区和个人，要给予表彰奖励；对因工作失误造成严重后果的，要追究责任。

二要加强协同配合。各地各部门要密切配合、协同作战，进一步完善上下一体、区域联动、部门互动的工作机制。要加快推进文化市场综合执法改革步伐，进一步整合执法资源，加强联合办案，对跨地区、跨部门案件，要集中力量，联合行动，提高执法效能。要针对非法出版活动的新动向，积极开展边境执法、联合办案，严厉打击跨国跨境非法出版、运输和走私活动。

三要加强日常监管。要进一步完善准入和退出机制，拓宽社会监督渠道，强化对文化市场的日常监管。同时，要注意研究新情况、新问题，掌握非法出版活动的特点，增强“扫黄打非”的针对性，依法有效打击违法犯罪活动。

四要加强综合治理。要以群众性精神文明创建活动、平安建设等为载体，把“扫黄打非”工作与正在开展的城市网格化管理试点、新农村建设工作、社会治安综合治理结合起来。坚持把“扫黄打非”工作成效作为评选文明城市、文明社区、文明单位和衡量社会治安综合治理成效的重要指标。综合运用社会宣传、专题培训、学校教育等形式，提高社会公众保护知识产权、参与“扫黄打非”的积极性，推动行业协会发挥自律和服务作用。加大对“扫黄打非”工作的宣传报道力度，宣传各级党委政府采取的有效措施，反映社会各界和干部群众的广泛支持，推广各类文化企业自觉守法经营的先进典型，同时加强舆论监督，及时曝光不法经营行为，揭露各种形式的非法出版活动。

在第二十一次全国“扫黄打非”工作电视电话会议上的讲话

新闻出版总署署长、国家版权局局长、全国“扫黄打非”工作小组副组长兼办公室主任
柳斌杰

一、认清形势，提高认识，进一步增强参加“扫黄打非”工作的责任感和使命感

党的十六大以来，在党中央、国务院的高度重视和云山同志的直接领导下，全国“扫黄打非”工作成效显著，为推进构建社会主义核心价值体系、坚持社会主义先进文化前进方向、加强文化和出版物市场管理发挥了重要作用。尤其是2007年全国“扫黄打非”工作动手早、行动快，重点突出，措施得力，一直处于主动地位。特别是在打击非法出版、清除淫秽色情文化、保护知识产权、开展网上“扫黄打非”、查办大案要案等方面，取得了新进展，人民群众拍手称快，为党的十七大召开营造了良好的舆论文化环境。

2008年是全面贯彻落实党的十七大精神的第一年，是全国人大、中央政府、全国政协换届之年，是改革开放30周年，是北京奥运会举办之年，大事越多敏感问题也越多，“扫黄打非”斗争面临的形势依然严峻。

面对新形势、新挑战，各级新闻出版、版权行政部门要进一步统一思想，提高认识，增强参加“扫黄打非”工作的责任感和使命感。一是要从维护国家文化安全、社会稳定的高度，进一步提高对“扫黄打非”斗争重要性、长期性、艰巨性和紧迫性的认识，围绕中心，服务大局，切实将思想和行动统一到中央的决策部署上来，保卫好、维护好主流意识形态主渠道和主流文化的主阵地。二是要落实“属地管理”、“谁主管、谁负责”的原则，在当地党委和政府的领导下，把“扫黄打非”摆到新闻出版和版权管理的重要位置，加强组织领导，及时研究解决本部门、本战

线存在的主要问题，做到任务、人员、措施、工作四到位，尽力提供经费、装备等保障条件。三是要切实履行“扫黄打非”职责，完成好分工负责的任务，进一步加大对出版活动和出版物市场的监管力度，建立健全长效监管机制，从源头上防范非法出版和“制黄贩黄”问题。

二、明确目标，突出重点，切实履行“扫黄打非”分工职责

中央“两办”即将转发的《2008年“扫黄打非”行动方案》确定了今年“扫黄打非”的总体要求、工作任务和主要措施。各级新闻出版、版权行政部门要坚决按照中央的总体部署和要求，结合实际研究和制定具体的工作方案，突出抓好重点工作、重点地区、重点部位、重点环节，认真抓好本单位负责的相关任务的落实，以实实在在的措施推动“扫黄打非”斗争不断向纵深发展。

各级新闻出版、版权行政部门要以落实党的十七大精神为工作主线，以保护知识产权为旗帜，将以下四项任务作为工作重点，加强监管，果断行动，努力实现“扫黄打非”工作的新目标。一是严密查堵非法出版物。加强对出版物进出口公司的监管，严防境外有害出版物通过正式渠道流入境内。加强对出版单位、印刷复制企业的执法检查，尤其是加强对“三来一补”企业的监管，严防境外有害出版物在境内翻印复制。着力打团伙、破网络，严厉打击犯罪分子。二是依法打击各种侵权盗版活动。坚持常抓不懈，做到反盗版天天有行动，天天见成效。及时对出版物市场进行全面检查，根据掌握的线索，追查盗版制品的生产源头，深挖非法印刷窝点和非法光盘生产线，严厉查处参与盗版盗印、非法刻录活动的企业，情节严重的坚决吊销其经营许可证。大力打击非法预装、销售计算机软件行为，继续在机关、学校、企事业单位中推行计算机软件正版化工作。加强对大中型企业、机关、学校图书馆采购馆藏图书监管，防止盗版及非法出版物以批量采购方式进入企事业单位图书馆。积极配合有关部门，查处取缔销售盗版及非法出版物的游商地摊和无证照经营者。三是全面开展网上“扫黄打非”。网络盗版，量大面广，为害甚烈。必须加强对网络出版活动的监管，规范网络出版行为，坚决清除网络盗版产品和有害信息。四是严肃查处非法报刊制售活动。继续深入整治假报刊、假记者站、假记者、假新闻，及时公布非法报刊名录，清查报刊发行市场，坚决收缴各类非法报刊，依法取缔非法报刊社、编辑部、记者站、工作站等机构，纠正、重罚报刊出版单位的违法违规行为。

各级新闻出版和版权行政部门，要在今年三个阶段相继开展的“扫黄打非”专项行动中担当主力，根据查堵非法出版物、整治印刷复制环节、清理出版物市场等重点任务，切实担负起牵头部门的职责，制定周密的整治方案，扎扎实实地予以实施。要顾全大局，严肃纪律，依法行政，努力解决多年存在的正规企业出版生产复制销售非法出版物和盗版出版物问题，进一步规范市场秩序，实实在在地为文化执法起到表率作用。

三、改革创新，密切协作，不断提高“扫黄打非”工作水平

各级新闻出版、版权行政部门要进一步解放思想，用新的思路、新的办法去思考我们工作的全局和重点，勇于改革创新，探索与相关部门密切协作、协同配合的新机制，不断提高“扫黄打非”工作水平。

一是要进一步强化行业管理，引导行业自律。新闻出版部门首先要加强对新闻出版单位的监管，把好选题关、印制关、市场准入关，通过对单位负责人进行政策和法律法规教育培训等多种形式，引导新闻出版单位严格自律，自觉与各类违法违规出版行为作斗争。

二是要勇于开拓创新。积极推进文化市场综合执法体制改革，切实将“扫黄打非”工作作为文化市场综合执法的核心内容并统领文化市场综合执法工作，努力探索创新“扫黄打非”体制、机制与文化市场综合执法紧密结合的新途径，使之成为推动社会主义文化大发展大繁荣的坚强保障。开展市场调查和对策研究，寻求实实在在的举措，破解文化市场监管中的难题。特别注意研究“扫黄打非”延伸到乡镇、社区后出现的新情况，农村地区“扫黄打非”的新要求，创新思路、方式、方法，以市场办法、经济办法解决敏感问题。

三是要科学管理、依法管理。要研究科学的管理方法和思路，注意政策法规的连贯性和系统性。要研究依法管理中执法策略和方式，全面提高执法水平。针对“扫黄打非”工作中出现的新情况、新问题，从出版、印刷、复制源头到发行销售终端，都要研究制定加强行业管理的具体措施，并且落实到管理实践中。

四是要加强与相关部门的协作。各级新闻出版、版权行政部门既要切实履行职责，发挥自身“扫黄打非”和专项治理的优势，又要与相关部门及时沟通，协同作战，形成合力。尤其是在集中行动和案件查办上，要主动协调，积极服务，全力配合，促进行动有实效、案件早侦破，严惩犯罪分子，教育从业人员，鼓舞执法士气。

在2008年全国统一举行集中销毁侵权盗版及非法出版物活动仪式上的讲话

新闻出版总署署长、国家版权局局长、全国“扫黄打非”工作小组副组长兼办公室主任
柳斌杰

全国“扫黄打非”工作小组决定在今天的同一时间，举行全国31个省、自治区、直辖市统一集中销毁侵权盗版及非法出版物活动。这是一次规模空前的销毁侵权盗版及非法出版物活动，全国销毁总量达到4718万件，其中北京主会场销毁量达到200万件。此举的目的，就是以实际行动迎接“4·26”世界知识产权日的到来，展示我国打击侵权盗版的成绩，再次表明中国政府保护知识产权的立场和决心，动员各界群众进一步加入到保护知识产权的行动中来。

中国的“扫黄打非”已经走过了20多年历程，打击侵权盗版、保护知识产权始终是“扫黄打非”的重要任务之一。“扫黄打非”、文化和版权执法战线的同志们以高度的使命感、责任感奋战在打击侵权盗版、保护知识产权第一线，取得了举世瞩目的成绩。20多年来，全国共打掉地下光盘生产线238条，查处案件40多万件，刑事打击犯罪分子1.3万多人，查缴盗版等非法出版物13亿多件。其中近5年查缴侵权盗版及走私出版物总量达到7.89亿件。即：2003年查缴1.84亿件，2004年查缴2.13亿件，2005年查缴1.10亿件，2006年查缴1.42亿件，2007年查缴1.40亿件。在“扫黄打非”工作中，各地各部门坚持保护知识产权原则，通过开展“反盗版天天行动”和“文化环保工程”，进一步完善工作体制机制，切实加大工作力度。过去的一年，是“扫黄打非”开展以来取得成绩最大的一年，也是深化对“扫黄打非”规律的认识，总结保护知识产权、打击侵权盗版经验的重要一年。总结党的十六大以来5年间的“扫黄打非”工作，就是要“天天反盗版，天天有行动”，依法打击犯罪分子。

侵权盗版问题是国际知识产权争端中的突出问题，更是版权产业乃至国家经济社会发展的主要障碍。中国政府始终高度重视保护知识产权、打击侵权盗版工作，并把它列为建设创新型国家的国家战略。国务院总理温家宝曾说，我们保护知识产权的决心像钢铁一样坚硬。最近，国务院常务会议审议并原则通过了《国家知识产权战略纲要》，是我国推进创新型国家建设的重要举措，对坚定保护知识产权具有深远的战略意义。目前，侵权盗版犯罪活动正日趋

国际化。打击侵权盗版、保护知识产权已不仅仅是一个国家一个地区的事情，需要各国携起手来，加强协作，共同行动。其前提是，先把自己国家的事情办好。今天，邀请各国驻华使馆官员们参加此次集中销毁活动，也是向世界各国表达中国政府的这一良好愿望，中国将以钢铁般的意志坚定不移地打击侵权盗版活动，同时也谋求广泛、深入、友好的国际间合作。当前最紧迫的是，开展打击国际间的走私犯罪活动，查办跨国盗版大要案。

再过几天，我们就迎来“4·26”世界知识产权日，各地各部门还将举办多种形式的宣传活动。随着建设创新型国家战略不断推进，打击侵权盗版，保护知识产权的意识更加深入人心，这是我们做好“扫黄打非”工作最坚实的群众基础。希望全国“扫黄打非”战线的同志们锐意进取，开拓创新，真抓实干，不断推动“扫黄打非”工作上新的台阶，为净化文化市场环境、举办高水平的奥运会，为保护知识产权、构建和谐社会作出新的更大的贡献。

在迎奥运维护出版物市场稳定“扫黄打非”办公室主任会议上的讲话（摘要）

新闻出版总署署长、国家版权局局长、全国“扫黄打非”工作小组副组长兼办公室主任
柳斌杰

一、认清形势，统一思想，将维护稳定工作作为当前头等大事

今年是极为重要、极为特殊的一年，在连续遭受雨雪冰冻和地震灾害的情况下，我们要举办世人瞩目的北京奥运会，还将迎来改革开放30周年。特别是举办北京奥运会，对我国既是一次难得的机遇，也是一次严峻的挑战。

当前面临的复杂形势是对我们“扫黄打非”战线的严峻考验。各地各有关部门要深刻认识开展“扫黄打非”工作的极端重要性，将思想和行动统一到中央精神上来，把维护稳定工作作为当前头等大事，突出工作重点，立足主动防范，深入细致地做好“扫黄打非”工作，为举办一届高水平、有特色的奥运会营造良好的舆论氛围和文化环境。

二、目标明确，开局良好，前一阶段专项行动取得重大成果

各地各有关部门今年工作都比较主动，开局良好，目标明确，任务具体，落实比较到位。在前一阶段专项行动中，各地各有关部门在防止境外有害出版物流入境内、封堵互联网有害信息、打击淫秽色情等有害出版物、查处取缔非法报刊制售活动、清查出版物市场、查堵非法出版物运输渠道以及查办大案要案等方面做了大量工作。据统计，1至4月份全国共收缴各类非法出版物2698.1万件，其中淫秽色情出版物97.4万件，盗版出版物2479.8万件，非法报刊65.9万份，走私光盘1.7万张；查获非法光盘生产线7条；查办“扫黄打非”案件7556起，其中行政处罚案件7425起，刑事处理案件131起。

（一）继续深入打击非法出版活动

在全国“扫黄打非”办公室和公安部的部署协调下，经过有关地区的深入侦办，重庆“8·29”制售非法报刊特大团伙网络案取得重大进展，目前涉及全国29个省（区、市）的案件线索已基本查清，由此案牵出的20起“案中案”已由公安机关立案查办，13名涉案嫌疑人已被批捕，4名涉案嫌疑人被采取刑事强制措施，共处罚金70万元。各地行政执法部门对4家单位和6名个人作出行政处罚，其中停业整顿1家，收缴扣押各类非法报刊10万余份，追回赃款147万余元，行政罚款45万余元。近日，湖北省武汉

市还查获《环球军事》《法制新观察》等各类非法报纸10余个品种2万余份。河南省先后查获非法报刊6000多份，取缔非法期刊编辑部15家。

（二）集中打击各种侵权盗版活动

1至4月，全国共查处侵权盗版出版物案件3788起，收缴盗版音像制品1821.4万件、盗版图书408.4万册、盗版教材教辅读物108.8万册、盗版软件及电子出版物141.2万件。日前，北京“10·12”侵权盗版案结案，7名案犯被分别以非法经营罪判处有期徒刑3年6个月至有期徒刑1年缓刑1年，并罚款人民币50万元至2万元。4月12日，全国“扫黄打非”工作小组对办案有功集体和有功个人进行了表彰，社会反响很好。近日，北京市又侦破一起盗版《十七大报告辅导读本》案，抓获犯罪嫌疑人3名。1月3日，广州市在天河区新塘街查获一无证图书批销窝点，收缴盗版教辅图书25.3万册，码洋达202万元。郑州三和印务有限公司去年底因盗版曾受到行政处罚，但不思悔改，日前再次被查获盗版教材30余种8万多册。1月3日，福建省莆田市查获一批发盗版音像制品仓库，收缴盗版音像制品18.6万张。在抗冰救灾中，贵阳市坚持“扫黄打非”不放松，查获一起特大音像制品盗版案，收缴盗版音像制品23万多张，其中淫秽光盘1万余张。3月9日，广州市荔湾区查获一无证地下盗版音像制品仓储批发窝点，收缴非法音像制品26.8万余张，其中淫秽色情光碟7000余张。3月10日，贵州省安顺市查获一地下音像制品批发窝点，收缴非法音像制品10万余张。3月17日，海南省海口市查获一特大非法音像制品制售窝点，收缴母带翻录机8台、盗版光盘和磁带12.6万张（盒）。3月13至14日，广州市成功打掉一个制售境外非法出版物的团伙，查获储存非法出版物窝点3个，现场抓获涉案嫌疑人6名，收缴涉及中国香港、澳门地区及日本、韩国、英、美等地境外和境内盗版出版物共计242种22万余册，涉案价值达2000余万元。此外，1月7日至17日，海南、深圳“扫黄打非”、公安、文化等部门连续破获3个储藏非法光盘生产设备和非法加工生产光盘的窝点，共查获非法光盘生产线7条。

（三）大力推进网上“扫黄打非”工作

1至4月，全国共查处网络“扫黄打非”案件183起。截至目前，全国已有17个省（区、市）“扫黄打非”办公室指定专门机构或专人监管网上有害信息。1至4月，全国“扫黄打非”办公室共接到涉及淫秽色情等有害信息网站的举报150条，并将这些举报转至公安部有关部门查办。新闻出版总署对《淫欲城堡》、《大丑风流记》等21部互联网淫秽色情小说进行查禁。1月25日，北京市在西三旗附近破获一黑网吧利用局域网传播淫秽色情影片的案件，2名犯罪嫌疑人被刑事拘留。1月30日，浙江省嘉兴市查获一网吧利用内部网站播放淫秽色情电影的案件，犯罪嫌疑人已被刑事拘留。1月底，四川省泸州市破获“西爱联盟”淫秽色情网站案，目前该网站已被关闭，犯罪嫌疑人被刑事拘留。

三、领导重视，措施有力，今年“扫黄打非”工作特点鲜明

今年以来，各地各有关部门对“扫黄打非”工作高度重视，做了大量艰苦细致、卓有成效的工作，特别是在南方部分省市遭到百年不遇雨雪冰冻灾害的情况下，仍然采取了一系列有效措施，确保了出版物市场总体态势的平稳有序。今年的“扫黄打非”工作主要呈现以下特点。

（一）领导高度重视，及时部署指导

在第二十一次全国“扫黄打非”工作电视电话会议的前后，31个省（区、市）召开了工作领导小组会议或工作会议，党委分管领导亲自主持会议并发表主旨讲话，对今年“扫黄打非”工作进行全面部署，提出工作要求。全国“扫黄打非”办公室关于开展2008年“扫黄打非”第一阶段专项行动净化春节、“两会”期间出版物市场的通知下发后，有关地方党政领导作出批示或指示，要求将打击非法出版物和有害信息放在重要位置，组织实施好第一阶段专项行动，打赢开局之战。重庆市委常委、宣传部长、市“扫黄打非”工作小组组长何事忠同志1月2日率市委宣传部领导班子到市“扫黄打非”办公室，慰问节日期间坚守在“扫黄打非”岗位上的全体工作人员。湖南省委常委、宣传部长、省“扫黄打非”工作小组组长蒋建国同志2月2日从抗冰第一线，抽空带队到省“扫黄打非”办公室视察，听取“扫黄打非”工作汇报，并对第一阶段专项行动提出要求。针对全国“扫黄打非”办公室发现的问题，河北省组成了由厅局级干部任组长的3个联合督查组，分赴石家庄、保定、廊坊三地，对出版物市场进行检查整治。

（二）部门通力协作，形成工作合力

根据中央关于“扫黄打非”工作的总体要求，各部门对今年本系统的“扫黄打非”工作进行了具体部署。铁道部、国家工商总局分别制定下发了《2008年铁路系统“扫黄打非”行动方案》和《工商行政管理机关2008年“扫黄打非”行动方案》。公安部下发通知，要求各级公安机关治安部门积极开展第一阶段专项行动，进一步做好查缴非法出版物工作。中国民用航空局专门下发了《关于认真做好2008年民航“扫黄打非”工作的通知》，要求民航各地区管理局、各航空运输（集团）公司、机场集团（管理）公司坚持不懈地开展“扫黄打非”斗争。文化部、海关总署、新闻出版总署也就加强本系统监管工作提出了具体要求。近日，全国“扫黄打非”办公室、交通运输部、铁道部、公安部、海关总署、新闻出版总署、中国民用航空局、国家邮政局发出通知，就建立打击利用交通运输渠道贩运非法出版物的联合工作机制提出指导性意见。

（三）行政司法衔接，加大打击力度

今年以来，各地坚持“彻查、彻究、彻办”的办案原则，充分运用现行的法律法规，实现了行政执法与刑事司法的有效衔接，普遍加大了对违法犯罪行为的刑事打击力度，连续审结了一批“扫黄打非”重大案件，有力地震慑了违法犯罪分子。“3·30”非法出版物案继上海作出判决后，广州市越秀区人民法院于3月27日以非法经营罪对被告人葛国顺、刘春祥作出一审判决，分别判处有期徒刑6年6个月和4年6个月，并处罚金5万元和3万元。2月中旬，福建省建瓯市人民法院依法对陆某贩卖淫秽光盘案做出判决，以贩卖淫秽物品牟利罪判处陆某有期徒刑10年，并处罚金人民币1.5万元。江苏省徐州市对崔艳军、闫梅贩卖淫秽光盘案作出判决，以贩卖淫秽物品牟利罪判处崔艳军有期徒刑6年并处罚金5万元，以贩卖淫秽物品牟利罪判处闫梅有期徒刑3年并处罚金2万元。青岛市严惩利用网络传播淫秽色情物品犯罪分子，以传播淫秽物品牟利罪分别判处任延杰、芦培嵩有期徒刑5年和有期徒刑3年。江苏省江阴市以非法经营罪判处从事非法印刷的朱惠良有期徒刑3年，缓刑3年。河南省焦作市对博爱县鑫华印务有限公司非法印刷案进行了宣判，以侵犯著作权罪和非法经营罪判处丁杰顺有期徒刑3年缓刑4年并处罚金10万元，以侵犯著作权罪和非法经营罪判处张国均有期徒刑2年缓刑2年并处罚金10万元。青岛市市北区人民法院在审理三起侵犯著作权犯罪案件中，严格依照刑法和“两高”司法解释定罪量刑，加大了对侵权盗版行为的刑事打击力度。其中，丁来发因贩卖盗版光盘553张，被以侵犯著作权罪判处拘役4个月。这是2007年4月“两高”出台新的关于办理侵犯知识产权刑事案件司法解释后，国内判决的最接近于起刑点的案件。

（四）严查运输渠道，堵截非法货运

针对贩运非法出版物活动出现的新动向，各地加大对非法出版物运输环节的查堵力度，有效地遏制了非法出版物通过铁路、公路、水上、民航以及海关等渠道进行传播。上海铁路局积极开展对行包专列和车站货物集散区的检查，先后4次截获并收缴非法音像制品17.2万余张，其中涉嫌淫秽色情音像制品1000余张。上海市区两级文化执法部门共破获运输非法出版物案件10起，收缴非法音像制品68.6万张、非法书刊11.9万册。广州在1月15日和1月24日先后打掉二个运输非法光盘团伙，分别收缴淫秽色情光盘14.6万张和25.4万张。

（五）创新工作机制，落实目标责任

山西省将2008年“扫黄打非”行动方案的工作要求细化为21个项目，逐项制定具体措施，并落实责任到人。河南省进一步落实“扫黄打非”责任制，省“扫黄打非”工作领导小组组长与各省辖市“扫黄打非”工作领导小组组长签订了2008年“扫黄打非”工作责任书。广西玉林市各县（市区）“扫黄打非”工作小组组长及市直各成员单位的主要负责人签订了2008年“扫黄打非”工作目标管理责任书。今年全国“两会”期间，北京启动了网格化管理机制，确定了城八区的101个区域点位、69条大街和23个全国“两会”代表驻地为重点监控及布控区域，由“扫黄打非”办公室会同公安、工商、城管等部门，采取人盯车巡、雇佣保安人员巡查等做法，实施对文化市场的全天候监管，收到了很好的效果。湖南省怀化市以网吧为切入点，不断强化网络监管，总结出“四到位”经验，即加强领导、组织到位，提高认识、宣传到位，强化管理、措施到位，健全网络、监管到位，扎实开展网上“扫黄打非”工作，取得很好成效。

四、分工负责，整体推进，确保下一阶段重点工作更有成效

根据中央《关于2008年“扫黄打非”行动方案》的部署，全国“扫黄打非”工作小组决定从2008年4月中旬至7月底在全国范围内开展“扫黄打非”第二阶段专项行动。最近，全国“扫黄打非”办公室和中央宣传部出版局组成调研组，分别对北京、天津、上海、青岛、秦皇岛、沈阳等地奥运场馆所在城市出版物市场进行了调研，与当地“扫黄打非”部门进行了座谈，共同分析当前形势，研究维护市场秩序的进一步措施。目前，出版物市场总体态势平稳有序，相关奥运场馆周边和窗口地区环境良好，但在一些城市销售非法出版物现象时有发现，销售盗版图书、盗版光盘现象仍然存在，流动报摊、固定报刊亭销售非法报刊问题比较突出。从当前“扫黄打非”面对的形势看，第二阶段专项行动与第三阶段专项行动在时间上有必要衔接起来，中间不能留间隔，要在4、5两个月工作的基础上，奋战6、7、8三个月，打一场确保北京奥运会成功举办的攻坚战，为北京奥运会营造文明和谐的舆论文化环境。为此，全国“扫黄打非”战线要重点做好以下工作。

（一）及时删除网络有害信息

公安、通信管理、新闻出版等部门要以依法打击整治网络淫秽色情等有害信息专项行动为平台，加强对互联网及移动通讯网络的监控，密切关注网上舆情动向，及时删除境内外网站登载的各类有害信息，深入查处利用网络传播淫秽色情等有害信息、销售非法出版物和侵犯知识产权的行为。

（二）集中治理印刷复制企业

新闻出版、文化、工商、公安等部门要在市场清查的基础上，根据已掌握的线索，深入追查非法出版物及盗版制品的源头，深挖非法制售、储运窝点及非法光盘生产线，坚决取缔无证照印刷企业，严厉打击制售非法出版物及盗版制品的行为。新闻出版总署和全国“扫黄打非”办公室日前已就治理印刷复制企业工作作出了专门部署。各地新闻出版部门要会同有关部门，将印刷复制企业集中地区、非法印刷复制案件多发地和非法印刷复制隐患地区作为重点，对印刷复制企业的在制品、承接业务等情况进行认真检查，严肃查处承接非法出版物及盗版制品印制业务的企业，情节严重的要坚决吊销其经营许可证。北京、河北、江苏、河南、山东、湖南、广东等印刷复制企业集中的地区是印刷复制企业专项整治的重点。

（三）大力查堵非法出版物运输渠道

全国“扫黄打非”办公室、交通运输部、铁道部、公安部、海关总署、新闻出版总署、中国民用航空局、国家邮政局日前联合下发了《关于坚决打击利用交通运输渠道贩运非法出版物的通知》。各地“扫黄打非”办公室要积极协调交通、铁路、公安、海关、新闻出版、民航、邮政等部门，通过深入的调查研究，掌握本地区非法出版物贩运活动的基本规律、手段和特点，建立健全本地区及有关部门查堵非法出版物的工作机制和监管制度，并加大对出版物运输环节的执法检查力度，严格核查出版物发货、承运手续，对有不良记录的发货人和承运企业要重点监控，防止利用伪造证件、伪报品名、伪装托运等手段从事违法运输活动，有效切断非法出版物及盗版制品的流通渠道。

（四）全面清查出版物市场

出版物市场的面貌关系国家的良好形象，关系北京奥运会的顺利举办，因此有必要对出版物市场进行一次全面清理。各地“扫黄打非”办公室要会同新闻出版、文化、工商、城管、公安等部门，集中力量对书报刊、音像制品、计算机软件制品及电脑电子市场和繁华街区、旅游景点、交通枢纽、宾馆饭店等场所的出版物市场进行全面检查，坚决收缴各类非法出版物及盗版制品，坚决取缔兜售非法出版物的游商和无证照经营者。要建立游商及无证照经营者违法违规信息档案，对累计销售非法出版物及盗版制品达到刑事处罚标准的，要严格追究其刑事责任。

五、突出重点，狠抓落实，全力打好奥运会前“扫黄打非”这一仗

当前“扫黄打非”工作面临的形势非比寻常，各地不要一般看待。认真做好奥运会前6、7、8三个月的“扫黄打非”工作，对于确保北京奥运会的成功举办、维护国家的政治安定和社会稳定具有特殊意义。各地各有关部门要深刻认识做好当前“扫黄打非”工作的极端重要性，进一步增强政治意识、大局意识、责任意识、危机意识，保持清醒头脑，保持高压态势，坚持不懈地开展“扫黄打非”斗争，把各项任务落到实处。

各地各有关部门要认真落实“属地管理”和“谁主管、谁负责”的原则，将“扫黄打非”列入重要议事日程，主要领导要亲自过问，分管领导要靠前指挥，加强整体谋划，注意统筹协调。各级“扫黄打非”工作领导小组组长作为第一责任人，要切实担负起领导责任，强化对奥运会前“扫黄打非”工作的组织领导，结合本地本部门实际，作出专门部署，制定具体方案，并狠抓各项重点任务的落实。要将重点任务细化分解到有关地区和部门，实行问责制和责任追究制，坚决防止有分工不负责、有任务不落实、有责任不到位的问题出现，切实做到守土有责、守土负责、守土尽责。各地各有关部门要采取有针对性、操作性的具体措施，强化对重点区域、重点环节、重点部位、重点对象的监管，确保奥运会前各项重点工作取得实效。各级“扫黄打非”办公室要切实履行部署、指导、协调、督办的职责，适时对重点地区和重点部位进行检查督导，了解专项行动开展情况，帮助解决工作中遇到的问题，总结推广工作中的好经验和好做法。

从快从严查处审理一批重大案件。各地各有关部门要按照“彻查、彻究、彻办”的原则，挖窝点、打团伙、破网络，深入查办大案要案，强力震慑违法犯罪分子。各行政执法部门对制售非法出版物及盗版制品涉嫌达到刑事处罚标准的案件，要及时移送公安机关立案查处。各级政法部门要协调公检法机关，充分运用现行法律法规，抓紧审结一批“扫黄打非”案件。对重大案件的犯罪分子，要依法从重处罚。

形成更加强有力的工作合力。各部门要进一步增强大局观念和责任意识，既要按照工作任务的分工，各司其职，各负其责，又要相互协作，密切配合，努力形成快速反应、整体防控的工作格局，做到属地管理与部门管理相衔接、主管部门与协管部门相配合。

在表彰北京“10·12”侵权盗版案办案有功集体、有功个人大会上的讲话（摘要）

新闻出版总署署长、国家版权局局长、全国“扫黄打非”工作小组副组长兼办公室主任
柳斌杰

今天，全国“扫黄打非”工作小组在这里隆重举行表彰北京“10·12”侵权盗版案办案有功集体、有功个人大会。我代表全国“扫黄打非”工作小组，向受到表彰的北京市公安局治安管理总队行动支队、北京市文化市场行政执法总队执法二队等两家办案有功集体和郑义、陈均红、陈京东、戴月、余应举、陈敬等6名办案有功个人表示热烈的祝贺！对参与此案查办的同志们在查处案件中所表现出的政治坚定、纪律严明、敢打硬仗、深挖彻究的精神和作风致以崇高的敬意！

盗版、盗印党和国家领导人经典著作以及党和国家公开发行的文件书籍，是当前侵权盗版活动的一种新动向，危害十分严重。一些盗版盗印者为了聚敛钱财，粗制滥造、谬误百出，有的甚至把过时中止的有关规定，把地方或部门的规章塞进去，混淆视听，严重损害党和国家利益。对此类违法犯罪活动，必须坚决打击，决不手软。查办北京“10·12”侵权盗版案，是北京市“扫黄打非”工作领导小组按照全国“扫黄打非”办、公安部的部署和要求，履行“属地管理”责任，坚持“彻查、彻究、彻办”原则，充分发挥公安机关办案主力军作用，行政执法与刑事打击相衔接的成功案例。该案的成功破获，从源头上铲除了这一盗印图书的犯罪团伙，维护了党和国家领导人经典著作的严肃性，在社会上产生了很大影响，震慑了此类违法犯罪活动。全国“扫黄打非”工作小组召开表彰大会，对办案有功集体和有功人员进行表彰、奖励的同时，也展示了我们打击侵权盗版的成果，进一步表明中国政府保护知识产权、打击侵权盗版的决心和能力，震慑侵权盗版犯罪分子，鼓舞人民群众参与“扫黄打非”斗争。

保护知识产权、打击侵权盗版是“扫黄打非”的工作重点之一。党中央、国务院对此高度重视，温家宝总理在今年十一届全国人大一次会议上的《政府工作报告》中，强调“实施知识产权战略”和“规范文化市场，坚持开展‘扫黄打非’”。

开展“扫黄打非”斗争20多年来，尤其是党的十六大以来的5年多时间，全国每年都要查办一批侵权盗版和非法出版的重点案件，积累了很多好的经验。通过北京“10·12”侵权盗版案的查处，使我们进一步加深了对做好案件查办工作的规律性认识，主要是以下四点：

一是坚持“属地管理”和“谁主管、谁负责”的原则，依靠各级党委、政府的坚强领导。在查办“10·12”侵权盗版案中，北京坚持“属地管理”和“谁主管、谁负责”的原则，切实做到守土有责、守土负责、守土尽责。北京市委、市政府高度重视，蔡赴朝、马振川等市委领导先后作出批示，以高度的政治责任感，坚决贯彻中央的部署和要求，从而确保了案件查办工作的顺利开展。在北京市“扫黄打非”工作领导小组的坚强领导下，市公安、文化执法、检察、审判等部门相互协作、密切配合，市“扫黄打非”办、市公安局治安管理总队、市文化行政执法总队联合成立了强有力的专案组，迅速出击，全面布控，只用了3个月时间就破获了全案。

二是坚持“彻查、彻究、彻办”的办案原则，彻底摧毁犯罪团伙。针对策划、生产、储运、批销非法出版物的违法犯罪活动呈现跨地区、跨行业、“一条龙”的团伙化趋势，全国

“扫黄打非”办确立了“彻查、彻究、彻办”的办案原则，树立不放过任何有价值线索，而且要一追到底、力求彻底摧毁犯罪团伙、不给犯罪分子以死灰复燃机会的办案指导思想。各地查办案件，一方面将储运、批销等中间环节作为案件突破口，向上追源头、向下挖窝点；另一方面立足本地、面向全国，案件线索涉及哪个地方就追查到哪个地方。在查办“10·12”侵权盗版案中，北京对发现的重要线索深挖彻究，掌握了犯罪嫌疑人的大量犯罪证据，将北京有关犯罪嫌疑人抓捕之后，又远赴黑龙江将有关犯罪嫌疑人抓获，从而将该犯罪团伙一网打净。

三是坚持发挥公安机关查办案件的主力军作用，“扫黄打非”机构做好协调工作。近年来，公安机关积极参与“扫黄打非”斗争，在查办案件中发挥了主力军作用，北京市公安机关以查办大案要案为主线，针对不同时期的中心工作任务、不同的案件类型、不同犯罪表现形式的需要，因情施策，多策并举，克服困难，顽强作战，查办了一批案件，为净化首都文化市场作出了重要贡献。这次北京“10·12”侵权盗版案的成功告破，进一步显示了公安机关的主力军作用。北京市公安局治安管理总队承担具体任务，行动迅速，经过一个多月的缜密侦查，在掌握有关犯罪嫌疑人落脚点、存放盗版图书的仓库及盗印、销售大量犯罪证据的基础上，将全部犯罪嫌疑人捉拿归案。

四是做好行政执法与刑事打击的衔接，加大刑事打击力度。针对当前“扫黄打非”斗争形势，我们对各类非法出版活动必须依法从严查处，涉嫌犯罪的，要严格依照刑法和有关司法解释追究其刑事责任，坚决进行刑事打击。北京“10·12”侵权盗版案的查处就很好地做到了这一点。2007年1月，有关犯罪嫌疑人被以非法经营罪批准逮捕后，专案组还特别关注对嫌疑人的处理问题，直至2007年10月25日，7名案犯被分别以非法经营罪判处有期徒刑3年6个月至有期徒刑1年、缓刑1年，并罚款人民币50万元至2万元。

北京作为首都，是全国的政治、经济、文化中心。在全国31个省（区、市）同样是开展“扫黄打非”，北京由于其特殊的地理位置等因素，要比其他地方多作出几倍的努力。搞好北京的“扫黄打非”，一方面是因为中央对北京有更高的要求，另一方面是因为北京的同志们具有更强的做好“扫黄打非”工作的政治责任感。深入开展“扫黄打非”，为北京奥运会营造良好的舆论氛围和文化环境，不仅是北京的重要任务，也是全国的重要任务。希望北京的同志们在市委、市政府的领导下，振奋精神，努力工作，完成好以下重点任务，维护好首都文化市场秩序。一是坚决查缴非法出版物，做到严密监控、立体防范、露头就打；二是集中打击各种侵权盗版活动，进一步加强日常监管，继续深挖非法窝点，持续清理销售盗版及非法出版物的游商地摊和无证照经营者，做到打击侵权盗版天天有行动、天天见成效；三是全面开展网上“扫黄打非”，加强网络信息和网络公共服务终端管理，坚决查处利用信息网络、通讯工具从事的非法出版行为；四是严肃查处非法报刊制售活动，加大整治力度，及时公布非法报刊名录，坚决取缔各种非法报刊。

今天，我们对两家有功集体和6名有功个人进行了表彰奖励，希望受表彰的有功集体和有功个人，锐意进取，再立新功。同时也希望北京及全国“扫黄打非”战线的同志们，以受表彰的有功集体和有功个人为榜样，不畏艰难，努力拼搏，扎实工作，狠抓落实，把奥运之年的“扫黄打非”工作搞得有声有色、成绩卓著。全国“扫黄打非”工作小组相信，在北京市委、市政府的正确领导下，在以蔡赴朝同志为首的北京“扫黄打非”战线同志们的努力下，北京市一定能圆满完成2008年“扫黄打非”各项工作任务，多打几个漂亮仗，为北京奥运会的成功举办，为推动全国的文化大发展大繁荣、促进全面建设小康社会作出新的贡献。

在第二十一次全国“扫黄打非”工作电视电话会议上的讲话（摘要）

中央综治委副主任、中央综治办主任、中央政法委副秘书长、
全国“扫黄打非”工作小组副组长
陈冀平

一、统一思想，提高认识，进一步增强“扫黄打非”工作的责任感

2007年，在党中央、国务院的正确领导下，各级政法委、综治委和各级政法机关认真贯彻落实中央办公厅、国务院办公厅转发的《2007年“扫黄打非”行动方案》，配合宣传、新闻出版、文化、工商等有关部门，积极开展了查堵非法出版物、扫除淫秽色情等文化垃圾、打击侵权盗版行为、整治非法报刊和网上“扫黄打非”等重点工作，始终保持了对各种违法犯罪活动的高压态势；紧密结合工作实际，突出工作重点，进一步加大清查整治力度，破获了一批大案要案，端掉了一批犯罪窝点，抓获了一批犯罪嫌疑人；及时受理“扫黄打非”案件，组织精干力量快查快办，一批违法犯罪人员受到了法律的严惩；结合广泛开展的平安建设，坚持“打防结合、预防为主，专群结合、依靠群众”的工作方针，努力将“扫黄打非”工作向基层延伸，同时将“扫黄打非”工作纳入社会治安综合治理年度考核，促进了各项工作的落实，为构建社会主义和谐社会，维护我国的政治稳定、社会安定和文化安全，为党的十七大胜利召开营造了良好的舆论文化环境。

2008年是全面贯彻落实党的十七大作出战略部署的第一年，是全国人大、中央政府、全国政协换届之年，同时，北京将举办2008年奥运会，维护社会和谐稳定、净化文化和出版物市场工作任务十分繁重，“扫黄打非”斗争面临的形势依然十分严峻。

因此，各级政法委、综治委和各级政法机关要充分认清当前的形势，要从捍卫中国特色社会主义旗帜、捍卫中国特色社会主义理论、捍卫中国特色社会主义道路的政治高度，从全面建设小康社会、构建社会主义和谐社会的全局高度，从维护党和国家长治久安的战略高度，充分认识“扫黄打非”工作的重要性。要按照全国政法工作会议精神和这次电视电话会议的要求，进一步提高对“扫黄打非”斗争重要性、长期性、紧迫性的认识，进一步增强政治意识、大局意识、责任意识和忧患意识，切实将思想统一到中央决策部署上来。要把“扫黄打非”工作作为维护社会稳定和社会治安的一项重要任务，加强对“扫黄打非”工作的组织领导，积极参与“扫黄打非”集中行动和专项治理，进一步加大执法力度，确保“扫黄打非”工作的各项措施落到实处。

二、严密组织，突出重点，进一步加大“扫黄打非”工作的力度

根据中央关于开展“扫黄打非”工作的总体要求，中央宣传部、中央政法委、全国“扫黄打非”工作小组办公室联合制定下发了《2008年“扫黄打非”行动方案》，对“扫黄打非”工作提出了具体的工作要求。各级政法委、综治委和各级政法机关要按照行动方案的部署和此次会议精神，紧密结合本地区和本部门的工作实际，采取切实有效的措施，狠抓各项工作落实。

一是配合有关部门严密查堵非法出版物。公安机关要积极配合新闻出版、文化、工商等部门，加大对书报刊批发市场、音像市场、电子软件市场的清查力度。坚决打击兜售非法出版物和盗版出版物、淫秽音像制品的违法犯罪活动。

二是深入开展网上“扫黄打非”斗争，进一步净化网络文化环境，规范网络文化经营秩序。

各级政法机关要切实加强网上斗争，建立健全网上综合管理体系，加大网上巡查力度，严厉打击网上色情活动，扫除淫秽色情等文化垃圾，为青少年健康成长创造良好的社会环境；严厉打击利用互联网、网吧、移动通讯终端、声讯台、录像厅、手机短信等传播文化垃圾、有害信息的行为，并寻根溯源，挖出犯罪窝点，严惩组织头目。对群众反映强烈的接纳未成年人浏览色情有害信息的黑网吧和违规经营的上网服务场所，要坚决予以取缔，依法严厉查处。

三是进一步加大侦破和查办大案要案的工作力度。要加强情报信息工作，建立情报信息网络，做到早发现，早控制。要深挖犯罪线索，查找犯罪活动源头，坚决打掉从事走私、制作、印刷、复制、销售非法出版物活动的犯罪团伙，端掉其制作储藏窝点，摧毁其地下发行网络。各级党委政法委要切实加大对案件的协调力度，特别是对大案要案和跨地区的案件，要落实责任，加强督查，确保立案、侦破、审理等环节的办案质量；各级公安机关要发挥“扫黄打非”主力军作用，强化对重大案件侦破的组织领导，完善工作机制，突出重点，主动出击，务求实效；公安边防部门要依法严厉打击走私、贩运非法出版物活动，切断犯罪活动的秘密通道；公安、法院、检察院要密切配合，用好用足现有法律，做好行政执法与刑事司法的衔接，充分运用刑事打击手段，严惩犯罪，形成强大的法律威慑力。对有关部门移送的应该追究刑事责任的案件，要及时立案，坚决依法追究犯罪嫌疑人的刑事责任。要进一步规范执法行为，对有法不依、执法不严、以罚代刑，办人情案，充当保护伞，甚至与不法分子相互勾结，进行权钱交易的执法人员，要依法严厉查处，并追究有关领导的责任。

四是加强治安管理和防范工作。要加强对出版、发行单位和印刷、复制企业的监管，依法严厉查处单位和企业的违法违规行为，从源头上保障出版物市场的正常秩序。坚决取缔无照经营、违法经营的企业，从严查处违法经营行为。要进一步加大治安整治的力度，对在城市繁华地区和公共场所兜售盗版图书、淫秽光盘的游商、摊商进行坚决治理。

三、综合治理，群防群治，进一步构建齐抓共管的工作格局

“扫黄打非”工作涉及的部门多，覆盖面广，难度大。要坚持“打防结合、预防为主，专群结合、依靠群众”的方针，积极构建“扫黄打非”工作长效机制。各级综治组织要按照《2008 年全国社会治安综合治理工作要点》的要求，认真落实“扫黄打非”工作责任，明确目标任务，切实加强组织领导，确保“扫黄打非”工作在基层得到落实。各级综治办要积极与当地“扫黄打非”工作领导小组及其办公室协作配合，协调、指导综治成员单位共同做好“扫黄打非”工作。

党的十七大从夺取全面建设小康社会新胜利的高度，对加强社会治安综合治理，深入开展平安建设提出了新的更高的要求。各级综治组织要紧密结合当前开展的综合治理和平安建设工作，深入开展“扫黄打非”工作，努力在提高层次、完善机制、取得实效上下工夫。要进一步发挥基层党政组织和居委会、治保会、调委会等自治组织的作用，调动其参与“扫黄打非”工作的积极性，将“扫黄打非”的任务和责任落实到基层。宣传、文化、工商、新闻出版等综治委成员单位在落实综治责任的同时，加强协调配合，积极参与“扫黄打非”工作，形成齐抓共管的工作格局。要把“扫黄打非”工作与排查整治治安混乱地区和突出治安问题等专项行动结合起来，对出版、贩卖非法出版物和兜售淫秽色情书刊、光盘等不法活动进行坚决清理，对问题严重的地方，要协调有关部门切实采取有效措施，实施综合整治，做到发现一处清理一处巩固一处。要充分发挥综治群防群治网络和治安信息员的作用，将“扫黄打非”工作的触角延伸到街道社区、乡镇村庄，延伸到社会每个角落，形成严密的防范网络。要坚决扫除危害青少年身心健康的有害信息和出版物，采取多种形式，结合典型案例，加大宣传教育力度，增强广大青少年自觉抵制和远离淫秽色情等有害出版物、色情网络游戏侵蚀的能力。要通过加强治安管理，深挖非法出版活动制作、储运场所。近期，中央办公厅、国务院办公厅转发了《中央社会治安综合治理委员会关于进一步加强流动人口服务和管理工作的意见》，对流动人口的服务和管理工作提出了新的要求，要结合《意见》的贯彻落实，进一步细化“扫黄打非”工作措施，落实工作责任。要强化对出租房屋的管理，通过以房管人，及时发现违法犯罪活动和违法犯罪人员。同时，加大宣传力度，对典型案例进行曝光，教育群众，震慑犯罪。要大力提倡和表彰见义勇为精神，鼓励群众举报违法犯罪线索，调动群众参与“扫黄打非”工作的积极性，努力形成人人参与、全社会支持“扫黄打非”工作的良好局面。要坚持“属地管理”和“谁主管、谁负责”的原则，努力在齐抓共管上下工夫，在落实责任上下工夫，在健全制度上下工夫，在构建长效工作机制上下工夫。要将“扫黄打非”工作纳入各级综合治理年度考核范围，并作为评先表彰的重要依据。要严格按照社会治安综合治理领导责任制和责任追究制度，对在“扫黄打非”工作中不力的地区和单位，及时下达警示通知书或黄牌警告，对在工作中失职、渎职，导致非法出版物泛滥、影响恶劣的地区和单位及其责任人，要严肃追究其领导责任，该“一票否决”的，坚持实行“一票否决”。

在2008年全国统一举行集中销毁侵权盗版及非法出版物活动仪式上的讲话

北京市委常委、宣传部长、副市长、市“扫黄打非”工作领导小组组长
蔡赴朝

在第八个“世界知识产权日”即将到来之际，全国“扫黄打非”工作小组和北京市在这里联合举行非法出版物销毁活动，这集中展示了“扫黄打非”工作所取得的重要成果，也充分展现了我们打击侵权盗版、保护知识产权、净化首都文化市场的坚强决心。在此，我谨代表北京市委、市政府向各位领导和来宾表示热烈欢迎！向关心、支持北京市知识产权保护工作的各级领导和各界人士表示衷心的感谢！向“扫黄打非”工作战线上的同志们致以崇高的敬意！

保护知识产权是我国的一项重要战略，是推动社会主义文化大发展大繁荣的需要，也是我国政府履行国际义务、树立良好国际形象的需要。北京市委、市政府历来高度重视知识产权保护工作，坚决贯彻落实中央精神，采取有力措施，取得了一定的成绩。特别是去年以来，在全国“扫黄打非”工作小组的领导下，我市积极开展“反盗版天天行动”，严厉打击侵权盗版，查处了一批大案要案，全市共收缴非法图书240万余册，收缴盗版软件及音像制品276万多件。今天，已经结案的200万件（册）涉案书刊和光盘将全部销毁。全市“扫黄打非”战线的同志们不辞辛劳，日夜奋战，以自己的不懈努力，有力地维护了首都文化市场的经营秩序，为构建社会主义和谐社会首善之区营造了健康向上的文化环境。

打击侵权盗版，保护知识产权，是一项长期而艰巨的任务。北京市各级党委和政府一定要从全面贯彻落实科学发展观的高度，从建设社会主义和谐社会首善之区的高度，认清“扫黄打非”、保护知识产权工作的重要性和艰巨性，坚决贯彻中央作出的决策和部署，以高度的政治责任感，坚持不懈地做好“扫黄打非”工作。打击侵权盗版，保护知识产权，既是政府的职责，也需要全社会的共同参与。希望广大市民不断增强尊重知识产权的意识，积极参与“扫黄打非”行动，自觉抵制盗版，支持正版，共同营造保护知识产权的社会氛围。

同志们，2008年北京奥运会日益临近，以健康有序的文化市场环境迎接奥运会，是“扫黄打非”工作者义不容辞的责任。让我们按照中央的统一部署，在市委、市政府的领导下，振奋精神，扎实工作，为成功举办一届有特色、高水平的奥运会做出我们应有的贡献。

全国“扫黄打非”工作综述

全国“扫黄打非”工作小组办公室

2008年“扫黄打非”工作综述

2008年，全国“扫黄打非”工作高举保护知识产权旗帜，在强化日常监管的同时，始终保持对各类非法出版活动的高压态势，不间断地组织开展了一系列专项行动，为抗震救灾、北京奥运会的成功举办和纪念改革开放30周年营造了良好的舆论文化环境，为维护文化安全、市场秩序、社会稳定作出了重要贡献。

一、2008年“扫黄打非”工作取得了显著成绩

2008年全国共收缴各类非法出版物8383.7万件，取缔关闭店档摊点4.6万个，关停印刷复制企业1420家、非法网站1.4万余个，删除网上不良信息49万余条，查获非法光盘生产线8条，查办行政处罚案件2.5万余起、刑事案件328起。收缴非法出版物数量等主要数据为近年来首次较大幅度下降，各类非法出版活动得到有效遏制。2008年全国出版物市场应该说是历史上最好的一年。

二、2008年“扫黄打非”工作的新突破

（一）查缴非法出版物工作有两个突破

一是重视强化日常监管机制建设。二是从查缴非法出版物向追查幕后主犯、向打团伙破网络延伸。典型案件有湖北咸宁破获“4·01”印制非法出版物案，查获非法出版物1万多册，打掉了一个隐蔽多年的非法印刷窝点。黑龙江破获“5·24”特大制售非法出版物及淫秽书刊案，逮捕犯罪嫌疑人10名，现已查明该犯罪团伙7个月内制售非法出版物3万册、淫秽色情书刊30万册。根据广州“3·18”制售非法出版物案线索，河北石家庄于11月成功打掉一制作印刷发行非法出版物团伙，收缴非法出版物1.4万余册，抓获犯罪嫌疑人4名。

（二）打击侵权盗版保护知识产权有三大亮点

2008年全国共收缴盗版出版物7605.5万件，查办侵权盗版出版物案件1.25万起。在收缴的盗版出版物中，盗版音像制品5679.5万件，盗版图书1309.4万件，盗版教材教辅读物335.1万件，盗版软件及电子出版物281.5万件。“4·26”世界知识产权日前后，全国“扫黄打非”办公室组织各地查办、审结、曝光了一批侵权盗版重点案件，集中开展了保护知识产权、打击侵权盗版宣传活动，部署31个省区市同时举行2008年全国侵权盗版及非法出版物集中销毁活动，组织销毁侵权盗版及非法出版物4718万件，是历年一次性集中销毁数量最多的。2008年的打击侵权盗版工作，有三点值得认真总结。一是严厉打击盗版盗印党和国家领导人经典著作以及党和国家公开发行的文件汇编。先后查处了北京盗版盗印《江泽民文选》案，下发了严厉打击盗印党的十七大文献非法出版活动通知、坚决制止盗印学习实践科学发展观三本书的通知等。打击侵权盗版重点的转移，便于动员和引导人民群众更广泛地参与，还增强了打击的针对性，体现了工作上的与时俱进。二是紧紧抓住与国际组织合作打盗版的机遇不放，发挥我方优势，为国争光。新闻出版总署、国家版权局和全国“扫黄打非”办公室对防止和打击侵权盗版北京2008年奥运会开闭幕式和奥运会相关题材音像制品的工作，奥运会前就做到了早谋划、早安排、早组织、大力度。北京奥运期间，国家版权局会同奥组委、全国“扫黄打非”办公室等部门组成的奥运反盗版工作组，24小时值班，加大网络转播盗版活动监管力度，处理侵权网站117个，对其中84家网站采取了关闭或停止接入等相关措施，对33家网站采取了责令删除内容或停止侵权行为的执法措施，最快时仅用20分钟就查处了一起互联网违法转播奥运赛事的案件，得到了国际奥委会的高度评价，被称为国际反盗版的最高水平。三是连续不断查处侵权盗版大案，震慑犯罪分子。1月7日至17日，深圳、海南连续破获3处储藏非法光盘生产设备和非法加工生产光盘的窝点，查获非法光盘生产线7条。6月2日，广东中山又查获正在组装的非法光盘生产线1条。10月，深圳“1·17”非法光盘生产线案主犯被抓获，这是广东自1996年查获第一条非法光盘生产线以来首次将幕后老板捉拿归案。应该说这是一个重大胜利，极大震慑了地下盗版犯罪分子。1月3日，广州市天河区查获一无证图书批销窝点，收缴盗版教辅图书25.3万册，码洋达202万元。3月9日，广州市荔湾区查获一盗版音像制品仓储批发窝点，收缴非法音像制品26.8万张。3月13日至14日，广州市打掉一个制售境外非法出版物的团伙，查获储存窝点3处，现场抓获犯罪嫌疑人6名，收缴涉及中国香港、澳门地区以及日本、韩国、英、美等地境内和境外盗版出版物共计242种22万余册，案值2000余万元。4月，上海市捣毁一特大非法音像制品批发窝点，收缴非法音像制品33万张，抓获涉案人员3名。5月20日，广州市查获3个非法音像制品仓库，收缴非法音像制品297万件，全部是境外SID码。5月29日，上海市端掉一特大非法音像制品批发窝点，收缴非法音像制品34万张。9月，天津警方在广东警方的配合下，两地同时行动，动用9个警种，一举破获以付某为首的批销盗版、淫秽音像制品团伙，抓获主要犯罪嫌疑人24名，查获盗版光盘30余万张、淫秽光盘1000余张，该团伙非法经营盗版音像制品时间长、范围广，涉及全国27个省区市。10月23日，重庆市根据忠县查获的案件线索，打掉垫江县一盗版音像制品窝点，两处共收缴盗版音像制品14万张。11月27日至12月3日，成都捣毁3个盗版光盘窝点，收缴盗版光盘6万余张。12月10日，深圳在福田区东花园、罗湖区步行街、罗湖区田心村成功打掉一个特大制售盗版光盘团伙，收缴非法音像制品31万多张，刑事拘留20人。

（三）网上“扫黄打非”采取综合治理措施

2008年加大了网上“扫黄打非”力度，采取综合治理措施，全年共查办网络“扫黄打非”案件1848起。一是持续开展多部门参加的联合打击行动。由公安部牵头，由全国“扫黄打非”办公室等中央多部门参加的依法打击网络淫秽色情等有害信息专项行动已进入了第二个年头，时间跨度长，部门合力强，社会影响广，屏蔽删除大量有害信息，关闭一批非法网站。二是注重发挥网上监管机构的日常监管作用。除中央的三大监管部门发挥主力作用外，各地积极建立机构，努力管好本地事情。全国已有17个省区市“扫黄打非”办公室指定专门机构或专人监管网上有害信息。全国“扫黄打非”办公室24小时值班接收举报，每天平均接到反映淫秽色情网站等举报4至5件，都按规定程序转有关部门及时查处。三是遏制网络色情小说传播。制定下发专门通知，查处各类违法违规网络出版小说案件16起，其中7起属于利用互联网登载、传播淫秽色情出版物案件，涉及各类淫秽色情网络小说392部（种、款），关闭网站23家，给予263家网站行政警告处分，删除相关链接6774个。在扫除淫秽色情等文化垃圾、为青少年健康成长营造良好文化环境方面，把重点放在机制建设上，及时总结推广了湖南怀化以网吧为切入点、扎实开展网上“扫黄打非”“四到位”的经验，即组织到位、宣传到位、措施到位、监管到位，取得了很好的效果。

（四）整治“四假”态度坚决，查处非法报刊取得重要进展

2008年全国共收缴非法报刊390.4万份。继2007年底至2008年初开展打击非法出版活动专项行动和整治“四假”专项行动后，又于2008年10月集中一个月的时间开展了严厉打击非法报刊专项行动。在全面清查报刊市场、严厉打击非法报刊的同时，会同新闻出版执法部门，严肃查处参与违规违法活动的报刊出版单位，坚决纠正处理买卖刊号、一号多刊等违法违规行为，并加强对发行渠道的监管，防范非法报刊流入邮政等正规批发征订渠道。督办了重庆、江苏、辽宁、北京、广东、山西、河北、云南、海南等地查处非法报刊及“四假”重点案件。例如，重庆“8·29”制售非法报刊团伙网络案涉及29个省区市的重要线索基本查清，批捕犯罪嫌疑人13人，收缴扣押各类非法书报刊10万余件，罚没及追回赃款192万元。江苏徐州破获“3·03”制售非法报刊团伙案，该团伙通过互联网下载军事类、法制类、时政类文章，利用假冒伪造报刊名称、电脑排版制作、异地印刷等手段，将非法报纸发往25个省区市的90个市（县区），总数达410余万份，主犯刘某某被判处有期徒刑6年，涉及各地的案件线索核查工作取得阶段性成果。山西临汾、太原破获两起非法制作假记者证等特大案件，收缴各类假证件近3万本、制假公章4.3万枚，上到国家各部委、中央各大媒体，下至各省市县行政机关、地方媒体，高校和中小学等，制假证规模之大是空前的。河北行唐破获一起非法网站违法制作发放“记者证”、利用《法治动态》内部准印证号非法出版、发行《中国法治网·资讯》的诈骗案，涉案金额112.2万元，犯罪分子采取私刻公章、制作假证、非法报刊、网络诈骗、套牌警车等多种犯罪手段作案，涉及范围广、性质恶劣。11月8日，北京市破获“中国法制观察”网站制售、使用假记者证犯罪团伙案，6名犯罪嫌疑人被刑事拘留。

三、各地各部门密切配合形成“扫黄打非”的合力

各级党政领导充分认识了“扫黄打非”的重要性，一些主要领导亲自部署、指导、督办“扫黄打非”工作，工作力度进一步加大。全国“扫黄打非”工作小组各成员单位既各司其职、各负其责，又相互配合、加强协作，努力形成快速反应、整体防控的工作格局。各地普遍反映，2008年“扫黄打非”各职能部门在配合上有大的进步和创新。

四、2008年“扫黄打非”工作的新经验

（一）在重大事件的实战中提高执法能力

平安奥运是全年“扫黄打非”工作主线，全国“扫黄打非”战线的同志们从年初到年底，马不停蹄地奋战在市场监管第一线、打击犯罪第一线。各地普遍采取错时执法、夜间执法和节假日执法的做法对出版物市场进行高密度的反复清查，清查范围由中心城区向城郊、乡镇延伸，最大限度地挤压游商、地摊、无证照经营者的活动时间和空间；普遍组织经营单位开展了“我为奥运做贡献、文明经营我争先”活动，教育引导经营业者守法文明经营。各地创新了一些完全可以引入日常监管机制的好制度、好办法。比如，北京定人定责定岗，实行全天候、全覆盖监控，组建起1800人的信息监督员队伍，分散在全市主要街道，能在第一时间应对紧急情况。奥运协办城市青岛实行“四级”网络监管机制，将监管工作拓展到农村乡镇和街道居委会。奥运协办城市秦皇岛实施分片包店责任制。奥运协办城市天津实行各级党政领导管线、“扫黄打非”部门管片的网格化管理模式。奥运协办城市上海从市级到村级层层签订领导责任状，实行问责制，确保市场万无一失。通过上下各方面的共同努力，奥运期间出版物市场面貌成为近年来最好的时期。奥运会后，全国“扫黄打非”办公室及时将工作重心由连续专项行动转移到强化日常监管上来，要求各地各部门继续保持对非法出版活动的高压态势，继续保持出版物市场的良好态势。围绕办奥

运开展“扫黄打非”的好做法、新经验，不仅锻炼了队伍，更重要的是提高了能力。

（二）注重策略和战术的调整

从策略上讲，就是把打击非法出版物的工作重点放到海关、边防堵截和防止内地印发扩散上，在战术上立足于打团伙、破网络，注重从环节上发现重要线索，深挖彻究。为此，全国“扫黄打非”办公室提醒各地各职能部门把非法出版物的印制、运输、销售、传播、入境等各个环节作为监管的重点，始终抓住不放，按照“属地管理”和“谁主管、谁负责”的原则，分头把关负责，不管哪个环节出现问题，都果断采取措施加以应对。针对非法出版物向网上转移的趋势，与公安、工信、外宣、新闻出版等部门共同探索查堵网上有害信息和非法出版物的常态化措施，力求通过技术措施、行政管理、依法打击等多种手段，对网上书店、交易平台、搜索引擎、信息传输工具等网上传播非法出版物及有害信息实施全面监控。

（三）努力切断非法出版物流通渠道

2008年5月针对利用运输环节贩运非法出版物比较猖狂的问题，全国“扫黄打非”办公室会同交通运输部、铁道部、公安部、海关总署、新闻出版总署、中国民用航空局、国家邮政局等部门，联合下发了坚决打击利用交通运输渠道贩运非法出版物活动的通知，在交通运输环节建立了部门职责明确的联合封堵查缴工作机制，进一步加大对铁路、公路、水路、航空、邮政等运输环节的检查力度，有效切断非法出版物的流通渠道。9月又会同交通运输部、公安部、新闻出版总署、国家工商总局，联合下发了严格规范高速公路服务区出版物经营秩序的通知，以往高速公路服务区作为出版物市场监管“盲区”的状况正在改变。上海、广东、湖北、北京、江苏、浙江、广西等地先后破获了一批利用交通运输渠道贩运非法出版物的案件。1月15日和1月24日，广州市连续打掉两个运输非法光盘的团伙，分别收缴淫秽色情光盘14.6万张和25.4万张。5月15日深圳查获一满载非法音像制品的汽车，收缴非法光盘182箱25.5万余张，其中淫秽色情光盘4.6万张。12月10日湖北孝感境内的鄂北收费站查获一贩运淫秽盗版音像制品的大货车，收缴淫秽盗版音像制品122箱10万余张，其中淫秽色情光盘7000余张。上海全年截获运输环节非法出版物51批，收缴非法音像制品、电子出版物201万盘（张）、非法图书31万多册，有效阻断了犯罪的渠道。

（四）运用行政执法与刑事司法两种手段

行政执法对单位有效，刑事打击对罪犯有效，两种手段结合，威力更大。全国“扫黄打非”工作小组办公室始终将查办案件尤其是查办大案要案作为推动“扫黄打非”工作深入开展的重要手段，案件查办力度不断加大。2008年的特点，一是涉及跨区域的大案要案和难以推进的典型案件，都由全国“扫黄打非”办公室和公安部联合召开协调会督办。先后在北京、天津、河南、广东等地召开十余次案件协调会，作出部署，提出要求。二是过去不想办大案、把大案办成小案，以行政处罚代替刑事打击的地方，思想认识有很大转变，把办案作为“扫黄打非”一项重要工作切实抓了起来。三是按照属地管理原则，协调公检法机关，充分运用现有法律和司法解释，加大对违法犯罪分子的刑事打击力度，依法高限量刑。2008年全国共刑事审结“扫黄打非”案件128起。丁某某因贩卖盗版光盘553张，被青岛市市北区人民法院以侵犯著作权罪判处拘役4个月，这是2007年4月“两高”出台新的关于办理侵犯知识产权刑事案件司法解释后，国内判决的最接近起刑点的案件。江西南昌“7·11”侵权盗版案销售非法出版物金额114万元，主犯被南昌市新建县人民法院以非法经营罪判处有期徒刑6年并处罚金30万元。河南开封“11·28”侵权盗版案销售非法出版物金额3100余万元，三名案犯被开封市禹王台人民法院以非法经营罪分别判处有期徒刑8年、7年、5年，并分别处罚金15—10万元。沈阳和平区人民法院对《沿海时报》非法记者站案主犯实行合同诈骗罪、非法经营罪数罪并罚，判处有期徒刑4年

6个月，并处罚金5万元。湖北咸宁“4·01”印制非法出版物案，印制非法出版物1万多册，主犯被判处有期徒刑6年并处罚金1万元。这些都是加大刑事打击非法出版物案件的新的典型案例，大大震慑违法犯罪分子。

（五）明确职责和督导检查是提高执行力的手段

为了确保“扫黄打非”各项任务落到实处，全国“扫黄打非”办公室一方面将2008年“扫黄打非”行动方案规定的各项任务进行分解，以文件形式明确各成员单位所承担的工作任务和职责；另一方面根据每个阶段的工作重点，适时组织有关成员单位对各地落实阶段性任务情况及出版物市场状况进行检查督导，掌握真实情况，有的放矢地部署安排各项工作，而且对每个阶段工作有部署、有检查、有总结、有报告。2008年春节前，组织有关部门对重点城市出版物市场进行调研。奥运会前，先后三次派出检查组，对北京及五个奥运协办城市出版物市场进行检查督导，并在全国重点地区推出了24小时值班和零报告制度。6月，会同有关部门分三组赴各地检查印刷复制业专项治理情况。10月，会同中央十部门组成9个调研组，对18个省区市33个重点城市开展打击非法报刊专项行动情况进行专项检查。这些督导工作大大提高了“扫黄打非”执行力。

（六）一手抓监管一手促繁荣

文化产业发展需要有良好的市场环境，“扫黄打非”维护了自主创新和公平竞争的市场规则，同样是服务于科学发展，推进文化大发展大繁荣。2008年9月全国“扫黄打非”办公室组织开展了严厉打击盗版电影光盘《画皮》的行动，有效地维护了影片投资方和广大消费者的合法权益，产生了良好的经济效益和社会效益，这部投资1.2亿元拍摄的电影上映一个月票房收入就达2亿元。安徽省“扫黄打非”部门将保护知识产权、打击侵权盗版与繁荣文化产业融为一体，推动合肥市创建了“安徽地方戏曲正版音像一条街”，对抢救小戏种、繁荣文化市场起到了积极作用。全国“扫黄打非”办公室与新闻出版总署印刷司开展的为期3个月的全国印刷复制企业联合大检查，与总署报刊司联手整治“四假”问题，都较好保护了报刊、印刷复制部门的合法权益和人民群众的文化权益，调动了人民群众的积极性，促进了产业发展。

（七）强大的社会舆论是无形的力量

加强舆论宣传，拓宽社会监督渠道，不断提高公众保护知识产权意识和“扫黄打非”工作的认知度、参与度，是“扫黄打非”的成功做法。全国“扫黄打非”办公室围绕重点工作分别制定了各个阶段宣传报道方案，组织报刊、广播、电视、互联网等多种媒体，采用新闻、评论、访谈、综述、专栏、公益广告、手机短信等多种形式，全方位、多角度地宣传“扫黄打非”和保护知识产权的政策法规和重大意义，反映各地开展专项行动、加强日常监管等工作进展情况和工作成效，集中曝光非法出版典型案例，使我国保护知识产权的良好形象进一步树立，公众自觉抵制非法及盗版产品的良好意识进一步增强。

全国“扫黄打非”工作大事记

全国“扫黄打非”工作小组办公室

1月8日，全国“扫黄打非”工作小组2008年第一次全体成员会议在京召开。会议总结了2007年“扫黄打非”工作，研究通过了2007年“扫黄打非”工作表彰决定和第二十一次全国“扫黄打非”工作电视电话会议议程等。中共中央政治局委员、书记处书记、中央宣传部部长、全国“扫黄打非”工作小组组长刘云山主持会议并作重要讲话。全国“扫黄打非”工作小组副组长、成员及办公室副主任出席会议。

1月10日至12日，全国“扫黄打非”工作小组派员先后赴广东、上海、重庆三地召开表彰会，分别对广州“3·17”案、上海—广州“3·30”案、重庆“8·29”案办案有功集体和有功个人进行表彰奖励。

1月17日，全国“扫黄打非”工作小组在国务院小礼堂召开第二十一次全国“扫黄打非”工作电视电话会议，部署2008年“扫黄打非”工作。中共中央政治局委员、书记处书记、中央宣传部部长、全国“扫黄打非”工作小组组长刘云山主持会议并作重要讲话。会议对2007年“扫黄打非”工作173个先进（有功）集体、248个先进（有功）个人进行了表彰。全国“扫黄打非”工作小组副组长柳斌杰、陈冀平、项兆仑、李东生出席会议并发言。全国“扫黄打非”工作小组各成员单位和中央有关部门负责同志出席了会议。各省、自治区、直辖市党委和政府分管领导、“扫黄打非”工作领导小组各成员单位负责同志在分会场参加了会议。

1月25日，全国“扫黄打非”工作小组发出《关于开展2008年“扫黄打非”第一阶段专项行动净化春节、“两会”期间出版物市场的通知》，决定自1月下旬至3月底，在全国范围内开展以打击非法出版物为重点的第一阶段专项行动，进一步净化出版物市场，为2008年春节和“两会”召开营造健康和谐的社会文化环境。

2月2日，春节前夕，全国“扫黄打非”办发出《致“扫黄打非”战线同志们的慰问信》。

3月4日，全国“扫黄打非”办发出《关于召开2008年“扫黄打非”第一阶段专项行动检查汇报会的紧急通知》。

3月6日至8日，全国“扫黄打非”办分江苏、湖北、北京三个片区召开2008年“扫黄打非”第一阶段专项行动检查汇报会，检查各地贯彻落实第一阶段专项行动重点工作，调研听取有关情况和意见，通报有关情况。全国“扫黄打非”办、全国“扫黄打非”工作小组有关成员单位的有关负责同志分别参加各片区会议。

3月14日，全国“扫黄打非”办发出《关于全国“扫黄打非”工作小组成员单位2008年任务分工的通知》。

4月7日，重庆“8·29”制售非法报刊团伙网络案涉及29个省（区、市）的重要线索已基本查清。“8·29”案是全国“扫黄打非”办和公安部2007年挂牌重点督办案件。该案是我国开展“扫黄打非”20年来查获的一起涉案线索最多、涉案范围最大、利用合法渠道从事非法出版活动的特大团伙网络案。自案发以来，各地公安机关已立案20件，批捕犯罪嫌疑人13人，行政执法部门对4家单位和6名个人作出行政处罚，停业整顿1家，收缴扣押各类非法书报刊10万余份，罚没及追回赃款192万元。这是全国“扫黄打非”联合办案工作机制取得的重大胜利。

4月12日，全国“扫黄打非”工作小组在北京召开北京“10·12”侵权盗版案表彰大会。新闻出版总署署长、国家版权局局长、全国“扫黄打非”工作小组副组长兼办公室主任柳斌杰以及北京市“扫黄打非”工作领导小组组长、北京市委常委、宣传部长、副市长蔡赴朝出席会议并讲话。会议对查办“10·12”案作出突出贡献的2个有功集体和6名有功个人予以表彰、奖励。

4月18日，全国“扫黄打非”工作小组发出《关于开展2008年“扫黄打非”第二阶段专项行动的通知》，决定自4月中旬至6月底，在全国范围内开展“扫黄打非”第二阶段专项行动。

4月20日，根据3月28日全国“扫黄打非”办发出的《关于2008年全国统一举行集中销毁侵权盗版及非法出版物活动的紧急通知》，按照全国“扫黄打非”工作小组的统一部署，全国31个省、自治区、直辖市同时举行2008年全国侵权盗版及非法出版物集中销毁活动。新闻出版总署署长、国家版权局局长、全国“扫黄打非”工作小组副组长兼办公室主任柳斌杰出席北京主会场销毁活动并作主旨讲话，全国“扫黄打非”工作小组各成员单位、中央有关部门负责同志以及中外媒体记者、各界群众700余人参加北京主会场活动。这是迄今为止规模最大、最有声势的一次侵权盗版及非法出版物集中销毁活动，全国销毁总量达4718万件。各省及省会城市“扫黄打非”工作领导小组主要领导和各成员单位负责人分别参加各分会场的销毁活动。

5月8日，新闻出版总署、全国“扫黄打非”办联合发出《关于开展印刷复制业专项检查行动的通知》，决定自4月下旬至6月底，联合开展印刷复制业专项检查行动。6月底，派出3个检查组对各地开展情况进行了重点抽查，对存在的问题责令整改。

5月9日，全国“扫黄打非”办发出《关于坚决打击利用交通运输渠道贩运非法出版物的通知》。

5月27日，全国“扫黄打非”工作小组在京召开各省（区、市）、副省级城市、省会城市“扫黄打非”办公室主任会议。新闻出版总署署长、国家版权局局长、全国“扫黄打非”工作小组副组长兼办公室主任柳斌杰出席会议并作主旨讲话。会议总结了第一阶段专项行动工作成果，分析了“扫黄打非”面临的形势，并根据迎奥运新形势，决定把今年第二阶段和第三阶段的专项行动结合起来一并作出工作部署。会议对北京奥运会前“扫黄打非”工作提出了明确要求，强调要把维护社会稳定作为当前“扫黄打非”工作头等大事，打好6、7、8三个月攻坚战，努力营造文明和谐的市场文化环境和舆论氛围，确保北京奥运会顺利举办。

6月17日，全国“扫黄打非”办发出《关于印发〈新闻出版总署有关部门北京奥运会期间“扫黄打非”工作部署协调会议纪要〉的通知》。

7月8日，全国“扫黄打非”工作小组发出《关于开展奥运前30天出版物市场集中清查行动的紧急通知》，决定在“6、7、8三个月‘扫黄打非’专项行动”基础上，进一步加大工作力度，于7月初至8月初，以保护知识产权为工作平台，按照开展“反盗版百日行动”和“反盗版天天行动”通知确定的原则、要求和标准，在全国范围内统一开展出版物市场集中清查行动，严厉打击各种侵权盗版和非法出版活动，深入开展多种形式的保护知识产权宣传教育活动，全力为北京奥运会营造良好的文化市场环境。

8月18日，全国“扫黄打非”办发出《关于全面清查收缴侵权盗版北京2008奥运会开幕式和奥运会相关题材音像制品的通知》。

9月5日，全国“扫黄打非”办发出《关于继续做好残奥会期间出版物市场清查工作的通知》，要求各地、各部门继续保持昂扬斗志和振奋的精神状态，进一步巩固奥运会期间出版物市场清查行动已取得的成果，实现“两个奥运，同样精彩”目标。

9月18日，全国“扫黄打非”工作小组发出《关于加强奥运会后出版物市场监管深入开展“扫黄打非”斗争的通知》，要求各地、各部门迅速转变工作主题，将工作重心转移到“扫黄打非”的日常监管中来，把打击非法出版活动和侵权盗版出版物作为工作重点，保持“扫黄打非”的高压态势，保持奥运期间出版物市场的良好态势，坚决防止反弹。

9月26日，全国“扫黄打非”办、新闻出版总署联合发出《关于进一步开展严厉打击非法报刊专项行动的通知》，决定从2008年10月1日至10月31日在全国进一步开展严厉打击非法报刊专项行动，并作为加强奥运会后出版物市场监管、深入开展“扫黄打非”斗争的重要任务。

10月10日至13日，根据《关于进一步开展严厉打击非法报刊专项行动的通知》要求，全国“扫黄打非”办组织宣传、公安、工商、建设、文化、教育、新闻出版、版权等部门组成9个检查组，对全国18个重点地区就打击非法报刊专项行动开展情况暨报刊市场状况进行检查。通过检查来看，大部分省（区、市）出版物市场秩序良好，但部分省（区、市）仍发现有非法报刊销售，有的省还比较严重，检查组针对检查情况，对发现有非法报刊的省（区、市）“扫黄打非”办提出了要求，督促立即行动，严格按照通知要求，严厉打击非法报刊的制售活动。

10月30日，全国“扫黄打非”办、公安部共同在天津召开“天津、江苏制售非法出版物网络团伙案办案协调会”。奥运会结束后，各地、各部门根据全国“扫黄打非”办统一部署，迅速转变工作主题，将工作重心转移到“扫黄打非”日常监管中来，加大因迎办奥运而放缓的案件查办进度，相关案件查处取得突破性进展。其中，全国“扫黄打非”办和公安部重点督办的天津“6·03”批销盗版音像制品团伙网络案、徐州“3·03”制售非法报纸团伙网络案、南京“3·16”非法报纸印刷案，共涉及28个省（区、市），涉案线索多、范围广、数量大，危害深。案件成功侦破为“扫黄打非”办案提供重要经验，也有力促进正在开展的打击非法报刊专项行动的深入开展。

11月2日至7日，全国“扫黄打非”办在西藏拉萨召开“打击‘藏独’反动出版物及宣传品协调联动工作会议”。新闻出版总署反非法和违禁出版物司副司长毛小茂出席会议。会议分析了打击“藏独”反动出版物及宣传品所面临的形势，研究建立起打击“藏独”反动出版物及宣传品协调联动机制，部署了下一步全力做好查缴“藏独”反动出版物及宣传品各项工作。会议初步议定，2009年在青海省召开第二次打击“藏独”反动出版物及宣传品协调联动工作会议。

11月10日，全国“扫黄打非”办开始筹备在新闻出版总署新办公业务楼举办全国“扫黄打非”工作内部展览，全面展示“扫黄打非”工作开展20多年以来的重大成果。布展工作于2009年1月10日前完成。

11月26日，全国“扫黄打非”办发出《关于打击“藏独”反动出版物及宣传品协调联动工作会议纪要》。

11月26日，根据《关于开展奥运前30天出版物市场集中清查行动的紧急通知》决定，全国“扫黄打非”工作小组发出《关于表彰迎奥运保稳定“扫黄打非”先进集体的决定》，决定对迎奥运、保稳定期间作出重要成绩和突出贡献的北京市“扫黄打非”工作领导小组办公室等95个集体予以表彰奖励，授予“迎奥运保稳定‘扫黄打非’先进集体”荣誉称号。

12月22日，根据中共中央政治局委员、书记处书记、中央宣传部部长、全国“扫黄打非”工作小组组长刘云山12月7日在全国“扫黄打非”办《关于在地方机构改革中加强“扫黄打非”工作的意见》专报上所作的重要批示精神，全国“扫黄打非”工作小组下发《实施传达贯彻中央领导同志关于在地方机构改革中防止弱化“扫黄打非”工作机构的重要批示的通知》，要求各地坚决贯彻中央确立的“扫黄打非”只能加强、不能削弱的一贯工作方针和刘云山同志重要批示精神，务必在这次地方机构改革中不得弱化“扫黄打非”工作机构。

全国“扫黄打非”重点案件

全国“扫黄打非”工作小组办公室

在各地区、各部门的共同努力下，2008年全国“扫黄打非”部门共查办行政处罚案件2.5万余起，刑事案件328起、其中刑事审结128起，保持了对各种违法犯罪活动的高压态势，有力地震慑了违法犯罪分子的嚣张气焰，推动了“扫黄打非”工作的深入开展。其中重点案件包括：

一、非法出版案件

（一）湖北咸宁“4·01”印制非法出版物案

2008年4月1日，湖北省“扫黄打非”办接到举报，反映咸宁市一家印刷厂正在印刷非法出版物，印数1万册，即将发往上海。4月2日，湖北省“扫黄打非”办派人赶往咸宁现场督办，协调咸宁市公安、新闻出版、“扫黄打非”等部门执法人员对涉案的笔架山印务公司突击检查，现场查获大量非法出版物尚未印完、装订的散页以及PS版、硫酸纸等。据该公司有关人员交代，3月1日，该厂受书商委托印制非法出版物，其中已印制的非法出版物2700套（5400册）已于3月8日经武汉送往上海并被上海市宝山区文化执法大队查扣。咸宁市公安部门抓获笔架山印务公司老板孙某，6月11日，上海市公安局治安总队将涉案人员张某抓获并移送咸宁市公安局刑拘。5月31日，咸宁市公安部门在山东将委印书商尹某抓捕归案。

2008年11月7日，咸宁市咸安区人民法院依法作出一审判决：以非法经营罪判处不法书商尹某有期徒刑6年，并处罚金1万元；以非法经营罪判处咸宁市笔架山印刷厂厂长孙某有期徒刑3年，缓刑3年，并处罚金4000元；以非法经营罪判处咸宁市笔架山印刷厂罚金1万元。

（二）哈尔滨“5·24”特大制售非法出版物案

2008年2月15日，黑龙江省“扫黄打非”办在哈尔滨市区检查出版物市场时，当场查获非法出版物20余册。黑龙江省“扫黄打非”办对此高度警觉和重视，迅速协调省公安厅、哈尔滨市“扫黄打非”办和哈尔滨市公安局召开案件协商会，决定该案由黑龙江省公安厅督办，由哈尔滨市公安局管辖并指令刑侦支队组成专案组负责该案的侦破工作。5月24日，有线索反映，杨某驾驶面包车将10余包淫秽书刊送往火车站货运站，并通过王某接货后正准备向外省发货。专案组果断出击，将两人当场抓获，从面包车上查获《乱伦》、《别墅卖淫女》、《旺角黑夜》等6种淫秽书刊240余册。

经过对两名犯罪嫌疑人突审，专案组认定，这是一个有组织、有计划、有分工，利用隐藏在城乡结合部居民区内的黑印刷厂点，专门从事非法出版物和淫秽色情出版物印刷，并集印刷、贩卖、传播为一体，人员众多的特大犯罪团伙。为防止犯罪嫌疑人转移或毁灭犯罪证据，专案组立即赶赴位于哈尔滨市香坊区薛家屯的黑印刷厂进行现场检查，当场收缴非法出版物10余种100余册、淫秽色情书刊2000余册、未封装半成品淫秽书刊2000余册、未装订散页4万余页、PS版320张，扣押用于违法活动的13台印刷机、装订机等各类机器设备，抓获印刷工人申某、邵某等人，并以此为线索抓获主要涉案嫌疑人杨某及团伙成员王某、马某等3人。

经查，从2007年10月至2008年5月间，杨某将非法出版物的激光印刷版及纸张提供给由王某、石某等人开办的非法印刷厂，在马某的指导下，由申某、邵某等工人制成非法出版物和淫秽色情出版物。截至案发，已在该印刷厂印刷非法出版物3万余册、淫秽色情出版物30余万册。这些非法出版物由杨某及其妻姐王某等人分发至沈阳、长春、吉林、河北、齐齐哈尔、大庆、牡丹江等地及哈尔滨火车站地下商场、道外南极书城等地进行销售，非法获利。

2009年2月6日，黑龙江省哈尔滨市香坊区人民法院对此案作出一审判决。杨某某犯制作、贩卖淫秽物品牟利罪，判处有期徒刑13年，剥夺政治权利3年，并处罚金5万元；犯非法经营罪，判处有期徒刑7年，并处罚金3万元，决定执行有期徒刑18年，并处罚金8万元。王某某犯制作淫秽物品牟利罪，判处有期徒刑11年，剥夺政治权利2年，并处罚金5万元。马某某犯制作淫秽物品牟利罪，判处有期徒刑6年，并处罚金1万元。王某犯贩卖淫秽物品牟利罪，判处有期徒刑5年，并处罚金1万元。申某某犯制作淫秽物品牟利罪，判处有期徒刑4年，并处罚金1万元。王某犯贩卖淫秽物品牟利罪，判处有期徒刑4年，并处罚金2万元。徐某某犯贩卖淫秽物品牟利罪，判处有期徒刑3年，缓刑5年，并处罚金2万元。付某某犯贩卖淫秽物品牟利罪，判处有期徒刑1年，缓刑2年，并处罚金1万元。刘某某犯贩卖淫秽物品牟利罪，判处有期徒刑1年，缓刑2年，并处罚金1万元。

（三）河北—广州“3·18”非法出版物案

2008年初，广州市“扫黄打非”办通过对市场调查发现，广州天河有一销售非法出版物的团伙，其进货渠道来自河北省石家庄市。3月18日，全国“扫黄打非”办协调公安部、广东省“扫黄打非”办、广州市“扫黄打非”办在京召开案件协调会，决定将此案定名为广州“3·18”非法出版物案，部署组织查处工作。

在全国“扫黄打非”办、公安部协调督办下，在广东、河北公安、“扫黄打非”部门的紧密配合下，根据广州方面提供的线索，9月22日，河北公安、新闻出版部门查获了河北方面嫌疑人张某准备发出的非法出版物1700余本。11月4日，河北公安部门对嫌疑人张某等4人实施抓捕，并查获其存储仓库2处，现场查获非法出版物1.4万余册，彻底捣毁了这一集排版、制版、印刷、装订一条龙的非法出版窝点。11月5日下午，广州市方面将“3·18”案的主要嫌疑人姚某抓获。至此，该案6名主要犯罪嫌疑人已全部抓捕归案。此案随后移送检察院审理。

（四）湖南岳阳“11·01”非法出版经营案

2007年下半年，岳阳市巡特警支队多次接到群众举报，反映该市梅溪桥地带有人大批量贩卖地下“六合彩”码书码报。2007年11月1日、12日，公安民警先后在梅溪桥市场抓获正在贩卖码书码报的犯罪嫌疑人庞某、刘某和陈某，收缴码书码报共1.8万余册。据3人交代，他们所贩卖的码书码报全部来自深圳的陈某，仅2007年9至11月份，就先后从陈某处购得码书4.9万余册，非法交易金额15万余元。

2007年11月26日，涉案嫌疑人陈某在深圳落网。经查，陈某贩卖的码书码报均通过电话订货—银行汇款—货运站发货的方式购自于广东省佛山市的黄某，然后陈某再批给岳阳的庞某等6个下线，先后贩卖码书10万余册，涉案金额近30万元。12月7日，专案组在佛山市黄岐镇将黄某抓获。经审查，以黄某为首的犯罪团伙自2005年开始从事贩卖码书码报活动，该团伙基本呈塔式结构，其货源主要来源于广东、海南、福建等地，供货人有许某、江某等16人，犯罪嫌疑人陈某为其下线，主要负责联系岳阳的买家，另外还有3人专为黄某收单，4人专门负责开车送货。仅2007年9月2日至12月7日，由黄某经手的非法经营额就达1280万元。

湖南省委常委、宣传部长、省“扫黄打非”工作领导小组组长蒋建国对此案高度重视，专门指示将该案的四个环节（编辑、印刷、运输、销售）弄清楚，对主要案犯要做到该判的判，该办的办。湖南省“扫黄打非”办积极配合案件查处工作，组织力量对专案组送审的《急旋风特码救世主》等70种书刊进行鉴定。岳阳市“扫黄打非”办与市新闻出版局、市公安局密切配合，从案发至2008年9月18日，岳阳市新闻出版部门出动执法人员500人次，岳阳市公安部门出动干警3000人次，调取相关书证近10万页，对查获的犯罪嫌疑人审讯157次，形成笔录材料2753页，对银行和通讯部门提取的72万个数据进行了整理排查，查处冻结涉案资金账户15个。

2008年11月17日，岳阳市岳阳楼区人民法院以非法经营罪分别判处蔡某、莫某、黄某等6人5年至7个月不等的有期徒刑。

（五）广州“3·13”特大制售境外非法出版物案

2008年3月13至14日，广州市公安局会同市文化执法总队，海珠、荔湾、天河区文化执法队，成功打掉一个制售境外非法出版物的团伙，现场抓获涉案人员6人，查获储存非法出版物窝点3个，收缴涉及中国香港、澳门地区及日本、韩国、英、美等地境外出版物和境内盗版出版物共计242个品种22万余册，涉案价值达2000余万元。

3月13日，广州市文化执法总队接到市公安局消息后，在荔湾区3个特大仓储非法出版物的仓库窝点对仓库内的涉嫌非法出版物进行了现场取证、分类、抽样、登记保存，共登记保存涉嫌非法出版物3.96万册。当日16时30分，又有一辆装有约3000本《鼠年运程》图书的小货车驶入现场。经现场询问司机，获取源头线索，市文化执法总队即赶赴广州市彩华印刷有限公司和广州市彩裕印务有限公司检查，分别发现少量《鼠年运程》装订散页及半成品和《说地谈天》等630册涉嫌非法出版物。3月14日，市文化执法总队在荔湾区一个特大仓库内，查获涉嫌非法出版物共计18.832万册。

经初步调查，该团伙经营非法出版物已有多年，主要通过代售方式批发给广州地区的零售报刊亭、地摊、无证照书店等经营者，是广州书报刊销售境外出版物的主要供货商，并有亲属直接从事书报刊零售经营。越秀、海珠、荔湾文化执法队迅速采取行动，对与“3·13”案有直接关系的3家无证书报摊进行了查处取缔。

目前，马某、张某等6名主要犯罪嫌疑人已抓捕归案，案件已移送检察院审理起诉。

（六）福建三明“8·30”非法出版案

2007年8月30日，在全国“扫黄打非”办的大力支持及北京市公安局经侦处的配合下，福建省三明市公安局专案组在北京市朝阳区十里堡一举捣毁了盘踞京城达8年之久，长期向全国各地贩卖虚假书号从事非法出版活动的“北京文华图书编著中心”，现场抓获犯罪嫌疑人冷某兄弟两人，扣押了涉嫌非法出版的图书103种，目前已经确定其中的79种图书系假冒多家出版社名义出版的非法出版物。从被查扣图书的版权页分析，该窝点非法出版的图书在30万册以上，非法经营额高达千万余元。

经查，冷某等人自1999年3月以来，在未取得图书出版许可证的情况下，以虚构的“北京文华图书编著中心”及假冒文化部《文化大视野》编委会等名义，向包括福建省三明市在内的全国各地文学爱好者征稿，使用假书号并假冒作家出版社等知名出版社名义，大肆从事非法出版活动，并向各应征作者收取书号费、出版费等费用，从中牟取非法暴利。

目前，此案已移交检察院审查起诉。

（七）南京“12·08”储运非法出版物案

2007年12月8日，南京市下关公安分局民警在晚巡逻时，查获一辆可疑小型面包车，检查发现该车装有非法图书和报刊共24包。其中，《新中央机密》等非法出版物8个品种3027册、码洋12万余元，《环球时闻》、《家庭主妇报》等非法报刊593份，码洋688元，司机陈某系外地来宁从事个体货运业务人员，称被查非法书报刊为他人委托运输，拒不交代货主姓名和住址。12月9日，南京市“扫黄打非”办与下关公安分局特巡警大队联合出动对陈某位于该市建邺区下圩村62号的暂住地进行突击检查，执法人员在一所即将拆迁的破旧民房中，发现两间堆满大量非法出版物的仓库。经清点，共有盗版《申论与写作过关宝典》等非法图书154种1.5万余册、码洋37万元。

司机陈某在沉默3天后交代了幕后货主及其住址。根据已掌握的情况，专案组积极开展内查外调，一方面将主犯陈某某列入全国“在逃”网，开展网上追逃，并将案件上报南京市公安局和江苏省公安厅，案件被江苏省公安厅列为挂牌案件。另一方面加强对货运站等的调查，收集线索，固定证据。同时，成立专门抓逃小组，在陈某某的户籍地、暂住地及其主要关系人居住地布控。通过多次长途外调、蹲点守候和大量调查取证，专案组获得了一些有价值的线索。3月初，办案人员利用技侦手段，及时追踪到主犯陈某某的行迹，并最终在南京一藏匿地成功将其抓获。

2008年7月20日，南京市下关区人民法院以非法经营罪判处主犯陈某某有期徒刑1年6个月。

二、淫秽色情案件

（一）福建泉州“3·08”贩卖淫秽光盘案

2008年1月底，泉州市鲤城公安分局金龙派出所接到群众举报，反映市区蔡庄工业区里有人公开叫卖淫秽光盘。经查发现，江西人杨某经常在街头贩卖盗版淫秽光盘，且每周都会出入霞洲社区的一间出租房内与另一名江西人邹某碰头，邹某处很可能是提供淫秽光盘的幕后窝点。3月8日，泉州市公安部门对该窝点进行了突击搜查，查获淫秽光盘5600多张，其中有《艳照门》光盘数百张。据邹某交代，他在晋江打工期间认识了广东人陈某，了解到销售淫秽光盘存在巨大利润空间。2007年以来，陈某负责从广东托运淫秽光盘给邹某，由邹某负责在出租房内进行批发销售。

2008年9月，泉州市历城区人民法院以贩卖淫秽物品罪判处邹某有期徒刑13年6个月，并处罚金人民币1万元。

（二）青岛“9·12”贩卖淫秽光盘案

从2006年底开始，邹某利用自己的住处和租他人出租房作为存放光盘的库房，指使韩某、姜某、姜某等人以每张1.1元至1.2元的价格，多次向青岛音像店、青岛大华音像店等出售淫秽光盘800余张。2007年9月12日，邹某、姜某、韩某等与接货人宋某交易非法光盘时被当地新闻出版稽查队查获，当场收缴淫秽光盘7391张。当日，即墨市公安局治安支队会同市新闻出版稽查队对邹某位于即墨市小商品城二区410号的店铺及其存货的4处库房进行检查，共查扣淫秽光盘1万余张、盗版光盘9149张。经查，邹某自己或指使他人储存、贩卖淫秽光盘1.7万余张、盗版光盘9149张。

2008年5月29日，青岛市即墨人民法院对邹某组织贩卖淫秽光盘案作出判决，以贩卖淫秽物品牟利罪和侵犯著作权罪判处邹某有期徒刑12年，并处罚金人民币1.5万元；以贩卖淫秽物品牟利罪分别判处同案犯韩某、姜某、姜某3年不等的有期徒刑并处罚金。

（三）浙江温州“4·16”贩卖淫秽光盘案

2008年4月16日，陈某在龙湾开发区江西路非法音像制品批发窝点与买家交易时，被温州市文化执法和公安部门抓获，当场查获非法音像制品2.5万张，其中淫秽光盘6077张。经查，从2008年3月开始，陈某从义乌、广州购进淫秽光盘和盗版光盘在温州倒卖牟利。

2008年9月，温州市中级人民法院以贩卖淫秽物品牟利罪判处陈某有期徒刑10年，犯非法经营罪判处有期徒刑2年，合并执行11年。

（四）安徽芜湖“9·18”贩卖淫秽光盘案

2007年9月18日至19日，安徽省“扫黄打非”办根据群众举报，协调文化、公安部门及芜湖市“扫黄打非”有关工作部门，在芜湖市宇隆广场附近一举端掉2家涉嫌销售非法音像制品店铺，查处藏匿非法音像制品的窝点7处，查缴各类非法音像制品26.7万余张，其中涉嫌淫秽音像制品1.19万余张。

“9·18”案是芜湖市近年来查获的最大一起非法音像制品案件。安徽省“扫黄打非”工作领导小组对案件侦破工作高度重视，省委常委、宣传部长、省扫黄打非领导小组组长臧世凯专门作出批示。全国“扫黄打非”办也把此案作为重点督办案件。安徽省暨芜湖市“扫黄打非”各工作部门按照“彻查、彻究、彻办”原则，积极展开案件协调侦办工作。芜湖市委常委、宣传部长、“扫黄打非”领导小组组长李金华主抓案件督办。芜湖市暨镜湖区公安分局、检察院、法院的办案人员历经8个多月艰辛查证，终于将该案经营非法音像制品的3名骨干全部绳之以法。

2008年5月，芜湖市镜湖区人民法院对芜湖“9·18”经营非法音像制品案3名案犯作出一审判决：案犯蒋某以贩卖淫秽物品罪被判处有期徒刑4年，处罚金1万元。案犯傅某、罗某以非法经营罪均被判处有期徒刑2年，缓刑3年，并处罚金3万元。

（五）青岛“4·20”网络传播淫秽物品牟利案

自2006年夏天开始，任某和芦某陆续建立“采花军团”、“大富豪夜总会”等淫秽色情网站，并在网站上公布其银行卡的姓名、账号等，通过发展会员和连接其他广告网站的广告，收取会费和广告费等方法牟利。2007年4月7日两人又增开了“嗷嗷虎社区”淫秽色情网站，与“大富豪夜总会”淫秽色情网站相互转贴淫秽色情内容同时经营。两人经营淫秽色情网站期间，累计下载淫秽色情图片900余张、文章50余篇、电影40余部。两个网站注册会员近10万人，辐射北京、上海、重庆、四川、湖南、陕西、云南、山东、安徽等20余个省、近百个地市。2007年4月20日，青岛市公安局网警支队将犯罪嫌疑人任某、芦某抓获。

2008年1月17日，青岛市四方区法院以传播淫秽物品牟利罪判处任某有期徒刑5年，处罚金人民币1.5万元；以传播淫秽物品牟利罪判处芦某有期徒刑3年，并处罚金人民币5000元。

（六）厦门“久久女儿情”色情论坛案

2008年4月，厦门市公安局网监部门在工作中发现一个名叫“久久女儿情”的色情论坛。5月6日上午，根据前期侦查线索，厦门市公安、文化稽查等部门联合行动，对设在翔安区小嶝岛居民区内的该色情网站进行突击检查，当场抓获犯罪嫌疑人许某，收缴电脑1台，内存数万张色情图片和近200部色情小说。经查，犯罪嫌疑人许某于2006年底在一技术论坛上认识某淫秽论坛的坛主，并答应其负责该淫秽论坛的技术支持和维护。其间，许某趁机下载了该淫秽论坛的程序，保存在自己的电脑硬盘内。2007年底，许某发现该论坛已经关停，便向另一名网友购买了网站空间和网站域名，并将网站托管在境外。随后，许某在该网站空间上传了原来保存的论坛程序，重建了同名网站，并上传了800多个淫秽帖子，还通过网上广告代理公司获取广告代码，依靠点击数来赚取广告费。

2008年10月，厦门市翔安区人民法院依法一审对该案作出判决，以传播淫秽物品牟利罪判处犯罪嫌疑人许某有期徒刑3年，并处罚金人民币5000元。

三、侵权盗版案件

（一）福建“云霄阁”网站侵犯著作权案

2004年1月，山东省济南市居民刘某和福建莆田市居民姚某共同出资建立“云霄阁”网站，最初服务器设在山东济南。该网站非法采集转载上海玄霆娱乐信息技术有限公司所属《起点中文网》拥有独家发布权的文学作品，并通过网站链接广告获利，至2005年底共非法转载《亵渎》等作品45部。

2007年2月，福建莆田市“扫黄打非”部门调查发现，“云霄阁”网站已将服务器从山东济南市迁移到莆田境内，继续大肆进行侵权盗版活动。为尽快侦破此案，莆田市“扫黄打非”部门迅速行动，由市新闻出版局与公安部门组成联合侦破小组，共同查办。经调查确认，“云霄阁”网站已采集转载《起点中文网》上的文学作品1339部。

2008年4月21日，福建省莆田市涵江区人民检察院依法对姚某、刘某提起公诉。10月30日，莆田市涵江区人民法院对“云霄阁”网站侵犯著作权案作出一审判决，被告人姚某、刘某因侵犯著作权罪，被分别判处有期徒刑1年6个月，并处罚金20万元。

（二）江西“7·11”非法侵权出版案

2007年6月18日，江西省“扫黄打非”办接到有关方面情况通报，反映江西金叶文化发展有限公司自2006年以来，通过假冒西藏人民出版社的名义、伪造该出版社的印制委托书等手段，大量非法印刷教辅图书，并向全国发行。2007年7月11日，江西省“扫黄打非”办协调省公安厅成立专案组查办此案。

专案组在一年多的时间里，奔赴北京、内蒙、新疆、西藏、河南等多个省市调查取证，对多家承印厂和100多个销售下线逐个核查，最终查明：江西金叶文化发展有限公司法定代表人叶某于2004年至2007年，假冒西藏人民出版社、新疆人民出版社的名义，以及通过与其他出版社买卖书号等形式，自编、自印和自发《课课精练》、《权威1号》等94种教辅类书籍，向全国各地书商大量发销，非法经营额达114万元。

2008年10月6日，南昌市新建县人民法院一审判决：叶某犯非法经营罪，判处有期徒刑6年，并处罚金30万元。

（三）海南“1·13”文广电子光碟有限公司非法复制光盘案

根据群众举报线索，2008年1月13日（周日）中午，在全国“扫黄打非”办、文化部的协调、指挥下，海南省“扫黄打非”办、省文体厅、省文化市场稽查总队执法人员依法对位于海口市新大洲大道388号的海南文广电子光碟有限公司进行了突击检查，现场发现该厂一条光盘生产线正在复制生产无SID码的非法光盘，共计5360张，另一条光盘生产线正在复制生产的SID码为H201的VCD光盘900张，在该厂仓库还发现涉嫌盗版母盘3367张。现场抓获该厂生产负责人王某及工人何某、袁某、江某、唐某等5人。鉴于该厂使用未蚀刻SID码的模具非法复制生产光盘数量已达到刑事立案条件，经海南省“扫黄打非”办协调省公安厅治安处，该案由海南省文化市场稽查总队现场移交海口市公安局治安支队立案查处。

新闻出版总署已吊销该公司光盘复制许可证。2008年9月4日，海口市检察院以“非法经营罪”批准逮捕犯罪嫌疑人、工厂生产负责人王某。9月25日，案件移送检察院审查起诉。12月8日，海口市穷山区人民法院以非法经营罪判处王某有期徒刑6个月，缓刑1年，并处罚金人民币2000元。

（四）深圳“1·17”地下光盘生产线案

2008年1月17日12时，根据全国“扫黄打非”办所转群众举报线索，深圳市文化执法部门会同公安部门，在宝安区石岩街道一铁皮厂房中，查获一地下非法光盘生产窝点。执法人员现场查获两条正在进行生产作业的地下光盘生产线及其他辅助设备、生产原料若干，非法光盘（DVD）成品2.9万张，母盘2948张，生产记录本12本。公安部门现场抓获涉案犯罪嫌疑人11人，其中7人被批准逮捕。

鉴于案情重大，全国“扫黄打非”办和公安部将该案作为挂牌督办案件，要求查清案件源头、查清设备来历、查清经营老板和委托人的去向、抓到幕后老板。深圳市成立了由市公安、文化市场行政执法部门组成的专案组，协同配合、深入追查。

2008年11月4日，主犯陈某被抓获归案。2009年2月，主犯陈某某以非法经营罪被判处有期徒刑1年，缓刑2年，罚金人民币2万元。此前，从犯陈炎雄、陈永周、陈培锋、方某某、廖某某、刘某某、党某某等人已被分别判处8个月、7个月不等有期徒刑，并处5000、3000元不等罚金。

（五）郑州“3·25”三和印务有限公司盗版盗印案

2008年3月25日至26日，根据举报线索，全国“扫黄打非”办派专人督办，河南省、郑州市“扫黄打非”办协调郑州市出版物市场稽查大队和中原公安分局联合对郑州市三和印务有限公司盗版盗印活动进行查处，在该厂车间及两个仓库内共查获《内科学》、《妇产科学》、《全国计算机等级考试》等盗版教材30余种8万多册，用于盗版的胶片、PS版764件。值得注意的是，该厂于2007年12月刚因印装盗版书受到行政处罚，仅仅过去4个月，就再次被查获从事非法印刷活动，系屡犯，性质恶劣。

2008年11月19日，郑州市中原区人民法院以侵犯著作权罪判处两个仓库货主丁某有期徒刑3年零6个月并处罚金15万元。目前，三和印务有限公司法人代表韦某、委印人徐某、书商王某等3人已被移送检察院起诉。

（六）天津“6·03”批销盗版音像制品团伙网络案

2008年6月3日，在汇集相关举报线索的基础上，天津市“扫黄打非”办决定成立专案组，对多次逃脱打击的以付某为首的批销盗版音像制品团伙进行彻底查处。7月16日，全国“扫黄打非”办将该案列为全国“扫黄打非”重点案件加以指导督办。天津市成立以市“扫黄打非”办公室、市公安局为主的查办案件工作领导小组，公安部门动用9个警种进行全力破案。9月21日，专案组派出先遣小组前往广州市对主要犯罪嫌疑人付某等进行前期侦查。9月23日，天津、广州两地警方同时行动，共抓捕付某等12名犯罪嫌疑人，现场查获盗版光盘10万余张、淫秽光盘1000余张，该案成功告破。9月24日，天津专案组又抓获犯罪嫌疑人11名，查获盗版光盘10万余张。9月27日，最后一名主要犯罪嫌疑人“小林”被抓捕归案。

经查，该团伙非法经营盗版音像制品时间长、范围广，从2005年至2008年，涉及全国27个省市，且主要涉案人员反侦查能力强，屡次逃避执法部门打击。

目前，付某等11名主要犯罪嫌疑人已被刑拘，案件已移送检察院审理。

（七）河南开封“11·28”侵权盗版案

2007年11月28日，河南省“扫黄打非”部门对群众举报反映的郑州宇宙图书有限公司涉嫌销售非法出版物案进行查处。12月11日，开封市公安局禹王分局对郑州宇宙图书有限公司涉案人员依法进行传唤，并对该公司仓库内的非法出版物进行检查，现场查获《蓝卡题王》、《快乐学习》、《夺冠》、《模拟考场·单元测试卷》等非法出版物总计30万余册、码洋320余万元。

经查，1996年至2007年期间，李某（男，研究生学历，河南省财经学院教师）在郑州市先后开办蓝卡科教信息社、郑州宇宙图书有限公司，聘用左某、李某等人为经理负责发行、销售工作。其主要发行、销售的《蓝卡题王》《快乐学习》《夺冠》《模拟考场·单元测试》等系列教辅图书均为盗版或非法出版物。该公司经营非法出版物前后10余年时间，不仅时间长，而且规模大、范围广，有专门的储存仓库和固定的印刷地点，销售范围涉及河南省内70余个县（市），已销售的非法出版物总金额达3100余万元。

2008年12月12日，开封市禹王台区人民法院以非法经营罪分别判处李某、左某某、李某有期徒刑8年、7年、5年，并分别处15、12、10万元不等的罚金。

（八）山东淄博“11·21”侵犯著作权案

2007年11月21日，根据举报，山东省“扫黄打非”办公室、省公安厅治安总队会同淄博市、高青县有关部门，联合对于某经营的高青雨辰印务有限公司进行检查时，在该公司生产车间和仓库内查获涉嫌盗用高等教育出版社等出版单位名义印制的各类图书4万余册，于某当场被高青县公安局刑事拘留。

经进一步查证，2007年10月，在济南市英雄山文化市场经营“文渊阁书店”的郑某与于某达成协议，由郑某负责提供印刷所用的胶片、封面、纸张，由于某的高青雨辰印务有限公司负责印刷和装订，盗用高等教育出版社等出版单位的名称、书号、版号等，非法印制各类图书4万余册；自2007年6月至10月，为了牟利，桓台县天一印刷有限公司法人代表、经理程某与郑某达成口头协议，由郑某负责提供印制盗版书封面所用的胶片，由程某的桓台天一印刷有限公司负责提供印刷用纸和印刷，盗用高等教育出版社等出版单位的名称、书号等，非法印制各类盗版图书封面6万余个。

2008年6月29日，高青县人民法院以侵犯著作权罪分别判处郑某、于某、程某有期徒刑3

年缓刑5年、有期徒刑2年缓刑3年、有期徒刑1年缓刑2年，并处罚金人民币70万元、15万元和8万元；以侵犯著作权罪判处高青雨辰印务有限公司罚金人民币20万元，并追缴其违法所得轿车一辆；以侵犯著作权罪判处桓台天一印刷有限公司罚金人民币10万元，并追缴违法所得人民币1.4万元。

四、“四假”案件

（一）江苏无锡“10·16”非法报纸发行案

在整治“四假”（假报刊、假记者站、假记者、假新闻）专项行动中，无锡市“扫黄打非”办通过梳理有关线索，经缜密调查摸底，掌握了该市震泽三村吴某夫妇发行非法报纸的窝点和运输方式。2007年10月16日晚，该市“扫黄打非”办组织出动文化市场执法人员、公安干警及火车站工作人员20余名，在该市火车站行包提货处设点守候伏击。17日凌晨2时许，当货主吴某兄弟两人驾车至行包房提货装车时，执法人员迅速出击，当场查获非法报纸27件近1.8万份。凌晨5时30分，执法人员在吴某位于该市滨湖区某居民区自行车库内的非法报纸存储分销窝点又查获一汽车即将分销出去的非法报纸，共93种、3.9万份。

经法院审理查明，2006年8月至2007年10月间，吴某在未取得许可证和营业执照的情况下，擅自批发报纸共计17万份，其中非法出版物11.8万份。

2008年10月15日，江苏无锡市崇安区人民法院对“10·16”吴某非法报纸发行案作出一审判决，以非法经营罪判处被告人吴某有期徒刑5年，并处罚金人民币1.5万元。

（二）沈阳《沿海时报》非法记者站案

辽宁省“扫黄打非”办在开展整治“四假”专项行动中，发现沈阳市有人以国务院开发办《沿海时报》的名义非法设立记者站，假冒记者身份从事非法出版活动，并伪造许可证，私自买卖报纸刊号，用诈骗的手段牟取暴利。全国“扫黄打非”办迅速将此案列为重点挂牌督办案件。

经查，《沿海时报》东北记者总站等机构是非法机构。《沿海时报》是广西北海市一家市级地方报，在辽宁省设立的所谓《沿海时报》东北记者总站、东北特刊编辑部、东北办事处等机构，均未经新闻出版管理部门批准，为非法出版机构。该机构还存在非法出版、伪造印刷经营许可证等行为。其中，将所谓《沿海时报》东北版的刊号CN45－0065使用权转让给沈阳智联招聘广告有限公司出版《智联招聘周刊》等非法报纸就达185万余份；仅所谓的《沿海时报》东北记者总站以假记者身份在营口大石桥以帮助办理承包矿山产权为由，一次就涉嫌诈骗金额19万元之多。

全国“扫黄打非”办责成辽宁省“扫黄打非”工作领导小组指导、部署公安机关对非法设立的《沿海时报》东北记者总站相关人员予以立案，追究其刑事责任。

2008年5月27日，沈阳市人民检察院对犯罪嫌疑人高某批准逮捕。12月9日，沈阳市和平区人民法院公开宣判，一审判决高某犯合同诈骗罪，判处有期徒刑4年，并处罚金5万元整；犯非法经营罪，判处有期徒刑1年。决定执行有期徒刑4年6个月，并处罚金人民币5万元整。

（三）江苏徐州“3·03”非法出版报纸案

2008年3月3日，根据全国“扫黄打非”办转办重要线索，江苏省徐州市查获了一个组织严密、分工明确、集“编、印、发”一条龙的制售非法报纸团伙网络。经查，2007年6月以来，犯罪嫌疑人刘某某伙同安某等人通过招聘临时人员分别在互联网上下载军事类、法制类、时政类文章，假冒其他报刊名称或者伪造报刊名称，通过电脑软件进行排版制作，制作完成后，从互联网上用QQ聊天将排好版的报纸内容，先后送给南京宁瑞印务印刷有限公司和石家庄夏华制版印刷有限公司印刷，并由其将印制好的报纸发往全国25个省（市）90个市、县（市）、区，总数约为410余万份。

2008年4月18日，涉案嫌疑人刘某某等5人被批捕。7月22日，案件移送检察院准备起诉。2008年12月19日，徐州市云龙区法院以非法经营罪判处刘庆启有期徒刑6年、处罚金10万元，刘海红有期徒刑5年6个月、处罚金8万元，刘平有期徒刑3年缓刑4年、处罚金1.5万元，安某某有期徒刑3年缓刑4年、处罚金2万元，夏某某有期徒刑3年缓刑4年、处罚金2万元，齐某某有期徒刑2年缓刑3年、处罚金5000元。

（四）山西吕梁假冒记者敲诈勒索案

宋某、白某均系《山西法制报》临时聘用人员。2008年4月6日，白某在吕梁市交口县温泉乡马家坪村，以《山西法制报》记者名义，向矿主郭某索要现金5000元。4月16日，宋某在孝义市西辛庄镇南上庄煤矿以该矿非法生产为由，向老板马某索要现金4000元。4月22日，宋某、白某自称《山西法制报》记者，到离石宏泰焦化厂拍摄“采访”，以该厂环保不达标、违规生产、欲在媒体曝光相要挟，并以记者身份打电话、发短信给环保、街道等分管该企业的部门负责人，迫使焦化厂负责人贾某向其支付1万元，后在逃离途中被公安部门抓获。

宋某、白某假冒记者身份，采用揭露他人违规、不合法生产、在媒体曝光等要挟手段，向他人索要现金，数额较大，其行为已构成敲诈勒索罪。2008年10月，山西省吕梁市离石区人民法院以敲诈勒索罪依法判处宋某有期徒刑2年、缓刑3年，白某有期徒刑2年、缓刑3年。

（五）太原“6·14”非法制作假证案

2008年6月9日，太原市坞城派出所刑警队民警获得一条印制假证件的举报线索。根据这一线索，民警经过长达5天5夜的艰苦守候和跟踪侦察，直到6月14日，终将3名犯罪嫌疑人和位于太原市亲贤北街某厂区宿舍的制假窝点锁定。

6月14日上午10时许，警方对黑窝点展开了突击行动。进入现场，在场的民警无不感到震惊。仅用于做假的公章就收缴了4.2万余枚，上至国家各部委、各大媒体，下至各省、市、县教育、公安、城建、工商、税务、卫生等行政机关几乎无所不有。以学校的假公章为例，几乎囊括了全国所有高校、职业技术学院和各省、市、县的中学；同时收缴的还有非法印制的假证、照1.9万余本。包括记者证、毕业证、学位证、安全生产许可证、煤炭生产许可证、建筑工程施工许可证、道路运输经营许可证、食品卫生许可证、个体工商户营业执照、税务登记证、医疗机构执业许可证等，几乎囊括了我国现行法律法规设定的所有行政许可的证件；此外，制假工具也一应俱全。其制假规模之大、涉及范围之广、制假数量之多实属罕见。

目前涉嫌制假证的3名犯罪嫌疑人已被逮捕。经查，3人也是湖南省双峰县人，为首的叫刘某自2002年起就开始在太原印制买卖假证件、假印章，其业务遍及全国各地。另据同伙交代，刘某这几年获利已有数百万元。此案正在进一步审理中。

（六）海口“8·04”《中华实用临床杂志》非法出版案

2008年8月4日，根据全国“扫黄打非”办转办举报线索，海南省文化市场稽查总队联合公安部门对位于海口市东方洋路的所谓《中华实用临床杂志》编辑部进行了突击检查。现场查获《中华实用临床杂志》等3种非法刊物共358本；大量投稿信件及全国各地作者名单和联系方式；“中国现代医学月刊杂志社”、“中华实用临床杂志社”、“中华实用临床杂志编辑部”等各种刊物公章9枚。

经查，以符某为首的9人团伙通过互联网搜索全国各地医院医生发表论文的信息资料，伪造公章以《中华实用临床杂志》等9种非法刊物编辑部名义发送论文录用通知书，以每篇论文470元至480元的版费骗取作者钱财，受害人达数千人，涉案金额400余万元。

目前，涉案嫌疑人张某、中某、罗某等3人已被批准逮捕。

（七）山西临汾“8·24”假记者案

8月24日晚10时，临汾市“扫黄打非”办接到群众举报，有3名自称是某中央级媒体的记者到翼城县桥上镇的某煤业有限公司，以曝光该矿7月23日发生的一起死亡事故要挟矿上交出15万元“封口费”。后又提高价钱，说要50万才能了事，经过双方再三讨价还价，最后确定为20万元成交，但是不打条，不开收据。8月25日下午5时，当3名所谓的记者在侯马某会馆接过矿方准备的10万元首付款时，公安干警破门而入，将他们当场抓获。

现初步查明，该案是一起真假记者相勾结、对企业实施敲诈勒索的典型案例，也是目前山西省发现的利用记者身份敲诈数额较大的一起案件。3名犯罪嫌疑人分别为李某（某中央级媒体记者）、马某（现任某网站策划，是没有新闻工作资质的假记者）、宋龙兴（无业人员）。目前，3名涉案人员已被批准刑事拘留。案件正进一步调查审理中。

（八）山西冒充《法制日报》记者敲诈勒索案

2008年10月，中央调查组在调查不良记者和假记者利用霍宝干河煤矿瞒报事故索要“封口费”事件的过程中，发现有人以《法制日报》记者的名义，索要该矿宣传费和宣传资料费3.95万元。经查，《法制日报》及该报驻山西记者站均无此人。

经山西省临汾市公安局霍东分局立案侦查，11月11日，公安人员在北京市安定门某宾馆将刘某抓获。经查，刘某（男，山西晋中榆次区人）系太原市“山西长兴文化传播有限公司”董事长、总经理。在得知霍宝干河煤矿发生事故后，即伙同《法制日报》山西记者站擅自聘用人员李某，以《法制日报》记者名义对该矿进行所谓“采访”，并向矿方出示所谓“曝光稿”，以宣传费和宣传资料费的名义敲诈勒索该矿。

刘某对敲诈勒索霍宝干河煤矿一事供认不讳。警方正在全力追捕另一名涉案嫌疑人李某，案件正在进一步调查中。

二、全国“扫黄打非”工作小组有关成员单位工作

公　安　部

2008年，全国公安机关按照中央关于“扫黄打非”、保护知识产权工作的总体部署，紧紧围绕为北京奥运会创造良好舆论环境这一中心任务，积极调整工作思路，不断改进工作方法，切实加大对侵权盗版、制贩非法出版物犯罪活动的打击力度，有效防止了境外破坏势力利用非法出版物干扰奥运，确保了奥运期间侵权盗版问题没有成为社会热点。2008年，共破获侵权盗版、制贩非法出版物案件5119起，查处涉案人员8771人，收缴非法出版物1391.7万余件，查获非法光盘生产线7条。自1996年以来，公安机关累计查获非法光盘生产线已达238条。

一、周密组织部署，强力推进工作

2008年，各地按照公安部统一部署，以查缴非法出版物和严厉打击侵权盗版犯罪活动为重点，强化工作措施，狠抓工作落实。特别是奥运治安保卫攻坚战期间，各地持续加大工作力度，有力策应了奥运安保工作大局。据不完全统计，奥运期间，各地公安机关共清查出版物销售摊点5.51万家、印刷厂点3.31万家，查处侵权盗版、制贩非法出版物案件1335起，查处涉案人员2561人，收缴非法出版物286.7万余册（张）。

二、强化案件侦办，深挖犯罪团伙

各地公安机关治安部门始终将案件侦办作为“扫黄打非”工作的首要任务，充分发挥职能作用，采取发动群众举报等多种手段广辟线索来源，通过深挖扩张、挂牌督办等方式加大办案力度，捣毁了一批非法出版物储存窝点，破获了一批重大案件，打掉了一批犯罪团伙。公安部督办的广东“1·17”非法光盘生产案、天津“6·03”非法制贩盗版光盘案等大要案件成功告破。2008年1月17日，广东省深圳市公安机关在前期缜密侦查的基础上，迅速出击，在该市宝安区一废旧厂房内查获非法光盘生产线2条，非法光盘成品2.9万张，母盘2948张，抓获涉案人员11人。9月，天津市公安机关会同广东省公安机关，一举破获了“6·03”非法制贩盗版光盘案，抓获违法犯罪嫌疑人付伟等12人，收缴盗版光盘10万余张。7月，江苏省公安厅治安管理局会同徐州市公安机关成功侦破了省厅挂牌督办的刘某某非法出版案，抓获刘某某等犯罪嫌疑人17人，查清了该团伙非法编辑、印刷《新周报》等48种413万余份非法出版物，销往全国25个省90个地市县的犯罪事实。

三、深入检查整治，堵住生产源头

各地公安机关治安部门普遍将严格印刷复制企业管理作为“扫黄打非”、保护知识产权工作的第一道防线，会同新闻出版等部门加强了监

管，查封取缔了一批无证照经营的非法印刷窝点。上海市公安局治安总队对全市5000余家印刷复制企业的法人代表、治安责任人开展了治安业务培训，与之逐一签订治安责任书。吉林省公安机关治安部门联合新闻出版部门，对全省4126家印刷企业进行了全面调查摸底，重新建档登记。江苏、云南等省公安机关先后检查印刷复制企业2.4万家次。山东省公安机关积极会同新闻出版、文化等部门，深入排查梳理印刷复制企业突出治安问题，发现并取缔了80家非法印刷窝点，打击处理违法人员175名。辽宁省大连市公安机关在印刷厂点治安检查中，一举打掉了一个地下印刷黑窝点，收缴非法盗印的教辅等各类图书1.5万册。

四、开展流通整治，切断运输渠道

各地公安机关紧紧抓住非法出版物储存、运输、销售等环节，强化了对出租房屋、仓库、物流站点及重点路段、重点车辆的治安检查。5月，公安部会同交通运输部、铁道部、海关总署等部门联合下发通知，对进一步加大交通运输环节贩运非法出版物检查力度，开展非法出版物流通整治工作。北京市公安机关加强警情分析研判，找准高发地区、高发点位和高发时段，加大对游商地摊的打击清理力度，抓获贩卖非法出版物人员922人，收缴各类非法出版物20.7万余件。上海市公安机关对出版物市场开展高密度、高频率的检查，奥运期间查缴各类非法出版物1.2万余册（张）。河南省公安机关开展了整治物流业经营秩序专项行动，强化对货运代理代办点、机场、火车站、长途客车站等重点部位的日常监管，有力堵截了非法出版物流通渠道。各地还加大了对过境运输车辆的检查，严防运输、夹藏非法出版物。奥运前夕，江西省公安机关在大广高速公路查获一辆运送淫秽出版物的货车，当场收缴103种1.85万张淫秽光盘。

五、加强国际交流，促进执法合作

为加强国际间知识产权刑事执法协作，共同打击侵权盗版违法犯罪活动，公安部治安局积极加强与世界各国执法机构、国际组织在保护知识产权领域的沟通交流，不断扩大合作共识。一年来，先后接待了法国、日本等多个国家和地区保护知识产权工作的代表团及国际组织，参加了中欧知识产权对话活动、WTO争端案与美磋商活动、中美知识产权刑事执法技术援助会议、2008年国际知识产权刑事执法论坛等一系列国际间保护知识产权活动。通过上述活动，增进了沟通交流，促进了执法合作，取得了良好效果。

住房和城乡建设部

根据全国“扫黄打非”工作小组2008年第一次小组成员会议精神和《关于2008年“扫黄打非”行动方案》的要求，住房和城乡建设部给予高度重视，积极部署，指导和组织各地建设和城建监察、城管执法部门围绕“加强对涉及两会、奥运等重要事件的非法出版物的查缴工作”、“通过‘4·26’世界知识产权日等专项整治集中打击侵权盗版”、“严肃查处各类非法报刊，对各类印刷品加强监管”等工作重点开展、配合全国“扫黄打非”工作。现将2008年有关工作总结如下：

一、主要工作

（一）积极响应，做好工作部署

按照《关于全国“扫黄打非”工作小组成员单位2008年任务分工的通知》要求，住房和城乡建设部部、司领导多次明确指示，将指导、组织城建监察、城管执法部门清理取缔销售盗版及非法出版物的游商、地摊，确保重要会议、重大活动和奥运会期间文化市场面貌整洁作为今年的工作重点，与重点区域的有关单位签订门前管理责任书和区域管理责任书，将工作任务落实到基层；同时积极探索将清理整顿销售非法出版物的游商、地摊情况纳入市容建设评估体系和数字化城市管理系统，并适时组织开展城管执法人员“扫黄打非”业务培训。为此，住房和城乡建设部认真贯彻刘云山同志在第二十一次全国“扫黄打非”工作电视电话会议上的讲话精神，落实“扫黄打非”工作小组的各项部署和要求。

按照《关于开展2008年“扫黄打非”第一阶段专项行动净化春节、“两会”期间出版物市场的通知》要求，住房城乡建设部立即下发了《关于开展2008年“扫黄打非”第一阶段专项行动净化春节、“两会”期间出版物市场工作的紧急通知》特急文件，要求各地建设主管部门按照分工，认真组织开展“扫黄打非”工作，将销售非法、盗版出版物的游商地摊及无证照经营清理整顿情况纳入市容建设评估体系，把开展专项行动与加强日常执法工作结合起来，加强巡查，及时清理，坚决取缔兜售非法、盗版出版物的游商地摊及无证照经营者。文件还要求已运行数字化城市管理系统的城市将清理取缔贩卖非法、盗版出版物游商地摊工作与数字化城市管理系统结合起来，纳入日常管理，实行单独考核。

住房和城乡建设部还认真组织学习全国“扫黄打非”工作小组副组长兼办公室主任柳斌杰同志在全国保稳定迎奥运“扫黄打非”办公室主任会议上的讲话精神，要求各地认清形势、提高认识，在完善制度、严格考核的基础上，突出重点，强化执法，坚决打击兜售非法出版物及盗版制品行为，充分发挥、利用数字化城市管理新模式的快速反应机制，密切配合，保障社会稳定，为北京奥运会营造良好氛围。

（二）密切配合，发挥积极作用

根据第二十一次全国“扫黄打非”工作电视电话会议精神和有关文件的要求，各地建设主管部门按照全国“扫黄打非”工作小组的统一部署和安排，指导、组织城建监察、城管执法部门认真履行职责，在做好日常取缔各类违法销售盗版制品的游商、地摊执法工作的基础上，配合有关部门认真落实好2008年“扫黄打非”工作任务，为确保“两会”和北京奥运会的顺利召开，发挥了积极作用。

吉林省在接到《关于开展2008年“扫黄打非”第一阶段专项行动净化春节、“两会”期间出版物市场工作的紧急通知》后，立即召开了各市（州）主管局长、处长参加的会议，组织实施第一阶段专项行动，要求将“扫黄打非”工作与日常工作相结合，实现动态监管，突出工作重点，抓住关键环节，确保工作实效。

北京市、四川省成都市改进执法方式，借助科技手段开展工作。为迎接奥运会的顺利召开，北京市加大了整治工作力度，通过城管热线系统、数字图像监控系统、数字集群呼叫系统等先进的技术手段打击盗版，既提高了打击违法行为的针对性和执法效率，又节省了执法成本。成都市将游商占道经营作为城市管理实践，纳入数字化城市管理系统进行管理。

江苏省、重庆市等地专门成立了领导小组和整治办公室，落实责任，广泛发动，全面开展整治工作。江苏省实施“城管进社区”，借助街道、社区的力量，加强舆论监督、社会监督和消费者监督，教育和引导群众自觉抵制盗版制品，形成打击侵权盗版的良好舆论氛围和工作环境；同时，加大巡查力度，实行重点地区定人定岗，积极查处街巷各类盗版书摊、碟片摊。重庆市采取市统一部署、区县分头组织实施和分片包干、责任到人的方式，全面开展销售盗版及非法出版物的游商地摊清理整治工作，并将“扫黄打非”工作方法、执法程序、执法文书制作纳入执法年度轮（培）训内容，提高执法人员的“扫黄打非”工作业务水平。

二、取得成效

2008年，各地“扫黄打非”工作取得了一定的成绩，销售盗版及非法出版物的游商地摊得到了一定的遏制，市容市貌水平得到了明显提高。一是整治力度不断加大。吉林省在第一阶段专项行动中共出动执法人员5万多人（次）、执法车辆5319台（次），查缴非法出版物2800册，非法宣传品2.4万余份，查缴淫秽色情光盘3.5万盘（套）、有害卡通画册及淫秽“口袋本”图书1万本（册），有效整治了销售盗版及非法出版物的游商地摊。二是长效管理机制和考核制度逐步完善。江苏省部分城市把占道摊点长效管理列入了政府目标考核体系，强化考核，巩固了整治成果；重庆市把整治工作情况纳入城市管理目标考核和执法纠察内容，确保了工作的经常性、连续性和有效性。三是管理手段不断改进。已建立数字化城市管理系统的城市，将游商地摊作为城市管理事件，纳入了数字化城市管理系统，加强了日常巡查和监管。

三、明年工作打算

2009年，住房和城乡建设部将在全国“扫黄打非”工作小组的领导下，继续按照有关部署和要求，巩固工作成果，认真履行工作职责，继续指导、组织各地建设主管部门、城建监察、城管执法部门，清理取缔销售盗版及非法出版物的游商、地摊，将清理整顿内容纳入市容评估体系和数字化城市管理系统，指导开展“扫黄打非”工作业务培训，提高整治水平，加大整治工作力度，为迎接新中国成立60周年做好配合保障工作。

交通运输部

2008年，交通运输系统各单位、部门在当地党委政府统一领导下，认真贯彻落实中办、国办转发的《2008年“扫黄打非”行动方案》工作部署和第二十一次全国“扫黄打非”工作电视电话会议精神，深入开展“扫黄打非”各项行动。全国交通公安机关以奥运安保为中心，发挥专业公安职能优势，严密查缴非法出版物、淫秽色情出版物和“法轮功”等邪教组织宣传品。全年组织各类“扫黄打非”行动340余次，共出动警力6800余人次，查缴非法出版物、淫秽色情书刊等3050余册，淫秽、盗版音像制品2300余盘，为净化港航文化市场环境和维护社会治安秩序做出了积极的贡献。

一、高度重视，认真落实中央部署和要求

按照中办、国办转发的《2008年“扫黄打非”行动方案》的部署和第二十一次全国“扫黄打非”工作电视电话会议的要求，交通运输部制定下发了《关于深入推进公路水路交通系统“扫黄打非”工作的通知》，与全国“扫黄打非”办等联合下发《关于坚决打击利用交通运输渠道贩运非法出版物的通知》《关于严格规范高速公路服务区出版物经营秩序的通知》，部署交通运输系统、港航单位和交通公安机关深入开展“扫黄打非”专项清理整治工作。各单位、部门都相应建立了“扫黄打非”工作机制，制定计划，明确责任，突出重点，积极开展“扫黄打非”工作。

二、强化措施，全面开展清理整治

围绕净化社会治安环境，为北京奥运会顺利举行和纪念改革开放30周年系列活动创造和谐稳定的氛围，交通公安机关在水运交通线尤其是客运码头和客运船舶，深入开展清理整治工作，加强从业人员教育管理，及时查缴非法出版物。一是广泛宣传，营造声势。各单位立足辖区，利用多种宣传教育形式，营造轰轰烈烈“扫黄打非”声势，提高职工群众自觉抵制非法出版物的自觉性，有效地阻止了丑恶现象的滋生和蔓延。大连港公安局全年出板报28期，召开法制教育会72场、治保会40场，客运派出所采取电子滚动屏对过往旅客宣传万余人次。长航公安局利用贴标语、挂横幅等形式，向辖区职工群众、泊港船舶以及水域过往船民进行广泛宣传教育活动，共张贴标语1800份，下发宣传材料800余份，挂横幅30处，办板报36期，利用广播进行宣传41次，召开法制教育会、治保会600场次。营口港公安局张贴标语130余份，发传单1500余份，通过港报、港电视台播发“扫黄打非”公益广告16期。湛江港在发动起来的群众中，非法出版物就像过街老鼠人人喊打，职工群众先后收缴上交了51份邪教组织宣传品。二是发挥优势，做好查堵工作。各交通公安机关结合奥运安保工作，从强化日常管理入手，对娱乐场所、码头、客运站、船舶、报刊销售点等易出现涉黄、涉非现象的场所、部位进行重点监控。蛇口港公安局加大海上巡逻的力度，每周坚持2次以上海上巡逻，强化深圳西部海域、港口的监控，严密封堵非法出版物水上走私入境通道，严防非法出版物、盗版光盘流入境内。大连港公安局对塘沽、渤海湾航线进行重点查堵，防止非法刊物流传。两个承担客运任务的派出所每周组织民警对2个售票厅、2个候船厅进行清理检查，共查获非法出版物177件、传真24份、传单113张。长航公安局武汉、宜昌分局以贯彻落实《企业事业单位内部治安保卫条例》和《娱乐场所治安管理办法》为切入点，大力推行场所备案制度，加强辖区公共娱乐场所的治安管理。营口港公安局今年开展“扫黄打非”工作以来，共登轮检查160余次，检查船舶67艘次，其中外轮17艘次，客运班轮20艘次，共收缴非法出版物21本、宣传品30余份，收缴黄色书刊14册（本）、淫秽光碟21张。三是开展专项行动，集中清查整治。按照2008年“扫黄打非”行动方案和各项专项行动部署，各级交通公安机关结合奥运安保和辖区实际，开展各类集中清查整治和查堵非法出版物专项行动340余次。上海港公安局今年以来共出动警力600余名，开展集中整治行动10余次，收缴非法出版物17本、淫秽碟片200余张。长江航运公安局全线各分局共开展专项行动17次，累计出动警力2655人次，车辆310台次，船艇45艘次，检查辖区印刷厂、复印企业、书刊报摊销售点、出租屋、码头、汽渡、轮渡、加油站（船）及水上设施、网吧及娱乐场所1632处，抓获涉黄涉非违法犯罪人员19人，收缴非法出版物、盗版及淫秽出版物1005本，邪教组织宣传品153份，盗版、淫秽光盘1013张。汕头、连云港、大连港公安局加强与海关、工商、文化等部门的协作配合，开展“扫黄打非”清查整治联合专项行动，对所属重点区域组织警力统一进行集中查禁检查，重点查堵非法出版物，打击走私、销售境外非法报刊和携带非法出版物入境的违法犯罪活动。四是严打涉黄涉非违法犯罪活动。为了有效地开展“扫黄打非”工作，各级交通公安机关广辟信息渠道，追踪案件线索，严厉打击涉黄涉非违法犯罪活动。6月，长航公安局上海分局快速出击抓获一名散发“法轮功”邪教组织传单的犯罪嫌疑人孙某（男，44岁），并在其家中查获涉及“法轮功”的书籍、小册子12本，传单122份、资料89张、护身符15片、学习笔记2本、台式电脑1台。在其单位抽屉搜查到“法轮功”传单17大张（170小份）、笔记本电脑1台。

三、加强督导，深入推动“扫黄打非”工作

10月中旬，交通运输部按全国“扫黄打非”工作小组办公室《关于对打击非法报刊专项行动进行检查的通知》要求，由部公安局、公路司、体法司组成联合工作组，对河北、山东交通运输行业开展“扫黄打非”及贯彻落实打击非法报刊专项行动的情况进行督导、检查，进一步推动行业“扫黄打非”工作的深入开展。两省交通运输主管部门，一是对“扫黄打非”工作高度重视、认识到位。将“扫黄打非”工作列入重要议事日程，从讲政治、保稳定、促和谐的高度认识，作为交通行业精神文明建设的内容进行安排部署。二是“扫黄打非”工作的组织领导机构健全。三是各级交通运输部门都将“扫黄打非”工作纳入到社会治安综合治理的重要内容，明确职责、分解任务、细化工作标准和目标要求，定期进行检查督促，促进责任落实。四是广泛开展了行业系统的宣传发动，营造“扫黄打非”的声势。五是普遍建立健全了工作责任制和责任追究制。为净化社会环境，维护社会稳定做出了积极的贡献。

铁 道 部

2008年以来，铁路系统各单位以“春运”、“两会”、“奥运”关键时期为重点，文化安全与运输安全一齐抓，坚持不懈地开展“扫黄打非”斗争，不间断地实施了各阶段专项行动，严把铁路运输关口，确保了铁路站车文化市场平稳有序。据统计，2008年，铁路系统在集中行动和专项治理中共出动人员8万人次，共收缴各类非法出版物5.4万余件，检查店档、摊点1万余个，取缔关闭非法摊点20多个，行政处罚近40宗。

一、高度重视，周密部署，深入推进铁路系统“扫黄打非”工作

铁路系统各级组织始终将“扫黄打非”工作作为社会主义精神文明建设的重要内容、作为和谐铁路建设的重要任务，高度重视，狠抓落实。年初，分管“扫黄打非”工作的铁道部政治部领导亲自参与制定了《2008年铁路系统“扫黄打非”行动方案》，铁道部党组全体成员审阅了方案，并要求抓好落实。铁道部“扫黄打非”办利用全路宣传工作会议、宣传部长座谈会等各种会议，讲清“扫黄打非”工作形势、查找薄弱环节、部署重点工作。各单位党委、行政部门将“扫黄打非”工作纳入党委工作重要日程，认真研究解决本单位“扫黄打非”工作中存在的新情况新问题，确定基层单位党政主要领导是“扫黄打非”工作第一责任人，并将各单位“扫黄打非”工作纳入到精神文明创建、政治工作大检查总体部署中，实行“扫黄打非”工作“一票否决”制度。在“春运”铁路旅客运输高峰，结合安全检查、危险品检查，精心部署第一阶段行动，为春节、“两会”营造了健康和谐的社会文化环境。在第二阶段行动中，铁路部门严格按照《关于坚决打击利用交通运输渠道贩运非法出版物的通知》要求，从制度上入手，在管理上下工夫，严把铁路运输关口。特别是在北京奥运会前夕，连续下发了《关于开展奥运前30天铁路站车文化市场集中清查行动的紧急通知》《关于加强站车图书、报刊、宣传品摆放和发放管理的紧急通知》和《关于奥运会期间铁路站车加强印刷品及音像制品监管有关问题的通知》等一系列通知，对查堵非法出版物提出要求，对铁路站车销售、免费摆放和发放的宣传品进行了严格规范。

二、加强管理，全面清查，确保铁路站车文化市场平稳有序

1. 开展宣传教育，形成群防群治网络。铁路系统各单位以举办培训班、召开电视电话会议等形式，反复向职工宣传“扫黄打非”工作的重要意义，对窗口单位职工、经营者进行业务培训，使铁路干部职工防有意识、治有手段，在铁路站车文化市场和运输渠道形成严密的防控网络。

2. 抓好制度落实，规范站车文化市场。多年来，铁道部出台了一系列铁路站车文化市场经营管理办法，并就落实过程中出现的问题，反复与基层单位沟通，解释政策、监督落实。对铁路站车图书报刊销售坚持统一渠道原则，从源头抓起，严格审查把关。各单位结合实际，在列车（动车组）期刊管理、影视剧及广告片拍摄播放、站车文化市场准入方面形成制度，规范了管理范围、管理责任、审批程序、监督检查、责任追究，使“扫黄打非”工作规范化、制度化。

3. 加强检查监督，反复清查市场。针对2008年大事多、热点多的实际，在对铁路站车文化市场工作调查摸底的基础上，确定了重点环节、重点时段、重点区域，坚持集中检查、突击检查与日常检查相结合，明查与暗访相结合，做到了领导带头检查，敏感时期必查。在北京奥运会前后、“五一”、中秋节、“十一”节日期间，以省会城市大客站、进京、进沪、进穗列车及沿线为重点，反复清查站车文化市场，全面清理各大车站及沿线销售非法出版物的游商小贩和无证照经营者。为确保奥运前及奥运会、残奥会期间铁路站车文化市场平稳有序，铁道部“扫黄打非”办下发紧急通知，重申：除经部政治部宣传部批准或要求摆放、发放的图书、报刊、宣传品外，其他一律不准在铁路车站各类候车室、售票厅、通道等旅客进出站、候车场所及旅客列车上摆放、发放。各单位高度重视，对不符合要求的各类书刊、宣传品全部撤除，组织力量对铁路站车文化市场进行了彻底核查、清理、对重点区域进行了反复清查。

三、严格制度，认真查堵，严把铁路运输关口

长期以来，铁路系统将严把铁路运输关口作为“扫黄打非”工作的重中之重，查堵非法出版物、扫除淫秽色情等有害读物及网上有害信息，时刻保持高度警惕和高压态势，不断加大查堵力度。

2008年，铁路系统结合《关于坚决打击利用交通运输渠道贩运非法出版物的通知》要求，对负责货物运输的三大专业公司提出要求，加大对行李、货物的受理、验货、装车、交付等环节检查力度。集装箱公司将防范管理延伸到客户和装箱点，采取召开“安全保卫联席会”等形式，对各运输单位和大客户讲形势和要求，从源头把好关；行包公司业务部门结合铁道部和公司有关要求，详细讲解了出版物、音像制品承运的有关规定，提高干部职工的敏感性和业务操作能力，并在公司所有营业部、网点“行包管理系统2.0版本”中设置了“非法出版物目录”辅助程序，运用科技手段卡控非法出版物。

各铁路局紧紧把住旅客进站关、旅客行李进站扫描检查关、旅客货物托运关，对直接接触出版物托运、发货的重要岗位工作人员实行责任包保，严格实行书报刊、音像制品、电子出版物托运、提领验证制度。客货工作人员及公安及时将有违法违规的个人信息登记建档，为执法部门提供可靠信息和依据。

四、强化宣传，提供服务，促进铁路文化市场发展与繁荣

铁路系统在全力以赴打好“扫黄打非”各阶段战役的同时，也把满足旅客旅行文化需求、用主流的文化引导大众、大力弘扬社会主义精神文明作为铁路站车文化市场管理的重要部分，“一手抓管理，一手抓繁荣”，在全路站车免费提供经严格审核的书报刊，极大的满足了旅客的文化需求，受到了旅客广泛欢迎。

创新经验

规范管理，服务奥运　构建健康良好的铁路站车文化市场秩序

——北京铁路局“扫黄打非”创新经验

作为首都精神文明的重要窗口，2008年，北京铁路局认真贯彻落实中央和铁道部党组的有关要求和部署，从维护国家形象和铁路改革发展稳定的大局出发，坚持规范管理与繁荣发展并重，

不断加大“扫黄打非”工作的力度，努力建设健康向上的铁路站车文化市场。奥运期间，北京铁路局共查获非法出版物66本，非法盗版书刊130余册，盗版光盘80盘，清理非法游商30余人次，确保了奥运会期间首都铁路站车文化市场的健康稳定。

一、加强教育，统一思想

北京铁路局作为首都门户，不仅代表中国铁路形象，更代表着北京在中国乃至国际上的形象。北京铁路局党委始终把抓好铁路站车文化市场的建设摆在重要位置。针对少数干部职工中存在的“扫黄打非”工作不影响安全生产，不影响单位改革发展稳定的错误认识，北京铁路局党委利用报刊、电视、广播、电话会议、职工学习、形势报告会等形式，及时传达上级“扫黄打非”工作的有关精神和要求。采取分析案例、组织书报刊经营网点负责人培训等形式，在站段领导干部和职工中开展宣传教育，使广大干部职工充分认识到北京铁路局作为首都精神文明建设的重要窗口，做好“扫黄打非”工作的紧迫性、必要性和重要性，牢固树立“扫黄打非”无小事的意识、筑牢思想防线。

二、把好源头，规范管理

管理是否到位，关键在制度落实。长期以来，北京铁路局先后针对“扫黄打非”工作实际，制定下发了《路局党委、路局关于规范文化经营行为，推动站车文化市场发展的通知》、《路局、党委路局“扫黄打非”和文化市场管理工作会议纪要》等系列规章制度，明确了办事处党委、客运、公安、站段党委等各部门站段的职责，提出了统一进货渠道、统一配送、统一品牌标识的“三统一”要求。为确保工作实效，北京铁路局加强了对基层单位的考核，发现违反制度现象，单位主要领导要到铁路局交班，并对单位主管领导及相关责任人进行经济处罚。这些措施确保了管理制度的落实，规范了铁路站车文化市场的经营秩序。

三、突出重点，打防结合

北京铁路局从书报刊进货源头入手，对站车销售的书报刊严格审批，特别是对进货渠道正规、手续合法，但封面暴露、内容渲染色情、暴力以及打“擦边球”等低俗出版物进行重点审查。日常工作中，北京铁路局坚持打防结合的原则，采取明查、暗访与专项治理相结合的形式，经常组织力量对车站和列车出售的书报刊进行检查与抽查。7、8、9三个月出动500余人次，重点查缴非法出版物和含有暴力、色情、淫秽等内容的出版物。对沿线偏远的唐山、沧州、保定等中小车站进行重点查验，发现问题及时进行纠正和处理。针对不法游商兜售非法书刊屡打不绝的突出问题，北京铁路局党委指导有关车站建立了包片包干责任制，积极配合铁路公安部门研究制定打击措施和办法，采用多种有效手段，开展集中行动，加强阵地控制，有效地净化了站车文化市场环境。

运用科技手段严把铁路运输关口

——中铁快运有限公司“扫黄打非”创新经验

2008年，中铁快运股份有限公司按照全国“扫黄打非”办和铁道部的部署要求，认真研究非法出版物运输的新情况、把握特点和规律，依靠科技手段进行卡控，最大限度地防止非法出版物借铁路运输渠道传播。2008年，组织检查600余人次，添乘检查铁路旅客行李车和铁路快运专列800余列次，发现解决各类问题60余个。

一、加强培训，提高查堵非法出版物的能力

中铁快运有限公司在全国500多个城市和地区设有营业机构1700个，每天运送行李包裹约

150万件，业务量大、任务繁重，加之不法分子贩运非法出版物手段更加隐蔽，行包承运时准确查验非法出版物的难度很大。

中铁快运有限公司党委深刻认识到，要做好对铁路运输渠道严防严守，关键在一线。中铁快运有限公司从加强分公司及营业部“扫黄打非”工作，提高一线干部职工思想认识和查堵非法出版物能力入手，对运输规章进行了梳理、对制度进行了完善。年初，组织公司机关各部门和分公司、营业部有关人员进行查堵非法出版物专题培训，进一步明确了“扫黄打非”工作的重要意义，认真分析了出版物承运的有关规定制度及非法出版物的定义、特征，提高了干部职工的政治敏感性和业务操作能力。

二、深入调研，运用科技手段强化查堵力量

中铁快运有限公司结合“扫黄打非”的新形势和现场办理行包托运的实际，通过广泛调研和征求一线职工意见和建议，组织运输、信息等有关部门开发了“行包管理系统2.0版本”查堵“非法出版物目录”辅助程序，在所有营业部、网点托运制票口进行安装，实现了行包托运第一关口的自动检索卡控。为有效地使用好工具软件，中铁快运有限公司明确了职责分工，信息部门对办理承运制票专用机及时升级，进行数据维护；数据维护完成后，营业部书记或经理、经营性营业部经理到承运制票岗位，与制票员共同上机操作，确认查堵内容完成。“行包管理系统2.0版本”查堵“非法出版物目录”辅助程序的使用，极大地提高了查堵率，避免了因人工查验可能产生的漏查、误查等问题。

三、落实制度，形成严密查堵网络

2008年，中铁快运有限公司按照《关于坚决打击利用交通运输渠道贩运非法出版物的通知》要求，进一步规范制度、严格管理，每月将“扫黄打非”工作与安全生产同布置、同检查、同考核，在形成查堵网络上下工夫。首先明确了文电传达处理流程。根据电文内容，由“扫黄打非”办公室制定下发工作安排，提出具体要求，各分公司及管理部门进行记名传达，确定执行人和检查人。同时，在出版物运输过程中严把承运验货关、在途运输关、交付审核关。营业部设立印刷品、音像制品专门办理窗口；安检人员对承运的出版物、音像制品实行开包检查制度，特别对品名不符而通过安检仪时疑似为印刷品和音像制品的货物，全部进行开包检查验货，并进行登记；制票员在制票时确认制票机“非法出版物”查堵程序自动检验结果后方能办理承运手续；承运区和到达区建立出版物检查登记簿，对承运、交付情况逐一登记。为确保运输环节安全，中铁快运有限公司派出工作组，对重点部门检查指导，对列车行李车内装运的各类出版物进行抽查，防止非法出版物由于货主匿报品名、夹带等手段在运输作业的某个环节失控而导致流入市场的情况发生。

工业和信息化部

2008年，工业和信息化部按照全国“扫黄打非”工作的统一部署，积极应对挑战，采取有效措施，配合全国“扫黄打非”工作小组办公室开展了大量工作，切实做到了年初有部署、年中有检查、年终有总结。

一、强化基础管理，落实企业责任

2008年，工业和信息化部督促电信运营企业落实网络信息安全责任制，细化管理要求，明确企业网络信息安全责任，电信运营企业的自律意识明显增强，从被动接受监督向主动倡导自律方向发展。加强网站备案管理，着力推进网站实名制。强化技术支撑手段，建设网站备案管理二期系统。目前，全国网站备案登记数据库中已报备网站214万个，备案率94%，备案IP地址1.41亿个，奠定了互联网管理基础。成立12321网络不良与垃圾信息举报受理中心，完善举报受理和处理流程，配合有关部门开展打击非法出版物、网络淫秽色情、赌博等活动。全面推广家庭绿色上网，由各基础运营商为家庭用户提供绿色上网的服务能力及技术保障措施，如中国电信等企业推出的绿色家庭上网业务受到广大网民的欢迎，目前已经在20多个省进行推广，发展了几百万用户。工业和信息化部十分重视发挥行业协会的桥梁和纽带作用，积极指导中国互联网协会加强行业自律，进一步完善行业自律规范，不断扩大自律范围。同时，充分发挥社会监督作用，通过互联网违法和不良信息举报中心，动员全社会的力量共同治理互联网环境，积极开展“网络科普”等健康向上的网络文化活动，引导公众尤其是未成年人健康上网，自觉抵制迷信、色情、赌博、暴力等不健康网络内容，构建和谐的网络社会环境。

二、深入开展打击网络淫秽色情专项行动

2008年1月至9月，工业和信息化部会同相关部门继续在全国范围内开展依法打击网络淫秽色情专项行动。在各地通信管理局、基础电信运营企业以及增值企业的共同努力下，专项行动取得明显成效。据初步统计，专项行动期间，配合相关部门查清网站线索1.3万余个，关闭非法网站网址6520个，删除不良信息5.1万余条，切断未备案网站或无许可网站6.7万个，停止发送违法不良短信的手机号码4.6万个。

三、积极配合查处网上非法出版物

2008年，工业和信息化部积极配合全国“扫黄打非”工作小组办公室、新闻出版总署、国务院新闻办等有关部门做好网上非法出版物的查处工作，将互联网行业管理与网络新闻出版等专项内容管理之间的工作有机地联系为一体，形成齐抓共管的管理合力。全年组织各地通信管理局配合新闻出版管理部门，依法查处了百余种网络非法出版物。

海关总署

2008年，海关系统认真贯彻落实《2008年“扫黄打非”行动方案》的部署要求和第二十一次全国“扫黄打非”工作电视电话会议精神，进一步加强组织领导，认真履行职责，综合运用行政执法、刑事执法和综合治理三种手段，积极开展“扫黄打非”行动。据统计，2008年1至12月，全国海关邮递渠道共监管进出境印刷品及音像制品逾1.24亿件，没收各类非法印刷品及音像制品约283.5万件，其中：邪教出版物约148.4万余件，散发性宗教宣传品约100.9万余件，非法出版物约25.7万件，淫秽类印刷品音像制品约4.2万件。海关缉私部门刑事立案4起，查获走私盗版光盘140万张，淫秽光盘300余张；行政立案581起，共查获盗版光盘296.5万张、淫秽类印刷品音像制品约15.5万件、反动宣传品10.39万件、淫秽色情物品及其他色情物品6.5万件。

一、认清形势，统一思想，加强组织领导

全国海关在“奥运”期间加大监管力度，加强风险分析，密切情报交流，严防境外非法出版物流入境内，为“奥运会”的顺利召开保驾护航。同时在海关总署的统一部署下，各直属海关，结合关区实际，制定工作方案，构筑了指挥快捷、行动高效的“扫黄打非”工作体系，确保了海关“扫黄打非”工作人员到位、工作到位、措施到位、投入保障到位，进一步加强监管、缉私等部门的协调配合，形成工作合力，为北京举办一届高水平、有特色的奥运会营造了良好的舆论氛围和文化环境。

二、以奥运安保为抓手，坚持日常监管和专项行动相结合落实“扫黄打非”工作要求

（一）加强日常监管，坚决封堵查缴非法出版物

各海关在“打黄扫非”的日常监管工作中注重做到“分阶段、有重点”。即在重大节日、活动期间，如奥运会期间等敏感阶段，加大非法出版物和“法轮功”邪教宣传品的查缉力度。在旅检口岸将重点地区的进出境货物、物品、行李、包裹邮件作为重点监管对象，对有不良记录的“重点人”过关必查，努力将非法出版物、“藏独”、“法轮功”反动宣传品以及散发性宗教宣传品封堵于国门之外。

在货运渠道，各海关则进一步加强对音像制品生产设备的监管，加强对从事音像复制加工企业进口的光盘生产设备的后续管理。海查部门加强与情报部门的密切协作和配合，强化对重点口岸、重点水域和“三无”船舶的监控，加大对海上、河道、非设关地的巡查监控力度，加大案件的侦查和处罚力度。

（二）认真组织开展“扫黄打非”专项行动

在“春节”、“两会”、“3・14”事件及“5・12”地震后、奥运期间等关键时段，有针对性地组织海关缉私、监管部门，先后开展了一系列“扫黄打非”专项行动，进行集中打击和治理。特别是广东、广西、福建等重点沿海地区把打团伙、破大案作为工作重点，坚决遏制大规模光盘走私活动的势头。

三、加强协调配合，形成执法合力

1. 加强了与公检法、工商、新闻出版、文化管理等部门的联系沟通，深入全面地开展综合治理。今年7月，与全国“扫黄打非”办联合，下发了《海关总署全国“扫黄打非”工作小组办公室关于进一步加强“扫黄打非”工作的通知》。

2. 在署内监管司、缉私局与各直属海关之间建立了专项联络员制度，随时通报专项行动的进展和各关区走私动态，不断调整打击、防范重点。

3. 各有关海关密切与地方打私办、“扫黄打非”办公室及相关职能单位的联系配合，使海关执法活动的战略纵深得到了有效的延展，把“扫黄打非”综合治理工作落到实处。

4. 针对粤港、粤澳地区侵权行为发生频繁和走私盗版光盘活动猖獗的情况，粤港、粤澳海关通过即时通报、业务查询、定期会晤、陆路口岸热线联系制度、年度业务例会等多种有效形式，在打击侵权盗版执法方面取得了显著成效，近两年来，香港海关未再发现利用内地非法加工委托书在港生产光盘的情况，粤港两地光盘走私活动受到明显遏制。

四、深化综合治理，丰富“扫黄打非”工作手段

海关系统在“扫黄打非”工作中坚持打击和防范并举，加大了对外政策法规的宣传，充分利用报纸、广播、电视等新闻媒介，宣传报道海关“扫黄打非”成果，积极开展法律法规的宣传教育，教育引导人民群众守法通关，有效防范非法出版物通过旅客携带入境。同时，各地海关按照我署和各地政府“扫黄打非”办公室的要求部署，对查获的盗版、淫秽光盘适时予以销毁处理，扩大了影响，营造了良好的社会氛围。

创新经验

海关总署“扫黄打非”工作典型经验

一、做好基础制度工作

自2004至2007年，集中加强有关业务基础制度，设立了“海关总署北京印刷品音像制品监控办公室”（以下简称监控办），并制定了《进出境印刷品及音像制品监控作业制度》。2007年通过海关总署令第161号，发布《中华人民共和国海关进出境印刷品及音像制品监管办法》，细化了海关、管理相对人关于进出境印刷品音像制品方面的管理责任、管理权限、申报义务等内容。2008年3月起，监控办在收集、汇总、整理和分析全国海关进出境印刷品及音像制品监管动态情况基础上，定期编发《印刷品音像制品监管动态》（以下简称《动态》）。《动态》结合不同时期监控工作特点，有所侧重地推出相关专题，在背景知识、风险预警、专业意见等方面对现场工作起到了切实的指导作用，使经验和信息得到有形的积累。

二、加强资料积累和信息化系统建设，提高科学工作水平

以实物资料库和电子数据库的建设作为提升印刷品监管工作水平的可靠保障，逐步建立进出境印刷品风险预警机制。通过对大量实物资料进行清理、归纳和筛选，做到尽量全面。

开发建设资料库电子管理数据库软件，建立进出境印刷品查控平台和风险预警平台，结合手持机设备的实际应用，为现场监管提供有效手段，为提升全国海关印刷品音像制品监管工作的总体水平打下了坚实基础。

三、海关查获的各类进出境违禁印音制品特点

（一）非法印音制品内容紧扣时事

2008年，国内发生许多重大事件，从冰雪灾害到“3·14”西藏暴力打砸抢烧事件，从“5·12”地震到北京奥运会、牛奶事件等，海关所查扣的非法违禁品紧扣时事发展，各种境外不法势力、“分裂”势力、“法轮功”等邪教组织不断借题发挥，以关注民生、曝光腐败等作招牌，对我社会体制、政治制度、党和国家领导人以及党的纲领等大肆进行恶毒攻击，企图混淆是非，蛊惑人心，破坏我和谐安定的发展环境。

（二）宗教类印音制品散发形式及目标受众有所增加

2008年，散发性宗教类印音制品形式更加多样，散发手段及对象也有很大改变，主要体现在：一是开发了多种“寓教于乐”的宗教用品，如，扑克牌、宗教漫画、小卡片等，更具“亲和力”和传播性；二是逐步减少一次性数万件甚至数十万件的散发，开始采用分散寄递方式，通过小包装进行多次邮寄；三是加大对青少年的渗透，除直接邮寄给大学生外，中小学生也被纳入渗透目标，各教派还大力宣传自己的宗教网站，吸引年轻人浏览；四是个别教派除传授宗教知识与经典外，还新增对我时事的评论。

（三）违禁印音制品进出境策略有所调整

北京奥运会期间，根据奥运安保工作需要，海关对进出境旅客行李物品和个人邮递物品实施了100%过机检查，境外各种干扰势力也因此改变了违禁印音制品进境策略，往往利用现场关员交接班时间以及节假日客流高峰乘虚而入。一些势力还通过雇用中老年人、无业游民，或者利用旅游团分散携带违禁印音制品，企图蒙混过关。

国家工商行政管理总局

在2008年这不平凡的一年里，工商机关紧紧围绕科学发展这个主题，认真贯彻落实“两办”转发的《2008年“扫黄打非”行动方案》和第二十一次全国“扫黄打非”电视电话会议的精神，充分发挥职能作用，强化市场监管和行政执法，积极开展“扫黄打非”工作，为平安奥运和社会和谐创造良好文化氛围，配合有关部门维护好文化市场秩序。

一、进一步提高思想认识，加强组织领导，确保扫黄打非各项任务落实

国家工商总局党组始终高度重视“扫黄打非”工作，党组书记、局长周伯华同志多次强调，深入开展“扫黄打非”专项斗争，既是经济执法的重要内容，也与保护群众利益、维护社会稳定、加强精神文明建设、坚持基本经济制度密切相关。年初，国家工商总局及时制定下发了《工商行政管理机关2008年“扫黄打非”行动方案》，全年共向系统下发20余个电报和通知，组织开展了一系列工商系统“扫黄打非”专项行动。各级工商机关牢固树立政治意识、责任意识、大局意识，从维护政治稳定、社会稳定和文化安全的高度出发，把“扫黄打非”工作作为贯彻落实科学发展观的具体实践，结合本地工作实际，制定工作方案，真抓实干，着力查缴了一批非法出版物，包括宣扬淫秽色情、凶杀暴力、封建迷信及伪科学内容的音像制品、电子出版物、游戏软件和以未成年人为主要阅读对象的“口袋本”图书、卡通画册，“扫黄打非”工作取得显著成绩。据统计，2008年全国工商机关共出动执法检查人员11.65万人次，车辆2万余辆次；检查各类出版物销售市场和店档11万余户，印刷、复制企业8844家；查缴非法出版物共计28.85万余件，其中书刊12.6万余册、音像制品10万余盘，非法报刊6万余份；查处制售、传播非法出版物案件366件；协助城管等执法部门清理、取缔了一批游商地摊。

二、突出工作重点，严格监管措施，扎实有效地开展各项专项行动

各级工商机关把专项治理与日常规范监管结合起来，充分发挥工商机关职能优势，以市场巡查为依托，突出重点地区、重点部位，积极开展专项行动，切实推动“扫黄打非”工作深入开展。

（一）积极开展“扫黄打非”工作第一阶段和第二阶段专项整治行动

2008年第一季度和第二季度，各地工商机关把查缴非法出版物作为重中之重，开展了以清查出版物市场为重点的“扫黄打非”第一阶段和第二阶段专项行动。各地工商机关依据属地管理原则，集中力量对图书、音像制品、电子出版物批发、零售场所，学校周边相关店铺、摊点，商贸文娱场所、繁华街区、旅游景点进行了拉网式检查；积极配合新闻出版等主管部门对印刷复制企业进行集中治理；以查处无照经营行为为重点，坚决打击地下印刷、复制窝点，防止各类非法出版物在境内翻印销售。通过专项整治，有力地打击了侵权盗版等违法行为，为确保政治安定和社会稳定作出了积极贡献。

（二）持续开展迎奥运、净化出版物市场专项整治行动

为了确保北京奥运会成功举办，在奥运会召开前后，全国工商机关把“扫黄打非”作为维稳工作的重要内容，下大力气查处影响奥运氛围、影响社会和谐稳定的非法出版物。5月初，针对北京奥运会召开前夕形势任务的要求，国家工商总局下发了开展打击非法出版物专项行动的通知，部署从2008年5月初至7月底开展以打击

非法出版物为重点的专项行动。6月初，全国工商机关组织开展了“迎奥运、净化出版物市场”专项行动。各地工商机关连续奋战6、7、8三个月，查缴了一批非法出版物，保障了北京奥运会、残奥会的成功举办。7月初，国家工商总局再次下发紧急通知，部署奥运前30天出版物市场清查行动。各地工商机关在前期工作基础上，以保护知识产权为重点，进一步加大工作力度，在全国范围内开展了以严厉打击侵害奥运知识产权为主要内容的清查行动，全力为北京奥运会营造良好的文化市场环境。据不完全统计，奥运会和残奥会期间，全国工商机关共查缴非法出版物共计16.67万件，其中书刊8.12万册、音像制品8.5万盘。工商机关的工作受到了全国“扫黄打非”工作小组领导的肯定，其中3个单位被评为“迎奥运保稳定扫黄打非先进集体”。

（三）进一步开展严厉打击非法报刊专项行动

为进一步净化和规范报刊市场秩序，确保出版物市场平稳有序，全国工商机关积极配合有关部门，于10月1日至10月31日期间开展了严厉打击非法报刊专项行动。各地工商机关明确目标，以重点区域、重点市场、重点出版物为对象，对报刊发行单位、批发零售店（点）、邮局报刊发行点等进行高密度检查，认真查处各类非法报刊，坚决取缔兜售非法报刊的无照经营行为。同时，加强对经营户的宣传教育，要求各报刊经营户遵纪守法，不销售各类无正规刊号、侵权盗版、含有违禁内容、无可靠信息来源和依据的非法报刊。据不完全统计，在整个行动期间，全国工商机关共收缴非法报纸6.1万份。

（四）认真开展查缴“恶搞证件”等含有不良内容以及假冒军警服装、标识等商品的专项行动

11月以来，个别地区出现售卖格调低下的“嫖娼许可证”、“杀人许可证”等“恶搞证件”，销售带有可能造成宗教、民族、外交问题的图案、文字的服装鞋帽，以及假冒军警制服、标识的商品。这些商品严重影响了青少年身心健康成长，极易引发宗教分歧、外交等问题。为此，国家工商总局下发了《关于开展查缴“恶搞证件”等含有不良文化内容以及假冒军警服装、标识等商品专项行动的紧急通知》，部署在全国开展查缴专项行动。各地工商机关对辖区内的重点区域和薄弱环节及时进行有针对性的清理整顿，与有关部门配合，坚决依法查处售卖“恶搞证件”等含有不良文化内容以及假冒军警服装、标识等商品的经营者。特别是印刷业、服装业、小商品批发业较发达的广东、浙江、福建、江苏等地除对商品流通环节加强管理外，还积极配合相关部门认真落实监督检查制度，加强对印刷复制企业、服装制造业的监管。对无照经营的企业，坚决依法取缔，严厉打击了地下印刷、复制、制造窝点。

三、充分发挥职能作用，严把市场准入关

各级工商机关按照《出版管理条例》、《印刷业管理条例》、《音像制品管理条例》等规定，严格审查各类企业主体资格，尤其是印刷、复制、销售出版物企业的主体资格。对符合条件的相关企业，在其登记过程中严格执行前置审批制度，并把市场准入监管与营业执照年检有机结合起来，对检查中存在严重问题的经营单位，依法惩处，直至吊销营业执照。

四、立足工商职能，加大联合执法力度

在“扫黄打非”日常工作及各专项治理行动中，各地工商机关在当地“扫黄打非”领导小组办公室的统一组织协调下，注意处理好与各级地方政府和职能部门的联系配合，与新闻出版、公安、文化等部门建立稳定的信息沟通渠道，共享案源信息，加强工作交流，相互支持配合，实行齐抓共管、综合治理，确保了各项工作任务的顺利开展。宁夏石嘴山市工商局2008年在有关部门的配合下，成功查获了多起影响大、社会反响好的“扫黄打非”案件，其中一起案件一次性扣缴涉嫌非法出版的图书2.6万本，码洋64.75万余元，受得社会各界广泛好评。

中国民用航空局

2008年，民航局党组认真贯彻落实党的十七大精神和中央“两办”转发的《2008年“扫黄打非”行动方案》和第二十一次全国“扫黄打非”工作电视电视会议精神，以保障北京奥运会残奥会等一系列重大活动为主线、以打击各类非法出版物为重点，在全行业积极开展“扫黄打非”工作，取得了较好成效。

一、按照全国“扫黄打非”办要求，认真部署全行业“扫黄打非”工作

2008年3月份，民航局向民航各地区管理局，各航空运输（集团）公司，各机场集团（管理）公司下发《关于认真做好2008年民航“扫黄打非”工作的通知》，对民航行业全年“扫黄打非”工作作出部署。根据全国“扫黄打非”办工作要求，先后印发了《关于开展2008年“扫黄打非”第一阶段专项行动净化春节、“两会”期间出版物市场的通知》《关于开展2008年民航“扫黄打非”工作的通知》《关于积极配合全国“扫黄打非”工作小组开展奥运前30天出版物市场集中清查行动的紧急通知》等文件，对民航“扫黄打非”工作各阶段工作进行部署，提出具体要求。

二、层层落实责任，强化检查指导，确保“扫黄打非”专项行动各项要求落到实处

针对2008年度民航“扫黄打非”工作任务重、要求高的新情况，早规划、早部署、早检查。要求各航空公司、机场加强对各类出版物空运业务的检查，严格实行责任制，严格核查出版物发货、承运手续，检查图书音像制品运输许可证，对可疑的运输品实施开箱检查。制定了详细的工作计划，明确实行三级检查责任制，要求各航空公司、机场等单位指派专人负责，按照要求严格自查；民航各地区管理局全面检查，发现问题及时督促整改；民航局派出检查组，有重点地到部分单位进行检查。

奥运前夕，民航局党办副主任徐立同志亲自带队，由民航局有关地区管理局负责人参加，先后到首都机场、天津机场、国航天津分公司、大新华快运公司、奥凯航空公司、山海关机场、大连机场等民航涉奥单位进行重点检查，认真传达精神，听取工作汇报，并率队到机场候机楼内各书籍报刊摆放销售摊点进行现场检查，对落实“扫黄打非”责任人、净化公共服务场所出版物市场等问题提出具体要求。通过一系列严密有效的措施，确保了奥运会残奥会期间民航“扫黄打非”工作的良好局面，得到了全国“扫黄打非”办的高度肯定。

三，及早行动，迅速反应，妥善处理奥运期间“扫黄打非”工作出现的苗头性问题

2008年8月份《全国“扫黄打非”工作快报》第069期反映了进境航班配载境外非法出版物问题后，民航局文明办及时向局领导报告，并积极协调民航局公安局、运输司、国际司等有关部门，认真研究有关情况，提出可行处理方案，妥善解决了此问题，维护了境内良好的文化环境。由于工作成绩突出，2008年11月份，民航局党办被评为迎奥运保稳定“扫黄打非”先进集体。

国家广播电影电视总局

为认真贯彻落实全国“扫黄打非”工作要求，切实做好国家广电总局职责范围内的“扫黄打非”工作，根据全国“扫黄打非”工作的统一部署，国家广电总局认真履行职责，扎实做好本系统的“扫黄打非”工作，现就2008年度广播电视系统“扫黄打非”工作情况总结如下：

一、全面开展打击整治网络淫秽色情等有害信息专项行动工作

2008年1月至11月，广电总局按照中宣部、公安部等12部委《关于印发〈依法打击整治网络淫秽色情等有害信息专项行动工作方案〉的通知》要求，根据自身的职责，组织全国广电系统对网上传播有害视听节目进行清理，对传播淫秽色情等有害节目的网站实施查处，引导互联网视听服务从业机构加强行业自律，有效遏制了互联网上有害视听节目的传播。

（一）所做的工作

1. 迅速组织，精心部署。《通知》下发后，广电总局立即部署各省广电局结合2007年12月20日颁布的《互联网视听节目服务管理规定》，积极对网上淫秽色情等有害信息展开清理的行动。根据专项行动职责分工向各地广电部门制定下发了相关的通知，细化了广电系统在专项行动中的具体任务；组织各省广电局召开了互联网视听节目管理工作会议，部署各省将打击互联网传播淫秽色情等有害节目行动作为今年的重要工作抓紧抓好，抓出实效。

针对今年的西藏“3·14”事件、四川地震、北京奥运等重大事件，制定了处理机制和工作预案，向各地广电部门下发了紧急通知，要求各地严密监控有害节目在网络上的传播，对违反要求的网站从重从快处理。

多次组织中央电台、电视台进行宣传，从不同角度对淫秽色情等有害节目的社会危害进行报道，为严厉打击在互联网上传播有害节目的网站和行为创造舆论环境。

加强对各地的查处工作的检查和指导，强化依法查处、处罚有据，并对处罚结果进行督促和落实，保证查处工作取得实效。

2. 积极向公安部门提供网上淫秽色情线索。今年以来广电总局发现和清理的网上传播淫秽色情节目共113部（淫秽色情影视剧25部、淫秽色情动漫剧88部），节目链接地址241个，涉及境内的视听服务网站215个（次），除通知网站删除外，还将传播淫秽色情节目的网站和节目材料（共22批）通报公安部网络局。

3. 坚决清理有害节目。广电总局对明令禁止传播、危害较大的淫秽色情、有害节目，如《苹果》、《色戒》（完整版）、《颐和园》（电影）、《火墙内的声音》、《华丽的假期》等下发了专门通知，要求进行重点清查。从2008年1月起，先后对《苹果》和《色戒》（完整版）该部影片的网络传播情况进行了6次核查，共发现违规链接1859条；组织各地广电管理部门采取措施，通知辖区内网站不得传播该影片，并每天分两次上报进展情况。经过两个月的集中清理，网上蔓延的势头得到了遏制。今年截至目前，广电总局共清理境内网络传播的淫秽色情等有害节目204个，要求删除相关节目链接地址3900多个，有效净化了网络环境。

4. 大力查处违规网站。采取各种措施，依法管理，加大了对传播淫秽色情等有害视听节目的违规网站查处的力度。今年截至目前，广电总局组织各省广电部门对69家违规网站给予了警告处罚，对43家网站给予了停止视听节目服务的处罚，对33家网站转电信主管部门要求关闭；

通知国家计算机网络与信息安全管理中心封堵境外网站共 71 个，封堵境外网站的节目链接地址 605 个。

对违规情节严重，并且多次违规、屡教不改的网站，广电总局进行了重点查处、严厉处罚，其中涉及一些有影响力的视频网站，在业界起到了较大的震慑作用，一些违规网站因此主动删除和清理了淫秽色情等有害节目，或自行关闭了相关业务。

建立了定期抽查和处罚公告制度，对互联网视听节目服务的情况进行检查，督促各省广电局对传播淫秽色情等有害信息的违规网站进行处罚、处理，对处罚结果予以公告曝光，加大了打击的影响力。今年以来已进行了 3 次公告，取得了积极的社会反响。

5. 规范行业准入管理。广电总局依据《互联网视听节目服务管理规定》，规范行业准入，向符合开办条件的视听服务网站颁发《信息网络传播视听节目许可证》（AVSP），将其纳入依法管理，对于不具备开办视听服务条件的网站进行逐步清理，以从根本上减少和消除传播有害视听节目的源头。今年以来批准了 284 家网站开办视听节目服务，涵盖了全部中央重点新闻网站和大部分省级新闻网站、电台电视台网站和部分民营网站。

与“新浪”、“搜狐”、“土豆”、“酷 6”、“PPS”等 30 多家知名商业网站建立了联系机制，指导主要商业门户网站、视频分享网站和在线直播网站建立内部节目审查播出机制，制定了节目审查标准，实行先审后发，配备专业和专职内容审核队伍，严把播出内容关。

6. 引导健全行业自律。今年以来，广电总局在规范管理的同时大力引导和推进行业自律。2 月 22 日，组织中央 8 家重点网站发起签订了《互联网视听节目服务自律公约》（以下简称《公约》），《公约》倡议各缔约单位应积极传播健康有益、符合社会主义道德规范、体现时代发展和社会进步、弘扬民族优秀文化传统的互联网视听节目，共同抵制腐朽落后思想文化，不传播渲染暴力、色情、赌博、恐怖等危害未成年人身心健康、违背社会公德、损害民族优秀文化传统的互联网视听节目。各缔约单位之间建立互联网视听节目信息的行业共享互助机制，共同净化网上空间，形成共建共享的精神家园。截至目前，已有 467 家视听节目服务网站加入了《公约》组织。

广电总局建设了“互联网视听节目信息库”，安排专人对信息库进行管理，管理员在第一时间将发现的有害信息上传入库，各缔约网站每天登录信息库查看需要处理的有害信息记录，并将疑问通过信息库内部信息联系方式向管理员进行咨询。各缔约单位也可以通过该系统进行有害节目举报，将自己发现的有害信息上传到信息库中，广电总局会对信息进行核实和评价，将确认的信息进行发布供所有成员单位使用，实现共享、共建的良好机制。通过将有害节目及时公示，通知签约网站按提示过滤节目，从而从源头上对有害节目进行了防范，避免了在互联网上的继续传播。今年以来广电总局上传发布了禁止网络传播的视听节目提示信息 350 条，各缔约单位也积极举报提供有害节目视听节目，经过广电总局审核认可发布到信息库的有 2194 个。

广电总局还建立了网上通讯系统，将新发现的有害视听节目及时通过手机短信、即时通讯消息告知各网站，更快采取删除或预防措施。

通过近一年的清理整顿工作，网络淫秽色情等有害节目的传播得到了有效的遏制，互联网上视听节目的内容和质量有了明显的好转，违法违规的网站数量也大量减少，互联网视听节目服务从业机构的管理自觉性显著提高，行业秩序初步规范。

（二）工作中遇到的问题

1. 违规源头难以切断。广电总局在查处工作实践中发现，有些网站多次传播有害节目，虽然进行了处罚，但仍然不能杜绝违规行为，有些网站被停止接入后又在异地备案和重新接入，还有个别网站采用频繁变更服务器接入地的方式，逃避管理部门的处罚。

2. ICP 备案系统信息不完善。相关部门的“互联网站备案管理系统”里登载的网站基本信息存在不完善的问题，部分违规网站的信息不准确、不真实，无法查找和明确网站开办主体，从而影响了后续处罚、打击措施的执行。

二、做好音像和出版物市场的“扫黄打非”工作

（一）配合集中行动，认真做好舆论宣传工作

广播电视系统所属各新闻宣传单位按照《2008年“扫黄打非”行动方案》要求，搞好舆论宣传，为“扫黄打非”行动提供强有力的舆论支持。各新闻宣传单位积极按照不同阶段的工作要求，制订详细的报道计划和宣传提纲，有计划、分阶段地进行配合宣传。特别是今年“世界知识产权日”前后，有关“扫黄打非”工作的报道进入了宣传高潮。

中央电视台在第一套节目和新闻频道中及时跟进，报道了多条相关新闻和专题节目，取得了良好的社会效果。央视国际网站也制作了多期专题节目，同时配发了数百张图片和视频，集中整合和汇编了各类媒体的“扫黄打非”新闻报道。

中央人民广播电台在《新闻和报纸摘要》、《全国新闻联播》、《整点新闻》等重点节目中，大量播出了各地“扫黄打非”工作的政策措施及取得的进展和成就。

电台、电视台通过发挥舆论监督力量，加大了有关音像和出版物管理法律法规的宣传力度，增强了人民群众的法律意识，提高全社会抵制非法和淫秽色情出版物的自觉性。

（二）按照工作部署，认真做好自检自查工作

广电总局专门召开总局直属中央各新闻单位、各出版物出版、复制单位以及总局机关有关职能司局的负责人参加“扫黄打非”工作会议，具体部署“扫黄打非”的相关工作要求，做好2008年度广播电视系统“扫黄打非”工作。总局领导要求直属单位严格按照行动方案的要求，从自己内部查起，集中对本系统出版单位有没有“法轮功”邪教组织和其他宣扬愚昧迷信与伪科学的气功类非法出版物、淫秽色情出版物问题，是否有经营非法走私光盘和盗版盗印电子出版物的问题以及是否有买卖书号、版号、刊号等问题进行认真自查。坚决查处任何形式出卖、出租或转让单位名称、书号、版号、刊号、经营许可证行为。坚决杜绝承接印刷任何非法出版物和淫秽色情出版物。各单位能够做到彻底清查，不留死角，保证各项要求贯彻落实到位。经反复核查，广电总局所属的各图书和音像出版、复制单位均没有出现非法出版物和黄色制品问题。

（三）健全和完善各项规章制度，认真把好审查关

广电总局在日常管理中，着重要求直属各相关单位必须牢固树立政治意识、大局意识、责任意识。本着要对党和人民高度负责的态度，做到守土有责，切实履行好内容审查职责，把好广播影视系统的音像出版内容审查关，健全责任制度，规范出版、复制、发行秩序。以构建和谐社会、传播先进文化为己任，坚决替党和人民守好这块重要的宣传阵地。

三、明确职责，配合其他部门共同做好“扫黄打非”工作

多年以来，广电总局作为“扫黄打非”工作小组成员单位，在中宣部领导下，尽职尽责，坚决做到守土有责、守土尽责的原则，密切配合全国“扫黄打非”办、文化部、新闻出版总署、公安部、工商总局、工业和信息化部等各部门工作，共同形成强大的合力，为做好精神文化产品市场的监督和管理工作贡献力量。

新闻出版总署

2008年，新闻出版总署认真贯彻落实中央“两办”转发的《2008年“扫黄打非”行动方案》和中央领导同志的重要指示、批示精神，以深入学习科学发展观为主题，以迎奥运、保稳定为重点，以净化文化市场和网络文化环境为主线，坚持开展集中治理，切实加强日常监管，全面落实“扫黄打非”各项任务。

（一）开展印刷复制业专项检查行动

为确保奥运会前文化市场环境安全，5月下旬，新闻出版总署和全国“扫黄打非”办在全国范围内布置开展了印刷复制业专项检查行动。各省（市）新闻出版局和“扫黄打非”办组成联合检查组对本辖区内印刷企业和光盘复制企业集中进行了排查，重点加强对出版物印刷企业、只读类光盘复制企业的检查，主要检查各印刷复制单位落实五项制度的执行情况，特别是委托书制度执行的情况。为进一步掌握情况，推动工作，6月下旬至7月上旬，总署和全国“扫黄打非”办派出3个督查组，对北京等9个重点省（市）21个地市印刷复制业专项检查行动开展情况进行了督查，共督办重点案件8起，查处违规企业9家。

（二）及时封堵查处互联网有害信息

2008年，新闻出版总署累计查处违法违规案件19起，删除相关违法违规网络小说（含手机小说）、游戏（含手机游戏）、在线图片等3153部（篇、款、张），累计查处近600家网站（遍及全国近30个省、区、市）、网页链接1.8万多条，关闭了23家网站，对341家网站进行了批评教育。其中对网上传播的网络淫秽色情出版物，以及移动网络上登载、传播和链接的手机游戏、手机小说等进行了集中治理，并对376家网站传播的65种淫秽色情出版物进行了查处。

（三）开展整治报刊“四假”专项行动

2008年10月集中一个月的时间开展了严厉打击非法报刊专项行动，在全面清查报刊市场、严厉打击非法报刊的同时，新闻出版执法部门施以重典、从严治滥，严肃查处参与违规违法活动报刊出版单位，坚决纠正处理买卖刊号、一号多刊等违法违规行为，并加强对发行渠道的监管，建立健全长效管理机制，防范非法报刊流入邮政等正规批发征订渠道。

（四）严厉打击侵权盗版活动

2008年4月1日至5月31日期间，新闻出版总署、国家版权局在全国范围开展为期两个月的“治理非法预装计算机软件专项行动”，严厉打击计算机生产、销售等领域未经授权预装盗版软件的非法行为。共检查销售商7879家，检查台式机4.8万余台、笔记本3696台；查处预装盗版操作系统1270台、预装盗版办公软件430台、预装其他盗版软件767台、未预装操作系统2167台；责令停止销售274家，没收软件光盘125140张，罚款20万余元，捣毁窝点2个，移送涉嫌犯罪人员1人。根据全国“扫黄打非”工作总体部署和《2008年中国保护知识产权行动计划》的安排，新闻出版总署与公安部、工业和信息化部联合发布了《2008年打击网络侵权盗版专项行动实施方案》。各地版权部门集中专门力量，突出打击重点，在当地公安、电信主管部门的大力配合下，积极行动，认真查办案件。2008年，共查办网络案件531件（其中奥运案件78件）。其中责令停止侵权行为301起，罚款107.9万元，没收服务器133台，关闭192个非法网站，移送司法机关案件10起。有效维护了著作权人的合法权益，对网络盗版行为形成打击和震慑之势，网络专项行动达到了预期目标。

国家版权局

2008年是我国改革开放30周年，是《国家知识产权战略》实施的开局之年，同时第二十九届奥运会在北京举办，版权工作站在新的历史起点上，迎来了新的历史机遇。这一年中，版权工作坚持以邓小平理论、“三个代表”重要思想和科学发展观为指导，认真贯彻落实《国家知识产权战略纲要》，根据国务院知识产权保护工作的总体要求，稳步推进版权法制体系建设，大力开展版权行政执法工作，努力加强版权宣传教育培训，积极拓展版权对外交流合作，深入开展学习实践科学发展观活动，开展了卓有成效的工作。

一、积极推进版权相关立法，进一步完善版权保护法律法规和政策体系

2008年，国家版权局积极配合立法部门推进版权相关立法和修订的研究论证工作，努力探索解决目前我国现行法律制度不完全适应现实需要、现行法律体系不够健全等问题，注重配套法规规章的制定和实施，加大版权法制体系建设力度，充分发挥版权法律规范在版权保护制度中的基础作用。

2008年上半年，国家版权局完成了《著作权法》第二次修改的调研工作，形成80余万字的《〈著作权法〉第二次修改调研报告汇编》。另外，在2007年《民间文学艺术著作权保护条例》立法调研工作的基础上，组织相关专家、学者对《民间文学艺术作品著作权保护条例（征求意见稿草案）》和民间文学艺术保护立法工作中存在的焦点问题进行深入的讨论，并对征求意见稿草案进行了修改，加快了《民间文学艺术著作权保护条例》的起草工作。

2008年，香港特别行政区的相关版权法律经过修改已经符合《世界知识产权组织版权条约》与《世界知识产权组织表演和录音制品条约》的规定。根据特区政府的要求，国家版权局于9月23日向世界知识产权组织递交了关于两个条约适用于香港特别行政区的政府声明，自2008年10月1日起，两个互联网条约适用于中国香港。

同时，国家版权局积极推进《中国版权产业的经济贡献调研项目》调研，完成了该项目“中国核心版权产业的经济贡献”分课题的调研工作。

二、强化行政监管职能，加强行政执法工作，进一步发挥版权行政管理部门的积极作用

2008年，国家版权局加强对各级版权行政管理部门的指导，以科学发展观为统领，认真贯彻落实国家保护知识产权工作组《2008年知识产权行动计划》和国家版权局《关于做好2008年版权行政执法和社会监管工作的通知》精神，突出工作重点，加强社会监管，加大执法力度，推进企业使用正版软件取得新进展，打击网络侵权盗版取得新突破。

（一）进一步推进企业软件正版化工作，巩固已取得成果

2008年，根据中央和国务院关于推进企业软件正版化的工作要求，各地认真贯彻落实国家版权局等九部门《关于推进企业使用正版软件工作的实施方案》，以及推进企业使用正版软件工作部际联席会议《2008年企业软件正版化工作计划》，坚持“以大型企业为重点，以国有、外商投资、民营大型企业在先，中小企业在后依次推进”和“阶段性目标”原则，大力推进企业软件正版化工作，并取得了显著的成效。

根据各地、各部门报送数据统计，2008年在上年度完成1500家大型企业软件正版化基础上，全国又有7600家企业列入年度完成使用正版软件的工作目标，部际联席会议组成联合检查组对

近6100家企业进行了检查验收，共督查企业近3900家，查处违法企业近570家；各地各部门举办了300余次培训班，参训企业数量近8200多家，培训人数近1.8万人。企业软件正版化工作在中央企业、民营大型企业、外资企业，以及金融、煤炭、印刷、旅游饭店、网吧、勘察设计等重点行业取得了实质性进展，企业使用正版软件工作不断向纵深推进。

（二）专项整治与日常监管结合，网络版权执法取得新突破

2008年是中国奥运年，国际社会对中国的版权保护特别是网络版权保护十分关注。6月1日至9月30日期间，国家版权局、公安部、工业和信息化部联合开展了为期4个月的打击网络侵权盗版专项行动。专项行动将打击非法转播奥运赛事及相关活动，以及视频类网站侵权盗版行为列为治理重点。国家版权局和工业信息化部等部门启动了“处理非法转播奥运赛事案件快速反应机制”，实施24小时适时监控。奥运会期间，共查处侵权网站117家，对84家网站采取了立即关闭或停止接入等相关措施，对33家网站采取了责令删除内容或停止侵权的执法措施。奥运反盗版工作的圆满成功受到了国际奥委会的高度评价。

据统计，在为期4个月的专项行动期间，各地共办理互联网侵权案件453件。其中依法关闭192个专门从事侵权盗版的非法网站；对173家网站采取了责令删除或屏蔽侵权内容的临时性执法措施；对88家侵权严重的网站，除责令其删除或屏蔽侵权内容外，还给与罚款及没收服务器、计算机硬件设备等行政处罚措施（罚款总计10.79万余元，没收服务器、计算机硬件设备184台）。此外，将涉嫌构成著作权法罪的10起重大案件移送相关司法机关。

（三）举报、查处侵权盗版取得新成效，版权行政监管机制建设进一步完善

2008年，为进一步完善版权行政监管机制，各级版权行政管理部门充分动员各界力量参与打击侵权盗版活动，并进一步加强与有关各部门的合作，建立联动协调机制。

2008年，国家版权局反盗版举报中心共收到各种反盗版举报4189份，经整理审核转送各地版权执法部门处理119件，已结案69件，及时准确地打击了损害公共利益的侵权盗版行为，有效维护了版权保护市场秩序。

为使版权保护与迅猛发展的新技术相适应，国家版权局自2007年启动数字版权监管认证平台一期工程建设，积极利用高新技术手段，探索版权数字监管机制，实现上下联动，互联互通的网络版权监管体系。目前，版权监管平台一期工程项目开发已基本完成，为利用技术手段加强行政执法和社会监管提供了技术保障。

三、广泛开展宣传普法工作，提高公众版权保护意识

2008年，各级版权行政管理部门积极探索版权宣传工作的新形式、新方法，抓住契机，着重普及著作权法律知识，着力提升社会公众的版权意识，注重提高各级领导干部、大中学生对版权工作重要性和紧迫性的认识，加强地方一线版权工作人员的培训，加强与广播电台、电视台、网站、报纸、期刊等各类媒体的密切合作，努力营造尊重劳动、尊重知识、尊重人才、尊重创造的社会氛围。

（一）充分利用“4·26”世界知识产权日平台，采取多种形式、组织开展多种活动

为认真贯彻落实国家保护知识产权工作组办公室等部门《关于开展2008年“保护知识产权宣传周”活动的通知》的精神，加大宣传力度，国家版权局配合国家保知办等相关部门，开展2008年知识产权宣传周活动。

为普及版权保护知识，更有力地打击侵权盗版，新闻出版总署、国家版权局、全国“扫黄打非”工作小组办公室联合中央电视台制作了版权保护特别节目“创意无限，中国保护”，并于4月26日晚在中央电视台社会与法频道播出。活动中，柳斌杰署长授予演艺明星成龙“反盗版形象大使”称号，随后成龙以大使身份宣读“拒绝盗版，使用正版”的倡议宣言书，活动取得圆满成功。

（二）加强版权宣传教育培训力度，通过多种渠道、多种手段开展丰富多彩的宣教培训活动

2008年，各级版权行政管理部门注重宣传与培训相结合，提高版权保护的实效性。举办针对大中学生等重点群体的宣传活动，把宣传教育活动延伸到校园，扩大版权保护的认识面；加强对基层一线版权执法人员的培训，提高新技术环境下版权执法人员的业务知识和执法能力，全面提升版权保护水平。

2008年，国家版权局编辑出版了《郑成思版权文集》；完成第三阶段“版权保护与创新型国家”全国巡回演讲活动；组织举办了“大学生版权保护征文活动颁奖仪式”暨署长与大学生版权互动活动；举行“创新与未来——青少年版权保护主题教育活动”启动仪式并编写《版权保护小卫士》；策划组织第二届大学生版权保护主题辩论赛；启动了《中国版权年鉴》的编纂工作，并分片举办了四期面向基层版权执法干部的“基层版权行政执法工作经验交流会”。

（三）充分发挥新闻媒介报道功能，举行版权保护主题系列新闻发布活动

2008年，国家版权局积极利用国务院新闻办新闻发布会的平台，广泛宣传版权工作。召开了“2007年打击网络侵权盗版专项行动”、“奥运反盗版相关工作”、“中国版权制度的基本情况”及“2008北京国际版权论坛”、“中国国际版权博览会”等有关情况新闻发布会，在全社会产生强烈反响。

同时，各级版权行政管理部门继续保持与包括中央电视台、新华社、《人民日报》以及各地主要媒体的良好合作关系，并根据形势逐步拓展数字媒体的合作对象，建立起了固定的沟通渠道。充分利用各种媒体，加强版权保护的宣传力度，扩大版权保护工作的舆论影响，正确引导并利用媒体在全社会营造了“尊重版权、保护版权、打击盗版”的良好社会氛围。

四、建立健全版权社会参与体系，大力促进版权管理和贸易

2008年，版权工作坚持以人为本、关注民生，进一步转变职能，强化服务意识，增强服务能力，提高服务水平，积极构建版权公共服务体系，版权中介机构的建设和版权贸易的发展取得新成绩。

（一）大力扶持集体管理组织，完善集体管理制度建设

2008年，集体管理组织建设工作取得很大进展，中国音像著作权集体管理协会、中国文字著作权协会和中国摄影著作权协会分别于5月、11月、12月相继完成了审批，召开了成立大会。其中，中国音像著作权集体管理协会已经完成了民政部的登记程序，正式成立。

（二）大力推进版权贸易，支持各级政府部门和市场主体投资版权交易平台建设

2008年，国家版权局积极推进中国文化“走出去”战略，在继续支持开展图书版权贸易的同时，扩大版权贸易的领域和范围。2008年9月，由国家版权局主办、中国图书进出口（集团）总公司承办的第九届“BIBF北京国际版权贸易研讨会”在京成功召开，进一步推进了版权贸易工作；10月，国家版权局和北京市政府在京联合召开了首届国际版权博览会。同时，国家版权局还积极支持中国人民大学国家版权贸易基地和北京国际版权交易中心开展的各项版权贸易活动，促进版权贸易的健康快速发展。

五、积极拓展对外交流合作，妥善处理涉外版权关系

2008年，国家版权局加强与各类国际组织尤其是政府间国际组织的交流合作，妥善处理多双边版权关系，配合有关部门维护国家利益；积极参与国际规则的制定，反映中国的声音；成功引进国际版权表彰机制，提高我国在版权领域的国际地位。

2008年，国家版权局积极参与国际多边组织活动。在世界知识产权组织层面，继续跟踪世界知识产权组织关于民间文艺的国际保护问题，积极参与版权保护国际新规则的制定工作，反映中国的声音。在世界贸易组织层面，积极配合商务部等有关部门研究商讨WTO中美知识产权争端

案的应诉方案，根据有理、有利、有节的原则，参与诉讼，切实维护国家利益；针对 WTO 于 2008 年 10 月对华入世后过渡性审议，配合商务部提供相关信息，认真履行国际义务。

2008 年，随着中国的经济实力不断增长，在国际舞台上的角色愈加重要，双边交往日益扩大，国家版权局妥善处理双边关系，维护国家利益。继续配合有关部门，积极应对亚太经合组织（APEC）有关事务；积极参与第四次中美战略经济对话（SED）工作；积极参与中美商贸联委会的相关工作；与美国专利商标局、美国版权局签署《版权战略合作备忘录》；积极稳妥地推进中欧、中日、中澳等重要版权双边关系，在恪守国际公约和国内法基础上加强与各国的版权保护领域的合作。

同时，国家版权局保持与世界知识产权组织多年来的良好合作关系，进一步加强与世界知识产权组织的合作，成功在京举办了第三届国际版权论坛，成功将世界知识产权组织的全球表彰机制引入中国，彰显我国在版权保护上取得的巨大成就。

解放军总政宣传部

2008 年，军队出版系统认真贯彻落实国家出版政策法规和中央关于 2008 年“扫黄打非”工作部署，结合部队实际，认真抓好各项工作落实，积极配合全国范围内开展的“扫黄打非”专项行动，确保了军队出版工作的健康发展，进一步净化了军营文化环境，维护了国家文化安全。

一、认真部署“扫黄打非”工作

年初，认真学习贯彻《关于 2008 年全国“扫黄打非”行动方案》和第二十一次全国“扫黄打非”工作电视电话会议精神，深入分析军队“扫黄打非”工作形势，以总政办公厅名义下发《关于贯彻落实 2008 年全国“扫黄打非”行动方案的通知》，对军队“扫黄打非”工作作出总体部署。结合召开全军新闻出版工作例会，组织军队新闻出版单位领导认真学习中央关于“扫黄打非”工作部署和有关政策规定，明确任务要求，进一步强化政策法规意识，不断提高依法开展工作的能力。各级党委机关从维护国家政治稳定、社会安定和文化安全的高度，进一步认清了做好新形势下“扫黄打非”工作的极端重要性，普遍结合部队实际，对贯彻落实中央部署、抓好各项工作落实作出具体安排。注重引导军队出版单位坚持正确的出版方向，紧紧围绕汶川大地震抗震救灾、北京奥运会、改革开放 30 周年，及时推出一大批弘扬主旋律的优秀出版物，营造了良好的社会文化环境。

二、坚决封堵和查缴各种非法出版物

按照全国“扫黄打非”工作小组统一部署，指导全军和武警部队积极配合开展了以打击非法出版物为重点的第一次专项行动、第二次专项行动、6、7、8 三个月专项行动、奥运前 30 天专项行动。重点协调有关部门加强对部队营区特别是部队出租营房、仓库、场地的监督管理，对车辆、船艇等运输工具的管控，对军队招待所、服务社及营区其他场所图书报刊音像制品销售点的检查，要求部队不准为地方文化公司和书商储存各类出版物，不准承租单位安装各类光盘生产线，严禁将部队空余仓库、房屋和场地出租给不法分子从事非法出版活动。根据国家有关部门的通报和要求，先后对一批非法出版物进行了查缴，杜绝各类非法出版物在军营传播。

三、切实抓好经常性管理工作

集中力量对军队出版单位上报的 1 万余种图书和音像制品选题进行严格审核，撤销了 140

多种格调不高、不易把握的选题，及时发现和解决存在问题，维护了军队出版工作的正常秩序。经报军委同意，以总政治部名义颁发《关于加强重大革命和重大历史题材作品管理的若干规定》，进一步规范了重大革命和历史题材作品的出版管理工作。组织对军队58名社科类期刊主编进行出版政策法规培训，进一步增强了主编队伍的政策法规意识和开展工作的实际能力。指导全军各大单位出版管理部门加强对军队出版单位的监督检查，协调军队有关部门加强对军队印刷、销售、存放出版物单位和网站的日常管理，教育引导官兵不购买、不私藏、不传看淫秽和非法出版物，有效防止了各类违法违规问题的发生。

三、全国31个省、自治区、直辖市“扫黄打非”工作

北　京　市

2008年“扫黄打非”工作总结

北京市“扫黄打非”办

2008年是我们国家极不平凡的一年，也是北京奥运会举办之年。根据中央的决策部署，在市委、市政府的坚强领导下，北京市“扫黄打非”和文化市场管理工作领导小组全面贯彻落实党的十七大精神，坚持以邓小平理论和“三个代表”重要思想为指导，深入贯彻落实科学发展观，紧紧围绕举办一届有特色高水平奥运会、残奥会的中心任务，认真履行职责，以净化首都文化市场环境为主线，以遏制各类非法出版活动为重要任务，坚持开展集中治理，切实加强日常监管，确保首都文化安全，维护社会和谐稳定，为北京奥运会、残奥会的成功举办营造了良好的首都绿色人文环境。

一、围绕中心、服务大局，全面保障奥运平安

奥运举办之年的工作具有极端特殊性，与往年和常态工作相比，“扫黄打非”和文化市场管理工作任务更重、责任更大，呈现出四个“前所未有”的特点。

（一）领导关注程度之高、督促之紧前所未有

奥运盛会历来都是文化的盛会，文化场所作为北京对外展示文化魅力的窗口，备受世人关注。2008年初，按照市委、市政府举办奥运工作的统一部署，以“扫黄打非”和文化市场监管为依托，市、区两级迅即成立“平安奥运行动”文化娱乐服务场所专项清理整治行动工作领导小组（以下简称“平安奥运行动”领导小组），以文化市场平安有序健康稳定为总目标，将全市“扫黄打非”和文化市场综合监管纳入工作范畴，统一协调组织领导。全市通过广泛动员部署，制定行动方案，层层签订责任书，开展专项行动等多种形式，将“平安奥运行动”、“扫黄打非”文化市场专项治理行动不断推向深入。

市委宣传部、首都综治委、市人事局等部门主管领导先后三次带领各成员单位对18个区县逐一巡回检查，听取汇报。各区县委、政府均高度重视，由主要领导参加汇报，陪同检查。王安顺、蔡赴朝、马振川等市委、市政府领导多次对整治工作和具体案件做出批示、指示。在侦破“5·04”印刷违禁出版物和淫秽出版物案过程中，市委常委、宣传部长、副市长蔡赴朝同志两

次作出重要批示，市委常委、市公安局长马振川同志也对该案作了重要指示，该案被新闻出版总署、全国“扫黄打非”办公室列为2008年度重点案件，工作信息被《全国“扫黄打非”工作快报》第050期刊登并上报中央领导同志。

（二）组织协调工作之繁、涉及部门之多前所未有

2008年，北京市各级“平安奥运行动”领导小组借助“扫黄打非”已建立的工作基础、联动机制和组织平台以及社会影响力，充分发挥组织、协调作用，进一步加强与中央和北京市，以及周边省市有关部门的工作联系，充分调动各成员单位、各区县的积极性和主动性，密切配合、形成合力。通过卓有成效的工作，全市出版物市场和文化娱乐服务场所奥运会期间实现了“零事故”。“平安奥运行动”领导小组办公室被中共中央、国务院授予“北京奥运会残奥会先进集体”。

1. 发挥各自职责和监管范围优势，凝聚捆绑执法合力。组织、协调文化、新闻出版、广电、公安、城管、交通、邮政、旅游、商务等各成员单位大力开展联合行动，大胆尝试协同作战，加强对文化市场监控，严厉查处各类违法违规行为。连续开展集中专项治理和集中行动，查办大案、要案17宗，收缴非法音像制品37.9万余张，非法出版物56.59万余册，行政拘留888人、刑事拘留236人。

2. 联合周边省市进一步建立和完善联合封堵机制，共筑文化市场监管“护城河”工程。进一步建立和完善首都“扫黄打非”和文化市场监管联合封堵工作机制，与河北省达成了多项合作协议，共同构筑起严密的“护城河”工程。奥运期间，在查处“5·16”非法运输盗版光盘案过程中，会同河北省“扫黄打非”部门，对发货地点进行了联合打击，收缴盗版光盘1万余张。

3. 发展、壮大、规范文化市场信息监督员队伍，进一步拓宽信息渠道和线索来源。“平安奥运行动”期间，全市18个区县不断调整规范和扩充文化市场监督员队伍，监督员人数由原来的1000人，发展壮大到1800人。投入资金数百万元用于聘用文化市场监督员。聘用保安、社会人员和文化市场义务监督员加强社会面控制，对全市范围内的134个重点街区和261个重点部位、48个涉奥重点地区实施“定人、定责、定岗”管理，全天候、全覆盖严看死守。奥运会、残奥会期间全市每天在文化娱乐服务场所及重点街区、重点部位投入群防群治人数达2000余人。

（三）工作任务之重、强度之大前所未有

2008年，全市相继开展了11项集中专项行动。共出动各类执法人员22万人次，检查文化经营场所7万家次，纠正违规行为1115起，排查整改场所的安全隐患366起，立案处罚715件，收缴非法音像制品186万余张，收缴非法出版物146万余册，取缔无照图书音像店63家，取缔销售非法出版物摊点、游商1649个，打掉制售非法出版物和非法音像制品黑窝点105个，行政拘留888人，刑事拘留236人。全市各级检察机关共受理相关案件72件，批捕110人。

1. 服从大局，将酒吧、美容美发场所、涉外宾馆饭店内文化娱乐经营场所纳入文化娱乐服务场所监管范畴。“平安奥运行动”领导小组，按照市委、市政府的要求，超常规地将酒吧、美容美发场所、涉外宾馆饭店内文化娱乐经营场所纳入文化娱乐服务场所监管范畴。领导小组高度树立大局意识，不推托、不扯皮，全力开展工作，积极争取首都综治办的支持，紧密协调市人事局、卫生局、商务局、旅游局、安监局、消防局等部门一同参与执法检查，着力构建首都文化娱乐服务场所全方位、立体化的监管体系。

2. 强化责任，全力做好文化娱乐场所安全检查工作。“平安奥运”重于泰山、奥运平安人人有责，为了进一步强化文化娱乐服务场所安全责任意识，“平安奥运行动”领导小组协调市文化局、市安监局、市公安局治安总队、市文化执法总队等单位从5月开始分阶段、有步骤地组织全市范围文化娱乐演出场所展开安全事故突发事件应急演练。组织开展重点难点问题应急处置研讨会。6月26日，“平安奥运行动”领导小组召开

全市文化娱乐场所法人再动员再部署大会，市文化、公安、工商、安监、消防等有关单位领导、执法人员以及1600余家文化娱乐场所法人及代表参加了会议。会议动员全市各相关职能部门和各文化娱乐场所要进一步增强政治意识、责任意识、安全意识，全力维护社会稳定和场所生产安全，努力营造文明和谐的文化市场环境和舆论氛围。

3. 净化环境，不断加强网吧监管力度。网吧一直是社会舆论关注的焦点，为给青少年健康成长创造良好的文化环境，“平安奥运行动”领导小组办公室与市文化局联合召开遵纪守法文明经营网吧研讨会，与网吧经营者签订责任书，巩固“网吧专项整治行动”成果。同时不断加大执法检查力度，奥运期间，各区县文化、工商部门坚持每日报送文化场所检查和“黑网吧”发现查处信息。市文化局、市安监局、市公安局网监、市文化执法、市工商执法人员联合检查网吧经营场所669家，排除安全隐患215起。

4. 确保安全，清理整顿非法视频网站和非法安装卫星电视接收设施。市、区两级文化、广电、公安、工商、通信等部门会同国家安全部门，严厉打击擅自销售、安装和使用卫星地面接收设施等违法行为，全力确保奥运期间卫星电视节目播出安全。奥运前夕，开展了对奥运村周边15家单位接收卫星电视节目情况进行集中检查。全年，共检查卫星电视接收设施使用单位1829家次，查获非法销售、安装卫星电视接收设施1198套，治安拘留违法销售、安装卫星电视接收设备人员41人，刑事拘留15人。同时，为确保网络文化安全，加大了对非法视频网站的打击力度，查处非法视频网站9家。

（四）宣传力度之大、范围之广前所未有

投入200余万元，利用电视、广播、报纸等媒体广泛宣传，在15家市级主流媒体和4家网络媒体上发表了45篇文化执法工作的宣传报道，先后制作了“平安奥运”中英文双语政府提示牌3500块、宣传海报7000套共2.1万张和宣传折页5万份，在18个区县3300余家文化娱乐经营场所悬挂张贴。鼓励和扶持区县利用地方媒体优势，在50家地方媒体上发表500余篇宣传报道。各区县对辖区内文化娱乐服务场所法人和从业人员开展了一系列政策法规、安全生产等教育培训活动，与企业法人或负责人签订了责任书，并通过悬挂条幅、设置展板、发放宣传材料等形式，向市民普及“平安奥运行动”文化娱乐服务场所专项清理整治行动及安全生产的相关知识，开展法律咨询，使“平安奥运行动”深入人心。

二、突出重点、落实责任，坚持开展“扫黄打非”

“扫黄打非”工作是文化市场管理的重中之重，市“扫黄打非”和文化市场管理各成员单位始终高举保护知识产权旗帜，严厉打击非法出版活动。2008年，北京市“扫黄打非”战线坚决贯彻落实中央决策部署，工作力度大，主动性强，覆盖面广，措施有力，在打击非法出版物、清除淫秽色情等文化垃圾，打击侵权盗版活动，取缔非法报刊，屏蔽删除网上有害信息等方面取得了新的成绩，文化市场秩序和环境得到明显改观，在关键时刻发挥了重要作用，有力地配合了全局工作。

（一）坚决打击非法出版物

2008年，北京市“扫黄打非”办公室密切协调公安、文化、新闻出版、海关、铁路、交通、邮政等部门采取严把关口、严查站点、严密查堵等多种手段和措施，严防非法出版物流入首都市场。与此同时，在公安、工商、综治、新闻出版部门的大力支持、积极配合下，一批大案要案成功破获。其中包括“11·05”冒充国家工作人员销售非法出版物案、《十七大报告辅导读本》盗版案、“5·04”非法出版物案、“5·05”非法出版物案、“11·08”假记者案等共计17宗。

（二）不断加强印刷复制企业监管

奥运前夕，为防止境外流入的非法出版物在境内印制，北京市各区县分别召开印刷复制业经营者大会，开展教育培训、层层签订责任书、全面开展专项检查行动。北京市新闻出版局会同市文化执法总队、各区县有关部门逐一清查印刷复制企业。

5月4日上午，大兴区文委执法队在检查中发现北京正豪彩色印刷有限责任公司印刷非法出版物和淫秽出版物，市“扫黄打非”办公室接到报告后迅速协调市文化执法总队派出执法人员赶赴现场，在该公司查获违禁出版物1万册，淫秽出版物《风流相师》全集1702册、《少年阿宾》1908册、《越南女兵档案》480册。市委常委、宣传部长、副市长蔡赴朝同志对此案作了重要批示后，市“扫黄打非”办公室会同市、区文化、公安等部门组成“5·04”非法出版物专案组，多次召开案件查处工作协调会，通过网上通缉等技术手段，涉案人员杨某某、王某某双双落网。

（三）坚决取缔各类非法报刊

针对不法分子利用邮政渠道邮寄、批发、夹带非法报刊的情况。北京市、区文化执法、公安、工商、城管和邮政部门，认真对照全国“扫黄打非”工作小组办公室和新闻出版总署最新公布的《非法报刊目录》及本地掌握的其他非法报刊名单，对报刊发行机构，奥运场馆周边、繁华街区、旅游景点以及交通枢纽的报刊零售门店（亭、摊）等地的报刊投放点进行了集中清查。期间，有效地制止了私自向报亭送货以及夹带销售非法报刊行为。

（四）彻底清查图书音像市场

为了保护知识产权，严厉打击侵权盗版行为，北京市“扫黄打非”办公室始终保持对图书音像市场的高压态势。市、区文化执法系统采取拉网、定期不定期、例行检查、突击抽查、重点艺术园区专车专人不间断巡查等多种方式，全面清查图书音像零售市场、批发市场和仓储运输环节，通过认真摸排，重点布控，周密部署，果断行动，精准打击，成功破获一批大案要案，端掉一批非法制作销售淫秽、盗版光盘团伙及其黑窝点。

12月25日至26日，北京市“扫黄打非”办公室积极协调市、区文化、公安共78名执法人员，兵分四路分别对朝阳、顺义、丰台三个行政区内相关的10家音像店连夜同时展开集中打击，一举捣毁一个长期向外国人非法销售淫秽、盗版光盘团伙，共查获盗版光盘56万余张，抓获涉案嫌疑人27人。

（五）认真组织开展网上“扫黄打非”

为适应网络快速迅猛发展的新形势的需要，确保网络文化安全，2008年，北京市文化执法总队组建成立了网络文化执法队，专门组织开展网上“扫黄打非”和查处网络侵权案件。

三、完善体制、创新机制，全面提升监管水平

2008年，北京市“扫黄打非”和文化市场管理战线各部门、各单位在市委、市政府正确领导下，认真筹划并组织实施工作，为适应首都文化事业、文化产业发展形势的新需要，不断探索首都文化市场长效管理的新机制、新方法、新经验。

（一）“扫黄打非”和文化市场管理的基础工作、合作机制得到切实加强

1. 北京市委明确发文核定了市“扫黄打非”工作领导小组的机构设置。

2. 北京市“扫黄打非”先进集体、个人被市政府正式纳入市级系统奖项序列。

3. 北京市“扫黄打非”和文化市场管理两个领导小组办公室联席会议制度正式建立，并得以坚持，使协调、沟通机制得到有效加强，工作联动效果和快速反应能力得到明显提升。

（二）突发事件应急预案和备勤制度进一步完善

北京市、区两级“扫黄打非”办、文管办会同文化、公安等部门，有计划、分步骤地组织文化经营单位开展应急演练，北京图书大厦、音像大厦、甜水园图书批发市场等全市各大出版物批发、零售场所分别制定防恐、防爆、防火等各类突发事件的应急预案。进入战时保障阶段，市、区两级文化执法部门组建了奥运期间夜间应急快速反应分队，在全市文化市场建立了全天候检查备勤制度。奥运期间，成功处置两起夜间突发事件。

（三）文化市场综合执法扩面工作顺利推进

按照李长春等中央领导同志的批示精神，2006年，北京市“扫黄打非”办公室、文管办率先在延庆等4个区县开展文化市场监督员试点工作，2007年，将试点区县数量扩大到10个，2008年，聘请文化市场监督员工作开始向全市推广。目前，北京市已发展文化市场监督员1800名。

（四）法制建设取得新突破

为加强依法行政，进一步提高北京市“扫黄打非”和文化市场综合执法工作的总体水平，保障制定重大决策和重要规范性文件的科学化、合法化、合理化执行，北京市“扫黄打非”办、文管办在全面贯彻落实科学发展观的前提下，率先实施法律顾问聘任制度，正式集中聘请了6名法律专家参与执法行政决策。这在全国“扫黄打非”和文化市场管理综合性协调机构中尚属首例。

（五）文化市场技术监控手段不断加强

继承和发展已有执法与监管模式，创新工作方法，加强信息化建设，完善12318文化市场举报体系建设，力争打造一支全新、高效的信息化执法队伍。制定了北京市文化市场监管与执法信息化建设规划，正在研究制定北京市文化执法装备技术规范。初步完成与市文化、新闻出版、广电、文物以及18个区县文委的台账信息、数据资源共享，工作效率和办案水准得到全面提升。

（六）“通告函”制度得以建立

建立了《北京市“平安奥运行动”文化娱乐服务场所专项清理整治行动违法违规问题场所通告函》制度，实现了北京市“扫黄打非”和文化市场管理各执法部门在检查过程中的无缝隙衔接，加强了部门间的密切合作。

（七）服务意识进一步强化

针对奥运期间机动车限行的情况，积极沟通协调，增强服务意识。经过努力，北京市公安交通管理局最大限度地批准、保证了全市“扫黄打非”和文化执法系统执法车辆的出行数量。

2008年，北京市各部门同心协力、艰苦奋战、无私奉献，表现出了高度的政治意识、首都意识、大局意识和责任意识。各区县充分发挥属地管理职能作用，引导动员社会力量共同参与，加强社会面控制，强化三级管理网络和网格化管理，确保工作不留死角，起到标本兼治的良好效果。这些都为我们做好首都文化市场管理和“扫黄打非”工作积累了宝贵的经验。

领导讲话

在北京市“扫黄打非”暨文化市场管理工作会上的讲话

北京市委常委、宣传部长、副市长
蔡赴朝

这次会议的主要任务是贯彻落实中央精神和市委要求，总结2007年北京市“扫黄打非”和文化市场管理工作，部署2008年工作任务，为推动首都文化大发展大繁荣、成功举办一届有特色高水平的奥运会，营造良好的文化环境。

2007年，北京市“扫黄打非”和文化市场管理战线，以迎接党的十七大为主线，以打击非法出版物为重点，高举保护知识产权大旗，坚持日常监管与专项行动相结合，圆满完成了各项工作任务，特别是在查源头、打窝点上，侦破了一批大案要案，有效震慑了犯罪分子；在网吧实时监控系统建设上，在两个区进行了试点安装工作；在队伍建设上，18 个区县均挂牌成立了文化执法队。通过卓有成效的工作，有力维护了首都文化市场秩序，为党的十七大胜利召开营造了良好的文化环境。

做好今年北京市“扫黄打非”和文化市场管理工作，要重点从以下四个方面着力：

一、认清形势、提高认识，进一步增强做好“扫黄打非”和文化市场管理工作的责任感使命感

2008 年是全面贯彻落实党的十七大精神的第一年，是北京奥运会的决胜之年，做好“扫黄打非”和文化市场管理工作，事关全局，责任重大。一是要紧紧围绕推动首都文化大发展大繁荣来谋划“扫黄打非”和文化市场管理工作。党的十七大对推动社会主义文化大发展大繁荣作出了全面部署，这是党中央对加强文化建设发出的一个新的动员令。北京市“扫黄打非”和文化市场管理战线要认真学习十七大精神，深刻认识“扫黄打非”和文化市场管理工作在推动首都文化大发展大繁荣总体格局中的重要地位和作用，认真谋划、精心安排，努力开创工作新局面。二是要紧紧围绕成功举办一届有特色高水平的奥运会来谋划今年的文化市场管理工作。举办奥运会是中华民族的百年期盼。奥运期间，北京的大街小巷、涉外宾馆、娱乐场所等都将见到国外游客的身影，他们的所见所闻将直接影响国际社会对我国形象的评价。北京的文化市场只能给北京添彩，决不能给北京抹黑。全战线的同志们要进一步增强政治意识、大局意识和责任意识，牢固树立首都无小事的观念，切实做好应对各种复杂局面的思想准备和工作准备，确保首都文化市场健康平稳有序。

二、突出重点、狠抓落实，始终保持对文化市场各类违法活动的高压态势

各区县、各有关部门要认真贯彻全国第二十一次“扫黄打非”工作会议精神和北京市的落实方案，突出重点、周密组织、狠抓落实。一是要始终把打击非法出版物作为“扫黄打非”工作的重中之重，对兜售非法出版物的游商保持高压态势，同时要追根溯源，挖出承印企业和幕后黑手，从根本上杜绝制售非法出版物的行为。二是要着力解决群众关心、社会反映强烈的突出问题，严管重罚网吧接纳未成年人行为，防止反弹；从审批和执法环节入手，减少低水平演出，杜绝低俗和非法演出。三是要切实加强对外国游客经常光顾地区的文化市场管理，对于各涉外宾馆内设的书店及卫星接收设施，要逐一排查，严防发生危害文化安全的事件；对在国外有较高知名度的文化创意产业集聚区，要坚持一手抓繁荣、一手抓管理，健全市场准入退出机制，落实文化安全巡查制度，及时发现问题，及早进行处理；对少数人借艺术之名进行政治攻击、恶意扭曲或丑化党和国家领导人形象的行为，要依法予以制止。四是要严格落实《北京市文化娱乐场所经营单位安全生产规定》和“平安奥运”要求，切实履行职责，增加检查频率，督促经营单位落实各项安全生产制度，最大限度地防止和减少安全事故的发生。

三、加强协调、健全机制，不断完善齐抓共管的工作格局

目前，北京市已建立起市区两级“扫黄打非”和文化市场管理工作领导小组。要健全联合办案、行政与司法衔接等制度，完善信息通报和协作机制，充分发挥各职能部门的作用，形成齐抓共管、协同作战的良好局面。市区两级文管办和“扫黄打非”办要定期召开联席会议，研判文化市场形势，针对存在的问题及时提出对策。对重大问题，尤其是中央有关部门关于北京文化市场的指示、信息通报等，要及时向市领导小组汇报；涉及非法出版物的案件要以专报形式上报。奥运期间，可考虑成立临时应急指挥中心，建立应急反应机制，以应对可能发生的紧急事件。要完善北京市与周边六个省区市联合封堵非法出版物的工作机制，共同维护好首都文化市场的安全稳定。

四、改进创新、拓宽领域，不断提高文化市场管理工作水平

要根据文化产业形态的变化和新兴文化市场的发展，适时调整管理思路，拓宽管理渠道，丰富管理手段。要综合运用行政、经济、科技、思想教育等多种手段加强管理，不断提高管理效果。积极推进网吧实时监控系统建设，争取在年底前完成监控系统安装计划，切实遏制网吧接纳未成年人现象。积极适应互联网、移动通讯技术迅猛发展的新形势，加强工作研究，培养专业人才，完善执法手段，严厉打击网上违法行为。推进文化立法工作，加强对艺术作品展示管理、治理游商地摊等问题研究，力争在立法上有所突破。

2008 年 2 月 19 日

2008 年“扫黄打非”大案要案综述

北京市“扫黄打非”办

2008 年，中央和市委、市政府领导相继对北京市“扫黄打非”和文化市场管理工作多次做出重要批示，中宣部、全国“扫黄打非”办公室等上级主管部门多次转送重大案件。北京市“扫黄打非”工作领导小组办公室充分发挥协调、组织职能，全力做好各项服务工作，协调全市各相关部门、各区县执法人员先后查处、破获了“4·11”、“4·17”、“5·04”、“5·05”、“8·16”等大案要案 17 宗，收缴非法音像制品 379508 张，非法出版物 565980 册。现将其中比较有代表性的 8 宗重点案件综述如下：

1. “11·05”冒充国家工作人员销售非法出版物案。2007 年 11 月 5 日，北京市“扫黄打非”工作领导小组办公室根据全国“扫黄打非”工作小组办公室提供线索，组织市文化执法总队、海淀区公安分局等多部门联合行动，历经近半年的调查取证工作，通过 5 次抓捕行动，一举捣毁了以唐某、郑某等为首的冒充国家工作人员销售非法出版物团伙的“11·05”案，此案涉及公司 11 家，刑事传唤并审查涉案嫌疑人 163 人，刑事拘留 16 人（现已批捕 12 人），取保候审 21 人，查获各类非法出版物 7000 余册，散页近 10 万张，查扣各类非法出版物 39 种，查封账号 19 个，处理印刷厂 1 家，装订厂 1 家，查封涉案金额 390 余万元。

2. 《十七大报告辅导读本》盗版案。2007 年 11 月 22 日，北京市“扫黄打非”办公室接到全国“扫黄打非”工作小组办公室举报和市委常委、宣传部长、副市长蔡赴朝同志，市委常委、市公安局长马振川同志的批示后，北京市“扫黄打非办”公室、北京市文化市场行政执法总队领导高度重视，成立了由办公室主任、总队长赵安良为组长，公安、文化等部门组成的专案组，立即开展查处工作。2007 年 11 月至 2008 年 1 月之间专案组先后召开了 8 次工作协调会，落实领导批示精神，采取坚决有力措施，力争尽快破案。2008 年 3 月 19 日，在前期大量调查取证工作的基础上，公安干警将赵某某、王某某等 4 名犯罪嫌疑人被抓获。目前，除王某某被取保候审外，其余 3 名涉案人员已被检察机关批捕。

3. “4·17”销售盗版、淫秽光盘案。4 月 17 日晚，北京“扫黄打非”办公室协调市文化执法总队、宣武区文化执法队、公安宣武分局治安支队的执法人员经过一夜的蹲守，于 4 月 18 日凌晨 1 时对位于宣武区长椿街国华商场南侧三庙街小区 1 号楼北侧的地下旅馆的非法音像制品批销窝点采取了打击行动，在该旅馆 25 号、39 号房间内查缴包括《投名状》、《集结号》、《福娃奥运漫游记》等在内的非法光盘 4.5 万余张，其中含有色情淫秽内容的《色戒》（完全版）、《艳照门》等非法音像制品 2770 余张。主要犯罪嫌疑人蒋某某等 5 名涉案人员已被公安机关收审。这是一个专门针对游商的批销盗版、淫秽光盘窝点，该案主犯于 5 月 21 日被宣武区检察院批捕，此案充分体现了北京市各家联动、快速查办、严厉打击的“扫黄打非”工作特点。

4. “5·04”非法出版物案。5月4日上午，北京市大兴区文委执法队在检查中发现北京正豪彩色印刷有限责任公司印刷非法出版物和淫秽出版物。北京市“扫黄打非”工作领导小组办公室接到报告后迅速协调市文化执法总队派出执法人员赶赴现场，会同大兴区文委执法队、大兴区公安分局对该公司进行执法检查。执法人员当场扣押该公司正在印刷的非法出版物1万册，淫秽出版物《风流相师》全集1702册、《少年阿宾》1908册、《越南女兵档案》480册。

此案发生后，引起各级领导高度重视，市委常委、宣传部长、副市长蔡赴朝同志专门对此案作了重要批示。为进一步完善调查取证工作，为公安机关侦破此案提供有力证据，市“扫黄打非”工作领导小组办公室、市文化执法总队、市公安局治安总队、大兴区公安、文化等部门执法人员组成“5·04”非法出版物专案组，对案件展开查处，并多次召开案件查处工作协调会。目前，通过网上通缉等手段措施，涉案人员杨某某、王某某已双双落网。

5. “5·05”非法出版物案。5月5日，北京市文化执法总队执法人员在对顺义区大孙各庄镇北京雄伟装订有限公司检查时，发现该单位正在装订的10余种1.4万册图书涉嫌非法出版物。执法人员立即扣押了该图书，并通知市公安局治安总队、顺义区文委执法队、顺义区公安分局等部门共同对此案开展调查。据该单位法定代表人郭某某现场交代，在位于朝阳区十八里店西直河村有一盗版书库。下午4时，执法人员兵分两路，一路在现场继续调查，另一路赶往盗版书库进行执法检查。经当事人指认，执法人员在北京海基工贸有限公司院内查获《蒋介石传》、《奋斗》、《藏獒全集》等盗版图书92种7.4万册，执法人员当场将上述图书扣押。主要涉案人员已抓获归案。

6. “5·15”非法工具书案。5月14日至15日，北京“扫黄打非”工作小组办公室协调市文化执法总队、市公安局治安总队、朝阳区公安分局干警，根据线索，顺藤摸瓜，连续奋战16个小时，一举铲除朝阳区东坝乡李家坟村内5个存储非法出版物的黑窝点，共查缴非法出版物15万余册（全部是礼品书或工具书），折合码洋约3000余万元，公安机关抓获涉案人员3名。

7. “11·01”发行非法出版物案。2008年11月1日，根据中央和北京市委领导的指示精神，北京市“扫黄打非”工作领导小组办公室协调市国家安全局、市公安局治安总队、市文化执法总队、市工商局执法队执法人员组成“11·01”案专案组对涉嫌发行非法出版物的北京普蓝诺财经顾问中心展开严密的调查取证工作。

经查，北京普蓝诺财经顾问中心成立于2003年5月15日，法定代表人江某某，注册资金30万元。该中心以会员制的形式向所谓会员发行假冒中央部门内部资料《投资决策大参考》、《高层报告》、《经济要情参阅》、《经济情势报告》、《中国改革观察报告》、《管理者备忘》、《每日财经专讯》、《管理前沿》8种刊物。每种刊物年订阅费用从600元到3800元不等。经过专案组连续30天的紧张工作，执法人员远赴外省取证，涉案嫌疑人北京普蓝诺财经顾问中心法人江某某于11月底被公安机关抓获归案。

8. 假记者案。根据全国“扫黄打非”办公室提供的案件线索，北京公安、文化执法人员联合对“中国法制观察”网站涉嫌非法制售假记者证、设立记者站、以记者名义采访等问题进行全面核查。11月8日，公安、文化执法部门将正在向他人出售假记者证的杜某某、葛某及其参与制作假记者证的该网站工作人员郭某等8人抓获。同时，现场查获已制作完成的记者证6本，未制作完成的空白记者证63本。经国家新闻出版总署鉴定，查获的均为伪造记者证。此后，公安部门又派员前往河北、河南等地对葛某等犯罪嫌疑人为他人制作的假记者证调查取证。经审查，分布在各省市的持证人冒用记者的名义，从事诉讼代理、法律咨询等活动，以谋取个人利益。目前，除邹某某被取保候审之外，杜某某等7名犯罪嫌疑人已被检察院以诈骗罪和伪造国家机关证件罪批准逮捕。

2008 年“扫黄打非”大事记

北京市“扫黄打非”办

1 月至 10 月底，根据北京市委、市政府要求，开展“平安奥运行动”文化娱乐服务场所专项清理整治行动。行动期间，根据中央、全国“扫黄打非”工作小组和北京市委、市政府的统一部署，北京市在全市范围内相继开展了“净化 2008‘春节’、‘两会’期间首都文化市场专项整治行动”、“‘平安奥运行动’文化娱乐服务场所专项清理整治行动”、“反盗版天天行动”、“打击重点地区、重点点位贩卖、销售盗版出版物和音像制品专项行动”、“网吧专项整治行动”等 11 项集中专项行动，实现了全市文化娱乐服务场所奥运会期间“零事故”。

2 月 19 日，北京市“扫黄打非”工作领导小组办公室在新闻大厦召开 2008 年北京市“扫黄打非”暨文化市场管理工作会。市委常委、宣传部长、副市长蔡赴朝出席会议并讲话。

3 月 11 日，北京市文化市场行政执法总队在北京市文物局干部培训中心召开会议，对 2007 年度北京市文化市场优秀监督员进行了表彰。

3 月 14 日，北京市“平安奥运行动”文化娱乐服务场所专项清理整治行动工作领导小组召开全市文化娱乐服务场所专项清理整治行动动员部署会。

3 月 15 日，市“平安奥运行动”文化娱乐服务场所专项清理整治行动工作领导小组办公室召开全体成员会议，研究部署了“平安奥运行动”第一阶段六项重点工作工作。以小组组长、副组长为代表，成立 9 个“平安奥运行动”文化娱乐服务场所专项清理整治行动督查组，分组包区，督促落实。

3 月 31 日，北京市“平安奥运行动”文化娱乐服务场所专项清理整治行动工作领导小组组织开展首次联合检查。市“平安奥运行动”文化娱乐服务场所专项清理整治行动工作领导小组组长、市委宣传部常务副部长陈启刚同志带队，市文化局、市工商局、市公安局治安总队、市文化市场行政执法总队等部门联合组成检查组，检查各文化娱乐服务场所《北京市文化娱乐场所经营单位安全生产规定》（市人民政府第 180 号令）落实情况。

4 月 11 日，北京市文化市场行政执法总队会同市交通执法总队，开展了针对货运站、托运站的“飓风”行动。对位于丰台区大红门的北京瑞丰货运中心和北京康乐保达货运服务中心实施突检，收缴盗版音像制品 6 万余张。

4 月 17 日至 18 日，北京市文化执法总队会同宣武区文委执法队、宣武公安分局治安支队取缔了宣武区长椿街国华商场南侧三庙街小区 1 号楼北侧一地下旅馆内的非法音像制品批销窝点，查缴非法光盘 4.5 万余张，其中含有色情淫秽内容的非法音像制品 2770 余张。主要犯罪嫌疑人蒋庄辉等 5 名涉案人员被公安机关收审。

4 月 20 日，根据中央领导指示精神，按照全国“扫黄打非”工作小组的统一部署，“全国集中销毁侵权盗版及非法出版物活动”北京市主会场销毁活动在朝阳区王四营乡北京市“扫黄打非”办公室库房所在地举行，当日，销毁非法出版物案 200 万件。全国“扫黄打非”工作小组副组长兼办公室主任、新闻出版总署署长、国家版权局局长柳斌杰出席北京主会场销毁活动并讲话。北京市委常委、宣传部长，副市长、北京市“扫黄打非”工作领导小组组长蔡赴朝，教育部副部长李卫红，国家工商总局副局长钟攸平，海关总署副署长吕滨等全国“扫黄打非”工作小组 22 个成员单位的部委负责人出席北京主会场的活动。

4月21日至26日，市“平安奥运行动”文化娱乐服务场所专项清理整治行动工作领导小组在全市组织开展了“整治印刷复制、运输、销售非法出版物、盗版音像制品执法周”活动。

4月30日，北京市文化市场行政执法总队会同市公安局治安总队联合行动，对位于大兴、丰台区的京广物流、京达物流、中铁行包快运、北京瑞丰等六个货运站进行突检，收缴非法音像制品5.8万余张，其中淫秽光盘5700余张。

5月4日，北京市文化市场行政执法总队会同大兴区文委执法队、大兴区公安分局，对北京正豪彩色印刷有限责任公司进行执法检查，大兴区文委现场查封扣押非法出版物1万册、淫秽出版物5000余册。市文化执法总队随即会同大兴区文委执法队、区公安分局成立专案组，追捕涉案在逃分子。市委常委、宣传部长蔡赴朝同志批示：“报请振川同志阅示。公安部门历来是‘扫黄打非’重要执法力量，拟批请加大侦破抓捕犯罪嫌疑人力度给予支持。”市公安局局长马振川同志批示：“泓源同志阅，治总指导大兴分局严打严处。”6月4日，涉案嫌疑人已被刑事拘留。

5月5日，北京市文化市场行政执法总队会同市公安局治安总队、顺义区文委执法队、顺义区公安分局等部门，在位于顺义区一印刷厂内和朝阳区十八里店一库房内查获非法图书8.8万册。市委常委、宣传部长蔡赴朝同志批示：“市‘扫黄打非’队伍抓紧抓实工作，取得了接连破获案件的成果。请继续抓好此项工作，为奥运召开营造良好氛围。”

5月7日，北京市文化市场行政执法总队打掉朝阳区北京丽都饭店北门附近一非法音像制品销售窝点，当场查缴盗版音像制品2.5万余张。

5月13日，北京市文化市场行政执法总队在对北京展宏印刷厂进行检查时，发现该单位涉嫌接受非出版单位委托印刷出版物，执法人员当场对该单位印刷的《中外名著解读丛书》3000套共计114000册予以暂扣。

5月14日至15日，北京市文化市场行政执法总队会同市公安局治安总队、朝阳区公安分局干警，根据相关线索铲除朝阳区东坝乡李家坟村内5个存储非法出版物的黑窝点，共查缴非法出版物15万余册，折合码洋约3000万元，3名涉案人员被公安机关抓获。

5月14日，北京市“扫黄打非”办公室与河北省文化厅在石家庄市召开会议，协商建立两地联防联动的文化市场管理工作机制，研究部署奥运会前后文化市场“护城河工程”具体措施。

5月中旬至6月底，北京市新闻出版局、北京市“扫黄打非”办公室决定开展对北京市印刷复制企业专项检查行动。

5月26日，市“平安奥运行动”文化娱乐服务场所专项清理整治行动第一阶段工作总结会召开。据统计，期间共收缴盗版光盘55万余张、非法出版物41万余册，取缔无照音像店10家，取缔无照书摊12个，取缔街头游商91起。

5月29日，市文化市场行政执法总队举报中心邀请国际唱片业协会、美国电影协会、商业软件联盟、北京协力律师事务所等国际组织驻华代表机构及法律服务机构负责人就当前知识产权类举报的办理等工作进行了座谈和研讨。商业软件联盟首席代表向市文化执法总队赠送了“版权卫士，执法模范”的匾牌。

6月5日，北京市文化市场行政执法总队会同市公安局治安总队对北京瑞丰、万泽龙物流、京达货运公司进行了检查，当场查缴非法音像制品56000余张，其中淫秽音像制品5000余张。

6月16日，北京市文化市场行政执法总队会同通州区公安分局治安支队、通州区台湖镇派出所、通州区文委执法队执法人员及云南教育出版社的有关人员，对北京领先印刷有限公司进行突击检查。现场扣押了该公司正在盗印的云南教育出版社出版的漫画图书《阿衰》共计90令（折合2.5万册），以及用于印刷该书的PS版、印刷胶片。

6月26日，北京市“平安奥运行动”文化娱乐服务场所专项清理整治行动工作领导小组召开专项清理整治行动再动员再部署大会。会上，市委宣传部常务副部长陈启刚同志与区县“平安奥运行动”文化娱乐服务场所专项清理整治行动工作领导小组代表签订了《奥运期间文化娱乐服务场所管理责任书》，公安局分（县）局代表与本辖区文化娱乐服务场所代表签订《娱乐服务场所三禁责任书》。

7月1日开始至7月底，北京市“扫黄打非”办公室落实全国“扫黄打非”工作小组紧急通知，在全市开展“奥运前30天出版物市场集中清查行动”。

7月4日，北京市文化市场行政执法总队联合市公安局治安总队、丰台区文委执法队和丰台区公安分局，对丰台区分钟寺村内的批发淫秽、盗版光盘违法活动窝点进行重点打击，共检查出租房屋80余间，查获淫秽光盘2000余张、盗版光盘2.6万余张，当场抓获批发淫秽、盗版光盘人员37名移交丰台公安分局。

7月6日，北京市文化市场行政执法总队会同通州区文委执法队，配合通州区公安分局国保支队和治安支队，在通州区一居民小区内破获一非法宗教组织，现场查获8种涉嫌非法出版物的宗教类图书16890册和附带光盘36张。

7月11日，北京市文化市场行政执法总队会同顺义区文委执法队，对首都机场周边地区的音像市场进行了集中检查，共检查了音像制品发行单位8家，依法取缔盗版光盘销售窝点3个，查缴盗版光盘3.5万余张。

7月18日，北京市文化市场行政执法总队联合市交通执法总队、丰台区文化执法队，对瑞丰、京达物流等五家货运公司进行了突击检查，当场查扣非法音像制品2万余张。

7月26日，北京市“扫黄打非”工作领导小组决定，自2008年8月1日至9月30日，开展“奥运期间加强街面控制，打击非法贩卖图书音像制品活动专项整治工作”。雇聘保安人员、社会人员及文化市场义务监督员2960名，在全市134个重点街区，261个重点部位、48个涉奥重点地区实行定人、定岗、定责，加强社会面控制，确保奥运期间文化市场环境良好，街面无贩卖兜售盗版图书、音像制品的游商、地摊。

8月1日，经市委常委、宣传部长蔡赴朝同志亲自批示、市人事局核准将文化市场管理和“扫黄打非”工作评比表彰正式纳入市级评比表彰序列管理。

8月2日，北京市文化市场行政执法总队会同通州区文委执法队、区公安分局治安支队和台湖镇派出所，在通州区台湖镇朱家堡村查获一非法出版物存储窝点，扣押涉嫌非法出版物15万册，其中涉嫌淫秽出版物950册。2名涉案人员被公安部门调查处理。

8月9日，北京市朝阳区文委执法人员在和平街樱花东街取缔一无照经营音像制品商店，收缴盗版光盘2万余张。

8月27日，北京市机构编制委员会同意设立北京市文化市场管理工作领导小组（北京市“扫黄打非”工作领导小组）。

9月20日，中共中央、国务院授予北京市文化娱乐场所专项整治办公室（北京市文化市场行政执法总队）“北京奥运会残奥会先进集体”称号。

11月1日，北京市“扫黄打非”工作领导小组办公室协调市国家安全局、市公安局治安总队、市文化执法总队、市工商局执法队对涉嫌发行非法出版物的北京普蓝诺财经顾问中心开展调查。经查，该中心以会员制的形式发行假冒中央部门内部资料刊物8种。涉案嫌疑人于11月底被公安机关抓获。

11月8日，根据全国“扫黄打非”办公室线索，北京公安、文化执法人员联合对涉嫌非法制售假记者证、设立记者站、以记者名义采访的“中国法制观察”网站进行检查。现场抓获制售假记者证的网站工作人员8人。收缴伪造记者证69本。除一人取保候审外，7名犯罪嫌疑人被检察院以诈骗罪和伪造国家机关证件罪批准逮捕。

11月10日，北京市“扫黄打非”办公室在全市开展打击街头游商非法贩卖图书音像制品专项整治行动。

11月24日，全国“扫黄打非”工作小组决定表彰北京市“扫黄打非”工作领导小组办公室、北京市公安局治安管理总队、北京市工商行政管理局执法监察大队、朝阳区、海淀区、石景山区“扫黄打非”工作领导小组办公室等6个集体，授予“迎奥运保稳定‘扫黄打非’先进集体”荣誉称号。

12月12日，北京市文化市场行政执法总队启动“打击托运站行动”，联合市交通执法总队四大队对丰台区5家物流公司进行执法检查，收缴非法音像制品1.5万余张。

12月15日，北京市文化市场行政执法总队根据“5·05”案后期查办过程中掌握的线索，会同市公安局治安总队、顺义区公安分局治安支队执法人员对通州区宋庄镇某村内出租民房进行突击检查，收缴社科类非法出版物共计49个品种56030册。

12月25日，北京市文化市场行政执法总队会同市公安治安总队及朝阳分局治安支队，一举捣毁北京市最大的非法贩卖淫秽、盗版光盘团伙，将涉及朝阳区、顺义区、丰台区的10处非法从事贩卖淫秽、盗版光盘音像店一举查获，当场抓获涉案嫌疑人员26人，查扣淫秽盗版光盘31万余张。

12月26日，北京市文化市场行政执法总队根据25日晚取得的线索，联合市公安局治安总队、朝阳区文委执法队、来广营派出所执法人员，再次取缔一销售盗版光盘的黑窝点和一存放盗版光盘的地下仓库，收缴盗版光盘25万余张。

创新经验

创新机制、搭建平台、齐心协力、团结奋斗
北京市文化娱乐服务场所奥运会期间“零事故”

——借“平安奥运行动”之机，北京文化市场监管创建长效机制

北京市“扫黄打非”工作领导小组办公室

2008年，举世瞩目的第29届奥运会取得圆满成功。在党中央、北京市委市政府的正确决策和坚强领导下，在全国人民大力支持下，我们高水平地完成了北京历史上时间最长、规模最大、参与人员最多、国际关注度最高、工作过程最透明、防控任务最复杂的奥运安保任务，实现了“大事不出、小事减少、管理严格、秩序良好”的平安奥运目标。为维护首都社会稳定和文化安全，在市委宣传部领导下，北京市文化执法部门成立了“平安奥运行动”文化娱乐服务场所专项清理整治行动工作领导小组，以最扎实的基础性工作和最超常规的防控措施圆满完成奥运期间首都文化娱乐服务场所监管任务，实现了奥运期间文化娱乐服务场所“零事故”。

市、区两级文化、公安、工商、广电、新闻出版、商务、旅游、城管、卫生、交通等执法部门组成两级“文化娱乐服务场所专项清理整治工作领导小组”，共同开展“平安奥运行动”。各部门、各区县密切配合，捆绑作战，联合执法，连续开展“反盗版天天行动”、“网吧专项整治行动”和“奥运前30天出版物市场集中清查行动”等11项集中专项行动，全市共出动执法人员21.9万余人次，检查文化经营场所6.9万余家次，排查安全隐患366起，立案处罚715件，收缴非法音像制品161万余张，收缴非法出版物146万余册，打掉存放非法出版物和非法音像制品黑窝点26个，行政拘留888人，刑事拘留236人。全市各级检察机关共受理“涉黄涉非”案件69起，批准逮捕99人。与此同时，奥运期间全市文化市场热线电话“12318”举报与2007年同

期相比大幅下降，其中网吧举报下降46%，非法出版物举报下降33%，制售和销售盗版图书、盗版光盘举报下降32%。

一、搭建指挥行动平台，充分发挥组织、协调作用，形成齐抓共管工作格局是确保“平安奥运行动”圆满成功的基础

北京市成立了由市委宣传部常务副部长陈启刚同志任组长，市文化局、市工商局、市公安局、市商务局、市旅游局、市广电局、市新闻出版局（版权局）、市文化执法总队等部门主管领导任副组长的市“平安奥运行动”文化娱乐服务场所专项清理整治行动工作领导小组，并在市文化执法总队设立办公室负责日常工作，各部门积极配合、倾力支持文化娱乐服务场所专项清理整治行动，从而形成了分工合作、齐抓共管，各区县守土有责的良好工作格局，为确保“平安奥运行动”圆满成功打下坚实基础。

二、创新工作方法，建立长效管理机制是实现“平安奥运行动”目标任务的根本保障

第一，制定下发“通告函”，迅速查处文化娱乐服务场所各类违法违规行为。为充分发挥主管部门的职能作用和执法单位的联动作用，市“平安奥运行动”文化娱乐服务场所专项清理整治行动工作领导小组办公室制定下发了《北京市“平安奥运行动”文化娱乐服务场所专项清理整治行动违法违规问题场所通告函》，各部门在检查过程中发现不属于本部门职责范围的违规行为以制式书面形式及时通告有关部门，彻底杜绝了工作中推诿扯皮和“唱独角戏”的现象。通过实施“通告函”制度，各相关执法部成功处置了6起文化娱乐服务场所违法违规行为，取得了目前全市文化市场“12318”举报与2007年同期相比大幅下降的战果，其中网吧举报下降46%，非法出版物举报下降33%，制售和销售盗版图书、盗版光盘举报下降32%。

第二，发挥各自职责和监管范围优势，凝聚捆绑执法合力。市区两级“扫黄打非”各成员单位按照职责分工和监管范围，充分发挥自身优势，大力开展联合行动、专项执法，大胆尝试捆绑作战，加强对文化市场监控，严厉查处各类违法违规行为。先后联合查处“4·11”非法运输盗版光盘案、“5·04”印刷非法出版物和淫秽出版物案、“5·14”盗版图书案、“8·16”非法销售盗版光盘案等大案要案17起，收缴非法音像制品37万余张，非法出版物56万余册，行政拘留888人、刑事拘留236人。

第三，协调周边省市实施联合封堵，共建文化市场监管“护城河”工程。为联合周边省市有效打击文化市场违法违规行为，市“平安奥运行动”文化娱乐服务场所专项清理整治行动工作领导小组组织有关部门赴河北省文化厅，就建立文化市场“护城河工程”的有关工作进行了洽谈，并与河北省文化厅达成了多项合作协议，签署了《共同开展“平安奥运行动”文化市场“护城河工程”合作备忘录》，共同构筑起严密监管文化市场的“护城河”工程。期间，在查处“5·16”非法运输盗版光盘案中，会同河北省文化厅，对发货地点进行了联合打击，收缴盗版光盘1万余张。

第四，建立督导检查临时党支部，为有效实施联合执法检查筑牢坚强的战斗堡垒。在对区县“平安奥运行动”文化娱乐服务场所专项清理整治行动督导检查中，建立了由实施督导检查的市委宣传部、市文化、公安、工商等部门党员参加的临时党支部，并选举了支部书记、支委。临时党支部随之诞生之后，先后召开了6次支部会，认真贯彻党的民主集中制，集体研究讨论监督检查工作中的问题和解决办法；组织多次支部活动，勇于开展批评与自我批评，进一步加强了思想沟通，增进了团结。临时党支部的坚强领导，使来自不同单位的各级领导和同志，不论职务高低，不论年龄大小，不论部门出身，都能以普通党员的身份相处和工作，即有效地指导了全市“平安奥运行动”文化娱乐服务场所专项清理整治行动的扎实开展，又为长期坚持联合执法奠定了坚实的思想和组织基础。

第五，发展、壮大、规范文化市场信息监督员队伍，进一步拓宽信息渠道和线索来源。“平安奥运行动”期间，全市18个区县不断调整规范和扩充文化市场监督员队伍，监督员的人数由原来的1000人，发展壮大到1800人。投入专项资金数百万元，聘请保安、社会人员和文化市场义务监督员，对全市范围内的134个重点街区和261个重点部位、48个涉奥重点地区实施“定人、定责、定岗”管理，全天候、合覆盖严重死守。奥运会、残奥会期间全市每天在文化娱乐服务场所及重点街区、重点部位投入群防群治人数达2000余人。

三、加大宣传，发动群众积极参与，是“平安奥运行动”标本兼治的重要手段

北京市文化执法总队投入200多万元，利用电视、广播、报纸等多渠道加大宣传。先后制作了“平安奥运”中英文双语政府提示牌3500块、宣传海报7000套共2.1万张和宣传折页5万份，在18个区县3300余家文化娱乐经营场所悬挂张贴。各区县对全市文化娱乐服务场所法人和从业人员开展了一系列政策法规、安全生产等教育培训活动，与企业法人或负责人签订责任书，并通过悬挂条幅、设置展板、发放宣传材料等形式，向市民普及“平安奥运行动”文化娱乐服务场所专项清理整治行动及安全生产的相关知识，开展法律咨询，使“平安奥运行动”深入人心，人人皆知。

构建社会监督管理体系　拓展文化市场监管渠道

——北京市文化市场行政执法总队开展文化市场社会监督员工作的实践与探索

北京市文化市场行政执法总队

按照“政府管理、行业自律、社会监督、技术监控”的总体思路，为应对文化市场迅猛发展带来的监管矛盾，自2006年以来，北京市文化执法总队在全市18个区县相继建立了文化市场监督员队伍。3年多来，在各级领导的大力支持下，全市文化市场监督员爱岗敬业、恪尽职守，为首都文化市场秩序的稳定做出了贡献。尤其是2008年，面对奥运会和残奥会的举办，全市696名文化市场监督员对经营场所死盯死守、不辞辛苦的工作，积极配合、支持各级监管部门的各项行动，有效地保证了全市文化市场的健康、有序。据统计，3年来，全市文化市场监督员共巡查文化经营场所2.9万余家次，纠正违规行为1.1万余次，提供有价值的信息7683条，协助文化执法人员办理案件1243件，转交公安、城管等相关部门办理案件462件，收缴非法出版物436万余册、盗版光盘58万余张，非法卫星地面接受设施813套。

一、文化市场的现状与监管面临的矛盾

（一）北京文化市场的现状

北京作为国家首都，政治、文化的中心，文化市场有其独特的特点。1. 市场经营主体数量急剧膨胀。据统计，截至2007年底，全市共批准设立各类文化经营场所2.2万余家。其中，互联网上网服务营业场所1407家、歌舞娱乐场所1450家、演出经营单位和场所124家、影剧院73家，音像制品批发零售单位3096家、电子游戏场所87家、美术品经营单位（园区、市场）167家；图书、报刊经营单位、卫星电视接收设施安装、使用单位、文物经营单位1.6万余家，以及违规开设的文化经营场所（如黑网吧、黑歌厅）等，实际的管理对象数量已近3万余家，并有逐年递增的趋势。2. 文化行业范围逐渐扩大。随着首都文化市场的发展日益繁荣，文化娱乐场所复杂而多样，概括地讲有八大市场：一是营业性文化娱乐市场。主要包括营业性歌厅、舞厅；从事演奏、演唱活动的酒吧、迪吧、茶吧（茶艺）、游戏厅等；二是营业性文艺演出市场。包括营业性的戏剧、歌舞、曲艺、杂技、气功等各类演出活动等；三是美术品市场。包括美术品收售、展销、拍卖装裱等经营活动，有赞助的美术品评选、比赛等；四是音像制品市场。包括音像制品的复制、批发、零售、出租和放映等；五是书报刊等出版物的编辑、印刷、发行、销售市场；六是文物市场；七是电影放映发行市场；八是互联网上网服务营业场所（网吧）等。3. 经营模式日趋多样。文化市场的经营模式也随着经济科技的发展日趋多变，以前的经营模式是以基本上固定的经营场所为主，俗称“座店”，经营的方式和地点相对固定，而现在的经营者已经有相当一部分抛弃了这种传统的经营模式，采用网上销售、电话预订等新兴模式。4. 经营场所由城区向郊区延伸。随着城乡一体化的发展，文化经营场所逐渐地由城市中心区向城镇、乡村的每一个角落实施经营性渗透。据统计，2000 年，城区文化经营场所共 9638 家，占文化经营场所的 77%，2007 年，城区文化经营场所共 1.3 万余家，占文化经营场所的 59%。因此，属地管理、关口前移、重心下移的市场监管应当逐步到位。5. 市场违法违规经营问题呈上升趋势。由于受经济利益的趋动，近几年来，市场违法违规经营问题呈上升趋势。据统计，2005 年，全市共接举报案件 5637 起，查处办理案件 432 起；2007 年，全市共接举报案件 1.1 万余起，查处办理案件 936 起。

（二）文化市场监管面临的矛盾

北京文化市场现状的特殊性，带来监管矛盾的多样性。一是监管力量严重不足。北京文化经营场所近 3 万家，目前，市文化执法总队的编制 124 人（含行政事业人员 26 人）；18 个区县的行政执法人员 317 人，全市文化执法人员总数不足 400 人。人均管辖面积 41.02 平方公里，人均管理场所数量 700 余家。按目前的人数比例计算，即使市区两级文化执法人员每天全员出动检查，也难以对文化经营场所实施有效监管。二是监管体制尚不完善。目前全市的文化市场管理对象遍及各街道、乡镇，监管对象数量多、分布广，而全市文化市场管理机构只有市区两级，并不能全部覆盖所有区域，乡镇级文化市场的监管是一空缺，导致城乡监管脱节，乡镇级文化市场的监管成为“盲区”。三是监管方式和手段单一。目前对文化市场的监管方式，仅仅依靠有限的举报线索和执法人员到现场的检查进行。全市的文化经营场所数量庞大，经营项目繁多，涉及地域遍布全市的每一个角落，依靠现有的管理方式和手段，无法从根本上达到覆盖到全市每个角落和及时准确掌握信息的要求。

二、尝试文化市场社会监督的实践与探索

针对市场现状与监管之间的矛盾，市文化执法总队进行了认真分析和研究，在短时间内不可能增加人员编制的情况下，借鉴兄弟部门和一些区县的做法，尝试开展了文化市场社会监督工作。

（一）开展文化市场社会监督的初步实践

开展文化市场社会监督管理是一项全新的工作，为扎实有效地开展此项工作，市文化执法总队先后走访、调研了市交管局聘用社会交通协管员管理交通秩序的经验，社会综治办开展专群联防的经验，结合市文化执法总队实际和文化市场的特点，分三步推进文化市场监督员的试点工作。第一步是组织局部试点。2006 年投入资金 40 万元率先在西城、朝阳、通州、延庆 4 个区县进行文化市场监督员试点工作。试点区县文委执法队高度重视、积极运作，根据总队的要求迅速制定了相应的市场监督员管理办法，初步明确了监督员的职责和监管目标，根据辖区特点充分发动社会各界力量成立了文化市场监督员队伍。第二步是扩大试点范围。2007 年市文化执法总队在总结前期经验与不足的基础上，投入资金 260 万元，把试点区县的经验推广到东城、宣武、海淀、石景山、昌平和平谷等区，使第二阶段试点区县达到 10 个。第三步是在全市全面推广。2008 年总队在认真组织调研、考证的基础上，认真修订了《北京市文化市场行政执法总队文化市场监督员管理办法（试行）》、《监督员专项资金管理、使用办法》、《北京市文化市场举报奖励办法》等规定，于 5 月 1 日前，在全市 18 个区县

全面铺开文化市场监督员工作，下拨文化市场监督员专项工作经费498.6万元，在全市建立起一支近700余人的监督员队伍。至目前为止，此项工作的开展得到了中央和市委、市政府领导的肯定，各级领导先后作出重要批示，要求文化市场监督员工作在扩大试点范围的同时，不断完善管理和激励机制，更大程度地发挥其作用。

（二）开展文化市场监督员工作以来取得的成效

3年来的文化市场社会监督管理体系的建立，有效地缓解了文化市场现状与监管之间的矛盾，取得了较好的社会效果。主要体现在三个方面。一是初步构建了社会监督管理体系。目前全市文化市场监督员共有696名，遍布全市的300余个街道、乡镇，每个街道、乡镇办事处聘用2至3名文化市场监督员，基本上覆盖了全市的文化市场监管目标，形成了社会监管网络。如石景山区共聘用文化市场义务监督员46名，为认真做好对市场的监督检查，石景山区将文化市场分成了三类。一类地区内的经营场所由监督员日常值守；二类地区内的经营场所由监督员包场所日常检查；三类地区的场所由监督员日常监管，并指定了专门的执法人员进行配合，保证了市场监管不出现死角。二是初步缓解了市场现状与监管之间的矛盾。全市文化市场监督员的上岗，使全市的监管力量有了较大提升，监管的触角延伸到了全市的每一个角落。近两年是奥运会筹办和举办的重要时期，面对监管面大、监管种类繁多、监管任务繁重的态势，全市文化市场监督员不辞辛苦、克服困难，在奥运场馆周边、繁华地段、重点地区和外国人聚集较多的区域进行了全面的、多批次的巡查，出色地完成了对文化市场的监管。尤其是把晚饭后至晚22点作为巡查的重点，有力地弥补了执法人员薄弱时间段的市场监管。如朝阳区文委行政执法队分别对重点地区、重点部位、重点场所安排了文化市场监督员分片包干、责任到人，工作时间明确、巡查区域明确、监管对象明确，较好地解决了管理场所多与执法人员少的矛盾。尤其是奥运会期间，各区县文委执法队均采取了不同的措施，充分发挥文化市场监督员的作用，较好地缓解了市场现状和监管之间的矛盾，为保证奥运会的召开发挥了巨大的作用，为维护北京文化市场的安全、稳定做出了较大贡献。三是初步畅通了文化市场监管的有效渠道。文化市场监督员的工作是直接对全市的文化经营场所进行巡查，能够把触角伸到每一个角落。而市文化执法总队和区级执法队由于受到地域和交通的限制，有时无法快速到达偏远的地区和交通不便的营业场所，使这类经营场所长期疏于管理。有了文化市场监督员，他们能够及时对这类经营场所进行巡查，发现问题可以及时纠正，使经营者自觉守法经营。如果问题严重，可及时上报市总队和区级执法队，使市、区、街道乡镇形成三级联动，保证了市场监管的有效畅通，形成了对文化市场进行有效监督和管理的渠道。

三、完善文化市场社会监督的对策与思考

文化市场社会监管体系的建立，初步缓解了市场现状与监管之间的矛盾，但此项工作刚刚起步，存在的问题和矛盾还比较突出，有待进一步完善和改进。

（一）进一步健全监督员制度，完善社会监督的长效机制

十七大报告中，胡锦涛同志站在新世纪新阶段中国社会发展的历史高度，对推动社会主义文化大发展大繁荣作出了全面部署，提出了新的更高要求。文化产业的大繁荣、大发展必将对文化市场监管带来严峻的挑战，加强文化市场的监管使之健康、有序的发展也必将是大势所趋，建立文化市场社会监管体系必然是一项长期的措施和方向。为此，必须建立、健全文化市场监管制度，完善社会监督长效措施。一是进一步完善文化市场监督法制建设，使之更加法制化、规范化，做到有法可依、有章可循；二是进一步完善文化市场监督员的社会保障制度。针对文化市场监督员工作待遇偏低、社会保障不到位的实际，要借鉴交管局管理交通协管员的办法，完善措施，畅通机制；三是进一步完善文化市场监督员

的管理体系。进一步修订完善《北京市文化市场行政执法总队文化市场监督员管理办法（试行）》、《监督员专项资金管理办法》、《文化市场举报奖励办法》等措施，做到善使用、善管理，加快文化市场监督员队伍的健康发展。

（二）进一步扩大监督员队伍，建立覆盖全市的监督网络

随着文化产业的繁荣发展，尤其是随着城乡一体化的发展，文化市场的监管必将面临更加严峻的挑战，为此，必须进一步扩大文化市场监督员队伍，建立覆盖全市的监管网络，在文化繁华地区和乡镇形成条块结合、以块为主的网络管理制度，将监管触角延伸到街道、居委会、镇、乡、村级，形成从上到下，从左到右，横到底、竖到边的管理体制。

（三）进一步强化监督员责任管理体系，实现有效监管市场的目标

初建阶段的文化市场管理体系，管理措施还不够完善，下一步，我们将进一步完善管理措施，逐步形成总队牵头，区县级执法队主管，乡镇级成立队伍的三级管理体系，明确责任区域，明确任务目标，明确巡查时间，形成全面部防，重点盯守的管理格局，建立一个安全、稳定、健康、有序的文化市场监管系统。

（四）进一步提高监督员素质，形成一支高效、实用的监管队伍

为推进文化市场监督员队伍素质的提高，必须建立一套完整的机制，做到不培训不上岗，坚持每周一次例会制度，每季度一次工作讲评，半年一次工作总结，全年一次上岗考评的工作机制，并建立定期工作交流和考查学习制度，通过多种措施提高文化市场监督员的素质，确保形成一支高效、实用的监管队伍。

开展文化市场社会监督体系，初步形成了全社会人员广泛参与的积极性，拓展了文化市场监管工作的群众基础，有了一定的社会认可度，但文化市场监管工作任重而道远，我们一定认真总结和提高文化市场社会监管的经验和不足，不断提升文化市场社会监管的质量，为建立和谐、健康、有序的文化市场环境努力。

深入开展“扫黄打非”工作　为“平安奥运”创建良好的文化市场环境

——北京市海淀区2008年“扫黄打非”工作成果显著

北京市海淀区“扫黄打非”工作领导小组办公室

2008年是举世瞩目的奥运举办之年，北京市海淀区“扫黄打非”工作紧紧围绕“平安奥运”这个中心，以强化社会面控制为工作重点，把保“两会”出版物市场专项整治行动、印刷业整治专项行动、“平安奥运行动”文化娱乐服务场所专项清理整治行动、奥运赛事期间“扫黄打非”专项整治行动等各项工作紧密结合起来，深入持久地开展“扫黄打非”工作，取得了显著成绩，为奥运会的成功举办，创造了良好的文化环境。

一、主要工作成果

全年共出动执法检查人员9300余人次，执法车辆2600余车次；检查网吧1000余家次，重点地区2755个（次），音像店498家次，图书640家次，卫星电视32家次，印刷239家次，各类市场374家次；处理举报271件，立案处理74家，罚没款54万余元，没收电脑主机95台；收缴非法音像制品2.34万余张，非法图书2.6万余册。有力地打击了文化市场尤其是出版物市场的各种违法经营活动，保证了全区文化市场的稳定、健康、有序发展。

二、主要工作措施

在坚持抓好日常监管的基础上，区“扫黄打非办”组织协调各成员单位，积极组织开展了一系列专项行动，深入开展“扫黄打非”工作。

1. 精心组织“两会”代表驻地及其周边地区的执法检查。“两会”期间，区“扫黄打非”办积极组织联合执法检查。文化行政执法队会同城管、工商、公安等区“扫黄打非”相关成员单位采取多次联合执法行动。同时，文化执法队对“两会”代表驻地800米范围内的各类场所进行拉网式检查，重点检查图书、音像经营场所的规范经营状况。依法取缔了一家利用互联网为销售平台、通过邮寄的销售方式，从台湾直接向各地销售图书的非法出版物发行单位，堵截了一条非法贩卖传播非法出版物的途径。

2. 认真组织重点地区和重点部位的安全巡查。在“平安奥运”行动中，文化、城管、工商等部门结合日常监管，加强了对重点地区和重点部位非法贩卖出版物的游商的巡查，对受关注地区和部位严防死守，文化委行政执法队制定巡查工作时间安排表，在不同时段，针对不同地区开展专项行动。在海龙大厦、科贸、鼎好电子城、海淀图书城、国宜市场等图书、音像、电子出版物销量较大、人员相对密集的经营场所和五道口城铁附近、中央财经大学附近、塔园小区北门口等一些贩卖非法出版物的游商相对集中的地点，开展严厉打击制售贩卖盗版、淫秽光盘和非法出版物等违法行为的专项行动。

3. 深入开展“奥运期间加强街面控制，打击非法贩卖图书音像制品活动专项整治工作”。为加强奥运及残奥会期间街面控制，进一步打击非法贩卖图书、音像制品活动，开展了“奥运期间加强街面控制，打击非法贩卖图书音像制品活动专项整治工作”。奥运期间，区委常委、宣传部长于军以及孙宝启副区长分别亲自带队深入一线，检查文化市场以及街面控制工作。文化、综治、公安、城管、工商等部门主管领导也都深入一线，靠前指挥。使指挥系统高效、迅速、畅通。在奥运举办期间，每天都有多去执法队伍在重点地区执法巡逻，加强对游商贩卖非法出版物的打击力度，取得了良好成效。

4. 开展印刷复制企业专项检查行动，加大对印刷复制企业重点单位的监控力度。为确保奥运期间的文化安全和“扫黄打非”工作的进一步深化，结合安全生产百日督查工作，6月至7月开展了印刷复制企业专项检查行动，在这次专项行动中，一方面贯彻“安全第一、预防为主、综合治理”的方针，文化委执法队采取检查与抽查相结合、昼查与夜查相结合、点面查相结合等方式，对辖区内印刷企业安全生产情况进行重点检查。另一方面对印刷企业的规范经营情况也加大监管力度，确保平安奥运期间辖区印刷复制单位不印刷复制非法出版物，督促印刷企业守法经营。对违规企业华天、启恒等4家印刷厂分别进行了行政处罚，共计罚款人民币5.9万多元，对北京航丰印刷厂责令停业整顿。

5. 突出重点，在日常监管的同时加强对大案要案的查处力度。2008年7月30日，区文化委执法人员会同海淀区西北旺派出所干警，对群众举报的海淀区唐家岭兔厂宿舍内的行知希望学校依法进行执法调查，当场查扣非法出版物1.49万余册。执法人员依法对该教材发行销售单位进行了取缔，没收非法出版物1.49万余册，刑事拘留1人。

三、主要工作经验

1. 领导重视，认识深入，强化指挥系统的战时运行机制，是“扫黄打非”工作的有力保障。北京市海淀区的“扫黄打非”工作，已经形成了一套成熟的机制，区委、区政府对“扫黄打非”工作高度重视。领导小组经常性地召开联席会，及时通报上级指示精神，研究部署工作，推动工作开展。“平安奥运”行动期间，区委、区政府各级领导多次带队深入执法一线检查指导工作，给执法工作以极大的支持。领导小组下设办公室，负责日常工作，办公室设在文化委员会。各街乡镇也成立了相应的机构和人员专门负责此项工作。为加强部门间的信息沟通和共享，领导小组办公室制定了周报、月报制度，还建立了日报制度，督促各成员单位上报工作进展情况，及时汇总材料和相关信息，定期编发“平安奥运行动”文化娱乐服务场所专项清理整治行动简报，及时报送市、区相关领导，并发送成员单位和各街乡，加强信息的共享和沟通。在执法检查工作中遇到非职能部门法定职责所能处理的问题，及时采取函告的方法，请相关部门协助处理。通过加强部门间的信息沟通，使专项整治工作得到了进一步加强。

在领导小组的统一领导下，各部门、各单位按照各自的职责，制定了工作方案，在本单位、本系统、本行业分别进行了工作动员和部署，大家有分工，有合作，紧密协作，加强监管，严格执法，形成了严密的监管防控体系，保证了工作的顺利完成。

2. 齐抓共管、部门联动，强化部门间的联合执法机制，是“扫黄打非”取得高效的有效手段。区“扫黄打非”工作领导小组的各个成员单位，文化、公安、城管、工商等部门结合日常监管，建立了部门间的联合执法机制，不断加强对重点地区和重点部位非法贩卖出版物的游商的查处，对受关注地区和重点部位严防死守。文化执法队还和城管组建了联合执法队，每天对奥运场馆周边以及海淀图书城、国宜市场等图书、音像、电子出版物销量较大、人员相对密集的经营场所及周边，一些贩卖非法出版物的游商经常出没的地点进行街面巡逻，开展严厉打击制售贩卖盗版、淫秽光盘和非法出版物等违法行为的联合执法，取得了良好的成效。

3. 宣传发动，群防群治，建立全覆盖的群防群控机制，夯实了“扫黄打非”工作的社会基础。一是“扫黄打非”工作领导小组办公室积极发挥街乡镇“扫黄打非”办（综治办）的协调作用，整合地区派出所、工商、城管等执法力量，加强属地管理，加强文化市场监管，特别是加强对街面销售非法出版物的游商的管控工作。

二是通过区综治部门，协调各地区综治部门及派出所进行部署落实，在加强社区治安工作中，将“扫黄打非”作为其中一项重要工作任务并列入考核，积极利用地区保安、社区巡逻队、首都治安志愿者等近 20 万名群防群治人员的力量，发现有游商兜售盗版光盘情况，及时劝阻并及时举报。各街乡镇想尽各种方法，积极开展工作，充分利用各种方式进行宣传教育，鼓励社区居民举报存储非法出版物的窝点和销售非法出版物的行为，取得了好的效果。

三是在社会面监督工作中，充分发挥市场监督员队伍的作用，一方面通过社区 100 名义务监督员队伍，积极发挥其监督举报的作用，另一方面我们根据奥运安保工作需要，在全面监管的基础上，集中力量，对重点地区和部位，安排专门的文化市场监督员，进行重点巡防。以奥运场馆周边、重要交通枢纽、繁华商场周边为重点，共划定了 17 个重点点位，将全区 63 名文化市场监督员集中使用，划分地段，岗位落实到人，每天上午 10 点到晚 10 点，进行死看死守，见到游商及时劝阻、制止，并向辖区执法分队报告，执法人员在第一时间赶赴现场进行查处。通过这种方式，使街面游商贩卖非法出版物的现象得到明显扼制。

2008 年，在北京市“扫黄打非”工作领导小组以及区委区政府的正确领导下，海淀区“扫黄打非”工作领导小组全体成员以及各街乡镇扫黄打非工作部门、所有战斗在一线的执法人员，密切配合，协同作战，发扬了高度的责任感和无私的奉献精神，通过扎实有效的工作，圆满完成了文化市场监管工作任务，为“平安奥运”营造了安全有序、良好的文化环境。

立足区域特色 创新管理模式 “扫黄打非”成效显著

——北京市崇文区努力开创“扫黄打非”斗争新局面

崇文区“扫黄打非”工作领导小组办公室

近年来，随着北京市经济建设飞速发展的进程，文化出版物市场逐渐活跃起来。北京市崇文区根据交通及特殊的地理位置，以及区域文化市场发展的多样性和复杂性，从“文化立区、实施天坛文化发展圈、建设现代化文化都市休闲区”的战略高度上谋划本地区的“扫黄打非”工作。“艰苦奋斗、敢为人先、团结奉献、追求卓越”的崇文精神在2008年的“扫黄打非”工作中得到了充分诠释。

一、领导重视，提高认识

北京市崇文区区委、区政府将“扫黄打非”工作纳入党委、政府工作大局，并作为重要考核内容，并根据辖区情况调整了区“扫黄打非”工作领导小组，明确了各成员单位的任务和职责。奥运会前夕，区“扫黄打非”工作领导小组提出了奥运期间全面加强文化市场监控、大力开展“扫黄打非”“零死角”“零事故”的工作要求。此外，区委、区政府领导多次亲自带队检查文化市场和经营单位，针对书店、音像店和街头游商销售盗版出版物的违法行为提出了“加强监督管理，严格执法，坚决打击非法出版物，遏制盗版出版物的出现”的明确指示和要求。

二、创新管理模式，强化属地管理责任

为从根本上解决当前城市管理中（特别是对街头游商的管理）多头执法、职责交叉、重复处罚、力量分散等问题，有效整合各职能部门力量，综合整治当前城市管理的“痼疾顽症”，逐步形成“全天候、全覆盖、无缝隙”的城市管理新目标，成立了由街道办事处牵头，城管、文化、消防、公安、卫生、工商、园林、民政、环卫等执法部门为成员的街道综合执法组，负责本辖区的执法检查和“扫黄打非”工作。

街道综合执法组充分发挥属地管理优势，有力的强化了联合执法优势，多个执法部门一起联动，相互借力，捆绑式执法，全面加强了街面控制，严厉打击了街头游商兜售非法音像制品及非法出版物的行为，极大地强化了对全区文化市场的监控。据统计，自2008年全区7个街道综合执法组共收缴非法图书近2000册、非法电子音像制品1.2万余张。

三、奥运期间采取七项“扫黄打非”工作措施

崇文区“扫黄打非”领导小组办公室在全区范围内组织开展了迎接“两节”、“两会”、保护知识产权日、“平安奥运行动”文化娱乐服务场所专项清理整治行动、严厉打击非法报刊、加强街面控制等9项专项整治行动，全区共出动执法检查人员4万余人次，收缴非法图书1万余册、盗版计算机软件及非法电子音像制品3.6万余张、电子游艺机6台；查处贩卖淫秽、盗版出版物人员33人，治安拘留30人。

（一）强力开展“扫黄打非”零死角工作

在对全区范围内出版物市场进行全面深入拉网式排查基础上，确保重点大街、重点地段的检查和监控，加强了对地下通道、过街天桥、居民小区的巡查，确保全区在奥运会期间不发生重大制黄贩黄、侵权盗版行为，确保全区“扫黄打非”重大案件发案率零指标。城管大队加大对我区8个“扫黄打非”挂账点位的监控力度，人盯车巡，查缴非法音像制品近1万盘、图书561册；为确保书店、音像店不出现违规经营行为，文化委与全区的出版物经营单位负责人签定了

《平安奥运责任书》。

（二）强力实施全区“扫黄打非”联动机制

区“扫黄打非”领导小组办公室有效推行“扫黄打非”联动机制。结合当前形势与辖区文化市场的特点，文化、公安、工商、城管等有关职能部门采取不定期突击检查行动，“平安奥运行动”期间，共出动执法力量1.8万余人次，相互协作密切配合，对制黄贩黄、盗版侵权等扰乱文化和出版物市场的违法行为采取高压态势，严厉地打击了违法犯罪行为。

（三）增强社会监管机制，强力推行全区文化市场监督员战时动态管理工作模式

在奥运期间，崇文区文委将全区42名监督员编入七个奥运战时管理小组，明确各小组成员当前的职责与辖区范围，在保证顺利完成原职责任务的基础上，加强对奥运场馆周边人员密集区的实时监控，动态管理，一旦发现违法违规行为，将相关信息在第一时间反馈到区文委执法队指挥小组。“平安奥运”行动期间，区“扫黄打非”工作领导小组办公室与区综治办配合，在区综治办抽调300名机关干部志愿者治安执勤任务中，增加了对街头出版物市场的监管职责；北京奥运会和残奥会筹备举办期间，300名脱产机关干部志愿者和42名文化市场监督员对全区重点地区、重点地段实行不间断值守，死看死守67天，确保了全区社会秩序稳定和“扫黄打非”任务圆满完成。

（四）发挥街道综合执法属地管理优势，强化“扫黄打非”职责任务

充分发挥街道综合执法组属地管理的优势，最大限度的强化文化市场职责。将区文委派驻街道综合行政执法组的7名人员在地域执法工作内容上进一步细化，实施包干地块内对文化市场管理负全责的管理办法。区文化委员会、区城管部门定期联合向街道综合执法组行文布置工作，明确文化市场管理的工作内容，区城管委将文化市场管理工作列入考核街道全年工作的重要内容。

（五）强力执行文委行政执法队战时管理状态指挥系统

为全方位做好“平安奥运”保障工作，崇文区文委成立了文化市场管理奥运（残奥）保障工作指挥部，同时成立了出版物市场、娱乐场所、文物保护单位等三个监控分指挥部。将文化执法人员编入其中，全面进入战时管理阶段，实行责任追究和倒查责任的管理办法，对执法人员奥运期间的工作进行考核。

（六）坚持错时执法检查制度

崇文区“扫黄打非”各成员单位坚持“错时执法”的措施，针对不同营业场所的营业时段，有的放矢地强化检查力度，白天对网吧、音像店、书店等营业场所以及街头贩卖非法出版物行为进行不定期突击检查，夜晚则将检查的重点放在歌舞娱乐场所、游艺厅等文化娱乐经营场所的检查工作上。

（七）加大行政执法处罚力度

为了保证我区奥运会期间文化市场的经营秩序，区“扫黄打非”成员单位严格按照工作分工，加大执法检查力度，加强执法检查、平时检查与专项治理相结合。文委执法队对宏飞静音像店销售356张盗版音像制品的行为依照法律规定高限进行了处罚，吊销了音像制品经营许可证；区公安分局在检查时，对东便门立交桥下发现的销售淫秽光盘的游商进行连夜审讯，对3名销售淫秽光盘的游商进行了拘留14天的行政处罚。

突出重点　综合监管　全面加强出版物市场环境建设

——北京市顺义区积极探索社区、镇（乡）、村相结合的“扫黄打非”工作机制

北京市顺义区“扫黄打非”工作领导小组办公室

2008年是北京奥运会举办之年，实现“平安奥运”目标是我们的政治责任，做好文化环境建设是我们的首要任务。北京市顺义区作为北京奥运会水上项目举办地，在平安奥运文化环境建设中，以“平安奥运行动”文化娱乐服务场所专项清理整治行动为主线，以严查非法出版物和场所安全为重点，周密部署、严密组织，创新方法、加强监管，注重协调、综合治理，创造了良好的社会文化环境，实现了“平安奥运”的目标。回顾2008年的工作，主要有以下体会。

一、结合区域特点，实施三级管理网络，建立长效管理机制，净化出版物市场环境，实现“平安奥运”目标

顺义区针对位于北京城乡结合部的特点，结合城市和农村、社区和村庄的实际情况，先后制定各类工作方案21个，“平安奥运行动”严格整治阶段全面展开后，区“扫黄办”扎实推进五个集中执法周；在“平安奥运行动”严格防范阶段，实现整治、防范两不误。当“平安奥运行动”进入严格控制阶段时，全面落实重点地区、重点部位的防范体系。奥运会后出版物市场管理进入巩固成果阶段，固化了“扫黄打非”和文化市场管理长效机制。

二、注重日常管理，加强法规宣传，强化守法意识，是提升文化管理效能的基础

规范经营行为，强化守法经营意识，实施正确引导，注重日常监管是文化执法部门的主要任务，也是提升管理效能的基础。规范、繁荣文化及出版物市场，提升文化企业的档次和规模，已成为今后的发展方向。一是从建立台账入手抓管理重点，对728家文化、出版物经营场所建立了台账，确定了100家重点监管对象，实施严防死守。二是从法规培训入手抓素质提高，先后组织各类培训9次，培训人数1336人次，增强了依法、守法、安全经营的意识。三是从制度建设入手抓工作落实，为全区文化经营单位制作制度范本30项，督促其落实，形成了比较完善的制度体系。四是从开展活动入手抓正版提升，开展了以“迎奥运、展精品、反盗版、树形象”为内容的“打造正版示范店、我为奥运做贡献”活动，全面提高出版物市场的正版率。五是从宣传教育入手抓氛围营造，以自办《“扫黄打非”简报》和网络为宣传阵地，印发简报40余期，发表信息235条，顺义区电台、电视台9次报道出版物市场整治情况，先后组织2次“扫黄打非”主题宣传和销毁活动，销毁盗版光盘4万余张，发放宣传品6000余份，营造了良好的社会氛围。

三、动员各方力量，实施全面控制，是净化出版物市场环境的保障

强化属地责任、实施全面控制，加强部门联动、实施综合治理，是加强奥运文化环境建设的基本要求，也是净化出版物市场的力量保障。为此，顺义区按照行业监管、属地管理、社会监督的原则，动员各方力量，形成合力管理出版物市场。一是发挥区级行业部门的作用，实施联合执法，在北京奥运会期间，启动了一级响应机制，组建了2个综合执法队和4个备勤分队，按照“查门店、扫街面”的要求，全时监管出版物市场；二是发挥镇级政府的作用，实施综合管理，各镇均成立了联合执法组织，做到了守土有责、守土尽责，属地管理责任得到了有效落实；三是发挥监督员的作用，实施社会监督，在区聘请74名监督员的基础上，各镇、街道办还在村、社区聘用了500余名义务监督员，遍布城乡，群众参

与的积极性得到了发挥。执法、管理、监督三支力量的作用发挥，进一步完善了出版物市场管理机制，进一步净化了出版物市场环境，确保了出版物市场健康有序发展。

四、结合市场特点，开展专项整治，是根治出版物市场“顽症”的手段

把握市场规律，了解市场特点，突出工作重点，开展专项治理是实现奥运平安、文化安全的基础。为此，我区围绕“平安奥运”这一主题，实施了“三大工程”：一是实施平安奥运工程。结合奥运会外围保障的环境要求，开展了“平安奥运行动”文化娱乐服务场所专项清理整治行动，按照“大事不出、小事减少、管理严格、秩序良好”的工作标准和整治、防范、控制三个阶段的工作任务，对顺义奥运水上项目场馆、顺义城区、首都机场周边等3个重点地区、18个重点部位进行了全面布控，组织进行了五个集中执法周专项检查，对违规经营行为实施了严厉打击，确保了经营秩序良好，确保了平安奥运目标的实现。二是实施文化安全工程。借助“反盗版天天行动”这一平台，开展了出版物市场专项行动，按照春、夏、秋三个阶段的不同特点，组织了三大战役，采取反复查、查反复的措施，对重点地区、重点部位在重点时期实施严防死守，责任到人，依法查处了“5·05”装订非法出版物案件，维护了国家的文化安全。三是实施文化环保工程。结合社会关注的热点、难点问题，积极开展网上“扫黄打非”斗争，严厉打击淫秽色情、凶杀暴力等非法出版物和网络游戏，扫除各种文化垃圾，在全区网吧安装了网络监控技术平台，实施全时监控，确保了网络文化安全。2008年，我区组织联合执法59次，取缔非法出版物摊点108个、收缴盗版光盘、图书9.5万张（册），淫秽光盘252张，依法追究刑事责任18起、拘留20人，为北京奥运会的成功举办创造了安全、文明、和谐的社会文化环境。

五、创新工作机制，建立三级网络，是管理出版物市场的新探索

开展机制创新，把握职能定位，落实属地责任，实施综合监管是出版物市场管理的必由之路。为此，顺义区按照行业监管、属地管理、社会监督的原则，积极进行管理机制创新，制定了《顺义区“扫黄打非”暨文化市场管理长效机制的意见》，形成了以“建立三级管理网络、纳入三项考核指标、开展六无社区创建活动”为内容的“扫黄打非”和文化市场管理长效机制（简称“三三六”长效管理机制），一是“建三网”：按照现行的编制体制，整合区、镇、村三级执法管理资源，形成区级监管、镇级管理、村级监督三级监管网络。区级监管网，按照部门职责，以条为主，落实行业监管责任，实施专项治理；镇（街道）级管理网，按照管辖区域，以块为主，落实属地管理责任，实施综合治理；村（社区）级监督网，按照管辖范围，以群众参与为主，落实社会监督责任，实施市场监督。二是“考三项”：采取区级考核镇级和行业部门，镇级考核村级和监督员的办法，将“扫黄打非”和文化市场管理工作纳入到精神文明创建活动、社会治安综合治理和文化工作三项考核体系，对工作成绩突出的单位和个人予以表彰，对出现严重问题的地区，实施责任追究。三是“创六无”：作为推动三级管理网络运行的具体措施，纳入三项考核的具体指标，以村（社区）为基本单位，以“无非法贩卖出版物、无非法印刷复制场所、无非法经营‘黑网吧’、无非法经营‘黑歌厅’、无非法销售安装‘小耳朵’、无非法张贴散发‘小广告’”为基本标准，开展“六无”村（社区）创建活动，以确保长效管理机制真正落实。“三三六”长效管理机制运行以来，出版物市场管理实现了三个转变：一是由主管部门单独管理向多部门齐抓共管的转变，二是由行业部门管理向部门指导属地监管的转变，三是由日常市场监督缺位向健全监督员队伍的转变，在全区形成了管理、打击和监督相结合的工作机制，取得了较好的效果，北京市“扫黄打非”办以《简报》专刊的形式，肯定了顺义区的做法。

天　津　市

2008年“扫黄打非”工作总结

天津市“扫黄打非”办

今年以来，在市委、市政府和市委宣传部的正确领导下，我市认真贯彻落实全国“扫黄打非”行动方案的各项部署，按照全国“扫黄打非”工作小组办公室的要求，以为北京奥运会成功举办营造良好文化环境为重点，突出“查堵非法出版物、打击侵权盗版活动、净化互联网环境、查处非法报刊”四个着力点，不断强化日常监管，开展专项治理，查办大案要案，“扫黄打非”工作取得明显成效，进一步净化了我市文化市场环境，实现了奥运期间文化市场“零事故”的目标，为实现我市科学发展和谐发展率先发展营造了良好的社会文化环境。

据统计，截至目前，全市共出动执法检查人员3.45万多人次，检查出版物市场4110个次，检查店档摊点1.46万多个次，处罚店档摊点293个，取缔店档摊点1170个，收缴各类非法出版物12.6万多件，查办各类案件319起。

一、突出重点，周密部署，精心开展专项行动

紧密围绕全国“扫黄打非”办公室总体工作安排，精心组织开展了以打击非法出版物为重点的专项行动，以整治印刷、复制和运输环节为重点的专项行动，以清理出版物市场为重点迎奥运净化文化市场专项行动和以净化报刊市场为重点的打击非法报刊专项行动。这些专项行动重点突出、目标明确、措施有力、落实到位，有效解决了市场中存在的突出问题，有力维护了市场的正常经营秩序。

1. 以净化“两节”、“两会”期间文化市场为重点，圆满完成第一阶段专项行动。认真贯彻全国“扫黄打非”第一阶段工作的各项部署，反复清查文化市场，严密封堵进境入市渠道，重拳出击端窝点，严厉打击非法经营活动，大力净化文化市场环境。第一阶段行动中，全市共收缴各类非法出版物34万余件，为“两会”胜利召开，为广大群众欢度“两节”营造了良好文化环境。

2. 以查堵非法出版物为重点，净化文化市场环境。始终将查堵非法出版物作为“扫黄打非”重中之重的工作，特别在重大活动前后，按照“六严”的工作原则，即严守进境入市渠道、严密清查市场、严防翻印复制、严禁网络传播、严格落实责任制、严格实行值班制度，始终保持高压态势，坚决收缴非法出版物，坚决打击非法出版活动。查缴非法出版物3111件，其中，绝大部分为天津海关通过有效工作机制查获的。

3. 以整治印刷复制企业和封堵进境入市渠道为重点，切断非法出版物的源头。一是严把印刷、复制关。加大执法检查的力度和密度，对各郊区县印刷复制企业比较集中地区，以及城乡结合部、与外省市接壤地区的印刷复制企业反复进行检查，重点检查印刷复制手续是否齐全，经营行为是否规范，以及有无印制非法出版物行为，坚决遏制盗版制品制售的源头，严防非法出版物在我市翻印、复制。共检查4780家次，处罚违规企业18家。二是大力监控各运输环节。天津海关各关口切实提高对进境印刷品、音像制品、软件制品的查验率，除查获大量非法出版物外，还查缴“法轮功”邪教组织宣传品463件，散性非法宗教宣传品2万余件；天津机场进一步加大对旅客夹带和托运货物的查验力度，收缴货运运输的非法音像制品《赤壁》、《千王之王》5000余张；天津铁路、交通部门大力强化监管职能，防止非法出版物通过货运渠道运输。

4. 创新管理方式方法，大力净化互联网环境。在配合做好打击网络淫秽色情等有害信息专项行动基础上，今年3月，我们还协调公安网监、通信、版权部门，联合开展了打击网络侵权盗版活动专项行动，并根据网络监管的特点，不断创新管理方式方法，积极搭建网络侵权盗版监管平台。该平台充分利用先进的数字技术手段，建立正版音乐库，通过正版、盗版的比对，加强对利用互联网和移动通信网络传播的音乐等作品的监管，对传播侵权盗版作品行为予以纠正和查处，进一步规范网络经营行为。

5. 以清理出版物市场特别是游商、地摊为重点，为北京奥运会成功举办营造良好文化环境。作为北京奥运会协办城市，我市从3月初至8月底组织开展了“为奥运会等重大活动成功举办营造良好文化环境净化出版物市场专项行动”，在全面清查出版物市场的同时，对全市129个游商、地摊实行“点对点”监控。在奥运前30天出版物市场集中清查行动中，市各有关部门、各区县按照“属地管理”和“谁主管、谁负责”的原则，进一步加大工作力度，将日常巡查与集中清理相结合，将监管正规门店和取缔游商地摊相结合，全面清查出版物市场，有效治理鞍山西道名利达电子商城和和平区滨江道等重点地区和重点部位，严厉打击各种侵权盗版和非法出版经营活动，取得了丰硕战果，收缴各类非法出版物17万余件，实现了奥运期间“零事故”的目标，中宣部《舆情摘报》第160期对我市奥运期间出版物市场治理工作给予充分肯定，认为“天津对盗版集中地采取根治性措施，偷售淫秽、盗版光盘现象几乎绝迹”。

6. 以净化报刊市场为重点，开展打击非法报刊专项行动。根据全国“扫黄打非”工作小组办公室和新闻出版总署的部署，我市于今年年初和9、10月份组织开展了两次打击非法报刊专项行动。一是清查报刊市场，组织市有关部门、各区县对全市的重点地区、部位以及书报刊集中批发场所、报刊亭等进行“拉网式”检查，共查缴非法报刊9000余份，进一步遏制了非法报纸黑批发活动。二是规范报刊亭经营行为，一方面，行政管理部门与报刊亭主管部门签订责任书，并组成联合检查组，对全市报刊亭进行检查，另一方面，开展示范报刊亭评比活动，对经营内容健康、进货渠道正规、店容店貌整洁、经营行为文明的报刊亭予以奖励，对违法违规的报刊亭实行退出机制。三是加大对印刷企业的监管和稽查，坚决防止非法报刊在我市印刷。四是健全完善报刊市场长效监管机制，一方面，行政主管部门建立了日常预警机制、快速应急机制、联防互动机制、大要案查处机制和责任追究制，确保报刊市场监管任务落到实处；另一方面，各报刊亭主管部门也建立了定期自查机制和严格配送货制度，进一步规范了主渠道经营行为。

二、追根溯源，严查彻究，查办大案要案

我市始终将案件查办作为“扫黄打非”工作的突破口，发挥“扫黄打非”办公室的职能优势，发挥公安机关主力军作用，发挥多部门协同作战优势，发挥奖励机制作用，充分运用行政处罚和刑事打击两种手段，认真摸排线索，周密策划，精确打击，今年已连续查办了重庆“8·29”非法制售报刊案天津专案、“1·08”非法经营光盘案、“6·03”批销盗版音像制品团伙网络案三起颇具影响的大案要案，有力震慑了违法犯罪分子，促进了文化市场的全面净化。回顾三起大案查办过程，有如下几个特点：

一是领导重视，将案件查办列入重要议事日程。无论是市委、市政府“两办”转发的年度行动方案，还是“扫黄打非”工作领导小组扩大会议，都将案件查办作为“扫黄打非”的一项重点工作，放在突出位置，提出明确要求。在具体案件查办中，领导小组负责同志还亲自挂帅，担任专案组组长，靠前指挥，听取案情汇报，协调解决疑难问题，并在人员调配、经费等方面给予大力支持，为案件顺利查办提供有力保障。在“6·03”批销盗版音像制品团伙网络案查办的关键时期，市委常委、市委宣传部长、市“扫黄打非”工作领导小组组长肖怀远，市委常委、市委政法委书记散襄军亲自组织召开案件协调会议，对此案的查办工作提出明确要求，为此案依法审理指明了方向。

二是“扫黄打非”办公室组织协调有力，各部门密切配合。“扫黄打非”案件查办涉及部门多、牵扯范围广，“扫黄打非”办作为牵头部门，充分发挥组织、协调、督办职能，调动各部门积极性，形成了强大合力。如在查办由全国“扫黄打非”办、公安部、文化部挂牌督办的“6·03”批销盗版音像制品团伙网络案过程中，就充分体现了上述特点。此案主犯在广州、天津两地活动，查办中，涉及公安机关治安、刑侦、技侦、网监、法制、警务督察等多警种以及文化执法、版权、检察院、法院等多部门。市“扫黄打非”办先后十几次组织召开案件协调会、联席会、碰头会，听取侦查、办理工作情况汇报，掌控案件查办节奏，为有效查办案件指明了方向。在前期深入侦查基础上，9月23日，由市“扫黄打非”办、市公安局等部门组成的专案组领导齐聚公安西青分局刑侦七大队现场指挥部，指挥已派往广州的4名干警组成的先遣组及在我市的5个抓捕小组，对付某等人实施抓捕，当日抓获犯罪嫌疑人12人。为继续扩大战果，锁定证据，专案组一方面再次派往广州8名干警，抓捕此案重要成员“小林”，并到付某住处固定证据；另一方面，于当日下午，再次组织7个抓捕小组，抓获犯罪嫌疑人11人。截至9月27日，本案共抓获犯罪嫌疑人24人，其中付某等12人目前已被批捕，查获非法光盘20余万张，淫秽光盘1000余张，查扣汽车6辆，电脑8台，移动硬盘1个，打印机1台，银行卡40张，存折15本，及账本、通讯录、对账单、订货单等大量涉案物品。全国“扫黄打非”办、公安部专门在津召开会议，对此案成功侦办给予充分肯定，认为此案为全国“扫黄打非”办案提供了重要经验。

三是公安机关是办案的主力军。公安机关在查办大案要案过程中，充分发挥主力军作用，全力以赴，重拳出击，无论是前期侦查、实施抓捕、锁定证据、后期审讯，他们都冲锋在前，确保案件侦破。在今年查办的三起大案过程中，公安机关都投入了重兵。特别是公安治安部门，作为公安机关内部牵头部门，积极主动协调各警种共同作战。公安技侦部门，从保护知识产权、维护国家形象的高度，对这三起案件的侦查都给予高度关注，通过技术手段收集证据，锁定主要犯罪嫌疑人，对顺利实施抓捕工作起了决定性作用。公安法制、网监部门全力做好法律和网上侦查辅助工作，对案件侦办起了重要作用。

四是检、法部门提前介入有利于案件的审判。检察院和法院作为案件诉讼、审判机关，提前介入案件，研究案件适用法律，对取证、有效锁定证据链具有重要作用。“1·08”非法经营光盘案在侦查阶段，市“扫黄打非”办公室就曾协调召开了市综治委办公室主任、市高级法院副院长、市人民检察院副检察长、市公安局副局长以及有关办案单位负责同志会议，就案件适用法律法规问题进行专题研究，为有效打击违法犯罪分子打下坚实基础。“6·03”批销盗版音像制品团伙网络案的查办，市“扫黄打非”办也多次组织召开检、法部门协调会议，约请其提前介入案件的办理。

五是高度重视群众举报和执法检查中获取的每条线索。随着“扫黄打非”工作深入人心，广大人民群众进一步增强了知识产权保护意识，对各类非法经营活动举报也明显增多。从查办案件情况看，很多案件的线索都是来自于群众举报。要对各类群众举报进行认真梳理、分析，并结合执法检查过程中掌握的情况，深入调查、跟踪监控，逐一摸清、果断出击。如，今年查办的“1·08”非法经营光盘案和“6·03”批销盗版音像制品团伙网络案就是群众举报提供的线索。

六是充分发挥奖励机制的激励作用。我们按照去年召开的全国“扫黄打非”办案工作座谈会精神，充分运用奖励机制引导各有关部门、各区县，在查办大案要案方面下功夫。在给予办案单位一定办案经费的同时，对于重大要案，我们还采取以奖代补的形式，对办案有功单位给予物质奖励，有力推动“扫黄打非”案件查办工作。

三、加强领导，健全制度，切实提供有力保障

一是健全工作机构，加强队伍建设。市委、市政府高度重视“扫黄打非”和文化市场执法队伍建设。今年，按照中央的要求，结合我市文化市场管理实际，我市进一步健全了执法工作机构，整合了文化（文物）、出版（版权）、广电市场执法力量，组建了市文化市场行政执法总队，同时加挂市“扫黄打非”办公室牌子。

二是领导高度重视。市委常委、市委宣传部长、市“扫黄打非”工作领导小组组长肖怀远同志对“扫黄打非”工作高度关注，无论是全年的工作部署，阶段性的专项治理，还是重大案件的查办，他都亲自过问、亲自指挥。年初，怀远部长出席全市“扫黄打非”工作领导小组扩大会议，对做好全年工作进行安排部署，提出明确要求。他亲自审定《天津市2008年“扫黄打非”行动方案》，由市委、市政府“两办”转发。今年，针对“扫黄打非”重点工作，他作出重要批示8次，对全年的“扫黄打非”工作给予有力指导，为解决重大疑难问题起到了关键性作用。

三是创新工作机制，改进工作方法。在继续坚持联席会议制度、协调联动机制、快速反应机制、责任追究制、考评奖励制度等多项已有工作制度和机制基础上，我们还学习借鉴兄弟省市好经验、好做法，举一反三，结合我市实际，探索建立“扫黄打非”行政执法与刑事司法相衔接的有效工作机制，为深入开展“扫黄打非”斗争提供了机制保障。在工作中，我们还根据工作需要，进一步加大督查督办工作力度，如在治理南开区名利达电子商城工作中，市“扫黄打非”办公室协调文化、出版、公安、工商、综合执法等部门深入到南开区，约请当地党政负责人，召开现场办公会，指出存在问题，提出整改意见，跟踪整改效果，确保治理任务落到实处。

四是加强宣传教育工作力度，营造良好社会文化环境。一是加大宣传力度，通过媒体宣传、举办主题日活动、发放宣传材料等多种宣传方式，深入宣传“扫黄打非”和保护知识产权的重要意义和有关法律法规；二是加强教育工作，经常召开经营单位负责人会议，宣讲文化市场的形势和管理工作的任务，及时提出具体监管要求，组织广大经营者不断开展自查自纠活动，自觉守法经营；三是将宣传教育和执法检查相结合，执法人员在检查市场过程中，一方面向经营者讲解“扫黄打非”法律法规，告诫他们要守法经营，文明经营，诚信经营，不从事盗版经营活动，不为各类非法出版物的传播提供渠道，一方面向群众讲解盗版制品的危害，鼓励他们积极举报贩卖侵权盗版制品的行为。四是举行了两次大规模销毁活动，共销毁盗版光盘100余万张，充分展示了我市保护知识产权的决心和力度，震慑了违法犯罪分子。

领导讲话

在市文化市场行政执法总队全体会议上的讲话

天津市委常委、市委宣传部长、市“扫黄打非”工作领导小组组长
肖怀远

按照全市文化体制改革领导小组会议的要求，天津市文化市场行政执法总队要在9月20日前完成人员划转，正式进驻、集中办公。今天，是执法总队集中办公的第一天，借此机会，我讲三点意见。

一、统一思想、提高认识，深刻领会组建市文化市场行政执法总队的重要意义

文化市场在推动社会主义文化大发展大繁荣、兴起社会主义文化建设新高潮、提高国家文化软实力方面发挥着重要作用。组建市文化市场行政执法总队，是市委、市政府按照中央要求，结合我市文化市场管理实际，进一步加强我市文化市场行政执法工作做出的重大决策。我们要始终坚持一手抓繁荣、一手抓管理，努力为人民群众提供多方面、多层次、多样性的文化产品和文化服务，着力营造平稳有序、健康繁荣的市场秩序。

1. 组建市文化市场行政执法总队，是适应文化体制改革的迫切需要。伴随着经济全球化深入发展和我国对外开放不断扩大，我国同世界的文化交流、交融、交锋更加频繁，各种文化产品和服务在更广的范围内流动，这对文化市场监管、特别是执法检查提出了新的更高要求。我们现行的独立执法体系已不能适应当前文化市场监管的需要，迫切要求构建职责明确、反应灵敏、运转有序、统一高效的文化市场综合执法机构，实行统一执法。全国文化体制改革工作会议明确提出，要组建适应文化市场需要的文化市场行政执法总队。文化市场综合行政执法改革是文化体制改革的重要组成部分。对我市现有的文化、新闻出版、广播影视等有关行政执法队伍进行整合，组建市文化市场行政执法总队，对于加快我市文化体制改革、推动文化行政管理体制和政府职能转变具有重要意义。

2. 组建市文化市场行政执法总队，是适应我市文化大发展大繁荣的迫切需要。党的十七大对兴起社会主义文化建设新高潮、推动社会主义文化大发展大繁荣作出全面部署。文化市场作为文化产品传播的重要途径和平台，在推动社会主义文化大发展大繁荣、建设和传播先进文化、满足人民群众精神文化需求等方面担负着重要职责。改革开放30年来，文化市场空前繁荣，呈现持续健康发展的良好局面，但是我们也要清醒地看到随之而来的一些不良现象和负面问题，它们严重威胁着人民群众特别是青少年的身心健康和文化权益，文化市场监管面临着严峻挑战。文化市场管理是文化大发展大繁荣的题中应有之义。加强文化市场管理，努力为广大人民群众营造健康、繁荣、有序的文化市场环境，使人民群众享受到高水平、高质量、高品位的文化产品和服务，切实保障人民群众的合法文化权益，是文化市场执法工作的重要使命，文化市场执法工作只能加强，不能削弱。组建市文化市场行政执法总队，抓好文化市场管理，确保文化市场健康有序，对于推动我市文化大发展大繁荣具有重要意义。

3. 组建市文化市场行政执法总队，是提高文化市场行政执法水平的迫切需要。多年来，我市文化市场执法队伍长期奋战在市场监管、执法检查第一线，克服了种种困难，付出了辛勤劳动，

取得了显著成绩。但与此同时，伴随着高新技术的广泛应用、互联网的快速普及、信息化的深入发展，文化市场出现了许多新情况、新问题，给日常监管和执法检查提出了新课题，进一步提高执法水平和执法效能的要求更加迫切。推进文化、新闻出版、广播影视、“扫黄打非”实现综合执法，是创新文化市场管理、提高行政执法水平的重要举措和重要保障。整合现有执法队伍，组建文化市场行政执法总队，有利于改变多头执法、职责交叉、责任不清的状况，有利于降低管理成本、减少执法层次、提高执法效率，确保行政执法权责明确、管理规范、高效统一，对于推动文化执法工作法制化、科学化、规范化，进一步提高我市文化市场执法水平具有重要意义。

二、齐心协力、真抓实干，认真履行“扫黄打非”和文化市场行政执法的各项职责

市文化市场行政执法总队同时作为市“扫黄打非”工作领导小组办公室，肩负着组织、协调、指导、督促“扫黄打非”工作和对文化市场进行稽查检查的双重职责，任务较以往更多、更加艰巨。希望全体同志牢固树立政治意识、大局意识、责任意识，充分发扬特别能吃苦、特别能战斗的精神，进一步增强使命感、责任感，认真履行市委、市政府赋予的各项职责，积极为建立统一、开放、竞争、有序的文化市场创造良好环境。

1. 坚持“两手抓、两手硬”，确保文化市场执法工作的连续性。面对严峻形势，我们要进一步加大工作力度，绝不能因为机构转换、队伍整合而使执法工作有所削弱。越是在非常时期，党员和领导干部越要起表率作用，这是对我们每个党员党性的锻炼和考验，这既是一项政治纪律，也是一项基本要求。当前，执法总队要坚持两手抓、两手硬，既要抓好总队组建工作，迅速完成身份转换，又要抓好文化市场执法工作，保证我市文化市场的平稳有序，确保我市文化市场管理工作的良好态势。

2. 坚持突出重点、统筹兼顾，全面净化文化市场。奥运会后，文化市场中的非法出版物、侵权盗版出版物兜售行为等仍会反弹，净化文化市场的任务依然十分繁重。当前我们要切实抓好以下三个方面的工作：一是要进一步加强对出版物市场及印刷复制企业的日常监管，认真组织开展“扫黄打非”专项行动和集中治理，坚决收缴各类非法出版物、封堵网上有害信息、打击各类非法出版活动、严惩违法犯罪分子，维护出版物市场平稳有序。二是要进一步加强对娱乐、演出、电影、美术品经营市场及互联网上网服务营业场所的监管，维护文化市场正常经营秩序。三是要进一步加强对广播影视市场的监管，坚决查处未经批准擅自非法生产、销售和安装境外卫星接收设施行为，规范境外卫星电视传播秩序，维护国家信息安全。

3. 坚持解放思想、开拓创新，推动新形势下综合执法工作全面上水平。文化市场行政执法总队组建后，在级别、层次和业务范围上都有了很大提升，执法任务较以往更加繁重，人员综合素质要求也更高，管理也应该更加严格。这就要求我们要解放思想、开拓创新，立足当前、着眼长远，高水平谋划未来工作。要创造性地开展工作，不断研究文化市场的新情况、新问题，探索新方法、新途径，在发挥综合执法优势上取得新进展，在增强综合效能上见到新成效；要加强内部制度建设，健全执法工作机制、完善执法管理制度，进一步提高工作效率和执法水平；要充分发挥市区联动机制的作用，紧紧抓住文化市场监管的重点地区、重点部位、关键领域、薄弱环节，集中兵力，重拳出击，形成强大威慑力；要切实加强装备建设，提高执法装备的技术水平，推进执法手段进一步科技化、正规化。

三、践行宗旨、提升水平，锻造一支能吃苦、能战斗、拉得出、打得赢的执法队伍

做好文化市场执法工作，队伍是根本、是关键。要按照“政治强、业务精、纪律严、作风正”的要求，加强管理，从严治队，不断提高执法人员的思想政治水平、法治水平和业务水平，努力锻造一支特别能吃苦、特别能战斗，敢打硬仗、能打硬仗、打赢硬仗的执法队伍，为做好

“扫黄打非”和文化市场行政执法工作提供有力保障。

1. 要忠于党、忠于国家、忠于人民。我们是代表党和政府进行执法，因此我们的言行也代表着党和政府的形象。执法工作不容有任何私利和私情，要始终牢记党和国家、人民的利益高于一切，始终牢记全心全意为人民服务的宗旨，一心一意地做好执法工作，让党和政府放心，让人民满意。

2. 要加强学习，提高业务水平。要坚持用马克思主义中国化最新成果武装头脑，不断提高理论素养和思想政治素质。要加强文化（文物）、出版（版权）、广电相关业务知识、法律法规的学习，学干结合、以学促干，切实提高谋划工作、破解难题的实际能力，做到能办事、会办事、办成事。

3. 要纪律严明、作风过硬。执法队伍一般带有半军事化管理的性质，对于纪律和作风的要求远远大于其他机关。是否具有严明的纪律和过硬的作风，直接关系专项行动的成败，影响执法工作的全局。全体执法队员要服从命令、听从指挥，严于律己、廉洁清正，做到召之即来、来之能战、战之能胜。如果出现因各种原因造成撒风漏气现象，我们把丑话说在前面，必须予以处理。

4. 要加强团结、形成合力。孙子兵法云：“上下同欲者胜。”一个单位只有团结，才有凝聚力，才能战胜困难、取得胜利。大家虽然来自不同的单位，但我们的目标是一样的，我们在一起就是一家人。希望大家充分发扬团结协作精神，在工作上互相支持、在学习上比学赶帮、在生活上互相关心，心往一处想，劲往一处使，努力开创综合执法工作新局面，出色完成市委市政府赋予我们的重托。

2008 年 9 月 20 日

在天津市“扫黄打非”工作领导小组扩大会议上的讲话

天津市委副秘书长、市“扫黄打非”工作领导小组副组长
叶礼敏

第二十一次全国“扫黄打非”工作电视电话会议，全面总结了党的十六大以来，特别是过去一年的工作，精心部署了今年“扫黄打非”工作。会议提出的指导思想、工作任务和主要措施，特别是云山同志的重要讲话，对于深入扎实开展今年的“扫黄打非”工作具有重要指导意义，我们一定要认真学习领会，切实抓好贯彻落实。下面，我受怀远同志委托，结合天津实际，代表市“扫黄打非”工作领导小组讲三点意见。

一、提高认识，用心把握，切实增强做好“扫黄打非”工作的责任感和紧迫感

党的十六大以来，在市委、市政府的领导下，面对复杂形势和繁重任务，按照中央的统一部署和各项要求，全市“扫黄打非”工作紧紧围绕党和国家工作大局，密切配合市委重点工作，切实强化日常监管，深入开展专项行动，在遏制非法出版物制售活动、维护政治安定和社会稳定，清除淫秽色情等文化垃圾、营造有利于青少年健康成长的文化环境，打击各类侵权盗版活动、树立政府保护知识产权良好形象，查处互联网有害信息传播行为、拓展网上“扫黄打非”工作领域，健全完善工作制度、推进工作体制创新等方面取得了显著成绩，为推进构建社会主义核心价值体系、坚持社会主义先进文化前进方向、加强文化和出版物市场管理发挥了重要作用。

过去的一年，全市各区县、各有关部门认真贯彻落实《天津市 2007 年“扫黄打非”行动方案》，以为党的十七大营造良好舆论氛围和文化

环境为主线，以“文化安全工程”、“文化环保工程”和“反盗版天天行动”为平台，围绕三大重点工作，在强化日常监管的同时，精心组织开展专项行动和集中治理，取得了明显效果，圆满完成了各项任务。专项行动和集中治理成效显著，查办大案要案取得新战果，封堵进境入市渠道严密有力，网络“扫黄打非”迈出新步伐，文化和出版物市场面貌进一步改观，宣传教育工作有声有色，工作机制制度日臻完善。全市共出动执法检查人员2.9万多人次，检查出版物市场2927个次，检查店档摊点1.27万多个次，处罚违法违规店档摊点382个，取缔店档摊点1521个，收缴各类非法出版物23.66万余件，查办各类案件392起。

在今天的全国电视电话会议上，我市有5个集体、6名同志受到了全国“扫黄打非”工作小组的表彰，这不仅是中央有关部门对这些集体和同志工作的肯定，也是对我市“扫黄打非”工作的肯定，更是对我们的鼓励和鞭策。我代表市委、市政府，代表市“扫黄打非”工作领导小组，代表怀远同志，向受到表彰的单位和同志们表示热烈祝贺，并借此机会，向辛勤工作在“扫黄打非”战线的全体同志表达衷心的感谢和诚挚的问候。

新形势、新任务要求我们必须坚持不懈地将“扫黄打非”斗争继续深入开展下去。

坚持不懈地开展“扫黄打非”斗争，是贯彻落实党的十七大精神、推动社会主义文化大发展大繁荣的重要保证。党的十七大确定了党在新的历史起点上，继续全面建设小康社会、加快建设社会主义现代化的奋斗目标。这一目标是经济建设、政治建设、文化建设、社会建设共同发展的目标。加强文化建设，提高国家文化软实力，推动社会主义文化大发展大繁荣，既是全面建设小康社会的重要内容，也是实现这一目标的重要保证。深入开展“扫黄打非”斗争、全面净化文化和出版物市场、营造良好文化环境和社会风气，是建设社会主义先进文化的内在要求，对于建设社会主义核心价值体系、增强社会主义意识形态吸引力和凝聚力，建设和谐文化、培育文明风尚，弘扬中华文化、建设中华民族共有精神家园，推进文化创新、增强文化发展活力具有重要意义。

坚持不懈地开展“扫黄打非”斗争，对于促进形成有利于实现天津科学发展和谐发展率先发展的舆论氛围具有重要意义。党的十七大明确提出要更好发挥天津滨海新区在改革开放和自主创新中重要作用。前不久，胡锦涛总书记在天津考察工作时对天津的发展提出了更高要求，希望天津在贯彻落实科学发展观、推动经济社会又好又快发展方面走在全国前列，在保障和改善民生、促进社会和谐方面走在全国前列，希望天津滨海新区“成为深入贯彻落实科学发展观的排头兵”。我们面临着千载难逢的历史机遇。刚刚闭幕的市委九届三次全会确定了今后一个时期全市经济社会发展“一二三四五六”的奋斗目标和工作思路。进一步加快滨海新区开发开放，统筹三个层面联动协调发展，实现天津经济社会又好又快发展，离不开良好的社会文化环境和健康向上的舆论氛围，“扫黄打非”工作责任重大。

在今天上午召开的全市政法工作会议上，市委书记张高丽同志，市委常委、市委政法委书记散襄军同志，副市长只升华同志在讲话中都提出要依法打击“黄、赌、毒”。各区县、各部门要进一步深刻认识新形势下“扫黄打非”工作的极端重要性，进一步提高政治意识、大局意识、责任意识和忧患意识，进一步增强做好“扫黄打非”工作的使命感和紧迫感，进一步把思想认识、行动高度统一到中央的决策部署和市委的要求上来，时刻保持清醒头脑，时刻保持高压态势，坚持不懈地开展“扫黄打非”斗争。

二、突出重点，真抓实干，务求“扫黄打非”工作取得实效

全国“扫黄打非”工作电视电话会议对做好今年“扫黄打非”工作进行了总体部署，各项任务都已经明确，关键是紧密结合天津实际抓好落实。下一步，市“扫黄打非”办公室将根据全国《2008年“扫黄打非”行动方案》修订我市的行动方案，由市委、市政府“两办”转发。希望各区县各部门也要结合实际，制定具体方案抓好落实。为便于各方面的同志研究和考虑全年的工作，根据中央和市委的部署，这里先提出2008年“扫黄打非”总体要求和重点工作要点，供大家研究参考。

2008年我市“扫黄打非”工作的总体要求是：高举中国特色社会主义伟大旗帜，以邓小平理论和“三个代表”重要思想为指导，深入贯彻落实科学发展观，按照市第九次党代会的部署和九届二次、三次全会的要求，以落实党的十七大精神为工作主线，以保护知识产权为工作平台，开展专项治理，加强日常监管，坚决封堵查缴非法出版物，坚决扫除淫秽色情等文化垃圾，坚决屏蔽和删除互联网有害信息，坚决打击各种侵权盗版和非法出版活动，确保文化和出版物市场健康繁荣、平稳有序，为实现天津科学发展和谐发展率先发展创造良好的社会文化环境和思想舆论氛围。

2008年我市“扫黄打非”工作的四个着力点是：严密查堵非法出版物，集中打击各种侵权盗版活动，全面开展网上“扫黄打非”，严肃查处非法报刊制售活动。

围绕上述四个着力点，组织开展八项专项行动。

1. 开展净化“两节”、“两会”期间出版物市场专项行动。当前，市“扫黄打非”办公室正在组织开展净化“两节”、“两会”期间出版物市场专项行动，各区县、各有关部门要严守进境入市渠道、严密清查市场、严防翻印复制非法出版物、严禁网络传播有害信息、严格落实工作责任制、严格实行值班制度，坚决封堵和查缴各类非法出版物，大力净化出版物市场环境，进一步营造安定祥和的社会氛围和欢乐喜庆的节日气氛。

2. 查堵非法出版物专项行动。在全年保持高压态势的基础上，在“两会”、纪念改革开放30周年等重大活动前后，要组织开展打击非法出版物专项行动，坚决封堵和查缴各类非法出版物和“法轮功”邪教组织宣传品，坚决取缔兜售非法出版物的游商、地摊。

3. 开展打击侵权盗版专项行动。在“3·15”消费者权益日、“4·26”世界知识产权日和中秋节、国庆节等重要节假日前后，要组织开展打击制售盗版制品的专项行动，反复清查出版物市场，坚决收缴各类盗版出版物。今年2月和9月，在大中小学校春、秋季开学前后，要组织开展打击盗版教材及教辅读物的专项治理，严肃查处违法违规编辑、印刷、发行盗版教材及教辅读物的行为。

4. 开展迎奥运出版物市场净化专项行动。2008年北京将举办第29届奥运会，作为协办城市，我市将于今年7月到10月，开展以为奥运会顺利举办营造良好文化环境为目标的专项行动，大力清查各类出版物经营场所，重点检查奥运比赛场馆、运动员驻地及其周边地区，以及城市街区、旅游景点、交通枢纽、宾馆饭店等重点部位，严格清理销售非法出版物的游商地摊和无证照经营者，严禁境外出版物在定点以外的场所销售。

5. 整治非法报刊专项行动。上半年，继续深入组织开展整治假报刊、假记者站、假记者、假新闻专项行动，端掉非法报刊批销黑窝点，反复清查报刊发行市场，坚决查缴各类非法报刊，依法取缔非法传媒机构和擅自设立的编辑部、记者站、工作站等机构，纠正、处罚报刊出版单位的违法违规行为。

6. 开展堵源截流专项行动。要持续不断地开展堵源头、封渠道、端窝点、破网络行动，切断非法出版物流入市场的途径。要加大对非法出版物制售黑窝点的打击力度，铲除危害出版物市场的祸根；要加强对印刷、复制企业的监管，坚决取缔非法从事印刷、复制业务的企业，严格执行印刷委托书和准印证制度，严厉查处和打击承印承制各类非法出版物的行为；要切实提高对进境印刷品、音像制品、软件制品的查验率，对进出境的重点人和有不良记录的“水客”做到过关必查，对走私团伙有力打击；要大力加强对出版物进出口公司的监管和进口出版物的内容审查，严格规范其经营行为；要加强对出版物运输环节的监管和查验，严禁各运输企业承运淫秽色情、侵权盗版等非法出版物，坚决截堵非法出版物流入我市的各条通道。

7. 开展网络“扫黄打非”专项行动。要适时开展网络“扫黄打非”专项行动，加大网络监控力度，对境内外网站刊载的有害信息要及时加以屏蔽和过滤，对我市网站刊载、链接有害信息及其相关内容的要责令其立即删除或予以关闭，坚决查处利用网络、网吧、声讯台、手机短信及各类移动终端传播各类有害信息、从事淫秽色情活动、提供非法软件下载服务、销售非法出版物和侵犯知识产权的行为，并依法追究有关经营者的行政或刑事责任。

8. 开展净化未成年人成长环境专项行动。在“六一”儿童节前后及寒暑假期间，要组织开展对淫秽色情、凶杀暴力、封建迷信及伪科学内容等有害出版物的专项治理，净化出版物批发场所、学校周边地区和居民社区内的零售、租赁摊店，进一步营造有益于青少年健康成长的文化环境。

三、加强领导，落实责任，确保“扫黄打非”各项任务落到实处

1. 加强组织领导，加大投入力度。各级党委、政府要将“扫黄打非”工作列入重要议事日程，主要领导要亲自过问，分管领导要靠前指挥，认真研究落实中央和市委的决策部署，及时解决工作遇到的新情况、新问题。各级“扫黄打非”工作领导小组组长，是同级党委、政府“扫黄打非”工作的第一责任人，“扫黄打非”领导小组成员是各单位“扫黄打非”工作的第一责任人，要切实履行职责，指导做好本地区、本部门的“扫黄打非”工作，确保“扫黄打非”工作领导到位、任务到位、责任到位、措施到位。要进一步加大投入，将“扫黄打非”专项经费列入同级财政预算，实行专款专用。要不断提高技术装备水平，切实保障执法专用车及其他必需设备。和平、南开、河东、东丽、西青等区县对“扫黄打非”工作都有专门的工作经费，提供了必要的保障，其经验其他区县可以借鉴。今年，市“扫黄打非”办公室要将经费的投入情况，作为衡量区县领导对此项工作是否高度重视的一个重要指标。

2. 履行部门职责，形成工作合力。各级“扫黄打非”工作领导小组办公室要加强与有关部门的沟通联系，强化部署、协调、指导、督办的职能。各有关部门要按照“谁主管、谁负责”的原则，密切配合，协同作战，组织实施好牵头负责的工作任务。公安部门要重点加大对各类非法出版活动和网上传播淫秽物品等网络犯罪的刑事打击力度，依法加强互联网安全监督管理。城市管理综合执法部门要大力清理取缔销售盗版及非法出版物的游商地摊。铁路、交通、民航部门要进一步加大出版物运输环节的查验力度。通信管理部门要重点加强对互联网、声讯台和手机短信市场的监管，及时封堵网上有害信息。文化行政部门要进一步加大对音像制品经营单位和网吧的执法检查力度，严厉打击违法音像制品和网吧经营活动。天津海关要重点加大反走私力度，对通过旅检、货运、邮递、快递渠道入境印刷品、音像制品、软件制品从严查验。工商行政部门要重点开展对无证照从事出版物印刷、批发、零售业务及展销活动的执法检查和行政处罚，查处取缔黑网吧。广电部门要重点清查利用互联网向公众传播有害音视频节目的行为。新闻出版、版权行政部门要重点开展对出版、印刷、复制、书报刊发行单位的执法检查和行政处罚，严格出版物进口单位管理，坚决打击侵权盗版和非法预装、销售计算机软件行为。其他各成员单位要切实履行好自身职责。相关成员单位之间要密切协作，做到属地管理与部门管理相衔接、主管部门与协管部门相配合。

3. 查办大案要案，震慑违法犯罪。要坚持“彻查、彻究、彻办”原则，将生产、储运、批销等中间环节作为突破口，不放过任何有价值的线索，追源头，查流向，案件线索指向哪里，案件就查办到哪里。对重大案件要加强协调、督办，提高办案层级和效率。要深入探索行政执法与刑事司法衔接的途径，充分运用刑事手段打击违法犯罪分子，形成强有力的法律威慑。今年，我市还要继续将各区县、各部门案件查办情况作为“扫黄打非”有功集体和有功个人评选的重要条件。

4. 加强队伍建设，提高执法水平。要充分重视和加强“扫黄打非”机构队伍建设，积极探索符合天津实际的文化市场综合执法体制、机制，加快我市文化市场综合执法队伍建设步伐，进一步整合优势资源，增强执法合力，提高执法效能，做到依法执法、文明执法、和谐执法、公正执法。要加强对执法人员法律法规和业务知识的培训，努力造就一支政治强、业务精、纪律严、作风硬的执法队伍。要组织开展对出版物印刷、发行企业负责人的培训，提高广大经营者守法经营意识。

5. 加大宣传力度，扩大社会影响。要充分发挥媒体作用，利用多种形式，加强社会舆论宣传，不断提高公众保护知识产权意识和参与、支持“扫黄打非”的自觉性。坚持以正面宣传报道为主，大力宣传“扫黄打非”的工作成果，深入报道各级党委和政府采取有效措施、干部群众广泛支持、文化市场有序经营的典型事例。适时揭露文化市场的不法经营行为和各种形式的非法出版活动。加大舆论监督力度，对管理不力、文化市场秩序长期混乱的地区要通过媒体予以曝光。要把握好宣传报道的时机和节奏。

同志们，今年的“扫黄打非”工作任务艰巨、责任重大，“扫黄打非”战线的全体同志要继续发扬特别能吃苦、特别能战斗、特别能奉献的精神，兢兢业业，扎扎实实做好今年的“扫黄打非”工作，推动“扫黄打非”斗争和保护知识产权不断取得新成效，为实现天津科学发展和谐发展率先发展营造良好的社会文化环境。

2008 年 1 月 17 日

在 2008 年天津市集中销毁侵权盗版及非法出版物活动上的讲话

天津市人民政府副秘书长、市“扫黄打非”工作领导小组副组长
李福海

“4·26”世界知识产权日，集中宣传保护知识产权的重要意义和我国打击侵权盗版活动的重要成果，推动“扫黄打非”斗争深入开展，按照全国“扫黄打非”工作小组的统一部署，今天，我们在这里举行 2008 年天津市集中销毁侵权盗版及非法出版物活动。

今年以来，各部门、各区县恪尽职守，严格执法，密切配合，连续作战，在切实加强出版物市场日常监管的同时，持续不断地开展了 2008 年第一阶段净化“两节”、“两会”期间出版物市场专项行动、为奥运会等重大活动成功举办营造良好文化环境净化出版物市场专项行动和打击网络侵权盗版活动专项行动，取得了阶段性战果，进一步净化了全市文化和出版物市场，为全国“两会”顺利召开，广大人民群众欢度“两节”营造了良好的社会文化环境。

今天举行的全市统一销毁活动，是今年以来我市销毁盗版、非法出版物数量、品种、规模最大的一次活动，既集中展示了我们坚持不懈地开展“扫黄打非”斗争的工作成果，也表明了我市坚持保护知识产权原则，打击侵权盗版活动的坚定立场和坚强决心，对于进一步增强社会各界理解、支持和参与“扫黄打非”斗争意识，警示、震慑违法犯罪分子和非法经营者，形成打击侵权盗版的高压态势，将起到积极的促进作用。

刚才，宋奇同志和学生代表作了很好的发言，表明了依法打击侵权盗版行为的决心，发出

了自觉支持正版的倡议。我希望各区县、各部门进一步加大工作力度，重拳打击非法经营活动；希望广大经营者恪守职业道德，维护行业形象，争做守法经营的模范；希望广大群众自觉行动起来，抵制盗版非法出版物，积极参与到“扫黄打非”斗争中来。

同志们，尽管“扫黄打非”斗争不断取得重大成果，但斗争形势依然严峻，任务依然艰巨。我们要充分认识新形势下“扫黄打非”工作的重要性、紧迫性，不断提高政治意识、大局意识、责任意识和忧患意识，按照市委“解放思想、干事创业、科学发展”的要求，认真贯彻落实第二十一次全国“扫黄打非”工作电视电话会议精神和《天津市2008年“扫黄打非”行动方案》的统一部署，紧紧围绕四项重点工作，扎实开展八个专项行动，真抓实干、科学巧干，高标准、高水平完成今年“扫黄打非”工作的各项任务，以优异的工作业绩迎接北京奥运会、夏季达沃斯论坛等重大活动成功举办。

2008年4月20日

2008年“扫黄打非”大案要案综述

天津市“扫黄打非”办

天津市成功查办“1·08”非法光盘案

天津市公安局治安管理总队

2008年3月14日，在天津市“扫黄打非”办公室组织协调下，天津市公安局治安管理总队会同市局法制办、红桥分局，经前期缜密侦查，在红桥区一居民楼查获一批发贩卖非法光盘黑窝点，当场将犯罪嫌疑人吴某某及其妻冀某某抓获，并收缴盗版CD、VCD、录音带5万余张（盒）。2008年12月31日，红桥区人民法院以非法经营罪判处吴某某有期徒刑4年6个月冀某某有期徒刑3年6个月。

一、领导重视，措施得力

2007年底，市“扫黄打非”办公室接到线索，红桥区的吴某某在该区一居民楼大肆批发盗版光盘。市“扫黄打非”办公室高度重视，立即责成市公安局查处。市公安局迅即成立由市公安局治安管理总队牵头，市公安局法制办、行动技术总队和公安红桥分局共同组成的“1·08”专案组，迅速投入案件侦查工作。市公安局副局长、市“扫黄打非”工作领导小组成员丁福东多次召集治安管理总队、法制办、红桥分局等办案单位负责人和专案组有关同志，专门听取案件的情况汇报，对案件的经营、证据的获取等提出明确要求。市公安局治安管理总队、法制办、公安红桥分局为了把案件做深、做透，多次进行研究，不放过任何一个细节。为统一公、检、法部门在打击非法光盘案件适用法律和认定犯罪标准上的认识，市“扫黄打非”办公室多次组织召开法院、检察院、公安局负责同志会议，就检、法部门提前介入该案以及适用法律、定罪量刑标准等问题进行研究，为有效办理此案起了关键作用。

二、积极协调，法制把关

市公安局治安管理总队充分发挥牵头作用，对内积极协调市局法制办和公安红桥分局，使专案组形成了一个强有力的团队；对外积极主动联络市新闻出版、文化等有关部门，做了大量具体工作。市公安局法制办作为专案组成员单位，从案件办理之初就全面介入，从法律的适用、证据的获取和运用、办案中应注意的问题入手，在案件侦查过程中进行细致的分析、研究，指导专案组准确把握办案方向，为成功破获案件创造了有利环境。

三、内查外调，查明情况

案件侦查过程中，专案组通过艰苦细致的工作，经多次跟踪、蹲堵，掌握了吴某某与其妻冀某某在红桥区一居民楼内批发、贩卖CD、VCD、DVD等多个品种的盗版非法光盘的基本情况，并在调查中发现了吴某某在河北省石家庄市的“上线”和我市的4个“下线”。为锁定证据链，专案组专门派员前往河北省石家庄市，在当地公安机关协助下，查清了其“上线”经营非法光盘的情况；通过西青、津南、北辰、静海四个区县公安分局治安部门及时查清了我市4个“下线”的基本情况。至此，犯罪嫌疑人非法经营的基本情况已经摸清，破获案件的条件基本成熟。

四、一声令下，初战告捷

根据前期掌握的情况，专案组制定了详细的抓捕方案。3月13日，市公安局副局长丁福东听取案情汇报，认为抓捕时机成熟，要求立即实施抓捕行动。3月14日凌晨5点30分，市局治安管理总队和公安红桥分局负责人指挥专案组成员单位40余名警力开展收网行动。此行动分为两个战场，主战场为红桥区，主要任务是抓获犯罪嫌疑人吴某某夫妇，分战场在4个“下线”所在的区县，任务是调取主要犯罪嫌疑人的证据，两个战场的民警同时到位，待主战场抓获成功后，分战场再同时行动。经过3个多小时的蹲堵守候，至上午9时左右，已现场抓获5名“上货人”。专案组立即采取行动，一声令下，现场各小组直扑吴某某经营地点，现场将吴某某及其妻冀某某当场抓获，并收缴盗版CD、VCD、录音带5万余张（盒）。同时，4个分战场的专案组人员，在4个分局治安部门的配合下，在西青区、津南区、北辰区和静海县同时行动，对提前锁定的另4名“下线”实施传唤，进一步收集吴、冀二人贩卖非法光盘的证据。

五、锁定证据，绳之以法

为使犯罪嫌疑人依法受到惩处，公安红桥分局组织大量警力，对查扣的5万余张光盘、录音带逐个清点，分类登记造册，为鉴定工作铺平了道路。市“扫黄打非”办积极协调文化、版权部门认真鉴定涉案非法物品，形成了完整的证据链条。

总结该案的成功查办，有两点成功经验：

1. 组建联合专案组，各方密切配合。根据该类案件和犯罪嫌疑人的特点，在市“扫黄打非”办统一组织协调下，在市公安局直接领导下，成立了由市公安局治安管理总队、法制办、行动技术总队和红桥分局联合组成的专案组。专案组各部门之间密切配合，协同作战，保证了该案的成功侦破。

2. 提前锁定证据，做到有的放矢。任何案件的侦破都要用证据说话，此案也不例外。为搜集犯罪嫌疑人非法经营的证据，专案组到河北省石家庄市进行侦查，获取其“上线”经营非法物品的线索和相关证据。同时也搜集在4个区县“下线”贩卖非法光盘的线索和证据，做到了有的放矢。

天津市成功查办“6·03”批销盗版音像制品团伙网络案

天津市“扫黄打非”工作领导小组办公室

2008年9月，我市成功破获了天津“6·03”批销盗版音像制品团伙网络案。2009年4月10日，天津市西青区人民法院对此案进行了一审宣判，在有效上诉期内被告人均未提起上诉，至此该案已经结案。

一、案件侦破情况

2008年6月，工作获悉，天津市场上销售的标注“AAA”的盗版音像制品及其他盗版音像制品，主要来自于广州的一个名叫付某的盗版批发商。近几年，付某伙同其妻任某以及“小林”等人，向包括天津在内的多个城市批发盗版光盘，日出货量数万片左右。鉴于案情重大，涉及面广，为彻底打掉这一团伙，我们及时将有关情况向国家主管部门进行了汇报。全国“扫黄打非”办、公安部、文化部将此案定名为天津“6·03”批销盗版音像制品团伙网络案，对查办工作提出明确要求，并直接进行督办。天津市委、市政府高度重视查办工作，天津市委常委、市委宣传部长、市“扫黄打非”工作领导小组组长肖怀远同志作出批示：“此案危害极大，请市‘扫黄打非’办和公安局协同作战，抓住有利时机，加大办案力度，尽快端掉窝点”，并同市委常委、市委政法委书记散襄军同志主持召开协调会，专题部署“6·03”案件查办工作。

我市迅速成立了由公安、文化、出版等部门组成的“6·03”案件专案组，集中精兵强将，全力侦破此案。在市“扫黄打非”办的精心组织下，公安机关各警种通力合作，辗转广州、天津两地，经过3个多月缜密侦查，掌握了犯罪团伙的基本情况。9月21日，专案组出动6个抓捕小组，组织120多名干警兵分两路实施抓捕。截至9月27日，“6·03”案件主要案犯付某、任某、林某、范某等11人全部落网，同时查获非法光盘30余万张，淫秽光盘1000余张，查扣汽车6辆，电脑8台，移动硬盘1个，银行卡40张，存折15本，以及账本、通讯录、对账单、订货单等大量涉案物品，锁定了犯罪证据。案件破获后，专案组随即组织相关人员迅速展开审讯案犯、收集证据等工作，为案件尽快办结争取了时间、奠定了基础。

二、案件审判情况

按照全国“扫黄打非”办关于案件审理的有关指示精神，2008年10月29日，怀远、襄军同志主持召开有天津市人民法院院长李少平、天津市人民检察院检察长于世平、天津市公安局局长武长顺及有关方面部门负责同志参加的专题协调会，研究部署案件起诉、审判工作。会议强调，公安部门要尽快做好犯罪嫌疑人预审和相关证据的搜集固定等准备工作；检察机关要提前介入，切实做好调查取证，尽早提起公诉；法院要坚持依法审理、高限量刑，尽早开庭审理、作出判决，把该案办成打击侵犯知识产权犯罪活动的示范案、样板案。市“扫黄打非”办先后召开10余次由公检法等部门负责同志参加的工作协调会，研究部署，沟通协调，切实搞好相互衔接，积极推动“6·03”案件审理工作。

2009年3月20日，天津市西青区人民检察院在深入调查取证的基础上，对被告人提起公诉，指控被告人付某、赵某犯侵犯著作权罪、贩卖淫秽物品牟利罪，被告人林某某等9人犯侵犯著作权罪，并提供了相关证据，请求依照法律予以处罚。4月1日，天津市西青区人民法院依法组成合议庭，对“6·03”案件进行了开庭审理。法院认为，付某等11名被告人单独或结伙以营利为目的，未经著作权人、录音录像制作者许可，发行其电影、电视、录像作品、电脑软件，复制发行其制作的录音录像，数量特别巨大，均已构成侵犯著作权罪。付某、赵某伙同他人贩卖淫秽光盘，情节严重，其行为均已构成贩卖淫秽物品罪。法庭上，被告人均对犯罪事实供认不讳。

2009年4月10日，天津市西青区人民法院依照《中华人民共和国刑法》有关条款和最高人民法院、最高人民检察院《关于办理侵犯知识产权刑事案件具体应用法律若干问题的解释(二)》的有关规定，对“6·03”案件11名涉案人员进行了一审宣判。付某犯侵犯著作权罪、贩卖淫秽物品牟利罪，数罪并罚，判处有期徒刑7年，并处罚金1.05万元；范某某犯侵犯著作权罪，判处有期徒刑5年，并处罚金6万元；林某某犯侵犯著作权罪，判处有期徒刑4年，并处罚金5万元；王某犯侵犯著作权罪，判处有期徒刑4年，并处罚金3万元；赵某犯侵犯著作权罪、贩卖淫秽物品牟利罪，数罪并罚，判处有期徒刑3年6个月，并处罚金3.1万元；任某犯侵犯著作权罪，判处有期徒刑3年6个月，并处罚金4万元；赵某某犯侵犯著作权罪，判处有期徒刑3年，并处罚金3万元；张某犯侵犯著作权罪，判处有期徒刑3年，并处罚金1万元；李某某犯侵犯著作权罪，判处有期徒刑3年，并处罚金1万元；郑某某犯侵犯著作权罪，判处有期徒刑3年，并处罚金1万元；付某某犯侵犯著作权罪，判处有期徒刑1年，并处罚金5000元。

三、几点体会

“6·03”案件是天津有史以来最大的一起音像市场侵犯知识产权案件。案件的成功侦破和审判，表明了我保护知识产权、打击侵权盗版犯罪活动的坚定决心，为查办类似大案要案积累了有益经验。

1. 高度重视，加强领导。各级领导高度重视“6·03”案件的侦破工作，亲临一线，具体指导，有力地推动了案件的侦破工作。全国“扫黄打非”办、公安部、文化部均将该案列为全国重点督办案件，安排人员指导督办，提供了宝贵支持；怀远、襄军等市领导同志关注案情进展，召开专题会议研究部署查办工作，提供了强有力指导；市“扫黄打非”办、公安、文化、出版等有关部门负责同志靠前指挥，全程参与，保证了案件查办工作的顺利进行。

2. 协同作战、密切配合。“6·03”案件的成功侦破，是充分发挥公安部门办案主力军作用和综合执法体制优势取得的重要成果，归纳起来主要得益于“三个协作、一个衔接”，即：公安机关多警种密切协作；文化出版和“扫黄打非”的工作部门、鉴定部门与公安机关密切协作；本市公安机关和相关涉案省（区）公安机关密切协作；公检法三个关键环节无缝衔接，紧密配合，形成了查办案件的整体合力。

3. 敢打敢拼，连续奋战。一支“政治强、业务精、纪律严、作风正”的执法队伍，是深入查办大案要案的重要保证。所有参加案件侦破工作的同志不辞辛劳、连续奋战，一心扑在案件侦破工作上。其中，很多同志为严密监控犯罪嫌疑人连续数日蹲守，有的来不及照顾做心脏手术的父亲，有的同志直接打入案犯内部获取准确信息，有些同志昼夜整理、鉴定光盘双手被划破，仍继续坚持工作。案件成功告破，再次证明了只要队伍过硬就没有打不赢的仗。

4. 讲求方法，高效快捷。专案组坚持案情就是命令、时间就是效率，做到第一时间做出部署、第一时间付诸行动，为尽快批捕犯罪嫌疑人争取了时间。为做好调查取证工作，专案组专门成立“案件鉴定工作协作组”，先后与88个出版单位或权利人取得联系，获取侵权证据；同时创造性开展出版物标准化鉴定工作，提高工作效率；检察机关坚持提前介入，提早开展调查取证，为尽快结案赢得了时间。

2008年“扫黄打非”大事记

天津市“扫黄打非”办

1月2日至3日，市“扫黄打非”办公室根据各区县日常工作的情况，依据各区县报送的工作总结和自评分结果，对各区县2007年“扫黄打非”工作进行了综合考核评分。

1月4日，市“扫黄打非”办公室下发《关于评选2007年天津市“扫黄打非”工作先进集体、先进个人的通知》，决定对在2007年我市“扫黄打非”工作中涌现出来的先进单位、先进个人和办案有功集体、办案有功个人予以表彰。

1月9日，召开市有关部门、各区县“扫黄打非”办公室负责人会议，部署非法出版物查缴、我市“两会”前净化行动和春节期间出版物市场净化工作。

1月10日至16日，筹备第二十一次全国“扫黄打非”工作电视电话会天津分会场会议和市“扫黄打非”工作领导小组扩大会议，起草《2008年天津市“扫黄打非”行动方案》、市“扫黄打非”工作领导小组领导讲话和会议其他相关文件。

1月17日，全国“扫黄打非”工作小组在京召开第二十一次全国“扫黄打非”工作电视电话会议，我市设分会场收听收看。会后，市“扫黄打非”工作领导小组召开扩大会议，总结去年“扫黄打非”工作，对今年“扫黄打非”工作进行部署。市委副秘书长、市“扫黄打非”工作领导小组副组长叶礼敏出席会议并代表市“扫黄打非”工作领导小组讲话，市“扫黄打非”工作领导小组副组长兼办公室主任赵鸿友主持会议。市“扫黄打非”工作领导小组成员单位及有关部门负责人，各区县“扫黄打非”工作领导小组组长参加会议。

1月22日，中央宣传部、公安部、全国“扫黄打非”工作小组办公室等13个部委在京联合召开全国依法打击整治网络淫秽色情等有害信息专项行动电视电话会议。我市设分会场收听收看。市“扫黄打非”办公室有关负责同志参加天津分会场会议。

1月24日，我市5个集体、6名个人分别获2007年全国“扫黄打非”工作先进集体、办案有功集体、先进个人和办案有功个人荣誉称号，受到表彰。

2月1日，市“扫黄打非”办公室组织协调市综治委办公室、市高级法院、市人民检察院、市公安局负责同志召开案件协调会议，就公检法机关提前介入“扫黄打非”具体案件以及办理非法出版案件应用法律问题进行研究。

2月2日，我市公开销毁盗版光盘活动在河东区第二工人文化宫举行，共销毁盗版光盘52万余件，充分展示了我市保护知识产权的决心和力度。

2月3日，召开依法打击整治网络淫秽色情等有害信息专项行动协调领导小组成员单位负责人会议，就我市开展依法打击整治网络淫秽色情等有害信息专项行动进行安排和部署。市“扫黄打非”办公室负责同志参加会议。

2月6日至12日，春节期间，组织协调各区县、市各有关部门深入开展净化“两节”、“两会”期间出版物市场专项行动，对全市出版物市场开展巡查、检查工作，确保全市人民过一个欢乐、祥和的春节。

2月15日至29日，按照中共中央办公厅、国务院办公厅转发的《中央宣传部、中央政法委、全国“扫黄打非”工作小组办公室关于2008年“扫黄打非”行动方案》精神和市“扫黄打非”工作领导小组扩大会议要求，结合天津实际，拟定《天津市2008年“扫黄打非”行动方案》，并报市委办公厅、市政府办公厅转发。

2月20日，市“扫黄打非”办公室召开案件查办会议，听取市新闻出版局关于非法制售报刊案件情况的汇报，并就查办此案提出明确要求。

2月20至29日，市“扫黄打非”办公室组织有关部门对全市各区县游商、地摊和无证照经营者经营非法出版物情况进行调研排查，并制定《天津市整治奥运会期间销售非法出版物的游商、地摊和无证照经营者专项行动方案》，严格清理销售非法出版物的游商地摊和无证照经营者，进一步净化我市出版物市场。

3月3日，市“扫黄打非”办公室负责同志参加中宣部出版局、全国“扫黄打非”办公室在京召开的部分省（区、市）“扫黄打非”办公室负责人谈话会。会议通报全国检查组检查各地出版物市场情况，对做好“两会”期间出版物市场净化工作以及下一阶段“扫黄打非”工作提出明确要求。

3月4日，市“扫黄打非”办公室组织召开了市公安、文化、新闻出版部门负责人及和平区、南开区、红桥区“扫黄打非”办公室主任、文化局、新闻出版局分管副局长会议，对重点地区、重点部位的整治工作进行安排部署。

3月6日至8日，市“扫黄打非”办公室负

责同志参加2008年全国“扫黄打非”第一阶段专项行动检查汇报会，汇报了我市第一阶段“扫黄打非”专项行动工作情况，受到了中宣部出版局和全国“扫黄打非”办的充分肯定。

3月10日，市“扫黄打非”工作领导小组下发《天津市“扫黄打非”工作领导小组关于表彰天津市2007年“扫黄打非”工作先进集体、先进个人和办案有功集体、有功个人的决定》。

3月13日，召开2008年“扫黄打非”第一阶段专项行动汇报座谈暨下一阶段工作部署会议，听取市有关部门和有关区县第一阶段专项行动开展情况的汇报，传达2008年全国“扫黄打非”第一阶段专项行动检查汇报会议精神，部署我市下一阶段“扫黄打非”工作。

3月14日，我市启动为奥运会等重大活动成功举办营造良好文化环境净化出版物市场专项行动。市“扫黄打非”办公室召开专项工作部署会议，围绕全年的“扫黄打非”工作，特别是为奥运会及达沃斯论坛等重大活动的成功举办净化出版物市场工作进行安排部署，下发了《为奥运会等重大活动成功举办营造良好文化环境净化出版物市场专项行动方案》。会上还对2007年获全国和我市“扫黄打非”工作先进集体、先进个人和办案有功集体、有功个人进行表彰。

3月14日，根据线索，我市公安部门在反复摸查的基础上，破获“1·08”非法经营光盘案，抓获犯罪嫌疑人2名，查缴各类盗版音像制品5万余张（盒），现2名犯罪嫌疑人已被公安红桥分局刑事拘留，目前此案正在进一步审理中。

3月18日，市“扫黄打非”办公室专门组织召开了市新闻出版局、市工商局和市报刊零售公司、天津每日新报刊亭管理有限公司、市书刊发行服务中心3家报刊亭主管单位负责人会议，部署全市报刊亭的治理工作，要求采取切实有效的措施，进一步规范报刊亭经营行为。

3月24日，市委办公厅、市政府办公厅联合转发《天津市2008年“扫黄打非”行动方案》。

3月27日，我市启动打击网络侵权盗版活动专项行动。市“扫黄打非”办公室下发《天津市关于开展打击网络侵权盗版活动专项行动工作方案》，决定自2008年3月至9月，开展旨在为奥运会等重大活动顺利举办营造良好网络文化环境的打击网络侵权盗版活动专项行动。

4月2日，市“扫黄打非”办公室召开“扫黄打非”案件汇报会议，听取我市有关部门和区县近期“扫黄打非”案件查办情况的汇报，对“1·08”非法经营光盘案的办理进行专门研究，并就进一步加大“扫黄打非”案件办理力度提出明确要求。

4月3日，市“扫黄打非”办公室召开我市打击网络侵权盗版活动专项行动部署会议，部署我市打击网络侵权盗版活动专项行动。

4月3日，我市今年“扫黄打非”第一阶段专项行动结束。市“扫黄打非”办公室向全国“扫黄打非”办公室报送《天津市2008年“扫黄打非”第一阶段专项行动情况总结》。

4月18日，市“扫黄打非”办公室召开案件办理协调会议，研究重庆“8·29”制作、贩卖非法报刊案天津专案的审理工作。

4月20日，市“扫黄打非”工作领导小组举办2008年天津市集中销毁侵权盗版及非法出版物活动。市委常委、市委宣传部长、市“扫黄打非”工作领导小组组长肖怀远出席活动并宣布销毁令，市政府副秘书长、市“扫黄打非”工作领导小组副组长李福海出席并讲话。活动由市文化局局长赵鸿友主持。这次全市集中销毁活动，共销毁侵权盗版及非法出版物100万件，是我市今年以来销毁盗版、非法出版物数量、品种、规模最大的一次活动，集中展示了我们坚持不懈地开展“扫黄打非”工作的重要成果。

5月1日至3日，结合正在开展的“扫黄打非”第二阶段专项行动，组织协调各区县、各有关部门进一步强化对“五一”期间出版物市场的日常监管，大力净化出版物市场。

5月5日至12日，认真准备全市迎奥运治理非法卫星电视接收设施部署会议，起草《天津市迎奥运治理非法卫星电视接收设施专项行动方案》。

5月13日，经市委常委、市委宣传部部长、市“扫黄打非”工作领导小组组长肖怀远同志批示同意，我市成立迎奥运治理非法卫星电视接收设施专项行动领导小组及办公室。组长单位为市委宣传部和市广电局，市委宣传部副部长陈浙闽任专项行动领导小组组长。办公室设在市广电局社会管理处。

5月16日，召开天津市迎奥运治理非法卫星电视接收设施专项行动部署会议。市委宣传部副部长、市迎奥运治理非法卫星电视接收设施专项行动领导小组组长陈浙闽出席会议并讲话。会议就我市开展迎奥运治理非法卫星电视接收设施专项行动进行了部署，并下发了《天津市迎奥运治理非法卫星电视接收设施专项行动方案》。市专项行动领导小组副组长单位、成员单位及其办公室负责同志，市内六区“扫黄打非”办公室主任、有关区县党委宣传部分管副部长、广电局局长参加会议。

5月16日至18日，中宣部出版局张凡处长代表全国暗访组来津检查我市出版物市场，并与市“扫黄打非”办、市公安局、市文化局、市新闻出版局负责同志进行座谈，对我市“扫黄打非”工作，特别是迎奥运净化出版物市场专项行动取得的成果给予充分肯定。

5月19日，市“扫黄打非”办公室、市广电局社会管理处联合召开市内六区“扫黄打非”办公室主任会议，就治理非法卫星电视接收设施的重点地区、重点部位以及宣传动员阶段主要工作任务进行安排部署。

5月20日，市“扫黄打非”办公室召开市广电局社会管理处、市国土资源和房屋管理局物业处等部门联席会议，就我市物业部门密切配合治理非法卫星电视接收设施专项行动进行专题研究。

5月21日，市“扫黄打非”办公室召开市公安局网监总队、市版权局版权处联席会议，听取查处可可西音乐网和乐乐星球两个网站非法经营情况的汇报。

5月22日，市文化局召开文化市场奥运保障行动专项部署会议，启动了我市文化市场奥运安保工作。市“扫黄打非”办公室负责同志出席会议。

5月22日，市“扫黄打非”办公室召开市公安局治安管理总队、网监总队、国保局和市工商局、市广电局等部门负责人会议，研究从源头上治理非法销售、安装境外卫星电视接收设施的行为。

5月26日至28日，全国“扫黄打非”办在京召开迎奥运维护出版物市场稳定“扫黄打非”办公室主任会议。市“扫黄打非”办公室负责同志参加。

5月27日，全国“扫黄打非”办公室督办的重庆“8·29”制作、贩卖非法报刊案天津专案已由和平区人民法院判决。

5月30日，市“扫黄打非”办公室召开重点案件汇报会，听取市文化局稽查队负责人关于一起“扫黄打非”重点案件线索情况的报告，并就做好此案的查办提出明确要求。

6月2日，市委宣传部副部长陈浙闽主持召开迎奥运治理非法卫星电视接收设施专项行动领导小组会议，听取我市开展迎奥运治理非法卫星电视接收设施情况汇报，并就深入开展此次专项治理工作提出明确要求。

6月3日，市迎奥运治理非法卫星电视接收设施专项行动领导小组办公室召开重点区县治理非法卫星电视接收设施专项行动中期推动会，听取市内六区开展专项行动的情况汇报，对下一步治理工作提出要求。

6月6日，市“扫黄打非”办公室召开天津市迎奥运维护出版物市场稳定工作会议，传达全国有关会议精神，部署我市迎奥运净化出版物市场专项行动。市有关部门负责人，各区县“扫黄打非”办公室主任、公安分局治安科长、文化（新闻出版）局市场科长、稽查队长、工商分局检查支队支队长、城管综合执法局执法协调科科长参加会议。

6月11日，市迎奥运治理非法卫星电视接收设施专项行动领导小组办公室与市工商行政管理局经济检查总队联合召开会议，研究治理销售非法卫星电视接收设施黑窝点的具体措施。

6月13日，市迎奥运治理非法卫星电视接收设施专项行动领导小组办公室召开涉农区县及滨海新区治理非法卫星电视接收设施专项行动工作中期推动会，听取治理违法卫星电视接收设施专项行动开展情况，并就做好下一阶段治理工作提出明确要求。有关区县党委宣传部副部长、广电局长参加会议。

6月18日，市“扫黄打非”办公室召开市公安局治安管理总队、技侦总队、法制办和市文化市场稽查队负责人会议，研究“扫黄打非”重点案件的查办工作，决定将“6·03”经营非法音像制品网络团伙案列入我市“扫黄打非”重点督办案件，并立即成立专案组。

6月27日，市“扫黄打非”办公室召开市公安局治安管理总队、法制办、技侦总队、公安西青分局等部门负责人会议，听取“6·03”经营非法音像制品网络团伙案专案组侦查案件有关情况汇报，并就此案深入查办提出要求。

7月3日，市“扫黄打非”办公室赴京就“6·03”经营非法音像制品网络团伙案前期侦办情况以及下一步查办措施向全国“扫黄打非”工作小组办公室汇报。

7月7日，市“扫黄打非”办公室召开市内六区“扫黄打非”办公室主任和市公安、文化、新闻出版、工商、铁路、机场、综合执法部门负责人会议，对迎奥运维护出版物市场稳定，净化出版物市场工作进行再动员、再部署。

7月10日，市“扫黄打非”办公室组织召开市公安、文化、新闻出版、工商、城管综合执法、机场、铁路办、交委等部门负责人和各区县“扫黄打非”办公室主任会议，对开展奥运前30天出版物市场集中清查行动进行具体安排部署。

7月11日，市“扫黄打非”办公室组织市公安、文化、新闻出版部门及南开区文化、公安、工商、城管综合执法等部门执法人员40余人，对南开区鞍山西道电子卖场及其周边地区开展大规模清查行动，查缴盗版光盘5000余盘。

7月11日，市“扫黄打非”办公室协调市文化市场稽查队和天津滨海国际机场公安分局，在机场货运站收缴非法音像制品《赤壁》4000余张。

7月12日至13日，中宣部出版局副局长周慧琳、全国“扫黄打非”办公室处长杨梦东一行来津暗访检查我市出版物市场，听取我市“扫黄打非”工作汇报，并就做好奥运前30天集中清整行动提出明确要求。市委宣传部副部长龚建生出席有关活动。

7月15日，市“扫黄打非”办公室组织市公安、文化、新闻出版、工商、海关、机场、交委、城管综合执法以及和平区、南开区“扫黄打非”办公室主任会议，对重点部位出版物市场整治工作进行安排部署。

7月17日，市“扫黄打非”办公室向全国“扫黄打非”办公室报送《关于认真组织开展奥运前30天出版物市场集中清查行动情况的报告》。

7月18日，市“扫黄打非”办公室到天津滨海国际机场公安分局调研，要求机场部门进一步加大航空货运检查工作力度，严防各类非法出版物通过航空运输渠道流入我市。

7月20日，市“扫黄打非”办公室召开市公安局治安管理总队、技术侦查总队、网监总队、法制办及公安西青分局负责人会议，听取“6·03”经营非法音像制品网络团伙案侦办情况的汇报，对下一步侦办工作进行了深入细致的研究。

7月22日，市“扫黄打非”办公室向全国“扫黄打非”办公室报送《我市开展奥运前30天出版物市场集中清查行动最新情况报告》。

7月23日，市“扫黄打非”办公室再次组织市文化、工商部门到南开区调研、督导，与南开区“扫黄打非”工作领导小组负责同志一起研究治理名利达电子商城偷售非法光盘问题的具体措施。

7月24日，市“扫黄打非”办公室组织市文化、新闻出版部门负责同志到河西区出版物市场进行暗访检查，听取该区开展奥运前30天出版物市场集中清查行动情况汇报，并就开展下一阶段出版物市场集中清查行动提出具体要求。

7月25日，市“扫黄打非”办公室召开天津海关缉私局、天津市新闻出版局印刷处、天津市规划局测绘管理处负责人会议，就海关缉私部门查办的非法地图出口案进行专题研究。

7月28日至29日，中宣部出版局“扫黄打非”工作暗访组再次对我市出版物市场进行暗访检查，对我市奥运前30天出版物市场集中清查行动取得的成果给予充分肯定，对出版物市场的净化程度表示满意。

8月1日至7日，市“扫黄打非”办公室继续组织各区县、各有关部门深入开展奥运前30天出版物市场集中清查行动。

8月7日，市委下发文件，决定组建天津市文化市场行政执法总队，同时加挂天津市“扫黄打非”工作领导小组办公室牌子，为市政府直属行政执法机构，规格副局级；党的工作归口市委宣传部。

8月8日至24日，市“扫黄打非”办公室组织各区县、各有关部门大力开展奥运期间出版物市场集中清查行动。

8月8日至31日，市委宣传部干部处、市“扫黄打非”办公室就组建市文化市场行政执法总队有关工作进行深入调研。

8月15日，市委宣传部副部长刘凤银听取组建市文化市场行政执法总队工作调研情况的报告，并就做好人员划转、办公地点落实、开办费预算等有关工作提出明确要求。

8月18日，市编委下发文件，对天津市文化市场行政执法总队（市“扫黄打非”工作领导小组办公室）主要职责、内设机构和人员编制情况作出规定。

8月28日，天津市文化市场行政执法总队筹建工作领导小组成立，市委宣传部副部长、市文明办主任刘凤银兼任筹建工作领导小组组长。

9月16日，市文化市场行政执法总队组建工作领导小组召开会议，对总队组建工作进行了部署，对总队筹建机构作出了安排。市委常委、市委宣传部长肖怀远出席会议并讲话，市委宣传部副部长刘凤银主持会议，市文化局党委副书记、局长赵鸿友，市新闻出版局党委书记张秉诚，市广播电视电影局党组书记、局长赵婉香，及市文化市场行政执法总队组建工作领导小组成员出席会议。

9月18日，市“扫黄打非”办下发《关于转发〈关于“扫黄打非”工作纳入全国未成年人思想道德建设工作测评体系有关情况的通知〉的通知》。

9月20日，市文化市场行政执法总队正式成立。当日，市委常委、市委宣传部部长、市“扫黄打非”工作领导小组组长肖怀远到总队看望全体队员，并对总队做好“扫黄打非”和文化市场执法工作提出明确要求。

9月21日至27日，天津市“6·03”批销盗版音像制品团伙网络案专案组在3个多月缜密侦查的基础上，出动6个抓捕小组，组织120余名警力，对该案主要犯罪嫌疑人实施抓捕，共抓获犯罪嫌疑人24人，查获非法光盘30余万张，淫秽光盘1000余张，查扣汽车、电脑、银行卡、存折、移动硬盘、账本、通讯录、对账单、订货单等大量涉案物品。至此，由全国“扫黄打非”办、公安部挂牌督办的“6·03”批销盗版音像制品团伙网络案告破。

9月26日，市委常委、市委宣传部长、市“扫黄打非”工作领导小组组长肖怀远同志专门听取查办“6·03”案情况汇报，并就该案查办工作作出重要批示，提出明确要求。

10月12日至14日，全国“扫黄打非”检查组对我市报刊、图书、音像市场进行了检查，并与市“扫黄打非”办进行了座谈。座谈会上，检查组传达了中央领导关于严打非法报刊的重要批示，对我市“扫黄打非”工作，特别是开展打击非法报刊专项行动给予充分肯定。

10月17日，市“扫黄打非”办公室召开市公安局、市版权局、公安西青分局等部门负责人会议，就“6·03”专案的固定证据工作进行研究部署。

10月22日，市“扫黄打非”办公室负责同志赴全国“扫黄打非”办报告“6·03”专案查办情况。全国“扫黄打非”办专职副主任李宝中对案件查办工作给予充分肯定，对下一步办理工作提出明确要求，并决定于10月30日来津召开专案协调会。

10月23日至30日，认真做好天津、江苏制售非法出版物团伙网络案办案协调会的筹备工作。

10月29日，市委常委、市委宣传部长、市“扫黄打非”工作领导小组组长肖怀远和市委常委、市委政法委书记散襄军主持召开“6·03”案专题协调会，对案件起诉、审判工作提出明确要求。天津市高级人民法院院长李少平、天津市人民检察院检察长于世平、天津市公安局局长武长顺、天津市“扫黄打非”办公室主任钟鸿青等参加会议。

10月30日，全国“扫黄打非”工作小组办公室、中宣部、公安部联合在我市召开“天津、江苏制售非法出版物团伙网络案办案协调会”。市委常委、市委宣传部部长、市“扫黄打非”工作领导小组组长肖怀远出席会议并讲话。

11月18日，市“扫黄打非”办向全国“扫黄打非”办报送《天津市2008年“扫黄打非”工作总结》（津扫黄打非办〔2008〕50号）。

11月18日，市“扫黄打非”办公室组织市文化市场行政执法总队和蓟县新闻出版局执法人员，联合查处蓟县大唐印刷厂印刷盗版图书，当场查封、扣押7种、10098册非法出版物。

11月28日，市“扫黄打非”办公室组织市文化市场行政执法总队、市公安局治安管理总队、公安和平分局，联合查处、取缔一批非法报纸黑窝点，收缴非法报纸2万余份。

12月12日，市“扫黄打非”办公室向全国“扫黄打非”办报送《关于推荐申报2008年全国“扫黄打非”工作先进集体、先进个人、办案有功集体、办案有功个人的报告》。

12月22日，市“扫黄打非”办公室再次召开“6·03”案件查办工作专题会议，就该案查办工作提出要求。市公安局、公安西青分局、西青区人民检察院、西青区法院负责同志出席会议。

12月23日至25日，市“扫黄打非”办公室组织文化执法部门开展文化市场平安检查行动，进一步规范市场经营秩序。

12月26日至31日，认真做好全国“扫黄打非”内部展览资料的征集工作。

12月30日，市“扫黄打非”办公室下发《关于转发全国“扫黄打非”工作小组办公室〈关于2009年“两节”、“两会”期间加强出版物市场监管的通知〉的通知》。

创新经验

关于彻查彻究重大侵权盗版案件的几点思考

天津市“扫黄打非”工作领导小组办公室

近年来，我们成功查办了多起涉及知识产权的案件，特别是在不久前查办的“6·03”批销盗版音像制品团伙网络案，一下子就打掉了进入天津文化市场盗版音像制品约60%的进货量，大大促进了版权相关产业的健康发展，进一步净化了文化市场，取得了保护知识产权的良好社会效果。全国“扫黄打非”办公室认为，“此案的成功侦破为‘扫黄打非’办案提供了重要经验”。

通过查办“6·03”批销盗版音像制品团伙

网络案，我们深深感到，随着新时期对“扫黄打非”工作的新要求，彻查彻究知识产权案件已列入重要日程，同时，成功查办重大知识产权案件已经成为推动“扫黄打非”工作深入开展的重要抓手。在查办“6·03”批销盗版案件办案过程中，我们有六点体会：

一是全国“扫黄打非”办公室建立的“全国重点案件督办制度”从根本上保证了重点案件彻查彻究原则的落实，充分调动了地方“扫黄打非”部门的办案积极性。我市在接到关于这起案件群众举报和有关部门通报后，立即召集公安、文化部门召开了案情分析会，并在第一时间向全国“扫黄打非”工作小组办公室、公安部进行了专题汇报。全国“扫黄打非”工作小组办公室、公安部高度重视“6·03”盗版光盘团伙网络案的查办工作，分别下发了督办函和督办令，将该案列为全国重点案件。

二是地方党委、政府的统一领导，地方“扫黄打非”工作领导小组的统一指挥、协调是贯彻彻查彻究知识产权案件原则的关键。对这起重大案件，天津市领导亲自过问、亲自指导。专门听取情况汇报，在案件查办过程中，多次作出重要批示，有力指导了案件查办工作。

三是创新高效办案机制，多警种协同作战机制是成协侦破案件的有效手段。对这起重大知识产权案件，市公安局法制办、治安管理总队、行动技术总队、网监总队、公安西青分局等部门抽调办案经验丰富、经得住考验的精兵强将组成“6·03”专案组，全力侦破该案。专案组成立后，每周由市“扫黄打非”办公室召集召开例会，分析案情、通报进展、沟通情况、研究对策、解决工作中遇到的具体问题，直接推动了案件查办工作的顺利进行。

四是科学调度，组织精兵强将抓好鉴定是基础。能否在30天内做好有效的鉴定工作，直接关系到犯罪嫌疑人能否依法批捕，直接关系到整个案件的成败。在对“6·03”盗版光盘团伙网络案缴获的30余万张盗版光盘鉴定过程中，我们始终坚持“两手抓”，一手抓盗版光盘的分类、整理、登记、造册，一手抓对已完成分类整理的盗版光盘的鉴定工作，极大地提高了鉴定工作效率。据统计，仅10天内就完成了1万余张盗版光盘的鉴定工作，最大限度地争取了办案时间。

五是检察机关提前介入指导案件查办。案件告破后，在抓紧进行鉴定工作的同时，我们积极协调检察院部门，提前介入案件，既使其尽快熟悉案情、掌握一手情况，又使版权部门、公安部门能够与其及时沟通，有效开展鉴定工作和调查取证工作，为尽快批捕犯罪嫌疑人、顺利推进起诉工作铺平了道路。

六是过硬队伍是保证。建立和拥有一支“政治强、业务精、纪律严、作风正”的执法队伍，是深入查办大案要案的重要保证。能办大案、会办大案、办成大案，队伍是根本、人才是关键。历时3个多月的“6·03”盗版光盘团伙网络案的成功告破，再一次证明了我市“扫黄打非”战线的同志们是一支拉得出、打得赢的坚强队伍。天津市公安局治安管理总队副总队长刘建华同志，在“6·03”专案的侦办过程中，他还担任驻京信访接待任务，他不顾劳累、不辞辛苦，经常穿梭往返于京津两地之间，指导案件查办工作。天津市公安局行动技术总队一支队支队长谷建平同志，在侦办“6·03”专案过程中，老父亲突发心脏病需要做心脏搭桥手术。为了保证案件查办进度，作为家中独子的他舍小家为大家，把满腔忠诚献给了“扫黄打非”事业，和全体专案组同志们一起一头扎进案件中。天津市公安局法制办副科长杨旭辰，准确把握法条内涵和要义，详细列出了针对每个犯罪嫌疑人的审讯要点、注意点和适用法律，为审理工作打下了坚实基础。“6·03”盗版光盘团伙网络案的查办历时3个多月，先后参战的同志多达120余人。在如此长的侦办时间内、在专案组人数较多的情况下，所有犯罪嫌疑人全部落网，没有一丝一毫的泄密。案件告破后，盗版光盘鉴定工作头绪众多、纷繁复杂，天津市版权局版权处全体同志主动放弃休息日，加班加点，昼夜奋战，在短短10天内作出了1万余张盗版光盘和软件的鉴定。天津市文化市场行政执法总队的队员们放弃国庆长假，连续工作10余天，分类、整理、登记、造册了30余万张盗版光盘，有的队员手指都被磨出了血丝，还依然坚持在第一线，表示“轻伤不下火线，坚决完成任务”。正是有这样一支过硬队伍，才保证了“6·03”专案的成功侦破。

（钟鸿青）

上　海　市

2008年“扫黄打非”工作总结

上海市“扫黄打非”办

2008年，根据中央和市委、市政府的统一部署和工作要求，上海市以全面贯彻落实党的十七大精神为主线，以为北京奥运会营造良好舆论氛围和文化市场环境为主要任务，全面加强日常监管，深入进行专项治理，坚决查处大案要案，认真扎实开展了“扫黄打非”工作，有效净化了出版物市场秩序。全年全市共出动执法检查人员11.8万多人次；检查出版物经营场所及印刷复制企业8.48万余个（次）；查处出版物案件447件；刑事审结案件12起，刑事处罚个人39人；取缔出版物游商、地摊5388个（次），收缴非法音像制品、电子出版物58.8万余盘（张），非法书报刊80.6万余件；在查获“法轮功”等邪教组织宣传品83万余件。

一、思想重视，部署周密，加强了组织领导工作

上海作为北京奥运会协办城市，2008年“扫黄打非”工作任务重、要求高，市和区县领导对维护出版物市场稳定高度重视，全面加强了对工作的组织领导。市委常委、宣传部长、市“扫黄打非”工作小组组长王仲伟同志出席“上海—广州‘3·30’非法出版物团伙网络案”办案表彰大会、第21次全国“扫黄打非”工作电视电话会议上海分会场会议并作重要讲话，多次对开展“扫黄打非”工作作出批示，并于9月26日主持召开专题会议研究上海“扫黄打非”和文化市场监管工作。副市长杨定华同志、沈晓明同志多次参加会议及集中销毁活动等，并对“扫黄打非”工作开展情况多次作出批示。各区县主要领导及分管领导采取召开会议、工作调研、率队执法等方式，及时对“扫黄打非”和文化市场监管工作进行检查和指导，推进了工作深入开展。各成员单位根据各自职责，认真部署了部门工作，精心组织实施了“扫黄打非”系列专项行动。

根据上级部署，市“扫黄打非”办结合上海实际，认真制定工作方案，精心组织实施，狠抓工作落实，先后印发有关工作部署文件5份，4次召开区县“扫黄打非”办主任会议。注重加强组织协调和督查，6月底至7月初，市“扫黄打非”办派出督查组，对各区县“扫黄打非”专项行动进行了检查；奥运会开幕前夕，市“扫黄打非”办领导深入奥运比赛（训练）场馆和运动员住宿宾馆所在的区县，实地检查文化市场监管工作。各区县“扫黄打非”办也积极将“扫黄打非”专项行动纳入地区“平安奥运”工作，促进了工作落实。

二、责任落实，措施有力，确保了市场规范有序

一是严厉打击非法出版物。市“扫黄打非”办通过实行查堵工作每月通报、加强对出版物市场暗访抽查、强化指导监督等措施，促进了封堵防范工作的落实，全年共查缴违禁内容非法出版物12707册。两级“扫黄打非”机构通过拓展举报渠道、深挖案件线索，追根溯源，彻查彻办制售非法出版物案件。3月10日，宝山区文化执法大队在一物流公司内查获从湖北发往上海的一批非法出版物共5400册，根据全国“扫黄打非”办的要求和湖北方面提供的线索，市“扫黄打非”办迅速会同市公安机关对该案件进行深入调查，经过2个多月的缜密侦查，公安机关于6月11日在宝山区将该案重要犯罪嫌疑人张某抓获，使湖北咸宁“4·01”案侦破取得重大进展。8月初，市“扫黄打非”办根据中央有关部门检查组发现的问题，迅速组织力量对销售非法音像制品的闸北区2家音像店进行稽查，并举一反三，要求各区县、各部门进一步落实措施，认真做好封堵防范工作。

二是全面加强出版物市场日常监管。市“扫黄打非”办坚持突出工作重点，协调相关部门以实现平安奥运为目标，普遍组织开展联合执法，按照“反盗版天天行动”的原则、规定和要求，进一步加大了打击出版物游商地摊和查缴非法及盗版出版物的力度。特别是徐汇、长宁、普陀、浦东、杨浦、虹口等区，组织力量对奥运比赛（训练）场馆、运动员住宿宾馆周边进行了高密度巡查，并对重点路段实施固守，出版物游商地摊问题得到较好治理。

三是扎实开展系列专项整治行动。在以清查印刷复制企业为重点的“扫黄打非”第二阶段专项行动中，市“扫黄打非”办协调市文化执法总队、市公安局等有关部门对全市印刷复制企业进行了普查，基本摸清了“家底”，严肃查处了多起违法经营案件，市文化执法总队编印了《上海市印刷复制企业行政检查简易手册》，加强了对区县机构有关工作的指导。该《简易手册》得到全国“扫黄打非”办、中宣部出版局检查组的高度评价，认为这在全国是个创新。市文化执法总队还会同市公安局治安总队，向各印刷复制企业发放了旨在规范企业行为的《三个不准十项注意》，加强法制教育。8月12日，奉贤区文化执法大队在青村镇查处一起非法出版物印刷案件，扣押3种违法印制的非法期刊共6.8万册。10月22日，市文化执法总队在宝山区一印刷厂执法检查时，发现该厂正在印刷有关邪教内容非法出版物，执法人员当场予以扣押，并立即向市610办公室通报了有关情况，为公安机关深入侦查案件提供了重要线索。在严厉打击非法报刊专项行动中，市“扫黄打非”办按照“重典治滥”的要求，协调市文化执法总队、市公安局治安总队以及闸北区有关部门，先后对洛川中路报纸批发一条街进行了两次集中整治，收缴非法报纸近3万份。10月底，根据全国“扫黄打非”办批转的举报线索，市“扫黄打非”办协调市公安局治安总队、市文化执法总队对孙某销售非法报纸案进行了立案侦查，11月4日，公安机关在本市将孙建荣抓获，执法人员辗转北京、江西、甘肃、兰州等地调查取证，目前，因涉嫌非法经营罪，孙某等17名当事人已被公安机关刑事拘留。在网络“扫黄打非”工作中，市文化执法总队2008年共查处各类违规网站64家，立案处罚30家，责令关闭违规网站15家，协调市通信管理局关闭违规网站15家。根据全国“扫黄打非”办等上级部门要求，查处了一批从事违法游戏经营活动的单位以及一批提供非法音乐作品下载服务的违规网站。

四是加大对储运、批发非法出版物违法行为打击力度。2008年，全市共查处万盘以上非法音像制品（电子出版物）、5000册以上非法书刊大案108件，其中查处利用交通运输渠道贩运非法出版物行为51起。5月29日，市“扫黄打非”办协调市文化执法总队、普陀区文化执法大队、区公安分局治安支队，破获了杨某经营非法音像制品犯罪团伙案，查缴非法音像制品33.9万余张，抓捕涉案人员3名，并对杨某进行网上通缉。金山区积极发挥公路道口查堵非法出版物工作机制作用，2008年共在公路检查站截获17批非法音像制品。普陀区“扫黄打非”办针对辖区位于市区西南进出口，区内打包托运站较多的情况，加强侦察跟踪，大力打击非法音像制品储运行为，2008年共查处非法储运行为14起。闸北区“扫黄打非”办针对辖区铁路和物流储运非法出版物问题，协调有关部门加大整治力度，共查处大案9起。

五是密切行政司法衔接，加大司法惩处力度。根据全国“扫黄打非”批转线索和江苏省有关部门反映的情况，市“扫黄打非”办协调市文化执法总队和公安部门，破获了沈某经营非法教辅读物案，7月11日，上海市第二中级人民法院以非法经营罪依法判处沈某有期徒刑2年，并处罚金人民币55万元，违法所得的两台车辆和人民币56.63万元予以没收。8月22日，上海市普陀区人民法院以销售侵权复制品罪，依法对3月12日被公安、文化执法机构查获的运输非法音像制品案件的两名被告人作出有罪判决，这是上海市首次对明知为侵权复制品而帮其运输的当事人作出有罪判决，加大了刑事司法的打击力度。

六是加强综合治理，提高工作成效。市“扫黄打非”办通过指导、协调有关区县和相关部门，针对突出问题实施综合治理，增强了治理成效。浦东新区“扫黄打非”办根据市“扫黄打非”办工作要求，协调公安、工商、城管等部门和有关街道，经过5个月的不懈努力，共取缔无证经营摊点38个，收缴非法音像制品6万余张，彻底解决了“融富百货”市场集中销售非法音像制品的“顽症”。针对张庙花鸟市场摊位销售非法音像制品的问题，宝山区“扫黄打非”办组织协调公安、工商、城管等有关部门，成立了联合整治工作小组，进行了两个多月的集中整治，花鸟市场内22个销售非法出版物的摊点被全部取缔，整治工作取得阶段性成果。卢湾区“扫黄打非”办紧密结合卢湾区争创“全国文明城区”的实际，协调有关部门多管齐下，采取宣传在先、疏堵结合、政策托底的方法，妥善地解决了历史遗留的“新百佳书报摊”问题，55个销售摊点全部歇业。

三、加强宣传，创新机制，推进工作深入开展

针对“扫黄打非”专项行动多、文化市场“奥运保障”任务重、集中整治时间长的特点，市“扫黄打非”办结合某些特定日和专项行动，积极拓展法制宣传教育渠道。4月20日，市“扫黄打非”办在卢湾区淮海公园，举办了2008年全国统一集中销毁侵权盗版及非法出版物上海市分会场活动，增强了广大市民的法制意识和保护知识产权意识。9月9日，市“扫黄打非”办（市文化执法总队）召集本市13家主要媒体召开新闻恳谈会，就加强“扫黄打非”信息发布、推进文化执法与新闻媒体的合作进行了研讨，形成了“扫黄打非”机构与新闻媒体的良性互动，为深入开展“扫黄打非”工作营造了良好环境。围绕“4·26”世界知识产权日，黄浦区举办大型宣传活动；金山区发放宣传资料，介绍识别盗版方法；宝山区与区电视台联合举办“市民连线”节目，增强了市民抵制盗版的意识。在“我为奥运做贡献　文明经营我争先”活动中，徐汇区会同东方书报刊服务公司，向辖区250家东方书报亭发放法规告知书；长宁区组织经营者签订奥运会期间做到“健康、文明、诚信”经营承诺书；杨浦区开展了“文化执法进居委”系列宣传活动；虹口区多次召开音像制品业主恳谈会，与行政相对人面对面地交流沟通，增强了业主对“扫黄打非”工作的认同。

2008年，各区县、各部门在积极探索和创新执法手段方面形成了一些特色性的做法。其一，积极探索、推进建立街道（镇）“扫黄打非”队伍。闵行区政府办公室印发了《闵行区文化市场管理（扫黄打非）工作机制》，进一步明确了各部门，包括街道（镇）“扫黄打非”及文化市场监管工作职责；南汇区积极探索监管责任落实途径，促进了部门和街道（镇）合力的形成。杨浦、宝山等区也都以各种形式在街道（镇）成立了“扫黄打非”队伍。其二，推进文化市场规范区建设。黄浦区豫园和青浦区朱家角两个“文化旅游规范景区”的创建工作进一步得到落实，嘉定区在马陆镇先后建设了两个“文化市场规范区”，为加强区域文化市场监管提供了借鉴。其三，进一步完善公路道口查堵非法出版物工作机制。2008年，金山、嘉定、松江、宝山、闵行、闸北等区先后在各公路道口、货运打包托运站等地查获非法出版物38批次，有效净化了出版物市场。其四，完善打击非法出版物每月情况通报制度，进一步落实了打击非法出版物大案要案奖励制度。

领导讲话

在上海—广州“3·30”非法出版物团伙网络案办案表彰会上的讲话（摘要）

上海市委常委、宣传部长、市“扫黄打非”工作小组组长
王仲伟

今天，经中央领导批准，全国“扫黄打非”工作小组在这里隆重召开上海—广州“3·30”非法出版物团伙网络案办案表彰会。全国“扫黄打非”办专职副主任、新闻出版总署出版物市场监管局局长李宝中同志主持会议。刚才，公安部治安局副局长、全国“扫黄打非”办副主任徐沪同志，中宣部出版局副局长、全国“扫黄打非”工作小组联络员周慧琳同志宣读了全国“扫黄打非”工作小组有关表彰决定和全国通报；中央工作组向受表彰有功集体、有功个人颁奖；接下来受表彰的单位和人员代表还要发言。我代表上海市委、市政府和市“扫黄打非”工作小组对中央部门领导同志来沪指导工作表示热烈的欢迎和衷心的感谢！向受到表彰的单位和同志表示热烈的祝贺！向全体参加“3·30”案件侦办、审理工作的同志们表示衷心的感谢和崇高的敬意！

上海市委、市政府高度重视“3·30”案件办案工作，始终关心、指导案件的查处工作。案件侦办过程中，市“扫黄打非”办公室发挥了很好的协调部署作用，市公安局组织精干力量夜以继日地开展了侦查工作，发挥了主力军作用。市人民检察院第二分院、市第二中级人民法院领导对该案的审理工作高度重视，予以具体指导，具体办案人员审慎认真，思路清晰，为依法判决犯罪分子付出了很多心血和精力。12月12日，市第二中级人民法院依法以非法经营罪、贩卖淫秽物品牟利罪分别判处张某有期徒刑15年，并处罚金人民币10万元；胡某有期徒刑11年，并处罚金人民币5万元。“3·30”案件的两名主犯受到了法律的严厉制裁。

“3·30”案件是我国开展“扫黄打非”20年来破获的一起涉及多个省市的集境外走私、境内策划、印制、运输、批发、销售非法出版物为一体的重大团伙案，也是一起涉案品种最多、数量最大、案中有案、一案带多案的非法出版物大案。在历时6个月的时间里，上海、广东、河南、安徽、江苏、浙江、天津、山西等地“扫黄打非”、公安部门密切配合、协同作战，破案工作取得重大成果。正如全国“扫黄打非”办指出的：该案的破获意义重大，它不仅使我们掌握了目前制售非法出版物的新情况，使我国打击非法出版物斗争进入了一个新阶段，也为今后打击这类犯罪团伙积累了经验。

“3·30”案件由全国“扫黄打非”办和公安部挂牌督办。新闻出版总署署长、国家版权局局长、全国“扫黄打非”办主任柳斌杰同志自始至终高度重视该案的查处工作，亲自部署、直接

指导破案工作。全国“扫黄打非”办副主任李宝中同志和其他有关同志不畏艰辛，多次召开案件协调会，组织协调案件查处工作。8月3日，李宝中同志等还专程来沪召开案件协调会，研处该案的审理工作。在侦办、审理“3·30”案过程中，中央部门发挥了有效的指导作用，做到督办有力；各地“扫黄打非”、公安等部门的同志们不畏艰难，连续战斗，为破案工作作出了贡献。

“3·30”案件的成功破获，各地都有很多宝贵的经验可以予以总结。首先是全国“扫黄打非”办、公安部等中央部门的领导高度重视，对侦办和审理工作抓得紧、抓得实、一抓到底。其次是涉案区域间紧密协同配合，形成了合力。案件破获后，中央部门发挥媒体优势，造成了宣传强势，对提高人民群众“扫黄打非”的认同度和向心力起到了积极作用；对从事制售非法出版物的犯罪分子产生了强烈的震慑作用。就我们上海而言，在办理“3·30”案件工作中，加强党的领导、公安和司法通力合作、“扫黄打非”部门协调部署，成为我们今后查处“扫黄打非”重大案件的一条经验，应该予以全面总结、认真领会运用。通过“3·30”案件，也使我们进一步明确了这样一个指导思想：“扫黄打非”工作机构首先是党的机构，党内都要提要求，要明确任务，协调部署，把方针定下来，形成党内议(定)、各方去办的格局，不断推动“扫黄打非”斗争深入发展。

上海各地区、各部门一定要切实把“扫黄打非”工作列入重要的议事日程，不断坚持和完善党委、政府统一领导，“扫黄打非”工作小组及其办公室组织协调，各地区和各成员单位齐抓共管，广大人民群众积极参与的“扫黄打非”领导体制和工作机制。我们要进一步落实“属地管理”和“谁主管、谁负责”要求，确保“扫黄打非”工作领导到位、任务到位、责任到位、措施到位，不断提高“扫黄打非”工作水平，为维护国家安定、社会稳定和文化安全作出更大的贡献。

2008年1月10日

在第二十一次全国“扫黄打非”工作电视电话会议上海分会场的讲话（摘要）

上海市委常委、宣传部长、市“扫黄打非”工作小组组长
王仲伟

我们大家参加了第二十一次全国“扫黄打非”工作电视电话会议，会议表彰了2007年度全国“扫黄打非”先进集体、先进个人、有功集体和有功个人，部署了2008年“扫黄打非”行动，中央有关部门特别是中央政治局委员、书记处书记、中宣部部长、全国“扫黄打非”工作小组组长刘云山同志在会上作了重要讲话。这次会议的精神十分重要，各区县、各部门一定要认真传达学习，并结合实际切实抓好落实工作。

2007年，上海各区县、各有关部门按照中央和市委的统一部署，深入持久地开展了“扫黄打非”斗争，组织了一系列的专项治理行动，在查堵非法出版物、扫除淫秽色情等有害出版物、打击侵权盗版出版物、查处非法出版活动、清除网络有害信息等方面取得了显著成效；在强化日常监管工作、健全“扫黄打非”工作网络、完善综合执法体制、形成区域、部门合力等方面取得了新的进展。2007年，全市共收缴非法出版物1050多万件，不仅有力地维护了社会政治稳定，也进一步规范了出版物市场秩序，大大增强了全社会保护知识产权的意识。特别是以《刑法》为武器、在严厉打击非法出版活动和侵权盗版行为方面取得了新的突破，全年共有19名经营淫秽和非法出版物的犯罪分子被判处有期徒刑。其

中，依法严肃查处的“上海—广州‘3.30’非法出版物团伙网络案”，受到了全国“扫黄打非”工作小组的表彰。

关于2008年的“扫黄打非”工作，刚才，全国电视电话会议已经作了部署，并明确了各部门的职责分工，提出了具体的要求，按惯例，《上海市2008年“扫黄打非”行动方案》也将由市委办公厅、市政府办公厅转发。为了抓好工作落实，我在这里强调几点意见：

一、认真传达全国电视电话会议精神，确保会议精神落实

今天会议结束以后，各区县、各部门与会同志要及时向主要领导报告这次会议的精神，并认真组织传达贯彻工作。传达贯彻中要把握三个重点：一是要把学习贯彻党的十七大精神与学习贯彻中央领导关于“扫黄打非”的一系列重要指示有机结合起来，进一步提高对“扫黄打非”斗争重要性、长期性、艰巨性的认识；二是要全面掌握2008年“扫黄打非”行动方案，特别是要很好地学习领会云山同志的重要讲话精神，总结20年来“扫黄打非”斗争的经验、做法，正确认识新形势下“扫黄打非”斗争的特点，把握今年工作的重点；三是要根据本次会议精神，按照中央要求和市委的工作部署，结合本地区、本部门的实际，抓紧制定2008年“扫黄打非”行动方案，明确目标任务，采取有效措施，确保工作落到实处。

二、认清形势特点，切实把“扫黄打非”摆上重要议事日程

“扫黄打非”是一项长期的斗争，今年的“扫黄打非”工作面临着许多新的特点：今年是全面贯彻党的十七大精神、深入推进和谐社会建设的重要一年；各级人大、政府、政协将进行换届；8月份北京将举办举世瞩目的奥运会。这些都对今年的“扫黄打非”工作提出了新的要求和更高的标准。各级党委、政府和有关部门一定要把思想和行动统一到中央和市委的决策部署上来，从全面贯彻落实科学发展观、构建社会主义和谐社会、推进社会主义文化大发展大繁荣的高度，进一步增强政治意识、大局意识、责任意识，做到居安思危，准确把握形势特点，加强对策研究，牢牢把握“扫黄打非”主动权。

三、突出工作重点，全面落实“扫黄打非”工作任务

根据2008年“扫黄打非”行动方案，今年的“扫黄打非”有五项重点工作，即坚决查缴非法出版物、清除淫秽色情等文化垃圾、打击侵权盗版行为、查处非法报刊制售活动、清除网络有害信息。围绕这些重点，全年将开展三个阶段的专项行动。各区县、各部门一定要紧紧围绕“扫黄打非”工作重点和三个阶段的行动部署，结合上海实际情况，组织开展好各项专项治理行动，形成自己的工作特色。同时，我们还要根据上海出版物市场实际，坚持围绕中心、服务大局，有针对性地适时组织一些专项治理工作，依法严厉查处经营非法出版物案件，有效解决出版物市场的突出问题。努力做到有利于主流意识形态占主导地位不受伤害，维护良好的城市文化形象和广大人民群众的利益，促进出版物市场秩序的规范有序，为社会主义文化大发展大繁荣和建设文化大都市服务。

四、进一步完善“扫黄打非”工作机制，加强执法队伍建设

“扫黄打非”是党中央领导的专项斗争，是一项政治任务，各级党委、政府和有关部门一定要加强组织领导，切实担负起这一政治职责。“扫黄打非”工作机构首先是党的机构，党内都要提要求，要明确任务，协调部署，把方针定下来，形成党内议（定）、各方办的工作格局。要不断坚持和完善党委、政府统一领导，文化市场管理（“扫黄打非”）工作领导小组及其办公室组织协调，各地区和各成员单位齐抓共管，广大人民群众积极参与的“扫黄打非”领导体制和工作机制，推动“扫黄打非”斗争深入开展。要坚持落实“属地管理”和“谁主管、谁负责”要求，各区县文化市场管理（“扫黄打非”）工作领导小组负责人，是区县党委、政府“扫黄打非”工作的第一责任人，要切实履行职责，确保

“扫黄打非”工作领导到位、任务到位、责任到位、措施到位。要充分发挥各级文化市场管理（“扫黄打非”）工作办公室的组织协调作用，积极推进在街道（镇）一级建立“扫黄打非”领导小组的工作，层层落实工作责任制。要进一步明确工作分工，形成工作合力。要进一步健全完善“扫黄打非”工作奖惩制度，认真做好2007—2008年度“扫黄打非”先进集体、个人评比工作，对工作得力、文化市场管理（“扫黄打非”）成效明显的地区、做出突出贡献的集体和个人，要给予表彰和奖励；对因工作失职或渎职造成文化市场问题突出、秩序混乱和社会影响恶劣的，要追究有关领导和相关人员的责任；对“扫黄打非”存在严重问题的，在相关创建活动中实现“一票否决”制。要加强“扫黄打非”舆论宣传和政策研究工作，强化舆论监督作用，提高“扫黄打非”工作水平。

要高度重视和加强执法队伍建设。这几年，随着文化领域综合执法体制的改革，进一步加强了“扫黄打非”行政执法力量。但是，目前全市执法队伍建设还不平衡，面临着一些困难和问题。各级党委、政府和部门领导一定要重视执法队伍的建设，采取有力措施解决执法队伍面临的困难和问题，为执法队伍的建设发展提供必要保障、创造有利条件。执法队伍要切实加强自身建设，不断提高政治素质和业务能力，努力打造一支政治过硬、业务精通、作风优良、清正廉洁的执法队伍。

同志们，今年的“扫黄打非”行动已全面展开，我们一定要按照中央和市委的统一部署和要求，精心组织，周密安排，狠抓落实，为促进社会主义文化大发展大繁荣和北京奥运会顺利举办营造良好的思想舆论氛围和文化环境。

2008年1月17日

2008年“扫黄打非”大案要案综述

上海市“扫黄打非”办

2008年，上海市各区县、各有关部门通过加强举报受理、深挖案件线索和排摸其他部门反映情况等途径，加大了对“扫黄打非”大案要案的查处力度，先后查处了“5·29”特大音像制品案、“沈某经营非法教辅读物案”及协助湖北省查处了咸宁“4·01”非法出版物案等3宗重点案件。

1. “沈某经营非法教辅读物案”。2007年11月12日，上海市“扫黄打非”办接到全国“扫黄打非”办批转举报，反映江苏省有关部门在查处江阴市文教印刷有限公司印刷非法出版物案件的过程中，发现该案另一当事人——上海市宝山区教育局工作人员沈某涉嫌非法出版、委印、发行出版物。市“扫黄打非”办即协调市文化执法总队、市公安局文保分局成立专案组，组织执法人员到江阴市展开调查取证工作。经查，2005年2月至2006年4月，沈某利用从香港语丝出版社上海办事处购得的两个书号，非法出版、委印、发行《长江口教育文丛》、《培智学校自助教学训练丛书》两套图书共11.4万册，经营额126.23万元，违法所得53.63万元。2007年12月3日，市公安局文保分局将沈某刑事拘留，12月4日将其逮捕。2008年7月11日，上海市第二中级人民法院判决被告人沈家祺犯非法经营罪，判处有期徒刑2年，并处罚金人民币55万元，违法所得的两台车辆和人民币56.63万元予以没收。

2. “5·29”特大音像制品案。2008年4月，上海市普陀区文化执法大队在破获有关案件的过程中，发现了一个以杨某（化名，安徽人，真实姓名为钱某）为首的盗版团伙的线索。区大队经过一个多月跟踪侦查，摸清了该团伙储存非法音像制品的场所、行踪路线及发货规律等情况。市“扫黄打非”办积极协调文化执法、公安等部门成立专案组，集中力量开展查处工作。5月29日晚，市文化执法总队会同普陀区文化执法、公安部门对杨某盗版团伙的几个非法音像制品批发窝点进行突击检查。执法人员在闵行区一窝点收缴非法音像制品约27万盘（张），在另一窝点收缴非法音像制品6万余盘（张），合计逾33.9万余盘（张），并抓获了3名涉案人员。公安部门对盗版团伙头目杨某进行了网上通缉。

3. 协助湖北破获咸宁“4·01”非法出版案。

2008年4月，湖北省“扫黄打非”办协调有关部门，破获了咸宁“4·01”非法出版案。违法印制的非法出版物共有3个品种，其中一个品种印好后于3月8日经武汉送往上海。根据湖北方面提供的线索，上海市“扫黄打非”办积极协调公安等部门成立专案组，组织力量开展案件侦破工作。上海市公安局会同湖北咸宁市公安局，迅速掌握上海方面接货人情况，并于6月11日在上海市虎林路将涉案嫌疑人张某（男，38岁，山东枣庄人）抓获。经上海市公安局移送，张某被咸宁市公安局依法刑拘。由湖北发往上海的2700套共5400册非法出版物已于3月10日被上海市宝山文化执法大队查获。

2008年上海市3个重点案件的查处工作有以下几个特点：一是领导高度重视，围绕破案，市“扫黄打非”办均成立了由有关部门负责人参加的专案组，加强了对案件查处工作的领导和指导，给予执法部门以人力、才力和装备的支持，保证了案件查处工作的顺利进行；二是一些案件为跨地区案件，有关省市通力协作，紧密配合，形成了工作合力，加快了破案速度，并充分运用《刑法》严厉打击违法犯罪活动，对犯罪分子形成了法律震慑；三是这些案件的查处、取证工作难度大，执法人员发挥连续作战精神，不畏艰辛、克坚攻难，为侦办案件付出了大量心血，体现了“扫黄打非”战线工作人员良好的精神面貌和顽强的工作作风。

2008年“扫黄打非”大事记

上海市“扫黄打非”办

1月10日，全国“扫黄打非”工作小组在上海隆重召开了“上海—广州‘3.30’非法出版物团伙网络案”办案表彰大会。全国“扫黄打非”办专职副主任、新闻出版总署出版物市场监管局局长李宝中同志主持会议。市委常委、宣传部长、市“扫黄打非”工作小组组长王仲伟同志，公安部治安局副局长、全国“扫黄打非”办副主任徐沪同志，中宣部出版局副局长、全国“扫黄打非”工作小组联络员周慧琳同志及本市有关单位负责人出席了会议。会议对在“3·30”案件侦破、审理过程中涌现出的有功集体和有功个人进行了表彰。王仲伟同志在讲话中指出，“3·30”案件的成功破获，各地都有很多宝贵的经验可以总结，就上海而言，加强党的领导、公安和司法通力合作、“扫黄打非”部门协调部署，应成为我们今后查处“扫黄打非”重大案件的一条重要经验。

1月17日，市委常委、宣传部长、市“扫黄打非”工作小组组长王仲伟同志，副市长、市“扫黄打非”工作小组副组长杨定华同志和市“扫黄打非”工作小组成员单位负责人，各区县“扫黄打非”工作领导小组负责人，市有关部门负责人及新闻单位代表等100余人出席了第二十一次全国“扫黄打非”电视电话会议上海分会场的会议。王仲伟同志在上海分会场讲话时强调，2008年，全市各区县和有关部门要认真贯彻落实第二十一次全国“扫黄打非”工作电视电话会议精神，继续深入开展“扫黄打非”斗争。一要认真传达全国电视电话会议精神，确保会议精神贯彻。二要认清形势特点，切实把“扫黄打非”摆上重要议事日程。三要突出工作重点，全面落实“扫黄打非”任务。四要进一步完善“扫黄打非”工作机制，加强执法队伍建设。

1月下旬至3月底，根据《2008年“扫黄打非”行动方案》的部署和全国“扫黄打非”办《关于开展2008年“扫黄打非”第一阶段专项行动净化春节、“两会”期间出版物市场的通知》的要求，上海市认真组织开展了以打击非法出版物为重点的“扫黄打非”第一阶段专项行动，截至3月底，全市共收缴非法出版物150余万件，为春节、全国和上海的“两会”营造了良好的舆论氛围和文化环境。

4月，上海市“扫黄打非”办协调有关部门，协助湖北省破获咸宁“4·01”非法出版案。这批非法出版物共有3个品种，其中一个品种印好后于3月8日经武汉送往上海。根据湖北方面提供的线索，上海市“扫黄打非”办积极协调公安等部门组织力量开展案件侦破工作。上海市公安局会同湖北咸宁市公安局，迅速掌握上海方面接货人情况，并于6月11日在上海市虎林路将涉案嫌疑人张某抓获。经上海市公安局移送，张某被咸宁市公安局依法刑拘。由湖北发往上海的2700套共5400册非法出版物已于3月10日被上海市宝山文化执法大队查获。

4月，上海市普陀区文化执法大队在破获有关案件的过程中，发现了一个以杨某（化名，安徽人，真实姓名为钱某）为首的盗版团伙的线索。区大队经过一个多月跟踪侦查，摸清了该团伙储存非法音像制品的场所、行踪路线及发货规律等情况。5月29日晚，市文化执法总队会同普陀区文化执法、公安部门对杨军盗版团伙的几个非法音像制品批发窝点进行突击检查。执法人员在一窝点收缴非法音像制品约27万盘（张），在另一窝点收缴非法音像制品6万余盘（张），合计逾33.9万余盘（张），并抓获了3名涉案人员。公安部门对盗版团伙头目杨某进行了网上通缉。

4月28日，上海市“扫黄打非”工作办公室根据全国“扫黄打非”工作小组《关于开展2008年“扫黄打非”第二阶段专项行动的通知》、文化部《关于开展文化市场奥运保障行动的通知》精神，研究制定并向各区县、各有关部门印发了《关于开展2008年“扫黄打非”第二阶段专项行动和文化市场奥运保障行动的工作方案》。市委常委、宣传部长、市“扫黄打非”工作小组组长王仲伟同志在该工作方案上批示：“08年第二阶段专项行动很重要，它直接关系奥运保障工作的成效，望同志们增强政治意识，发扬顽强勇敢的工作作风，努力为保奥运服务大局立新功!”。

5月16日，全国“扫黄打非”办、中宣部出版局检查组对上海奥运会比赛场馆周边及一些重点路段的出版物市场进行了暗访调查。19日，检查组向上海市“扫黄打非”办、市文化执法总队领导通报了检查情况，并对近阶段加强出版物市场家馆和稽查工作提出了要求。针对检查组发现的出版物市场问题，当日，上海市“扫黄打非”办、市文化执法总队迅速召集有关人员研究了整改工作。20日，又召集有关区县“扫黄打非”办、文化执法大队负责人，一起具体研究了出版物市场整治工作，提出了工作要求。

6月4日，上海市“扫黄打非”办公室召开市和区县“扫黄打非”办公室主任会议，认真传达学习5月27日全国“扫黄打非”工作小组召开的“迎奥运　维护出版物市场稳定‘扫黄打非’办公室主任会议”精神。传达学习了市领导最近关于“扫黄打非”工作的重要批示精神。会议简要总结了2008年以来上海“扫黄打非”工作，结合上海出版物市场态势，部署了近阶段“扫黄打非”工作，对做好6、7、8三个月维护出版物市场稳定和文化市场“奥运保障”工作提出了具体要求。5月27日全国会议结束后，市“扫黄打非”办即向市委、市政府领导报告了会议情况和全国“扫黄打非”办的要求。市委常委、宣传部长、市“扫黄打非”

工作小组组长王仲伟同志批示：“望总队按会议精神结合上海实际作出具体部署，把迎奥运、维护出版物市场稳定的‘扫黄打非’工作切实抓实抓好”。副市长沈晓明同志批示：“请市‘扫黄打非’办认真传达和贯彻落实此次会议的精神，按照中央和国务院有关部门的指示，部署好本市工作，切实做好现阶段出版物市场稳定工作。”

4月中旬至6月底，根据全国“扫黄打非”工作小组《关于开展2008年“扫黄打非”第二阶段专项行动的通知》的部署和工作要求，上海市认真组织开展了以整治印刷复制企业和出版物运输环节为重点的“扫黄打非”第二阶段专项行动，特别是5月份以后，全市各区县和各有关部门在积极支援四川地区抗震救灾的同时，坚持围绕中心、服务大局，深入开展“扫黄打非”斗争，全市共出动执法检查人员3万余人次，检查出版物经营场所1.2万余个（次）、印刷复制企业7000家（次），办理出版物行政案件120余件，取缔出版物游商地摊1300余个（次），收缴非法音像制品（电子出版物）160万余盘（张）、非法书刊20万余册，查获“法轮功”等邪教组织宣传品14万余件，有力地推进了迎奥运、维护出版物市场稳定工作。

7月11日，沈某经营非法教辅读物案宣判。

7月12日至14日，由中宣部出版局副局长郭义强同志带队，中宣部出版局、全国“扫黄打非”办暗访组对本市出版物市场进行了检查。7月14日，暗访组向市“扫黄打非”办、市文化执法总队领导通报了检查情况，对开展奥运前30天出版物市场集中清查行动提出了要求。市“扫黄打非”办、市文化执法总队领导表示，一定按照中央的统一部署和要求，认真做好奥运前30天出版物市场集中清查工作，对暗访组指出的出版物市场问题，迅速进行整改，并举一反三，加大市场监管和执法力度。7月14日以后，经市“扫黄打非”办、总队组织协调，各区县“扫黄打非”办、文化执法机构等对存在问题的区域、地段反复进行清查，总队组织力量对有关地区多次进行复查，暗访组指出的问题已得到解决。

7月17日，上海市“扫黄打非”办、市文化执法总队召开各区县“扫黄打非”办主任、文化执法大队大队长和总队各处室负责人会议，传达中央部门和市委、市政府关于“保奥运服务大局”各项工作要求，强调要认清当前文化市场的形势，明确奥运会之前和期间“扫黄打非”和文化市场监管重点工作，进一步提高认识，振奋精神，全力以赴维护文化市场秩序，为北京奥运会营造良好的文化环境。会议要求重点做好以下工作：一是抓紧解决中宣部、全国“扫黄打非”办暗访组提出的12个问题；二是全面完成7月份的大清查任务；三是要继续严厉打击储运非法出版物、非法音像制品违法经营行为；四是要统筹兼顾暑假特点的文化市场监管工作；五是要加强网络监管和旅游市场的监管工作；六是在经营者中集中开展“我为奥运做贡献、文明经营我争先”活动。

7月上旬，按照全国“扫黄打非”工作小组的统一部署，上海市以保护知识产权为平台，按照“反盗版百日行动”、“反盗版天天行动”的原则、要求和标准，认真组织开展了奥运前30天出版物市场集中清查行动出版物市场集中清查行动，截至8月6日，全市共检查出版物经营场所2040家（次），取缔出版物游商地摊354个（次），立案处理28件。收缴非法图书17260册、非法报纸21359份、非法地图3900份、非法音像制品334398张、非法电子出版物2882张。

2007年11月12日，上海市“扫黄打非”办接到全国“扫黄打非”办批转举报，反映江苏省有关部门在查处江阴市文教印刷有限公司印刷非法出版物案件的过程中，发现该案另一当事人——上海市宝山区教育局工作人员沈某涉嫌非法出版、委印、发行出版物。市“扫黄打非”办即协调市文化执法总队、市公安局文保分局执法人员到江阴市展开调查取证工作。2007年12月3日，市公安局文保分局将沈某刑事拘留，12月4日将其逮捕。2008年7月11

日，上海市第二中级人民法院判决被告人沈某犯非法经营罪，判处有期徒刑2年，并处罚金人民币55万元，违法所得的两台车辆和人民币56.63万元予以没收。

8月上中旬，围绕打击侵权盗版，为北京奥运会营造良好的法制环境、文化环境和舆论环境，上海认真做好奥运前和期间出版物市场清查工作，文化执法等部门在对重点区域、重点路段和重点部位出版物市场形成高压监管态势的同时，注重打击储运、批发非法出版物的违法行为，这阶段共查处5个非法出版物批发窝点、截获3批运输途中的非法出版物，合计收缴非法图书9140册、非法地图3900份、包括《北京2008年奥运会开幕式》盗版光盘在内的非法音像制品6.8万余张。

9月上中旬，上海根据中央有关部门要求，继续认真做好残奥会期间文化市场集中清查工作。文化执法等部门加强了重点区域、重点路段出版物市场监管，形成了高压监管态势，同时，加大了对储运、批发非法音像制品违法行为的打击力度。继8月份查处多起储运、批发非法出版物违法行为后，再次查获7个非法音像制品批发窝点、3次截获运输非法音像制品入沪车辆，合计收缴非法音像制品255021张。

上海认真贯彻落实全国“扫黄打非”办等中央八部门《关于坚决打击利用交通运输渠道贩运非法出版物的通知》精神，加大了交通运输环节贩运非法出版物的打击力度，9月22日、23日成功截获两辆运输非法音像制品入沪车辆，收缴非法音像制品共计130箱124035张。

9月24日、26日，上海两级文化执法机构通过拓展举报渠道、深挖案件线索、加大公路道口查堵非法出版物力度等措施，查获三起储运非法出版物案件，收缴非法音像制品18.5万余张、非法书刊7.9万余册。

9月27日接到全国“扫黄打非”办《关于进一步开展严厉打击非法报刊专项行动的通知》后，市“扫黄打非”办即召开专门会议，研究了贯彻落实措施，制定了工作方案。10月14日凌晨，上海市文化执法总队会同上海市公安局治安总队，对洛川中路报纸批发市场进行了突击检查，共查缴时政类、法制类、军事类及其他非法报纸33种合计2.8万份。10月上海开展进一步打击非法报刊专项行动以来，闵行、普陀等区文化执法大队也在各自辖区查缴了一批非法报刊。

10月13日，全国“扫黄打非”办检查组来沪检查开展严厉打击非法报刊专项行动情况。市“扫黄打非”办向检查组汇报了上海今年以来“扫黄打非”工作和近期组织开展严厉打击非法报刊专项行动情况。检查组结合讲评上海工作，传达了中央领导同志2007年以来关于整治“四假”和加强出版物市场监管工作的重要批示精神。检查组对上海加强“扫黄打非”工作机制建设予以肯定，特别指出，上海在开展打击非法报刊专项行动期间结合印刷复制企业监管工作，市文化执法总队编印了《上海市印刷复制企业行政检查简易手册》，这在全国是个创新。检查组对上海做好奥运后出版物市场监管工作提出了具体要求。

10月份，围绕维护奥运后出版物市场秩序，按照全国“扫黄打非”办的统一部署和工作要求，上海市结合“迎世博600天行动”，全面清查出版物市场，继续加大打击非法出版物批发、储运行为的力度，认真组织开展严厉打击非法报刊专项行动，两个月共出动执法检查人员1.7万余人次，检查出版物经营场所9933家（次），办理行政案件59件，取缔出版物游商地摊873个（次），收缴非法图书27万余册、非法报刊7.6万余余份、非法音像制品和电子出版物10万余盘（张），进一步规范和净化了出版物市场。

11月，上海市普陀区人民法院以销售侵权复制品罪，依法对2名运输非法音像制品的被告人作出有罪判决，判处被告人张某某有期徒刑6个月，并处罚金人民币6000元；判处被告人张某拘役5个月，缓刑5个月，并处罚金人民币3000元；扣押在案的非法音像制品均依法没收。

12月3日，群众举报反映，有一辆运输非法音像制品的卡车从广州经杭州到上海。市文化执法总队即会同虹口区执法大队分两路进行查处，一路在沪杭高速公路莘庄出口站附近守候，另一路由举报人带路赶赴杭州进行跟踪。12月4日凌晨4时左右，当车辆行驶至古浪路加油站停下时，执法人员迅即将该车辆拦下，依法实施检查，共截获非法音像制141包合计12.9万余张。

12月18日，根据群众举报，闵行区文化执法大队对位于沪青平公路的明大市场二楼的非法音像制品仓库和批发窝点进行突击检查，端掉1个储存非法音像制品的仓库，收缴非法音像制品10万余张。

12月26日，上海市金山区“扫黄打非”办协调文化执法、公安部门在金山区永联公路道口检查站截获一辆入境的货车，查缴非法杂志共125件合计3万册。

创新经验

上海市闵行区将辖区“扫黄打非”、文化市场监管工作纳入镇（街道）党政主要领导干部政绩考核内容

上海市闵行区“扫黄打非”办

上海市闵行区地处城乡接合部，外来人口多，街区管理工作任务较重，文化市场情况比较复杂，各类文化经营场所近2000家，全区文化执法人员16名，人均监管场所125个。

闵行区委、区政府近年来十分重视“扫黄打非”、文化市场监管工作，积极推进社会主义精神文明建设，努力营造良好的人居文化环境，确保街区文化市场的规范有序和繁荣发展。为加强“扫黄打非”、文化市场监管工作，提高文化市场监管效能，从2006年起，闵行区委、区政府把辖区“扫黄打非”、文化市场监管工作纳入镇（街道）党政主要领导干部政绩考核内容，并同奖励挂钩，以激励镇（街道）主要负责干部加强对“扫黄打非”、文化市场监管工作的领导，促进街镇文化市场的网格化监管，不断提升辖区“扫黄打非”、文化市场监管工作的水平和效能。

2006年2月，该区以下发了《中共闵行区委、闵行区人民政府关于2006年镇领导干部考核奖励意见》（闵委发〔2006〕4号），明确将考核内容分为17个项目，将文化市场整治工作列入其中之一，对辖区镇（街道）党政主要领导实施年度考核。为做好这项考核工作，区文化市场管理（扫黄打非）工作领导小组办公室制定了《闵行区镇（街道）文化市场整治考核指标及评分标准》，将文化市场整治项目考核的0.5分放大为100分，分为22个子项目，包括“领导重视、机构健全”、“措施得力、队伍稳定”、“廉洁自律、依法行政、文明执法”、“日常监管”、“举报处理”、“联合执法”、“大案要案”、“重点地区的监管”等有关文化市场管理（扫黄打非）工作的重要指标，设定了具体的量化标准及相应加（减）分值。同时明确了考核工作由区文管（扫黄打非）办、公安、工商等相关职能部门负责，最后形成文化市场整治项目考核分并按规定比例计入考核总分。

连续几年实施此项考核后，明显强化了该区文化市场整治联动机制，有效地形成了文化市场的管理合力。2006年至2007年，该区组织由文化、公安、工商、城管执法等部门的文化市场集中整治联合行动和辖区内镇政府、街道办事处参与的联合检查、专项整治行动共233次，取缔无证经营摊点372个，收缴非法图书9015本、非法音像制品和电子出版物约132万张。其中检查次数为同期文化执法部门的11.4倍，检查人次

为5.4倍，检查场所为7.7倍，从而延伸了文化执法的手臂，有效地解决了区文化执法队伍力量薄弱的矛盾，形成了镇（街道）文化执法的合力。通过上述行动，极大地打击了辖区文化市场违法经营行为，有效地规范了辖区文化市场秩序，较好地保护了市民与合法经营者的权益。

闵行区将辖区“扫黄打非”、文化市场监管工作纳入镇（街道）党政主要领导干部政绩考核内容，为建立健全区镇（街道）文化市场管理的网格化监管模式奠定了良好基础，主要体现在以下几方面：

一是创新文化市场监管工作机制。文化市场的监管不仅是文化执法部门的职责，同时涉及公安、工商、城管等其他部门。通过加强镇（街道）文化市场的综合管理，建立镇（街道）文化市场的网格化监管模式，可以有效弥补文化执法力量的不足，整合基层组织资源，实现文化市场有人管、共同管的工作机制。

二是健全文化市场监管工作的属地化管理。通过发挥镇（街道）文化市场管理工作小组和文化站的作用，实现属地化管理。建立了信息通报、组织协调、现场处置、移送处置、应急处置等工作制度，确立日常巡查、联络员和成员例会、表彰奖励、群众监督等工作机制，实现文化市场的动态管理和全方位、全天候监管。

三是建立“扫黄打非”、文化市场监管工作的激励机制。全区镇（街道）均把文化市场管理列入党委、政府议事日程，建立各级文化市场管理“扫黄打非”工作小组，制定工作制度，将文化市场整治工作列入镇（街道）年度考核，直接与镇、街领导干部的年终奖金挂钩，激发了基层干部的工作热情，形成有效的激励约束机制，增强了“扫黄打非”、文化市场监管的力度和成效。

重 庆 市

2008年“扫黄打非”工作总结

重庆市“扫黄打非”办

2008年，在全国“扫黄打非”办和重庆市委、市政府的高度重视和正确领导下，全市“扫黄打非”工作坚持以迎接全国“两会”和保障北京奥运会胜利举办为主线，以打击非法出版物为工作重点，坚持标本兼治、打防并举、狠抓落实。充分发挥体制优势，多方整合执法资源，切实加大巡查办案和教育引导力度，取得了较为突出的成绩。全市共组织集中专项行动17次，出动执法人员15万人（次），检查市场、店铺、摊点7.3万家（次）；收缴各类非法出版物94万张（盘、册），其中非法音像制品58万张（盘），非法电子软件5.2万张（盘），非法书报刊30万册（份、张），行政处罚案件478件，移送司法案件54件，沉重地打击了不法分子的嚣张气焰，有效地规范了重庆文化市场秩序。全年工作体现出五个方面特点。

一、领导高度重视，深入指导工作

2008年以来，市领导多次就做好全市“扫黄打非”工作作出指示，亲自开展文化市场调研。中共中央政治局委员、市委书记薄熙来两次明确提出要“让重庆成为保护知识产权的模范城市”。1月2日，市委常委、宣传部长、市“扫黄打非”工作小组组长何事忠看望市“扫黄打非”办和市文化执法总队工作人员，肯定成绩，提出殷切希望。在奥运保障行动中，何事忠亲自审查签发了领导小组文件，多次对具体工作作出批示，安排市“扫黄打非”办在全市宣传部长会议上传达全国“扫黄打非”办文件并对全市奥运保障行动作出部署。年初，重庆市人大常委会副主任陈雅棠专程到市“扫黄打非”办和市文化市场行政执法总队视察调研，对市“扫黄打非”办和执法总队的工作给予充分肯定。5月19日，新任“扫黄打非”工作领导小组副组长、副市长谭栖伟到总队考察调研，强调要依法治文。9月12日下午，谭栖伟听取了总队工作汇报，并提出了明确要求。领导的重视和支持，为“扫黄打非”工作增添了巨大动力。

二、突出重点工作，全力以赴开展“奥运保障行动”

5月27日，全国“迎奥运、维护出版物市场稳定”扫黄打非办公室主任会议在北京召开后，市“扫黄打非”办立即采取有效措施分解落实奥运保障行动工作任务。一是及时召开会议，传达贯彻全国会议精神。6月11日上午，召开了全市“扫黄打非”办公室主任会议，传达贯彻全国“扫黄打非”办会议精神，部署6、7、8三个月“扫黄打非”重点任务，下发了《关于加强奥运前“扫黄打非”工作的通知》，细化了工作任务，明确了牵头单位和协办单位。各相关成员单位分别召开了相关会议，落实具体相关工作。市文化执法总队召集了主城十区大队长会议，进一步落实属地管理和部门管理责任制。二是领导带队，深入一线加强监管。市文化执法总队采取了领导分片包干负责制，把全市40个区县和1个开发区分成5个片区，总队执法队员划分为5个组，5位领导分别负责一个片区，市场分片，责任到人。从6月10日起，总队领导分别带队深入市场一线检查重点地区文化市场，对存在的问题和隐患进行指导督办，促进各地市场监管措施到位，责任落实到位。三是落实“市场天天查”，切实加强日常监管。市文化执法总队取消了所有人员的休假和外出安排，确保全员在岗、严阵以待，坚持和区县大队组成联合执法组深入大街小巷，对文化市场进行一遍遍的拉网式巡查，特别加大了对夜间、节假日和重点地区的监管，做到不留死角，监管到位。各区县大队执行工作“零报告”制度，总队还采取了“五天一通报”制度，及时通报明察暗访中发现的突出问题，督促有关区县采取有效措施，把属地监管责任落到实处。四是扎实整治报刊市场，维护健康舆论氛围。市“扫黄打非”办组织召开了由市新闻出版局、市邮政公司、重庆日报报业集团、重庆出版集团、重庆三峡书报刊传媒有限公司等9家单位和市内16家新闻媒体负责人参加的关于加强奥运期间报刊发行监管工作会议，要求加强自律监管，并将会议精神传达到每位经营户及各报刊发行点，确保报刊市场稳定。及时向各区县和市级成员单位转发全国“扫黄打非”办的《打击非法报刊通知》，明确检查重点，确保出版物市场平稳有序。同时各区县积极开展“我为奥运做贡献、文明经营我争先”活动发放宣传标语500余幅，辖区各经营门店进行张贴宣传，有力确保了奥运前后整个文化市场的平稳有序。

三、严守重中之重，坚决打击非法出版物

重庆始终把查处非法出版物作为工作的重中之重，做到发现苗头，彻查彻究，防止负面影响扩大，查处了一批大案要案。1月8日，总队会同渝中区执法大队，在渝中区回水沟72号查获一非法出版物窝点，查获各类非法音像制品3786张，其中淫秽光碟168张；查获非法图书1449册。3名违法嫌疑人现场移交警方作进一步调查处理。5月29日，北碚区执法大队和区公安分局在北碚区辽宁路51号“四海书店”查获涉嫌非法出版物47个品种94册。6月10日上午，南岸区执法大队联合区公安分局国保支队在“渝丰装订厂”查获非法宗教印刷品2000册。7月18日，九龙坡区执法大队会同区公安分局国保支队和区民宗侨台局工作人员，在铜罐驿镇查获一批宗教类非法出版物共1073（本、份）。11月19日，总队联合渝中区文化执法大队在该区大坪单巷子

154号捣毁一个非法出版物销售窝点，收缴非法书籍616册，淫秽图书7103册。这是总队成立以来查获的最大一宗非法书籍批发案件。以上案件涉案人员均移交公安部门作进一步调查处理。对非法出版物始终保持部门联动、露头就打的高压态势，决不手软，进一步净化了出版物市场环境。

四、坚持打导结合，保护知识产权

各区县和各相关部门积极行动，采取各种措施保护以著作权为重点的知识产权。一是加大源头治理力度。4月中旬至6月中旬，开展了打击非法预装计算机软件专项行动，全市共出动执法人员2000人次，检查经销商640家，检查电脑3200台，责令删除软件182件，没收盗版软件2.1万张，捣毁窝点2个，移送涉嫌犯罪人员1名。二是加大联合办案和司法移送力度，打击贮、运、售盗版行为。春节期间，市总队在江北区几大电脑市场开展查缴行动，收缴非法音像制品1.88万余张，其中盗版软件制品3706张，淫秽色情音像制品724张。7月3日，北碚区执法大队查扣1.42万册涉嫌非法出版物。7月19日，市文化执法总队会同市公安局经侦总队在高新区石桥铺地区一举捣毁了4个盗版光盘批发窝点，共缴获各类非法光盘7.77万余张，现场抓获18名涉案人员，其中6人经公安机关侦查，已移送检察机关逮捕法办。8月20日，市文化执法总队联合市公安局经侦总队和高新区文化执法大队，在石桥铺赛博电脑城4楼接连查获6个盗版音像制品批发销售窝点，收缴盗版音像制品3.6万余张（其中淫秽光碟970张）、非法电子出版物4291张。现场抓获犯罪嫌疑人1名。8月29日，市文化执法总队联合渝中区文化执法大队在渝中区都市电脑城一楼捣毁一销售盗版音像制品窝点，收缴各类非法音像制品1.5万张。11月6日，总队在九龙坡区石坪桥隆鑫钢材市场“湖南省邵东县物流有限公司”川黔宏达托运站重庆库房内查获涉嫌非法音像制品8.16万张。此案是总队查处的最大的运输环节非法音像制品案件。11月26日，总队在渝中区菜园坝挂历市场查获一个封建迷信类非法出版物的批发窝点，收缴涉嫌非法出版物近100个品种6.24万余册，其中封建迷信类书籍6.19万余册。以上涉案嫌疑人均移交公安部门调查处理，这一系列行动给社会以极大的警示，给不法分子以极大的震撼。随着知识产权保护力度不断加大，重庆市盗版现象已大为改观。三是加强宣传教育，提高知识产权保护意识。3月中旬至5月中旬市新闻出版局（版权局）开展了版权保护宣传月活动，举办了“版权保护与创新型国家”全国巡回演讲、版权保护成果巡展10场、“我与版权”征文活动，还启动了重庆市“创新与未来——青少年版权保护主题教育活动”。4月20日，市“扫黄打非”办在大渡口区行政中心广场设立2008年全国统一举行集中销毁盗版及非法出版物活动重庆分会场，举行非法出版物统一销毁及反盗版万人签名活动。2008年，总队领导先后3次走进重庆电台“阳光重庆”节目，分别围绕网吧管理、出版物市场监管和文物执法工作3个主题，向公众宣传有关政策法规和总队的职能职责，接受市民咨询和在线举报投诉，事后立即组织调查处理，并在“阳光重庆”栏目中正式回复举报人，产生了较好的社会影响。

五、建立成员单位联动机制，不断拓宽以网络“扫黄打非”为重点的工作领域

一是发挥“扫黄打非”传统优势，不断完善成员单位间的协调联动机制。根据工作需要及时召开成员单位会议和联络员会议，建立起良好的“扫黄打非”沟通联动机制，形成齐抓共管的良好格局。二是不断拓宽“扫黄打非”领域，扎实推进网上“扫黄打非”工作。今年1月至9月，按照中宣部、公安部、最高人民法院、最高人民检察院等13部委办的统一部署，由市公安网监部门牵头组织，相关职能部门积极配合，在全市范围开展依法打击整治网络淫秽色情等有害信息专项行动，清理传播淫秽色情等有害信息的网络视频和播客网站，打击网上违法犯罪活动。共清理服务器446台，关停未备案服务器6台。6月中旬开始，全市开展了为期4个月的打击网络侵权专项行动，保护网上知识产权。三是努力探索刑事打击与行政处罚相结合的新路子。3 月 26 日，市文化执法总队和市公安局联合出击，抓捕了 1 名违法经营“雄霸天下传奇”网络游戏私服的犯罪嫌疑人刘某。经调查核实，刘某私自经营“雄霸天下传奇”网络游戏私服，侵犯上海盛大网络发展有限公司合法权益，非法牟取不当利益，该案目前已进入司法程序。有力打击了不法分子的嚣张气焰，为重庆文化市场的健康繁荣营造了良好的法制环境。

领导讲话

在全市文化市场管理暨“扫黄打非”工作会议上的讲话

重庆市委常委、宣传部长、市“扫黄打非”工作领导小组组长
何事忠

我代表重庆市“扫黄打非”工作小组就 2008 年工作讲四点意见：

一、把握形势，高度重视文化市场管理暨“扫黄打非”工作

胡锦涛总书记在全国宣传思想工作会议上强调，越是形势好的时候，越要保持清醒头脑，越要看到前进道路上仍然存在着各种可以预见和难以预见的风险和挑战。因此，我们要科学分析、正确把握形势，始终绷紧弦，高度重视文化市场管理和“扫黄打非”工作，这项工作只能加强，不能削弱。一是因为重要，二是因为敏感，三是因为严肃。就重要性来讲，党的十七大报告把文化建设提到了前所未有的高度，强调“要坚持社会主义先进文化前进方向，兴起社会主义文化建设新高潮”。全国宣传思想工作会议对此作出了具体部署。为文化大发展大繁荣营造良好的市场环境、法制环境，是文化市场管理和“扫黄打非”工作的神圣使命。要推动社会主义文化的大发展大繁荣必须加强文化市场管理，一定要切记，前面有“社会主义”四个字，离开了社会主义正确的方向，繁荣和发展非但无益而且有害。对文化市场的管理，不仅是社会主义制度下该抓，连资本主义制度的国家也在抓。就敏感性来讲，2008 年是极不平凡的一年，既是改革开放 30 周年，又是贯彻落实党的十七大精神的第一年，又是北京奥运之年，政治外事活动比较频繁，大事要事很多，可以说是领导关注、群众关注、社会关注、国外关注。所以要充分的认识到“扫黄打非”工作的敏感性。就严肃性来讲，文化市场执法工作、“扫黄打非”工作需要依法办事，需要有严格的程序，有严格的政策法规，同时文化市场管理和“扫黄打非”工作也是一个地方、一个部门精神文明建设的重要窗口，事关经济文化建设的有序发展，事关城市的整体形象。所以，各级各部门一定要进一步把思想和行动统一到中央的要求和市委、市政府的部署上来，增强责任感和使命感，时刻保持清醒头脑，保持忧患意识，保持高压态势，把文化市场管理和“扫黄打非”工作深入扎实持久地开展下去。

二、明确任务，在突重破难上狠下功夫

突重，就是要突出重点。2008 年全市文化市场管理和“扫黄打非”工作，要切实抓好五个方面的重点：一是坚决打击非法出版物和各类非法出版活动，切实维护社会政治稳定，这历来都是“扫黄打非”工作的首要任务。二是集中打击各类侵权盗版和非法出版活动，树立政府保护知识产权的良好形象，进一步为促进自主创新、提升文化建设方面的核心竞争力营造良好的社会环境。三是坚决清除淫秽色情等文化垃圾，加强宣传教育，营造有益于青少年健康成长的文化环

境。这是为了下一代健康成长的问题。四是全面开展网上"扫黄打非"，切实加大对网上出版、网上传播、网上游戏软件使用的管理力度，保持对网上传播有害信息行为的打击力度，营造健康有序的网络文化环境。五是严肃查处各类非法报刊，总结"8·29"制售非法报刊特大团伙网络案经验，继续开展打"四假"工作，建立健康有序的报刊市场。对以上重点领域的违法违规问题，一定要坚持依法行政，进一步加大处罚力度，同时要做好行政处罚和刑事打击的有效对接，让违法犯罪分子付出应有的代价，形成强大的震慑力。

破难，就是要破解难点，就是要找到一些关系的好办法。一是要处理好净化市场与繁荣文化的关系。繁荣是目的，净化是手段，没有手段，繁荣就是乱繁荣，市场就搞乱了，那不是我们需要的繁荣；只讲净化，而不把工作目标定在繁荣发展上，那么工作同样没有真正的成效。二是治标与治本的关系。既要治标也要治本，市场上问题多我们要突出抓好治标。但是从整个工作来讲，一定要把工作重点放在治本上，在体制机制上多做文章，在调动经营人员依法守法经营的积极性上要多做文章。三是监管者与经营者的关系要处理好。要经常加强对经营业主的教育管理，提高经营人员的认识，让他们有主动性和积极性。四是能力和手段的关系。执法人员、管理人员，能力、水平、素质是很重要的，同时在现代的文化条件下，也要尽可能的补充我们的手段，尤其是技术手段，发挥技术力量在文化市场监管中的作用。

三、勇于创新，不断增强文化市场管理暨"扫黄打非"工作活力

创新是民族进步的灵魂，是事业发展的不竭动力。重庆市3年多来的改革试点，在体制创新、队伍建设、市场监管、案件办理、机制搞活等方面努力探索，初步形成了一套有利于调动各方面积极性，共同加强文化市场监管的有效做法。但随着科技、文化生产和传播方式的不断发展进步，还需要在四个方面着力创新。

一是要适应文化市场的新发展。近年来，数字技术、网络技术在新闻出版、广播影视、演艺娱乐、文化会展等领域广泛运用，已经给人类文化活动空间和方式带来巨大变化。网络传播无国界，具有天然落地的特点，隐匿性和交互性很强，大大增加了管理工作的难度。主动适应科技发展，利用科技手段加强监管，不断提高网上"扫黄打非"工作水平，有效防范和遏制有害信息传播，保障网络文化安全，努力使互联网成为传播社会主义先进文化的前沿阵地、提供公共文化服务的有效平台、促进人们精神文化生活健康发展的广阔空间。

二是要适应知识产权保护的新要求。保护知识产权是国家发展战略的需要，对盗版书报刊和音像制品等要加大执法力度，落实处罚措施，要通过查办侵权盗版典型案例，震慑违法分子，教育全社会，引导广大群众特别是青少年不断增强保护知识产权的意识，努力在全社会形成"拒绝盗版，从我做起"的良好氛围，切实维护著作权人的合法权益。

三是要适应文化大发展大繁荣的新呼唤。近年来，新的文化生产方式和传播方式不断产生，新的文化样式和业态不断涌现，监管责任越来越大。我们要综合运用经济的、法律的、行政的手段，加强对精神产品生产、传播的宏观调控。要在丰富人民群众文化生活、繁荣社会主义文化市场的同时，切实加强对文化市场的管理。

四是要适应部门职能的新变化。市政府已正式将文物行政执法权划归市文化市场行政执法总队，这也符合综合执法改革的要求。市文化市场行政执法总队要加强对文物执法工作的研究，坚持"保护为主、抢救第一、合理利用、加强管理"的文物工作方针，不断创新管理模式，提高文物执法工作水平，增强防范和打击盗掘、盗窃、走私文物等犯罪活动的力度。

四、齐抓共管，确保文化市场管理暨"扫黄打非"工作各项任务落到实处

一是加强组织领导。文化市场管理和"扫黄打非"工作事关全局，党委政府的分管领导，也就是市、区县的文化市场管理领导小组和“扫黄打非”工作小组的领导要亲自过问、靠前指挥，切实担负起领导责任。市“扫黄打非”办要注重整体谋划，统筹协调，加强与各部门的沟通联系，加强对基层工作的领导和指导，同时，按照属地管理，谁主管谁负责的原则，继续完善上下一体、区域联动、部门互动的工作机制，实现信息资源共享和相关工作互动，形成整体工作合力。跨地区、跨部门的案件要集中力量查办，提高执法效率。各地各部门要增强大局观念，结合各自的实际，细化工作方案，防止有分工不负责，有责任不落实。

二是注重日常监管。抓经常性的工作，抓“关口”、“窗口”和“源头”，打击非法出版物和非法出版活动就是要把“两口一头”抓住，也就是治本。海关是境外非法出版物流入境内的主要通道，各类图书音像制品批发市场是出版物的重要集散地，互联网、手机短信等是高新技术条件下传播非法出版物和不良信息的新的载体，对这些关口要采取坚决措施，把住守严，防止各类非法出版物的进入和扩散。车站、机场、码头、繁华商业街区等人群密集，校园周边地段出版物销售网点直接面对在校学生，这些“窗口”地段是不法分子与我们争夺读者的重要阵地，要反复抓、抓反复，最大限度地挤压非法出版物传播的空间。近年来，我们连续开展对印刷复制业的治理整顿，取得了一些成效，但还没有从根本上解决小、散、滥的问题。必须完善准入、退出机制，加大对印刷复制企业的监管，控制数量、优化结构，从源头上遏制非法出版活动。

三是抓好队伍建设。队伍建设主要还是要把队伍本身自身建设抓好，自身建设就是讲政治、负责任、有能力，这三条很重要，换一种说法就是三个字：一要正。要正派、要公正，方向要正，政治上要正，讲政治就是要正。二是敢。敢抓敢管，勇于负责任，集中体现在一个敢字上。三是能。要有能力，要有水平，要加强队伍能力建设，提高队伍的素质和水平。所以抓好队伍建设，最主要的是队伍自身建设要抓好，抓这三条。再就是党委、政府、宣传部门、文广新局要加强有关工作，推动、促进文化执法队伍建设。

四是坚持综合治理。要坚持以人为本，把文化市场管理和“扫黄打非”工作与群众性精神文明创建活动、社会治安综合治理工作等有机结合起来，坚持把“扫黄打非”工作成效作为评选文明城区（县城）、文明社区、文明单位、文明村镇和衡量社会治安综合治理成效的重要指标。要推动行业协会发挥自律和服务的作用，引导文化市场经营主体自觉守法经营。要建立完善正面宣传和舆论引导工作机制，最大限度地发挥工会、共青团、妇联等群团组织的优势，充分利用报刊、电台、电视、网站等宣传手段，宣传政策法规，曝光典型案例，教育群众，震慑犯罪。

2008 年 1 月 31 日

在第二十一次全国“扫黄打非”工作电视电话会结束时的讲话

重庆市政府副市长、市“扫黄打非”工作领导小组副组长

谢小军

刚才，我们集体收看了第二十一次全国“扫黄打非”工作电视电话会议现场情况。2008 年全国“扫黄打非”工作行动方案，任务明确，重点突出，是我们做好今年工作的重要依据。中共中央政治局委员、书记处书记、中宣部部长、全国“扫黄打非”工作小组组长刘云山同志的重要讲话，深刻分析了当前和今后一段时期“扫黄打非”工作面临的严峻形势和繁重任务，对做好今年工作作了重要指示，提出了明确要求，是做好“扫黄打非”工作的重要指针，大家一定要认真

学习领会，按照行动方案的部署扎实抓好工作落实。下面，我就贯彻会议精神讲四点意见：

第一，认清形势，提高认识。2008年是贯彻落实党的十七大精神的开局之年，又是北京奥运之年，改革开放30周年，也是各级人大、政府、政协集中换届年。做好今年的“扫黄打非”工作事关全局，有着特殊重要的意义。各地各部门要进一步增强政治意识、责任意识、大局意识和阵地意识、忧患意识，真正落实刚才云山同志讲的守土有责、守土负责、守土尽责的要求，把思想和行动统一到刚才全国会议的要求上来，充分认识“扫黄打非”工作的重要性，进一步增强做好工作的责任感、紧迫感。

第二，明确目标，狠抓落实。要按照中央“两办”转发的《2008“扫黄打非”行动方案》的要求，抓住“扫黄打非”工作的关键，突出市场监管的重点。一要坚决打击各类非法出版物和非法出版活动，切实维护社会政治稳定。二要坚决清除淫秽色情等文化垃圾，营造有益于青少年健康成长的文化环境。三要坚决打击各类侵权盗版活动，树立我国政府保护知识产权的良好形象。四要坚决查处网络传播不良信息和网上侵权盗版行为，使互联网成为传播先进文化的新阵地和推动文化产业发展的新动力。

第三，突出重点、严厉打击。开展好2008年“扫黄打非”工作，要抓住三方面工作重点。一要加强日常监管。全面了解我市文化市场状况，加强对重点地段、重点场所、重点对象、重点企业的检查，确保市场处于可控状态。二要加大刑事打击力度。深挖案件线索，实施重点突破，办结一批大案要案，惩治一批违法分子，特别是要把盗版分子送上法庭、送进监狱，增强工作震慑力。三要加强源头治理。采取釜底抽薪的办法，端掉一批侵权盗版制品的制作和储存窝点，切断非法文化产品的流通渠道，确保我市文化市场健康稳定。

第四，联合行动，形成合力。“扫黄打非”工作涉及面广，紧急情况多，各地各部门要增强大局观念，按照“属地管理”和“谁主管、谁负责”的原则，密切配合，协同作战，形成合力。宣传、政法、公安、工商、文化、新闻出版、市政、海关、铁路、交通、民航、邮局等部门要在市“扫黄”办的协调下，加强沟通、搞好配合，互通信息、相互支持，齐抓共管、形成合力。同时，各区县要真抓实干，把“扫黄打非”工作任务真正落实到基层，在全市形成横向到边、纵向到底的市场监管格局。

希望全市“扫黄打非”战线的同志们进一步巩固成绩，鼓舞士气，真抓实干，坚决贯彻中央和市里的部署，努力维护我市文化市场健康稳定的秩序，为我市文化大发展大繁荣作出更大的贡献。

2008年1月17日

2008年“扫黄打非”大案要案综述

重庆市“扫黄打非”办

一、“7·19”非法光盘经营案

2008年7月19日，重庆市文化市场行政执法总队会同重庆市公安局经济犯罪侦察总队，在高新区石桥铺地区一举捣毁4个盗版光盘批发窝点，共缴获各类盗版光盘7.77万余张，抓获涉案人员18名。这是2008年重庆市查获盗版光盘数量最大、盗版窝点最多的一次行动。

2008年7月上旬，一个偶然的机会，总队得到消息，称石桥铺电脑城附近存在一个较大的盗版光盘批发窝点。总队领导十分重视，决定成立专案组，立即安排人员展开外围调查。在调查过程中，为避免打草惊蛇，总队领导专门安排几名刚到总队时间不长的同志进行蹲点守候，这一招起到了“奇兵”的作用，果然没有引起盗版分子的注意。执法人员在石桥铺科创楼楼下，经过了长达20余小时的守候，终于发现了问题。执法人员发现早上7时许，陆续有人担着大纸箱子从被举报的地点出来。长期的办案经验告诉执法人员，这些大箱子里面肯定是盗版光盘。蹲守的执法人员迅速将这一情况向总队领导进行了汇报，总队立即召开了案情分析会，决定暂不收网，放长线钓大鱼。接到新的指示后，执法人员对这些大箱子的去向进行了秘密跟踪。

在之后的几天里，专案组先后派遣执法人员20余人次，发扬了连续奋战的精神，通过连续4天4夜的不间断守候和跟踪，不但摸清了举报地点的销售特点和规律，还通过这一个销售点顺藤摸瓜发现了另外3个盗版窝点。案件进展情况反馈到总队，总队领导感到案情的重大，立即与市公安局经济犯罪侦查总队取得了联系，通报了案情，并迅速组建了联合专案组。经过了多天的连续侦查和蹲守，已充分掌握该4个盗版光盘窝点的具体地点、人员情况、销售特点和规律，收网的时机已经成熟。重庆市文化市场行政执法总队会同市公安局经犯罪侦察总队共同会商，制定了周密的收网计划。

2008年7月19日早上6点，总队出动20余名执法队员与公安经侦总队的14名公安干警兵分4路，直抵事先已确定的窝点。位于石桥铺宗德楼4楼4—8号和福华楼D—85与C1—2之间门面的两个窝点首先被执法人员控制，在两间不大的房间里密密麻麻摆放着大量分类齐全的光碟，正在进行交易的涉案人员也一同被抓获。经初步鉴定，两个销售点的光盘全部为盗版高压缩DVD光盘，其中不乏刚刚上映的《赤壁》和《功夫熊猫》等热播大片。与此同时，位于石桥铺科创楼3楼3—17号的另一个窝点也被侦破，涉嫌盗版的光盘数量更大，不但有高压缩DVD光碟，还有数量不小的盗版软件以及大量的淫秽光碟，房间里的二女一男也当即被公安人员控制。第四个窝点位于石桥铺华宇名都商务公寓5—33号，由于距离前三个窝点较远，不知是事先的行动引起了盗版分子的警觉还是其他原因，始终没有人员出现。直到下午两点，在公安人员的配合下，被监控的房门才被打开，事先的判断也得到了证实，这里的确是一个存放盗版光盘的库房，库房内存放着数以万计的盗版光盘。至此，四个窝点的查缴工作全部结束。执法人员立即投入到盗版光盘的清点工作当中，并对光盘进行抽样取证，为鉴定做准备。经过执法人员的彻夜清点，四处盗版窝点共查缴盗版光盘7.77万余张，其中盗版软件1.86万余张，各类涉嫌淫秽的DVD光盘和软件6215张。现场抓获的18名涉案人员已由侦查总队公安干警带回做进一步调查。目前，涉案人员18人中已经有6人先后被检察院依法批准逮捕，案件已经进入审查起诉阶段。

“7·19”盗版光盘窝点案件的成功破获，意义重大：

其一，此案件是今年以来重庆市查获盗版光盘数量最大、盗版窝点最多的一个案件；是2008年重庆市“扫黄打非”战线上，成功的一仗，漂亮的一仗；是重庆市文化市场行政执法总队切实按照文化部“奥运保障行动”和全国“扫黄打非”办加强出版物市场管理的通知精神，端窝点、打源头，主动出击，深挖细查，取得的良好成果。

其二，此案件查获盗版光盘数量之大，查获窝点之多，影响力之大，对石桥铺及其周边地区销售盗版光盘的不法商贩起到的很大的震慑作用，使得该地区盗版经营活动猖獗的现象得到了明显好转，净化了文化市场。

其三，此案件开创了依法追究销售盗版光盘相关人员刑事责任的先河：以往的类似案件中，被追究刑事责任的往往是贩卖盗版光盘的老板，而在2007年7月《关于办理非法出版物刑事案件适用法律有关问题联席会议纪要》中，明确了其他参与人员也可以追究刑事责任的问题，此案件则是对这个新的法律实施的一次成功实践。

二、"11 · 19"淫秽图书批发窝点案

2008年11月19日，重庆市渝中区文化市场行政执法大队接到群众举报称大坪单巷子154号有人大量批发色情淫秽书籍，大队立即派出人员暗访核实，执法人员敲开一租赁房屋，发现地面上堆放有大量明令查处的非法书籍。执法人员判断这是一个从事非法批发的窝点，立即对在房间内的中年女子黄某进行了控制。经现场认真清点，共收缴非法书刊7782册。这是近年来重庆市查获的最大一宗涉嫌非法书籍批发案件。经执法人员初步调查，涉案的非法书刊渠道来自河南新乡和四川成都。经调查，该案与2008年5月29日北碚区文化执法大队和区公安分局在北碚区辽宁路51号"四海书店"查获的非法出版物案有重大关联，当时在"四海书店"共查获涉嫌非法出版物47个品种94册、涉嫌盗版音像制品1979套、其他出版物85册，现已查明，"四海书店"为其下家，两案现已并案处理。涉嫌犯罪当事人黄某已移交公安机关调查处理。

本案重庆市"扫黄打非"办公室按规定及时上报后，全国"扫黄打非"办公室和文化部高度重视，全国"扫黄打非"办公室将其确定为重点督办案件，文化部将其定为2008年十大重点案件之一。

重庆市渝中区人民法院于2009年4月2日公开开庭审理此案，以贩卖淫秽物品牟利罪判处被告人黄某有期徒刑7年，并处罚金人民币5000元。

三、"雄霸天下传奇"网游私服案

2008年年初，市文化市场行政执法总队通过网络搜索发现，有人在重庆境内私自架设"雄霸天下传奇"网络游戏服务器，牟取不当利益。总队迅速与"雄霸天下传奇"版权方上海盛大网络发展有限公司取得联系，确认了该私服侵犯上海盛大公司合法权益，非法牟取不当利益。同时，总队立即与重庆市公安局网监总队取得联系，商定对经营该私服的犯罪嫌疑人进行抓捕。通过侦察人员的先期侦察，锁定该犯罪嫌疑人的具体住址和服务器机房。3月26日，市文化行政执法总队与市公安局网监总队共13名执法人员组成联合行动小组，兵分两路，一路前往犯罪嫌疑人的住址进行搜查，另一路前往机房扣押服务器。下午3时左右，第一组执法人员到达该犯罪嫌疑人的住址重庆市云阳县电信局宿舍2—2号，敲门进入房间控制住犯罪嫌疑人。与此同时，守候在重庆网通机房的另一组人员也进入机房成功扣押了6台"雄霸天下传奇"私服的硬盘。

第一组执法人员在现场发现该房间主人卧室并列3台电脑正在运行中，执法人员马上对该房间男女主人进行盘问及搜查，同时并对电脑进行数据核实，经过询问，该房间女主人正是经营"雄霸天下传奇"私服的犯罪嫌疑人刘某，女，现年32岁，待业。其丈夫叶某，男，现年39岁，云阳县电信局职工。经对电脑的数据分析发现，该房间的电脑内有大量与"雄霸天下传奇"私服有关的数据。市公安局网监总队侦察人员立即扣押犯罪嫌疑人，并对房间进行仔细搜查，同时对犯罪嫌疑人进行询问。搜查中发现了犯罪嫌疑人作案的重要工具及线索，现场收缴私服网站上公布的卖装备所用的建设银行、中国邮政储蓄、农业银行、工商银行4张银行卡以及刘某与重庆某电子有限公司租用服务器合同书一份、宽带接入网登记单一份。搜查完毕后，执法人员将犯罪嫌疑人刘某及其丈夫叶某带往云阳县公安局作询问调查笔录，经过4小时的询问，犯罪嫌疑人刘某对所有犯罪事实供认不讳，其丈夫也承认该私服是其妻刘某所经营。公安侦察人员立即对犯罪嫌疑人刘某实施刑事拘留，并于3月27日押送其至重庆市第二看守所拘留，进行进一步的询问。

案发后，市"扫黄打非"办公室先后两次召开案件协调会，公安、检察院、高院和文化执法等部门一起在会上研究案情，分析搜集的相关资料证据，并协商下步案件查办工作。由于网络侵犯知识产权案件是新型案件，有别于其他普通刑事案件，具有特殊性，取证和认定工作存在一定难度，本着慎重和依法办案的原则，经过会议研究决定，由市公安局对犯罪嫌疑人刘某采取刑事拘留强制措施，继续开展侦查工作，完善案件相关证据的搜集固定。4月23日，市公安局向市检察院第五分院提请批捕犯罪嫌疑人刘某。

该案于2009年4月10日由重庆市九龙坡区人民法院宣判，判处当事人刘某有期徒刑3年，宣告缓刑3年，并处罚金3万元。

2008年“扫黄打非”大事记

重庆市“扫黄打非”办

1月2日，市委常委、宣传部长、市“扫黄打非”工作小组组长何事忠看望市“扫黄打非”办和市文化执法总队工作人员，肯定以往成绩，对做好今年工作提出殷切希望。

1月8日，市文化执法总队会同渝中区文化执法大队，在城管、公安的配合下，在渝中区回水沟72号查获一个非法出版物窝点，现场查获各类非法音像制品3786张，查获非法图书1449册。

1月31日，召开全市文化市场管理暨“扫黄打非”工作会议，传达贯彻全国第二十一次“扫黄打非”工作电视电话会议精神，总结2007年工作，对2008年工作作出全面部署。

1月至2月，市“扫黄打非”办联合市政府纠风办、市公安局、市工商局、市文广局在全市范围开展了为期2个月的电子游戏专项整治行动，主城区和万州区共出动执法人员575人次、车辆148台次，检查电子游戏经营场所613家，查处非法经营赌博机场所184家，查获赌博机3298台、扣押赌博机535台、电路板86块，责令限期拆除2677台。

1月起，配合公安等部门开展依法打击整治网络淫秽色情等有害信息专项行动，截至1月28日，重庆移动IDC机房共清理服务器446台，关停未备案服务器6台。

2月3日，巴南区“扫黄打非”办在巴南区人民广场举行了2008年集中销毁赌博游戏机暨非法音像制品仪式，对500余台赌博游戏机和5万余张非法音像制品进行集中销毁。

2月8日起，市文化执法总队针对盗版音像制品反弹的情况，连续几天对江北区几大电脑市场开展查缴行动，收缴非法音像制品18809张，其中盗版软件制品3706张，淫秽色情音像制品724张。

2月19日，市文化执法总队召开各区大队长会议，通报近期文化市场巡查情况，并对全国“两会”前后文化市场监管工作进行了重点部署。

2月21日，新闻出版总署在京召开新闻发布会，揭晓首届中国出版政府奖评选结果，重庆市文化市场行政执法总队获得先进出版单位奖。

2月25日至3月4日，市文化执法总队联合公安、工商、纠风办和文广局等部门分为两个联合督查组，赴渝中、江北、万州、涪陵等重点区县进行明察暗访，了解当地文化市场现状，并督促各地切实履行职责，深入贯彻落实属地管理原则。

3月4日，重庆华龙网联合天涯社区重庆站、西祠胡同重庆记者之家、中国当红网等18家网站发布《重庆网站自律公约》，共同抵制网络淫秽色情等有害信息，并对各自网站所有涉及色情内容的栏目进行全面清理，关闭传播淫秽色情信息的博客和播客。

3月14日，市文化执法总队与市公安局联合召开进一步加强网吧上网实名制管理工作电视电话会议，对加强网吧上网实名制管理工作进行专门部署。

3月中旬至5月中旬，市新闻出版局（版权局）开展了版权保护宣传月活动，举办了“版权保护与创新型国家”全国巡回演讲、版权保护成果巡展10场、“我与版权”征文活动，还启动了重庆市“创新与未来——青少年版权保护主题教育活动”。

3月17至24日，由市互联网管理领导小组办公室牵头，市委督察室、市政府新闻办、公安、文化广电、新闻出版、文化执法、通信管理、信息产业、国安等部门组成联合检查组，分组对重点区县、大专院校和运营企业进行实地检查，督查各地网络文化建设和管理情况，促进各地互联网文化产业健康有序发展。

3月26日，市文化执法总队和市公安局联合出击，抓捕了1名违法经营“雄霸天下传奇”网络游戏私服的犯罪嫌疑人刘某。经调查核实，刘某私自经营“雄霸天下传奇”网络游戏私服，侵犯上海盛大网络发展有限公司合法权益，非法牟取不当利益，该案已进入司法程序。

3月28日，副市长谭栖伟专程到市文化执法总队调研指导工作，并就做好下一步工作作了重要指示。

4月20日，市“扫黄打非”办在大渡口区行政中心广场设立2008年全国统一举行集中销毁盗版及非法出版物活动重庆分会场，举行非法出版物统一销毁活动，对2007年以来收缴的近百万张非法音像制品、书报刊和电子软件进行集中销毁，还开展了反盗版万人签名活动。

4月26日至9月30日，市文化执法总队开展文化市场“奥运保障行动”。集中行动以规范“五一”文化市场秩序、“创建平安文化市场”为主题，围绕为北京奥运会召开营造和谐文化环境大背景开展，将分三个阶段进行。

4月中旬至6月中旬，开展打击非法预装计算机软件专项行动，全市共出动执法人员2000人次，检查经销商640家，检查电脑3200台，责令删除软件182件，没收盗版软件2.1万张，捣毁窝点2个，移送涉嫌犯罪人员1名。

5月19日，市“扫黄打非”工作领导小组副组长、副市长谭栖伟到总队考察调研，强调要依法治文，把奥运保障行动作为今年总队工作的重大任务，切实管好以出版物为重点的文化市场。

5月29日，北碚区文化执法大队和区公安分局在北碚区辽宁路51号“四海书店”查获大量非法出版物。该店负责人杨某被公安机关掌控，深入调查非法出版物的源头。

5月30日，市文化执法总队召开主城区大队长会议，传达全国会议精神，部署下阶段重点工作，明确工作任务，总队长与大队长签订目标责任书，落实属地管理责任。

5月30日，市新闻出版局召开印刷复制行业专题会议，对全市印刷复制企业开展宣传教育，加强对印刷复制行业的监管，要求各印刷复制企业进行自查自纠，确保奥运前正常经营秩序。

6月4日，在全市宣传部长会议上套开全市“扫黄打非”工作小组会议，传达全国会议精神，进一步强调扎实抓好奥运前我市“扫黄打非”工作，为北京奥运会的成功举办创造良好的文化舆论氛围，确保不为全国大局添乱。

6月10日起，市文化执法总队分5组深入市场一线检查重点地区文化市场，对存在的问题和隐患进行指导督办，促进各地市场监管措施到位，责任落实到位。

6月11日，召开全市“扫黄打非”办公室主任会议，传达贯彻全国“扫黄打非”办会议精神，部署6、7、8三个月“扫黄打非”重点任务。

6月18日，组织召开关于加强奥运期间报刊发行监管工作会议，市新闻出版局、市总工会、共青团市委、市邮政公司、重庆日报报业集团、重庆出版集团、重庆三峡书报刊传媒有限公司等9家单位和市内16家新闻媒体负责人参加会议，要求大力加强报刊市场的自律监管，并将会议精神传达到每位经营户及各报刊发行点，共同维护报刊市场稳定。

7月4日，市人大常委会副主任余远牧到市文化市场行政执法总队调研《未成年人保护法》的贯彻落实情况，明确表示将进一步关心支持文化市场管理和“扫黄打非”工作。

7月14日，市“扫黄打非”办公室召开市“扫黄打非”工作小组部分成员单位会议，传达全国“扫黄打非”办《关于开展奥运前30天出版物市场集中清查行动的紧急通知》精神，部署下阶段重点工作，明确工作任务，落实部门责任。

7月18日，九龙坡区文化执法大队会同区公安分局国保支队和区民宗侨台局工作人员，在铜罐驿镇查获一批宗教类非法出版物和个别邪教出版物。

7月18日，市文化执法总队在重庆人民广播电台“阳光重庆”栏目中策划了一期出版物市场管理的热线直播节目，总队领导和处室负责人以及市新闻出版局有关部分负责同志现场接受群众的咨询和投诉，宣传出版物市场监管工作，让广大群众了解非法出版物的危害，支持和参与到打击非法出版物的行动中来。

7月19日，市文化执法总队在数日暗查摸底的基础上，会同市公安局经侦总队在高新区石桥铺地区一举捣毁了4个盗版光盘批发窝点，共缴获各类非法光盘7.7万余张，现场抓获18名涉案人员，其中6人经公安机关侦查，已移送检察机关逮捕法办。

8月18日，市文化执法总队在石桥铺兰花小区“广州市俊仁物流有限公司”库房内查获一批涉嫌盗版图书，共34件，2720册，码洋6万余元。

8月20日，市文化执法总队联合市公安局经侦总队和高新区文化执法大队，在石桥铺赛博电脑城4楼接连查获6个盗版音像制品批发销售窝点，现场收缴盗版音像制品3.6万余张（其中淫秽光碟970张），另有非法电子出版物4291张，共计4万余张。

8月29日，市文化执法总队在渝中区文化执法大队配合下，一举捣毁了位于渝中区都市电脑城一楼的一个销售盗版音像制品窝点，收缴各类非法音像制品1.5万张。

9月22日，市“扫黄打非”工作小组办公室召开专题工作会议，通报了深圳舞王俱乐部特大火灾有关情况，研究部署我市开展文化市场安全生产检查工作，决定从即日起开展为期一个月的文化市场安全生产专项整治行动，对歌舞娱乐、营业性演出、网吧等所有文化市场经营场所的安全生产进行“拉网式”检查，集中治理、清除各类安全隐患。

10月12日，云阳县检察院以涉嫌侵犯著作权罪批捕了犯罪嫌疑人姚某。据调查，2005年10月起，只有初中文化程度22岁的云阳人姚某从网上盗用了游戏“传奇世界”的源代码，并购买游戏引擎，聘请3名员工，架设起一名为“辉煌传世”的私服区，从2006年起向游戏玩家兜售游戏装备和虚拟货币。2006年2月，“传奇世界”运营商——上海盛大网络公司在网上发现“辉煌传世”，随即向重庆市公安局网监总队举报。同年3月，警方立案侦查，并于4月扣押了其使用的服务器硬盘，姚某闻风潜逃。2007年9月，姚某向警方自首。据姚某交代，从2006年1月到3月期间，累计卖出18万余元的游戏装备和虚拟货币。

10月23日，市公安局经侦总队根据举报线索，在忠县和垫江县分别查处两个非法音像制品销售窝点，共计扣押非法音像制品14万余张（盘），其中垫江县窝点收缴盗版音像制品12万余张（盘），并抓获2名涉案人员。

11月6日，市文化执法总队根据举报线索，对九龙坡区石坪桥隆鑫钢材市场进行突击检查，在“湖南省邵东县物流有限公司”川黔宏达托运站重庆库房内发现大量非法光盘，是从湖南方向通过公路运输途经重庆发往成都的。执法人员现场清点，总计共有43件8.16万张。

11月12日，市“扫黄打非”工作小组办公室召开天津、江苏制售非法出版物团伙网络案重庆办案协调会，贯彻落实天津办案协调会精神，通报涉及我市案件的案情，研究部署我市查办案件工作。

11月23日，南岸区南坪银河列车电玩城特大械斗案件后，市文化执法总队联合市文化广电局在全市范围开展为期一个月的游戏娱乐场所专项整治行动，出动执法人员3292人次，出动检查车辆672台次，检查电子游戏娱乐场所3098家次，共计收缴电子游戏赌博机型（电路板）5046台（块），取缔无证照经营电子游戏赌博机场所560家，责令停业整顿51家，治安拘留6人。

11月26日，市文化执法总队在对渝中区菜园坝挂历市场进行检查时，发现一个封建迷信类非法出版物的批发窝点，现场共收缴涉嫌非法出版物近100个品种6.24万余册，其中封建迷信类书籍6.19万余册。

创新经验

“扫黄打非”工作中行政执法与刑事司法相衔接的探讨与实践

重庆市人民检察院职务犯罪侦察处

当前“扫黄打非”工作越来越受到各级政府、社会各界和国际社会的广泛关注，面对世界各种思想文化相互激荡、文化市场资本和投入多元化等新形势，“扫黄打非”任务比以往任何时候都更加艰巨，在这种情况下，如何充分发挥行政执法与刑事司法相衔接工作机制在“扫黄打非”工作中的作用，形成打击合力，我们对有关问题进行了探讨与实践。

一、“扫黄打非”与刑事司法的关联性是构建衔接机制的基础

行政执法与刑事司法相衔接工作机制就是在“扫黄打非”工作中，行政执法部门和司法机关对违法行为与犯罪行为、行政处罚与刑事处分、行政处罚证据和刑事诉讼证据进行恰当认定和准确处理的协调工作机制。可以从以下层面来探讨在“扫黄打非”工作中构建行政执法与刑事司法相衔接工作机制的必要性。

（一）“扫黄打非”的本义涵盖了两种执法

从狭义上讲，“扫黄打非”就是指取缔各种淫秽、色情、夹杂色情以及宣扬封建迷信、凶杀暴力的书报刊及音像制品和打击非法出版活动。其取缔和打击的行为就是行政执法和刑事司法行为，属同一目标体系中的两种手段。

（二）质和量的内在联系必然要求两种执法协同配合

目前，“扫黄打非”工作是由两个不同的执法体系进行，两个体系之间既存在执法对象、范围的交叉和联系，但也存在执法主体、处罚形式及强度的差异。执法行为可以在同一领域、同一范围，针对同一的对象实施，但行政执法的执法主体具有单一性，从调查、取证到处理均由行政机关执行；强制手段行政执法一般只涉及对财物的控制，对违法者的处罚形式一般也是经济上的惩处。而刑事执法从立案到侦查、起诉、判决的诉讼过程要经过公安机关、检察机关和人民法院三个不同的执法主体，强制手段既可以涉及对财产的控制又涉及对当事人人身权利的限制，处罚的形式一般是依法限制人身自由。对基于行政违法产生的刑事犯罪，客观上存在从量到质的递进调整的关系，“涉黄涉非”行为发展到一定程度，就会构成刑事犯罪，正是这种调整对象的本质联系，使行政与司法机关的两个执法体系存在有机统一的内在规律，构成行政执法与刑事执法相互衔接、共同调控违法犯罪行为的机制依据。行政执法与刑事司法衔接工作机制是以检察机关法律监督职能为基点，促进“扫黄打非”工作部门与刑事司法机关之间的相互配合，保证在信息沟通、移送案件、及时接收、处理等方面顺利进行，形成合力打击“涉黄涉非”犯罪的具体措施和工作制度。

（三）“扫黄打非”工作执法难度大，必须建立两种执法协调机制

从目前来看，由于各种因素，导致了“扫黄打非”工作执法困难多、难度大。（1）受多种因素的影响，“涉黄涉非”犯罪呈现上升之势，“涉黄涉非”犯罪案件具有智能性、隐蔽性、复杂性、严重性、结伙作案、连续作案、流窜作案急剧增多的特点，造成了“扫黄打非”工作发现线索难、取证难、侦破案件难；（2）“扫黄打非”专门机构与刑事司法机关存在执法手段和执法思想差异，在证据的收集、固定和鉴别上困难较大，在对案件的定性上容易产生分歧，影响案

件的及时查处；（3）“涉黄涉非”犯罪与街头犯罪相比，危害性不容易被发现，加上受利益驱动和认识水平的局限，群众对此类案件的认同感较大，不会积极举报，造成案件线索少；（4）从立法来说，由于受“立法宜粗不宜细”思想的影响，现行法律制定得十分粗略。在程序上缺乏可操作性，在实体上，不少法律规定不具体，概括性、原则性的条文过多，伸缩性大，造成案件查处依据不足。基于以上原因，需要建立健全协调机制，协商解决“扫黄打非”工作中的执法问题。

二、行政执法与刑事司法相衔接工作机制在“扫黄打非”工作中的价值取向

在“扫黄打非”工作中，要建立什么样的行政执法与刑事司法相衔接工作机制，这个机制应当具有何种功能，笔者认为，以下几个方面是必不可少的。

1. 指导性。系指“扫黄打非”工作机构和行政执法部门在开展“扫黄打非”工作中，尤其是在查处案件过程中，要充分利用各自的专业特长，指明工作开展方向、理清思路、准确运用法律和政策，确保“扫黄打非”工作目标任务的顺利完成。

2. 合法性。系指“扫黄打非”工作机构和行政执法部门在工作中，通过相互配合和互相监督，保证查处案件依法进行，对当事人的责任追究符合实体法和程序法的规定，追求行政处罚和刑事追诉的实体公正和程序公正。

3. 准确性。通过工作衔接，有效防止“扫黄打非”工作机构应当移送涉嫌犯罪案件而不移送，以罚代刑；有效防止侦查机关不该立案侦查而立案侦查和应当立案侦查而不立案侦查；有效防止检察机关该监督移送涉嫌犯罪案件和监督立案的而不监督。

4. 有效性。通过工作衔接，根据定罪标准和证据要求，“扫黄打非”工作机构应当协助侦查机关查清案件事实和收集、固定证据；检察机关引导侦查机关的取证工作，确保依法、及时打击犯罪。有效性是衔接工作机制建立的根本目的，正是基于在“扫黄打非”工作中，有关部门工作互相扯皮，有了认识分歧不积极解决，导致打击效率不高等问题，才有必要构建快速协调的衔接工作机制。

衔接机制上述价值目标的实现，还要处理好配合与制约的关系。衔接工作机制要求在查办案件中提前介入，共同研究，搞好配合与支持等，这些都是有底线的，不能无限扩大。工作协调主要以熟悉案情、研究定性、能否追究刑事责任、证据收集应当注意的事项为主，不得代表对方单位决定案件的处理，做到协调而不干预，讨论而不定论，到位而不越位，配合而不代替，在衔接中加强监督，在制约中体现配合，只有准确把握衔接工作度，才能充分发挥各自职能，实现衔接工作机制的预期目的。

三、衔接工作机制的制度设计

根据行政执法与刑事司法两个执法体系的特点，可以作如下制度设计：

（一）建立信息通报制度

“扫黄打非”工作机构与刑事司法机关每季度通报以下情况，重大情况及时通报。（1）“扫黄打非”工作机构向公安机关、检察院通报查处“涉黄涉非”案件情况以及向公安机关移送涉嫌犯罪案件情况；（2）公安机关向“扫黄打非”工作机构、检察院通报“扫黄打非”工作机构移送案件的受理、立案、销案情况；（3）检察院向“扫黄打非”工作机构、公安机关通报立案监督、批捕、起诉“涉黄涉非”犯罪案件的情况。

（二）建立联席工作会议制度

“扫黄打非”工作机构与刑事司法机关建立联席工作会议制度，联席工作会议主要职责是：（1）组织开展专项执法活动；（2）总结交流工作情况；（3）组织成员单位共同探讨重大、复杂的疑难案件，协调各方的意见；（4）联合对执法人员举办业务培训；（5）协调其他行政执法和刑事司法有关的工作。

（三）建立案件移送制度

此项制度应当包括以下内容：（1）“扫黄打非”工作机构在查办案件过程中，对达到刑事追诉标准，涉嫌构成犯罪的案件，应当制作《涉嫌犯罪案件移送书》，及时将案件移送同级公安机关，抄送同级检察院。对未能及时移送并已作出行政处罚的涉嫌犯罪案件，“扫黄打非”工作机构应当在作出行政处罚的10日内将《行政处罚决定书》副本抄送同级公安机关、检察院，并书面告知相关权利人。现场查获的涉案货值或者案件其他情节明显达到刑事追诉标准、涉嫌犯罪的，应当立即移送公安机关查处。(2) 检察院接到控告、举报或者发现“扫黄打非”工作机构未移送涉嫌犯罪案件，经初步审查后认为情况基本属实的，可以向“扫黄打非”工作机构查询案件情况、要求“扫黄打非”工作机构提供有关案件材料或者派员查阅案卷材料，“扫黄打非”工作机构应当配合。确属应当移送公安机关而不移送的，检察院应当向“扫黄打非”工作机构提出移送的书面意见，“扫黄打非”工作机构应当自接到书面意见之日起3日以内将案件移送公安机关。(3)“扫黄打非”工作机构在查办案件过程中，应当妥善保存案件的相关证据。对易腐烂、变质、灭失等不宜或者不易保管的涉案物品，应当采取必要措施固定证据；对需要进行检验、鉴定的涉案物品，应当由有关部门或者机构依法检验、鉴定，并出具检验报告或者鉴定结论。“扫黄打非”工作机构向公安机关移送涉嫌犯罪的案件，应当附涉嫌犯罪案件的调查报告、涉案物品清单、有关检验报告或者鉴定结论及其他有关涉嫌犯罪的材料。(4) 对“扫黄打非”工作机构移送的涉嫌犯罪案件，公安机关应当自受理之日起10日以内作出立案或者不立案的决定；案情重大、复杂的，可以在受理之日起30日以内作出立案或者不立案的决定。公安机关作出立案或者不立案决定，应当于作出决定之日起10日内书面告知移送案件的“扫黄打非”工作机构、同级检察院及相关权利人。(5) 公安机关对不属于本机关管辖的案件，应当在24小时以内转送有管辖权的机关，并书面告知移送案件的“扫黄打非”工作机构、同级检察院及相关权利人。(6)“扫黄打非”工作机构对公安机关决定立案的案件，应当自接到立案通知书之日起3日以内将涉案物品以及与案件有关的其他材料移送公安机关，并办理交接手续；法律、行政法规另有规定的，依照其规定办理。(7)“扫黄打非”工作机构对公安机关不立案决定有异议的，在接到不立案通知书后的3日以内，可以向作出不立案决定的公安机关提请复议，也可以建议检察院依法进行立案监督。公安机关接到“扫黄打非”工作机构提请复议书后，应当在3日以内作出复议决定，并书面告知提请复议的“扫黄打非”工作机构。“扫黄打非”工作机构对公安机关不立案的复议决定仍有异议的，可以在接到复议决定书后的3日以内，建议检察院依法进行立案监督。(8) 检察院接到“扫黄打非”工作机构提出的对涉嫌犯罪案件进行立案监督的建议后，应当要求公安机关说明不立案理由，公安机关应当在7日以内向检察院作出书面说明。检察院认为公安机关不立案理由成立的，应当将审查结论书面告知提出立案监督建议的“扫黄打非”工作机构；认为公安机关不立案理由不能成立的，应当通知公安机关立案。公安机关接到立案通知书后应当在15日以内立案，同时将立案决定书送达检察院，并书面告知“扫黄打非”工作机构。(9) 公安机关对发现的违法行为，经审查，没有犯罪事实，或者立案侦查后认为犯罪情节显著轻微，不需要追究刑事责任，但依法应当追究行政责任的，应当及时将案件移送“扫黄打非”工作机构，有关工作机构应当依法作出处理，并将处理结果于3日内书面告知公安机关和检察院。(10)“扫黄打非”工作机构对案情复杂、疑难，性质难以认定的案件，可以向公安机关、人民检察院书面咨询，公安机关、人民检察院应当在7日以内回复意见。对有证据表明涉嫌犯罪的行为人可能逃匿或者销毁证据，需要公安机关参与、配合的，“扫黄打非”工作机构可以商请公安机关采取相应措施；需要提前介入，公安机关可以派员介入。对涉嫌犯罪的，公安机关应当及时依法立案侦查；遇到特殊情况，“扫黄打非”工作机构可以在发案现场移送涉嫌犯罪案件，公安机关应当即时受理，“扫黄打非”工作机构应当在3日内补齐相关手续。（11）“扫黄打非”工作机构在依法查处违法行为过程中，发现国家工作人员贪污贿赂或者国家机关工作人员渎职等违纪、犯罪线索的，应当根据案件的性质，及时向监察机关或者检察院移送。检察院应当按照有关规定及时处理，并将处理结果书面告知移送案件线索的“扫黄打非”工作机构。检察院在办理贿赂案件过程中，在追究受贿人员的责任后，应当及时将不构成犯罪的行贿人员的有关材料移送相关“扫黄打非”工作机构。

（四）建立协同与监督工作机制

协同与监督工作机制是指“扫黄打非”工作机构与司法机关根据职能分工，建立相互配合，相互监督符合现行执法与司法要求，安全性高、实用性强、跨部门、跨平台的协同工作机制。该机制主要包括互设联络员、开展学习交流，执法、司法合作等内容。“试行规定”对这方面也作出了较详细的规定，比如检察机关对于“扫黄打非”工作机构、公安机关办理的涉嫌破坏市场经济秩序的重大案件，可以派员提前介入，也可以根据“扫黄打非”工作机构、公安机关的要求参加案件的讨论。对于公安机关提请审查批捕的案件，检察机关审查后认为证据不足的，在作出不批准逮捕决定时，应当列出补查提纲，引导侦查。各行政执法、公安、检察机关在案件查询、检验、鉴定等方面工作中应当密切配合，相互协作。对于需要保存或固定的涉案物品等证据，“扫黄打非”工作机构应妥善保存或固定，公安机关立案侦查后，应当依法移交公安机关管理。对于需要检验、鉴定的涉案物品，由立案侦查的公安机关委托法定机构负责检验、鉴定，“扫黄打非”工作机构应当配合公安机关做好检验、鉴定工作等。“扫黄打非”工作机构在查处违法案件过程中，对案情复杂或涉案金额较大，可能涉嫌犯罪，或者行为人有可能逃匿、销毁证据，需要公安机关参与配合的，可以邀请公安机关提前介入，公安机关应当派员介入。应当立案侦查的，及时立案侦查。“扫黄打非”工作机构对于案情重大、复杂、疑难或者是否涉嫌犯罪把握不准的案件，可以向公安机关、检察院咨询，公安机关、检察院应当认真研究回复意见。对重大、有影响的涉嫌犯罪案件，检察院可以根据公安机关的要求或者自行决定，派员介入侦查，以实施侦查监督，提出取证建议。公安机关对发现的违法行为，经审查，认为没有犯罪事实，或者立案侦查后认为犯罪事实显著轻微，不需要追究刑事责任，但依法应当追究行政责任的，应当及时将案件移送“扫黄打非”工作机构，有关“扫黄打非”工作机构应当依法作出处理。公安机关、“扫黄打非”工作机构在案件办理过程中发现贪污贿赂、渎职等违法犯罪线索的，应当及时向检察院移送。检察院应认真审查，依法处理，并将处理结果书面告知移送案件线索的公安机关或“扫黄打非”工作机构。公安机关、检察院发现“扫黄打非”工作机构和行政执法人员在查处行政违法案件和移送涉嫌犯罪案件中有违纪违法问题的，应当及时向有关部门反映。公安机关、检察院对收到“扫黄打非”工作机构违反规定，不向公安机关移送涉嫌犯罪案件举报的，应当根据有关规定及时处理，并向举报人反馈处理结果。对国家工作人员干预“扫黄打非”工作机构和公安机关执法，阻挠案件移送和刑事追诉，涉嫌犯罪的，检察院应当依法追究其刑事责任；涉嫌违纪的，检察院、公安机关、“扫黄打非”工作机构应当及时建议有关部门追究其纪律责任。

（五）建立互相监督机制

互相监督机制是指人民检察院、公安机关、各行政机关在办理案件的过程中，分工负责，互相监督，互相配合，保障衔接机制能顺利开展的制度。监督机制中，要确保和落实各单位的监督权，特别是检察监督权应该得到强化。比如当“扫黄打非”工作机构对于公安机关不接受所移送案件，或者对公安机关不予立案的决定有异议，应当建议检察机关依法进行立案监督，检察机关应当受理审查或者作必要的调查；检察机关认为公安机关不立案理由成立的，或者经监督后公安机关已经立案的，应当及时通知提出立案监督建议的“扫黄打非”工作机构等。检察机关同时应及时把监督案件移送的情况及时反馈给有关部门，使监督工作公开透明化，主动接受外界监督。以有效的检控工作巩固引导侦查的成果，增强执法、侦查部门查办案件的信心，在双方之间形成良性互动，开拓查办、刑事惩处案件的全新局面。

四、关于行政执法与刑事执法证据衔接问题

行政执法机关在执法过程中发现存在涉嫌犯罪将案件移送司法机关处理的刑事案件，司法机关应当如何对待行政执法机关收集、调取的证据，行政执法机关获取的证据材料是否具有刑事证据的诉讼效力，是一件争议很大的事情。行政执法机关在行政执法过程中收集调取的证据当然不是刑事证据，但诉讼程序是一个动态的过程。在刑事诉讼中，行政执法机关移送刑事案件的过程，以及司法机关向行政机关调取其在行政执法过程中收集的证据的过程，司法机关对向行政机关收集、调取的证据，经审查认为具有客观性、真实性、关联性，即可转化为刑事证据使用。这是符合刑事诉讼法关于刑事证据规则的。因此，行政执法机关收集的证据材料，依法移交司法机关或经司法机关调取的，只要经司法机关查证属实，应当作为刑事证据使用。

五、利用行政执法与刑事司法相衔接机制解决办理非法出版物刑事案件有关具体问题

在“扫黄打非”实践中，充分运用行政执法与刑事司法相衔接机制，加强调查研究，较好地解决了办理非法出版物刑事案件涉及的主要问题。(1) 关于复制发行、出版、销售非法出版物适用罪名的问题。复制发行、出版、销售非法出版物涉及多个罪名，对于复制发行、出版、销售非法出版物的行为，办案机关应严格依照《最高人民法院　最高人民检察院关于办理侵犯知识产权刑事案件具体应用法律若干问题的解释》和《最高人民法院　最高人民检察院关于办理侵犯知识产权刑事案件具体应用法律若干问题的解释（二)》的规定，分别按照侵犯著作权罪或销售侵权复制品罪的构成要件收集、固定相关证据，依法追究刑事责任。对于被侵权的证据无法收集或者违法所得数额难以认定的，可以依照《最高人民法院关于审理非法出版物刑事案件具体应用法律若干问题的解释》的规定，以非法经营罪追究刑事责任。(2) 关于查获的同类出版物的鉴定问题。针对执法中查获非法出版物数量较多、鉴定工作量大的情况，实践中，对于查获的同种类出版物，可以采取抽样方式进行鉴定。抽样由侦查机关和鉴定机构进行，抽样时应当有当事人或见证人在场。鉴定结论，与其他证据相印证的，可以作为认定该案同类出版物系非法出版物的证据。(3) 关于“发行”的范围问题。侵权产品的持有人或经营者以营利为目的，通过批发、零售以及展销、征订、邮寄、投递、散发、附送等活动推销侵权产品的，视为发行行为。(4) 关于高压缩光盘的数量计算问题。对于高压缩光盘（如 DVD 光盘）的数量，仍按实际张数计算，但在量刑时，可以作为酌定从重情节予以考虑。(5) 关于对其他参与人员的处理问题。对于明知是非法出版物，参与其复制、批发、零售、出租、展销、征订、储存、运输、邮寄、投递、散发、附送等环节的人员，根据不同情况，予以处罚；对于积极参与者，可以以侵犯著作权罪、销售侵权复制品罪或非法经营罪的共犯论处。对上述问题，统一认识后，形成《会议纪要》，成功指导办理了一批有重大影响的案件。

如“12·13”特大盗版光盘制售工厂案。犯罪嫌疑人李某在沙坪坝区覃家岗镇开设地下盗版光盘刻录工厂，市公安局文保分局和有关文化执法大队在高新区查获用于贮存和开展批发业务的发货点两个，共缴获盗版刻录 DVD 光盘和计算机软件光盘 50.6 万多张，现场收缴盗版光盘彩色印刷纸包装盒 112.7 万多张。根据《会议纪要》中“关于查获的同类出版物的鉴定问题”精神，经重庆市出版物鉴定委员会抽样鉴定，认定查获的该批 DVD 光盘和计算机软件均为非法制品。李某后被判处有期徒刑 7 年，并处没收财产 5 万元。又如“8·29”制售非法报刊特大团伙网络案。该案涉及全国 29 个省（区、市）和重庆31个区县（自治县）。本案为全国“扫黄打非”办和公安部挂牌督办案件。2008年9月7日，执法人员在渝中区菜袁路20号10楼1号的重庆德林传媒有限公司查获了一特大非法报刊经营窝点，现场收缴45个品种，涉嫌非法报刊共计7万余份（册），按照《会议纪要》关于“鉴定问题”的相关精神，经过重庆市新闻出版局出版物鉴定委员会鉴定，认定有31个品种属非法报刊。2007年12月11日该案作出一审判决：重庆德林传媒有限公司犯非法经营罪，判处罚金40万元；潘某因非法经营罪被判处有期徒刑10年，并处罚金20万元；彭某被判处有期徒刑5年，并处罚金10万元。再如“7·19”盗版光盘案。2008年7月19日，市文化市场行政执法总队会同市公安局经侦总队，在高新区石桥铺地区一举捣毁4个盗版光盘批发窝点，共计收缴盗版光盘7.77万余张，其中盗版软件1.86万张，各类涉嫌淫秽的DVD光盘和软件6215张。现场抓获的18名涉案人员由公安干警带回做进一步调查。按照《会议纪要》关于“鉴定问题”的精神，经相关部门抽样鉴定，认定该批盗版光盘和软件均为非法制品。根据《会议纪要》中“对于明知是非法出版物，参与其复制、批发、零售、出租、展销、征订、储存、运输、邮寄、投递、散发、附送等环节的人员，根据不同情况，予以处罚；对于积极参与者，可以以侵犯著作权罪、销售侵权复制品罪或非法经营罪的共犯论处”的精神，检察机关于对抓获的6名涉案嫌疑人作出正式批捕决定，其中2人系该窝点负责人，其余4人为“积极参与”的经销人员。

（张德江）

河　北　省

2008年“扫黄打非”工作总结

河北省“扫黄打非”办

2008年，我“扫黄打非”办在全国“扫黄打非”办和省“扫黄打非”领导小组的正确领导下，按照全国和我省2008年“扫黄打非”行动方案的安排和部署，以确保全省文化市场安全稳定，为北京奥运会成功举办创造良好的文化舆论环境为目标，以打击各种非法出版物为工作重点，切实加大工作协调和行政执法力度，严格防范安全事故，集中解决突出问题，严防突发事件，确保了全省文化市场安全稳定，较好地完成了各项工作任务。

一、组织开展了打击非法出版物专项行动

按照全国“扫黄打非”办统一安排和部署，我“扫黄打非”办积极组织在全省范围内开展打击非法出版物专项行动。各级新闻出版、文化、城管等部门对辖区出版物市场进行了拉网式高密度反复清查。对车站、码头、机场、涉外宾馆饭店、批发市场、电子城、城乡集贸市场及城乡结合部等重点部位实施重点监控，坚决取缔兜售非法出版物的游商、地摊。海关和公安边检部门加强了对旅客携带、夹带、邮件收寄进境印刷品和音像制品的检查。新闻出版部门还加强了对出版物进出口经营单位的监管和进口出版物的内容审查，防止境外有害出版物通过正规渠道流入境内。其间，各地各部门组织精干执法力量，全面清查辖区文化市场，对非法出版物保持了持续高压态势。在全国“扫黄打非”办的统一协调部署下，我办协调新闻出版、公安等相关部门，抽调精干力量，经过深挖细查，穷追猛打，连续奋战，成功破获“3·27”制售非法出版物案件，捣毁了以张某为首的制售非法出版物跨省作案团伙，5名涉案人被全部抓获。

二、开展了打击非法印制活动专项行动

为加强源头治理，切实维护出版物市场秩序，全省开展了打击非法出版物和非法印制专项行动。重点对图书、音像、计算机软件制品及电脑、电子市场进行全面检查，追查盗版制品的生产源头，深挖非法窝点和非法光盘生产线，严厉查处参与盗版盗印、非法刻录活动的企业，切断非法出版物的流通渠道。省委宣传部、省新闻出版局、省文化厅组成3个联合督查组，分别由厅级领导干部带队分赴全省11个地市进行督导检查，发现各地不同程度的存在游商地摊销售非法报刊、盗版图书和盗版音像制品等非法出版物现象。为解决这些问题，全力维护我省文化市场安全，我办组织召开了全省“扫黄打非”工作通报会。会上，通报了国家和我省对全省文化市场和文化娱乐场所的暗访情况。石家庄、保定、廊坊、唐山等部分设区市做了专项整治情况汇报。省“扫黄打非”领导小组与省“扫黄打非”领导小组各成员单位及各市“扫黄打非”领导小组负责人签定了责任书，这次会议的召开有力的促进各地“扫黄打非”工作的深入开展。

三、开展以整治印刷复制和运输环节为重点的专项行动

按照《河北省2008年“扫黄打非”行动方案》的安排部署和新闻出版总署、全国“扫黄打非”办《关于开展印刷复制业专项检查行动的通知》要求，我办协同局印刷处共同组织开展了以整治印刷复制和运输环节为重点的专项行动。重点对图书、音像、计算机软件制品及电脑、电子市场进行了全面检查，并根据掌握的线索，追查盗版制品的生产源头，深挖非法窝点和非法光盘生产线，严厉查处参与盗版盗印、非法刻录活动的企业。进一步加大对铁路、公路、水运、航空、邮政等运输环节的查检力度，有效切断了非法出版物的流通渠道。

四、组织开展打击各级各类学校使用盗版教材教辅专项行动

4月17日，我办与省新闻出版局、省教育厅联合下发了《关于印发〈河北省开展打击各级各类学校使用盗版教材教辅专项行动实施方案〉的通知》。6月16日，我办与省教育厅和北京高等教育出版社等15家出版单位在石家庄市汇文大厦举行了打击学校盗版教材专项行动督导检查启动仪式，新闻出版总署出版物市场监管局曹宏遂副局长出席启动仪式并讲话。启动仪式后，在全省范围内开展了专项治理活动，严厉打击从事盗版教材教辅活动的不法分子，使生产、销售和使用盗版教材教辅的现象得到了有效遏制。

五、认真开展奥运前30天出版物市场集中清查行动

按照全国“扫黄打非”办《关于开展奥运前30天出版物市场集中清查行动的紧急通知》要求，我办迅速研究，提出了具体贯彻落实意见，制定了更加有针对性、操作性的具体要求和措施。全省各地“扫黄打非”有关部门迅速行动，进行了再动员、再部署、再安排。各地重点对书报刊、音像和计算机软件制品的批发、零售经营场所，及城市繁华街区、交通枢纽、旅游景点、集贸市场、宾馆饭店等区域进行高密度的拉网式大检查，有效地净化了出版物市场。

六、组织开展“迎奥运、保稳定、促发展”文化市场集中整治行动

为切实加强出版物市场监管，规范文化市场秩序，为奥运会的成功举办创造和谐文化环境，按照全国“扫黄打非”办和省委、省政府的要求，我办自2008年6月1日至9月20日在全省范围开展了“迎奥运、保稳定、促发展”文化市场集中整治行动。成立了以局长李晓明为组长的文化市场集中整治行动督导检查组，分四个督导检查小组，分别由四名厅级领导带队，从6月16日开始赴11个设区市和北京周边县（市）进行督导检查，并指导当地开展工作。为加大奥运会期间的“扫黄打非”力度，整合人员力量，局领导在特殊时期采取了特殊的工作方法，抽调26名机关人员，组成了“扫黄打非”临时工作机构，有力地促进了全省“扫黄打非”工作的开展，为奥运会成功举办创造了良好的文化舆论环境。

七、组织开展严厉打击非法报刊专项行动

按照全国扫黄办、新闻出版总署《关于进一步开展严厉打击非法报刊专项行动的通知》要求，我办迅速组织全省开展了打击非法报刊专项行动。经过专项整治，我省报刊市场秩序明显好转，经营者守法意识明显增强，抵制非法报刊的自觉性明显提高。专项行动期间，全省共出动执法人员1.5万多人（次），出动检查车辆4500余台（次），检查书报刊经营场所2万多家（次），取缔无证经营摊点和兜售非法报刊的摊贩1200多个，收缴非法报刊3.9万多份（册），查处非法报刊案件17起。

10月10日至13日，全国“扫黄打非”办、新闻出版总署等部门组成的联合检查组对我省打击非法报刊专项行动进行了督导检查，听取了我省打击非法报刊专项行动的情况汇报，检查了石家庄、保定报刊发行、零售市场。督导组对我省打击非法报刊专项行动工作给予充分肯定。督导组指出：河北省开展打击非法报刊专项行动部署有重点，行动有内容，工作有亮点，制定了切实可行的方案，工作开展得扎实有效。期间，省委领导重视并亲自批示，省“扫黄打非”办、省新闻出版局组织得力，行动迅速，宣传到位，形成了有利于专项行动开展的氛围。

八、认真查办扫黄打非案件

我办加大了对“扫黄打非”大案要案的查处力度，多次向社会公布举报电话，认真受理群众来信来访、电话传真等举报案件。加大了对重点地区非法出版活动的查处工作，成立了工作组，专门分赴各市进行明察暗访，督导检查。先后查处了廊坊大厂回族自治县圣启印务有限公司非法印刷私拆封条案、邯郸鸡泽地下非法印制案、张会甫涉嫌以《党建》杂志社记者身份实施诈骗案、清苑县制售《现代汉语词典》案等一大批案件，对石家庄“新世纪”音像店销售奥运会开幕式盗版VCD光盘进行了查处，有力地震慑了不法分子。在全国“扫黄打非”办的统一协调部署下，我办协调新闻出版、公安等相关部门，抽调精干力量，经过深挖细查，穷追猛打，连续奋战，成功破获“3·27”制售非法出版物案件，捣毁了以张群为首的制售非法出版物跨省作案团伙，5名涉案人全部抓获。成功破获“12·18”《时代风采》非法出版案，主要涉案人仇某被刑事拘留。

九、理顺体制，创新机制，加强制度建设

为认真落实聂辰席部长关于“‘扫黄打非’工作理顺体制，创新机制，进一步抓好落实工作”的批示精神，我办和省委宣传部共同起草了《关于对“扫黄打非”工作理顺体制和创新机制的有关意见》，进一步理顺了“扫黄打非”体制。为加强制度建设，提高工作效率，我办还制定了《河北省“扫黄打非”工作考评办法》、《河北省“扫黄打非”会议制度》、《河北省“扫黄打非”案件举报制度》、《河北省“扫黄打非”特约督查员管理办法》等8个规章制度，为及时、高效、妥善地处置“扫黄打非”突发事件，起草了《河北省“扫黄打非”应急预案》。为全面贯彻党的十七大精神，落实科学发展观，保障意识形态安全，促进社会和谐稳定，提高文化市场管理能力和水平，推动文化大繁荣大发展，更好地服务全省工作大局，起草了《河北省“扫黄打非”领导小组关于进一步加强“扫黄打非”工作的意见》，并以省委、省政府两办文件发各市区市和省直各部门贯彻执行。

十、“扫黄打非”信息工作

我办重视“扫黄打非”信息宣传工作，努力拓宽信息渠道，加大对“扫黄打非”信息的搜集，提高我省“扫黄打非”信息简报的质量，提高向全国“扫黄打非”办报送信息的数量和质量。去年我办编发“扫黄打非”信息简报48期，向全国“扫黄打非”办报送信息百余条。

去年的工作虽然取得了不少成绩，但与全国扫黄办和省委、省政府的要求还有一定差距，工作中还存在一些不足：一是对“扫黄打非”工作的创新不够，方法还不够多；二是“扫黄打非”工作队伍的业务素质需进一步提高，技术装备有待加强；三是需进一步健全“扫黄打非”工作长效机制，完善各种规章制度，用制度规范工作，用制度促进工作等等。在今后的工作中我们将发扬成绩，改进不足，认真落实好全国“扫黄打非”办和省委、省政府的各项工作要求，努力使我省的“扫黄打非”工作再上新台阶。

领导讲话

在全省“扫黄打非”工作电视电话会议上的讲话（摘要）

河北省委常委、宣传部长、省“扫黄打非”领导小组组长
聂辰席

一、总结成绩，分析形势，进一步增强做好扫黄打非工作的责任感、紧迫感

近年来，特别是去年以来，全省“扫黄打非”战线在各级党委、政府的正确领导下和各级“扫黄打非”领导小组的有力指导下，坚持以邓小平理论和“三个代表”重要思想为指导，深入贯彻落实科学发展观，认真开展“扫黄打非”专项行动，严厉打击各类违法违规活动，维护和规范文化市场秩序，全省文化市场继续保持了平稳健康的发展态势，为推进以实力、活力、竞争力为主要标志的沿海经济社会发展强省建设做出了积极贡献。主要表现在：

（一）领导重视，精心组织

各级“扫黄打非”领导小组及有关部门以迎接党的十七大为主线，谋划全年工作，设计行动方案，认真组织实施对非法出版物始终保持了高压姿态，确保没有发生大的问题，有力地维护了社会政治稳定。

（二）协调联动，形成合力

在实施“文化环保工程”、“反盗版天天行动”等工作中，文化、新闻出版、公安、工商等有关部门密切配合，协同作战，摧毁了一批地下黑窝点，查处了一批盗版侵权案件，形成了强大的工作合力。

（三）工作认真，成效显著

在工作中力戒形式主义，不搞花架子。去年暑期，秦皇岛、唐山、廊坊、承德等市根据暑期工作特点，采取一系列有效措施，死看死守，确保暑期文化市场没有出现大问题。党的十七大召开前后，省“扫黄打非”办组织省直有关部门对我省毗邻北京的保定、唐山、廊坊、承德等市文化市场管理工作进行了认真督导，各市持续对书报刊、音像制品批发市场、印刷复制企业和交通枢纽等重点场所进行了反复清查，特别是严把我省进京各个路口，杜绝了各类有害文化产品流入首都，为党的十七大的胜利召开创造了良好的舆论氛围和文化环境。

今年是我们全面贯彻落实党的十七大做出的战略部署的第一年，是实施“十一五”规划承上启下的一年。我们将隆重纪念改革开放30周年，实现中华民族的奥运梦想。从我省来讲，我们将站在新的历史起点上，继续解放思想，坚持改革开放，推动科学发展，促进社会和谐，加快建设以实力、活力、竞争力为主要标志的沿海经济社会发展强省。在这样一个特殊重要的年份，做好扫黄打非工作具有十分重大而深远的意义。

1. 充分认识党的十七大对文化和文化市场管理工作提出的新要求。党的十七大对今后5年文

化建设提出的鲜明要求，就是“推动社会主义文化大发展大繁荣”。要深刻认识我们这条战线的工作在推动社会主义文化大发展大繁荣中的重大意义。一是要在建设社会主义核心价值体系中发挥积极作用。二是要在建设和谐文化中发挥积极作用。三是要在增强文化发展活力方面发挥积极作用。

2. 充分认识省委对文化市场管理部门提出的新要求。当前，全省上下正在开展解放思想大讨论活动。这次活动是省委贯彻落实十七大和省委七届三次全会精神的一个重要举措。解放思想是推动一切工作的“总阀门”，文化市场领域一系列矛盾和问题的解决，也要靠解放思想来提供保障。扫黄打非战线要在深入开展解放思想大讨论的过程中，从不适应当前扫黄打非形势要求的思维观念中解放出来，创新管理思路，创新管理手段，创新管理举措，使我们的工作水平有个质的飞跃，登上新的台阶。

3. 充分认识加强文化市场管理的现实迫切要求。当前我省文化市场管理工作总体形势是好的，但是由于国际国内复杂的政治经济等因素影响，文化市场的许多问题反复出现，屡禁不止。从市场层面上看，非法图书和音像制品时有发现；淫秽色情出版物和侵权盗版出版物屡禁不止；网吧超时经营、未成年人进入的问题仍未杜绝；个别农村还存在无证照演出、色情和低俗表演、宣扬迷信等非法演出现象；部分歌舞娱乐场所仍存在色情陪侍现象；仍有少数不法分子利用互联网、移动通讯终端、声讯台等传播有害信息。从管理层面上看，“扫黄打非”工作特别是网上“扫黄”，还存在若干管理漏洞和薄弱环节；对一些影响恶劣的重点案件查处不够及时到位；文化市场管理责任制在个别地方和个别部门还没有真正得到落实；文化市场管理队伍整体战斗力有待于进一步提高。可以看出，我省文化市场险情依然存在。文化市场管理工作现状，给“扫黄打非”工作赋予了新任务，我们必须保持清醒的头脑，认真查找管理工作存在漏洞和薄弱环节，采取有效措施逐步加以解决。

二、抓住重点，严防死守，把确保北京奥运会周边文化市场平稳健康作为“扫黄打非”重中之重

为确保奥运会期间文化市场安全，全省“扫黄打非”战线要重点抓好四项工作：一是加大对非法出版物的打击力度。二是加大打击制作、贩卖淫秽色情出版物活动的力度。三是加大对盗版盗印活动的打击力度。四是加大治理网吧、互联网及信息服务市场的力度。围绕上述重点工作任务，全省扫黄打非战线要严格按照全国会议要求，在认真组织开展好“惊蛰”、“谷雨”和“白露”等行动的基础上，密切结合我省实际，抓好以下几项行动：一是组织“环北京迎奥运文化市场行”。二是开展文化市场安全互查。三是确定今年8月份为“迎奥运文化市场管理工作督导月”，届时由省协调办牵头，组织省直有关部门深入全省各地，通过明察暗访的方式，对各地工作进展情况进行检查督导。

三、加强领导，狠抓落实，确保今年“扫黄打非”工作取得明显成效

今年我省“扫黄打非”工作的各项任务已经明确，关键是抓好落实，务求实效。

1. 切实加强对“扫黄打非”工作的领导。中办文件中指出：“坚持‘扫黄打非’工作只能加强、不能削弱的原则，确保机构队伍、保障措施、工作任务落到实处。”同时指出，“坚持和完善各级党委、政府统一领导，各级‘扫黄打非’工作领导小组组织协调，各地区联防协作，各部门齐抓共管，广大人民群众积极参与的‘扫黄打非’领导体制和工作机制。”

2. 进一步完善扫黄打非工作机制。要坚持各级扫黄打非领导小组领导，党委宣传部门协调指导，新闻出版、文化、公安、工商等有关职能部门各司其职、各负其责、全社会共同参与的工作体制和机制。这是“扫黄打非”工作多年来形成的有效工作机制，要继续坚持和不断完善。

3. 狠抓文化市场大案要案查办工作。多年来的实践证明，查处文化市场中的重大案件，对于规范文化市场秩序，引导其健康发展有着重要作用。各级政法机关要与有关部门密切配合，加大查处大案要案工作力度，在案件侦查、移交、审理、处罚等一系列工作环节进行规范，明确责任，加快进度，严格执法，切实提高对文化市场违法违规案件的查办水平和工作效率。

4. 不断加强“扫黄打非”和文化市场管理队伍建设。做好任何工作归根到底人的因素是第一位的，因此要狠抓队伍建设。我们已经有了一支政治强、业务精、作风正的队伍，大家为“扫黄打非”工作付出了大量心血，做出了积极贡献。由于“扫黄打非”工作的环境、任务已经并正在发生深刻的变化，随着我省文化体制改革的不断深入，文化市场综合执法机构的组建工作也要同步推进。从事扫黄打非工作的同志，要进一步增强责任感和使命感，切实加强思想建设和作风建设，不断学习新知识、掌握新本领，提高政治素质和业务素质，进一步增强工作的主动性和创造性，提高整体战斗力。

四、科学谋划，系统整合，努力提高“扫黄打非”工作的创新能力

随着扫黄打非形势的发展变化，各地各部门要坚持解放思想，与时俱进，进一步加大创新力度，以系统理论和方法为指导，按照“课题式设计、项目式管理、工程式推进和台账式监督”的要求来推动“扫黄打非”工作，实行科学管理，不断增强工作的针对性和时效性。

同志们，坚持不懈地开展“扫黄打非”斗争，是时代和人民赋予我们的光荣使命。我们要以高度的政治责任感和良好的精神状态，锐意进取，扎实工作，将“扫黄打非”工作进一步引向深入，为实现河北更好更快发展做出新的更大贡献。

2008 年 1 月 17 日

在全省“扫黄打非”工作情况通报会议上的讲话

河北省委宣传部秘书长、省“扫黄打非”领导小组副组长
魏　平

这次全省“扫黄打非”工作情况通报会议，是经辰席部长同意召开的，这是在全省宣传思想工作会议之后召开的一次重要会议。刚才，振卿、卫国同志分别通报了前一段文化市场的有关情况，石家庄、保定、廊坊等市汇报了近期工作情况和下一步的打算，讲的很好。下面，就围绕奥运会做好我省的“扫黄打非”工作，我再讲几点意见：

一、深刻认识“扫黄打非”工作面临的严峻形势，坚决克服麻痹思想和侥幸心理，切实增强紧迫感和责任感

今年是我们全面贯彻落实党的十七大作出战略部署的第一年，是实施“十一五”规划承上启下的一年，我们将隆重纪念改革开放 30 周年，实现中华民族的奥运梦想。在这样一个特殊重要的年份，做好“扫黄打非”工作意义重大而深远。北京奥运会是举世瞩目的体育盛会，届时将有 1 万多名运动员、教练员和体育官员、3 万多名境外记者、数十万境外游客来到中国，其中包括许多国家元首、政府首脑和高级官员。。

当前我省文化市场总的形势是好的，但也面临着一些问题。从最近对文化市场进行暗访的情况看，非法出版物、淫秽色情出版物、盗版图书音像制品以及非法小报小刊仍有发现，网吧违规接纳未成年人现象仍比较突出，等等。这些问题如果得不到彻底解决，就不能为北京奥运会成功举办营造良好社会文化环境。我们必须从政治的、全局的高度，充分认识做好今年扫黄打非工作的重要性和紧迫性，切实增强大局意识、忧患

意识和责任意识，克服麻痹思想和侥幸心理，以更加奋发有为的精神状态，全面推进扫黄打非各项工作，为2008北京奥运会的成功举办创造良好的舆论氛围和文化环境。

二、明确任务、突出重点，将各项工作落到实处

省委、省政府领导对做好奥运会期间文化市场管理工作高度重视，各级各部门也要把这项工作摆在全省工作大局中来研究，放到充分展示河北对外形象的大局中去考虑，科学分析文化市场管理工作面临的形势，超前预测可能遇到的风险，精心谋划，制定预防和处置措施，确保奥运会顺利举办。现在距奥运会开幕只有4个多月的时间了，围绕北京奥运会的举办，我们将在今年7月上旬至9月下旬，认真组织开展“迎奥运环京津文化市场行”专项活动，严厉打击非法出版物活动、淫秽色情、侵权盗版等违法行为，深挖窝点、治理游商、强化日常检查，务求取得实效。一是要将封堵和查缴非法出版物作为文化市场管理工作的重中之重。堵源头，端窝点，清市场，查大案，坚决杜绝非法出版物在我省出现或经由我省流入北京。二是要加大打击制作、贩卖淫秽色情出版物活动的力度。要采取果断措施，坚决扫除含有此类内容的音像制品、游戏软件、“口袋本”图书、卡通画册等有害出版物，依法严肃查处违法违规出版、印制这类出版物的单位和个人。三是要坚决管住出版物生产复制源头。以廊坊、保定等印装企业较集中的地方为重点，在深入开展印刷复制业治理整顿基础上，进一步加大对印刷复制企业的监管力度，切实加大对盗版盗印活动的打击力度。四是加大治理网吧、互联网及信息服务市场的力度。要对网站、网吧、声讯台、手机短信等实施有效监管，努力形成封堵网上有害信息的工作机制，进一步规范网吧、互联网及信息服务市场秩序，严厉打击各种违法违规行为，使有害信息的社会影响降到最低限度。五是要重点抓好大案要案的查处工作，依法加大刑事打击力度。对违法数量大、涉案金额高、社会影响广的大案要案要一查到底，严厉打击犯罪分子的嚣张气焰，铲除其赖以生存的土壤。

三、各负其责，密切配合，形成“扫黄打非”工作的强大合力

把2008年奥运会办成一届有特色、高水平的体育盛会，是全国各族人民的共同心愿，是全党全国工作的重点，各级各部门要按照中央和省“扫黄打非”领导小组的要求，认真做好职责范围内的工作，真正做到思想到位、领导到位、工作到位、保障到位。

一是落实领导责任。胡锦涛总书记多次强调，发展是硬道理，是第一要务，稳定是硬任务，是第一责任。做好奥运会期间的“扫黄打非”工作，是今年最硬的任务，是各地各有关部门最大的责任。各级“扫黄打非”领导小组和各有关部门要切实负起责任，把奥运会期间的“扫黄打非”工作摆上重要日程，认真抓好各项既定部署的贯彻落实。特别是各级各有关部门“一把手”要把围绕奥运会期间的“扫黄打非”工作紧紧抓在手上。要身体力行，以求真务实的态度，严谨细致的作风，真抓实干的精神，认真解决工作中遇到的困难和问题，确保各级各部门层层落实目标管理责任制，切实把奥运会期间的扫黄打非工作任务、目标，层层分解到具体部门、具体单位，把责任落实到每一个人、每一个岗位、每一个环节。

二是落实部门职责。各级各部门必须增强工作的主动性和积极性，要按照“谁主管、谁负责”的原则，不折不扣地完成职责范围内的任务，“看好自己的门，管好自己的人，办好自己的事”。要完善各成员单位齐抓共管、广大群众积极参与的工作机制，加强部门间的协作配合。对涉及跨部门的工作，牵头部门要切实负起责任，主动商量，积极协调；协办部门要密切配合，全力支持。工作中要雷厉风行，令行禁止，绝不允许推诿扯皮、敷衍了事，要通过各地各部门通力合作，确保形成奥运会期间“扫黄打非”工作一盘棋的局面，形成工作的强大合力。

三是落实责任追究制度。各地各部门要加强

对奥运会期间“扫黄打非”工作的督导检查，坚持明察暗访，定期通报，确保及时发现问题、及时整改问题。奥运会期间的“扫黄打非”工作政治性强，来不得半点疏忽和懈怠。在责任追究上，一定要做到态度坚决，处理严肃到位。要认真落实责任追究制，对工作不负责任、消极应付的，上级主管单位要坚决予以严肃批评。凡因工作不落实、工作不到位、工作不负责造成严重后果的，要坚决追究当事人及相关领导的责任。同时，要认真落实一票否决制度，对那些工作不负责任、整改不认真、发生重大问题的地方，各项年度考核一律取消评先资格。

四是加强队伍建设。今年我省“扫黄打非”工作的责任很重，大事难事随时可能发生，各级党委政府和有关部门要采取有效措施，从经费、人员、机构、办公条件等各方面给予大力支持，为做好今年“扫黄打非”工作提供必要的保障。从事“扫黄打非”工作的同志，要进一步增强责任感和使命感，切实加强思想建设和作风建设，不断学习新知识、掌握新本领，提高政治素质和业务素质，进一步增强工作的主动性和创造性，提高整体战斗力。

同志们，做好奥运会期间的“扫黄打非”工作是一项重大政治任务。省委、省政府和全省人民对我们充满期待。“养兵千日，用兵一时”。在这一重大历史关头，面对这个紧迫而重大的政治任务，我们必须下最大决心，用最硬的措施，拿出最大的干劲，确保奥运会期间文化市场平稳有序，绝不辜负党和人民的期望和重托。

2008 年 4 月 22 日

在河北省“扫黄打非”工作联席会议上的讲话（摘要）

河北省新闻出版局局长、省“扫黄打非”领导小组副组长
李晓明

刚才，振卿同志传达了全国“扫黄打非”工作小组《关于开展奥运会前30天出版物市场集中清查行动的紧急通知》并通报了我省今年以来的“扫黄打非”工作情况和下一步工作安排。希望有关部门抓好落实并搞好协同配合。魏平秘书长的讲话全面分析了当前“扫黄打非”工作所面临的严峻形势和艰巨任务，对下一步工作提出了明确要求。讲话站位高、思想深刻、分析全面、要求严格，大家一定要认真领会精神，抓好落实。

下面，针对奥运期间的“扫黄打非”工作，我再讲几点意见。

一、站在讲政治的高度，充分认识当前“扫黄打非”工作的极端重要性

今年以来我省“扫黄打非”做了大量工作，也取得了一定成绩，文化市场总体上平稳有序，没有出现大的问题，这都是各成员单位相互配合、努力工作的结果，但随着奥运会的日益临近，“扫黄打非”所面临的任务更加严峻，因此，各成员单位要深刻认识当前“扫黄打非”工作的极端重要性，将思想和行动统一到中央和省委精神上来，把维护稳定工作作为当前头等大事，突出工作重点，立足主动防范，深入细致地做好“扫黄打非”工作，坚决防止各类非法出版物进入我省市场或通过我省进入北京。

二、分工负责、协同联动，努力做好当前重点工作

当前我们要按照中央和省“扫黄打非”统一安排和部署，认真组织好全省“迎、保、促”文化市场集中整治行动和奥运前30天出版物市场集中清查行动，打一场确保奥运会成功举办的攻坚战，为北京奥运会营造文明和谐的舆论文化环境。

（一）及时删除网络有害信息

公安、通信管理、新闻出版等部门要以依法打击整治网络淫秽色情等有害信息专项行动为平

台，加强对互联网及移动通讯网络的管理，深入查处利用网络传播淫秽色情等有害信息、销售非法出版物和侵犯知识产权的行为。

（二）集中治理印刷复制企业

新闻出版、文化、工商、公安等部门要在市场清查的基础上，根据已掌握的线索，深入追查非法出版物及盗版制品的源头，深挖非法制售、储运窝点及非法光盘生产线，坚决取缔无证照印刷企业，严厉打击制售非法出版物及盗版制品的行为。新闻出版部门要会同有关部门，将印刷复制企业集中地区、非法印刷复制案件多发地和非法印刷复制隐患地区作为重点，对印刷复制企业在制品、承接业务等情况进行认真检查，严肃查处承接非法出版物及盗版制品印制业务的企业，情节严重的要坚决吊销其经营许可证。

（三）大力查堵非法出版物运输渠道

省扫黄办要积极协调交通、铁路、公安、海关、新闻出版、民航、邮政等部门，通过深入的调查研究，掌握非法出版物贩运活动的基本规律、手段和特点，加大对出版物运输环节的执法检查力度，严格核查出版物发货、承运手续，对有不良记录的发货人和承运企业要重点监控，防止利用伪造证件、伪报品名、伪装托运等手段从事违法运输活动，有效切断非法出版物及盗版制品的流通渠道。

（四）全面清查出版物市场

最近，省“扫黄打非”办和省委宣传部组成督导检查组对全省 11 个设区市文化市场进行了督导检查，总体看，全省文化市场平稳有序。但也存在一些不容忽视的问题：一是各地不同程度的存在销售非法报刊、盗版图书和音像制品的现象，个别地方较为严重。其中压缩版小字本图书和 DVD—9 压缩光盘较多；二是个别地方有销售淫秽色情出版物及音像制品的现象；三是部分市、县存在无证经营现象；四是游商地摊现象在部分地区还较为突出；五是个别印刷复制企业管理不规范，有违规印制现象。这些问题的出现不仅扰乱文化和出版物市场秩序，而且会严重影响我国的国际形象。因此，省“扫黄打非”办要会同新闻出版、文化、工商、城管、公安等部门对出版物市场进行全面清理，坚决收缴各类非法出版物及盗版制品，坚决取缔兜售非法出版物的游商和无证照经营者。

三、突出重点，狠抓落实，确保我省文化市场不出问题

当前“扫黄打非”工作面临的形势非比寻常，做好当前“扫黄打非”工作，对于确保北京奥运会的成功举办、维护国家的政治安定和社会稳定具有特殊意义。各成员单位要深刻认识当前“扫黄打非”工作的极端重要性，进一步增强政治意识、大局意识、责任意识、危机意识，保持清醒头脑，保持高压态势，把“扫黄打非”各项任务落到实处。

（一）加强领导，搞好配合

各成员单位，要切实加强对“扫黄打非”工作的组织领导，把“扫黄打非”列入当前重点工作，负起责任。要采取有效措施，指定专门人员抓此项工作，严防各类“扫黄打非”事件发生。各部门既要各司其职，各负其责，又要相互配合，协同作战，共同完成好“扫黄打非”工作的奥运安保任务。

（二）始终把打击非法出版物作为重点

要本着“稳定压倒一切”的原则，始终将打击非法出版物制售传播活动作为首要任务，精心策划，周密部署，发现问题及时采取果断措施加以应对，做到露头就打、绝不手软。

（三）从快从严查处审理一批重大案件

要按照“彻查、彻究、彻办”的原则，挖窝点、打团伙、破网络，深入查办大案要案，强力震慑违法犯罪分子。对制售非法出版物及盗版制品涉嫌达到刑事处罚标准的案件，要及时移送公安机关立案查处。政法部门要协调公检法机关，充分运用现行法律法规，抓紧审结一批“扫黄打非”案件。对涉及非法出版物案件和其他重大案件的犯罪分子，要依法从重处罚。

同志们，做好“扫黄打非”工作是当前一项重大政治任务。意义特殊，任务艰巨，责任重大，让我们在省委、省政府以及省“扫黄打非”

领导小组的领导下，同心协力，扎实工作，务求实效，进一步发挥主动性、掌握主动权、打好主动仗，确保我省文化市场不出问题，为奥运会的成功举办营造文明和谐的舆论文化环境做出贡献。

2008年7月23日

在开展打击学校盗版教材专项行动启动仪式上的讲话

河北省新闻出版局纪检组长　省“扫黄打非”领导小组办公室常务副主任
王振卿

今天，省扫黄办、省新闻出版局、省教育厅和北京高等教育出版社等15家出版单位在这里举行全省打击学校盗版教材专项行动启动仪式，新闻出版总署出版物市场监管局副局长曹宏遂也在百忙之中莅临启动仪式，充分体现了新闻出版总署和河北省对打击侵权盗版工作的高度重视，充分表明了我们与非法印制、销售和使用盗版教材教辅等侵权盗版活动战斗到底的坚强决心。

刚才京版15家出版社反盗版联盟杨松涛、韩立华作了深情激昂的发言。他（她）们的发言代表了所有合法出版业者的心声和对侵权盗版行为的痛恨以及与侵权盗版等违法犯罪活动斗争到底的决心。刘爱民同志就开展打击各级各类学校使用盗版教材教辅专项行动代表我省教育系统发表了意见，讲得很好。曹副局长站在讲政治的高度，结合当前形势，对当前开展打击盗版的重要性作了深刻地分析，并提出了具体要求。对我们这次督导检查工作，特别是奥运会期间我省“扫黄打非”工作具有很深的指导意义，我们将认真学习，抓好落实。

目前盗版教材教辅材料在全国各地的出版物市场都不同程度地存在着，也越来越引起人们的重视，个别地方群众反映比较强烈。这些教辅材料是不法分子制作的盗版产品，制作粗糙、质量低劣，有的甚至出现严重的知识性错误，严重影响学生对正确知识的吸收，影响教学质量，误人子弟。这种盗版行为，严重扰乱了正常的出版物发行秩序；严重损害著作权人和出版单位的经济利益，阻碍民族创新力，助长了社会上的不良风气，损害了政府的形象。

近年来，河北省投入很大人力、物力、财力打击非法出版活动，连续开展“扫黄打非”集中行动，各级新闻出版部门下了很大功夫，高密度地检查市场，奖励举报，严厉查处非法出版案件，取得了很大成绩。去年全省共出动检查人员6.5万多人次，检查店档摊点及各类学校4万多个，检查印刷复制企业2.4万多家次，收缴各类非法出版物239万多件，其中盗版图书及盗版教材教辅105万件，盗版音像制品120万张，取缔违法经营摊点1577家、取缔印刷复制企业129家，处罚有关学校和有关人员9家（人）。今年4月20日上午，按照全国扫黄办统一部署，河北省在11个设区市同时举行了侵权盗版及非法出版物集中销毁活动，全省共销毁各类非法出版物、音像制品、计算机软件共计175万多件。这些都充分表明了我们保护知识产权的立场和决心，表明党和政府与侵权盗版、非法出版等违法犯罪活动战斗到底的坚强决心。但“扫黄打非”是一项社会工程，仅靠一个部门的力量是不够的，需要各个部门的密切配合，需要全社会的共同参与，需要充分调动各种传媒手段和各方面力量，同时还学要对老百姓进行广泛宣传，加强教育和引导，使他们主动拒绝使用盗版产品，揭露盗版行为，积极融入到打击盗版活动队伍中来，对盗版活动形成老鼠过街人人喊打之势，让盗版分子无处藏身，让盗版产品没有市场，最终消灭一切盗版活动。

同志们，启动仪式结束后我们将分赴全省各地，对打击学校盗版教材专项行动的开展情况进行督导检查，在此预祝大家：一路顺利，取得好成绩！收到好效果！

2008 年 6 月 16 日

2008 年“扫黄打非”大案要案综述

河北省“扫黄打非”办

2008 年，在河北省委、省政府的正确领导下，省“扫黄打非”各成员单位、各市县“扫黄打非”办、新闻出版局继续把查处大案要案作为“扫黄打非”工作的重点和突破口，进一步加强各类非法出版案件的查办力度，推动了“扫黄打非”工作向纵深发展。通过召开案件协调会，到各设区市督办案件，听取案情汇报等形式，督促了案件的快侦、快破、快审、快结。据统计，2008 年，全省共破获非法出版、印刷、发行案件 331 起。

一、“3·27”跨省制售非法出版物案

2008 年 3 月，河北警方接到线索称，石家庄市栾城县博彩印刷有限公司涉嫌印刷非法出版物，并运输至广州由非法书商姚某某进行销售。河北省委、省政府，省“扫黄打非”领导小组及其办公室高度重视，迅速成立专案组进行调查，并多次召开案件协调会。

通过侦查，专案组排除了栾城县博彩印刷有限公司印刷非法出版物的可能。8 月 6 日，专案组在位于石家庄市胜利北街 256 号 7420 货运中心 111 档的“中通物流、南国快运”托运站发现一张货运单据存根，收货人为张春龙（姚某某的化名），发货人为张小华（张群的化名），货物名称是书。经过 7 个多月的侦查及外围取证，专案组锁定了张群、张彦军、杨某某、张景辉、王某某等以制版、印刷、装订、销售为一体的制售非法出版物的犯罪团伙。犯罪嫌疑人张群印售的非法出版物，均由广州非法书商姚某某提供，张景辉、杨某某负责制版，张彦军负责印刷，王某某负责装订。该团伙自 2007 年 11 月至 2008 年 10 月，共印刷非法出版物 2.5 万余册。期间，张群先后 6 次以张小华的名义给姚某某邮寄非法出版物 6000 余册。

2008 年 11 月 4 日，河北警方实施收网行动，一举将张群、张彦军、杨某某、张景辉、王某某 5 名犯罪嫌疑人全部抓获，当场收缴非法出版物 26 种 1.4 万余册，DVD 黄色光盘 19 种 506 盘。11 月 5 日，广州警方将姚某某抓获。12 月 3 日，检察机关对张群、杨某某、张景辉、王某某等正式批捕。12 月 10 日，检察机关对姚某某正式批捕。

二、仇文虎非法出版案

2008 年 11 月 4 日，省“扫黄打非”办接到仇文虎举报的非法期刊《时代风采》，省新闻出版局随即对刊号为 CN11－3993/N 的《时代风采》刊物进行了鉴定，该刊物属非法出版物。省新闻出版局局长、省“扫黄打非”办主任李晓明同志对此高度重视，要求迅速组织力量，依法坚决彻底铲除非法期刊《时代风采》。

11 月 5 日上午，执法人员在仇文虎租用的石家庄市政府西院 1 号楼五楼办公室内查获正在外寄的《时代风采》近千册。

经查，仇文虎以非法期刊《时代风采》为幌子，以登载稿件，帮人出名、评职称为诱饵，在社会上招摇撞骗，借机敛财，骗取书法等艺术品。自 2004 年以来，共非法出版发行《时代风采》36 期，每期印刷 300—1000 册不等。

随后，省扫黄办将案件情况上报全国扫黄办和省委宣传部。全国扫黄办对此案非常重视，于 12 月 17 日，派出督导组来我省督办此案。省领

导对此案高度重视，省委常委、省委宣传部长、省扫黄打非工作领导小组组长聂辰席同志指示：要彻查严办。

12月19日，省新闻出版局、省扫黄办召开专题会议，对《时代风采》案的查处工作进行再部署，成立了由省扫黄办牵头省市区三级有关部门组成的《时代风采》案协调组和省公安厅牵头的《时代风采》案专案组。

2008年12月21日，此案移交省公安厅。12月26日，石家庄市公安局立案侦查，并将仇文虎刑事拘留。2009年1月22日，检察院对仇文虎正式批捕。

2008年“扫黄打非”大事记

河北省“扫黄打非”办

1月17日，我省组织收听收看第二十一次全国“扫黄打非”工作电视电话会议后，随即召开了全省“扫黄打非”工作电视电话会议。会议由省政府副省长孙士彬主持，省委常委、省委宣传部长、省“扫黄打非”领导小组组长聂辰席作了重要讲话。

1月29日，省扫黄办下发《关于公布第三批非法报刊目录的通知》。

3月5日，中共河北省委办公厅、河北省政府办公厅转发省委宣部、省委政法委、省“扫黄打非”领导小组办公室《关于2008年“扫黄打非”行动方案》的通知。

3月6日，省委宣传部、省新闻出版局、省文化厅等部门组成3个联合督察组，由三位厅级干部任组长分赴石家庄、保定、廊坊进行督察和暗访。

3月13日，省新闻出版局局长杜金卿，省新闻出版局纪检专员王振卿赴全国扫黄办，就我省近日贯彻落实3月3日全国“扫黄打非”办工作通报要求，开展出版物市场专项整治情况进行专题汇报。

4月18日，省“扫黄打非”办下发《河北省开展打击各级各类学校使用盗版教材教辅专项行动实施方案的通知》。

4月20日，省“扫黄打非”领导小组主办、石家庄市“扫黄打非”领导小组承办的2008年侵权盗版及非法出版物集中销毁活动在石家庄省文化广场举行。会场的销毁活动由省政府副秘书长李同亮主持，参加领导有省委常委、省委宣传部长、省“扫黄打非”领导小组组长聂辰席，省人大副主任马兰翠，省政协副主席王玉梅，参加销毁活动的还有省市“扫黄打非”领导小组各成员单位负责人，新闻单位的记者，“扫黄打非”、保护版权志愿者，出版物经营单位代表及各界群众，共计1000多人。

4月22日，在中山宾馆召开全省“扫黄打非”工作情况通报会。会议通报关于对全省各地出版物市场存在问题的情况。省“扫黄打非”领导小组负责人与省“扫黄打非”领导小组各成员单位及各市“扫黄打非”领导小组负责人签定《2008年河北省“扫黄打非”责任书》，省委宣传部秘书长魏平作了重要讲话。

5月27日，省“扫黄打非”办下发《关于坚决打击利用交通运输渠道贩运非法出版物的通知》。

6月3日，省“扫黄打非”办收到全国“扫黄打非”办举报案件称：河北省秦皇岛、保定、邯郸、张家口4地的图书批发大市场及张家口市图书市场的新联书店、跨世纪书店、星星书店销售盗版《福娃奥运漫游记》，我办分两个工作组同时分赴四市督查督办此事，均未发现盗版《福娃奥运漫游记》在我省销售。

6月5日，省“扫黄打非”办出《关于全国扫黄打非办公室主任会议精神及贯彻落实意见的报告》。

6月11日，省“扫黄打非”办下发《河北省“迎奥运、保稳定、促发展”文化市场集中整治行动方案》。

7月3日，省新闻出版局局长李晓明同志、省委宣传部秘书长魏平同志带队对保定文化市场进行了督导检查。

7月3日，省新闻出版局纪检专员王振卿带队，石家庄市新闻出版局稽查、平山县新闻出版局的执法人员督导检查了平山县西柏坡的出版物市场，对纪念馆内、外的30余家经营商户进行了检查。

7月19日，省“扫黄打非”办出《关于贯彻落实全省领导干部会议和省直宣传文化系统奥运宣传工作会议情况的报告》。

7月19日，省新闻出版局副局长刘金凯带队赴衡水督导检查文化市场。

7月19日，省新闻出版局纪检组长、监察专员王振卿带队赴廊坊督导检查文化市场。

7月23日，省“扫黄打非”办和新闻出版局印《关于印发省扫黄办和新闻出版监管工作安排意见的通知》。

7月23日，省“扫黄打非”办召开全省“扫黄打非”领导小组办公室联席会议。会议由省“扫黄打非”领导小组副组长、扫黄办主任、新闻出版局局长李晓明主持，省扫黄办常务副主任王振卿就奥运期间全省扫黄打非工作进行了安排部署。省“扫黄打非”领导小组副组长、省委宣传部秘书长魏平同志做重要讲话。

8月1日，省“扫黄打非”办印发《河北省扫黄打非应急预案》的通知。

8月2日，省“扫黄打非”办常务副主任王振卿带队赴邯郸检查文化市场情况，对邯郸市紧紧围绕“迎奥运，保稳定，促发展”这一主题，采取了“管、关、停、保、取”的做法给予了肯定。

8月5日，省“扫黄打非”领导小组副组长、省“扫黄打非”领导小组办公室主任、省新闻出版局局长李晓明带队赴唐山督导检查文化市场集中整治情况。

8月13日，省新闻出版局副局长刘金凯到保定市就奥运期间文化市场治理工作进行督导检查。

8月20日，省“扫黄打非”办和省新闻出版局下发《关于规范出版物市场少儿类图书经营秩序的通知》。

8月22日，省委常委、宣传部长、省“扫黄打非”领导小组组长聂辰席到省新闻出版局检查指导工作，期间亲自到省“扫黄打非”办看望、慰问全体干部职工。

8月27日，省扫黄办向全国“扫黄打非”办上报《关于贯彻聂辰席部长慰问全省“扫黄打非”战线全体同志时的指示精神的情况报告》。

8月30日，省扫黄办下发关于严厉打击电影《画皮》盗版光盘的紧急通知。

10月10日，下午2点在中山宾馆召开《打击非法报刊专项行动汇报会》，全国“扫黄打非”办打击非法报刊专项行动检查组一行听取省“扫黄打非”办常务主任、省新闻出版局纪检专员王振卿关于今年以来扫黄打非工作的汇报。

10月13日，10月10日至13日，全国“扫黄打非”办、新闻出版总署等部门组成的联合检查组对我省石家庄、保定等市报刊发行、零售市场进行了督导检查。省“扫黄打非”办常务主任、省新闻出版局纪检专员王振卿及省“扫黄打非”办、省新闻出版局，石家庄和保定市市委宣传部、市“扫黄打非”办、市新闻出版局的领导陪同检查。

10月19日，根据河北省邮政管理局的请示，经省“扫黄打非”领导小组研究决定，批准将河北省邮政管理局纳入河北省“扫黄打非”领导小组成员单位。

10月20日，省“扫黄打非”办下发《关于“迎奥运、保稳定、促发展”全省文化市场集中整治行动先进集体和先进个人推荐评选工作的通知》。

10月27日，省“扫黄打非”办向全国“扫黄打非”办上报关于打击非法报刊专项行动的总结报告。

10月30日，省“扫黄打非”办有关负责在天津参加天津、江苏制售非法出版物团伙网络案办案协调会。

12月12日，省“扫黄打非”办向省“扫黄打非”领导小组上报《关于表彰全省“迎奥运、保稳定、促发展”文化市场安保先进集体先进个人情况的报告》。

12月16日，省“扫黄打非”办向全国“扫黄打非”办上报关于徐州“3·03”、南京“3·16”、天津“6·03”案协查情况的报告。

12月24日，省“扫黄打非”办下发《关于做好元旦、春节期间出版物市场稳定工作的通知》。

12月24日，省“扫黄打非”办印发《关于表彰全省“迎奥运、保稳定、促发展”文化市场安保工作先进集体、先进个人的决定》。

创新经验

多措并举　突出重点　全力抓好我市文化市场繁荣稳定

保定市“扫黄打非”领导小组办公室

近年来，保定市的“扫黄打非”工作在上级“扫黄打非”部门的领导下，认真贯彻落实上级指示精神，并结合本地实际开展工作，坚持一手抓繁荣、一手抓打击。在督导检查工作中，始终以打击非法出版物、淫秽色情出版物、“法轮功”邪教宣传品及网吧、音像制品为重点，以查处大案要案为突破口，严厉打击群众反映强烈、社会影响恶劣的违法犯罪活动及违规经营行为，各项工作取得了显著成绩。具体做法主要有以下几个方面：

一、完善监管，集中治理，净化出版物市场

保定市坚持把打击非法出版物、淫秽色情出版物以及盗版教材教辅作为重点监管内容；把沿京广线的县（市）和市区作为重点部位。按照专项行动要求，打击无证经营和经营淫秽色情、口袋本图书有害卡通画册和游戏软件，取缔非法游商和盗版出版物的行动，市、县两级实施不间断的检查，发现问题及时沟通并加以解决。对书报刊、音像和计算机软件制品集中经营场所及批发、零售、出租单位，市区繁华街道、交通枢纽、旅游景点、集贸市场、宾馆饭店等进行了高密度的拉网式的检查，对书报刊、音像制品正版率达不到100%的经营单位一律关门停业整顿，对违规经营的单位进行严肃处理，进一步净化了全市出版物市场，全力为北京奥运会营造良好的文化市场环境，特别是国家和省“扫黄打非”办对我市图书城暗访后，我们举一反三，认真组织保定图书城开展了出版物市场清理整顿活动。一是学习法规。通过学习《中华人民共和国著作权法》、《出版管理条例》等，使广大业主认识到经济实惠；二是对照检查。广泛开展“三查”活动，不断规范经营。一查经营思想是否端正，有无损害社会利益的行为；二查进货渠道是否正规，有无经营非法出版物的行为；三查售后服务是否到位，有无对消费者不负责任的行为。三是边整边改。在学习法规，提高认识，对照检查的基础上，图书城不断组织人员对所有书店和所经销的图书进行检查。为每个书店建立档案，对存在的问题，现场指出，提出改进的要求，市稽查队对销售非法出版物的书店依法进行了处罚。使图书城的经营环境有了较大改变。

二、加大对印刷复制企业的查处度，确保专项检查的效果

为防止盗版盗印非法出版物，有效遏制非法出版物的传播，我们从印刷源头上严防死守，始终保持高压态势，绝不给盗印者以可乘之机。

一是把出版物印刷企业和包装装潢印刷企业

作为专项检查工作的重点，做到“三查三清”。即：查现状，摸清印刷企业的基本情况，生产能力，生产规模；查管理，摸清印刷企业能不能自觉遵守有关规定和要求；查经营，摸清印刷企业的生产状况，经常承担的印刷活源和主要客户，进一步加强监管的针对性。对一些企业存在的问题及时提出改进意见，如备案不及时，台账不健全。承印登记不规范等问题，都要求企业限时改进。问题较多的企业，还多次反复检查，保证专项整治工作的落实。

二是把教材教辅盗印案件作为查处重点，紧紧抓住不放。针对我市前几年教材教辅盗印，销售比较严重的特点，我们在专项检查中做到“四个一遍”。一是对所监管企业检查一遍，查生产情况、生产记录、印刷合同，坚决堵塞非法印刷教材、教辅读物的渠道；二是对全部书刊销售单位清理一遍，做到进货渠道清，销售书目清，往来账目清，严防盗版教材、教辅上市销售；三是对学校特别是中小学教材、教辅使用情况清理一遍，对教材、教辅的来源，经办单位，收费情况进行逐一登记，发现问题要追查到底；四是对乡镇集贸市场的小摊小贩集中清理一遍，严防不法书商利用农村集贸市场销售盗版教材、教辅。对清苑、博野等盗印教辅比较突出的县，加大检查力度，形成高压态势，不让盗印者有可乘之隙，对沿京广线的高碑店、徐水、望都等县（市），主要是加强检查，防止非法运输盗版教材、教辅的行为，堵塞流通运输渠道。

三是把查处大案要案为工作重点，形成专项整治工作的强大声势。加大对“扫黄打非”大案要案的查处力度，今年5月22日，我市清苑县文体局和公安局共同查处一起重大图书盗版案。当场查缴盗版《现代汉语词典》成书2300余册、印刷散布及半成品4.1吨。通过查处案件，有效地遏制了非法经营活动，震慑了不法分子。

三、加强对盗版音像制品清理工作

一是积极开展“反盗版天天行动”。为落实文化部、省文化厅《关于严厉打击系列违法音像制品进一步整顿和规范音像市场秩序的通知》精神和“奥运保障行动方案”，我市各级文化行政部门采取积极有效措施，以“严管重罚”为原则，切实加强对音像制品经营单位的日常巡查和突击检查。开展联合执法活动，对无证照经营及游商地摊实施综合打击。上半年，各县（市、区）局共查缴违法音像制品5.5万余张（盒），其中列入文化部办公厅下发的《近期重点查缴目录》的音像制品23张（盒），取缔无证经营的音像摊点（游商）50个，进一步规范了全市音像市场经营秩序。

二是对音像市场开展集中清查行动。根据全国、省扫黄办《关于开展奥运前30天出版物市场集中清查行动的紧急通知》精神，我们按照“反盗版百日行动”通知确定的原则、要求和标准，重点对音像市场进行集中清查，共检查音像店538家，经宣传教育有138家音像店自动停业整顿，依法处理42家，取缔无证经营音像制品的游商、摊点38家，严厉打击了侵权盗版行为，保护了知识产权，为我市经济社会又好又快发展营造了良好的文化市场环境。

找出规律性 坚持“三不为” 有效遏制非法印刷活动的发生

廊坊市新闻出版局、市“扫黄打非”领导小组办公室

近年来，廊坊市在与非法印刷活动斗争过程中，认真分析非法印刷活动的规律性，有针对性地建立了出版物市场动态管理、新闻出版约谈、扫黄打非综合防控、企业法人及业务人员学习培训、一书一档、驻厂监督员等一系列行之有效的制度，促进了印刷业的健康发展，使非法印刷案件得到了有效遏制。

一、非法印刷活动的一些规律

只要我们研究好策略，并付诸行动，就可以逐步将其减到最少。

万事万物都有其规律性，新闻出版管理工作也是一样。众所周知，案件查处工作有它的特殊性，最明显的就是不确定性，这就要求我们在工作中不断总结其中的规律，做到主动出击，事半功倍。我们多年的工作经验，总结如下规律：

一是哪个地区管理力量弱哪个地区的案件就增加。因为管理力量薄弱，执法人力、物力、精力就不能及时到位，那么对企业的培训、检查就跟不上，在监管上就会造成失控；二是哪个地区管理人员行为不洁，哪个地区案件就增加，如果行政执法人员整日和经营者吃喝不分，在交往中不保持一定距离，不但成了非法印刷活动的保护伞，而且还会助长非法印刷者的气焰；三是每逢国家有重大活动之前，各类非法出版物就增加。四是每年的寒假和暑假期间是盗版教辅案件的多发期，因为这期间马上面临开学，各地的非法书商有足够的时间通过非正常渠道与某些学校有关领导和老师联系，加紧开学前盗版教辅的印装。

二、坚持“三不为”原则 防止非法印刷案件发生

在日常管理工作中，为有效防止非法印刷案件的发生，我们在落实好各项制度的前提下，始终，从根本上遏制了各类非法出版物的发生和形成。一是通过指导让其不想为。就是说，通过对经营者进行岗前培训，动之以情，晓之以理，引导他们与正规的出版业务单位合作，让他们从开始就没有从事非法印刷活动的想法。二是通过警示让其不敢为。大家都知道，警示对人的教育作用是非常明显的。我们一方面要在法规培训和日常管理中，通过结合一些案例，直接告诫经营者不要为了蝇头小利而冒倾家荡产的风险。另一方面我们要对那些顶风作案、屡教不改、性质恶劣、自认为有钱能使鬼推磨的所谓的“明星企业”，依法进行严惩，对触犯刑律的，要移交司法部门，该判的判，并在行业内进行通报，以此警示。众所周知，人对自由的渴望要比对财富和权力的渴望更强烈。所以，当他们在从事非法印刷活动时，想到被判刑而会失去自由，那他就会犹豫、胆战、心惊，最终放弃非法印刷的念头。三是通过制度管理和有效稽查让其不能为。现在的印刷行业已经进入微利时代，但是，盗版盗印的利润确很高，因为从事盗版盗印业务，没有作者的稿费、没有各种税费等，利润甚至超过300%，有些人在这种高利润的诱惑下，就会铤而走险。所以说，我们要在严格落实印刷品承印制度的基础上，再摸索一些行之有效的管理制度，使非法印刷行为没有生存发展的空间。

三、加强制度建设 防止非法印刷

近两年来，我局针对在奥运安保、创建精神文明城市等重大活动期间任务紧、工作量大的实际情况，总结出了两项制度。一是行业基层培训制度。以前我们的法规培训只是对企业法人，结果是法人的法律观念增强，具有了反盗版的免疫力，而企业中层及一线人员缺乏这方面的知识和意识。我们采取分层分片培训或印发普法宣传册

的方式将法律法规的培训工作延伸到企业内部。让企业员工明白，如果他们为厂长印装了盗版书，企业被查处，不仅他们本人的工资得不到，还会因企业被取缔而失业。这样一来，相当于给员工打了预防针，提高了他们抵制非法印刷活动的自觉性。二是一线举报制度。通过近几年查处的案件看，很多案件的发现、破获与举报人提供的线索是分不开的，举报人提供的线索对我们执法工作来说有两大益处。首先是准确率高。因为印刷企业属于加工行业，不像图书发行、网吧店那样，在众目睽睽之下经营，随时随地接受社会的监督，而我市印刷企业的业务往往来源于外地，知情面较窄，只有车间的工人知道在印什么，在装什么。所以我们可以将举报电话及举报警示牌在各企业内张贴悬挂，以此增加举报线索的数量和质量，起到事半功倍的效果。其次是行政成本低。不难想象，如果我们要想在某一区域查出一起案件，往往要通过联查、排查、暗访、巡查等方式，不仅效果不佳，而且行政成本较高。鉴于此，在工作中，我们强化举报制度，做到一线举报。第三是及时布控，加强稽查的有效性。有效稽查是遏制非法印刷活动的一条强有力的防线，我们按照前面总结的案件发生的规律性，确定重点地区、重点部位、重点环节，根据不同的时间和空间，在点、线、面上及时布控。点就是有违规记录和活源不稳定的企业，线就是编印发的流通环节。面就是重点区域。这样可以建立预警机制，及时布控，让盗版盗印活动干不成，做不完，运不出，使盗版盗印行为无立足之地。

石家庄市

2008年“扫黄打非”工作总结

石家庄市“扫黄打非”办

2008年，石家庄市扫黄打非工作严格按照国家、省《2008年扫黄打非行动方案》的要求，以党的十七大精神为指导，深入贯彻落实科学发展观，以迎奥运为契机，以保平安为重点，以促发展为目的，组织动员社会各方面力量，通过开展专项治理和加强日常监督，坚决打击非法出版物、淫秽色情文化垃圾、侵权盗版行为，为北京奥运会的成功举办和建设繁荣、文明、和谐的新石家庄营造良好的思想舆论氛围和文化环境。

一、未雨绸缪，精心组织

1. 谋划在前。年初，市“扫黄打非”办进行了认真谋划筹备，全国、全省第二十一次“扫黄打非”工作电视电话会议结束后，马上召开了全市“扫黄打非”领导小组（扩大）会议，市政府分管领导就如何贯彻会议精神和加强“扫黄打非”工作，特别是春节前后的文化市场监管工作提出了具体要求。

2. 部署在前。根据国家、省《2008年“扫黄打非”行动方案》的精神和要求，结合我市出版物市场实际，以市委、市政府两办名义迅速下发《石家庄市2008年“扫黄打非”行动方案》至各县市区、各职能部门。建立了县（市）区、乡镇、社区、农村多级“扫黄打非”工作网络，一级抓一级，一级促一级的工作机制。实施了“扫黄打非”和文化市场管理工作责任追究制度、通报制度、举报奖励制度和每天检查记录制度。

通过抓制度的落实和工作机制的实施，专项整治行动有条不紊、扎实有效地不断推进。

二、全面推进，重点突破

1. 加强协调，广泛发动。2008 年，石家庄市注重发挥“扫黄打非”工作办公室作用，通过定期召开主任办公例会，相关案件协调会等形式，加强上下沟通整合，较好地起到了策动作用。先后建议和争取召开全市“扫黄打非”工作领导小组会两次，全市“扫黄打非”暨出版工作会一次，市领导批示十余次，并组织市与县（市）区，领导小组与成员单位，县（市）区与乡镇、办事处，职能部门与经营单位层层签定了责任状，调动了方方面面的积极性。

2. 结合实际，巧借平台。石家庄市新闻出版局抓住市委推出“迎奥运、保平安、促发展”的举措，抽调 1 万余名干部组成工作团、工作队、工作组，分赴县、乡、村，并把“加强出版物市场监管，搞好‘扫黄打非’工作”作为任务之一的机遇，积极跟进，以“扫黄打非”工作办公室与市“迎保促”办公室名义联合下发《全市“迎奥运、保平安、促发展”活动期间“扫黄打非”和出版物市场监管工作实施方案》，具体安排部署“迎保促”期间“扫黄打非”工作，在专业队伍之外，又构建了更加庞大的组织监督体系，增加了特殊年份、特殊区位市场监管的“双保险”。

3. 集中力量，组织专项行动。石家庄市全年先后集中市、县两级执法力量，组织了元旦和春节、各级“两会”、迎接文明城检查、“扫黄打非”和文化市场专项战役整治、奥运前 30 天出版物市场集中清查等多次专项行动，取得了丰硕成果。一是在奥运圣火在我市传递前夕，7 月 27 日晚，邀请河北省“扫黄打非”领导小组办公室常务副主任、省新闻出版局纪检专员王振卿等一行 9 人对市内六区夜市出版物市场特别是奥运火炬传递路线及市区内主要街道、重点部位进行了督导检查。二是在开展打击非法报刊专项行动中。按照上级通知精神，及时给各县（市）区及“扫黄打非”领导小组办公室转发了国家、省有关通知。成立了成立石家庄市打击非法报刊专项行动领导小组。印发了《石家庄市打击非法报刊专项行动实施方案》，组织了 4 次集中行动，有效地净化了石家庄市报刊市场。在 10 月 11 日全国“扫黄打非”工作小组办公室对我市报刊市场进行督导检查期间，受到了好评。

三、雷厉风行，推陈出新

1. 成功组织全国集中销毁侵权盗版及非法出版物活动河北分会场仪式。河北省委常委、宣传部长、省“扫黄打非”领导小组组长聂辰席等省领导，河北省新闻出版局局长李晓明等省直部门领导，石家庄市人民政府副市长、市“扫黄打非”领导小组副组长张妹芝等同志出席仪式。市及五区新闻出版局执法人员，市“扫黄打非”、保护版权志愿者，出版物经营单位代表及各界群众 1000 余人冒雨参加。共组织销毁非法出版物 30 万册、20 万盗版光盘。省会 10 家新闻单位进行了跟踪报道，中央电视台新闻当天就予以报道。

2. 充分发挥“扫黄打非”、保护版权志愿者的作用，不断发展壮大“扫黄打非”队伍。在 2007 年成功启动“扫黄打非”志愿活动的基础上，9 月 24 日、10 月 13 日分别在石家庄信息工程职业学院和河北宾馆成立了“‘扫黄打非’、保护版权志愿服务支队”和“石家庄市保护版权志愿服务总队”。国家版权局版权司副司长许超同志，河北省“扫黄打非”领导小组副组长、版权局局长李晓明同志、石家庄市人民政府副市长张妹芝同志等领导及各区、高校保护版权志愿支队志愿者代表参加了成立仪式。在石家庄召开的第四届全国中心城市版权保护工作研讨会上，我市“扫黄打非”、保护版权志愿服务活动的做法得到了新闻出版总署副署长、国家版权局副局长阎晓宏的高度评价。

四、“扫黄打非”、出版物市场监管成绩斐然

经过全市新闻出版系统执法人员的共同努力，有力地打击了出版物市场各类非法经营活动，进一步规范了出版物市场的经营秩序，为全市稳定发展营造了良好的文化环境。2008 年石家庄市共组织全市性集中行动305次，日常检查5100次，出动检查人员2.3万余人次，检查各类经营单位2.77万多家（次），取缔无证书摊300余个，收缴各类非法出版物31.95万册（盘、份、张），查处违法违规案件296起，罚没款53.76万元。

山　西　省

2008年“扫黄打非”工作总结

山西省“扫黄打非”办

2008年是极其不平凡的一年，在党中央、国务院和省委、省政府的正确领导下，“扫黄打非”战线认真贯彻落实《2008年“扫黄打非”行动方案》和领导同志的一系列重要指示、批示精神，高举保护知识产权旗帜，利用“扫黄打非”第一阶段、第二阶段行动和“迎奥运、维护出版物市场稳定”、大力查堵非法出版物运输渠道、印刷复制业专项检查、打击非法报刊专项行动等工作为平台，不间断地开展专项治理和集中打击行动，保持日常监管的高压态势，主线突出，部署周密，措施得力，全省出版物市场一直保持了平稳、健康、繁荣、有序的态势。据不完全统计，全年共出动检查人员6.16万余人次，收缴各类非法出版物13.19万余册（件），其中非法出版物7898件，淫秽色情出版物1万余件。处罚违规店摊1597个，取缔非法摊点372个，行政处罚案件294件，刑事处罚案件8件，批捕12人。

现将具体工作情况总结如下。

一、2008年“扫黄打非”主要成效

我们在下列工作取得了明显成效：

1. 查堵非法出版物取得了明显成效。全省“扫黄打非”战线的同志们，不畏困难，全年的工作紧紧围绕以良好的文化舆论环境迎接北京奥运会召开和抗震救灾工作的胜利这条主线，始终把打击非法出版物作为工作的重中之重。在《2008年“扫黄打非”行动方案》中，我们作为重点工作进行了部署，在全省2008年“扫黄打非”动员会议和全省新闻出版工作会议上，高建民部长、李锐锋局长又再三进行了强调。6月6日和6月21日在半个月时间内，高建民部长两次作出批示，要求采取有力措施，坚决打击非法出版物。

省“扫黄打非”工作领导小组及其办公室先后下发了12件工作部署性文件和9件通知；组织开展了“扫黄打非”第一和第二阶段行动以及“迎奥运、维护出版物市场稳定”、大力查堵非法出版物运输渠道、印刷复制业专项检查等专项行动；组织开展了四次全省集中统一行动和对全省出版物市场的全面检查活动；组织了迎奥运，净化出版物市场大宣传活动。始终保持了对非法出版物的高压态势。各市各有关部门也把查缴非法出版物，作为工作的重中之重。经过各级的共同努力，我省兜售非法出版物的游商地摊以大为减少，非法出版物的品种数量大为减少。

2. 清除淫秽色情等文化垃圾及网上有害信息取得了明显成效。按照《2008年“扫黄打非”行动方案》“全面开展网上‘扫黄打非’”的工作要求，由公安部门牵头，在全省持续不断地开展了依法打击网络淫秽色情的行动。基本解决了多年来网上淫秽色情想打而打不掉的问题，取得了网上“扫黄打非”的重大突破。据公安机关通报，公安机关破获网络淫秽色情刑事案件4起，行政案件16起，删除网上淫秽色情信息5502条，关闭非法网站83家。整顿了一批违法违规的互联网服务单位，建立起长效管理机制和工作措施。其中太原警方破获的“飞酷论坛”和“天下论坛”两案，在全国都有一定影响。在加强网上“扫黄打非”工作的同时，我们还始终将扫除淫秽色情等文化垃圾作为“扫黄打非”的重要内容，各市、各有关部门以校园周边为重点，坚决查缴宣扬淫秽色情、凶杀暴力、封建迷信及伪科学内容的音像制品、电子出版物、游戏软件和以未成年人为主要读者对象的各类有害出版物，取得了重要成绩。

3. 集中打击各种非法出版活动和侵权盗版活动取得明显成效。全省按照《2008年“扫黄打非”行动方案》的要求，高举保护知识产权旗帜，做到了打击非法出版活动和侵权盗版活动天天有行动，天天见成效，有效遏制侵权盗版出版物蔓延的势头。

各地根据省“扫黄打非”办、公安厅、建设厅、文化厅、新闻出版局、省工商局联合制定下发的《关于加强治理销售盗版及非法出版物游商地摊和无证照经营行为的通知》精神，对于游商地摊活跃的重点时段和重点区域实施了重点监控和反复清查，并逐步建立了起多部门联合工作机制。目前，全省各城市游商、地摊及无证照经营者已经比以前大为减少。2008年，我省共查处侵权盗版出版物案件200余起。查处的侵权盗版案件包括：大同刘巨勇非法出版图书案、临汾辅仁书店销售盗版图书案、太原市“1·09”销售侵权盗版图书案、太原市618非法出版案等。太原“1·09”销售侵权盗版图书案一案就收缴各类非法社科类盗版图书6.2万余册、1000余种、码洋191万余元，是我省近年来收缴社科类盗版图书最多的一次。

4. 巩固打击“四假”成果，取得了明显成效。2008年，按照省的统一部署，继续保持了打击“四假”的高压态势。年初，3名忻州籍人员涉嫌冒充记者敲诈勒索在吕梁被抓获；今年4月，两名山西法制报临时聘用人员宋某、白某冒充记者敲诈勒索被离石警方抓获，现已被判处有期徒刑；11月1日、冒充记者敲诈勒索霍宝干河煤矿的刘小兵在北京被抓获。今年我们还取缔非法记者站、工作站和期刊社15家。在对“四假”持续打击的同时，各地还创造出一些新的经验，确保打击“四假”的成效，如大同市，专门办了120余名由乡镇和基层单位负责人参加的培训班，讲解新闻出版法规，“四假”的识别方法等，提高了乡镇和基层干部识别“四假”的能力，起到了很好的效果。

更为可喜的是，今年我省连续破获了两起制作假证照的案件。一是5月27日临汾破获的非法制作假证照案。当场抓获犯罪嫌疑人3名，收缴用于制作假证的假钢印500多枚、假印章360枚，同时还缴获记者证、身份证、警官证、等假证件1万余个，计2000多个种类。二是6月14日太原破获的假证照案。当场抓获犯罪嫌疑人3名，收缴假公章4.2万余枚，各类假证照1.9万余份和一批作案工具。8月25日，临汾又破获一起真假记者勾结，敲诈勒索10万元巨款案件。

5. 健全“扫黄打非”体制，加强“扫黄打非”队伍建设有了重大进展。“扫黄打非”工作体制不健全，工作力量薄弱始终是困扰我们的一个问题。省新闻出版局、省“扫黄打非”办公室把此项工作列为重要议事日程。李锐锋局长、梁宝印副局长多次带队到县、区调研，还在给省人大《关于全省新闻出版工作汇报》中，作为汇报的一项重要内容，引起省人大领导的高度重视，已责成有关部门列为重要课题，尽快研究解决。在此过程中，省局领导不等不靠，现已完成了下列工作：

一是重新组建了山西省“扫黄打非”稽查队。经省编办批准，编制10人，参照公务员管理，剥离原“包装办”的职能。现人员已配备齐全，并于7月全面展开工作。

二是着手理顺县市区级新闻出版和“扫黄打

非”管理体制。经省局和省“扫黄打非”办领导的努力，理顺县市区级新闻出版和“扫黄打非”管理体制工作已经展开，并取得了一定的进展。先后有晋中市榆次区、运城市所辖13个县(市区)、吕梁市文水县、交口县等四县加挂了新闻出版、版权、“扫黄打非”办的牌子。

三是加强新闻出版和“扫黄打非”工作人员培训。2008年共对820余名执法人员进行了培训。

四是加强对市和重点县级新闻出版和“扫黄打非”工作的经费投入。在已两次为11个市的新闻出版和“扫黄打非”的执法队伍配备车辆，并配备了电脑、传真机、打印机全套的办公设备的基础上，2008年为基层划拨经费50万元，作为案件补贴和改善办公条件。

二、存在的问题

虽然2008年山西省“扫黄打非”工作取得了突出的成绩，但出版物市场依然存在一些问题主要表现在：

一是非法出版物虽然数量、品种有所下降，但是还没有绝迹。二是淫秽色情出版物尤其是淫秽色情光盘还在一些音像店秘密销售，一些不法分子和我们的管理人员打时间差，专挑下班时间和节假日兜售淫秽色情光盘。有的店铺，将赠送淫秽色情光盘作为其他光盘的促销手段。三是非法出版活动依然猖獗，类似太原“6·18”案件中查获的非法编辑室，在太原不在少数。四是波及全省的销售盗版高压缩比DVD回潮现象令人忧心。五是宗教类出版物疏于监管，未经批准的宗教类音像制品和图书有日益增多趋势。六是假记者的敲诈勒索活动仍有死灰复燃的可能。经过我们的打击，一批为非作歹的假记者被行政处罚、被判刑，但是仍有一批假记者在暂避风头，我们稍一松懈，他们就会立即跳出来活动。七是报刊市场治理还没有找到彻底根治的办法。

领导讲话

在山西省2008年“扫黄打非”工作动员会议上的讲话（摘要）

山西省委常委、宣传部长、省“扫黄打非”领导小组组长
高建民

一、进一步增强做好“扫黄打非”工作的使命感

过去的一年，我省的“扫黄打非”工作在大家的共同努力下，认真贯彻落实中央以及省委、省政府的重大部署，开展专项治理和集中打击行动，保持日常监管的高压态势，在打击非法出版物、扫除淫秽色情等文化垃圾、打击侵权盗版行为、整治“假报刊、假记者站、假记者、假新闻”等重点工作方面，都取得了明显成效。特别是整治“四假”工作得到了全国“扫黄打非”办公室和有关领导的肯定，得到了人民群众好评。全省出版物市场保持了平稳、健康、繁荣、有序的态势，在全国“扫黄打非”办的综合测评中，我省名列前茅。这一成绩来之不易。同时，也要清醒地看到，我省非法出版物、淫秽色情出版物以及其他侵权盗版出版物仍然程度不同地存在；一些重点市场和重点地段的监管仍然存在漏洞等；维护市场秩序，净化文化和出版物市场的任务仍然十分繁重。各级党委、政府和有关部门，“扫黄打非”工作第一线的同志们，要进一步增强使命感和责任感，将思想和行动统一到党中央的决策部署上来，时刻保持清醒头脑，时刻保持高压态势，坚持不懈地做好各项工作。

二、进一步增强“扫黄打非”工作的针对性实效性

1. 继续加大对非法出版物的打击力度。要把严防各类非法出版物流入市场作为严肃的政治任务，一抓到底。海关、铁路、交通等部门，要加强对入境物品、托 运物品和托邮物品的检查力度；新闻出版、版权、工商等部门要加大市场查缴力度，对重点地段、重点区域实施全天候监控；工商、公安部门要加大对地下非法印刷窝点的打击力度，严防境外非法出版物在我省翻印和复制；司法机关要充分利用刑事和行政处罚等法律手段，加大对制售非法出版物的打击力度。

2. 严厉打击各种侵权盗版活动。进一步加大对《著作权法》的宣传和执法力度，通过查办侵权盗版典型案件，震慑违法分子，教育广大群众。要在出版、印刷、销售、使用等重点环节加强监管和执法力度，力争在打击盗版音像制品、盗版书报刊和盗版计算机软件等方面取得新突破。

3. 继续做好查处非法报刊工作。要按照我省整治“四假”行动方案和整治“四假”八条措施的要求，协调有关部门，继续加大对“四假”的打击力度，要根据省委下发的《关于进一步加强新闻宣传管理工作的意见》，逐步建立和完善加强新闻管理和整治“四假”的长效机制，出实招，见实效，确保“四假”问题的有效解决，维护新闻工作秩序。

4. 加强网上“扫黄打非”工作。各级各类网络管理职能部门，要根据分工，强化网络公共服务终端管理，密切关注网上舆情动向，做到早发现、早处置。要认真落实加强网络文化建设和管理的有关规定，积极探索网上“扫黄打非”的有效途径，建立长效机制，进一步规范网络经营秩序，净化网络文化环境。

三、进一步完善机制加强领导

1. 在加强组织领导上要有新举措。“扫黄打非”工作事关全局，各级、各部门负责同志要亲自过问，分管领导要靠前指挥，加强整体谋划，注意统筹协调，认真落实相关的工作部署，及时解决“扫黄打非”工作中遇到的实际问题。要健全“扫黄打非”的工作机构，保证市、县有相应的专职人员负责日常工作。要保证基本的经费投入，按照国家要求，把有关经费列入当地财政预算。

2. 在完善机制上要有新进展。随着“扫黄打非”工作领域的不断拓展，要特别注意发挥城市社区、街道、居委会和乡镇、村党组织的作用，把“扫黄打非”工作的任务和责任落实到基层，努力做到对非法出版活动的全民监控、立体防范、标本兼治、综合治理。要逐步健全和完善“扫黄打非”预警机制、快速应急机制、大案查处机制、联防协作机制和绩效考核机制，加快修订《山西省“扫黄打非”工作责任制》，按照“属地管理”和“谁主管、谁负责”的原则，把责任落实到各地区、各部门，落实到具体的责任人，做到“守土有责”、“守土尽责”。对于工作失误、造成严重后果的地区和部门，要坚决追究其责任人的责任，

3. 在创新方法上要有新突破。工作方法上，要在加强日常监管上下功夫，特别要做到“三个突出”。一是突出抓好出版物集中交易市场、电子软件市场、繁华街区、旅游景点、车站等重点部位的监管；二是突出抓好对印刷业主、出版物零售店摊等重点对象的监管；三是突出抓好对节假日等重点时段的监管。要积极探索制定有效的监管和激励制度，如在全省印刷复制业、发行业建立健全“遵纪守法、诚实守信”评比表彰制度；建立健全经营企业和经营业主的档案制度等。通过制度促进监管工作。要注重发挥各类社会力量参与管理，如尝试在乡镇设立“扫黄打非”工作联络员，聘请基层干部、人大代表、政协委员以及老党员、老教师等担任义务监督员，形成有效的监管网络。

2008 年 1 月 17 日

在山西省2008统一销毁侵权盗版及非法出版物活动大会上的讲话

山西省委常委、宣传部长、省“扫黄打非”领导小组组长
高建民

根据全国“扫黄打非”工作小组的统一部署，我省11个市于4月20日上午，同时举行2008年集中销毁侵权盗版及非法出版物活动。省和太原市“扫黄打非”工作领导小组成员单位的负责同志都来到今天的销毁现场。借此机会，我代表省委、省政府，向工作在全省“扫黄打非”战线的同志们表示亲切的问候；向参加2008年集中销毁侵权盗版及非法出版物活动的各地党委、人大、政府、政协的领导同志们表示衷心的感谢。

此次销毁活动，共销毁侵权盗版及非法出版物66万余件，是我省开展“扫黄打非”斗争20多年以来规模较大的一次集中销毁活动。我们就是要通过这样大规模的集中销毁活动，向社会展现我们坚持不懈地开展“扫黄打非”、打击侵权盗版、保护知识产权、维护民族创新能力的坚强决心，展示全省各级“扫黄打非”队伍和组织领导的阵容以及昂扬向上的精神风貌，同时也希望借此活动大力宣传“扫黄打非”和保护知识产权的意义，揭露制黄贩黄、侵权盗版等非法出版活动的社会危害，震慑违法犯罪分子，教育引导公民提高法制意识和抵制腐朽文化的能力，促进形成尊重知识、尊重劳动、维护公平正义的良好社会氛围。

2007年，山西省的“扫黄打非”工作在省委、省政府的正确领导下，全省各级党委、政府按照中央和省委的要求，切实加强对“扫黄打非”工作的领导，认真组织，周密部署，狠抓落实，取得了显著的成绩，得到了全国“扫黄打非”工作小组的高度评价。今年头3个月，各市、各有关部门按照我省《2008年“扫黄打非”行动方案》的总体部署，始终保持了对非法出版物和非法出版活动的高压态势，共收缴各类非法出版物20余万件，保持了出版物市场的平稳有序，为全省的工作大局做出了应有的贡献。

在肯定成绩的同时，我们必须清楚地认识到目前“扫黄打非”工作面临的形势依然严峻，打击侵权盗版和各类非法出版物的任务依然繁重。我们必须时刻保持政治上的清醒与坚定，增强忧患意识、责任意识，从贯彻落实科学发展观、促进和谐社会建设的高度，进一步提高对“扫黄打非”工作重要意义的认识，按照我省《2008年“扫黄打非”行动方案》的部署，扎扎实实的做好“扫黄打非”的各项工作，确保文化市场总体态势健康向上、平稳有序。

几年来，太原市“扫黄打非”工作在全省一直名列前茅，多次得到了国家和省有关部门的表彰，为全省的政治稳定，文化繁荣以及精神文明建设做出了积极的贡献。太原作为我省政治、经济、文化中心，“扫黄打非”工作举足轻重，任重道远。希望太原市委、市政府及各有关部门进一步提高认识，高度重视“扫黄打非”工作，充分发挥各部门的职能作用，坚持打防结合、标本兼治，坚持属地管理，群策群力，齐抓共管，为“扫黄打非”工作做出更加优异的成绩。

再过几天，我们就迎来“4·26”世界知识产权日了。我们欣喜地看到，当前无论是机关、企业、学校，还是普通百姓，打击侵权盗版、保护知识产权的观念正在深入人心。这是搞好“扫黄打非”工作最坚实的群众基础。希望“扫黄打非”战线的同志们继续发扬特别讲政治、特别能吃苦、特别能战斗、特别能奉献的精神，不断推动“扫黄打非”工作向纵深发展，为净化文化市场环境、保护知识产权，为文化的大发展、大繁荣做出应有的贡献。

2008年4月20日

2008年“扫黄打非”大案要案综述

山西省“扫黄打非”办

2008年，在全国“扫黄打非”办和省内各级党委、政府的正确领导下，山西省各级“扫黄打非”部门狠抓了大案要案的查处工作，积极与当地工商、公安等部门通力合作，做到了“有案必查、应交尽交、应刑必刑”，有力震慑了犯罪，警示了社会。现将有关情况综述如下：

一、基本情况

2008年山西省共查处各类非法出版案件305起，其中行政处罚294起，刑事立案11起，全国“扫黄打非”办列为重点督办案件1起（霍保干河煤矿假记者案）；其余为省“扫黄打非”办重要督办案件。

（一）破获了8起大案

分别是：（1）9月26日，吕梁“扫黄打非”办配合协调有关部门，查处了一起网络侵权大案。依法关闭了非法网站，收缴了硬盘17块。（2）10月28日，查获太原市所属古交市四中老师刘某某、马某某涉嫌侵权盗版和非法经营案。查明两人未经审批，擅自经营印刷业务，非法印刷、发行盗版教辅资料，非法经营数额达65万元，两名嫌犯已被依法逮捕。（3）11月1日，冒充《法制日报》记者对霍保干河煤矿进行敲诈勒索3.9万元的刘某某从北京抓获归案。后被批准逮捕。（4）11月19日，太原市“扫黄打非”办、太原市新闻出版局市场稽查大队对太原市“京源通达货运站”进行了突击检查，收缴侵权盗版和非法图书1.5万余册，码洋约80万元。货主已被依法传唤。（5）11月24日，太原市“扫黄打非”办、太原市新闻出版局市场稽查大队对太原市“江川时达货运站”进行了突击检查，收缴侵权盗版和非法图书7000余册，码洋约35万元。货主已被依法传唤。（6）11月25日，《今日信息报》山西记者站聘用人员李某某、李某某、郭某涉嫌在吕梁敲诈勒索3万元（未遂）被刑事拘留。（7）12月6日，利用媒体工作人员身份在网上粘、删帖子涉嫌敲诈勒索霍宝干河煤矿1.5万元的项某某被抓获归案。（8）12月8日，利用媒体工作人员身份在网上粘、删帖子涉嫌敲诈勒索霍宝干河煤矿3.8万元的张某某从北京被抓获归案。

（二）加大了案件的督办力度，审结了6起案件

（1）大同“智根明非法销售盗版教辅案”审结。大同市所辖灵丘县人民法院以非法经营罪判处智某某有期徒刑1年，并处罚金1万元。（2）忻州赵某某等4人假冒记者敲诈勒索案审结。五台县人民法院以敲诈勒索罪判分别判处赵某某、岳某某、王某、韩某某有期徒刑6个月至1年。（3）吕梁“山西法制报聘用人员白某某、宋某某冒充记者敲诈勒索案”审结。9月22日，吕梁离石区人民法院以敲诈勒索罪判处宋某某有期徒刑2年、宣告缓刑3年；以敲诈勒索罪判处白某某有期徒刑2年、宣告缓刑3年。（4）太原“飞酷论坛”“天下论坛”网站传播淫秽物品案审结。9月22日，太原市杏花岭区人民法院一审以传播淫秽物品罪判处史某有期徒刑10个月，缓刑1年。（5）太原“李某某、任某某销售侵权复制品案”审结。10月31日，太原市小店区人民法院以销售侵权复制品罪判处李某某有期徒刑10个月零15天，并判罚金37万元；以销售侵权复制品罪判处任某某有期徒刑10个月零15天，并判罚金37万元。（6）太原“非法印刷发行有害气功图书案”审结。11月21日太原市尖草坪人民法院以非法经营罪分别判处刘某某、郭某某有期徒刑1年，缓刑1年。

（三）正在审理中的案件

经我办督办，数起案件加快了审理进度。这

些案件是：1. 临汾“5·27”非法制作假证照案（批捕3人，现在押）；2. 太原“6·15”非法制作假证照案（批捕3人，现在押）；3. 临汾“8·25”真假记者勾结诈骗巨款案（批捕两人，现在押）；4. 刘某某涉嫌假冒记者敲诈勒索案（批捕1人，现在押，另一同案犯在追捕中）；5. 项某某利用媒体工作人员身份在网上粘、删帖子涉嫌敲诈勒索案（刑事拘留中拟批捕）；6. 张某某利用媒体工作人员身份在网上粘、删帖子涉嫌敲诈勒索案（刑事拘留中拟批捕）。7. 刘某某、马某某涉嫌侵权盗版和非法经营案（批捕2人，现在押）。

二、几起重点督办案件的查处情况

（一）太原“非法印刷发行有害气功图书案”

7月7日，太原市尖草坪公安分局得到一条重要线索，有人在南寨社区一带办班并销售《人宇科学—高级人类指示》一书，涉嫌传播有害气功，尖草坪公安分局立即成立了专案组立案调查。经缜密侦查，锁定了有害气功班位于太原市南寨社区98号楼1单元1号李某某家的传授地点。7月9日，警方展开行动，对李某某家进行了突击检查。涉嫌传授有害气功的犯罪嫌疑人刘某某并“学员”59人被当场查获，并收缴《人宇科学—高级人类指示》图书34册。警方接着依法搜查了刘某某的住所，又收缴到该图书2700册。刘某某交代，《人宇科学—高级人类指示》一书是2007年10月在太原市王村南街“富达印刷厂”印刷的，业务联系人是郭某某，共印了5000册，案发时已售出2300册。富达印刷厂属一般印刷品印刷厂，无印刷图书资质。

11月21日太原市尖草坪人民法院以非法经营罪分别判处刘某某、郭某某有期徒刑1年，缓刑1年。

（二）吕梁市宋以江、白记书冒充记者敲诈勒索案

2008年4月6日、4月16日、4月22日，宋以江、白记书（两人均系山西法制报临时聘用人员）两人分别在吕梁市孝义一煤矿、交口县煤矿、离石一焦化厂以曝光相要挟共敲诈勒索19000元。

宋以江、白记书采用揭露他人违规、不合法生产、在媒体曝光等要挟手段，向他人索要现金，数额较大，其行为已构成了敲诈勒索罪。案发后，二被告人主动将赃款退还了受害人。依照《中华人民共和国刑法》第二百七十四条、第七十二条之规定，吕梁离石区人民法院以敲诈勒索罪判处宋某某有期徒刑2年、宣告缓刑3年；以敲诈勒索罪判处白某某有期徒刑2年、宣告缓刑3年。

（三）太原“李文平、任晓红销售侵权复制品案”

2005年以来，李文平、任晓红两人租用普国电子城3311B房间经营亚奥书店，从北京、武汉等地购买盗版书进行批发零售，从中牟取利润后，又用违法所得款再行购进图书销售。2007年8月，该二人又租用普国电子城大一号楼三层作为库房储存销售。2008年1月9日，太原市新闻出版局依法查封该库房，查扣图书品种656种，数量1.4万余册，经营数额达72.63万余元。经山西省新闻出版局鉴定，所查扣的图书为非法出版物。

2008年10月31日，太原市小店区人民法院开庭公开审理了李文平、任晓红涉嫌销售侵权复制品案。以销售侵权复制品罪判处李文平有期徒刑10个月零15天，并判罚金37万元；以销售侵权复制品罪判处任晓红有期徒刑10个月零15天，并判罚金37万元。

（四）霍保干河矿假记者案

2008年11月上旬，山西省“扫黄打非”办在参与调查假记者和不良记者利用霍宝干河煤矿事故敲诈勒索案件中发现四条重要案件线索：（1）刘小兵以《法制日报》记者的名义，伙同《法制日报》山西记者站工作人员李某某索要该矿宣传费和宣传资料费3.95万元。经查，《法制日报》及该报驻山西记者站均无此人，初步确定是一起假冒记者敲诈勒索案件。（2）张某某利用乡镇企业网粘删煤矿发生事故的帖子，从干河煤

矿索要人民币3.8万元。(3)张某某、相某某、赵某某3人利用中国煤炭网粘删煤矿发生事故的帖子，从干河煤矿索要人民币1.5万元。(4)陈某某利用和谐中国网粘删煤矿发生事故的帖子，从霍宝干河煤矿索要人民币5000元。

根据案件线索，我办认为，几起案件均已涉嫌犯罪，尤其是利用网站粘删帖子敲诈勒索，是一种新出现的犯罪手段，必须严厉打击。经我办研究，即将上述几案列为“扫黄打非”重点督办案件，依法移交了临汾公安局霍东分局，该局专门成立了专案组。各级领导高度重视，省委常委、政法委书记杜玉林，省委常委、宣传部长、省“扫黄打非”工作领导小组组长高建民，宣传部常务副部长杨波都作了重要批示，全国“扫黄打非”办、总署新闻报刊司也都做了明确的指示，省“扫黄打非”办督办。

案件最初侦破工作，在霍东分局干警的艰苦努力下，进展较为顺利：2008年11月11日，刘某某在北京市安定门宾馆236房间被抓获，但同居一室的《法制日报》山西工作站工作人员李某某逃脱。随后，相某某、张向东、张长年、赵某某分别被抓获。

警方很快查明：

1. 刘某某，男，34岁，住晋中市榆次区建西街38号。在太原市注册有“山西长兴文化传播有限公司”，自任董事长和总经理。刘在得知霍宝干河煤矿发生事故后，与《法制日报》山西记者站擅自聘用人员李某某合谋，以《法制日报》记者名义对该矿进行所谓的“采访”，并向矿方出示了所谓的曝光稿，以宣传费和宣传资料费的名义敲诈勒索该矿3.95万元。2008年11月3日，霍州市人民检察院以涉嫌敲诈勒索罪批准将其逮捕。

2. 张某某，男，1969年11月10日出生，山西省阳城县人，捕前系中国乡镇企业杂志社所属乡镇企业网聘用人员。2008年9月下旬，张某某在乡镇企业网上粘贴了有关霍宝干河煤矿“9·20”事故的帖子，霍宝干河煤矿发现后，委托一个体商人做中间人找到张某某，请求删去帖子。张同意删除帖子，但要求为煤矿做正面宣传，并索要宣传费。很快，张某某通过该杂志社网络部主任张某某删掉了帖子。2008年10月3日，煤矿托中间人将谈好的宣传费3.8万元汇到张个人账号上，张未交单位，也未作任何宣传报道。

2008年12月22日，霍州市人民检察院以公司、企业人员受贿罪批准将其逮捕。

3. 相某某，男，1972年7月29日出生，临汾市人，捕前为中国经济视点编辑部调研员。张某某，男，1973年6月3日生，运城市人，捕前系山西商报工作人员。2008年9月28日，相、张两人先后以了解事故为由到了霍宝干河煤矿，并在离开时电话告知煤矿中国煤炭网上有关于事故的帖子。煤矿为删帖子，约相、张两人当晚20时在临汾平阳广场东方红茶馆见面。经反复讨价还价，矿方当场给了相、张两人1.5万元。张长年打电话给中国煤炭网一个叫赵某某的，删去了帖子，相某某、赵某某、张长年3人将钱瓜分。

2008年12月31日，相某某因涉嫌敲诈勒索罪被批准逮捕；12月30日，张某某以涉嫌敲诈勒索罪被刑事拘留，后被批准逮捕；2009年3月30日，赵某某以涉嫌敲诈勒索罪被批准逮捕。

4. 陈某某，男，山西翼城人，和谐中国网聘用人员。2008年9月底，霍宝干河煤矿有关人员在和谐中国网上发现了报道该矿事故的帖子，通过中间人找到陈某某，请求删帖子。后经商谈，矿方10月3日以宣传费的名义交给中间人5000元。中间人扣留300元饭费后，将4700元汇给了陈某某，陈删去了帖子。陈某某2008年11月4日将4700元钱交给了网站，网站返还给陈2350元。陈某某未给煤矿做任何宣传报道。因涉嫌犯罪要件不够，警方未进一步追究。

2008年“扫黄打非”大事记

山西省“扫黄打非”办

1月9日，山西省“扫黄打非”办协调太原市新闻出版局、太原市公安局文保支队联合对太原市普国电子城三层的一个盗版仓库进行了查封，收缴盗版图书近15万册，涉案金额约50万元，是山西省近年来查获的最大一起盗版案。

1月17日，在收听、收看了第二十一次全国“扫黄打非”电视电话会议后，山西省召开了2008年“扫黄打非”工作动员大会。省委常委、宣传部长、省“扫黄打非”工作领导小组组长高建民作了重要讲话。会议由省新闻出版局局长、省“扫黄打非”工作领导小组副组长李锐锋主持。

1月22日，山西省“扫黄打非”工作领导小组下发《关于印发高建民同志在第二十一次全国“扫黄打非”工作电视电话会议暨山西省2008年“扫黄打非”工作动员大会上的讲话的通知》。

1月29日，山西省“扫黄打非”办收到全国“扫黄打非”工作小组《关于表彰2007年全国“扫黄打非”工作先进集体、先进个人和办案有功集体、有功个人的决定》，省“扫黄打非”办被评为2007年“扫黄打非”工作先进集体，受到国家表彰。这也是国家启动“扫黄打非”综合考评系统三年来，我省连续三次获此殊荣。

2月1日，山西省“扫黄打非”办下发《关于开展2008年“扫黄打非”第一阶段专项行动净化春节、“两会”期间出版物市场的通知》。

2月3日，山西省新闻出版局副局长、省“扫黄打非”工作领导小组办公室主任梁宝印在省公安厅参加省打击整治网络淫秽色情等有害信息专项行动工作会议。

2月28日，山西省“扫黄打非”办下发《山西省“扫黄打非”工作小组关于表彰2007年山西省“扫黄打非”工作先进集体、先进个人和办案有功集体、有功个人的决定》。山西省“扫黄打非”工作领导小组对在2007年“扫黄打非”工作中涌现出来的先进集体、先进个人、有功集体、有功个人进行表彰、奖励。决定授予大同市“扫黄打非”工作领导组办公室等24个单位为省“扫黄打非”工作先进集体称号，授予运城市工商局经济检查支队队长赵明等30位同志为省“扫黄打非”工作先进个人称号；授予山西省潞城市公安局翟店派出所等2个单位为省“扫黄打非”办案有功集体称号，授予阳泉市文化新闻出版局新闻出版科科长刘建民等23位同志为省“扫黄打非”办案有功个人称号。

3月4日，山西省新闻出版局举行全省新闻出版工作会议，在会上，省“扫黄打非”工作领导小组对2007年获得“扫黄打非”工作先进集体、先进个人和办案有功集体、办案有功个人进行了表彰。省新闻出版局副局长、省“扫黄打非”工作领导小组办公室主任梁宝印宣读了表彰决定，省委常委、宣传部长、省“扫黄打非”工作领导小组组长高建民，省新闻出版局局长、省“扫黄打非”工作领导小组副组长李锐锋等领导给获奖代表颁发奖牌和证书。

3月12日，山西省“扫黄打非”办召开“太原市1·09案件”协调会，太原市公安局、太原市“扫黄打非”办参加研究案件的下一步工作。

3月31日，山西省“扫黄打非”办召开了全省“扫黄打非”办主任会议，会议听取了各市2007年度“扫黄打非”工作有关领导重视、经费拨付、队伍建设、重要成果等简要情况和2008年“扫黄打非”第一阶段工作的汇报，会议还对下一步工作进行了部署。

4月20日，根据全国“扫黄打非”工作小组的统一部署，山西省11个市同时举行2008年集中销毁侵权盗版及非法出版物活动。此次共销毁各类非法出版物66万余件，其中盗版光盘18.9万余盘，盗版软件7.5万余盘，盗版及非法书刊39万余册。太原市为我省的主会场，销毁现场设在滨河体育中心广场。省委常委、宣传部长、省“扫黄打非”工作领导小组组长高建民，省人民政府副省长、省“扫黄打非”工作领导小组副组长张平，省新闻出版局局长、省“扫黄打非”工作领导组副组长李锐锋，省新闻出版局副局长、省“扫黄打非”办公室主任梁宝印等参加了销毁活动。高部长还代表省“扫黄打非”工作领导小组做了重要讲话。

5月22日，山西省“扫黄打非”办与省新闻出版局印刷处联合下文《关于开展印刷复制业专项检查行动的通知》。

6月13日，山西省“扫黄打非”办分别在临汾、朔州、长治召开我省“扫黄打非”办主任会议。会议传达了全国“扫黄打非”办主任会议精神，对于山西省下一步开展“迎奥运、维护出版物市场稳定”活动进行了认真部署。省新闻出版局局长、省“扫黄打非”工作领导小组副组长李锐锋，省新闻出版局副局长、省“扫黄打非”工作领导小组办公室主任梁宝印分别参加了在临汾和朔州召开的分片会。

6月15日，山西省“扫黄打非”办下发《关于全省统一开展迎奥运、维护出版物市场稳定，第一次集中行动的通知》。根据《通知》精神，全省各市及各有关部门，于6月18日—19日，开展了对印刷复制企业的集中检查行动。此次行动，各市认真部署，周密安排，对全省1000余家印刷复制企业、2000余个打字复印店进行了检查，对违规承印企业和无证复印店进行了查处。

6月22日至27日，按照省委常委、宣传部长、省“扫黄打非”工作领导小组组长高建民的指示，省“扫黄打非”工作领导小组办公室主任梁宝印带队分别对奥运火炬传递途径地运城、平遥、太原、大同等地的出版物市场，尤其是印刷复制企业进行了督查，保证可奥运火炬在我省的顺利传递。

7月9日，山西省“扫黄打非”办召集各市“扫黄打非”办主任召开奥运前后出版物市场监管工作会议，省新闻出版局副局长、省“扫黄打非”办公室主任梁宝印做了讲话。

7月15日，山西省“扫黄打非”办马爱民同志陪同省新闻出版局局长、省“扫黄打非”工作领导小组副组长李锐锋赴晋中市检查指导出版物市场监管工作。

7月15日至16日，省新闻出版局副局长、省“扫黄打非”办公室主任梁宝印带队对吕梁市出版物市场进行了检查和调研。

8月7日上午，省委常委、宣传部长、省“扫黄打非”工作领导小组组长高建民，副省长张平，省新闻出版局局长、省“扫黄打非”工作领导小组副组长李锐锋等领导，检查了太原市得一文化市场和位于钟楼街的我省唯一有图书总批发权的民营书店。

9月23至24日，省新闻出版局局长、省“扫黄打非”工作领导小组副组长李锐锋，省新闻出版局副局长、省“扫黄打非”工作领导小组办公室主任梁宝印，局出版物市场“扫黄打非”办公室主任马爱民参加运城市所辖13个县（市市、区）新闻出版局、版权局、“扫黄打非”办公室挂牌仪式并对运城市出版物市场进行了调研。

10月12日至13日，由中宣部出版局副局长周慧琳带队的检查组对山西省大同和太原市的报刊市场进行了检查，并听取了我省和太原市关于开展报刊专项行动的情况汇报。

创新经验

领导重视，保障有力，开创“扫黄打非”工作新局面

山西省“扫黄打非”办

2008年，在省委、省政府的高度重视、关注下，在全国“扫黄打非”办公室的具体指导下，山西省“扫黄打非”办公室大胆创新，积极探索“扫黄打非”工作新经验，在领导重视、保障有力的情况下，又开创了“扫黄打非”工作的新局面。

一、领导重视、靠前指挥

省委、省政府领导和省“扫黄打非”办领导，对奥运会后的“扫黄打非”工作高度重视，认为全国“扫黄打非”办的整体安排非常及时、到位和切合实际，要求全省要全力抓好落实。对每一项具体工作，领导都有具体的批示指示。如收到《关于加强奥运会后出版物市场监管深入开展“扫黄打非”斗争的通知》后，我办立即向省有关领导进行了汇报，省委常委、宣传部长、省“扫黄打非”工作领导小组组长高建民亲自听取汇报，要求立即通知全省，按照全国“扫黄打非”办的要求逐条落实，省“扫黄打非”办要马上下到各市督察，工作要做细，告诫各市不能有丝毫的松懈情绪，确保不出问题。副省长、省“扫黄打非”工作领导小组副组长张平在我办的部署通知上作出批示。

再如，我办在收到关于中央领导对霍宝干河煤矿“封口费”事件的批示后，当晚就向省有关领导进行了报告，省委书记张宝顺，省委常委、政法委书记杜玉林，省委常委、宣传部长高建民，都及时作了重要批示。高建民部长五次组织会议亲自听取汇报和部署工作，杜玉林书记还在我办的案件报告上两次批示，亲自部署查处工作。省“扫黄打非”办公室主任梁宝印更是亲任调查组组长，数日坚持在调查工作的第一线。

二、保障有力，进展顺利

为了完成好2008年的“扫黄打非”工作，我省从三方面加强保障工作。1. 经我办建议并经省局领导批准，从“扫黄打非”专项资金中划拨了68万元经费，用于奥运后的市场监管和重点案件的查处工作。2. 分两批对市县“扫黄打非”和出版物市场稽查队伍进行了执法业务培训，参加培训人员430余人；另对200余名印刷业法人进行了配合“扫黄打非”工作、坚持守法经营的授课。3. 为理顺“扫黄打非”工作体制，第一批18个县、区、市经编办批准正式加挂了新闻出版局和“扫黄打非”办公室的牌子。

我省2008年的“扫黄打非”工作，取得了一定的成绩，但这些成绩的取得，完全是党中央、国务院和省委、省政府正确领导的结果，是“扫黄打非”战线全体将士共同努力的结果，是全国“扫黄打非”办周密部署、正确指导、通力协调、认真督办的结果，更是全国“扫黄打非”办忠诚事业、恪尽职守、敢为人先、无私奉献榜样力量影响的结果。

作为省“扫黄打非”办，重要的是执行、落实，说不出自己多少新鲜的经验和措施。但面对2008年如此繁重的任务，为激励队伍，圆满完成全国“扫黄打非”办交给的各项任务，我们将领导历年来对“扫黄打非”工作的思想、理论包括讲话、指示、批示进行了认真归纳，结合2008年的任务和我省“扫黄打非”队伍的实际情况提出了一些要求和措施。如针对部分骨干的松懈情绪和部分新加入“扫黄打非”队伍的同志对工作意义认识模糊的现状，我们提出了“扫黄打非”工作者的“八条要求”；针对队伍中对“扫黄打

非”办特殊的任务要求不明确，对通知多、专项行动多不理解及实际执法中存在的有法不依、执法不严甚至违法执法的问题，我们提出了坚持“四条原则”、处理好“四个关系”；针对个别“扫黄打非”办市场监管不力、缺乏掌控全局和处理复杂问题的能力的情况，我们提出了做好“扫黄打非”工作的“十二策”等。在“扫黄打非”队伍中广为宣传、提倡、落实，收到了较好的成效。

限于文章篇幅，下面只作简要分述：

（一）对“扫黄打非”工作者的“八条要求”是：

1. 心系祖国、志存高远；2. 甘于寂寞、淡泊名利；

3. 公平公正、严格执法；4. 足智多谋、勇猛顽强；

5. 团结协作、勤政高效；6. 清正廉洁、守身如玉；

7. 不断学习、与时俱进；8. 坚忍不拔、坚持不懈。

（二）坚持的“四条原则”和认真处理的“四个关系”是：

1. 坚持国家利益第一的原则。认真处理好（国家）全局利益和（地方）局部利益的关系；

2. 坚持“三主动”（提高主动性、掌握主动权、打好主动仗）的原则。认真处理好落实国家全局性部署和主动解决本地本部门个别问题的关系；

3. 坚持依法监管与发展是第一要务相统一的原则。认真处理好依法监管和促进先进文化大发展、大繁荣的关系；

4. 坚持多用智慧、以人为本、稳定第一的原则。认真处理好严格执法和维护、促进社会和谐稳定的关系。

（三）我们制定的“扫黄打非”工作“十二策”是：

（1）不断巡查，以监促管；

（2）主动出击，防患未然；

（3）审时度势，重点突破；

（4）勇于碰硬，勇抓大案；

（5）应交尽交，应刑必刑；

（6）管好源头，把住通道；

（7）巧借外力，釜底抽薪；

（8）千方百计，打破平衡；

（9）寻求支援，加强协作；

（10）健全制度，严格考核；

（11）关心队伍，充分保障；

（12）坚持“较真”，敢于报告。

另外，我们还有一套制度作保障。近年来，我们在日常管理和制度建设上进行了一些有益的探索，陆续制定了《山西省“扫黄打非”责任制》、《“扫黄打非”工作考核细则》、《大案要案上报督察制度》、《山西省“扫黄打非”工作联合执法制度》、《山西省“扫黄打非”工作联系会议制度》、《山西省“扫黄打非”工作统计报表制度》等一系列日常工作制度。2008 年，我们又出台了《山西省“扫黄打非”工作突发事件应急预案》、《山西省“扫黄打非”义务监督员管理办法》。

（马爱民）

太 原 市

2008 年“扫黄打非”工作总结

太原市“扫黄打非”办

2008 年在山西省“扫黄打非”办和太原市委、市政府的正确领导下，太原市“扫黄打非”工作坚持以科学发展观为指导，按照年初制定的“扫黄打非”工作方案，围绕北京奥运会，强化日常监管，开展专项行动。在打击非法出版物、扫除淫秽色情文化垃圾、打击侵权盗版、治理非法报刊、查处大案要案方面均取得了明显的成效。据统计，2008 年全市各级“扫黄打非”工作执法部门共收缴盗版图书、报刊 22 万余册（份）；其中违禁非法出版物 40 册，伪科学气功类图书 2000 册，盗版电子出版物 1.6 万余盘；盗版音像制品 12 万余盘，其中淫秽色情光盘 400 余盘。查处大案要案 8 起，判刑 9 人。

一、领导重视，周密部署

2008 年 1 月 19 日，市委常委、宣传部长、市“扫黄打非”领导组组长范世康等领导带领有关部门人员对市内文化市场进行检查，并提出了指导性意见。3 月 20 日，召开了全市“扫黄打非”工作动员大会，根据会议精神，市“扫黄打非”办分别于 6 月 17 日、7 月 5 日召开县、市（区）“扫黄打非”办公室主任会议，为迎接奥运会和争创全国文明城市做了安排部署，并开展了声势浩大的文化市场集中整治行动。8 月 7 日，省委常委、宣传部长高建民等省领导视察太原市文化市场整治情况，并对太原市的工作给予肯定，同时对下一步工作提出具体要求。

二、围绕“两会”，清理市场

在“两会”期间，为确保出版物市场健康平稳发展，全市开展了打击非法出版物保平安保稳定大检查，市文化市场稽查大队和市出版物市场稽查大队在 2 月开展了严厉打击非法音像制品专项行动，共收缴非法音像制品 2.3 万余盘。各县、市（区）有关部门根据各自所辖区域和管理范围纷纷出击，先后取缔了朝阳街头销售音像制品的游商地摊 3 个，收缴盗版音像制品 1000 余盘；端掉了销售盗版图书的黑窝点普国富贵书店，收缴盗版图书 5100 余册；查处普国无证音像店 1 个，收缴盗版音像制品 1000 余盘。

三、围绕奥运，展开行动

为确保奥运期间出版物市场的健康繁荣、平稳有序，太原市展开了一系列的行动。一是对印刷企业进行专项检查，市新闻出版局及稽查大队分组分片包干，责任到人，对全市印刷企业实行了拉网式的检查，收到了较好的效果。二是根据国家有关治理报刊市场的精神，市区两级部门进行了为期一个月的报刊专项整顿，没收非法报刊 10 余种，近 6000 份。三是根据省“扫黄打非”办安排，有关部门联合开展了为期 3 个月的整治“四假”的专项行动。查获了隐藏在某高校内的《今日中国论坛》假记者站，依法查处了《中国社会调查》编辑部工作站，共收缴假记者证 18 本。在全市各级各类新闻媒体深入开展了规范新闻采访秩序的“百日整治”行动。

四、追根溯源，查获大案

交通运输环节是太原市非法出版物的主要源头，2008 年初，市“扫黄打非”办对全市出版物储运环节进行了深入细致的调研，初步完成了《出版物进出太原市交通运输环节的调查报告》，为下一步解决交通运输环节问题提供了政策的依据。同时，组织有关部门对运输、仓储非法出版物的行为加大了打击力度。9月中旬，市“扫黄打非”办、市出版物市场稽查大队在光大货运站查获了盗版图书5500余册；9月16日、11月18日，市新闻出版局和市公安局联合行动，先后在京源通达、江川实达货运站收缴盗版图书387件，近2.3万册非法图书。2008年元月9日，市新闻出版局和市公安局联合行动，在普国电子城查获了“1·09”李某某、任某某销售非法图书案，查获盗版图书20万余册。该案是太原市近年来查获的最大一起盗版图书案。公检部门快审快判，李某某、任某某分别被判有期徒刑10月15天，并处罚金37万元。市有关部门先后查处了4·23康大培训学校编印发非法教材教辅图书案；“6·17”胡某某编印非法图书案；“7·03”新源印刷厂复制非法出版物案等。在破获盗版图书案和非法编印发案的同时，网上“扫黄打非”工作也取得了好成绩，市公安局网监支队先后破获了“飞酷论坛”等4个传播淫秽色情网站。

五、打防结合，教育为本

2008年太原市“扫黄打非”工作与加强和改进未成年人思想道德建设紧密结合，并对照分工进行了周密的部署。一是市区两级有关部门进一步加大了对以未成年人为主要对象的非法出版物的查缴力度；二是市新闻出版局联合市教育局等有关部门，联合下发了《关于在全市中小学生中开展以“保护正版、鼓励创新、从我做起”为主题教育活动的通知》；三是组织了形式多样的宣传活动；四是专门聘请了社区“扫黄打非”义务监督员，目前已经发展到87名；五是在解放路新华书店、外文书店等大型出版物经营场所专门增设了未成年人图书、音像电子出版物特色专柜；六是对出版物经营者进行法律法规培训，提高他们的业务素质和守法意识！

内蒙古自治区

2008年“扫黄打非”工作总结

内蒙古自治区“扫黄打非”办

按照全国第二十一次“扫黄打非”工作电视电话会议的要求和2008年“扫黄打非”行动方案的部署，内蒙古“扫黄打非”工作小组以奥运保障为工作重点，组织开展了全区“扫黄打非”集中行动，从2008年1月开始，分别开展了“扫黄打非”第一阶段、第二阶段集中行动和奥运前30天出版物市场集中清查行动、迎国庆出版物市场专项大检查，将集中行动和日常监管紧密结合，全年共出动执法检查人员19万余人次，检查音像、书报刊等经营单位和印刷企业2万余家次，查办案件929件。各类专项行动中共收缴非法出版物115万余件，取得了“扫黄打非”行动阶段性成果。

一、主要工作情况

（一）切实加强领导，及时部署工作

第二十一次全国“扫黄打非”电视电话会议召开当天，自治区政府副主席罗啸天就召集参加会议的“扫黄打非”工作小组负责人和各成员单位分管领导，就贯彻落实全国会议精神作了安排。自治区“扫黄打非”办公室根据全国会议精神和自治区“扫黄打非”工作小组的要求，迅速向全区及自治区“扫黄打非”工作小组各成员单位部署了开展以打击非法出版物为重点的专项行动。

接到全国“扫黄打非”方案后，自治区“扫黄打非”工作小组及时发出了《关于贯彻落实全国“扫黄打非”行动方案的通知》，结合自治区实际提出了具体的贯彻落实意见。3月7日，自治区“扫黄打非”工作小组召开了第二十次全区“扫黄打非”工作电视电话会议，会议对2008年全区“扫黄打非”工作作了全面部署，自治区“扫黄打非”工作小组领导对2008年“扫黄打非”工作提出了具体要求。

（二）加强元旦春节市场监管，净化音像制品市场

按照文化部《关于近期音像市场执法工作重点的通知》《关于开展打击盗版贺岁影片行动的通知》和新闻出版总署《关于查处恐怖灵异类音像制品的通知》精神，从元旦、春节期间开，各盟市采取多次措施，以封堵打击《集结号》《长江七号》《大灌蓝》等盗版贺岁影片和危害青少年身心健康、恐怖骇人、惊悚阴森为故事题材的恐怖灵异类音像制品为重点，对音像制品批发、零售和出租摊点进行了全面清查，收缴了一批非法音像制品，有效净化了音像市场。

（三）整治网络有害信息，创造良好网络文化环境

按照公安部等中央十三部门的部署，内蒙古自治区公安、文化、工商、新闻出版、广播电视、通信管理等“扫黄打非”成员单位联合开展依法打击整治网络淫秽色情等有害信息专项行动，从1月份开始，对区内网站及网吧进行全面检查，铲除非法网站，删除和屏蔽了一批网络有害信息，对在网吧浏览淫秽色情信息的违规行为给予严厉处罚，网络环境明显净化。

（四）整顿印刷、图书市场，打击街头游商摊贩

在全区开展整顿印刷、图书市场专项检查行动，严禁境内印刷企业印制非法出版物，图书市场以查处非法书刊为重点，对全区近400家图书销售店档进行了细致检查，基本上杜绝了正规门店销售非法出版物。

从去年10月开始的打击街头游商行动一直没有停止，呼和浩特市等重点地区从2008年2月1日至29日组织开展以清理游商地摊为主、重点打击违法销售非法出版物的经营行为，成立整治工作组并制定行动方案，采取调整作息时间，蹲守与突击检查结合等方式，加大查处力度，对图书销售及印刷企业较集中的街区进行反复排查，取得了较好的治理效果。

（五）开展奥运前30天出版物市场集中清查行动和文化市场奥运保障行动

自治区“扫黄打非”办公室7月9日收到全国“扫黄打非”办公室在全国开展集中清查行动紧急通知后，立即向区“扫黄打非”工作小组做了汇报，自治区政府副主席刘新乐批示要求严格按要求执行。“扫黄打非”办按照领导小组的部署和自治区有关领导批示精神，根据全国开展集中清查行动的要求下发紧急通知，同时作了电话通知，从7月10日起开展出版物市场的集中清查，并按全国统一部署进行日报、记录清查情况及处理结果。全区各地按照统一部署迅即开展了清查行动，自治区工商行政管理局、公安厅根据本部门工作职责在系统内作了专门部署，文化、新闻出版、海关、通信管理、邮政等自治区“扫黄打非”工作小组成员单位都制定了行动方案，各部门密切配合，共同对非法出版物和非法经营形成高压态势。通辽市等地专门召开了各旗县区“扫黄打非”成员单位会议，成立了清查行动专项工作小组，乌海市等地文化市场管理部门与经营业主签订了奥运文化安全工作责任状。各地、各成员单位精心组织，有效地开展了集中清查行动。

清查行动开展以来，各地“扫黄打非”机构组织文化（新闻出版）、工商、公安部门执法人员以城市繁华街区、交通枢纽、旅游景点、集贸市场、宾馆饭店为重点进行高密度的拉网式检查，同时加强了对出版物经营网点的日常监管。

针对街头游商、地摊出摊时间无规律的实际，呼和浩特市等地在重点时段、下班时间和周六、日组织力量进行市场巡查，经过一个月的整治，游商、摊贩大幅减少。至8月7日，全区出共出动执法车辆676台次，执法人员3089人次，检查书报刊、音像制品经营场所5563家次，收缴非法音像制品、盗版电子软件5万余张，非法书刊9810本，取缔关闭无证经营点6家，警告11家。

各地在清查行动中严格实行全国“扫黄打非”办要求的“零报告”制度。按照属地管理的原则，各地“扫黄打非”办负责人为出版物市场清查第一责任人，奥运会前30天和奥运会期间，文化市场执法人员全天24小时开机，12318举报电话24小时值班，各旗县区将每天行动情况报盟市“扫黄打非”办，盟市汇总后报自治区“扫黄打非”办，由自治区“扫黄打非”办汇总报全国“扫黄打非”办。实行奥运会期间“扫黄打非”办值班制度，每天晚间和周六、日安排行政执法人员值班，遇有重要情况及时与上一级“扫黄打非”机构值班人员汇报，按程序及时上报全国“扫黄打非”办。

（六）开展国庆出版物市场大检查行动

根据全国“扫黄打非”工作小组部署和自治区领导批示精神，各地要将“扫黄打非”工作重心转移到日常监管中来，把打击非法出版物和侵权盗版出版物作为工作重点，保持“扫黄打非”的高压态势，坚决防止反弹。为此，自治区“扫黄打非”工作小组决定于9月26日至28日开展迎国庆出版物市场专项检查行动。9月26日上午自治区“扫黄打非”办召集自治区“扫黄打非”小组有关成员单位和呼和浩特市及市四区“扫黄打非”办有关领导召开了呼和浩特市地区国庆节前出版物市场大检查行动会议，部署了行动方案，同时向全区下发了国庆前出版物市场大检查行动通知。

二、工作中存在的问题

（一）“扫黄打非”队伍建设有待进一步加强

虽然建立了各级“扫黄打非”工作机构，但在职能设置、编制及干部配备方面没有明确，制约了“扫黄打非”工作的正常开展，特别是工作经费和交通、通讯等设备配备，由于我区大部分地区财政困难，除自治区扫黄打非办公室工作经费纳入财政预算，少数地区每年可争取少量经费支持外，大部分盟市、旗县没有工作经费，也没有基本的办公和交通、通讯设备。这一问题在每年开展“扫黄打非”集中行动时都提出来要求各地切实重视，但至今没有得到满意解决。

（二）“扫黄打非”各项制度难以有效落实

“扫黄打非”工作开展20多年来，按照全国“扫黄打非”办的要求，结合我区“扫黄打非”工作实际，总结历年工作经验，在“扫黄打非”集中行动和日常工作中建立了检查制度、重大情况报告制度、通报制度、出版物准提准运制度、案件督察制度、奖励举报制度等多项工作制度，但落实情况不尽如人意，大部分旗县和部分盟市“扫黄打非”工作机构至今连一台传真机都没有，影响了情况的及时沟通，特别是奖励举报制度，由于没有专项经费，基本上没有落实，不能有效地调动全社会参与“扫黄打非”工作的积极性。目前，除检查制度、准提准运制度、通报制度等需要经费较少的制度落实得较好外，需要经费较多的制度就没有得到有效落实。

三、几点工作体会

（一）建立管理责任书制度是做好“扫黄打非”工作的有效措施

我区“扫黄打非”工作与文化市场管理工作紧密结合，融为一体，2001年建立文化市场管理责任书制度以来，责任目标的内容和考评形式不断完善，考评结果明确纳入社会治安综合治理工作，起到了明显作用，在今后的“扫黄打非”工作中，我区仍要坚持这一制度，更好地促进工作的开展。

（二）要充分发挥“扫黄打非”办的协调作用

“扫黄打非”工作是一个社会系统工程，是一项长期、艰巨的任务，这一工作不是靠一个“扫黄打非”工作机构、靠一个部门、一个单位就能做好的，特别是在目前人员编制、经费都没有很好落实的情况下，更要充分发挥扫黄打非办的协调作用，调动各部门、各单位乃至全社会的积极性，支持和参与“扫黄打非”工作。

领导讲话

在第二十次全区“扫黄打非”工作电视电话会议上的讲话

内蒙古自治区党委宣传部副部长、自治区“扫黄打非”工作小组副组长
李　冰

今年1月17日，全国“扫黄打非”工作小组召开了第二十一次全国“扫黄打非”工作电视电话会议，会议部署了今年的“扫黄打非”工作，中央政治局委员、中宣部部长、全国“扫黄打非”工作小组组长刘云山同志在会上作了重要讲话。今天，我们召开第二十次全区“扫黄打非”工作电视电话会议，主要任务就是认真贯彻落实全国“扫黄打非”电视电话会议精神，表彰2007年全区“扫黄打非”工作先进集体和先进个人，总结去年工作，部署2008年全区“扫黄打非”工作任务。下面，我讲四点意见。

一、认真总结经验，促进全区出版物市场健康有序发展

2007年，全区“扫黄打非”战线在自治区党委、政府的领导下，坚持以邓小平理论和“三个代表”重要思想为指导，全面落实科学发展观，加大保护知识产权的保护力度，按照年初“两办”转发的行动方案集中清理非法出版物，规范出版物市场秩序。组织了打击非法出版物春季行动，实施了文化市场“平安工程”和“文化环保工程”，开展“反盗版天天行动”，以查处大案要案为突破口，推动了“扫黄打非”斗争的深入开展。过去的一年，全区“扫黄打非”行动共出动执法检查人员14万余人次，检查文化经营摊点4万余个，印刷厂1.5万余家次，收缴非法书刊109万余册，其中非法教辅图书3.4万余册，淫秽色情出版物4.7万余件，各种非法光盘72万余张，查办行政案件1234件，刑事案件1件。有力地震慑了出版物市场的违法犯罪分子，有效地打击了非法经营活动，促进了出版物市场的健康有序发展。

二、认真学习贯彻十七大精神，深刻认识“扫黄打非”工作面临的新形势、新任务、新要求

党的十七大报告提出：“推动社会主义文化大发展大繁荣”和“积极探索用社会主义核心价值体系引导社会思潮的有效途径，主动做好意识形态工作，既尊重差异、包容多样，又有力抵制各种错误和腐朽思想的影响。”兴起社会主义文化建设新高潮，推动社会主义文化大发展大繁荣，离不开文化市场的繁荣和健康有序发展，只有不断加大对文化市场的监管力度，坚持不懈地抓好“扫黄打非”工作，才能有效遏制腐朽文化的滋生和蔓延，才能有效抑制国外各种敌对势力的思想渗透，为先进文化、健康有益文化的发展提供良好秩序和净化空间。实践表明，“扫黄打非”和出版物市场监管一旦错位、虚位、失位，文化市场就会出现混乱，文化安全就会受到动摇，弄不好甚至会出大的乱子。因此我们必须重视文化市场监管工作，高度重视“扫黄打非”工作为社会主义文化建设所起的其保驾护航的作用，始终坚定不移地坚持“两手抓”的方针，一手抓发展，一手抓监管。任何以发展、繁荣为借口，放松、轻视甚至放弃市场监管的观念和做法都是与实践不相符的，也是与社会主义文化建设道路背道而驰的。当前，我国意识形态领域主流积极健康向上，但我区的形势也不容乐观，去年

下半年以来，个别地区游商增多，街头书摊泛滥，盗版音像制品又有抬头之势，特别是一些摊点兜售非法出版物，在社会上造成了恶劣影响，到了非下大力气整治不可的地步。因此，新形势下“扫黄打非”将承担越来越重要的使命，要认真学习党的十七大精神，深刻认识新形势下“扫黄打非”工作的极端重要性和现实紧迫性，进一步增强责任感、使命感，坚定不移地把“扫黄打非”工作深入持久开展下去。

三、突出工作重点，加大工作力度，把“扫黄打非”工作推向深入

按照中办、国办转发的2008年“扫黄打非”行动方案的部署，2008年“扫黄打非”工作要突出重点，着重抓好以下四方面的工作：

一是坚决打击非法出版物，切实维护社会政治稳定。打击非法出版活动，始终是“扫黄打非”工作的首要任务。要继续保持高压态势，特别是紧紧围绕“两会”、奥运会、纪念改革开放30周年等重大活动，开展集中行动，坚决打击各类非法出版物和“法轮功”等邪教组织宣传品，防止境外非法出版物非法流入境内，防止境内非法印制扩散，防止利用互联网传播，做到立体防范、露头就打。

二是集中打击各种侵权盗版活动，维护国家形象。我们要加大对各类侵权盗版行为和非法出版物活动的打击力度，进一步树立中国政府保护知识产权的良好形象，进一步为促进自主创新、提升国家核心竞争力营造良好的舆论氛围和社会环境。要在加强文化市场日常监管的基础上，抓紧查办、审结、曝光一批侵权盗版重点案件，形成震慑。在“4·26”世界知识产权日前后和奥运会前后，各地要重点清查书报刊、音像制品、计算机软件等市场，严格清理兜售非法出版物的游商小贩。

三是全面开展网上“扫黄打非”，集中打击网络淫秽色情活动。经过前一段的集中治理，网络文化环境得到了明显净化，但网络淫秽色情活动尚未得到根本遏制，利用网络传播有害信息的现象还严重存在。我们要把网上“扫黄打非”作为全年的经常性工作。近期，要组织开展网络扫黄专项行动，坚决遏止网络色情泛滥的趋势。我们要认真研究网络传播规律和网络技术发展趋势，进一步完善网络管理法规，依法清除网上淫秽色情等有害信息，依法严厉打击网上违法犯罪活动，依法加强互联网管理，努力构建和谐健康的网络环境。

四是严肃查处各类非法报刊，维护文化市场良好秩序。非法报刊近年来有愈演愈烈之势，往往以合法形式在报刊亭等场所公开出现，传播政治谣言和低俗色情等文化垃圾，欺骗性强，社会各界和广大群众反映强烈，必须加大整治力度，坚决取缔各种形式的非法报刊，以及利用广告印刷品形式非法出版的报刊。

四、加强组织领导，完善工作机制，狠抓落实，开创全区“扫黄打非”工作新局面

各级领导干部和“扫黄打非”战线的全体同志要进一步转变工作作风，真抓实干，务求实效。各级党委、政府要把“扫黄打非”纳入重要的议事日程，党政主要负责同志要亲自过问，切实加强组织领导。各地各部门要抓紧制定具体实施方案，列出工作进度表，进行周密部署。各级“扫黄打非”领导小组及其办公室要充分发挥好督促检查、协调服务的作用，调动各方面的积极性，形成合力。各个部门要各负其责，密切配合，确保《行动方案》确定的的各项任务落到实处，确保阶段性目标的实现。我们要按照“谁主管、谁负责”和属地管理原则，进一步加强“扫黄打非”工作。对于工作不力、失职渎职，造成严重后果或者出版物市场混乱状况长期得不到解决的，要追究地区或部门负责人的责任。

要加强队伍建设，为“扫黄打非”工作创造必要的条件。“扫黄打非”工作领导小组是负责组织指导“扫黄打非”工作的领导机构，要适应新的形势要求，充实和加强各级“扫黄打非”领导小组及其办公室的力量，大力推进“扫黄打非”工作队伍的建设，全面提高其政治素质、业务素质，改进工作作风，不断提高“扫黄打非”工作的效率和水平。

要通过完善工作机制，不断提高综合治理水平。要以群众性精神文明创建活动、平安建设等为载体，把“扫黄打非”工作与正在开展的城市网格化管理试点、新农村建设工作、社会治安综合治理结合起来。坚持把“扫黄打非”工作成效，作为评选文明城市、文明社区、文明单位和衡量社会治安综合治理成效的重要指标。综合运用社会宣传、专题培训、学校教育等形式，提高社会公众保护知识产权、参与“扫黄打非”的积极性，推动行业协会发挥自律和服务作用。加大对“扫黄打非”工作的宣传报道力度，宣传各级党委政府采取的有效措施，反映社会各界和干部群众的广泛支持，推广各类文化企业自觉守法经营的先进典型，同时加强舆论监督，及时曝光不法经营行为，揭露各种形式的非法出版活动。

同志们，今年的“扫黄打非”行动是在党的十七大召开后的第一次行动，党和人民对我们寄予厚望，当前全国“两会”正在召开，距奥运会的举办也只有5个月的时间，因此，做好全区“扫黄打非”工作，为全国和自治区各项事业的顺利发展创造良好的条件，是摆在各级干部和各级党委、政府和“扫黄打非”战线各级干部面前的一项重要政治任务，我们一定要认真贯彻十七大精神和自治区第八次党代会精神，坚持先进文化的前进方向，切实维护广大人民群众的根本利益，努力开创“扫黄打非”工作新局面，为我国和我区改革开放和现代化建设贡献自己的力量。

2008年3月7日

在2008年全国集中销毁侵权盗版及非法出版物活动内蒙古分会场活动仪式上的讲话

内蒙古自治区党委宣传部副部长、自治区“扫黄打非”工作小组副组长

李　冰

今天，集中销毁侵权盗版及非法出版物活动在全国范围内同时举行，我区在呼和浩特市设立分会场，举行销毁仪式，销毁自治区及呼和浩特市文化、公安、工商等部门在前一段“扫黄打非”工作中收缴的走私盗版音像制品10万张，盗版软件及电子出版物3万张，盗版及非法书报刊5.6万册。自治区各盟市所在地今天上午都设立了销毁现场，同时销毁我区文化市场管理部门2007年下半年以来收缴的非法音像制品，全区销毁音像制品数量达到22万张。这次销毁行动，是按照全国统一部署在统一时间开展的一次向走私盗版行为的大宣战，是前一段“扫黄打非”工作成果的大展示。通过今天的销毁行动，更加有效地打击走私盗版经营活动，警示、震慑犯罪分子和非法经营者，向全社会展示我国政府坚持保护知识产权原则，打击侵权盗版活动的坚定立场和重要成果，树立我国政府保护知识产权的良好形象，进一步增强社会各界理解、支持和参与“扫黄打非”斗争的意识。

党的十七大以来，全区“扫黄打非”战线全体同志在自治区党委、政府的领导下，按照“扫黄打非”工作方案的部署和要求开展工作，取得了明显成效。“扫黄打非”各成员单位文化、公安、工商、出版、广电及铁路、公路、邮政等部门各司其职、各负其责、通力配合，形成强大合力，综合运用行政、法律、经济、舆论宣传等手段，严厉打击了贩卖非法出版物、淫秽色情出版物、侵权盗版出版物及其他盗版走私活动。特别是呼和浩特市作为首府城市，一直是“扫黄打非”工作的前沿阵地，面临的形势比较复杂，工作任务相当繁重。在市委、市政府的领导下，同志们做了大量工作，取得了可喜成绩。

同志们，打击侵权盗版、保护知识产权是党的十七大提出的“建设创新型国家”、“实施知

识产权战略”的要求，也是“扫黄打非”斗争的工作重点，我们要在已经取得成绩的基础上进一步开展“扫黄打非”工作，提高全体公民的知识产权保护意识，创造一个规范有序的文化市场环境。

2008年4月20日

2008年“扫黄打非”大事记

内蒙古自治区“扫黄打非”办

3月7日，经自治区党委、政府领导同意，组织召开了第二十次全区“扫黄打非”工作电视电话会议，对2007年度全区“扫黄打非”工作先进集体和个人进行了表彰，全面部署了2008年全区“扫黄打非”工作。

4月20日，内蒙古自治区开展了2008年全国集中销毁侵权盗版及非法出版物活动内蒙古分会场活动，全区共销毁非法出版物及音像制品22万余张。

5月30日，内蒙古自治区“扫黄打非”工作小组根据中央领导同志指示精神和全国“扫黄打非”办的工作部署，决定从6月至8月开展“迎奥运维护出版物市场稳定”专项行动。

7月10日，根据中央领导同志指示精神和全国“扫黄打非”办的工作部署，自治区“扫黄打非”工作小组的决定，在全区范围内统一开展奥运前30天出版物市场集中清查行动。

呼和浩特市

2008年“扫黄打非”工作总结

呼和浩特市“扫黄打非”办

为迎接2008北京奥运会的顺利召开，保障我市文化市场的和谐、健康、安全、稳定。呼市文化市场管理办公室按照自治区“扫黄打非”工作小组办公室、新闻出版（版权）局，市委、市政府和呼市文化局2008年的各项工作安排，在呼市“扫黄打非”各成员单位及各旗县区“扫黄打非”工作小组办公室的共同努力下，圆满完成了2008年“扫黄打非”各项工作，现将工作总结如下：

一、明确责任、层层签订责任状

7月7日，白金祥副市长代表呼市人民政府与九个旗县区人民政府签定了《2008年度文化市场监管及行政执法责任状》。由呼市文化局、呼市文化市场办对九个旗县区日常的文化市场管理工作进行指导、监督、检查，并于年底组织考核组对九个旗、县、区的文化市场管理工作进行综合考评，为全年的工作打下了坚实的基础。

为了全面落实目标管理责任制，净化我市文化市场环境，迎接北京奥运会的顺利召开，呼市文化市场办实行“谁主管、谁负责”的原则，确保各项工作任务落到实处，主任与分管主任，分管主任与分管科（队）室，各科（队）室与科（队）员分别签订了文化市场工作目标责任状。

二、深入持久地开展“扫黄打非”行动

为了贯彻落实2008年全区“扫黄打非”工作电视电话会议精神，2008年7月7日，呼市“扫黄打非”工作小组召开了第二十次全市“扫黄打非”工作会议。会议认真总结了2007年呼市“扫黄打非”工作，并对2008年“扫黄打非”工作进行了部署。会上，呼市“扫黄打非”工作小组对2007年“扫黄打非”工作中成绩突出的16个先进集体和27名先进个人进行了表彰。

三、开展专项行动，打击非法经营活动

（一）清理整顿出版物、版权市场、印刷市场

按照2008年“扫黄打非”第一、第二阶段专项行动的通知精神，呼市“扫黄打非”工作小组办公室及时进行了工作部署，要求各旗县区“扫黄打非”按照“属地管理”和“谁主管、谁负责”的原则，把打击非法出版物作为首要任务，明确目标，精心组织，加强领导，狠抓落实，务求专项行动取得实效。

为切实加强文化市场监管，规范文化市场秩序，为奥运会成功举办创造和谐文化市场环境，呼市“扫黄打非”工作小组根据内蒙古自治区“扫黄打非”工作小组关于开展奥运前30天出版物市场集中清查行动的通知要求，从7月10日起，在全市范围内开展奥运前30天出版物市场集中清查行动。

2008年我市印刷市场的首要工作是确保奥运会期间经营活动的安全、稳定。北京奥运会是展现我国风采的一次盛会，也是对当前社会各项工作水平的一次考验。印刷复制企业作为新闻出版和文化工作的基础环节之一，担负着引导社会舆论、树立城市形象的重任，为使印刷复制企业经营者提高全局工作认识，以加倍的严谨和高度的社会责任感保障奥运会期间生产、经营活动的安全和稳定，呼市文化市场办集中对我市印刷复制企业市场进行全面清查，并于5月29日上午组织召开了2008年呼市地区整顿和规范印刷业秩序暨法律法规培训会议。通过法律、法规培训进一步提高我市印刷企业从业人员素质、促进了印刷行业有序、健康、繁荣稳定的发展。对违法经营的印刷企业坚决取缔，决不手软。呼市地区共220余家印刷企业法人代表参加了培训会议。

2008年8月至10月，呼市文化市场管理办公室开展了针对我市5个农业旗县印刷市场的集中治理工作，将市场调研与监管查处结合，深入研究近年来旗县印刷市场发展状况和趋势，在严厉打击违法、违规经营行为的同时，完善长效管理机制，引导市场健康发展。

为治理市场中存在的问题，呼市文化市场管理办公室在调研的同时及时处罚违规经营行为、排除安全生产隐患、查堵跨地区非法加工产品包装印刷品，为及时拨正市场发展方向奠定了坚实基础。治理工作中，呼市文化市场管理办公室先后查处了土左旗民族中学、土左旗一中等校办印刷厂非法盗印教育辅助资料案，托县民族中学、托县一中非法组织销售盗版练习册案，清水河县印刷厂未依法进行承印登记案，土左旗浙南印刷厂非法印制产品包装箱案等一批案件，查缴盗版练习册9700册，停业整顿2家，取缔无证印刷厂2家，行政罚款共计8万余元。

在深入调研和严格监管的基础上，呼市文化市场管理办公室进一步完善长效管理机制，积极引导旗县印刷市场良性发展。整治工作中，我们深入研究旗县印刷市场存在问题的成因，切实采取措施解决问题。一是加大宣传力度，先后4次通过呼市电视台、《内蒙古晨报》报道了整治工作情况，奠定了整治工作的舆论基础，促进经营者守法意识的提高。二是提出合理建议，要求印刷厂在印制教学资料时，应由委托学校或教师编写练习资料内容，根治盗版盗印现象。三是完善承印制度，进一步规范印刷厂承接业务时对委托手续的自主审查工作，并依法留存有关材料备查，建立印刷市场长效管理机制。

通过调研、整治和引导工作，我市农业旗县印刷市场得到了有效规范，守法经营意识显著提

高，进入了以制度促规范、以规范促发展的轨道。今后我们将继续加强对旗县印刷市场的监管和引导工作，推进管理与服务两方面工作取得新的成绩。

呼市文化市场管理办公室将在整治文化市场违法、违规经营行为的同时，严肃查处学校内违法、违规组织印刷、制作，或组织学生购买、使用非法教材、教辅材料的违法行为，并对赚取差价、强制购买、纳入教学计划迫使学生购买、购买学生为未成年人等情况从重查处，对触犯刑法的依法移送司法部门处理，坚决维护教育教学环境的正常秩序，保护学生的合法权益。

深圳龙岗“9·20”特大火灾事故发生后，呼市文化市场管理办公室于21日立即成立安全生产整治工作小组，制定工作方案，启动为期1个月的安全生产集中整治行动。同时向全市各“扫黄打非”有关成员单位、各旗县区“扫黄打非”工作小组办公室和文化市场管理部门下发紧急通知，并通过呼市文化市场管理网将《呼和浩特市文化市场、新闻出版市场安全生产管理办法》向各经营单位公告。印刷经营场所材料及设施存在易燃、易爆等特点，且连续生产时间较长，是本次整治行动的重点。

整治行动期间，呼市文化市场管理办公室针对印刷市场共出动执法人员320余人次，执法车辆80余台次，检查印刷经营场所150家次，查处“内蒙古俊威印务有限公司”等违规场所11家。同时严格规范承印登记制度，对场所中发现的安全隐患及时予以劝导和纠正。此外，执法人员将开设在居民区、城郊结合部、学校院内等特殊地点的印刷经营场所列为检查重点，对“鑫源印务部”等擅自变更经营场所地址、违规改变场所布局导致生产材料与生活区域混并的场所，依法予以停业整顿。

（二）清理整顿音像市场

按照文化部文化市场司、广播电影电视总局电影管理局关于打击盗版贺岁影片维护电影音像市场秩序的通知，呼市文化市场办从1月至2月在全市范围内开展了以打击盗版贺岁影片为重点的专项行动，维护了我市电影音像市场的秩序。这次行动共出动执法人员600余人次，执法车辆150余台次，检查店档摊点120余家次，行政处罚60余家，收缴盗版音像制品4.6万余张，收缴盗版出版物5000余册。

1月17日，“12318”热线接到群众举报位于新城区诚信数码广场出售淫秽、盗版光碟。6名执法人员立即赶往该处，执法人员首先控制涉嫌违规柜台，并进入柜台内部彻底检查。检查中，在柜台里发现了大量涉嫌淫秽盗版光碟。依据《音像制品管理条例》规定对4家无证经营、并涉嫌销售淫秽盗版光碟的商家的5000余张盗版光碟和242张淫秽光碟全部收缴，对涉嫌经销淫秽光碟依法立案并移交公安部门。

2月25日，呼市文化市场管理办公室执法人员对诚信数码广场中山东路店、“新亚太店”进行了突击检查，从15家无证商户柜台查获盗版光碟1.5万余张，其中有恐怖灵异类盗版光碟400余张，色情淫秽光碟100余张。

4月26日，呼市文化市场管理办公室统一部署，精心组织各旗、县、区文化市场管理部门围绕“保护知识产权，打击侵权盗版”展开2008年内蒙古自治区“保护知识宣传周”大型宣传活动。呼市文化市场管理办公室执法人员在新华广场设立了咨询台，接受群众咨询、投诉和举报，并制作了保护知识产权相关问题的宣传单向群众免费发放，同时制作了大型宣传知识产权保护的板报，用图文并茂形式，宣传文化市场领域保护知识产权情况，就网络、音像图书、演出方面答询了30名群众提出的问题。同一天市四区文化市场管理部门分别在义乌广场、五塔广场、大学路文化商城、新城区文体局门前设立了宣传点，采取发放宣传资料、展版、讲解怎样识别正版音像制品常识、走私盗版音像制品的危害性、文艺表演等形式向群众进行了宣传，进一步提高了群众的鉴别能力，树立自觉抵制盗版的意识。

6月13日，呼市文化市场办对书刊音像销售经营场所的负责人进行了法律、法规培训。此次培训会议的召开，深入、全面、有针对性地分析和总结了我市文化市场管理工作取得的成果和不足，认真总结研究了市场管理部门和市场经营者提出的建议，进一步明确了今后工作的目标，为创建我市和谐文化市场环境，圆满完成文化市场管理工作任务，迎接北京奥运会的召开，奠定了坚实的基础。

4月20日，“2008年全国集中销毁侵权盗版及非法出版物活动内蒙古分会场活动”在我市举行。销毁仪式上，参会的各位领导、学生代表、与会人员在“打击盗版、支持正版、保护知识产权”的条幅上签了名。随后，非法音像制品8万余张、盗版软件及电子出版物3万余张、盗版及非法书报刊5.6万余册被运往回收站进行绿色环保处理，光碟被粉碎回收、书报刊被化浆处理。

10月份，呼市文化市场管理办公室执法人员专门抽出时间下乡到基层，利用4天时间走遍全市所属的农牧旗县，进行政策宣讲，监管督促，经验交流，业务指导，了解基层实情，为基层真正的排忧解难，深受基层欢迎。在旗县区的检查工作中，呼市文化市场管理办公室执法人员和旗县文化市场执法人员开展座谈会，一起探讨如何进行音像市场管理并一同对文化市场进行了检查。在清水河，专门与该县文化市场办执法人员一起进行了夜查娱乐场所，现场对一家娱乐场所的安全问题进行了当场纠正。在和林格尔县，与该县文化市场办执法人员一起学习了如何制作案卷业务。

（三）歌舞娱乐场所的管理

2008年是全国娱乐场所阳光工程实施的第一年，为大力宣传阳光工程的指导思想和宗旨，倡导守法经营，文明娱乐，使阳光娱乐的理念深入人心，呼市文化市场办按照《文化部办公厅关于开展2008阳光娱乐主题周活动的通知》精神，及时下发文件，组织各旗县区文化市场管理部门执法人员围绕“阳光娱乐、和谐文化”这一主题进行了宣传。

6月2日至8日，由各旗县区文化市场管理部门牵头，组织公安、卫生、环保、工商、综治等部门分别在所属辖区内开展阳光娱乐、和谐文化为主题的大型户外宣传活动。向娱乐场所经营者和群众发放了《阳光娱乐经营倡议书》2000余份，宣传海报360余份。

（四）演出市场的管理

针对今年北京奥运会的举办，我市特别加大了对农村演出市场管理力度，并要求各旗县区对外地来呼市演出的团体要实行逐级上报备案，坚持不予接纳无证演出团体，并做好营业性演出许可证和个人演出证的审核办理工作。针对每年各旗县举办的物资文化交流会文艺演出活动，我们要求农村文艺演出内容必须健康、文明、有序，杜绝淫秽色情不健康的内容出现，确保演出团体的合法性，证件不全的坚决不予接纳。我们还对各旗县区的演出市场进行不定期的监督检查，若发现有违法违规的行为，将追究相关人员的责任。

9月20日晚，深圳市发生娱乐场所特大火灾。21日，文化部办公厅下发《关于进一步加强文化市场安全生产工作的紧急通知》，要求各地即日起全面加强文化市场安全生产工作。22日上午，呼市文化市场管理办公室在尚未接到书面通知的情况下，立即查询网上信息，根据文化部要求，紧急召开全体工作人员会议，成立专项整治工作小组，制定工作方案，于22日上午10时启动为期1个月的全市文化市场安全生产集中整治行动。同日，呼市文化市场管理办公室向全市各“扫黄打非”有关成员单位、各旗县区“扫黄打非”工作小组办公室和文化市场管理部门下发了《关于贯彻落实文化部〈关于进一步加强文化市场安全生产工作的紧急通知〉的通知》，并向各旗县区文化市场管理部门部署了国庆期间工作任务，提出具体要求，落实相关责任。

四、加强舆论宣传工作

呼市“扫黄打非”工作小组办公室十分重视信息宣传工作。充分利用各种宣传媒介，扩大宣传力度。通过报纸、电视台等新闻媒体，以扩大社会影响，震慑违法分子。截至目前，共编发文化信息45期，扫黄打非信息29期；新闻媒体宣传报道100余次。

截至目前，呼市地区“扫黄打非”工作小组办公室共出动执法人员3.5万余人次，车辆9000余台次。检查出版物经营场所8800余家，检查店档摊点8700余家；收缴非法出版物4.3万余册；收缴盗版音像制品和计算机软件13万余张；检查印刷厂1600余家。行政处罚106家。

辽　宁　省

2008年“扫黄打非”工作总结

辽宁省“扫黄打非”办

2008年，辽宁省“扫黄打非”办认真贯彻第二十一次全国“扫黄打非”工作电视电话会议精神，全面落实《2008年辽宁省“扫黄打非”行动方案》，围绕为成功举办北京奥运会营造良好的文化环境和舆论氛围，深入组织开展“扫黄打非”专项治理、集中清查行动，取得了显著的工作成果。

据统计，全省出动执法人员1.5万人次，共检查各类出版物经营单位9540余家，印刷、复制企业（含打字、复印社）6500余家，其中取缔、关闭无证无照和有严重违法违规行为的出版物经营店档摊点2475个（家），行政处罚违法、违规出版物经营单位和印刷企业1247家；共收缴各类非法出版物102.1万件，其中非法书报刊39.2万册，非法音像制品及电子出版物56.1万张，淫秽色情出版物6.8万件；共查处案值及社会影响较大的侵权盗版及制作、贩运、销售“黄”“非”出版物案件35起，7名犯罪嫌疑人被依法追究刑事责任。

一、迅速贯彻落实全国“扫黄打非”工作电视电话会议精神，及时部署开展2008年全省“扫黄打非”行动

为迅速贯彻落实1月17日召开的第二十一次全国“扫黄打非”工作电视电话会议精神，在当天组织收视收听全国会议之后，辽宁省即刻召开全省电视电话会议，部署2008年全省“扫黄打非”工作，表彰2007年全省“扫黄打非”行动先进集体、先进个人。辽宁省委常委、宣传部部长焦利出席会议并作重要讲话。

二、强化出版物市场日常监管特别是节假日和“两会”期间的市场巡查，深入组织开展“扫黄打非”春季战役

1. 于元旦、春节两大节日期间和全国、全省“两会”召开前后，继续坚持执行值班预警和市场巡查制度，有效防范和遏制了非法出版物和非法经营活动的回潮反弹势头，确保了全省出版物市场在重要节日和重大活动期间的健康繁荣、平稳有序地发展。

2. 按照全国“扫黄打非”办和辽宁省“扫黄打非”工作小组的部署和要求，于4月20日会同省、市版权局和沈阳市“扫黄打非”办，与国内各省会城市一同组织了2008年集中销毁侵权盗版及非法出版物活动，总计销毁各类非法音像制品、盗版软件100余万盘（张），彰显了打击侵权盗版，保护知识产权的态度、决心及成果，有力地震慑了违法犯罪分子，营造了强大的“扫黄打非”社会声势。

三、突出重点，全力开展奥运前30天出版物市场集中清查行动

1. 为迅速贯彻“迎奥运维护出版物市场稳

定全国‘扫黄打非’办公室主任会议”精神，6月6日，辽宁省“扫黄打非”办组织召开了全省“扫黄打非”办公室主任会议。传达了全国迎奥运维护出版物市场稳定“扫黄打非”办公室主任会议和全省奥运安保领导小组第二次工作会议精神，辽宁省新闻出版局局长、党组书记，省“扫黄打非”工作小组成员马述君同志结合我省实际，对奥运会前全省“扫黄打非”和出版物市场监管重点工作进行了全面部署，辽宁省委宣传部副部长、省“扫黄打非”工作小组成员孟繁华同志在会上讲话，会议提出在全省范围内组织开展为期5个月的迎奥运、确保出版物市场安全的“扫黄打非”专项行动。

按照辽宁省“扫黄打非”办公室主任会议的部署，辽宁省“扫黄打非”办制定了《关于开展迎奥运加强出版物市场监管工作督导检查的方案》，从6月16日开始，辽宁省委宣传部、省新闻出版局、省“扫黄打非”办组成联合检查组，对全省重点区域、重点环节和重点部位的出版物市场监管工作进行督导检查。与此同时，为迅速有效地处置“扫黄打非”突发事件，省“扫黄打非”办结合实际，制定了《辽宁省“扫黄打非”突发事件应急预案》。

2. 根据全国“扫黄打非”工作小组《关于开展奥运前30天出版物市场集中清查行动的紧急通知》统一部署，特别是加强奥运协办城市和奥运会火炬传递城市出版物市场监管工作，辽宁省“扫黄打非”办制定了具体贯彻意见并印发各市“扫黄打非”工作领导小组。在《通知》中明确要求各市要把奥运前30天出版物市场集中清查行动作为目前正在开展的加强奥运安保“扫黄打非”专项行动的拓展和深化，沈阳作为北京奥运会协办城市，是此次专项行动的重点。在工作中要抓住“五个环节”把住“五个关口”，构筑起奥运期间“扫黄打非”立体防线。一是海关抓住出版物进出境环节，加强对过境印刷品和音像制品的查验，防止非法出版物流入境内；二是文化、新闻出版、工商、公安、城管等部门抓住流通环节，加强对市场的监控和检查，把住非法出版物销售关，防止非法出版物在省内销售和传播；三是公安、通信等部门抓住互联网传输环节，加强对互联网的管理，防止不良信息通过网络传播；四是出版、文化等部门抓住出版物编辑、印制环节，加强对出版物编辑、印刷复制活动的监管和检查，把住出版物出版关，防止非法出版物在我省印制；五是铁路、交通等部门抓住运输环节，加强对货运市场，特别是零担货运市场的动态检查，把住出版物运输关，防止非法出版物流入我省。

3. 开展暗访检查和集中清查行动。7月7日至11日，辽宁省“扫黄打非”办组织人员对奥运火炬传递城市沈阳、本溪、辽阳、鞍山和大连五个城市的出版物市场及各市确定的火炬传递路线周边市场进行了暗访检查。对各市存在的问题迅速责成相关部门予以处理。7月27日下午7时，辽宁省“扫黄打非”办开展奥运会前第一次全省集中清查大行动，这是专项行动期间规模最大、出动人员最多、影响最大的一次行动。省“扫黄打非”办还派出督查组对沈阳、大连、鞍山、抚顺、铁岭等市的集中清查行动进行指导和督查。

四、高举保护知识产权鲜明旗帜，查办各类侵权盗版及非法出版大要案件

2008年，辽宁省“扫黄打非”办在打击和惩处制作、贩运、销售“黄”“非”出版物活动方面不断加大执法打击力度，先后查办了近30余起案值和社会影响较大的案件，有力地震慑了违法犯罪，提高了“扫黄打非”工作成效。

重点查办了高某非法设立记者站案件。3月21日，辽宁省“扫黄打非”办与沈阳市“扫黄打非”组成专案组，协调公安机关依法对沿海时报东北办事处从事非法出版一案进行查办。4月21日，沈阳市公安局经侦支队对涉案犯罪嫌疑人高某予以刑事拘留。对沿海时报东北办事处依法进行搜查，扣押了其用于非法出版活动的电脑、传真、样报等，并对该办公场所予以查封。此案被全国“扫黄打非”办、公安部列为挂牌督办案件。

3月14日，辽宁省“扫黄打非”办就此案

的有关情况上报全国“扫黄打非”办后，全国“扫黄打非”办高度重视，有关领导指示要求彻查彻办。

12月9日，沈阳市和平区人民法院公开宣判，一审判决被告高某犯合同诈骗罪，判处有期徒刑4年，并处罚金5万元整；犯非法经营罪，判处有期徒刑1年。决定执行的刑罚为有期徒刑4年6个月，并处罚金人民币5万元整。

五、总结推广营口经验，不断开创“扫黄打非”斗争的新局面

为探寻建立“扫黄打非”和出版物市场监管工作长效机制，不断开创全省“扫黄打非”工作的新局面，继鞍山市开展“将盗版教材赶出校园”和锦州市开展“扫黄打非进社区”两项试点后，辽宁省“扫黄打非”办在营口市开展了“把有害少儿读物逐出店档”的试点工作，并连续3年写入辽宁省“扫黄打非”行动方案。3年来，营口市认真贯彻全省“扫黄打非”工作部署，以“把有害少儿读物逐出店档”活动作为“扫黄打非”工作的载体，以把有害少儿读物逐出店档、逐出市场、逐出社区作为创建文明城市的一项内容，实现了把“扫黄打非”工作由店档延伸到家庭、学校、社区、乡村，极大地拓展了“扫黄打非”工作的深度和广度，提升了“扫黄打非”工作的整体水平，取得了令人可喜的成果。为全面总结、宣传、推广营口市“把有害少儿读物逐出店档”试点工作的成果和经验，推动全省“扫黄打非”工作再上新水平、新台阶，10月24日，辽宁省委宣传部、省新闻出版局、省“扫黄打非”办联合召开“辽宁省‘把有害少儿读物逐出店档’试点工作经验交流会”。辽宁省委宣传部副部长孟繁华、国家新闻出版总署反非法和违禁出版物司副司长黄晓新出席会议并讲话，对营口市的做法给予了积极的肯定。《中国新闻出版报》以较大篇幅对此进行了充分报道。国家新闻出版总署党组副书记、副署长蒋建国在全国“扫黄打非”简报（第108期）上作出重要批示：“这个经验很有价值。一是为了未成年人；二是得到社会各方面的响应和支持；三是既推动‘扫黄打非’，又促进健康阅读。”

领导讲话

在2008年全省“扫黄打非”工作电视电话会议上的讲话

辽宁省委常委、宣传部长、省“扫黄打非”工作小组副组长
焦　利

这次全省“扫黄打非”工作电视电话会议的主要任务是，贯彻落实第二十一次全国“扫黄打非”工作电视电话会议精神，总结工作，表彰先进，部署2008年全省“扫黄打非”工作。

2007年，按照中央的要求和省委的部署，全省各地、各有关部门紧紧围绕迎接、宣传、贯彻党的十七大精神，以为辽宁老工业基地全面振兴营造良好的文化条件和社会环境为目标，切实履行职责，始终保持对打击非法出版物的高压态势，坚决清除各种污染社会环境和影响青少年身心健康的文化垃圾，坚决打击各类侵权盗版行为，有力地维护了全省社会政治稳定和国家文化安全。总的看，2007年全省“扫黄打非”工作有力度、有声势、有特点，取得了一定成绩。全省“扫黄打非”战线同志们不辞辛苦，深入基层，深入一线，扎实工作，全年共检查各类出版物经营单位及印刷、复制企业1.73万余家；行政处罚违法、违规出版物经营单位和印刷企业

1972家；收缴各类非法出版物、非法书刊总计179.6万余件。查处案值及社会影响较大的侵权盗版及制作、贩运、销售“黄”“非”出版物案件近20起。“扫黄打非”工作取得了重要成果，涌现出一批先进单位和先进个人。这次会议表彰的先进集体和个人是全省“扫黄打非”战线的突出代表。借此机会，我代表省委、省政府和省“扫黄打非”工作小组，向受表彰的先进集体和个人表示热烈祝贺！向全省“扫黄打非”战线的同志们致以诚挚的问候！

下面，我就如何做好2008年工作，强调三点意见：

一、认清形势，提高认识，切实增强做好“扫黄打非”工作的责任感和使命感

当前，辽宁老工业基地全面振兴已经进入一个新的阶段，全省经济又好又快发展，效益大幅度提高，结构进一步优化，发展后劲明显增强，民生问题显著改善，各项社会事业全面进步，构建和谐社会的有利条件越来越多。在思想文化领域，社会主义核心价值体系进一步确立，人民群众精神文化需求日益旺盛，社会各界对文化建设的关注和参与度越来越高。从“扫黄打非”工作看，经过近20年持续不断的“扫黄打非”斗争，探索形成了一套比较成熟的工作体制和机制，拥有了一支坚强有力的工作队伍。而且，这项工作越来越得到社会的理解和人民群众的支持，这些都为我们做好今年乃至今后的工作奠定了很好的基础。

在看到有利条件的同时，我们还要清醒地认识到，当前“扫黄打非”工作任务还很艰巨，呈现出一些新特点。一是通过非法出版渠道传播谣言、制造思想混乱，已成为破坏社会稳定的一个重要手段。二是知识、文化和信息在利用互联网等新技术广泛传播的同时，有害信息和文化垃圾也在扩散。三是发挥市场机制配置资源作用，促进生产力发展的同时也诱使一些不法分子铤而走险，大肆从事盗版盗印非法出版活动，特别是少数人的政治诉求正在与一些人对经济利益的追逐相结合，增加了“扫黄打非”工作的难度。

从我省情况看，出版物市场仍然存在一些不容忽视的问题，各类非法出版物仍通过各种方式向我省流入；不法业主和游商暗地销售非法出版物，兜售淫秽色情书籍在一些地方有所抬头；侵权盗版出版物仍有一定的市场；个别地区出版物市场监管比较薄弱；此外，非法编印、出版、发行的报刊也时有出现，印刷企业违规经营屡屡发生；利用互联网、移动通讯终端、声讯台传播有害信息的现象还没得到有效遏制。

今年是全面贯彻落实党的十七大精神的第一年，是实施“十一五”规划承前启后，加快实现辽宁老工业基地全面振兴的关键一年。今年我们将迎来改革开放30周年，我国还将举办北京奥运会，社会舆论环境更为复杂。新形势新任务给我们的工作提出了新的更高的要求。党的十七大科学把握当今时代发展趋势，强调加强文化建设、提高国家文化软实力的重要性，对推动社会主义文化大发展大繁荣、兴起社会主义文化建设新高潮做出了全面部署。刚刚结束的省委十届五次全会在安排部署今年全省经济社会发展的各项工作时，突出强调要加强和谐文化建设，培育文明风尚。我们要更加积极主动地工作，把握趋势、加强引导、注重建设，唱响主旋律、打好主动仗，抵制各种错误和腐朽思想的影响。“扫黄打非”工作是维护社会稳定和文化安全的重要手段，是推动社会主义文化大发展大繁荣的重要保障。全省“扫黄打非”战线的同志们要保持政治上的清醒和坚定，进一步增强忧患意识和责任意识，从深入贯彻落实科学发展观，促进和谐社会建设的高度，进一步深化对“扫黄打非”工作重要性的认识，切实增强责任感和使命感，克服麻痹、厌战思想，坚持不懈地开展“扫黄打非”斗争，为全省经济社会发展创造良好的条件。

二、突出重点，务求实效，努力实现出版物市场面貌的明显改观

2008年“扫黄打非”工作的总体要求是：以党的十七大精神为指导，坚持以邓小平理论和“三个代表”重要思想，深入贯彻落实科学发展观，高举保护知识产权旗帜，组织动员社会各方面力量，通过开展专项治理和加强日常监管，有效打击非法出版物，清除淫秽色情等文化垃圾，打击侵权盗版行为，解决文化市场存在的突出问题，努力推动社会主义文化大发展大繁荣，为辽宁老工业基地全面振兴营造良好的思想舆论氛围和文化环境。要重点抓好以下三项工作。

第一，突出打击重点。一是严厉打击各类非法出版物。这是“扫黄打非”工作的重中之重，要贯穿于“扫黄打非”斗争的始终。二是严厉打击以未成年人为对象的淫秽色情“口袋本”图书、有害卡通读物和游戏软件等非法出版物。三是严厉打击盗版盗印活动。

第二，抓住关键。一是抓重要关口。境外流入、非法印制和网上传播，是非法出版物的三个重要来源。各有关部门要认真履行职责，共同加强对口岸、印刷复制企业和互联网站等重要关口的监管，防止境外有害文化和信息的侵入。二是抓重点地区。学校和居民社区是未成年人学习、生活的主要场所。要进一步加大对校园周边出版物经营点、网吧和社区环境的整治力度。要把文化环境的整治纳入社区建设的重要内容，切实抓出成效。三是抓重点部位。尤其是对位于城市繁华地段及人员流动性较大的公共场所更要加大监督检查力度。四是抓重点案件。要把查处制作、销售、传播淫秽色情、凶杀暴力、封建迷信和伪科学出版物等大要案件，捣毁从事这类活动的非法经营窝点、团伙和网络，作为“扫黄打非”工作的重要任务。

第三，搞好工作衔接。一是把专项治理与日常监管结合起来，把工作重点放在经常性工作上。二是把完善法规与严格执法结合起来，真正做到有法必依、执法必严、违法必究。三是把职能部门监管与学校、社区参与结合起来，学校、社区要积极主动参与配合，在工作安排、工作内容、工作手段上相互补充，形成整体合力，共同实施净化工程。四是把坚持“扫黄打非”与繁荣文化市场结合起来。在努力净化出版物市场的同时，加快文化活动场所建设，为广大群众提供健康的娱乐项目和有益的文化活动。

三、加强领导，统筹兼顾，扎实推进“扫黄打非”各项任务的落实

今年“扫黄打非”工作任务重，要求高，各地、各部门要进一步增强政治意识、大局意识、责任意识，以科学发展观为统领，加大工作力度，切实把各项任务落到实处。

一是要加强领导，落实责任。按照省委、省政府批准的行动方案，各地要结合实际，明确目标任务，制定具体措施，落实各项责任，保证人员到位，工作到位，措施到位，经费保障到位。

二是要统筹兼顾，进行综合治理。要运用法律、行政、经济、文化等手段，综合治理文化市场。要把“扫黄打非”工作与文明和谐创建、社会治安综合治理、平安建设、城市网络化管理、社会主义新农村建设有机地结合起来，通过调动各种社会力量，实现综合管理、科学管理、依法管理。

三是要坚持守土有责，严格落实工作责任制。各级“扫黄打非”工作小组办公室要进一步强化部署、协调、指导、督办的职能。负有重要监管职责的各有关部门要按照“谁主管、谁负责”的原则，带头组织实施好本部门牵头的工作任务。对于不认真履行职责、不作为的要严肃批评，造成严重后果的要追究相关责任人的责任。

四是要加强宣传教育，提高全社会“扫黄打非”和保护知识产权意识。要充分发挥报刊、广播电视、互联网等媒体的作用，利用多种形式，大力宣传“扫黄打非”和保护知识产权的重大意义，宣传先进经验和典型，揭露非法出版活动和不良文化给社会带来的危害，引导公众积极参与“扫黄打非”斗争，自觉抵制腐朽文化和有害信息，不断提高广大群众的版权保护意识，为“扫黄打非”工作营造良好的舆论氛围。

同志们，做好今年的“扫黄打非”工作，意义深远、责任重大。全省“扫黄打非”战线的同志们，要以更大的决心、更坚定的态度、更有效的措施，完成好中央和省委交给我们的各项任务。

2008 年 1 月 17 日

在2008年全国集中销毁侵权盗版及非法出版物活动辽宁分会场仪式上的讲话

辽宁省副省长、省“扫黄打非”工作小组副组长
滕卫平

按照全国“扫黄打非”工作小组办公室的统一部署，今天我们在这里举行“2008年集中销毁侵权盗版及非法出版物活动”，这是号召全社会积极参与打击侵权盗版行为的重要举措。这次销毁活动，是我省开展“扫黄打非”斗争20多年以来规模空前的一次集中销毁活动，销毁的盗版光盘及非法出版物，总量达100余万件。

党中央、国务院和辽宁省委、省政府历来高度重视打击侵权盗版和保护知识产权工作，始终强调要坚持不懈地开展“扫黄打非”斗争。几年来，全省各地、各有关部门做了大量的工作，“扫黄打非”和保护知识产权工作取得了较为显著的成效。今天的销毁活动，目的就是向全社会再一次展示党和政府保护知识产权、打击侵权盗版、维护市场秩序的鲜明立场，进一步唤起广大人民群众理解、支持和参与“扫黄打非”斗争的意识和积极性。

随着北京奥运会的临近，国际舆论将会持续聚集中国，保护知识产权问题仍是关注热点。各市政府要在奥运会前，集中组织开展对盗版光盘的专项治理工作。要始终保持“扫黄打非”的高压态势。全省各级“扫黄打非”职责部门要各司其职、通力配合，共同做好关口查堵、市场巡查和行业监管等工作，形成并保持“扫黄打非”的工作合力。要动员和鼓励更多的社会力量参与“扫黄打非”斗争，扩大打击侵权盗版、保护知识产权工作的社会影响力。

全省“扫黄打非”战线的广大同志要进一步增强政治意识、大局意识、责任意识和阵地意识，深刻理解“扫黄打非”特别是打击侵权盗版工作的重要性，认真履行职责，坚决完成2008年“扫黄打非”各项工作任务。

要注重发挥新闻媒体的舆论宣传和监督作用，大力宣传国家有关法律法规，及时报道专项行动的进展情况和重大案件的查办结果，努力营造有利于“扫黄打非”工作的社会舆论氛围。

让我们共同携起手来，坚决打击和惩治侵权盗版活动及行为，积极保护著作权人合法权益，大力维护全省出版物市场正常经营秩序，努力促进全省文化出版产业繁荣发展，为全面建设小康社会和构建和谐辽宁，做出应有的贡献！

2008年4月20日

2008年“扫黄打非”大案要案综述

辽宁省“扫黄打非”办

案件查办是“扫黄打非”工作的重要手段，2008年，我省将案件查办，特别是大案要案查办列为工作的重点，在组织开展的专项行动中，始终将查办案件工作摆在突出位置，抓源头，抓团伙，破网络，追根究源，将“扫黄打非”不断引向深入。

一、高沈非法设立《沿海时报》东北记者总站从事非法出版活动案件

3月21日，省“扫黄打非”办接到全国“扫黄打非”办关于挂牌督办《沿海时报》在沈阳非法设立东北记者站的指示后，省新闻出版局、省“扫黄打非”办主要领导高度重视，要求省“扫黄打非”办负责迅速将有关案件情况及领导的指示精神传达并责成沈阳市“扫黄打非”办立即组织查处。沈阳市委、市政府高度重视，成立了由沈阳市“扫黄打非”工作小组办公室牵头，由沈阳市公安局、沈阳市文化市场行政执法总队、沈阳市工商局等相关成员单位参加的“3·21”专案工作组，迅速开展对该案件的刑事追诉立案调查工作。

4月21日，省“扫黄打非”办、沈阳市“扫黄打非”工作小组办公室、沈阳市公安局、沈阳市文化市场行政执法总队组织精干警力，并会同省、市多家新闻媒体，对《沿海时报》东北记者总站在沈阳从事非法活动的多处涉案地点进行突击检查，在和平区四平街25—2号《沿海时报》东北记者总站的办公地点抓获高和平等多名涉案嫌疑人，并收缴用于非法活动的数枚假印章及相关违法活动的重要物证，同时，在现场查获大量未发出的《沿海时报》东北版报纸。在沈阳大丰包装印刷厂查获《沿海时报》东北版、《沿海时报》百姓周刊印刷胶版等有效物证。当日沈阳市公安局以非法经营罪将犯罪嫌疑人高某某刑事拘留。

5月27日，沈阳市人民检察院依据《中华人民共和国刑法》第二百二十五条，对犯罪嫌疑人高和平批准逮捕。

10月27日，沈阳市公安局侦查终结，将此案移送沈阳市和平区人民检察院。

11月17日，沈阳市和平区人民检察院将此案向沈阳市和平区人民法院提起公诉。

12月1日，沈阳市和平区人民法院对此案进行公开开庭审理。

12月9日，沈阳市和平区人民法院公开宣判，一审判决被告高和平犯合同诈骗罪，判处有期徒刑4年，并处罚金5万元整；犯非法经营罪，判处有期徒刑1年。决定执行的刑罚为有期徒刑4年6个月，并处罚金人民币5万元整。

二、沈阳“7·11”贩卖淫秽及非法光盘案

7月，沈阳市公安局民警通过日常的走访摸排，发现在沈阳市南塔鞋城附近有一姓金的朝鲜族人长期以租住房为据点，贩卖淫秽色情盗版光盘，而且数量巨大。沈阳市立即组成“7·11”专案组，根据掌握的案件线索，依法对该案件进行立案调查。经过近3个月的跟踪守候及大量艰苦细致的调查工作，10月14日，“7·11”专案组组织精干警力，兵分两路，分别将犯罪嫌疑人张某某、金东学、金英实等在其租住的库房内抓获（同伙李某某，男，在逃，已立为网上逃犯），当场缴获盗版音像制品6.9万余盘、淫秽色情音像制品2400余盘、刻录机一台。经审讯，犯罪嫌疑人对全部犯罪事实供认不讳。沈阳市人民检察院于11月20日对犯罪嫌疑人张某、金东学、金英实批准逮捕。“7·11”案件是近年来东北三省乃至全国的一起特大贩卖淫秽色情盗版光盘案件，此案告破后，中华新闻网、中华新闻社、中央人民广播电台、辽宁电视台、沈阳电视台等14家新闻媒体的31个栏目先后进行了报道和宣传，对有效的净化市场，堵截黄源、震慑犯罪，起到了良好的效果。

三、瓦房店“3·4”经销盗版音像制品案

3月4日，根据群众举报提供的线索，瓦房店市文化市场稽查队组织执法人员对丽丽音像社进行检查，在其店内发现7个箱子分别装有《色戒》、《集结号》、《投名状》、《虎胆龙威4》等VCD故事片共4000张盗版光盘。案发后，当事人主动接受处理，如实交代了供货商情况，态度较好。瓦房店市文化市场稽查队对丽丽音像社依法做出行政处罚，没收盗版光盘4000张，罚款2万元，并吊销《音像制品经营许可证》。

四、大连“4·2”走私图书案

4月2日，新院（大连）汽车零部件有限公司向大连港湾海关申报一批进口汽车空调压缩机用零部件。经海关执法人员现场查验，发现集装箱内藏有大量图书未向海关申报。经查，共有韩国漫画书3.47万余册。新院（大连）汽车零部件有限公司采用伪报品名的方式妄图走私进口。7月16日，大连海关依法对新院（大连）汽车零部件有限公司作出行政处罚，没收盗版图书3.47万余册，罚款8万元。

五、大连“5·09”经销盗版音像制品案

5月9日，大连市中山区法院以销售盗版计算机软件及盗版光盘，构成非法经营罪，判处韩某有期徒刑两年，并处罚金2万元。韩某在海源电子城租赁柜台，销售盗版音像制品、电子出版物和计算机软件，被执法人员当场查获盗版音像制品1860张、电子出版物和计算机软件432张。经公安机关进一步调查，韩某最终被依法追究刑事责任。

2008年“扫黄打非”大事记

辽宁省“扫黄打非”办

1月17日，省“扫黄打非”工作小组在沈阳组织收听收视第二十一次全国“扫黄打非”工作电视电话会议。收视收听全国会议之后，即刻召开了辽宁省2008年“扫黄打非”工作电视电话会议，全面部署2008年全省“扫黄打非”工作。省新闻出版局（省版权局）局长郭兴文宣读了《辽宁省“扫黄打非”工作小组关于表彰2007年全省“扫黄打非”行动先进集体、先进个人、办案有功集体、办案有功个人的决定》，省政府副秘书长马述君宣布了《辽宁省2008年“扫黄打非”行动方案》，省委常委、宣传部长，省“扫黄打非”工作小组副组长焦利出席会议并作重要讲话。省14个市分管“扫黄打非”工作的党政领导、各市“扫黄打非”工作小组成员单位负责人及各市有关部门负责人在各市分会场收视收听了会议。

3月2日，省“扫黄打非”办与各市“扫黄打非”办签订2008年度“扫黄打非”工作目标责任书。

3月7日，省委常委、宣传部长、省“扫黄打非”工作小组副组长焦利在全国“扫黄打非”办和中宣部对沈阳市出版物市场暗访检查的通报上批示：“‘扫黄打非’还要保持高压态势。一、充分发挥执法总队的作用；二、建立群众有奖举报制度；三、要有问责制，不能出了问题没人负责。”

4月14日至20日，省“扫黄打非”办与沈阳市“扫黄打非”办组成专案组，会同沈阳市公安局依法查处非法设立的“沿海时报东北记者总站”案件，对涉案犯罪嫌疑人高沈予以刑事拘留。此案被全国“扫黄打非”办列为挂牌督办案件。

4月20日，根据全国“扫黄打非”办的统一部署，举行了辽宁省集中销毁侵权盗版及非法出版物活动。省新闻出版局、省版权局局长、省“扫黄打非”工作小组成员马述君主持，省委常委、宣传部长、省“扫黄打非”工作小组副组长焦利，省政府副省长、省“扫黄打非”工作小组副组长滕卫平，省政府副秘书长马祥图，沈阳市委常委、宣传部长、市“扫黄打非”工作小组副组长马占春，市政府副秘书长曾波等省、市领导参加销毁活动。省“扫黄打非”工作小组成员单位的负责同志，沈阳市“扫黄打非”工作小组各成员单位的负责人，市文化市场行政执法总队的负责同志及执法人员，以及沈阳市书报刊、音像、计算机软件经营单位的业户代表等共计500余人参加了集中销毁活动。这次销毁活动集中销毁了全省各有关执法部门开展“反盗版天天行动”和“扫黄打非”第一阶段以来收缴的各类盗版音像制品、计算机软件以及非法出版物等共计100万盘（册）。其中盗版CD、VCD、DVD、高数据压缩比DVD光盘72万余盘（张），盗版计算机软件24万余盘（张），还包括淫秽色情光盘及软件2万余盘（张），盗版及非法书报刊10万册。

4月28日，省委常委、宣传部长、省“扫黄打非”工作小组副组长焦利在《扫黄要情》上作出重要批示要继续加大工作力度，落实责任，对大案要案深挖源头，一查到底。

5月9日至12日，省委副书记、省政协主席、省“扫黄打非”工作小组组长骆琳，省委常委、宣传部长、省“扫黄打非”工作小组副组长焦利，省委常委、省政法委书记、省“扫黄打非”工作小组副组长李峰分别在“关于拟上报沈阳市检察机关对两起重大侵权盗版案件作出不起诉决定的请示”上作出批示。

5月15日至16日，全国“扫黄打非”办奥运安保工作检查组检查奥运协办城市沈阳市出版物市场，重点检查了沈阳市三好街诚大科技大厦、百脑汇科技大厦、辽大科技园、沈阳站和沈阳北站候车室，桃仙国际机场候机大厅等出版物集中经营场所。

5月30日，省“扫黄打非”办、省新闻出版局依法查处了未经批准，擅自从事出版活动的《财讯买楼通》案件，当场收缴《财讯买楼通》刊物9000余册，扣押用于编辑出版活动的电脑主机22台。

6月4日，省委副书记、省政协主席、省“扫黄打非”工作小组组长骆琳在“关于参加迎奥运、维护出版物市场稳定扫黄打非办公室主任会议的汇报”上作出重要批示：“请抓紧传达中央会议精神，紧密结合我省实际，提出明确工作要求，严格落实责任制，搞好督促检查，确保我省稳定和奥运会安全。”6日，由省“扫黄打非”办组织的全省“扫黄打非”办公室主任会议在沈阳召开，省“扫黄打非”办主任谌纪平传达了全国“扫黄打非”办主任会议精神和省奥运安保会议精神，省新闻出版局（省版权局）局长马述君部署开展迎奥运“扫黄打非”专项行动工作，省委宣传部副部长、省“扫黄打非”工作小组成员孟繁华作了讲话。

7月12日至14日，全国“扫黄打非”办派员来我省对沈阳市出版物市场和奥运安保工作进行暗访检查。14日通报了对沈阳市出版物市场暗访检查情况。

7月15日，省委常委、宣传部长、省“扫黄打非”工作小组副组长焦利在“关于中宣部、全国‘扫黄打非’办对沈阳市暗访检查有关情况的紧急汇报”上批示：“请‘扫黄打非’办督促沈阳市立即对全市出版物市场，尤其是重点地区和部位，进行一次拉网式检查，依法加大处罚力度，确保奥运会期间出版物市场繁荣稳定”。

7月27日，省“扫黄打非”办组织了全省开展奥运前出版物市场集中统一清查行动，省“扫黄打非”办派出四个督查组分别对沈阳、大连、鞍山、铁岭等市清查行动进行督察。这是我省规模较大，出动人员最多，影响和效果最好的一次清查行动。

8月21日，根据党组安排，省新闻出版局副局长高健分管“扫黄打非”办工作，兼任省“扫黄打非”办主任。

9月6日至8日，全国“扫黄打非”办派员赴我省督办“沿海时报东北记者总站”案件。听取了沈阳市“扫黄打非”办关于“沿海时报东北记者总站”案件查办工作情况的汇报。检查组赴丹东检查丹东市出版物市场。

10月24日，省“扫黄打非”办在营口市组织召开了“把有害少儿读物逐出店档试点工作经验交流会”，各市委宣传部、“扫黄打非”办、新闻出版局负责同志参加了会议，省委宣传部副部长孟繁华出席会议并讲话，新闻出版总署反非法和违禁出版物司黄晓新副司长等出席会议，中国新闻出版报以《辽宁营口部门联动形成统一战线，多层“过滤网”析出有害少儿读物》为题对营口市开展把有害少儿读物逐出店档工作进行了全面报道，社会反响强烈。

11月24日，全国“扫黄打非”工作小组对迎奥运保稳定“扫黄打非”先进集体进行表彰，省“扫黄打非”办、沈阳市“扫黄打非”办、大连海关、沈阳铁路局“扫黄打非”办荣获迎奥运保稳定“扫黄打非”先进集体称号。

11月24日，省委副书记、省政协主席、省“扫黄打非”工作小组组长骆琳，省委常委、宣传部长、省“扫黄打非”工作小组副组长焦利，省委常委、省政法委书记、省“扫黄打非”工作小组副组长李峰在“关于全国‘扫黄打非’办来函督办张佑强批销非法音像制品案件的情况报告”上分别作出重要批示。

12月9日，沈阳市和平区人民法院经审理，对“沿海时报东北记者总站”案件进行了公开宣判，经公开开庭审理，认定被告人高沈犯合同诈骗罪、非法经营罪，决定判处高沈有期徒刑4年6个月，并处罚金人民币5万元。

12月23日，省“扫黄打非”办、省新闻出版局、沈阳市公安局联合行动，对继续从事非法出版活动的沈阳买楼通资讯传播有限公司进行了查处，收缴非法出版的《财讯买楼通》8000册，扣押电脑主机15台。

创新经验

以开展“把有害少儿读物逐出店档”活动为载体
不断提升“扫黄打非”工作整体水平

——辽宁省营口市“把有害少儿读物逐出店档”试点工作经验介绍

营口市“扫黄打非”工作领导小组办公室

2006年以来，营口市以“把有害少儿读物逐出店档”活动作为“扫黄打非”工作载体，全面开展了“扫黄打非”工作，并将“逐出”活动纳入本地区精神文明建设、文明城市创建、社会治安综合治理工作之中，经过全市各级“扫黄打非”工作部门的共同努力，使营口市“把有害少儿读物逐出店档”活动取得了良好的效果，不断提升了全市“扫黄打非”工作整体水平。省“扫黄打非”领导小组已将“逐出”活动连续三年纳入全省“扫黄打非”集中行动工作方案。

一、抓工作载体创新，推动“扫黄打非”工作思路新突破

用什么样的思想武装青少年头脑，用什么样的出版物引领青少年健康成长，为青少年健康成长打造一个良好的社会环境，是“扫黄打非”面临的新课题。几年来，按照全省“扫黄打非”工作的总体要求，营口市加强了对出版物市场的日常监管，强化宣传教育，开展治理整顿，加大打击力度，出版物市场得到明显净化。但是，出版物市场中的有害少儿读物仍屡打不尽，影响了青少年的健康成长。随着营口市经济的日益繁荣，出版物市场也随之活跃起来，非法出版物越来越向社会基层扩散、越来越直接接触群众。面对新的形势，如何净化出版物市场，特别是少儿出版物市场，必须选择一个有效的工作载体，在总结历年工作经验的基础上，2006年，营口市委、市政府提出了以“把有害少儿读物逐出店档”活动作为“扫黄打非”工作载体，并以此为切入点，全面开展“扫黄打非”工作，为青少年健康成长营造良好的社会环境。

为了把“把有害少儿读物逐出店档”活动扎实有效、深入持久地开展下去，营口市建立和完善了“四级”工作网络体系。文化新闻出版部门建立了各市（县）区和乡镇文化站协助执法的

"扫黄打非"管理网络；公安机关建立了指挥中心、治安、巡警、经保等部门联合参与的"扫黄打非"工作机制；办事处、社区配备了"扫黄打非"专、兼职人员，将"把有害少儿读物逐出店档"活动纳入社区建设日程，充分发挥社区在"扫黄打非"工作中的作用；涉农县区还将"把有害少儿读物逐出店档"活动向乡村延伸，推动了"扫黄打非"工作的深入开展。目前，全市已形成了政府职能部门、市（县）区、乡镇（街道)、村（社区）"四级"工作网络体系，推动了"把有害少儿读物逐出店档"活动面上普及、点上开花。

在开展"把有害少儿读物逐出店档"活动中，充分发挥部门联动作用，推动了"把有害少儿读物逐出店档"活动的深入开展，全面提升了"扫黄打非"整体水平。文化新闻组版部门结合反盗版"天天行动"等专项整治行动，全面开展了出版物市场清理整顿；教育部门配合文化部门开展校园周边出版物市场清理整治，营造了良好的校园周边文化环境；工商部门加大了对无证照经营场所的查处力度；公安机关充分发挥自身工作优势，积极参加联合执法；海关、邮政对邮递印刷物品、书报刊、音像制品进行严格检查，极大封堵了非法出版物的流入；妇联、团委结合自身特点，开展了逐出社区、逐出家庭活动；市文明办和市综治办还将"把有害少儿读物逐出店档"活动分别纳入全市精神文明建设和社会治安综合治理考评体系之中。目前，全市"扫黄打非"各成员单位充分发挥职能部门作用，各司其职，各负其责，守土有责，实施联动，大打一场"把有害少儿读物逐出店档"活动的人民战争，使"把有害少儿读物逐出店档"活动有针对性地全面展开，为未成年人健康成长打造了良好的文化环境。

二、抓工作方式创新，推动"扫黄打非"工作措施新突破

面临着出版物市场出现的许多新情况、新问题，营口市不断探索"扫黄打非"工作方式，推动了"把有害少儿读物逐出店档"活动的有效开展，提升了"扫黄打非"工作整体水平。

首先，拓展宣传渠道，营造宣传声势，动员全民参与。3 年来，始终坚持以"扫黄打非"宣传教育为主线，紧密联系"把有害少儿读物逐出店档"活动实际，组织开展了多种形式的主题宣传教育活动，促进了社会全员"扫黄打非"工作意识的不断提高，改变了过去职能部门单打独斗的宣传方式，调动了一切宣传力量，形成了全社会共同参与的局面。在"4·26"世界知识产权日期间，形成了强大宣传阵势，全市十几个职能部门在广场进行集中宣传；学校都开展了"把有害少儿读物逐出店档"活动签名活动；市"扫黄打非"办公室 3 年来 12 次走进市电台直播间，进行宣传；电视台、电台、报社对专项活动都进行了经常性宣传报道；公安机关配合学校法制教育，到学校进行法制宣传，等等，都有效地调动了全社会参与的积极性。

其次，转变了管理方式，注重正面引导，强化服务意识。3 年来，图书发行行业开展了"放心书店"评比活动，经营业者向社会发出了"拒绝盗版"倡议，并多次向农村、学校捐赠图书；印刷行业开展了"诚信印刷企业"评比活动，经营业者做到了不乱印、不盗印。同时，管理部门积极开展培训活动，不但加强法律法规培训，而且也开展了"把有害少儿读物逐出店档"活动目的、意义等的培训。3 年来，全市培训音像、图书市场经营业者 2000 多人次。"扫黄打非"各成员单位在开展把有害少儿读物逐出家庭、逐出社区、逐出学校、逐出店档、逐出乡村的同时，还积极组织新华书店、个体书店开展了把正版图书送进家庭、送进社区、送进学校活动，提高了经营业者关心学生、关心社会的热情。

第三，抓典型引路，总结经验，及时推广。去年 5 月份和 12 月份，市"扫黄打非"领导小组先后在营口市站前区、老边区召开了"把有害少儿读物逐出店档"活动现场会，推出了六个方面的典型经验，"扫黄打非"工作领导小组、教育、公安、社区、经营业户、少年学生分别介绍了经验。站前区政府、老边区政府 2007 年还被授予省级“扫黄打非”先进单位。这两个现场会的召开，进一步推动了全市“把有害少儿读物逐出店档”活动的深入开展。

第四，全面开展文明创建活动，发挥行业自律，提高了业者守法经营意识。3年来，全市“扫黄打非”工作单位开展了多种形式的文明创建活动，文化新闻出版部门开展的新华书店乡村“爱心图书（音像）超市”和“农家书屋”建设工程，切实解决了当地农民买书难、看书难、买书贵的问题。开展的“绿色网吧”创建工作，为未成年人营造了良好的上网环境。教育部门在各学校开展的“倡导阅读健康书刊，抵制不健康有害出版物”、“精读一本革命传统书籍”、“争当新时代健康少年”主题班会等文明教育活动，引领了学生健康向上的良好风气。

三、抓工作机制创新，推动“扫黄打非”工作保证新突破

在开展“把有害少儿读物逐出店档”活动中，强化了抓制度建设和队伍建设，完善了工作机制。

首先，强化了工作制度建设，制定了《营口市开展“把有害少儿读物逐出店档”活动实施方案》，明确了指导思想、任务目标、方法步骤和职责分工。同时，按照“专项行动与宣传教育相结合、打击惩处与制度约束相结合、执法部门管理与经营场所自律相结合”的工作原则，采取属地管理、联席会议、市场监管、奖励举报、责任追究等措施，保证了“把有害少儿读物逐出店档”活动的有效落实。三年来，创建和完善了情况通报、联合检查、查处预案、风险查验、交接销毁、义务监督员等六个方面制度，有效地促进和保证了“把有害少儿读物逐出店档”活动的深入开展。

其次，还强化了队伍建设，各级党委、政府把“扫黄打非”队伍建设作为一项重要工作来抓，各成员单位建立和完善了“扫黄打非”专兼职工作队伍，各市（县）区充实和完善了“扫黄打非”执法队伍，各街道、乡镇建立了“扫黄打非”兼职工作队伍，使我市初步形成条块结合、责任明确、协调统一、群防群治的工作网络。同时，还开展了执法队伍法规培训和业务技能培训等活动，着力在解决依法行政的实际问题上下工夫，创新学习方式，丰富学习内容，队伍整体素质有较大提高。

通过开展“把有害少儿读物逐出店档”试点工作，进一步增强了责任意识，进一步明确了工作目标，进一步调动了责任部门积极性，进一步规范了出版物市场，进一步强化了行业自律意识。

沈　阳　市

2008年“扫黄打非”工作总结

沈阳市“扫黄打非”办

2008年，沈阳市“扫黄打非”工作按照中央和省“扫黄打非”工作小组的统一部署，在市委、市政府的正确领导下，全市各区县（市）、各有关部门加大“扫黄打非”工作力度，通过开展集中行动和专项治理，切实强化日常监管，创新体制机制，各项工作取得了新成绩。特别是在开展迎奥运保稳定以及打“四假”、查办重大案件等重点工作中取得了新的突破。

一、召开沈阳市“扫黄打非”工作会议，总结部署工作

2008 年 1 月 21 日，沈阳市“扫黄打非”工作小组召开了全市“扫黄打非”工作会议，认真总结了 2007 年“扫黄打非”工作，表彰了先进，对 2008 年“扫黄打非”各项工作任务进行了全面部署，保证了全市“扫黄打非”工作的顺利开展。

二、狠抓“扫黄打非”长效管理责任制的落实，推动全市“扫黄打非”工作均衡发展

按照属地管理和“谁主管、谁负责”的原则，沈阳市“扫黄打非”工作小组办公室进一步强化“扫黄打非”工作责任制的落实，加强了对各成员单位履职情况的督办，定期对各部门和各单位责任制执行情况进行督促检查，确保了各区县（市）和市“扫黄打非”成员单位认真履行好对辖区内出版物市场的监管责任，各项工作措施落实到位。同时，结合沈阳市举办奥足赛的实际，对全市“扫黄打非”重点区域（场所）、部位及责任单位进行重新调整和明确，在原来的 81 个重点区域、部位的基础上，将沈阳奥体中心等 7 处涉奥运场馆、奥运工作及生活驻地等部位及周边纳入重点监控视野，进一步增强“扫黄打非”工作的针对性和实效性，推动了全市“扫黄打非”工作均衡深入开展。

三、组织开展系列专项整治行动，严厉打击非法出版活动和非法出版物

2008 年，沈阳市以确保奥运期间出版物市场安全稳定为出发点和落脚点，在全市范围内相继开展了“扫黄打非”春季战役、印刷复制业专项整治、秋季盗版教材教辅读物专项治理等一系列专项行动，集中全市力量对出版物经营场所及印刷、复制企业进行集中反复检查清理，重点打击非法出版物、淫秽色情出版物和盗版出版物，力求取得实效。通过开展专项战役和行动，有效遏制了非法出版活动的反弹，保持了出版物市场基本净化的局面。

四、强化对重点地区、重点部位的日常监管，防止非法出版物反弹

2008 年，沈阳市切实强化对全市 81 个重点区域、部位、场所特别是沈阳奥体中心等 7 处涉奥运场馆及生活驻地等部位及周边地区的监管，各区、县（市）和各有关部门按照“扫黄打非”责任分工，逐级逐层落实管理责任，始终保持高压打击态势，加强对三好街地区、五爱市场周边等重点地区、重点部位的监管，强化对中街、太原街、长江街等繁华街区无证游商的清理，加大对涉奥场所的监控，并进行集中反复检查，使涉奥场馆及周边地区得到有效控制，全市“扫黄打非”重点地区、部位和场所非法出版物数量明显减少，经营秩序明显好转。

五、狠抓大案要案侦破工作，震慑出版物市场违法犯罪分子的嚣张气焰

沈阳市切实加大对出版物市场违法犯罪行为的行政执法和刑事打击力度，连续破获 33 起非法出版数额较大的大要案件，其中，移送公安机关追究刑事责任 8 起。特别是成功侦破了全国“扫黄打非”工作小组办公室挂牌督办的《沿海时报》案，该案主犯被沈阳市和平区法院以合同诈骗罪、非法经营罪数罪并罚，一审判处有期徒刑 4 年 6 个月，极大震慑了出版物市场违法犯罪分子的嚣张气焰。

六、切实加强“扫黄打非”宣教工作，营造保护知识产权的良好氛围

1. 开展“保护知识产权宣传周”、非法出版物公开销毁、“我为奥运做贡献、文明经营我争先”等系列宣教活动，通过组织座谈、展览、咨询等宣教方式，不断增强广大市民自觉抵制非法出版物的意识，在全社会营造保护知识产权的良好氛围。

2. 与新闻媒体密切联系，加强沟通，建立良好的互动关系，赢得辽沈地区主要媒体的支持和配合。充分发挥新闻媒体的宣传和舆论监督作用，通过新闻媒体将“扫黄打非”工作中的重大活动、专项行动和大要案件的查处情况向社会宣传公布。2008 年中央和省市新闻媒体报道沈阳市

“扫黄打非”工作达180余篇（次），取得了较好社会反响。

2008年，沈阳市共组织开展“扫黄打非”检查行动3500余次，出动执法检查人员2.5万人次；清理检查各类出版物经营场所、印刷复制企业2.8万家次；查处违法违规经营案件416起；取缔无证摊点和游商走贩1470个；吊销电子出版物经营许可证2个，音像制品经营许可证3个，印刷经营许可证1个；端掉制售盗版制品非法窝点86处，查办大要案件33起，其中8起移送公安司法机关追究刑事责任；共收缴各种非法书刊28.5万册，非法报纸8万余份；查缴各种非法音像制品、电子出版物66.4万盘。有效净化了沈阳市出版物市场，为服务全市工作大局，维护政治安定、社会稳定和文化安全做出了积极贡献。沈阳市“扫黄打非”工作小组办公室和沈阳市文化市场行政执法总队分别被全国“扫黄打非”工作小组和辽宁省“扫黄打非”工作小组授予2008年全国和全省“扫黄打非”先进集体荣誉称号。

大 连 市

2008年“扫黄打非”工作总结

大连市“扫黄打非”办

2008年是很不寻常的一年，“扫黄打非”工作任务繁重而艰巨。一年来，在全国及省“扫黄打非”办公室的正确领导下，大连市委市政府高度重视“扫黄打非”工作，高举旗帜，围绕大局，积极进取，扎实工作，圆满完成了各项工作任务。全国“扫黄打非”工作简报、中国新闻出版报等载体多次报道和肯定大连市工作。在2008年度全国“扫黄打非”工作先进评比中，大连市“扫黄打非”办公室荣获全国先进集体称号，大连海关于洪洋同志荣获全国先进个人称号。我们的工作主要有以下几个特点：

一、高度重视，及时对工作进行动员和部署

市委书记张成寅，市委常委、宣传部长孙世超，市政府副市长朱程清等领导对“扫黄打非”多次作出批示，提出明确要求。2008年1月17日召开了大连市“扫黄打非”工作会议，对2007年工作进行了总结和表彰，对2008年工作进行了动员和部署。市领导出席会议并讲话。

二、积极做好北京奥运会安保工作，为举办一届高水平、有特色的奥运会营造良好的舆论氛围和文化环境

将北京奥运会安保工作作为全年工作的重中之重。根据大连作为我国重要港口和旅游城市，过境旅客数量和货物数量多，以及美国田径队等外国参赛队在大连进行赛前训练等实际情况，一是按照全国及全省的工作部署，以市“扫黄打非”工作领导小组文件形式制定下发了《大连市迎接北京奥运会、维护社会稳定“扫黄打非”工作方案》，进一步明确了主要任务、方法步骤及其要求，做到责任落实、措施落实；二是及时召开全市迎奥运“扫黄打非”工作会议，对工作进行动员和部署；三是以“安全第一、稳定第一”为原则，深入细致地做好各项工作。工作中重点抓了出版物进出境环节、市场流通环节、互联网传输环节、编辑印制环节及运输环节，并分两个阶段对文化市场进行综合整治，检查各类经营场

1.1万多家次，吊销经营许可证和营业执照60多家，取缔地摊、游商370多处。大连海关查处多起旅客携带、邮件夹藏非法宣传品、非法出版物案件，有效防止了这些非法出版物流入境内。

三、把“扫黄打非”工作与创建全国文明城市工作有机结合，做到双促进双提高

2008年是第二轮全国文明城市评比之年。充分利用创建全国文明城市这个载体，制定下发了《大连市迎接全国文明城市复评工作“扫黄打非”行动方案》，《方案》对照文明城市考核指标要求，将“扫黄打非”工作的各项任务落实到创建全国文明城市的指标体系之中去，分解到各县（市）区、各街道、各社区、各部门的考核指标之中去，层层明确责任，做到“扫黄打非”工作与全国文明城市创建工作同部署、同检查、同考核，工作的广度、深度和力度是前所未有的。全国文明城市考评组对大连的工作给予了较高评价。通过这种有机结合，收到了较好的效果，一是进一步突出了“扫黄打非”工作的地位和作用；二是促进了“扫黄打非”工作向基层、向社区、向常态的转变和延伸，形成了各地区各部门及各种社会组织齐抓共管的局面。

四、积极查办大案要案，组织查处了一批较大案件，3起销售盗版等非法出版物案件当事人被追究刑事责任

在组织开展专项行动中，始终将查办案件工作摆在突出位置，抓源头，抓团伙，破网络，追根究源，将“扫黄打非”不断引向深入。人民法院共判决了3起销售盗版制品的刑事案件，3名销售盗版、淫秽光盘的非法经营者被追究刑事责任。其中，韩某在某电子城销售盗版音像制品和计算机软件，被中山区法院以销售盗版计算机软件及盗版光盘，构成非法经营罪，判处有期徒刑2年，并处罚金2万元；阎某在某电子城销售盗版和淫秽光盘，被西岗区法院以贩卖淫秽物品牟利罪判处拘役3个月，并处罚金1万元；梁某某在某电子城销售盗版和淫秽光盘，被西岗区法院以贩卖淫秽物品牟利罪判处罚金5000元。

五、积极组织开展多次专项行动，对制售盗版等非法出版物行为始终保持高压态势

一是开展打击进出境运输渠道走私贩运非法出版物行动。二是开展打击互联网销售盗版及网络淫秽色情专项行动。三是开展印刷复制业专项检查行动。四是开展了奥运会前出版物市场集中整治行动。五是开展秋季教材教辅读物专项整治行动。六是继续开展“反盗版天天行动”，有效地净化了文化市场。据统计，全市共收缴盗版等非法出版物70万册（盘），其中淫秽色情书刊、光盘2万册（盘），盗版图书9万册，盗版光盘55万盘。

六、注重长效机制建设，为“扫黄打非”工作的深入开展提供制度保障

针对互联网传播的特点，为加强对互联网的监管，加大对非法行为的打击力度，市“扫黄打非”办公室与市通信管理局联合制定了《通信网络断开接入和恢复接入工作程序规定》，对有关依据、认定审核、操作程序等方面做了规定。

吉　林　省

2008年“扫黄打非”工作总结

吉林省“扫黄打非”办

根据中央的统一部署，在吉林省委、省政府的正确领导下，在全国“扫黄打非”工作小组办公室的精心指导下，吉林省“扫黄打非”工作以邓小平理论和“三个代表”重要思想为指导，全面贯彻落实科学发展观，以构建和谐社会为目标，高举保护知识产权的旗帜，组织动员社会各方面的力量，深入开展“扫黄打非”工作。吉林省出版物市场和文化市场秩序良好，社会环境明显改善。

2008年，我们国家大事、要事多，先后经历了罕见的暴风雪、汶川大地震、北京奥运会、改革开放30周年等大事、要事的严峻的考验。在这些敏感而又关键的时刻，吉林省各级“扫黄打非”工作部门和“扫黄打非”战线上的同志以高度的政治责任感，牢记使命，不负重托，紧紧围绕中心工作，牢牢把握工作主题，为吉林省经济社会发展，营造了良好的文化环境和舆论氛围。

一、领导重视，高层推动

吉林省委、省政府高度重视“扫黄打非”工作，为“扫黄打非”工作提供了强有力的领导支持和保障。2008年9月16日，省委书记王珉，省委常委、宣传部长荀凤栖，省委常委、省委秘书长房俐，副省长陈晓光等到吉林省新闻出版局调研、指导“扫黄打非”工作；省委副书记王儒林多次作出批示，对做好“扫黄打非”提出明确要求；省委常委、宣传部长荀凤栖和副省长陈晓光多次专门听取工作汇报，与有关部门共同谋划、研究吉林省“扫黄打非”工作。

为认真贯彻落实第二十一次全国“扫黄打非”电视电话会议精神和吉林省委、省政府领导同志关于“扫黄打非”工作的一系列指示精神，2008年2月19日，省“扫黄打非”工作领导小组在长春市召开了吉林省“扫黄打非”工作会议。省“扫黄打非”工作领导小组组长、副省长陈晓光出席会议并做重要讲话，全国“扫黄打非”工作办公室专职副主任李宝中同志专程到长春出席会议并讲话。李宝中首先转达了全国“扫黄打非”工作小组副组长、新闻出版总署署长柳斌杰同志对吉林省“扫黄打非”工作战线同志的慰问，对吉林省“扫黄打非”工作所取得的成绩给予了充分肯定，并勉励吉林省“扫黄打非”工作再接再厉，取得新的成就。省“扫黄打非”工作领导小组副组长朱彤宣读了《2008年吉林省“扫黄打非”行动方案》。省“扫黄打非”工作领导小组副组长兼办公室主任胡宪武代表吉林省“扫黄打非”工作领导小组在会上作工作报告。认真总结了“扫黄打非”工作经验，客观分析了“扫黄打非”工作面临的形势和任务，并对做好2008年的“扫黄打非”工作做出安排和部署。

二、重点突出，措施得力

按照全国“扫黄打非”工作办公室的部署，吉林省开展了“惊蛰行动”、“谷雨行动”、“白露行动”、“春季战役”和“夏季战役”、打击非法出版活动和非法报刊专项行动、“扫黄打非”第一次和第二次专项行动、奥运前30天专项行动等一系列“扫黄打非”行动。在行动中，全省各地紧紧围绕北京奥运会这一主题，精心组织，突出重点，协调配合，措施得力，取得了显著成效。

2008年6月26日至27日，省“扫黄打非”工作领导小组副组长兼办公室主任胡宪武带领有关部门和单位负责人，到辽源市检查出版物市场，调研、指导“扫黄打非”第二阶段专项行动。在认真听取辽源市“扫黄打非”工作领导小组办公室的工作汇报后，胡宪武充分肯定了辽源市开展“扫黄打非”第二阶段专项行动所取得的成绩，并对做好下阶段的工作，提出了明确要求。各级新闻出版行政部门要切实履行职责，不断加大监管力度，创新监管理念，完善监管手段，创造公平的市场环境，促进文化市场又好又快地发展。积极参与、支持“扫黄打非”工作，集中力量，下大气力查处一批有影响的大案要案，震慑违纪违法分子，教育广大群众，确保敏感、关键时期文化市场平稳、有序运行，为维护社会稳定创造良好的文化环境和舆论氛围。

三、重拳出击，连破要案

查办案件，尤其是查办大案要案，是“扫黄打非”工作的突破口和着力点，也是检验“扫黄打非”工作的重要标准之一。全省各级“扫黄打非”工作部门加大了案件的查处力度，破获了一批有影响的大案要案，极大地震慑了违法分子的嚣张气焰。

吉林市“扫黄打非”工作办公室组织新闻出版、公安、工商、文化等部门联合执法，出动20多名执法人员，迅速行动，一举破获了集非法销售、经营排版、印刷非法出版物为一体的典型案件。

长春市“扫黄打非”工作办公室协调新闻出版、公安、文化、工商等部门成立专案组，抽调政治强、业务精的执法人员全力侦破长江路银座大厦某公司涉嫌大量销售非法光盘案件。经过2个多月的缜密侦查，在掌握充分证据后，执法人员一举端掉了这个销售非法光盘的团伙。

长春市文化市场稽查支队快速行动，对辖区内的文化娱乐场所和音像制品经营场所进行了集中整治，查处了一批违法违纪案件，文化市场经营秩序明显好转，受到了广大群众和业户的欢迎和好评。

省“扫黄打非”工作办公室会同省新闻出版局联合执法，对吉林省弘泰印业有限公司进行了突击检查，检查中发现《3D天天乐》印刷胶片4张、成品和半成品1.2万份。经调查取证，《3D天天乐》属于盗用《西部开发报》刊号的非法出版物。

四、打防结合，强化监管

市场监管是“扫黄打非”工作的关键环节，省“扫黄打非”工作办公室在工作中，把监管关口前移，从源头上整治违规行为。各级“扫黄打非”工作部门把集中行动、专项行动与强化日常监管有机结合起来，不断改进监管的方式和方法，提高监管的水平，对一些重点部位和重点区域，与有关部门共同协调，派执法人员24小时轮流蹲守，彻底消灭监管的盲区和死角，使市场监管工作做到了日常化、制度化、规范化，不给违法经营者以可乘之机。

五、集中销毁，展示成果

2008年4月20日，吉林省侵权盗版及非法出版物集中销毁活动在长春市举行。省“扫黄打非”工作领导小组组长、副省长陈晓光，省“扫黄打非”工作领导小组副组长、省新闻出版局局长朱彤，省“扫黄打非”工作领导小组副组长兼办公室主任胡宪武，长春市委常委、副市长郑文芝，省“扫黄打非”工作领导小组成员单位负责同志和各市（州）“扫黄打非”工作领导小组办公室负责同志参加了此次销毁活动。这是迄今为止吉林省数量最多，规模最大的盗版、非法出版物集中销毁活动。销毁活动结束后，参会的领导和各界群众纷纷在写有“打击盗版、支持正版、保护知识产权”的条幅上签名，表明对支持正版、反对非法盗版物的决心。

六、加强宣传，营造氛围

信息宣传是“扫黄打非”工作的窗口，也是

和广大群众沟通的桥梁和纽带。针对2008年"扫黄打非"工作任务重、要求高的特点，省"扫黄打非"工作办公室超前谋划，精心部署，在2008年年初就制定并下发了《2008年吉林省"扫黄打非"信息宣传工作方案》和《吉林省"扫黄打非"信息宣传工作考核暂行办法》，对做好吉林省"扫黄打非"信息宣传工作做出了具体安排和部署。

在各有关单位和部门，特别是新闻媒体的大力支持和配合下，吉林省"扫黄打非"信息宣传工作得到明显加强。全年编发了22期《吉林省"扫黄打非"工作简报》；在《吉林日报》、吉林电视台、《新文化报》、《城市晚报》等新闻媒体上开辟专栏，以专题报道、集中报道、跟踪报道等方式详细报道和深度解读"扫黄打非"工作。此外，省"扫黄打非"工作办公室还在第一时间向全国"扫黄打非"工作办公室报送工作情况和工作成果，以便全国"扫黄打非"工作办公室及时了解和掌握吉林省的工作情况。

领导讲话

在吉林省"扫黄打非"工作会议上的讲话

吉林省副省长、省"扫黄打非"工作领导小组组长
陈晓光

2007年，在吉林省委、省政府的领导下，各地区、各有关部门紧紧围绕中心，服务大局，精心组织，周密部署，扎实工作，"扫黄打非"工作取得了新的成效，为净化文化环境，维护文化安全，做出了积极贡献。在此，我代表省政府、省"扫黄打非"工作领导小组，向在全省"扫黄打非"战线工作的同志们表示衷心的感谢和亲切的慰问！

下面，就做好吉林省2008年"扫黄打非"工作，讲几点意见。

一、认清形势，深入持久地开展"扫黄打非"斗争

当前，"扫黄打非"工作既面临着有利的条件，又存在着诸多的挑战和突出的问题。从有利条件来看，党的十七大以来，以胡锦涛为总书记的新一届中央领导集体，从战略和全局的高度，对"扫黄打非"工作做出了部署。吉林省委、省政府非常重视"扫黄打非"工作，各有关部门都把"扫黄打非"工作摆在了重要工作日程，群众对"扫黄打非"工作更加理解和支持。这些都进一步增强了我们做好"扫黄打非"工作的信心和决心。但是，我们也要清醒地看到，当前"扫黄打非"斗争面临的形势依然严峻，任务十分繁重。境外破坏势力利用文化传播渠道实施的干扰和渗透活动更加猖獗，非法出版活动出现境内外相勾结现象，并有向团伙化、网络化、专业化、规模化方向发展的趋势；利用互联网有害信息和从事侵权盗版活动的问题越来越突出；各种形式的非法报刊和违规出版的报刊扰乱了出版物市场秩序。从掌握的情况看，吉林省多数地区出版物市场情况比较平稳而有序，但游商销售非法出版物、销售淫秽色情及盗版出版物，尤其是盗版光盘等问题仍然很突出。非法出版活动的滋生蔓延，不但扰乱人心，危害大局，还严重危害青少年身心健康，毒化社会风气，破坏了社会主义市场经济秩序。

2008年是全面贯彻落实党的十七大战略部署的第一年，又是我国改革开放30周年，夏季将在北京将举办奥运会和残奥会。多年来的"扫黄打非"工作实践表明，大事之年也往往是非法出

版活动的高峰。我们一定要从实现中华民族伟大复兴的战略高度，从维护国家政治安定、社会稳定和文化安全的战略高度，充分认识做好新形势下“扫黄打非”工作的重要性。要把思想和行动统一到党的十七精神和中央的决策部署上来，进一步增强政治意识、责任意识和忧患意识，时刻保持清醒头脑，时刻保持高压态势，坚持不懈地开展“扫黄打非”斗争。

二、突出重点，切实做好2008年“扫黄打非”工作

1. 是继续把打击非法出版物作为重点。打击非法出版活动，始终是“扫黄打非”工作的首要任务。特别是要紧紧围绕“两会”、奥运会、纪念改革开放30周年等重大活动，开展集中行动。要对书报刊批发市场、音像市场、电子软件市场进行重点监控，对火车站、长途汽车站、飞机场等出版物清查的重点部位要定期派人巡查，对非法出版物要做到立体防范、露头就打。

2. 是全面开展网上“扫黄打非”，净化网络文化环境。要规范网络文化经营秩序，加强网络信息监控，强化网络公共服务终端管理。坚决查处利用信息网络传播各类有害信息、从事淫秽色情活动、提供非法软件下载服务、销售非法出版物和侵犯知识产权的行为。

3. 是采取有力措施查处大案要案。对“扫黄打非”工作中发现的大案要案，不管涉及到什么单位，不管涉及到什么人，都要排除阻力，坚决查处，绝不允许包庇纵容。对不法分子要打痛打狠，使其不敢、也不能从事违法出版。要深刻剖析案件产生的根源，认真查找监督机制和监管工作中的薄弱环节，制订完善措施，堵塞漏洞。

三、加强领导，确保“扫黄打非”工作的深入开展

1. 要切实加强组织领导。“扫黄打非”事关全局，中央强调要守土有责，下级对上级负责，吉林省要对中央负责，各市州要对吉林省委、政府负责，各级“扫黄打非”领导小组要对本级党委和政府负责。各地各部门主要负责同志要亲自过问，分管领导要靠前指挥，切实担负起领导责任。要按照省委、省政府批准的2008年行动方案，结合实际，细化措施，完善机制，强化监督检查，确保各项任务落实到位。要防止有分工不负责，有责任不落实。各级政府要积极为“扫黄打非”工作解决实际问题，各级“扫黄打非”工作办公室要认识到位、组织到位、措施到位，责任到位，精心组织，主动协调，积极做好督促、检查、指导工作。各有关部门要在“扫黄打非”领导小组办公室的协调下，各司其职，各负其责，协调行动，形成合力。

2. 要建立完善的工作机制。2008年“扫黄打非”工作任务重，要求高，影响大，各地、各有关部门要增强政治意识和大局观念，加强整体谋划，注重统筹协调，按照属地管理和谁主管谁负责的原则，严格落实责任制，把总体目标与阶段性目标紧密结合起来，确保各项任务落到实处。要密切配合、协同作战，进一步完善上下一体、区域联动、部门互动的工作机制。省“扫黄打非”领导小组办公室要加强同各单位的沟通联系，做到上情下达、下情上达。要认真落实“扫黄打非”工作责任制，分解责任，落实到人。要建立行政执法部门和司法机关密切配合的工作机制，对需要依法追究刑事责任的犯罪分子，行政执法部门要严格依法移送，做到不枉不纵；司法机关要从快审理，依法惩处。要坚持集中行动和日常监管相结合的工作机制，实践证明，集中行动给日常监管创造了条件，相反，只有日常监管到位了，集中行动的成果才能巩固。

3. 要广泛发动社会力量参与。要以群众性精神文明创建活动、平安建设等为载体，把“扫黄打非”工作与正在开展的城市网格化管理试点、新农村建设工作、社会治安综合治理结合起来，把“扫黄打非”工作成效，作为评选文明城市、文明社区、文明单位和衡量社会治安综合治理成效的重要指标。加大对“扫黄打非”工作的宣传报道力度，各新闻媒体要充分发挥舆论的导向作用，积极配合“扫黄打非”工作。要定期向社会公布“扫黄打非”举报奖励制度和联系方式，动员广大群众积极投身到“扫黄打非”行动中，让不法分子没有藏身之地。

同志们，“扫黄打非”工作任务艰巨，希望大家以高度的政治责任感、饱满的工作热情和良好的精神状态，投入到“扫黄打非”工作中，发挥主动性、掌握主动权、打好主动仗，圆满完成工作任务，为维护我省团结稳定的社会环境，为促进经济社会又好又快发展，做出新的更大的贡献！

2008 年 2 月 19 日

在 2008 年集中销毁侵权盗版及非法出版物活动仪式上的讲话

吉林省副省长、省“扫黄打非”工作领导小组组长
陈晓光

在世界知识产权日即将到来之际，我们在这里公开举行集中销毁侵权盗版及非法出版物活动，目的就是要警示、震慑非法经营和违纪违法行为，高举保护知识产权旗帜，充分显示党和政府打击侵权盗版的决心和立场，集中展示“扫黄打非”工作成果，树立我国政府保护知识产权的良好形象，进一步加强和扩大“扫黄打非”工作的影响，不断争取社会各界和人民群众理解、支持和参与“扫黄打非”工作。

2008 年以来，各级政府，特别是各级“扫黄打非”工作部门和成员单位，在吉林省委、省政府的领导下，在全国“扫黄打非”工作小组办公室的指导下，围绕中心，服务大局，精心谋划，认真组织，先后开展了两节两会集中行动、春季战役和“惊蛰”专项行动等一系列“扫黄打非”行动，“扫黄打非”工作取得了新的成效，为净化文化环境，维护文化安全，做出了积极贡献。

2008 年是全面贯彻落实党的十七大战略部署的第一年，又是我国改革开放 30 周年，北京将要举办奥运会和残奥会，“扫黄打非”工作任务更加繁重、艰巨。我们一定要从维护国家政治安定、社会稳定和文化安全的战略高度，充分认识做好新形势下“扫黄打非”工作的重要性，把思想和行动统一到党的十七精神和中央的决策部署上来，进一步增强政治意识、责任意识和忧患意识，时刻保持清醒头脑，坚持不懈地开展“扫黄打非”斗争。

各地、各部门要深入贯彻落实省“扫黄打非”工作会议精神，按照《吉林省 2008 年“扫黄打非”行动方案》的部署，深入持久地开展“扫黄打非”斗争，用实践检验“扫黄打非”工作，打出声威，打出成效，进一步营造良好的文化环境和舆论氛围，以优异的工作成绩让党和政府放心，让人民满意。

同志们，这次集中销毁活动既是对前段“扫黄打非”工作的总结和回顾，更是对下一阶段工作的再动员、再部署。我们要以这次集中销毁活动为新的起点，再接再厉，攻坚克难，推动吉林省“扫黄打非”工作不断取得新突破、新成绩，为全省政治、经济、文化和社会建设做出新的、更大的贡献！

2008 年 4 月 20 日

齐心协力　努力工作全面深入开展“扫黄打非”工作

吉林省新闻出版局副局长、省“扫黄打非”工作领导小组副组长兼办公室主任
胡宪武

根据中央的统一部署，在吉林省委、省政府的正确领导下，吉林省“扫黄打非”工作以邓小平理论和“三个代表”重要思想为指导，以构建和谐社会为目标，全面贯彻落实科学发展观，高举保护知识产权的旗帜，组织动员社会各方面的力量，深入开展“扫黄打非”工作，圆满地完成了各项工作任务，全省出版物市场和文化市场秩序良好，社会环境明显改善。

（一）全面实施“平安工程”

打击非法出版物，始终是“扫黄打非”工作的重中之重。各地、各部门加强了对报刊市场的监管，切断了非法报刊征订、赠送和邮发渠道。组织开展了春季、夏季、秋季专项集中行动。

（二）认真开展“反盗版天天行动”

吉林省各地、市、州在“反盗版百日行动”的基础上，深入开展“保护知识产权，反盗版天天行动”。加大了对音像和计算机软件集中经营场所及批发、零售、出租、放映单位执法检查力度，深挖盗版制品生产、仓储窝点，切实保护正版出版物的合法权益。

（三）组织实施“文化环保工程”

按照吉林“扫黄打非”工作领导小组的安排和部署，各地、各部门认真组织实施“文化环保工程”，各级“扫黄打非”工作部门组织、协调有关单位，按照职责分工，周密部署，密切协作，形成合力，不断推动“文化环保工程”向纵深发展。

（四）深入开展整治“假报刊、假记者站、假记者、假新闻”专项行动

根据全国“扫黄打非”办公室《关于整治假报刊、假记者站、假记者、假新闻专项行动的通知》要求，吉林省各地深入开展整治“四假”专项行动，经过不懈的努力工作，破获了一批有影响的案件，专项行动取得初步成效。

（五）大力开展打击非法出版活动专项行动

2007 年 9 月 3 日，吉林省“扫黄打非”工作领导小组在长春市召开了全省打击非法出版活动专项行动会议。会议传达了全国打击非法出版活动专项行动座谈会会议精神，吉林省“扫黄打非”工作领导小组就吉林省开展打击非法出版活动专项行动做出安排部署。

（六）加大网络文化市场的监管力度

随着网络文化市场的兴起，网络侵权盗版现象时有发生，严重侵犯了著作权人的合法权益，扰乱了网络文化市场经营秩序，已经构成了社会公害。吉林省各级“扫黄打非”工作部门拓宽工作视野，把网络文化市场监管纳入日常工作范围，针对出现的网络侵权盗版等新情况、新趋势，深入开展打击“网络侵权盗版”专项行动，有效净化网络出版环境，切实维护互联网出版秩序。

“扫黄打非”工作，背负着党和政府的嘱托，承载着人民群众的期望，可以说是重任在肩。在吉林省委、省政府的领导下，在全国“扫黄打非”工作办公室的指导下，吉林省“扫黄打非”工作定会取得新的、更大的成绩。

2008 年 2 月 19 日

2008 年“扫黄打非”大案要案综述

吉林省“扫黄打非”办

一、长春市“11·24”地下非法制版、印刷、发行六合彩码报《彩民知音》和非法彩票类报纸《南国彩票》团伙案

线索来源：2008 年 9 月，长春市“扫黄打非”工作领导小组办公室接到群众举报，在吉林省长春市有一特大编、印、发非法六合彩码报《彩民知音》和非法彩票类报纸的犯罪团伙。

查办措施：行政执法人员经过两个多月的调查走访，蹲点守候，跟踪设伏，初步获取了犯罪团伙的违法证据。

吉林省长春市“扫黄打非”工作领导小组组长、副市长郑文芝指示要求坚决打击，重拳出手，一查到底。2008 年 11 月 19 日，长春市新闻出版局将案件移交长春市公安局，长春市公安局经侦支队抽调精干警力，指挥案件侦破工作。专案组不分昼夜 24 小时跟踪定位，秘密调查取证。经查，主要犯罪嫌疑人施某某（对外自称小廖，家住上海）在长春市先后从事地下非法编、印、发《潮州信息报》《彩民知音》等六合彩码报达两年之久，发行范围为吉林省吉林市、延吉市、四平市、公主岭市、伊通县、九台市、德惠市及长春市郊区城乡结合部。非法报纸《潮州信息报》六合彩码报经反复打击于 2008 年 7 月份停止编、印、发。但其后经过主要犯罪嫌疑人施某某改头换面后以《彩民知音》六合彩码报的形式继续进行非法编印发，到 2008 年 11 月 19 日止，已经非法出版 133 期，每期印数为 1700 份，共计 22.6 万份。主要犯罪嫌疑人施某某还非法编印发《南国彩票》，截至 2008 年 11 月 19 日已经非法出版 80 余期，每期印数为 1100 份，共计 8.8 万份。仅此两项，主要犯罪嫌疑人施某某涉案金额约 45.355 万元，涉案非法出版物约 31.41 万份。

2008 年 11 月 24 日凌晨 3 时 35 分，长春市公安局经侦支队民警和长春市新闻出版局行政执法人员兵分四路，对制版、印刷、发行的四个场所进行了突击检查，在位于南关区的长春市鼎信彩印厂将正在交接非法出版物的主要犯罪嫌疑人施某某一伙 20 余人全部抓获。现场查获六合彩码报《彩民知音》1700 张，彩票类报纸《南国彩票》1100 张。查获胶片 53 张，PS 版 491 张，其中，当天六合彩《彩民知音》胶片 8 张，PS 版 8 张，彩票类报纸《南国彩票》胶片 4 张，PS 版 4 张。后经对施某某临时住处进行搜查，查获 2008 年 9 月份至 11 月 22 日的 100 期至 134 期共计 34 期的部分《彩民知音》1 万余份，《南国彩票》从 282 期至 314 期共 32 期 2.8 万余份。《六合彩生肖码表》、《香港六合彩》、《特码玄机》、《六合秘笈》等 15 种六合彩码表等其他非法六合彩印刷品 6900 份。现已查明主要犯罪嫌疑人施某某，男，37 岁，江西省上饶市铅山县河口镇人，系非法六合彩码报《彩民知音》、非法报纸《南国彩票》的主犯。

嫌疑人情况：

1. 施某某（对外自称小廖），男，江西省上饶市人。非法报纸六合彩码报《彩民知音》、非法报纸《南国彩票》由施某某策划。

2. 姜某某，男，长春市人，系长春市某某彩印厂法定代表人。非法报纸六合彩码报《彩民知音》、彩票类报纸《南国彩票》两张非法报纸系由长春市鼎信彩印厂印刷。姜某在明知承印的六合彩码报《彩民知音》、彩票类报纸《南国彩票》系非法报纸，但为了赚取印刷费，仍为其进行非法印刷。

3. 姜某，女，长春市人（现有身孕 4 个月），系长春市某某彩印厂业务经理。姜某在明知承印的六合彩码报《彩民知音》、彩票类报纸《南国彩票》系非法报纸，但为了赚取印刷费，由其接活，为其进行非法印刷。

4. 赵某，女，吉林市丰满人。系非法报纸六合彩码报《彩民知音》、彩票类报纸《南国彩票》两张非法报纸的主要非法发行人。赵某在明知发行的六合彩码报《彩民知音》、彩票类报纸《南国彩票》系非法报纸，但为了赚取发行利益进行非法发行。

5. 林某，男，系非法报纸六合彩码报《彩民知音》、彩票类报纸《南国彩票》两张非法报纸的非法发行人之一。林某在明知发行的六合彩码报《彩民知音》、彩票类报纸《南国彩票》系非法报纸，但为了赚取发行利益，使用捷达轿车在九台市进行非法发行。

6. 张某某，男，系非法彩票类报纸《南国彩票》的非法发行人之一。张某某在明知发行的彩票类报纸《南国彩票》系非法报纸，但为了赚取发行利益，每天在长春市图书批发大厦地下报刊批发市场进行非法发行。

7. 赵某某，男，系非法报纸六合彩码报《彩民知音》非法报纸的发行人之一。赵某某在明知发行的六合彩码报《彩民知音》系非法报纸，但为了赚取发行利益，在农安县和九台市进行非法发行。

犯罪事实：现有证据查明，施某某编、印、发犯罪团伙在长春市共制作、印刷、发行六合彩码报《彩民知音》、非法彩票类报纸《南国彩票》10 万余份。

处理结果：施某某等 7 名犯罪嫌疑人现已被长春市人民检察院依法逮捕，姜某（女）因怀孕被取保直诉，制版单位被长春市新闻出版局给予了行政处罚。

案件分析：一是得到举报线索后，领导重视，立即组织行政执法人员进行深入调查。二是对非法报纸鉴定准确，得到了国家新闻出版总署的认定。三是保密措施到位，没有走漏信息。四是得到了市公安局的密切配合，采用了刑事破案手段。五是办案人员齐心协力，克服困难，为案件的破获奠定了坚实基础。

二、吉林市在奥运前 30 天专项行动中破获一起典型案件

林市“扫黄打非”办公室在市场巡查中掌握一条重要线索：有不法分子在吉林市销售非法出版物。

为掌握确凿证据，一举打掉这个团伙，吉林市“扫黄打非”办公室组织精干力量，成立了专案组。专案组认真进行摸排，经过近一个月的跟踪调查，专案组掌握了充分的证据，摸清了不法分子作案手段和作案过程。

案组认为时机已经成熟，经请示吉林市“扫黄打非”工作领导小组同意，果断决定收网。吉林市“扫黄打非”工作办公室组织新闻出版、公安、工商、文化等部门联合执法，出动 20 多名执法人员，迅速行动，一举破获了这起集非法销售、经营排版、印刷非法出版物为一体的典型案件。当场收缴非法出版物 100 套（一套五张），在出租屋内又收缴 700 多套。

王某，男，28 岁，黑龙江省宾县人，无职业。该人拿着样品分两次到吉林市天津街宏盛装饰印刷非法出版物 1500 套，至案发时已卖出 700 多套，每套售价 2.5 元，非法经营额 1600 元。

现有证据查明：吉林市宏盛装饰店没有印刷许可证，打字排版属于超范围经营，印刷则是通过 QQ 号联系吉林市宏威印务进行，从中获利 300 元。专案组立即对吉林市宏威印务进行突击检查，对其法人代表杨某（女，29 岁）调查取证，该人承认非法印刷的违规事实，获利 800 多元。

专案组已经将此案移送公安机关，进一步调查处理。

1. 掌握线索后，领导重视，立即组织行政执法人员进行深入调查。

2. 对非法出版物鉴定准确。

3. 保密措施到位，没有走漏信息。

4. 吉林市“扫黄打非”工作办公室组织新闻出版、公安、工商、文化等部门联合执法，出动 20 多名执法人员，迅速行动，一举破获了这起集非法销售、经营排版、印刷非法出版物为一体的典型案件。

5. 办案人员齐心协力，克服困难，为案件的破获奠定了坚实基础。

2008年“扫黄打非”大事记

吉林省“扫黄打非”办

1月8日，吉林省新闻出版局副局长、吉林省“扫黄打非”工作领导小组副组长胡宪武主持召开了吉林省“扫黄打非”工作办公室主任会议，专题研究如何做好“两节”“两会”前的“扫黄打非”工作，会议起草了《关于开展“扫黄打非”统一行动的通知》，决定从1月10日开始，在全省范围内开展以清理非法出版物为重点的统一集中行动，并对集中行动目标要求、工作措施等进行细化。

1月15日，吉林省和长春市“扫黄打非”工作领导小组组成8个检查组，在吉林省和长春市“扫黄打非”工作领导小组领导同志的带领下，先后对长春市图书报刊批发市场、火车站、龙嘉国际机场、客运站等公共场所进行了全面检查。

1月30日至2月3日，吉林省“扫黄打非”工作办公室组成督导组，奔赴全省各地督导、检查，实地检查专项行动开展情况。

2月5日，白城市“扫黄打非”办公室出动执法人员，对报刊摊点进行严格检查，尤其对早晚市场和街头摊点、游商售书等进行了清理。此次行动共出动检查车辆30台（次），稽查人员130人（次），收缴非法书刊1135册，收缴盗版和“恐怖灵异类”音像制品1350盘，取消兜售游商、流动地摊15处，立案查处“四假”案件2起。

2月15日，辽源市在专项行动中，出动执法人员100多人（次），检查音像、图书出租零售店260家，印刷企业18家。对发现的苗头性问题，及早警告提示，把隐患和危害消灭在萌芽状态，确保出版物市场平稳有序运行。

2月17日，延边州在查办案件过程中，对重点单位和业户进行实地考察，对不符合规定、有违规纪录的，给予警告，记录在案，列入重点监控名单，对有严重违法违纪行为的，在给予相应的行政处罚外，吊销其经营许可证。

2月19日，吉林省“扫黄打非”工作会议召开，全国“扫黄打非”工作办公室专职副主任李宝中出席会议并讲话。

4月20日，吉林省侵权盗版及非法出版物集中销毁活动在长春市举行。省“扫黄打非”工作领导小组组长、副省长陈晓光，省“扫黄打非”工作领导小组副组长、省新闻出版局局长朱彤，吉林省“扫黄打非”工作领导小组副组长兼办公室主任胡宪武参加了此次销毁活动。

4月23日，长春市“扫黄打非”工作办公室协调新闻出版、公安、文化、工商等部门成立专案组，经过两个多月的缜密侦查，在掌握充分证据后，执法人员一举端掉了销售非法光盘的团伙。在两处销售、存放非法光盘的现场，收缴非法光盘6.5万余张，其中电子出版物4.9万余张，音像制品1.6万张。这是迄今为止，长春市破获的最大一起销售非法光盘案。

4月29日，吉林省“扫黄打非”工作办公室与长春市“扫黄打非”工作办公室联合执法，加大“扫黄打非”工作力度，在长春市范围内开展文化市场集中执法行动，对辖区内的文化娱乐场所和音像制品经营场所进行了集中整治，查处了一批违法违纪案件。在长春市汽车产业开发区“姐妹音像店”内，执法人员发现并收缴盗版光盘1.1万千多张，同时深挖进货渠道，并对店主进行了调查处理。在农安县呈祥游戏厅，执法人员收缴苹果机、麻将机等赌博电子游戏机主板9块，依法暂扣了《文化经营许可证》，游戏厅业主及2名涉嫌参赌人员被公安机关拘留。

6月17日，长春市在二道区亚泰广场举行了一场声势浩大、规模空前的赌博电子游戏机销毁活动。吉林省和长春市有关部门领导出席了销毁活动。

6月26日，吉林省“扫黄打非”工作领导小组副组长兼办公室主任胡宪武带领有关单位负责人，到辽源市检查出版物市场，调研、指导“扫黄打非”第二阶段专项行动。

7月8日，白城市“扫黄打非”办公室联合公安、工商等有执法权单位对白城市出版物市场进行了综合执法，检查场所28家，立案两起，收缴非法出版物276册（张）。

7月9日，吉林市“扫黄打非”工作办公室组织新闻出版、公安、工商、文化等部门联合执法，出动20多名执法人员，迅速行动，一举破获了集非法销售、经营排版、印刷非法出版物为一体的典型案件。

7月14日至20日，吉林省“扫黄打非”工作领导小组办公室组织省委宣传部、省新闻出版局、省公安厅、省文化厅、省工商局等成员单位，组成六个督导组，分别由省“扫黄打非”工作领导小组办公室主任、副主任带队，奔赴吉林省各地，对奥运前“扫黄打非”工作进行督导检查。

7月23日，吉林省“扫黄打非”工作领导小组副组长、省政府副秘书长马勇明同志专门听取了省“扫黄打非”工作办公室关于奥运前“扫黄打非”工作和督导检查情况汇报，并对下一阶段工作安排和部署，做出重要指示。

8月5日，白城市“扫黄打非”工作办公室对书报刊摊点进行严格检查，尤其对早晚市场和街头摊点、游商售书等进行了清理。同时对印刷复制业进行了排查，对邮递、火车站、汽车站等重点部位还进行了检查。此次行动共收缴非法出版物9820盘（册），取缔流动摊点33处。

8月19日，吉林省“扫黄打非”工作办公室对吉林省弘泰印业有限公司进行了突击检查，检查中发现《3D天天乐》印刷胶片4张、成品和半成品1.2万份。经调查取证，《3D天天乐》属于盗用《西部开发报》刊号的非法出版物。

9月16日，省委书记王珉，省委常委、宣传部长荀凤栖，省委常委、省委秘书长房俐，省副省长陈晓光，到吉林省新闻出版局调研、指导“扫黄打非”工作，对做好“扫黄打非”工作提出明确要求。

9月29日，省“扫黄打非”工作领导小组副组长胡宪武主持召开了吉林省“扫黄打非”工作办公室主任会议，专题研究打击非法报刊专项行动，会议起草了《吉林省打击非法报刊专项行动方案》（草案）。

10月8日，省“扫黄打非”工作领导小组副组长胡宪武主持召开打击非法报刊工作会议，会议分析和部署吉林省打击非法报刊专项行动，商议、修改和完善了《吉林省打击非法报刊专项行动方案》，并对专项行动提出了明确要求。

10月20日，吉林市“扫黄打非”工作办公室组织相关部门，在打击非法出版活动中，出动检查车辆70余台次，出动检查人员240余人次，收缴盗版图书1000余册、淫秽口袋本图书1000余册，对印刷非法出版物的吉林市蓝天印刷厂给予吊销许可证的行政处罚。

10月23日，延边州“扫黄打非”工作办公室出动执法人员620人次，执法车辆138台次，清查出版物经营摊点400余个，印刷企业68家，收缴各类盗版光盘5万余张，淫秽光盘59张，盗版出版物6900余册，对3家违规印刷企业进行了严肃查处。

10月23日，四平市组织“扫黄打非”执法人员，在英雄广场发现一名地摊业主正在出售非法书刊，执法人员当场将3000余册非法书刊全部收缴。

10月23日，辽源市“扫黄打非”办公室连续对辽源市区内的书店进行清查，对其中6家个体书店发现的“盗版图书”予以依法查缴；执法人员对辽源市区内的9个早市和集贸市场开展了清查工作，组织人员对所有印刷厂和复印打字部进行了执法检查，对查实的违法经营业户依法严肃处理。

创新经验

坚持科学发展　立足开拓创新　进一步深入开展“扫黄打非”斗争

——“扫黄打非”工作的经验与创新

吉林省新闻出版局副局长、省“扫黄打非”工作领导小组副组长兼办公室主任
胡宪武

2008年，吉林省“扫黄打非”工作取得了很大成绩，积累了丰富经验，呈现出良好的发展态势，得到了全国“扫黄打非”工作办公室和吉林省委、省政府的充分肯定，也受到了人民群众和社会各界的赞许。

一、领导高度重视是做好“扫黄打非”工作的首要条件

吉林省各级党委和政府高度重视“扫黄打非”工作，主要领导亲自过问、分管领导靠前指挥，是吉林省“扫黄打非”工作得以有效开展的主要保证。吉林省“扫黄打非”工作领导小组组长、副省长陈晓光同志就做好“扫黄打非”工作更是倾注了大量心血，不仅多次专门听取吉林省“扫黄打非”工作办公室的工作汇报，主持召开各成员单位负责人会议，研究、协调、落实“扫黄打非”工作，还亲自安排、参与专项行动，一次又一次解决“扫黄打非”工作中的难题。

二、完善监督机制是做好“扫黄打非”工作的有效途径

“扫黄打非”工作是一项群众性很强的工作，做好“扫黄打非”工作，必须依靠群众。各地、各部门不断在工作中坚持和完善奖励举报制度，鼓励更多的群众参与出版物市场监督和“扫黄打非”工作，为政府提供有价值的信息和线索，为“扫黄打非”工作创造了有利条件。吉林省各级“扫黄打非”工作部门建立健全了出版物市场巡视督察制度，聘请一批专兼职相结合的巡视督察员，定期巡视重点部位和重点地区，监督执法人员的执法活动，提高了执法的公信力。

三、成员单位和职能部门密切配合是做好“扫黄打非”工作的基础和前提

“扫黄打非”成员单位和有关部门按照吉林省“扫黄打非”工作领导小组的要求，根据行动方案的部署，坚持“谁主管、谁负责”和属地管理的原则，同时，又很好坚持了密切配合、协同作战，上下一体、区域联动、部门互动的“扫黄打非”工作机制，形成强大的工作合力。各部门有效履职和密切配合，形成了“扫黄打非”工作的强大合力和政治优势，显示出了巨大的活力，也形成了这项工作独到的特色。

四、创新工作方法是做好“扫黄打非”工作的根本保证

创新是“扫黄打非”应对日新月异的社会变化的必然要求和现实选择，也是适应形势的客观需要。针对违法分子藏匿较深、千方百计逃避打击这一新情况，吉林省“扫黄打非”工作办公室采取了明察与暗访相结合的办法，有效地应对了这一情况，取得了较好的效果。

五、加强舆论宣传是做好“扫黄打非”工作的关键因素

2008年，吉林省各地、各部门把宣传信息工作摆上重要议事日程，吉林省各地、各部门还广泛利用报刊、广播、电视、座谈、晚会展览、公益广告等形式，大力宣传“扫黄打非”工作。充

分发挥新闻传媒的辐射作用，积极组织、支持和配合新闻媒体对本地区、本部门存在的问题、集中行动和专项治理开展情况、重大案件查处成果进行客观公正的报道，揭露制黄贩黄、侵权盗版等非法出版活动对社会的危害，为“扫黄打非”斗争营造良好的舆论氛围。

六、开拓创新，明确责任，推动“扫黄打非”工作向纵深发展

（一）明确责任，正确认识“扫黄打非”工作面临的新形势

“扫黄打非”是关系文化安全的战略问题。首先是战场其次才是市场，首先是斗争其次才是竞争，首先是政治其次才是文化。只有把这项工作放在反渗透、防分化的大局中去认识，才能看到它是以文化形式出现的意识形态领域的政治斗争，才能更加深刻理解中央和吉林省委、省政府加强“扫黄打非”工作的重要性和紧迫性。因此，各级“扫黄打非”工作部门和成员单位要从构建和谐社会、促进社会发展、满足人民群众精神文化需求、提高国家软实力的高度，切实把“扫黄打非”工作时时装在心里、紧紧抓在手上，抓住不放，抓出成效。

（二）突出重点，认真开展专项行动和集中行动

多年来“扫黄打非”工作的实践证明：开展专项行动和集中行动是推动“扫黄打非”工作的有效载体，是体现“扫黄打非”工作特点的主要形式，是打击违法行为的有力武器，也是“扫黄打非”不断取得胜利的一大法宝。吉林省各级“扫黄打非”工作部门和工作人员精心设计和谋划、科学组织和实施专项行动和集中行动，2008年重点开展了“惊蛰、谷雨、白露”等专项行动，坚决封堵和查缴传播有害信息、制造思想混乱、误导群众情绪、破坏社会稳定、危害国家统一、煽动民族分裂的非法出版物；坚决清除宣扬淫秽色情、凶杀暴力、封建迷信等污染青少年身心健康、败坏社会风气的出版物；坚决打击各种侵权盗版行为；严肃查处非法报刊制售活动；持续开展网上“扫黄打非”工作。

（三）部门联动，探索建立“扫黄打非”沟通协作长效机制

“扫黄打非”是一项带有全局性的系统工作，涉及部门多、覆盖面广，单靠哪一个部门和单位都无法完成。吉林省各级“扫黄打非”工作部门和成员单位根据行动方案的要求，在党委和政府的直接领导下，按照职责分工和“扫黄打非”工作责任制，各负其责，各担其责。同时牢固树立了既有分工，更有合作，分工是为了更好地合作工作理念。切实加强沟通，密切协作，形成强大的工作合力。吉林省各级“扫黄打非”工作办公室履职尽责，真正发挥沟通、协调、组织的中枢和纽带作用，充分调动成员单位和有关部门的工作热情和积极性，做到属地管理与部门管理相衔接、主管部门与协管部门相配合，逐步建立“扫黄打非”协调沟通长效机制。

（四）依法行政，不断提升“扫黄打非”执法水平

1. 行政执法和查办案件是“扫黄打非”工作的永恒主题和生命线。吉林省各级“扫黄打非”工作部门和工作人员与时俱进，更新执法理念，牢固树立执法也是服务的思想。认真研究“扫黄打非”执法工作中出现的新情况、新问题、新规律，运用科学的管理方法和思路，寻找新的出路和对策，注意政策法规的连贯性和系统性。研究依法管理中执法策略和方式，严格区分案件的性质、情节，准确把握法律边界和政策底线。同时，不断总结行政执法规律和经验，全面提高执法水平和办案质量，从而体现“扫黄打非”执法工作的严肃性、权威性。

2. 在具体工作中加强和改进执法和管理方式，探索综合运用经济政策、技术支持、质量监管、行业自律等多种手段和方式促进执法水平和质量的提升。改变工作方式，从被动应付到主动应对，从事后查处到事前监督，做到既治标、又治本；转变工作作风，坚决杜绝冷、横、硬，进一步规范执法行为，依法办案，对有法不依、执法不严、以罚代刑，办人情案，充当保护伞，甚至与不法分子相互勾结，进行权钱交易的执法人

员，要依法严厉查处，并追究有关领导的责任。

（五）固本强基，大力加强“扫黄打非”队伍建设

队伍建设是“扫黄打非”工作的关键因素和根本保障，在一定意义上说，队伍建设好与差决定着“扫黄打非”工作的成败。吉林省“扫黄打非”工作之所以有现在这样良好的局面，取得这样大的成绩，重要的一条是有一支甘于吃苦、敢打硬仗的“扫黄打非”工作队伍。因此，要继续把队伍建设放在“扫黄打非”工作的首要位置，当做一项基础性工作来抓，进一步加强队伍建设，建立健全常设工作机构，充实人员，保障工作经费，提高整体素质和能力，培养和造就一支政治坚定、业务精湛、纪律严明、作风过硬的“扫黄打非”队伍。

“扫黄打非”工作已经纳入到吉林省各级党委和政府的重要工作日程，当作大事和要务，摆上重要位置。吉林省各级“扫黄打非”部门和工作人员从维护国家文化安全、保障人民群众基本文化权益、掌握国际意识形态斗争主动权的战略高度，充分认识到做好新时期“扫黄打非”工作的重大意义。进一步增强了责任感、使命感，更加自觉、更加主动地做好“扫黄打非”工作，履行法律赋予的职责，完成好党和政府交给的任务。

长　春　市

2008 年“扫黄打非”工作总结

长春市“扫黄打非”办

吉林省长春市是吉林省政治、经济、文化、交通中心，也是出版物流通中心。因此，“扫黄打非”工作任务十分繁重。长春市“扫黄打非”斗争抓得如何，直接影响全省出版物市场监管水平。长期以来，长春市高度重视“扫黄打非”工作，出版物市场监管水平每年都上一个新台阶。长春市新闻出版局 2008 年被评为全国“扫黄打非”先进集体。

2008 年，长春市共组织全市“扫黄打非”集中行动 6 次，日常检查 2000 余家次，出动人数 1000 人次，共收缴非法书刊 6 万余册，非法报纸 10 余万份，音像电子出版物 15 余万张（盘）。

一、加强日常监管，突出重点，保持“扫黄打非”高压态势

重点时期、重点行业、重点区域、重点部位是非法出版物销售的主要场所，也是长春市开展“扫黄打非”工作的重点。因此，始终采取跟踪排查、定点清查、日常巡查、突击联查的办法，保持“扫黄打非”高压态势。

一是突出重点时期的跟踪排查。元旦、春节前夕、“五一”、特殊敏感时期、北京奥运会、残奥会前后、国庆节期间以及全国和省市重要会议、大型商贸会展、创建国家文明城、卫生城期间是各类非法出版物散播的活跃时期。长春市就重点对各种非法出版物进行查缴，特别是着重对会议、会展场所，代表、客商入住的宾馆、饭店及附近区域等进行集中清查，先后对南湖宾馆、省宾馆、长春宾馆、松苑宾馆、清华宾馆、新发宾馆、喜来登大酒店等地在重点时期进行了重点检查。对长春宾馆附近的长春古旧书市场坚持跟

踪检查。

二是突出重点行业的定点清查。长春市重点对芙蓉路、太阳城图书批发市场和原《吉林日报》社后自发形成的报刊批发点经常进行定点清查。对过去经常销售盗版电子出版物比较集中的欧亚科技城、长江路科技城、和平大世界三处派执法人员全天候监管。同时，对市管长春图书批发大厦坚持实行新书售前送审制度。2008 年登记审读查验各类出版物 10 大类，8000 余种，对 300 余种出版物进行了异地调研核实，对 100 余种、10 万余册涉嫌非法出版物在上市前进行了查处封存，从源头上确保了长春市出版物市场的净化。

三是突出重点区域的日常巡查。长春市经常重点巡回对站前、繁华街路、伪皇宫等旅游景点、火车站、客运站、飞机场、校园周边、农贸市场等重点地区进行监督和巡查。2008 年先后收缴、撤市 50 余种、3000 余册书报刊，保证了重点区域的出版物市场的健康。

四是突出重点部位的突击联查。长春市在节假日和早晚时间经常主动与城区文化稽查队、公安、行政执法等部门进行突击联查，取缔无证摊点和游商。特别是这些人所销售的书刊 95% 以上是盗版出版物，个别的还夹杂淫秽、色情内容。因此，地摊、游商一直是长春市、区两级新闻出版行政管理部门严厉打击的重点对象。2008 年市区两级共取缔地摊、游商 100 余家。

二、加强专项治理，突出特点，确保“扫黄打非”工作成效

“扫黄打非”工作是一项长期而复杂的艰巨任务，只有加强专项治理，突出特点，才能确保“扫黄打非”工作成效。2008 年长春市主要开展了三项“扫黄打非”专项治理活动，收到了较好效果。

一是开展了印刷企业专项治理行动。在长期“扫黄打非”工作实践中，长春市始终把对印刷企业的监管作为“扫黄打非”源头上的第一道关口。2008 年，长春市组织市（区）县新闻出版行政管理部门对全市所有印刷企业进行了“拉网式”反复检查，有效防止了“法轮功”等邪教组织宣传品等类印刷品的出版、印制和传播。长春市分别对制版、印刷非法出版物的生彩集团（中国）有限公司和长春市鼎信彩印厂进行了刑事和行政处罚，使长春市印刷行业受到了较大的震动，对其他印刷单位起到了警示作用。

二是开展了“保稳定，迎奥运”夏季专项行动。2008 年，为确保奥运会期间出版物市场的健康稳定，长春市结合奥运会火炬在长春市传递、全国文明城市对长春市复查、学生暑假期间、奥运会举办期间等四个时段，从 5 月初开始至 9 月 17 日期间，全面打响“扫黄打非”保稳定，迎奥运，“夏季行动”专项治理攻坚战。为此，长春市专门下发了文件，提出了明确要求，制定了工作方案，各相关职能部门能够密切配合，保证了出版物市场的良好经营秩序。长春市主要是针对重庆路、长江路、黑水路等处繁华地段、伪满皇宫、净月潭风景区等旅游景区，校园周边地区为重点。组织新闻出版、文化、公安、工商、行政执法等多个部门联合进行了 3 次对重点地区的集中治理。特别是在奥运会和残奥会举办期间，长春市组织行政执法人员进行不间断巡查，发现问题及时进行处理。在此期间，根据群众举报，对朝阳区立信街松辽食杂店无证经营图书进行了现场检查，当场扣押其无证经营的图书 120 余册，依法给予取缔。同时，加大了对报刊批发经营业户的监控，每天两名行政执法人员在早晨 3 点多钟对报刊批发进行全过程监督。7 月 10 日，长春市“扫黄打非”办对位于南关区近阜街的两处无证游商经营的盗版图书，给予没收盗版图书 370 余册，依法给予取缔。

三是开展严厉打击非法报刊专项行动。长春市在全市主要报刊批发市场、火车站、客运站、飞机场、大型商场内设置了 50 块“扫黄打非”公示版，开通两部 24 小时举报热线，接受群众的监督举报。在对报刊批发市场检查过程中，对 10 种涉及时事类、法制类、军事类、生活类的报刊进行了抽样取证，与黑龙江、陕西、湖北、北京、山西、海南、重庆等 7 个省的报刊管理部门进行了联系鉴定。经鉴定，违规报刊1份太谷报—环球文摘（山西省，系报社与北京艺林名广州文化传播公司合作）、非法报纸两份，即科学生活报—奥秘（黑龙江省，系盗用非法出版）、酉阳报《旧闻周刊》（重庆市，系盗用非法出版）；非法期刊1份闺房私语（黑龙江省，系盗用北大荒文学所出非法期刊），长春市对非法报刊给予了全部收缴，进一步净化了报刊市场经营秩序，对各类违法违规报刊经营活动起到了震慑作用。

三、以破获大要案为突破点，严厉打击非法出版活动，震慑不法分子

“扫黄打非”斗争点多、面广、线长，长春市始终坚持密切注意出版物市场的动向，以破获大、要案为突破口，严厉打击非法出版活动。

一是主动获取信息，集中力量破获大案、要案。

长春市的欧亚科技城、长江路科技城、和平大世界是销售盗版光盘比较集中的场所。尽管从2006年开始派执法人员全天候现场监管，但一些不法商贩改变销售方式，由原来租赁柜台销售改为挎包游走兜售，执法人员发现后，他们就装作逛商场，使执法人员无可奈何。虽然销售量大减，但仍然扰乱出版物市场正常秩序。针对这一新情况，2008年年初，长春市在分析形势后认为，只有切断供货渠道，端掉批发窝点，才能有效阻止游商的销售行为，实现净化市场的目的。按照这一思路，执法人员把工作重点放在批发单位比较集中的长江路一带。经发动群众，很快掌握了一条重要线索，有一伙人行踪诡秘，通过电话联系，上门送货的方式，专门从事非法电子出版物、音像制品批发业务。在掌握这一线索后，长春市决定要不遗余力，立案侦查。

2008年2月份，长春市抽调精干力量，成立专案组，不惜投入财力物力，保障侦办此案。为更好地固定证据，扩大线索，加大事后宣传，办案人员主动与长春电视台城市速递、城市晚报记者联系，帮助全程摄录。在初步掌握该团伙重要证据后，长春市新闻出版局领导决定请公安机关介入此案。长春市新闻出版局、公安局随即成立了联合办案组，共同对此案进行最后侦查。确认该团伙是一个以合法公司为掩护，地下经营盗版光盘的黑批发。其合法经营地点在长江路科技城，另在长江路租用两处民宅作为储存盗版光盘的库房，雇用员工10余人。

2008年4月23日，专案组决定收网。由长春市“扫黄打非”办公室主任、新闻出版局副局长于显民同志带领新闻出版、公安两局办案人员，对该团伙的两处库房实施突击检查。办案人员兵分两路，一路对现场光盘进行逐一清点，一路将相关当事人带回局进行调查取证。经现场清点，共查获非法光盘制品6.5万余张，其中电子出版物4.9万余张，音像制品1.6万张。这也是迄今为止，长春市破获经营非法光盘案中，收缴数量最多的一次。

在对当事人问询调查中，当事人都说自己只是临时被雇佣人员，不知道任何情况，不知老板是谁，令调查陷入僵局。若想让此案幕后老板浮出水面，揭开真实案情，必须采取强制措施。而面对此案，共同办案的长春市公安局治安支队认为依据治安法律法规，办理此案有一定难度。在此情况下，长春市新闻出版局、扫黄打非办领导立即向主管市长、市政法委书记汇报。市领导责成市政法委，连夜召集市公安局、市检察院、市法院相关处室负责同志，一同到市新闻出版局，就本案适用法律问题进行现场办公。一致认为此案当事人经营非法出版物，对社会危害严重，且没收非法出版物数量巨大、相关证据确凿，应依法严办。随后，案件移交到市公安局经侦支队，经办案人员突审，相关人员交待了详细情况。此案老板系郭某某、吴某某夫妇，当天不在现场。4月24日，负案在逃的郭某某、吴某某夫妇被抓捕刑拘。5月30日，郭某某、吴某某被检察机关批准逮捕。目前，此案正进入审判阶段。

二是及时挖掘破案线索，集中力量破获大案、要案。

2008年9月，长春市新闻出版局接到群众举报，在长春市有一特大编印发非法六合彩码报的犯罪团伙。行政执法人员按照长春市新闻出版局局长孙文杰、副局长于显民的具体安排，冒着零下十几度严寒，连续一周在其制版、印刷、销售场所全天候蹲守，初步摸清了这伙人的活动规律。接着又对其销售渠道进行了明察暗访。经过近两个月的工作，案件脉络全部摸清，并获得了犯罪团伙的非法证据。

长春市“扫黄打非”工作领导小组组长、副市长郑文芝做出了重要指示：要求坚决打击，重拳出手，一查到底。2008 年 11 月 19 日，长春市新闻出版局将案件移交长春市公安局，长春市副市长兼公安局长高学章、副局长韩东民对此案高度重视，立即责成长春市公安局经侦支队会同长春市新闻出版局成立联合专案组进行深入调查。长春市公安局经侦支队支队长徐为民根据韩局长的指示，抽调了精干警力，指挥案件侦破工作。专案组不分昼夜 24 小时跟踪定位，秘密调查取证。经查，主要犯罪嫌疑人施某某在长春市先后从事地下非法编、印、发《潮州信息报》《彩民知音》等六合彩码报达两年之久，发行范围为吉林省吉林市、延吉市、四平市、公主岭市、伊通县、九台市、德惠市及长春市郊区城乡结合部。非法报纸《潮州信息报》六合彩码报经反复打击于 2008 年 7 月份停止编、印、发。但其后经过主要犯罪嫌疑人施某某改头换面后以《彩民知音》六合彩码报的形式继续进行非法编印发，到 2008 年 11 月 19 日止，已经非法出版 133 期，每期印数为 1700 份，共计 22.6 万份。主要犯罪嫌疑人施某某还非法编印发《南国彩票》，截至 2008 年 11 月 19 日已经非法出版 80 余期，每期印数为 1100 份，共计 8.8 万份。仅此两项，主要犯罪嫌疑人施某某涉案金额约 45.355 万元，涉案非法出版物约 31.41 万份。

经彻夜蹲守跟踪，专案组摸清了主要犯罪嫌疑人施某某一伙非法经营活动的规律及经营非法报刊的种类、名称、数量等有关情况，为实施抓捕奠定了基础。2008 年 11 月 24 日凌晨 3 时 35 分，长春市公安局经侦支队民警和长春市新闻出版局行政执法人员兵分四路，对制版、印刷、发行的四个场所进行了突击检查，在印刷厂将正在交接非法出版物的主要犯罪嫌疑人施某某一伙 20 余人全部抓获。现场查获六合彩码报《彩民知音》1700 张，彩票类报纸《南国彩票》1100 张。查获胶片 53 张，PS 版 491 张，其中，当天六合彩码报《彩民知音》胶片 8 张，PS 版 8 张，彩票类报纸《南国彩票》胶片 4 张，PS 版 4 张。后经对施某某临时住处进行搜查，查获 2008 年 9 月份至 11 月 22 日的 100 期至 134 期共计 34 期的部分《彩民知音》1 万余份，《南国彩票》从 282 期至 314 期共 32 期 2.8 万余份。《六合彩生肖码表》、《香港六合彩》、《特码玄机》、《六合秘笈》等 15 种六合彩码表等其他非法六合彩印刷品 6900 份。现已查明主要犯罪嫌疑人施某某，男，37 岁，江西省上饶市铅山县河口镇人，系非法六合彩码报《彩民知音》、非法报纸《南国彩票》的主犯。现有证据查明该团伙在长春市共制作、印刷、发行六合彩码报《彩民知音》、非法彩票类报纸《南国彩票》10 万余份。施某某等 7 名犯罪嫌疑人现已被长春市人民检察院依法逮捕，另有 1 人因怀孕被取保直诉，制版单位被长春市新闻出版局给予了行政处罚。

“11·24”地下非法制版、印刷、发行六合彩码报《彩民知音》和非法彩票类报纸《南国彩票》团伙案的破获，有力地打击了制作、印刷、发行非法报刊的不法分子，震慑了地下六合彩犯罪活动的嚣张气焰，为刑事司法和行政执法紧密衔接，合力打击出版物市场违法犯罪活动积累了经验。通过查大案，打源头，我们有效地遏制非法出版物在长春市的扩散和漫延，有力地震慑了不法分子。

黑龙江省

2008年“扫黄打非”工作总结

黑龙江省“扫黄打非”办

2008年，全省各级“扫黄打非”工作部门按照全国“扫黄打非”行动方案的要求，紧紧围绕重点工作任务，在加强出版物市场日常监管的同时，不间断地开展专项治理和集中行动，严厉打击各类非法出版活动，积极开展综合整治，各项工作取得明显成绩和重要进展。全年共收缴盗版和非法出版物32万件，行政立案242起，实施行政处罚210起，取缔无证经营79家，移交司法机关7起，行政拘留7人，刑事处罚16人，有效地维护了全省出版物市场健康稳定，为北京奥运会和纪念改革开放30周年活动营造了良好的舆论氛围和文化环境。

一、周密制定行动方案，精心部署，明确任务和重点工作

年初，按照“扫黄打非”工作的总体部署，我省组织召开了第二十次“扫黄打非”工作电视电话会议，贯彻落实全国会议精神，结合实际，部署和安排2008年的工作任务。省委常委、宣传部长、省“扫黄打非”工作领导小组组长衣俊卿等有关领导同志参加了会议并做了重要讲话。结合实际，我们制定了全省“扫黄打非”行动方案，为推进各个阶段专项行动的深入开展，我们有针对性地做出工作安排，并组织推进。各市（地）认真贯彻落实国家和省“扫黄打非”工作部署，制定符合本地实际的工作方案，在组织领导、任务落实和督促检查等方面采取切实有效的措施，建立起了有效的“扫黄打非”工作部署和推进机制，有部署、有措施、有落实、有监督、有检查，形成了一级抓一级、层层抓落实的良好工作格局。

二、突出重点，认真组织开展专项治理，全面推进各项工作

我们围绕中心，突出重点，组织开展打击违禁出版物、印刷复制业专项检查行动、奥运前30天出版物市场集中清查行动、整治校园周边秩序和严厉打击非法报刊等5次专项行动，取得了阶段性的成果。

我们把打击违禁出版物作为今年专项行动的重点。在“两节”和“两会”期间，我们协调各个方面的力量，联防协作，密切配合，加强对出版物集中经营场所进行暗访检查和市场巡查，封堵和查缴违禁出版物，坚决打击各种渲染淫秽色情、凶杀暴力的书报刊、盗版音像制品、电子出版物以及其他侵权盗版行为，收缴了一批违禁出版物，并对重点问题进行立案侦查。在组织做好打击违禁出版物的同时，我们还围绕整治印刷复制企业和运输秩序，重点在全省组织开展了打击非法印刷企业专项整治集中行动，查处了一批典型案件。我们与海关、交通、铁路、民航、邮政等部门密切配合，加强查验和卡控，查获收缴违禁出版物、“法轮功”邪教组织宣传品、非法宗教类宣传品以及淫秽书刊4674件。

我们将整治印刷复制企业和运输环节作为堵截源头的重要手段。联合有关部门组织对全省印刷复制企业进行自检自查，查验印刷复制企业的印制行为，查处非法印制行为；同时，组织督查组，对印刷复制业专项整治行动情况进行督导检查。我们与海关、交通、铁路、民航、邮政等部门密切配合，集中治理运输环节，加强查验和卡控，查获收缴违禁出版物、“法轮功”邪教组织宣传品、非法宗教类宣传品以及淫秽书刊4674件，违禁印刷品、音像制品1602件。4月20日，在全国“扫黄打非”工作小组统一部署下，我省举行了公开销毁大会，集中销毁盗版及非法出版物56.2万件。

为确保北京奥运会期间出版物市场稳定，全省各级“扫黄打非”工作部门全面动员，围绕出版物市场稳定的重点任务开展项整治行动。全省各级“扫黄打非”部门协调公安、工商、文化、城管等部门，组织开展了高密度的拉网式清查，全省出版物市场特派员全部上岗，对主要街道、重点地区、重点场所、大型店铺的出版物经营场所进行监管，形成高压严管态势。省“扫黄打非”办公室与全省13个市（地）和3大系统“扫黄打非”工作领导小组办公室签订了迎奥运，维护出版物市场稳定工作目标责任状，组织各地开展了“我为奥运做贡献、文明经营我争先”活动。省、市新闻出版部门组织出版物经营业户签订守法经营保证书，承诺守法经营的责任和义务。通过开展对经营业户的教育、打击侵权盗版和非法出版活动，有力地保证了奥运期间我省出版物市场的稳定。

为规范报刊市场秩序，打击违法犯罪行为，10月，我们在全省组织开展了打击非法报刊专项行动。在专项行动期间，我省各级“扫黄打非”部门认真落实《通知》精神，结合本地区实际，联合行动，对报刊市场开展集中清查，及时立案查处违法违规案件，纠正和取缔了一批非法报刊擅自出版发行的违规、违法行为，严肃处理了一批从事违法违规报刊经营活动的单位及责任人。

2008年，全省各级“扫黄打非”工作部门在集中专项整治行动中共出动执法人员1.7万人（次），检查出版物市场及经营业户1.3万家（次），印刷经营企业1570家（次），收缴盗版和非法出版物32万册（盘、份），取缔无证经营79家，实施行政处罚210起，移交司法机关7起。

三、以查办案件为突破口，打击违法犯罪，坚决遏制各种盗版和非法出版活动

我们将查办重大典型案件作为深化“扫黄打非”工作的突破口。省“扫黄打非”办公室根据群众举报的线索和工作中发现的问题进行深入追查，不断加大执法力度，深挖彻究，追根溯源，组织或协调市地以及成员单位打击侵权盗版和制售非法出版物的行为，先后查处了一批涉案数额和社会影响较大的案件，有力地震慑了违法犯罪全省共行政立案242起，其中移交司法机关案件7起，行政拘留7人，刑事处罚16人。我省查办的具有代表性的案件有：哈尔滨市“5·24”特大制售淫秽物品案、齐齐哈尔市“4·24”非法复制光盘案、双鸭山市“6·30”非法发行出版物案、鹤岗市“11·13”非法发行出版物案、哈尔滨市“7·15”盗版印刷案、鹤岗市“6·26”贩卖淫秽光碟案、佳木斯市“4·26”发行盗版教辅案、齐齐哈尔市“6·21”非法印刷案，等等。

四、广泛开展宣传，积极营造环境，努力扩大“扫黄打非”的社会影响

我们充分运用报刊、广播、电视、互联网等新闻媒体，宣传报道“扫黄打非”工作。主要围绕召开全国、全省“扫黄打非”电视电话会议和2008年专项行动，组织记者进行专题采访，广泛宣传“扫黄打非”工作的社会作用，专题报道打击各类非法出版活动的新闻事件。同时，适时以新闻发布会、答记者问的形式，对“扫黄打非”重点案件进行公开曝光，大力宣传非法出版物、淫秽色情出版物和侵权盗版等活动对社会的危害，努力营造强大的舆论攻势和环境。特别是在大规模的出版物市场集中清查行动中，我们邀请新闻媒体全程参加行动进行跟踪报道，及时刊载“扫黄打非”工作信息。据统计，今年以来全省各级“扫黄打非”工作部门，在省市新闻媒体刊载、播发“扫黄打非”新闻报道380多篇

(次)。

五、落实责任制，组织进行责任目标考评，努力构建“扫黄打非”工作长效机制

在工作中，我们将健全和完善责任制作为“扫黄打非”工作的重要任务。省“扫黄打非”办公室与各市地签订目标责任状，将“扫黄打非”工作细化为6个大项25个小项的责任目标进行考评，以进一步强化属地责任和谁主管、谁负责原则的贯彻落实。根据“扫黄打非”工作的特点，我们认真研究建立和完善“扫黄打非”长效机制，坚持在机制和手段上进行创新，从强化责任入手，在加强教育、促进自律，疏堵结合、注重规范，强化责任、落实制度等方面研究建立长效机制。同时，加强对各项责任机制落实的监督检查，从出版物市场监管、规章制度和市场面貌等多方面进行综合评价，通过各项措施的综合运用，保证“扫黄打非”工作目标的落实。

2008年，我省“扫黄打非”工作虽然取得了显著成绩，但还存在着一定的问题。主要是各市（地）工作进展还不平衡，有的市（地）工作领导重视，责任落实到位，工作效果明显，但也有的市（地）由于受市场大、人员少的制约，工作还有不到位的地方，游商地摊和销售盗版及非法出版物的行为还没得到彻底根治。我们将按照全国“扫黄打非”工作的总体部署和要求，在组织开展好各阶段集中行动的基础上，加强组织机构建设，积极探索加强日常监管的办法和措施，努力提高“扫黄打非”工作的水平，全力维护我省出版物市场的稳定和有序发展。

领导讲话

在全国集中销毁侵权盗版及非法出版物活动黑龙江分会场的讲话

黑龙江省委常委、宣传部长、省“扫黄打非”工作领导小组组长
衣俊卿

根据全国“扫黄打非”工作小组的统一安排和部署，今天，我们在这里举行2008年黑龙江省暨哈尔滨市集中销毁侵权盗版及非法出版物活动，对近一个时期以来查获的30余万件走私及盗版音像制品，盗版软件及电子出版物，盗版及非法书报刊进行公开销毁。组织这次活动，是贯彻落实党中央、国务院和省委、省政府关于进一步推动“扫黄打非”工作的重要步骤，是迎接“4·26”世界知识产权日，集中宣传保护知识产权的重要意义，集中展示我省打击盗版和非法出版物所取得的重大成果，震慑警示违法犯罪分子和非法经营者，表明我们保护知识产权、严厉打击侵权盗版活动的一贯立场和坚定决心的一次重要行动。希望借此活动，进一步唤起社会各界群众的理解和支持，在全社会倡导保护知识产权、拒绝盗版的良好意识和习惯。

党中央、国务院高度重视保护知识产权和“扫黄打非”工作，连续18年把开展“扫黄打非”斗争列入中央政治局常委工作要点和国务院年度工作报告。去年，胡锦涛、温家宝等中央领导同志对“扫黄打非”工作做出重要批示近百次，强调要抓住重点地区和突出问题，加大执法力度，有计划、有重点地在全国开展保护知识产权的专项行动，依法严厉打击和有效遏制侵犯知识产权等违法犯罪行为，营造知识产权保护的良好环境。省委、省政府一直把开展“扫黄打非”斗争作为维护国家文化安全，保护人民群众文化权益，促进龙江和谐发展的一项重要工作，认真抓好组织推进和任务落实。去年以来，我们在全省继续推进软件正版化工

作，组织开展了“平安工程”建设、“文化环保工程建设”、“春雷行动”和“反盗版天天行动”，依法查处了一批参与音像和计算机软件盗版活动的单位，关停了一批经营盗版音像和计算机软件制品的零售、出租业户，查办了一批盗版音像和计算机软件制品的重大案件，惩处了一批从事盗版活动的不法分子，全省出版物市场经营秩序明显好转。今年第一季度，按照全省第二十次“扫黄打非”工作电视电话会议的部署，从维护政治安定、社会稳定，构建和谐龙江的大局出发，组织开展了以打击各类非法出版物为重点的专项行动，全省共出动执法人员2600人（次），检查出版物集中经营场所96家，各类店档摊点653个，印刷企业85家，收缴各类盗版及非法出版物12.1万册（盘）。从前一阶段组织的对哈尔滨市等部分中心城市出版物市场暗访检查情况看，我省出版物市场总体呈现平稳、正常的良性发展态势。

但是，我们还要清醒地看到，在文化安全方面，境内外一些媒体利用文化传播渠道进行渗透和破坏的活动始终没有停止，并且呈现出许多新的特点。非法制售出版物和侵权盗版活动开始向团伙化、网络化、专业化、规模化趋势发展。同时，我省公众的版权法律意识还比较淡薄，盗版、非法出版的高额非法利润促使一些不法分子铤而走险，侵权盗版、非法出版在某些地区、某些领域还较为严重。这不仅损害了我国的国际形象，更严重的是损害了民族产业的利益，制约了出版产业的发展，抑制甚至扼杀我们民族的原创精神和创新动力。因此，我们决不能坐视其肆虐，必须高度警惕，重拳打击！

各级党委、政府及有关部门，要以这次销毁活动为契机，按照《2008年黑龙江省“扫黄打非”行动方案》的部署和要求，结合本地区、本部门的实际，扎实有效地做好工作。一是要进一步加强版权保护的宣传教育，在全社会普及知识产权保护的常识，努力提高公众的版权保护意识，从每个人做起，坚决抵制盗版和非法出版物，保证不使用盗版和非法出版物。二是要加强市场检查，实施全过程监控。重点围绕纪念改革开放30周年和召开北京奥运会，组织开展好以整治印刷复制和运输环节、清理出版物市场为重点的专项行动。抓住源头，严厉查处盗版盗印和印刷非法出版物的违法违规企业，深挖地下印刷窝点和非法光盘复制行为，加强对铁路、公路、航空、邮政等运输环节的卡控，有效切断盗版及非法出版物的流通渠道；加大对出版物集中经营场所，特别是音像和计算机软件制品集中经营场所的监督检查力度，对严重违规的音像、软件制品经营单位，要坚决吊销其经营许可证和营业执照。三是要查办大案要案。采取行之有效的方法，抓倾向，抓苗头，严密监视生产、储运、批销等中间环节，采取强有力的措施，充分利用各种手段，挖窝点、打团伙、破大案，力求在大案要案上有所突破，坚决打击各种违法犯罪行为。

同志们，当前“扫黄打非”工作任务十分繁重。我们要坚决贯彻落实党中央、国务院和省委、省政府的重要部署，坚持不懈地开展“扫黄打非”斗争，依法严厉打击侵权盗版和非法出版活动。希望从事“扫黄打非”工作的同志们继续发扬特别讲政治、特别能吃苦、特别能战斗、特别能奉献的精神，不断推动“扫黄打非”工作向纵深发展，为净化文化市场环境、保护知识产权、构建社会主义和谐社会做出新的更大的贡献！

2008年4月20日

在第二十次全省“扫黄打非”工作电视电话会议上的讲话（摘要）

黑龙江省委常委、宣传部长、省“扫黄打非”工作领导小组组长
衣俊卿

关于2008年“扫黄打非”工作，中央领导同志作了全面部署，我省制定了行动方案，主要任务已经明确。下面，我就如何抓好落实，讲几点意见：

一、把思想统一到中央精神上来，进一步增强做好“扫黄打非”工作的责任感和紧迫感

“扫黄打非”是党的宣传思想工作的重要组成部分，是在改革开放和市场经济条件下开展的一项特殊斗争。从国际上看，一些境外不法分子对我国的文化渗透在当前，由境外传入的有违禁内容的出版物呈现上升趋势，查堵任务十分艰巨。从国内来看，煽动民族分裂和危害国家统一的非法出版物时有发现，淫秽色情、侵权盗版及其他非法出版、销售活动仍比较活跃，各种形式的非法报刊和违规出版报刊混淆视听，扰乱了出版物市场秩序。2008年面临着深入贯彻落实党的十七大精神、举办北京奥运会、回顾总结改革开放30年成就，以及中央和地方各级人大、政府、政协集中换届的重大任务。在这个敏感时期，要特别警惕围绕政治问题、人事变动炮制新的违禁出版物和有害信息，防止别有用心的人通过出版渠道质疑和否定改革开放政策。我们要围绕中心，把握大局，认真做好“扫黄打非”工作，不给大局添乱。

二、把握工作重点，扎实有效工作，确保文化和出版物市场健康发展

按照中央的统一部署和第二十一次全国“扫黄打非”工作电视电话会议精神，结合我省实际，我们确定了今年全省“扫黄打非”工作的四项重点任务。

一是加大对出版物市场的清查力度，坚决封堵和查缴违禁出版物。要在全年保持高压态势的基础上，围绕“两会”、奥运会、纪念改革开放30周年等重大活动和政治敏感期开展集中行动，各部门之间要通力协作，积极配合，把好“入境关”，看好“印制关”，做好“封堵关”，把住“传播关”，早发现、早查缴、早处置，坚决查缴各类违禁出版物、“法轮功”等邪教组织的宣传品，防止境外非法出版物流入，防止非法印刷、扩散、传播，做到严密监控、立体防范、露头就打、一查到底。

二是严厉打击各类侵权盗版活动，树立我国保护知识产权的良好形象。各地、各部门要从维护国家利益出发，高举保护知识产权的旗帜，大张旗鼓地开展打击侵权盗版集中行动。要以4.26世界知识产权宣传日为契机，加大《著作权法》宣传力度，强化法律意识；要加强对出版活动的日常监管，在出版环节上管住源头，在流通环节上抓住物流，在销售环节上管好市场，在使用环节上搞好监督。

三是查处网上有害信息，净化网络文化环境。要积极研究探索网上“扫黄打非”的工作规律，建立网上“扫黄打非”联合机制，整合资源，完善技术手段，充分发挥成员单位等部门的优势，加大对互联网站、手机短信、游戏软件的清查力度，开展综合整治，坚决查禁那些散布有害信息、渲染凶杀暴力、淫秽色情和封建迷信的网站网页网吧，及时封堵、屏蔽、删除互联网有害信息，保证网络文化和网络出版的健康发展。

四是加大对报刊市场的整治力度，坚决查处非法报刊制售活动。坚决查处和取缔假冒国内合法报刊、伪造报名刊号、利用境外注册刊号在境内非法出版、使用广告印刷品出报出刊等非法出版活动。深入市场开展调研，发动群众进行举

报，及时发现问题。对非法报刊要一追到底，首先要查处主办人，取缔非法“记者站”、“编辑部”，切断假报刊生产源头，遏制非法报刊蔓延的势头。

三、加强领导，狠抓落实，不断提高“扫黄打非”工作水平

一是加强组织领导，落实工作责任。各地、各部门要及时研究解决工作中遇到的重大问题，解决“扫黄打非”工作人员紧张、手段落后和经费困难等难题。要坚持主要领导亲自抓，分管领导具体抓。党政领导换届后，要及时调整和补充“扫黄打非”工作领导机构。各县（市区）都要组建“扫黄打非”工作领导小组及其办公室，以保证省、市、县工作的衔接，形成步调一致、整体推进、良性互动的格局。

二是改进工作方式，加强日常监管。一要建立监管工作责任制，建立领导包片责任区。二要充分利用暗访等手段检查工作，组织人员不定期地进行暗访，发现问题、督查案件，确保日常监管落到实处。三要完善考核制度，确保政令畅通。

三是加强队伍建设，提高执法水平。要统筹安排好培训工作，进一步增强执法人员的政治坚定性、敏锐性、责任感和使命感，努力提高依法管理和依法行政的自觉性，提高执法水平。要加强执法监督。

四是加强舆论宣传，营造良好氛围。要充分利用报刊、广播、电视、网站等新闻媒体，广泛宣传文化和出版物市场管理的有关政策、法规；宣传加强“扫黄打非”工作的重大意义，努力营造全社会关注、支持、参与“扫黄打非”工作的浓厚氛围。

2008 年 1 月 18 日

2008 年“扫黄打非”大案要案综述

黑龙江省“扫黄打非”办

一、齐齐哈尔“4·24”非法复制案

2008 年 4 月 24 日，齐齐哈尔市文化市场管理处在审验邮寄光盘中发现，一盘名为《十字架》的 DVD 光盘中有部分违禁内容，随即予以扣留，并对该光盘来源作出进一步追查。经工作查明，该光盘来自齐齐哈尔市百惠电脑城青联电脑经销处。据该店业主孙某讲，上述光盘的母盘是一个不认识的人留在该店的，说如果有人要这类光盘就给刻一套，自 2007 年起至今已刻录一百余张，每张收费 1.5 元，从中获利。齐齐哈尔市新闻出版局已根据相关法规规定，对孙某从事非法复制的行为处以没收光盘刻录设备一套，收缴含有违禁内容光盘 70 张，并处罚款 1 万元的行政处罚。

二、哈尔滨市“5·24”制售违禁出版物案

2008 年 2 月 15 日，黑龙江省“扫黄打非”工作领导小组办公室工作人员在哈尔滨市出版物市场巡查时，发现位于建设街步行街广场有个体书床正在销售非法违禁出版物，决定协调相关部门对这批违禁出版物来源进行追查。经哈尔滨市公安局工作，5 月 24 日，将正向火车站送货的杨某某和王某抓获。根据两名当事人的交代，立即赶赴位于哈尔滨市香坊区薛家屯的地下印刷厂采取行动，当场抓获另外两名案件当事人，收缴非法违禁出版物数十种 2100 余册，未装订半成品违禁出版物 2000 余册、未装订散页 4 万余张、PS 版 320 张，并对用于违法活动的印刷机、装订机等 13 台各类机器设备予以扣押。专案组又经进一步深挖，掌握了该团伙全部犯罪嫌疑人情况，并先后从佳木斯等地将杨某某、马某某等 7 名主要犯罪嫌疑人抓获。截至案发，该印刷厂 7 个月时间共印制各种违禁出版物 33 万册。被告人杨某某、王某某分别被判处有期徒刑18年和年11年，其他7名被告也分别被依法判处1年至6年有期徒刑，受到法律的严惩。

三、鹤岗市“6·26”贩卖淫秽色情光盘案

2008年6月26日，鹤岗市文化市场管理处接到群众举报，称在该市新世纪广场周边有人贩卖淫秽光碟。根据举报，鹤岗市文化市场管理处立即抽调精干执法人员，组成6·26专案组，对新世纪广场周边进行突击检查，收缴淫秽光碟10盘。为了彻底查处这一违法行为，专案组经过又两天排查锁定目标。6月30日，鹤岗市新闻出版（版权）局执法人员会同市公安局治安支队将在我市新世纪广场周边贩卖淫秽光碟的女子董某抓获，在其南山区的住所查获淫秽光碟854盘。犯罪嫌疑人被鹤岗市工农区人民法院以贩卖淫秽物品罪，判处拘役5个月，并处罚金3000元。

四、双鸭山市“6·30”非法发行案

2008年6月30日，双鸭山市文化市场稽查支队根据群众举报，对宝清县教育局擅自发行出版物一案进行调查。经过近3个月的工作查明：宝清县教育局自2000年开始，在哈尔滨市个体书商黄某某处，以定价的7折购进教辅资料后指派各中小学校按定价卖给学生。自2000年开始至2008年3月，该局非法经营教辅资料的总金额共计740余万元、共获违法所得计220余万元。由于该案涉嫌刑事犯罪，双鸭山市新闻出版（版权）局已根据《最高人民检察院公安部关于经济犯罪案件追诉标准》的规定，将该案移送公安机关处理。

五、双鸭山市“7·04”兜售淫秽色情光盘案

2008年7月4日，双鸭山市文化市场执法人员在对出版物市场巡查时接到群众举报，称有一伙人在夜市拎包兜售淫秽色情光盘。针对不法分子拎包兜售流动性强，有选择兜售的特点，执法人员采取了有针对性地工作措施，于7月7日晚将两名正在兜售淫秽光盘的游商抓获，共收缴光盘124张，经鉴定，其中116张为淫秽色情光盘。经查，这伙不法游商由3人组成，现场抓获的两人分别叫崔某某和李某某，两人一周前在桦楠县客运站附近的音像店购进淫秽光盘后，流窜至双鸭山，在新兴大街夜市向群众兜售，已售出淫秽光盘66张。根据违法情节，双鸭山市警方将两人行政拘留。

六、哈尔滨市“7·15”盗印音乐教材案

2008年7月15日，哈尔滨市新闻出版局工作中发现，位于哈尔滨市南岗区王岗镇哈达新村一印刷厂正在生产。经检查，该厂不能出示《印刷经营许可证》及《工商营业执照》。同时发现该厂正在印刷北京体育大学出版社出版的《少儿电子琴》、大众文艺出版社出版的《全国电子琴演奏考级作品集》、人民音乐出版社出版的《拜耳钢琴教程》等百余种音乐教材，其中成品3953册，半成品400捆，书皮6000张，且提供不出任何委印手续。哈尔滨市新闻出版局依据相关法律法规规定，对该案件已移交公安机关处理。该案犯被南岗区人民法院依法判处有期徒刑3年，缓刑4年。

七、哈尔滨“10·17”散发非法出版物案

2008年10月17日，黑龙江省“扫黄打非”工作领导小组办公室接到《家庭教育报》社举报称，有人正散发假冒《家庭教育报》名义出版的非法出版物。根据举报，黑龙江省“扫黄打非”工作领导小组办公室立即协调省新闻出版局、哈尔滨市新闻出版局、哈尔滨市工商局，并组织执法人员对该非法出版物的派发单位哈尔滨龙腾医疗器械经销店进行检查。经查，现场尚有未派发出去的假冒《家庭教育报》和仿造《少儿教育报》名义出版的非法报纸390份。经对该经销店负责人黎某询问，该人承认散发事实。目前，黑龙江省新闻出版局已依据相关规定，对该经销店处以没收非法出版物390份，罚款1万元的行政处罚。

八、哈尔滨市11·19销售淫秽色情光盘案

根据全国“扫黄打非”工作小组办公室转办案件线索，2008年11月19日，黑龙江省“扫黄打非”领导小组办公室协调黑龙江省公安厅就天津“6·03”批销盗版音像制品案召开案件协调会，就哈尔滨市涉案线索指派哈尔滨市公安局进行调查。哈尔滨市公安局经工作，将涉案嫌疑人施某某传唤至公安机关，经审查施某某交代，今年初，广东人林某某给他打电话，向其推销“成人片”，经双方讨价还价，最后以每盘5元达成协议。施某某先后从林某某手中进货4次，总计近4000余盘，施先后给林某某汇款人民币近2万元，施又以每张6—7元的价格将所进光盘全部销售出去。目前，哈尔滨市公安局对此案进行立案调查。

2008年“扫黄打非”大事记

黑龙江省“扫黄打非”办

1月17日，黑龙江省“扫黄打非”工作领导小组办公室组织各市（地）及有关部门和有关人员收听、收看了第二十一次全国“扫黄打非”工作电视电话会议，会后，召开黑龙江省第二十次“扫黄打非”工作电视电话会议，对2007年全省“扫黄打非”工作进行总结，对2008年“扫黄打非”工作作出部署，对在2007年全省“扫黄打非”工作中涌现出来的先进集体、先进个人和办案有功集体、有功个人进行了表彰奖励。

1月28日，起草并下发了《关于开展2008年“扫黄打非”第一阶段专项行动，净化春节、“两会”期间出版物市场的通知》，部署开展“扫黄打非”第一阶段专项行动。

2月15日，组织召开了由省“扫黄打非”办公室副主任，哈尔滨市新闻出版局、南岗区委宣传部、南岗区文体局等有关领导参加的哈尔滨市重点地区“扫黄打非”工作协商会，并组织相关部门对哈尔滨火车站地下商城和远大建设街步行街广场等重点部位进行了两次集中检查，收缴非法出版物和淫秽色情等出版物。

2月15日，黑龙江省“扫黄打非”办公室组织召开由黑龙江省公安厅和哈尔滨市“扫黄打非”办公室、市公安局参加的案件协调会，就一批非法出版物和淫秽色情图书的来源进行立案调查。

2月18日，向全国“扫黄打非”工作小组办公室和省“扫黄打非”工作领导小组汇报有关案件的情况，向有关部门传达全国“扫黄打非”办公室和省委领导的批示精神。

2月28日，黑龙江省委办公厅以“两办”名义下发了《黑龙江省2008年“扫黄打非”行动方案》，对黑龙江省2008年“扫黄打非”工作进行安排和部署。

3月13日，为进一步推进第一阶段专项整治工作的进展，黑龙江省“扫黄打非”工作领导小组办公室协调工商、公安、文化、新闻出版、版权、城管等部门，在全省范围内开展为期一周的集中查缴非法出版物、淫秽色情出版物、封建迷信出版物及盗版音像制品和电子出版物的专项行动。

4月7日，为配合全国关于2008年全国统一举行集中销毁侵权盗版及非法出版物活动地开展，黑龙江省“扫黄打非”工作领导小组办公室下发了《2008年黑龙江省暨哈尔滨市集中销毁盗版及非法出版物活动实施方案》，4月20日上午9时，在哈尔滨国际会展体育中心举行大规模的集中销毁活动。集中销毁侵权盗版及非法出版物活动，销毁非法书刊、音像制品56.2万册(盘)。

5月4日，黑龙江省“扫黄打非”工作领导小组办公室认真贯彻《黑龙江省2008年“扫黄打非”行动方案》的部署，制定并下发《黑龙江省2008年整治学校周边出版物市场经营秩序专项行动实施方案》，组织开展学校周边出版物市场秩序专项整治行动。

5月5日，黑龙江省“扫黄打非”工作领导小组办公室根据国家要求，制定并下发了《黑龙江省2008年“扫黄打非”第二阶段集中行动实施方案》，明确任务，制定措施。此次专项行动，全省共出动执法人员7323人次，检查出版物集中经营场所和店档摊点4000余家次，收缴盗版及非法出版物10万余册（盘）。

5月7日，为深入贯彻《关于开展“为了明天—青少年维权岗行动月”的通知》精神，黑龙江省“扫黄打非”工作领导小组办公室制定并下发了《关于组织开展查缴各类危害青少年身心健康非法出版物的通知》，决定从5月12日至5月22日，利用10天的时间对全省出版物市场进行集中清查，重点查缴校园周边出版物经营场所出售、出租含有淫秽色情、凶杀暴力、灵异恐怖等内容的“口袋本”图书和卡通画册。

5月24日，根据黑龙江省“扫黄打非”办公室案件转办线索，哈尔滨市公安局5·24专案组将正向火车站送货的杨某某和王某抓获，当场收缴6种淫秽书刊240册。根据两名当事人的交代，专案组立即赶赴位于哈尔滨市香坊区薛家屯的地下印刷厂采取行动，当场抓获另外两名案件当事人，收缴违禁出版物数十种共计2100余册，未装订半成品违禁出版物2000余册、未装订散页4万余张、PS版320张，并对用于违法活动的印刷机、装订机等13台各类机器设备予以扣押。专案组又经进一步深挖，掌握了该团伙全部犯罪嫌疑人情况，并先后从佳木斯等地将杨某某、马某某等7名主要犯罪嫌疑人抓获。

6月12日，黑龙江省“扫黄打非”办公室制定并下发了《黑龙江省“迎奥运，维护出版物市场稳定”工作方案》，对奥运会期间维护全省出版物市场稳定做出安排和部署。

7月16日，黑龙江省“扫黄打非”办公室紧急下发了《关于组织开展全省出版物市场统一集中清查行动的紧急通知》，决定在奥运会倒计时20天、10天、5天三个时间段内，全省统一组织3次出版物市场大规模集中检查行动，保持高压态势，维护出版物市场稳定。

7月24日，根据国家要求，黑龙江省“扫黄打非”工作领导小组办公室制定并下发了《黑龙江省奥运前30天出版物市场集中清查行动工作方案》，严厉打击各种侵权盗版和非法出版活动，全力为奥运会营造良好的文化市场环境。

8月28日，黑龙江省“扫黄打非”办公室等8部门联合下发了《关于坚决打击利用交通运输渠道贩运非法出版物的通知》，明晰各职能部门任务分工，加强运输渠道的管控，防止各类非法出版物利用运输渠道入省。

8月30日，起草并向省“扫黄打非”工作领导小组成员单位下发《关于调整和增补“扫黄打非”工作领导小组成员的通知》，增加省住房和城乡建设厅、省信息产业厅为省“扫黄打非”工作领导小组成员单位。

9月8日，向全省各市（地）、系统转发了《关于继续做好残奥会期间出版物市场清查工作的通知》。组织全省各市（地）、系统开展市场清查，做好防控工作，确保残奥会期间出版物市场稳定。

9月28日，黑龙江省“扫黄打非”办公室以密码电报的形式转发了《关于进一步开展严厉打击非法报刊专项行动的通知》，对报刊出版单位和报刊经营者提出做好自检自查，主动清理非法报刊的要求。

10月14日，黑龙江省“扫黄打非”工作领导小组办公室组织修订《黑龙江省“扫黄打非”工作量化考核办法》，将其修订为《黑龙江省“扫黄打非”责任目标考评办法》，并下发到各市地征求修改意见。

11月10日，黑龙江省“扫黄打非”办公室协调并组织省新闻出版局、哈尔滨市新闻出版局、哈尔滨市工商局对哈尔滨龙腾医疗器械公司散发《家庭教育报》非法出版物进行立案查处，收缴报纸390份，罚款1万元。

12月8日，省“扫黄打非”办公室会同省新闻出版局联合下发了《关于召开行政执法责任制和“扫黄打非”责任目标考评汇报会的通知》，要求于12月16日至17日，利用两天的时间，对全省行政执法责任制和“扫黄打非”责任目标进行考评。

12月19日，黑龙江省“扫黄打非”工作领导小组办公室在充分调研的情况下，制定并下发了《黑龙江省迎接大冬会维护出版物市场稳定工作方案》，明确工作任务，确定工作重点，落实职能责任，以确保第24届世界大学生冬季运动会期间全省出版物市场保持稳定。

创新经验

关于加强全省出版物市场监管工作调研报告

黑龙江省“扫黄打非”办公室

一、出版物市场存在的主要问题

一是从境外流入、内地不法分子翻印的违禁出版物屡禁不止，宣扬民族分裂、危害国家统一的非法出版物在少数地区时有发现，各类非法出版物品种不断翻新，传播、扩散方式有了新变化。今年以来，仅哈尔滨海关就查获违禁出版物、“法轮功”邪教组织宣传品、非法宗教类宣传品以及其他各类违禁宣传品11万余件。二是淫秽色情出版物有增多的趋势，宣扬淫秽色情、凶杀暴力的书刊、音像制品在有些地区出现回潮，有的城市繁华街区、商场内外以及街头地摊公开叫卖含有淫秽色情内容的各种书刊和音像制品，严重影响社会风气，危害青少年身心健康。三是盗版活动仍然比较猖獗，走私光盘屡打不绝，盗版出版物的销售采取更加隐蔽的方式，形成了产供销链条和营销网络，盗版书刊和音像电子出版物销售十分活跃，盗版教辅读物采取有组织的形式，有的教育部门与不法分子相勾结，盗版教辅以批量采购方式堂而皇之地进入学校。四是出版物印刷企业违规印刷，无证照印刷企业印制盗版和非法出版物的现象比较严重，成为监管盲点。今年哈尔滨市公安局破获的“5·24”特大制售违禁出版物及淫秽书刊案件，犯罪嫌疑人在不到一年的时间里印制违禁出版物3万册、淫秽色情书刊30余万册，造成我省出版物发行市场一度比较混乱。五是不法分子利用互联网、声讯台、手机短信、上网经营服务场所制作、传播有害信息，网上非法活动难以得到有效的扼制，群众反映比较强烈。六是游商、地摊的非法销售行为成为出版物市场的顽症。一些不法分子与管理部门采取“捉迷藏”的办法，贩售盗版、非法出版物的现象还比较普遍。七是许多地方日常管理工作薄弱，地方保护、部门保护主义依然存在。

二、主要原因

我省出版物市场存在的诸多问题原因是多方面的，有客观原因，也有我们自身工作的不足，综合分析，主要有以下五个方面的原因：

1. 境内外不法分子千方百计利用各种手段对我国进行政治攻击和文化渗透，以文化传播为切入点，从意识形态上进行干扰破坏，违禁出版物呈上升的趋势。因此，出版物市场监管工作和“扫黄打非”斗争面临着极其严峻的形势。

2. 市场经济条件下的利益驱动和投资少、见效快、高回报的现实，使得一些人铤而走险，销售盗版和其他非法出版物的活动比较活跃，这一现象成为全国各大中城市普遍现象和影响城市形象的顽疾。

3. 一些基层领导对市场监管和“扫黄打非”工作不够重视，机构和人员编制不落实，工作体系不够完善，“扫黄打非”和出版物市场监管高位截瘫，造成上下关系不顺，管理工作上下错位，信息不畅通，责任不清，行动迟缓，效率低下，无法保证市场监管工作的需要，成为困扰出版物市场监管和“扫黄打非”深入开展的难题。

4. 思想不够解放，创新精神不强，工作方式比较简单，在加强管理和服务发展方面还没有找好结合点，缺乏行之有效的监管手段和措施，一些县（市、区）日常监管相当薄弱，许多管理流于形式，甚至出现空白点，使得出版物市场稳定受到影响。

5. 市场监管和“扫黄打非”经费严重不足，技术装备和工作手段落后，开展工作受到严重限制。

三、加强出版物市场监管和“扫黄打非”工作的对策建议

（一）疏堵结合，注重规范

充分发挥查堵机制在市场监管工作中的作用，关口前移，把好源头，主动防范，坚决封堵查处各种有害出版物。同时，要认真研究当前新闻出版工作的特点和规律，适应形势发展变化及时进行出版政策的调整。多年来，由于设立出版单位审批从紧政策的限制，一些单位或个人采取合作、造假等变通的形式进行出版，给管理工作带来了许多困难和问题。解决这一问题的出路在于疏导。各级新闻出版管理部门，要加强出版环境建设和阅读环境建设，抓好出版内容的审核，把住产品内容导向关、质量关，保护意识形态的安全，防止各种文化垃圾的出版和传播；在此基础上，有条件地适度放开出版形式，落实审批制度，严密审批程序，进一步完善准入和退出机制，对符合法律法规规定设立条件的出版单位给予支持，对复印打字和小型印刷企业可以放开由市场进行调节，管理部门按照有关规定进行规范。要积极争取政策的支持，加大对出版物经营单位的扶持力度，以进一步提高正规出版单位的市场竞争力。

（二）突出重点，高压打击

各级管理部门要增强政治意识、大局意识、责任意识，切实做到守土有责、守土负责、守土尽责，始终保持高压打击的态势，严厉打击违禁出版物，严厉打击非法出版、淫秽色情、侵权盗版等违法犯罪行为。在组织开展专项行动中，以追源头、挖窝点、打团伙、破网络、办大案为重点，进一步加大工作力度，抓好重点地区、重点部位、重点环节的“扫黄打非”工作，依法打击，查处案件，规范秩序，坚决防止引起中央领导高度关注、社会广泛议论，危害国家政治安全和社会稳定的违禁出版物进入市场；坚决防止引起社会强烈不满、危害青少年身心健康的淫秽色情等有害出版物泛滥的恶性事件出现；坚决防止引起国际社会关注、损害国家利益的侵权盗版重大案件。

（三）强化责任，落实制度

要深入贯彻落实“扫黄打非”工作责任制，各司其职，各负其责。各级党委和政府要切实负起“扫黄打非”工作的领导责任，“扫黄打非”办公室作为综合协调机构，要进一步强化部署、协调、指导、督办的职能。根据文化市场综合执法改革的实际情况，行政执法权力将向基层转移，对基层行政执法工作提出了更高的要求。各级“扫黄打非”领导小组和工作机构统一组织协调、指导督查，各地区各部门各负其责、联防协作，广大群众积极参与的工作格局。要研究和探索“扫黄打非”工作机制，进一步落实各项制度，完善信息预警机制、联合工作机制、跨地区联合办案机制、重大事件紧急应对机制、出版物市场监管机制、督办考核奖惩机制、群防群治和舆论监督机制等，要将建设七大机制作为长效机制建设的重中之重，并确保发挥长效监管作用。

（四）加强教育，推动自律

为更加有效地宣传教育广大人民群众，有力震慑文化市场上各类违法犯罪行为，必须要加强“扫黄打非”的宣传教育。要综合运用社会宣传、专题培训、学校教育等形式，提高社会公众保护知识产权、参与“扫黄打非”斗争的积极性；要组织新闻媒体广泛宣传加强“扫黄打非”工作的重大意义，宣传新闻出版管理的政策法规，宣传推广各地各部门的好措施、好经验，有选择性地报道一些违规违法典型案件，努力营造全社会关注、支持和积极参与“扫黄打非”工作的浓厚氛围。要推动行业协会发挥自律和服务作用，组织

开展对经营单位负责人的政策和法律法规培训，与出版物市场主办单位签订规范管理保证书，与经营业户签订守法经营责任书，进一步明确各自责任、义务和奖惩办法，督促广大业者自我约束、守法经营。

（五）理顺体制，建设队伍

在地方机构改革中，要贯彻落实中央的要求，理顺工作体系，协调解决好机构、编制、人员和经费等方面存在的问题。要积极推进文化市场综合执法体制改革，切实将“扫黄打非”工作作为文化市场综合执法的核心内容并统领文化市场综合执法工作，努力探索创新“扫黄打非”体制、机制与文化市场综合执法紧密结合的新途径。各地要抓紧工作，积极争取当地党委和政府的支持，参照中央编办的做法，按照“属地管理”的原则，尽快抓紧落实“扫黄打非”办公室的机构和人员编制，针对地市实行文化、广电、新闻出版三局合一的新形势，坚决贯彻中央关于文化执法在基层的要求，“扫黄打非”和文化市场综合执法“两块牌子，一套人马”，在省、市（地）、县（区）建立起上下一致、对口衔接、权责明确、政令畅通的“扫黄打非”工作领导体制。要加强对市场执法人员的业务培训，努力培养一支政治素质高、业务能力强、把关意识好的队伍，打造一支特别讲政治、特别守纪律、特别能吃苦、特别能战斗的“扫黄打非”队伍，切实提高执法能力和执法水平，维护全省出版物市场健康有序、稳定发展。

哈尔滨市

2008年“扫黄打非”工作总结

哈尔滨市“扫黄打非”办

2008年，哈尔滨市“扫黄打非”工作领导小组办公室按照国家、省、市“扫黄打非”工作的总体部署，以迎接北京奥运召开为主线，结合哈尔滨市的实际情况，制定了突出重点、狠抓效果的工作方针，组织公安、工商、城管加大检查密度，强化侦办大要案力度，开展了多个专项治理行动，保持“扫黄打非”工作的高压态势，努力维护出版物市场的繁荣与稳定，净化哈尔滨市出版物市场。

一、2008年开展的“扫黄打非”集中行动

（一）组织开展2008“扫黄打非”第一阶段专项行动

2008年1月29日开始，对市区内出版物集中经营场所、市内各大商场及学校周边地区进行了检查，经过近一周的检查，全市共收缴非法出版光盘7000余盘、图书1000余册。

3月13日哈尔滨市“扫黄打非”办公室组成检查组，分别检查了泰山电子城、船舶电子大世界、教化电子大世界、站前地下、曼哈顿商厦、八福音像超市等经营场所，收缴非法图书、音像制品及电子出版物5000余册（盘）；14日至15日对哈西服装城、哈师大附中、哈工大附中等校园周边地区的出版物经营网点进行了清查。此次清查行动全市累计出动检查人员327人次，出动车辆95台次，检查出版物经营单位128家，取缔游商13处，收缴非法图书1.1万余册，非法音像制品8000余盘，非法电子出版物4500余盘。

（二）开展迎奥运维护出版物市场稳定专项行动

2008年5月至6月期间，加强了对火车站前地下、民航机场、旅游景点、交通枢纽以及各大宾馆、繁华街区等窗口地区的出版物市场清查的工作，组织协调南岗区文体局，道里区文体局的执法力量进行联合清查，收缴了非法出版物7500余册（盘），取缔游商5处，处罚违规经营业户10家。

2008年7月初开始，组织协调公安、工商、文化、城管等部门，集中执法力量，对出版物集中经营场所进行拉网式清查，并对重点区域，进行每日一次的巡查，效果显著。30天内，共收缴盗版、非法出版物3400余册（盘），取缔游商3处，行政拘留3人，有效地保证了奥运会期间哈尔滨市出版物市场的平稳有序。8月29日组织协调新闻出版、版权、公安、工商、文化、城管等部门，对辖区内的音像制品销售网点进行清查，依法收缴了盗版《北京奥运会开幕式》及其他奥运相关题材音像制品129盘，其他盗版音像制品2万余盘。

（三）开展打击非法报刊专项行动

2008年10月，为进一步整治和净化报刊市场，巩固整治“四假”专项行动成果，在全市范围内开展了打击非法报刊专项行动，新闻出版、公安、工商及媒体等部门相互配合，严肃查处了一批从事违法违规报刊经营活动的单位和责任人，查封和取缔了非法设立的“华声国际记者俱乐部”和“北方法制报驻黑龙江省新闻信息中心”工作站，查处《黑龙江城市公交》等2种非法期刊，查处非法出版报刊《21世纪人才报》和《就业时报》的2家广告公司，有效地规范了哈尔滨市报刊市场的经营秩序。

（四）节日期间开展清查行动

2008年9月28日至10月4日在全市范围内开展了针对出版物市场的节日检查行动。重点清查哈尔滨市区内旅游景点、繁华街区、路段的经营网点，收缴非法图书1500余册，保证了国庆节期间哈尔滨市出版物市场健康繁荣。

2008年12月10日，组织工商、公安部门对哈尔滨市销售封建迷信出版物较为集中的道外区文教百货批发一条街进行检查，收缴含有封建迷信内容的挂历、扯历及牛年运程等非法出版物1980余册（本），净化了哈尔滨市出版物市场环境。

（五）开展校园周边环境专项治理行动

2008年3月间，开展了为期一周的治理校园周边环境专项行动，重点清查中小学周边出版物经营网点及无证摊贩，查缴盗版教材教辅用书和含有淫秽色情、凶杀暴力内容口袋本图书和卡通画册及不良游戏软件，在检查中取缔无证售书摊贩8处，查处木兰县某书店销售盗版教辅图书案，没收非法出版物3.4万余册，罚款1.9万元。

2008年5月，在全市范围内开展了全面查缴各类严重危害青少年身心健康非法出版物的集中清查行动，此次行动共收缴非法图书2500余册，盗版游戏软件8700余盘，取缔游商1处。

2008年9月，组织新闻出版局、工商局、行政执法局、教育局开展了以保障新学期教辅用书、净化校园周边环境为目的的专项检查行动，对6家违法经营的业户进行了处理，收缴盗版教辅图书1240余册，收到了良好的社会反响。

二、“扫黄打非”大要案的查处工作

2008年，哈尔滨市“扫黄打非”工作领导小组办公室以查处大要案做为工作的突破口，积极组织协调公安、检察、法院等机关加大对大要案的侦破和审理力度。2008年，哈尔滨市先后破获了“5·24”特大制作贩卖淫秽出版物案、“7·15”特大盗版印刷音乐教材案等多起案件，这些案件的破获与审理得到了国家和省、市的高度重视和充分的肯定。2008年，哈尔滨市“扫黄打非”战线共有2个专案组、2名办案人员受到全国“扫黄打非”办公室的表彰，“5·24”专案组、“7·15”专案组被评为2008年全国“扫黄打非”有功集体；张庆新、李波同志被评为2008年全国“扫黄打非”有功个人。

三、2008年哈尔滨市“扫黄打非”成果

2008年全年累计出动检查人员1300余人次，出动车辆370余台次，收缴各类非法出版物8.54万余册（盘）、其中淫秽出版物3246册（盘）、盗版音像制品及盗版软件4.65万余盘、盗版图书、教材教辅读物及印刷半成品3.5万余册，取缔无证摊点29处，查处违规印刷企业24家，行政立案处罚案件22起，罚款32万余元，吊销出版物经营许可证1家，移送公安机追究刑事责任案件2起，行政拘留3人，刑事拘留10人，使得哈尔滨市的出版物市场秩序有了明显改观。

江　苏　省

2008年“扫黄打非”工作总结

江苏省“扫黄打非”办

2008年，江苏省“扫黄打非”办在全省组织开展“扫黄打非”集中行动和四次专项治理，圆满实现了预定目标。全省共出动检查9.8万人次，检查各类出版物销售店摊3.3万家（次），关闭、取缔出版物非法店摊1896个，取缔、关闭非法和违规印刷企业39家，查缴非法出版物393万件，查处行政案件391起、刑事案件18起。主要工作情况如下：

一、充分发挥协调作用，积极调动成员单位参与集中行动

江苏省“扫黄打非”办精心制定“扫黄打非”行动方案并组织成员单位收看了全国第二十一次“扫黄打非”工作电视电话会议，接着召开了全省会议。省委常委、宣传部长、省“扫黄打非”工作领导小组组长杨新力进行了动员部署，要求各地各部门以贯彻落实党的十七大精神为工作主线，以保护知识产权为工作平台，围绕四项工作任务组织好“扫黄打非”行动。各地普遍召开会议并迅速制订方案，对本地“扫黄打非”行动作出有力部署。

江苏省“扫黄打非”办于元旦前后下发通知，对“两节”、“两会”期间出版物市场检查作出安排。与此同时，三次组织工作督查，并召开“两会”期间出版物市场专项检查汇报会，作出较为准确的市场评估。南京等地据此开展了有针对性的市场整治，宿迁等地进一步完善了市场长效管理措施。

从4月份起，江苏省“扫黄打非”办组织开展了以整治印刷复制和交通运输环节为重点的第二阶段专项行动，及时将全国关于加强北京奥运会前夕“扫黄打非”工作的会议精神，向杨新力部长和省局党组专题汇报，并于6月份在召开全省“扫黄打非”办主任会议，对各地打好6、7、8三个月迎奥运的攻坚战提出了各有侧重的工作要求。

为检验各地奥运期间工作成效，江苏省“扫黄打非”办于8月份会同有关部门组成联合检查组，由省“扫黄打非”工作领导小组副组长、省新闻出版局局长徐毅英等5位厅局长带队，对全省13个市、24个县区开展督查。检查组采取听取汇报、查阅台账、明察暗访、抽样打分的方式，指导各地采取了相应的整治措施，有力推动了专项治理的深入开展。

江苏省“扫黄打非”办及时调整充实了省“扫黄打非”工作领导机构，增补省通信管理局等部门为成员单位。通过不断加强部门联防、密切部门协作，各成员单位之间形成了分工负责、齐抓共管的良好局面。省通信管理局认真组织打击网络淫秽色情行动、垃圾短信息专项整治和阳光绿色网络工程活动。省公安厅积极开展依法打击网络淫秽色情行动，取得显著成绩，中宣部组织《人民日报》、中央电视台等七大媒体作了专题报道。

江苏省“扫黄打非”办于4月20日会同省“扫黄打非”工作领导小组成员单位在南京举办了集中销毁现场会，销毁各类非法出版物240万件；还对全省各市、县分管领导和相关成员单位负责同志专场举办了“扫黄打非”成果展览，并开展了专题讲座。与以往不同的是，这次活动对象是各地刚刚换届的分管领导。他们通过参观更加直接地感受了“扫黄打非”的工作成效和面临的严峻形势，产生了较为积极的反响。

二、充分发挥组织作用，努力增强专项治理工作实效

江苏省“扫黄打非”办积极开展了“扫黄打非”第一阶段、第二阶段集中行动，6、7、8三个月份出版物市场清扫行动和打击非法报刊专项行动等专项治理。特别是在奥运期间加强了市场清扫，有效维护了出版物市场的健康稳定。

（一）在特殊时段全力封堵含有违禁内容的非法出版物

为有效防止和及时处置突发事件，江苏省“扫黄打非”办一方面加强对印刷源头、运输进境渠道的控制，会同有关部门对印刷复制、交通运输等环节明察暗访，对存在的问题责成当地管理部门进行整顿，对违法经营者作出行政处罚。同时严把出版物入境关，在第一时间对有问题的图书组织审读并向南京海关提出退货的处理意见。另一方面要求各地各部门实施“扫黄打非”快速反应，发现问题露头就打。

各地根据要求普遍加强不间断巡查，使一批重点出版物市场相继得到整治，游商兜售现象得到有力打击。淮安市于奥运会期间启动“扫黄打非”应急预案，仅用2个小时就端掉一个地下批销窝点，有效防止了含有违禁内容的非法出版物向社会扩散。由于经常性地进行指导，各地迅速控制局面的能力得到加强，全年共封堵和查缴含有违禁内容的非法出版物4300册。

（二）加强省市联动，齐心清查奥运期间出版物市场

江苏省“扫黄打非”办对奥运期间出版物市场清查行动进行了重点部署。专门召开全省“扫黄打非”办主任会议，制订检查方案和打分标准，同时实地开展有针对性的指导。由于密切了上下联系、齐心开展市场清查，全省出版物市场明显改观，印刷复制和运输环节得到了有效控制，经营盗版的窝点受到了严厉打击。

为及时掌握出版物市场动态，全省所有市、县实行了“扫黄打非”零报告制度。从掌握的情况看，这项制度执行良好。如接到淮安新闻出版管理部门上报的假记者诈骗案的线索，江苏省“扫黄打非”办立即协调公安、检察部门立案查处，受到了基层宣传部门的好评。

各地普遍对出版物市场保持高压态势。苏州、南通等地实行“扫黄打非”日日查，南京等地将专项行动细化为“清理出版物夜市地摊”等五项专项检查，徐州、扬州、连云港、盐城等地对夜市地摊、车站码头等场所开展了全方位治理。

省、市“扫黄打非”办制订了奥运期间“扫黄打非”应急预案，实施“扫黄打非”快速反应。无锡市每天安排两人一组多点出击，保证有6组稽查队人员在全市轮番巡查。泰州在对交通要道的巡查中，及时发现并查获了非法游商利用轮渡出售盗版淫秽光盘案件。

（三）密切部门协作，有效控制非法报纸的印刷批发源头和运输渠道

为了提高打击非法报纸专项行动的工作成效，江苏省“扫黄打非”办通过加强案件查处和严格控制源头来推动工作进展。既发挥了“扫黄打非”办组织协调的优势，同时也发挥了管理部门熟悉监管对象的长处，取得了比较好的效果。

徐州市于3月份查获一起集编辑、印刷、发

行一条龙的非法出版案件。犯罪嫌疑人刘某纠集省内外的几名违法人员，通过从网上下载信息、非法编辑出版时事类、法制类和军事类报纸48种并向全国25个省市发行，数量达323.6万份。江苏省“扫黄打非”办协调成立了“3·03”专案组，采取了公安和新闻出版部门密切协作和省内省外“扫黄打非”部门跨地区联动的工作模式，使该案于2008年12月19日顺利审结，刘某等6名主要犯罪嫌疑人被判处2至6年有期徒刑，其余12名违法人员被处以相应行政处罚，同时还查清了涉及25个省（市）的90条发行线索。

与此同时江苏省“扫黄打非”办进一步明确了相关职能部门的职责，使各部门按照任务分工，各司其职、各负其责。邮电和铁路部门对所属的报刊经营点明确了“扫黄打非”工作要求，要求统一规范进货渠道，不从其他方面购入报刊，使各车站的报刊经营点和报刊亭面貌一新，基本上改变了非法报刊猖獗的局面。

各地“扫黄打非”办和新闻出版局也积极会同公安、工商、交通、海关、版权、文化市场综合执法等部门，普遍开展了对报刊印刷企业和邮政发行公司、批发市场以及物流中心、货运站的专项检查。徐州市新闻出版局在一地下印刷厂将正在印刷的1100册宗教类出版物全部堵在装订车间。南京、常州还组织南京长三角出版物市场管委会和常州邮政局报刊公司等部门认真开展自查自纠，从批发环节有效防止了非法报纸流入市场。

三、充分发挥指导作用，悉心督办非法出版大案要案

江苏省“扫黄打非”办一方面强化了案件督办备案工作，完善相应案件的建档登记，对各地发现的线索逐一梳理，直接承办各类案件58起。另一方面，基层办理非法出版案件有着很高的积极性，共查获各类行政、刑事案件300余起。江苏省“扫黄打非”办在严格把关的同时，对基层执法悉心指导、及时帮助，有效防止了执法越位、错位或者不到位。

一是及时争取有关领导的关心和支持，推动案件顺利查处。淮安警方在查处假记者诈骗案，在向一些被骗的基层单位调查时，由于某些单位担心造成负面影响不予配合。江苏省“扫黄打非”办及时向有关领导报告并由负责同志会同省委宣传部的同志向受骗单位耐心做工作，保证了取证工作的顺利进行。徐州“3·03”案是全国“扫黄打非”办和公安部的重点督办案件，徐毅英同志多次实地了解案件进展，亲自协调公、检、法提前介入，使犯罪嫌疑人在较短的时间内被抓获。领导同志的直接关心和支持，不仅使案件取得了重要突破，也极大地鼓舞了办案同志的士气。

二是主动协调职能部门参与案件查处，加大案件督办指导力度。江苏省“扫黄打非”办始终关注每一起案件，不仅在寻找突破口、如何取证等方面对基层予以指导，在案件定性、适用法律方面也进行严格把关。当基层在办理跨地区的案件遇到困难时，主动加强与公安部门的联系，先后就有关案件召开6次协调会实地督办。徐州市公安部门由于管辖权问题未能取得南京某印刷企业的关键证据，逮捕主要犯罪嫌疑人存在难度。省新闻出版局副局长、省“扫黄打非”办办公室主任傅杰三同志亲自向公安厅负责同志打电话，就证据交换、案件衔接等事项予以协调，取得了很好的效果。

三是以案代培，在办案实践中提高基层执法水平。江苏省“扫黄打非”办不仅对基层执法中遇到的问题妥善处理，还经常一起联手动作，直接参与现场检查、证据搜集、谈话笔录，并对案件性质、适用法律认真研究，审慎提出处理意见，在办案实践中不断提高执法水平。为了及时固定所有证据，有关同志在查处镇江某印刷厂非法印刷案件中一直工作到凌晨。这种忘我的工作精神，获得了基层同志的好评。

四、着力强化基础建设，切实提高服务水平

一是深入调查研究。江苏省“扫黄打非”办先后十余次单独或会同有关部门对各地暗访调研。对一些普遍性的问题，注重发现苗头、分析规律，及时提出防范意见。为了堵塞管理漏洞，专门对无锡吴某批销非法报纸案专题调研，并与省铁路办等部门研究制定了切断非法出版物渠道的一系列措施，在信息互通、建立网络、培训人员、规范制度等方面开展了有益探索。

二是强化信息和鉴定服务。江苏省“扫黄打非”办充分利用简报、“江苏扫黄打非”网页进行信息交流，所编发的22期简报中有近60篇（条）信息被全国“扫黄打非”办采用播发。该办同时努力做好鉴定工作，共出具非法出版物鉴定书34期，对334种非法出版物进行了鉴定，无一引发争议。

三是不断丰富宣传形式。江苏省“扫黄打非”办还积极利用展览、销毁活动和专题片等多种形式，开展系列宣传教育活动。年内先后三次举办“扫黄打非”工作内部展览，接待参观3000人次，柳斌杰和林祥国、杨新力、黄明等领导专程观看并给予了高度评价。为了进一步扩大宣传覆盖面，争取更多的关心和支持，还将展览制作成专刊和专题片，向各地“扫黄打非”部门发放。

领导讲话

在2008年全国销毁侵权盗版及非法出版物活动江苏现场会上的讲话

江苏省委常委、宣传部长、省“扫黄打非”工作领导小组组长
杨新力

为进一步推动“扫黄打非”第二阶段专项行动的深入开展，迎接“4·26”世界知识产权日，全国“扫黄打非”工作小组决定，今天在全国举行迄今为止，规模最大的侵权盗版及非法出版物集中销毁活动。以期表明我国政府坚持保护知识产权原则，打击侵权盗版活动的坚定立场和重要成果，进一步树立我国政府良好的国际形象。对于警示、震慑违法犯罪分子和非法经营者，增强社会各界支持和参与“扫黄打非”斗争的意识，必将产生重要而深远的影响。

今天，省“扫黄打非”工作领导小组19家成员单位在这里举行销毁活动，210万件各类非法出版物即将被集中销毁。这既是对江苏省今年“扫黄打非”第一阶段专项行动的成果检阅，又再一次向全社会展示了我省各地各部门共同打击制黄贩黄、侵权盗版的能力和决心。2007年，我省各“扫黄打非”部门以迎接党的十七大召开为主线，积极实施“平安工程”、“文化环保工程”和“反盗版天天行动”，全省出版物市场得到了持续净化，侵权盗版和非法出版活动得到了遏制。尤其是网上“扫黄打非”工作，取得显著成效，得到中央领导的充分肯定。新年伊始，全体“扫黄打非”战线的同志毫不懈怠，又迅速投入今年第一波“扫黄打非”攻势，先后开展了两节、“两会”期间出版物市场专项检查，整治假报刊、假记者站、假记者、假新闻专项活动和打击网络淫秽色情有害信息专项行动，有效保证了我省文化和出版物市场的健康稳定。1至3月份，共出动检查1.5万人次，查缴各类非法出版物65万件，取缔关闭店档摊点270个、印刷复制企业10家、非法网站228家，查处行政、刑事案件133起。在此，我谨代表省委向同志们表示衷心的感谢和诚挚的问候。

尽管我们取得了“扫黄打非”第一仗的初步胜利，但是必须清醒地看到，制黄贩黄和非法出版活动不会止息并出现新的动向，“扫黄打非”的形势依然十分严峻。目前，非法出版活动呈现传统手段与新技术手段并用诸多新特点；非法出版活动出现向团伙化、网络化、专业化、规模化发展的趋势；利用互联网、移动通讯终端、声讯

台传播各种有害信息、侵权盗版作品和销售非法出版物的问题越来越突出；各种形式的非法报刊和正式出版单位违规出版的报刊仍在扰乱出版秩序。对此，我们必须保持高度的警惕性，始终牢记肩负的政治责任，以贯彻落实党的十七大精神为主线，以保护知识产权为平台，围绕中央和省里确定的四项工作任务，突出工作重点，积极主动地开展好“扫黄打非”集中行动和专项治理。

各级党委和政府要将“扫黄打非”列入重要议事日程，及时研究解决“扫黄打非”工作中遇到的新情况新问题，在组织领导上保证“扫黄打非”行动的顺利开展。各成员单位要坚持守土有责，各司其职，齐抓共管，切实形成工作合力，积极构筑反盗版的立体防线和“扫黄打非”的有利工作态势。各级“扫黄打非”部门要不断丰富“扫黄打非”的工作内容和手段，在创新工作思路、完善工作机制、强化组织协调、查处大案要案方面取得新突破，同时要继续通过宣传发动、实施奖励举报等方式，争取人民群众更多的支持和参与，努力形成有利于打击侵权盗版、开展“扫黄打非”的舆论氛围和群众基础。

同志们，2008 年是全面贯彻落实党的十七大精神的开局之年，也是改革开放 30 周年、举办北京奥运会的关键年份，“扫黄打非”服务党和国家工作大局、维护社会稳定的任务很重。希望全省各级“扫黄打非”部门巩固第一阶段专项行动的成果，总结经验，乘胜追击，确保文化和出版物市场繁荣健康有序，为我国社会主义文化大发展大繁荣和我省全面建设更高水平小康社会，做出新的更大的贡献。

2008 年 4 月 20 日

在江苏省“扫黄打非”工作电视电话会议上的讲话

江苏省新闻出版（版权）局长、省“扫黄打非”工作领导小组副组长
徐毅英

刚才召开的第二十一次全国“扫黄打非”工作电视电话会议，全面回顾和总结了党的十六大以来“扫黄打非”工作取得的重要成果和成功经验。根据当前“扫黄打非”工作面临的严峻形势，对 2008 年的工作已经进行了全面的动员和部署。下面，就我省 2008 年“扫黄打非”工作方案作几点说明：

一、今年“扫黄打非”工作面临的形势

2008 年是全面贯彻落实党的十七大做出的战略部署的第一年，是我省各级人大、政府、政协集中换届之年。保护知识产权、打击侵权盗版近年来已经成为直接关系到维护国家声誉、建立诚信社会的一项重要工作。

从总体上看，由于坚持不懈地开展“扫黄打非”斗争，我省的文化和出版物市场始终保持了健康、繁荣、有序的态势，但是也必须清醒地看到，目前“扫黄打非”的形势依然十分严峻。非法出版活动出现传统手段与新技术手段并用诸多新特点；非法出版活动出现向团伙化、网络化、专业化、规模化发展的趋势；利用互联网、移动通讯终端、声讯台传播各种有害信息、侵权盗版作品和销售非法出版物的问题越来越突出。面对复杂的形势和繁重任务，各级党委、政府和有关部门要进一步提高对“扫黄打非”斗争重要性、长期性、紧迫性的认识，进一步增强政治意识、大局意识、责任意识和忧患意识，切实将思想和行动统一到中央的决策和省委省政府的部署上来，坚持不懈地开展“扫黄打非”斗争。

二、今年“扫黄打非”工作的指导思想

2008 年“扫黄打非”工作的指导思想是：高举中国特色社会主义伟大旗帜，以邓小平理论和“三个代表”重要思想为指导，全面贯彻党落

实科学发展观，以“反盗版天天行动”为平台，加强日常监管，开展专项行动，坚决查缴含有违禁内容的非法出版物，扫除淫秽色情等文化垃圾，打击侵权盗版行为，查处非法和违规报刊制售活动，清除互联网有害信息，全力维护社会稳定和文化安全，为我国社会主义文化大发展大繁荣和北京奥运会成功举办创造良好的舆论和文化环境。

三、今年“扫黄打非”工作的重点

2008年“扫黄打非”工作确定以下五项主要任务：

（一）严密查堵含有违禁内容的非法出版物

始终将打击非法出版活动作为重中之重，贯穿于全年工作的始终。坚决封堵和查缴含有违禁内容的出版物，严禁境内非法印制、刻录、销售含有违禁内容的非法出版物，防止利用互联网传播有害信息，做到严密监控、立体防范、露头就打。

（二）大力扫除淫秽色情等文化垃圾

坚决清除宣扬淫秽色情、凶杀暴力、封建迷信等污染青少年身心健康、败坏社会风气的出版物，以学校周边的出版物零售、租赁摊店和互联网上网服务经营场所为重点目标，完善日常监管机制，严格规范其经营行为，切实解决好人民群众反应强烈的突出问题。

（三）坚决打击侵权盗版行为

进一步加强出版物集中经营场所、单位和企业的日常监管，继续深挖非法生产、包装、仓储窝点，持续清理销售盗版及非法出版物的游商地摊和无证照经营者。强力推进机关、事业单位和重点企业使用软件正版化工作。

（四）严肃查处非法报刊制售活动

及时公布非法报刊名录，坚决取缔假冒伪造国内刊名刊号或无刊号出版的报刊、利用境外注册刊号在境内非法出版的报刊，以“一号多刊”形式非法出版的报刊、利用广告印刷品非法出版的报刊和未经批准擅自从境外进口的报刊。

（五）清除网络有害信息

对境外网站刊登的有害信息要及时予以封堵；对境内网站刊登、链接的有害信息要责令其立即删除，督促其完善技术过滤措施。坚决查处利用信息网络传播各类有害信息、提供非法软件下载服务、销售非法出版物和以“私服”、“外挂”方式运营游戏软件行为。

四、今年“扫黄打非”实施步骤

今年开展的专项行动共有三项：

1月下旬至3月底，开展“惊蛰”行动。在全年保持高压态势的基础上，在全国“两会”召开前后，采取有效措施，全面清查出版物市场，坚决取缔兜售非法出版物的游商地摊。加强网上监看，密切关注网上舆情动向，及时封堵和删除有害信息的网站和网页。继续深入整治假报刊、假记者站、假记者、假新闻。

4月中旬至6月中旬，以整治印刷复制和运输环节为重点，开展“谷雨”行动。围绕“4·26”世界知识产权日和政治敏感期，组织对出版物市场进行全面检查，坚持查源头，挖窝点、打团伙、破网络。要进一步加大运输环节的查验力度。“4·26”世界知识产权日前后，查办、审结、曝光一批侵权盗版重点案件，集中宣传保护知识产权、打击侵权盗版工作的重大战果和重大意义。

7月中旬至10月中旬，以清理出版物市场面貌为重点，开展“白露”行动。围绕北京奥运会，反复清查出版物市场，重点检查繁华街区、旅游景点、交通枢纽、重要机关、宾馆饭店、电脑电子市场等区域场所。严格清理销售非法出版物的游商地摊和无证照经营者，严禁境外出版物在定点以外的场所销售。

在各阶段专项行动期间，对经营盗版制品的单位和个人要依法从严查处，涉嫌构成犯罪的、依照《刑法》和最高人民法院、最高人民检察院有关司法解释严肃追究其刑事责任。除以上专项行动外，各地、各有关部门可根据本地、本部门实际情况，有针对性地组织开展其他专项行动。

关于2008年“扫黄打非”行动方案，省委办公厅、省政府办公厅很快就会下发，各地区和有关部门要按照方案的总体部署和要求，结合实际制定本地区本部门的具体工作方案，精心组织，周密部署，狠抓落实，务求实效，确保文化和出版物市场繁荣健康有序，为我国社会主义文化大发展大繁荣和北京奥运会顺利举办创造良好的文化舆论环境。

2008 年 1 月

2008 年“扫黄打非”大案要案综述

江苏省“扫黄打非”办

2008 年，江苏省“扫黄打非”办按照全国和江苏省“扫黄打非”行动方案总体部署，在全省开展了“扫黄打非”集中行动和四次专项治理，取得了明显成效，各地各部门在加强出版物市场日常监管的同时，强化了运用法律武器打击制黄贩黄、侵权盗版和非法出版违法犯罪活动的力度，共查处各类案件 409 起，其中刑事案件 18 起。现将重点案件查处情况整理如下：

1. 无锡“10·17”吴某出版非法报纸案：吴某因犯非法经营罪被判处有期徒刑 5 年，没收非法所得 7000 元。

2007 年 10 月 17 日，无锡市新闻出版局行政执法人员在中铁快运无锡营业部将前来提取非法报纸的吴某抓获，后又在仓库内查获吴某欲出售的报纸共计 3.6 万余份。2008 年 8 月 29 日，无锡市崇安区人民检察院以吴某犯非法经营罪向无锡市崇安区人民法院提起公诉，2008 年 10 月 15 日，无锡市崇安区人民法院作出上述判决。

2. 南京“12·8”陈某贩卖含有违禁内容的非法出版物案：陈某因犯非法经营罪被判处有期徒刑 1 年 6 个月，没收非法出版物 3027 册。

2007 年年底陈某非法购入一批含有违禁内容的非法出版物后意图在南京市场上销售牟利。12 月 8 日，公安机关将这批非法出版物截获。2008 年 3 月 5 日，陈某被抓获。2008 年 6 月 23 日，南京市下关区人民检察院以陈某犯非法经营罪向南京市下关区人民法院提起公诉，2008 年 7 月 20 日，南京市下关区人民法院作出上述判决。

3. 南京“4·1”赵某非法经营案：赵某因犯非法经营罪被判处拘役 3 个月，并处罚金 3 万元。

2008 年 4 月 1 日，公安机关在赵某租住房内查获盗版图书 8393 册，价值 157110 元。2008 年 5 月 26 日，南京市鼓楼区人民检察院以赵某犯非法经营罪向南京市鼓楼区人民法院提起公诉，2008 年 5 月 29 日，南京市鼓楼区人民法院作出上述判决。

4. 镇江“2·12”郑某贩卖淫秽物品牟利案：郑某因犯贩卖淫秽物品牟利罪被判处有期徒刑 5 年并处罚金 5 万元

2007 年 2 月 12 日，镇江市“扫黄”办组织该市文化稽查队和公安部门对辖区内一窝点进行了突击检查。当场缴获盗版及淫秽光盘 1.3 万余张。2008 年 11 月 6 日，镇江市润州区人民检察院以郑某犯贩卖淫秽物品牟利罪向镇江市润州区人民法院提起公诉，2007 年 11 月 21 日，镇江市润州区人民法院作出上述判决。

5. 淮安“9·26”陈某等侵犯著作权案：陈某因犯侵犯著作权罪被判处有期徒刑 1 年 6 个月缓刑 1 年 6 个月并处罚金 1 万元。黄某因犯侵犯著作权罪被判处有期徒刑 3 年缓刑 4 年并处罚金 1.5 万元。史某因犯侵犯著作权罪被判处有期徒刑 1 年 3 个月缓刑 1 年 6 个月并处罚金 1 万元。束某因犯侵犯著作权罪被判处有期徒刑 2 年缓刑 2 年并处罚金 1.5 万元。

2005 年 9 月至 2007 年 9 月期间，陈某伙同束某、史某为牟利，联系黄某印制《学生常规管理制度》等手册 8310 份。2008 年 1 月 11 日，淮安市淮阴区人民检察院以陈某等人犯侵犯著作权罪向淮安市淮阴区人民法院提起公诉，2008 年 1

月23日，淮安市淮阴区人民法院作出上述判决。

6. 江阴“12·05”某公司非法经营案：江阴某公司因犯非法经营罪，被判处罚金人民币4万元，该厂的法定代表人朱某犯非法经营罪判处有期徒刑3年缓刑3年。

2006年12月5日，江苏省“扫黄打非”办根据群众举报，对江阴某公司进行了突击检查。现场查获大量印刷、入库登记台账、印刷施工单、送货通知单和公司留存的样书。经查证，2005年3月至2006年3月期间，该公司为沈某（男，50岁，上海市某区教育局工作人员）非法承印以境外出版单位名义出版的非法出版物2.8万余册，码洋58.5万元，非法印制的图书送到上海某区的10余所中学；该厂还先后非法承印其他出版物共计2万余册。2007年11月12日，江阴市人民检察院提起公诉，2007年11月22日，江阴市人民法院作出上述判决。

7. 徐州“8·25”许某非法经营案：许某因犯非法经营罪被判处有期徒刑6年并处没收财产2万元。

2006年8月25日，徐州市新闻出版局执法人员在许某租房处查获非法书刊4.5万余册。2008年4月28日，徐州市鼓楼区人民检察院以许某犯非法经营罪向徐州市鼓楼区人民法院提起公诉，2008年6月2日，徐州市鼓楼区人民法院作出上述判决。

8. 徐州“爱图公园”案：已审结。谢某因犯传播淫秽物品牟利罪被判处有期徒刑10年并处罚金2万元。郭某因犯传播淫秽物品罪被判处有期徒刑8个月。陈某因犯传播淫秽物品罪被判处有期徒刑8个月缓刑1年。李某因犯传播淫秽物品罪被判处有期徒刑8个月缓刑1年。刘某因犯传播淫秽物品罪被判处有期徒刑8个月缓刑1年。刘某因犯传播淫秽物品罪被判处有期徒刑6个月缓刑10个月。

2005年6月，谢某通过互联网注册了“爱图公园”并租用美国的服务器开设网站。为了增加注册会员数，谢某在网站上专设了“音像社”、“粹文堂”、“炫图馆”、“风俗情报区”等四个色情淫秽版块，传播淫秽图片、电影、动漫、文章和性信息并通过收取会员费和广告费的方式进行牟利。郭某、陈某、李某、刘某以网站超级版主身份，刘某以版主身份积极参与网站的维护、管理，使该网站在互联网上生存和发展。2008年6月4日，徐州市云龙区人民检察院以谢某等人犯贩卖淫秽物品罪向徐州市市云龙区人民法院提起公诉，2008年6月23日，徐州市云龙区人民法院作出上述判决。

9. 无锡“手机百分百”网站传播淫秽物品案：高某因犯传播淫秽物品罪被判处有期徒刑1年。吴某因犯传播淫秽物品罪被判处有期徒刑10个月。顾某因犯传播淫秽物品罪被判拘役4个月。

2006年10月，高某建立“手机百分百”网站，为提高网站点击率增加人气，高某与吴某通过发布淫秽视频、图片等方式吸引注册会员。顾某为赚取虚拟金币，上传淫秽视频42部。2008年2月29日，江阴市人民检察院以高某等人犯贩卖淫秽物品罪向江阴市人民法院提起公诉，2008年6月16日，江阴市人民法院作出上述判决。

10. 泰州杨某传播淫秽物品案：杨某因犯传播淫秽物品罪被判处管制1年。

2007年5月至6月期间，杨某利用QQ提供1052个淫秽视频链接供QQ群成员观看。2007年11月8日，泰兴市人民检察院以杨某犯贩卖淫秽物品罪向泰兴市人民法院提起公诉，2007年11月13日，泰兴市人民法院作出上述判决。

2008年“扫黄打非”大事记

江苏省“扫黄打非”办

1月8日，省“扫黄打非”工作领导小组主要领导调整，江苏省省委常委、宣传部长杨新力同志任省“扫黄打非”工作领导小组组长。

1月17日，在收视第二十一次全国“扫黄打非”工作电视电话会议后，江苏省接着召开全省“扫黄打非”工作电视电话会议。省委常委、宣传部长、省“扫黄打非”工作领导小组组长杨新力同志对2008年“扫黄打非”进行动员部署。

1月25日，省委办公厅和省政府办公厅联合下发《江苏省2008年“扫黄打非”工作行动方案》。

2月5日，省新闻出版局副局长、省“扫黄打非”办主任傅杰三同志，省新闻出版局副巡视员华颂瑞同志带领省和南京市“扫黄打非”办执法人员，深入南京市珠江路电子一条街等重点出版物集散地调研，走访经营户和市场负责人，现场查看出版物销售和管理情况，对加强出版物市场监管工作提出明确要求。

2月24日至28日，在南京举办江苏省“扫黄打非”工作成果内部展览。省委常委、政法委书记林祥国，省委常委、宣传部长杨新力，省长助理、公安厅厅长黄明等省领导和省委办公厅、省政府办公厅、省纪委、省委宣传部、省委政法委等十余家“扫黄打非”成员单位负责同志参观了展览。各市参加全省新闻出版（版权）工作会议、党风廉政建设工作会议的代表，南京市、区“扫黄打非”执法人员和全省各大专院校宣传部长等近2000名同志也应邀参观。

2月至3月，全省各地深入开展第一阶段专项行动，积极净化“两会”期间出版物市场。3月11日，省“扫黄打非”办组成联合检查组对各地进行督查。3月27日，省新闻出版局召开“两会”期间出版物市场专项检查汇报会。省新闻出版局副局长傅杰三同志、副巡视员华颂瑞同志，省新闻出版局印刷、发行和报刊等有关处室负责同志参加会议。

1月至3月，全省公安系统共破获网上淫秽色情案件87起，抓获犯罪嫌疑人124名。

4月20日省“扫黄打非”办联合省“扫黄打非”工作领导小组成员单位在南京举办了集中销毁现场会，销毁各类非法出版物240万件，省委常委、宣传部长、杨新力到会并作重要讲话，《新华日报》、江苏电视台、江苏电台等十余家省市新闻媒体对此次活动进行了现场报道。《新华日报》全文刊登了省新闻出版学校“从我做起、远离盗版、拒绝有害出版物，争当知识产权小卫士”倡议书。

4月23日，南通市启东警方经过一个半月的跟踪侦查、伏击守候，对某音像店进行了突击检查，并在该店的5个仓库内查获大宗非法音像制品，其中涉嫌淫秽色情光盘8000余张，盗版光盘23万余张，抓获店主陈某等6名主要涉案人员。

5月，江苏省“扫黄打非”办及时调整充实了省“扫黄打非”工作领导机构，增补省通信管理局等部门为成员单位。通过不断加强部门联防、密切部门协作，各成员单位之间形成了分工负责、齐抓共管的良好局面。省通信管理局认真组织打击网络淫秽色情行动、垃圾短信息专项整治和阳光绿色网络工程活动。省公安厅积极开展依法打击网络淫秽色情行动，取得显著成绩，中宣部组织《人民日报》、中央电视台等7大媒体作了专题报道。

6月至8月，全省开展了为期3个月的迎奥运攻坚战，重点做好5个方面的工作：一是继续做好非法出版物治理整顿工作，做到加强监管，严格排查，露头就打，决不手软。二是深入查处利用网络传播淫秽色情等有害信息、销售非法出版物和侵权盗版行为。三是集中治理印刷复制企业，严厉打击制售非法出版物及盗版制品的行为。四是加大对出版物运输环节的执法力度，建立健全查堵非法出版物的工作机制和监管制度，有效切断非法出版物及盗版制品的流通渠道。五是全面清查出版物市场，坚决收缴各类非法出版物及盗版制品，坚决取缔兜售非法出版物的游商和无证照经营者。省“扫黄打非”办等3个单位被全国“扫黄打非”工作小组评为“迎奥运 保平安”“扫黄打非”工作先进集体。

7月16日，全省新闻出版（版权）局局长会议在南京召开，进一步部署近期“扫黄打非”工作。省“扫黄打非”工作领导小组副组长、省新闻出版（版权）局局长徐毅英同志全面部署下半年工作，省“扫黄打非”办主任、省新闻出版局副局长傅杰三同志专题就市场监管工作讲话。各市新闻出版（版权）局局长和“扫黄打非”办主任参加了会议。

8月12日至22日，省“扫黄打非”办会同宣传、政法、文化、工商、新闻出版等部门组成联合检查组，对13个市、24个县区出版物市场清理整顿工作开展督查。检查组由省“扫黄打非”工作小组副组长、省新闻出版（版权）局局长徐毅英等5名厅局长带队，采取听取汇报、查阅台账、明察暗访、抽样打分的方式对各地工作进行评估。共检查390家出版物市场。印刷复制企业和交通要道、窗口地区的图书、音像、报刊发行点。

10月15日，无锡市崇安区人民法院对“10·16”吴某非法报纸发行案作出宣判，以非法经营罪判处吴某有期徒刑五年并处罚金1.5万元。

10月至11月，江苏省开展了为期一个月的打击非法报刊专项行动。全省出动检查人员9300人次，检查出版物市场、店档摊点、印刷复制企业和网站6800余家，行政处罚44家，取缔关闭159家，收缴各类非法出版物24万件，其中非法报刊5.9万件。

12月，江苏省“扫黄打非”工作领导小组评选表彰了2007—2008年度先进集体和有功集体59家、先进个人和有功个人53名，并推荐徐州市“扫黄打非”办等4单位为全国“扫黄打非”先进集体，华颂瑞等3人为全国“扫黄打非”先进个人，徐州“3·03”专案组等4家为全国“扫黄打非”办案有功集体，汪浩等3人为全国“扫黄打非”办案有功个人。

创新经验

坚决扫除不良文化　大力繁荣健康文化
努力为未成年人营造良好的出版物市场环境

江苏省“扫黄打非”办

2008年，江苏省新闻出版局、江苏省“扫黄打非”办在省委、省政府的正确领导下，按照省文明委的统一部署，坚持“治理”和“建设”并举，一手抓扫除不良文化，一手抓繁荣健康文化，努力为广大未成年人健康成长营造良好的文化环境。在未成年人思想道德建设方面做了一些工作，取得了重要的阶段性成果。

一、抓好组织部署，以完善长效机制提升工作水平

新闻出版是意识形态领域重要组成部分，在

构建社会主义和谐社会中，肩负着倡导和谐理念、培育和谐精神、建设和谐文化的历史使命。历史经验告诉我们，每逢重要的历史时刻，思想文化领域就会异常活跃。2008年是贯彻落实党的十七大所作战略部署的第一年，是各级人大、政府和政协的换届之年，是改革开放30周年，还要举办举世瞩目的北京奥运会。为防止各种有害信息影响未成年人的思想稳定，深入推进未成年人思想道德建设工作，提高全系统对此项工作重要性的认识，在年初全省新闻出版工作会议和年中全省新闻出版局长座谈会上，党组先后就未成年人道德建设工作进行部署，明确提出要一手抓扫除不良文化，一手抓繁荣健康文化，积极发挥好新闻出版在未成年人思想道德建设中的作用，努力为未成年人营造良好的出版物市场环境。局党组注重加强对未成年人思想道德建设工作的组织部署，坚持领导责任制和目标管理责任制，完善和执行主要领导直接抓、分管领导具体抓、部门处室协调抓的工作机制，确保人员落实、责任落实、措施落实。根据全年总体工作思路，局党组专门制定《2008年主要工作、重大活动责任分解实施方案》，把未成年人思想道德工作具体化、项目化，纳入全年重点工作，明确工作要求、责任部门和责任领导。局图书管理处、市场监管处（“扫黄打非”办）作为责任业务处室，与省文明办保持密切的工作联系，落实各项工作，及时报送相关工作信息。各地各有关部门根据局党组的统一部署，按照属地管理和“谁主管、谁负责”原则，把净化文化环境、推动文化繁荣作为新闻出版领域未成年人思想道德建设工作的重要抓手，以完善长效机制着力提升工作水平，取得了比较明显的成效。

一是完善堵疏并举机制。在禁止、堵截和打击各种非法出版活动的同时，积极鼓励、支持和协助各级各新闻出版企事业单位（包括民营企业），建立健全各项规章制度，制订实施有利于长效管理和建设的措施，使营造健康稳定的社会文化环境的工作从根本上制度化、规范化。如我省以销售大部头图书和学校图书馆装备图书为主的沭阳文化一条街，销售盗版、非法出版物的现象一度比较严重，引起了国家有关部门的重视。我局曾于2005年组成联合调查组，对沭阳图书集散地进行专题暗访检查，对涉嫌非法、盗版图书进行取样，掌握涉案经营户的违法事实，责成当地管理部门组织整改。为了推动该市场步入良性发展的轨道，今年4月份我局再赴沭阳实地调研，认为该市场过度依赖陈旧的大部头图书和出版社库存图书，难以实施持续发展，并且存在一定的市场风险，适时提出了引导和培育的有关政策建议，得到了当地管理部门和群众的一致好评。

二是坚持三级联动机制。我局抓住出版体制改革的契机，不断完善省、市、县三级新闻出版管理体制，构建全省联动、上下贯通、监管有力、运行规范的社会监管网络，共建立113个“扫黄打非”工作领导小组及其办公机构。同时积极探索文化市场综合执法的有效途径，为文化管理体制改革积累经验。目前已有苏州等5个省辖市成立了文化市场综合执法支队专门从事市场监管和执法活动。今年以来，省市县三级新闻出版管理部门在市场检查、案件查处方面常常联手动作，对各类非法出版活动始终保持了高压态势。针对一些地方机构、人员尚不到位，许多工作仍在摸索和磨合当中，办理非法出版案件质量不高的现状。我局注重以案代培，直接参与现场检查、证据搜集、谈话笔录等各个执法程序，并对案件性质、适用法律认真研究，审慎提出处理意见，着力在办案实践中提高基层的执法水平，收到了很好效果。

三是坚持部门协同机制。我局积极主动地与省工商、公安、文化、广电、信息产业和通信管理等行政管理部门取得联系，相互配合，建立长期合作的工作关系。在各种治理整顿和“扫黄打非”行动中，组成联合检查组，召开联席会议，明确分工、明确职责、明确目标。同时指导和协调铁路、民航、海关、港口以及交通等部门加大对非法出版物运输活动的打击力度，切断非法出版物的流通渠道。今年邮电和铁路部门对所属的报刊经营点明确了“扫黄打非”的工作要求，要求统一规范进货渠道，不从其他方面购入报刊，使各车站的报刊经营点和报刊亭面貌一新。

二、抓好治理整顿，以开展“扫黄打非”行动净化市场环境

治理和净化出版物市场，严肃查处各类非法出版活动，为未成年人营造良好的文化市场环境，是新闻出版管理部门的一项重要职能。今年我局在省“扫黄打非”工作领导小组的领导下，积极发挥协调、指导功能，组织召开全省“扫黄打非”工作电视电话会议，部署实施由省委办公厅、省政府办公厅转发的《2008年全省“扫黄打非”行动方案》；加强“扫黄打非”机构和组织建设，调整和增补省“扫黄打非”工作领导小组成员及联络员，确保组织领导到位；多次召开省“扫黄打非”工作领导小组全体成员会议，研究问题，部署工作；组织开展全省“扫黄打非”第一阶段、第二阶段集中行动，6、7、8三个月份出版物市场清扫行动和打击非法报刊专项行动等四项专项治理。特别是在北京奥运会召开前后，集中力量开展出版物市场集中清查，有效维护出版物市场的健康稳定，省“扫黄打非”办也因此被全国评为奥运期间出版物市场清查行动先进集体。

（一）全力封堵各类含有违禁内容的非法出版物，努力消除干扰青少年思想稳定的精神诱因

今年我国在连续遭受雨雪冰冻和地震灾害的情况下，成功举办了北京奥运会，迎来了改革开放30周年，引起了国际社会的高度关注。我局不断加大对出版物市场的监管力度，通过关注境外有违禁内容图书的出版动向，掌握相关举报线索，定期编发《查禁目录》，布置各地及时采取针对性预防措施，做到早发现、早处置。奥运会期间，我局启动出版物市场应急预案，仅用2个小时就将淮安一地下批销窝点一举端掉，查获含有违禁内容的非法图书16种2600册，有效防止了向社会扩散。与此同时，我局加强部门间的联防协作，集中力量全面开展封堵和查缴工作，共查缴各类含有违禁内容的非法出版物4300册。

（二）精心组织打击淫秽色情出版物专项治理，营造有利于未成年人健康成长的文化氛围

“黄”“非”和盗版出版物是影响未成年人健康成长的精神垃圾。淫秽色情出版物直接损害未成年人身心健康，盗版和非法教材教辅读物不仅错漏百出、误人子弟，而且会干扰国家科教兴国战略的实施，严重桎梏民族创新能力。打击淫秽色情出版物、盗版教材教辅读物，为未成年人健康成长营造良好的文化氛围，是我们义不容辞的工作职责。我局一直将这项工作作为事关长远的大事来抓。先后组织开展净化校园周边环境、打击网络淫秽色情有害信息、净化网上阅读环境、查缴恐怖类印刷品等“扫黄打非”专项治理，截至11月份全省共查缴各类非法出版物349万件（其中淫秽色情出版物2.8万件，侵权盗版出版物333万件），查处行政案件330起、刑事案件18起。特别是围绕北京奥运会胜利召开，多次会同有关厅局对全省出版物市场开展专项检查，有效净化了文化市场环境。为及时防止有害信息通过网络传播，我局还于10月份建成了互联网出版实时监管系统，实现了对网络出版内容由人工有限监管向计算机无限量监管的转变，受到了社会舆论的广泛好评。

（三）坚决查处大案要案，严厉打击“制黄”“贩黄”和侵权盗版等非法出版违法犯罪活动

我局注重对大案要案的查处并以此推动出版物市场秩序的进一步规范。今年先后组织查处了近十起有全国影响的非法出版大案要案，不仅为国家挽回了巨额损失，而且破除了从事侵权盗版、非法出版活动的地下网络，打掉了一批非法出版违法犯罪团伙。

徐州市于3月份查获一起集编辑、印刷、发行一条龙的非法出版案件。犯罪嫌疑人刘某纠集省内外的几名违法人员，通过从网上下载信息、非法编辑出版时事类、法制类和军事类报纸48种并向全国25个省市发行，已查实的达180多万份。为了彻查这起跨地区的案件，我局多次赴徐州进行案件指导，协调当地政法委提请检察、

法院部门提前介入。根据涉案人提供的信息又会同公安厅对南京的涉案印刷厂立案查处，消除了我省报刊市场上的一大隐患。在案件查处过程中，我局一方面立足本省案件，多次召开协调会，要求徐州、南京成立专案组查清所有犯罪事实，推动两起案件快审快结；另一方面力求理清所有涉案线索并根据要求向有关省、市转交，便于各地按照管理权限进行查处。目前徐州市公安机关认定刘某等5名涉案人员犯非法经营罪移送检察院起诉，同时按要求将90个发行下家和9个非法出版团伙的有关线索向相关省份移交；南京市对某印刷公司的部分违法事实已经查清，案件侦查正在有序进行。

此外我局还组织查处了南京“12·8”运输大宗含有违禁内容的非法出版物案、南通“4·23”销售淫秽光盘案、淮安假记者诈骗案等重大刑事案件，稳准狠地打击了非法出版不法分子。当全国“扫黄打非”办转给我们关于淮安囤居含有违禁内容的非法出版物窝点有关线索时，已经一举查获。对于我省很高的办案效率，上级部门给予了高度评价。

三、抓好载体建设，以实施精品工程促进文化繁荣

实践证明，营造良好的文化环境不仅要通过治理狠狠打击各种有害出版物，更重要的是要通过建设性的工作，规范和引导出版单位和出版工作者，多出版、印刷和发行健康有益的优秀出版物来占领市场，为广大未成年人提供满足文化消费需求的精神产品。

（一）实施精品带动战略，为未成年人提供更多更好的精神食粮

近年来我局精心实施精品带动战略，通过建设江苏品种图书工程、开展“出版物质量管理年活动”、建立健全精品出版物生产和激励机制等措施，出版了大批优秀出版物。着重策划一批适合未成年人阅读、有益于他们身心健康的优秀选题。迄今为止，全省共出版青少年优秀图书2000余种，音像制品和电子出版物数百种，报刊共千余期。今年又有多种青少年教育类出版物选题入选国家和省级重点图书出版规划，不少已完成并在社会上发行。同时配合党和国家重大活动，精心策划了《中国特色社会主义在江苏的成功实践》、《辉煌三十年——纪念中国改革开放30周年》等42种宣传中国特色社会主义理论和改革开放成果，反映江苏干部群众实践科学发展观、推进“两个率先”创造性经验的优秀出版物，还以高度的政治责任感和特事特办的工作作风，在汶川地震后及时组织9家出版社积极策划13种抗震救灾选题并印刷10余万册，向灾区和有关单位赠送。今年全省共出版图书10737种，音像制品和电子出版物1186种。在2007年首届国家出版政府奖评选中，我省获得正式奖13个、提名奖8个，其中100个出版物正式奖中我省占有11%，获奖数量全国第一。在今年德国莱比锡图书博览会上，江苏文艺出版社出版的《蚁呓》获得联合国教科文组织委员会颁发的“世界最美的书”特别制作奖，这是中国图书第一次获此殊荣。在“中国最美的书”评比中，我省有江苏美术社的《中华五色》等7种图书入榜，位居全国之首。我省的出版物印制质量管理也连续8年荣获全国大奖，有5件作品入选被称为印刷业“奥斯卡”的美国印制大奖。在全国中小学教材印制质量抽查活动中，我省合格率为99.73%，高于全国平均水平。

（二）建设农家书屋，服务新农村建设

我局在全国率先实施了以打造“农家书库”出版品牌、建设公益性“农家书屋”、“构建农家书店”发行网络为内容的江苏“农家书香”工程，努力解决农民及农村青少年读书难、买书难等问题。该工程列入《江苏省“十一五”文化发展纲要》和江苏省“十一五”重点推进的“十大文化工程”，省政府连续两年列入年度工作目标任务分解落实方案，今年安排2100万元专项资金资助农家书屋建设。今年我省已建成农家书屋6748个，总量居全国第一。江苏科技社的国家重点《金阳光新农村丛书》今年出版60余种，累计已达150余种，深受读者欢迎。我局为三农图书出版服务的政策和措施全部落实。我省

农家书屋建设工作得到了中央有关部门的充分肯定，还在全国农家书屋工程建设工作会议上作了经验介绍。

（三）开展形式多样的主题活动，营造良好氛围

我局今年以“4·23”世界读书日、“六一国际儿童节”、春节和国庆节假日为契机，开展苏版图书“进企业、进农家、进社区、进军营、进学校”、向青少年推荐“百种优秀苏版图书”、“送书到未成年犯管教所”、“送书给农民工”等活动，引导和服务群众多读书、读好书。今年会同省委宣传部、省文明办等单位首次在全省范围内组织开展江苏农民读书节。为了进一步揭示“黄”、“非”和盗版出版物的危害，鼓励广大群众远离盗版、抵制“黄”、“非”，我局在年内先后三次举办江苏省“扫黄打非”工作成果展览，接待社会各界参观达3000人次。新闻出版总署署长柳斌杰和省委常委、政法委书记林祥国，省委常委、宣传部长杨新力，省长助理、公安厅长黄明等领导专程观看并给予了高度评价。此外我局还发动省新闻出版学校的学生向全省在校学生发出“争当知识产权小卫士”的倡议，并会同团省委等部门开展了以保护知识产权为主题的“七彩夏令营”活动，引起了较为强烈的社会反响。

在看到成绩的同时，我们也清醒地认识到，当前新闻出版领域未成年人思想道德建设的任务依然繁重，我们的工作还存在一些问题和薄弱环节，与省文明委的标准和要求还有一定的差距。2009年我们将继续按照省文明委的部署和要求，不断加大工作力度，努力提高工作质量和水平，与其他成员单位一道，努力为未成年人思想道德建设做出新的更大的贡献。

自觉学习和运用新的办案理念和手段去战胜高智商犯罪

——查处徐州“3·03”制售非法报纸网络团伙案的几点启示

江苏省“扫黄打非”办

多年来，我省先后侦办了“10·1”非法报纸出版案、“9·26”钟山非法出版案等数十起大案，江苏可以说得上是一个比较善于查办非法出版案件的省份，在全国产生了一定的影响。今年我省又成功地查获了徐州“3·03”刘某某制售非法报纸网络团伙案（下称徐州“3·03”案）。较以往案件不同的是，这是一起从一条待核查线索追溯而起获的涉及全国20余个省市的累计发行非法报刊达千万份的案件。在这起案件中，由于我们汲取了现代经营理念，依靠高科技手段与高智商犯罪较量并取得了最终胜利，同时也积累了在新形势下打击非法出版犯罪活动的有益经验。

一、从一条不起眼的线索发现了惊天的秘密

2008年2月份，全国“扫黄打非”办转来兰州方面涉及我省的销售非法报纸的十余条线索，虽然类似线索在全国其他省市多达数百条，但是接到转来的线索后，我们按照一贯的传统，对有关线索进行了认真分析，以期筛选出有价值的线索。

“刘某某”一个似曾相识的名字一下跳入省“扫黄打非”办工作人员的眼帘。他是一个曾经纳入执法部门视线的报贩，长期从事销售报刊业务，也曾因轻微违法受到过行政管理部门的查处，但由于其行动诡秘、若隐若现，一直未能取得其违法的关键证据。现在他居然再次出现，可能是一条潜得很深的大鱼。我们迅速交办徐州市“扫黄打非”办，要求将刘某某列为重点，组织力量深挖细查。

徐州市“扫黄打非”部门有着办理大案要案的光荣传统，先后办理了“红河谷快乐王国网络淫秽信息电子案”等数十起刑事大案，“扫黄打

非”办、新闻出版局和公安机关连续获得全国“扫黄打非”工作小组表彰。执法部门的同志特别能战斗，而且富有协作精神。接到任务后，徐州市新闻出版局执法人员高度负责，迅速对当地的所有报刊亭和运输渠道开展秘密调查，并很快确认了刘某某向省内外很多地区批销大宗非法报纸的事实，且从未取得合法身份。

执法人员兵分两路开展侦查。一路在其疑似窝点附近守候，另一路对徐州市周围的印刷企业加紧排查。然而连续的昼夜蹲守，办案人员既没有看到繁忙的分发场景，也未发现涉嫌的印刷厂家，只有一辆运货的面包车偶尔出没。

而这一阶段省“扫黄打非”办却不断得到无锡等地关于刘某某销售非法报纸的大量信息。种种迹象表明，即使在管理部门严密的监视下，刘某某也一直在猖狂活动，从未有任何的停顿。其规模和效率可能超乎我们的想像，不及时控制则后果不堪设想。特别令我们担忧的是，刘某某印制非法报纸不仅数量大、范围广，而且极为隐蔽。如果被境外不法的利用，或者含有淫秽色情违禁内容，必将产生严重的社会危害。

我办一方面对市场上发现的样报组织人员进行审读。这些“报纸”的消息来源绝大部分下载自国内的网站，未发现存在严重政治问题和淫秽色情的内容，但刊登了大量涉及敏感问题的军事类、时政类和法制类文章。不少内容肆意炒作、以偏概全，通过煽情的标题来吸引读者的眼光，对一些未经证实的消息大肆传播，以讹传讹，极易引起社会不安定。因此迅速破案刻不容缓。

另一方面，由于蹲点跟踪效果不大，我们迅速调整了侦察思路。市场上出现的大宗报纸，印制质量尚好，并且能迅速地扩散到全国各地，说明刘某某极可能利用我们所不熟悉的途径，经营着一个庞大的“报业托拉斯”。通过向业内人士了解当前平面媒体的生产过程、流通规律和资金往来方式，我们分析刘某某可能采用了异地印刷、异地分发的经营方式，躲过了执法部门的侦察。

我们将上述情况向省“扫黄打非”工作领导小组副组长、新闻出版局局长徐毅英同志汇报后，徐局长认可了我们的判断和建议，并带领省“扫黄打非”办的同志赶赴徐州指导办案。在当地党委和政法委负责同志高度关注下，公安机关的技术部门迅速介入并运用技侦手段全方位监控。十余天后便传来了令人振奋的消息。

监控结果证实了我们的预料，一个触目惊心的秘密也被揭开了面纱。刘某某果然经营着一个潜伏已久的非法出版窝点，控制着一张分工明确、效率极高、高度隐蔽的地下制售网络。

在编辑环节，刘某某纠集5名不法分子组成了一个所谓的“编辑部”，并雇佣两名未成年女孩每天在互联网下载文章，根据他们的需要编发政治、军事和时政等各类非法报纸，自2007年6月起的9个月内就编发此类报纸近50种。这个所谓的“编辑部”，就设在某铁路局的一个宿舍内。其所谓的“业务部”、“财务部”和仓库则分散隐蔽在某粮食局大院等处。外人根本看不出这是一个每天经营几十种非法报纸的地下窝点。

在印刷环节，刘某某团伙主要依靠互联网将编排好的报纸通过QQ聊天软件传输给异地的印刷厂家。像这样的印刷厂家既有印制报纸的正规企业，也有非法设立的地下作坊，并且还根据市场的需要，在河北、江苏、四川、江西、北京等地联系有相对固定的分印网点。

在发行环节，则是有效地利用了一些正规印刷厂与铁路等发运部门长期合作的业务关系，每天随正规报刊向各地的销售点发放，在全国共发行了近300万份非法报纸。此外，刘某某团伙除了向各地批销自编报纸，也代发其他发行商的非法报纸，涉及的省份多达到25个。

随着案件侦查的进一步深入，一个由不法出版团伙、印刷企业和发行人员互为交织的、错综复杂的地下出版网络也逐渐在我们面前明晰起来。如何来对付这样一个隐蔽而庞大、看似松散却高效的地下网络？我们必须及时调整我们的破案的组织形式和侦察手段。

二、探索刑事犯罪和行政违法相交织的跨地区案件有效的办案模式

刘某某俨然建立了一个庞大的“地下报业集

团”。这个集团涉及省内和省外出版、印刷、发行和运输等各个行业的近百个合作伙伴。既有不懂法律的印刷厂家，又有见利忘义的正规企业；既有蓄意犯罪的不法团伙，又有被动卷入的年轻职工。其身份各不相同，违法的故意、情节和恶性程度也不一样。

要全面彻底地侦办这样一起经济刑事犯罪活动和新闻出版行政违法行为相交织的跨地区案件，必须在全国“扫黄打非”办和公安部的指导下，在省“扫黄打非”工作领导小组的领导下，建立起公安和新闻出版联合办案，省内、省外协同作战的工作机制。为此我们成立了由省“扫黄打非”工作领导小组领导为组长，省政法委、公安厅、新闻出版局的负责同志为成员的案件协调小组，统一指挥协调，还分别成立了有“扫黄打非”办、新闻出版局和公安机关组成的徐州“3·03”专案组和南京“3·16”专案组，对刘某某团伙和其重要下家南京广信公司开展侦查，并通过案件协调会、联合办公等形式通报案情、协调动作、交换信息、讨论和解决疑点难点。

由于统一指挥、动作协调，我们避免了单方面的局部的贸然行动，防止了因办案时间差造成的涉案人员闻风逃逸等情况。一举抓捕了刘某某的核心成员17名、批准逮捕6人，抓捕南京广信公司涉案人员3名、批准逮捕1人，并及时控制了关键的电脑数据、客户名册、货单账目，以及待发的《新周报》《亮剑》《天下武备》等非法报纸近十万份。在违法分子毫无察觉的情况下端掉了窝点，锁定了主要犯罪证据。

专案组组成单位根据业务分工，各自履行职责，并密切配合，取得了很高的工作效率。为审结徐州案件取得铁证，同时为追查省外的不法分子提供了有效线索。

省新闻出版局和省“扫黄打非”办及时传达了上级部门和各级领导对案件的查办要求和指导意见，在第一时间对非法报纸组织审读，还通过搜索境内外网站进行比对验证其来源，对刘某某的犯罪性质提出了主导意见，从而确定了明确的侦办方向。与此同时，先后6次牵头召开案件协调会，统一执法思想，明晰办案原则，确定工作重点，并对检察院、法院的起诉审理提供了法律和政策咨询，对解决办案经费方面进行了有效协调。

省公安厅及时指导督办了徐州和南京的案件，主持两市警方交换证据线索，督促和检查办案进度，协调解决案件移交方面的不同意见，并将涉及外省的13条不法团伙委托我省印刷非法报刊的线索和20多条与刘某某合作的不法报贩的线索，及时传给有关省份的公安部门。

徐州市公安机关加强了对刘某某等主要犯罪分子的审讯，迅速查清了制售非法报纸48种270余万份的主要犯罪事实，并远赴甘肃、河北、北京、济南等地调查取证，向省里和全国“扫黄打非”办移交了25个省（市）90条发行线索。

徐州市新闻出版局和“扫黄打非”办对67种非法报纸作出了准确的鉴定意见，并会同公安部门对省内的发行单位开展了调查取证。南京市新闻出版局和“扫黄打非”办充分利用其业务专长，对上千条线索进行了认真梳理，同时及时协助公安机关调查取证，从浩繁的台账资料和电脑硬盘中，查实了南京广公司承印900万份非法报纸的犯罪事实。

由于我们采取了公安和新闻出版部门密切协作和省内省外“扫黄打非”部门跨地区联动的工作模式，不仅使徐州“3·03”案于2008年12月19日顺利审结，刘某某等6名主要犯罪嫌疑人被判处2至6年有期徒刑，其余12名违法人员被处以相应行政处罚。更重要的是，我们在办案中又新发现了类似刘某某的、源头分别隐藏在山东、北京、河南、安徽和广东等5个省市的13张地下网络线索。这些网络互为渗透、互为交叉，出笼了数量惊人的非法报纸。我们把这些线索及时转给相关省份，为彻底铲除隐藏在全国各地的地下非法报刊制售网络作出了应有的贡献。

三、查处高智商犯罪需要现代经营理念和高技术手段

刘某某充分利用网络技术，充分利用合法运输渠道，充分利用正规厂家，借助市场化运作这只无形之手，足不出户控制着庞大的印刷厂家和发行摊点，具有明显的高智商犯罪特征。

组织形式上，刘某某在徐州设立非法出版总部，在全国各地则联系有固定的印刷厂家和发行单位，并通过契约的方式牢牢操控。发行人员每发行一份报纸便能得到7分钱的提成，承印单位每月能按时甚至提前收到数10万元的账款。在内部管理上，他的业务联系、编辑排版、印刷托运以及批销分发活动都明确专人负责。各个下家也只能单线联系，互相并不知底。

刘某某利用网络上丰富的信息资源，不断从网上下载文章，报纸印刷发行的有关信息也是利用网络传输到相应厂家。由于运用了便捷的高科技手段，他将这些信息通过编辑、加工变成专业版的报纸的速度非常快，仅9个月内就炮制了从政治类、军事类到生活类、娱乐类近50种。

除了选择偏僻的河北农村印刷发货外，刘某某将大部分业务委托给南京广信公司，利用这家正规企业作掩护，拉拢从业人员内外勾结，从而披上了合法外衣。南京广信印刷公司见利忘义，不仅经常在夜间印刷为其印刷非法报纸，还利用在铁路系统的发货渠道，轻而易举地向外分发。

原本以为刘某某等只是一帮乌合之众，但他们很会运用现代经营理念和高科技手段，已经超过了我们的估计，有的甚至走在了我们前面。加之作案时处处提防，几乎不留账目，还常常随即销毁凭账单据和电脑记录。在案发后又拒不交代、避重就轻、时常翻供。与这样的犯罪分子较量，要求我们创造性地开展工作。

在查处徐州“3·03”案的过程中，我们逐渐认识到，仅靠传统的办案思路和工作手段，难以追踪和破获具有高智商特征的犯罪团伙。我们必须学习新的知识来武装头脑，必须依靠科技手段来提高效率。同时我们逐步认识到，办案光凭吃苦耐劳、敢打敢拼也还不够，必须适时调整工作思路，与不法分子斗智斗勇。

向业内人士虚心学习、虚心讨教，了解现代报业的运行规律是我们摆脱习惯思维，找到克敌制胜钥匙的关键。我们解析出何以会出现在严密的监视下未见刘某某大规模经营动作，但市场上仍然充斥其炮制的非法报纸这种现象的原因，发现了他利用我们不掌握的方法从事非法出版活动的特点，并从中找到了击中要害的方法。

一是犯罪分子再狡猾也不可能雁过无痕。我们通过审读发现刘某某编印的所谓“报刊”绝大部分来源于网站，通过检查运作方式发现他经常利用网络聊天软件，料定必然在电脑和电信服务器上留下了相关记录。我们一举扣留并检查了刘某某团伙所有的电脑硬盘，同时调阅了电信部门的档案，对刘某某删除的记录也及时组织专业人员予以恢得，初步发现了非法报纸委印发行数量达323万份，从而锁定了较为准确的犯罪证据。

二是通过向业人士请教，我们了解到在当前技术条件下，犯罪分子也能够利用远端传输技术通过数字方式发送报纸的版式、内容和发行对象等相关信息并由异地工厂代印代发，及时会同公安部门对其通信情况进行监控，从而发现了分布在不同省份的为其印刷非法报纸的5家印刷厂，并由此基本掌握了其网络的组织规模。

三是有大笔业务就有大笔资金，刘某某绝不可能提着麻袋付账。我们通过现场查获的银行卡调阅了银行的资金往来记录，查实承印厂家接受的款项达114万元，从而对其最重要的印刷基地南京广信公司、河北华夏公司进行了重点突击，并获得了涉案人员的众多犯罪信息，为审结此案固定了完整有效的证据链。

四是我省对报刊发行活动有着严格的管理规定，刘某某等为何能突破我们的管理网络将非法报纸流向全国。我们分析，他一定利用了我们的管理漏洞或者拉拢了部分缺乏职业道德的业内人员，为此我们把侦察方向也锁定在部分重点对象身上。南京市“扫黄打非”办就是根据省“扫黄打非”办提供的线索和要求，通过晚上蹲守在凌晨2点一举查获正在上机印刷的广信公司，现场收缴7.8万份非法报纸。此外我们还通过走访成本较低且具有大宗运输能力的铁路渠道和物流公司，锁定了刘某某非法报刊的发行数量。

狐狸再狡猾也逃不过聪明的猎手。刘某某无

论如何也想不到，一条不起眼的线索会使他悉心经营的王国顷刻间分崩离析。他自以为聪明，但在大智大勇的“扫黄打非”战士面前，他所施展的也不过是雕虫小技而已。今年全国“扫黄打非”办将着手开展案件查处的第二战役，相信地下非法报纸出版网络上的其他不法团伙即将遭遇同样下场。

四、从徐州“3·03”案得到的几点启示

（一）必须运用新的理念指导办案

先进的经营理念和高科技手段推动着我国经济社会的蓬勃发展，但是不法分子也会利用这些理念和技术从事非法出版活动。如果我们固守传统的办案方式显然不能适应时代要求。我们必须及时学习和借鉴现代企业的运行规则、经营模式和管理方式，做到知己知彼，才能把握好办案方向，掌握办案时机，战而胜之。

（二）必须采取有效的组织形式联合办案

通过刑事和行政联合办案，积极发挥公安和新闻出版等部门的各自优势，统一协调、取长补短，不仅有利于严厉惩处非法出版的主犯，而且有利于教育和挽救一批违法的企业和个人。全国范围内省与省之间开展联合作战，才能把遍及全国的非法出版网络彻底打垮。否则一个刘某某倒下去，更多的刘某某会冒出来。

（三）必须充分运用科技手段破案

高科技能使工作高效便捷，但对违法犯罪分子来说却是一把双刃剑。在提供了方便、缩短了距离、增加了隐蔽性的同时，也完整地留下了他们的作案痕迹。只要办案人员善于学习和掌握高科技手段并运用得当，就能够顺利破案，即使零口供也不足畏惧。我们成功地运用技侦手段对不法分子实施监控，还从电脑数据和银行卡入手，获取了比较完整的证据链，使所有不法分子被绳之以法。

（四）必须积极争取领导的重视

领导的关注和支持是圆满办案的重要保障，特别是遇到阻力的时候，极大地鼓舞了一线同志的士气，解决了许多基层不能解决的实际困难。此案从立案到破案，一直受到了全国“扫黄打非”办和公安部的直接指导。省“扫黄打非”工作领导小组领导也始终密切关注案件进展，还在关键时刻帮助专案组解决了诸多难题。省委常委、宣传部长杨新力同志、省新闻出版局局长徐毅英同志亲自过问和协调，副局长傅杰三、公安厅副厅长秦军多次出席案件协调会督办案件，最终保证了案件的顺利审结。

上下联动齐心开展奥运期间出版物市场集中清查行动

江苏省“扫黄打非”办

根据全国和省“扫黄打非”工作领导小组的统一部署，为检验各地奥运前30天出版物市场清查行动的工作成效，确保奥运期间全省出版物市场健康有序，省“扫黄打非”办于8月12日至8月22日，会同宣传、政法、公安、文化、工商、新闻出版等部门组成联合检查组，对全省13个市、24个县区出版物市场清理整顿工作开展督查。

这次检查阵容强大，组织周密。检查组由省“扫黄打非”工作领导小组副组长、新闻出版局局长徐毅英等5名厅局长带队，相关部门派出24名熟悉“扫黄打非”工作和出版物市场情况的骨干参加。按照全国“扫黄打非”工作小组关于开展奥运前30天出版物市场清查行动的工作要求，采取听取汇报、查阅台账、明察暗访、抽样打分的方式对各地工作进行评估。共检查390家出版物市场、印刷复制企业和交通要道、窗口地区的图书、音像、报刊发行点。

从检查的结果看，各地各部门认真贯彻上级工作要求，积极开展奥运期间出版物市场清查行动。全省自7月份专项行动开展以来共出动检查5100人次，检查出版物市场、店档摊点和印刷复制企业5648家次，收缴各类非法出版物29.3万件，取缔关闭非法店档摊点、印刷企业和网站316个。使全省出版物市场明显改观，销售盗版出版物的现象得到了有效遏制，印刷复制和运输环节得到了有效控制，经营盗版的窝点受到了严厉打击，游商兜售的现象也大为减少。全省出版物市场总体保持了健康平稳的态势。但检查组也发现一些不容忽视的问题。这些及时反馈给当地，要求立即予以整改。现将我省奥运期间“扫黄打非”工作情况报告如下：

一、各地工作的基本情况

（一）领导重视，责任到位

各地各部门接到省“扫黄打非”办的通知后，充分认识到在奥运会举办期间保持出版物市场健康有序有着不同寻常的重要意义。从讲政治顾大局的高度出发，根据“属地管理”和“谁主管、谁负责”的原则，各地都制订了周密的工作方案，将责任落实到相关单位，全面展开奥运30天的市场清查工作。

各地党委、政府高度重视这次集中清查行动，将其纳入文明城市创建工作一并部署。有8个市的领导同志为此专门做出批示，南京市委常委宣传部长叶皓同志批示，要求各部门切实做到守土有责、守土负责、守土尽责，形成“扫黄打非”斗争有效的工作格局。苏州市委副书记、市长阎立和市委常委宣传部长徐国强，扬州市副市长董玉海等同志亲自参加市场检查，南通市委常委宣传部长张小平在检查组反馈意见的会议上当即拍板解决问题。连云港“扫黄打非”队伍比较薄弱，为了保证足够的执法力量，经市委市政府批准，专门成立了文化市监管场综合稽查大队。

各“扫黄打非”成员单位在省“扫黄打非”办的协调下，进一步强化了各自的工作职责。邮电和铁路部门对所属的报刊经营点明确了“扫黄打非”的工作要求，要求统一规范进货渠道，不从其他方面购入报刊，使各车站的报刊经营点和报刊亭面貌一新，基本上改变了非法报刊猖獗的局面，在检查中发现报刊亭和火车站内的经营点经营规范。而在尚未实行统一进货的各地汽车站则发现还有一定数量的非法报刊在出售。

为了搞好这次检查，各成员单位也非常重视，共派出了5名厅局级干部、20多名富有工作经验的同志连续10天冒着酷暑在各地进行明察暗访。为了掌握真实情况，杜绝可能存在的漏洞，检查组利用夜间休息时间，在超市周边、夜市进行暗访，将存在问题的摊店、游商的情况一一记录并及时反馈当地。他们扎实细致的工作作风，受到了基层同志的肯定。

从检查的台账看，各地开展专项检查行动有工作计划、有具体安排、有检查记录、有案件卷宗，对经营者的教育也比较充分。南京、无锡、南通、徐州、扬州与管理部门签订门前管理和区域管理责任书，南京长三角管理委会、中山汇文公司与经营业主签订“拒绝盗版守法经营责任书”。

由于各地做到了任务明确、责任落实、计划周到、工作有序，迎奥运前30天市场集中清查工作做到扎实有效，市场面貌有了明显的改观。

（二）组织周密，措施得力

为了使各级“扫黄打非”办充分发挥组织协调作用，省“扫黄打非”办专门召开全省“扫黄打非”办主任会议进行工作部署，制订检查方案和打分标准，组织全省开展清查行动。与此同时，省“扫黄打非”办还加强对大要案件的协调，会同公安厅及时协调了发生在徐州的利用互联网下载网上信息出版非法报刊的案件、南京宁瑞印刷厂印刷非法报刊案、淮安顾某销售非法出版物案，截住了非法出版物生产和集散源头。

为了确保市场整顿的效果，各市对奥运前出版物市场检查确定了路线图和时间表，全力以赴开展工作。其主要做法是：

一是全省所有市、县实行“扫黄打非”零报告制度，并安排专人负责。从省“扫黄打非”办掌握的情况看，这项制度执行良好。为领导同志和上级部门掌握动态、科学决策提供了及时的信息。如接到淮安新闻出版管理部门上报的假记者诈骗案的线索，省“扫黄打非”立即协调公安、检察部门立案查处，受到了基层宣传部门的好评。省“扫黄打非”办也及时编发查禁目录，使基层同志在市场检查中更好地掌握重点。

二是普遍加大了市场检查力度，对出版物市场始终保持高压态势。苏州、南通等地实行“扫黄打非”日日查，做到天天有行动，天天见成效。南京等地将专项行动细化为“清理出版物夜市地摊”等五项专项检查，普遍对夜市地摊、窗口地区、车站码头、报刊亭等场所开展了全方位的检查。徐州市在新沂县钟吾农村集市上发现数量较多的网络小说和盗版音像制品，在花鸟市场发现数十家无证销售旧书的地摊，都及时进行了清理。联合检查中省检查组在南京发现几天前列为重点的夫子庙书香斋书店、美静音像店已面貌一新，先前公开陈列的盗版大片全部撤架。

三是强化了对经营者和消费者的宣传教育。各地通过召开经营者大会、发放诚信经营忠告书、与市场主办部门签订市场管理责任书等方式，积极开展“我为奥运作贡献，文明经营我争先”活动，使广大业主“经营正版光荣、经营盗版可耻”的意识明显提高。暗访中问及有无盗版出版物销售时，大部分业主表示奥运期间管理部门检查很严，近期不会有盗版出版物出售。

四是省、市“扫黄打非”办建立了24小时值班和巡查制度，制订了奥运期间“扫黄打非”应急预案，实施“扫黄打非”快速反应。遇有突发事件或重要案件，队伍能够迅速集结到位。无锡市每天安排两人一组多点出击，保证有6组稽查队人员在全市7区轮番巡查。泰州在对交通要道的巡查中，及时发现并查获了非法游商利用轮渡出售盗版淫秽光盘案件。

（三）狠抓大案，控制源头

在“扫黄打非”工作中查结一些有影响的大案要案，对违法经营者具有强烈的震慑作用。端掉一些窝点、切断一些渠道，对净化出版物市场至关重要。在这次清查行动中，我省注重了对大案要案的查处和非法出版物运输渠道的监控，取得了较好的效果。

奥运前夕，徐州市查获了一起集编辑、印刷、发行一条龙的非法出版案件，犯罪人刘某某纠集省内外的几名违法人员，通过从网上下载信息，非法编出版涉及军事、文化、娱乐等内容的90种非法报纸并利用QQ方式传送给石家庄和南京的印刷厂，向全国各地发行，已查实的达323万余份。为了彻查这起跨地区的案件，省“扫黄打非”办多次赴徐州进行案件指导，对出版物进行鉴定，并给予经费支持。根据涉案人刘某提供的信息会同公安厅对南京的涉案印刷厂立案查处，消除了我省报刊市场上的一大隐患。值得指出的是，徐州市“扫黄打非”办继去年查处红河谷网络传播淫秽电子信息案后，这次又成功破获的一起非法出版、印刷和销售非法报刊的大案，为我省“扫黄打非”工作作出了贡献。

常州市文化行政综合执法支队查获一起非法经营音像制品案件，在掌握了嫌疑人易某批销大宗非法音像制品涉嫌犯罪的有力证据后，及时将案件移送公安机关追究其刑事责任，并对涉案的常州电脑城内12家经营户销售非法音像制品问题追查，作出各处罚款5000元的行政处罚。徐州、宿迁、盐城等地也起获多个长期蛰伏的批销非法报纸和盗版光盘的地下窝点。执法部门对应追究刑事责任的及时移送司法机关查处，不能够处罚的也都作出没收非法出版物的处理。据初步统计，奥运前后各地共查处行政案件143起、刑事案件5起。

对于查处各类非法出版违法犯罪活动，省“扫黄打非”办要求各地坚持彻查彻究的办案原则。不仅要建立重大案件报备制度和违规违法经营者档案，追踪相关案件查处情况，还要严格按照反盗版百日行动的标准从严从快进行处罚。

无锡“10·16”非法报纸案的几点启示

江苏省“扫黄打非”办

无锡“10·16”发行非法报纸案是我省在开展打击“四假”专项行动中查获的一起大案，也是基层“扫黄打非”办和新闻出版、铁路、公安等部门积极配合、快速反应的典型战例。总结此案成功查处的经验做法，剖析案件发生的原因，研究打击非法报刊出版活动的长效措施，对我省深入开展打击“四假”行动、整顿规范报刊市场秩序有着很强的现实意义。

一、吴某发行非法报纸案的基本情况

2007年10月，无锡市“扫黄打非”办经过深入调查，在掌握确切线索的情况下，会同市公安局、火车站在中铁快运无锡站营业部通过设点守候，查获一批涉嫌非法报纸并成功端掉其发行窝点。此次行动共收缴犯罪嫌疑人吴某非法发行的报纸93种36546份，扣押尚未提取的非法报纸27件18000份。案发当日即顺利移送公安机关，追究吴某的刑事责任。

随着案件的深入查处，办案同志发现这起案件有着明显的特点。

一是属于高智商犯罪。吴某长期从事报纸的地下批销活动，对铁路和新闻出版部门的管理方式和规律谙熟于心。为了顺利通过检查，他的货名从未标注报纸或出版物，而用其他物品代替。他无证发行出版物，并且大多是非法报纸，经常选择下半夜提货并直接运至批销窝点进行分拣，在天亮之前迅速由汽车送出或由下线上门取货。由于干的是见不得人的勾当，他对任何人都保持高度警惕。不仅将批销窝点设在偏僻的废旧车库避人耳目，购货方式也均以电话单线联系，双方互不见面、互不知底。在从事报纸分发时，只是与他老婆和弟弟等直接的亲属一起分发，最忙时也只是临时找一两个人帮工。在长期的非法活动中，吴某摸索了一套规避监管打击的“经验”。

二是案值巨大、涉及品种繁多。该案涉案码洋100余万元，涉及报纸有93种，经鉴定确认非法的就达88种、占94%。由于这类报纸在市场的销量甚至比正规的还要大，销售的速度还要快，在吴某眼里是快速赚钱的“法宝”。只要能抢读者眼球、抢市场份额，哪种好卖就销售哪种。所售报纸五花八门，即使涉猎敏感题材的也照发不误。从查获的情况看，不仅有诸多鬼怪故事、案例故事等描写封建迷信、凶杀暴力的非法故事类报纸，宣扬色情淫秽、格调低下的非法生活类报纸，妄评妄测国防建设、炒作军事题材的非法军事类报纸，还有部分诋毁党和国家领导人的非法时政类报纸和夸大政府部门腐败现象的非法法制类报纸。这些报纸大都胡编乱造，荒诞无聊，混淆视听，极易引发不良后果。

三是购销渠道极其广泛。吴某发行非法报纸的模式主要是从外省市非法报纸出版团伙手中购进。根据中铁快运无锡站提供的接货清单，发货方涉及保定、杭州、沈阳、马鞍山、济南、上海、北京、青岛、南京、武昌、太原、广州、抚顺等13城市。这些非法报纸通过铁路托运至无锡后，由吴某组织分发并通过公路或铁路运输，一部分批销给无锡的二级批发商，一部分直接批发给报刊销售亭，更大一部分批销至周边城市和农村，甚至浙江、上海等外省市。目前，公安机关初步认定吴某向上述地区发售非法报纸近11万份。

二、从吴某发行非法报纸案件得到的启发

无锡市“扫黄打非”办发现吴某非法销售的有关线索后，并没有简单地进行行政处罚，而是积极协调铁路部门摸清活动规律，会同公安机关在其提货时一举抓获。案发后仔细梳理有关线索，查清违法证据，并及时移交公安部门刑事侦查，推动行政执法与刑事打击相衔接，使不法分子得以迅速归案。目前，公安机关对该案已基本侦察完毕。回顾这起案件的破获，最重要的经验就是相关部门既各负其责又有效协作，我们也从中得到了不少启发。

一是必须充分发挥“扫黄打非”办的协调作用。无锡市“扫黄打非”办一方面向省“扫黄打非”办汇报，争取上级对案件的指导和支持，省“扫黄打非”办及时派员实地督办并协调17个省80余家报刊社对非法报纸作出鉴定，同时向全国“扫黄打非”办报告并引起了他们的高度重视，该案被列为2007年全国30起重点案件之一。另一方面，制定了周密的查处方案，明确公安、新闻出版和铁路部门的分工，规定严格的办案纪律和监督制度。各部门既按照职责权限依法独立办案，又通过定期会商，分析案情、交流信息、攻克难点，不仅大大提高了办理进度，同时也建立了彼此信任的良好关系。

二是必须发挥公安机关的侦查优势。在抓捕吴某的过程中，无锡市公安局治安支队采取专门手段，锁定目标确保人赃俱获，并于当晚迅速对吴某住所进行搜查，获得了其从事非法活动的第一手证据。案发后吴某拒不交代问题，公安机关加强审讯、深挖线索，从外围入手并再次查获一批非法报纸，使案件取得了关键性突破。公安机关同时对吴某违法犯罪活动进行了深入全面的侦查，固定了所有违法犯罪事实，为检察机关提起公诉下了坚实基础。

三是必须充分发挥铁路管理部门的监管长处。非法出版物的流通途径虽然很多，但由于时效强和成本低，铁路往往成为主要渠道，尤其在较长距离的运输活动当中。吴某经营的非法报纸大多从外省市由铁路运进。无锡火车站发挥熟悉运输流程的长处，根据线索迅速查明吴某的活动规律，配合公安机关在提货处一举抓获吴某，还积极查验整理运输货品的记录，锁定违法犯罪的证据。在获悉另一批货尚未提取的情况后，又及时向公安机关通报，再次扩大了战果。为了堵住非法报纸通过铁路运输，该站还加强了承运、检查、交付等环节的监管，有效防止非法出版物通过铁路流入无锡。

三、吴某非法发行报纸案发生的原因

吴某从事非法报纸批销活动数量大、范围广、时间长，最直接的原因是其目无法纪、利欲熏心，为追求丰厚利润，不惜铤而走险。多行不义必自毙，等待他的必将是法律的严惩。但吴某从外省市的批发商或非法编辑部购进报纸，再分发到下游包括邮政报刊亭在内的零售商，在非法报纸出笼的链条中，只是扮演了承上启下的中间角色。从非法报纸出版活动的整个过程看，吴案发生的原因应该是多方面的。

（一）报纸出版单位对出版、印刷环节的监管缺失使打击非法出版活动难以达到治本的目的

报纸发行的模式早已打破以往由邮政部门一统天下的格局。无锡地区的报纸发行一级批发基本上是邮政局、报业集团、民营批发单位三分天下。报业集团发行中心的主要业务是发行《无锡日报》，也有部分其他报纸。邮政系统因发行网络在时效上不占优势，大量业务已被民营发行单位和个人所取代。而民营发行单位则通过从报社拿到地区总代理权，从向印刷厂传版付印到分送至报刊销售点和订报户，提供一条龙服务，报社基本不用操心。

在这过程中，一方面是民营发行单位逐渐掌握报社的发行资源，建立了一套依附于正规报纸的发行网络。另一方面是某些报纸出版单位收取了一定的管理费用后，任由这些民营发行单位经营，放弃了对报纸的出版、印刷环节的监管。一些机构或人员打擦边球，违规出版所谓的增刊、专刊，一些印刷企业利用代印代发的便利条件擅自印发非法报纸。更有不法分子趁隙非法成立地下编辑部、记者站炮制非法报纸。造成了这些违规违法的报纸无人审查、无人把关，愿意登什么就登什么、什么内容轰动就出什么内容。就我省而言，此类案件时有发生，甚至发现利用记者名义向企事业单位进行讹诈的现象，造成极其恶劣

的社会影响。

（二）不法分子对利润的追逐是非法报纸出版活动产生的最直接原因

相较于正规出版的报纸，由于省去了编辑和发行费用，加之不法分子逃避漏税，非法报纸有着极其丰厚的利润，诱使不法分子不惜顶风作案、以身试法。吴某案是在全国各地开展打击“假报刊、假记者站、假记者、假新闻”专项行动时被查获的。在去年反盗版百日行动中，管理部门运用各种方式宣传新闻出版和著作权的有关法律法规，尤其对最高人民法院关于审理非法出版物刑事案件的司法解释向社会作了大规模的公告，正规店面的经营行为得到了较好的规范，广大群众对“扫黄打非”的认知度得到了增强。吴某并非没有意识到其行为触犯了法律，也并非不相信政府打击非法报纸制售活动的决心和能力。出于追逐利润最大化的侥幸心理，他不但没有及时收手，反而变本加厉，加大进货量和进货频率。仅在2007年5月至10月的5个月内，就进货计342次793件（袋），非法报纸总重达27127公斤。

（三）市场监管不到位使非法报纸出版活动伺机膨胀

吴某无证发行非法报纸虽然具有很大的隐蔽性，但市场监管部门对无证经营问题没有及时发现和查处，对发行市场上发现的线索未能追根溯源，运输管理部门在出版物运输环节的管理疏漏，一定程度上造成非法报纸流通失控。案发前无锡市面上的非法报纸并不少见，虽然市、县两级新闻出版行政部门投入力量对销售末端书报刊亭进行了检查，但由于经营者多以报纸是送货上门为由进行搪塞，执法人员也因数量不多而只简单处罚。以至吴某非法发行活动越做越大。因此，市场监管不到位，致使非法经营者有机可乘也是此类案件不断发生的一个不可忽视的原因。

（四）忽视非法报纸的客观市场需求，缺乏引导宣传，使打击非法报纸缺乏坚实的群众基础

对于不同的非法出版物，群众的态度是有区别的。以往管理部门对图书市场和音像制品市场投入的监管力量比较大，对淫秽和盗版出版物的危害性也揭示得比较多，但对打击非法报刊宣传力度仍然不够。如今，对带有淫秽内容的非法出版物和侵权盗版出版物，群众拒绝的自觉性明显增强。由于非法报纸不黄不黑，其内容一定程度上还迎合了部分读者的猎奇心理。加之报纸较于图书、期刊价格低廉，不同收入的人群都能够接受，还有一定的消费群。这一群体文化程度普遍不高，也不了解正式报纸与非法报纸的区别，容易不加辨别地接受非法报纸的信息，更增大了非法报纸的市场需求，导致市场占有率有时比正规报纸还要高。

四、关于打击非法报刊出版活动的几点建议

让我们警惕的是，非法报纸出版活动已形成了庞大的地下网络。吴某已被查实的发货地区就达11个省份。根据我们掌握的情况，非法刊物的问题与此类似，我省连云港、淮安、南京、徐州发现几起非法报刊出版案，也是涉及许多省市，甚至遍及全国各地。虽然市场监管部门在个案查处和市场检查方面投入了较大力量，但仅在这个层面上作为难以达到治本的目的。打击非法报刊出版活动更应全方位地建立起长效机制，从以下几个方面寻求突破。

（一）注重整治源头

由于部分报刊出版单位监管缺失，地下非法记者站、编辑部还很活跃，报刊发行市场上一号多刊的违规报刊，胡编乱造的违法报刊和个人、商家擅自印制传播的非法报形广告屡扫不绝。各地要进一步建立和完善责任制和责任追究制，加强对非法报刊出版活动源头的整治。特别是对下游市场追溯过来的线索，涉案地区的主管部门要本着属地管理，“谁管理、谁负责”的原则，积极配合案发地区调查取证、追讨赃款，并对移送的刑事、行政案件依法作出处罚，使涉案的非法出版团伙都不能逃脱法律的追究。

（二）严把流通关口

加强入境和运输渠道的监管是打击非法报刊出版活动的第二道防线。海关、公路、铁路、民航、邮政等运输管理职能部门要采取齐心封堵的

长效措施。一是严密监控承运、检查、交付等运输环节，二是加强对重要交通枢纽的监管力度，三是各站点加大对过往货物的检查，四是强化运输执法部门与出版物市场执法部门的配合，开展联合执法，五是加强信息共享。对各类非法报刊形成立体式、全方位封堵的有利态势。

（三）坚决打击非法发行活动

报刊发行市场干净与否直接反映监管部门的工作成效。新闻出版、工商、公安、邮政等市场监管部门不仅要集中力量对辖区内的报刊集散地场所、报刊出版发行机构、邮政系统报刊发行机构以及繁华街区、车站码头等重点地区开展经常性的市场检查，还要针对不法分子变换手法的新特点，研究制定异地执法、错时执法的新举措，不断净化报刊发行市场。

（四）依法严查案件

行政执法和司法机关加强案件查处力度，有利于遏制非法报纸出版活动一再发生。要借鉴一些地区查处淫秽色情、侵权盗版案件中行政执法与刑事打击有效衔接的做法和经验，从联动执法、部门联席会议、执法信息共享、案件查处情况通报等制度建设入手，不断提高执法效能。对于数量大、情节严重和社会影响恶劣的非法报刊出版案件坚决依法从严从快查结，决不能以罚代刑。

（五）营造良好氛围

打击非法报刊出版活动还要善于以案例说明危害，以案例教育群众，以案例震慑犯罪。一方面开展经常性的警示教育，倡导经营者守法经营、诚信经营，另一方面通过各种形式的宣传报道，引导广大群众自觉抵制非法报刊。同时积极实施奖励举报制度，鼓励他们积极参与，夯实打击非法报刊出版活动的群众基础和舆论氛围。

浙　江　省

2008 年“扫黄打非”工作总结

浙江省“扫黄打非”

在中央和省委、省政府的领导下，2008 年以来浙江省各级文化行政部门切实加强“扫黄打非”工作，积极探索新的工作机制，建立相应的预警机制、快速反应机制和联防联打机制，不断提高“扫黄打非”的管理水平，其整体监管力量得到了较大的加强，“扫黄打非”工作取得了显著的实效。

一、认真部署，扎实做好“扫黄打非”各项工作

年初，根据中央“两办”转发的《2008 年“扫黄打非”工作行动方案》和第二十一次全国“扫黄打非”工作电视电话会议精神，全省紧紧围绕全面建设“平安浙江”、“法治浙江”，加快建设文化大省的目标，在总结经验的基础上，深入贯彻科学发展观，以落实党的十七大精神为工作主线，以保护知识产权为工作平台，开展专项治理，加强日常监管，坚决封堵查缴非法出版物，坚决扫除淫秽色情等文化垃圾，坚决打击各种侵权盗版和非法出版活动，全力维护社会政治稳定和文化安全。各地区联防协作，各部门分工负责，组织全社会各方力量，积极加大“扫黄打非”工作力度，为维护文化市场的健康有序发展做了大量工作，以实际行动为浙江省和全国“两会”及奥运会的召开，营造了一个良好的社会文化环境。

1月17日，全国“扫黄打非”第二十一次电视电话会议召开后，省“扫黄打非”工作领导小组办公室迅速代省委、省政府办公厅起草下发了《关于做好2008年“扫黄打非”和文化市场监管工作的通知》，对全年工作进行了部署。

2月26日，召开了浙江省文化市场管理工作领导小组暨省“扫黄打非”工作领导小组会议。省文化市场（“扫黄打非”）工作领导小组成员单位负责人、全省11个市的文化市场（“扫黄打非”）工作领导小组正副组长及文化市场（“扫黄打非”）工作领导小组办公室负责人等60多名同志参加了会议。会议总结了浙江省文化市场综合执法改革工作，表彰了2007年全国“扫黄打非”工作先进个人、办案有功集体和个人，并对2008年文化市场和“扫黄打非”工作作出部署。省委常委、省委宣传部长、省“扫黄打非”工作领导小组组长黄坤明，省委常委、副省长葛慧君出席会议并作了重要讲话。会后省文化市场管理工作领导小组办公室、省“扫黄打非”工作领导小组办公室联合下发了《关于认真做好2008年“两会”、春节期间“扫黄打非”和文化市场监管工作的通知》。

4月22日，省“扫黄打非”工作领导小组办公室转发全国“扫黄打非”工作小组办公室《关于开展2008年“扫黄打非”第二阶段专项行动的通知》，要求各级“扫黄打非”工作领导小组办公室及相关部门高度重视，迅速行动，切实按照《通知》精神抓好落实，务求取得工作实效。

6月3日、4日，浙江省文化市场管理（“扫黄打非”）工作领导小组在杭召开迎奥运维护文化市场稳定文化市场（“扫黄打非”）工作领导小组成员单位负责人会议和全省文化市场（“扫黄打非”）工作领导小组办公室主任会议。省委常委、省委宣传部长、省“扫黄打非”工作领导小组组长黄坤明同志出席全省文化市场（“扫黄打非”）工作领导小组办公室主任会议并作了重要讲话。黄坤明部长要求各地、各部门积极围绕维护社会稳定、为确保北京奥运会成功举办营造良好的文化市场环境和舆论氛围。会议对浙江省6、7、8三个月的文化市场监管和“扫黄打非”专项行动进行了认真的部署和安排。

二、加强领导，全面推动“扫黄打非”各项工作

2008年以来，省委、省政府领导十分重视“扫黄打非”工作，多次在省“扫黄办”的转发件、专项行动工作方案和《通知》等文件上作出重要批示。2008年4月23日，省“扫黄打非”工作领导小组办公室转发了全国“扫黄打非”工作小组办公室《关于开展2008年“扫黄打非”第二阶段专项行动的通知》，决定从2008年4月中旬至6月底组织开展“扫黄打非”第二阶段专项行动。省委书记赵洪祝同志批示：“按照通知要求，认真组织好专项行动。”省委常委、省委宣传部长、省“扫黄打非”工作领导小组组长黄坤明同志批示：“这个阶段正值奥委会前夕，请省‘扫黄打非’办切实抓好落实。”省委常委、副省长、省“扫黄打非”工作领导小组副组长葛慧君同志4月19日作出重要批示：“做好今年‘扫黄打非’工作意义重大，责任重大。”省“扫黄打非”工作领导小组办公室及相关部门一定要高度重视，切实按照《通知》精神抓好落实，务求取得工作实效。”2008年5月27日，省“扫黄打非”工作领导小组办公室转发了全国“扫黄打非”工作小组办公室查堵通知。省委书记赵洪祝同志批示：“坚决查堵通知中所明确的出版物流入浙江省。”省委、常委宣传部长、省“扫黄打非”工作领导小组组长黄坤明同志作出重要批示：“请省‘扫黄打非’办按照赵书记批示和通知要求认真抓好落实。务必过细从严做好各环节的工作。”近日，全国“扫黄打非”工作小组办公室又下发了查堵通知。省委书记赵洪祝同志作出重要批示：“认真做好查堵工作。”省委、常委宣传部部长，省“扫黄打非”工作领导小组副组长葛慧君同志作出重要批示：“请省

‘扫黄打非’办牵头，各相关部门切实做好查堵工作。”据统计，半年以来，省委、省政府领导在不同场合分别对“扫黄打非”工作作出了9次重要批示，这为全省“扫黄打非”工作的全面开展起到了十分重要的推动和鼓舞作用。

三、积极开展“扫黄打非”专项行动，确保“两会”和奥运会的胜利召开

“4·26”世界知识产权日，浙江省“扫黄打非”工作领导小组办公室积极会同省整顿与规范市场经济秩序办公室等有关部门，认真开展打击盗版、保护知识产权系列活动，收到了良好社会效果。

1月至3月，浙江省“扫黄打非”工作领导小组办公室联合省公安厅、省工商局、省广电局、省新闻出版局对全省第一阶段的“扫黄打非”专项行动作出了部署。

4月20日，浙江省“扫黄打非”工作领导小组办公室联合杭州“扫黄打非”工作领导小组办公室在杭州市黄龙体育中心西广场举办了2008年浙江省集中销毁侵权盗版及非法出版物活动。省委常委、省政府副省长葛慧君同志宣布“销毁侵权盗版及非法出版物活动”开始并作了重要的讲话。省市“扫黄打非”工作领导小组负责人，文化、新闻、广电、工商、公安、海关等部门分管领导，杭州市、区局管理、执法部门及部分中小学生代表共300多人参加了销毁侵权盗版及非法出版物活动。

4月至6月，浙江省“扫黄打非”工作领导小组办公室在全省范围内组织开展了以出版物市场为重点的文化市场第二阶段专项治理行动。各级“扫黄打非”工作机构积极行动、制定措施、严厉打击，目前整治行动正在进行中。据统计，全省文化、公安、工商、城管等执法部门在“扫黄打非”第一、第二专项行动期间共出动检查人员66148万人次，检查出版物市场经营摊位24927家，检查印刷复印企业24396家，收缴非法出版物1873579册（张）（其中音像制品343911件），非法书报刊3125321册，电子出版物及印刷品23081张，办结案件332起，取缔无证经营摊贩2524个，罚没款7232984万元，对89家违规经营单位作出停业整顿处罚，吊销经营许可证17家。

2008年来，省“扫黄打非”工作领导小组办公室克服了“扫黄打非”工作人手少、任务重、时间急、标准高的种种困难和问题，积极而富有成效地完成了全国“扫黄打非”工作小组办公室大量、繁重的来电、来函、专项行动、案件查处督办等工作。其中，落实督办中央领导批转和全国“扫黄打非”办交办的各类侵权盗版查处案件31件，其中27件已落实结案并上报；编发“扫黄打非”工作简报25期，组织、协调开展集中整治行动和专项治理6次。

6、7、8、9四个月，省“扫黄打非”工作领导小组办公室还牵头协调、组织省文化厅、省广电局、省新闻出版局分别带队对奥运会期间的文化市场进行专项执法检查和巡视督查，确保了浙江省文化市场在奥运会期间的健康、规范和有序。

四、创新机制，狠抓落实，努力形成专项整治工作的合力

2008年来，各地都能结合“扫黄打非”工作实际，突出重点，点面结合，通过开展专项行动和联合执法，有力地打击了各类违法违规经营行为，不断创新“扫黄打非”的方式、方法和措施，使专项整治行动目标更明确、工作更扎实、行动更迅速、效果更明显。

杭州市文化市场行政执法总队根据专项整治要求和节日文化市场的特点规律，重点加强对省家电城、图书城、文三路电子一条街、车站码头、小商品市场、黄龙体育中心娱乐场所以及城乡结合部网吧和演出场所的检查。执法人员边检查边教育，发现问题及时纠正，发现违法行为严厉查处。1月上旬，查获杭州天极峰宽带通讯有限公司利用注册创办的“我秀网”非法在线播放电影《苹果》片段案，对其“擅自从事信息网络传播视听节目业务”违法行为依法予以取缔，并处罚款人民币1万元；1月17日，在省家电市场查获盗版的电影《苹果》DVD光碟20余张；

1月下旬双休日期间，根据群众举报，在高新电脑城一摊位查获非法电子出版物和非法音像制品近2000张。2月中旬，按照国家新闻出版总署《关于查处恐怖灵异类音像制品的通知》精神，市总队对江干区省家电市场音像制品批零场所逐一认真清查，责令音像制品批发、零售单位对恐怖灵异类音像制品一律下架、封存、回收，取得了明显效果。3月初，市总队对文三路电子一条街的五大场所进行检查，执法人员截获一擅自从事音像制品批发、零售经营的个人，查缴音像制品400张，其中涉嫌《艳照门》照片三张，当事人任某某已被移送公安接受调查处理。为贯彻落实全国《依法打击整治网络淫秽色情等有害信息专项行动工作方案》，2008年2月25日至2月29日期间，杭州市公安局、市文广新局、市新闻办组成四个联合执法检查组，对杭州40家网站进行了一次全面的专项联合检查。

宁波市多次查处侦破“扫黄打非”大案要案。4月8日上午，宁波市文化市场行政执法总队联合江东区文化市场行政执法大队以及江东公安分局治安大队等部门，对藏匿在江东区某出租房内的非法音像制品窝点开展了突击检查，现场收缴涉嫌违法音像制品11000余盒，其中涉嫌淫秽音像制品3800余盒。

温州市文化广电新闻出版局高度重视安全工作。在专项行动期间，局领导亲自带队对书店、报摊、网吧、音像店、影剧院等经营单位进行拉网抽查，并认真做好对全市11个县（市、区）的执法督查活动。“两会”期间温州市支队分三组由支队领导带队分赴各县市，进行督促和市场巡查，检查效果十分明显。4月1日，温州市文化市场行政执法支队执法人员在市区望江路一音像店的仓库查获非法音像制品2713张（盒），其中非法压缩DVD有1362张。

金华市文广新局区针对几个夜市区域内无证音像地摊有所增加、盗版淫秽色情音像制品非法销售有所抬头的市场动态，市文化行政执法支队在局领导的带领下，多次对无证音像地摊相对比较集中的阳光路、金磐开发区等区域开展突击检查。取缔无证音像地摊13个，收缴盗版VCD、DVD4300余张，磁带50余盒，其中包括恐怖灵异类和淫秽色情类的音像制品。

领导讲话

在浙江省暨杭州市2008年全国统一集中销毁侵权盗版及非法出版物活动仪式上的讲话

浙江省委常委、省委宣传部长、省文化市场管理（扫黄打非）工作领导小组组长
黄坤明

根据全国“扫黄打非”工作小组的《通知》精神和省“扫黄打非”工作领导小组的工作部署，今天，我们在省会杭州举行浙江省暨杭州市2008年全国统一集中销毁侵权盗版及非法出版物活动。借此机会，我代表省“扫黄打非”工作领导小组向工作在我省“扫黄打非”战线的同志们表示亲切的问候。

这次销毁活动，是开展“扫黄打非”斗争20多年以来我省规模较大、集中销毁各类非法出版物数量较多的一次活动。今年第一季度以来，全省各地、各部门认真贯彻落实第二十一次全国“扫黄打非”工作电视电话会议精神，从维护大局，保障和谐的高度，以全国和我省“两会”及2008年奥运会和改革开放30周年等活动为中心，

积极部署以出版物市场为重点的文化市场第一阶段专项治理行动。至3月底，据统计全省各级文化、公安、工商和城管执法部门共出动执法检查6万多人次，检查出版物经营单位4.4万多家，查缴盗版及非法出版物20万多件，取缔关闭严重违规的经营场所600多个，成果斐然。此次集中销毁活动的重要意义就在于：向社会各界展示了我国政府高举保护知识产权旗帜、打击盗版和非法出版物的决心；进一步唤起广大人民群众理解和参与"扫黄打非"斗争的积极性和意识；警示、震慑违法犯罪分子和非法经营者，对侵权盗版犯罪活动和违法犯罪分子继续保持严厉打击的高压态势；集中展示了保护知识产权、打击盗版出版物和非法出版物重要成果。

再过十几天，我们就迎来"4·26"世界知识产权日了。我们欣喜地看到，当前无论是机关、企业、学校，还是普通百姓，打击侵权盗版、保护知识产权的观念正在深入人心。这是搞好"扫黄打非"工作最坚实的群众基础。希望"扫黄打非"战线的同志们继续发扬特别讲政治、特别能吃苦、特别能战斗、特别能奉献的精神，从维护大局，保障和谐的高度，提高对"扫黄打非"工作重要性的认识。从二季度开始，要集中开展打击非法出版物和互联网上传播的有害信息专项活动，认真开展网上"扫黄打非"工作，对攻击党和国家领导人，攻击改革开放，以及黄色、灰色等恶搞政治笑话的出版物和相关信息，都要作为重点严厉打击，不断推动"扫黄打非"工作向纵深发展，为净化文化市场环境、保护知识产权、构建社会主义和谐社会作出新的更大的贡献。

2008年4月20日

在省文化市场管理工作领导小组全体成员会议上的讲话提纲

浙江省委常委、省委宣传部长、省文化市场管理（扫黄打非）工作领导小组组长

黄坤明

今天我们举行省文化市场管理工作领导小组首次全体成员会议，总结文化市场综合执法改革的初步情况，研究部署下阶段工作，中心是深入学习贯彻党的十七大精神，全面推进我省文化市场的发展与繁荣。

文化市场综合执法改革开展已经3年多了。3年来，各地、各职能部门和各级文化市场工作者，在省委、省政府领导下，按照中央部署，认真落实各项改革政策和措施，积极推进综合执法，并从浙江实际出发，探索创新，大胆实践，初步建立了符合中央改革要求，适应综合执法需要，更加有利于文化市场建设与发展的管理体制。通过改革，加强了新形势下党对意识形态的领导，改进和完善了文化市场监管体制，提升了政府依法行政的能力。同时，加强了文化市场管理队伍，设施设备得到改进，管理文化市场的能力进一步提高。更重要的是，改革后，我省文化市场秩序不断好转，文化市场发展更加健康。这些都表明，中央做出改革的决策是十分正确的，文化市场实行综合执法是十分必要的，同时，我省的改革也是十分成功的。这些成绩的取得，是省委、省政府正确领导的成果，更是各市、县党委、政府、各职能部门和各级文化市场工作者协调配合、共同努力的成果。

刚才，田宇原同志代表领导小组办公室，报告了全省文化市场综合执法改革的基本情况和下阶段的主要工作。我认为，他的报告对我省综合执法改革进展情况的初步总结是实事求是的，提出的工作任务也抓住了重点，接下来的关键是怎样抓好落实，采取措施，有效推进我省文化市场的大发展、大繁荣。

下面，我结合有关问题谈二点浅见。

一、认真学习贯彻党的十七大精神，在创业创新中促进我省文化市场大发展大繁荣

党的十七大是在我国改革发展关键阶段召开的一次十分重要的大会。大会作出的重大决策和部署、取得的重要成果，对在新的历史起点上全面推进中国特色社会主义伟大事业和党的建设新的伟大工程具有十分重要的指导作用和十分重大的战略意义。认真学习宣传贯彻党的十七大精神，是当前和今后一个时期首要的政治任务。要充分认识十七大的重大意义，不断增强学习贯彻十七大精神的紧迫感、责任感、使命感；要在系统学习、深刻领会上下功夫。认真研读党的十七大文件，原原本本学习党的十七大报告和党章，全面准确地学习领会党的十七大精神。要结合实际，突出重点，深刻领会党的十七大关于文化发展和繁荣提出的科学理念、部署的重大任务、确定的战略目标，把思想和行动统一到十七大精神上来。

十七大精神非常切合浙江实际，为我省全面建设小康社会、加快推进现代化建设进一步指明了方向，提供了动力，创造了更好的环境。在深入贯彻十七大精神，把智慧和力量凝聚到实现十七大确定的战略目标上来的过程中，一定要紧密结合浙江实际，充分突出省党代会提出的坚持走“创业富民，创新强省”之路的要求，把浙江的发展，放在中央提出的浙江要率先发展、走在前列的战略定位上，放在全社会科学发展、共建和谐的发展大格局中，放在全面推进长三角一体化发展的新规划中，特别是要从我省“全面建设小康社会，继续走在前列”这个重大部署中来思考和谋划，以前瞻的眼光、发展的理念和科学的视野，进一步增强又好又快发展的历史使命，积极探索，大胆实践，为全国的改革发展作出新贡献。

作为从事文化管理和文化市场工作的领导和同志们，一定注意要结合本职工作，突出重点，全面吃透十七大报告中关于文化建设的重要论述，深刻领会建设中国特色社会主义文化的重大意义，充分认识党对当今文化发展的新判断、对文化地位作用的新认识、对文化发展战略的新思考，准确把握社会主义文化建设的发展方向、目标任务和实现途径，从而立足本职，用社会主义核心价值体系巩固人民群众团结奋斗的共同思想基础，引领整合多样化的社会思想文化，不断提高建设和谐文化的能力，不断提高弘扬优秀传统文化的能力，不断提高文化创新的能力，积极营造和谐的文化环境，大力促进浙江文化建设又一个新高潮的到来。

文化市场是社会主义和谐文化建设的重要组成部分，要始终坚持社会主义先进文化的前进方向，以增强诚信意识为重点，通过建设和发展充满活力、丰富多彩、健康有序的文化市场，进一步确立人民群众在文化建设中的主体作用，充分释放蕴藏在广大群众中间的文化创造能量，充分激活一切文化创造的活力，努力形成全社会共同参与建设文化市场，共同分享文化市场发展成果的生动局面。让文化市场为浙江文化的大发展大繁荣做出应有的贡献。

二、提高认识，增强使命感，深入推进综合执法改革

文化市场综合执法改革是在国家经济持续发展，社会不断进步，文化建设日益加强的新形势下，中央做出的一个战略部署。浙江作为试点省，是中央对浙江的信任、重视和支持，所以，一定要按照中央的部署，认真落实各项政策和措施，全面抓好改革，并在改革的实践中，大胆探索努力创新，走出一条符合党的构建和谐文化战略总目标，新型科学的文化市场管理和发展之路，这既是浙江完成中央交给的改革任务的责任所在，也是推进浙江又好又快地加强文化大省建设的契机所在。

这次进行的综合执法改革，从文化市场的管理入手，在市、县二级，全面调整了文化管理体制，在省级部门也对文化市场的领导机制、管理方式做了重大调整。改革的力度大，层次深，相应的挑战和困难也是大的。从目前的情况看，浙江的改革起好了步，开好了头，在体制转换、机构建立、队伍组建的过程中，基本实现了省委、省政府要求的，人心不散、工作不断、管理不松、市场不乱的目标。但我们不能固步自封，止步于已经取得的阶段性成果。要看到，随着党的十七大进一步确立了新时期文化建设的战略目标，文化市场在改革、管理和发展方面的任务也就进一步得到提升和明确，为此，各级党委、政府、各职能部门和全省从事文化市场工作的同志，要以十七大精神为指导，提高认识、增强使命感，积极有效地把改革向深入推进。下阶段改革工作的重点是机制建设。要在机制、法治、队伍和市场繁荣方面，抓出实效，做一份高质量的答卷，为全国文化市场的管理和发展提供参考。

抓好机制。下阶段改革的重点是抓好机制建设，形成一个新型科学、符合文化市场发展规律的管理机制，是我们进行改革试点中必须完成的任务。一个好机制，可以促进管理体制、管理方式、管理目标等不断的自我改进和完善，可以促进文化市场持续、平稳、健康地发展，可以保证文化生产、经营、管理、消费形成良性循环，市场不断走向繁荣。更重要的是，一个好机制可以充分调动人的积极性，激发人的创造力，促使人们自觉地去探索文化建设的规律、市场发展的规律，自觉地在文化市场的运营发展中，大胆创新、积极实践、不断前进。应当说，在前阶段的改革中，我省已在机制建设方面有所探索，如建立评估制度、信息制度、监督检查制度等六项制度，以及机构、队伍和计算机管理方面的建设。在下阶段改革中，一是要继续深化和完善这些已经取得的成果，让这些制度与新的机构、队伍形成有效地融合、整合，在管理工作中发挥出制度应有的积极效应，使我们的理性探索和科学设计转化为改革试点的实际成果。二是要继续探索前进，善于发现新动态，勇于面对新情况，努力解决新问题，针对日益发展、不断变化的文化市场，以创新的思维，创新的实践，去充实新型科学的管理机制，始终掌握管理的主动权，不断推进文化市场持续健康地发展。三是要不断地总结完善，在改革的实践中不断地完善改革，要及时发现、改进、调整被实践证明是利于改革发展的政策、措施；及时地借鉴、吸收、采纳国内外先进有效的管理方式和方法，及时地提升、巩固被实践证明是行之有效的政策、制度和举措。需要强调的是，我们在进行改革试点工作时，不能只注重改革的实践，还要充分重视对改革的理论提升，通过研讨、分析、总结等方式，对改革试点进行理论上的探讨和完善。只有在实践和理论两方面都取得，我省的改革试点工作才是全面和成功的。同样，只有获得有效的理论支撑，新型科学的管理机制才是合理、持久、有生命力的。

抓好法治。法制是现代市场经济的基础和保障。文化市场综合执法改革在向深入推进的时候，要特别重视抓好法制这一基础工作，这也是机制建设中的首要重点。法制对我们来说，重要的是立法和执法两个方面。从目前的情况，下阶段改革中，要以抓好法治为重点，切实提高执法质量。虽然从总体上看，文化市场的立法还需要大力加强和完善，但这些年来，经过各方面的努力，文化市场的法制框架已基本确立，各个市场和行业都已有了相应的行政法规或地方法规、部门规章。要使这些法律规章落到实处，发挥出应有的作用，真正成为维护文化市场正常秩序，保障经营者、消费者正当权益的有效手段，执法就是一个重要环节，就必须调动广大文化市场管理和执法人员知法、用法、执法、护法的自觉性，切实做到有法依，执法必严，违法必究。综合执法改革后，市、县两级成为文化市场的执法主体。我省绝大部分的管理机构和管理力量都集中在这两级，抓好这两级的法治工作，全省的法治也就有了基本保障。加强执法，既要靠教育、靠实践，还要有相应的机制保证。行政审批要做到公开、公平、公正，行政执法也同样要做到公开、公平、公正。这方面还有许多工作需要探索、实践、完善，一定要真正重视起来，抓出实效。在抓好内部建设的同时，不要忽略做好对经营者、消费者的法治教育，加强对社会的法制宣传，努力改善文化市场经营管理的法制环境。法制工作做好了，文化市场的健康发展才有基本保证。

抓好队伍。综合执法改革后，我省文化市场管理和执法队伍，不仅要根据市场统一、门类繁多的新情况，切实做到精通业务、熟悉法规、一专多能，更要适应新形势下，文化市场管理建设的需要，具有探索创新的工作能力，昂扬振奋的精神面貌，清正廉洁的工作作风。文化市场队伍建设要注重整体推进，整体提高，省、市、县要加强协调，部门间要加强配合，确立统一的标准、要求和任务，相互促进、取长补短、共同提高。这方面领导小组办公室应多做一些协调促进的工作。

在队伍建设中，要十分注重加强政治思想建设，加强骨干力量建设，加强技术监管能力的建设。要加快解决前阶段改革中，部分人员身份转换的遗留问题，以保持队伍的稳定。同时，也要注意改善队伍结构，始终保持队伍的活力，不断增强队伍的战斗力，促使我省文化市场管理和执法队伍的整体素质不断提高。把队伍建设抓好了，各项改革政策和措施才能有效落实，试点任务才能高质量完成。我省文化市场的持续健康发展也就有组织保证。

在传达贯彻第二十一次全国“扫黄打非”工作电视电话会议精神会议上的讲话

浙江省委常委、副省长、省“扫黄打非”工作领导小组副组长

葛慧君

第二十一次全国“扫黄打非”电视电话会议于2008年1月17日在京召开，会议总结了去年工作，部署了2008年“扫黄打非”工作。表彰了2007年“扫黄打非”工作先进集体、先进个人和有功集体、有功个人。

党的十六大以来，全国各地各部门按照中央的统一部署和要求，坚持不懈地开展“扫黄打非”，工作有声势、有力度、有创新，有效打击和遏制了各类非法出版活动，始终保持文化市场繁荣健康有序的发展态势，为党和国家工作大局做出积极贡献。2007年，全国共收缴各类非法出版物1.49亿件，取缔关闭违法店档4.4万个、印刷复制企业933家，关闭清理非法网站6.26万家，查办案件3.1万余宗，在为十七大营造良好舆论氛围和文化环境方面发挥了重要作用。

中共中央政治局委员、书记处书记、中宣部部长刘云山出席会议并讲话。刘云山指出，坚持不懈地开展“扫黄打非”，营造良好的社会环境、文化环境和社会风气，是建设社会主义先进文化、巩固马克思主义在意识形态领域指导地位的迫切需要，是加强社会主义法制建设、维护社会主义市场经济秩序的迫切需要，是顺应人民群众强烈愿望、保护青少年身心健康、保护知识产权的迫切需要。要深刻认识新形势下“扫黄打非”工作的极端重要性和现实紧迫性，进一步增强责任感使命感，把“扫黄打非”工作深入持久地开展下去。当前“扫黄打非”工作要把打击非法出版、侵权盗版、网络淫秽色情活动和查处各类非法报刊作为重点。各地各部门要按照属地管理和“谁主管、谁负责”的原则，进一步完善上下一体、区域联动、部门互动的工作机制，确保各项任务落到实处。要加快推进文化市场综合执法改革步伐，进一步整合执法资源，加强日常监管。要坚持改革创新，把“扫黄打非”工作与群众性精神文明创建活动、城市社区和新农村建设、社会治安综合治理结合起来，不断完善工作机制，拓展工作领域，丰富工作手段，提高工作水平。刘

云山强调，“扫黄打非”工作要认真贯彻党的十七大精神，高举中国特色社会主义伟大旗帜，以邓小平理论和“三个代表”重要思想为指导，深入贯彻落实科学发展观，坚定不移地保护知识产权，坚决打击各种非法出版活动，积极营造良好文化环境和社会风尚，为推动文化大发展大繁荣、促进全面建设小康社会提供有力保障。

会议还表彰了2007年“扫黄打非”工作先进集体、先进个人和有功集体、有功个人。全国“扫黄打非”工作小组成员单位和中央有关部门负责同志出席了会议。各省、自治区、直辖市党委和政府分管领导及有关部门负责人在分会场参加了会议。

2008年1月17日

2008年“扫黄打非”大案要案综述

浙江省“扫黄打非”办

卖盗版光碟被判刑3年

——如何解读“非法经营罪”

《温州日报》

34岁的柳某在出租屋里无证销售盗版光碟，售出250张光碟，获利50元。但柳某被查获时，其销售点内还另有1万多张盗版光碟。

盗版光碟侵犯知识产权。于是，大家常常会觉得，销售盗版光碟的行为涉嫌“销售侵权复制品罪”。但近日，瓯海法院判定柳某犯“非法经营罪”，判处其有期徒刑3年，并处罚金200元；追缴违法所得50元，并没收柳某其余的盗版光碟。

为什么法院最终判定柳某犯“非法经营罪”？“非法经营罪”又有何具体含义呢？

2008年4月起，柳某在瓯海区梧田街道某地一、二楼后间无证销售盗版光碟。7月25日，柳某在销售给吕某盗版光碟145盒后，被温州市文化广电新闻出版局及公安机关查获。同时，其销售点的另有10549盒盗版光碟亦被查获。

之前，柳某曾出售给吕某盗版光碟105盒。柳某从两次销售中获利50元。

法律关注点之一：

在非专业人士看来，柳某销售盗版光碟，涉嫌侵犯知识产权罪，具体为涉嫌销售侵权复制品罪。但本案中，法院却以非法经营罪定罪。这是为什么呢？若柳某的经营点是证照齐全的销售点，其销售如此多的盗版光碟会涉嫌什么罪呢？

本案之所以定性为非法经营罪，是根据我国《刑法》第二百二十五条第（四）项、最高院《关于审理非法出版物刑事案件具体应用法律若干问题的解释》和浙江省高级人民法院《关于审理非法出版物刑事案件有关数额、数量标准的通知》等有关法律和司法解释进行定罪量刑的。根据上述法律和司法解释的规定：个人非法经营报纸5000份或者图书2000册或者音像制品、电子出版物500张（盒）以上的，可认定为非法经营行为“情节严重”，构成非法经营罪。本案中，柳某非法经营的盗版光碟达到1万多张（盒），已完全超过定罪的标准。

此外，在司法实践中，对于柳某一类的行为该以销售侵权复制品罪还是以非法经营罪定性原来存在一定争议，但后来，司法解释明确将这类行为定性为非法经营罪。而且，从学理上说，销售侵权复制品罪和非法经营罪的客体要件及客观要件也有所不同，本案侵害的客体和客观方面的特征更符合非法经营罪，故本案应当以非法经营罪定罪。

另外，只要行为人明知是违法音像制品而进行经营即属于非法经营行为，其是否具有音像制品合法经营资格并不影响非法经营行为的认定。因此，即便柳某的经营证照是齐全的，其销售这么多的盗版光碟同样构成非法经营罪。

法律关注点之二：

如何定义非法经营罪？如何认定构成该罪？

非法经营罪是指违反国家规定，从事非法经营活动，扰乱市场秩序、情节严重的行为。非法经营罪的构成要件包括客体和客观方面、主体和主观方面4个要件。

其中侵犯的客体是国家限制买卖物品和经营许可证的市场管理制度；客观方面表现为未经许可经营专营、专卖物品或其他限制买卖物品，以及从事其他非法经营活动等扰乱市场秩序，情节严重的行为；主体为达到刑事责任年龄，具有刑事责任能力的自然人或是依法成立，具有责任能力的单位；主观方面为故意并具有谋取非法利润的目的。

除了符合上述4个构成要件以外，在犯罪情节上还要求情节严重才能构成本罪。对本案涉及的销售盗版光碟行为，根据有关法律和司法解释的规定：个人非法经营音像制品、电子出版物500张（盒）以上的，可认定为非法经营行为“情节严重”。

在量刑上，犯本罪的，处5年以下有期徒刑或拘役，并处或者单处违法所得1倍以上、5倍以下罚金；情节特别严重的，处5年以上有期徒刑，并处违法所得1倍以上、5倍以下罚金或没收财产。

（胡荣恩）

温州“4·16”销售淫秽光盘案

温州市文化市场行政执法支队

案件名称：

温州“4·16”销售淫秽光盘案

线索来源：

4月10日，支队在对音像市场的整治和排摸过程中获悉：龙湾开发区江西路可能有一涉嫌非法音像制品批发窝点。根据这一信息，支队立即组织人员开展深入调查，通过乔装暗中跟踪经营游商、蹲点守候等方法，确切掌握了违法犯罪嫌疑人的活动规律。

查办措施：

4月16日上午8时，温州市文化、公安执法部门联合行动，在违法犯罪嫌疑人陈某和一买家进行交易时，当场抓获。在其租用的龙湾区经济开发区江西路1号的两个仓库及龙湾区蒲州街道蒲北路100号暂住处内，共查获音像制品26496张（盒）。案件后移交公安机关审理。

嫌疑人情况：

当事人陈某（安徽省临泉县人，初中文化，无业）

犯罪事实：

共查获涉嫌非法音像制品26496张（盒），经鉴定淫秽音像制品7422张，非法音像制品18981张，合法音像制品93张。

处理结果及案件分析：

从该案的性质来看，这是一起典型的贩卖淫秽物品和非法经营音像制品案件。犯罪分子陈某为了牟取暴利，从2008年2月起，分别从浙江省义乌市、广东省购进大量的淫秽和非法音像制品，分批存放在仓库和暂住处，选择在城乡郊区从事非法批发经营活动。从陈某的前科来看，

2001年9月10日，就因犯贩卖淫秽物品牟利罪被温州市鹿城区人民法院判处有期徒刑1年2个月。作为重犯，陈某有着一定的犯罪经验，处事十分小心谨慎，其所在的仓库位置及暂住地地形相对较为复杂、隐蔽，很难被人发现。就文化行政执法部门破获和办理该起案件来看，总结经验有三点：一是领导高度重视，决心大，执法人员工作开展深入踏实，掌握情况及时准确，支队对情报信息细致分析，特别是针对犯罪分子为躲避打击，分批存放违法物品这一特点，事先做好踩点工作，真正做到底数清，情况明，为最终一举捣毁窝点打下了基础；二是和司法机关通力合作上的有效衔接，在案件侦破过程中，文化行政执法人员始终与公安机关保持良好的沟通，在案件破获后，又有条不紊地开展各项取证工作，并对各种可能出现的情况做好了预案，为处置案件做好充分的准备；三是有效调动基层执法力量，发挥区域优势，齐心协力办好案件，破获期间，龙湾区文化行政执法部门积极配合，为迅速处置案件起了重要作用。

该案是行政执法机关、司法机关通力合作，开展“扫黄打非”斗争，依法严厉打击犯罪分子的典型案例。2008年8月25日，龙湾区人民法院公开开庭审理，针对陈某以营利为目的，无视法律规定，明知是淫秽和非法音像制品而予以贩卖的严重情节，依照《中华人民共和国刑法》第二百二十五条第（四）项、第三百六十三条第一款、第六十九条之规定，分别以贩卖淫秽物品牟利罪和非法经营罪，最终决定判处陈某有期徒刑12年，并处罚金15000元。这也是温州历年来因贩卖非法音像制品被判处有期徒刑最长的案例。

（连旭辉）

2008年“扫黄打非”大事记

浙江省“扫黄打非”办

1月12日，浙江省文化厅、省整规办与杭州市文广新局、市整规办在黄龙体育中心联合举办了浙江省暨杭州市违法音像制品集中销毁活动。省文化厅副厅长田宇原、省经贸委纪委书记许永土、杭州市文广新局副局长王茂康以及市、区两级文化市场相关管理部门负责人出席了销毁活动。

1月17日，全国“扫黄打非”工作小组在北京召开了第十九次全国“扫黄打非”工作电视电话会议。省“扫黄打非”工作领导小组副组长、副省长盛昌黎，省委宣传部副部长吴天行，省政府办公厅副主任马林云及省级有关单位负责同志在浙江分会场参加会议。

1月18日，省文化市场管理工作领导小组办公室（省“扫黄打非”工作领导小组办公室）全体成员会议在杭州市召开。会议学习了全国第二十一次“扫黄打非”工作电视电话会议精神，总结回顾了2007年浙江省文化市场综合执法改革和文化市场管理工作，部署了下阶段任务。领导小组办公室主任田宇原，副主任铁国强、范春梅等出席会议并讲话。

1月19日，省文化厅牵头召开了网吧管理工作联席会议。会议总结了2007年浙江省整顿和规范网吧等互联网上网服务营业场所秩序工作，部署了下阶段主要工作任务。省文化市场管理工作领导小组办公室主任、省文化厅副厅长田宇原出席会议并讲话。

2月15日至16日，省文化厅、省广播电视局、省新闻出版局在杭州联合召开全省市级文化广电新闻出版局长会议。省人民政府副省长盛昌黎，省委宣传部副部长吴天行，省政府办公厅副主任马林云，省文化厅厅长杨建新，省广播电视局局长林吕建，省新闻出版局局长俞剑明，省文化市场管理工作领导小组办公室主任、省文化厅副厅长田宇原等领导参加了会议并在会上作了讲话。

2月22日，全国“扫黄打非”工作小组办公室在北京召开了全国“扫黄打非”工作2008年第一次视讯会议。省“扫黄打非”工作领导小组成员、省委宣传部副部长吴天行，省“扫黄打非”工作领导小组办公室主任、省文化厅副厅长田宇原，副主任、省新闻出版局副局长范春梅，副主任、省广电局副局长铁国强以及省“扫黄打非”工作领导小组各成员单位的负责同志在浙江分会场参加会议。

2月27日，浙江省文化市场执法专用车发车仪式在杭州武林广场隆重举行。浙江省副省长盛昌黎、文化部文化市场司司长刘玉珠、省政府办公厅副主任马林云，省委宣传部副部长吴天行，省文化厅厅长杨建新、副厅长鲍贤伦，省新闻出版局副局长范春梅，省文化厅党组成员、人事处长杨越光及省有关部门领导出席了发车仪式。发车仪式由省文化厅副厅长田宇原主持。

2月28日，文化部文化市场司司长刘玉珠一行来浙就文化市场综合执法改革及艺术品市场立法进行调研并召开座谈会。省文化厅党组成员、人事处长杨越光主持会议。

3月1日至2日，全省市文化市场行政执法队队长工作会议在杭州召开。

3月20日至24日，省文化厅组织开展了区域性文化市场交叉执法行动。

3月22日至24日，省文化市场管理工作领导小组办公室主任、省文化厅副厅长田宇原分别在金华、丽水召开文化市场综合执法改革座谈会，深入推进文化市场综合执法改革工作。

3月31日，省文化市场管理工作领导小组办公室主任、省文化厅副厅长田宇原召集台州市文化广电新闻出版局局长戴康年、天台县文化广电新闻出版局局长王太龙以及台州、天台文化市场管理工作相关负责同志就文化市场管理等问题进行工作谈话。

4月22日，省文化厅、省新闻出版局、省广播电视局印发《浙江省文化市场行政执法处罚案卷评查办法》。

4月24日，省文化厅转发《文化部关于贯彻〈娱乐场所管理条例〉的通知》。

4月28日至29日，省文化厅在杭召开了全省文化市场信息管理系统维护工作会议。

5月17日，省文化厅在杭州召开全省网络文化经营单位座谈会。文化部市场司网络文化处副处长刘强出席会议并讲话。

5月23日至25日，省文化厅在杭召开了文化市场管理工作座谈会。

5月22日至26日，省文化厅组织开展了全省音像市场专项整治周行动。

6月21日，浙江省艺术品经营行业协会筹备会在杭州召开，会议通报了协会的筹备情况，部署了下一步阶段的相关工作。

7月3日，省文化厅市场管理工作领导小组办公室印发《浙江省文化市场管理工作评估办法(试行)》，对2008年度文化市场评估工作进行部署。

7月17日至18日，省文化厅在杭召开部分市县《营业性演出管理条例》贯彻情况座谈会。

7月17日，浙江省“扫黄打非”工作领导小组办公室、浙江省委宣传部、浙江省委政法委、浙江省文化厅、浙江省新闻出版局、浙江省版权局、浙江省工商行政管理局、浙江省公安厅、浙江省建设厅、浙江省监察厅联合发出《浙江省关于开展集中打击盗版音像和计算机软件制品百日行动的通知》，部署浙江省反盗版百日行动。

7月18日，“浙江省暨杭州市2008年反盗版百日行动启动仪式”在杭州市文化商城广场举行。

7月25日，省文化市场管理工作领导小组办公室（省“扫黄打非”工作领导小组办公室）全体成员会议在杭州市举行。领导小组办公室主任田宇原，副主任铁国强、范春梅等出席会议并讲话。

7月26日至27日，全省文化市场行政执法工作会议在嘉善县召开，来自全省11个市本级执法总队（支队）的主要负责人及省文化厅、省广播电视局和省新闻出版局执法指导监督处的领导参加了会议。

8月8日至11日，省文化厅在淳安县召开了文化市场行政处罚案卷评查培训会。省文化厅副厅长田宇原出席会议并讲话。

8月24日，文化部文化市场司网络文化处处长刘晓东一行赴浙江进行有关网络音乐市场调研活动并召开网络音乐发展和管理工作座谈会。

9月5日，由省文化厅、美国电影协会、日本对外贸易机构主办的浙江音像市场行政执法培训研讨会在杭州举行。省文化厅副厅长田宇原致开幕词。

9月12日，全国“扫黄办”调研组来浙江调研文化市场综合执法改革情况，并召开了专题座谈会。省“扫黄办”主任、文化厅副厅长田宇原，省“扫黄办”副主任、新闻出版局副局长范春梅及相关同志参加了座谈。

9月14日至15日，省文化市场管理工作领导小组办公室召开《2005浙江文化市场管理工作年鉴》编审会。

9月26日至28日，浙江省文化厅在杭州召开了全省网吧技术监管平台技术、管理人员培训会。

10月12日，浙江省“扫黄打非”工作领导小组办公室组织嘉兴、宁波等10个城市统一举行了2008年“反盗版百日行动”集中销毁盗版音像和计算机软件制品活动。销毁活动的主会场设在嘉兴市中山影城广场。

10月21日至24日，全国“扫黄办”检查组来浙江省检查验收“反盗版百日行动”，听取了省和部分市、区情况汇报，实地检查了部分音像制品、出版物经营单位，对浙江省此次行动取得的成绩给予肯定。

10月22日，全国“扫黄办”检查组听取了浙江省“反盗版百日行动”汇报会。会议由省委宣传部副部长高海浩主持，省文化厅厅长、省“扫黄打非”工作领导小组成员杨建新代表省“扫黄打非”工作领导小组做了专题汇报。

10月24日至26日，全省文化市场信息化工作培训会在宁海召开，就浙江省文化市场信息管理系统和全省网吧技术措施监管系统的功能和操作进行了详细讲解和演练。

10月30日至11月1日，省文化市场管理工作领导小组办公室在杭州召开了《浙江文化市场》编刊研讨暨信息工作会议。省文化市场管理工作领导小组办公室主任、省文化厅副厅长田宇原到会并讲话。

11月5日，全国首家艺术品经营行业协会——浙江省艺术品经营行业协会在杭州举行了成立大会。文化部文化市场司副司长张新建，省政府副秘书长马林云，省文化厅厅长杨建新、副厅长田宇原，省经贸委副主任吴家曦，省民政厅周炳泉局长，省广电集团副总裁沈金加，省政协常委、杭州市政协副主席、浙江大学艺术学院院长陈振濂等领导出席成立大会，来自全省艺术品经营行业的代表150余人参加会议。

11月6日至9日，省文化厅在温州召开第二期文化市场行政处罚案卷评查培训会。省法制办监督处处长丁大庆，宁波、温州、衢州、台州、丽水市及部分县（市、区）文化市场执法机构负责人参加了会议，省文化厅副厅长田宇原出席会议并讲话。

11月22日至23日，全省文化市场行政执法机构规范管理现场研讨会在杭州召开，参加会议的有11个市分管局领导和25个县（市、区）文化市场行政执法机构负责人。省文化厅副厅长田宇原、省新闻出版局副局长范春梅出席会议并讲话。省广电局副局长铁国强主持会议。

12月1日，省文化厅转发《文化部关于改进音像市场管理建设长效管理机制的通知》，对音像制品经营单位的审批政策进行调整。

12月20日，省文化厅发出《关于加强元旦、春节节日期间文化市场监管的紧急通知》。

12月26日至29日，省文化厅组织了节前文化市场交叉执法检查行动。

杭　州　市

2008年“扫黄打非”工作总结

杭州市“扫黄打非”办

2008年杭州市“扫黄打非”工作以落实党的十七大精神为工作主线，以保护知识产权为工作平台，为推动社会主义文化大发展大繁荣提供坚强保障，较好地完成了年初预定的目标。截至11月份，全市共出动执法检查23671人次，检查文化经营场所共41035家次，良好率达90.6%。其中检查出版物经营场所5227家次、印刷复制企业2543家次、店档摊点8362家次，共计16132家次，收缴非法出版物总数351025件；处罚违规店档摊点201个，取缔关闭643个，处罚违规印刷复制企业19家，取缔关闭1家，处罚违规网站7家，取缔关闭4家，行政案件87件，刑事案件8件，8名不法分子受到刑法追究，取缔无证游戏机经营场所342家。

一、各级高度重视，积极部署“扫黄打非”工作任务

年初，召开文化市场管理工作暨“扫黄打非”工作领导小组会议，市委副书记叶明、副市长陈小平出席了会议。会后，向各区、县（市）分管局长传达学习了全国“扫黄打非”办公室主任会议精神，部署了迎奥运维护出版物市场稳定工作任务。开展了夏季出版物市场全面整治、出版物市场“奥保”专项行动、奥运会后出版物市场监管深入开展“扫黄打非”斗争专项行动、严厉打击非法报刊专项行动、“十小”专项整治等多次专项行动，取得了丰硕成果。全年共组织4次文化市场执法人员业务培训。11月份，总队开展了执法技能大练兵，并在浙江省文化厅首次组织的全省文化市场行政执法技能大比武活动中获得团体第一。12月份，召开杭州市2008年反盗版研讨会，邀请国际版权保护协会大中华区的专家分别就盗版的发展趋势及其辨别方法、日本文化厅打击盗版的政策及中国澳门地区海关打击盗版经验等课题进行了专题研讨。

二、突出整治重点，加强对出版物市场的全面监管

1. 坚决封堵查缴非法出版物。全年不间断地开展连续清查行动，公安、文化、工商、城管等单位责任到人、包产到户，对重点环节、重点地区、重点部位严防死守。各级“扫黄打非”办切实加大检查力度，胜利完成“两奥”期间出版物市场的监管工作，受到省委宣传部、省新闻出版局的表彰。

2. 积极开展出版物市场专项整治行动。全年多次组织文化、公安和工商等部门对省家电城、文化商城、文三路电子一条街、车站码头，小商品市场等重点地区的突击检查，在省家电市场内查获恐怖灵异类音像制品4538张；在文三路五大专业电子市场查获非法电子出版物3万多张，包括美国NBC电视拍摄的盗版《2008奥运会开幕式》光盘51张。全市先后查处多起非法出版物大案，当事人均已追究刑事责任。总队还对高速公路服务站、车站码头、机场、宾馆内的书报刊点进行了全面清查。

3. 切实加强对印刷、流通和复制环节的监管。11月5日，总队成功捣毁位于某公交停车场内的特大非法出版物批销仓库，共查缴盗版出版物和淫秽色情出版物17719本（册），其中盗版书刊14569本（册），非法日历3450册，并将三名涉案人员移送公安机关处理。该案的侦破，轰动了全国。市邮政局、市交通局、铁路杭州办事处、市城管执法局和市工商局等成员单位严守出版物流通各环节。措施到位，监管到位。

三、重视网络文化建设，积极开展网上“扫黄打非”行动

2月份，市政府新闻办、市公安局、市文广新局组成联合执法检查组对杭州各大网站开展了专项执法检查。3月31日，又组织对40家网站负责人进行了法规培训。市文化、公安还加强与阿里巴巴“淘宝网”的日常联络，及时督促和检查文化产品销售的安全，坚决杜绝非法出版物销售行为的出现。10月份，市公安、文化再次开展联合执法检查，对全市50家较大网站进行集中清理检查，以确保奥运后杭州市网络信息的安全。总队先后查处8起擅自从事互联网视听节目服务案。

四、保护知识产权，坚决打击无证经营非法行为

在全市范围内开展了多次查处和取缔无证游戏机房专项行动，共取缔无证电子游戏机房340余家，查缴非法电子游戏机260余台、电路板1400余块，现场销毁100余台。深圳龙岗区舞王俱乐部“9·20”特大火灾事故发生后，迅速行动，加大对辖区场所的安全检查。共出动检查1332人次，检查文化经营场所3600余家。4月26日，根据全国“扫黄打非”办统一部署，浙江省暨杭州市在黄龙体育中心举行了2008年全国集中销毁侵权盗版及非法出版物活动，现场销毁非法物品390536件，为历年之最。萧山区也对110014件文化市场违法物品自行组织进行了集中销毁。

五、采取果断措施，全面加强演出娱乐市场监管

2008年3月，冰岛歌手比约克在上海演唱会上公然宣扬“西藏独立”，为汲取这一深刻教训，市文广新局率先采取四条防范措施：一是召集全市45家涉外演出经纪机构负责人召开紧急会议。二是重申谁审批谁负责、谁经营谁负责的原则。三是建立演出经纪机构法定代表人责任制。四是对涉外和临时搭台的演出活动派专人到现场实施全程监管。4月份，总队在西湖区黄龙SOS酒吧成功制止未经批准的台湾“哈狗帮”准备进行的非法演出活动。各区、县（市）加强对演出市场的监管，临安市、拱墅区和滨江区等地均对辖区内娱乐场所违规经营行为作出了严厉处罚。

宁　波　市

2008年“扫黄打非”工作总结

宁波市“扫黄打非“办

2008年，宁波市“扫黄打非”办在上级部门的正确领导下，突出“保护文化安全、保护知识产权、保护未成年人合法权益”的重点，围绕“奥运保障行动”这一主线，坚持日常监管与专项行动相结合，取得了积极的成效。年内全市共出动检查人员1.9万人次，检查经营单位4.6万家次，收缴非法音像制品17万余件，非法书报刊2.3万余册，电子出版物及印刷品3.3万件，捣毁地下非法出版物经营窝点8个。

一、把握工作大局，加强组织协调，切实做好“扫黄打非”工作部署

（一）强化组织领导体系

针对今年我国大事多，“扫黄打非”工作任务重、政治要求高等特点，宁波市“扫黄打非”办积极履行职能，做到早准备、早部署、早行动。印发了《关于认真做好2008年“扫黄打非”和文化市场管理工作的通知》，明确了工作重点和要求。5月份专题召开全市文化市场管理暨“扫黄打非”工作领导小组工作会议，传达学习上级会议精神，研究部署全市“扫黄打非”和文化市场管理工作。

（二）强化管理责任机制

按照“守土有责、分级负责”的总体要求，强调“重心下移、属地管理、分片负责、责任到人”，形成一级抓一级、层层抓落实的责任体系。同时注重加强部门协作和信息沟通，切实形成工作合力。5月下旬，召开专题会议研究部署奥运期间全市“扫黄打非”工作，明确工作重点、方法和要求。

（三）强化考核检查机制

把“扫黄打非”工作纳入到对各县（市）、区党政工作的考评体系，印发了《文化市场管理（“扫黄打非”）工作绩效评估办法》，分解了工作要求，促进市场监管体系的完善和行政规范的落实。市文化市场行政执法总队被全国“扫黄打非”工作小组评为2008年全国“扫黄打非”有功集体，市“扫黄打非”办副主任、市文化广电新闻出版局副局长舒月明被评为2008年全国“扫黄打非”先进个人。在浙江省2008年度文化市场管理（“扫黄打非”）工作评估中，宁波市成绩名列前茅，被评为全省优秀单位。

二、明确工作任务，落实监管职责，扎实开展“扫黄打非”斗争

（一）圆满完成“奥运保障行动”

从4月底至9月30日分奥运前、奥运会、残奥会三个阶段开展文化市场“奥运保障行动”。期间，多次召开专题会议，研究部署工作任务和措施，同时坚持强化制度落实，确保责任措施到位。据统计，全市共出动检查人员8000余人次，检查文化经营单位9526家次，收缴各类非法出版物11.8万余册，捣毁非法窝点4个，抓获犯罪嫌疑人4名。市文化广电新闻出版局被省委宣传部、省新闻出版局授予“全省新闻出版（版权）奥运保障服务工作先进单位”。

（二）加强出版物市场日常监管

突出打击政治性非法出版物、淫秽色情出版物、侵权盗版出版物等非法经营活动，工作任务落实了“三个责任”，即各级“扫黄打非”办的组织协调责任，各县（市）、区的属地管理责任，经营单位的遵纪守法责任；工作标准做到了“三个坚决”，即坚决杜绝正规经营单位公开销售非法出版物，坚决清理版权有问题的出版物上架销售，坚决取缔销售非法出版物的无证照经营者和游商地摊；工作方法采取了“三个结合”，即常规巡查与错时检查相结合、全面清查与重点复查相结合、集中检查与突击检查相结合。

（三）组织开展“扫黄打非”专项行动

一是扎实开展奥运前30天出版物市场集中清查行动，期间，共出动检查人员1211人次，检查出版物经营单位2665家次，收缴各类非法出版物3.7万余册，捣毁地下窝点1个。二是积极开展打击利用交通运输渠道贩运非法出版物专项行动，联合公安、交通、邮政等部门，对全市交通运输环节贩运出版物情况实施了突击检查，切实从源头上切断非法出版物流入市场。三是认真开展印刷复制业专项检查行动，共检查印刷企业137家，立案3起。此外，还相继开展了打击非法预装计算机软件、打击非法报刊、打击网络侵权盗版、校园周边出版物市场整治等一系列专项行动。

（四）力破地下经营大案要案

通过与公安等部门的密切配合，先后捣毁8个出版物非法经营窝点，抓获犯罪嫌疑人6名，有力地打击了出版物非法经营活动，震慑了违法犯罪分子。

（五）加强行政执法与刑事打击相衔接

加大对重大案件的协调督办力度，落实重大案件报备案制度，建立了重大案件协调机制。先后向公安机关移送4宗案件，有6名涉嫌违法犯罪分子被依法起诉，基本建立起“扫黄打非”执法行动与刑事打击相衔接的工作机制。

三、创新工作方法，加强群防群治，建立完善“扫黄打非”长效机制

（一）积极扶持出版物市场

通过加强引导，扩大正版市场规模，以挤压非法经营活动。全市一些大型超市大都设立了出版物经营柜台，连锁经营已形成一定规模和效应，互联网经营出版物也有较快的发展，出版物市场正版占有率明显提高，年内新增出版物二级批发企业2家。

（二）加大宣传教育力度

利用各类媒体加大对“扫黄打非”工作的宣传力度，营造良好的舆论氛围。通过召开经营业主会议、法律法规培训、签定《守法经营责任状》等形式，督促业主自觉开展自查自纠活动，提高守法经营意识。年内，全市共组织出版物市场从业人员法规培训近7000余人次。

（三）发挥行业自律作用

充分发挥行业协会的作用，加强业内管理，利用手机短信平台、印发通知、张挂宣传标语等宣传方式引导文明经营，合法经营。7月份，市书刊发行协会、印刷协会联合开展了“我为奥运做贡献，文明经营我争先”的倡议活动。

（四）强化社会监督机制

先后3次组织由市人大代表和政协委员担任的文化市场督查员监督指导“扫黄打非”工作。积极发挥社会义务监督员队伍的作用，实施了“扫黄打非”举报受理及奖励制度，形成社会各界共同参与“扫黄打非”工作的良好局面。

四、完善制度建设，注重人才培养，努力提升“扫黄打非”工作水平

（一）抓制度促规范化管理

制定出台了《宁波市文化市场日常检查项目规范》、《宁波市文化市场执法文书制作标准规范》和《宁波市文化市场执法机构内部管理规范》，不断提高文化行政管理部门的工作效率和服务质量。

（二）不断加强队伍建设

深入开展“队伍建设年”和“创建群众满意站所”等活动，组织开展了对基层的“一对一指导服务”工作，年内举办市级业务培训班6期，提高了管理人员的行政规范意识和“扫黄打非”工作能力。

（三）积极开展理论研讨

深入实际，广泛开展调查研究，完成了《推进综合执法改革　探索长效管理机制》、《关于加快文化行业协会建设的思考》以及农村文化市场监管工作等调研课题，为探索和实践“扫黄打非”工作新思路、新举措提供有益借鉴。

安 徽 省

2008 年“扫黄打非”工作总结

安徽省“扫黄打非”办

2008 年度，我办在省“扫黄打非”领导小组的正确领导下，在省委宣传部的直接指导下，按照中央、省“两办”《2008 年“扫黄打非”工作方案》要求，在组织开展我省“扫黄打非”斗争中，重点作了以下工作。

一、以服务大局为中心，精心部署，精心组织

一是召开2008 年全省“扫黄打非”电视电话会议，认真学习贯彻刘云山同志在全国第二十一次“扫黄打非”工作会议上的重要讲话精神，并以省委、省政府办公厅名义，起草、下发了我省《2008 年“扫黄打非”工作方案》；二是针对当前“扫黄打非”中出现的新情况和薄弱环节，出台了《安徽省重大案件备报和督办办法》、《坚决打击利用交通运输渠道贩运非法出版物的意见》、《关于进一步加强非法出版物封堵查缴工作的意见》、《关于各级广播电视播出机构不得侵权播放我省地方音像制品的通知》等指导性文件；三是以密码电报、内部明传等形式，通知、意见、指示等文体，超前部署全省一、二、三、四季度的“扫黄打非”工作。特别在奥运前后 70 天的“扫黄打非”行动中，我办全员出动，深入一线，24 小时值班，及时发现问题，第一时间解决问题，先后发出指导全省工作的文件、电报 7 份，较好地完成了奥运期间的“扫黄打非”保障行动；四是精心组织、表彰和宣传了一批“扫黄打非”工作先进集体、有功集体和先进个人，进一步调动了基层群众“扫黄打非”斗争的积极性。五是强化检查督查。我办今年两次组织全省性“扫黄打非”工作检查，共组织 39 个检查组，深入全省 17 个市 90 个县（区）138 个乡镇，做到了“扫黄打非”督查工作覆盖到县。我办被全国“扫黄打非”领导小组评为全国奥运保障行动先进集体。

二、以重大政治活动日为重点，全力加强文化、出版市场管理

今年我办以突出严禁非法出版物、严控互联网有害信息、严管印刷复制企业、严堵非法出版物流通渠道、严查图书、音像报刊非法经营行为为重点，全力加强文化、出版市场管理。1 月至 3 月，围绕省“两会”开展了整治“假记者、假报刊、假记者站、假新闻”专项行动；4 月至 9 月，围绕北京“奥运会”前、“奥运会”期间和“残奥会”开展了文化、出版物市场集中清查行动；8 月至 9 月重点是加强校园周边环境治理；10 月至 12 月，围绕“两节”（国庆、元旦），开展了严厉打击非法报刊专项行动。从环节上，突出景区景点、宾旅馆、娱乐场所、城乡结合部、车站、机场、码头、涉外接待场所、邮递和运输环节等文化、出版物突发事件易发环节，使全省“扫黄打非”工作做到首尾衔接，环环相扣，持续治理。全国“扫黄打非”工作《简报》先后有 10 篇专发或编发了我省对文化、出版市场管理的经验、动态和成果。全省 1 至 11 月份，共查缴各类非法音像、图书、报刊 74. 9364 万件，检查文化、出版物市场 3. 2 万人次，取缔非法报刊、图书、音像制品、电子物品店、摊点 136 个，印刷企业 3 家，查处一号多刊的违规出版单位4家，查封违规和非法网站27家，查处侵权盗版音乐网站17家，封堵网上最新非法出版物多部。一至四季度，省“扫黄打非”办3次组织19个检查暗访组，对各市特别是奥运圣火传递期间、奥运会期间的“扫黄打非”工作进行了较全面的暗访检查，并汇总情况，向各市发了检查情况通报。由于全省“扫黄打非”工作相对比较扎实，确保了我省在春节、全国全省“两会”、奥运圣火在我省传递以及奥运会期间，各地没有出现有政治影响的文化、出版事件。

三、以管理促繁荣，积极探索二者良性互动

省“扫黄打非”办在工作中，注意以规范管理推进文化、出版业健康发展。2008年，在网吧产业做大做强上，省“扫黄打非”办负责人一年间四下淮南，抓住了淮南市飞宇网吧试点；在音像产业发展上，在去年抓了合肥地方音像戏剧一条街建设的基础上，2008年，在臧部长充分肯定了这一工作后，我办按照臧部长的指示，进一步加大力度，多次深入调研，并和新闻处联系，组织了合肥地方音像戏剧一条街的典型宣传，帮助“一条街”的产品进入华东二级站以上火车站专营经销，进一步帮助正版戏剧音像制品打开销路。在图书产业上，大力帮助和扶持安徽儒林集体，通过正规的图书配送管理，以为高校图书馆和大中专学校为主要服务对象，今年销售额已超过4亿码洋。“合肥地方音像戏剧一条街”的建设得到了全国“扫黄打非”办的高度赞扬，除专刊转发了我办的经验性调查报告外，还向中央政治局委员们发了一期专报。关于儒林集体的发展和管理情况，全国“扫黄打非”办已列入2009年全国“扫黄打非”重点宣传典型选题。

四、以抓重大案件为突破口，深入打击侵权盗版活动

全年，我省共办理全国扫黄办转办案件13件，全省共办理侵权盗版案件194件，淫秽色情出版物案件15件，网络案件27件，省“扫黄打非”办直接办理案件12件，刑事案件3起，特别是在省委常委、省“扫黄打非”领导小组组长臧世凯的直接领导和副组长赵世对、马大伟的直接指挥下，我省办理重大文化刑事案件有新突破。芜湖、阜阳、合肥等地发生的3个重大非法出版物经营案，共有11人被刑事宣判。这些犯罪嫌疑人分别被判1年、2年至4年有期徒刑。

五、以强化业务培训为抓手，推进基层“扫黄打非”综合执法

4月份，省委宣传部拨出专款，举办了全省“扫黄打非”干部培训班，对全省各市“扫黄打非”办主任、部分县的领导小组组长，以及省、市文化行政执法部门负责同志进行了业务综合培训。同时，根据基层工作需要，继续办好“扫黄打非”简报《学习专刊》。编发了《网上“扫黄打非”的组织与实施》《怎么做好“扫黄打非”的协调工作》《“扫黄打非”需要发扬八种精神》等学习教材，为基层开展“扫黄打非”工作，提供了业务支持。我办还重视抓好“扫黄打非”的环境营造和舆论宣传。4月20日，牵头组织了迄今全省最大的非法出版物销毁行动，共销毁盗版音像、图书制品110余万件。副省长、省“扫黄打非”领导小组第一副组长谢广祥到场并发表重要讲话。在“五四”前后，在全省大、中学生中组织百万学子抵制盗版签名活动。汶川大地震发生后，省“扫黄打非”办组织民营文化、出版企业开展“心心相连，战胜震灾”捐款活动，据不完全统计，全省民营文化企业共捐款46.3万余元。同时，在全省行政执法人员中，部署开展了宣扬抗震救灾精神，做好“扫黄打非”工作活动。组织了全省性的“扫黄打非”现状研讨征文活动，共收到征文64篇，编辑出版了《征途拾贝——安徽省“扫黄打非”论文选》一书，同时，完成了2006年工作年鉴编写工作。围绕奥运“扫黄打非”保障行动，策划了“文明经营我争先，奥运保障做贡献”活动，组织全省文化、出版经营户踊跃参加“迎奥运、反盗版”活动。在媒体宣传上，我办今年集中组织了2008年上半年查处侵权盗版案件的宣传，全省奥运文化保障行动的宣传和建设合肥地方戏剧音像一条街的宣传。

领导讲话

在全国第21次暨省“扫黄打非”电视电话会议上的讲话

安徽省副省长、省“扫黄打非”领导小组第一副组长
任海深

全国第二十一次“扫黄打非”电视电话会议全面部署了今年的“扫黄打非”工作，刘云山同志发表了重要讲话。我们一定要认真学习，深刻领会，抓好落实。刚才，我们隆重表彰了全省2007年度“扫黄打非”工作先进集体、办案有功集体和先进个人，在此，我们向受表彰的先进集体和个人表示热烈的祝贺！向辛勤工作在“扫黄打非”战线上的全体工作人员表示亲切的慰问和衷心的感谢！下面，就贯彻全国会议精神，我讲几点意见。

一、2007年“扫黄打非”工作成效显著

去年，在省委、省政府的正确领导下，我省认真落实全国、全省“扫黄打非”行动方案，紧紧围绕迎接党的十七大胜利召开，守牢“三条底线”，围绕保护知识产权和维护民族创新能力，以反“盗版天天行动”为平台，切实加强文化出版市场日常监管，开展一系列专项治理行动，清市场、净网络、端窝点、查大案，较好地完成了工作任务。据统计，2007年全省共出动执法检查人员8.7万人次，检查店档摊点6万多个，查缴非法出版物154.6万件，其中收缴非法书刊44.9万册，盗版光盘94.1万盘，电子出版物14.8万件，查办各类重大案件262起。回顾2007年“扫黄打非”工作，我觉得有以下五个鲜明特点。

一是全省“扫黄打非”领导体制和工作机制进一步强化。省委、省政府高度重视“扫黄打非”工作。多次对全省“扫黄打非”工作进行部署、调研，加强工作指导。各市、县党委、政府和省直各有关部门对“扫黄打非”工作的组织和领导更加有力。全省的工作机制和制度建设更加完善，工作覆盖面有新的拓展，手段更加丰富，群众认同度不断提升，社会影响力更加广泛。

二是始终保持打击非法出版活动的高压态势，文化、出版市场明显净化。去年，全省“扫黄打非”部门以“反盗版天天行动”为平台，先后组织开展了“扫黄打非”春季战役和夏季战役，严厉打击非法出版活动专项行动，以及治理“四假”（假报刊、假记者、假记者站、假新闻）行动；依法开展了打击网络淫秽色情活动专项行动，和全省印刷复制业大检查活动。这一系列专项治理行动，使全省文化、出版市场明显净化，得到了全国“扫黄打非”办公室和国家有关部门的充分肯定和较高评价。

三是狠抓大要案查处，文化出版案件侦破率大幅上升。去年是我省通过大要案的查处，对非法出版批售活动打击最严厉的一年，也是办理刑事案件最成功的一年。全省共查处文化出版各类重要案件262件。其中有不少是大案，如合肥市“3·20”盗版音像窝点案，查封盗版光盘等非法音像制品经营点和仓库5处，查缴盗版音像制品40余万张；蚌埠“7·14”重大盗版图书批售案，查缴盗版书刊7万余册；阜阳“8·28”特大盗版书刊印刷批售案，查缴盗版图书23万余件。目前，已被公安机关拘押、逮捕的涉案犯罪嫌疑人共13人。此外，假报刊《中华旅游报》被取缔查封。

四是强化网络公共服务终端管理，网吧业的管理和发展再上新台阶。一是5月份召开了全省首次网吧管理经验交流会，部署实施全省网吧实

时监控系统建设的方案。经过7个月的努力，全省除一个市的城区正在建设外，其他各市视频实时监控系统已全部建成联网并投入使用。二是加强对黑网吧的查处。由省工商局牵头，全省普遍开展了对已取缔“黑网吧”的“回头查”工作。共取缔黑网吧289户，查扣非法经营活动的电脑1660台。三是根据中央十部委的部署，在全省开展了打击网络淫秽色情专项行动，关闭了一批非法网站和侵权盗版的违法服务器，查封、删除了一批非法内容或色情内容的网页和内容敏感影片。

五是全方位开展舆论宣传，支持“扫黄打非”的工作氛围更加浓厚。一是认真组织好典型宣传，每季度推出一个“扫黄打非”典型。二是发挥新闻媒体的导向作用，多层次、全方位地向社会宣传“扫黄打非”的工作信息和成果。三是运用群众喜闻乐见形式，开展“扫黄打非”宣传活动。四是拓展宣传渠道。在省通信管理局支持下，省扫黄办向1430余万手机用户，分4次发送了“扫黄打非”宣传口号和举报电话。

总结2007年的工作，我们对“扫黄打非”斗争的规律和工作经验的认识更加深化。概括起来主要有4条：第一，要做好“扫黄打非”工作，必须形成各级党委、政府统一领导，各级“扫黄打非”领导小组及其办公室组织协调，各地区联防协作，各部门齐抓共管，广大人民群众积极参与的领导体制和工作机制。第二，要把“扫黄打非”工作落到实处，必须坚持属地管理和“谁主管、谁负责”的原则，层层落实责任制。第三，要推动“扫黄打非”工作不断深入，必须以查办案件为突破口，综合运用经济、行政和刑事等多种手段、依法严惩违法犯罪分子。第四，要使“扫黄打非”工作获得广大人民群众的理解和支持，必须保持舆论强势，坚持教育与惩治相结合，做好政策法规服务，提高从业者守法经营的自觉性，和广大群众的认知度。这些来自以往和去年工作实践的宝贵经验，是全省“扫黄打非”战线全体同志汗水和心血的结晶、智慧和实践的凝聚，对我们新一年的工作，以及今后的“扫黄打非”斗争，都具有重要的借鉴意义。

二、2008年“扫黄打非”的主要工作任务

2008年，我省“扫黄打非”工作总体要求是：全面贯彻党的十七大精神，深入落实科学发展观，继续以“反盗版天天行动”为平台，保护知识产权，加强日常监管，开展专项行动，坚决查缴非法出版物，扫除淫秽色情等文化垃圾，打击侵权盗版行为，查处非法报刊制售活动，清除网络有害信息，加强网吧管理的长效机制建设，为全面建设小康社会，促进我省文化大发展大繁荣创造良好环境。

2008年的主要工作任务有以下五项：

（一）坚决封堵和查缴各类非法出版物

严厉打击非法出版物及其非法制售活动，是“扫黄打非”工作的重中之重。要时刻保持高度警惕，始终采取高压态势，坚决封堵和查缴传播政治谣言、攻击党的领导、制造思想混乱、误导群众情绪、破坏社会稳定、危害国家统一、煽动民族分裂、诬蔑社会主义制度的非法出版物和“法轮功”等邪教组织宣传品，严防境外政治性出版物流入境内，严禁境外出版物在境内非法印制和销售。严密封堵利用互联网和网络公共服务终端传播的政治性有害信息，做到监督到位，不留死角。在今年全国和省“两会”召开前后，要组织一次查堵非法出版和销售专项行动。

（二）坚决查处非法报刊制售活动

第一季度，要继续加强对“四假”的治理行动。坚决取缔假冒伪造国内刊名刊号或无刊号出版的报刊、利用境外注册刊号在境内非法出版的报刊，以“一号多刊”形式非法出版的报刊，利用广告印刷品非法出版的报刊和未经批准擅自从境外进口的报刊。重点查处非法时政类报刊、非法法制类报刊、非法生活类报刊、非法故事类报刊、非法军事类报刊和非法外文报刊。

（三）坚决打击侵权盗版行为

要加强知识产权保护，做到打击侵权盗版天天有行动、天天见成效。要加强对图书、音像和计算机软件制品集中经营场所及批发、零售、出租、放映单位的日常监管，继续深挖盗版制品的生产、仓储窝点。全面开展印刷、复制业治理，严禁组织征订、使用盗版教材教辅和其他读物。要更加有力的整治销售非法出版物的游商地摊。全省从4月至6月，组织对印刷、复制和运输环节为重点的专项整治，进一步提高全省印刷、复制业的管理水平。强化对铁路、公路、水运、航空、邮政等运输环节的检查力度，有效切断非法印刷、出版的流通渠道。省“扫黄打非”领导小组在“4·26”世界知识产权日统一举办全省非法出版物销毁活动。

（四）坚决扫除淫秽色情、封建迷信等文化垃圾

这是保护青少年健康成长，净化社会风气，弘扬社会主义先进文化的必然要求。要严厉打击和查缴宣扬淫秽色情、凶杀暴力、封建迷信等不良思想的书刊、音像制品、电子出版物、游戏软件。一经发现传播淫秽色情等有害信息的窝点和网络，要严厉查处，从重打击，决不姑息。结合保护未成年人健康成长，从6月至10月中旬，全省集中开展以迎奥运、净化全省文化环境为主题，以扫除淫秽色情、封建迷信等文化垃圾为重点的专项行动。

（五）坚决清除网络有害信息

要加强网络信息监控，对境外网站刊登的有害信息要及时予以封堵；对省内网站刊登、链接的有害信息要责令其立即删除。网监部门要完善技术过滤措施，对有害信息做到早发现、早处置。对利用互联网、声讯台、手机短信、互联网上网服务经营场所及其他公共服务终端传播各类有害信息的行为，利用网络销售非法出版物的行为和网络侵权盗版案件，一经发现，坚决查处。要在全省网络公共服务终端推广影视、音乐正版化，严查以“私服”、“外挂”方式运营非法影视、游戏软件的行为。要持续深入整治“黑网吧”，抓好未成年人健康上网布点试点工作，继续开展绿色网吧评选活动，大力推进文化、出版业管理行业自律，适时成立全省网吧行业协会。

各市、各有关部门可根据上述任务，结合本地、本部门实际，有针对性地组织开展其他专项行动，创造性地解决文化和出版物市场存在的突出问题。

三、几点工作要求

（一）要加强组织领导

各级党委、政府要将“扫黄打非”斗争列入重要议事日程，及时研究解决“扫黄打非”工作中遇到的重大问题。各级“扫黄打非”工作领导小组组长、副组长要切实履行职责，对重大行动亲自指挥，做到领导到位、责任到位、措施到位、保障到位。各级党委、政府要将“扫黄打非”工作作为评选文明城市、文明社区、文明单位和检验平安建设、社会治安综合治理成果的重要指标，做到统一部署，统一考评。要不断拓展“扫黄打非”工作的覆盖面，将“扫黄打非”工作延伸至农村乡镇和城市社区。要坚持属地管理的原则，落实地区和部门责任制。对“扫黄打非”工作不力、产生严重后果的，除追究主要负责人和有关责任人的责任外，在相关创建活动中实行“一票否决”。已经开展文化市场综合执法体制改革的市、县，要将“扫黄打非”作为当地文化市场执法的首要任务。

（二）要加强部门协调

各市、各有关部门要按照“属地管理”、“谁主管、谁负责”的原则，根据《安徽省“扫黄打非”工作责任制度》的分工，各司其职，高标准组织实施牵头负责的“扫黄打非”工作任务。各部门之间要密切协作，形成合力，做到属地管理与部门管理相衔接、主管部门与协管部门相配合。各级“扫黄打非”办公室要强化部署、协调、检查、指导、督办的职能，确保各项任务落到实处。

（三）要加强查办大案要案

要坚持“彻查、彻究、彻办”原则，充分运用好现行法律、法规，严厉查处重大案件，针对“扫黄打非”斗争中出现的新情况、新问题，适时调整案件查办策略，将生产、储运、批销等中间环节作为突破口，向上追源头、向下挖窝点，案件线索指向哪里，案件就查办到哪里。进一步

完善案件督办机制和案情通报制度，对重大案件要加强协调，跨市、县案件要密切配合。要重视行政执法与刑事司法的有效衔接，依法运用刑事手段打击违法犯罪分子。进一步完善举报和举报奖励制度，省、市都要公布“扫黄打非”部门举报电话。

（四）要加强综合执法

各市要统筹文化、新闻出版、公安、工商、城管等部门力量，形成有效的联合执法工作机制。要科学处理文化发展繁荣和加强文化市场管理的关系，积极创新“扫黄打非”工作体制机制、方式方法，提高依法行政水平，结合深化文化体制改革，做到管理和繁荣两手抓，两促进。要不断增加“扫黄打非”工作科技含量，采取新的技术监管措施。要积极探索运用信息网络系统，管理行政执法和案件查办工作。要深入研究平面和网上“扫黄打非”的工作规律，建立联合工作机制和长效监管机制。

（五）要加强舆论宣传

“扫黄打非”工作是意识形态领域的尖锐斗争，是一项公益性很强的社会事业，需要广大人民群众的理解和支持。2008 年是我国改革开放 30 周年，是北京奥运会举办年，也是全国开展“扫黄打非”斗争 20 周年。要以此为契机，大力宣传我省“扫黄打非”工作的重大成果，大力宣传做出突出贡献的地区、单位和个人；推出一批发展势头好的国有和民营文化产业典型；曝光一批“扫黄打非”重大案件。各新闻媒体要灵活运用多种形式，为“扫黄打非”工作营造良好的舆论氛围。要重视和加强网络信息宣传，省“扫黄打非”办公室和中安网要联合创办安徽省“扫黄打非”网页，加大网络对外宣传力度，进一步树立我省保护知识产权的良好形象。

（六）要加强队伍建设和工作保障

要重视加强“扫黄打非”队伍建设。各级“扫黄打非”领导小组办公室作为常设机构，要进一步完善、充实，确保发挥其职能作用。要加强“扫黄打非”队伍的思想、组织和作风建设，加强对执法人员的法律法规和业务知识的培训，努力造就一支政治强、业务精、守纪律、能战斗的队伍。要关心战斗在“扫黄打非”一线的同志，切实帮助他们解决在工作和生活中遇到的实际问题。要加强物质保障。“扫黄打非”经费要纳入同级财政专项预算，对“扫黄打非”斗争装备和办案所需经费要予以重点保障，实行专款专用。经费投入要视当地经济发展水平，按比例逐年增加，逐步改善“扫黄打非”执法队伍的装备、技术和办公条件。

同志们，我们要以这次会议为契机，精心组织，狠抓落实，务求实效，确保全省文化和出版市场繁荣健康有序，为我省全面建设小康社会和社会经济的全面进步，为全省社会主义文化大发展大繁荣作出新的贡献。

2008 年 1 月 17 日

在省“扫黄打非”领导小组第二次工作会议上的讲话

安徽省委宣传部常务副部长、省“扫黄打非”领导小组副组长
叶文成

刚才，省“扫黄打非”办公室负责同志就上半年工作情况和下一阶段重点任务作了简要汇报，特别就全省奥运期间组织文化、出版市场综合检查工作作了安排。对此，我都赞成，希望各成员单位结合实际，认真抓好落实。下面，我讲三点意见。

一、提高认识，深刻理解做好当前“扫黄打非”工作的特殊意义

党中央和省委历来高度重视“扫黄打非”工作，近年来作出了很多重大决策部署，采取了一

系列政策措施，有效地净化了社会环境，促进形成了积极健康的文明风尚。最近，中央相继召开了各省、区、市主要负责同志会议、全国宣传部长会议、全国处理信访突出问题及群体事件工作会议、全国“扫黄打非”办主任会议等。这些会议的一个共同重要议题，就是办好北京奥运会，做好相关保障工作，并对做好“扫黄打非”工作提出了明确要求，进行了全面部署。我们一定要按照中央要求，始终保持清醒头脑，充分认识做好“扫黄打非”工作的特殊意义，切实增强自觉性和责任感，确保完成这项极其严肃的政治任务。

1. 加大“扫黄打非”工作力度，是强化对敌斗争、确保奥运成功举办的迫切需要。举办奥运会是中华民族的百年期盼，是我国对国际社会作出的庄严承诺。仅就我省看，中央严令查缴的非法出版物、“法轮功”宣传品屡有发现。另外，按照奥运会惯例，奥运期间有关部门将在奥运场馆、奥运村等驻地设立境外报刊经营场所，为运动员、教练员、体育官员提供服务，境外报刊进口数量频次将明显增加，其中刊载有害信息的报刊也将会向京外的市场扩散。可以说，举办北京奥运会既为我国提供了让世界深入了解中国的机遇，也使我国面临一些境外媒体借机加紧思想文化渗透，与我争夺人心的巨大压力。为确保举办一届“有特色、高水平”的奥运会，我们要“强化文化安全意识，深入开展“扫黄打非”斗争，确保文化、出版市场的安全健康。

2. 加大“扫黄打非”工作力度，是解决当前出版物市场突出问题、维护国家良好形象的迫切需要。当前我省出版物市场的总体态势是好的，但是也要看到存在的问题十分突出：城市贩卖盗版光盘的游商和无证照经营行为严重回流；少数正规音像店出售、复制经营盗版制品；少数书报刊零售点公开出售非法报刊，少数印刷企业违规或非法印刷活动也屡禁不止。这些情况如不及时查处而被利用，就有可能在奥运会期间形成负面舆论，损害我国和我省的对外形象，对于这一点，必须引起足够重视。

3. 加大“扫黄打非”工作力度，是营造奥运氛围、优化文化环境的迫切需要。奥运会是当今世界规模最大、覆盖面最广的综合性体育盛会。成功举办北京奥运会，有利于普及奥林匹克运动，弘扬奥林匹克精神，推动奥林匹克运动健康发展；有利于增进我国人民同世界各国人民的了解和友谊，促进中外交流与合作；有利于展示我国经济社会发展伟大成就，增强民族自信心和民族凝聚力。良好的文化环境是成功举办奥运会的重要条件，而营造积极健康、文明向上的文化环境，“扫黄打非”工作具有不可替代的重要作用。这就必然要求我们依法加大对歌舞娱乐场所，音像、图书销售场所，网络服务场所，报刊零售场所的监管力度，坚决杜绝文化娱乐场所藏污纳垢，坚决杜绝重大文化、出版事件，积极提供健康的文化产品和服务，引导广大干部群众弘扬美德，崇尚文明，自觉维护安定团结，以实际行动支持奥运、参与奥运，形成全民同心同德办好奥运的良好风尚。

总之，我们要深刻认识做好当前“扫黄打非”工作的极端重要性，进一步把思想和行动统一到中央和省委的要求上来，自觉按照省委、省政府办公厅转发的《2008年“扫黄打非”行动方案》安排，全力做好各项工作，努力为成功举办北京奥运会尽心尽责，为树立中华民族的良好形象增色添彩。

二、突出重点，深入推进“扫黄打非”工作

“扫黄打非”斗争点多线长、内容繁杂，奥运会期间的工作任务更是千头万绪、异常繁重。我们既要注重日常、顾及全面，更要突出重点，抓住关键，集中力量，确保在重大问题上万无一失。下半年特别是奥运期间要突出抓好以下三个方面的重点工作：

1. 继续把清除非法出版物作为重中之重。按照中央和省委要求，对非法出版物必须防止流入境内、防止省内印制、防止通过互联网传播，做到联合封堵、露头就打。要进一步加强对境外有害出版物的封堵，严格执行有关出版物进口管理规定，以及对出境旅游、海关、邮递、互联网、省内印刷复制、出版物市场等各个环节的管理要求。要加大对非法出版销售案件的侦控、起诉和审判力度，开展以清除非法出版物为重点的市场检查，整顿印刷复制行业。特别要教育和重申党员和国家公职人员不得购买、携带、传播非法出版物，情节严重的给以党纪政纪处理。要进一步加强互联网监管，及时封堵删除有害信息。奥运期间，省内有关进口企业要加强对进口报刊的审读，如发现重要问题及时报告，坚决防止外流造成负面影响扩散。

2. 严厉打击各类侵权盗版活动。文化、新闻出版、公安、工商、城管等文化执法部门要通力协作，大力查缴各类盗版书报刊、音像、电子出版物及计算机软件，严厉打击侵权盗版出版物走私活动。要不间断组织市场检查，严厉查处正规经营者经营盗版行为，取缔销售盗版制品的无证照经营者和游商走贩，坚决遏制侵权盗版出版物反弹的势头。奥运前，要着力解决两个问题：一是“扫黄打非”工作中可能存在的“死角”。各市尤其是合肥、芜湖、蚌埠、阜阳、安庆、黄山等重点城市，黄山、九华山、琅琊山等重点旅游景点，要对交通枢纽、繁华街区、宾馆饭店等重点部位，出台有针对性的措施，责任到位，消除“死角”。二是全面强化对非法销售出版物的打击。省建设厅、省工商局要负总责，其他部门积极参与，严格清理销售盗版出版物的游商地摊和无证照经营行为。对违法违规印制经营出版物的问题，省新闻出版局要进一步采取有力措施加以治理。要严肃处理一批印制盗版出版物的正规厂家，严肃处理一批销售非法及盗版图书、音像制品的经营门店，旗帜鲜明地坚决打击各种形式印刷、销售侵权盗版非法出版物的活动。

3. 全面加强网吧管理。近两年全省网吧管理有了很大改观，特别是对“黑网吧”的打击，成效十分明显。但是，一些顽症仍需强化治理。比如：接纳未成年人，提供盗版影视作品浏览，甚至放任上网者浏览有害信息、黄色网页的情况都时有发生，有的网吧消防安全措施落实也不到位。文化、公安、工商等部门要进一步加大管理力度，加大科技监控力度，加大打击“黑网吧”的力度。要以全省“绿色网吧”评比为抓手，树立守法经营典型，以筹建省、市网络文化服务业协会为契机，推进行业管理自律，以依法严管为标准，全面落实好国家、省对网吧业管理的各项规定。北京奥运会期间，凡盗版奥运体育、文化节目进行经营的网吧，凡提供有害信息和侵权盗版作品的网吧，一经发现，严肃处理，直至吊销营业执照。同时，要教育网吧业主，提高安全意识，防止别有用心的人搞恐怖活动。公安、消防、文化要全面检查各娱乐场所的安全情况。北京奥运会期间正逢盛夏，要特别重视防火和突发事件的人员疏散，凡防火安全达不到标准的，要坚决停业，不达标准，不准重新经营。要努力通过北京奥运会有利时机，切实把我省网吧业管理和发展推向一个新的阶段。

三、求真务实，努力提升“扫黄打非”工作水平

做好“扫黄打非”工作，不仅关系到北京奥运会的成功举办，也关系到党和国家的工作大局，关系到中华民族的国际形象。各地、各部门一定要切实加强组织领导，改进方式方法，求真务实，真抓实干，扎扎实实地推动“扫黄打非”工作上台阶、上水平。

1. 要进一步构建“扫黄打非”工作的新格局。各地、各部门要从依法行政、科学行政入手，改进工作作风，增强责任意识，大局意识，进一步健全完善党委、政府统一领导，各级“扫黄打非”工作领导小组及其办公室组织协调，各地区联防协作，各部门齐抓共管，广大人民群众积极参与的领导体制。各地“扫黄打非”办公室要充分发挥在文化执法中的指导、协调、督办作用，各成员单位要进一步健全和落实责任制、责任追究制度和考核奖惩制度。省里将把北京奥运期间“扫黄打非”工作成效，作为全年“扫黄打非”工作、精神文明建设工作、社会治安平安建设工作考核的重要指标，对严重失职，造成文化、出版市场问题突出，文化、出版秩序混乱，社会影响恶劣的地区、部门和单位，实行“一票否决”。

2. 要进一步提高“扫黄打非”工作的绩效性。各地、各部门要广泛开展舆论宣传，综合运用经济、行政、技术和法律等多种手段，预防打击文化、出版违法犯罪活动。要积极推进和深化文化出版市场管理综合执法，各地工商部门对无证照违法经营者要进行严厉处罚；公安部门要到现场处理重大案件；城管部门要及时、有效解决市场监管的热点难题。要推动行政执法与刑事打击的有机衔接，提高打击的威慑力。要不断加大技术投入，利用计算机、网络等辅助手段，提升科技监管水平，增强“扫黄打非”工作效率。

3. 要进一步夯实“扫黄打非”工作的基层基础。各地、各部门要进一步完善和拓宽“扫黄打非”情报信息来源，加快形成省、市、县区、街道、乡镇综合信息上传下达体系。要推动“扫黄打非”工作向基层延伸，发挥街道、乡镇、文化站、基层各类协管员的积极性，在当地党委、政府领导下，及时解决本辖区文化、出版市场存在的问题。要积极探索网上“扫黄打非”的工作规律，巩固和健全网上“扫黄打非”联合工作机制。省、市、县都要加强对基层“扫黄打非”工作的检查指导，特别是省、市“扫黄打非”领导小组成员单位要统筹协调，实施集中的、有重点的工作检查，使全省“扫黄打非”工作的基础更加扎实、成效更加显著。

同志们，奥运期间的“扫黄打非”工作意义重大、使命光荣。我们要以临战、决战的姿态，迅速行动起来，大力发扬抗震救灾精神，以更加昂扬饱满的热情、更加积极有为的姿态、更加扎实细致的作风，全力以赴做好各项工作，为北京奥运会成功举办作出应有的贡献！

2008年7月8日

2008年“扫黄打非”大案要案综述

安徽省“扫黄打非”办

今年，安徽省“扫黄打非”以查处大要案件为突破口，依法追究当事人刑事责任，震慑违法犯罪活动，有效地保护了知识产权。

1. “1·03”合肥非法图书盗版窝点案。元月3日，省和合肥市联手，在合肥市瑶海区某地，收缴盗版图书20万册，合计码洋252万元。

2. 芜湖市刑事判决3名经营音像制品案犯。在省委政法委、省“扫黄打非”办公室督导下，6月11日，芜湖市镜湖区法院集中判决了3名音像制品盗版案犯有期徒刑2至4年。全国“扫黄打非”办对这一宣判专发了快报。

3. 阜阳市刑事判决7名非法出版案犯。在省“扫黄打非”办公室督导下，7月31日，阜阳市依法判决非法出版案，7名经营户分别获1—3年有期徒刑。

4. 淮南市查处批售非法小报小刊窝点案。淮南市集中开展非法小报小刊清理行动，8月6日，现场查扣送报车一辆，查扣涉嫌非法小报1600多份，同时暂扣了该窝点2006年元月至2008年7月的发行登记簿、账簿、票据100多本及电脑主机1台。

5. “8·26”合肥非法出版物批销案。8月26日，在合肥市一举端掉两个非法出版物地下批销窝点，查缴涉及色情淫秽、封建迷信等各类非法出版物875余种，3万余册。

6. 侦破“精英数据”传奇网络游戏侵权案。8月9日，省市联动，在六安市破获一起网络游戏侵权案，查缴私服游戏服务器300余个，销售金额100余万元，非法牟利20万元。省“扫黄打非”办全年共接到举报42起，接到全国“扫黄打非”办转办案件21起，配合兄弟省办案7起，除全国“扫黄打非”办11月10日后转来的案件外，均已结案。

2008年“扫黄打非”大事记

安徽省“扫黄打非”办

1月17日，省“扫黄打非”领导小组在合肥召开2008年“扫黄打非”工作电视电话会议，会议总结去年和部署了今年我省的“扫黄打非”工作，表彰了全省2007年度“扫黄打非”先进集体、先进个人和办案有功集体。

1月17日，在全国第21次“扫黄打非”电视电话会议上，安徽省“扫黄打非”办被评为2007年度全国“扫黄打非”先进集体，受到全国“扫黄打非”工作小组表彰。

为在全国、全省“两会”和春节期间营造一个良好的文化环境，1月10日，省“扫黄打非”领导小组部署2008年第一阶段专项行动。截至到3月31日，我省第一阶段专项行动共查缴非法出版物56.53万件，取缔无证书报、音像店档摊点136个，查办案件37起。

1月3日至4月23日，我省开展了净化省“两会”文化市场、打击非法出版物第一、二战役和整治“假记者、假报刊、假记者站、假新闻”专项行动。

2月13日，出台了《关于进一步加强非法出版物封堵查缴工作的意见》、《安徽省重大侵权盗版案件备报和督办办法》。

3月10日，制定并下发第二届“绿色网吧”创建评选活动的通知。3月26日，制定并下发开展“扫黄打非”理论研究征文活动的通知。

4月17日，省“扫黄打非”领导小组牵头，以省文化厅、省新闻出版局、省工商局、省公安厅、省“扫黄打非”办等部门的名义，起草下发了《全省音像和电子软件市场集中整治实施方案》的通知，开展了为期4个月的全省音像市场集中检查治理。

4月20日，全省17个市分别同时举行了销毁各类侵权盗版非法音像、书报刊、电子出版物活动，共119.138万件。省、市各主流媒体均进行了集中宣传，并在各现场举行了“万人拒绝盗版签名活动”。

为进一步净化文化出版市场，4月22日，省扫黄打非领导小组部署2008年第二阶段专项行动。

6月10日，出台《坚决打击利用交通运输渠道贩运非法出版物的意见》、《关于开展取缔赌博游戏机、整治电子游戏机经营场所的通知》等规范性、指导性文件。

7月8日，接到中央“扫黄打非”领导小组电报《关于开展奥运前30天出版物市场集中清查行动的紧急通知》后，省委常委、宣传部长臧世凯立即作出明确批示：认真贯彻、加大力度、扎实工作、务求实效。副省长、省“扫黄打非”领导小组第一副组长谢广祥批示：请省“扫黄办”按通知要求，细化方案，抓好落实。

7月9日，省“扫黄打非”领导小组召开2008年第二次工作会议。会议总结了我省上半年“扫黄打非”工作，并就我省下半年，特别是北京奥运会期间的“扫黄打非”工作作了部署。会议由省政法委副书记、省“扫黄打非”领导小组副组长马大伟主持。省委宣传部常务副部长、省“扫黄打非”领导小组副组长叶文成在会上作了重要讲话，讲话进一步阐述了做好当前“扫黄打非”工作的重要性，再一次明确了工作重点，对当前“扫黄打非”工作提出了一系列新要求；省“扫黄打非”办公室主任简五一就组织好全省“扫黄打非”暗访检查，作了详细布置。

组织以“迎奥运、维稳定”为主要内容的文化、出版物市场大检查。7月15日起，全省共组织了25个暗访检查组，其中省直组织了8个检查组，共抽调41人，由9名厅和处级领导干部带队，对全省各市和重点县实施40天的全天候暗访检查。

建立了24小时值班制度和全面实行市级“零”报告制度。根据全国统一部署，从7月16日开始，全省各市、县（区）均建立了24小时值班制度和全面实行“扫黄打非”“零”报告制度。省“扫黄打非”办公室明确要求，“零”报告制度实施70天，直到北京残奥会结束。目前，此项工作县、市均有专人负责，落实情况良好。

7月25日，合肥市接到群众举报，端掉了临泉路风景苑两个盗版音像窝点，查获盗版光碟、磁带8万套，2000多个品种，其中包含有近期影响较大的《艳照门》、《士兵突击》等光盘。

我省制定并出台了《阜阳市网吧实时视频监控系统管理制度》，7月份，全国“扫黄打非”工作《简报》专刊转载全文，供全国各地“扫黄打非”办公室参考借鉴。

全国“扫黄打非”工作简报（第060期）发专刊，题为《安徽精心组织六大专项整治行动确保6、7、8三个月“扫黄打非”工作扎实有效》，宣传我省“扫黄打非”工作。

8月6日，安徽省委常委、合肥市委书记孙金龙，安徽省委常委、宣传部长、省“扫黄打非”领导小组组长臧世凯率省、市政法、文化、新闻出版、公安、工商、建设等部门负责同志，冒着高温酷暑，对省城合肥市的文化出版市场进行了全面的检查。

8月6日，省、市联手破窝点，在淮南市现场查扣送报车一辆，查扣涉嫌非法小报1600多份，同时暂扣了该窗点2006年元月至2008年7月的发行登记簿、账簿、票据100多本及电脑主机1台。

合肥市一举端掉两个非法出版物地下批销窝点。8月26日，省、市、区“扫黄打非”领导小组办公室、新闻出版、文化、公安等部门联动，一举端掉藏匿于合浦北村居民区内的两个非法出版物地下批销窝点。

全国“扫黄打非”办公室以《安徽省迎奥运出版物市场集中清查行动扎实深入》为题，发出专题简报（第078期），对我省奥运前30天出版物市场集中清查行动所取得的成绩，给予了充分肯定。

8月26日至27日，组织中央驻皖暨省直有关新闻单位，集中宣传“合肥戏曲音像一条街”在文化管理和产业发展中，顺应音像市场健康发展的趋势，依托农村民间戏曲剧团，引进民间资本，以拍摄、发行安徽特色地方戏曲为主，建立拍摄、制作和发行一体的戏剧音像基地，引导推动戏曲音像市场可持续发展，创造了文化、出版管理与发展有机统一的新鲜经验。得到了全国“扫黄打非”办的首肯。全国“扫黄打非”办以《简报》专刊形式，介绍了合肥通过打造“安徽地方戏曲正版音像一条街”的实践探索“扫黄打非”和实施文化发展战略互为作用的办法和经验。

开展打击非法报刊专项行动。9月29日至11月10日，省“扫黄打非”办协调合肥市新闻出版、文化、公安、城管等部门，对合肥城区报刊市场包括报刊亭、报刊发行公司、零售摊（点）、货运站、广场夜市等重点部位，开展拉网式清查，共出动执法检查人员70余人（次），检查各类店（点）320家（次），收缴《法制时报》、《情感故事》、《法制新网》、《军事报》等非法报刊一批。

10月12日至16日，全国“扫黄打非”工作小组办公室专职副主任李宝中率检查组一行来我省检查指导“扫黄打非”工作，通过实地明查和暗访，在情况反馈中明确指出，安徽的工作使全国“扫黄打非”工作有增色，有深入；从这个意义来说，安徽的成绩不仅涉及安徽，已经涉及对不断推进全国“扫黄打非”工作的深入开展，有深远的指导意义，这是对我省“扫黄打非”工作的肯定、鼓励和鞭策。

10月22日，开展2008年度全省“扫黄打非”先进单位、先进个人和办案有功集体推荐评选活动。

10月23日，通报全省“扫黄打非”理论征文评选结果，省“扫黄打非”领导小组办公室编辑并出版了《征程拾贝——安徽省“扫黄打非”工作论文选》一书。

11月份，我省对各市推荐的“我为奥运作贡献、文明经营我争先”活动先进集体和先进个人共113个进行了全省通报表彰。

11月25日，开展了第二届“绿色网吧”评选活动，通过评优，表彰了40家守法经营、不搞网络侵权盗版的“绿色网吧”。

创新经验

依据科学发展观　管理网吧的调查和思考

安徽省“扫黄打非”领导小组办公室

科学发展观学习教育活动开展以来，为了更好地贯彻落实胡锦涛总书记关于加强网络建设管理的重要讲话精神，依据科学发展观的要求，又好又快地发展我省网吧产业，我省“扫黄打非”办的同志，就网吧行业如何进一步科学处理管理和繁荣的关系，进行了较为深入的调查，并形成了一些不尽成熟的思考。

一、我省网吧业现状和管理特点

我省现有单体网吧约5900家，联锁网吧1家。网吧数量最多的合肥市，现有网吧800余家，最少的池州市仅有89家。微机储存量约40万台，年营业额3亿元，就业人群约2.8万人，纳税2.7万元。

就管理而言，我省网吧业曾是群众诟病，各级人大、政协委员多次提案要求治理的重点。2005年，根据金山、明方同志的批示，省委常委、宣传部长臧世凯同志挂帅，以省“扫黄打非”领导小组为牵头单位，拉开了我省网吧行业整治和严厉打击“黑网吧”的帷幕。4年后的今天，我省网吧业的管理已有长足进步。2007年，全省各级人大、政协会议，没有一项针对网吧管理的提案。问卷调查也显示，群众特别是学校老师对我省网吧管理的现状基本满意。今年9月份，全国“扫黄打非”办专刊介绍了我省网吧管理的经验，并专题报中央政治局。

我省网吧管理的基本特点是：

（一）党委、政府牵头，理顺管理体制

我省网吧管理原状是多头分散，交叉重复，相互扯皮，遇事多头管理，往往形成很大的监管“漏白”。我省分管意识形态的负责同志充分认识到管好网吧的重要性，决定把由多头管理的模式变成由“扫黄打非”领导小组代表党委、政府，一家牵头，分工负责，纳入“扫黄打非”工作内容的新的工作体制，相互配合，综合治理。实践证明，这种体制，发挥了各地“扫黄打非”领导小组协调有力的组织优势，使全省网吧管理纲举目张。从2005年8月，省“扫黄打非”领导小组制定并出台了《安徽省取缔“黑网吧”、整治互联网上网服务场所违规经营的行动方案》，连续4年，年年组织严禁网吧接纳未成年人、严禁网吧私服外挂、侵权盗版、严禁超时经营以及严厉打击有害和黄色信息、取缔“黑网吧”专项行动。同时，省“扫黄打非”领导小组通过较长时间的实践和探索，出台了《安徽省网上“扫黄打非”联席会议制度》、《安徽省网络服务终端管理职责分工》、《安徽省经营性互联网场所管理责任和责任追究制》、《安徽省开展网络游戏市场治理的意见》等文件，涵盖了对网吧、校园内网络终端、宾馆、洗浴中心、电脑培训学校等在内的系列管理，具有创造性、指导性，在全省初步形成了网吧管理的长效机制。

（二）创新监管方式，全力推进行业自律管理

近年来，我省一直把严格管理作为推进网吧业健康发展的基础性环节。一是明确分工，责任到位。各级文化部门负责网吧接纳未成年人和零时后经营的管理；公安部门负责网吧的安全和网上有害信息的监控；工商部门负责对“黑网吧”的打击和取缔；教育部门负责校园内网络终端的正常使用和安全保证；共青团、妇联、学校负责开展青少年正确认识和使用网络的教育；电信管理部门负责管理中的技术保障；“扫黄打非”领导小组办公室负责专项性集中治理行动和网络私服外挂、影视作品侵权的查处。二是不间断地组织整治行动，严管重罚。省“扫黄打非”领导小组今年集中部署了寒假期间全省校园周边网吧和游戏场所治理专项行动，奥运前30天封堵网上有害信息、打击“黑网吧”、加强互联网上网服务场所的整治活动。三是全力推进行业自律管理。去年，我省总结推广了《宁国市开展网吧行业自律管理经验》，目前，全省各市以及大部分县（区）都成立了互联网上网服务业协会，建立起由网吧业主自发组成的违规自律纠察队。省“扫黄打非”领导小组还组织开展了全省绿色网吧评选活动，两届评选共有103家网吧获得省“绿色网吧”称号。自律管理调动了管理者和被管理者双方的积极性，提升了经营业主们的社会自我责任感，使其大多数不仅守法经营、文明经营，而且主动积极为社会公益活动贡献力量。据省扫黄办统计，近年来，全省网吧业主为新农村网络建设捐助电脑1300余台，免费举办下岗人员电脑培训27期。汶川大地震后，全省网吧业主自愿捐出至少1天的营业收入，共计147万余元。四是用高科技手段管理网络。在安装净网先锋、安全隔离卡的基础上，省“扫黄打非”领导小组为进一步加强监管和处理突发事件的时效性、实用性，在全省网吧经营场所内推广设置视频适时监控系统。通过网络摄像和集成传输，可以随时随地监管任何一户在线网吧，查阅任何一台电脑实时开机的内容。这项工作由各市、县“扫黄打非”办公室与当地电信公司合作，采取“谁受益、谁出资、分期付款”的方式，逐步建立了市县乡联网的视频监控系统。网吧视频监控系统建成后，收到了事半功倍的效果。

（三）组织全民参与管理，创造良好社会氛围

我省在网吧管理中，重视发动全民参与。一是发挥学校、家庭和人大代表和政协委员及社会离退休老同志的作用。全省共聘请省、市、县三级网吧和网络服务终端监督员1700余名。监督员不仅举报“黑网吧”，还在各级“扫黄打非”和文化市场管理部门的组织下，深入学校向未成年人宣传远离网吧、健康成长的意义。二是精心组织、积极开展参与有关网络管理的公益性活动。省“扫黄打非”办、教育、文化、公安、工商、文明办、共青团等部门每年在世界知识产权日、寒、暑假到来前，都共同组织“远离网吧从我做起”、“远离有害网络游戏　陶冶健康身心”的主题签名活动。三是向社会公布举报电话，请广大群众和媒体参与监督。省、市、县（区）“扫黄打非”办与各地主流媒体通力合作，确定专人负责。对接到的网吧违规或“黑网吧”经营举报，做到有报必查，有查必果，对署名举报做到件件有答复。对举报事情一时无法查实的，请媒体记者长期暗访，时刻关注，一有线索，追查到底。全省2008年，共查处取缔“黑网吧”314家。

在科学管理的同时，我省网吧产业也获得了良好的发展空间。从2005年算起，4年间全省百台以上电脑的网吧新增60%。全省最大的淮南市飞宇网吧，已经拥有3000余平方米营业面积，单机超过600台。在2007年全国网吧200强评选中，合肥市有10家入选。此外，我省网吧业态的服务范围不断充实，网吧产业增值率继续提升。

二、我省网吧业的未来发展及思考

我省的网吧产业管理与发展，在创新管理体制和方式后，虽然近年管理手段明显进步，发展步伐健康稳健，但按照科学发展观的要求，要又

好又快实现由文化强省向文化大省跨越的目标，网吧产业的管理与繁荣还面临着不少课题，需要我们一一破解。

（一）我省网吧产业总量偏低，亟待“松绑”前行

目前，全国网吧年总产值约128亿，我省仅占约3%，在华东地区无论是网吧数量还是单台总量，均处在低位。全国网吧发展最快的广东省东莞市常住人口约180万人，流动人口约500万人，网吧达1100余个，单机总台数约10万台，是我省网吧数量的1/5，单机台数的1/3。细究我省网吧产业总量偏低的原因，主要有三：一是因经济与发达地区有差距，基本是民营的网吧业资本投入不足；二是政策过严，影响了网吧产业的连锁发展。截至目前，我省仍仅有联线一家连锁网吧在运营；三是管理部门的思想迟滞，对网吧的负面认识过重，甚至停止准入，阻碍了网吧产业的正常发展。同时，却派生出大量自觉按《互联网上网服务营业场所管理条例》在运营的“黑网吧”。这些“黑网吧”经营规范，规模较大，甚至单机电脑达百台以上，群众需要，却无法领到网络文化经营许可“身份证”，又给规范管理增加了新难题。

（二）我省网吧产业业态层次低，急需扶持前行

通过网络进行思想、文化交流，是当今社会精神生活的趋势。网吧作为网络的公共服务场所，它的公众性、社会性是其他任何网络终端所无法取代的。国际国内的顶级网吧，目前已经成为人们享受文化、社会交际的主要场所。据资料记载，从服务内容上看，网吧可以为人们提供许可上载的影视作品、文字作品、游艺活动、人文和自然知识、现实式虚拟人际交流，以及网上购物、会议、查询、旅程预定、食宿行等与人们生活直接相关的服务。但我省绝大多数的网吧仍停留在主要提供新闻、游戏和提供部分影视作品的“初级阶段”。提供三种以上服务的网吧，仅在合肥、蚌埠、淮南市存在。我省5900余家网吧中，尚无一家可以提供视频会议功能。从单机台数看，像芜湖这样快速成长的商业城市，竟没有一家超过300台电脑的网吧。全省入围第二批“绿色网吧”的名单中，单机超过200台的，仅占13%。

（三）我省网吧产业受冲击大，急需强化对网络文化的综合管理

第一，是经营环境恶化，具体表现在劳动力成本上升，网吧硬件换代提速，使经营成本增加；第二，是以各种电脑培训班名义开办的地下网吧、校园内自办的经营性网吧，甚至政府投资办的诸如安徽农网、先锋网等终端，没有纳入管理范围，实际上成了公开的“黑网吧”。这些网络服务终端，严重冲击了正常的网吧经营秩序；第三，网吧经营违规出现了新情况，一些违规网吧向网民低价提供侵权盗版影视作品，不仅侵犯知识产权，而且造成了从业者的不平等竞争，致使守法经营的网吧盈利率下降。第四，在物价普遍上涨的情况下，我省电信部门的入网费从今年元月份起已提高了70%至100%，但全省网吧一直无法也不敢提价。这些因素，已造成一批单机台数较少的网吧倒闭或转让。据合肥市文化市场管理办公室统计，合肥今年网吧总数约减少20家。

面对我省网吧产业的现状，怎样科学破解当前管理与发展上的新瓶颈？

（四）科学发展网吧产业必须科学认识管理与繁荣的关系，切实树立管理是手段、是服务，健康繁荣是目标的工作理念

网吧作为网络的社会载体，是把双刃剑，这是不争的事实。但相当的群众，更重要的是相当的管理者，对网吧、网吧经营业主认识不端正，视其为潘多拉的盒子，生怕发展网吧产业是把魔鬼放出来。因此，在管理上过分强调有序，在发展上设置障碍，特别是当个别网吧出现安全事故后，更是草木皆兵，把“不出事”作为管理网吧的目的。据说是根据国家文化部的要求，我省去年至今竟没有批准一家新网吧开业。这种管理理念如果不转变，我省网吧产业的发展状况不会有机遇，市场的需求不能得到释放，“黑网吧”受

市场需求使然，会打而不死，越来越多。故此，建议各有关网吧管理部门，要加快全省网吧规划布局的步伐，尽快打破条条框框的束缚，以满足人民群众的基本网络文化权益为第一目标，大胆、坚决而有序的放开我省网吧产业市场。

（五）科学发展网吧产业必须勇于探索，创新政策，促进协调、有序、繁荣

调查所知，2007年至2008年，各市招商引资项目上，共有5家外资要投资我省网吧产业。由于对外投资网吧业该如何办、如何管，出现政策空白，相关部门、相关市不敢准入，致使原拟投资阜阳、滁州网吧业的数百万美元，无法落地。在乡镇网吧业建设上，也由于缺少倾斜，政策上封死了“门”，我省约2/3的乡镇没有为群众服务的正式互助网上网营业场所，造成城乡网吧产业的数量和质量差异巨大，很不协调。故此，我们要又好又快发展网吧产业，把社会效益和经济效益统一起来考虑，促进管理与发展相辅相成。当前，可以考虑把允许外资进入我省网吧产业市场，把扶持和发展主要为农村、农民服务的乡镇网吧，作为统筹做大做强我省网吧产业的重要着力点之一。在允许外资投资网吧产业的问题上，如果考虑“稳”一些，可以先从网吧与其他相关文化产业的复合经营入手。近期，我省唯一的连锁网吧——联线网吧正在和省电影公司洽谈租用其场所，开办网络电影院。这不仅是我省网吧产业的新业态，而且代表了今后文化消费的新模式。各相关部门应当大力支持，力争早日促成。同时，倡导外资在这种复合型文化业态中，涉足网吧产业，也可从中探索总结管理和发展网络文化的新经验。至于乡镇网吧业发展，可以结合党的十七届三中全会精神的深入贯彻，考虑在全省乡、镇至少要批准建设一个。当然，这一切的前提是，我们必须解放思想、实事求是，勇于探索，创新政策，必须有科学改革的精神和大胆开放网吧产业的勇气，必须强化网吧管理新机制的健全与涵盖。唯如此，网吧业的发展资金才有新来源，网吧产业城乡布局和管理才会做到管理与繁荣相得益彰，较协调，较有序。

（六）科学发展网吧产业，必须坚持以人为本，充分调动两个积极性

网吧产业繁荣与管理不可分开，从管理者而言，要寓服务于管理，前提是服务；从产业经营者而言，要寓发展于自律，自律促发展。两者互为依托。能动的“人”是二者的共同载体。因此，科学管理和发展网吧产业，必须坚持以人为本。我省以往的网吧管理经验也证明，调动人的积极性，管理与发展才会规范、有序。当前，全省网吧主要是抓“钢性”管理程序落实得较好。比如：上网要登记、网吧不准抽烟、不准浏览黄色网页、未成年人不准进入等。但对弹性大的管理内涵，离开经营者的自觉，就难度大、效果差。比如：影视作品在网吧内的侵权，仅2008年，我省合肥、芜湖两市就有32家网吧被中凯文化传媒有限公司告上法庭。因此，网吧行业要科学发展与管理，就要在不断创新管理方法、加强科技监管的同时，充分信任经营者合法经营的觉悟，尊重经营者自我约束，自我完善，自我发展，是网吧行业的管理与发展最根本的以人为本。离开了经营者自觉管理、自我发展的热情，网吧产业是不可能在健康和繁荣两者之间协调前行的。由此顾及我省近年来狠抓网吧行业的自律管理思路应当肯定是正确的。今后，在科学发展观的指导下，我们应当在自律的问题上，进一步加强对网吧业主守法经营的法律法规教育，进一步发扬全省网吧业主的首创精神，进一步推行行业自律管理以民主管理为主的监管模式，继续调动两个积极性，推进我省网吧产业做到又好又快健康发展。

（赵世对　简五一）

顺势而为 探索前行

——合肥市“安徽地方戏曲音像一条街”建设的经验调查

安徽省暨合肥市“扫黄打非”领导小组办公室

2008年8月6日，省委常委、合肥市委书记孙金龙和省委常委、宣传部长、省“扫黄打非”领导小组组长臧世凯，对合肥市文化市场进行“迎奥运、维稳定、反盗版”专项检查。在合肥市“安徽地方戏曲音像一条街”（下称戏曲音像一条街）检查时，得知该街利用民间资本，建立拍摄、制作和发行于一体的戏剧音像基地，并取得良好成效后，臧世凯指出：“这是一个发展方向，既面向市场、服务群众，形成良好的生产机制，又挖掘、整理、保护、提高了具有安徽特色的地方戏曲资源，应认真总结宣传一条街的经验，鼓励原创民间艺术闯市场，全面提升行业档次和社会形象，以生产更多更好的优秀文化产品，满足广大群众的精神文化需求。”臧世凯的指示，既对合肥戏曲音像一条街的建设给予充分肯定，也为其今后的进一步发展指出了方向。

合肥市“安徽地方戏曲音像一条街”始建于2006年。当年9月26日宣布建成开街，即在全国引起轰动。百代、华纳、滚石、环球等国际唱片公司均派代表到场祝贺。开街两年来，营业额超过8000万元，地方戏曲制作品种超过1500部，制作光盘1000万张。实践证明，戏曲音像一条街对合肥正版音像制品市场管理与繁荣，以及安徽地方戏曲的推广与传承，均起到了积极的推动作用，对丰富农村文化市场也产生了积极而深远的影响。作为一条专业性的地方戏曲音像街，在全国独一无二。合肥市的主要做法如下。

一、针对现状，探索新路，创建正版音像制品一条街

2005年夏，合肥市委宣传部、市“扫黄打非”办公室、文化局与市文化娱乐协会联手开展市场调研，发现盗版音像制品打而不绝的根本原因，在于市场对音像制品的大量需求，而正版音像制品的高定价和低供应又为盗版预留了市场空间。“扫黄打非”和文化市场管理做违背市场规律的事必然事倍功半，管理部门决定两条腿走路，“打”、“建”结合，谋划筹建一个民营正版音像市场集中经营，培育正版音像制品发行的主阵地，与国营音像销售形成互补，用正版占领市场来压缩盗版音像制品的利润和生存空间，让政府管理部门的市场监管职能这只看得见的手与市场这只看不见的手“合拍”并用。

如何营造正版音像民营销售市场，管理者针对当时音像市场现状，寻找解决良方。2005年，合肥音像市场面临的基本状况：一是国营音像单位经营萎缩，而一批经营理念独到、销售网络稳定、经营业绩不俗的民营音像企业已崭露锋芒；二是安徽地方戏曲品种多，以黄梅戏、庐剧、推剧为代表的一大批地方民间戏曲演艺在全市特别是周边农村异常活跃，草根文化生机勃勃，且农村音像市场仍需进一步繁荣与规范；三是娱乐消费形式多元，城市音像制品市场同质化现象较为普遍，品牌缺乏，需要规模经营与特色经营提升整个行业。经过市场把脉，深入论证，并听取大量音像经营业主意见后，各方迅速达成共识，决定实行差异化发展策略，突出地方戏曲特色，筹建以黄梅戏、泗洲戏、庐剧、推剧等安徽地方戏曲为主要经营内容的正版音像一条街，并以此为依托，积极打造集拍摄、制作和发行为一体的戏曲音像基地，促进合肥音像市场的健康繁荣，打造安徽地方戏曲音像品牌。

戏曲音像一条街的建设得到了省、市宣传、文化部门的关心与支持，省、市相关部门领导多次亲临现场指导，帮助协调安徽文化音像出版社为企业申请、预留版号，安徽旭日光盘厂协商优惠制盘价格等。省文化厅文化市场管理部门上门服务，为进入音像一条街的企业办理经营许可证照。

二、准确定位，加强管理，促进戏曲音像一条街健康发展

戏曲音像一条街建立后，进驻经营企业14家，均是依法取得省级行政许可、具备公司法人资格的二级批发企业。其中从事地方戏曲音像经营企业9家，音像制品代理商5家。两年来，除了音像制品代理商由5家整合为3家外，其他8家地方戏曲音像经营商均获得长足发展。2006年，戏曲音像一条街销售额达3000万元，2007年，销售额达4200万元，年增长40%；戏剧制作部数每年以1000部戏递增，目前品种已达1万多个。合肥市190余家正规音像店面的正版音像品种，其中1/3来自戏曲音像一条街，所有正版地方戏曲制品也均来自戏曲音像一条街；安徽旭日光盘厂年产量5000万张光盘中有约500万张是戏曲音像一条街的产品，品种的四分之一亦来自戏曲音像一条街。两年间，戏曲音像一条街在全省乃至华东、中原、华南地区的影响逐步提升，地方戏曲音像制品从初始的销售重点——安徽省内沿江及江淮两岸，快速延伸至河南、山东、江苏、浙江、湖北等周边省几十个市、县。

创新管理思路，前瞻引导市场。音像市场管理存在“猫鼠”游戏是不争的事实，盗版音像制品凭借其价格低廉占据市场，因而打而复生。合肥市“扫黄打非”办公室和合肥市文化市场管理部门依据科学发展观，创新管理思路，高度重视遵循市场经济规律办事。从市场供给源头入手，抓正版音像制品主阵地建设不动摇，打造一条正版音像制品营销一条街，把过高的音像制品价格降到符合群众，尤其是农民需求的预期值，解决了正版音像制品供求价格矛盾，为正版音像制品占领市场构建了一条供给通道，为批零市场提供了质高价廉的正版音像制品。在戏曲音像一条街，正版音像制品年销量达1.4亿张，单碟最高销量达50万张。

更重要的是戏曲音像一条街建设，不仅在形式上打造了一条“正版”街，而且从内容定位上大胆创新，建成了一条“特色”文化音像街。其“地方戏曲”的特色文化定位，独树一帜，富于创意，以农村、农民为主要服务对象，产品满足了农村百姓对戏曲文化的需求，不仅正版音像制品的销量上升迅速，而且使制作发行音像制品的企业拥有了更为广阔的市场空间，取得了较为有利的竞争态势。

协调各方力量，科学规范市场。戏曲音像一条街是按照“谁主管、谁负责和属地管理相结合”的原则，由合肥市文化行政部门负责管理，实行政府监管与行业自律并举。管理部门以监督检查为己任，从严打击违规违法经营行为，为全市音像制品市场尤其是戏曲音像一条街的健康发展营造了良好的市场环境。市宣传、文化部门领导多次到一条街考察指导工作，了解一条街经营状况和市场秩序情况，关心关注该街的发展现状，帮助解决规范市场过程中存在的问题。

合肥市音像业协会充分发挥行业自律自治功能，建立行业自律公约和“一条街”经营守则，相互监督，规范经营。市音像业协会同步获得了较快发展，目前，这个当初由合肥艺海文化音像有限公司、合肥戏缘音像有限公司、合肥大自然音像有限公司等5家企业共同发起成立的合肥市音像业协会，已经发展成为拥有200多家音像企业会员，发挥着重要作用的行业组织。

为充分发挥合肥市音像业协会的作用，市宣传、工商、文化部门进一步规范行业协会职能，强化对协会的监管，运用宏观政策实施指导与调控。同时，各相关管理部门从繁琐的文化日常事务中解脱出来，在引导中强化党委、政府运用政策支持、典型引导、法治规范等手段，管理文化的职能，解决了行政管理部门长期缺位而又越位的难题。政府、行业协会、市场主体三方，基本形成了一个有利于市场规范运营的机制，有力地推动了公平公正、规范有序的文化市场体系建设。

遵循产业规律，积极拓展市场。戏曲音像一条街集中了合肥市音像市场的优质资源，代表了全省地方戏曲的制作、发行及销售的整体实力。一条街制作的所有地方戏曲音像制品，全是经营企业自筹资金制作发行，是地地道道的“合肥原创”，形成了独具特色的“经营模式”。这一模式，就是音像制品经销商联手农村民间剧团，共存共荣，服务于农村文化市场的产业链接模式。

长期以来，以黄梅戏、庐剧、推剧为代表的一大批地方民间剧团、村头社戏在合肥市以及安徽省农村异常活跃，个别音像制品经营户看到了商机，也曾尝试制作音像制品，但集中财力，挖掘表现具有地方特色的戏曲资源，担任制片人大量制作成音影剧目，则是合肥音像一条街的创举。随着地方戏曲碟片的热销，把从事地方戏曲表演的民间艺人及民间剧团，推到了更加广阔的农村市场。一批名不见经传的民间剧目、民间艺人及民间剧团火了起来。据不完全统计，截至目前，全市共有14个由音像一条街的经营企业扶持的民间剧团，活跃在农村演出市场。这些剧团的一场演出费，由过去的几百元，到目前最高可达4000多元。一些濒临消失的地方戏种，也重新焕发了生机。2007年，在合肥市委宣传部主办的全国文化纪念品博览会上，一条街的参展音像制品和他们扶持的民间剧团演出，引起社会各界关注，签约合同会上会下不断，戏曲音像一条街的整体形象再上一个台阶。

随着市场需求的提升，由制作发行地方戏曲音像制品，带火了民间艺人及民间剧团的商演，带动了音像制品制作发行上下游关联产业的发展。促使一批地方戏曲剧本写手不断涌现，一批叫好又叫座的剧目长期上演，反过来又拉动音像制品发行销售量持续上升，形成了一条良性互动、繁荣发展产业链条。短短两年间，戏曲音像一条街纯民营资本总投入1000多万元用于地方戏曲音像产品的摄制，共整理制作地方戏曲剧目2400多种，发行碟片1000多万张，相关剧团演出达8100多场。同时，这条产业链还锻炼出一批乡土创作、演出、营销人才，戏曲音像一条街经营者也由原来的经营户变为监制、出品人、整理作品的著作权人等。

三、强化引导，积极扶持，推动戏曲音像一条街可持续发展

2008年4月，戏曲音像一条街突然出现销售下滑现象，经营户由最高一天销售额过万元跌至一天千元不到。单碟销售量从最高50万套降至只能销售2万套，新剧发行锐减过半。

究其原因主要是：1. 盗播现象的存在，抢走了一大批客源。一些县电视台和非法设置的乡、镇有线电视站，在未取得播放授权的情况下，通过租碟方式播出，直接影响戏曲音像制品市场的销量；2. 同质化竞争挤压了企业利润空间。戏曲音像一条街8家地方戏曲经营户中7家经营品种雷同，在市场萎缩情况下，价格大战必然产生，恶性竞争导致无利可图；3. 戏曲音像制品精品不多导致丧失部分市场。精品制作需要高质量的剧本、高素质的人才和充足的资金，而这又是一般音像制品民营企业难以迈过的“门槛”。这些因素通过市场直观体现为戏曲音像一条街的效益下滑。针对上述存在的困难和问题，合肥市反应迅速，积极决策，大力扶持。

一是应对市场波动，市委、市政府领导几次暗访考察经营状况，市委宣传部、市文化广播电视新闻出版局主要领导深入调研，市“扫黄打非”领导小组办公室数次带领相关部门负责同志，从多个层面加强对违法盗播的电视台进行行政监管和处罚力度，强力打击和取缔违法私设的电视播出机构，切实维护知识产权。

二是市文化广播电视新闻出版局决定加强一条街企业与市电视台的合作，联手、量身开发戏剧音像市场。同时，从设立的文化产业专项扶持资金中划拨资金，对一条街企业创作的优秀剧目、原创戏曲剧本以及技艺突出的民间艺人进行奖励。今后采取政府支持、市场运作模式每年举办一次戏曲音像节，扩大和提升戏曲音像一条街的品质与形象。

三是充分利用已建立的人才交流、培养机制，组织国有文艺院团的人才下乡指导，同时，把一条街企业扶持的民间剧团艺人们不定期送到国有文艺院团学习培训，提高民间剧团演员表演水平，提升民间剧团艺术素质。

四是把一条街以及全市所有民营戏剧音像、演艺团体制作的剧目，扩大为政府精品剧目申报范围。现在这件事已在办理之中，有关部门派出人员协助一条街的民营音像企业将其创作的原创精品剧目向相关主管部门申报，经审核批准的，将由政府贴息贷款组织演出、拍摄、制作。

这些举措的出台，大大地鼓舞了戏曲音像一条街的经营企业。他们在党委、政府部门引导和帮助下，积极创作新的剧目，目前，已研究和创作了一批现代题材电视剧本，正在深加工之中；针对观众口味需要，在今年录制的地方戏曲节目中，加大了长篇连本剧目的比重，推出了庐剧、推剧 DVD 超长版。在营销手段上，顺应城乡超市的发展，联合力推地方戏曲音像制品和代理影视、音乐制品进超市。合肥市的多数大型超市，已经有了合肥戏曲音像一条街产品的一席之地。更为可喜的是一种体制型的蜕变正在运作之中，制作和销售地方戏曲音像产品的 8 家经营企业，有 7 家已决定以股份制形式成立安徽戏曲音像制品联合体，走分工精细的专业化发展道路。新的联合体诞生后，把制作、演出和营销分类组织，将会推进合肥市戏剧音像一条街的市场管理和产业发展，实现新的飞跃。

安徽省“扫黄打非”案件备案及督办办法

安徽省“扫黄打非”领导小组办公室

第一条 为了全面、及时掌握各级“扫黄打非”执法部门查办案件情况，规范案件上报备案工作，完善案件查办机制，提高案件查办效率，加大对案件的协调督办力度，特制定本办法。

第二条 本办法所称“扫黄打非”案件，是指在各市“扫黄打非”领导小组职责范围内，被各级“扫黄打非”执法部门查处，与非法出版活动或者非法出版物相关，包括网络非法出版物销售，网上淫秽色情出版物传播，以及侵权盗版活动在内，依法应当给予行政处罚或者追究刑事责任的案件。

第三条 符合下列条件之一的“扫黄打非”案件，应当上报省“扫黄打非”领导小组办公室备案。

（一）省委、省政府以及省“扫黄打非”领导小组领导批示查办的案件；

（二）涉嫌构成煽动分裂国家罪、煽动颠覆国家政权罪、非法经营罪、传播淫秽物品牟利罪、侵犯著作权罪、销售侵权复制品罪等各种与非法出版活动相关的犯罪，依法应当追究刑事责任的案件；

（三）在全省有重大影响，可能引起全国与境外关注、严重损害国家利益的案件；

（四）违反《出版管理条例》第二十六条、第二十七条的规定，可能严重危害国家安全、社会稳定的案件；

（五）依法应当吊销出版单位、印刷企业、出版物批发企业、出版物总批发企业经营许可证的案件；

（六）违法经营额 3 万元以上的案件；

（七）阻挠执法、暴力抗法等性质恶劣的案件；

（八）省“扫黄打非”领导小组办公室交办的案件；

（九）需要跨市协调查办的案件；

（十）其他严重扰乱文化、出版市场经营秩序的案件。

第四条 各市“扫黄打非”案件由市“扫

黄打非”领导小组办公室统一上报备案。

第五条 备案“扫黄打非”案件应当采用规范的名称、编号，并按照规定内容上报备案。

（一）案件名称，由案件发生地、发案时间、案件性质三部分组成。如：安徽合肥“1·03”非法图书案；

（二）案件编号，由各市的行政简称、年份、顺序号三部分组成。年份为四位数，顺序号从001至999（如：宜（2007）第001号）；

（三）案件内容，包括基本案情、案件查办进展情况、案件办理结果。基本案情包含线索来源、发案时间、发案地点、涉案人员名称、涉案数量、涉案金额、立案查处部门等信息。案件查办进展情况是指行政立案调查、刑事立案侦查、检察审查起诉、法院审理等阶段。案件办理结果是指行政处罚结果、法院一审或终审判决结果。

第六条 对可能严重危害社会稳定或者可能造成恶劣影响的重大案件，在及时将基本案情向上一级“扫黄打非”办公室报告前提下，须在案件查获后24小时内将详细案情上报备案。对于其他案件，应在初步查处或立案后3个工作日内上报备案。

第七条 各市“扫黄打非”案件上报备案时，应当填写由省“扫黄打非”领导小组办公室统一制定的《安徽省××市“扫黄打非”案件备案表》（见附件2），一案一表，一案一备，同时附上案件详细案情、查处经过和处理结果等相关材料，制成卷宗，上报省“扫黄打非”领导小组办公室（卷宗封面见附件1）。

第八条 对已上报备案案件的进展情况和查处结果，应当及时报告省“扫黄打非”领导小组办公室，无须再填写《全省“扫黄打非”案件备案表》，但应注明该备案案件的名称和编号。

第九条 省“扫黄打非”领导小组办公室指定专人担任联络员，负责处理案件备案工作。各市“扫黄打非”领导小组办公室也应当指定专人担任案件联络员，负责与省“扫黄打非”领导小组办公室的案件联络（《案件联络员情况登记表》见附件3）。案件联络员应当及时、全面地掌握本地区重大案件的基本案情及其进展情况。

第十条 对于危害国家安全和我省政治稳定与社会安定、扰乱社会秩序、严重破坏文化、出版市场秩序等类型的“扫黄打非”案件，省、市“扫黄打非”领导小组办公室应将其列为重点案件，予以督办。对于省“扫黄打非”领导小组办公室列为重点督办的案件，各市和有关部门应采取必要措施，加强案件查办工作。

第十一条 省“扫黄打非”领导小组办公室对所督办案件的查办工作，主要担任指导和协调职责。必要时，由省“扫黄打非”领导小组办公室牵头，会同有关部门组成案件指导小组，指导、协调、督办案件查处工作。各有关部门应配合、服从。

第十二条 各市“扫黄打非”领导小组负责对本行政区域内发生的省“扫黄打非”领导小组办公室督办案件的查办工作进行指导、协调和督办。案件发生地的市级“扫黄打非”领导小组应当组织有关部门成立专案领导小组，由“扫黄打非”工作领导小组组长或者副组长担任专案领导小组组长，切实担负领导职责。具体办案部门成立专案组，专案组负责查办该督办案件。专案组应当制定案件查办工作的具体实施方案，明确职责，并将案件查办情况和遇到的问题及时向专案领导小组和市级“扫黄打非”领导小组办公室汇报，确保案件查办工作顺利进行。

第十三条 各市“扫黄打非”领导小组办公室应当分别与行政执法部门、司法机关建立案件协调和信息沟通机制，及时跟踪、协调、督办案件查处工作。

第十四条 同一案件涉及两个或者两个以上行政区域的，必要时由共同的上一级“扫黄打非”领导小组办公室协调相关部门，指定其中一地管辖，负责案件查办工作，其他与案件相关联地方的“扫黄打非”领导小组成员部门应当积极配合，及时沟通情况，协助查处。

第十五条 对省“扫黄打非”领导小组办公室督办的案件，按照“彻查、彻究、彻办”的原则，重点查清以下方面：

（一）非法物品来源。包括非法出版物来源、稿件来源、底本来源、母版来源、母盘来源、光盘复制设备来源等；

（二）编辑、出版、发行等环节违规事实；

（三）非法经营数量及经营数额。包括印刷数量、复制数量、发货数量、收货数量、销售数量、经营数额、违法所得等。

第十六条 对省"扫黄打非"领导小组办公室督办案件的查办，应当严格依法办案，做到认定事实清楚、证据确凿，适用法律法规正确，程序合法。违法行为涉嫌犯罪的，依法移交司法机关，依法追究刑事责任，不得以罚代刑。

第十七条 办案部门及人员对省"扫黄打非"领导小组办公室督办案件中所涉及的中央、国家，省委、省政府领导的批示和指示，非法出版物涉及的违禁内容，查办案件的措施和手段，办案人员和举报人的情况等信息，应当严格保密，控制知情范围。案件查办过程中收缴的非法出版物，应当依法登记保存，除提取一定的数量作为办案证据和样本资料外，其他非法出版物待案件处理终结后，统一监督销毁，不得流失。

第十八条 各市各有关部门对省"扫黄打非"领导小组办公室督办案件的查办，应给予足够的人力、物力和财力保障。对办案有功集体、有功个人，省"扫黄打非"领导小组将给予奖励。

第十九条 各市"扫黄打非"领导小组办公室应当将省"扫黄打非"领导小组办公室督办案件的进展情况、查处结果，及时向省"扫黄打非"领导小组办公室报告。案件结案后，要写出专门报告。

第二十条 各市"扫黄打非"案件的上报情况和对省"扫黄打非"领导小组办公室督办案件的查办情况，作为省"扫黄打非"领导小组考核各地"扫黄打非"工作、评选奖励"扫黄打非"先进集体和先进个人等的重要依据。

第二十一条 对案件故意隐瞒案情，未按规定上报备案案件，造成严重后果或者恶劣影响的单位和个人，取消其当年"扫黄打非"评奖资格，并依据相关规定追究责任。对精神文明建设和社会治安综合治理的先进评选，实施"一票否决"。

第二十二条 办案人员在查办省"扫黄打非"领导小组办公室督办案件的过程中有违规违纪行为的，依照相关规定给予处分，对有违法渎职等行为的，依法移交相关部门处理，涉嫌构成犯罪的，依法移交司法机关追究刑事责任。

第二十三条 本办法应用中的具体问题由省"扫黄打非"领导小组办公室负责解释。

第二十四条 本办法自发布之日起施行。

安徽省集中开展取缔赌博游戏机、整治电子游戏机经营场所的实施方案

安徽省"扫黄打非"领导小组办公室

近年来，我省电子游戏机市场随着文化产业的发展，不断扩大，但近阶段，相当的市县电子游戏机经营场所违法违规经营活动现象严重，特别是无证照经营、带有赌博性质的电子游戏机屡禁不止，在个别地方甚至引起了人民群众的公忿，严重影响了社会的和谐稳定，广大人民群众不断反映，强烈要求切实加强管理和整治。为加强文化市场的监管、规范游戏机市场经营秩序，确保奥运会期间社会安定和文化市场安全，省"扫黄打非"领导小组决定在全省开展以取缔赌博游戏机、无证照经营电子游戏机经营场所为主要内容的集中整治行动。现将实施意见通知如下：

一、指导思想

以党的十七大精神为指导，坚持科学发展

观，认真贯彻落实省2008年“扫黄打非”行动方案的统一部署，维护和谐社会秩序，切实加大执法力度，严厉打击无证照经营、利用游戏机进行赌博的行为，全面整顿规范电子游戏机市场经营秩序，确保奥运期间全省文化市场健康有序，促进全省文化、出版市场的繁荣发展。

二、整治重点

1. 严查无证照经营行为，坚决取缔未经文化、公安、工商部门共同批准，擅自开设的电子游戏机经营场所；

2. 严厉打击利用电子游戏机进行赌博的行为，坚决查缴具有赌博性质的游戏机，并予以严处；

3. 严厉惩治在非法定假日内接纳未成年人的经营行为。

三、时间和步骤

此次集中整治工作的时间定为2008年6月20至2008年7月20日。遵循集中、快速、严处的原则，对违法违规的经营活动实施严厉打击，依法做出严肃处理，确保全省电子游戏机市场经营秩序明显好转，无证经营、利用游戏机进行赌博行为基本杜绝。具体实施步骤为：

第一阶段（6月20至7月5日）：在全省范围内重点展开大规模集中行动，查处无证照经营的单体电子游戏机场所及开设在宾馆、商场、公园、旅游度假区、多厅电影院、综合性文化体育设施配套的电子游戏机场所。

第二阶段（7月5日至7月15日）：集中检查电子游戏机有证照经营场所的违法、违规行为。

第三阶段（7月5日至7月20日）：各地各部门按分工职责，实施“回头查”，防止出现较大“死角”和再度违规经营。

集中整治期间，省文化厅、公安厅、工商局和扫黄打非办公室将组织力量对各市、县进行暗访督查。

四、工作职责

各地各有关部门要在扫黄打非领导小组的领导下，采取联席会议等形式，指导和协调综合执法工作，做到明确职责，分工负责，紧密配合，形成合力，重拳出击。

各级“扫黄打非”领导小组办公室要充分发挥协调组织作用，组织召开联席工作会议，统筹协调文化、公安、工商等部门，按照各自工作职责，部署整治工作，并组织新闻媒体开展舆论宣传。

各地文化部门负责对电子游戏机单体经营、综合文化娱乐场所配套电子游戏机经营的清查，全面查缴淫秽色情等类游戏、查处在非法定节假日内接纳未成年人等违法、违规经营行为。对在执法中发现的无证照经营电子游戏机的门店、具有赌博功能的电子游戏机要及时上报，并联合工商、公安部门，加大执法力度，依法坚决取缔和收缴。

各地工商部门负责牵头查处取缔无证照经营电子游戏机的门店，没收无证照经营门店用于开展经营活动的相关设备。

公安部门要重点查处利用电子游戏机进行赌博的行为及查缴具有赌博功能的电子游戏机；对相关部门移送涉嫌构成犯罪的相关案件及时立案侦办，要依法查处阻碍国家机关工作人员依法执行公务的行为。

五、工作要求

1. 提高认识，加强领导。各地各部门要充分认识到此次集中整治对稳定社会秩序、为奥运会的成功举办营造平安、和谐的社会文化氛围具有重要现实意义，要将集中整治列入当前扫黄打非和文化市场管理的重点工作，在各地扫黄打非领导小组的统一领导下，全面净化、规范我省电子游戏机市场。

2. 突出重点，标本兼治。各地在结合当电子游戏机市场的实际情况，确定整治工作的重点，拟定整治工作方案，制订切实可行的整治措施，标本兼治，从管理源头入手，力争使非法经营电子游戏机行为基本上杜绝，并从管理机制和制度上建立起有序的长效工作机制。

3. 发动群众，营造氛围。各有关部门要广泛发动群众，特别是大、中、小学校师生和学生家长，积极举报和参与治理工作。各参予整治部门由当地“扫黄打非”办公室牵头，统一在媒体上公布举报电话。凡查处中发现涉及政治性游戏软件，要全部拆除、收缴交当地“扫黄打非”办公室详细登记，统一封存，报省“扫黄打非”办公室。对集中整治工作的成果和主要案件要及时报道。

4. 加强沟通，扩大成果。各地要及时上报集中整治工作的进展情况，对集中整治工作中的经验及时报省“扫黄打非”领导小组办公室，各地各部门对整治中出现的新情况、新问题要加强信息沟通和交流，共同研究，依法慎重处置。集中整治结束后，15 日内书面将整治情况总结报省“扫黄打非”办公室。

合　肥　市

2008 年“扫黄打非”工作总结

合肥市“扫黄打非”办

2008 年，合肥市“扫黄打非”工作以“创建平安文化市场”为主题，以实施“奥运保障行动”为重点，以“开展专项行动”、查处大案要案、打击非法报刊为抓手的“扫黄打非”工作思路，不断创新工作模式，优化工作机制，切实加强文化出版市场建设管理，取得了显著成效。

据统计，截至 2008 年 11 月 10 日，市“扫黄打非”办以及文化、出版、公安、工商等部门先后出动行政执法人员 16994 人次，检查各类文化出版经营单位 14160 家次，收缴非法出版物、盗版图书、非法电子、音像制品、侵权盗版软件光盘 54.3 万件；捣毁非法盗版音像制品窝点 4 个、非法出版物批售窝点 6 个，取缔、关闭摊点 161 家、非法印刷企业 2 家，受理举报 119 件，立案查处文化出版物违规经营案件 180 件，阻止涉外非法演出活动 1 起，依法责令 9 家网吧停业整顿，取缔黑网吧 28 家、非法游戏室 536 家，收缴具有赌博功能的电子游戏机 846 台、游戏机电路板 1451 块（台）；破获传播淫秽色情类刑事案件 2 起，刑拘 1 人、逮捕并移送起诉 6 人；查处治安案件 2 起，治安拘留 2 人；通报异地有害信息 8216 条，其中网络淫秽色情类线索 167 条，删除本地有害信息 7841 条，关闭各类非法栏目 800 多个，关闭非法网站 2200 余个。有效净化了文化出版物市场，优化了文化发展环境。

一、改革创新　健全机制

（一）加强监管体制改革

改变原文化市场“管办一体”的管理模式，实现“一分一合”，即：行政许可与行政执法相对分离、文化市场监管执法职能与新闻出版市场监管执法职能合并；同时，成立文化市场综合执法大队，实现真正意义上的文化市场综合执法。制定《合肥市文化新闻出版市场管理人员奖惩暂行办法》，对原有的分配制度进行改革，实现责、权、利有机统一，充分调动执法人员工作积极性。

（二）加强上下联动

建立市、县（区）扫黄办主任、市、县（区）文化市场管理办公室主任“双例会”决策管理制度，互通信息，相互学习，取长补短，共同提高。建立月度市、县、区交叉检查制度，对检查发现的问题，及时进行通报，并按照“属地管理”原则，责成有关单位和部门及时整改，有效防范了不安全因素和重特大事故发生，避免形成社会热点。

（三）加强横向联系

建立由“扫黄打非”办、文化、公安、工商等部门共同参加的联席会议制度，原则上每月召开一次联席会议，遇有重大工作任务，随时召开。通过建立健全各项工作机制，“扫黄打非”工作走上长效规范的管理轨道。

二、全力以赴，开展专项整治行动，全面推进我市“扫黄打非”各项工作

（一）奥运前30天文化出版物市场集中清查行动

奥运前夕，针对文化出版物市场工作重点，采取日常巡查和突击检查相结合、属地管理与划片包干相结合、自我排查与交叉检查相结合的办法，分片包干，责任到人，进行全天候监管。奥运前30天至残奥会期间，市“扫黄打非”办实行每日“零报告”制度和24小时全天候值班制度，设专人专线，及时处理可能出现的突发事件，制定了《合肥市处置“扫黄打非”突发事件应急预案》。

（二）严厉打击非法报刊，净化社会舆论环境

认真落实国家“扫黄打非”办、新闻出版总署《关于进一步开展严厉打击非法报刊专项行动的通知》和省“扫黄打非”办、省新闻出版局会议精神。合肥市10月10日下午召开全市工作部署会议，下发了《合肥市关于组织开展严厉打击非法报刊专项行动的通知》和《关于组织开展严厉打击非法报刊专项行动的实施方案》，以开展此次专项行动为契机，持续加大治理非法报刊和市场监管力度，确保出版物市场平稳有序。

（三）集中开展取缔赌博游戏机整治电子游戏机经营场所专项行动

按照合肥市政府《关于集中开展取缔赌博游戏机整治电子游戏机经营场所专项的通知》的统一部署，形成以块为主，条块结合，市、县、区联动等形式的快速反应格局，集中整治无证照经营行为，利用电子游戏机进行赌博的行为，以及在非法定节假日内接纳未成年人的经营行为，并于12月24日，对此次行动中收缴的千余台非法电子游戏机和赌博机进行了集中销毁。此次专项整治行动由于部署及时，反应迅速，措施得力，注重宣传，既对违法犯罪行为起到震慑作用，同时也受到了老百姓的普遍欢迎。

（四）坚持不懈开展音像市场专项整治行动

通过广查店面，深挖窝点，全面展开对音像市场的检查，坚决收缴各类非法音像制品，保护知识产权。加强对国产电影盗版音像制品和危害青少年身心健康的色情淫秽等非法音像制品的查处，一经发现，一律收缴。查处、取缔了多个非法音像制品集散地和窝点，维护了省城音像市场的正常经营秩序。

（五）开展假报刊、假记者站、假记者、假新闻专项整治活动

重点对5家报刊驻肥记者站、8家报刊出版单位和40家内部资料性出版物单位进行了年度核验。

（六）组织开展“黑网吧”专项治理

针对部分“城中村”、城乡结合部和农村地区的黑网吧出现了反弹的现象，市工商部门把“黑网吧”监管工作的重点转向了上述易发多发地区，增加巡查次数，加大了巡查力度，做到了发现一起，及时查处取缔一起，决不手软，有效规范了我市的网吧经营秩序。

（七）开展依法打击整治网络淫秽色情等有害信息专项行动

合肥市公安局联合市委宣传部、市中级人民法院、市人民检察院、市教育局、市广电新局、市工商局、市“扫黄打非”领导小组办公室等8个部门印发了《合肥市依法打击整治网络淫秽色情等有害信息专项行动工作方案》，依法清除网上淫秽色情等有害信息，严厉打击网上违法犯罪活动，整顿和规范互联网管理秩序，努力构建健康和谐文明的互联网环境，纵深推进我市网上“扫黄打非”工作。

三、大案要案查处情况

（一）2008年全国“扫黄打非”办挂牌督办的第一起非法出版物大案

1月3日，由省扫黄办牵头，省新闻出版局、

市扫黄办、文化、新闻出版、公安等部门联合行动，一举捣毁了花冲公园附近4个无证照经营非法出版物批售窝点，现场查获盗版、违禁出版物17余万册，合计码洋252万元。

（二）市公安局成功侦破“中奖网”网站赌博专案

2008年5月12日至7月25日，市公安局网监支队成功破获了以开办私彩网站从事赌博活动的“中奖网”网站赌博案，抓获犯罪嫌疑人6名，缴获赃款800余万元。该案在互联网上共开办了5个私彩网站从事赌博活动，网站每天的交易数额巨大，参与投注人数众多，截至2008年6月21日，该案涉案金额约6000余万人民币，参与投注人数分布在全国各地达1000多人。该案的成功告破，为全国、全省打击网络赌博专项斗争和奥运安保工作作出了突出贡献。

（三）成功捣毁两家盗版音像制品窝点

7月24日，市“扫黄打非”办、市文化市场稽查大队查获位于临泉路风景苑小区17栋202室和19栋的102室两家盗版音像制品窝点。经清点、鉴定，两窝点内共约有盗版光碟、磁带8万套，3000多个品种。这是合肥市“迎奥运、反盗版”专项行动以来第一大案。

（四）打击黑网吧绝不手软

7月26日，省、市、区扫黄办联合对南七小朱岗一处黑网吧进行现场督办，文化、公安、工商联合执法，当场查扣73台电脑主机。针对黑网吧因暑期有所上升的趋势，包河区工商分局两个月间共出动85多人次执法人员，取缔10户黑网吧，收缴277台电脑。

（五）多部门联合，查获3万非法出版物

8月26日上午，由省版权局、市文广局、公安部门组成的联合执法组，一举捣毁了位于省城东五里井合浦北村的两处藏身民房的地下图书批销窝点，缴获盗版、淫秽等类非法出版物和盗版教辅教材1207种、共3万册违法出版物，总码洋40多万元。

福　建　省

2008年“扫黄打非”工作总结

福建省“扫黄打非”办

2008年，福建省“扫黄打非”工作在省委、省政府正确领导和全国“扫黄打非”办的有力指导下，以邓小平理论、“三个代表”重要思想为指导，认真贯彻落实第二十一次全国“扫黄打非”工作电视电话会议精神，紧紧围绕迎接北京奥运会，维护出版物市场稳定这一主题，先后开展了四个阶段专项行动，在封堵查缴违禁内容出版物，扫除淫秽色情等文化垃圾，整顿规范印刷复制和出版物运输环节经营秩序，打击侵权盗版及非法出版活动，创新工作机制等方面都取得了明显成效，确保了奥运会前后出版物市场的繁荣有序，为服务全党全国工作大局和海峡西岸经济区建设做出了积极贡献。

一、加强领导　精心部署

2008年，省“扫黄打非”办通过经常性的汇报、沟通和信息交流，使全省各级领导及时掌握“扫黄打非”工作动态，进而理解和支持“扫黄打非”工作，亲自参与到“扫黄打非”工作中，加强组织领导，确保了各项工作落实到位。一是亲自参加“扫黄打非”重要会议和大型活动。2008 年，省委常委、宣传部长、省“扫黄打非”领导小组组长唐国忠同志参加了“扫黄打非”工作电视电话会议、集中销毁侵权盗版及非法出版物活动、迎奥运维护出版物市场稳定“扫黄打非”工作会议等重要会议和大型活动，并作重要讲话。二是经常对阶段性工作重点和大要案查处作出批示。据统计，2008 年省领导共对“扫黄打非”工作作出批示 14 次。三是亲自带队检查出版物市场。两节、“两会”及奥运前后，福州、厦门、南平、宁德等设区市领导纷纷亲自带队，深入一线检查出版物市场。

为确保“扫黄打非”各项工作落到实处、取得实效，省“扫黄打非”办切实履行职能，精心组织部署，及时督导检查。第一、二阶段专项行动期间，省“扫黄打非”办多次组织检查组赴各地检查市场。奥运前后，全省各级“扫黄打非”部门紧紧围绕迎接北京奥运，维护出版物市场稳定这一中心工作，全力以赴，连续作战，从动员、部署，到督导、检查，再到整改、反馈，各项工作环环相扣，紧密衔接，不留空档，不留死角，使这一时期出版物市场面貌明显改观。

二、突出重点，全面整治

围绕迎接北京奥运会，2008 年我省“扫黄打非”工作开展了四个阶段专项行动。四个专项行动衔接紧密，要求高、任务重、责任大。全省各级“扫黄打非”部门在高强度的工作中连续作战，始终保持高压态势，全年共查缴各类非法出版物 110 万余件，破获非法出版发行案件 645 起，确保了出版物市场健康平稳，为北京奥运会创造了良好的文化环境。

一是强化监管措施，全面清查市场。据统计，2008 年全省共出动检查人员 91000 余人次，检查店档摊点 4.3 万余家（次），检查印刷复制企业 5800 余家（次），出动人次之多，检查密度之大为历年之最。各级“扫黄打非”部门围绕确保奥运平安这一硬任务，不断创新监管方式，强化监管措施，提高监管水平。福州市采取全面推进出版物市场网格化管理和稽查人员错班工作制等五项措施，做到分工负责、分片检查、责任到人，取得了良好效果。厦门市将迎接北京奥运会和第二届全国文明城市复查考评工作有机结合，组织开展代号为“七月流火”的专项治理行动，以街道划片分组形式，采取工作日全面检查、节假日抽查、集中时间突击检查的方法，把明查与暗访、面上清查与打团伙、端窝点有机结合，出版物市场规范有序。泉州市将迎接北京奥运会和承办全国农运会工作相结合，开展“迎奥运、办农运，规范出版物市场百日行动”，对出版物市场展开了为期 3 个月的清查整顿，市场面貌明显改观。

二是各部门分工协作，协同作战，形成合力。全省各级文化、新闻出版、版权、公安、工商、建设、海关等“扫黄打非”领导小组成员单位，既做到各司其职、各负其责，又相互协作、密切配合，形成了快速反应、整体防控的工作格局。各级公安部门充分发挥“扫黄打非”主力军作用，积极参与各次“扫黄打非”专项行动，会同文化、新闻出版等部门开展联合行动 300 余次，抓获各类违法犯罪嫌疑人 449 人，其中刑事拘留 27 人，治安处罚 422 人，收缴各类非法出版物 22 万余件。各级文化部门按照“反盗版百日行动”和“反盗版天天行动”的原则、要求和标准，严厉打击盗版音像制品，净化了奥运期间音像市场。全省各级海关针对我省毗邻我国港、澳、台地区的地理特点，以封堵境外违禁内容出版物为“扫黄打非”工作重点，破获了“7·22”违禁印刷品案，引起省领导和全国“扫黄打非”办的关注。各级工商、城管部门将地摊、游商和无证照经营者作为打击重点，加大巡查力度，有效打击了这一销售违禁内容出版物和淫秽色情出版物的主要渠道。公安、通信管理、版权等部门不断加大对网络有害信息和侵权盗版行为的打击力度，全年共删除淫秽色情等有害信息 2.4 万余条，清查关闭不良网站 3802 家，刑事立案 204 起，起诉审判 53 起 102 人，有效净化了网络环境。

三是加强宣传教育，营造良好氛围。在强化监管，严厉打击的同时，全省各级新闻出版、版权、文化部门本着打防并举，标本兼治的原则，大力开展“我为奥运做贡献、文明经营我争先”活动，加强对出版、印刷复制和发行经营单位的宣传教育，提高经营者自觉守法经营的意识，收到良好效果。如厦门市新闻出版局先后两次召开全市印刷企业负责人会议，向全市印刷企业反复宣传政策法规，强化企业守法经营意识。厦门一家台资印刷企业在承接境外一笔要求印有“总统酒”字样的包装纸盒业务时，主动向厦门市新闻出版局咨询了解，在得知此业务涉及敏感问题后，立即决定放弃订单。

三、立足办案，严打严判

2008年，我省各级“扫黄打非”领导小组成员单位在案件查处方面密切协作，实现了行政执法与刑事司法的有效衔接，破获、判决了一批在全省乃至全国有影响的大要案，受到全国“扫黄打非”工作小组办公室的充分肯定。2008年大要案查处主要有四个方面特点：一是网上“扫黄打非”案件查处取得新进展。福州“天浴娱乐”网站传播淫秽物品牟利案、厦门“久久女儿情”色情论坛案等网络案件的破获，有力打击了通过互联网传播淫秽色情信息的犯罪分子。其中厦门“久久女儿情”色情论坛案被全国“扫黄打非”办列为2008年破获的20起“扫黄打非”大要案之一，10月21日，该案犯罪嫌疑人许某被厦门市翔安区人民法院以传播淫秽物品牟利罪判处有期徒刑3年。10月30日，莆田市涵江区人民法院对莆田市版权局与莆田市公安局联合破获的《云霄阁》网站侵犯著作权案作出判决，一审判处两被告有期徒刑一年半，各处罚金10万元。二是涉外涉台等敏感案件取得新突破。隶属厦门海关的泉州关区于7月22日破获“7·22”违禁印刷品案，收缴印刷有违禁内容的出口产品包装纸袋28000件。三是行政与司法无缝衔接，取得新成果。2008年，我省先后判决了一批非法出版大要案，有力震慑了不法分子。建瓯市陆某贩卖淫秽光盘案，犯罪嫌疑人被判处有期徒刑10年，并处罚金人民币15000元；泉州邹某贩卖淫秽光盘案，犯罪嫌疑人被判处有期徒刑13年6个月，并处罚金人民币10000元；莆田2007年“6·11”销售盗版、淫秽音像制品案，被告人被判处有期徒刑7个月，并处罚金人民币4万元；莆田2007年“1·31”销售盗版音像制品案，林某等6名被告被分别判处有期徒刑6个月，共处罚金人民币20万元。四是部门联动、快速反应方面取得新经验。8月6日9时10分，省版权局接到全国打击网络侵权盗版专项行动办公室关于关闭非法网站“30777网”的通知书后，立即由值班人员按照预先建立起来的快速反应机制向福建省通信管理局发出关闭该网站的通知。9时48分，省通信管理局回告我局，该网站已被关闭。这是我省启动“快速反应机制”处理的第一起涉奥网络侵权案件，仅半小时就办结案件，得到国家版权局领导的来电表扬。

四、创新机制，效益突显

2008年，我们认真总结多年来“扫黄打非”工作经验，深入开展调查研究，认真分析“扫黄打非”工作的新情况、新特点和新问题，提出加强和改进“扫黄打非”工作的新方法、新思路和新举措，建立健全工作体制机制，掌握主动权，打好主动仗，取得了事半功倍的效果。一是制定并出台了工作预案，解决了封堵查缴违禁内容非法出版物工作中长期存在的布置难、落实难、效率低的问题；二是建立了部门管理与行业管理相结合的铁路、交通、邮政出版物经营管理机制，收到良好的效果，取得了经营和管理的双赢效益。三是制定《福建省“扫黄打非”工作考核评分办法》和《福建省“扫黄打非”办案有功集体和有功个人评选奖励办法》，评先评优，奖励先进，增强了各成员单位对“扫黄打非”工作的重视和积极性，也使省“扫黄打非”办对各成员单位的工作情况有了进一步的了解。四是制定《办案补贴办法》，对地市县基层单位查办大案要案予以经费补贴，调动了基层办案的积极性；五是制定了《对相关违法行为实施罚款处罚的具体办法》和《行政执法程序规范》，对行政处罚程序及行政处罚的自由裁量权进行了规范，保证依法行政，公平行政，廉洁行政。

五、加强宣传，展现亮点

2008年，我省"扫黄打非"信息工作卓有成效，信息报送快速及时，材料内容丰富、重点突出，采用率高。全年共向省委、省政府、全国"扫黄打非"办报送信息50余篇，其中8篇被全国"扫黄打非"工作快报采用，4篇被福建省委、省政府《八闽快讯》和《今日要讯》采用，40余篇被全国"扫黄打非"工作简报和中国"扫黄打非"网采用。通过信息工作，充分展现了我省"扫黄打非"工作的亮点，加强了上下级和部门间的沟通协作，促进了"扫黄打非"工作的深入开展。

为向全社会广泛宣传"扫黄打非"工作，今年我省充分发挥报纸、电台、电视台等新闻媒体的作用，在集中销毁侵权盗版及非法出版物活动等大型"扫黄打非"活动中，采取多种形式广泛宣传，大造声势。同时，邀请新闻媒体对专项行动和有关案件的查处进行全程跟踪报道，提高了广大群众对"扫黄打非"工作的认识。

领导讲话

在第二十一次全国"扫黄打非"工作电视电话会议福建分会场上的讲话（摘要）

福建省委常委、宣传部长、省"扫黄打非"领导小组组长
唐国忠

春节临近，事务繁多，任务繁重，在这么一个特殊时刻，召开了第二十一全国"扫黄打非"工作电视电话会议，中央政治局委员、中央书记处书记、中宣部部长刘云山同志莅临会议，并且作了重要讲话，足以说明党中央对"扫黄打非"工作的高度重视和坚强决心，足以说明"扫黄打非"工作的重要性、必要性和紧迫性。我们要认真学习贯彻刘云山同志重要讲话精神，按照第二十一次全国"扫黄打非"工作电视电话会议部署要求，加强协同配合，拓展工作领域，创新方法、手段，深入开展"扫黄打非"斗争，务求取得新的成效。

一、必须切实认清"扫黄打非"工作面临的新形势

过去的一年，我省"扫黄打非"战线紧紧围绕海峡西岸经济区建设的大局，以党的十七大为主线，切实实施以打击违禁内容出版物为重点的平安工程，强力推进有利青少年健康成长的文化环保工程，强力开展保护知识产权的"反盗版天天行动"，"扫黄打非"工作的整体合力进一步加强，工作领域进一步拓展，斗争成果进一步扩大，高压态势进一步持续。特别是破获了一批在全省乃至全国有重大影响的案件，有力打击了不法分子的嚣张气焰，确保了出版物市场平稳、健康、有序发展，为党的十七大胜利召开营造了良好的文化环境和舆论氛围。

虽然2007年我省"扫黄打非"工作取得了很大成绩，但决不能满足现有成果，不能有丝毫的懈怠，对各级领导来说更要保持清醒的头脑，正视存在的问题。从当前情况看，出版物市场形势仍然十分严峻。2008年是我们全面贯彻落实党的十七大精神的第一年，是改革开放30周年，是举办北京29届奥运会之年，今年的大事多、喜事多，国内外一些不法分子势必利用这样的机

会进行渗透、捣乱，势必利用文化传播渠道加紧对我们进行思想文化渗透。我省地处改革开放的前沿，对台工作的前沿，历来是国内外一些不法分子利用出版渠道加紧渗透、破坏的重点地区，做好“扫黄打非”工作尤为重要。我们要把思想和行动统一到党中央的决策和部署上来，深入学习贯彻党的十七大精神和省委八届三次全会精神，进一步增强政治意识、大局意识、责任意识、忧患意识，始终绷紧“扫黄打非”这根弦，树立长期作战，敢打硬仗的思想，更加自觉、更加主动地推动海峡西岸经济区社会主义文化大发展、大繁荣。

二、必须切实打赢“扫黄打非”斗争的新战役

今年“扫黄打非”工作着力抓五项任务，开展三项专项行动。一要着力查缴违禁内容出版物。二要着力清除、扫除淫秽色情等文化垃圾。三要着力打击侵权盗版行为，高举知识产权保护旗帜。四要着力查处取缔各类非法报刊。五要着力加强网络信息监控。围绕上述五项任务，今年将开展三个专项行动。每个专项行动都要精心组织，科学安排，加强监管，务求实效。查处重大案件是推动“扫黄打非”工作深入开展的重要手段，要坚持“彻查、彻办”的原则，将仓储、生产等中间环节为突破口，重拳出击，追源头、挖窝点、破网络，案件线索指向哪里，案件就查办到哪里，力求彻底摧毁犯罪团伙，形成强大的震慑声势。

三、必须切实形成“扫黄打非”工作的新合力

“扫黄打非”工作是一项社会系统工程，任务重，难度大，要求高，具有长期性、艰巨性、复杂性、反复性、紧迫性，各级党委要加强领导，综合协调，各级部门要统一步调，协同作战，特别是在改革开放和对台工作的前沿平台，我们一刻都不能松懈。

一要加强领导。坚持和完善党委、政府统一领导，各级“扫黄打非”工作机构指导、协调，各地联防协作，各部门齐抓共管，广大人民群众共同参与的“扫黄打非”领导机制和工作机制，进一步健全“扫黄打非”领导责任制和责任追究制，把“扫黄打非”工作与“平安福建”建设结合起来，统一部署、统一行动、统一考评，统一推进，实行“一票否决”。

二要协同作战。各级“扫黄打非”办公室切实发挥牵头作用，统筹部署，综合协调，督促检查，抓好落实。宣传、政法、新闻出版、文化、公安、教育、信息产业、工商、海关、邮政、铁路、交通、民航等部门要着眼大局，强化责任，各司其职，努力做到主管与协管相配合，部门管理与属地管理相衔接，形成快速反应，整体防控的“扫黄打非”新格局。

三要改进创新。针对新形势下“扫黄打非”工作新情况、新问题，深入研究不法分子活动的新特点、新规律，不断探索，大胆创新，关口前移，主动管理，对症下药，全面整治，不断增强工作的预见性和创造性。

四、必须加强“扫黄打非”队伍建设

要加强“扫黄打非”队伍的思想、组织、作风和制度建设，加强执法人员的法律法规和业务知识的培训，努力造就一支政治强、业务精、纪律严、作风硬、能战斗的执法队伍。同时，各级党委、各级部门要关心和爱护战斗在“扫黄打非”第一线的同志，要给他们提供必要人员、编制、经费、装备等保障。

2008年1月17日

在2008年全省集中销毁侵权盗版及非法出版物活动仪式上的讲话（摘要）

福建省委常委、宣传部长、省“扫黄打非”领导小组组长
唐国忠

根据全国“扫黄打非”工作小组的统一部署，今天我省各地与全国同步，举行集中销毁侵权盗版和非法出版物活动，对近一年来全省查缴的160.6万余件侵权盗版和非法出版物进行公开销毁。这是全国连续3年同步举行销毁侵权盗版和非法出版物活动，也是我省迄今为止举行的最大规模、最有声势的集中销毁活动。在4月26日世界知识产权日到来之际，我们在全省范围内举办大型集中销毁活动，就是为了警示、震慑违法犯罪分子和非法经营者，展示党和政府保护知识产权、打击侵权盗版活动的坚定立场和重要成果，进一步争取社会各界的理解、支持和积极参与“扫黄打非”的自觉性和坚定性。

省委、省政府历来高度重视保护知识产权，打击侵权盗版工作，强调保护知识产权是建设创新型省份的重要基础，是推动经济社会又好又快发展的必然选择。全省各地各部门在保护知识产权、打击侵权盗版工作中，做了大量的工作，付出了辛勤的努力，取得了显著成效。特别是去年以来，我省开展了声势浩大的“反盗版天天行动”，先后破获了福州“12·06”地下批销非法盗版书刊案、莆田“1·31”地下特大批销盗版音像制品案、三明“5·11”非法出版案等十多起在全省乃至全国有重大影响的案件。这些案件一次性查获非法、盗版出版物少则几万册（盘），多则二三十万多册（盘）。这些大案要案的破获，有力地打击了不法分子的嚣张气焰，确保了我省出版物市场平稳、健康、有序的发展。

同时，我们也要清醒地看到，侵权盗版、制黄贩黄和其他非法出版活动在我省并没有得到彻底根除。在一些地区，游商地摊贩卖非法出版物现象屡禁不止，非法音像制品屡打不绝，非法出版等活动时有发生，而且随着打击力度的不断加大，不法分子违法活动更加隐蔽，手段更加多样，有向团伙化、规模化、网络化、专业化方向发展的趋势。因此，我省“扫黄打非”形势依然严峻，不容乐观，决不能等闲视之，任其发展。

当前，我省已顺利地完成今年“扫黄打非”第一阶段专项行动，正在开展第二阶段专项行动。为巩固第一阶段专项行动成果，落实第二阶段专项行动，把“扫黄打非”斗争推向深入，各地各部门务必做到：

第一，思想认识要提高。不法分子破坏的政治背景和牟取暴利的经济诱因，决定了“扫黄打非”是一项长期、艰巨、复杂的斗争，不是一朝一夕、一蹴而就的事，不可能一网打尽、一劳永逸。如果思想上稍有麻痹，行动上稍有松懈，侵权盗版和非法出版物就会卷土重来，蔓延泛滥，来之不易的好局面、好形势将会断送。我们务必保持清醒的头脑，持之以恒，再接再厉，毫不懈怠地抓好“扫黄打非”工作。

第二，工作措施要有力。第二阶段专项行动的重点是整顿规范印刷复制和出版物运输环节经营秩序。各级各部门要采取有效措施，依法取缔无证无照的印刷复制企业，严肃查处违法违规印刷复制行为，建立健全印刷复制业准入和退出机制，压缩不符合条件的印刷企业；同时，加强对出版物运输环节的查验，有效切断非法出版物的流通渠道。

第三，领导责任要落实。要认真落实“扫黄打非”领导小组负责人是本级“扫黄打非”工作第一责任人制度，第一责任人要对“扫黄打非”工作切实负起责任，做到常思、常问、常

抓、反复抓、抓反复、抓出成效。

第四，协调配合要到位。“扫黄打非”是一项社会系统工程，希望各级党委、政府加强领导、综合协调，各级各有关部门统一步调、协同作战。各级“扫黄打非”办公室要切实发挥牵头作用，统筹部署、综合协调，督促检查、抓好落实。要抓重点时期，对重点部位、重点对象，实施重点管理，全面清理、取缔无证照经营户和游商、地摊，深入查处一批重点案件，彻底摧毁一批网络窝点，依法严惩一批不法分子。

第五，宣传教育要强化。各级新闻媒体要加强宣传力度，引导人们拒绝经营、使用盗版出版物，努力营造反对盗版、使用正版的良好社会氛围，把侵权盗版和非法出版物从市场中清除出去，构建公平竞争、有序发展的出版物市场环境。

同志们，让我们携起手来，严厉打击侵权盗版和非法出版物，为保护知识产权，保护民族创新精神，促进我省新闻出版业大发展大繁荣，把海峡西岸经济区建设成为科学发展的先行区、两岸人民交流合作的先行区，做出应有的贡献。

2008 年 4 月 20 日

2008 年“扫黄打非”大案要案综述

福建省“扫黄打非”办

2008 年，我省各级“扫黄打非”部门围绕迎奥运保稳定这一中心工作，不断加大案件查处和督办力度，采取有力措施，查办了一批非法出版大要案，端除了一批非法出版物的储运窝点，严惩了一批从事非法出版活动的犯罪分子，确保了奥运期间出版物市场的繁荣稳定。

1. 莆田“1·03”特大盗版音像制品批销案

1 月 03 日，莆田市文化市场稽查队接到莆田市涵江区公安分局经侦大队要求协助查处盗版音像制品窝点的电话，迅速组织 22 名执法人员，赶赴现场，与涵江区公安分局经侦大队配合，在涵江区江尾村一座民宅二楼查获一涉嫌批发盗版音像制品地下仓库。该地下仓库设在民宅二楼，面积约 $200m^2$，场内摆设 80 多个货架，每个货架上摆满涉嫌盗版音像制品。经过执法人员 7 个小时的清点打包，现场共查缴涉嫌盗版音像制品 186344 片。涵江区公安分局经侦大队当场刑拘犯罪嫌疑人 4 名。

2. 南平建瓯市陆某贩卖淫秽光盘案

屏南籍人员陆某（久居建瓯市）于 2006 年 11 月从广东购进淫秽光盘 100 余张，并托人刻录出 3000 多张淫秽光盘，分别在南平市延平区、武夷山市、建瓯市、松溪县以及浙江省龙泉市、庆元县等地贩卖。2007 年 8 月 20 日，陆某再次携带 9222 张盗版光盘（其中淫秽光盘 7479 张）准备到浙江省庆元县贩卖的途中被当地交警查扣。后案件被移交至建瓯警方，建瓯警方在进一步调查取证后由检察院向法院提起公诉。法院审理认为，被告人陆某以牟利为目的，贩卖淫秽物品，其行为已构成贩卖淫秽物品牟利罪。因其贩卖淫秽光盘数量巨大，情节特别严重，1 月 28 日，建瓯市人民法院依法判处被告人陆某有期徒刑 10 年，并处罚金人民币 15000 元。

3. 厦门“久久女儿情”色情论坛案

2008 年 4 月，厦门市公安局网安部门在工作中发现一个名叫“久久女儿情”的色情论坛。5 月 6 日上午，根据前期侦查线索，厦门市公安、文化稽查等部门联合行动，对设在翔安区小嶝岛居民区内的该色情网站进行突击检查，当场抓获犯罪嫌疑人许某，收缴电脑 1 台，内存数万张色情图片和近 200 部色情小说。经查，犯罪嫌疑人许某于 2007 年底向一名网友购买了网站空间和域名，设立该网站，并将网站托管在境外。随后，许某在该网站空间上传了 800 多个淫秽帖子，并通过网上广告代理公司获取广告代码，依靠点击数赚取广告费。该案被全国“扫黄打非”办列为2008年破获的20起“扫黄打非”大要案之一。7月20日，厦门市公安局将案件移送检察院审查起诉。法院经审理认为，被告人许某以牟利为目的，利用互联网传播淫秽信息，情节严重。鉴于被告人自愿认罪，依法判处有期徒刑3年，并处罚金人民币5000元。

4. 福州“2·15”“天浴娱乐”网站传播淫秽物品牟利案

2月15日，福州市公安局网安处在工作中发现，“天浴娱乐”网站涉嫌传播淫秽色情物品牟利。经初步侦查发现，位于福州电信公司IDC机房内的该网站服务器内还有其他20多个成人网站，链接有大量淫秽图片、书籍、视频等。2月27日，福州市局网安处联合台江分局对嫌疑人住所和网站服务器同时出击，在台江区中平花园抓获“天浴娱乐”网站站长高某某（男，福州人），查扣其用于维护网站的电脑、打印机等物，并在福州电信局IDC机房查获该网站服务器。经突击预审后，专案组派出两个抓捕小组赶赴湖北、江西，抓获犯罪嫌疑人余某某（男，29岁，江西省婺源县人，系“天浴娱乐”网站版主“大人无大量”）、高某（男，54岁，湖北武汉市武昌区人，系“天浴娱乐”网站总版主“老山羊”）。

该案属团伙作案，主要犯罪嫌疑人涉及福建、湖北、江西等多个省市，涉案时间长，发展注册会员多，网站上传播的淫秽电影、淫秽小说、淫秽图片等数量特别巨大，社会影响十分恶劣。福建省公安厅将该案作为省厅挂牌督办案件。12月11日，福州市台江区人民法院以传播淫秽物品牟利罪第一次开庭审理此案。

5. 泉州邹某贩卖淫秽物品牟利案

邹某，男，江西省宁都县人。曾因贩卖淫秽物品牟利罪于2002年7月被泉州市丰泽区人民法院判处有期徒刑2年2个月，2004年5月21日刑满释放。2008年2月间，被告人邹某为非法牟利，向他人购进大量淫秽光盘进行贩卖。2008年3月5日，邹某在其租住处将40张光盘销售给杨某（另案处理）。杨某将其中3片销售给他人，后被公安人员查获其余37张光盘，经鉴定为淫秽光盘。2008年3月8日凌晨，公安人员在杨某的指认下找到邹某的住所，当场查获光盘5627张，经鉴定其中5587张为淫秽光盘。9月，泉州市鲤城区人民法院对该案作出判决，以贩卖淫秽物品牟利罪判处犯罪嫌疑人邹某有期徒刑13年6个月，并处罚金人民币1万元。

6. 厦门盗版地图批销案

2008年4月初，厦门市文化市场稽查队接获群众举报：有人驾一辆微型车在轮渡、莲坂、SM商城一带批发盗版地图。经过一个多月的摸查，厦门市文化市场稽查队掌握了批销盗版地图嫌疑人的交易规律和住址。由于案情有可能跨地区并涉嫌构成犯罪，5月20日，省“扫黄打非”办与省公安厅、省工商局人员组成案件协调小组，赶赴厦门指导协调案件查处工作。5月22日，厦门市文化市场稽查队协同市公安局治安行动大队，抓获了正在进行盗版地图交易的犯罪嫌疑人陈某，缴获盗版地图1216张。案件破获后，省“扫黄打非”办、厦门市文化市场稽查队及厦门市新闻出版局密切关注案件进展，多次与公、检、法部门就适用法律及证据问题进行沟通，并协调相关单位出具鉴定书等书证材料。在多方共同努力下，2008年6月19日，陈某被厦门市思明区人民检察院批捕；2009年1月21日，检察院向思明区人民法院提起公诉；2月24日，法院经审理后以侵犯著作权罪，判处陈某有期徒刑9个月，并处罚金人民币2000元。

7. 福州“8·26”销售淫秽音像制品案

8月26日，福州市台江区文化市场稽查队在整治游商、地摊行动中，查获以刘某为首的涉嫌销售淫秽音像制品案，现场收缴非法音像制品500张（套），经鉴定其中300张（套）涉嫌淫秽音像制品。台江区文化市场稽查队当即将刘某等3名涉案人员移交台江区公安分局洋中派出所审理。8月27日，台江区文体局接到洋中派出所案情通报：据涉案人员交代，他们贩卖的非法音像制品来自台江区瀛福小区内的一个非法地下批发窝点，准确位置不详。台江区文体局立即抽调区文化市场稽查队人员与洋中派出所组成联合办案组，在短短30小时内完成了对批发窝点的定位和违法经营取证等工作。8月28日下午两点，台江区文化市场稽查队与洋中派出所联合行动，一举捣毁了这一非法音像制品批销窝点，当场收缴非法音像制品11000张（套），其中涉嫌淫秽音像制品4000张（套），抓获主要涉案人员黄某及另3名涉案人员。

8. 厦门“9·23”淫秽音像制品批发案

2008年9月初，厦门市文化市场稽查队在查处集美区贩卖非法音像制品的游商时了解到，这些游商的货是由居住在该区的罗姓男子提供的。获此信息后，厦门市文化市场稽查队立即与厦门市公安局治安行动大队联合展开调查。经过20余天的跟踪摸查，掌握了犯罪嫌疑人的基本情况、活动规律及地下批发窝点的确切地址。9月23日，两队人员联合行动，在集美区杏林街道龙泉巷一居民楼内查获这一淫秽、盗版音像制品批发窝点，收缴涉嫌淫秽光盘2233张，盗版音像制品3019张，抓获2名涉案人员。经初步审查，犯罪嫌疑人罗某于2008年初就开始从事淫秽色情、盗版光盘批发经营活动。

9. 泉州“10·12”盗版淫秽光盘批销窝点案

10月12日，泉州市“扫黄打非”办根据群众举报线索，督促鲤城区“扫黄打非”办组织执法人员对其辖区内两处批销盗版淫秽光盘窝点进行检查。接到通知后，鲤城区“扫黄打非”办负责人立即联系区公安局分局海滨派出所和区工商局中区工商所组成联合执法组，对海滨街道两间杂货店进行突击检查，在其阁楼及储藏间中共查缴盗版光盘15000多张、淫秽光盘44张，并将当事人（广东籍、安徽籍男子共3人）及光盘当场移交海滨派出所。

2008年“扫黄打非”大事记

福建省“扫黄打非”办

1月17日，收听收看第二十一次全国“扫黄打非”工作电视电话会议，随后召开2009年福建省“扫黄打非”电视电话会议。福建省委常委、宣传部长、省“扫黄打非”领导小组组长唐国忠出席并讲话。

1月至3月，在全省开展以打击违禁内容出版物为重点的第一阶段专项行动。

2月中旬，南平建瓯市人民法院依法对陆某贩卖淫秽光盘案作出一审判决，以贩卖淫秽物品牟利罪判处被告人陆某有期徒刑10年，并处罚金人民币15000元。该案被全国“扫黄打非”办列为典型案例。

2月15日，福州市公安局网安处破获“天浴娱乐”网站传播淫秽物品牟利案，抓获主要犯罪嫌疑人3名，当场查获电脑等大量作案工具。12月11日，福州市台江区人民法院以传播淫秽物品牟利罪第一次开庭审理此案。

3月，《福建省“扫黄打非”信息工作暂行办法》。

3月8日凌晨，泉州市公安部门抓获涉嫌销售淫秽光盘的邹某，并在其租住处查获淫秽光盘5587张。9月，泉州市鲤城区人民法院以贩卖淫秽物品牟利罪判处犯罪嫌疑人邹某有期徒刑13年6个月，并处罚金人民币1万元。

3月中旬，省“扫黄打非”办组织检查组，深入各地市检查督导第一阶段专项行动开展。

4中旬至6月中旬，在全省开展以整治印刷、复制和运输环节为重点的第二阶段专项行动。

4月20日，福建省2008集中销毁侵权盗版及非法出版物活动在福州市金山影剧院举行。省委常委、宣传部长、省“扫黄打非”领导小组组长唐国忠参加了销毁活动。

5月6日，厦门市公安部门与市文化市场稽查队联合行动，破获了“久久女儿情”色情论坛案。10月9日，厦门市翔安区人民法院依法以传播淫秽物品牟利罪判处许某有期徒刑3年，并处罚金人民币5000元。该案被全国“扫黄打非”办列为2008年破获的20起“扫黄打非”大要案之一。

5月22日，厦门市文化市场稽查队协同市公安局治安行动大队，抓获了正在进行盗版地图交易的犯罪嫌疑人陈某，缴获盗版地图1216张。2009年2月24日，厦门市思明区人民法院以侵犯著作权罪判处陈某有期徒刑9个月，并处罚金人民币2000元。

6月中下旬，根据新闻出版总署、全国“扫黄打非”办公室《关于开展印刷复制业专项检查行动的通知》精神，省“扫黄打非”办公室抽调人员配合省新闻出版局印刷处组成多个检查组，对全省9个设区市的印刷复制业进行专项检查。

7月至10月，在全省开展以清理出版物市场为重点的第三阶段专项行动和奥运前30天出版物市场集中清查行动。

7月3日，召开全省迎奥运维护出版物市场稳定“扫黄打非”工作会议。福建省委常委、宣传部长、省“扫黄打非”领导小组组长唐国忠到会并作重要讲话。

7月10日，省“扫黄打非”办下发《关于开展奥运前出版物市场集中清查行动的紧急通知》，在全省范围开展奥运前出版物市场集中清查行动。

7月22日，隶属厦门海关的泉州关区在经由泉金直航出口的货物中，查获印有违禁文字内容的出口产品包装纸袋2.8万件及非法印制的泉州地图3万张。

7月下旬至8月初，省“扫黄打非”办抽调省新闻出版局、省文化厅人员组成多个检查组，对福州、莆田、宁德、泉州、厦门、漳州、龙岩等地开展奥运前出版物市场集中清查行动情况进行暗访检查。

8月6日，省版权局启动“快速反应机制”，仅用半小时即处理我省第一起涉奥网络侵权案件，关闭服务器设在漳州市的非法网站“30777网”，得到国家版权局领导的来电表扬。

9月和11月，省“扫黄打非”办在南平、泉州举办两期“扫黄打非”行政执法培训班，全省九个设区市的市、县两级新闻出版、文化市场稽查队负责同志及有关人员共130余人参加了培训。

10月，根据全国“扫黄打非”工作小组办公室、新闻出版总署《关于进一步开展严厉打击非法报刊专项行动的通知》，在全省开展严厉打击非法报刊专项行动。

10月10至12日，全国“扫黄打非”工作小组办公室专职副主任李宝中带领检查组到福建检查打击非法报刊专项行动开展情况。

10月，出台《福建省“扫黄打非”工作考核评分办法》和《福建省“扫黄打非”办案有功集体和有功个人评选奖励办法》。

11月，制定《对相关违法行为实施罚款处罚的具体办法》和《行政执法程序规范》，对行政处罚程序及行政处罚的自由裁量权进行了规范，保证依法行政，廉洁行政。

12月，开展2008年全省“扫黄打非”工作考核暨评比奖励活动，54个单位和个人荣获2008年全省“扫黄打非”先进集体、先进个人和办案有功集体、有功个人称号。

福 州 市

2008年“扫黄打非”工作总结

福州市“扫黄打非”办

今年以来，按照全国“扫黄打非”办的统一部署，在省“扫黄打非”办的指导下，市委、市政府对“扫黄打非”工作高度重视，市“扫黄打非”领导小组紧紧围绕迎接百年奥运和创建文明城市，采取了一系列行之有效的措施办法，全市的“扫黄打非”工作取得显著成效，市“扫黄打非”办被评为全国“扫黄打非”办案有功集体，市版权局被评为全国版权办案有功集体三等奖。具体体现在以下几个方面：

一、省市共建“扫黄打非”联动机制

福州作为第一批对外开放城市，“扫黄打非”工作具有明显的区位特点，“扫黄打非”任务十分艰巨。今年福州市“扫黄打非”办利用省会中心城市的区位优势，将谁审批谁主管和属地管理原则有机结合起来，与省“扫黄打非”办共同建立了联动机制，做到信息互通、线索共享、联合办案、共同查处。对长乐机场、福州火车站、汽车站、港口、高速公路出入口等重点地方和图书批发市场、印刷企业等实行省市共管共建。

二、全面推进出版物市场网格化管理

为更好地落实“扫黄打非”工作责任制，市“扫黄打非”办出台了《福州市出版物市场网格化管理方案》，对全市出版物市场实行网格化管理，市、县两级各相关行政管理部门根据各自职责对所辖区域市场分兵把守，责任到人。依法对全市印刷企业、书刊批发企业（含海峡出版物批发市场）、报刊、书刊零售单位和电子出版物经营单位的监管，明确责任领导、责任单位和责任人，明确监管职责，落实监管措施。局各分管领导加强对责任落实情况的检查和互查工作，各有关处室和责任人切实负起管理责任，在检查中认真填报《出版物市场巡查情况表》，并将有关检查情况及时上报。市城市执法局实施网格化管理后，地摊游商销售出版物的现象得到明显的遏制。

三、“扫黄打非”稽查队伍实行“错班”工作制

为对全市出版物市场开展全天候的监管，避免出现早市、夜市监管的真空现象，市新闻出版稽查大队和各县（市）区稽查队伍在今年纷纷采取“错班”工作制，确保早上（7：00—9：00）和晚上（18：30—21：30）时段的路面检查，通过保持对音像、图书市场的高压态势和不间断的“清扫”，有效地维护了音像、图书市场的稳定、有序、繁荣，使销售非法出版物的游商地摊无处容身，出版物市场得到有效净化。

四、堵源头、挖窝点、查市场，成效显著

今年以来，我市通过堵源头、挖窝点、查市场查获多起非法出版物批销案件，成效显著。全国“扫黄打非”网、“扫黄打非”工作快报、省新闻出版局网站多次对我市的“扫黄打非”成果予以报道。其中《国家“扫黄打非”快报》报道2次；《全国“扫黄打非”简报》三期刊载我市“扫黄打非”信息，其中一期专题介绍福州市的工作特色；中国“扫黄打非”网报道4次；省局和省“扫黄打非”办报道32次。10月10日，全国“扫黄打非”办常务副主任李保中同志视察我市“扫黄打非”和打击非法报刊工作时，对我市实行“扫黄打非”网格化管理和“错班”工作制予以充分肯定。

1. 堵源头：查获两起运输环节盗版出版物案件。4月11日，在盛辉物流公司查获一考试书店从河南托运盗版自考教材1156本；8月11日，在某物流公司查获一起运输非法出版物的案件，当场查扣张某某等9家收货人的共148件（箱）1万余本盗版及非法出版物，内容涉及四大名著、高考教辅、职称考试用书等，是近期我省在非法出版物运输环节查获的重大案件。

2. 挖窝点：查获6个批销非法盗版出版物的地下窝点和一个淫秽色情网站。3月10日，福州市公安局网络安全监察处捣毁“天浴娱乐”淫秽色情网站，抓获犯罪嫌疑人3名，缴获用于维护网站的电脑、打印机、硬盘等作案工具，查封了位于福州电信IDC机房的网站服务器。据统计，该网站注册会员高达15000余人，每天在线人数均在300人以上，站内提供大量淫秽图片、淫秽书籍、淫秽影片给会员下载。3月27日，市新闻出版稽查队经过长期跟踪侦查，在台江区福清巷查获一窝点，收缴2700多册非法盗版出版物，其中含政治性和宣扬封建迷信内容的非法出版物173本。以上两个案件被刊登在全国“扫黄打非”网上并呈报中央政治局常委的《全国“扫黄打非”快报》；4月份，市新闻出版稽查大队在晋安区民工医院附近查获2000多册非法盗版出版物；在仓山区上山路查获非法盗版出版物3000多册；5月8日，市新闻出版稽查队在日常的巡查过程中，在位于国货南路的福州凯乐音像店内当场查获盗版音像制品1万余张（套），有力地遏制了盗版音像制品的散播；8月3日，市新闻出版稽查队接到群众举报，在长乐路象园头台板厂宿舍内查获一专为地摊游商配送非法出版物的地下仓库，当场查缴各种非法出版物2600多册。10月25日，罗源市科技文体局会同公安机关在城关小巷缴获一批非法出版物，其中含“六合彩”报刊3200余份。经查，这是一个以家庭为单位的非法出版物印刷贩卖团伙，今年5月以来共印刷“六合彩”报刊等非法出版物计6万余份。目前，该案由罗源县城关派出所立案审理，4名犯罪嫌疑人被刑事拘留，7名涉案人员被行政拘留。

3. 查市场：1月3日，在福清一中附近书苑书店查获非法出版物6000多册，有力维护了学校的正常学习秩序；3月3日，我局配合省新闻出版局稽查队查扣蚂蚁兵团有限公司各种非法出版物4000多册；3月18日，根据线索，我局到闽侯县尚干中学检查教辅使用情况，查处该校初三年级有100多名学生集体使用盗版教辅；3月28日，在金山一无证报刊亭查获六合彩类非法报纸1000余张；4月7日，市版权局在家乐福福新店查获5台电脑预装盗版微软Windows XP和Office 2003软件。4月8日，在麦德龙仓山商场查获4台电脑预装盗版微软Windows XP和Office 2003软件。经调查取证确认，我局对这两家商场都处以责令删除盗版软件并给予相应罚款的行政处罚。这两起案件的查处受到国家版权局、省版权局的好评；5月15日，在平潭县海滨中学查扣整个初三年级530多名学生使用的盗版教辅；6月份，协助省局稽查队查扣可好图书有限公司盗版出版物800多本；9月13日，余作尧局长带领市“扫黄打非”办和新闻出版稽查大队在福州市台江区交通路巡查时，查扣了一销售非法出版物的地摊游商，当场查扣非法出版物在内的盗版书籍190余册。据统计，1月至10月全市共出动执法人员3500多人次，检查音像、图书、印刷企业1200多家，取缔地摊游商408个，查获各种非法出版物20万片（册），专项整治开展以来，我市各有关部门集中稽查力量，深挖窝点，查处多起大要案，打击了犯罪分子的嚣张气焰。

五、落实“扫黄打非”工作的考评机制

下半年，市“扫黄打非”领导小组制定出台福州市《“扫黄打非”工作考核评分办法》、

《“扫黄打非”办案有功集体和有功个人评选奖励办法》、《“扫黄打非”案件举报奖励办法》、《信息报送工作管理办法》，对市直各成员单位和各县（市）区“扫黄打非”工作明确了考评方法、评先和奖惩措施，结合福州市正在开展的争创全国文明城市活动中关于出版物市场监管的目标要求，明确了各成员单位分工职责和属地管理原则，从制度上保障了“扫黄打非”各项工作落到实处。

六、开展打击非法报刊专项行动

省“扫黄打非”办《关于进一步开展严厉打击非法报刊专项行动的通知》下发后，市“扫黄”办、市新闻出版局高度重视，即召开局务会，专题部署专项行动，明确采取五项措施，开展行动：

一是将省“扫黄打非”办《关于进一步开展严厉打击非法报刊专项行动的通知》转发市“扫黄打非”各成员单位和各县（市）区“扫黄打非”办，要求各有关单位认真开展好专项行动；二是电话通知各县（市）区文化稽查大队队长，明确要求各县（市）区要积极行动起来，以打击非法报刊为主，对市场开展拉网式检查，并将检查情况于当日下午5点前及时反馈市“扫黄打非”办；三是市新闻出版稽查大队全天候上路巡查，对批发零售店、物流中心、货运站、报刊亭等进行重点检查，做到不留死角，不漏网点，坚决杜绝夹带发行非法报刊的行为；四是市新闻出版局出版物管理处对报刊发行单位从源头上进行检查，对邮政发行公司、福州日报、福州晚报、文化生活报等市属报纸的发行公司进行上门检查；五是市“扫黄打非”办牵头，组织新闻出版、公安、工商、文化、城市执法、邮政、报社发行公司、五城区“扫黄”办等单位召开迎检部署会。由市“扫黄打非”办和市新闻出版局牵头，组织公安、工商、城市执法、邮政等部门联合行动，对全市报刊市场进行高密度的拉网式清查。

七、加强书报亭管理，规范书报亭经营行为

为促进我市报刊零售业务健康、持续、稳定地发展，福州市人民政府授权福州市邮政局为书报亭建设与经营管理的主办单位，市城市管理执法局、市新闻出版局负责管理和监督。福州邮政报刊零售公司代表福州市邮政局对全市书报亭实行“六个统一”管理，即：统一形象标识、统一经营管理、统一服务规范、统一货源、统一配送、统一调剂。市新闻出版局负责对书报亭销售的出版物进行监督检查。要求书报亭严格按核定的经营范围从事经营活动，不得自行扩大或变更经营范围，不得发布其他广告，严禁销售有下列内容的出版物：（1）危害国家统一、主权和领土完整的；（2）煽动民族分裂、破坏民族团结的；（3）泄露国家秘密的；（4）宣扬淫秽、迷信或者渲染暴力的；（5）诽谤、侮辱他人的；（6）国家明令禁止销售的非法出版物、盗版出版物。市新闻出版局负责对邮政报刊零售公司统一配送的出版物进行售前检查。邮政报刊零售公司应主动向市新闻出版局报备统一配送目录清单，从源头上阻断非法出版物流入报刊亭。10月10日，全国“扫黄”办常务副主任李保中同志视察我市报刊发行市场时，对我市统一报刊亭建设予以充分肯定。

厦　门　市

2008年“扫黄打非”工作总结

厦门市“扫黄打非”办

2008年，厦门市“扫黄打非”工作在市委、市政府的正确领导下，在市“扫黄打非”领导小组全体成员单位和各区、各部门的共同努力下，按照中央、省的统一部署，结合《厦门市2008年“扫黄打非”行动方案》的工作任务，紧紧围绕中心工作和重大活动，持续不断地组织开展了一系列专项行动，有力地打击了各类非法出版的违法犯罪活动，出色完成北京奥运会、残奥会期间出版物市场的安全保障工作，为促进厦门市文化市场的繁荣、健康、发展，为推动厦门市在新一轮创建全国文明城市中再获佳绩做出了突出贡献。厦门市“扫黄打非”领导小组办公室被全国“扫黄打非”授予“全国‘扫黄打非’先进集体”。主要工作特点如下：

一、认真开展专项行动，不断强化日常监管，“扫黄打非”监管工作取得新成效

2008年，厦门市“扫黄打非”工作始终坚持日常检查不放松，联合行动不手软；坚持打防结合，疏堵并举。认真组织开展“扫黄打非”专项行动，做到统一部署，狠抓落实，突出重点，整体推进，依法打击，取得成效。全年共出动执法检查人员20308人次，检查出版物市场8155个次、流动摊点6531个、印刷复制企业1266家次，查缴各类非法出版物29.8万余件，处罚店档摊点20个，取缔非法游商摊点1739个，“扫黄打非”斗争取得了显著成效。

（一）始终将打击非法出版物作为重要工作

厦门市始终把打击非法出版物作为“扫黄打非”工作的重点，把查处非法出版物工作纳入重要日程，不遗余力地开展查处非法出版物工作，有效地防止了各类非法出版物的进入和扩散，没有出现干扰大局和影响厦门总体形象的问题。

（二）认真组织开展了迎接奥运，维护稳定，强化出版物市场监管专项整治行动

2008年，是北京奥运会的举办年，也是第二届全国文明城市考评年。出版物市场的健康有序，是文明城市测评体系中一个重要指标。厦门市“扫黄打非”办结合迎奥运、迎考评活动，组织开展代号为“七月流火”的奥运前出版物市场专项整治行动，下发了《厦门市迎奥运、迎考评出版物市场专项整治方案》。多次组织开展联合行动，对容易出现销售非法出版物的部位进行定期、不定期的拉网式检查，并将监管工作延伸到城乡集贸市场、各旅游景点和宾馆饭店周边。专项行动期间，全市共出动执法检查人员4495人次，检查市场6700家次，处罚店档5个，依法取缔非法摊点719个，收缴各类非法出版物总数128399件。

（三）继续深入开展打击非法出版活动专项行动和整治“四假”专项行动

2008年，厦门市“扫黄打非”办及时公布了2批非法报刊目录，并组织协调各相关部门对照公布的非法报刊目录名单，进一步加强清查规范报刊市场。全年共检查报刊编辑单位、邮政局所、报刊门市部、报刊亭等1482家次，收缴非法报刊34753份。

（四）依法开展了打击网络淫秽色情等有害信息集中清理行动

按照全国依法打击整治网络淫秽色情等有害信息专项行动办公室的部署，厦门市“扫黄打非”办积极组织协调开展了网上淫秽色情和低俗不良信息集中清理行动。全年共删除网上传播的有害信息4325条，关闭不良网站内容页面和链接626个，破获网络淫秽色情网站案件6起，有效净化了网上环境。

（五）认真组织开展了集中销毁侵权盗版及非法出版物现场销毁行动

2008年，厦门市、区两级“扫黄打非”办相继多次组织开展销毁侵权盗版及非法出版物的行动，共销毁各类侵权盗版及非法出版物近40万件。4月20日，举行了“全国统一集中销毁侵权盗版及非法出版物厦门分会场现场销毁行动”，共销毁各类侵权盗版出版物和非法出版物32.1万余件，其中盗版和非法音像、软件及电子出版物21.7万余件，盗版和非法书报刊10.4万件，这是厦门市迄今为止数量最多、品种最全、规模最大的一次集中销毁行动。

二、建立健全长效机制，坚决查处大案要案，“扫黄打非”查处工作取得新成果

2008年，厦门市“扫黄打非”工作从管理体制入手，积极探索建立长效管理机制，把推进标本兼治和长效管理置于突出的位置，紧紧抓住市场整治的难点问题，着力建立和完善工作机制，切实加强案件督办力度，取得了明显成效。全年共查处各类案件134起（其中：行政案件119起，刑事案件15起）。

（一）进一步完善工作规范机制

2008年，厦门市“扫黄打非”办根据国家的有关法律法规，结合实际情况，制定了《厦门市封堵查缴政治性非法出版物工作应急预案》，进一步促进了我市“扫黄打非”工作的规范化、制度化，为厦门市今后“扫黄打非”工作提供了有力的制度保障。

（二）进一步强化工作责任机制

2008年，厦门市认真实行“扫黄打非”工作失职渎职“一票否决”制度，继续把“扫黄打非”纳入社会治安综合治理和文明城区、文明单位创建活动之中，严格落实领导责任制、部门责任制和单位责任制，确保“扫黄打非”工作领导到位、任务到位、责任到位、措施到位，进一步推动了厦门市“扫黄打非”工作不断向纵深发展。

（三）进一步加强层级联动和协调机制

厦门市各级“扫黄打非”办和“扫黄打非”各成员单位注重信息互通，实现资讯共享，齐抓共管、统一协调，充分发挥整体作战的优势，有效遏制了非法出版活动。

（四）进一步建立健全案件协作机制

厦门市各级“扫黄打非”办进一步加强了与各相关行政执法部门、公安和司法等机关之间沟通与协调，逐步建立了较顺畅的案件移送机制。通过联合执法，实现行政执法部门对涉嫌犯罪案件的“现场移交”，减少了进入司法程序的环节，大案要案查处成效显著，其中影响较大的案件有：一是“厦门‘久久女儿情’色情论坛案”。犯罪嫌疑人许某某因传播淫秽物品牟利罪被判3年有期徒刑。此案被全国“扫黄打非”办列为2008年破获的20起“扫黄打非”大案要案之一；二是“4·07”批发销售非法出版物案。犯罪嫌疑人聂某某犯非法经营罪，被判处有期徒刑6年零6个月，并处罚金人民币5000元。此案是我市对“扫黄打非”案件从快、从严、从重处理的典型案例之一。

三、大力加强舆论宣传，努力营造良好氛围，“扫黄打非”宣传工作取得新进展

（一）大力加强法律法规宣传

2008年，厦门市“扫黄打非”办组织力量编印了《“扫黄打非”工作宣传手册》，并在“4·20全国统一集中销毁侵权盗版及非法出版物厦门分会场现场销毁行动”时向厦门市市民进行赠送；市版权局深入开展每年一度的“著作权保护宣传月”活动。积极开展版权法律咨询，现场向市民讲解鉴别“盗版”的知识，发放《漫“话”版权》漫画小册子和《著作权法规》等宣传材料，举办了以北京奥运会为主题的各种版权作品竞赛活动，使厦门市民的版权保护意识进一步增强。

（二）大力加强媒体宣传力度

2008年，每逢召开重要会议、实施重大行动、查处大案要案，厦门市各级“扫黄打非”部门均通过报纸、广播、电视和市、区两级政府网站等多种形式和载体，认真组织做好宣传报导工作，努力发挥各种新闻媒体的优势，形成了全方位、立体化的宣传格局，营造有利于“扫黄打非”的浓厚氛围。

（三）大力加强“扫黄打非”信息工作

2008年，厦门市“扫黄打非”办积极实行信息报送制度，进一步加强信息工作，使全市各区、各相关部门及时交流工作情况和经验，也使上级“扫黄打非”机关和领导及时了解、指导厦门市的“扫黄打非”工作，全年共编印“扫黄打非”信息简报17期，充分发挥信息简报的宣传交流作用。

江 西 省

2008年“扫黄打非”工作总结

江西省“扫黄打非”办

2008年，按照全国和江西省“扫黄打非”工作的统一部署，围绕五项主要任务，先后组织开展以查堵违禁内容出版物为重点的专项行动、开展以整治印刷复制和运输环节为重点的专项行动、开展以清理出版物市场为重点的专项行动以及开展奥运前30天出版物市场集中清查行动等各阶段的专项行动。据统计，2008年全省共出动执法人员41845人次，检查出版物经营单位41580家次，取缔无证摊点519个，查缴非法出版物1145362件，查处行政案件164起。其中，检查出版物经营单位、取缔无证照游动摊点分别比去年增加21%、125%，查处行政案件比去年下降24%。2008年的工作主要体现在四个到位。

一、高度重视，指挥部署到位

江西省委、省政府领导对“扫黄打非”工作高度重视，对“扫黄打非”斗争先后做出了多次重要批示，并亲自参加了“扫黄打非”有关会议和活动。省委书记苏荣、省长吴新雄分别对江西省“扫黄打非”工作作出重要批示。

7月15日，省委常委、省委宣传部部长刘上洋和省政府副省长孙刚分别在《江西省开展奥运前30天出版物市场集中清查行动实施方案》上作出重要批示。刘上洋部长的批示：“希望各级‘扫黄打非’办高度重视，采取有力措施，按照方案要求，认真做好奥运会期间出版物市场集中清查工作。”孙刚副省长的批示：“开展奥运前30天出版物市场集中清查行动很必要、很及时，希望按照全国‘扫黄打非’工作小组的部署，认真落实，严防死守。为奥运顺利召开创造良好文化环境。”

7月16日，省委常委、省委宣传部刘上洋部长亲临一线，对南昌海关驻昌北机场办事处、民航江西机场集团公司在奥运前夕开展“扫黄打非”工作情况进行视察指导。

各设区市市委、市政府领导均对当地开展“扫黄打非”专项行动和加强出版物市场监管工作专门作出批示，提出了明确要求，为各阶段专项行动的开展提供了强有力的保障。

二、夯实基础，机构建设到位

为切实加强基层新闻出版行政管理和“扫黄打非”的力量，努力解决新闻出版行政管理“高位截瘫”难题。江西省新闻出版局在2008年全省新闻出版工作会议上，提出了在年内完成全省所有县（市、区）加挂新闻出版局（版权局）牌子的工作任务。

一是制定下发了《全省新闻出版工作目标管理考评暂行办法》，将县（市、区）挂牌工作完成情况作为对市局考核的重要指标。

二是大力推行职能下放工作，制定下发了《关于对部分新闻出版行政许可事项实施委托管理的通知》，将9项行政许可事项下放给设区市新闻出版局，为县（市、区）新闻出版局挂牌后的职能确定打下基础。

三是省“扫黄打非”工作领导小组领导和省新闻出版局主要领导，多次亲赴各地指导和督促县（市、区）挂牌工作，帮助各市局协调与当地党委、政府和编制部门的关系，解决实际困难。

四是对全省11个设区市、45个县（市、区）“扫黄打非”办主任、出版物市场稽查队长共100多人进行了培训，进一步提高了基层行政执法能力。

三、周密安排，各项行动到位

一是始终把打击违禁内容出版物作为“扫黄打非”工作首要任务，贯穿于全年。把海关作为第一道闸门，2008年南昌海关先后11次查获《毛泽东鲜为人知的事》、《多维》、《内阁新三角》、《上海大风暴》、《中国政府新内阁剖剥——后五年险局眺望》、《太子党与共青团》、《中共政局全破密》等非法出版物。

二是对出版物市场展开大规模清理整治。各地、各部门始终坚持日常监管与集中打击相结合，对车站码头、旅游景点、繁华街区等重点部位进行反复巡查。5月初组织执法人员，对奥运火炬传递途经江西省的三个地市进行专项检查。7月25日，召开各设区市“扫黄打非”办主任专题会议，对开展奥运前30天出版物市场集中清查行动以及加强市场监管工作进行再部署、再落实。在奥运前30天集中清查行动中，全省共出动执法人员6130人次，检查经营单位6482家次，查缴非法出版物71251件，盗版音像、计算机软件制品29500件，取缔无证摊点231个，查处行政案件39起，吊销经营许可证2家。

三是开展了网上“扫黄打非”专项行动。从2008年11月1日起至12月30日止在全省开展了网上“扫黄打非”专项行动，并制定了《江西省开展网上“扫黄打非”专项行动方案》，要求各地、各部门创造性的开展工作，确保专项行动取得实效。公安部门及时封堵、清除网上有害信息6675条，通信监管部门及时删除屏蔽各类有害信息3836条。文化、新闻出版、广电等部门加大了对网络出版、网络游戏、网络视频及上网服务场所经营活动的监管。

四是深入督导检查，确保各阶段行动取得实效。2008年3月和奥运会期间，省“扫黄打非”办组织暗访和巡察组，先后对全省11个设区市开展工作情况进行督促检查。各设区市“扫黄打非”办组织了各自的督导组、检查组对各自辖区内的县（市、区）进行了定期或不定期督导检查。省“扫黄打非”办在国庆前夕，专门组织省新闻出版局、省交通厅等部门联合成立两个检查组，对我省12条高速公路的24个服务区进行了检查，并召集当地相关部门人员召开现场会，要求当地相关部门按照“属地管理、谁主管、谁负责”的原则，切实履行各自职责，加强对服务区内出版物经营点的监管。

五是进一步加大“扫黄打非”工作宣传力度。2008年通过公开销毁非法出版物和召开新闻发布会等多种形式，对全省开展“扫黄打非”暨版权保护工作取得的成果进行宣传。4月20日，在南昌市举行了2008年全国统一集中销毁侵权盗版及非法出版物活动。全省共销毁132万余件侵权盗版及非法出版物。4月22日，由省“扫黄打非”办、省新闻出版局、省版权局、省政府新闻办公室联合举行江西省“扫黄打非”暨版权保护新闻发布会，将我省近年来有关“扫黄打非”暨版权保护工作所取得的成果和查处的重大案件向社会公布。

四、严格执法，案件查处到位

一是加大刑事打击力度，严判重罚一批案件。2008年在省“扫黄打非”办的大力督办和省、市公、检、法的共同努力下，全省已判决的案件有：江西吉安定安科技发展有限公司非法复制音像制品案、新余“4·11”非法经营案、江西南昌“7·11”非法经营案、江西南昌“4·02”非法音像制品案等4起案件，有6人被判处有期徒刑并处罚金，最高的被判处6年徒刑并处30万元罚款。

二是重拳出击，加大网络“扫黄打非”案件查处力度。九江、庐山“扫黄打非”办联合查处了“华亿宽带网”侵权案。经查，自2006年4月以来，珠海华亿科技发展有限公司赣州分公司与电信部门合作，以营利为目的，在没有正式授权的情况下，利用在江西省九江市电信公司托管的网络服务器，通过“华亿宽带网”在网络传播侵权的影视节目。目前，对该公司已责令停止侵权行为，并行政处罚8万元。

三是依法打击，严厉查处淫秽色情及非法出版活动案件。

1. 查处了萍乡市24家音像制品店销售淫秽色情光盘案。萍乡市“扫黄打非”办接群众举报后，调集市、县力量，配合公安等部门联合执法，共查获淫秽光盘515盘，并对其中销售淫秽光盘数量较大的5家经营店主采取了行政拘留10天的处罚。

2. 查处了江西“4·18”非法教辅图书。由江西省“扫黄打非”办牵头，江西省新闻出版局、省公安厅抽调力量成立了“4·18”专案组。经查明：2007年12月，上饶市惠民书店李某经上饶县教育局印刷厂刘某与安徽博采书刊发行部李某联系，非法印刷了《文字作业本》（1—9年级）共计20万余册，总码洋783101元。由于上饶县教育局未支付此批书款，执法部门已将非法教辅图书收缴。李某能主动交代问题，在销售中没有获利，依据《中华人民共和国刑事诉讼法》第十五条之规定，江西省公安厅对此案作出了撤销刑事案件的处理。撤案后，江西省新闻出版局对李某进行了8万元罚款的行政处罚。

2008年，江西省“扫黄打非”办共接到各类举报22起，其中全国“扫黄打非”办转交案件6起，分别比去年下降29%和50%。对各类举报分别根据不同情况，按照“属地管理”的原则，及时转交相应的设区市办理，并对案件的进展情况予以跟踪，做到“件件有落实、事事有回音”。

领导讲话

在第二十一次江西省“扫黄打非”工作电视电话会议上的讲话

江西省委常委、宣传部长、省“扫黄打非”工作领导小组组长

刘上洋

刚收听收看完全国“扫黄打非”工作电视电话会议，紧接着又召开全省“扫黄打非”工作电视电话会议，目的就是迅速贯彻落实全国“扫黄打非”工作电视电话会议精神，部署2008年的全省“扫黄打非”工作。下面，我就做好2008年的全省“扫黄打非”工作讲几点意见。

一、提高思想认识，深刻领会做好新形势下“扫黄打非”工作的重要意义

2008年是一个特殊的年份，是全面贯彻落实党的十七大作出的战略部署的第一年，是改革开

放30周年，我国还将举办举世瞩目的北京奥运会。大事之年往往也是出版物市场敏感之年，我们要特别警惕不法分子炮制新的非法出版物，传播有害信息要特别警惕别有用心的人利用出版载体质疑、否定改革开放路线和成就；要特别警惕外来势力借机攻击我国人权、民族、宗教等政策。总的来说，遏制非法出版物，净化出版物市场的工作任务还很重，面临的挑战和压力还很大。

党的十七大报告指出要更加自觉、更加主动地推动社会主义文化大发展大繁荣，“扫黄打非”工作担负着为建设社会主义核心价值体系、增强社会主义意识形态的吸引力和凝聚力，建设和谐文化、培育文明风尚，弘扬中华文化、建设中华民族共有精神家园，推进文化创新、增强文化发展活力提供良好环境的重大任务。面对复杂形势和重大任务，各级党委、政府和有关部门要进一步提高对“扫黄打非”工作重要性、长期性、紧迫性的认识，进一步增强政治意识、大局意识、责任意识和忧患意识，切实将思想和行动统一到中央的决策部署上来，坚持不懈地开展“扫黄打非”斗争。

二、突出工作重点，扎实完成今年的各项“扫黄打非”工作任务

2008年的“扫黄打非”工作的总体要求是：高举中国特色社会主义伟大旗帜，以邓小平理论和“三个代表”重要思想为指导，深入贯彻科学发展观，以落实党的十七大精神为工作主线，以保护知识产权为工作平台，全力维护社会稳定和文化安全，为推动社会主义文化大发展大繁荣提供坚强保障，为全面建设小康社会、促进经济社会全面发展创造良好的舆论和文化环境。我们要做好以下五项重点工作：

第一，严密查堵非法出版物。始终将打击违禁内容出版活动作为重中之重，贯穿于全年工作的始终。坚决封堵和查缴破坏社会稳定、危害国家统一、煽动民族分裂的非法出版物和“法轮功”等邪教组织宣传品，防止境外非法出版物流入境内，防止境内非法印制、刻录、销售非法出版物，防止利用互联网传播有害信息，做到严密监控，立体防范，露头就打。

第二，大力扫除淫秽色情等文化垃圾。坚决清除宣扬淫秽色情、凶杀暴力、封建迷信等污染青少年身心健康、败坏社会风气的出版物，以学校周边的出版物零售、租赁摊店和互联网上网服务经营场所为重点目标，完善日常监管机制，严格规范其经营行为，切实解决好人民群众反应强烈的突出问题。

第三，坚决打击侵权盗版行为。进一步加强对书报刊、音像制品、计算机软件集中经营场所和印刷、复制、刻录等企业的日常监管，继续深挖非法生产、仓储窝点，持续清理销售盗版及非法出版物的游商地摊和无证照经营者，强力推进机关、事业单位和重点企业使用软件正版化工作。

第四，严肃查处非法报刊制售活动。及时公布非法报刊名录，坚决取缔假冒伪造国内刊名刊号或无刊号出版的报刊、利用境外注册刊号在境内非法出版的报刊、以“一号多刊”形式非法出版的报刊、利用广告印刷品非法出版的报刊和未经批准擅自从境外进口的报刊。

第五，持续开展网上“扫黄打非”。将净化网络文化环境，规范网络文化经营秩序作为“扫黄打非”的一项本职工作和重要内客，加强网络信息监控，强化网络公共服务终端管理，密切关注网上舆情动向，做到早发现、早处置。

三、切实加强领导，确保今年“扫黄打非”工作取得实效

各级领导一定要把思想统一到这次会议的精神上来，切实加强领导，采取有力措施努力把“扫黄打非”工作抓紧抓实抓好。

第一，加强组织领导，摆上重要位置。各级党委、政府要落实“属地管理”原则，将“扫黄打非”工作列入重要议事日程。各级“扫黄打非”工作领导小组组长作为第一责任人，要切实履行职责。同时，要将“扫黄打非”工作与精神文明创建活动、社会治安综合治理、整顿和规范市场经济秩序有机结合起来，作为评选文明城市、文明社区、文明单位和检验平安建设、社会治安综合治理成果的重要指标，实行“一票否决”。

第二，履行部门职责，形成工作合力。各级“扫黄打非”工作领导小组办公室要强化部署、协调、指导、督办的职能。各有关部门要按照“谁主管、谁负责”的原则，组织实施好具体牵头负责的工作任务。各成员单位要紧密联系实际，履行自身职责。各成员单位之间要密切协作，形成属地管理与部门管理相衔接、主管部门与协管部门相配合的工作格局。

第三，健全管理制度，建立长效机制。要建立健全企业法人违法违规信息档案，要建立健全守法经营承诺书制度，有关行政主管部门可据此追究违规违约的经营单位及其主办单位的责任。要加强出租房屋管理，对明知或应知承租人从事非法经营活动的出租方，要依据有关规定严格追究其连带责任。

第四，加强队伍建设，提供必要保障。坚持“扫黄打非”只能加强、不能削弱的原则，切实加强机构和队伍建设。要加强“扫黄打非”队伍的思想、组织和作风建设，加强对执法人员的法律法规和业务知识的培训。要关心和爱护战斗在“扫黄打非”一线的同志，切实帮助他们解决实际困难和问题。“扫黄打非”的经费保障是“扫黄打非”工作年度考核的重要内容，专项工作经费要纳入同级财政预算，实行专款专用。

第五，保持宣传强势，扩大社会影响。要坚持以正面宣传为主，大力宣传“扫黄打非”和知识产权保护成果。适时报道一批“扫黄打非”重大案件查处结果，震慑违法犯罪分子。加大舆论监督力度，对管理不力、文化市场秩序长期混乱的地区要通过媒体予以曝光，为“扫黄打非”工作营造良好的舆论氛围。

同志们，我们要按照全国“扫黄打非”工作电视电话会议的部署，紧紧围绕这次会议提出的各项任务，开拓创新，扎实工作，为推动文化大发展大繁荣，实现江西崛起新跨越的宏伟目标作出新的更大的贡献！

2008 年 1 月 17 日

在 2008 年全国统一集中销毁侵权盗版及非法出版物活动江西分会场上的讲话

江西省副省长、省“扫黄打非”工作领导小组第一副组长

孙 刚

根据全国“扫黄打非”工作小组的统一部署，4 月 20 日，全国 31 个省（市、区）“扫黄打非”工作领导小组同时行动，在省会城市举行 2008 年全国统一集中销毁侵权盗版及非法出版物活动。江西省积极响应全国“扫黄打非”工作小组的号召，也在同一时间举行集中销毁活动。借此机会，我代表省政府向工作在全省“扫黄打非”战线上的同志们表示亲切的问候，向长期以来关心关注知识产权保护，维护良好的市场经济秩序的同志们表示衷心的感谢！

这次销毁活动，共销毁各类盗版音像制品、盗版软件及电子出版物、盗版及非法图书报纸期刊 132 万多件，是江西省近年来销毁品种最全、规模最大、最有声势的一次集中销毁活动。它极大地打击和震慑了各类侵权盗版违法犯罪分子，进一步增强了社会各界和广大群众理解、支持、参与“扫黄打非”斗争的自觉性，再一次向全社会表明了我国政府保护知识产权的坚强决心，必将有效地促进我省“扫黄打非”工作深入持久的进行。

江西省委、省政府历来十分重视“扫黄打非”和版权保护工作。2007 年，我们先后发起

了“扫黄打非”春季战役、夏季战役和整治“四假”及打击非法出版物活动等多次专项行动，取得了丰硕的成果。2008年以来，我们继续加大“扫黄打非”工作力度，从清理下游的市场，到堵截生产制作的源头，再到整治储运加工的中间环节；从打击盗版音像制品，到打击盗版图书、教材教辅资料，再到治理网上有害信息，均取得了重要进展。在第一阶段专项行动中，全省共出动执法人员8000多人次，检查印刷复制企业和出版物市场1万余家（次），收缴侵权盗版及非法出版物36万余件，取缔无证游商摊点223个，查办“扫黄打非”各类案件86起。

经过长期坚持不懈的努力，在第八个“4·26”世界知识产权日即将到来之际，我们欣喜地看到，当前无论是机关、企业、学校，还是普通百姓，打击侵权盗版、保护知识产权的观念正在深入人心。这为我们做好“扫黄打非”工作提供了坚实的群众基础，也为我们进一步激发民族的创新活力、建设创新型国家和构建社会主义和谐社会营造了良好的氛围，创造了必要的条件。

2008年是全面贯彻落实党的十七大精神的第一年，是改革开放30周年，我国将举办举世瞩目的北京奥运会。大事之年往往也是出版物市场多事之秋，净化出版物市场的工作任务还十分繁重，“扫黄打非”工作面临的挑战和压力还十分巨大。各级政府和有关部门要从维护社会稳定和国家安全的高度，进一步提高对“扫黄打非”工作重要性、长期性、艰巨性和紧迫性的认识，进一步增强政治意识、大局意识、责任意识和忧患意识，切实将思想和行动统一到中央和省委、省政府的决策部署上来，把我省打击侵权盗版和非法出版活动工作不断引向深入。要继续充分发挥“扫黄打非”组织机构强大的政治优势、组织优势和协调优势，始终保持“扫黄打非”斗争的高压态势，打出声威、打出气势、打出一方净土、打出一方稳定。

同志们，做好2008年的“扫黄打非”工作任务十分艰巨。希望同志们继续发扬政治坚定、纪律严明、敢打硬仗、深挖彻究的精神，不断推动“扫黄打非”斗争向纵深发展，为促进江西省文化的大发展大繁荣、实现江西崛起新跨越做出新的更大的贡献！

2008年4月20日

在全省迎奥运维护出版物市场稳定“扫黄打非”工作会议上的讲话

江西省新闻出版局局长、省“扫黄打非”工作领导小组副组长

黄　鹤

这次会议是省“扫黄打非”工作领导小组研究决定召开的。在全国人民万众一心、众志成城、奋力抗震救灾的形势下召开这次迎奥运维护出版物市场稳定“扫黄打非”工作会议，充分说明“扫黄打非”是一项事关党的执政地位、事关国家长治久安的重要工作。会议的主要任务是，以维护社会稳定、确保抗震救灾顺利进行和北京奥运会成功举办为目标，总结前一阶段工作成果，分析当前面临的形势，部署奥运会前重点任务，推动“扫黄打非”工作深入开展。下面，我谈几点意见。

一、2008年1月至5月全省“扫黄打非”工作主要成绩和特点

2008年以来，各地、各部门紧紧把握打击非法出版物这一工作重点，在封堵互联网有害信息、打击淫秽色情出版物、查处取缔非法报刊制售活动等方面做了大量工作。据统计，2008年第一阶段专项行动全省共查缴各类非法出版物36.15万件，行政处罚违法违规出版物经营点及印刷单位86家，取缔无证照摊点223个。总结前5个月的

工作，突出表现在以下四个方面的特点：

（一）高度重视，及时部署指导

在第二十一次全省“扫黄打非”工作电视电话会议之后，各设区市及时召开了领导小组会议或电视电话会议，党委、政府分管领导亲自主持会议并讲话，对今年“扫黄打非”工作进行全面部署，提出工作要求。同时做到对重大案件和重要行动，主要领导亲自过问、亲自安排、及时部署。

（二）突出重点，集中整治出版物市场

一是始终把打击违禁内容出版物，作为2008年“扫黄打非”工作重中之重来抓，把海关作为第一道闸门，加大检查力度，严防境外非法出版物流入江西省境内。二是对出版物市场展开大规模清理整治。2月29日，全省同时行动，对游商地摊、无证经营行为一律取缔，对经营的侵权盗版音像、电子出版物、计算机软件制品、非法出版物一律收缴。在此次集中整治行动中，全省共检查经营单位2324家，取缔游商地摊及无证经营者126个，共收缴各类非法出版物19.35万件，集中整治行动取得显著成效。

（三）深入宣传，保持强大声势

在“4·26”世界知识产权保护日来临之际，省“扫黄打非”办、省新闻出版局、省版权局、省政府新闻办联合举行江西省“扫黄打非”暨版权保护新闻发布会，将江西省近年来有关“扫黄打非”暨版权保护工作取得的成果和查处的重大案件向新闻媒体进行了通报，进一步扩大了对“扫黄打非”和版权保护工作的宣传力度。

（四）深入督导，努力扩大战果

3月20日至22日，省“扫黄打非”办组织两个暗访组对全省7个设区市和部分县（市、区）进行了暗访。3月28日，省“扫黄打非”办在南昌召开第一阶段专项行动汇报会，通报了暗访情况。对在暗访中发现的问题，各设区市采取有力措施，坚决予以整改。

二、深刻认识奥运前“扫黄打非”工作面临的复杂形势

随着北京奥运会的日益临近，境内外各种以干扰北京奥运会为目标的各破坏捣乱活动不断升级，对我国家安全和社会稳定已构成严重威胁。

当前面临的复杂形势是对我们“扫黄打非”战线的严峻考验。各地各有关部门要将思想和行动统一到中央精神上来，把维护稳定工作作为当前头等大事，突出工作重点，立足主动防范，深入细致地做好“扫黄打非”工作，坚决防止危害国家安全和社会稳定的非法出版物进入市场，为北京奥运会营造良好的舆论氛围和文化环境。

三、奥运前“扫黄打非”工作的主要任务

从现在形势看，在4、5两个月工作的基础上，奋战6、7、8三个月，打一场确保北京奥运会成功举办的攻坚战。为此，全省“扫黄打非”战线要重点做好以下工作。

（一）严密封堵境外非法出版物

海关、公安边检部门要加强对旅客携带、货运夹带、邮件收寄进境印刷品和音像制品的查验，努力将境外非法出版物、“藏独”及“法轮功”类出版物和宣传品封堵于国门之外。新闻出版部门要加强对出版物进出口经营单位的监管和进口出版物的内容审查，防止境外非法出版物通过正式渠道流入境内。

（二）及时删除屏蔽网络有害信息

公安、通信管理、新闻出版等部门要以依法打击整治网络淫秽色情等有害信息专项行动为平台，加强对互联网及移动通讯网络的监管，深入查处利用网络传播淫秽色情等有害信息、销售非法出版物和侵犯知识产权的行为。

（三）集中治理印刷复制企业

各级新闻出版、“扫黄打非”办等部门要在市场清查的基础上，根据已掌握的线索，深入追查非法出版物及盗版制品的源头，严厉打击制售非法出版物及盗版制品的行为。

（四）大力查堵非法出版物运输渠道

各地“扫黄打非”办公室要积极协调交通、铁路、公安、海关、新闻出版、民航、邮政等部门，建立健全本地区及有关部门查堵非法出版物的工作机制和监管制度，并加大对出版物运输环节的执法检查力度，严格核查出版物发货、承运手续，有效切断非法出版物及盗版制品的流通渠道。

（五）全面清查出版物市场

各地“扫黄打非”办要组织相关部门，集中力量对书报刊、音像制品、计算机软件制品及电脑电子市场和繁华街区、旅游景点、交通枢纽等场所的出版物市场进行全面检查，坚决收缴各类非法出版物及盗版制品，坚决取缔兜售非法出版物的游商和无证照经营者。

四、做好奥运前“扫黄打非”工作的几点要求

（一）要大力发扬抗震救灾精神

抗震救灾精神是汶川特大地震留给我们最宝贵的精神财富，我们要在“扫黄打非”工作中发扬这一精神，践行使命、服务大局、维护广大人民群众的文化权益，坚持“属地管理”和“谁主管、谁负责”的原则，实行问责制和责任追究制，坚决防止有分工不负责、有任务不落实、有责任不到位的问题出现，切实做到守土有责、守土负责、守土尽责。

（二）要树立决战意识

奥运前的“扫黄打非”工作是事关党和国家中心工作大局、事关全年“扫黄打非”的成败，是考验我们“扫黄打非”队伍政治强不强、思想作风硬不硬、业务能力是否过关、紧要关口是不是冲得上去的关键时刻，从现在开始，要牢牢树立决战意识、不负重托，努力向党和人民交上一份满意答卷。

（三）从快从严查处审理一批重大案件

各地各有关部门要按照“彻查、彻究、彻办”的原则，深入查办大案要案，要充分运用现行法律法规，依法从严从重处罚，强力震慑违法犯罪分子，抓紧审结一批“扫黄打非”案件。

（四）要形成工作合力

各部门要进一步增强大局观念和责任意识，既要按照工作任务的分工，各司其职，各负其责，又要相互协作，密切配合，形成快速反应、整体防控的工作格局，做到属地管理与部门管理相衔接、主管部门与协管部门相配合。

同志们，做好奥运前“扫黄打非”工作，维护好江西省出版物市场稳定意义重大、使命光荣，我们一定要坚决按照省委、省政府的要求，在各级党委和政府的坚强领导下，迅速行动起来，大力发扬抗震救灾精神，全力开展工作，打赢这场奥运前的“扫黄打非”攻坚战，努力为北京奥运会的成功举办、维护社会稳定作出贡献！

2008 年 6 月 6 日

2008 年“扫黄打非”大案要案综述

江西省“扫黄打非”办

按照2008 年“扫黄打非”行动方案安排部署，江西省“扫黄打非”各成员单位密切合作，以查办大要案为突破口，切实加强出版物市场的监管力度，成功破获一批非法出版活动的案件。

一、江西萍乡“5·07”淫秽光盘案

2008 年 4 月，萍乡市安源区“扫黄打非”办接到举报，发现在萍乡市内有人制作、贩卖淫秽光盘，但对制贩人的具体情况并不十分清楚。得知这一线索后，经初步调查，确认案情重大，立即上报萍乡市“扫黄打非”领导小组办公室，成立打击制售淫秽光盘案专案组，从新闻出版（版权）和公安等部门抽调精兵强将参加专案调查。

专案组及时调集人员，召开案情分析会，全局部署调查工作，办案人员采用明察暗访和秘密蹲守的形式，全面展开调查。对全市范围内文化音像出版市场进行全面检查，重点以城区和城郊为主，看是否有销售淫秽光盘行为；对全市公共娱乐场所、宾馆、酒店、车站等地进行走访调查，通过暗访查找制贩光盘可疑线索；并在有疑点的主要地段、主要社区实行全天候24小时秘密蹲守，从中查找可疑人员。经过一周的全面调查，都没有发现文化市场上有销售淫秽光盘行为，也没有发现可疑线索和可疑人员。但办案人员不气馁、不放弃，又将调查重点放在调查可疑人员，并对邮局等地进行监控，经一个多星期的连续作战，暗访组终于获得一条重要线索，在城区内某一小区发现一青年男子，形迹可疑。经进一步了解，此人姓罗，大学毕业，精通电脑，收入可观，却没有发现从事其他职业。专案组决定对可疑青年罗某进行全面调查。调查发现，罗某深居简出，除一周回其父母家一次和购买一些生活必需品外，很少与外界接触，并没有向外销售光盘的迹象，但疑点越来越大。专案组接着对罗某实施全天候24小时秘密蹲守和跟踪，发现罗某室内灯光常通宵达旦，而且频繁往返于邮局，这一现象引起专案组人员的注意，最后将调查对象锁定于罗某。5月7日晚上，专案组的办案人员突然出击，进入罗某家中，将正在制作淫秽光盘的罗某现场抓获，当场缴获1640张光盘和电脑、刻录机等设备。通过一个多月的调查，终于大获全胜。据罗某（男，29岁，2002年毕业于南京大学保险系）交代，自己原来从事保险业辛苦且收入低，由于精通电脑，从2006年10月起不再从事保险行业，在南京郊区租用民房，在国外网站下载淫秽影像资料，并刻录成光盘在网上出售，不少网民纷纷邮购，一年内共贩卖500多套光盘，获利十多万元。尝到了甜头的罗某准备大干一场，于2007年回到萍乡，用在南京赚的赃款购置了一套140平方米的新房，在网上开设了专门用来销售淫秽光盘的“中国美腿”网站，发展注册会员，在网页上公开自己的真实姓名、账号、手机号、QQ号和淫秽光盘的内容以及每张光盘的售价，然后自己关起门专心制作淫秽光盘。除每周在父母家吃一次饭，其余时间全在房间内制作光盘，部分登录“中国美腿”网站的网迷见有淫秽光盘卖，纷纷往他的账户汇款，罗某收到钱后便用快递将淫秽光盘邮寄给买主。罗某生意越做越大，每天加班加点，挑灯夜战，只为赚更多的钱。当抓获罗某时，他有些吃惊，并长叹“在外地一年多都没事，没想到刚回家四个月就被抓，你们真是太厉害了”。目前罗某已经被刑事拘留，此案正在进一步审理之中。

萍乡“5·07”制贩淫秽光盘案是一起性质严重的以网站为媒介传播淫秽色情的案件，犯罪嫌疑人不仅在网站上传播淫秽电影、淫秽小说、淫秽图片等，而且发展注册会员，还自己刻盘，并向全国各地销售淫秽光盘，社会影响十分恶劣。“5·07”制贩淫秽光盘案的告破，对于震慑不法分子，教育和警示广大群众，促进“扫黄打非”斗争的深入开展，净化文化市场环境等方面都有着重要意义。

二、江西上饶“4·18”非法图书案

2008年3月，江西省新闻出版局接到群众举报，反映上饶县各中小学校购进一大批非法教辅图书（《文字作业本》1~9年级）。经执法人员外围初步调查，发现举报的情况基本属实，案情重大。省“扫黄打非”办的高度重视，于2008年4月18日，由省“扫黄打非”办牵头，省新闻出版局、省公安厅抽调力量成立了“4·18”专案组，对该案进行全面调查。在专案组全体同志的共同努力下，此案得到成功的告破。

（一）行动迅速、组织到位

案情就是命令，接到群众举报后，执法人员在不惊动举报对象的前提下，进行了外围摸底调查，初步掌握和证实线索基本属实的情况下，从省公安厅治安总队和省新闻出版局抽调精兵强将，在第一时间组织成立了专案组，并下设调查取证小组、材料及保障小组。专案组成立后，立即召开案情分析会，对案情进行了全面的梳理，制定了详细的侦破方案，明确了每个小组及组员的职责和任务，统一了查办案件的思路。本着“破网络、打团伙、追根溯源”的原则，深挖彻究，案件线索指向哪里，就查办到哪里，彻查案件。

（二）取证工作扎实，为案件成功查处奠定基础

根据举报线索和执法人员外围初步调查掌握的情况，为了不打草惊蛇，进一步摸清该案背后的真实情况，专案组首先派出一组人员以检查教

辅质量的办法前往上饶县部分中小学校进行调查，掌握学生使用《文字作业本》的数量情况并取样，省新闻出版局对提取样本进行了鉴定，确定《文字作业本》为假冒出版单位的非法出版物。通过专案组办案人员两个多月紧张地侦查工作，采取多种侦查手段，克服了种种困难，终于掌握了上饶李某和上饶县刘某、安徽合肥李某的基本情况和活动规律以及印刷、仓储、销售等活动的情况。专案组决定对销售单位上饶的李某及刘某正面接触，全面调查《文字作业本》的销售数量等情况。据李某、刘某交代，在2007年12月，上饶李某从刘某处得知上饶县各中小学急需一批《文字作业本》教辅图书，便前往合肥与李某联系，李某答复可以提供《文字作业本》。双方商定了书的价格、数量及交货时间等问题，签订了合同并预付书款。2008年1月，李某将20万余册《文字作业本》发到了上饶县的刘某。2008年6月17日，专案组了解清楚上饶方面的情况后，连续作战，立即派出侦查人员前往合肥，以涉嫌非法经营罪依法拘传了李某。据李某交代，2007年12月，接到上饶的业务后，就与安徽某出版社编辑室联系，要求该社提供书号等合法手续。由于时间紧，书号手续无法批下来。李某在利益的驱动下，不顾国家有关法律法规的规定，擅自委托合肥市某印务有限公司印刷了这批《文字作业本》。

（三）严格依法办案，以事实为依据、以法律为准绳

专案组鉴于安徽合肥李某在接受审查中，能主动交代问题，认罪态度较好，积极配合并未获利，学生未付《文字作业本》款，在社会上没有造成恶劣影响等实际情况，依据《中华人民共和国刑事诉讼法》第十五条之规定，公安部门撤销刑案，由新闻出版部门行政处罚处理。2008年11月，江西省新闻出版局依法对安徽合肥李某处以8万元罚款的行政处罚。

“4·18”非法教辅图书案的成功告破，一是体现了江西省有关部门领导对查办“扫黄打非”案件的高度重视，在接到举报线索后，快速反应，行动及时，省“扫黄打非”办亲自指导和督办案件，并全力保障，确保了案件查办及时有效地全面展开。二是体现了专案组纪律严明，在长达几个月的案件查办中，能步调一致，密切配合，形成和完善了查办案件的有效协调机制。三是体现了“4·18”专案组为保护未成年人的合法权益，工作细致，方法得当，实事求是，长线经营案件的意识和专案组办案同志不怕苦、不怕累的连续作战精神。

2008年“扫黄打非”大事记

江西省“扫黄打非”办

1月17日，省“扫黄打非”工作领导小组各成员单位及省直有关部门负责人在南昌分会场收听收看全国第二十一次“扫黄打非”工作电视电话会议之后，立即召开了全省第二十一次“扫黄打非”工作电视电话会议。省委常委、宣传部长、省“扫黄打非”工作领导小组组长刘上洋出席会议并作重要讲话。会议由省“扫黄打非”工作领导小组第一副组长、省政府副省长孙刚主持。会议对我省2008年“扫黄打非”工作进行了全面部署。

1月28日，省“扫黄打非”办下发通知组织开展为期两个月的以查堵违禁内容出版物为重点的专项行动，整治“春节”、“两会”期间出版物市场环境。

2月3日，省政府副省长、省“扫黄打非”工作领导小组第一副组长孙刚同志在省“扫黄打非”办工作汇报上批示：向受表彰的集体和个人表示祝贺、感谢和敬意！

2月18日至20日，省“扫黄打非”工作领导小组副组长兼办公室主任刘平同志率省“扫黄打非”办有关人员赴新余、宜春、萍乡等地，就有关“扫黄打非”制度建设等工作进行调研。

2月28日，中共江西省委办公厅 江西省人民政府办公厅印发了《江西省2008年“扫黄打非”行动方案》。

2月29日，各设区市“扫黄打非”办按照省“扫黄打非”工作领导小组办公室的统一部署，协调新闻出版、版权、文化、公安、工商、城建等执法部门在统一时间内对全省出版物市场开展集中行动，共检查经营单位2324家，取缔游商地摊及无证经营者126个，收缴各类非法出版物193480件（其中，盗版音像、电子出版物、计算机软件制品161722件，非法书报刊31758件）。

3月20日至22日，省“扫黄打非”办、省新闻出版局组织两个暗访组对全省7个设区市和部分县（市、区）出版物市场进行暗访。

3月28日，全省2008年“扫黄打非”第一阶段专项行动汇报会在昌召开，各设区市“扫黄打非”办主任、省“扫黄打非”办负责人及相关人员参加会议。

4月3日，省委常委、省委宣传部长、省“扫黄打非”工作领导小组组长刘上洋在省“扫黄打非”办呈送的《江西省2008年“扫黄打非”第一阶段专项行动工作汇报》上作出批示：省“扫黄打非”办第一阶段的专项行动取得了显著成绩，为全国、全省“两会”召开营造了良好氛围，总结的几条经验也很好，望再接再厉，继续努力，把全年的“扫黄打非”工作做得更好。

省新闻出版局局长、省“扫黄打非”工作领导小组副组长黄鹤同志在同件上批示：上洋部长的批示对我们是一个鼓励。请“扫黄打非”办公室把刘部长的批示报全国扫黄办。传成员单位领导阅知。

4月10日，省“扫黄打非”工作领导小组副组长兼办公室主任刘平同志召集省“扫黄打非”工作领导小组部分成员单位联络员会议，布置参加全国统一集中销毁侵权盗版及非法出版物活动等有关工作。

4月20日，省“扫黄打非”工作领导小组在南昌八一广场举行侵权盗版及非法出版物集中销毁活动。省政府副省长、省“扫黄打非”工作领导小组第一副组长孙刚同志参加活动并作重要讲话。

这次销毁活动，全省共销毁侵权盗版及非法出版物132.1万余件，其中盗版音像制品、计算机软件制品和电子出版物73.6万余件，盗版及非法书报刊58.5万件，是我省近年来销毁品种最全、规模最大、最有声势的一次集中销毁活动。

集中销毁活动仪式结束后，参加活动的领导同志及各界群众在写有“打击盗版 支持正版保护知识产权”的条幅上签名。

4月22日，省“扫黄打非”工作领导小组办公室、省新闻出版局、省版权局、省人民政府新闻办公室联合举行江西省“扫黄打非”暨版权保护新闻发布会。参加新闻发布会的有中央驻赣各新闻单位，香港驻赣4家媒体，省电视台、省广播电台、省各大报纸、省各大政府网站，以及南昌市各新闻媒体等38家新闻单位和40多名记者参加会议。

萍乡市安源区文化稽查大队与安源区公安分局治安大队联合查处一起特大制作、贩卖淫秽光盘网络案件，当场收缴制作淫秽光盘的电脑等作案工具和尚未售出的各类淫秽光盘1640张，涉案价值20余万元。

5月6日，省委常委、省委宣传部长、省“扫黄打非”工作领导小组组长刘上洋批示：请黄鹤、刘平同志组织“扫黄打非”办和有关部门进行查堵。

6月3日至5日，省“扫黄打非”办举办了为期两天的全省“扫黄打非”工作培训班。全省11个设区市、45个县（市、区）“扫黄打非”办主任、出版物市场稽查队长共100余人参加了培训。

6月6日，省“扫黄打非”工作领导小组召开全省迎奥运、维护出版物市场稳定“扫黄打非”工作会议，对奥运前的“扫黄打非”工作进行部署。

7月10日，省新闻出版局局长、省“扫黄打非”工作领导小组副组长黄鹤同志在一涉密文件上批示：请刘平副局长就奥运前和奥运期间的“扫黄打非”工作和“扫黄打非”办的同志再整体商量一次，确保奥运期间江西市场不出问题。

7月13日，奥运前夕，省“扫黄打非”工作领导小组办公室下发了《关于开展奥运前30天出版物市场集中清查行动的紧急通知》，在全省组织开展奥运前出版物市场集中清查行动。

7月13日，江西省“扫黄打非工作领导小组办公室下发了《奥运前30天出版物市场集中清查行动考核评比细则》。

7月15日，省政府副省长、省“扫黄打非”工作领导小组第一副组长孙刚同志在省“扫黄打非”办印发的《江西省开展奥运前30天出版物市场集中清查行动实施方案的通知》上批示：开展奥运前30天出版物市场集中清查行动很必要，很及时，希望按照全国“扫黄打非”工作小组的部署，认真落实，严防死守。为奥运顺利召开创造良好文化市场环境。

7月16日，省委常委、省委宣传部长、省“扫黄打非”工作领导小组组长刘上洋在奥运前夕对重点部位南昌海关驻昌北国际机场办事处、民航江西机场集团公司开展“扫黄打非”工作情况进行了视察指导。省新闻出版局局长黄鹤，省新闻出版局副局长刘平，省“扫黄打非”办工作人员及有关单位负责人陪同视察。

7月17日—19日，由省“扫黄打非”办牵头，组织省公安厅、省建设厅、省文化厅、省新闻出版（版权）局、省工商局抽调人员，组成5个巡查督导组，对全省各设区市开展奥运前30天出版物市场集中清查行动进行巡查督导。

8月30日，省委常委、省委宣传部长、省“扫黄打非”工作领导小组组长刘上洋批示：请黄鹤同志督“扫黄打非”办和海关等部门认真进行查堵。

9月27日，省“扫黄打非“办和省新闻出版局联合转发了全国”扫黄打非“办和新闻出版总署联合下发的《关于进一步开展严厉打击非法报刊专项行动的通知》。

10月17日，省长吴新雄对我省“扫黄打非”工作作出重要批示：“请公安厅、省新闻出版局组织力量对网上非法活动进行坚决打击和整顿，并积极建立和落实相关措施。”

11月7日，省“扫黄打非”工作领导小组印发了《江西省开展网上“扫黄打非”专项行动方案》，在全省范围内开展为期两个月的网上“扫黄打非”专项行动。

南昌市

2008年“扫黄打非”工作总结

南昌市“扫黄打非”办

2008年，在中共南昌市委、南昌市政府和江西省“扫黄打非”工作领导小组的正确领导下，在江西省“扫黄打非”办的精心指导下，在各级“扫黄打非”工作部门的共同努力下，南昌市各级“扫黄打非”部门以为北京奥运会、残奥会和创建全国文明城市创造良好的社会文化环境为主线，继续深入开展“扫黄打非”斗争，圆满完成了各项工作任务。

一、总体情况

2008年，南昌市各级“扫黄打非”部门继续不断加大出版物市场监管力度，共出动执法人员10000余人/次，检查出版物经营单位5000余家/次，查缴各类非法出版物15万余件，其中政治性非法出版物500余本，淫秽色情出版物5000余件，非法报纸期刊5000余件，盗版出版物14万余件，取缔无证照游动摊点200余个，有效遏制了非法出版活动和侵权盗版活动的猖獗势头。

二、主要工作

（一）领导重视，关心支持

2008年，中共南昌市委、南昌市政府领导始终高度重视“扫黄打非”工作，对“扫黄打非”工作给予了极大的关心与支持。中共江西省委常委、中共南昌市委书记余欣荣，中共南昌市委副书记、南昌市市长胡宪多次过问“扫黄打非”工作，中共南昌市委常委、宣传部长周关，南昌市政府副市长罗慧芬等市委、市政府领导多次主持召开“扫黄打非”专题会议，听取“扫黄打非”工作汇报，了解“扫黄打非”工作进展，部署各阶段工作，解决有关“扫黄打非”工作问题。

在北京奥运会和残奥会期间，中共南昌市委常委、宣传部长、南昌市“扫黄打非”工作领导小组组长周关多次亲自指挥并带领“扫黄打非”执法人员对出版物市场进行清查。

（二）精心部署，整体推进

为传达贯彻上级“扫黄打非”工作精神，全面部署“扫黄打非”各项工作任务，有效推进各项“扫黄打非”工作的开展，南昌市“扫黄打非”办组织召开全市“扫黄打非”工作会、全市迎奥运 维护出版物市场稳定“扫黄打非”工作会等专题会议，对“扫黄打非”工作进行了周密部署。同时，中共南昌市委办公厅、南昌市政府办公厅联合下发了《2008年南昌市“扫黄打非”行动方案》，理清了工作思路，确立了工作目标，明确了工作重点。

与此同时，南昌市各县区、各有关部门也分别制定了“扫黄打非”行动方案，建立了“一级抓一级，层层抓落实”的工作机制。

（三）宣传到位，氛围浓厚

2008年，南昌市各级“扫黄打非”部门充分利用“3·15”消费者权益保护日、“4·26”世界知识产权日、“我为奥运做贡献，文明经营我争先”、“12·4”全国普法日等重大节日或重大活动，广泛宣传“扫黄打非”和知识产权知识及有关精神，不断提高“扫黄打非”和保护知识产权的社会知晓度。据不完全统计，南昌市共散发宣传单4000余份，张贴标语300余条，制作宣传栏150余个。

在北京奥运会和残奥会期间，南昌市“扫黄打非”办、南昌市新闻出版局联合组织江西省长征印刷厂、南昌大学书店等单位向全社会发出“守法经营，拒绝盗版”的倡议，在业界引起很大反响。

（四）突出重点，清查市场

2008年，南昌市各级“扫黄打非”部门继续强化市场监管，重点开展了“扫黄打非”三个阶段专项行动、奥运前30天出版物市场集中清理行动和校园周边整治专项行动等专项行动，并于2月29日和3月12日，开展了全市集中统一行动，净化了市场环境。

在严密封堵违禁内容出版物、全力扫除淫秽色情等文化垃圾、坚决查缴盗版出版物等方面取得新成效。3月12日和3月17日，南昌海关驻高新区办事处先后查获《毛泽东鲜为人知的故事》、《多维》等非法出版物；全力扫除了以《艳照门》为主的文化垃圾；重点查缴了有关奥运题材的盗版制品、教辅材料为主的盗版出版物。

在“扫黄打非”案件查处方面有了新突破，重点查处了“5·28”非法复制光盘案、“6·13”非法贩卖淫秽光盘案、“7·20”非法光盘案等案件，对不法分子予以严惩，推动“扫黄打非”工作向纵深发展。

（五）开展培训，提高素质

2008年，南昌市各级“扫黄打非”部门继续举办多种形式的经营从业人员培训班及“扫黄打非”执法人员培训班，培训经营从业人员

1000余人次，培训执法人员200余人次。

12月11日至12日，南昌市“扫黄打非”办、南昌市新闻出版局联合举办全市新闻出版、版权暨“扫黄打非”工作培训班，对南昌市新闻出版、版权及“扫黄打非”工作者共70余人进行集中培训，邀请有关专家及具有丰富工作经验的业务骨干进行授课，并且搭建交流平台，整体提升了南昌市的“扫黄打非”工作水平。

（六）完善机制，长效管理

2008年，南昌市“扫黄打非”工作机制有了很大完善。在南昌市县区组建成立新闻出版局（版权局），解决了“高位截瘫”的管理难题，理顺了工作机制；在南昌市市乡镇、街道办等基层成立了“扫黄打非”工作机构，基本建立了市、县、乡镇（街道办）“扫黄打非”工作三级管理网络，构筑了“横向到边，纵向到底”的“扫黄打非”工作防线；在“两节”、“两会”北京奥运会、残奥会和创建全国文明城市等重点时段，南昌市“扫黄打非”办严格建立并执行了“扫黄打非”零报告制度，要求各县区、市直有关部门每日将市场检查情况和市场现状上报至市“扫黄打非”办。

2008年，在中共南昌市委、南昌市政府的正确领导下，在社会各界的大力支持下，在各级“扫黄打非”部门的共同努力下，全市“扫黄打非”工作再次取得优异成绩。

山　东　省

2008年“扫黄打非”工作总结

山东省“扫黄打非”办

2008年，在新闻出版总署、全国“扫黄打非”办公室的有力指导下，在省委、省政府和各级党委、政府的高度重视支持下，山东省各级新闻出版管理和“扫黄打非”部门，紧紧围绕落实科学发展观和构建社会主义和谐社会的要求，坚持以迎接北京奥运会召开和纪念改革开放30年为主线，以保护知识产权、打击侵权盗版和非法出版活动为重点，始终保持主动进攻的高压态势，深入扎实开展了“扫黄打非”三个阶段和打击非法报刊专项行动，取得明显成效，全省出版物市场健康平稳，为北京奥运会和青岛奥帆赛的成功举办营造了和谐的社会文化环境。

一、省委、省政府领导密切关注，对“扫黄打非”工作给予高度重视支持

省委、省政府领导同志一直高度重视和密切关注“扫黄打非”工作，把它放在全局工作上来考虑，特别强调要从讲政治、讲大局、讲稳定的高度，深刻认识搞好“扫黄打非”工作的特殊意义，把“扫黄打非”工作作为社会治安综合治理和建设平安山东、文明山东、和谐山东的重点工作来抓。今年1月上旬和中旬，省委常委、宣传部长、省“扫黄打非”工作领导小组组长李群先后主持召开了省“扫黄打非”工作领导小组会议和全省“扫黄打非”工作电视电话会议，对今年的“扫黄打非”工作进行了全面研究部署。在2月下旬召开的全省新闻出版工作会议上，李群对进一步加强“扫黄打非”工作又提出新的要求，强调要按照中央和省委指示精神，深入开展“扫黄打非”，开展专项治理，加强日常监管，确保出版物市场和文化市场的有序、和谐、健康发展。当前，特别要集中力量，精心做好全国“两会”期间的“扫黄打非”工作，维护社会政治稳定，积极营造良好的社会文化环境。对“扫黄打非”工作进展情况，尤其对查堵政治性非法出版物、开展专项行动和暗访督查情况，先后多次向省委、省政府领导同志写出专题报告。省领导同志在这些报告上多次作出重要批示和指示，给予充分肯定和及时指导。省委、省政府领导同志的高度重视支持，有力地推动了全省“扫黄打非”工作的深入顺利开展。

二、深入一线暗访督查，及时发现和解决出版物市场存在的问题

省和各市继续把暗访督查作为掌控市场动态，解决苗头性、倾向性问题的有效措施来抓，组织力量，不间断地对出版物市场进行暗访检查，及时发现和解决存在问题。省新闻出版局、省“扫黄打非”办先后组派40多个暗访组，共检查出版物集中经营场所160多处次，出版物经营业户2400多个次，印刷企业260多家次。全国、全省“两会”和奥运会期间，省局领导班子成员先后两次全体出动，对全省各市出版物市场和工作开展情况进行了暗访督查，有力地促进了各地“扫黄打非”工作的深入开展。对暗访检查发现的问题，采取现场办公、下发通报和约请谈话等方式，督导有关市迅速采取措施进行了解决。

三、连续开展专项行动，确保奥运文化安全

按照全国统一部署，结合山东实际，先后在全省组织开展了“扫黄打非”第一、第二、第三阶段专项行动。期间，穿插开展了“整治四假”、迎奥运净化出版物市场、奥运前30天、残奥会期间、打击非法报刊等一系列专项治理或专项行动。为使专项行动取得实效，省和各地明确任务责任，狠抓相关措施落实。省“扫黄打非”办根据专项行动的工作重点和要求，将组织市场清理、暗访督查、案件查处、信息沟通及新闻宣传等主要任务分解到人。2008年，全省共出动执法检查人员8.9万多人次，检查经营出版物店档摊点7.1万多个次，检查印刷企业2.8万多家次，查缴各类非法盗版出版物188万余件，清理取缔无证照经营者和游商地摊1600余个。通过经常性、不间断的清理清查，全省出版物市场面貌比以往有很大改观，制售政治性非法出版物问题明显减少，图书、音像和计算机软件制品集中经营场所及重点部位公开销售非法盗版出版物现象明显减少，出版物市场秩序明显规范。

四、以查办大案要案为突破口，严惩违法犯罪分子

全省各级“扫黄打非”部门密切配合，从断源截流入手，进一步加大查处力度，根据清查市场和群众举报掌握的线索，追根源，挖窝点，查案件，严厉打击制售非法出版物活动。全省共查办各类违法违规案件740余起，打掉非法印刷、发行、藏匿窝点41个。全省共判决非法出版物刑事案件18起，29名违法犯罪分子分别被判处12年至4个月不等有期徒刑。青岛即墨市查获了邹某某等贩卖淫秽盗版光盘案，即墨市人民法院以贩卖淫秽物品牟利罪和侵犯著作权罪判处邹某某有期徒刑12年，并处罚金人民币1.5万元；以贩卖淫秽物品牟利罪分别判处同案犯韩某某、姜某某9个月至3年不等有期徒刑并罚款。如青岛市北区查获了丁某某销售盗版光盘案，市北区人民法院以侵犯著作权罪判处丁某某拘役4个月，并处罚金人民币2000元。这起案件是2007年4月“两高”出台关于办理侵犯知识产权刑事案件司法解释后，国内判决的最接近于起刑点的案件，受到全国“扫黄打非”办的通报表扬。通过加大案件查处力度，严厉打击制售非法出版物活动，从源头上消除了“扫黄打非”的隐患。

五、进一步加大工作力度，严查制售非法报刊活动

全省各级新闻出版管理和“扫黄打非”部门，按照新闻出版总署、全国“扫黄打非”办公室公布的《非法报刊目录》和掌握的其他非法报刊名单，组织专门力量，对报刊市场进行了全面检查清理。济南市采取错时、延时执法的办法，对报刊市场保持主动进攻的高压态势，对城区报刊发行市场、正规报刊批发网点周边、旅游景点及报刊零售门店进行了反复清查，查缴各类非法报刊4800余份。青岛市在全面清查报刊市场的同时，将外籍人士集中居住区、涉外宾馆饭店、高档写字楼、饮食娱乐场所等地的报刊投放点作为整治重点，严查非法报刊，严打不法游商，查缴各类非法报刊3800多份，清理取缔兜售非法报刊的无证经营者和游商小贩36个。泰安市结合本地实际，在清查市场的基础上，着重从挖窝点、断源头上下工夫、用气力，对所发现的非法报刊，除一律予以收缴外，追根溯源，严查彻究，深查非法报刊的出版、印刷、销售等各个环节的情况，严打非法报刊采编、办事机构，全市共查缴各类非法报刊23种、6800余份，端掉非法报刊批销窝点2个，查处印制非法报刊案件4起，取缔非法报刊记者站2个。据统计，全省共查缴各类非法报刊48000余份，查处制售非法报刊案件16起，清理取缔兜售非法报刊的流动摊点和不法游商160余个。

六、切实加强宣传教育，努力营造强势舆论氛围

省和各地围绕抓宣传、抓教育，广造舆论，扩大影响，努力营造有利于“扫黄打非”的浓厚氛围。省新闻出版局、省“扫黄打非”办通过电台、电视台、报刊等新闻媒体，先后就今年“扫黄打非”工作的总体安排、工作重点、主要任务、目标要求及取得的阶段性成果进行了多次宣传报道；会同济南市举行了盗版非法出版物集中销毁活动，对今年以来查缴的60余万件盗版非法出版物进行了公开销毁；从去年以来审结宣判的非法出版物刑事案件中，选择10起典型案件进行了公开曝光；通过山东人民广播电台“阳光政务”热线，宣传“扫黄打非”法律法规，受理社会举报，解答群众咨询；与省高校工委、团省委、《齐鲁晚报》等单位联合，举行了“创新未来——青少年版权保护”主题教育活动和“大学生与版权”征文活动。各地也采取在媒体开辟“扫黄打非”专栏、张贴宣传标语、曝光典型案件、与业户签订守法经营责任书、举办法规培训班等多种形式，加强宣传教育，动员社会各界高度关注、积极参与“扫黄打非”斗争。尤其在奥运前30天出版物市场集中清查行动中，积极组织开展“我为奥运做贡献、文明经营我争先”活动，帮助经营者树立经营正版光荣、经营盗版可耻意识，自觉规范经营行为。通过开展多种形式的宣传教育活动，经营者的遵纪守法意识得到明显增强，抵制盗版制品的自觉性明显提高，在全社会形成了拒“黄”抵“非”的浓厚氛围。

领导讲话

在省“扫黄打非”工作领导小组会议上的讲话（摘要）

山东省委常委、宣传部长、省“扫黄打非”工作领导小组组长
李　群

一、以党的十七大精神为统领，正确认识形势，切实增强“扫黄打非”工作的责任感和使命感

2007年以来，全省各级“扫黄打非”部门认真贯彻中央和省委、省政府的要求，以迎接党的十七大胜利召开为主线，紧紧抓住党和政府关注、人民群众关心、社会反映强烈的问题，坚持把打击政治性非法出版物作为重中之重，通过不间断地暗访督查、连续开展专项治理、反复清查市场、严打非法制售等活动，进一步强化了出版物市场和文化市场监管，为营造良好社会文化环境做出了积极努力。去年全年共查缴各类非法盗

版出版物340万余册（盘），查处各类违规违法案件1080余起，端掉制售非法出版物窝点120余个，关闭取缔非法店档、摊点、游商1800余个，出版物市场存在的一些问题和隐患得到及时发现和解决，保持了健康有序、繁荣发展的良好态势。当前，我省经济社会发展形势很好，全省上下正在深入贯彻十七大精神和省第九次党代会精神，全面落实科学发展观，积极推进社会主义和谐社会建设。在思想文化领域，社会主义核心价值体系进一步确立，人民群众精神文化需求日趋旺盛，社会各界对文化建设的关注和参与度越来越高，繁荣发展包括新闻出版在内的文化事业和文化产业，兴起社会主义文化建设新高潮，成为各级党委、政府和全社会的共识。

但也要清醒地认识到当前文化安全呈现许多新的特点，出版物市场和整个文化市场存在许多新的问题，“扫黄打非”斗争面临着更加严峻的形势和更加繁重的任务。一是一些境外媒体更多地利用文化传播渠道对我实施渗透、攻击、破坏、捣乱，非法出版活动出现传统手段与新技术手段并用等特点，封堵和查缴的任务仍然艰巨。二是非法出版活动出现向团伙化、网络化、专业化、规模化发展的趋势，保护知识产权、打击侵权盗版的任务更加艰巨。三是利用互联网传播有害信息、淫秽色情信息、侵权盗版作品和销售非法出版物问题越来越突出，对拓展“扫黄打非”工作领域、创新监管手段提出了新的更高要求。四是各种形式的非法报刊和正式出版单位违规出版的报刊鱼龙混杂，扰乱了出版秩序，对出版物市场管理提出严峻挑战。五是部分群众对打击侵权盗版缺乏理解，“扫黄打非”工作的社会认同度有待进一步提高。

今年是全面贯彻落实党的十七大精神的第一年，是各级人大、政府、政协集中换届的一年，要特别警惕各类非法出版物和有害信息。今年是改革开放30周年，要特别警惕别有用心的人借题发挥，质疑和否定改革开放政策。今年我们国家将举办奥运会，入境人员明显增多，舆论环境更加复杂，清理出版物市场的任务尤其繁重。另外，随着中美知识产权和出版物市场准入WTO争端进入关键阶段，保护知识产权、打击侵权盗版已成为直接关系我们国家利益和文化安全的重要工作。面对复杂形势，各级党委、政府和有关部门要从政治高度，进一步深化对“扫黄打非”斗争重要性、艰巨性、长期性和紧迫性的认识，进一步增强政治意识、大局意识、责任意识和忧患意识，切实将思想和行动统一到十七大精神上来，统一到中央和省委、省政府的决策部署上来，坚持不懈地开展好“扫黄打非”斗争。

二、以解决突出问题为突破口，明确工作重点，推动“扫黄打非”工作向纵深发展

一是以封堵查缴非法出版物为重点，切实维护社会政治稳定；二是以扫除淫秽色情等文化垃圾为重点，营造有利于青少年健康成长的社会环境；三是以打击侵权盗版行为为重点，树立我国政府保护知识产权的良好形象；四是以查处非法报刊制售活动为重点，进一步规范报刊市场秩序；五是以清除网络有害信息为重点，净化网络文化环境。

三、以求真务实的态度，认真履行职责，把“扫黄打非”各项任务落到实处

要加强领导，为深入开展“扫黄打非”提供有力的保障。各级党委、政府要按照属地管理的原则，做到守土有责、守土负责、守土尽责，确保辖区不出问题。党政分管领导要高度关注，加强组织协调，搞好督促检查。对发生的重大案件和突发事件要果断处置，迅速解决，不留后患。坚持“扫黄打非”只能加强、不能削弱的原则，在文化体制改革中要更加突出“扫黄打非”工作的地位和作用。要加强机构队伍建设，增加经费投入，加强法律法规的教育培训，努力为“扫黄打非”工作提供必须的物质和技术保障。

要明确职责，建立严格的责任体系。各有关部门要认真履行职责，积极配合，紧密协作，形成工作合力。新闻出版管理部门要加强对出版物市场的监管检查，着力管好印刷、发行两个主要环节，严厉打击违规违法行为。文化管理部门要管好音像市场，依法查处各类走私、非法盗版音像制品。公安部门要加大对大案要案的查处力度，严厉打击制售淫秽色情出版物活动。工商部门要加强对出版物经营业户的执法检查，清查取缔无证照经营行为。城管执法等部门要着力打击、取缔兜售盗版非法出版物的游商地摊。海关要加强对入境行李物品、包裹邮件的监管和稽查，严查走私和携带入境内容有害的出版物。交通、邮政、铁路部门要加强对运输和传递环节的管理，截断非法出版物的流通渠道。政法、司法机关要加大对查处非法出版刑事案件的协调、起诉、审判力度，严惩违法犯罪分子。教育部门要教育引导青少年远离不良文化和信息，严禁各类有害和非法盗版出版物进入校园。信息产业部门要引导行业加大对相关软硬件产品的研发和生产，充分发挥现代信息技术的优势，有效支撑“扫黄打非”工作的开展。通信管理部门要加强对互联网、手机信息的监控，对刊载、发送的有害、不良信息及时关闭和屏蔽过滤。

要强化宣传，广泛动员社会各方面积极参与。宣传舆论部门要组织协调新闻媒体，加强对“扫黄打非”工作的宣传。要大力宣传有关法律法规，进一步揭露非法出版物的严重危害；要宣传“扫黄打非”工件工作的重大意义和成果，选择典型案件曝光，教育引导公民特别是青少年增强保护知识产权的意识，在全社会形成拒“黄”抵“非”的浓厚氛围。要进一步落实举报奖励制度，鼓励广大群众积极参与“扫黄打非”斗争。

要真抓实干，保持良好的工作作风。“扫黄打非”工作是实打实、硬碰硬的事情，有时甚至要冒一定的风险，特别需要大力发扬求真务实的精神。要以对党对人民高度负责的精神，切实转变作风，把工作做深、做细、做实，真正做到鼓实劲、出实招、求实效，坚决避免摆花架子，作表面文章，搞形式主义。要善于总结经验，研究规律，改进方法，努力掌握工作的主动权。

2008年1月4日

在全省“扫黄打非”工作电视电话会议上的讲话（摘要）

山东省委常委、宣传部长、省“扫黄打非”工作领导小组组长

李　群

一、认清形势，进一步增强做好“扫黄打非”工作的责任感

去年以来，全省各级“扫黄打非”部门，紧紧围绕落实科学发展观、构建社会主义和谐社会，以学习、宣传、落实党的十七大精神为主线，利用“反盗版天天行动”和“文化环保工程”平台，进一步加大出版物市场监管查处力度，“扫黄打非”工作取得新的进展和明显成效。以封堵查缴政治性非法出版物和淫秽色情出版物为重点，多次组织开展专项治理和清扫行动，共查缴各类非法盗版出版物340万余册（盘），关闭取缔非法店档、摊点、游商1800余个。以明察暗访为主要手段，共检查出版物集中经营场所和印刷发行单位3800余个次，及时发现和解决了出版物市场存在的突出问题。以查办案件为突破口，共查处各类案件1080余起，打掉地下非法印刷发行窝点120余个，侦破、宣判了10多起非法出版刑事案件，有效震慑了违法犯罪分子，保护了著作权人的利益。

在肯定成绩的同时，必须清醒看到，我省“扫黄打非”工作的良好局面是在不断清理打击、连续开展专项治理的高压态势下取得的，根基还不牢固，稍有疏忽麻痹就可能反弹。我们的工作机制、工作方式和工作手段，还不适应经济社会快速发展、信息传播日益多元化的新情况。特别是当前国内外形势复杂多变，“扫黄打非”工作面临新的考验。一是有些境外媒体活动明显增多，尤其是通过出版渠道传播有

害信息、制造思想混乱、破坏社会稳定，已成为境外势力对我渗透的一个重要手法。二是一些不法分子铤而走险，大肆从事侵权盗版活动，非法出版物的印制、储运、批发、销售已向团伙化、网络化、专业化、规模化发展，手段更加隐蔽。三是在知识、文化和信息利用互联网等新兴媒体广为传播的同时，淫秽色情等有害信息和文化垃圾也在扩散。四是各种形式的非法报刊和正式出版单位违规出版的报刊鱼龙混杂，扰乱了正常的出版秩序，对出版物市场管理提出严峻挑战。今年我们国家要举办奥运会，放开外国记者来华采访，境外媒体的采访报道将更加集中，社会舆论环境更为复杂。刚刚闭幕的全省文化建设工作会议对建设文化强省、推动文化大发展大繁荣、兴起社会主义文化建设新高潮作出全面动员部署，省委书记、省人大常委会主任李建国和省委副书记、代省长姜大明就优化市场环境、深入开展"扫黄打非"斗争提出明确要求。各级党委、政府和有关部门一定要切实增强政治意识、大局意识、责任意识，按照中央和省委、省政府的部署要求，以良好的精神状态和扎实的工作作风，认真做好今年工作，不断把"扫黄打非"斗争引向深入。

二、抓住重点，推动"扫黄打非"工作扎实有效开展

今年"扫黄打非"工作要着力抓好五项重点工作：

一是严密封堵非法出版物；二是坚决扫除淫秽色情等文化垃圾；三是严厉打击侵权盗版行为；四是着力查处非法报刊制售活动；五是有效清除网络有害信息。

三、加强组织领导，确保"扫黄打非"工作各项任务落到实处

"扫黄打非"工作是一项长期艰巨的战略任务。各级和有关部门一定要高度重视，统筹安排，将"扫黄打非"工作与文明和谐创建活动、平安山东建设活动、社会治安综合治理、整顿和规范市场经济秩序、预防青少年违法犯罪活动有机结合起来，作为评选文明城市、文明社区、文明单位和检验平安建设、社会治安综合治理成效的重要指标，统一部署、统一行动、统一考评。

要加强领导。各级党委、政府要按照属地管理的原则，把好阵地，守土有则，确保辖区不出问题。主要领导要将"扫黄打非"列入工作日程，及时研究解决工作中的困难和问题。各级"扫黄打非"工作领导小组组长是同级党委、政府"扫黄打非"工作的第一责任人，要切实履行职责，确保领导到位、工作到位、责任到位。党委、政府换届后，要及时调整充实"扫黄打非"工作领导小组，健全工作机制，落实工作责任，防止工作疏漏。在文化市场综合执法体制改革中，要坚持"扫黄打非"只能加强、不能削弱的原则，更加突出"扫黄打非"工作的地位和作用。

要落实责任。按照"扫黄打非"工作责任制的要求，分解落实有关责任，切实抓好落实。"扫黄打非"各成员单位，要认真履行职责，做到积极配合，紧密协作，环环相扣，不出纰漏。各级"扫黄打非"办公室作为这项工作的常设办事机构，要强化部署、协调、指导、督查职能，及时报告重大事项和工作情况。新闻出版管理部门要加强对出版物市场的监管检查，着力管好印刷、发行两个主要环节，严厉打击违规违法行为。文化管理部门要管好音像市场，依法查处各类走私、非法盗版音像制品。公安部门要加大对大案要案的查处力度，严厉打击制售淫秽色情出版物活动。工商部门要加强对出版物经营业户的执法检查，清查取缔无证照经营行为。建设管理部门要着力打击、取缔兜售盗版非法出版物的游商地摊。海关要加强对入境行李物品、包裹邮件的监管和稽查，严查走私和携带入境内容有害的出版物。交通、邮政、铁路部门要加强对运输和传递环节的管理，截断非法出版物的流通渠道。政法、司法机关要加大对查处非法出版刑事案件的协调、起诉、审判力度，严惩违法犯罪分子。教育部门要教育引导青少年远离不良文化和信息，严禁各类有害和非法盗版出版物进入校园。

信息产业、通讯管理部门要加强对互联网、手机信息的监控，对刊载、发送的有害、不良信息及时关闭和屏蔽过滤。

要强化舆论宣传和社会监督。宣传舆论部门要大力宣传“扫黄打非”工作的意义和成果，宣传有关法律法规，揭露非法出版物的严重危害，表明党和政府开展“扫黄打非”的决心，形成强大舆论声势。要把保护知识产权的宣传教育延伸到机关、企业、学校和社区，引导广大群众特别是青少年不断增强保护知识产权的意识，努力在全社会形成“拒绝盗版，从我做起”的良好氛围。

要抓好精品生产和市场繁荣。在打击违法犯罪，规范市场秩序的基础上，要积极扶持优秀精神产品生产，重点组织编创一批适合农民阅读特点、适合未成年人阅读特点，知识性、科学性、趣味性和教育性相统一的优秀读物，大力培育健康繁荣、竞争活跃、统一有序的文化市场。要认真贯彻落实十七大精神，加快发展文化事业和文化产业，组织编创一批内容健康、形式新颖、群众喜闻乐见、市场占有率高的文化产品，用主流文化产品和健康的文化服务占领思想文化阵地。

2008 年 1 月 17 日

2008 年“扫黄打非”大案要案综述

山东省“扫黄打非”办

2008 年，全省各级“扫黄打非”工作部门与有关单位紧密配合，进一步加大案件查处力度，根据群众举报、清查市场和明察暗访掌握的线索，追根溯源，挖窝点、打团伙、破网络，严厉打击制售非法出版物活动。全年共查办各类违法违规案件 740 余起，打掉非法印刷、发行、藏匿窝点 41 个。尤其是各地不断加强行政执法与刑事司法的有效衔接，一批侵权盗版大案要案相继被查获、宣判，全省共判决非法出版物刑事案件 18 起，29 名违法犯罪分子被判处有期徒刑，在业内引起强烈反响。查处的比较典型的案件有以下几起：

1. 青岛市丁来发贩卖盗版光盘案。丁来发，男，1984 年 1 月 12 日出生于山东省莒南县，汉族，初中文化，无业。2007 年 11 月 26 日，丁来发在青岛市乐陵路、桓台路路口设摊向行人出售盗版光盘时，被市北区新闻出版稽查人员抓获，并从其手中缴获盗版光盘 553 张。2008 年 1 月 25 日，青岛市市北区人民法院以侵犯著作权罪判处丁来发拘役 4 个月，并处罚金人民币 2000 元。

此案是 2007 年 4 月 5 日《最高人民法院、最高人民检察院关于办理侵犯知识产权刑事案件具体应用法律若干问题的解释（二）》出台后，国内判决的最接近起刑点的案件。“个人复制发行侵权盗版文字作品、音乐、电影、电视、录像作品、计算机软件及其他作品，复制数量在 500 张（份）以上，即可构成侵犯著作权罪”，“两高”关于办理侵犯知识产权刑事案件司法解释对此作了明确的规定。在丁来发销售盗版光盘一案中，现场查获盗版光盘 553 张，完全符合“两高”司法解释对侵犯著作权犯罪构成的规定，因此青岛市市北区人民法院依法予以定罪判刑。

2. 青岛市邹美红等贩卖淫秽物品牟利案。邹美红，女，1966 年 2 月 20 日出生于山东即墨市，汉族，初中文化，个体经商。韩明金，男，1966 年 12 月 9 日出生于山东即墨市，汉族，初中文化，个体出租。姜清刚，男，1965 年 3 月 30 日出生于山东即墨市，汉族，初中文化，个体经商。姜平鑫，男，1989 年 10 月 10 日出生于山东即墨市，汉族，初中文化，个体经商。四人均因涉嫌贩卖淫秽物品牟利罪于 2007 年 9 月 13 日被刑事拘留，同年10月19日被逮捕。从2006年年底开始，邹美红利用自己的住处、租他人位于即墨市庄头新村西区208号和39号的出租房和住处作为存放光盘的库房。2007年1月起，以每张光盘1.1元至1.2元的价格分3次卖给位于即墨市庄头市场朝阳街37街2号的青岛音像店店主黄某某涉嫌淫秽光盘200余盘，收货款人民币200余元。2007年9月19日，该音像店被查获，查扣淫秽光盘53盘。2007年6、7月份，邹美红多次指使姜平鑫开车为位于即墨市兰岙路793号的青岛大华音像店送货，共计出售涉嫌淫秽、盗版光盘600余盘，获利1000余元。2007年9月19日，该音像店被查获，查扣淫秽光盘10盘。2007年9月12日，宋某打电话给邹美红定购淫秽光盘和盗版光盘，邹美红同意后，伙同姜平鑫开车分别到其存放光盘的4个仓库取货。配齐货后，邹美红指使其丈夫韩某某骑摩托车载宋某到即墨市园丁小区进行交易，邹某某收货款1万余元。后邹美红、姜平鑫、韩某某到即墨市服装市场车站，4人将光盘装在客车上。随后该批货物被新闻出版稽查队查获。经清点此批光盘共有7391盘，经鉴定均为淫秽光盘。2007年9月12日，市公安局治安支队会同市新闻出版稽查队对即墨市小商品城二区410号邹美红经营的店铺及其存货的4处库房进行检查，查扣光盘2万余盘，经鉴定淫秽光盘10083盘，盗版光盘9149盘。经鉴定该案淫秽光盘总计17537盘，非法音像制品总计9149盘。2008年5月29日，青岛市即墨人民法院对邹美红等人作出判决，以贩卖淫秽物品牟利罪和侵犯著作权罪判处邹美红有期徒刑12年，并处罚金人民币1.5万元；以贩卖淫秽物品牟利罪分别判处韩某某、姜清刚、姜平鑫有期徒刑3年零6个月、9个月、有期徒刑3年缓刑3年，并处罚金人民币5000元、6000元和4000元。

此案是近年来青岛市查获的最大一起贩卖淫秽及盗版光盘案件。由此案看出，一些个体经营业户无视法律，受经营利益的驱使，将“贩黄”和销售盗版光盘看做是致富的路子，不惜铤而走险，以身试法，走向犯罪，付出的代价是巨大的。因此，有关行政执法部门在打击此类犯罪的同时，加强“扫黄打非”宣传和公民法制教育是十分重要的。

3. 临沂市李洪建贩卖淫秽物品牟利案。李洪建，男，1986年4月16日出生于山东省费县，汉族，小学文化，无业。2008年4月，李洪建以牟利为目的，在临沂市购买淫秽影碟400张，后在费县新桥镇、方城镇、汪沟镇的集市上贩卖淫秽影碟25张。2008年5月12日，李洪建在费县新桥镇集市贩卖淫秽影碟时被现场查获，并从其身上搜出淫秽影碟6张，后又在其家中搜出淫秽影碟369张。2008年7月24日，费县人民法院以贩卖淫秽物品牟利罪，判处李洪建有期徒刑1年，缓刑2年，并处罚金5000元。

4. 临沂市刘长宏贩卖淫秽物品牟利案。刘长宏，男，1972年3月20日出生于山东省费县，汉族，初中文化，无业。2008年5月12日，刘长宏在费县新桥镇集市上出售淫秽影碟时，被费县公安局巡警大队干警抓获，并从其身上搜出淫秽影碟30张，后又在其家中搜出淫秽影碟248张、淫秽图书28册。2008年8月23日，费县人民法院以贩卖淫秽物品牟利罪，判处刘长宏有期徒刑6个月，并处罚金5000元。

李洪建、刘长宏两人以牟利为目的，贩卖淫秽影碟，破坏社会治安和文化环境，虽情节不够严重，但已对社会造成危害和影响，应受到法律惩处。以上两案的查处，沉重打击了“制黄”、“贩黄”违法犯罪活动，有力震慑了不法分子，有效净化了社会文化环境。

5. 申屠侃达销售盗版电子出版物案。申屠侃达，男，1984年3月2日出生，汉族，职高文化，无业，住浙江省东阳市湖溪镇罗青村11号。2007年9月14日，执法人员在申屠侃达存货点青岛市辽宁路84号收缴用于销售的非法电子出版物共计8331张。经青岛市新闻出版局和文化局鉴定为盗版电子出版物。2008年2月10日，青岛市市北区人民法院以侵犯著作权判处申屠侃达有期徒刑3年，缓刑4年，并处罚金人民币2

万元。

在2007年4月5日施行的“两高”司法解释中，对于侵犯著作权罪中的“复制发行”进行了非常明确的解释，即复制发行包括复制、发行或既复制又发行的行为。依据此解释，单独的发行行为可构成侵犯著作权罪。同时，依据2004年12月18日施行的《最高人民法院、最高人民检察院关于办理侵犯著作权刑事案件具体应用法律若干问题的解释》的相关规定，储存、运输、销售和未销售的侵权产品均应计入侵犯著作权罪的“非法经营数额”。在申屠侃达销售盗版电子出版物案中，虽未查明其销售的经营数额，但查获了其储存的用于销售而尚未销售出去的盗版电子出版物8331张，依据“两高”的司法解释，完全符合侵犯著作权罪的构成要件，因此青岛市市北区人民法院依法对被告人申屠侃达予以定罪判刑。这起案件的案情及其判决结果，对目前各地行政执法部门尤其是司法机关把握“罪与非罪”、“如何定罪”的“司法裁量权”方面，具有重要借鉴意义。

2008年“扫黄打非”大事记

山东省“扫黄打非”办

1月4日，省“扫黄打非”工作领导小组召开会议，通报全省2007年“扫黄打非”工作情况和2008年工作要点，讨论审定《山东省“扫黄打非”工作领导小组关于2008年全省“扫黄打非”工作行动方案》。省委常委、宣传部长、省“扫黄打非”工作领导小组组长李群主持会议并讲话。

1月5日至7日，为迎接省“两会”的胜利召开，省新闻出版局、省“扫黄打非”办公室会同济南市有关部门，对省“两会”代表、委员驻地宾馆、饭店及省城出版物市场进行了集中检查清理。

1月7日，烟台市芝罘区人民法院以贩卖淫秽物品牟利罪判处邢某拘役6个月，并处罚金1000元。2006年至2007年3月间，邢某先后贩卖给郭某、孙某等人淫秽影碟共计158张，非法获利100余元。

1月17日，在收听收看了第二十一次全国“扫黄打非”工作电视电话会议后，省“扫黄打非”工作领导小组接着召开全省“扫黄打非”工作电视电话会议，总结2007年的“扫黄打非”工作，安排部署2008年的工作任务。省委常委、宣传部长、省“扫黄打非”工作领导小组组长李群出席会议并讲话，省政府特邀咨询张昭福主持会议。

1月25日，青岛市市北区人民法院以侵犯著作权罪判处丁某某拘役4个月，并处罚金2000元。2007年11月26日，丁某某在青岛市区设摊向行人出售盗版光盘时被查获，从其手中缴获非法光盘553张。这起案件是2007年4月“两高”出台关于办理侵犯知识产权刑事案件司法解释后，国内判决的最接近于起刑点的案件。

2月20日，省委办公厅、省政府办公厅将《山东省“扫黄打非”工作领导小组2008年全省“扫黄打非”行动方案》转发各市党委和人民政府，省直有关部门、单位，对2008年全省“扫黄打非”工作做出全面部署。

2月25日，在全省新闻出版（版权）工作会议上，省“扫黄打非”工作领导小组对青岛市“扫黄打非”办公室及吴波等63个“扫黄打非”工作先进集体、先进个人和“扫黄打非”办案有功集体、有功个人进行了表彰。省委常委、宣传部长、省“扫黄打非”工作领导小组组长李群在会上作了重要讲话，并向先进（有功）单位和先进（有功）个人颁发了奖牌。

3月1日至4日，省新闻出版局领导班子成

员分头带队，对全省17市出版物市场进行暗访，对各地“扫黄打非”工作开展情况进行督察，确保全国“两会”期间山东出版物市场不出问题。

4月20日，省暨济南市举行盗版及非法出版物集中销毁活动，销毁各类盗版非法图书报刊、音像制品、计算机软件和电子出版物60余万件。

4月21日，为震慑违法犯罪分子，增强全社会版权保护意识，省“扫黄打非”办公室通过山东人民广播电台、山东电视台、《大众日报》、《齐鲁晚报》等省主要新闻媒体，对2007年以来审结的10起侵权盗版大案要案进行了公开曝光。

5月20日，副省长、省“扫黄打非”工作领导小组副组长黄胜在省新闻出版局、省“扫黄打非”办公室报送的《关于全国检查组对青岛出版物市场暗访检查有关情况的报告》上批示：“此次由国家组织的暗访检查结果表明，我省近几年整顿规范出版物市场是卓有成效的。同时也说明，只要各级重视，狠抓各项措施落实，我们完全可以实现既定的工作目标。希望以此次检查为契机，千万不可麻痹松懈，要举一反三，继续查找封堵漏洞，随时消除各种隐患，更加侧重建立长效机制，确保全省出版物市场在今年这个特殊重要的年份里不出问题。”

5月21日，省委常委、宣传部长、省“扫黄打非”工作领导小组组长李群在省新闻出版局、省“扫黄打非”办公室报送的《关于全国检查组对青岛出版物市场暗访检查有关情况的报告》上批示：“请铁军、得志同志阅，望进一步加强对我省各市、县出版物市场的拉网式检查，不留死角，确保全省出版物市场不出问题，为奥运会召开创造良好的社会文化环境。”

5月29日，青岛市即墨人民法院以贩卖淫秽物品牟利罪和侵犯著作权罪判处邹某某有期徒刑12年，并处罚金1.5万元，以贩卖淫秽物品罪分别判处其他3名同案犯3年不等有期徒刑。2006年底至2007年9月间，邹某某自己或指使他人储存、贩卖淫秽光盘1.8万张、盗版光盘9149张。

5月30日，副省长、省“扫黄打非”工作领导小组副组长黄胜在省新闻出版局、省“扫黄打非”办公室报送的《关于全国“扫黄打非”办公室主任会议主要精神及我省贯彻落实意见的报告》上批示：“望认真总结回顾前段工作经验，继续加大工作力度，全面贯彻落实好全国会议精神，确保我省不出问题。”

5月30日，省“扫黄打非”工作领导小组向各市下发《山东省迎奥运净化出版物市场专项行动实施方案》，要求各地进一步加大对出版物市场和非法出版活动的打击力度，确保出版物市场健康有序，为北京奥运会的成功举办营造良好社会文化氛围。

6月5日，省“扫黄打非”办公室在济南召开全省“扫黄打非”办公室主任会议，传达全国“扫黄打非”办公室主任会议精神和省领导同志近期对“扫黄打非”工作的重要批示，对迎奥运净化出版物市场专项行动做出安排部署。

7月8日，青岛市“扫黄打非”办公室组织协调有关部门，成功举行了应对“扫黄打非”重大突发事件应急演练。

7月9日，省“扫黄打非”工作领导小组向各市下发《山东省奥运前30天出版物市场集中清查行动实施方案》，要求各地高度重视奥运前30天出版物市场集中清查行动，组织力量对出版物市场进行高密度的执法检查，严厉打击各种侵权盗版和非法出版活动，确保出版物市场不出问题。

8月10日至12日，省“扫黄打非”办公室派出检查组会同青岛市有关部门，对青岛市出版物市场特别是奥帆赛相关场馆、运动员、体育官员、记者驻地周边地区出版物市场、经营摊点进行了全面检查。

9月20日，省新闻出版局、省“扫黄打非”办公室发出通知，要求各地切实加强国庆节期间出版物市场监管工作，加大清查打击力度，确保不出问题。

10月10日至12日，全国打击非法报刊专项行动检查组对我省专项行动开展情况暨报刊市场整顿情况进行了检查，对我省这项工作给予充分肯定。

11月7日，省“扫黄打非”办公室与省公安厅联合在济南召开协查天津、江苏制售非法出版物团伙网络案办案协调会议，对两案涉及山东线索的查处工作作出安排部署。

11月28日至12月2日，省“扫黄打非”办公室从有关部门抽调人员，分6路，采取实地察看与听取汇报相结合的办法，对各市出版物市场和“扫黄打非”工作情况进行了检查。

12月25日，省“扫黄打非”办公室发出通知，对元旦春节和全国全省“两会”期间出版物市场监管清查工作作出安排部署。

创新经验

加强机构队伍建设　全面提升“扫黄打非”工作水平

潍坊市“扫黄打非”办公室

近几年来，潍坊市的“扫黄打非”工作在市委、市政府的坚强领导和上级主管部门的具体指导下，坚持以邓小平理论和“三个代表”重要思想为指导，以科学发展观统领工作全局，站在全面建设社会主义和谐社会的高度，认真贯彻落实党的十七大和十七届三中全会精神，不断加强机构队伍建设，充分调动各地各部门的积极性、主动性和创造性，为全市经济建设、政治建设、文化建设、社会建设全面协调发展做出了积极贡献。

一、坚持多措并举，加强机构建设

一是建立健全机构。在市级机构改革中，由于市委、市政府的高度重视，市局在内设4个科（室）的基础上，又增设了市“扫黄打非”办，作为全市“扫黄打非”工作的组织协调部门、市新闻出版局的常设办事机构。同时，市局所属的新闻出版稽查队，也由原来的自收自支事业单位改为全额预算管理的正科级事业单位。在县级机构设置方面，由于各级各部门的积极努力，全市12个县市区全部恢复或成立了独立建制的新闻出版管理和“扫黄打非”工作机构，其中2个为正科级事业单位，9个为副科级事业单位，编制大都在3—5人，均为财政全额拨款。寿光、昌乐等县市还专门配备了专用车辆。2008年，昌乐县成立了新闻出版稽查大队，配备了6名稽查队员，颁发了稽查证，进一步加强了市场监管力量。市级机构的加强、县级机构的普遍建立，从根本上扭转了“扫黄打非”工作高位截瘫的不利局面，为“扫黄打非”工作的全面深入开展提供了强有力的组织保证。

二是完善各项制度。“扫黄打非”工作各级各部门各单位及各内设机构要做到上下贯通、协调运转，必须有一套完整有效的制度体系做保证。近年来，市、县两级和市直有关职能部门都普遍研究制定了《“扫黄打非”工作领导小组责任制度》、《“扫黄打非”责任追究制度》、《对举报“制黄”“贩黄”、侵权盗版和其他非法出版物有功人员奖励办法》、《“扫黄打非”工作考核办法》等四项经常性管理制度。在此基础上，根据工作需要，我们又制定印发了《“扫黄打非”工作档案管理制度》、《“扫黄打非”工作重大案件请示报告制度》、《“扫黄打非”暗访工作制度》、《“扫黄打非”分工责任制》、《“扫黄打非”工作重大案件备案制度》、《“扫黄打非”成果月报制度》等制度。这些管理制度的贯彻实施，使“扫黄打非”工作在制度化、科学化、规范化、秩序化、经常化的轨道上不断迈出坚实步伐。

三是切实落实责任。每年，市“扫黄打非”工作领导小组都按照“属地管理”和“谁主管、谁负责”的原则，与各县市区、市“扫黄打非”

工作领导小组各成员单位签订“扫黄打非”工作责任书。责任书对各地各有关部门“扫黄打非”工作的主要职责、责任目标、奖罚措施等方面都做了明确规定。各县市区、市属各开发区也结合当地实际，由当地“扫黄打非”工作领导小组与各成员单位签订职能责任书；与各镇街签订“属地管理”责任书，做到了职责明确，责任到位，从而把“扫黄打非”的各项任务落到了实处。

二、坚持以人为本，强化队伍建设

人的因素始终是做好“扫黄打非”工作的首要因素，队伍建设是全面推进“扫黄打非”工作的根本所在。围绕搞好队伍建设，主要做了以下几项工作。

一是加强全面学习。近年来，按照政治强、业务精、纪律严、作风正的要求，大力建设“学习型”机关，组织“扫黄打非”工作人员，紧密结合实际，深入学习邓小平理论和“三个代表”重要思想，深入开展学习和实践科学发展观主题活动，不断增强广大干部职工的马克思主义理论水平和思想水平，提高了队伍的思想素质；学习党的十七大和十七届三中全会精神，牢固树立和认真落实科学发展观，按照构建社会主义和谐社会的要求，不断增强广大干部职工的政治坚定性、政治敏锐性和政治辨别力，提高了队伍的政治素质；学习自然知识和社会知识，学习跟本职工作密切相关的公文写作及计算机应用这些基本技能，等等，提高了队伍的业务素质；经常性地组织“扫黄打非”工作人员外出考察学习，虚心汲取先进地区“扫黄打非”的成功经验及做法，工作人员开阔了视野，拓宽了思路，升华了境界，增长了本领，提高了实际工作能力。

二是强化法规培训。在坚持自学法规知识的基础上，我们采取举办培训班、组织经验交流会等形式，对行政执法人员进行了比较系统的新闻出版法律法规的强化训练，使“扫黄打非”工作人员做到懂法守法，法规意识显著增强，依法行政的自觉性明显提高。《潍坊市新闻出版“扫黄打非”管理规章制度汇编》出台后，我们立即组织全市“扫黄打非”工作人员开展了以贯彻落实《制度汇编》为主要内容的学习教育活动。在“扫黄打非”工作人员深入学习《制度汇编》条文规定的基础上，最后进行了严格地闭卷考试。据不完全统计，2006 年以来，全市共举办各类培训班 44 期，以会代训 65 次（期），共培训人员达 5500 余人（次）。

三是抓好作风建设。按照建设“服务型”“廉洁型”机关的要求，全市广大“扫黄打非”工作人员大力强化服务意识，牢固树立“管理就是服务”的思想，将管理和服务紧密结合起来，在管理中抓服务，在服务中促管理，坚决克服脱离群众、脱离实际的官僚主义、形式主义歪风，切实简化工作程序，减少办事环节，提高服务质量和行政效率；认真学习贯彻中央颁布的党内监督条例和纪律处分条例，不断强化廉政建设和职业道德建设，下大气力纠正吃、拿、卡、要等各种以权谋私行为，坚决杜绝“门难进、脸难看、话难听、事难办”等横、冷、硬、推现象，严肃查处各种违法乱纪行为，严防不良倾向、歪风邪气、违法行为侵蚀“扫黄打非”工作队伍的肌体、败坏“扫黄打非”工作部门的形象。

三、坚持量化考核，构建长效机制

潍坊市“扫黄打非”目标量化考核管理办法的实施，为全市“扫黄打非”工作各地各部门各机构及其工作人员加强自我管理、自我教育、自我约束、自我激励提供了有效途径，促进了全市“扫黄打非”工作水平的全面提升。目前，全市“扫黄打非”工作目标量化考核已经形成“指导思想明确、考核体系科学、考核办法严格、激励机制公正”的管理模式。

一是指导思想明确。组织实施的“扫黄打非”工作目标量化考核，在指导思想上，强调必须始终坚持以邓小平理论和“三个代表”重要思想为指导，以科学发展观统领工作全局，以深入学习贯彻落实党的十七大和十七届三中全会精神为动力，以省局开展的主题活动为载体，实践“抓管理、促繁荣、求发展”的总体要求和“明确目标、落实责任、量化考核、奖罚严明”的基本工作思路。

二是考核体系科学。根据各县市区和市直“扫黄打非”领导机构及其办事机构所担负的不同职责，依照有关法律法规的规定，把目标量化考核工作的着眼点放在“横向到边、纵向到底”上。在组织实施中，对县市区的考核分领导机制、工作措施和工作效果三大部分。对市“扫黄打非”工作领导小组成员单位的考核分明确职责、落实责任、工作效果三大部分。各部分都有详细的考核内容、考核标准及考核分值。

三是考核办法严格。对“扫黄打非”目标量化考核，每年分半年初评和年终总评两次进行。考核时，从各县市区和市直有关部门抽调人员，混合编组，交叉考核。考核采取“听、访、查、议”的方式进行。半年和年终考核的平均得分为年度考核总得分，考核结果在全市进行通报。

四是激励机制公正。每年年底，根据对各县市区和市“扫黄打非”工作领导小组成员单位考核的分数，分别拟定“扫黄打非”工作先进单位和先进个人，经市“扫黄打非”工作领导小组研究审议后，提交市委常委会研究通过，分别以市委、市政府和市“扫黄打非”工作领导小组的名义授予其先进单位和先进个人荣誉称号，并召开会议，进行大张旗鼓地表彰奖励。

加强探索实践　完善工作机制　推动“扫黄打非”工作深入开展

青岛市“扫黄打非”办公室

近年来，在市委、市政府的正确领导和全国、省“扫黄打非”办的具体指导下，青岛市“扫黄打非”办始终把加强出版物市场监管作为首要任务常抓不懈，大力实施文化环保工程，结合工作实际，对“扫黄打非”行政执法与刑事司法衔接、四级网络建设、网上“扫黄打非”等工作机制进行了完善和深化，坚持日常监管与专项治理并举，教育培训与严厉打击并重，进一步夯实了“扫黄打非”工作基础，筑牢了“扫黄打非”工作防线，有力地推动了“扫黄打非”工作的深入开展，为奥运会、残奥运会特别是青岛奥帆赛残奥帆赛的成功举办发挥了积极的作用。

一、深化行政执法与刑事司法衔接机制，加大刑事打击力度

2006年，市“扫黄打非”办协调市中级人民法院、市人民检察院、市公安局制定下发了《关于办理涉及非法出版物刑事案件有关问题的通知》，强化了在行政处罚基础上运用刑事司法手段对侵权盗版的打击力度。通过行政执法部门和刑事司法部门的有效衔接和密切配合，全市“扫黄打非”刑事打击力度逐年加大，取得了良好效果，有效遏制了经营非法出版物的违法犯罪行为。2008年全市法院共审理“扫黄打非”刑事案件13起17人，其中侵犯著作权案9起12人，贩卖淫秽物品牟利案4起5人。从案件审理情况来看，主要呈现以下三个特点：

一是不断扩大刑事打击覆盖面。与往年案件主要集中在市南区、市北区、四方区、李沧区相比，2008年在市内四区案件保持稳中有升的基础上，城阳、黄岛、即墨、胶州、胶南等区市的案件也不断增多。市南区先后对钟某某贩卖盗版及淫秽光盘案、沈某某贩卖盗版光盘案和王某某贩卖淫秽光盘案进行了判决。市北区先后对丁某某贩卖盗版光盘案、申屠侃达贩卖盗版光盘案和赵某某贩卖盗版光盘案进行了判决。胶南市对赵某某贩卖淫秽光盘案进行了判决。即墨市先后对董某某贩卖盗版及淫秽光盘案、邹某某等贩卖淫秽及盗版光盘案进行了判决，特别是邹某某被判处有期徒刑12年成为近年来我市因贩卖非法出版物而获刑最重的人。全国“扫黄打非”工作简报全文介绍青岛此案的判决“是近几年我国公安、司法有效衔接，支持‘扫黄打非’斗争，依法严厉打击犯罪分子的典型案例，成为各地认真办理'扫黄打非'案件的一面镜子"。

二是不断提高司法实践水平。2008 年 1 月 25 日，丁某某因贩卖盗版光盘 553 盘被市北区人民法院以侵犯著作权罪判处拘役 4 个月，这是"两高"新司法解释出台后，国内判决的最接近于起刑点的案件。全国"扫黄打非"工作简报（2008 年第 033 期）全文介绍了青岛运用"司法裁量权"加大对侵权盗版刑事打击力度的经验，"解决了司法实践中的有关瓶颈问题，具有一定的典型性和指导性"，"对目前各地行政执法部门尤其是司法机关把握'罪与非罪'、'如何定罪'的'司法裁量权'方面，具有重要借鉴意义"。

三是不断加大网上"扫黄打非"力度。2008 年 1 月 17 日，四方区人民法院以传播淫秽物品牟利罪分别判处任某某和芦某某有期徒刑 5 年、3 年，此案的判决为青岛市网上"扫黄打非"工作的开展起到了很好的推动作用。全国"扫黄打非"工作简报（2008 年第 029 期）介绍了"青岛严惩利用网络传播淫秽色情物品犯罪分子"、"努力为全国'两会'营造良好的社会文化环境"的情况。

二、深化四级网络建设机制，确保出版物市场健康发展

按照市"扫黄打非"办《关于加强全市"扫黄打非"四级网络建设的意见》要求，各区市进一步加大工作力度，全面推进"扫黄打非"四级网络建设，将工作范围拓展到居委会和村，工作网络接触的点更多、覆盖面更广、上下协调配合更加密切。主要呈现出三个特点：

一是加强网格化管理，网络覆盖面更加广泛。市"扫黄打非"办在先行试点的基础上，在全市实施了市、区、街道、居委会、社会义务监督员"五点互动"管理模式，即根据市里统一部署，区（市）职能部门联合执法，街道实施属地管理，社区居委会加强日常监控，社会义务监督员广泛参与的出版物市场管理网络。如市南区把人员密集场所纳入社会监督，聘请早夜市、集贸市场、停车场及广场管理人员作为市场监管员，建立起了市、区、街道、居、社会义务监督员和社区单位积极参与的"六位一体"管理机制。

二是加大教育培训力度，社会义务监督员作用更加明显。全市建立起了由数千人组成的社会义务监督员队伍，成员包括人大代表、政协委员、青年志愿者、社区工作者、教育工作者和热心"扫黄打非"工作的社会各界人士，并采取多种形式对社会义务监督员进行教育培训。如城阳区实行了社会义务监督员"一员一卡"制，为 238 名社会义务监督员建立了档案，制定了学习培训安排表，每年组织社会义务监督员学习《出版管理条例》《印刷管理条例》等相关法律法规，很好地弥补了执法人员少、监管不到位和信息不畅通的问题。

三是加强基层监管网络建设，"扫黄打非"工作全面深入农村阵地。针对经营非法出版物的游商逐步向农村转移的新变化，各区市采取有效措施，狠抓基层"扫黄打非"网络建设。如莱西市把"扫黄打非"工作与农村文化大院改扩建工程紧密结合，在全市 696 个村的文化大院改扩建过程中，统一建立了"扫黄打非"工作机构，设立专门负责人和社会义务监督员，文化大院负责人即为"扫黄打非"负责人，实施"一岗双责"，"镇为主、村布控"的基层"扫黄打非"工作机制基本形成，全面覆盖了农村出版物市场。

三、深化网上"扫黄打非"工作机制，严厉打击网络侵权盗版行为

根据网上"扫黄打非"面临的新形势、新特点、新情况，市"扫黄打非"办联合市委研究室、市公安局、市通信管理局开展了专题调研，形成了《综合整治，强化监管，切实维护我市网络安全》的报告。市"扫黄打非"办、市公安局、市通信管理局在认真研究论证的基础上，提出了《关于加强网上"扫黄打非"工作的建议》，为今后有效遏制违法有害信息的网上传播、加强我市网上"扫黄打非"工作平台建设做好了前期准备工作。

在做好调研的前提下，围绕确保奥运政治文化安全这一工作主线，2008 年在全市范围内开展了为期4个月的打击网络侵权盗版专项整治行动，把专门从事非法传输影视、音乐、软件（游戏）、图书等作品的侵权盗版网站作为重点打击对象，把打击非法转播奥运赛事和相关活动作为专项行动打击的重点，积极与公安、通信管理等相关职能部门加强协作，共查处9起网络盗版侵权案件，对打击网络侵权盗版行为发挥了巨大的震慑作用，为今后更好的开展网上“扫黄打非”工作积累了经验。

回顾总结近年的“扫黄打非”工作，主要有四点经验需要在今后的工作中继续坚持和发扬：一是坚持党委的统一领导。市委、市政府各部门和各区（市）委、政府能够将“扫黄打非”列入重要议事日程，及时研究新情况、解决新问题、采取新措施，这是我市“扫黄打非”工作取得成效的重要政治和组织保障。二是坚持属地管理和“谁主管、谁负责”的原则。各区市按照这一原则，切实履行职责，认真开展工作，真正做到了守土有责、守土负责、守土尽责，这是我市“扫黄打非”工作取得成效的基础。三是坚持发挥政法部门查办案件的主力军作用。市和区市两级政法部门按照全国、省和市委、市政府关于打击侵权盗版、保护知识产权的总体要求，充分发挥各自职能，注重加强行政执法与刑事司法的衔接，公安机关及时查处，检察机关及时起诉，法院及时判决，这是我市“扫黄打非”工作取得成效的保证。四是坚持“扫黄打非”部门联动协作机制。市“扫黄打非”办充分发挥部署、协调、指导、督办职责，先后多次组织联席会议，多次组织联合执法，多次对执法人员进行培训、对重大案件进行协调；新闻出版、版权、公安、文化、工商、城管、通信、交通、海关等成员单位充分发挥各自职能，严格把好关口，密切协作配合，形成了强大的工作合力，这是我市“扫黄打非”工作取得成效的关键。

抓好四个结合　努力提升监管水平

烟台市“扫黄打非”办公室

深入开展“扫黄打非”是一项长期任务，身处工作第一线的同志们应当主动担起这项任务，负起历史赋予我们的职责。近几年，烟台市新闻出版局深入研究探索有效管理办法，深入开展“扫黄打非”斗争，使烟台的出版物市场逐步走入健康繁荣有序发展的轨道。工作中，我们主要抓了四个结合。

一、堵与疏相结合，着力在引导发展上下功夫

治水良策莫过于修渠疏导，出版物市场管理也是如此。实践中我们发现，一味地“扫”与“打”不能真正解决问题，小的经营业户不经打，一打就死；大的不法经营者很难打，一打就转入地下，或由城市跑到了城乡结合部、乡村，与你打游击，给监管带来了被动和难度。如何由被动变主动，从根本上实现出版物市场的长治久安？在毫不手软的打击非法经营的同时，着力在建立依法经营、违法必究、公平交易、诚实守信的市场秩序，公开、公平、公正的市场竞争环境上下工夫，引导他们走文明经营、守法经营的路子。为此，根据实际制定了几条措施。第一，实施政策引导，鼓励发展连锁经营。在发行领域，着力培植信誉好、违规经营少的企业发展发行网络建设，先后建起了新华书店发行网络、邮政书报刊发行网络、农业科技书店发行网络和“三站”图书市场发行网络，形成了以城区为中心，以大中型书店为骨干，以读书俱乐部、邮政书报亭及服务“三农”的出版物店点为补充的综合覆盖网络体系。目前，这些发行网络已建立各类门店400余处，基本控制了市场，从而使非法经营的空间越来越小。第二，以典型引领规范化发展。在年初的全市新闻出版工作会议上，命名表彰了6家龙头印刷企业、7家骨干印刷企业。在全市范围内开展了“十强印刷企业”和“诚信守法十佳发行企业”评选，这些龙头骨干企业，是市新闻出版产业的脊梁。这些企业越是做大，越是规范，生意就越好做，也成了守法经营、规范运作的典范，没有一家违规经营。第三，坚持每年至少两次对经营业户进行法规培训。组织企业负责人和业务主管人员学习相关法律法规，旨在从思想上提高经营者的守法意识。同时，结合普法教育进行重点查访，发现问题及时解决，把问题消灭在萌芽状态。

二、集中整治和日常监督相结合，着力在日常管理上下工夫

管理是个过程，要想有好的结果，必须把功夫下在过程之中。多年来，在认真抓好各项集中行动、专项整治活动中，积累了一些经验做法：

一是抓重点部位监管。集中经营场所具有一定的辐射功能和社会影响力，是监管的重点部位。在市区，确定“三站”图书市场、科技市场、电脑市场为重点场所，进行重点监管。在采取定期不定期检查的同时，针对图书和电子出版物两大市场的不同情况，运用了不同的监管措施。在对“三站”图书市场的监管方面，主要采取进货单据抽样检查、批销单据备案检查、货物藏贮登记检查等方法，把住了图书进、销、存三个关键环节。在对科技市场、电脑市场的电子出版物经营单位监管方面，严格实行经营许可证管理制度，对日常经销活动进行规范管理。发现严重违规的，吊销许可证，清理出市场。

二是把握关键环节。第一个环节是市场准入。从企业经营的许可、设备的引进到人员的从业资格，都严格按照有关规定执行。在企业的审批上，严格按程序进行受理、审核、现场查验、批准、发证，对已批准设立的企业加强运作监管。2008年，共受理行政许可申请130余件，所有新批准企业的经营情况良好，没有发生违规违法经营问题。第二个环节是生产经营。印刷业是非法出版物扩散蔓延的源头，一旦发生问题，危害深，影响大。近几年来，始终把加强印刷业的监管作为“扫黄打非”工作的重点，常抓不懈。对具有图书、期刊印刷资质和其他印刷品资质的印刷企业指定专人负责，并与之签订责任状，定期从承印手续、车间台账、库房出入登记等方面加强检查监督。哪个地方出了问题，就按照责任状要求追究有关人员的责任。第三个环节是流通运输。我们与交通、工商、铁路等部门联合设立检查站，定期对物流市场和中铁快运进行检查，加大了对流通运输渠道的检查力度。

三是抓好案件查处。“扫黄打非”工作要取得新的进展，必须在挖窝点、查要案上下工夫。2008年，从查处非法出版物储存、交易窝点和地下发行运输渠道入手，在坚持重大节日、重大活动前后集中清查市场的同时，先后多次组织力量，采取不打招呼、不与当地管理部门接触的方法，到各县市区暗访，掌握情况。先后查处了芝罘区幸福非法报纸批销案、邢某贩卖淫秽物品牟利案和天成网络技术公司盗用“传奇3”游戏软件案等10余起案件，查缴各类非法出版物21万余册（盘），有7名不法分子受到刑事处罚。

三、专业监管与社会监督相结合，着力在群防群守上下工夫

“扫黄打非”和出版物市场管理没有群众的广泛参与是不行的，应当让非法经营、侵权盗版行为形成“老鼠过街，人人喊打”之势。因而，把专业监管与社会监督两者结合起来，收到了很好的效果。

一是明确成员职责分工，提高合力监管水平。“扫黄打非”是一个系统工程、责任工程。为调动成员单位参与市场监管的积极性，借市“扫黄打非”领导小组换届之机，组织召开了全市“扫黄打非”领导小组全体会议，出台了《烟台市进一步加强“扫黄打非”工作的意见》，对各成员单位职责作了进一步明确，年底根据任务完成情况加强考核。同时，将公安、交通、工商、文化四部门领导纳入到“扫黄打非”办公室领导职位上来，建立联络员制度，方便了工作协调。

二是聘请义务监督员，实施社会监督。基层这个窗口与市场联系最直接、最紧密，基层的同志对市场了解最广泛、最清楚，对问题发现的最及时。因此，发挥他们的监督作用最有效。在专职人员加强日常监管的基础上，从街道居委会和社会各界聘请了215名出版物市场监督员，对市场及执法人员实施监督，并通过以会代训、现场检查示范、发放专业文件训练的方法，提高监督员的能力和水平。

三是畅通信息渠道，动员群众举报。先后开通两部举报电话，设立和开通了胶东在线、中国烟台网上举报和信函举报渠道。在全市各图书、音像、电子出版物经营门店张贴举报电话单，让人们随时发现盗版问题，随时打电话举报。建立举报制度，还只是畅通了信息沟通渠道，重视和及时查处举报案件，才能激发群众举报的积极性，吸引更多的人参与“扫黄打非”。

四、查办案件与社会宣传相结合，着力在提高公民版权保护意识上下工夫

出版物市场要实现长治久安，治本之策是提高公民的版权保护意识。工作中，注意结合各项任务以鲜活多样的形式宣传“扫黄打非”工作。为配合迎奥运专项行动，在广大经营业户中开展了“我为奥运作贡献，文明经营我争先”活动，引导广大经营业户走文明经营、守法经营的路子。利用“4·26世界知识产权宣传保护周”和“青少年维权岗”活动之机，组织执法人员走上街头，采取制作宣传刊板、发放宣传单、实物展等形式，向群众广泛宣传有关法律法规和版权保护常识。非法出版物集中销毁时，一改原来放在某造纸厂的做法，邀请市人大、政府、政协领导在山东工商学院广场实施了集中销毁活动，近千名学校师生和社会群众参加了活动。有关人员现场接受大学电视台记者采访，回答有关问题，在大学内视频网上播放，进一步扩大宣传。还邀请市中级法院副院长到大学授课，现场回答学生提问。大学生们反响强烈，认为在正常课堂上接触不到的知识在专家授课时学到了，过去对版权知识一知半解，现在明白了。还在《晚报》、《晨报》、广播电视报上开设专栏，以问答的形式，宣传著作权登记、保护等方面的知识。把查处侵权盗版案件做成纪录片在电视台播放，扩大了受众面。组织开展正版图书进社区、进农村、进军营活动。积极参加网络、电台和电视台“面对面话环境、心连心促发展”活动，现场与市民沟通，宣传政策，将“扫黄打非”的阶段行动公布于众，大造声势。利用烟台新闻出版网，开设了“法律与法规”、“管理与服务”、“在线举报”、“网上民声”等栏目，增强了“扫黄打非”宣传力度。

着力解决重点部位问题　进一步深化“扫黄打非”工作

山东省“扫黄打非”办公室

抓住重点，重拳出击，是不断夺取“扫黄打非”斗争新胜利的关键。“扫黄打非”20年来，我们紧紧扭住重点部位不放，坚持主动出击、连续作战，有效遏制了非法出版活动，始终保持了出版物市场健康有序、繁荣发展的良好态势，维护了山东的良好形象、促进了政治、经济、文化协调发展。

一、重点部位问题分析

行政区划结合部、城乡结合部、流动人口密集区和出版物集中经营场所，是出版物市场的重点部位。重点部位存在问题主要表现在：

1. 一些不法分子流动作案，利用行政区划结合部贩卖非法出版物。部分行政区划结合部及相关地带，是近几年制售非法出版物的重点部位。

由于处于省、市、县边界地带，这些地方的部分印刷企业，在经济利益的驱使下，无视国家有关新闻出版管理的法律、法规，知法犯法，为牟取暴利，铤而走险，顶风而上；一些无证无照的地下印刷窝点也趁机浑水摸鱼，从事非法印刷、盗版盗印活动，致使非法出版物在社会上流散，严重扰乱了出版物市场的正常经营秩序，致使举报不断，案件频发，造成极坏的社会影响。

2. 一些地方的城乡结合部地下印刷、批销非法出版物问题突出，存在很大隐患。城乡结合部是隐藏非法印刷、发行窝点的重点部位，是“扫黄打非”的难点，也是出版物市场的“软肋”。城乡结合部的特殊位置，为制黄贩黄、非法出版活动留下了空间。一些不法分子为逃避打击，躲到这里，利用这一“有利”条件，在这些区域从事制售非法出版物的违法犯罪活动。

3. 一些游商小贩以分散、隐蔽方式在流动人口密集区兜售非法出版物活动屡禁不止。以火车站、汽车站、机场、码头、旅游景点、繁华地段为重点的流动人口密集区，是各类非法出版物传播、扩散的主要场所。一些游商小贩、流动书刊摊点，经常以分散、隐蔽的方式在这里从事非法出版物的兜售活动。由于其流动性大、隐蔽强，给查处打击工作带来很大难度，致使屡打不尽、难以根除，一直是“扫黄打非”工作的重点和难点。

4. 一些出版物集中经营场所整治不彻底，仍然存在暗中或公开销售非法出版物问题。不法分子利用出版物集中经营场所销售各类非法出版物，具有很强的辐射性，危害深、影响大。解决好出版物集中经营场所问题，是遏制非法出版物扩散、蔓延的关键所在。出版物集中经营场所是出版物市场监管工作的重要内容，也是各类非法出版物较为集中的场所。

二、重点部位存在问题的主要原因

重点部位之所以存在上述问题，原因是多方面的，既有主观方面的原因，也有客观方面的原因，概括起来主要有以下几点：

1. 管理力量相对薄弱不适应日益繁重的“扫黄打非”任务。重点部位存在问题的重要原因之一，很大程度上是由于某些地方行政机关管理力量相对薄弱，缺乏对重点部位的有力监管而造成的。“扫黄打非”工作要搞好，管理队伍是基础，是根本。“扫黄打非”具有长期性、艰巨性、复杂性、突发性、危险性，必须有一支与“扫黄打非”形势相适应的高素质的管理队伍来承担。

2. 特殊的区域位置为不法分子从事不法活动提供了便利条件。特殊的区域位置，是重点部位存在问题的客观原因之一。这些特殊区域，尤其是行政区划结合部、城乡结合部，都分别处于省、市、县（市区）、乡（镇）边界地带，给一些不法分子提供了易于隐蔽、便于转移等条件，他们与执法人员打游击、捉迷藏，给管理机关的查处、打击工作带来了很大难度。

3. 地方保护主义的存在助长了不法分子的嚣张气焰。地方保护主义的存在，是重点部位问题存在的主观原因。一些重点部位所在地方的领导和部门负责同志，对盗版盗印活动缺乏应有的认识。个别地方甚至对盗版盗印活动千方百计进行庇护。个别行政执法人员甚至与从事盗版盗印活动的不法分子勾结起来，共同从事非法出版，助长了不法分子的气焰。

4. 社会公众版权意识的淡薄为非法活动提供了市场。重点部位存在的问题，之所以很难从根本上彻底解决，很大程度上取决于受众群体——社会公众对非法印刷、盗版盗印的非法出版物的认可和接受，对其危害认识不深刻。正是由于社会公众版权意识的淡薄，为非法出版物的产生和存在提供了市场，有了其生存的基础。

三、重点部位存在问题的解决措施

解决重点部位存在的问题，是搞好“扫黄打非”工作的着力点。必须采取切实有效的措施，进一步加大监管力度，严厉查处、打击各种非法出版活动，建立完善长效监管机制，实现“扫黄打非”工作的新的突破和进展。

1. 进一步加强基层“扫黄打非”工作队伍建设。解决重点部位问题，必须强化基层“扫黄打非”工作队伍建设，使这项工作有人管，有人抓，有人干。随着形势的发展，“扫黄打非”工作任务更加艰巨繁重、要求越来越高，经常需要处理一些紧急、敏感、复杂的问题，没有工作机构、执法队伍和物质保障是难以完成任务的。为此，必须从上而下建立系统的、职责明确的工作机构，并解决好编制、人员问题，确保必需的经费，从工作条件上保证任务的完成。同时，要加强对执法队伍的教育与培训，提高执法队伍素质，建立起一支训练有素的、反应灵敏的、有战斗力的“扫黄打非”工作队伍。

2. 进一步强化对重点部位的明察暗访。要解决好重点部位的问题，必须及时了解和随时掌握重点部位出版物市场出现的新情况、新问题。实践证明，明察暗访是及时发现和解决重点部位问题的有效措施。要进一步加大明察暗访的力度，研究改进明察暗访的方式方法，切实增强明察暗访的广度和深度，尤其要把重点部位作为明察暗访的重中之重，不间断地进行暗访，发现问题迅速采取有效措施解决。暗访要转变作风，注重实效，采取不打招呼的办法进行。通过加强明察暗访，牢牢控制市场动态变化，掌握工作的主动权。对在暗访检查中发现的问题，要抓住不放，有的放矢地采取措施进行解决。对于带有倾向性的问题，采取下发通报、召开专题会议等形式，提出解决问题的要求，力争在最短时间内把问题消灭在萌芽状态。对于可能造成重大影响、严重后果的重点问题，采取约请谈话的方式，督促当地党委、政府和有关部门领导亲自动手解决。对于发现的各类违规违法案件，立即责成有关市、县进行查处。在问题解决过程中，要继续通过暗访进行跟踪检查，解决好的加以巩固，解决不好的再次督促，直到问题彻底解决。

3. 要加强对重点部位的检查监管。抓住重点部位，才能克服监督管理中的薄弱环节，真正抓出成效，取得突破。对行政区划的边界地带，要组织专门力量，深入这些地区开展调查研究，摸清情况，找准问题，研究制定得力措施。对重要关口、重点集镇，要落实责任，加大查堵力度，严厉打击流动作案，有效防范非法出版物流入我省。要加大对城乡结合部的监控检查力度，组织力量进行经常性的巡查，不断清除滋生非法出版物的环境条件，不使地下非法印刷、发行窝点有立足之地。对以车站、机场、码头、旅游景点、繁华地段为重点的流动人口密集区，坚持“露头就打”的原则，采取更加严密的措施，加强对游商小贩、流动书摊的经常性检查，发现问题，及时查处。对出版物集散场所，要严密监控，特别是对盗版软件和盗版音像制品集散场所，要进行整治，对整治不力或久治无效的，采取关闭、取缔的措施，从根本上消除隐患。

4. 进一步抓好大案要案的查处。解决重点部位问题，要从狠抓大案要案的查处入手，依法严惩制黄贩黄、非法出版活动的不法分子，彻底摧毁经销、制作非法出版物的地下团伙和网络，从根本上解决重点部位案件屡打不绝、隐患久治不愈的问题。要从打团伙、挖窝点、破网络入手，集中力量查处一批制黄贩黄、非法出版活动案件，尤其是对那些屡教不改、顶风而上和情节严重、性质恶劣的惯犯、首犯，要出重拳，查处要及时、要到位、要严厉，除恶务尽，起到处理一个、震动一片的效果。

济 南 市

2008 年“扫黄打非”工作总结

济南市“扫黄打非”办公室

2008 年，济南市以为迎接北京奥运会营造良好文化环境和舆论氛围为主线，积极应对雪灾、地震严重自然灾害，纪念改革开放 30 周年、济南解放 60 周年以及全球性金融危机等大事、要事，始终保持主动进攻的高压态势，不断加大“扫黄打非”工作力度，高举保护知识产权旗帜，连续开展“扫黄打非”专项行动，不断加大“扫黄打非”社会舆论宣传力度，“扫黄打非”斗争更加深入人心，引起全社会共鸣与支持。全年共查缴盗版电子出版物 15 万余张，盗版非法书报刊 16.8 万余册（政治性非法出版物 1693 册），淫秽光盘 5200 余盘，取缔非法编辑部 11 个，捣毁地下制售窝点 6 个，取缔不法游商、无证摊点 450 余个。

一、统筹谋划，确保各专项行动重点突出、结合科学，行之有效

把确保政治安全作为工作主线，贯穿全年，做到一个阶段一个重点。第一阶段以“平安两会”为中心。把打击非法出版活动和整治“四假”专项行动、查缴封堵非法出版物专项行动与“两节”、“两会”净化出版物市场行动有机结合，采取“防、堵、查”等手段，做到天天有检查，日日有行动，对全市出版物集中经营场所、旅游景点、酒店宾馆、机场车站进行连续清查，取缔了一批违规摊点和游商，查缴非法出版物 38 册。第二阶段以“平安奥运”为中心。把治理非法预装计算机软件、印刷企业集中整治等专项行动一并纳入“奥运前 30 天出版物市场集中清查行动”和“残奥会期间出版物市场专项行动”，共同谋划、分步实施。采取强化暗访检查、加大清查密度、严查各类案件、多部门联合行动、加强舆论宣传等措施，对全市出版物市场进行了连续不断清理，确保了平安奥运建设中没有出现任何影响大局的问题。第三阶段以“平安市场”为中心。把平安市场建设作为常抓不懈的工作目标，坚持日常监管与专项行动相结合。打击网络侵权盗版专项行动、“十一”国庆节期间出版物市场专项清查、严厉打击非法报刊专项行动全面展开，统筹衔接，形成环环相扣、节奏明显、扎实推进的工作格局，保持了连续作战、常抓不懈的高压态势，使出版物市场存在的突出问题得到解决。通过统筹谋划、科学安排，“扫黄打非”各专项行动多而不乱、密而有序、张弛有度、成效明显。

二、挖窝点查要案，确保违法违规活动查处一点、管住一片、事半功倍

坚持主动摸排线索，等待破案时机；重视举报线索，提高办案效率；检查中抓线索，扩大查处成果。1 月 8 日，根据群众举报线索，市文化局在历山北路明达货物托运站抓获涉案人员，并现场缴获淫秽光盘 2000 盘。之后，在泰安市文化市场稽查支队的配合下，追缴剩余的 3000 盘淫秽光盘。涉案人员和 5000 盘淫秽光盘已移交公安部门进行审查处理。7 月 10 日，市新闻出版局根据举报，经过外围取证、蹲点守候、实施围堵三个步骤，与市公安局网监支队联合行动，在不到20天的时间里查清“263影视地带网站”未经许可，擅自在网上传播他人享有信息网络传播权的影视作品一案，估算涉案金额达24万元左右，并将涉案人孙某及案件迅速移交公安部门。周密的安排，细致的工作，迅速果断的行动，提高了挖窝点、查要案的成功率，充分体现了打好主动仗的战斗精神。

三、齐抓共管，确保“扫黄打非”工作各司其职、责任到位、形成合力

坚持属地管理和“谁主管、谁负责”原则，落实责任制，确保“扫黄打非”任务全面落实。市委办公厅、市政府办公厅连续多年印发全市“扫黄打非”行动方案；市公安局进一步加大“扫黄打非”案件查处力度，并与市新闻出版局实施快速联动，提升办案效率；市文化局加大对音像市场的执法力度，共查缴盗版音像制品10万余盘；市工商行政管理局将“扫黄打非”与整顿规范市场经济秩序紧密结合，层层落实“扫黄打非”工作责任制；济南海关1月至10月，共查扣各类非法出版物5591册（盘），牢牢把住了“扫黄打非”第一道关口；市检察院坚持把整顿治理治安环境和开展“扫黄打非”斗争作为一项重要工作来抓，批捕了一批非法经营、销售假冒注册商标犯罪嫌疑人；全市法院系统责任到人，依法从重从快审理相关案件；市信息产业局深入开展净化网络环境工作，网上有害信息清理工作卓有成效；市城市管理行政执法局以治理“八乱”与打击非法出版物销售相结合，取缔占道从事非法出版物销售摊点980余处。10个县（市）区结合实际，发挥办、镇等“扫黄打非”基层力量，出色地完成了辖区“扫黄打非”任务。

四、积极应对，确保管理与发展紧密结合、相互推动、齐头并进

按照“三抓、三促”工作思路，力保稳定、谋求发展、提高“扫黄打非”工作质量。一是抓教育引导，促守法意识再提高。组织基层“扫黄打非”执法培训，提高队伍业务能力。对印刷、发行单位负责人进行法规培训、组织“4·26”世界知识产权日宣传活动、开展全市发行业诚信体系建设等，强化依法经营、诚信经营意识。建立违规企业管理档案、出版物集中经营场所联合管理等制度，有效地堵塞管理漏洞。二是抓监督管理，促市场环境再优化。组织不定期暗访检查，发现问题及时解决，坚决取缔不法游商摊点，查处违规发行单位和个人。坚持日常管理与专项治理相结合、行政处罚与司法审判相结合、清理市场与深挖窝点相结合。通过一系列的清理打击，进一步维护和优化了公平、公正的市场环境。三是抓行政指导，促行业良性发展。新闻出版行政部门通过年审、审批、变更、重组等手段，对印刷、发行企业进行有效整改、整合；指导印刷复制业规模化、集约化发展；鼓励大力发展高档印刷、特色印刷和包装装潢印刷，努力推进增长方式的转变。截至目前，在经济形势不利的情况下，预计我市印刷业生产总值较去年增长10%左右，达到近60亿元。行业的良性发展也减轻了“扫黄打非”工作压力，提高了工作效率和质量。

青 岛 市

2008 年“扫黄打非”工作总结

青岛市“扫黄打非”办公室

在全国和省“扫黄打非”办的指导下，全市“扫黄打非”工作以党的十七大和十七届三中全会精神为指导，紧紧围绕确保奥运会、残奥运会政治文化安全这一工作重点，进一步筑牢“扫黄打非”工作防线，全市出版物市场秩序得到明显改善，为奥运会、残奥运会特别是青岛奥帆赛、残奥帆赛的成功举办发挥了积极的作用。全市共查缴各类非法出版物435845册（盘），其中图书期刊156693册，电子出版物和音像制品279152盘；破获非法出版物案件130多起，判决“扫黄打非”刑事案件13起，17人被判处有期徒刑；受理并查处群众举报28起，举报查处率100%。青岛市和市南区“扫黄打非”办被评为全国迎奥运保稳定“扫黄打非”先进集体，在全省“扫黄打非”工作目标考核中青岛市再次名列第一，并连续四年被评为全国、省“扫黄打非”先进集体。

一、突出重心，强化措施，确保奥帆赛残奥帆赛期间政治文化安全

作为奥运会、残奥运会帆船比赛的举办地，青岛市的“扫黄打非”工作任务更加艰巨。年初，在全市“扫黄打非”工作会议上，市委常委、宣传部长、市“扫黄打非”工作领导小组组长王伟同志与各区市和成员单位签订了《2008年“扫黄打非”工作目标责任书》。各区市和成员单位按照各自职能分工，精心部署，扎实工作，各项工作取得了明显成效。各级党委宣传部门注重搞好宏观协调，及时协调制订工作方案，研究解决工作中出现的突出问题。新闻出版管理部门由局领导带队对辖区内出版物市场实行分工包片，加强对重点地区、重点部位的监管和检查。版权管理部门制定了《处理非法转播奥运赛事案件快速反应机制预案》，严厉打击通过互联网非法转播奥运赛事及相关活动的侵权犯罪行为。文化部门先后开展了中小学校周边环境整治活动、“违法音像制品统一销毁活动”等专项行动。公安部门先后破获制作、运输、复制、出售、出租淫秽物品案件61起，抓获违法人员69人，捣毁窝点5个，集中鉴定淫秽物品2280件。工商部门严格做好申请登记注册的音像经营、印刷、复制和出版企业的前置审批。城管部门突出特定时间和重点区域的整治，加大执法巡查力度，最大限度减少无证经营业户和游商地摊违法经营活动。海关缉私局坚决查处进出口渠道走私淫秽物品、非法出版物等违法活动，共查获反动宣传品2407件、淫秽出版物2899件。通信管理部门充分发挥自身技术优势，积极配合公安、版权部门开展网上“扫黄打非”工作，推进互联网行业自律。公路、铁路等部门加大运输行业中涉黄违法行为的整治力度，严厉打击、封堵道路运输环节中各类贩黄、运黄违法行为。教育部门将“扫黄打非”工作纳入创建平安校园暨学校安全工作目标责任体系，依法清理校园内盗版教材、教辅读物。报社、广电部门加强宣传报道，为“扫黄打非”工作营造了良好的社会舆论环境。各区市按照属地管理和“谁主管、谁负责”的原则，落实工作责任，做到了守土有则、守土负责、守土尽责，为奥帆赛、残奥帆赛的顺利举办做了大量卓有成效的工作。

二、加强实践，完善机制，推动“扫黄打非”工作深入开展

市“扫黄打非”办结合工作实际，对“扫黄打非”五项工作机制进行了完善和深化，进一步夯实了“扫黄打非”工作基础。一是深化行政执法与刑事司法衔接。通过行政执法部门和刑事司法部门的有效衔接和密切配合，全市“扫黄打非”刑事打击力度逐年加大，基层法院共审理“扫黄打非”案件13起17人，其中侵犯著作权案9起12人，贩卖淫秽物品牟利案4起5人。二是深化四级网络建设。按照《关于加强全市“扫黄打非”四级网络建设的意见》要求，各区市将工作范围拓展到居委会和村，工作网络接触的点更多、覆盖面更广。三是深化网上“扫黄打非”工作机制。根据网上“扫黄打非”面临的新形势、新特点、新情况，联合市委研究室、公安局、通信管理局开展了专题调研，形成了《综合整治，强化监管，切实维护我市网络安全》的报告，为今后加强全市网上“扫黄打非”工作平台建设做好了前期准备工作。四是深化“扫黄打非”工作目标量化考核。根据全国、省“扫黄打非”办关于考核办法的修改意见及工作中出现的新情况、新问题，不断对原有考核办法进行完善，进一步发挥考核监督作用，充分调动各区市开展“扫黄打非”工作的积极性和主动性。五是深化“扫黄打非”重大突发事件应急制度建设。先后出台了《青岛市“扫黄打非”工作重大突发事件应急处置预案》、《青岛市“扫黄打非”重大突发事件应急预案演练方案》，并在奥帆赛、残奥帆赛前夕，组织开展了应急演练，各区市和成员单位明确了应对“扫黄打非”重大突发事件的工作程序和方法，进一步增强了应急处置能力。

三、扩大宣传，营造氛围，进一步增强全社会参与“扫黄打非”工作的自觉性

广大群众的积极参与是“扫黄打非”能够深入持久开展的重要力量。对此，市和区市两级“扫黄打非”部门不断创新工作方式，拓展宣传渠道。一是积极总结推广成功经验。全年共编发《“扫黄打非”快报》31期，及时将工作成果上报。由于信息报送的及时、快捷、质量较高，得到全国“扫黄打非”办的表扬。二是深入开展教育培训活动。市“扫黄打非”办下发了《关于深入开展“我为奥运做贡献、文明经营我争先”活动的通知》，各区市召开了出版物经营业户动员大会，组织相关行业协会开展致广大经营业户一封信、先进示范业户倡议书活动，使“拒绝盗版、守法经营”成为每个经营业户的自觉行动。三是积极开展专题宣传报道。今年“4·26”世界知识产权日前夕，市“扫黄打非”办编写了《青岛市“扫黄打非”实用知识手册》，青岛媒体就打击网络侵权盗版专项行动和打击利用互联网非法转播奥运赛事及相关活动刊载了市版权局领导专访。8月3日，中央电视台《焦点访谈》栏目对我市“扫黄打非”工作进行了正面典型报道，在全社会引起了强烈反响。同时，定期将已判决的“扫黄打非”案件通过报纸、电视、互联网等在全社会进行宣传，有力地震慑了不法分子。

河 南 省

2008 年“扫黄打非”工作总结

河南省“扫黄打非”办

2008 年，河南省的“扫黄打非”工作在省委、省政府领导下，认真贯彻中央办公厅、国务院办公厅转发的《中央宣传部、中央政法委、全国扫黄办关于 2008 年“扫黄打非”行动方案》的部署和第二十一次全国“扫黄打非”工作电视电话会议精神的有关要求，以迎奥运、维护出版物市场稳定为工作重点，认真组织开展“扫黄打非”专项行动，查缴各类非法出版物，清除淫秽色情等文化垃圾和网络有害信息，查处侵权盗版行为，打击非法出版活动。

一、领导重视，加强指导，为全省深入开展“扫黄打非”工作提供有力保证

省委、省政府高度重视“扫黄打非”工作，省委常委会研究确定的《2008 年中共河南省委常委会工作要点》就深入开展“扫黄打非”斗争提出了明确要求，列入省委常委会工作要点。今年以来，省委书记徐光春同志先后对“扫黄打非”工作做出 5 次重要批示，亲自安排部署全省“扫黄打非”工作，为我省深入开展“扫黄打非”斗争提供了坚强领导和强力指导。省“扫黄打非”领导小组办公室认真贯彻，抓好落实。一是将省委领导的重要批示精神迅速传达，促进全省“扫黄打非”工作的深入开展；二是深入有关省辖市督导检查，促进案件早日办结；三是严格考核检查，促进全年目标的落实。从各地情况看，各地党委、政府领导高度重视“扫黄打非”工作，按照“属地管理”和“谁主管、谁负责”的原则，切实担负起“扫黄打非”的政治责任，把“扫黄打非”经费列入同级财政预算，及时听取“扫黄打非”工作汇报，研究、部署“扫黄打非”工作，解决“扫黄打非”工作中的一些实际问题，保证了“扫黄打非”工作的正常开展和各项任务的落实。

二、强化责任，落实目标，不断完善出版物市场长效监管机制

全省“扫黄打非”战线各相关部门认真履行职责，积极开展工作，坚持把各项工作目标管理责任制特别是领导责任制落到实处，不断加大出版物市场和文化市场监管力度，加大对非法出版物的惩处力度，规范出版发行秩序，市场监管长效机制建设取得明显成效。省“扫黄打非”办对《河南省“扫黄打非”工作责任书》进行了补充完善，进一步明确了各省辖市“扫黄打非”工作领导小组的任务、职责和省“扫黄打非”主要工作部门的责任及考核奖惩标准，规定各省辖市“扫黄打非”工作领导小组组长、省“扫黄打非”工作领导小组成员单位主管负责同志为本地区、本部门的第一责任人。将“扫黄打非”工作纳入社会治安综合治理、精神文明创建活动等多项工作考核指标体系，实行“扫黄打非”工作失职渎职“一票否决”。孔玉芳同志与各省辖市“扫黄打非”工作领导小组组长签定了《河南省扫黄打非工作责任书》，各省辖市也与所辖县市（区）签订了责任书，从而形成了连通上下、覆盖全省，一级抓一级、层层抓落实的工作责任制，促进了“扫黄打非”各项任务的落实。

在此基础上，省“扫黄打非”办制定完善了《河南省“扫黄打非”案件督办制度》、《河南省“扫黄打非”信息员报告制度》和《河南省“扫黄打非”工作联合办公制度》《“扫黄打非”工作考核和评分办法》《河南省“扫黄打非”突发事件应急方案》等一系列管理制度，着力加强出版物市场和文化市场长效监管机制建设，规范行政执法行为，坚持依法行政，有力地推动全省“扫黄打非”和市场监管工作的深入开展。

三、全面部署，明确任务，抓好各阶段工作落实

根据全国“扫黄打非”办的统一部署，河南省先后召开了全省“扫黄打非”工作电视电话会议和全省“扫黄打非”工作会议。分别对全省2008年“扫黄打非”工作和“两节、两会”期间专项行动及奥运会前我省“扫黄打非”重点任务进行安排部署，孔玉芳同志出席会议并在会上作了重要讲话。同时，根据各个阶段“扫黄打非”任务和专项行动计划，省“扫黄打非”办及时制订方案，印发通知，安排部署工作，各地及时贯彻全国和全省“扫黄打非”工作会议精神，行动迅速，措施到位，确保专项行动落到了实处。

四、突出重点，加强监管，确保出版物市场健康有序

为贯彻好第二十一次全国“扫黄打非”电视电话会议和全国“扫黄打非”办公室主任会议精神，河南省各地、各部门认真组织和部署集中行动，加强出版物市场监管和整治，确保出版物市场健康发展。一是保持高压态势，严密查堵非法出版物。二是加强对“两节”、“两会”期间出版市场进行集中整治。三是组织开展印刷复制企业专项检查行动和出版物交通运输渠道的治理整顿。四是集中打击各种侵权盗版活动。全省各地按照“扫黄打非”工作部署，认真组织开展反盗版天天行动，取得了重要成果。五是开展奥运前30天出版物市场集中清查行动。按照全国“扫黄打非”工作小组办公室《关于开展奥运前30天出版物市场集中清查的紧急通知》精神，河南省各地周密部署，迅速行动，在全省范围内开展了声势浩大的迎奥运、维护出版物市场稳定“扫黄打非”工作专项清查行动，组织开展“我为奥运做贡献文明经营我争先”活动。六是深入开展打击非法报刊专项行动。

五、密切配合，齐抓共管，建立“扫黄打非”整体联动的工作机制

河南省“扫黄打非”工作领导小组各成员单位注重发挥各自的工作优势和整体功能，建立健全了整体联动的工作机制，始终保持了“扫黄打非”工作的高压态势和高效运转的动态机制。省文化厅以迎奥运、打击违法音像制品为重点，周密部署，多措并举，加强对音像市场的日常监管，集中开展音像市场法制宣传周活动，加大对违法音像制品查处打击力度，净化了全省音像市场。省高级人民法院以“保稳定，迎奥运”为工作目标，充分发挥刑事审判职能作用，深入开展“扫黄打非”斗争，全省法院共审理涉黄涉非案件525起，判处犯罪分子858人。省人民检察院高度重视“扫黄打非”工作，始终把“扫黄打非”工作与各项检察工作同部署、同落实、同检查，充分发挥批捕、起诉等诉讼监督职能，加强与“扫黄打非”部门的配合，及时为行政执法机关提供法律咨询和办案指导，严厉打击涉黄涉非犯罪活动。省工商行政管理局根据全国和省“扫黄打非”工作安排，制定下发了《河南省工商行政管理机关2008年“扫黄打非”行动方案》，明确了工商部门“扫黄打非”工作目标和属地管理责任制，积极配合文化、新闻出版、公安等部门深入开展“扫黄打非”斗争和各类专项治理行动，今年全省工商机关共出动执法人员2.7万人次，检查出版物经营单位和印刷复制企业9520家次，收缴各类非法出版物4.3万多册，取缔无证照印刷厂、黑网吧和游商地摊576个，进一步净化了我省的文化市场。

六、加强协调，重点督办，严厉打击出版领域的违法犯罪活动

河南省各地坚持“彻查、彻究、彻办”的办

案原则，充分运用现行的法律法规，实现了行政执法与刑事司法的有效衔接，加大了对违法犯罪行为的刑事打击力度。

1. 加强对重大案件审判和重点案件查办。河南省有关省辖市和部门充分运用法律手段，审结了一批“扫黄打非”重大案件，震慑了违法犯罪分子。省“扫黄打非”办加大了对重点案件的查处和督办力度，特别对重点案件，加强协调，跟踪督办。

2. 集中查办非法报刊案件。通过查办重点案件，进一步净化了我省出版环境，有效震慑了违法犯罪分子。

七、加大宣传，营造氛围，促进全省“扫黄打非”斗争的深入开展

按照全国和全省“扫黄打非”的工作部署和要求，注重利用新闻媒体和各种形式宣传开展“扫黄打非”斗争和保护知识产权的重大意义，对“扫黄打非”集中行动和专项治理工作成果、重大案件查处情况、政策法规适时进行宣传报道，促进全社会对开展“扫黄打非”工作复杂性、长期性、必要性和重要性的认识和了解。

领导讲话

在全省迎奥运、维护出版物市场稳定“扫黄打非”办公室主任会议上的讲话

河南省委常委、宣传部长、副省长、省“扫黄打非”工作领导小组组长
孔玉芳

今年我国将举办举世瞩目的北京奥运会，将迎来改革开放30周年。特别是北京奥运会的举办，对我们来说确实是一次难得的机遇。同样，当前面临的复杂形势也是对我们“扫黄打非”战线的同志一次严峻的考验。我省地处中原，交通十分便利，出版物市场比较活跃，“扫黄打非”的任务异常繁重。各地各有关部门一定要深刻认识开展“扫黄打非”斗争的重要性，真正把思想和行动统一到中央的精神上来，把维护社会稳定作为当前头等大事抓紧抓好，积极主动地做好我们的工作，为北京奥运会的成功举办营造良好的舆论氛围和文化环境。

一、认清当前形势，巩固治理成果，进一步增强做好“扫黄打非”工作的责任感和使命感

今年以来，省委、政府对“扫黄打非”工作高度重视，省委书记徐光春同志先后对“扫黄打非”工作作出4次重要批示，要求我们将打击非法出版物和网上有害信息放在重要位置，组织好专项行动，确保河南在这方面不出任何问题。省“扫黄打非”工作领导小组进一步落实了“扫黄打非”工作责任制，各省辖市和有关成员单位按照省委宣传部、省委政法委、省“扫黄打非”工作领导小组办公室《2008年全省“扫黄打非”行动方案》的要求和部署，认真组织开展了“扫黄打非”专项行动。上半年，省“扫黄打非”领导小组办公室先后转发新闻出版总署和全国扫黄办12份紧急通知，对非法出版物和网络出版物开展了认真查缴工作。全省各地“扫黄打非”领导小组办公室协调新闻出版、文化、工商、公安、通信、铁路、海关、民航等部门，对打击非法出版物工作进行了认真部署和严格清查，有效地防止了非法出版物在我省的传播。应该说，今年各地各部门的工作都抓得比较主动，开局很好，任务落实比较到位。但是，在

肯定成绩的同时，我们也要清醒地看到，我省出版物市场的形势依然严峻，“扫黄打非”的任务仍很艰巨。还有一个不容忽视的问题是，利用互联网传播谣言、淫秽色情和其他有害信息，网络侵权盗版、非法出版等问题较为突出，发展势头很猛很快，整治工作的难度也很大。针对这些问题，尽管是局部的、个别的、某一个方面的问题，但是绝不能掉以轻心，不要当做一般问题来看待。希望大家一定进一步增强政治意识、大局意识、责任意识、危机意识，始终保持清醒头脑，始终保持高压态势，始终牢记自己的责任，坚持不懈地开展“扫黄打非”斗争，把各项任务落到实处。

二、突出工作重点，立足主动防范，进一步加大“扫黄打非”工作力度

按照全国“扫黄打非”办的统一安排和部署，从4月中旬至7月底开展的“扫黄打非”第二阶段专项行动，将与第三阶段专项行动紧密衔接起来，中间不能留间隔。要求我们在4、5两个月工作的基础上，努力奋战6、7、8三个月，打一场确保北京奥运会成功举办的攻坚战，为北京奥运会营造文明和谐的舆论文化环境。第一，全面清查出版物市场。这次会议后，省“扫黄打非”办将组织检查督导组，分赴全省各地进行检查督导。第二，严厉打击非法出版物。各地各有关部门要注意把打击非法出版物制售传播活动作为首要任务来安排，做到露头就打，绝不手软。第三，集中治理印刷复制企业。在6、7、8三个月的专项行动中，希望各地新闻出版、文化、工商、公安等部门根据已掌握的线索，深入追查非法出版物及盗版制品的源头，认真对待群众的举报，深挖非法制售、储运的窝点，坚决取缔无证照印刷企业，严厉打击制售非法出版物及盗版制品的行为。第四，大力查堵非法出版物运输渠道。非法出版物的查堵工作，需要有关部门协同作战。第五，及时查处网络有害信息。公安、新闻办、通信管理、新闻出版等部门要密切关注网上舆情动向，及时查处网上有害信息，做到早发现、早通报、早处置。

三、加强组织领导，落实具体措施，坚决打好奥运会前“扫黄打非”这一仗

奥运会前的这场“扫黄打非”攻坚战，任务艰巨，使命光荣。我们一定要按照党中央的要求，在省委、省政府的坚强领导下，掌握主动权、打好主动仗，推动全省“扫黄打非”斗争深入开展，确保各项措施落到实处。要严格落实“扫黄打非”责任制，这是我们深入开展“扫黄打非”斗争总体要求中的一个很重要的内容。要切实加强出版物市场监管，对出版物市场实施严格的监管是我们的职责；要从快从严查处审理一批重大案件。按照“彻查、彻究、彻办”的原则，深入查办大案要案，强力震慑违法犯罪分子。要重视加强“扫黄打非”队伍建设。对“扫黄打非”的机构和队伍建设，我们要强调的仍然是八个字：只能加强，不能削弱。

同志们，关于全省当前“扫黄打非”的几项工作我就讲这些，希望大家回去以后抓紧贯彻、落实这次会议的主要精神，周密安排，务求实效，以深入开展“扫黄打非”斗争的实际行动迎接北京奥运会，为维护全省社会稳定和北京奥运会的成功举办做出我们应有的贡献！

2008年6月12日

在书博会期间加强出版物市场监管会议上讲话

河南省新闻出版（版权）局局长、省“扫黄打非”工作领导小组副组长兼办公室主任
詹玉荣

根据近期工作安排，省“扫黄打非”工作领导小组研究决定，今天召开各省辖市“扫黄打非”办主任会议。这次会议主要是传达贯彻全国“扫黄打非”第一阶段工作会议和全国部分省（区、市）“扫黄打非”办公室主要负责人谈话会精神；安排部署近期“扫黄打非”工作，加强出版物市场监管，确保河南省出版市场健康、繁荣、有序，为第十八届全国图书交易博览会在河南省郑州成功举办，营造良好的文化环境和思想舆论氛围。

一、认清形势，统一思想，增强开展“扫黄打非”斗争紧迫感

2007年，我省“扫黄打非”工作在省委、省政府的领导下，按照国家的统一部署，以迎接党的十七大为主线，以反盗版天天行动为平台，围绕三大工作重点，认真组织开展春、夏季战役和打击非法出版活动专项行动，有效打击非法出版物和各类非法出版活动，清除淫秽色情等文化垃圾和网络有害信息，治理各类侵权盗版行为，查处大案要案，“扫黄打非”工作取得了良好的成绩。但是我们也必须清醒地看到，当前，“扫黄打非”斗争面临的形势依然严峻，任务十分繁重。意识形态领域的斗争更加激烈复杂。我省地处中原、交通便利，出版物市场十分活跃，各地出版物市场管理发展还很不平衡，一些地方销售非法出版物，销售盗版图书、音像制品、计算机软件制品，以及印制邪教封建迷信宣传品等非法出版物的问题仍有存在；个别地方游商、地摊贩售盗版及非法出版物的现象还没有得到根治。这些情况充分说明，河南省“扫黄打非”斗争形势依然严峻，我们必须保持清醒的认识。一定要正确认识形势，进一步增强忧患意识和紧迫感，以十七大精神为指导，按照中央的决策部署和省委、省政府的工作要求，以高度的政治责任心，坚持不懈地开展“扫黄打非”斗争。

二、突出重点，加强监管，推动“扫黄打非”斗争深入开展

第十八届全国图书交易博览会召开前后，各地、各有关部门要认真贯彻落实党的十七大精神和科学发展观，按照中央两办《2008年“扫黄打非”行动方案》的部署和要求，深入开展“扫黄打非”斗争，加强市场监管，坚决打击非法出版物，坚持扫除淫秽色情等文化垃圾，坚决打击各种侵权盗版和非法出版活动，全力维护我省社会稳定和文化安全。为第十八届全国图书博览会在郑州的成功举办，创造良好的舆论氛围和文化环境。要严厉打击非法出版物和各类非法出版活动。全省各地一定要严厉打击各种危及国家安全和社会稳定的非法出版物。要严厉打击制作和贩卖淫秽色情出版物。各市“扫黄打非”办要按照省委宣传部、省公安厅、省扫黄办等十部门《依法打击网络淫秽色情专项行动工作方案》的统一部署和要求，组织开展好打击网络淫秽色情专项行动。要重点清查取缔销售盗版及非法出版物的游商地摊和无证照经营行为。各地要根据本地实际情况，及时掌握游商地摊及无证照经营者的活动规律和活动区域，确定执法检查的重点时段和重点部位。确保书博会期间出版物市场总体态势平稳有序，不出现问题。要严肃查处大案要案。要充分运用法律武器，进一步加大对制售非法出版物违法犯罪活动的打击力度。要深挖制售盗版及非法出版物的窝点源头，切断盗版及非法出版物的产供销链条，抓捕幕后组织策划者，铲除严重破坏出版物市场秩序的根源。

三、加强领导，明确责任，把“扫黄打非”任务落到实处

一要加强组织领导。各地、各部门要充分认识“扫黄打非”工作的重要性，进一步增强政治意识、大局意识、责任意识，切实加强书博会期间的“扫黄打非”工作。各级党委、政府要把“扫黄打非”列入重要议事日程，研究解决当前出版物市场中存在的突出问题，确保“扫黄打非”工作领导到位、任务到位、责任到位、措施到位，推动“扫黄打非”斗争扎扎实实地取得成效，确保书博会期间我省出版物市场平稳、有序。

二要明确各部门职责分工。各地、各部门要按照属地管理和“谁主管、谁负责”的原则，加强本行业的监督管理，确保全省“扫黄打非”各项任务落到实处。同时，要建立完善的信息沟通机制，及时将案件线索和查处情况向有关部门通报，对于发现的重大非法出版物、破获的重大非法出版案件和遇到的重大问题，要在24小时内按程序向省“扫黄打非”办报告。

三要实行“扫黄打非”工作问责制。各级“扫黄打非”工作领导小组要切实履行责任，要对本地区“扫黄打非”负总责。对工作扎实、成果显著的地方和单位要给予表彰奖励，对因工作失职或渎职造成出版物市场问题突出、秩序混乱和社会影响恶劣的，要严肃追究有关领导和相关人员的责任。书博会前后，省“扫黄打非”办将对全省重点地区组织暗访检查，对工作措施不力，问题严重的，要通报全省并报省文明办和省综治办在年终文明城市和平安建设等项创建活动中，实行“扫黄打非”一票否决。

2008年3月17日

在全省“扫黄打非”工作汇报及座谈会议上的讲话

河南省新闻出版（版权）局副局长、省“扫黄打非”工作领导小组副组长兼办公室副主任
何新年

2008年，河南省“扫黄打非”工作在省委、省政府领导下，按照中央总体部署和省“扫黄打非”工作领导小组的具体安排，在冰雪灾害、拉萨事件、抗震救灾、火炬传递、北京奥运、金融危机等重大事件不断的情况下，省“扫黄打非”工作领导小组各成员单位围绕中心，服务大局，相互配合，取得了显著成效。

在2008年的工作中，省委宣传部、省委政法委充分发挥党委部门指导协调作用，对全省“扫黄打非”工作全力支持，重点指导；省高级人民法院以“保稳定，迎奥运”为工作目标，充分发挥刑事审判职能作用；省人民检察院高度重视“扫黄打非”工作，始终把“扫黄打非”工作与各项检察工作同部署、同落实、同检查，充分发挥批捕、起诉等诉讼监督职能，加强与“扫黄打非”部门的配合，及时为行政执法机关提供法律咨询和办案指导，严厉打击涉黄涉非犯罪活动；省工商行政管理局按照全国和省“扫黄打非”工作安排，制定下发了《河南省工商行政管理机关2008年“扫黄打非”行动方案》，明确了工商部门“扫黄打非”工作目标和属地管理责任制，积极配合文化、新闻出版、公安等部门深入开展“扫黄打非”斗争和各类专项治理行动；省文化厅把“扫黄打非”工作作为重要工作安排部署，对全省文化市场始终保持高度警惕，采取督导检查、分片互查、暗访明查等方式，维护了全省文化市场稳定；省公安厅把“扫黄打非”工作作为奥运安保工作的一项重要内容，发挥职能作用，采取有力措施，组织开展了以打击非法出版物和依法打击网络淫秽色情为重点的专项行动；省通信管理局作为互联网行业主管部门，积极配合省“扫黄打非”工作领导

小组办公室等有关部门，加强对网站、移动信息服务以及手机短信的监督管理，全面开展网上“扫黄打非”斗争，依法打击网络侵权盗版，清除网上违法有害信息；省交通部门积极履行职责，在奥运前后，加强了对道路、水路运输环节出版物的检查力度；郑州海关高度重视、周密部署“扫黄打非”工作，围绕奥运把打击非法出版物、淫秽色情出版物走私活动作为重点，深入开展专项缉查行动；省建设厅结合全省园林城市、卫生城市、文明城市创建活动，指导各地加大对游商、地摊的治理力度；郑州铁路局、民航等部门结合工作实际，组织开展“扫黄打非”斗争，加强行业监管，进一步净化了河南省出版物市场环境。

全省各地各部门能够围绕中心，服务大局，取得了显著成绩，工作在“扫黄打非”战线上的同志都付出了辛勤的汗水。由于河南省地理位置特殊诸多因素，决定了全省“扫黄打非”工作的艰巨性、复杂性和长期性，2009 年的“扫黄打非”工作将是更加繁重的一年，世界性金融危机对我们的影响越来越明显，境内外唯恐天下不乱的势力借机扰乱我意识形态的活动在所难免，2009 年又是建国 60 周年，一些不满人民民主政权的组织和人员势必会想尽一切办法阻挠、破坏社会的稳定和政治安定。我们要认真学习实践科学发展观，用科学发展观统领“扫黄打非”的全面工作，在 2009 年这一特定历史时期更加深入地开展“扫黄打非”斗争，更加牢固树立为经济社会发展服务思想，更加努力地满足广大人民对文化市场要求稳定的需求，更加扎实地完善“扫黄打非”责任制和责任追究制，把“扫黄打非”各项措施落到实处，以实际行动为全书报务，为大局服务。

2008 年 12 月 26 日

2008 年“扫黄打非”大案要案综述

河南省“扫黄打非”办

开封“11·28”盗版图书案

2007 年 9 月 27 日，杞县某书店经理到开封市公安局报案称郑州宇宙图书有限公司销售给他们书店的《快乐学习》系列丛书是非法出版物。该局立即展开调查，在调查过程中，2007 年 10 月 8 日又接到开封县范某报案，郑州宇宙图书有限公司又将一批非法图书销售给开封县人刘某。开封市公安局并案进行了调查。经查：2007 年 9 月 23 日、24 日，郑州宇宙图书有限公司将《快乐学习》系列丛书 1.2 万本销售给杞县学海书店经理方某，经营数额 15.1 万余元人民币。2007 年 9 月 27 日，郑州宇宙图书有限公司通过其开封县图书代理商范某某将 5391 本《快乐学习》系列丛书销售给经营图书生意的刘某，经营数额 6.7 万余元人民币。

经侦查查明：犯罪嫌疑人李某（男，汉族，研究生学历，河南省新郑市人，户籍所在地河南省郑州市红专路 128 号院 10 号楼 33 号，居住在郑州市红专路 128 号院 10 号楼 33 号），1996 年在郑州市开办蓝卡科教信息社，此后聘用李某、左某某等人员为经理进行教辅图书的发行、销售工作。2007 年 5 月，李某为扩大经营规模，在郑州市航海东路第五大道街 0089 号开办了郑州宇宙图书有限公司并办理了《出版物经营许可证》，后该公司办公地址移至郑州市经济技术开发区第一大街清清美庐小区内。以李某为首，李某、左某某为负责人的郑州宇宙图书有限公司（前身为郑州市蓝卡科教信息社）主要发行、销售《蓝卡题王》、《快乐学习》、《夺冠》、《模拟考场·单元测试》等系列教辅图书。经新闻出版总署对上述图书鉴定：《蓝卡题王》系列教辅图书属于侵犯他人著作权的非法出版物；《快乐学习》、《夺冠》和《模拟考场·单元测试》系列教辅图书属于伪造出版单位名称（中国新闻联合出版社）的非法出版物。郑州宇宙图书有限公司非法经营数额巨大，情节严重。2007 年 12 月 11 日，开封市公安局禹王分局成立专案组，依法侦查，派员前往郑州市经济技术开发区第一大街清清美庐小区对郑州宇宙图书有限公司涉案人员依法进行传唤，并对该公司仓库内的非法出版物进行检查，现场查获《快乐学习》系列丛书 11 万册，价值人民币 138 万余元；《夺冠》系列丛书 7.9 万余册，价值人民币 72.7 万余元；《模拟考场·单元测试卷》3.6 万册，价值人民币 25 万余元；《蓝卡题王》系列丛书 7.5 万余本，价值人民币 91 万余元。以上非法出版物总计 30 万余本，价值人民币 327 万元。证据证明，郑州宇宙图书有限公司非法经营额巨大，情节严重，已涉嫌犯罪。

2007 年 12 月 11 日，犯罪嫌疑人李某、李某、左某某被抓获归案，12 月 12 日，因涉嫌非法经营罪被依法刑事拘留。由于该案案发地在开封市辖区内，而违法企业及犯罪在郑州市辖区内，依法应由上级机关指定管辖。2008 年 1 月 5 日，省公安厅、省人民检察院指定由开封市办理此案。2008 年 1 月 17 日，经开封市禹王区人民检察院批准，上述犯罪嫌疑人被依法逮捕。

2008 年 12 月 12 日，开封市禹王台区人民法院对开封“11·28”案进行了一审判决。法院认为：被告人李某、左某某、李某违反国家相关规定，非法出版、印刷、发行、销售非法出版物，严重扰乱了市场秩序，违法经营数额达到了 320 余万元，社会危害极大，情节特别严重，其行为已构成了非法经营罪。依照人《中华人民共和国刑法》第三百二十五条第（三）项、第二十五条第一款、第二十六条第一、四款款、第六十七条第一款、第六十八条第一款、第六十四条和《最高人民法院关于审理非法出版物刑事案件具体应用法律若干问题的解释》第十五条、第十二条第二款之规定，依法判决被告人李某犯非法经营罪，判处有期徒刑 8 年，并处罚金人民币 15 万元；被告人左某某犯非法经营罪，判处有期徒刑 7 年，并处罚金人民币 12 万元；被告人李某犯非法经营罪，判处有期徒刑 5 年，并处罚金人民币 10 万元。

此案得到了全国“扫黄打非”办和省委省政府领导高度重视，省“扫黄打非”工作领导小组副组长兼办公室主任、省新闻出版局（省版权局）局长詹玉荣同志多次给省“扫黄打非”办同志作出明确指示，要求与省公安厅等有关部门挂牌督办此案，省“扫黄打非”工作领导小组副组长兼办公室副主任、省新闻出版局（省版权局）副局长何新年和省“扫黄打非”办的同志多次到开封听取汇报，对此案查办提出明确要求。在该案侦查过程中，开封市“扫黄打非”办坚持“彻查、彻究、彻办”的办案原则，充分运用现行的法律法规，实现了行政执法与刑事司法的有效衔接，加大了对违法犯罪行为的刑事打击力度，有力地震慑了违法犯罪分子。

2008 年“扫黄打非”大事记

河南省“扫黄打非”办

1 月 4 日，省委书记徐光春在关于开封市侦破制售非法教辅图书案件的报告上做出批示，“请玉芳并玉荣同志予以关注”。

1 月 4 日，省委常委、宣传部长、副省长、省“扫黄打非”工作领导小组组长孔玉芳批示：“玉荣同志：望落实光春书记批示。望“扫黄打非”办公室抓紧督办。望公安厅予以支持，将此案办实、办好，使不法分子受到应有惩罚。”

1 月 17 日，召开河南省 2008 年全省“扫黄打非”工作电视电话会议，对全省 2008 年“扫黄打非”工作和两节、两会期间专项行动进行安排部署。省委常委、宣传部长、副省长、省“扫黄打非”工作领导小组组长孔玉芳在会上作了重要讲话，就做好互联网领域的“扫黄打非”工作提出了要求。

2 月 7 日（农历大年初一），省“扫黄打非”工作领导小组副组长兼办公室主任、省新闻出版局（省版权局）局长詹玉荣带领省“扫黄打非”办和省新闻出版局有关部门负责同志，深入郑州市出版物市场进行检查，查看了郑州市繁华地带的出版物市场情况。并与郑州市有关领导交换意见，提出了整改措施。

3 月 5 日，孔玉芳同志与各省辖市“扫黄打非”工作领导小组组长签订了《河南省“扫黄打非”工作责任书》。

3 月 10 日，省“扫黄打非”办下发《关于加强出版物市场管理，为十八届图书博览会召开营造良好文化环境的通知》，确保书博会期间全省出版物市场的稳定。

3 月 17 日，省委办公厅、省政府办公厅转发《省委宣传部、省委政法委、省“扫黄打非”工作领导小组办公室关于 2008 年“扫黄打非”行动方案》，行动方案明确了全年工作的总体要求、工作重点和主要措施。

4 月 1 日，徐光春同志在省“扫黄打非”办《关于进一步做好当前“扫黄打非”案件查办工作的通知》上批示：“玉芳并玉荣同志，河南在这方面不能出任何问题，必须有措施加以确保。”

4 月 2 日，孔玉芳同志就案件查办工作批示：“玉荣同志，请研究具体方案，认真抓好落实，保证光春书记指示得到贯彻落实。”

4 月 7 日，徐光春同志在省委办公厅《每日汇报》关于“城市街头晚上书摊亟待加强”一文中批示：“请玉荣同志组织力量予以整治。”

4 月 20 日，组织开展了 2008 年河南省集中销毁侵权盗版及非法出版物活动，省会销毁侵权盗版及非法出版物 86.2 万张（盘、册）。

6 月 12 日，召开全省迎奥运、维护出版物市场稳定“扫黄打非”办公室主任会议。传达了全国迎奥运、维护出版物市场稳定“扫黄打非”办公室主任会议的主要精神，对全省迎奥运、维护出版物市场稳定的工作进行了全面部署。

7 月 7 日，组织开展奥运前 30 天出版物市场集中清查行动，确保奥运会期间出版物市场的健康稳定。

7 月 28 日，开展“我为奥运做贡献，文明经营我争先”活动，帮助经营者自觉树立经营正版光荣、经营盗版可耻意识；

8 月 1 日至 10 日，省新闻出版局（省版权局）局长詹玉荣与副局长杜国清、副局长何新年等领导分别带领机关有关业务处室同志，深入到全省各地的出版物市场进行检查和暗访，对各地的“扫黄打非”工作进行现场指导。

8 月 25 日，组织开展清查收缴侵权盗版北京 2008 奥运会开幕式和奥运会相关题材音像制品行动。

9月8日，下发关于《继续做好残奥会期间出版物市场清查工作》的通知，继续做好出版物市场的清查工作。

11月20日至30日，省“扫黄打非”办会同省新闻出版局，组成6个考核小组，对各省辖市和部分县（市）区2008年度党委、政府研究、部署“扫黄打非”工作情况和指导、解决重要问题情况、案件查处情况等进行检查考评，有力促进了全省“扫黄打非”斗争向纵深发展。

12月26日，全省“扫黄打非”工作汇报和形势分析会在郑州召开，全省各地“扫黄打非”工作领导小组办公室负责同志及省“扫黄打非”办公室全体成员参加了会议。各省辖市与会代表分别对本辖区内“扫黄打非”工作态势进行了分析与探讨，并针对当前“扫黄打非”斗争面临形势、如何有效组织开展2009年“扫黄打非”工作提出了意见与建议。

12月31日，河南省“扫黄打非”工作领导小组办公室召开联合办公会议，与会人员在回顾2008年全省“扫黄打非”工作的基础上，对2009年全省“扫黄打非”形势进行了认真的分析探讨，针对各部门情报共享、分工协作、形成合力方面展开了热烈讨论。

郑　州　市

2008年“扫黄打非”工作总结

郑州市“扫黄打非”办

2008年，郑州市“扫黄打非”工作严格按照全国、河南省“扫黄打非”办的安排部署，坚持以迎奥运、稳定出版物市场为主线，一手抓繁荣，一手抓管理，确保了省会城市出版物市场的稳定有序、繁荣发展。

一、周密部署，精心安排，切实打好“扫黄打非”的总体战

2008年以来，郑州市“扫黄打非”办按照“季季有战役、月月有重点、周周有行动”的目标，抓住全局，精心部署：一是年初组织召开全市“扫黄打非”工作会议，及时印发《郑州市2008年“扫黄打非”行动方案》，对全年“扫黄打非”工作进行整体部署；二是坚持每半年召开一次领导小组会议，主要任务是调整机构人员，总结工作，交流经验，研讨问题，探索思路；三是每季度召开一次“扫黄打非”办主任会议，主要任务是深化、完善分工协作的扫黄打非联动工作机制，会诊案情，解决问题。

郑州市委、市政府对“扫黄打非”工作高度重视，市委常委、宣传部部长、市“扫黄打非”工作领导小组组长丁世显亲自领导，安排部署，遇到重大案件直接指挥、协调。在查处郑州三和印务有限公司盗版盗印一案中，市委常委、宣传部长丁世显，市委常委、市政法委书记高建慧数次做出批示，具体指导、推动了案件的查办工作。市政府副市长刘东上任伊始就关心、重视“扫黄打非”工作，亲临“扫黄打非”一线指导工作。

二、结合实际，抓住关键，打好“扫黄打非”重点战役

2008年以来，郑州市不仅扎实搞好全国及省扫黄办安排部署奥运会、残奥会期间的集中整治行动，同时为服务郑州市经济社会的发展，重点抓好了书博会等大型节会期间和校园周边等敏感地区的出版物市场集中整治行动，基本做到了全年专项、集中行动不间断、不断线。

（一）切实做好书博会期间的出版物市场监管工作

书博会期间，各县（市）区、市“扫黄打非”各工作部门严密组织，积极行动，针对河南科技市场、古玩城等重点地区、重点部位开展了集中检查行动。在市“扫黄打非”办的严密组织、协调下，各地、各部门认真做好书博会期间出版物市场监管工作，成效显著，为书博会的圆满召开营造了良好的市场氛围。

（二）全力做好奥运会、残奥会期间郑州市出版物市场稳定工作

迎奥运、残奥会期间，郑州市高度重视出版物市场稳定工作，通过召开全市“扫黄打非”办主任会议，深入开展动员部署，完善整治措施，加强出版物市场监管，为维护全市社会稳定和北京奥运会的成功举办及省会创建文明城市做出应有贡献。

（三）开展对中小学校周边店档销售非法出版物行为集中整治

2008 年 12 月份，郑州市开展了对中小学校周边店档销售非法出版物行为进行集中整治工作，拉开了郑州市冬季“扫黄打非”战役的序幕。全面开展了针对性强、既轰轰烈烈又扎扎实实的校园周边整治行动，收缴了一批淫秽色情“口袋本”图书、有害卡通画册等非法出版物，取缔了一批无证照经营的游商地摊，处罚了一批经营非法出版物的商贩。

（四）组织开展系列专项整治行动

一是开展全市印刷复制业专项检查行动，检查印刷复制单位 745 家，责令限期整改 168 家，立案处理 23 家，收缴非法印刷品 3622 册（张），取缔无证印刷厂 4 家；二是开展打击互联网侵权盗版专项整顿行动，关闭“盒族网”、“59140 音乐网”等侵权网站 7 家，检查互联网上网营业场所 30 余家，对 4 家网络侵权问题严重的单位进行立案调查；三是推进治理侵权盗版音像电子出版物专项行动，检查经营单位 78 家（摊、点），收缴盗版光盘 3800 余张。

三、完善机制，督办案件，切实提高“扫黄打非”针对性和有效性

（一）建立健全案件举报管理查办机制

2008 年以来，市“扫黄打非”办进行了工作机制的完善：1. 认真查办上级批转举报线索。做到了件件有落实、有反馈；2. 加强举报电话值守。向社会公布举报电话，坚持做到 24 小时有接听、有记录；3. 加大举报线索的查实、查办工作力度。根据举报线索价值，分类、评估后向市“扫黄打非”工作领导小组各成员单位批转，及时跟进督导督办，2008 年共接到举报线索 57 条，全部进行了调查处理；4. 实施举报奖励。根据“扫黄打非”举报奖励办法，对举报人员进行了行之有效的奖励。这些举措的实施，极大地激发了广大人民群众参与“扫黄打非”斗争的积极性和主动性，营造了全社会保护知识产权、拒绝盗版、使用正版的良好舆论氛围。

（二）协调督办大案要案

与以往相比，去年市“扫黄打非”办加大了行政执法移交司法追究法律责任案件的督办力度，效果良好，引起社会关注，震慑了犯罪，提高了“扫黄打非”的声威。2008 年，郑州市接连查处了“郑州三和印务公司盗印他人出版物案”、“假记者蔡风仪制售非法新闻证件案”、“黄圣加盗印他人商标案”等大案要案。郑州三和印务公司盗印他人出版物案四名犯罪嫌疑人均受到法律制裁。

在新的一年里，郑州市“扫黄打非”办将进一步提高对“扫黄打非”工作重要性、紧迫性的认识，严格履行“扫黄打非”工作部署、安排、协调、督办的职能，多措并举，为确保出版物市场的繁荣、稳定、有序发展作出新的更大的努力。

湖　北　省

2008年“扫黄打非”工作总结

湖北省“扫黄打非”办

2008年，在全国“扫黄打非”工作小组和省委省政府的领导下，湖北省各地和省“扫黄打非”工作小组各成员单位坚持以邓小平理论和“三个代表”重要思想为指导，全面贯彻落实科学发展观，按照2008年“扫黄打非”行动方案的统一部署，有效推动了“扫黄打非”斗争的深入开展，全面加强了出版物市场监管工作，取得了新的成绩。据统计，全省共出动检查人员6.8万多人次，收缴非法出版物127万册，处罚违规经营门店574个、印刷复制企业172家、网站9家，取缔关闭经营门店278个、印刷复制企业13家、非法网站3家。共查办案件368起，其中行政处罚358起，刑事案件10起。

一、突出工作重点，狠抓专项行动落实

湖北省紧紧围绕纪念改革开放30周年、北京举办奥运会、人大政府换届等重要工作，以查缴非法出版物、打击各种侵权盗版活动、全面开展网上“扫黄打非”、严肃查处非法报刊制售活动为工作重点，先后组织了多次专项治理，取得明显成效。

（一）以打击非法出版物为重点的专项行动

1月中旬，湖北省遭受50年罕见的冰冻雨雪灾害，各地、各部门努力克服气候条件带来的不利影响，认真部署、组织开展第一阶段专项行动，严厉查处了一批从事非法报刊销售的人员和单位。各级“扫黄打非”机构会同海关、公安、新闻出版、文化等部门，在行邮渠道、出版物进出口环节严格把关，严防非法出版物入境，严厉打击制作、传播非法出版物的行为。湖北省文化、新闻出版、广电部门加强对网络出版、娱乐、经营活动的监管，公安、通信管理部门加强对互联网站的管理，严厉打击传播淫秽色情等有害信息。特别是各级公安部门发挥了主力军作用，开展“净网”专项行动，共清理互联网服务、联网单位2848个，共删除淫秽色情有害信息3.2万余条，查破刑事案件10起。

（二）以整治印刷、复制和运输环节为重点的专项行动

在第二阶段专项行动中，湖北省“扫黄打非”相关部门迅速部署、展开行动。省“扫黄打非”办会同省交通厅、武汉铁路局、省公安厅、武汉海关、省新闻出版局、民航湖北安监办、省邮政管理局等8家单位联合下发了《关于坚决打击利用交通运输渠道贩运非法出版物的通知》，通过两个月的集中治理，查处了一批大案要案，进一步加强了印刷复制环节和交通运输环节的监督检查，印刷复制、出版物流通秩序进一步规范。

（三）以迎接北京奥运会残奥会，全面清理出版物市场为重点的专项行动

积极开展“我为奥运作贡献，文明经营我争先”活动。组织召开了印刷、发行业经营者大会，周密设计和部署，突击重点地区出版物市场监管和督导。武汉海关从7月15日开始，对所有旅客行李物品、邮件、快件全部实施X光机查验，可疑物品全部开箱查验，对重点空运货物做到全部核对，确保单货相符；全省交通系统积极

开展打击侵权盗版斗争，把“扫黄打非”工作作为交通行业开展社会治安综合治理工作的一项重要内容，严把非法出版物运输流通关口；省通信管理局对利用互联网从事侵权盗版活动的非法网站进行了严厉查处，重点打击专门从事非法传输电影、音乐、软件、图书等侵权盗版网站；各电信运营企业积极配合版权部门的调查取证，对从事侵权盗版活动的非法网站依法实施关停。

三、坚持打防并举，强化日常监管

始终坚持“打防并举”的原则，强化日常监管，引导企业依法经营，促进出版发行产业健康和谐发展。

为促使湖北省印刷企业自觉守法经营，6月30日至7月2日，组织检查组赴武汉、咸宁、孝感、襄樊、宜昌、荆州等六个重点地区对出版物印刷、复制企业进行突击检查。对企业违法违规行为及其所受行政处罚通报全省，整顿规范了印刷企业。7月份，对武汉大学出版社、湖北人民出版社、武汉出版社和崇文书局等出版单位的负责同志和出版科长进行戒勉谈话，对部分出版社不按要求开具印刷委托书等问题提出批评，责成整改。

为促进报纸期刊出版单位自觉守法经营，湖北省召开省直报纸和新闻性期刊出版单位报刊出版通气会，传达总署《关于依法做好当前及奥运期间报刊出版管理工作的通知》，要求省直报刊出版单位立即行动，认真排查问题，牢牢掌握舆论引导主动权。严格遵守广告发布的有关规定，禁止刊登虚假违法广告，禁止刊登格调低下的广告，防止广告低俗化倾向；同时，进一步加强新闻从业人员及记者站管理。

10月份，省新闻出版局副局长、省“扫黄打非”工作小组办公室主任曾向阳专门赴荆州、黄石、鄂州等市开展报刊市场督查调研，了解图书、报刊进货渠道和销售情况，对检查中发现的问题及时纠正，报刊市场进一步净化。

四、创新工作机制，大力加强执行力建设

认真贯彻全省加强政府执行力建设活动，着眼建立长效工作机制，努力提高“扫黄打非”队伍素质。为切实加强新闻出版行政执法队伍建设，提高行政执法水平，7月15日至16日举办执法人员培训班，对全省“扫黄打非”战线80余名执法人员进行了集中培训。

全面加强制度建设，进一步规范和促进“扫黄打非”工作。建立大案要案协调机制，增强了各部门办案合力，做到大要案的查处抓得紧、挖得深、查得清、判得准；建立快速反应机制，印发了《省“扫黄打非”工作小组办公室关于建立“扫黄打非”快捷反应机制的通知》，提高了对重大事项和突发事件的应对能力，进一步完善了信息报送、举报受理、重大事件报告、上级指令落实、24小时值班等制度；各地完善了市场监管信息员，努力形成横向到边、纵向到底的监督信息网络，充分发挥举报电话和网上举报的作用，今年共处理各类举报、投诉100多件；建立社会评价机制，加强社会舆论监督，充分利用多种媒体，大力开展“扫黄打非”宣传工作，10多家中央、地方媒体报道共60余篇次。省“扫黄打非”办编发“扫黄打非”快报61份，交流工作经验，反映各地工作动态和进展情况；在武汉26所高等院校和4家集中出版物市场、发布了365块“扫黄打非”公益广告，号召广大群众自觉参与扫黄打非工作，积极举报各类盗版活动；建立经费保障机制，每年设立“扫黄打非”工作专项资金200万元，用于解决基层执法人员办案经费较紧，办公执法装备等实际问题；完善“扫黄打非”责任制和考评体系，纳入综治工作考核内容。

领导讲话

在全省“扫黄打非”工作电视电话会议上的讲话（摘要）

湖北省省委常委、宣传部长、省“扫黄打非”工作小组组长
张昌尔

一、突出重点，把握关键，不断加大“扫黄打非”工作的针对性和实效性

根据中央要求，结合湖北实际，制定了《2008年“扫黄打非”行动方案》。会后，将以省委、省政府“两办”名义下发。各地各部门要认真组织学习，切实抓好落实，按照行动方案要求统一部署安排全年“扫黄打非”行动。

一要突出重点。全年“扫黄打非”工作要以全面贯彻落实党的十七大精神，深入落实科学发展观为主线，围绕三大重点开展集中治理：一是开展打击非法出版活动专项行动，严厉查处危害社会稳定的非法出版物，坚决清除引起社会强烈不满，危害青少年身心健康的淫秽、色情和其他有害出版物等各类文化垃圾；二是开展打击侵权盗版专项行动，严厉查处印制盗版及非法出版物的违法违规行为；三是开展迎奥运净化文化环境专项行动，为奥运会召开提供和谐文明健康的文化氛围。

二要把握关键。首先要突出关键地区。湖北省大中城市、重要铁路、公路沿线地区、与邻省出版物交易活动活跃城市接壤地区、印刷企业相对集中地区，是全省“扫黄打非”工作的重要地区，必须严加防范。其次要严管重要渠道。海关是境外非法出版物流入境内的主要通道，音像图书批发市场是出版物的重要集散地，互联网、手机短信等是高新技术条件下传播非法出版物和不良信息的重要载体。海关、新闻出版、文化、通信管理、公安、工商等部门，要采取坚决措施，防止各类非法出版物的进入和扩散。三是深入查堵源头，这是有效遏制非法出版活动、掌握“扫黄打非”工作主动权的治本之策。要加大对印刷复制及游戏软件、音像生产企业的监管，努力从源头上遏制非法出版活动。

三要强化队伍、确保投入。建设一支政治坚定、廉洁公正、作风优良、业务精通、素质过硬的行政执法队伍，是深入持久开展“扫黄打非”斗争的重要组织保障。各部门要加强对执法人员的教育和培训，不断提高执法水平和工作效率。要保证“扫黄打非”工作必要的人力物力和经费投入，要实行专款专用、专车专用，满足开展专项治理和查处案件的需要。

二、加强领导，明确责任，努力提高“扫黄打非”工作的组织领导

多年来的“扫黄打非”实践证明，各级党委、政府的高度重视是湖北省“扫黄打非”工作取得明显成效的前提基础，各地各部门明确责任，通力协作是湖北省“扫黄打非”工作深入开展的有效手段。

一要建立健全机制。各级党委政府要把“扫黄打非”工作列入议事日程，摆上重要位置，放在弘扬先进文化的总体要求中去思考，放在维护改革发展稳定大局中去谋划，放在构建社会主义和谐社会的大目标中去推进。党委和政府的分管领导要带头亲自抓，“扫黄打非”工作领导小组组长和各成员单位确定的“扫黄打非”工作责任人为各地各部门第一责任人，形成党委政府统一领导，各级“扫黄打非”工作领导小组和工作机构统一指导、组织协调，各地区各部门各负其责、联防协作，全社会广泛参与的工作机制。

二要明确职能分工。按照属地管理、分级负

责和谁主管谁负责的原则，严格落实“扫黄打非”责任制。宣传部门要加强对重点工作的指导和协调，组织好“扫黄打非”的舆论宣传；政法部门要协调司法机关查办重大违法犯罪案件；新闻出版部门要加强对出版发行单位、印刷复制企业以及出版物市场的监管；公安部门要在查处“扫黄打非”重大案件及深挖非法出版物源头等方面发挥主力军作用；文化部门要加强对音像市场、网吧和放映娱乐场所的监管；广播电视部门要加强对广播电视媒体的监管，杜绝违禁、淫秽色情、凶杀暴力、愚昧迷信等内容的音像制品传播；教育部门要加强对学校教材、教辅的选用、采购和使用的管理检查；工商部门要依法查处无证无照从事出版物经营活动的行为；通信管理部门要加强对互联网和声讯台的监管；海关要加强入境行李、邮递物品的监管检查，查缴非法出版物；铁道、交通、民航、邮政等部门要严把出版物运输流通渠道；编制部门要根据本辖区“扫黄打非”工作的实际需要，合理核定“扫黄打非”工作领导小组办公室的编制、职数，为“扫黄打非”工作提供组织保障。

三要加强督促检查。各地各部门要把“扫黄打非”工作纳入到整顿和规范市场经济秩序、社会治安综合治理、精神文明创建和纠正行业不正之风的总体部署之中，统一规划，统一考评，确保“扫黄打非”任务到位、责任到位、措施到位，做到守土有责，守土有方，守土有效。对非法出版活动猖獗、多次治理无明显成效的地区，要限期整改；对因“扫黄打非”工作失职或渎职造成出版物市场问题突出、秩序混乱和社会影响恶劣的，要依法追究主要负责人和有关责任人的责任。

2008 年 1 月 17 日

在 2008 年全国集中销毁侵权盗版及非法出版物活动湖北省暨武汉市销毁现场的讲话（摘要）

湖北省副省长、省“扫黄打非”工作小组第一副组长

张岱梨

为迎接“4·26”世界知识产权日，扎实推进“扫黄打非”斗争，根据中央的统一部署，今天，全国 31 个省、自治区、直辖市统一组织 2008 年全国集中销毁侵权盗版及非法出版物活动大型集中销毁活动。湖北省暨武汉市分会场集中销毁活动在这里举行。这是贯彻落实中央和湖北省 2008 年“扫黄打非”工作的具体部署，是推动湖北省“扫黄打非”斗争深入开展、迎接世界知识产权日的重要举措，也是号召全社会及广大人民群众积极参与打击盗版、非法出版活动的宣传动员大会。

2008 年 1 至 3 月，根据中央的统一部署，湖北省开展了以打击非法出版物为重点的“扫黄打非”第一阶段专项行动，“扫黄打非”工作又取得了新的战果。第一阶段专项行动开展以来，全省出动检查人员 1.2 万人次，检查各类出版物店档摊点 5549 家次，检查印刷复制企业 2812 家次；取缔店档摊点 84 家、印刷复制企业 12 家；收缴各类非法出版物 16 万件，查办各类案件 58 起。

今天，我们在这里集中销毁的 210 余万件非法书刊和非法盗版光盘，是湖北省和武汉市有关部门收缴的各类非法、盗版出版物的一部分。省委、省人大、省政府、省政协、武汉市政府分管领导以及省“扫黄打非”工作小组成员单位、武汉市及各城区有关部门共 30 多个部门主要负责同志都参加了这次销毁活动。这充分表明湖北省各级党委政府坚持不懈地开展“扫黄打非”斗争和打击侵权盗版、保护知识产权的巨大决心和坚决态度，同时也标志着湖北省 2008 年“扫黄打

非”取得了阶段性显著成果，“扫黄打非”工作正朝着纵深方向发展。

2008年是全面推进和谐社会建设的重要一年，我国将举办奥运会，还将纪念改革开放30周年，“扫黄打非”工作任务更重、责任更大、要求更高，意义重大。党中央、国务院和省委省政府已经作出了重要部署。我们必须坚持以邓小平理论和“三个代表”重要思想为指导，全面落实科学发展观，进一步组织动员社会各方面力量，集中开展专项治理，切实加强日常监管，坚定不移地开展“扫黄打非”斗争，保护知识产权，推动文化市场健康有序发展。各地、各有关部门要各司其职，各负其责，协同作战，形成合力，认真完成2008年全省“扫黄打非”各项工作任务，坚决遏制非法出版物和各类非法出版活动，切实维护社会稳定；坚决清除淫秽色情等文化垃圾及网上有害信息，营造有益于青少年健康成长的文化环境；坚决打击各类侵权盗版活动，树立我国政府保护知识产权的良好形象；进一步规范文化市场秩序，为构建社会主义和谐社会营造良好的思想文化环境。

同志们！让我们齐心协力，以昂扬向上的精神状态，开拓创新的实际行动，求真务实的工作作风，扎实做好每一项工作，精心组织每一次行动，确保文化市场繁荣健康有序，为社会主义文化大发展大繁荣、为构建社会主义和谐社会作出新的贡献。

2008年4月20日

在全省“扫黄打非”工作电视电话会议上的讲话（摘要）

湖北省新闻出版局局长、省“扫黄打非”工作小组副组长
张儒芝

一、2008年“扫黄打非”工作的总体要求和主要任务

2008年是全面贯彻落实党的十七大确定的各项战略部署的第一年，湖北省人大、政府、政协将集中换届，同时还是改革开放30周年，我国还将举办北京奥运会。“扫黄打非”工作面临着严峻的形势，任务非常繁重。因此，我们要进一步增强政治意识、大局意识、责任意识，切实将思想和行动统一到中央和省里的部署上来，结合实际制订本地区本部门的具体工作方案。要以“反盗版天天行动”为平台，强化日常监管，完善长效机制，突出工作重点，开展集中治理，着力做好以下四个方面的工作：

（一）严厉打击非法出版物

将打击非法出版物制售活动作为“扫黄打非”工作首要任务，贯穿于全年。坚决查缴传播谣言、制造思想混乱、误导群众情绪、破坏社会稳定的非法出版物和“法轮功”等邪教组织宣传品。

（二）集中打击各种侵权盗版活动

严厉打击盗版盗印，销售、储存、运输盗版图书，音像制品、计算机软件等侵犯著作权的违法犯罪活动，继续深挖非法生产、仓储窝点和非法光盘生产线，持续清理销售盗版及非法出版物的游商地摊和无证照经营者，强力推进机关、事业单位和重点企业软件正版化工作。

（三）全面开展网上“扫黄打非”

加强网络管理，密切关注网上舆情动向，坚决查处利用信息网络传播各类有害信息、从事淫秽色情活动、提供非法软件下载服务、销售非法出版物和侵犯知识产权的行为，规范网络文化经营秩序，净化网络文化环境。

（四）严肃查处非法报刊制售活动

坚决取缔假冒伪造国内刊名、刊号或无刊号出版的报刊和利用境外注册刊号在境内非法印制的报刊；取缔以“一号多刊”形式非法出版的报

刊；取缔利用广告印刷品非法出版的报刊和未经批准擅自从境外进口的报刊。

二、主要措施和工作要求

（一）加强组织领导，统一部署行动

各级党委、政府要将“扫黄打非”列入重要议事日程，加强领导，周密部署，结合实际，制定全年及每个阶段的工作计划，及时研究、解决“扫黄打非”工作中遇到的新情况、新问题，认真组织实施每一阶段的工作任务，确保全年工作任务的完成。

（二）履行部门职责，形成工作合力

各级“扫黄打非”工作领导小组办公室要加强与有关部门的沟通联系，强化部署、协调、指导、督办的职能。各有关部门要按照“谁主管、谁负责”的原则，组织实施好牵头负责的工作任务。相关成员单位之间要密切协作，协同作战，做到属地管理与部门管理相衔接、主管部门与协管部门相配合。

（三）查办大案要案，震慑违法犯罪

要坚持“彻查、彻究、彻办”原则，将生产、储运、批销等环节作为突破口，追源头，挖窝点，破网络。要进一步完善案件督办和案情通报制度，做好行政执法与刑事司法的衔接，充分运用刑事手段打击违法犯罪分子，形成强有力的法律威慑。

（四）健全管理制度，强化日常监管

针对“扫黄打非”工作中出现的新情况、新问题，研究制订出版物进口、出版、印刷、复制、发行管理的具体措施。建立健全企业法人违法违规信息档案、守法经营承诺书制度，加强出租房屋和企事业单位仓库的管理，对明知或应知承租人从事非法经营活动的出租方，要依法追究其法律责任。

（五）拓展工作领域，提高防控能力

根据“扫黄打非”形势的发展，要积极推动“扫黄打非”工作向城市社区和农村集镇延伸，将“扫黄打非”工作责任落实到社区和乡镇，作为基层工作的一项重要内容。要拓宽社会监督渠道，积极动员群众举报侵权盗版活动，提高社会公众对保护知识产权的参与度。

（六）加强队伍建设，提供有力保障

各地要采取措施，加强“扫黄打非”执法队伍的思想、业务、作风建设，选调精干人员充实到“扫黄打非”执法岗位，严格管理，严格要求，依法办事，严格实行执法责任追究制，对违纪违规的要严肃处理，努力造就一支业务优良、纪律严明、作风过硬、清正廉洁的执法队伍。坚持“扫黄打非”工作只能加强、不能削弱的原则，在人员、经费、装备等方面给予必要保障。

（七）保持宣传优势，扩大社会影响

要充分发挥报刊、广播、电视、互联网等媒体的作用，采取多种形式，加强舆论宣传，不断提高公众知识产权保护意识和参与、支持“扫黄打非”的自觉性。

2008年1月17日

2008年“扫黄打非”大案要案综述

湖北省“扫黄打非”办

2008年，湖北省“扫黄打非”工作小组办公室始终坚持把查办大要案作为重点工作来抓，加大对大要案的协调督办力度，将案件查办作为全省“扫黄打非”工作的重要内容，全省共查办案件368起，其中行政处罚358起，刑事处罚10起。重点案件有：

一、武汉市“4·07”销售盗版淫秽光盘案

2008年4月7日，武汉市硚口区文体局在该区石码右一巷端掉一非法音像制品窝点，现场收缴《金婚》、《越狱》、《集结号》等盗版音像制品3万余张，及《艳照门·一脱成名》等淫秽光盘4706盘。犯罪嫌疑人田某于当天被刑事拘留，2008年4月18日被逮捕。2008年7月2日，武汉市硚口区人民法院以贩卖淫秽物品牟利罪判处田某有期徒刑四年，并处罚金人民币10000元。

二、武汉市“5·29”网络销售非法出版物案

2008年5月29日，武汉市江汉区“扫黄打非”办会同该区文体局组织执法人员捣毁位于汉口天门墩87号一销售非法出版物的窝点，查缴《创世经典——我们不是冠军》、《名篇经典系列——奴隶帝国》等1026种非法出版物，共计14430册。经调查，涉案人员程某通过网络发布销售信息，再根据网上订货信息通过货运公司发货，并以网络支付平台“支付宝”或货运公司代收货款的方式完成全部交易。程某在足不出户的情况下其销售范围遍布贵州、湖南、福建、河南、四川等多个省份，具有很大的隐蔽性和危害性。此案移送武汉市江汉区公安分局立案调查，犯罪嫌疑人程某被检察机关批准逮捕。

三、武汉某书刊发行有限公司涉嫌侵犯著作权案

2008年8月11日，省“扫黄打非”办组织省版权局、武汉市洪山区文化市场稽查队、洪山区公安局治安大队组成联合执法小组，对武汉某书刊发行有限公司租用的民房进行了突击检查。现场查获涉嫌盗版包括高等教育出版社、华中科技大学出版社、武汉理工大学出版社等10家出版社的图书2925件，同时，在现场查获与涉嫌盗版图书相关的账本、发货、运货单据若干。经鉴定盗版图书的品种为48种、共计118547册、总码洋187万余元。案件已移送公安机关处理。

四、咸宁市“3·03”销售“六合彩”码报案

2008年3月3日凌晨，咸宁市崇阳县新闻出版局会同县查禁地下“六合彩”专班，根据近3个月调查跟踪线索，出动车辆2辆、执法人员10名，在该县石城镇与沙坪镇交界处设点布控。在交易现场成功抓获运送“六合彩”报人员金某和接运“六合彩”码报人员吴某，当场收缴地下“六合彩”码报2488份，扣押运送车辆两辆。根据询问线索，又在天城镇龙背村抓获批售该批码报的龚某，收缴码报800余份，成功捣毁一地下“六合彩”码报销售团伙。3辆用于销售码报的交通工具被没收，一名涉案人员被公安机关行政拘留。

五、咸宁市“3·20”销售“六合彩”码报案

2008年3月，咸宁市“扫黄打非”办接到群众举报，称该市咸安区居民黄某自2007年10月以来，每周一、三、五从咸宁火车站接收托运来的“六合彩”码报，并在咸安、温泉城区兜售，数量近4万余份。市“扫黄打非”办立即协调市新闻出版局和温泉公安分局成立专案组，全力侦破此案。3月20日晚，专案组经过半个多月的蹲点守候，在咸宁火车站行包房侧门将黄某抓获，并在其摩托车后座麻袋中发现大量含有“六合彩”内容的报纸。次日凌晨，专案组顺藤摸瓜，在黄某家中查获尚未销售的各类含有“六合彩”内容的报纸16个品种，共计6767份。经黄某妻子镇某交代，其夫妻两人自2007年10月起从广东某公司韶关发行站陈某处先后购买了5万余份含有“六合彩”内容的报纸。陈某每周一、三、五将报纸从广东通过铁路托运至咸宁，并通过一农行账户收取货款。

根据该线索，专案组随即对陈某展开调查，并在网上进行追逃。5月1日，犯罪嫌疑人陈某在浙江省宁波市被当地公安机关抓获并移交咸宁警方。经审讯，陈某交代报纸来源于广州两家文化传播有限公司。专案组多次赴广州对两公司进行调查，并依法对两公司法人代表开展网上追逃。迫于压力，犯罪嫌疑人俞某、周某于6月18日和8月7日先后投案自首。据交代，两人共向陈某销售各类非法出版的报纸30余万份。

经咸宁市新闻出版局鉴定，16种含有“六合彩”内容的涉案报纸均为非法出版物。

六、咸宁市“4·01”印刷非法出版物案

2008年4月1日，湖北省“扫黄打非”办接到举报，反映咸宁市某印刷厂正在印刷非法出版物。4月2日，湖北省“扫黄打非”办派人赶往咸宁现场督办，协调咸宁市公安、新闻出版等部门执法人员对涉案的印刷厂进行了突击检查，现场查获大量正在印刷中的非法出版物，以及PS版、硫酸纸等。据该公司有关人员交代，3月1日，该厂受书商委托，印制非法出版物。专案组辗转湖北、湖南、上海、山东等四个省市，经过一个多月的调查和追捕，分别于4月13日和5月30日将主要犯罪嫌疑人孙某和尹某抓获归案。全案共查缴和追回非法出版物4个品种，共计2万册。2008年11月7日，咸宁市咸安区人民法院依法作出一审判决：以非法经营罪判处尹某有期徒刑6年，并处罚金1万元；以非法经营罪判处咸宁市某印刷厂厂长孙某有期徒刑3年，缓刑3年，并处罚金4000元；以非法经营罪判处咸宁市某印刷厂罚金1万元。

七、孝感市“12·10”贩运非法音像制品案

2008年12月10日凌晨2点，湖北省高管六大队二中队根据记者举报线索，在京珠高速公路鄂北收费站（湖北省孝感市大悟县境内）截获一涉嫌贩运非法音像制品的大货车，并立即将有关情况通报给孝感市公安局和文体局。10日上午10点，闻讯赶来的市公安局和文体局执法人员对大货车进行了近10个小时的清点，共查获疑似盗版和淫秽音像制品122箱（后经清点和鉴定，共查获各类盗版、淫秽音像制品10.1万余张）。12日上午，省“扫黄打非”办督办组会同孝感市“扫黄打非”办、市公安局、市文体局召开案情协调会，对查处工作进行了讨论和研究。孝感市公安局根据掌握的线索将涉案人员朱某由河南省商丘市带回孝感配合调查。

2008年“扫黄打非”大事记

湖北省“扫黄打非”办

1月17日，第二十一次全国暨2008年湖北省“扫黄打非”电视电话会议在武汉商务会议中心举行。会议总结了2007年工作，部署了2008年工作。省委常委，宣传部长、省“扫黄打非”工作小组组长张昌尔同志作了重要讲话。省“扫黄打非”工作小组领导李以章、鲁志宏、张儒芝等同志参加了会议。

1月，张昌尔、李春明、李以章等省“扫黄打非”工作小组领导分别作出批示，充分肯定湖北省2007年“扫黄打非”工作。

1月下旬至3月底，湖北省开展了以打击非法出版物为重点的专项行动。

3月3日，咸宁市捣毁一地下“六合彩”码报销售团伙，抓获涉案人员3名，收缴非法报纸3200余份。

3月14日，武汉市新闻出版局在武昌火车站附近的某物流公司门市部内收缴《环球军事》、《法制新观察》、《军情纵横》、《国际军事报》、《旧闻博览》等各类非法报纸近10个品种2万余份。

3月30日，咸宁市“3·20”销售“六合彩”码报案案发，抓获涉案人员两名。专案组根据线索对货源开始调查。

3月30日，武汉市捣毁一盗版音像制品窝点，查获各类盗版和非法音像制品达15万余张，其中淫秽音像制品5000余张。

4月1日，咸宁市“4·1”印刷非法出版物案案发。

4月7日，武汉市捣毁一违法音像制品窝点，现场收缴《金婚》、《越狱》、《集结号》等盗版音像制品3万余张，及《艳照门·一脱成名》等淫秽影碟4706盘。犯罪嫌疑人田某于当天被刑事拘留。

4月20日，湖北省暨武汉市举行2008年侵权盗版及非法出版物集中销毁活动，共销毁各类盗版、非法出版物、音像制品、电子出版物共280余万件。省政府副省长、省“扫黄打非”工作小组第一副组长张岱梨同志出席并作重要讲话。

4月中旬至6月中旬，湖北省省开展了以整治印刷、复制和运输环节为重点的专项行动。

5月1日，咸宁市“3·20”销售“六合彩”码报案犯罪嫌疑人陈某被警方抓获。

5月上旬，武汉市江汉区人民法院以贩卖淫秽物品牟利罪判处被告张某有期徒刑3年，罚金人民币2万元；判处被告李某有期徒刑2年，缓刑2年，罚金人民币1.2万元。两人于2007年7月3日因涉嫌贩卖淫秽物品牟利被公安机关抓获。

5月，湖北省“扫黄打非”办在武汉26所高等院校及武汉电脑大世界、湖北图书城、前进路音像市场、武汉图书大世界等4家出版物市场投放了365块“扫黄打非”公益平面广告，其中在高等院校发布300块，在出版物市场发布65块。

5月29日，武汉市查获一网络销售非法出版物案，抓获涉案人员一名，收缴各类非法出版物1.4万余多册。

6月30日，湖北省“扫黄打非”办公室主任暨印刷复制业专项检查行动会议在武汉召开。

7月2日，湖北省省委、省政府根据工作需要和人事变动，对湖北省“扫黄打非”工作小组领导和成员进行了调整。

7月2日，武汉市硚口区人民法院以贩卖淫秽物品牟利罪一审判处武汉市“4·07”销售盗版淫秽光盘案当事人田某有期徒刑4年，并处罚金人民币1万元。

7月至10月，湖北省开展了奥运前30天、奥运会和残奥会期间出版物集中清查行动，有效净化了全省出版物市场。

7月17至18日，湖北省、武汉市“扫黄打非”办联合组织对武汉市出版物市场进行专项检查行动。省“扫黄打非”工作小组副组长、省新闻出版局局长张儒芝带队检查。

8月11日，湖北省“扫黄打非”办组织湖北省、武汉市有关部门对洪山区马湖新村25、26栋武汉某书刊发行有限公司仓库进行了突击检查，查获涉嫌盗版图书48种、共计118547册、总码洋187万余元。

9月2日，武汉市“扫黄”办组织新闻出版、工商、公安等部门开展联合行动，对部分高校及周边书刊经营点进行了专项整治，有力地打击了武汉市部分高校及周边书店销售各类盗版教材、教辅的非法经营活动

10月，湖北省开展了为期一个月的严厉打击非法报刊专项行动。

10月12日至15日，全国“扫黄打非”督查组来湖北省检查督导打击非法报刊专项行动及“扫黄打非”工作。

10月下旬至11月上旬，省“扫黄打非”工作小组办公室主任、省新闻出版局副局长曾向阳赴荆州、黄石、鄂州等地检查“扫黄打非”及非法报刊专项整治工作。

11月7日，咸宁市咸安区人民法院依法一审判处咸宁市“4·01”印刷非法出版物案的当事人尹某有期徒刑6年，并处罚金1万元；判处另一当事人孙某有期徒刑3年，缓刑3年，并处罚金4000元；判处咸宁市某印刷厂罚金1万元。

11月24日，湖北省“扫黄打非”办、武汉市新闻出版局荣获迎奥运保稳定“扫黄打非”先进集体称号。

12月10日，孝感市在京珠高速大悟段截获一贩运非法音像制品的大货车，共查获各类盗版、淫秽音像制品1.01万张。

12月10日至11日，全国“扫黄打非”工作小组办公室杨梦东来湖北省检查督办案件查处工作。

创新经验

湖北省查办“扫黄打非”大要案工作经验

湖北省“扫黄打非”工作小组办公室

查办大案要案是惩治违法犯罪分子、推动工作深入开展、树立“扫黄打非”形象地位的重要手段。自2006年以来，湖北省共查处各类案件3141起，其中行政处罚案件3101起、刑事处理案件40起。在这些案件中，既有情节轻微的简单违法违规经营案件，也有相当一部分情节严重、影响较大的大案要案。如2006年查处的《神话故事》、《教师指导用书》等两起非法出版物案；2007年查处的武汉市“1·09”销售非法音像制品案，涉案的喻某、王某两人以非法经营罪分别被判处有期徒刑11个月和有期徒刑10个月；2008年成功查处的咸宁“4·01”印刷非法出版物案。这些案件的成功查办，既确保了有关法律法规的贯彻落实，树立国家威信，又沉重打击了违法犯罪分子，起到了很好的震慑作用。总结几年来的大要案查工作，主要有以下几方面的经验。

一、及时汇报，争取领导重视，确保查办大要案的政治保障和组织保障

湖北省始终以各级党委、政府对“扫黄打非”大要案查办的统一领导为原则，省“扫黄打非”办及时将有关案情和查处进展向有关领导进行汇报，引起领导重视，严格按照领导要求突破各种困难和阻力，确保案件的最终侦破，依法惩处违法犯罪分子，消除负面影响。各级党委和政府有关领导一直对大要案的查办给予高度重视，为查办工作提供重要保障，推动案件查办工作深入发展。在2008年湖北咸宁“4·01”印刷非法出版物案的查处过程中，省“扫黄打非”办及时将有关案情向省委、省政府主要领导进行汇报，引起高度重视。省委书记罗清泉，省长李鸿忠，省委常委、时任宣传部长张昌尔，省委常委、省公安厅厅长吴永文先后多次作出重要批示，为案件查处工作指明了方向，极大地鼓舞了办案人员的士气。在案发地咸宁市，市委书记黄楚平，市委常委、宣传部长陈树林亲自指挥案件查办，为案件查办和“扫黄打非”工作提供了重要的保障，确保案件最终成功侦破。

二、积极协调公安部门，发挥公安主力军作用

大要案情节比较严重，相当一部分都已经触犯了刑法，因此“扫黄打非”办必须协调好公安机关的力量，发挥公安机关在大要案查办工作中的主力军作用，借助公安机关在侦破工作中的人员、技术、经验等方面的优势，依法将刑事强制措施作为大要案查办过程中的主要打击手段，确保违法犯罪分子受到应有的惩罚。各级“扫黄打非”办积极协调公安机关及时受理新闻出版、版权、文化等部门移送的涉嫌犯罪“扫黄打非”案件，督促公安机关侦破案件。对于可能存在刑事犯罪的案件线索，各级“扫黄打非”办组织行政部门同公安机关开展联合执法，一旦发现涉嫌犯罪情节，在第一时间内由公安机关立案处理。武汉市“扫黄打非”办始终加强协调公安机关同新闻出版、版权、文化等部门在“扫黄打非”工作中的关系，通过组织多部门联合执法捣毁了多个销售非法出版物和盗版制品的窝点，仅2007年以来就成功宣判了四起“扫黄打非”案，其中2008年武汉“4·07”销售盗版淫秽光盘案从案发到一审宣判前后仅用了不到3个月。这充分说明大要案的查办必须积极协调好公安机关的力量，发挥其主力军作用，才能依法确保对违法犯罪分子的刑事打击力度。

三、充分发挥省“扫黄打非”办在查办大要案中的协调督察作用

省“扫黄打非”办具有协调、督察全省“扫黄打非”各项工作的法定职能，在大要案查办工作中充分运用好这项职能，是确保案件成功查办的重要机制保障。湖北省已建立“扫黄打非”案件“督办”制度、重大案件备案制度多年，是发挥协调督察职能的重要机制。2008为了适应“扫黄打非”新形势的需要，对《湖北省“扫黄打非”重大案件备案及督办办法》进行了修订，对落实“督办”制度和备案制度进行了强调和要求，并在两项制度之外又建立了全省“扫黄打非”快捷反应机制，在省“扫黄打非”办和各市、州、林区“扫黄打非”办之间建立了纵向的“扫黄打非”快捷反应网络，提高了对重大事项和突发事件，尤其是大要案的应对能力，为在案件查处中把握工作主动权提供了有效的工作机制保障。以各工作机制为平台，省“扫黄打非”办对全省各类“扫黄打非”大要案件进行督办，承办单位按照要求回复查办情况，省“扫黄打非”办及时掌握全省案件查办的工作动态，对工作进行调整和部署。对部分情节较重、影响较大、查处较难的案件，省“扫黄打非”办及时组织案件督办组赴案发地驻点办案，组织各有关部门召开案件协调会，推动案件查处向深入发展，为各级“扫黄”办提供支持。2008年以来，省“扫黄打非”办组织案件督办组先后赴咸宁、荆门、黄冈、恩施等多个地方驻点督办案件，会同当地“扫黄打非”办和有关部门召开工作会议，形成会议纪要，明确提出查处要求，并及时将案情向省领导进行汇报，争取省领导支持，使多起停滞多时的大要案得以成功查处。

武　汉　市

2008年“扫黄打非”工作总结

武汉市“扫黄打非”办

2008年，我市“扫黄打非”工作按照中央、省的统一部署和《2008年“扫黄打非”行动方案》的要求，在市委、市政府的领导下，坚持以邓小平理论和“三个代表”重要思想为指导，认真贯彻科学发展观，坚持集中行动、专项治理与日常监管相结合，精心组织、周密部署，突出重点、狠抓落实，确保了我市出版物市场健康、稳定、有序，为北京奥运会的召开创造了良好的文化环境。

据统计，2008年全市共出动执法检查人员5.2万余人（次）；检查各类出版物经营摊点和印刷厂点2.6万余个（次）；取缔无证、违法经营摊点和厂点3300余个；收缴各种非法出版物98.5余万册（盘），端掉制售非法出版物窝点17个；查处案件177起，其中行政处罚案件151起，刑事处罚案件26起；抓获犯罪嫌疑人108人，其中刑事拘留10人，批捕84人，判刑5人。

一、加强组织领导，狠抓督查协调

市委、市政府领导一向对“扫黄打非”工作高度重视，曾多次作出重要批示，而且对这项工作真正做到了亲抓亲管，亲自帮助协调解决具体工作中遇到的一些棘手问题和实际困难，使我市“扫黄打非”工作所需经费得到了有力保障。

为抓好工作落实，市“扫黄打非”办针对2008年“扫黄打非”工作专项治理多，通知、文件多的特点，切实加强督查协调工作，全年召开工作布置会、汇报会、现场会、办案协调会16次，拟定、制发“扫黄打非”文件、简报、通知50余份，及时传达上级指示精神，通报有关情况，交流相关信息，指导促进工作。市“扫黄打非”领导小组领导不仅认真研究分析“扫黄打非”工作的新情况、新问题，还经常带队检查出版物市场，掌握第一手材料，推进“扫黄打非”工作。

二、落实工作职责，强化日常监管

2008年，我市在出版物市场日常监管方面始终坚持突出重点，打防并举，守关把口，全面出击，从而促进整个出版物市场的平稳、健康、有序。我市今年在出版物市场日常监管上继续抓了四个工作重点：一是抓重点内容，全力打击非法出版物；二是抓重点部位，加强对机场、车站、码头窗口地区、繁华街区、校园周边及经营出版物比较集中的摊点的检查清理；三是抓重点市场，加大对洪山电脑城、江汉前进电子市场、武汉图书大世界周边环境的治理力度；四是抓重点时段，加强对节假日、夜市、双休日出版物市场的监控。

与此同时，我市今年在日常监管方面还加强了以下三个方面的工作：一是堵源截流，加强印刷业监管。今年，按照湖北省新闻出版局《关于在全省范围内开展打击非法出版活动专项检查的紧急通知》精神，我们对全市364家印刷企业进行了检查，同时对群众举报印刷企业违规的10余起案件，都及时依法予以了查处，从源头上加强了对出版物的监管。二是确保导向，加强报刊日常监管。今年，我们按照中央和省局有关文件要求，先后三批公布了400多种非法报刊目录，并在10月份按中央要求组织力量开展了大规模的清理检查报刊市场工作，共收缴非法报刊5万多份，查获编辑出版、发行非法报刊的编辑部、文化传播公司、广告发行公司5家。特别是今年3月份，我市在武昌一家物流公司当场查缴了从郑州运抵武汉的2万多份非法报刊，受到总署和省局的充分肯定。三是打击盗版，加大保护版权力度。今年以来，我市加大了对出版物市场版权的行政监管，在认真受理图书、软件、作品等侵权投诉案的基础上，我们积极推进企业软件正版化，经过努力，全市第一批50家企业软件正版化已基本完成，50家企业共采购正版软件6220套，投入资金近2000万元，全市印刷行业软件正版化工作也正在推进落实之中。

三、坚持集中整治，解决突出问题

在加强日常监管的同时，根据中央、省的统一部署，结合武汉市实际情况，2008年我市精心组织、连续作战，不间断地开展了七次有声势、有力度的专项治理行动。由于领导高度重视，各区文体局行动有力，相关部门密切配合，七次集中行动均取得了较好的效果，尤其是以下四个方面的专项治理成效更为明显。

（一）年初积极组织力量，采取有力措施，迅速开展了以打击非法出版物为重点的第一阶段专项行动

按照全国“扫黄打非”工作小组办公室《关于开展2008年“扫黄打非”第一阶段专项行动，净化春节、“两会”期间出版物市场的通知》要求，市“扫黄打非”办及时制订下发了我市2008年第一阶段专项行动方案，并派专人将中央、省里的精神和行动方案，及时传达到各区和相关成员单位。各区各成员单位接到通知后，迅速组织力量，对辖区内出版物市场进行了全面清查，确保不留死角。通过一系列强有力的集中清查行动，圆满完成了第一阶段专项行动，有效地净化了我市春节、“两会”期间出版物市场，营造良好的文化舆论氛围。

（二）为确保平安奥运，连续开展了6、7、8三个月专项行动、奥运前30天专项行动、奥运会和残奥会期间出版物市场清查行动等专项行动

5月27日，全国“迎奥运维护出版物市场稳定会议”召开后，市“扫黄打非”办一方面

及时向市领导作了专题汇报，一方面结合我市实际，就迎奥运、“扫黄打非”主要任务向全市印发了《关于迎接北京奥运，维护出版物市场稳定的紧急通知》。6月20日，市“扫黄打非”办组织召开了全市“迎奥运维护出版物市场稳定会议”，传达了全国“迎奥运维护出版物市场稳定会议”精神，全面部署了我市迎接奥运会净化出版物市场专项行动。会后，我市各区、各相关职能部门按照全国、省、市的统一部署，迅速及时地展开行动。此外，我市还先后召开了全市图书、印刷、报刊业主会，要求业主依法经营，签署《守法经营承诺书》，同时认真对全市的出版物市场进行了集中清查，取得了良好效果。

（三）结合我市创建全国文明城市活动，开展了净化出版物市场专项行动

为以良好的文化环境开展全国文明城市创建活动，市“扫黄打非”办对全市出版物市场进行了责任分工，制订了详细的检查督办事项，下发了《创建全国文明城市开展出版物市场集中清查考核评比细则》，对各区落实创建全国文明城市所作工作进行了全面检查。在此次专项行动中，各区、各有关部门行动积极，措施有力，坚持全方位立体式清查出版物市场，确保了我市出版物市场保持平稳健康有序的发展态势，在创建文明城市活动中没有出现大的问题。

（四）针对校园及其周边出版物市场的突出问题，组织了净化校园及其周边文化环境的专项行动

专项行动以来，各区对辖区内校园周边的书店、音像店、文具店、租书屋进行了不间断地清理整治，收缴了一批有害青少年成长的不健康读物。9月2日，为打击我市高校及其周边部分书店的非法经营活动，我市又组织执法人员联合行动，对部分大学周边的小旧书店进行了检查。通过这些集中执法行动，有力地打击了我市校园及其周边部分书店的非法经营活动，进一步净化了出版物市场，为青少年健康成长营造了良好的文化环境。

四、深挖地下窝点，查处大案要案

深挖地下窝点，查处“扫黄打非”大案要案，一直是我市“扫黄打非”工作和市场监管工作的突破口和重要手段。在2008年“扫黄打非”行动中，我市从群众举报和市场检查发现的线索入手，追根溯源，挖窝点、办大案，取得了突出成效。在挖窝点方面，如3月5日，硚口区有关部门执法人员经过近两个星期的摸底排查和布控，对双厂巷62号进行了突击检查，一举端掉一囤积盗版出版物的仓库，现场收缴《古典文学名著书库》等盗版图书3000余册。在办大要案方面，如2008年4月7日，硚口区文体局、区公安分局根据举报线索联合行动，在硚口区石码右一巷14号3楼一民居内端掉一违法音像制品窝点，当场收缴盗版光碟3万余张，其中《艳照门·一脱成名》等四种影碟共计4706张，涉案人田某被硚口区人民法院以犯贩卖淫秽物品牟利罪，依法判处有期徒刑4年，并处罚金人民币1万元；2008年7月12日，江岸区在对汇通路双休市场检查中，抓获一名贩卖淫秽光碟人员，当场收缴淫秽光碟939盘，涉案人詹某被江岸区人民法院依法判处有期徒刑6个月，并处罚金人民币1万元。此外，江汉区5月29日在天门墩查获的网络销售盗版图书案、10月3日在前进电脑城查获的销售淫秽光碟案和江岸区11月12日在铭新街查获的销售非法音像制品案等3件大要案也都已进入司法起诉阶段。今年，我市还加强了行政与司法部门的协调，对去年已立案的一批“扫黄打非”刑事案件进行了判决，如：江岸区文体局去年和公安部门在长盛大厦查获一非法出版物窝点，现场收缴违法音像制品3万余张，经鉴定其中淫秽影碟3328张。经协调，2008年元月，江岸区人民法院依法判处涉案人周某有期徒刑10年，并处罚金人民币1万元；江汉区文体、公安、检察等部门执法人员去年联合执法，打掉了位于前进四路前进街辛任巷25号2楼的一盗版音像制品批销窝点，经鉴定所收缴的光碟中有1.64万张光盘为盗版音像制品，1035张为淫秽光碟。经与有关部门多方协调，

2008年3月江汉区人民法院依法分别判处经营者张某、李某有期徒刑3年和2年，并各处罚金2万元和1.2万元。

五、完善社会监督，扩大舆论宣传

2008年，我市“扫黄打非”工作在完善社会监督、扩大舆论宣传方面进一步采取了以下措施：一是坚持奖励举报制度，鼓励广大群众积极参与“扫黄打非”和出版物市场监管工作。对群众举报坚持做到“有报必查，有功必奖”。2008年，仅市“扫黄打非”办就接到群众来电、来信、来访举报29件，都及时认真地进行了调查处理。二是举行集中销毁侵权盗版及非法出版物活动，扩大社会影响。今年4月20日，省、市“扫黄打非”办一起联合在武汉剧院门前广场隆重举行了2008年侵权盗版及非法出版物集中销毁活动，共销毁了近年来省市收缴的侵权盗版及非法出版物280余万件，充分表明了政府坚持不懈地开展“扫黄打非”斗争和打击侵权盗版、保护知识产权的决心。三是加强新闻宣传和舆论监督。2008年，《中国新闻出版报》、《长江日报》、《武汉晨报》、《武汉晚报》武汉人民广播电台等新闻媒体共刊发和播放我市有关“扫黄打非”内容的报道60余条次，在全社会形成了强大的舆论氛围。

湖　南　省

2008年“扫黄打非”工作总结

湖南省“扫黄打非”办

2008年湖南省“扫黄打非”工作一如既往，在全国“扫黄打非”办统一部署下，在省委省政府的重视和领导下，高举保护知识产权旗帜，强化日常监管机制，深入开展了一系列专项行动，查办了一批大要案件，进一步形成了对非法出版、侵权盗版活动的高压态势。全省共出动检查人员11.9万余人次，检查出版物市场1.1万多个次；查获非法出版物218.6万多册，其中查缴盗版图书76.2万多册、盗版音像制品109.8万多盘（盒）、盗版教材教辅读物16.7万多册、非法报纸期刊12.5万余份；立案查处非法出版物案件3120多件，移送司法机关案件12起；处罚违规出版物店档摊点1752个，取缔关闭非法出版物店档摊点1367个、印刷复制企业27家，刑事处罚25人，较好地履行了市场监管职责，有效打击了各类非法出版物侵权盗版行为，维护了全省良好的社会文化舆论环境，保持了出版物市场健康繁荣发展的良好态势。

一、加强领导，扎实开展四大专项行动

按照全国“扫黄打非”办的统一部署，各级党委、政府高度重视，强化领导。各级“扫黄打非”工作部门精密组织，落实措施，认真部署开展了四大专项行动，实现了既定目标，取得了较好的成效。

1月至3月，组织开展了2008年第一阶段“扫黄打非”专项行动，重点打击各类非法出版物。省委省政府对此高度重视。省委常委、宣传部部长、省“扫黄打非”工作小组组长蒋建国和省人民政府副省长、省“扫黄打非”工作小组副组长郭开朗，在第21次全省“扫黄打非”工作电视电话会议上，突出强调各级各部门要始终保持对非法出版物的高压态势，确保全省的文化安全和政治稳定。2月初，蒋建国部长又从抗冰灾一线挤出时间到省“扫黄打非”办视察工作，听取专项行动情况汇报，就如何深入推进集中行动提出要求，具体部署。各地各有关部门毫不迟疑地认真组织开展了这次专项行动，始终保持了紧张有序的工作态势，以高度的政治责任感，认真部署了对非法出版物的查处工作。

4月至6月，开展了第二阶段专项行动。4月25日，蒋建国部长再次到省“扫黄打非”办现场办公，突出强调要落实好保导向正确，保播出安全，保系统稳定，防工作差错的“三保一防”；抓好制造、传播、销售三个环节，推进网上“扫黄打非”的“三环一网”；搞好日常巡查、暗访抽查和举报实查，抓好大案要案查处的“三查一抓”。此后又多次作出批示。省“扫黄打非”办先后召开了省“扫黄打非”工作小组成员单位联络员会议和全省“扫黄打非”办公室主任会议，部署专项行动。各地各相关部门高度重视，在加强日常监管的同时，重点查看五项制度落实情况、在制品和承印物品清样、往来业务清单等，发现问题，立即查处，做到了早介入、早发现、早处理。专项行动期间，共处罚违规出版物店档摊点530个，取缔关闭非法出版物店档摊点339个、印刷复制企业12家。

4月20日，省“扫黄打非”工作小组在长沙市田汉大剧院前坪举行集中销毁侵权盗版及非法出版物活动，共销毁盗版及非法书报刊76万册，盗版音像制品、盗版软件及电子出版物55万盘。蒋建国同志出席了销毁仪式。各成员单位负责人，长沙市新闻出版（版权）、文化、公安、工商、城管、邮政等部门执法人员及长沙市部分中小学生共300余人在现场参加了销毁活动。这次销毁活动充分展示了全省“扫黄打非”工作的重大成果，很好地宣传了打击侵权盗版、保护知识产权的重大意义，取得了较好的社会反响。

奥运期间，我们组织了出版物市场集中清查专项行动。蒋建国部长先后两次作出批示，要求积极开展市场清查，坚持每天一报告制度，加强督促检查，大力查处非法出版物，切实抓好工作责任的落实，并于9月25日再次到省“扫黄打非”办视察工作，作出指示，提出要求。郭开朗副省长也就有关非法出版物的打击工作作了专门批示，要求集中力量加强监管，特别是防止非法出版物流入。7月11日，在全省新闻出版局长会上，朱建纲局长再次就奥运前夕及奥运期间的“扫黄打非”工作进行具体部署，要求各地各相关部门切实履行职责，实行领导靠前指挥，上市场一线督查；确定有违规记录的印刷发行企业名单，以加强监管；坚持24小时值班和“零报告”制度，确保工作责任落到实处。同时在全省范围内积极组织开展了“我为奥运作贡献，文明经营我争先”等系列活动，在全社会广泛营造“经营正版光荣、经营盗版可耻”的良好风尚，取得了较好的社会反响。各市州和成员单位多次展开市场清查和执法检查，共出动检查人员1.2万人次，检查出版物市场1103个次；查获非法出版物24.5万余册（盘、盒），其中查缴盗版图书8.8万多册、盗版音像制品8.4万多盘（盒）、盗版教材教辅读物2.2万多册，维护了奥运期间湖南省出版物市场的正常秩序。

10月，统一部署了为期一个月的打击非法报刊专项行动，全省共收缴各类非法报纸和期刊31038册，成功查处了一批违规出版的杂志，严厉打击了各种制售非法报刊的行为，进一步整治和维护了报刊市场秩序。全国“扫黄打非”联合检查组对湖南打击非法报刊专项行动给予了充分肯定，认为湖南各地对此次专项行动十分重视，部署及时，措施得力，行动迅速，成效明显，尤其是岳阳市在省新闻出版局、省“扫黄打非”办指导下查处的“11·01”码书码报案，在全国具有重要意义。

二、落实责任，不断加大市场监管力度

2008年，湖南各级“扫黄打非”工作部门切实履行了监管职责，全面落实了日常巡查、暗访督查、举报实查三项制度，切实加大了对本辖区内出版物市场的巡查力度和密度，做到日日巡查、反复清查；坚持组织相关人员深入基层进行市场暗访，重点查看出版物市场整体状态、有无销售盗版非法出版物的现象；对于群众的举报线索，做到有一件举报就有核查一件。年内省“扫黄打非”办依据各类举报下发的交办函即达30件之多。

全省各地坚持不懈地开展市场日常巡查，以集中清查行动为抓手，创造性地落实市场监管职责。长沙、常德、湘潭、株洲、邵阳、怀化、衡阳等市突出加强对书市、报刊亭、繁华街区、大型超市、车站码头、游商地摊等重点部位的市场巡查和整治力度，有的坚持节假日轮流值班，监管责任到位；有的一把手上一线，责任定岗、定位、定人。

年内，我们先后组织有关成员单位不定期地进行了五次市场暗访，特别是在奥运会前后，省新闻出版局局长、省“扫黄打非”工作小组副组长朱建纲，省新闻出版局副局长、省“扫黄打非”工作小组办公室主任朱三平带队进行暗访督查活动，省委宣传部、省文化厅、省工商局、省公安厅等成员单位积极参与暗访，有效减少了出版物市场上的各种非法行为，极大地推动了全省“扫黄打非”工作的深入开展。

协同推进网上“扫黄打非”，是2008年湖南“扫黄打非”工作的又一亮点。各级“扫黄打非”工作小组办公室积极协同公安、通信等部门，扎实开展依法打击整治网络淫秽色情等有害信息的专项行动。其间，省通信管理局及时删除了网络淫秽小说《广州情色录》。怀化、常德等市查处了多家违规网站。怀化市以网吧为切入点，不断强化网络监管，总结出了加强领导、组织到位，提高认识、宣传到位，强化管理、措施到位，健全网络、监管到位的“四到位”经验，扎实开展网上“扫黄打非”工作，取得了显著成效。全国“扫黄打非”办也以简报形式推介了这一经验。

三、突出重点，及时查处各类大要案件

湖南省各地始终以查处大要案件为深入推进“扫黄打非”的重要手段，2008年更注重从查处非法出版物向追查幕后主犯和打团伙破网络延伸，及时高效地查处了一批非法出版大要案件，较好地打击了违法犯罪分子，推动了“扫黄打非”向纵深发展的良好态势。典型案件有岳阳“11·01”非法出版经营案等多起。

1. 岳阳“11·01”非法出版经营案。此案是全国和省两级“扫黄打非”部门和公安部门重点督办案件，2007年11月1日由岳阳市公安局立案侦查，2008年9月18日圆满结案。岳阳市公安和新闻出版部门共出动办案人员3500余人次，深入6个省12个市州的30个县（市、区）追查涉案人员和调查取证，共查明9条供货主线、12条供货下线、100多个经销网点，抓获涉案人员25人，犯罪团伙的网络体系已被摧毁，涉及的地下印刷窝点已被捣毁，主要犯罪嫌疑人已基本到案。该案的成功侦破和办结，切断了流传于岳阳及至湖南全省的码书码报源头，有力打击了不法分子的嚣张气焰，遏止了地下“六合彩”的猖獗与泛滥，获得了良好的社会效果。

2. 邵阳县印制邪教书籍案和邵阳市旺成印刷厂非法印刷案。经邵东县警方查实：四川人李某在没有任何正规手续的情况下，委托邵阳县文教印刷厂印刷由邪教组织“全能神教会”出版的《教会工作原则手册》5130册，3月13日将其悉数查获。10月27日，邵阳县人民法院依法判决，涉案人罗某某犯非法经营罪，判处有期徒刑3年、缓刑4年。市新闻出版局吊销了邵阳县文教印刷厂的经营许可证。2月28日，省“扫黄打非”办联合省公安厅、邵阳市新闻出版局对邵阳市旺成印刷厂进行了突击检查，现场查获该厂盗印的5种非法出版物散页2吨及部分成品。邵阳市新闻出版局随即立案调查，掌握了该厂的基本情况及主要违法事实，并依法销毁该厂车间内所有非法印刷的成品、半成品、散页共2.18吨，处罚人民币3万元，省新闻出版局依法吊销其印刷经营许可证。

3. 湖南人本文化传播有限公司非法出版盗印案。2008年6月，省“扫黄打非”办接到有关举报后，将此案列为重点督办案件。经长沙市新闻出版局查实，2006至2008年间，人本公司非法委托印制《大学生心理健康教育》和《军事理论与技能教程》两种教材共计59450册，违法经营额46万余元。此外，岳阳市依法查处了非法报纸《长寿经》案，益阳市依法查处了非法期刊《中华医护杂志》案，湘西自治州查处了非法期刊《中国西楚风》案等。

四、开拓创新，切实形成有效监管体系

2008年，湖南全省“扫黄打非”部门更加注重工作的创新和调查研究，积极协调各级成员单位切实加大“扫黄打非”工作力度，努力促成覆盖出版、发行、贮运、销售等各个环节的监管体系，特别是加大了调研力度，切实为省委、省政府领导决策服务。9月至11月，在省委副秘书长钟万民、省新闻出版局局长朱建纲、省新闻出版局副局长朱三平的领导下，省委办公厅、省“扫黄打非”办联合进行了关于构建“扫黄打非”长效机制建设的调研活动，先后到邵阳、怀化、常德、长沙4市及12个县市区，采取问卷、走访、座谈会等形式，走访了5家出版物市场、6家印刷企业和30家个体书店，召开了8场次有“扫黄打非”工作负责人、经营业主、普通读者参加的座谈会，向读者、书商发放600余份问卷。在此基础上形成了调研报告上报有关领导，以期推动全省“扫黄打非”工作迈上新的台阶。

与此同时，各级“扫黄打非”工作部门更好地落实了“扫黄打非”职责，充分发挥职能作用。公安、工商、文化、新闻出版版权部门分别加大了对侵权盗版案件的查处力度，积极参与重点案件的查办工作；严把出版物市场准入关，不断加大对无证照经营行为的查处力度；加大对盗版音像制品的打击力度；加强了对出版、印刷、复制企业和出版物零售、批发单位的日常监管，反复组织开展对出版物交易市场、繁华街区、印刷企业、车站码头等重点区域的执法检查。长沙海关切实加大旅检、邮检和货检频率，及时查处了一批非法出版物；教育、通信、邮政、建设、机场等部门也根据各自的工作职责，认真开展“扫黄打非”工作，尤其是配合开展集中专项行动，取得了很好的工作实效。

一年来，全省“扫黄打非”工作取得的显著成效，与有一支艰苦卓绝努力工作的“扫黄打非”队伍是分不开的，他们中涌现了一大批先进集体和先进人物：岳阳“11·01”非法出版经营案专案组和长沙市新闻出版局被评为2008年全国“扫黄打非”有功集体；邓军和郑一夫同志被评为2008年全国“扫黄打非”有功个人。岳阳市“扫黄打非”工作小组办公室等4个单位被评为2008年全国“扫黄打非”先进集体；唐成红、罗永康等4位同志被评为2008年全国“扫黄打非”先进个人。湖南省“扫黄打非”工作小组办公室和岳阳市、怀化市新闻出版局被评为全国迎奥运保稳定“扫黄打非”先进集体。

尽管全省“扫黄打非”工作取得了一定成效，但面临复杂的出版物市场，“扫黄打非”机构、队伍、经费不足，机制建设尚不健全，以及各地工作不平衡等现状，还须全省“扫黄打非”工作部门的通力合作，解决新问题，建立新机制，作出新成绩。

领导讲话

在全省第二十一次“扫黄打非”工作电视电话会议上的讲话

湖南省委常委、宣传部长、省“扫黄打非”工作小组组长
蒋建国

这次会议的主要任务是，贯彻落实全国第二十一次“扫黄打非”工作电视电话会议精神，总结2007年全省“扫黄打非”工作，部署今年的工作任务。刚才，我们收看了全国的电视电话会议，建纲同志宣读了我省2008年“扫黄打非”行动方案要点，希望大家认真落实全国电视电话会议精神和《湖南省2008年“扫黄打非”行动方案》，切实抓好贯彻落实。下面，我讲三点意见。

一、全面把握“扫黄打非”工作的新形势

2007年，全省各级“扫黄打非”工作部门紧紧围绕省委、省政府中心工作，真抓实干、扎实苦干，出实招、求实效，圆满完成了全年工作任务，取得了显著成绩。切实担负起政治责任，始终保持了打击非法出版物的高压态势，为维护全省的文化安全和社会稳定作出了贡献；卓有成效地组织开展了春季战役、夏季战役、“一打击四整治”专项行动，有效打击了侵权盗版和非法出版发行行为，保持了出版物市场的健康、平稳和有序；成功查处了长沙“1·28”贮存盗版图书案、邵阳非法印制税务发票案等10余起有较大社会影响的重大案件，有效震慑了违法犯罪分子；不断创新工作思路，进一步提升了工作水平，“扫黄打非”的社会影响力不断增强。

这些成绩的取得，是各级党委政府高度重视、正确领导的结果，也是大家齐心协办、努力拼搏的结果。事实证明，我们这支队伍是一支敬业奉献、吃苦耐劳的队伍，是一支能打硬仗、值得信赖的队伍。在此，我谨代表省委省政府，向长期战斗在一线的广大“扫黄打非”工作者和关心支持这项工作的各方面同志，表示衷心的感谢和崇高的敬意！

2008年是深入贯彻落实党的十七大作出的战略部署的第一年，是全国人大、国务院、全国政协和省人大、省政府、省政协换届之年；2008年将举办北京奥运会，迎来改革开放30周年，并将筹备建国60周年庆祝活动。大事之年，“扫黄打非”工作面临的形势特别严峻，责任特别重大，任务特别繁重。

1. 从政治上看，文化安全方面的问题更加显现。各种势力利用各类出版物从思想文化上进行攻击和渗透，已成为他们的惯用手法和主要手段，这种斗争必将长期存在、愈演愈烈。

2. 从经济上看，知识产权保护的压力有增无减。一些政府和组织经常就知识产权保护问题与我进行交涉，甚至指责我国政府措施不力。因此，打击侵权盗版不仅是经济层次的问题，而是已上升到政治层面的问题，是落实科学发展观、构建和谐社会、确保国家文化安全和战略安全的需要，关系到我国的国际形象和根本利益。在国内，侵权盗版现象的存在已经严重损害了民族创新能力，而群众对保护知识产权的重要性认识还不够，打击侵权盗版还没有得到全社会的广泛认同，我们还面临着宣传教育和行政监管上的双重困难，任务十分重，压力尤其大。

3. 从文化上看，净化市场的任务尤为艰巨。党的十七大提出“推动社会主义文化大发展大繁荣”、“兴起社会主义文化建设新高潮”，这为我们加快社会主义文化发展提供了历史性的机遇。但是当前文化市场存在的问题不少，有的还比较

突出。比如，非法出版物以及宣扬淫秽色情、封建迷信的出版物仍然屡禁不止、屡查不绝；盗版以及其他非法出版销售活动仍比较活跃，盗版、非法出版物的印刷、储运、批发、销售活动向团伙化、网络化发展，手段更加隐蔽，增加了打击难度；一些农村和城乡结合部监管力量薄弱，炮制和经营非法出版物的现象比较严重；个别地方对“扫黄打非”重要性认识不足，工作不力。这些问题严重影响了文化事业和产业的健康发展，必须重拳出击，认真加以解决。

面对“扫黄打非”工作这项长期、复杂和艰巨的任务，各级各部门务必保持清醒的认识，坚定连续作战的思想，进一步增强大局意识、责任意识和忧患意识，发挥主动性，掌握主动权，打好主动仗，坚持不懈、坚定不移地推进“扫黄打非”斗争。

二、坚决落实“扫黄打非”工作的新任务

面对新的形势，党中央、国务院和省委、省政府对“扫黄打非”工作提出了新的更高的要求，我们肩负的责任更加重大，面临的任务更加艰巨。根据全国统一部署，今年我省“扫黄打非”工作的主要任务是，组织开展以打击非法出版物、整治印刷复制和运输环节、清理出版物市场为重点的三次专项行动，严厉打击非法出版物，坚决打击侵权盗版行为，全面开展网上“扫黄打非”，严肃查处非法报刊制售活动。各地各部门要严格按照这一总体部署，认真履行职责，狠抓落实，做到守土有责、守土尽责，确保各项工作任务圆满完成。

1. 忠实履行政治责任。严厉打击非法出版物及有害信息，确保国家文化安全，始终是“扫黄打非”工作的首要任务，是中央和省委、省政府交给我们的严肃任务，不容麻痹，不能懈怠。各地各有关部门要从维护国家稳定和社会安定的大局出发，保持高度警惕，采取有效措施，切实加强对出版物市场的日常监管，做到露头就打，除恶务尽。

2. 全面落实监管责任。要重点落实出版物市场的日常监管，突出加强对重点地区、重点部位和重点环节的监管。要切实落实省、市、县三级和新闻出版、文化、公安、工商、海关、教育等职能部门的监管责任，进一步加强对出版物出版、印制、发行和使用等重点环节，集中交易市场、车站码头和游商地摊等重点部位，节假日、夜晚等重点时段的日常监管，依法严厉打击制售非法出版物的违法犯罪活动。对问题较为突出的重点地区、重点时段和重点部位，要建立完善门前管理责任制和区域管理责任制，实施重点监控、反复清查、连片管理，最大限度地压缩非法经营活动的生存空间。要加强对学校采购、使用教材教辅读物的管理，防止学校组织征订、使用盗版教材教辅读物，对在采购、征订教材教辅读物过程中以权谋私、收受贿赂人员要依法依纪追究责任。

3. 切实解决突出问题。要认真研究出版物市场的现状，准确把握出版物市场动态，每年针对几个突出问题，集中时段，集中力量，开展几次专项整治行动。通过集中整治，力求逐步解决困扰我省出版物市场的顽症。今年要重点组织三次专项行动，力争取得三个明显成效：一是开展以打击非法出版物为重点的专项行动，力争铲除非法出版物生存的土壤；二是开展以整治印刷复制和运输坏节为重点的专项行动，严厉查处非法印制活动，打掉一批非法制售网络，力争从根本上规范我省印刷市场秩序；三是开展以清理出版物市场为重点的专项行动，使全省出版物市场得到明显净化，力争形成长效监管机制。在专项集中行动中，各地各部门务必各司其职、各负其责、团结合作、协同作战，重拳出击侵权盗版行为，集中治理非法报刊，大力扫除毒害青少年的文化垃圾，切实开展网上“扫黄打非”工作，确保专项行动取得预期成效。

4. 重点查办大案要案。要把查处大案要案作为深入推动“扫黄打非”工作的重要手段，一以贯之，抓准抓彻底，抓出成效。要充分发挥公安、新闻出版、版权、文化等职能部门的作用，按照“彻查、彻究、彻办”的办案原则，将生产、储运、批销等中间环节作为突破口，继续查处一批有较大社会影响的非法出版案件，有效遏制非法出版活动的团伙化、网络化、专业化、规模化趋势。要把大案要案的查办和结案情况作为考核“扫黄打非”工作的重要指标，严格依法办案，依照案件性质和各自的职权，做好案件协查和移交工作。要坚决杜绝以罚代刑的现象，对构成犯罪的，要及时移送司法机关追究相关责任人的刑事责任，使违法犯罪分子受得应有的惩罚。通过查办案件，清除有害土壤、优化工作环境、打击犯罪分子、教育从业人员、鼓舞人民群众。

三、努力开创“扫黄打非”工作的新局面

“扫黄打非”工作牵涉面广，导向性、政策性强。要继续坚持多年来我们在“扫黄打非”工作实践中所形成的行之有效的经验和做法，积极探索新形势下做好“扫黄打非”工作的方式方法，推动“扫黄打非”工作的深入开展。

1. 要切实加强领导。各级党委、政府要切实加强对“扫黄打非”工作的领导，研究解决好“扫黄打非”工作中的突出问题，为“扫黄打非”工作提供必要的人员、经费和设备保障。要将“扫黄打非”工作纳入整顿和规范市场经济秩序、社会治安综合治理、精神文明创建和纠正行业不正之风的总体部署，作为评选文明城市、文明社区、文明单位和检验社会治安综合治理及平安建设成果的重要指标，抓好落实。各级“扫黄打非”工作小组组长是“扫黄打非”工作的第一责任人，要切实承担起责任，深入一线、靠前指挥，洞察市场、解决问题。各级“扫黄打非”工作小组办公室要切实履行组织协调、督促检查的职责。各职能部门要切实履行工作职责，既要分工负责，又要密切配合，做到反应迅速、上下联动，形成强有力的工作合力。

2. 要不断创新方式。要主动适应时代的发展，努力探索做好“扫黄打非”工作的新思路、新举措，不断提升“扫黄打非”工作水平。要健全“扫黄打非”工作网络，积极推动“扫黄打非”工作进农村、进学校、进社区，充分发挥乡镇、街道和村委、社区基层组织的作用。要动员人民群众主动参与到“扫黄打非”工作来，在村委、社区设立“扫黄打非”工作联络员，选聘基层干部、乡镇和社区的人大代表和政协委员及有强烈责任感的党员、教师、农民担任社会义务监督员。要把开展经常性的暗访工作作为强化日常监管的重要手段，掌握情况、发现问题、指导工作、督查案件，确保工作落到实处。

3. 要建立长效机制。要着眼于实现出版物市场的长治久安，建立健全“扫黄打非”工作的长效机制。要认真总结工作实践中的有效做法，形成工作制度，及时推广应用。要进一步完善“扫黄打非”工作责任制，严格落实属地负责制和部门负责制，凡是因工作不到位出现的问题，要严格追究有关责任人的责任，切实做到责任到人。要完善案件彻查制度，坚决做到有报必接、有案必查，追根溯源、一查到底，打击非法、严惩犯罪，彻底打掉非法出版活动网络和团伙。要健全举报奖励制度，调动和发挥全社会力量都来关心和支持“扫黄打非”工作。要切实加强“扫黄打非”工作宣传，组织报刊、电台、电视、网站等媒体，采取多种形式，多视角、全方位地展示“扫黄打非”工作必要性、紧迫性和工作成果，增强人民群众的认同感，扩大“扫黄打非”的社会影响力。

4. 要打造坚强队伍。毛泽东说：“政治路线确定之后，干部就是决定因素。”落实“扫黄打非”工作目标任务，关键在队伍。能否培养锻炼一支政治坚定、业务精通、作风优良、秉公守法的执法队伍，直接关系到“扫黄打非”工作的成败。干部是干出来的，队伍是带出来的。对“扫黄打非”工作队伍，既要关心爱护，又要严格管理。要切实加强执法人员的政策理论和业务知识学习，牢固树立政治责任感，切实增强依法行政的能力。要严格实行行政执法责任制，切实解决不执法、慢执法、滥执法等问题，不断提高依法行政和科学管理工作水平。

同志们，深入开展“扫黄打非”斗争，着力净化文化市场，是党和政府赋予我们的神圣职责，是人民群众的强烈愿望。做好这项工作，责任重大，使命光荣。让我们在省委、省政府的正确领导下，振奋精神，真抓实干，全力推动“扫黄打非”斗争的深入开展，为推动社会主义文化大发展大繁荣，促进富民强省做出新的更大的贡献！

2008年1月17日

在视察省“扫黄打非”办时的讲话

湖南省委常委、宣传部长、省“扫黄打非”工作小组组长
蒋建国

在全省上下全力以赴投入抗冰救灾和春节临近的时候，今天专程来省“扫黄打非”办听取汇报，研究工作，主要是为了落实近期中宣部和全国“扫黄打非”办有关精神，切实做好我省春节和“两会”期间的“扫黄打非”工作，确保万无一失。我谈四点意见：

1. 思想上不能有任何放松。当前面临三个特殊时期，“扫黄打非”形势不容乐观：一是“两会”召开前夕，今年的“两会”将进行国家领导人换届选举，会前各种思想活跃，非法出版物增多；二是春节前后，流动人员多，市场购买力旺盛，市场监管难度加大，容易出问题；三是抗冰救灾的关键时期，今年这场严重的冰雪灾害给人民群众生产生活带来极大不便，使全省遭受重大损失，在全省上下集中精力投入抗灾救灾的时候，管理环节容易出现疏漏，一些违法分子也很可能钻管理的空子，乘虚而入。因此，我们一定要在思想上绷紧“扫黄打非”这根弦，一边抗冰救灾，一边加强管理，始终保持“扫黄打非”高压态势。

2. 行动上要抓具体抓落实。省“扫黄打非”办已经部署了岁末年初的集中行动，决不能停留或满足于以文对文、以会对会上，要把集中行动具体化，切实抓住抓好几件具体的事，解决具体的问题。

3. 市场监管责任要落实到位。现在全省的灾情仍然很严重，抗冰救灾形势还很紧张。省委要求，在灾情未解除前，干部不能离岗，机关不能放假。“扫黄打非”办干部也不能提前离岗，要利用从现在起到腊月二十九日的几天时间，组织省委宣传部、省新闻出版局、省工商局、省文化厅等部门有关人员，分成几个小组，对长沙、株洲、湘潭、邵阳、岳阳等几个重点市州出版物市场进行暗访，掌握情况，查补漏洞，督促各地落实监管责任。特别是要把长沙作为此次暗访的重点，反复清查市场，确保不出问题。

4. 机制建设要切实加强。“扫黄打非”要从根本上解决问题，关键还在于机制建设。只有形成有效的机制，才能确保监管到位，问题一出现就能及时发现，得到查处。要积极探索行之有效的工作机制，切实加强日常监管工作，及时发现问题，快速处置问题。既要搞好“扫黄打非”办机构队伍建设，又要切实加强执法队伍建设，还要探索建立“线人”队伍，完善举报奖励制度，动员群众主动参与“扫黄打非”，实现对出版物市场的长效监管。

2008年2月2日

在视察省“扫黄打非”办时的讲话

湖南省委常委、宣传部长、省“扫黄打非”工作小组组长
蒋建国

今年，全省的“扫黄打非”工作措施有力，成效明显，但形势仍然十分严峻，工作任务仍然十分繁重。

下面，我对近期的工作提五点意见，请你们将情况报告建纲同志，认真研究，抓紧行动。

第一，要抓紧时间，做到未雨绸缪。现在距离北京奥运会开幕只有3个多月了，时间非常紧，各项工作必须抓紧展开。我们必须把今年全省“扫黄打非”第二阶段专项行动工作重点放在5、6、7三个月，未雨绸缪，把工作基础抓牢抓扎实。

第二，要提高认识，落实“三保一防”。近一段时期，我们的工作要求是“三保一防”，即保导向正确，保播出安全，保系统稳定，防工作差错。对于出版工作来讲，导向正确是第一位的。我们必须按照省里的统一部署，把“三保一防”的工作要求落实到工作中的每一个环节，唱响主旋律，打好主动仗，为全省经济社会发展和迎奥庆奥营造积极的舆论氛围，树立湖南良好的对外形象。

第三，要突出重点，抓好“三环一网”。全省“扫黄打非”第二阶段专项行动方案安排了五大内容，包括“三环一网”，我非常赞成。“三环”就是复制印刷、销售市场和交通运输，即制造—传播—销售三个环节。下一步行动，三个环节都要引起重视，一个都不能疏忽。如果这三个环节都采取了行动，只要从中发现问题，就能查出其他的问题。“一网”就是互联网，即网上“扫黄打非”。现在很多“黄”和“非”的东西是以网络的方式进行的，必须高度重视。对此，我们有过一系列部署。但是，我们在网上“扫黄打非”工作方面尚存在缺陷，我们“扫黄打非”办公室今后也要调整。一方面要调整人员结构，要有人负责网络问题，必须拿出一个解决方法。这方面的专业知识可以学，专业人才可以培养。另一方面，要转变处室职能，高度重视网络问题。未来的发展，我们在网络问题上如果取得了主动，工作就会主动。网络上如果培养了一批人才，那才是真正的人才。这方面的工作应着手考虑。

第四，要讲究方式，搞好“三查一抓”。要注意研究工作方式，讲究工作效率。发文件、开会议、做方案、抓落实等常规方式不可或缺，但有些问题靠这些常规方法和手段是解决不了的，必须运用“三查一抓”等其他方法。“三查”就是检查、暗访和举报。通过“三查”，加强对重点对象、重点部位、重点环节的检查和监督。特别是举报，要引起重视，对奖金等问题要落实到位，不要因小失大。一旦出了大事，我们的代价会更大，伤害也会更大。“一抓”就是抓案子。查办大案要案是“扫黄打非”工作的重要手段，要顺着线索一查到底，一定要彻查严处，决不能半途而废。半途而废损害很大，既浪费人力、物力和财力，又在一定程度上助长了犯罪分子的气焰，他们觉得没什么危险，就会一再铤而走险。现在手头的几件案子都要有头有尾，但也要分清层次，明确责任，该交办的交办，该督办的督办。

第五，要加强领导，确保不出问题。“主动工作、全面出击、以攻为守、严防死保”，这是当前全省“扫黄打非”的工作方针。在当前这个特殊时期，我们的任务要求不一样，绝不能等问题冒出来后再引起重视，必须主动工作。全面出击，就是每一个环节、每一个区域都不可放过，

防止在某个环节、某个地方滋生问题。要落实上述十六字方针的要求，关键是领导要带队下去，到基层工作单位和生产单位，到那些可能出问题的第一线去，到问题多的地区去，到不放心的环节去。这样才能发现问题，才能理清工作头绪。在这个特别敏感的时候，我们决不允许任何非法出版物出现在市场上，确保市场秩序，确保不出问题。

希望大家齐心协力，抓紧工作，抓好落实，营造我省良好的思想舆论氛围。

2008 年 4 月 25 日

在听取全省出版物市场和文化市场监管工作情况汇报时的讲话

湖南省委常委、宣传部长、省“扫黄打非”工作小组组长
蒋建国

今天把省新闻出版局、省“扫黄打非”办和省文化厅的负责同志请到一起来，主要是研究北京奥运会和残奥会后进一步加强我省出版物市场和文化市场监管工作问题。

刚才，听了省“扫黄打非”办和省文化厅的工作介绍。总体来看，奥运会和残奥会期间我省出版物市场和文化市场监管思想认识高，责任落实好，干部沉下去，领导上一线，全省出版物市场和文化市场得到有效净化，管理效果很好，工作成绩很大。

出版物市场和文化市场监管是一项政治性很强的工作，作好这项工作意义十分重大。北京奥运会和残奥会结束后，出版物市场和文化市场发生了新的变化，形势更加复杂，任务更加艰巨。大家务必再接再厉，一以贯之，始终保持“扫黄打非”的高压态势，持续北京奥运会和残奥会期间出版物市场和文化市场形成的良好形势，切实防止反弹，确保不出问题。

一、要牢牢把握总体要求

奥运会后出版物市场和文化市场监管工作的总体要求是：根据中央和省委关于纪念改革开放30 周年和进一步抓好经济繁荣发展等一系列重大部署，将在北京奥运会和残奥会期间的有效举措和成功经验转移到日常监管中来，做到“三个持续、三个防止”。

一是要持续工作责任意识，防止思想放松。北京奥运会和残奥会期间，全省新闻出版和文化管理部门的同志们对抓好出版物市场和文化市场监管、确保市场安全的认识很到位，责任意识很强。北京奥运会和残奥会后容易出现思想认识上的松懈。对此，要引起高度重视，做到时刻绷紧出版物市场和文化市场监管无小事这根弦，保持政治上始终如一地坚定、头脑里始终如一地清醒。

二是要持续工作举措，防止力度减弱。北京奥运会和残奥会期间的市场监管工作措施得力，责任落实到位，形成了工作强势。当前务必乘胜追击，强化措施，防止北京奥运会和残奥会后出现工作减弱的现象，绝不能给非法活动以任何喘息的机会。

三是要持续工作机制，防止市场反弹。北京奥运会和残奥会期间出版物市场和文化市场监管工作取得了明显成效，形成了一些有效的工作机制。当前务必采取得力措施，切实防止市场出现反弹，完善市场监管的长效机制，保持和深化监管工作的良好态势，进一步规范我省出版物市场和文化市场秩序，切实防止市场出现反弹。

二、要大力加强市场监管

抓好北京奥运会和残奥会后的出版物市场和文化市场监管工作，确保市场健康发展，关键在于狠抓工作落实。

1. 要进一步提高认识。今年后 3 个月的出版

物市场和文化市场监管对比前段工作难度更大。一是国际经济形势严峻，国内经济发展面临新的挑战。二是当前大事多、喜事多，由此带来的热点问题也会比较多。三是节假日期间的市场形势更加复杂。国庆、元旦和春节三大节日接踵而至，伴随着人民群众日益增长的多样化的文化需求，一些非法活动容易露头。对这些重要的时段务必引起高度重视，采取有效措施，切实加强市场监管。

2. 要进一步落实责任。谁主管、管什么、怎么管，责任必须非常明确，必须落实到位。要进一步落实“扫黄打非”和市场监管责任，既要分工明确、责任到人，又要加强协调、形成合力。比如对网络的监管，“扫黄打非”和文化市场监管部门都要关注，都有责任，要切实做好责任的划分落实，形成监管的合力。目前，尤其是文化市场管理容不得丝毫的马虎，一定要从深圳市龙岗区歌舞厅重大火灾事故中汲取教训，联合消防部门加强监管，确保不出问题。

3. 要进一步强化措施。要全面落实“三查一抓”，即日常巡查、暗访抽查、举报实查、抓案件查处。要切实抓好市场的日常巡查，继续加强对重点地区、重点部位、重点对象的暗访抽查，高度重视对群众举报的核查，发现问题及时处置，努力保持市场的整体平稳。要狠抓案件查处，集中力量抓几个有影响的案件，追根溯源，一查到底，除恶务尽，有效打击违法犯罪分子的嚣张气焰。

4. 要进一步加强领导。要进一步落实领导责任，严格责任制和责任追究制。各级领导干部要切实履行领导职责，切实解决好当前存在的一些问题。要把放心的干部放到那些不放心的地方，负责不放心的工作，抓好不放心的环节。要通过明确领导责任，实行精细化管理，努力使矛盾化解在萌芽状态，把问题处置在发生之前。

三、要切实抓好当前工作

要认真抓好有关精神的贯彻落实。最近，全国“扫黄打非”办和国家文化部分别发出通知，就加强北京奥运会和残奥会后的出版物市场和文化市场监管工作提出了明确要求。省新闻出版局、省“扫黄打非”办和省文化厅要结合我省实际，认真进行研究，分头贯彻落实，把精神传达到位，把措施落实到基层，把责任明确到人。

要迅速组织一次节前市场清查。要抓紧国庆长假前的3天时间组织一次全面的市场暗访督查，尤其是要对可能存在非法出版活动和非法文化活动，容易出现问题的重点地区采取一次联合清查行动，确保节日期间出版物市场和文化市场稳定。

2008年9月25日

在全省“扫黄打非”办公室主任会议上的讲话

湖南省新闻出版局局长、省“扫黄打非”工作小组副组长
朱建纲

刚才，三平同志传达了省委领导对“扫黄打非”工作的重要指示，回顾总结了上半年“扫黄打非”工作，分析了当前“扫黄打非”所面临的形势，提出了下阶段的工作任务、目标和要求，讲得很好、很全面、也很精炼，希望大家回去后认真贯彻落实。“扫黄打非”已经开展了20年，“扫黄打非”的工作部门对这项工作是非常熟悉的，无论是从认识上、措施上，都有一整套的经验。但由于“扫黄打非”责任重大，我借这个机会再强调两方面意见。

一、认清形势，提高认识

在认清形势上今年要跟往年不同，要有新高度。

第一，国际形势的特殊性。今年是奥运年，

国际环境十分复杂，“扫黄打非”所面临的国际形势跟往年不同。在这种特殊的年份，我们必须将“扫黄打非”工作摆在一个前所未有的、十分重要的位置。

第二，自然灾害的影响。今年上半年，我们遭受了两场特大自然灾害，年初南方的冰雪灾害和“5·12”汶川地震。有人说，国难兴邦，说得好。在这样重大的自然灾害面前，体现了中国共产党和中央政府的责任心。这次自然灾害，极大地改变外国人对中国政府的看法和印象。的确，在这样的重大自然灾害面前，中央政府及时处置，全国各地积极援助，真正地体现了中央政府巨大的号召力。在今年这个特殊的年份，搞好“扫黄打非”一定要有新的认识，不能有认识疲劳。

第三，湖南自身的特殊性。湖南的“扫黄打非”工作还要格外注意。改革开放初，湖南的黄泥街书市在全国就有影响，那个时候整个思想文化还比较禁锢，但黄泥街书市非常繁荣，非常发达。特别是最近一段时间以来，去年长沙的“1·28”案，是全国贮存盗版图书的最大案子，“扫黄打非”开展20年来，没有办过这么大的案子。现在正在侦办的岳阳的码书码报案，我估计很可能又是全国码书码报的最大案子。另外，从环境上来看，湖南毗邻两广，交通便利，在“扫黄打非”上，往往扮演着承接从港澳转运到内地的桥梁作用。现在京广线、湘黔线等几条交通大动脉都经过湖南，这使得我们的“扫黄打非”工作任务更加艰巨。

所以我讲要提高认识，既要从国际上看一看，让自己的视野能够开阔一点，站得高一点；也要向全国看一看，看看我们的“扫黄打非”处于什么位置；还要从我们省内看一看，看看我们的个性在哪个地方，特殊性在哪里。我也建议14个市州也向本市看一看，看看本市在全省“扫黄打非”工作中处于什么位置，扮演什么角色，有些什么重点。

二、强化措施，确保平安

确保奥运会的平安，是中央的要求。中央不仅对“扫黄打非”提这个要求，也是对全国的各行各业、各个省市提出的要求，“扫黄打非”工作是其中之一。所以在全国的“扫黄打非”办主任会议上，中央的要求是非常明确的，就是一条，确保奥运平安，这是底线。

1. 要强化领导。工作实践表明，只要领导在第一线，工作就到位，如果领导在第二线，工作就在第二位，这基本上是个规律。因此，我们要求14个市州“扫黄打非”工作领导小组的同志，办公室的领导同志，从现在开始，一直到奥运会、残奥会结束，这一段时间，领导要始终站在“扫黄打非”的第一线。从时间上说，是从现在开始到9月下旬，从方法上说，领导到第一线一定要有记录，并且还要看领导组织了哪些力量，采取了哪些措施。有这三条，出了事情，还好商量，如果没在“扫黄打非”第一线，出了问题一定严格追究责任。

2. 要抓好重点。即抓好五个重点：重点地区、重点部位、重点环节、重点企业、重点对象。

第一，重点地区。就是以往在“扫黄打非”上面容易出问题的地方。比如，交通便利是“扫黄打非”出现问题和隐患的重要因素之一，我省南边沿京广线的郴州、衡阳、株洲、长沙、岳阳，西边的怀化，中部的邵阳，这些都是重点地区。这些地区要结合自己工作的基础和客观环境，制定出详细的、可操作的、行之有效的办法，切实把工作职责落实到位。

第二，重点部位。关键是市场。在最近的全省出版物市场暗访中，还是发现了不少问题，我们的市场并不是很干净。盗版图书、盗版光盘、盗版软件还较大范围地存在。因此，要把非法出版物堵住，首先要把市场堵住，没有了市场，它流通的力度就有限，它传播的速度就有限，它传播的影响力也有限。

第三，重点环节。最重要的环节是运输环节，而运输环节又是查堵任务最重、难度最大的一个环节。我省的交通比较发达，要谨防非法出版物通过运输环节进入我省市场。今年岳阳查办的“11·01”案，涉案物品几乎都是通过铁路、公路或水路运过来的，基本没有在岳阳印刷。所以这个重点环节，请我们的交通部门、邮政部门密切配合，做好检查。各市州新闻出版部门也要与交通、铁路、邮政等部门形成一个联动机制，防止出现工作死角。

第四，重点企业。主要是以前有过违规违法案底的印刷企业。有过案底的印刷企业，往往敢于去违法，很有可能继续从事非法活动。要把那些有过案底的印刷企业作为我们重点监控的对象。如果非法出版物通过汽车、火车和水路流入我省，我们及时把案件查处了，这绝对是成绩，不是问题，是一定要表彰的。但如果这些非法出版物都是本地的印刷企业印的，本地的光盘厂生产的，这个案件查处以后，既有成绩，同时也要追究监控不力的责任。今天的会议结束后，每个市州都要对本地重点监控的印刷企业进行摸底，把印刷企业的名称、印刷企业工厂的地点、印刷企业法人代表等情况报省“扫黄打非”办，以做到上下联动，切实监控到位。

第五，重点对象。就是经营户。各市州也要进行排查摸底，把那些极可能从事非法活动的经营户名单列出来，作为重点监控对象，也一并报省“扫黄打非”办。要切实加强对这些重点对象的教育和监管，经常上门了解情况，不时开展守法培训，反复开展执法检查，确保责任到人、监管到位，做到少出问题、不出问题。

3. 要严查案件。从近几年的“扫黄打非”实践来看，公安、工商、新闻出版（版权）等部门的密切配合，是办好大案要案的基本经验。今年上半年的几个重大案件，请各地抓紧侦破，尽快结案。要以抓紧办好大案要案作为迎接奥运会的献礼，以抓紧办好大案要案的实际成果来震慑犯罪。

“扫黄打非”是一项长期的任务，是一项艰巨的任务。我们不要气馁，不能松懈，要一鼓作气、连续作战，凭着对党的忠诚，对岗位的忠诚，切实把“扫黄打非”工作做好，不辜负党和人民的希望。

2008 年 6 月 17 日

全面履行工作职责　深入开展“扫黄打非”努力营造良好文化环境迎接北京奥运

湖南省新闻出版局副局长、省“扫黄打非”工作小组办公室主任
朱三平

今天会议的主要任务是，传达 5 月 27 日全国“扫黄打非”办公室主任会议精神，安排部署我省下一阶段“扫黄打非”工作。按照会议的安排，我讲三方面意见。

一、上半年“扫黄打非”工作成效显著

今年以来，全省各级“扫黄打非”工作部门始终保持了高压态势，严格按照《2008 年湖南省“扫黄打非”行动方案》以及全国“扫黄打非”办的有关要求和部署，深入开展了以查处非法出版物为重点的专项行动，全面展开以整治印刷、复制和运输环节为重点的专项行动，较好地履行了市场监管职责，有效打击了各类侵权盗版行为，保持了全省出版物市场的平稳、健康和有序。据不完全统计，1 月至 5 月，全省共出动检查人员 4.5 万人次，检查出版物市场 2990 个次；查获非法出版物 100 万多册，其中查缴盗版图书 31.4 万多册、盗版音像制品 58.5 万多盘（盒）、盗版教材教辅读物 7.3 万多册；立案查处非法出版物案件 1318 件，移送司法机关案件 12 起；处罚违规出版物店档摊点 664 个，取缔关闭非法出版物店档摊点 532 个、印刷复制企业 17 家。

（一）领导重视，扎实开展第一阶段专项行动

省委、省政府对“扫黄打非”第一阶段专项行动高度重视。1月17日，在全国“扫黄打非”工作电视电话会议后，省委、省政府组织召开了第二十一次全省“扫黄打非”工作电视电话会议，对2008年“扫黄打非”工作进行了全面部署，各市州、各县市区分别在分会场收看了此次会议。省委常委、宣传部长、省“扫黄打非”工作小组组长蒋建国，省人民政府副省长、省“扫黄打非”工作小组副组长郭开朗出席会议。蒋建国部长在会上作了重要讲话，对如何落实今年“扫黄打非”工作任务提出了全面要求，突出强调各级各部门要始终保持打击非法出版物的高压态势，确保全省的文化安全。1月31日，省“扫黄打非”办向全省各市州下发了《关于开展2008年“扫黄打非”第一阶段专项行动净化春节、“两会”期间出版物市场的通知》，就第一阶段专项行动进行了再次安排部署。2月2日，在省委省政府领导全省军民团结奋斗、抗击50年不遇的冰雪灾害期间，蒋建国部长从抗冰第一线，挤出时间到省“扫黄打非”办视察工作，听取全省开展第一阶段专项行动情况汇报，并就如何深入推进第一阶段集中行动提出要求，要求我们时刻绷紧“扫黄打非”这根弦，一边抗冰救灾，一边加强管理，始终保持打击非法出版物的高压态势，切实加强对出版物市场的日常监管，切实加强机制建设，把专项行动抓到实处。4月25日，蒋建国部长再次到省“扫黄打非”办现场办公，就如何开展当前“扫黄打非”工作作出了重要指示。

按照统一安排，我省各地在各级党委政府的高度重视和正确领导下，认真组织开展了2008年“扫黄打非”第一阶段专项行动，各级“扫黄打非”工作部门始终保持了紧张有序的工作态势，特别是以高度的政治责任感，认真部署对非法出版物的查处工作，全面掌握市场动态，及时协调有关案件查处工作，确保了各项工作任务落到实处。其中，邵阳市委常委会议专门听取了“扫黄打非”工作汇报，市委主要领导就“扫黄打非”工作作出了具体要求；常德市委常委、宣传部长覃清香亲自带队开展市场检查，向相关经营业主宣传政策，要求“扫黄打非”工作部门切实加强市场监管，引导各经营业主守法经营，进一步规范和繁荣出版物市场。在此期间，长沙、株洲、娄底、常德、湘西、怀化等地还扎实开展了岁末年初“扫黄打非”集中清查行动，进一步净化了出版物市场。

4月20日，省“扫黄打非”工作小组在长沙市田汉大剧院前坪举行集中销毁侵权盗版及非法出版物活动，共销毁盗版及非法书报刊76万册，盗版音像制品、盗版软件及电子出版物55万册。省委常委、宣传部长、省“扫黄打非”工作小组组长蒋建国出席了销毁仪式。省“扫黄打非”工作小组各成员单位负责人，长沙市新闻出版（版权）、文化、公安、工商、城管、邮政等部门执法人员及长沙市部分中小学生共300余人在现场参加了销毁活动。本次销毁活动，充分展示了去年下半年以来全省“扫黄打非”工作所取得的重大成果，很好地宣传了打击侵权盗版、保护知识产权的重大意义，取得了较好的社会反响。

（二）落实责任，不断加大市场监管力度

各级“扫黄打非”工作部门切实履行了监管职责，采取有效措施，进一步净化了出版物市场。一是严厉打击非法出版物。全省各地保持了高压态势，始终把这项工作作为“扫黄打非”的重中之重，及时高效地开展了一系列查处工作。二是扎实开展市场巡查和暗访。全省各地以集中清查行动为抓手，不断加大市场巡查力度，创造性地落实市场监管职责。其中，常德市做到了“三个坚持”：坚持每天对火车站、各汽车站、托运站及码头进行一次检查，坚持对所检查场所进出货物至少抽查一包，坚持节假日轮流值班，确保了监管责任落到实处。娄底市在全国“两会”召开期间，实行了领导带班的24小时值班制度，并集中力量就城区出版物市场进行了反复清查。湘西州“扫黄打非”办派出专门督查小组，采取

明查与暗访相结合的方式，对全州出版物市场进行检查，有效推动了专项行动的深入开展。株洲市新闻出版和文化部门实施了对株洲书城、书报刊批发单位和宾馆、车站等重点监管对象的每日巡查制度，确保了市场的平稳、有序。岳阳市先后组织10多次执法行动，对岳阳图书城、市区各书报刊销售点、车站、码头以及学校周边等重点部位进行反复清查，有效打击了各类非法出版发行行为。与此同时，为全面了解今年第一阶段专项行动情况，督促各地进一步净化春节、“两会”期间全省出版物市场，省“扫黄打非”办于2月3日至5日，组织省委宣传部、省文化厅、省工商局、省公安厅等部门，对长沙、株洲、湘潭、邵阳、岳阳等地的出版物市场进行一次暗访，着重就打击非法出版物的工作情况进行检查。从暗访的情况看，侵权盗版盗印的非法出版物仍然在公开或暗中销售，个别市场还较为突出。暗访结束后，省“扫黄打非”办专门向全省通报了暗访情况，要求各地进一步加大工作力度，更好地净化出版物市场，确保全国“两会”期间出版物市场的平稳有序。5月下旬，在奥运会圣火在湘传递前夕，由朱建纲局长亲自带队，省“扫黄打非”办再次组织三个检查组对部分地区的出版物市场进行了暗访。三是全面推进网上“扫黄打非”。在全面加强网络“扫黄打非”的同时，按照全省的统一部署，各级“扫黄打非”工作小组办公室积极协助公安、通信等部门扎实开展依法打击整治网络淫秽色情等有害信息专项行动，进一步净化了网络出版环境。其间，省通信管理局及时删除了网络淫秽小说《广州情色录》，怀化市以网吧为切入点，不断强化网络监管，总结出了“四到位”经验，即加强领导、组织到位，提高认识、宣传到位，强化管理、措施到位，健全网络、监管到位，扎实开展网上“扫黄打非”工作，取得了很好成效。全国“扫黄打非”办也以简报形式向全国推介了这一经验。

（三）突出重点，及时查处大案要案

蒋建国部长对案件查处工作高度关注，多次就有关案件作出了重要批示，要求严查彻究，一查到底。朱建纲局长也多次听取有关案情汇报，并亲自带队督查办案。全省各地始终以查处大要案件为深入推进“扫黄打非”的重要手段，集中人力和物力，及时有效地查处了一批重大案件，较好地打击了违法犯罪分子，教育了广大人民群众。一是岳阳“11·01”非法出版经营案。此案已被列为全国和全省“扫黄打非”重点督办案件，由岳阳市公安局立案侦查，得到了省公安厅的大力支持。自2007年下半年以来，经过岳阳市公安部门近4个月的缜密侦查，现已成功抓获贩卖地下“六合彩”码书码报犯罪嫌疑人15人，其中刑事拘留9人（逮捕3人），行政处罚6人，收缴码书码报18000余册。二是邵阳印制邪教书籍案。3月26日，蒋建国部长就此作出批示，要求就有关案情进行查处。经查实：邵东县警方于3月13日查获邪教组织“全能神教会”出版的《教会工作原则手册》5130册，该批书籍是李某（四川人）在没有任何正规手续的情况下委托邵阳县文教印刷厂印刷。4月7日，邵阳警方将涉案人员罗新忠、张健2人刑事拘留。目前，此案正在进一步查处中。三是邵阳市旺成印刷厂非法印刷案。根据全国“扫黄打非”办转交的关于旺成印刷厂涉嫌非法印刷的举报情况，省“扫黄打非”工作小组及其办公室高度重视，三次召开专题会议，分析研究案情，并将此案列为全省“扫黄打非”重点督办案件。省“扫黄打非”办组织人员就有关案件线索进行了核查，并于2月28日，组织省公安厅、邵阳市新闻出版局对涉嫌印刷厂进行了突击检查，现场查获《轻松夺冠》、《课堂内外》、《薛仁贵征东》等5个品种的非法出版物散页2吨及部分成品。此外，益阳市依法查处了非法期刊《中华医护杂志》案，湘西自治州查处了非法期刊《中国西楚风》案，其他市州也相应查处了一批侵权盗版案件。

（四）部门联动，“扫黄打非”工作合力进一步加强

各级“扫黄打非”工作部门更好地落实了“扫黄打非”职责，充分发挥了职能作用，推动了全省“扫黄打非”工作的向纵深开展。其中，

公安部门切实加大了对侵权盗版案件的查处力度，积极参与重点案件的查办工作，有效打击了违法犯罪分子；工商部门严把出版物市场准入关，切实加强了对重点地区、重点市场的日常巡查，不断加大对无证照经营行为的查处力度，更好地规范了出版物市场经营秩序；文化部门进一步加大对盗版音像制品的打击力度，4月7日至21日，省文化厅文化市场稽查总队分两组对全省开展了以网吧、音像及演出市场为重点的文化市场春季暗访督查行动，共深入到14个市州、27个县（市、区）、13个乡镇，共检查暗访网吧等经营场所324家，音像市场8个，较好地推动了基层的打击侵权盗版工作；新闻出版版权部门切实加强了对出版、印刷、复制企业和出版物零售、批发单位的日常监管，反复组织开展对出版物集中交易市场、繁华街区、印刷企业、车站码头等重点区域的执法检查，进一步规范了出版秩序；长沙海关切实加大入检、邮检和货检频率，把好了全省的出入境关口，及时查处了一批非法出版物；教育、通信、邮政、建设、机场等部门也根据各自的工作职责，认真开展“扫黄打非”工作，尤其是配合开展集中专项行动，取得了很好的工作实效。

二、当前“扫黄打非”面临的形势依然十分严峻

今年是极为重要、极为特殊的一年，在连续遭受雨雪冰冻和地震灾害的情况下，我们要举办世人瞩目的北京奥运会和残奥会，还将迎来改革开放30周年。特别是举办北京奥运会，对我国既是一次难得的机遇，也是一次严峻的挑战。

当前，就非法出版物而言，呈现出以下特点：一是制作源头相对集中。二是入境方式更加多样。其主要入境渠道为旅客携带、货物运输、邮寄投递、网络传送等。三是传播手法“四同步”。四是内容更具煽动性。

从我省出版物市场现状来看，出版物市场监管的任务仍然十分繁重，容不得丝毫马虎懈怠。我省出版物市场在保持相对平稳的同时，各类侵权盗版的、内容低俗的出版物仍然在较大范围内存在，部分地区甚至还较为严重。5月下旬，省“扫黄打非”办组织三个小组，对部分市州的出版物市场再次进行了暗访，从暗访的情况看，问题主要集中在以下三个方面：一是销售盗版非法出版物的行为仍然较大范围地存在。一方面，销售盗版音像制品的现象较为突出，在几个被暗访地区的出版物市场中，均发现有盗版压缩DVD盘出售，品种主要为国内外流行电视剧、电影等。此外，盗版的单机版游戏软件、瑞星杀毒系统等工具类软件也时有发现。另一方面，盗版图书仍在部分门店公开销售，这在出版物集中交易市场显得尤为突出，相当一部分门店公开或暗地销售盗版图书。二是非法报刊仍在部分地区公开销售。主要集中在销售报刊的游商、报刊亭和搭售报刊的小卖部。其中，兜售非法报刊的游商大多活动在火车站、汽车站等客运场所，人员较多且较分散，查处难度较大。非法报刊的内容主要涉及民俗故事、军事、政治或名人隐私等。或以偏概全、断章取义，或以讹传讹、捕风捉影，或无中生有、哗众取宠；三是游商地摊销售盗版非法出版物的现象仍然存在。在部分城市的繁华街区、过街天桥以及超市门口，均发现有游商地摊从事非法销售活动，并且呈现出昼伏夜出的特点。

当前面临的复杂形势是对我们“扫黄打非”战线的严峻考验。各地各有关部门要深刻认识开展“扫黄打非”工作的重要性，将思想和行动统一到中央精神上来，突出工作重点，立足主动防范，深入细致地做好“扫黄打非”工作，为成功举办北京奥运会营造良好的舆论氛围和文化环境。

三、深入推进下阶段“扫黄打非”斗争

省委、省政府对今年的“扫黄打非”工作特别重视。4月25日，省委常委、宣传部长、省“扫黄打非”工作小组组长蒋建国专程到省“扫黄打非”办视察，并就如何开展当前“扫黄打非”工作作了五点重要指示：一是要抓紧时间，做到未雨绸缪。要求在北京奥运会举办前夕，各项工作必须立即启动，抓紧展开，把工作做到位，防患于未然。必须把今年全省“扫黄打非”第二阶段专项行动工作重点放在5、6、7三个月，未雨绸缪，把工作基础抓牢抓实。二是要提高认识，落实“三保一防”。即保导向正确，保播出安全，保系统稳定，防工作差错。强调抓出版工作，导向正确是第一位的，必须按照省里的统一部署，把“三保一防”的工作要求落实到工作中的每一个环节，唱响主旋律，打好主动仗，为全省经济社会发展和迎奥庆奥营造积极的舆论氛围，树立湖南良好的对外形象。三是要突出重点，抓好“三环一网”。“三环”就是制造、传播、销售三个环节，包括印刷复制、交通运输和销售市场。三个环节都要引起重视，一个都不能疏忽。“一网”就是互联网，即网上“扫黄打非”。现在很多“黄”“非”的东西是通过网络来传播的，必须高度重视。四是要讲究方式，搞好“三查一抓”。要注意研究工作方式，讲究工作效率。要切实搞好“三查一抓”。“三查”就是日常巡查、暗访抽查和举报实查。通过“三查”，加强对重点对象、重点部位、重点环节的检查和监督。要特别重视举报查处工作，保护和调动群众参与“扫黄打非”的积极性，对举报人的奖金要落实到位，绝不能因小失大。“一抓”就是抓案子。查办大案要案是“扫黄打非”工作的重要手段，对案件线索要顺藤摸瓜，追根溯源，彻查严处，决不能半途而废。五是要加强领导，确保不出问题。全省“扫黄打非”要坚持“主动工作、全面出击、以攻为守、严防死保”的工作方针。尤其是在北京奥运会召开前后这个特殊时期，“扫黄打非”任务更重、要求更高，绝不能等问题冒出来后再去重视，必须积极工作，打好主动仗。“扫黄打非”工作部门的领导要深入到基层工作单位和生产单位，到那些可能出问题的第一线去，到问题多的地区去，到不放心的环节去，发现问题，处理问题。

全国“扫黄打非”办要求，第二阶段专项行动与第三阶段专项行动要在时间上衔接起来，在4、5、6三个月的工作基础上，奋战7、8、9三个月，打一场确保北京奥运会成功举办的攻坚战，为北京奥运会营造文明和谐的舆论文化环境。按照全国“扫黄打非”工作小组的统一部署，结合蒋建国部长的讲话精神，全省各级“扫黄打非”工作部门要着重抓好以下几方面工作，切实完成今年所定各项工作任务。

（一）坚决打击非法出版物

时刻保持高度警惕和高压态势，做到露头就打、不留死角，全力营造良好的思想舆论氛围。

（二）及时删除网络有害信息

要深入持久地开展网上“扫黄打非”工作，公安、通信管理、新闻出版等部门要以依法打击整治网络淫秽色情等有害信息专项行动为平台，加强对互联网及移动通讯网络的管理，密切关注网上舆情动向，深入查处利用网络传播淫秽色情等有害信息、销售非法出版物和侵犯知识产权的行为。

（三）深挖源头，集中整治印刷复制行业

近期，按照全国“扫黄打非”办和新闻出版总署的部署，省新闻出版局和省“扫黄打非”办将在全省范围内开展印刷复制业专项检查，重点开展与奥运有关的印刷品质量检查，防止非法印刷复制品进入市场。新闻出版、文化、工商、公安等部门要在市场清查的基础上，深入追查非法出版物及盗版音像制品的源头，深挖非法印刷窝点和非法光盘生产线，坚决取缔无证照印刷企业，严厉打击制售非法出版物及盗版制品的行为。各级新闻出版部门要会同有关部门，将印刷复制企业集中地区、非法印刷复制案件多发地区和非法印刷复制隐患地区作为重点，对印刷复制企业的在制品、承接业务情况进行认真检查，严肃查处承接非法出版物及盗版制品印制业务的企业，情节严重的要坚决依法吊销其经营许可证。

（四）加大力度，全面清查出版物市场

要切实加大市场巡查力度，集中开展对出版物市场的反复清理。各地“扫黄打非”工作小组办公室要会同新闻出版、文化、工商、城管、公安等部门，集中力量对书报刊、音像制品、计算机软件制品及电脑电子市场和繁华街区、旅游景区、交通枢纽、宾馆饭店等场所的出版物市场进行全面检查，坚决收缴各类非法出版物及盗版制品，坚决取缔兜售非法出版物的游商和无证照经营者。要建立游商及无证照经营者违法违规信息档案，对累计销售非法出版物及盗版制品达到刑事处罚标准的，要严格追究其刑事责任。要充分发挥社会义务监督员的作用，加大对群众举报信息的核查力度，及时查处市场上的各种非法出版发行行为。

（五）突出重点，加大对大案要案的查处力度

各地各有关部门要按照“彻查、彻究、彻办”的原则，挖窝点、打团伙、破网络，深入查办大案要案，强力震慑违法犯罪分子。要积极组织协调有关地区和相关部门及时查处大案要案，对部分重点案件派员督办。对于制售非法出版物及盗版制品达到刑事处罚的案件，及时移送公安机关立案查处。各级行政执法部门要协调公检法机关，充分运用现行法律法规，抓紧审结一批“扫黄打非”案件。大案要案结案后，要针对情况进行适当的宣传报道，进一步扩大“扫黄打非”工作的社会影响，更好地教育群众、震慑犯罪分子。

（六）加强领导，形成有效工作合力

各地各有关部门要认真落实“属地管理”和“谁主管、谁负责”的原则，将“扫黄打非”工作列入重要议事日程，主要领导要亲自过问，分管领导要靠前指挥，加强整体谋划，注意统筹协调。各级“扫黄打非”工作小组组长作为第一责任人，要切实担负起领导职责，强化对奥运会前“扫黄打非”工作的组织领导，狠抓各项重点任务的落实。各地各有关部门要采取有针对性、操作性的具体措施，强化对重点区域、重点环节、重点部位、重点对象的监管，确保奥运会前各项重点工作取得实效。要更好地发挥各成员单位在“扫黄打非”工作上的联动和合作，强化协作机制，切实形成有效工作合力。尤其是海关、交通、铁路、民航、邮政、公安等与出版物进出境及运输环节联系紧密的职能部门，要强化对出版物流通运输环节的执法检查及对出版物发货、承运手续的核查。其他成员单位也要继续加强配合，及时沟通，形成有效工作合力，以取得“扫黄打非”工作的新突破。

同志们，今年的“扫黄打非”工作，任务繁重，责任重大，使命光荣，我们务必要增强政治意识、大局意识、责任意识、危机意识，始终保持清醒头脑，始终保持高压态势，进一步振奋精神，拼搏进取，扎实工作，坚持不懈、坚定不移地开展“扫黄打非”斗争，努力为成功举办北京奥运会和残奥会、维护社会稳定作出更大的贡献！

2008年6月17日

2008年“扫黄打非”大案要案综述

湖南省“扫黄打非”办

2008年，湖南省各级“扫黄打非”部门高举保护知识产权旗帜，强化日常监管机制，深入开展了一系列专项行动，查办了一批大要案件。全年共出动检查人员11.9万余人次，检查出版物市场1.1万多个次；查获非法出版物218.6万多册，其中查缴盗版图书76.2万多册、盗版音像制品109.8万多盘（盒）、盗版教材教辅读物16.7万多册、非法报纸期刊12.5万余份；立案查处非法出版物案件3120多件，移送公安、司法机关案件12起；处罚违规出版物店档摊点1752个，取缔关闭非法出版物店档摊点1367个、印刷复制企业27家，刑事处罚25人。

一、湖南岳阳“11·01”非法出版经营案

2007年11月1日下午4时，岳阳警方在该市

梅溪桥市场一仓库内将正在批发贩卖码书的犯罪嫌疑人庞某、刘某抓获，现场收缴码书码报14000余册、买码用的卡片1000余张。11月12日，又抓获犯罪嫌疑人肖某、陈某，现场收缴码书4000余册。经省、市两级新闻出版局鉴定，所收缴的140余种码书码报均属非法出版物。经审查深挖，一起地跨六省、网络庞大、涉案近亿元的特大非法出版经营案浮出水面。该案迅速被列为国家和省两级“扫黄打非”部门和公安部门重点督办案件，全国“扫黄打非”办、公安部、湖南省“扫黄打非”工作小组有关领导高度关注案件进展并对办案工作给予明确指示和支持，省新闻出版局、省“扫黄打非”办有关领导多次前往岳阳督办案件。经过近一年时间的缜密侦查和艰苦取证，该案于2008年9月成功办结。市新闻出版局前后出动执法人员500人次、公安部门共出动干警3000人次，出动车辆800驾次，先后出差37次，足迹踏遍6省30余个市、县，行程28.9万多公里。为彻查此案，专案组共调取相关书证近10万页，审讯嫌疑人员达157次，形成的笔录材料2753页，提取银行、电信部门数据72万多个，筛选有价值证据数据8000多个，冻结、取缔涉案资金账户15个，涉及金额近亿元，追缴涉案财物及非法所得共计价值560余万元。案件告破后，销售、贩卖码书、码报的9条主线全部查清，南方诸省犯罪团伙的网络体系已受到摧毁性打击，涉及的地下印刷窝点已被捣毁，抓获涉案人员25人，其中7人被判刑，主犯黄某被判处7年有期徒刑，其他6人分别被判处7个月至5年有期徒刑，治安处罚7人，取保后审和保外就医8人，公安部网上追逃3人。

二、邵阳市旺成印刷厂非法印刷案

2月13日，湖南省“扫黄打非”办接到全国“扫黄打非”办转送的举报材料（邵阳市旺成印刷厂涉嫌非法印刷），我办立即向省新闻出版局领导报告情况并提出初步处理意见。经局领导同意，该办派员于2月25日前往涉案厂家踩点暗访，并初步判定举报属实。2月28日，省“扫黄打非”办牵头，联合省新闻出版局印刷处、省公安厅治安总队组成督查组前往邵阳，在严格保密的情况下，带领邵阳市新闻出版局、市“扫黄打非”办有关领导和工作人员直赴邵阳市旺成印刷厂，现场查获一批正在盗印的成品和半成品。随后，邵阳市新闻出版局立案调查，掌握了该厂的基本情况及主要违法事实，并依法销毁该厂车间内所有非法印刷的成品、半成品、散页共2.18吨，处罚人民币3万元，省新闻出版局依法吊销其印刷经营许可证。

三、邵阳县印制邪教书籍案

3月13日，邵东县警方查获邪教组织“全能神教会”出版的《教会工作原则手册》5130册。经审查，该批书籍是四川人李某（在逃）在没有任何正规手续的情况下委托邵阳县文教印刷厂（在省新闻出版局登记的名称是“邵阳县长阳铺印刷厂”，法定代表人罗某某，核准的经营范围是“包装装潢印刷”）印刷。此案引起省委领导的高度关注，省新闻出版局领导要求省“扫黄打非”办派出督办组赴邵阳督办，邵阳市成立了市委常委、宣传部长挂帅的专案组全力侦办此案。4月2日，经与有关单位联系和沟通后，省新闻出版局已将涉案书籍鉴定为有政治问题的非法出版物并签发鉴定书（湘新出鉴〔2008〕020号）。4月7日，邵阳市、县警方将罗某某、张某（邵阳县文教印刷厂合伙人，涉案印刷业务联系人）2人予以刑事拘留并继续深挖网络，坚决打击违法犯罪活动。4月7日，鉴于邵阳县文教印刷厂的严重违法行为，邵阳市新闻出版局已报请省新闻出版局依法吊销了该厂的印刷经营许可证。10月13日，邵阳县检察院对罗某某等人提起公诉。10月27日，邵阳县人民法院依法判决，罗某某犯非法经营罪，判处有期徒刑3年、缓刑4年。

四、湖南人本文化传播有限公司非法出版盗印案

2008年6月，有单位和群众向湖南省“扫黄打非”办举报，湖南人本文化传播有限公司（以下简称人本公司）大肆向省内部分高校推销盗版盗印或者假冒出版单位的非法出版物。长沙市新闻出版局接到湖南省“扫黄打非”办《关于查处湖南人本文化传播有限公司非法出版案的督办函》后，迅速成立专案组，根据有关线索展开调查。专案组现已初步查明，2006至2008年间，人本公司组织所谓专家编写教材后，到有关出版社买书号出版，由出版社委托在湘印刷三五千册。然后再撇开出版社，擅自大量改版、加印。人本公司3年间先后委托长沙彩印厂、长沙理工大学印刷厂印制《大学生心理健康教育》（红旗出版社出版）一书20150册，其中6000册属合法委印，超印14150册；委托长沙理工大学印刷厂印制《军事理论与技能教程》（中国人事出版社出版）一书52300册，其中7000册属合法委印，超印45300册。两书共支付印刷费约42400元。2006年至2008年间，当事人将上述两书发给长沙学院、湖南商务职业技术学院、长沙医学院等7所在长高校，共计发行34569册，其中13000册属于合法出版物，发行非法出版物共计25569册，非法经营额46万余元。长沙市新闻出版局拟没收该公司违法所得并处罚款合计46万元，提请湖南省新闻出版局吊销该公司的出版物经营许可证。

2009年3月16日

2008年“扫黄打非”大事记

湖南省“扫黄打非”办

1月4日，省新闻出版局副局长、省“扫黄打非”办主任朱三平主持召开了省“扫黄打非”工作小组成员单位联络员会议，进一步研究了2007年全省“扫黄打非”工作先进集体和办案有功集体、有功个人的评审工作。

1月17日，省“扫黄打非”办组织相关单位收看了第二十一次全国“扫黄打非”工作电视电话会议，并在全国会议结束后接着召开了第二十一次全省“扫黄打非”工作电视电话会议。我省的会议由省人民政府副省长郭开朗主持。省委常委、宣传部长、省“扫黄打非”工作小组组长蒋建国出席会议并作重要讲话。省“扫黄打非”工作小组各成员单位、省直有关单位和局机关各处室负责同志参加了会议。

1月31日，转发全国“扫黄打非”办《关于开展2008年“扫黄打非”第一阶段专项行动净化春节、“两会”期间我省出版物市场的通知》，在全省开展了以打击非法出版物为重点的专项行动。

2月2日，省委常委、宣传部长蒋建国赴省“扫黄打非”办视察指导工作，并就我省2008年春节、“两会”期间的“扫黄打非”工作提出了具体要求。省新闻出版局局长朱建纲、副局长朱三平分别就有关工作进行了汇报。

2月3日至5日，根据省委领导指示，省“扫黄打非”办工作人员分成三个小组，由朱三平副局长带队，分别赴长沙、株洲、湘潭、岳阳、邵阳及邵东等地进行了出版物市场暗访。暗访结束后，省“扫黄打非”办及时向省委和新闻出版总署汇报了情况，并向各市州下发了情况通报。

2月27日，省新闻出版局局长朱建纲、副局长朱三平带领局办公室、出版物市场管理处负责同志赴岳阳指导工作，并就“11·01”非法出版经营案与岳阳市局交换了意见。

2月28日至29日，省“扫黄打非”办工作人员与省公安厅负责同志赴邵阳，会同邵阳市新闻出版局，现场查处了邵阳市旺成印刷厂非法印刷案。

3月7日至9日，省“扫黄打非”办负责同志赴武汉参加了全国“扫黄打非”办召开的“2008年‘扫黄打非’第一阶段专项行动检查汇报会”。

4月20日，省“扫黄打非”工作小组在长沙市田汉大剧院前坪举行了集中销毁侵权盗版及非法出版物活动。此次销毁活动共销毁盗版及非法书报刊76万册，盗版音像制品、盗版软件及电子出版物55万册。省委常委、宣传部长、省“扫黄打非”工作小组组长蒋建国出席了销毁仪式，并作了重要讲话。

4月25日，省委常委、宣传部长、省“扫黄打非”工作小组组长蒋建国一行赴省“扫黄打非”办视察指导工作，并就如何开展2008年“扫黄打非”第二阶段专项行动，确保2008年奥运会的成功举办提出了具体要求。省新闻出版局副局长邹琼、朱三平、尹飞舟及局机关有关处室主要负责同志参加了工作汇报会。

5月16日，省“扫黄打非”办组织召开了省“扫黄打非”工作小组成员单位会议。会议由省新闻出版局副局长、省“扫黄打非”办主任朱三平主持，省新闻出版局局长、省“扫黄打非”工作小组副组长朱建纲出席会议并讲话。省委宣传部、省教育厅、省公安厅、省文化厅、省交通厅、省工商局、省通信管理局、省邮政局、长沙海关、省机场管理集团有限公司等10多个省“扫黄打非”工作小组成员单位联络员参加了会议。

5月21日至30日，省新闻出版局局长、省“扫黄打非”工作小组副组长朱建纲，省新闻出版局副局长、省“扫黄打非”办主任朱三平带队，对怀化市、衡阳市、郴州市、岳阳市、湘潭市和长沙市等地出版物市场进行了暗访，并就暗访中发现的问题和当地“扫黄打非”办及新闻出版行政部门进行了充分交流，要求当地“扫黄打非”办和新闻出版行政部门切实做到守土有则，加强政治意识，从全国、全省工作大局出发，为迎接奥运创造良好的舆论文化氛围。

6月17日，省“扫黄打非”办组织召开了全省“扫黄打非”办主任会议。省新闻出版局局长、省“扫黄打非”工作小组副组长朱建纲主持会议并作了重要讲话。省新闻出版局副局长、省“扫黄打非”办主任朱三平出席并讲话。各市州“扫黄打非”办主任及省委宣传部、省教育厅、省公安厅、省文化厅、省交通厅、省工商局、省通信管理局、省邮政局、长沙海关、省机场管理集团有限公司等成员单位联络员参加了会议。

7月18日，省委副秘书长钟万民一行到省“扫黄打非”办调研工作，省新闻出版局局长朱建纲、副局长朱三平以及省“扫黄打非”办部分同志参加了调研工作会议。朱建纲局长和朱三平副局长就今年的“扫黄打非”工作情况及目前面临的形势做出了工作报告。

7月30日至8月7日，省“扫黄打非”办会同省委宣传部，组成三个暗访督查工作小组，由省新闻出版局副局长、省“扫黄打非”工作小组办公室主任朱三平以及省委宣传部出版处和省新闻出版局市场处负责同志分别带队，深入长沙、湘潭、株洲、岳阳、邵阳、郴州、衡阳、益阳、常德、张家界等地开展市场暗访和工作督查，并对湘潭、株洲两地的出版物集中交易市场进行了回访。暗访结束后，检查组与当地“扫黄打非”办和新闻出版部门通报了有关情况，听取了有关工作情况汇报，并就如何加强奥运期间的出版物市场监管工作提出了具体要求。

8月15日，省人民政府副省长刘力伟主持召开了省清理整治无证无照经营工作联席会议。省新闻出版局副局长朱三平总结了全省新闻出版行业清理整顿无证无照工作。

8月19日，省委副秘书长钟万民主持召开了“扫黄打非”调研工作座谈会，研究并拟定了“扫黄打非”工作调研方案。省新闻出版局副局长、省“扫黄打非”工作小组办公室主任朱三平带领省“扫黄打非”办其他同志参加了会议。

8月22日，在省新闻出版局召开了省邮政公司出版物连锁经营许可暨规范经营管理联席会议。会议由省新闻出版局副局长、省“扫黄打非”工作小组办公室主任朱三平主持。省新闻出版局出版物市场管理处、长沙市新闻出版局、省邮政公司有关负责人和长沙市民政局、长沙建斌实业公司有关人员参加了会议。会议通报了省新闻出版局对省邮政公司在长沙地区的出版物连锁经营申请的考察情况和许可意见，进一步明确了有关单位的责任。

9月2日，省新闻出版局副局长朱三平带队，省委办公厅综合调研二处和省“扫黄打非”办有关同志，赴邵阳、怀化等地进行了“扫黄打非”工作长效机制调研。

9月25日，省委常委、宣传部长蒋建国，省委宣传部副部长魏委一行赴省新闻出版局和省“扫黄打非”办视察指导工作，并听取了全省出版物市场和文化市场监管及“扫黄打非”工作情况汇报。汇报会上，蒋建国部长就如何在北京奥运会后进一步加强我省出版物市场和文化市场监管工作问题做了重要讲话，省新闻出版局局长朱建纲、副局长朱三平，省文化厅厅长周用金、副厅长雷鸣强及省新闻出版局、省文化厅相关处室负责人参加了汇报会。

10月10日至13日，全国“扫黄打非”办联合检查组赴我省，就打击非法报刊专项行动开展情况暨报刊市场状况进行检查，朱三平副局长及省“扫黄打非”办部分同志陪同联合检查组同志前往长沙、岳阳等地检查指导工作。

10月16日至17日，省委副秘书长钟万民率综调二处及省“扫黄打非”办同志赴常德市进行“扫黄打非”工作长效机制调研工作。

11月12日至13日，省新闻出版局副局长朱三平陪同省委副秘书长钟万民前往长沙市、浏阳市调研“扫黄打非”长效机制调研问题，出版物市场管理处处长罗永康陪同。

11月17日，省委办公厅、省“扫黄打非”办召集了省“扫黄打非”工作小组各成员单位联络员，召开了省“扫黄打非”长效机制调研暨省“扫黄打非”工作小组成员单位联络员会议，共同研究了我省“扫黄打非”长效机制建设工作及2008年“扫黄打非”总结表彰工作。省委副秘书长钟万民，省新闻出版局局长朱建纲，省新闻出版局副局长朱三平出席会议并讲话。

12月25日，省“扫黄打非”办召集部分成员单位联络员召开了评先工作会议。省新闻出版局副局长、省“扫黄打非”办主任朱三平出席会议并讲话。

创新经验

关于修订印发《湖南省“扫黄打非”工作责任制》的通知

各市州“扫黄打非”工作小组，省“扫黄打非”工作小组各成员单位：

省“扫黄打非”工作小组曾于2001年8月7日下发《湖南省“扫黄打非”工作责任制》（湘扫黄办〔2001〕26号）。几年来，各地、各部门认真贯彻落实责任制，有力地推动了全省“扫黄打非”工作。为在新形势下深入开展“扫黄打非”斗争，进一步发挥各市州、各职能部门的作用，增强责任意识，确保一方平安，在充分征求各地、各部门意见的基础上，我们对责任制进行了修订，现印发你们，请认真贯彻执行，为我省“扫黄打非”工作作出新的更大的贡献。

2008年5月16日

湖南省“扫黄打非”工作责任制

第一章　总则

第一条　为维护国家文化安全，保护知识产权和民族创新，坚持不懈地开展“扫黄打非”斗争，充分发挥各市州、各职能部门的作用，增强责任意识，特制定本责任制。

第二条“扫黄打非”工作的主要范围：

1. 书报刊市场，包括各类实行书号、刊号管理的图书、报纸、期刊、图片、挂历的出版、印制和发行。

2. 音像制品市场，包括各类实行版号管理的录音带、影视录像带、电影拷贝、唱片、激光唱盘、激光视盘的出版、复制、发行和放映。

3. 电子出版物市场，包括各类实行书号管理的软磁盘、只读光盘、交互式光盘、照片光盘、集成电路卡等的出版、复制和发行。

4. 印刷市场，包括排版、制版、印刷、装订、打字、复印等。

5. 信息网络市场，包括网络出版、传播等活动。

6. 演出娱乐市场，包括涉及版权的歌舞娱乐场所、卡拉OK场所、电子游戏场所等。

第三条“扫黄打非”工作原则：

1. 讲政治。顾全大局，坚持将社会效益摆在首位。

2. 讲法制。严格管理，严肃执法。

3. 讲责任。分级管理，以块为主，条块结合，齐抓共管；谁主管，谁负直接责任。

4. 明奖惩。表彰先进，批评后进。

第二章　地方党委、政府的责任

第四条　各地方党委、政府要对辖区内的出版物市场整治与管理负总责，切实加强对“扫黄打非”工作的领导，指导、协调、督促辖区各职能部门抓好“扫黄打非”工作。

第五条　设立本地“扫黄打非”工作小组和“扫黄打非”工作小组办公室，明确编制，配备专职工作人员，保证必要的工作经费并纳入同级财政预算。

第六条　依照本责任制制定辖区“扫黄打非”工作责任制，并将“扫黄打非”工作列入政府年度目标管理考核体系。

第七条　有下列情形之一者，追究地方党委、政府分管领导和主要领导的责任：

1. 辖区出版物市场发生重大问题，经上级指出或被新闻媒体曝光仍整治解决不力，造成严重不良影响的；

2. 辖区出版物市场被中央点名通报批评或被列为全国重点整治对象，造成恶劣影响的；

3. 采取地方保护主义，制定土政策，人为地造成出版物市场管理盲区，或严重干扰、阻挠出版物市场监管部门执法人员执行公务及查处案件的；

4. 年度内，本辖区因同一“扫黄打非”问题被上级先后3次责令整改的。

第三章　有关职能部门的责任

第八条　有关职能部门是指“扫黄打非”工作小组各组成部门，即同级党的纪委、党委办公厅（室）、党委宣传部、党委政法委、政府办公厅（室）、法院、检察院、教育、公安、监察、财政、交通、信息产业、城建、文化、广电、工商、新闻出版、版权、航运、海关、民航、邮政、铁路等部门。

第九条　有关职能部门在“扫黄打非”工作中应担负的主要责任：

1. 党委、政府办公厅（室）：对“扫黄打非”工作进行综合调研、宏观协调；及时向有关部门传达领导同志的指示意见；对上级和同级党委、政府有关“扫黄打非”工作重大方针政策的贯彻落实进行监督检查。

2. 党委宣传部：将“扫黄打非”工作纳入精神文明建设整体规划，在评选精神文明建设工作先进单位时，对“扫黄打非”工作中出现重大问题的实行一票否决；调查研究出版物市场的现状与发展趋势；向同级党委提出加强“扫黄打非”工作的建议和措施；做好“扫黄打非”的指导、宣传工作。

3. 纪检、监察部门：着重从廉政、勤政建设与“扫黄打非”工作的结合上提出建设性的意见和建议，保证“扫黄打非”工作责任制的实施；积极参与“扫黄打非”重大恶性案件和事故的调查，重点查处领导机关、领导干部严重官僚主义和失职、渎职行为，追究其党纪、政纪责任。

4. 党委政法委：统一公安、检察、法院等政法部门在查处“制黄”“贩黄”、非法出版刑事案件中的执法思想和行动；协调、督导政法部门办理“扫黄打非”刑事犯罪案件，研究解决执法办案中的突出问题；将“扫黄打非”工作纳入社会治安综合治理。

5. 财政部门：根据实际工作需要，保证“扫黄打非”工作专项资金和“扫黄打非”举报奖励资金到位；切实加强财政管理，督促制定有关专项资金的使用和管理办法。

6. 人民法院、检察院：分别负责对辖区内出版物市场中违法犯罪案件的审查批捕、审查起诉和审判工作，依法从严从快打击犯罪分子；法院还负责依法办理“扫黄打非”工作中的行政处罚强制执行案件和行政诉讼案件。

7. 公安部门：负责对非法出版物以及淫秽色情出版物的查处；依法查处出版物市场中出现的各种违法经营案件和犯罪分子；会同有关部门查处非法设立的印刷复制企业；积极参与出版物市场和文化娱乐市场的日常管理，为有关部门行政管理的顺利进行保驾护航。

8. 交通、民航、邮政、铁路、航运部门：加强对出版物流通领域的监管，积极与有关部门配合，做好“扫黄打非”工作；加强对内部人员遵纪守法的教育，群防群治，堵住非法出版物流通的漏洞。

9. 海关：加强对进出境出版物和光盘复制生产设备的监督管理，严厉打击走私违法犯罪活动，严格查缉各种非法印刷品、音像制品和计算机存储介质以及其他国家禁止进出境的物品；与有关部门密切配合，支持其“扫黄打非”工作。

10. 教育部门：加强对青少年的法制教育，进一步宣传、贯彻《中华人民共和国未成年人保护法》，维护未成年人的合法权益；加强内部管理，坚决遵守国家有关法律法规，严密防范盗版教材、教辅等各类非法出版物流入校园；积极与新闻出版、版权等有关部门配合，依法打击系统内的各类非法出版活动。

11. 通信管理部门：加强对互联网上网服务营业场所的管理，把好审批关；积极配合有关部门依法对互联网上网服务的营业场所进行清理整顿，及时依法清理互联网上的各种有害信息。

12. 城建部门：积极组织公安、工商、文化、新闻出版和版权部门，依法查处游商、地摊销售非法出版物的行为。

13. 文化部门：依法对音像市场实施经常性监督管理，制止和查处音像市场中的非法出版活动和非法经营活动；依法对互联网上网服务营业场所中含有色情、赌博、暴力、愚昧迷信等不健康电脑游戏活动进行查处。

14. 广播电视部门：充分发挥电视、广播等宣传媒体的优势，积极宣传“扫黄打非”工作和工作中涌现的先进典型；严格遵守国家有关著作权法律法规，坚决制止淫秽、色情、暴力、凶杀、封建迷信等节目的制作和播放。

15. 新闻出版、版权部门：把好出版物的审批关，坚决制止非法的、淫秽、色情、暴力、凶杀、封建迷信等出版物的出版、发行和进口；依法对书报刊市场、电子网络出版物市场和印刷复制行业实施监督管理，查处非法出版、印刷复制活动和书报刊、电子出版物市场中的非法经营行为；依法查处出版物领域的各种侵权盗版行为，触犯刑法的要及时移交司法部门查处。

16. 工商行政管理部门：加强对出版物市场、文化娱乐市场和互联网上网服务营业场所的监督管理，依法把好经营证照审批关，查处非法经营活动；配合有关部门开展“扫黄打非”工作，整顿取缔无照经营。

17. “扫黄打非”工作小组办公室：在“扫黄打非”工作小组领导下承担“扫黄打非”日常工作。主要职责是：对地方“扫黄打非”工作的态势进行调研，提出政策性意见；规划、组织地方“扫黄打非”集中行动和专项治理工作；对工作小组各组成部门的“扫黄打非”工作进行协调；受理群众举报；指导、督促重大案件的查办工作；组织区域性“扫黄打非”工作检查；组织“扫黄打非”宣传舆论工作；完善“扫黄打非”工作信息、情报系统；推动“扫黄打非”监管网络和区域性联防组织建设；完成上级“扫黄打非”工作部门和同级“扫黄打非”工作小组交办的其他工作事项。

第十条　对没有认真履行职责，造成下列情况之一的，分别追究有关部门分管领导或主要领导的责任：

1. 年度内，未对本系统“扫黄打非”工作作出总体部署和总结的；

2. 越权和滥发有关经营许可证，并发生“扫黄打非”领域严重违规违法问题的；

3. 归口管理的出版物市场出现严重混乱，没有及时发现并采取果断措施解决，在省内外造成严重不良影响的；或归口管理的出版物市场出现管理不善问题，而被上级或有关部门连续3次以上通知整改，仍无改观的；

4. 年度内，本部门、本系统“扫黄打非”领域违法违规问题被上级或有关部门连续3次以上通知整改，仍无改观的；

5. 采取部门保护主义，对本部门、本系统“扫黄打非”领域的违法违规活动，不按有关规定进行处理，而是包庇、袒护的；

6. 对“扫黄打非”领域重大案件查处不力，玩忽职守，失职、渎职，采取“以罚代法”的；

7. 在“扫黄打非”集中行动或专项治理工作中，不积极参与或不配合的。

第四章　主办单位的责任

第十一条　主办单位是指承办出版物经营单位、筹办出版物经营场所的单位或其直接上级单位。

第十二条　主办单位要对经营单位的经营情况、遵纪守法情况进行经常监督、管理，发现问题及时解决。

第十三条　有下列情形之一的，分别追究主办单位分管领导或主要领导的责任：

1. 不按规定申报出版物市场有关手续和经营证照，或超范围经营的；

2. 发生“扫黄打非”领域重大违法、违规行为，而不能主动处理解决，造成不良影响的；

3. 采取部门保护主义，对经营单位的违法违规行为包庇纵容、隐情不报或不据实报告的；

4. 对受处理的经营行为，不按有关规定落实处罚的；

5. 不接受有关部门的意见，接纳有严重违法违规问题的经营者，并造成不良后果的。

第五章　奖励与处罚

第十四条　对在“扫黄打非”工作中认真履行职责，做出优异成绩的，分别由各级“扫黄打非”工作小组给予表彰和奖励。

第十五条　表彰奖励主要包括：(1) 通报表扬；(2) 授予“扫黄打非”工作先进单位和先进个人、办案有功集体和有功个人称号。

第十六条　对“扫黄打非”工作先进单位和先进个人、办案有功集体和有功个人的奖励，由同级“扫黄打非”工作小组批准。

第十七条　被追究责任的单位和个人，分别由各级党委、政府给予下列惩处：

1. 被追究责任的地区、部门或单位，列为本年度未完成“扫黄打非”工作目标的单位，取消其评选本年度完成工作目标先进单位和文明单位的资格；

2. 被追究责任的地区、部门或单位的分管领导和主要领导，自追究之日起两年内不得参加各类先进评比，不得提拔重用；

3. 对被追究责任的地区、部门或单位，给予通报批评，责令写出检查，并对分管领导予以谈话，限期整改达标；

4. 对连续两次被追究责任的地区、部门或单位分管领导和主要领导，给予党纪政纪处分，调离工作岗位。

5. 需要追究刑事责任的，由司法部门依法处理。

第十八条　对地区、部门或单位领导责任问题的处理，由各级“扫黄打非”工作小组核实情况，提出意见，按干部管理权限报批和执行。

第六章　附则

第十九条　本责任制由省“扫黄打非”工作小组办公室负责解释并组织实施。

第二十条　本责任制自发文之日起施行。

长　沙　市

2008 年“扫黄打非”工作总结

长沙市“扫黄打非”办

2008 年，长沙市“扫黄打非”工作，在市委、市政府正确领导下，根据全国、省“扫黄打非”工作的统一部署，结合长沙市创建全国文明城市，采取建立“扫黄打非”长效机制，实现了出版物市场监管工作良性循环。据统计，全市各区、县（市）“扫黄打非”办、市直“扫黄打非”各成员单位，组织大型集中整治行动 6 次，检查出版物市场 2 万余次，检查印刷企业近 4000 家次；查获非法出版物 40 余万册（张），其中查缴盗版图书 9 万余册、盗版音像制品 28 万余张、盗版教材教辅读物 1 万余册、盗版电子出版物 1 万余张；取缔关闭非法摊点（店）750 个，立案查处非法出版物案件 2 千余起；关闭印刷复制企业 9 家；移送司法机关案件 3 起，刑事处罚 40 余人。为维护长沙市社会稳定，确保北京奥运会成功举办及长沙市创建文明城市作出了贡献。

一、领导高度重视，精心组织全年工作

根据中央、省电视电话会议精神和要求，长沙市“扫黄打非”；领导小组结合长沙市 2008 年的具体情况，制定了《2008 年长沙“扫黄打非”行动方案》，并于 2008 年 2 月 26 日召开了全市“扫黄打非”工作会议，长沙市市委常委、宣传部长、长沙市“扫黄打非”领导小组组长陈泽珲出席会议并讲话，他强调：2008 年“扫黄打非”工作严峻，任务艰巨，要着重抓好三个方面工作：一是要把握新的形势，认识“扫黄打非”这项工作的重要性、严肃性，必须常抓不懈。二是严格要求，突出工作重点，2008 年“扫黄打非”工作重点是打击盗版侵权、狠抓网上“扫黄打非”和打击非法报刊活动，切实做到抓重点、抓源头、抓平时、抓大案。三是创造新局面，确实加强领导。要进一步完善“扫黄打非”责任制和责任追求制，做到分工明确，反应快速，上下联动，形成合力，全力推进全市“扫黄打非”工作。

按照全国、省“扫黄打非”领导小组的部署，结合长沙市的实际，2008 年长沙市“扫黄打非”工作突出了五项内容即：开展了严查各类非法出版物、依法打击各种侵权盗版、全面开展网上“扫黄打非”、严厉打击“四假”专项工作行动，确保北京奥运会成功举办、长沙市创建全国文明城市和创建全国未成年思想道德先进城市工作圆满完成。

二、突出重点，严厉打击非法出版物

长沙市“扫黄打非”领导小组将打击非法出版物始终作为全市“扫黄打非”工作的重中之重，时刻保持高度警惕和高压态势，做到露头就打、不留死角。

三、化解难点，认真开展打击盗版教材教辅读物专项行动

根据长沙市《2008 年“扫黄打非”行动方案》的要求，认真开展以打击盗版教材教辅读物为重点的专项行动。在春秋两季全市中小学开学之际，长沙市“扫黄打非”领导小组下发了《关于开展打击盗版教材教辅读物的专项行动的通知》，要求各区、县（市）“扫黄打非”办、市新闻出版局组织和开展对中小学购买、使用教材教辅读物情况进行全面清查，严查学校购买、使用盗版教材教辅的行为，严查从非法渠道进货，销售盗版教材教辅读物的行为。严查违法违规编制、印刷、发行教材教辅读物的行为。全市共抽查了 47 所中小学未发现购买、使用盗版和违规编制、印刷、发行教材教辅读物的行为，确保了全市中小学使用正版教材教辅的良好氛围。

四、重点整治，切实开展打击非法报刊专项行动

根据新闻出版总署、省“扫黄打非”工作小组《关于进一步开展严厉打击非法报刊专项行动的通知》精神，长沙市“扫黄打非”办公室结合《长沙市 2008 年“扫黄打非”行动方案》，立即组织召开了各区、县（市）“扫黄打非”办、市各“扫黄打非”成员单位及报刊经营业主大会。长沙市“扫黄打非”领导小组，迅速制定严厉打击非法报刊专项行动方案，通过一个月的专项治理，全市共出动检查人员 2400 余次，检查报刊发行单位 46 家、报刊信息亭 285 个，报刊编辑出版单位 20 余家，收缴非法报刊 550 余册（份），取样送审报刊 28 种 90 多份。3 家涉嫌发行非法报刊单位和 1 家涉嫌非法出版报刊单位已立案调查。专项行动期间市新闻出版局综合执法处，重点对非法出版报刊、买卖刊号、一号多刊等问题进行了查处，特别是对以时事、法制、军事和所谓领导人物轶闻趣事为题材的非法报刊进行了打击。市邮政局及时下发了《关于开展严厉打击非法报刊专项行动的通知》，明确了报刊发行单位和个人必须遵守的规定，强调从事报刊发行的单位和个人不得从事非法报刊出版、发行，并对全市 300 多家邮政、信息报刊亭、报刊发行公司、驻长报刊印刷发行机构进行了拉网式的检查，对非法报刊违规违纪现象进行严厉处罚。长沙市交通局制定了《长沙市关于交通运输环节和物流中心打击非法出版物的办法》，加大查处力度，努力切断非法报刊通过交通运输环节流入市场的渠道。芙蓉区“扫黄打非”办加大对闹市区、火车站等地段流动报摊的检查。岳麓区“扫黄打非”办对高校周边所有报刊亭进行认真检查和清理。长沙县“扫黄打非”办，行动迅速，专项行动期间收缴各类非法期刊 1000 余（册）本、非法报纸 400 余张。通过这次专项行动和 2007 年开展的整治假报刊、假记者站、假记者、假新闻专项行动，长沙市报刊市场秩序明显好转。同时得到了上级的肯定。

五、净化出版物市场，为全局大事要事保驾护航

2008 年是奥运之年，为保证奥运火炬的传递和北京奥运会的成功举办，长沙市“扫黄打非”领导小组先后组织召开三次会议，下发《关于奥运期间出版物市场集中清查专项行动的紧急通知》和《关于创建全国文明城市加强出版物市场监管，开展集中取缔无证经营和游商地摊专项行动的通知》，再次重申了各“扫黄打非”成员单位的工作职责，确定了重点地区、重点部位、重点环节、重点对象。明确提出，奋战 6、7、8 三个月，打一场确保我市文明创建和北京奥运会成功举办的攻坚战。从 6 月初到 9 月中旬全市各区、县（市）“扫黄打非”办、市直“扫黄打非”各成员单位，对全市印刷企业、音像、书报刊、计算机软件等批发、零售、出租经营单位以及“三亭”进行地摊式检查，反复检查2次至3次。共收缴盗版音像制品3万余张，盗版图书期刊14000余册，取缔游商地摊432个。长沙市文化局下发了《关于开展严厉打击盗版音像制品专项行动的通知》，认真部署奥运和文明创建期间音像制品专项整治工作。开展了一系列打击非法音像制品的专项行动，收缴非法音像制品8万余张，使全市音像市场经营秩序得到根本好转。长沙市工商局对全市200多家报刊门市部、报刊零售网点经营证照进行了检查，取缔无证照经营户12家。长沙市城管局结合自己工作实际制定了专项整治方案对全市繁华街区、车站码头、主干道、地下通道等重点地域进行重点检查，实行24小时值班严密控制和打击游商地摊，在奥运和文明创建期间开展4次专项行动，出动检查人员2000多人次，收缴各类非法出版物6000多张（册），有力地打击了游商地摊。

广 东 省

2008年“扫黄打非”工作总结

广东省“扫黄打非”办

2008年是改革开放30周年，也是北京奥运会举办之年，“扫黄打非”任务十分艰巨。面对复杂的国际国内形势，我省各级“扫黄打非”部门按照中央的部署，在省委、省政府的正确领导下，精心策划“扫黄打非”专项行动，严厉打击出版物市场违法经营活动。经过持续清理整治，今年我省出版物市场面貌大为好转，为北京奥运会成功举办营造了良好的社会文化环境。

一、加强领导，加大“扫黄打非”工作力度

我省各级党政领导高度重视“扫黄打非”工作，切实加强领导，狠抓组织落实。省委常委、宣传部长、省“扫黄打非”工作领导小组组长林雄，副省长、省“扫黄打非”工作领导小组副组长雷于蓝今年以来先后18次对“扫黄打非”有关工作作出批示。省委常委、政法委书记、公安厅厅长梁伟发也多次就“扫黄打非”工作作出重要批示。广州、深圳、惠州、肇庆、清远、江门、河源、揭阳、阳江等市分管“扫黄打非”的市委、市政府领导也分别对本地区“扫黄打非”工作作出部署。我省各有关部门、各地以高度的政治责任感和使命感，对非法出版物始终保持高压打击态势。省公安厅制定印发了《关于开展“扫黄打非”严厉打击制售、传播淫秽物品专项行动的通知》，组织开展了一系列打击非法出版物专项行动，加大了对非法出版物经营团伙的刑事打击力度。3月13日，省公安厅、广州市公安局、广州市文化执法总队成功侦破“6·16”非法出版物案，抓获犯罪嫌疑人11人，缴获各类非法刊物30多万册。广东公安边防部门今年针对走私境外出版物活动，部署开展了一系列专项查缴行动，共查获走私出版物和侵权盗版案件7宗。海关广东分署加强对机场、口岸等业务现场进境行李物品、包裹邮件的监控检查力度，把握“水客”走私境外出版物的动向，提高对旅客行李物品的查验比率。

二、各地各部门协调配合，合力打击侵权盗版活动

今年以来，我省各地、各有关部门密切配

合，进一步加强了对书报刊、音像制品、计算机软件制品集中经营场所和批发、零售、出租、放映单位及印刷、复制、刻录等企业的日常监管，继续深挖非法生产、包装、仓储窝点和非法光盘生产线，持续清理销售盗版及非法出版物的游商、地摊和无证照经营者，做到打击侵权盗版天天有行动、日日见成效。省工商局要求各级工商部门一是严把审批关，加强经营单位的资格审查；二是组织力量收缴各类非法报刊；三是加大清查力度，对出版物经营店档、印刷企业进行严格检查，不留死角，不留盲区。省新闻出版局成立了以朱仲南局长为组长的专项检查行动领导小组，组织人员分成三个工作组于6月中旬至7月上旬对全省范围内的出版物市场进行检查。省文化厅切实加强音像市场管理，规范持证门店的经营行为，检查盗版音像制品集中经营场所，部署各地按照《违法音像制品查缴目录》清理收缴盗版音像制品。城管部门发挥人力、物力优势，动员街道执法队在每天人流高峰时段，提高对街头报摊和游商走贩的查处频率。广州市相继开展了打击运输非法音像制品的“截流”行动、音像市场系列整治行动、打击非法彩报批销场所专项行动、整治报刊亭行动、检查印刷企业专项行动以及创文明城市文化市场百日执法专项行动等，保持了对出版物市场全天候不间断地清查。佛山市协调组织文化、综治、公安、工商等部门对全市音像、网吧、演出及娱乐经营场所、农贸市场进行了3次地毯式清理整治。

三、开拓进取，不断推进网络“扫黄打非”工作

网络“扫黄打非”是一个新课题，也是我们面临的一个难点问题。今年以来，我省在网络“扫黄打非”方面积极进取，取得了一定的成绩。省公安厅等部门联合组织开展了3次“火炬”系列统一行动，彻底清理互联网销售违禁品、淫秽色情、赌博、诈骗等有害信息，关闭了数千家网站，成功侦破了一批案件。省新闻出版局对依法打击整治网络淫秽色情等有害信息专项行动也进行了专门部署，自去年10月以来，在省通信管理局的密切配合下，共查处网络非法出版案10起，涉及我省网站112个，共删除非法出版物、淫秽色情出版物、淫秽色情手机游戏92批次，对27个网站进行了警告，对严重违规登载淫秽色情内容的11家网站予以关闭。广州市执法总队全年出动网上巡查人员1150次，对50家涉嫌违规传播不良信息网站进行调查处理，对登载色情淫秽小说的30家网站进行警告并做出行政处罚，关闭、清理传播不良内容网站11个，行政罚款5万余元。深圳市通信管理部门在今年第二阶段“扫黄打非”专项行动期间过滤涉及淫秽色情、赌博、销售发票等有害手机短信923692条，停止手机通信服务共计266部，要求BBS、博客、论坛等删除涉及淫秽色情、赌博、销售发票等有害信息数达647487条，对于违规情节严重或涉及多次违规的11家企业，在全市通信行业进行了通报批评。河源市公安网监支队在依法打击整治网络淫秽色情等有害信息专项行动中，查处本市传播网络淫秽色情网站8个，关闭淫秽色情网站6个，清理淫秽色情信息478条，警告违规单位36家。

四、加大力度，查办大案要案

今年以来，我省各级文化执法和公安部门按照全国“扫黄打非”办关于加大大案要案查处力度的要求，坚持“彻查、彻究、彻办”原则，继续追源头、挖窝点、破网络、打团伙，相继破获了多起大案要案。广州市文化市场综合行政执法总队1月3日在天河区查获涉嫌盗版教辅图书25.3万册；1月24日在天河区胜旺车场查获非法音像制品39.5万张及六合彩4650本，当场抓获2名犯罪嫌疑人；3月13日，在荔湾区查获境外出版物20.6万册，码洋达824万元；5月20日在越秀区一举端掉3个非法音像制品仓库，现场收缴境外非法音像制品352.3万张。1月7日，深圳市宝安区公安分局经侦大队，在宝安区西乡街道万利工业园区查获3条地下光盘生产线。1月17日，深圳市宝安区文化执法大队会同市公安局、宝安区公安分局，在宝安区石岩龙腾路一铁皮厂房中，查获2条正在生产的地下光盘生产线。5月16日至19日，佛山市文化市场执法部门与公安部门联合行动，捣毁了两个非法音像制品窝点，分别收缴非法音像制品26.9万张和26.9万余张。8月19日，东莞市查处了麻涌镇黎滘村和东太村两个大型非法音像制品窝点，查获非法音像制品80.2万张。

五、积极探索，不断完善“扫黄打非”工作机制

今年以来，我省各地在创新工作机制、落实责任制等方面也进行了一些有益的尝试。东莞市文广新局、文化市场执法大队分别下发了《关于印发东莞市文化市场执法责任制度的通知》和《关于全面贯彻落实包干制问责制轮岗制的通知》，要求各镇（街）文化执法分队迅速在文化市场全行业中贯彻落实包干制、巡查制、问责制、轮岗制。佛山市积极构建市、县（区）、镇三级文化市场执法纵向联防机制，特别是通过完善镇、街一级义务监督员制度和信息联络员制度，及时掌握和发现违法经营动向，将问题解决在基层、解决在萌芽状态。潮州市将打击违法违规行为与加强日常监管结合起来，一是继续健全文化市场经营单位档案管理制度，将经营单位基本情况、培训情况、处罚情况、不良记录等都整理归档。二是在充分进行市场调查、广泛征求意见的基础上，逐步推行分级管理及示范店评选制度。肇庆市市、县两级文管办进一步健全了联席会议制度，不但多次组织文化、工商、公安、城管等部门联合清查市场，而且有针对性组织信息产业、邮政、交通、海关等部门加强对互联网和运输环节的综合治理。

领导讲话

在2008年广东省“扫黄打非”工作电视电话会议上的讲话

广东省委常委、宣传部长

林　雄

刚刚召开的第二十一次全国“扫黄打非”工作电视电话会议，总结了2007年全国“扫黄打非”工作，表彰了在2007年“扫黄打非”工作中作出突出贡献的单位和个人，对2008年全国“扫黄打非”任务作了部署。刘云山同志在会上作了重要讲话，柳斌杰、陈冀平、李东生同志作了工作部署。云山同志的讲话，对我们正确认清形势、把握全局，开展好今年的“扫黄打非”工作具有十分重要的指导作用。当前，我省上下正在深入贯彻落实党的十七大和省委十届二次全会精神，开展“继续解放思想，坚持改革开放，争当实践科学发展观的‘排头兵’学习讨论活动”，以新一轮思想大解放推动广东新一轮大发展。深入开展“扫黄打非”斗争，对于促进我省文化大繁荣大发展具有十分重要的现实意义。下面，我就贯彻落实云山同志的重要讲话精神和全国会议的部署，进一步解放思想、开拓进取，做好我省2008年“扫黄打非”工作讲四点意见。

一、2007年我省“扫黄打非”斗争取得了显著成绩

2007年是我省“扫黄打非”工作取得显著成绩的一年。各地、各有关部门认真贯彻落实中央和省委、省政府的部署和要求，进一步加大“扫黄打非”工作力度，利用“反盗版天天行动”和“文化环保工程”平台，不间断地开展专项治理和集中行动，保持日常监管的高压态势，指导思想明确，工作重点突出，措施得力，在追源头、打团伙、破网络、查处重大案件等方面取得了显著成绩，出版物市场秩序得到明显改观，为党的十七大召开营造了良好的舆论文化环境。2007 年，全省共出动 50.6 万人（次），清查出版物经营场所 43.7 万家（次），取缔关闭非法店档 3620 家，收缴非法音像制品 5461 万余张、非法书报刊 357.9 万册（张）、非法软件及电子出版物 855 万张，行政处罚案件 4566 宗，刑事处罚责任人 183 人。其中，广州市成功破获的“3·17”特大磨码盗版光盘案和“3·30”非法出版物网络团伙案，是“扫黄打非”历史上少见的大要案，有关办案单位和个人受到全国“扫黄打非”工作小组的表彰。2007 年，我省在文化市场综合执法改革、创新“扫黄打非”工作体制机制、加强队伍建设、提高查办案件能力、加强部门与区域合作等方面均取得新的进展，“扫黄打非”工作水平和工作能力不断提高，实现了由单一作战向整体作战、由重点突破向全面推进、由被动应对向主动出击的转变。在此，我谨代表省委、省政府，向战斗在“扫黄打非”第一线的同志们表示深深的感谢和诚挚的问候！向受到全国表彰的先进集体和先进个人表示热烈的祝贺！

二、当前“扫黄打非”斗争面临的形势

总体上看，“扫黄打非”工作积极主动，措施有力，文化和出版物市场总体态势良好。但当前“扫黄打非”斗争面临的形势依然严峻，任务十分繁重。非法出版活动出现境内外相互勾结、政治诉求与经济利益相结合、传统手段与新技术手段并用的特点；互联网传播有害信息和从事侵权盗版活动的问题越来越突出；非法出版活动呈现团伙化、网络化、规模化、专业化发展的趋势；各种形式的非法报刊和正式出版单位违规出版的报刊扰乱了出版物市场秩序；各种形式的侵权盗版活动打而不绝，一些农村和城乡结合部监管力量薄弱，有的地方对“扫黄打非”工作重要性认识不足，人员力量和工作经费得不到保证，严重影响了“扫黄打非”工作的深入开展。

2008 年是全面贯彻落实党的十七大精神的第一年，也是奥运之年，中央对“扫黄打非”工作的要求更加严格，打击非法出版物的责任更加重大，打击侵权盗版、保护知识产权的工作更加艰巨，查办大案要案的任务将更加繁重。面对复杂形势和艰巨任务，各级党委、政府和有关部门要进一步提高对“扫黄打非”斗争重要性、长期性、紧迫性的认识，进一步增强政治意识、大局意识、责任意识和忧患意识，切实将思想和行动统一到中央的决策部署上来，推动“扫黄打非”工作取得新的、更大的胜利。

三、突出重点，明确目标，深入开展“扫黄打非”斗争

各地区、各有关部门要真抓实干，切实做好以下五项主要任务。

（一）严厉打击非法出版物

要将打击非法出版物作为贯穿全年工作的重点，始终保持高压态势。

（二）大力扫除淫秽色情等文化垃圾

我们要义不容辞地担负起净化文化环境的历史重任，坚决打击危害未成年人身心健康的淫秽色情等文化垃圾。新闻出版、文化、工商、公安等部门要加大对出版物市场和网吧的日常监管力度，加强对校园周边的清理整治，继续会同教育等部门深入开展对以未成年人为读者对象的有害出版物的查缴。通过提高检查频率、加大查处力度和开展综合整治，使兜售淫秽色情口袋本、恐怖故事书刊、黄色卡通书、有害游戏软件的现象得到有效遏制，切实为未成年人健康成长提供一个良好的文化环境。同时，新闻出版部门还要加强对出版单位的引导和管理，坚决把住出版关口，积极鼓励和支持出版单位为青少年提供更多健康有益的精神食粮。

（三）坚决打击侵权盗版行为

我们要继续推进“保护知识产权，反盗版天天行动”，做到天天有行动、天天有成效。在印刷复制环节上，新闻出版部门要会同公安、工商等部门加大对全省印刷复制行业的监管力度，严厉查处非法盗印盗制行为；在销售环节上，新闻出版、文化部门要进一步加强对书报刊和音像制品、电子出版物经营单位的监管，并健全和指导

行业协会组织加强行业自律；教育部门要督促各类学校严防盗版教材教辅读物流入校园，并在校园中开展“拒绝盗版，使用正版”的宣传教育活动；在著作权保护方面，版权部门要进一步推进机关、事业单位和重点企业使用软件正版化工作。

（四）严肃查处非法报刊制售活动

各级“扫黄打非”办要组织有关部门对报刊发行机构、批发点、零售点、投放点进行反复清查，会同邮政部门对邮政系统邮发、批发、夹带报刊的情况进行认真清理，坚决取缔各类非法报刊。

（五）持续开展网上“扫黄打非”

要将净化网络文化环境、规范网络文化经营秩序作为“扫黄打非”的一项重要内容，强化网络公共服务终端管理，做到早发现、早处置。要在全省集中开展清除互联网有害信息整治行动。

四、加强领导，落实责任，建立健全“扫黄打非”长效工作机制

（一）切实加强领导，落实工作责任

各级党委、政府要将“扫黄打非”列入重要议事日程，文管领导小组主要领导要亲自抓，分管领导要具体抓，帮助解决“扫黄打非”工作人员紧张、手段落后和经费困难等问题，切实做到“三个加强”：一是加强队伍配备，特别是县（市、区）至少要安排一至二名专职人员从事文管办的日常事务。二是加强横向与纵向联系，各级文管小组成员单位之间要加强横向沟通，省市县三级文化市场管理工作要做到纵向步调一致。三是加强经费投入。各地保证“扫黄打非”工作经费，要将“扫黄打非”经费列入当地财政预算，保证日常工作正常开展。各级文管办要强化组织、协调、指导、监督职能，及时报告重大情况，及时研究新情况、解决新问题。各级文化市场管理工作领导小组成员单位，要做到守土有责、守土负责、守土尽责，切实履行职责，团结协作，形成合力。各地要积极探索建立健全“扫黄打非”长效工作机制，将文化市场管理作为评选文明城市、文明社区、文明单位和检验社会治安综合治理及平安建设成果的重要指标，把责任分解到相关单位和个人，把任务落实到日常工作之中，实行对“扫黄打非”工作失职渎职行为追究责任制度。

（二）加强日常监管，着力查办大要案

各级行政主管部门要加强对文化市场的日常监管，做到“三突出”：一是突出抓好对出版物集中交易市场、繁华街区、学校周边地区等重点部位的监管。二是突出对印刷复制企业、出版物零售店摊等重点对象的监管。三是突出重大活动期间和节假日等重点时段的监管。要把开展经常性的暗访工作作为强化日常监管的重要手段，以此掌握情况、发现问题、指导工作。同时，各部门要加大查办大案要案的工作力度，继续加大对扫黄打非刑事案件侦办力度，探索建立行政执法与刑事司法相衔接的工作机制。各级文管办要认真落实重大案件备案制度，及时向省文管办通报案件查处情况及审理结果。

（三）加强队伍建设，提高执法水平

要按照队伍专业化、执法规范化的要求，努力建设一支政治坚定、业务精通、作风优良、执法公正的执法队伍。要加强业务培训，促进执法人员增强法制观念，提高依法管理和依法办事的自觉性，提高执法水平。要加强规范管理，建立健全工作考核机制、执法情况通报机制和执法水平评议机制，严格实行行政执法责任制，切实解决不执法、慢执法、乱执法等行为。要健全监督机制，通过聘请社会义务监督员的方法，对执法人员的执法情况开展经常性的评议，定期公布评议结果，推动执法人员公正执法、文明执法、规范执法、廉洁执法。

（四）营造舆论氛围，优化社会环境

要建立和完善正面宣传和舆论引导工作机制，最大限度地发挥社区、居委会、村委会等基层组织和工会、妇联、共青团等群团组织的优势，充分利用新闻媒体的作用，采取墙报、横幅、标语、展览等手段，大力宣传非法出版发行活动的社会危害性和开展“扫黄打非”工作的重要性，让广大人民群众不仅理解、接纳和拥护

"扫黄打非"工作，而且以实际行动主动关注、支持和参与"扫黄打非"工作。

同志们，"扫黄打非"工作是中央交给我们的艰巨任务，是我们的神圣职责。我们一定要真抓实干，精抓细干，确保全省"扫黄打非"工作的各项任务落到实处，为我省的物质文明、政治文明和精神文明建设作出更大的贡献。新春将至，我代表省委、省政府和省文化市场管理工作领导小组，向全省战斗在"扫黄打非"工作第一线的同志们表示亲切的问候！祝同志们新春快乐，身体健康，家庭幸福，工作进步！

2008年1月17日

在2008年全国集中销毁侵权盗版及非法出版物活动广东省分会场上的讲话

广东省委常委、宣传部长

林　雄

按照全国"扫黄打非"工作领导小组的统一部署，今天，我们在这里举行集中销毁侵权盗版及非法出版物活动。这既是向社会各界表明我省各级政府保护知识产权、打击侵权盗版的严正态度和坚强决心，充分展示我省"扫黄打非"工作取得的辉煌战果，同时，也是宣传保护知识产权、进一步动员广大群众积极参与打击盗版的重要举措。下面，我代表广东省文化市场管理工作领导小组讲几点意见：

一、保护知识产权、打击侵权盗版是我国政府的一贯立场

知识创新是社会文明进步的动力。保护知识产权，就是保护创新和创造，就是保护社会发展进步的动力。但在市场经济还不完善的情况下，一些企业或个人为了谋取经济暴利，进行侵权盗版等违法经营活动，严重侵犯了权利人的合法权益，扰乱了文化市场秩序，损害了民族的创新能力。对此，我们必须旗帜鲜明地打击。

广东省委、省政府历来高度重视"扫黄打非"和知识产权保护工作。多年来，我省各地、各有关部门按照中央的部署，在省委、省政府的正确领导下，高扬保护知识产权的旗帜，坚持"追根究底、穷追猛打"和"标本兼治、重在治本"的工作方针，通过组织开展专项整治行动，严厉查处大案要案，初步遏制了侵权盗版活动蔓延泛滥的势头，有效规范了出版物市场秩序，取得了显著成绩。仅今年前3个月开展的2008年"扫黄打非"第一阶段专项行动，全省就出动执法人员17万人次，查获5条非法光盘生产线，收缴盗版音像制品等非法出版物667万张（册），查办案件364宗，行政处罚案件1023宗，办理刑事案件22宗，刑事处罚61人，用保护知识产权的实际成果教育了群众、震慑了犯罪、树立了形象，实现了今年我省"扫黄打非"和保护知识产权工作的开门红。

今年是奥运之年，也是我国改革开放30周年，保护知识产权、打击侵权盗版的任务非常艰巨，责任非常重大。各地文化市场管理工作领导小组和有关部门务必高度重视，要将思想、行动统一到中央和省委、省政府的要求和部署上来，从落实科学发展观、构建和谐社会、确保文化安全的高度，深刻理解"扫黄打非"和保护知识产权的重要性，增强大局意识和责任意识，切实加强领导、精心组织、周密部署，进一步净化出版物市场环境，充分展示各级政府保护知识产权、打击侵权盗版的立场、决心和能力。

二、密切配合，加大力度，深入开展"扫黄打非"和保护知识产权工作

保护知识产权、打击侵权盗版是一项涉及全社会的系统工程，需要政府各职能部门团结合作，协同联动，形成合力。我省各级"扫黄打非"部门要按照"属地管理"和"谁主管、谁负责”的原则，各司其职，各负其责，认真总结经验，认真查找不足，扎扎实实开展工作，推动我省“扫黄打非”和保护知识产权工作向纵深发展。

一要在各个环节上加大对侵权盗版活动的打击力度。在印刷复制环节上，新闻出版部门要会同公安、工商等部门加大对全省印刷复制企业的监管力度，严厉查处非法盗印盗制行为，从源头上预防盗版出版物流入市场。在销售环节上，新闻出版、文化、工商等部门要进一步加强对音像制品、书报刊、电子出版物经营单位的监管，加大市场清查力度，全面查处无证照经营单位，坚决取缔兜售非法出版物的游商、地摊；继续推进“保护知识产权，反盗版天天行动”，做到天天有行动、天天有成效。教育部门要督促各级各类学校严防盗版教材、教辅读物进入校园，并在校园中开展“拒绝盗版，使用正版”的宣传教育活动；在著作权保护方面，版权部门要进一步推进机关、事业单位和重点企业使用软件正版化工作。相关行业协会要充分发挥作用，加强行业自律。版权、通信等部门要加强对互联网的监管，开展打击网络侵权盗版活动。

二要进一步加大对大案要案的查办力度。各部门要加强协作，密切配合，加强情报信息工作，深挖案件线索，坚决打掉从事走私、制作、印刷、复制、销售非法出版物活动的犯罪团伙，端掉制作储运窝点，摧毁地下发行网络，铲除严重扰乱出版物市场秩序的根源。善于运用法律武器，依法惩处侵权盗版违法犯罪行为，有效震慑犯罪。对在全省有较大影响的大案要案和跨地区的案件，省文管办要加强协调，公安机关要发挥主力军作用，切实加强案件的侦破工作，充分运用“两高”的司法解释，运用刑事和行政处罚手段，加大对走私、制售非法出版物活动的打击力度。各级司法机关对有关部门移送的应该追究刑事责任的案件，要及时立案，及时审理，坚决依法追究犯罪嫌疑人的刑事责任，形成强大的法律威慑力。

三要建立健全“扫黄打非”长效工作机制。各地要采取有效措施巩固集中整治行动的成果。要积极探索建立健全“扫黄打非”长效工作机制，将开展集中整治行动与加强日常监管结合起来，把任务落实到日常工作之中，把责任具体到有关单位和个人，实行责任追究制度，对在“扫黄打非”工作中不作为、乱作为和失职渎职行为，要追究有关人员的责任。要把开展经常性的暗访工作作为强化日常监管的重要手段，加强巡查、加强研判，以此掌握情况，发现问题，指导工作。各地、各有关部门在日常监管工作中要突出三个重点：一是抓好对出版物集中交易市场、繁华街区、学校周边地区等重点部位的监管；二是加强对出版物零售店档、印刷复制企业等重点对象的监管；三是加强奥运会举办期间和重要节假日等重点时期的监管。

三、加强宣传，营造氛围，提高全民“扫黄打非”和保护知识产权意识

“扫黄打非”和保护知识产权，要坚持教育群众和打击犯罪相结合。要高度重视和做好“扫黄打非”和保护知识产权宣传工作，采取多种形式，大力宣传“扫黄打非”斗争和保护知识产权的重大意义，教育群众，震慑犯罪，提高全民“扫黄打非”和保护知识产权的意识，动员全社会积极支持、参与这项工作。要旗帜鲜明地宣传党和政府保护知识产权的决心和立场，旗帜鲜明地宣传党和政府为保护知识产权采取的有力措施，旗帜鲜明地宣传各级政府保护知识产权取得的实际成果，旗帜鲜明地宣传各地在保护知识产权方面创造的好经验好做法，努力形成舆论宣传的强势导向。要充分发挥报刊、广播、电视、互联网等新闻媒体的舆论宣传作用，加大宣传力度，形成大力保护知识产权、坚决打击侵权盗版的声势和氛围，在广大群众特别是青少年中树立尊重和保护知识产权、自觉抵制侵权盗版的良好意识。同时，要充分发挥社会团体、基层组织的积极作用，动员并鼓励更多的社会力量参与“扫黄打非”斗争，拓宽社会监督渠道，使侵权盗版活动和盗版制品无处藏身。

同志们，今天的集中销毁活动，只是近阶段

我们开展“扫黄打非”专项行动的阶段性成果。希望全省各市、各有关部门继续紧密配合，扎实工作，总结经验，再接再厉，以高度的政治责任感和历史使命感，不断推进保护知识产权、打击侵权盗版的各项工作，规范出版物市场秩序，促进出版物市场繁荣，为我省实现科学发展、构建和谐社会作出新的更大的贡献！

2008 年 4 月 20 日

在广州“3·17”、“3·30”案办案有功集体、有功个人表彰大会上的讲话

广东省副省长、省“扫黄打非”工作领导小组副组长

雷于蓝

刚才，宝中、徐沪、慧琳同志代表全国“扫黄打非”工作领导小组为“3·17”、“3·30”案办案有功集体和有功个人颁发了奖牌和证书，三位领导同志在2008年开年之际，千里迢迢专程赶来出席颁奖大会，充分体现了中央对广东“扫黄打非”的高度重视，是对我们工作的极大鼓励与支持。在此，我代表广东省“扫黄打非”工作领导小组对中宣部、公安部、全国“扫黄打非”办以及宝中、徐沪、慧琳同志长期以来对我省工作的关心、支持与信任表示衷心的感谢，同时也向刚才受到表彰的有功集体和有功个人表示热烈的祝贺和崇高的敬意！

2007年，在全国“扫黄打非”工作小组的正确领导下，我省各级党委、政府，各有关部门认真贯彻落实中央和省委省政府的部署和要求，坚持不懈地开展“扫黄打非”斗争，抓办大案要案，始终保持对违禁类非法出版、盗版侵权行为等各种违法犯罪活动的高压态势，坚持排查摸底，突出工作重点，加大整治力度，破获了一批大案要案，端掉了一批犯罪窝点，一批违法犯罪人员受到了法律的严惩。2007年，全省共出动50.6万人（次），清查出版物经营场所43.7万家（次），取缔关闭非法店档、摊点3620家，收缴非法音像制品5461万余张、非法书报刊357.9万册（张）、非法软件及电子出版物855万张，行政处罚案件4566宗，处罚违法违规经营单位38077家，刑事处罚责任人183人。确保了出版物市场的健康发展，有力地维护了社会政治稳定，为党的十七大的胜利召开营造了良好的思想文化环境。

广州“3·17”特大磨码盗版光盘案和“3·30”违禁类非法出版物网络团伙案，是在全国“扫黄打非”办、公安部、中宣部的直接领导指挥下破获的历史上少见的大要案，案情复杂，牵涉面广，团伙犯罪手段专业，反侦查能力强，案值大，案件查办难度很大。案件能成功破获，一是全国“扫黄打非”工作小组副组长兼办公室主任、新闻出版总署署长柳斌杰同志的高度重视以及全国“扫黄打非”办、公安部的及时指导与协调；二是广州市公安、文化执法等部门抽调精干人员成立了强有力的专案组，投入了大量的人力、物力和财力。专案组的同志们以认真负责的态度，果断出击，不辞劳苦，不畏艰难，日夜奋战，奔赴10多个省（自治区、直辖市）、近30个城市，行程数万公里，进行了大量的调查走访和搜集证据工作，出色地完成了案件的侦查任务。三是公安部光盘生产源鉴定中心迅速对光盘的生产来源作出鉴定，为案件的查处提供了重要依据。四是全国相关省、市给予我们大力支持与积极配合。“3·17”、“3·30”案的成功告破，沉重打击了违法分子的嚣张气焰，进一步表明省委省政府，各地级市党委、政府打击违禁类非法出版物、打击侵权盗版行为的鲜明态度和坚定信心，进一步显示我省公安机关、新闻出版、文化、工商等部门加强协配合、侦破查办大案要案的力度，进一步证明我省“扫黄打非”队伍是一支经得起考验、特别能战斗的队伍。

从成功破获广州“3·17”、“3·30”案的情况看，有四个方面经验应该充分肯定：一是坚持党委、政府的统一领导。从案发一开始，广东省委、省政府和广州市委、市政府就高度重视，成立了由于蓝副省长担任组长，省公安厅副厅长张永强和省新闻出版局副局长、省“扫黄打非”办主任杨广锐任副组长的专案领导小组。领导小组（于蓝副省长）多次听取专案组的汇报，召开协调会分析研究案情，部署工作要点，确保了领导到位、工作到位、责任到位、措施到位，使得案件查办工作进展顺利。二是坚持追根溯源，穷追猛打的工作思路。在查办“3·17”案工作中，广州市文化执法和公安部门发扬连续作战的精神，从最初查获的非法光盘磨码厂入手，按照全国“扫黄打非”工作小组提出的“彻查、彻究、彻办”的原则，对收缴的181万张光盘及其他物证资料逐一排查，将追查线索逐步扩展到储存、加工、批销等环节，最终拔出萝卜带出泥，查出了幕后违法经营单位，抓获了15名犯罪嫌疑人。“3·30”案的成功破获，首先要归功于广州市文化执法部门对城乡结合部游商和无证书刊摊点销售违禁类非法出版物的线索穷追不舍，通过联合公安部门深入调查，从而一举破获了这起在河南印刷、从上海向全国发货的违禁类非法出版物案件。广州市文化、公安部门这种“守土有责、守土负责、守土尽责”的工作态度以及高度的政治责任感和使命感，值得全省“扫黄打非”执法人员认真学习，并在今后的工作中继续发扬光大。三是坚持加大刑事打击力度。近年来，我省公安部门积极履行“扫黄打非”职责，加大对侵权盗版和非法出版案件的侦办力度，加大刑事打击力度，相继破获了一批大案要案，有力地震慑了违法犯罪分子。“3·17”和“3·30”两个案件的调查取证工作均由广州市公安机关具体承担，工作进展很快，立案后短时间内就抓获了主要犯罪嫌疑人，随后又将其他犯罪嫌疑人陆续捉拿归案，出色地完成了案件侦破工作。四是坚持发挥“扫黄打非”办公室的组织、协调、督办作用。非法出版物案件多数是跨地区的犯罪活动，点多面广，参与查处的部门也多，做好组织协调工作十分重要。“3·17”、“3·30”案由全国“扫黄打非”办和公安部挂牌督办，对我省的工作是一个促进，接下来，省“扫黄打非”办也要加强对各地市案件的督办，在落实“属地管理”和“谁主管、谁负责”的原则下，充分发挥协调、指导职能，认真对待群众举报，不放过任何一个有价值的线索，深入追查非法出版物、盗版出版物、淫秽色情出版物的制售源头，深挖团伙窝点，力求对犯罪分子实施严厉打击，彻底铲除破坏出版物市场秩序的根源。

同志们，“扫黄打非”斗争关系到国家的政治安定、社会稳定和文化安全，关系到知识产权保护，关系到未成年人健康成长，是各级党委、政府的一项重要工作。我们在充分肯定查办案件取得成绩的同时，还要看到“扫黄打非”斗争面临的形势仍然十分严峻。今年是奥运之年，中央对“扫黄打非”工作的要求更加严格，封堵和查缴违禁类非法出版物的责任更加重大，打击侵权盗版、保护知识产权的工作更加艰巨，查办大案要案的任务将更加繁重。让我们在新的一年继续保持高昂的革命斗志和饱满的工作热情，进一步增强政治意识、大局意识、责任意识，正确把握意识形态斗争的新动向，认真研究新问题，开拓新局面，不断提高工作的针对性和实效性，通过加大市场监管力度、加大案件的侦办力度、加大对全社会的宣传教育力度，推动“扫黄打非”工作取得新的、更大的胜利。

2008年1月12日

2008 年“扫黄打非”大案要案综述

广东省“扫黄打非”办

一、非法光盘生产线案

1. 1 月 7 日，根据群众举报，深圳市公安局宝安分局在宝安区西乡街道铁岗村万利工业园一宿舍楼一楼查获 3 套尚未安装生产的光盘生产设备。

2. 1 月 17 日，根据全国“扫黄打非”办转来的群众举报，深圳市公安、文化部门在宝安区石岩街道龙腾路 11 号光明纸行后面的铁皮房中破获 2 条正在生产作业的地下光盘生产线，查获日本产丝印设备 2 台及其他辅助设备。主犯陈某某在潜逃 9 个月后被公安部门抓捕归案，并被判处有期徒刑 1 年，缓刑 2 年，并处罚金 2 万元。7 名从犯分别被判处 7 至 8 个月有期徒刑并处罚金。

3. 6 月 2 日，广东省公安厅治安管理局、省“扫黄打非”办在中山市东风镇查获 1 条正在组装的非法光盘生产线。

二、非法音像制品案件

1. 1 月 15 日，广州市文化市场综合行政执法总队联合公安部门在天河区某货运场现场查获 14.6 万张涉嫌淫秽光盘，当场抓获 3 名犯罪嫌疑人。

2. 1 月 24 日，广州市文化市场综合行政执法总队在天河区胜旺车场查获非法音像制品 39.5 万张（其中涉嫌淫秽光盘 24.5 万张）及“六合彩”非法博彩类报刊 4650 本，当场抓获 2 名犯罪嫌疑人。

3. 3 月 31 日，佛山市南海区文化市场综合执法队在大沥镇城区捣毁一个非法音像光盘储存批销仓库，收缴非法音像音像制品 5.2 万张（其中色情光盘 1 万张）及相关单据一批，抓获涉案人员 11 名。

4. 5 月 15 日，深圳市盐田区公安分局根据群众举报，在盐排高速设卡拦截，查获一满载非法音像制品的白色五十铃货车。经清点，共有光盘 182 箱约 25.5 万张，其中 4.6 万张为淫秽光盘。

5. 5 月 16 日，佛山市文化市场执法部门与公安部门联合行动，成功捣毁了一个非法音像制品窝点，收缴非法音像制品 26.9 万张。

6. 5 月 19 日，佛山市文化市场综合执法大队联合南海区公安分局、文化市场综合执法队，捣毁了位于南海区里水镇沙涌村上亨田工业区 16 号的一个非法音像制品窝点，查获非法音像制品 26.85 万张。

7. 5 月 20 日，广州市文化市场综合行政执法总队联合越秀区文化市场执法队、公安部门在越秀区一停车场内查获 3 个非法音像制品仓库，查缴境外 SID 码的非法音像制品 352.34 万张。此案是 2008 年广东省查获数量最多、规模最大的一起非法音像制品储运窝点案件。

8. 7 月 15 日，深圳市公安局治安巡警支队机动大队和市、区文化执法部门在宝安区兵分四路，同时行动，在西乡麻布村 4 巷 4 号等四个地下窝点查获非法光盘 165541 张、淫秽光盘 11518 张，抓获犯罪嫌疑人 6 名。

9. 8 月 19 日，东莞市查处了麻涌镇黎滘村和东太村两个大型非法音像制品窝点案，查获非法音像制品 80.2 万张。经过深圳市“公安部光盘生产源鉴定中心”检验，光盘生产源为境外或地下光盘生产线。

10. 8 月 28 日，广州市文化市场综合行政执法总队在白云区棠新街某货运公司检查时，现场查获一辆装载 29 万张非法音像制品的货车，其中有《2008 北京奥运会开幕式》盗版 VCD1 万余张。

11. 11 月 24 日，佛山市文化市场综合执法大队会同南海区公安治安大队、文化市场综合执法队等对黄歧白沙村兴龙一新村南三街8号进行突击检查，现场非法音像制品10万张。

三、非法教材、报刊、图书案件

1.1月3日，广州市文化市场综合行政执法总队在天河区查获涉嫌盗版教辅图书25.3万册。该案由天河区公安分局立案侦办，并移交天河区人民检察院审理。

2.2月15日，惠州市文化市场综合执法大队根据广东省“扫黄打非”办转交的案件线索，组织执法人员协同博罗县文化市场综合执法队和当地公安部门一举破获了一个经营盗版教辅读物的案件，共查获盗版教辅教材约2万册，码洋13万元。博罗县人民法院以非法经营罪判处该案主犯李某某拘役5个月。

3.2月27日，根据群众举报并经暗访调查，江门市文化市场综合执法大队会同新会区文化市场综合执法队、新会区睦州派出所等部门，出动执法人员30多名，一举捣毁了新会区睦州镇江睦东路18号后面出租屋的一个非法出版物批销窝点，现场查缴涉嫌盗版图书共3045册。

4.3月13日至14日，广州市公安局根据事先掌握的情况线索，会同广州市文化执法总队，海珠、荔湾、天河区文化执法队，连续两天采取行动，成功打掉一个制售非法出版物的团伙，现场抓获涉案人员6人，查获存储非法出版物窝点3个，收缴非法出版物共计242个品种22万余册，涉案价值达2000余万元。此案被全国“扫黄打非”办和公安部列为挂牌督办案件。荔湾区人民法院已对此案进行了宣判，以非法经营罪判处马逢基有期徒刑7年，并处罚金8万元；以非法经营罪判处张小娟有期徒刑3年，缓刑4年，并处罚金5万元。

5.3月18日，广州市“扫黄打非”办人员经过侦查，查获一销售非法出版物团伙，该团伙有完整的印刷、运输、销售链条，属跨省市团伙作案，源头涉及河北石家庄市。

6.3月20日，根据群众举报线索，云浮市新兴县文化、工商、公安部门联和行动，查获新兴县童某某非法销售“六合彩”图书达20144本。7月15日，新兴县人民法院以非法经营罪判处童某某有期徒刑五年，并处罚金3000元。8月27日，云浮市中级人民法院驳回童某某上诉，维持原判。

7.5月14日，广州市文化市场综合行政执法总队在白云区查获非法杂志6.8万册。

8.5月22日，深圳市龙岗区公安、文化部门联合查处龙岗区盛平街道田段新南六巷一号一个非法图书经营窝点，抓获犯罪嫌疑人1名，查获非法图书4万册。

9.8月13日，佛山市文化市场综合执法大队联合南海区公安分局、文化市场综合执法队等部门共20余人，成功捣毁了位于南海区大沥镇黄歧向阳仓库5号仓库一个非法出版物窝点，收缴非法博彩类书刊20.8万册。

10.8月26日，佛山市文化市场综合执法大队联合南海区公安分局、文化市场综合执法队等部门共20余人，成功捣毁了位于南海区大沥镇黄歧教表西围仓库的一个非法出版物窝点，收缴非法博彩类书刊20万册。

11.9月11日，根据全国“扫黄打非”办转交的案件线索，深圳市文化市场行政执法总队执法三队会同市公安局网监处四大队对位于罗湖区笋岗东路华通大厦17楼的深圳市德信诚经济咨询有限公司进行了执法检查，发现该公司存有大量涉嫌从事非法出版经营活动的证据。该队对与非法出版经营活动有关的财务账簿、销售发票、对账单以及用于经营活动的7台电脑主机、部分刻录有ISO标准的电子版光盘和出版物进行了登记保存。深圳市文化行政执法总队委托广东安证计算机司法鉴定所对暂扣的电脑主机进行了物证鉴定，鉴定结果显示，该公司涉嫌非法出版经营额达971621元。经深圳市文化执法总队对登记保存的税务发票进行统计，涉案的163本发票中的8150张合计涉嫌非法经营额956961.1元。经深圳市出版物鉴定委员会鉴定，登记保存的《精益生产方式JIT培训教材》等20种出版物均为非法出版物。该案已移交公安机关办理。

12.9月10日，惠州市惠东县公安局城西派出所根据群众举报，在该县平山镇东湖二路莲花路一巷21号抓获二名涉嫌经营“六合彩”非法博彩类书刊的犯罪嫌疑人杨顺琳、冯汉南，并从其仓库内查获“六合彩”类书刊约2万余册，该派出所对该案仍在进一步侦查中。

13.10月14日，佛山市文化市场综合执法大队联合南海区公安分局、文化市场综合执法队等部门捣毁了位于南海区大沥镇黄歧永红村的一个非法出版物窝点，收缴非法博彩类书刊14.5万册。

四、非法销售、安装卫星电视地面接收设施案件

1.2月26日，深圳市罗湖区文化市场综合执法大队联合相关部门成功打掉了莲塘村六巷2号楼内的非法“小前端”，抓获犯罪嫌疑人1名，封存查扣卫星接收器5台、解码器43个、调频器26个。

2.9月3日，深圳市广电局、市文化市场行政执法总队联合相关部门侦破一起非法销售卫星电视地面接收设施案件，现场查缴卫星电视地面接收机838台，刑事拘留3人。

五、网上销售非法出版物案件

7月31日，广州市文化市场综合行政执法总队、市公安局网监分局及官洲派出所联合出动，分三组对位于赤沙村南约新街东2巷的“知新书业”网站办公、仓库、住宅所在地进行检查，查获非法出版物15701册、光盘612张、电脑2台和一批书目名册、进货销售单据、涉案银行存折等，抓获犯罪嫌疑人徐某某。经审查，该犯罪嫌疑人非法经营数额达30余万元人民币。2009年3月9日，广州市海珠区人民法院以非法经营罪和贩卖淫秽物品牟利罪判处涉案人徐某某有期徒刑5年6个月，并处罚金人民币6万元。

六、非法互联网服务营业场所案件

1.1月22日，深圳市福田区文化、公安部门联合取缔上沙椰树村4巷4号的一间“黑网吧”，抓获犯罪嫌疑人1名，现场查证非法经营额达733468.1元。

2.1月22日，深圳市福田区文化、公安部门联合取缔上沙椰树村5巷11号的一间“黑网吧”，抓获犯罪嫌疑人1名，现场查证非法经营额达87979.2元。

3.4月14日，深圳市罗湖区文化执法大队联合派出所以及街道执法队，在罗湖区港鹏新村查获一间“黑网吧”，现场抓获犯罪嫌疑人1名。

2008年“扫黄打非”大事记

广东省“扫黄打非”办

1月7日，根据群众举报，深圳市公安局宝安分局在宝安区西乡街道铁岗村万利工业园一宿舍楼一楼查获3套尚未安装生产的光盘生产设备。

1月9日，佛山市顺德区公安分局治安大队和巡警大队一起出动50多名警力，对乐从水腾村金沙角影剧院（无证场所）进行突击清查，成功捣毁这个组织淫秽低俗表演进行非法牟利的地下场所，现场抓获涉案人员29名，收缴非法门票收入6155元、对讲机5台、胶棍7支、电棍3支和管制刀具1把等一批涉案物品。

1月12日，全国“扫黄打非”办在广州市珠岛宾馆召开广州“3·17”特大磨码盗版光盘案、上海—广州“3·30”非法出版物团伙网络案表彰大会，广东省副省长、省文化市场管理工作领导小组副组长雷于蓝，新闻出版总署出版物市场监管局局长、全国“扫黄打非”办副主任李宝中等出席了表彰大会。

1月14日，广东省“扫黄打非”工作领导小组对全省2007年文化市场管理和“扫黄打非”

工作40个先进集体、80名先进个人进行了表彰。

1月15日至24日，云浮市“扫黄打非”办组织2个检查组分别对全市各县（市、区）文化市场管理和执法工作情况进行检查。检查的主要内容：一是考核各县（市、区）2007年度文化市场管理和执法工作；二是检查验收各地整治无证无照歌舞娱乐场所的情况；三是检查当地整治“黑网吧”的情况；四是对当地推荐的“绿色网吧”进行综合评选检查。

1月16日，河源市制定了《关于春节前后开展“扫黄打非”“禁赌”专项行动的实施方案》，开展了为期一个月的查缴非法出版物、淫秽色情文化垃圾和打击利用电子游艺场所进行赌博的专项行动。

1月17日，根据全国“扫黄打非”办转来的群众举报，深圳市公安、文化部门在宝安区石岩街道龙腾路11号光明纸行后面的铁皮房中破获2条正在生产作业的地下光盘生产线，查获日本产丝印设备2台及其他辅助设备。此案被全国“扫黄打非”办和公安部列为挂牌督办案件。

1月17日，广东省各级“扫黄打非”工作领导小组及成员单位有关负责同志，收看收听了第二十一次全国“扫黄打非”工作电视电话会议。会后，接着套开广东省2008年“扫黄打非”工作电视电话会议，广东省委常委、宣传部长、省“扫黄打非”工作领导小组组长林雄同志对广东省2008年“扫黄打非”工作进行了全面部署。随后，广东省委办公厅、省府办公厅联合印发了《广东省2008年“扫黄打非”行动方案》。

1月，根据全国“扫黄打非”办的部署和广东省“扫黄打非”工作领导小组的批示，广东省“扫黄打非”办组织开展了2008年“扫黄打非”第一阶段专项行动。

1月21日，中山市小榄镇宣传文化中心和镇教育办公室在该镇政府会议厅举行了132名文化市场监督员聘任仪式。这是中山市首支镇级文化市场监督员队伍，成员来自各社区治保会专干、社区干部、学校教师及企业代表。

1月29日，《云浮日报》刊登《“六合彩”资料公开摆卖》一文。云浮市文广局当天下午组织市、区两级文化执法队伍对市城区非法销售“六合彩”书报刊的流动摊点开展整治行动，现场收缴“六合彩”书报刊1110份（册）。

1月31日，江门市副市长李崴带领市政府、市委政法委、市文广新局、市综治办、市公安局、市工商局、市文化市场综合执法大队等部门以及蓬江公安分局、蓬江工商分局、荷塘镇委镇政府、荷塘派出所、荷塘镇工商所等部门执法人员共40多人，对蓬江区荷塘镇开展打击电子游戏机赌博和“黑网吧”专项执法行动。

2月3日，云浮市市、区两级文化执法队伍对文化市场经营场所进行安全、消防、卫生大检查，同时继续开展对非法销售“六合彩”书报刊流动摊点的整治，收缴“六合彩”书报刊500多份（册）。

2月28日，深圳市召开2008深圳市“扫黄打非”工作会议，会议表彰了20个先进集体和100名先进个人。深圳市副市长、市“扫黄打非”工作领导小组副组长闫小培出席会议并代表市政府部署2008年全市“扫黄打非”工作。

3月，揭阳市“扫黄打非”办制订《揭阳市文化市场管理（“扫黄打非”）工作责任制》，使各成员单位明确职责，协同作战，进一步建立健全文化市场管理和“扫黄打非”工作长效机制。

3月1日，根据广东省委常委、宣传部部长、省“扫黄打非”工作领导小组组长林雄同志的部署，广东省“扫黄打非”办组织开展打击非法出版物的“3·01”专项行动。

3月3日至18日，为确保“两会”期间出版物市场健康稳定，佛山市执法大队组织全市文化执法人员和各镇街文化市场协管人员共4117人/次，对全市交通枢纽、人流密集场所等重点部位的出版物批发零售经营单位及地摊游商开展了地毯式检查，收缴非法音像制品、书报刊4.2万余张（册/份）。

3月7日，云浮市文广新局召开全市打击“六合彩”报等非法出版物的工作会议，制定了《云浮市整治出版物市场实施方案》，部署在全市范围内高密度清查出版物市场。

3月12日，广东省“扫黄打非”办召开广东省重点地区“扫黄打非”工作会议。传达全国“2008年‘扫黄打非’第一阶段专项行动检查汇报会”会议精神，对继续开展“扫黄打非”第一阶段专项行动进行部署。

3月13日至14日，广州市公安局根据事先掌握的情况线索，会同广州市文化执法总队，海珠、荔湾、天河区文化执法队，连续两天采取行动，成功打掉一个制售非法出版物的团伙，现场抓获涉案人员6人，查获存储非法出版物窝点3个，收缴非法出版物共计242个品种22万余册，涉案价值达2000余万元。此案被全国“扫黄打非”办和公安部列为挂牌督办案件。

3月18日，广州市“扫黄打非”办人员经过侦查，查获一销售违禁出版物团伙，该团伙有完整的印刷、运输、销售链条，属跨省市团伙作案，源头涉及河北石家庄市。此案被全国“扫黄打非”办和公安部列为挂牌督办案件。

3月18日，深圳市“扫黄打非”办召开“扫黄打非”第一阶段专项行动情况通报会议。

4月9日，珠海市文化市场执法大队对珠海市嘉宝华电脑城开展专项清查行动，查扣盗版光盘13000余张。

4月18日，广州市召开全市“扫黄打非”工作会议，表彰2007年度市“扫黄打非”先进集体和先进个人，部署2008年度工作。

4月20日，按照全国“扫黄打非”办的统一部署，广东省文化市场管理工作领导小组、广州市人民政府、广东省文化市场管理工作领导小组成员单位在广州市新体育馆举行2008年集中销毁侵权盗版及非法出版物活动，将广东省今年以来查缴的盗版光盘、软件、电子出版物、非法书报刊等共1200万张（册）集中销毁。

4月21日至26日，深圳市市、区两级文化执法部门开展各种宣传活动，销毁盗版出版物5万册（张）。

4月23日，阳江市“扫黄打非”办按照《阳江市保护知识产权宣传周活动方案》的工作安排，联合工商、公安和知识产权等部门开展统一执法行动，打击侵权盗版行为，查缴侵权盗版非法出版物，保护著作权人的合法权益。

4月24日，根据全国“扫黄打非”办的部署，广东省组织开展2008年“扫黄打非”第二阶段专项行动。

4月25日，肇庆市“扫黄打非”工作领导小组在肇庆市体育中心举行了肇庆市2008年“保护知识产权销毁非法出版物”活动。销毁活动现场会由副市长孙德主持，市委常委、宣传部长、市“扫黄打非”工作领导小组组长陈以良讲话，市文化市场管理工作领导小组成员和社会各界人士共300人参加了销毁活动。

4月26日，珠海市“扫黄打非”办在九洲城举行集中销毁非法音像制品大会，共销毁非法音像制品170万张。

5月5日，广东省“扫黄打非”办组织召开“扫黄打非”工作座谈会，省“扫黄打非”领导小组成员单位有关负责同志和部分重点地区“扫黄打非”办主任参加了会议。会议传达了全国“扫黄打非”办《关于开展2008年“扫黄打非”第二阶段专项行动通知》和全省维护社会稳定工作电视电话会议精神，部署开展广东省2008年“扫黄打非”第二阶段专项行动。

5月8日，广州市举行广州市文化市场综合执法机构成立三周年庆祝活动。

5月9日，深圳市“扫黄打非”办召集全市有关成员单位和各区“扫黄打非”办有关负责人开会，总结“扫黄打非”第一阶段专项行动，部署第二阶段专项行动。

5月13日至20日，深圳市成立第四届文博会市、区两级文化市场检查督导小组，在“文博会”期间对全市文化市场管理开展督察督导工作。

5月15日，深圳市盐田区公安分局接群众举报，在盐排高速公路上设卡拦截一辆满载非法音像制品的货车，查获光盘182箱，约25.5万张，其中4.6万张为淫秽光盘。司机钟某被刑事拘留。

5月20日，广州市文化市场综合行政执法总队在越秀区一举端掉3个非法音像制品仓库，现场收缴境外SID码非法光盘352.34万张。这是2008年广东省查获数量最多、规模最大的一起盗版音像制品储运窝点案件。

5月20日至12月31日，阳江市文化广电新闻出版、市政管理、公安、工商、宗教事务、城监等部门联合开展整治市容市貌和环境卫生及清除封建迷信活动和售卖封建迷信出版物行为的专项行动。

6月2日，东莞市文化执法大队从严格执法人员岗位责任入手，出台了《东莞市文化市场执法责任制度》，以包干制、巡查制、问责制和轮岗制为核心，在文化市场全行业全面落实“扫黄打非”和文化市场监管责任制度。

6月10日，为防止非法出版物通过交通运输渠道扩散，进一步加大对铁路、公路、水路、航空、邮政等运输环节的检查力度，根据全国“扫黄打非”办等8部门的通知精神，广东省“扫黄打非”办会同省公安厅、省交通厅、省新闻出版局、省邮政管理局、广铁集团、民航中南管理局、海关广东分署等部门联合发出《关于坚决打击利用交通运输渠道贩运非法出版物的通知》。

6月18日至7月20日，江门市城管局、江门市文化市场综合执法大队、江门市公安局和江门市工商局等四个职能部门，按照江门市创建全国文明城市指挥部办公室的工作部署，在市区堤西路设岗轮流值班，全面监控和打击堤西路一带地摊游商的违法经营活动。

6月26日至27日，肇庆市文广新局举办文化市场、新闻出版、版权知识业务培训班，对各县（市、区）出版物市场、印刷复制企业经营者共160多人进行了培训。

6月27日，惠州市文化广电新闻出版局组织召开书报刊、音像制品、网吧、娱乐场所等文化经营业主会议，共500多人参加了会议。

7至10月，东莞市文化执法部门积极参与创建全国文明城市工作，开展了“创建文明文化市场行动执法季”，将网吧、出版物市场、游艺场所列为三大重点整治对象。

7月，根据全国“扫黄打非”办的部署，广东省“扫黄打非”办组织开展奥运前30天出版物市场清查行动，对全省出版物市场进行全面检查，确保了出版物市场健康有序平稳发展，为北京奥运会胜利召开营造了良好的社会文化环境。

7月，湛江市文化市场综合执法大队根据广东省广播电影电视局的通知精神，对市区卫星电视广播地面接收设施安装、接收和互联网传播视听节目进行了全面检查，全力做好奥运节目安全播出检查工作。

7月3日，云浮市举办全市文化市场管理、执法人员法律法规培训班，全市55名文化市场管理、执法人员参加了培训。

7月4日、15日，深圳市“扫黄打非”办连续召开会议，部署打击非法出版物专项行动和奥运前30天出版物市场集中清查行动，市“扫黄打非”有关成员单位和各区“扫黄打非”办负责同志参加了会议。

7月16日至18日，广州市举办“广州市文化市场综合行政执法业务培训班”，对市、区（县级市）“扫黄打非”办、文化市场综合执法人员进行文化执法业务培训。

7月23日，清远市召开迎“奥运”文化市场专项整治工作会议，清远市委常委、宣传部长、市“扫黄打非”工作领导小组副组长雷广财出席会议并作讲话。

7月22日，海关广东分署在广州市召开了“广东省内海关‘扫黄打非’专项工作会议”，部署奥运期间“扫黄打非”工作任务，并就进一步完善“扫黄打非”工作制度和机制等方面的问题进行了交流研讨。广东省内各直属海关“扫黄打非”工作主要负责同志参加了会议。

7月23日，深圳市宝安区文化、公安部门在西乡固戍下围园南方世恒工业园宿舍楼201房查获一非法音像制品批发窝点，现场查获盗版DVD光碟15.33万张，抓获犯罪嫌疑人1名。

7月24日，佛山市属五区开展销毁涉赌电子游戏机统一行动，共销毁在6月至7月期间收缴的涉赌水果机、跑马机、转盘机等6479台，电脑板900余块。

7月25日，惠州市“扫黄打非”领导小组召开全市文化市场管理（“扫黄打非”）工作会议。各县（区）“扫黄打非”领导小组组长，市“扫黄打非”领导小组全体成员和市“扫黄打非”办全体人员参加会议。惠州市委常委、宣传部长、市“扫黄打非”领导小组组长黄雁行同志作了讲话。

7月29日，云浮市召开全市文化市场管理暨“扫黄打非”工作会议。市委常委、宣传部长吴伟鹏，市政府副市长王莉莉出席会议。各县（市、区）委常委、宣传部长、政府分管文化工作领导，市、县（市、区）文化广电新闻出版局长、文化市场综合执法队队长，市文化市场管理工作成员单位代表参加会议。

7月31日，“广州市文化市场出版物数据库系统”通过验收。

8月3日，中央电视台《焦点访谈》栏目报道了深圳市“7·15”特大淫秽、盗版音像制品系列批销案的情况。

9月3日，深圳市广电局、市文化执法总队联合相关部门经过近一个月的艰苦努力，成功侦破一起非法销售卫星电视地面接收设施案件，现场查缴卫星电视地面接收机838台，刑事拘留3人。此案标志着深圳市在文化、广电领域推进行政执法与刑事司法相衔接工作取得新的进展。

9月10日、11日，全国“扫黄打非”办书报刊市场专项整治督导组，对广州、深圳市报刊市场专项情况进行检查。督导组听取了广州、深圳两市的工作汇报，对书报刊市场进行了检查，对两市工作开展情况予以肯定。

9月16日，为展示20年来广州市“扫黄打非”工作所取得的丰硕成果，广州市文管办着手筹备广州市“扫黄打非”成果展。

10月1日，根据全国“扫黄打非”办、新闻出版总署的部署，广东省“扫黄打非”办组织开展严厉打击非法报刊专项行动。

10月1日至7日，为确保国庆长假期间广州市文化市场和谐稳定以及首届国际漫画节、第二届穗港澳动漫游戏展的顺利举办，广州市执法总队周密部署安排，制定节日文化市场、动漫游戏展期间执法检查工作预案，严密组织实施，按照“分组值班、坚持巡查、全面监控”的原则开展执法活动，确保了全市出版物市场平稳有序。

10月10日，东莞市在东城文化活动中心影剧院举行2008年娱乐场所阳光工程启动仪式暨消防安全知识培训。在启动仪式上，市文化广电新闻出版局向32个镇街及松山湖共33名“阳光娱乐”义务监督员代表颁发了聘书，与6家娱乐场所代表签订了《东莞市“阳光娱乐”承诺书》。

11月9日至10日，全国“扫黄打非”办、中宣部出版局在东莞市召开了部分省、市“扫黄打非”办主任座谈会。全国“扫黄打非”办专职副主任、新闻出版总署反非法和违禁出版物司司长李宝中，中宣部出版局副局长周慧琳，上海、广东、浙江、安徽等省（直辖市）“扫黄打非”办主任以及广州、深圳、东莞市“扫黄打非”办有关负责人参加了会议。会议听取了有关省、市工作汇报，研究部署了下一阶段的工作任务。

11月10日，广州市天河区人民法院对“成功商贸网”侵权案件进行宣判，以侵犯著作权罪判处当事人林某有期徒刑1年2个月，并处罚金1万元。这是广东省判处的第一起网络侵权刑事案件。

11月12日，佛山市文化市场综合执法大队联合南海区文化执法队、南海区公安治安大队等部门对南海区黄岐白沙村龙一街13号进行检查，收缴非法音像制品31.1万张。

11月13日，佛山市文化市场综合执法大队联合南海区文化执法队、南海区公安治安大队等部门对南海区里水镇新联赤坎村小组中大街15号进行检查，收缴非法音像制品12.5万张。

11月26日，广东省“扫黄打非”办组织召开了2008年广东省“扫黄打非”工作总结交流会议。部分省文管领导小组成员单位的有关负责同志，各地级以上市文管办主任、文化市场综合执法大（总）队队长共50多人参加了会议。省公安厅、省文化厅、省工商局、海关广东分署的有关负责同志分别在会上作了发言。广州、东莞、中山、清远等市介绍了工作经验。省新闻出版局局长朱仲南，省新闻出版局副局长、省文管办主任杨广锐，省公安厅副厅长张永强，省委办公厅副巡视员蔡宗雄出席了会议，会议由省新闻出版局副局长韩安贵主持。

12月19日，佛山市在南海区劳动广场销毁非法音像制品100余万张、非法书报刊100多万册（份）、"黑网吧"电脑设备5000多台、游戏机500多台。

创新经验

拓展思路 创新机制 不断提升"扫黄打非"工作水平

广州市"扫黄打非"工作领导小组

近年来，广州市认真贯彻落实中央和省、市的决策部署，紧紧围绕建设全省"首善之区"的目标，坚持监管与繁荣并举的方针，以净化文化市场环境为工作主线，以保护知识产权为工作平台，以"扫黄打非"工作为统领，继续解放思想，坚持改革创新，在拓展工作思路、创新工作机制上取得显著成绩，取得了"扫黄打非"工作10项"创新"，推动我市"扫黄打非"工作不断上新水平。

一、构建联合执法工作机制，着力提高行政执法效能

我市自2005年开始，按照全市"扫黄打非"工作领导小组成员单位协同行动、分工负责、形成合力的思路，解决文化执法部门职能相对单一、现场查处违法违规活动手段相对不足、行政办案和刑事案件协办能力不强等问题，由市"扫黄打非"工作领导小组指导，领导小组办公室具体组织成立由文化、公安、工商、城管、知识产权等部门组成的"扫黄打非"联合行动组，开展跨部门联合执法，构建联合执法工作机制，形成各司其职、各负其责、相互配合的齐抓共管"扫黄打非"工作格局。联合行动组不定期召开成员单位联络员会议，采取错开正常上班时间、错开正常执法时段、错开正常节假日公休时间的"三错开"的方式开展专项行动，取得显著成效。在行动中，坚持综合运用法律法规，着力发挥不同法律主体的职能，现场明确各部门责任。领导小组加强指导协调，部门之间各司其职、密切配合、现场处置到位。对执法检查中发现的违法违规问题，未达到刑事标准的，由文化执法机构和工商部门予以行政查处；涉嫌刑事犯罪的，现场移送公安机关立案查处。这样一来，一方面有效解决了文化执法部门一家不能解决的市场监管难题，提高了行政执法效能；另一方面，为触及刑法的案件及时获取信息、保留证据，增强了案件进入司法程序的时效性。各区、县级市积极借鉴市的经验，结合各自实际，纷纷成立联合行动执法组，有效强化了"扫黄打非"案件的处置能力，提高了文化执法的震慑力，文化市场的监管得到进一步加强。全国"扫黄打非"办高度肯定了我市的这种做法，通过编发简报、在文件中明确要求等方式向全国宣传推广。在深化联合执法行动的基础上，我市逐步建立起联合查办案件工作制度。对已触及刑法的案件，从现场查处开始，文化执法部门就与公安、检察院、法院等部门密切联系，在办案过程中坚持"三个定期"：定期通报工作情况、定期工作联系、定期召开联合会议。联合办案发挥了职能部门作用，节省了时间和成本，使案件的查处更为高效有序。仅2008年就成功查办了"1·03"、"3·13"、"10·25"等一批违法案件，完成了"12·06"盗版图书案、"3·17"特大磨码光盘案、"12·25"、"3·18"政治性非法出版物案等一批刑事案件的办结。目前，联合执法工作机制正进一步深化拓展。

二、建立市区两级联动工作机制，着力促进文化市场监管和文化市场繁荣并举

我市坚持“扫黄打非”和文化市场监管工作服务和保障舆论安全、文化安全和文化事业产业繁荣发展的工作方针。从服从服务全市“扫黄打非”工作全局出发，着力构建市、区两级上下联动工作机制，形成全市“扫黄打非”上下一盘棋格局。市“扫黄打非”工作领导小组加强领导，统筹协调指导全市的“扫黄打非”工作，总体把控全市大型文化市场；各区、县级市充分发挥积极性，认真落实“扫黄打非”的“属地管理”原则，积极推进“扫黄打非”工作落实到基层，在加强文化市场监管的同时促进全市文化市场繁荣。一是建立定期例会制度。每月由市文管办牵头，召开各区、县级市文管办主任和执法队队长工作例会，统一思想认识，通报工作情况，交流工作经验，部署工作任务，研究新情况、新问题。经过两年多的实践，工作例会已成为全市文化市场管理工作经验交流平台、现场办公平台、信息通报平台和任务部署平台，有力促进了全市文化市场管理工作。二是建立上下联动执法制度等。由市牵头，联合区、县级市文化执法部门，在开展打击黑网吧、非法报刊批销点、非法音像制品仓储窝点和整治电脑电器城销售非法音像制品等专项行动中，各司其职、共同行动，提高了执法的效果。三是发挥区（县级市）社会治安综合治理机构、机制的作用，把“扫黄打非”工作与排查整治治安混乱地区和突出治安问题等专项行动结合起来，积极推进“扫黄打非”列入社会治安综合治理年度考核，加强网吧管理，彻查出租屋窝点，深挖非法出版活动制作、储运场所，净化了文化市场环境。

三、建立物证管理中心，着力提供规范高效的物证服务

文化行政执法过去仅限于分散在广播电视、新闻出版、文化文物等部门单一的行政稽查行为，对执法物证要求不高，实行综合行政执法改革后，要求以准确、全面的物证作为办理行政案件向刑事案件移送的前置依据，对物证的采集要求越来越高，对物证管理服务的依赖性越来越强。适应这种要求，我市着力加强物证管理这一综合行政执法的基础性工作，借鉴香港政府经验，在原有的销毁场的基础上，结合我市实际建成广州市“扫黄打非”文化市场综合执法物证管理中心。中心物证仓储面积4900平方米，库存盗版光碟2237.9万张、封面包装纸266万张、盗版书刊127.2万册、非法报刊31万份、电脑主机11184台、电脑显示器10372台以及电视机、影碟机、磨码机、印刷机一批。该中心按照公安部门提供的刑事办案标准建立健全了一系列的物证管理规章制度，严格加强管理；规范设立了物证分类、清点、抽样、登记、建立档案等一系列的物证管理流程，每个流程又进行了细分，使物证工作流程既简单明了，又高效规范。中心自2007年“3·17”案开始运作以来，发挥了重要作用，不但为一般的行政执法案件提供物证管理的相关服务，更重要的是为行政案件向刑事案件移送提供了强有力的物证支持，使案件的移交平滑顺畅、运行高效，从而有效地降低了案件移交不全、办理中断、当事人逃避处罚等情况的发生。截至今年1月止，物证管理中心清点登记光盘物证1324.5万张，书报刊物证129.6万册（份），为我市“扫黄打非”文化市场综合行政执法和办理刑事案件提供了212份物证资料，直接参与全国、全省几宗大案要案的物证清点、分类和登记工作，获得全国和省的高度肯定。目前，我们正在进一步完善中心的建设，主要是建立健全中心对外工作的管理制度、工作流程和操作方法，使之更好地发挥作用。

四、成立全国第一支网络反盗版专业队伍，着力探索建立网络文化市场长效管理机制

我市高度重视网络反侵权盗版工作，根据形势发展的需要，在2005年市文化市场综合行政执法总队成立时，把建立网络执法队伍列入“三定”方案主要内容予以明确。根据市的“三定”方案，结合网络文化市场执法的特点和趋势，市新闻出版和广播电视局精选了一批熟悉互联网传播技术和相关法律法规的执法人员，率先在全国建立了文化执法系统的第一个网络文化市场执法队伍——网络反侵权盗版小组。小组成立以来，不断健全完善，初步形成了一套市区（县级市）一体、网上网下衔接、多部门协调联动，实时监控、快速查处的网络“扫黄打非”工作机制，在网络反侵权盗版工作中发挥了重要作用。3年来，共巡查网站5100家次，调查网络侵权盗版案件145宗，行政立案110宗，移送刑事案件4宗。具体做法：一是加强队伍建设。小组成立后，组织成员到香港海关学习考察，并邀请香港有关专家到我市开展培训、研讨交流，着力提高小组成员的专业技能和水平。二是加强网络执法技术装备。充分发挥高科技的优势，建成全国文化执法系统第一个网络文化市场监控平台——“网络监控室”，配置了一批高精端的硬件和软件，配备了高性能的网络设备和电子数据专业取证工具。三是建立协调机制。加强与公安、检察、法院、通信管理、电信部门、相关协会和其他地区文化执法部门的协调配合，形成多部门合作、共同推进的工作格局。在工作中，我们深刻体会到，与查处其他文化市场的违规违法活动比较，查处网络市场案件的困难在于：网络动态变化快，对人员素质、技术装备要求高，相关部门之间未能形成共识，可用于网络市场案件的法律法规不足。但是网络市场也有一个很突出的特点，那就是相对透明，只要切实做好海量搜索、证据固定和跨部门合作等多个环节，查处网络侵权盗版案件也并不是一件很困难的工作。

五、深化部门合作，破获广东省第一起网络侵权刑事案件

2007年3月27日，我市查处了“成功商贸网”销售盗版视频光盘案，现场查获当事人林某经营盗版刻录（复制）光盘5497张，非法经营的邮寄清单、收款、收据资料一批，电脑主机3台，并移交司法机关处理。天河区法院于2008年11月10日以侵犯著作权罪判处林某有期徒刑1年2个月，并处罚金1万元。该案件的查处，开创了广东地区利用刑事手段打击网络侵权案件先河，严厉打击了网络盗版行为，同时为同类案件的判决提供了参考依据。这个案件当中，部门之间的深度合作是案件成功告破的关键。办案过程中，行政和司法部门高效衔接，紧密配合，横向互动，形成强大合力。发现线索后，省、市文管部门加强指导协调，市文化执法部门主动配合市公安部门，切实抓好调查取证工作。在案件现场，全力协助公安部门进行证据固定、分类与鉴定。预审阶段，配合公安预审人员，前往北京、太原、云南、重庆、深圳等地调查取证，进一步完善证据。起诉、审理阶段，检察部门认真听取行政执法部门意见，深入分析当前“扫黄打非”斗争形势以及打击网络侵权盗版行为的重要性，让法院充分掌握案情。这种深化合作，对整个案件的查处、审理和判决发挥了重要作用，为建立联合办案机制提供了宝贵的经验。我们深刻体会到，办案的过程也是部门之间共同研究、加强交流、一起成长的过程，这就要求我们“扫黄打非”文化执法部门，坚持用先进的执法理念、切实的行动去积极主动影响相关职能部门，使部门之间统一思想、提高认识、共同提升，更好地推动“扫黄打非”工作。

六、借助良好平台，建立驻展会版权保护工作长效机制

2003年第93届广交会开始，我市专门组织人员进驻广交会，协助处理版权纠纷，开展版权保护服务和版权保护知识宣传。经过几年的探索，初步形成驻展会版权保护工作长效机制，具体包括人员培训制度、联合维权制度、统计分析制度。自该项工作开展以来，我市坚持把广交会版权保护作为版权工作的重要品牌，列入版权工作的重心，使之成为我市版权工作的服务窗口、宣传阵地和实践基地。一是大力开展展会版权维权服务，及时受理投诉案件，调解版权纠纷，督促相关企业展后通过司法途径解决一些难以解决的案件。6年来，共受理广交会版权投诉案件348宗，经过依法调解，结案率达100%，维护了著作权人的合法权益，受到国内外参展客商和中介机构的广泛好评。二是广泛开展版权法规知识宣传，使受理版权投诉和调解版权纠纷的过程，成为宣传普及展会版权保护知识的过程。通过举办参展企业法律培训班、设立“广交会版权保护知识咨询站”、向中外客商印发展会著作权宣传手册、帮助教育企业完善版权保护机制等方式大张旗鼓地开展版权知识宣传。目前，驻展会版权保护工作长效机制已延伸拓展到国际家具博览会、广州国际漫画节（穗港澳动漫展）、广州国际汽车展和广州国际设计展等重大专业性展会，在保护知识产权工作中发挥着越来越重要的作用。在驻展会版权保护工作中，我们坚持做到三个“加强”：一是加强与司法部门合作，及时受理和调解展会版权投诉案件；二是加强与专业协会合作，积极获取相关信息；三是加强与权利人合作，争取权利人的支持、理解和配合。

七、建立出版物监管数据库系统，着力提高文化市场监管能力和水平

建立出版物监管数据库系统之前，判断一件出版物是否为正版，完全靠工作人员目测，这往往导致现场执法证据不足，执法双方容易产生争执，执法效率低下。为解决上述问题，我市和国家新闻出版总署信息中心合作，建成广州市文化市场出版物监管数据库系统，与总署信息中心共享丰富权威的数据资源。在此基础上，我们建设面向出版物核查的移动出版物查询系统，逐步将信息中心的数据资源融入到广州市出版物核查工作中，达到提高出版物核查效率，降低管理成本的目的。该系统的核心程序是：把正版产品的识别特征输入数据库，现场执法时，直接将数据库所有正版出版物信息传输到移动终端设备上，然后通过扫描待鉴别出版物的条形码，即可快速查询出该条形码正版出版物的详细信息，通过与待鉴别出版物信息对比，执法人员可迅速提取疑似盗版产品。数据库系统建成以来，发挥至少四方面的作用：一是为执法人员现场快速鉴别和取证提供依据；二是为疑似盗版出版物进一步鉴定、取证提供辅助和依据；三是根据我市文化市场管理需求，建立黑名单库、盗版特征库、典型案例库、著作权登记数据库等信息库，进一步提高执法监管效率；四是为领导机关宏观管理和科学决策提供依据。该数据库系统的建成，为全国的出版物核查工作起到示范和引导作用。目前，系统一期建设已完成，二期建设将于年内启动。

八、建立文化市场安全管理信息系统平台，着力实现信息开放、资源共享、运作高效

面对文化市场侵权盗版行为的日益集团化、高科技化，我市着眼于长远发展，大力推进管理和服务信息化，超前规划建设了文化市场安全管理信息系统平台，在全市构建了统一的、顺畅的信息网络，实现在“扫黄打非”各成员单位之间、市和区（县级市）之间信息开放、资源共享、运行高效。平台自2006年底开始研发，目前一期建设已基本完成，市和各区（县级市）均已安装使用，现正在进一步完善，二期建设也即将展开。该平台根据全市文化市场管理的需要，规划设置了信息情报数据库、案件处理子系统、统计报送子系统、信息发布子系统、文化市场数据分析系统、移动办公子系统、CA认证子系统七个子系统。其中信息情报数据库是核心，收集了我市文化市场管理所必须掌握的数据资料，还将国家新闻出版总署信息中心丰富权威的出版物信息库纳入，方便查询全国各类出版物、出版单位的信息。该平台安装使用以来，发挥了重要作用。一是为文化执法部门提供了全市详细的文化市场经营单位信息，并根据违规情况形成重点监控对象库，方便监管；二是为执法人员现场快速鉴别和取证提供依据，实现案件处理规范化、电子化，大大提高了办案效率；三是为领导科学决策提供支持；四是加强了与相关职能部门之间、区县文化执法部门之间的沟通联系；五是方便市民及时了解文化市场公告信息。

九、建立“时间戳”作品首创时间登记系统，着力构建新的版权保护环境

“时间戳”是证明数据电子文件的申请时间、权属、内容完整性及不可否认性的有效电子凭证，通过“时间戳”可以解决电子文件的唯一性和内容的完整性，为事后出现纠纷提供一个具有法律效力的可信电子证据。为有效防止著作权人的作品被人盗版，或权利人的作品被人盗版后抢先到别处登记，着力构建新的版权保护环境，我市把“时间戳”引入版权登记，建立了广州市“时间戳”作品首创时间登记系统，于2008年4月26日“世界版权日”零时正式开通启用，为著作权人作品登记和举证提供全天候服务，当天就有200多人自行上网登记作品。著作权人在创作过程中或发表作品之前自行登陆TSA版权保护系统上网登记，简单几步，就立即拥有一个属于这个作品的“时间戳”，从创作过程到最终完成创作的时间均登记在案，从而解决数字作品在著作权保护中存在的“作品完整性”、“完成时间的真实性”问题，而且这个时间是国家授时中心授予的时间，是不可逆转的。正是基于这两点，最高人民法院把“时间戳”引入案件审理，可作为法庭判决的证据。启用“时间戳”作品首创时间登记系统，丰富了文化市场监管的信息数据，有效保护了著作权人的作品版权，为执法提供了依据；延伸了保护的内容，改以往的只保护创作成果为既保护创作成果又保护创作过程；强化了公民的版权意识，受到社会各界的广泛好评。

十、建立版权保护教育进校园长效机制，着力营造尊重知识、尊重版权的良好氛围

我市坚持版权教育从基础抓起，从娃娃抓起，积极拓展教育阵地，建立版权保护教育进校园长效机制，大力开展未成年人版权教育，着力在全社会营造尊重知识、尊重版权的良好氛围。一是建设版权教育示范学校。命名广州市一中、四中、真光中学、康有为纪念小学、乐贤坊小学和詹天佑小学六所中小学校为“广州市版权教育示范学校”。每年组织开展系列活动，赠送版权知识书籍，培养中小学生的版权意识。二是在全市各中小学建立版权教育示范基地，创新版权教育阵地；三是举办主题教育活动。在全市开展“创新与未来——广州市青少年版权保护主题教育活动”、“我承诺！我行动！”主题宣传教育活动，举办版权知识辩论会、版权知识竞赛活动、“我与版权”演讲比赛、知识产权保护展览等系列活动，以生动活泼的形式开展宣传教育；四是把版权宣传教育融于日常教学中，使之常态化，潜移默化地培育学生的版权意识。通过多年的努力，全市尊重知识、尊重版权的氛围日益浓厚，校园正版意识不断增强，版权保护教育进校园工作取得明显成效。六所示范学校图书室、阅览室没有侵权盗版作品和不宜青少年阅读的刊物，学生使用正版、拒绝盗版的意识明显增强。多所中小学校主动联系市版权协会，请求协助清理学校图书馆盗版书籍。目前，版权保护教育进校园长效机制正进一步健全完善。

广州“扫黄打非”工作取得的这10项“创新”，离不开中央和省的关心和指导，离不开兄弟省、市的支持和帮助，离不开全市“扫黄打非”战线的共同努力，借此机会表示衷心的感谢！不少的兄弟省、市在“扫黄打非”工作中创新了不少做法，积累了很多宝贵的经验，很值得广州学习。我们真诚希望，在今后的工作中，中央和省继续加强对我市的关心、支持和指导，兄弟省市之间进一步加强交流、相互学习、相互借鉴，共同推进“扫黄打非”工作上层次、上水平。

东莞市开展“扫黄打非”工作经验总结

东莞市“扫黄打非”办

总结20多年来，我市“扫黄打非”工作经验主要表现为“七个有”：

一、有坚强的组织架构

我市根据每个时期“扫黄打非”工作和文化

市场执法工作的需要，不断调整和充实“扫黄打非”工作领导小组成员，扩大机构职权。2007年，我市把“扫黄打非”工作、文化市场管理工作和整治“黑网吧”工作领导小组三合为一，使该组织成为“扫黄打非”工作和文化市场管理工作的坚强领导机构。领导小组由市委副书记担任组长，分管公安和宣传工作的两位市委常委及分管文化工作的一名副市长担任副组长，成员单位由宣传、文化、公安、工商等28个各相关职能部门组成。领导小组设立办公室，由市文化市场综合执法大队大队长担任办公室专职副主任，办公室设在文化执法部门。32个镇（街）参照市的做法，相应成立“扫黄打非”工作组织机构，在组织上确保了全市“扫黄打非”工作的正常运作。

二、有专业的执法队伍

为文化市场配备专门的执法力量，是我市“扫黄打非”工作和文化市场综合执法工作迈向正规化的重要标志，具有“里程碑”的意义。在2005年的文化体制改革中，我市成立了文化市场综合执法大队，并将派出机构设置在全市32个镇（街），成为我省唯一一个将机构设在镇（街）一级的城市。目前，全市文化执法机构共有在编人员184人，其中，大队33人；镇（街）文化执法分队编制根据镇（街）经济社会发展以及文化市场的发达程度，按照每个镇（街）3—8名的人数配备，共有在编人员151人（另有协管员185人）。同时，市文化执法大队不断探索推动将执法重心向下移的措施，实现一线布控，使我市的文化市场综合执法工作形成“局党组直接领导，大队统一指挥监督，分队履行执法”高效运作格局。

三、有明确的职责分工

我市不断探索和强化成员单位责任分工机制。2007年，由市文管办牵头制定了《东莞市文化市场管理工作领导小组成员单位执法（工作）责任制度》，再次明确了各成员单位在文化市场管理方面的职责。由于职责明确，各部门相互配合，全市形成了党委领导、政府管理、行业自律、企事业单位依法运营的文化管理体制和权责明确、行为规范、监督有效、保障有力的文化监管体制。

四、有周密的计划部署

每年年初，我市“扫黄打非”办组织、协调相关职能部门召开专门会议，根据上级的统一部署，研究制定年度性、总体性的文化市场综合执法工作计划和“扫黄打非”工作方案。在开展专项行动前，还会制定相应的具体行动方案，确保每次行动都能顺利开展且有效果。比如：2008年，我们按照上级的要求，先后制定了《东莞市2008年“扫黄打非”工作方案》、《东莞市2008年扫黄打非第一阶段专项行动净化“春节”、“两会”期间出版物市场工作方案》和《东莞市清查非法出版物专项行动方案》，确保了各个重要时期全市“扫黄打非”工作有条不紊地开展。

五、有强大的领导保障

我市特别强调各级政府和各成员单位“一把手”在“扫黄打非”工作中的核心作用。比如，我们要求文化执法队伍的“第一把手”必须切实负起责任，部署行动时，要求“第一把手”亲自主持会议；亲自宣布行动方案；明确各部门、各成员的工作职责；广泛听取执法人员的意见，确保每一个环节不出问题。凡是在检查中发现有非法出版物的情况，做到“四个第一”，即：第一把手在第一时间到达第一现场，掌握第一手情况。

六、有突出的工作重点

开展“扫黄打非”工作，我市着重做到突出“四个重点”：一是突出重点检查时期。把元旦、春节、“五一”、六月、国庆以及党和国家召开重要会议期间定为重点检查时期，组织公安、国安、工商等部门组成联合执法队，对全市范围内的文化市场进行严密清查；二是突出重点检查镇街。把外商和港客来往较多、文化市场较为发达的莞城、东城、虎门、长安、厚街、塘厦、樟木头、清溪、常平、凤岗、黄江、大朗等定为重点检查镇（街），要求这些镇（街）执法分队要特别注意加强对非法出版物的查处工作。同时，执法大队派出督查组，到这些重点监督镇（街）作指导督查；三是突出重点检查区域。把书报刊、音像和计算机软件制品集中经营场所及批发、零售、出租、放映单位、繁华街区、车站、码头、学校及学校周边、过街天桥、地下通道等列为重点区域，进行拉网式清查；四是突出重点检查时段。充分利用晚上、节假日等令非法经营者麻痹大意的时段，采取错时执法、交叉执法等办法，进行突击性清查。

七、有完善的管理机制

我市把“扫黄打非”工作和文化市场执法工作紧密结合，逐步摸索出一系列行之有效的监管制度。其中，涉及文化市场全行业管理的重大制度有：一是实施《文化市场执法责任制度》。从今年7月开始，市文化执法大队贯彻落实《文化市场执法责任制度》，这项制度包括了包干制、巡查制、问责制、轮岗制四项子制度。二是贯彻《各镇（街）文化市场综合执法分队绩效量化考核办法》。从2007年开始，制定并贯彻了《各镇（街）文化市场综合执法分队绩效量化考核办法》，使该办法成为指引和检验执法分队全年工作，激发执法分队主动性，推动执法重心下移的重要手段。三是实施《文化市场义务监督员制度》。在社会上聘请有责任感的退休干部、老师、学生家长、学生、社区管理者和其他热心文化市场工作的社会人士作为文化市场监督员。义务监督员如发现经营单位或业主有违法违规经营行为，有义务向当地文化市场执法分队或有关行政管理部门报告。

2008年，全年共出动执法人员近10万人次，取缔“黑网吧”234间（次）、“黑影吧”593间（次）、地下图书和音像批发点83个，收缴电脑主机、电视机等设备12000多台，盗版音像制品148万张（套、盒），取得了显著成效。另外，市文化执法大队在2006年、2007、2008年连续三年被评为“全国‘扫黄打非’有功集体”，2008年还荣获全国“迎奥运 保稳定‘扫黄打非’先进集体”称号。2008年11月，在东莞召开的全国“扫黄打非”工作研讨会上，全国“扫黄打非”办领导高度肯定我市“扫黄打非”工作在突出加强基础性建设和突出加强机制建设方面取得的成效。

深圳市福田区刑事打击盗版调查与思考

深圳市福田区“扫黄打非”办

2003年初，全国“扫黄打非”办提出了“将盗版者送上法庭”的口号。2003年4月17日，福田区文化稽查队联合福田公安分局破获了福田建区以来最大型的盗版地下批发窝点，抓获涉案人员6名，查获非法DVD 14万余张。以推动此案走刑事打击为契机，市、区“扫黄打非”办开展了系列调研，出台了深圳市刑事打击盗版的指导意见，最终成功办理了广东省首宗以“非法经营罪”追究盗版经营者刑事责任的案件。多年来，福田区文化、公安、工商、城管等“扫黄打非”成员单位进行了艰苦卓绝的实践探索，提倡“专研业务、解决问题”的基层执法理念，先后开创了“突破首案”、“全面铺开”和“热线联动”三个刑事反盗版局面。截至2007年11月16日，福田区“扫黄打非”各成员单位共办理刑事打击盗版案件131宗193人（其中，自2005年下半年文化、公安“热线联动”机制建立以来，共办理同类案件113宗），占全市总数过半。

一、福田区刑事打击盗版的三个发展阶段

第一阶段，夯实基础、争取政策，成功突破首案，历时一年。

2003年4月17日首案告破以后，市、区“扫黄打非”办领导均高度重视，指示成立专案组办“铁案”。专案组以“最严谨、最全面”为侦查原则，对犯罪嫌疑人采取“监视居住”两个月，根据线索对窝点涉及的全市130个下家逐一核实，并赴广州、中山的货源地调查取证。但是，由于缺乏明确指导，碰到了法律概念、法条和犯罪形态等适用困难。市“扫黄打非”办一方面成立调研组赴北京学习，另一方面协调市区公、检、法部门多次召开业务研究会议，并最终协调市公检法三家出台了《关于办理非法出版物刑事案件若干问题的指导意见》。以“九条意见”的酝酿、论证、出台为标志，经过一年时间的精心办理，2004年4月13日，福田区人民法院对“4·17案”做了公开宣判，6名刑事被告分别被判处7年至1年半有期徒刑不等，罚金10万元到1万元不等。

第二阶段，加强培训、润滑衔接，全面铺开阶段，历时一年。

在“4·17案”中，光碟清点分类，10名工作人员全脱产足足花了10天时间；办案经费花了20万元；文化、公安组成的专案组，人员一抽调就是三四个月；整个案件从破案到一审判决足足等了1年。“如何降低成本、提高效率，将刑事打击盗版作为一项日常工作来抓?”成为亟待研究解决的现实问题。

为此，市、区“扫黄打非”办制定了“开展全市基层科所队业务培训，全面铺开刑事打击”的工作路线。一方面，2004年下半年全市组织了两期专题业务培训，对各区公安、文化等部门和基层派出所骨干集中培训；另一方面，强调行政机关在犯罪移送中，应该尽心尽责地协助公安机关处理力所能及的业务困难，做到“扶上马，送一程”，以改正过去“一送了事”的通病。2004年下半年至2005年上半年，区文化、工商及全区过半数的基层派出所都参与了刑事打击盗版案件工作，共同办理同类案件17宗。初步形成了“全面铺开”的局面。

第三阶段，创造条件、落实机制，建立热线联动，历时两年。

“全面铺开”的实践中，我们发现每次办案都要与不同的辖区派出所有一个磨合的过程，文化执法人员与不断变化的公安干警之间的默契始终不够。此外，在案件办理的多个环节分工不细，效率不高。针对这些问题，区“扫黄打非”办从“钻研实战业务”和“落实竞争激励机制”两方面着手，开始了以刑事打击盗版“规范化操作”为主要目标的积极探索。

一是钻研实战业务，推行标准化办案，促使刑打案件由“难案”变为“易案”。在解决光碟清点难问题上，经过与检察院、公安预审部门的沟通，分析了刑事打击盗版案件的特殊性，区“扫黄打非”办推动司法机关接受“以光碟盗版特征分类清点”的办法，按照“VCD、CD、DVD、MP3”等种类和“磨SID码”、“烫码”、“无码”、“境外码”等特征，进行分类、清点、登记和抽样鉴定。在确保光碟数量明确的情形下，科学地解决了“清点难”问题。同时，出台刑打操作手册，将案件办理细化为“三个阶段”和“八个环节”，辅以案例分析，明确行政部门与公安机关之间的分工。

二是落实竞争、激励制度，逐步建立热线联动机制。为了解决每次办案都是“生面孔”、业务不熟、默契不够的问题，在公安分局的帮助下，区文化执法大队与区里一个派出所刑警队组成人员相对固定的“刑打专业队”。经过不断努力，逐渐摸索出了“案件线索及行动策划由双方共同协商，人员抓捕和现场安全由公安机关负责，专业性、辅助性工作由文化部门负责”的机制，分工明、效率高，仅一年承办的案件数就超过了前两年全区案件总数。在激励机制方面，区“扫黄打非”办为刑事打击盗版制定了专门的考核方案，以实际办案数为考核的主要指标，突出对一线倾斜的原则，树立先进典型，形成良性竞争局面。

专业队的实践，不仅探索出了高效的刑打套路，而且给其他派出所带来了竞争压力。2006年上半年，相继有多个派出所来访区“扫黄打非”办，要求在刑事打击盗版工作上实现长期合作，形成了“无条件即时合作”的热线联动机制。2007年初，针对部分“城中村”无证经营出现回潮，区“扫黄打非”办组织了4个派出所，兵分四路同步办理了7宗刑打案件，全程不到两个小时，凸显了热线联动的战斗力。热线联动机制建立至今，全区共办理同类案件113宗，占全区同类案件总数的86%。

二、刑事打击盗版的工作成效

刑事打击盗版工作开展以前，福田区文化部门一直投入大量行政资源在出版物市场的整治上，由于行政力度有限，无证门店此起彼伏，大型电子市场贩卖盗版久治不下，行政部门遭遇暴力抗法事件频频发生，工作成效并不明显。开展刑事打击盗版工作以来，这些问题都得到了很好的解决。

一是无证门店彻底铲除。据统计，2005年之前，该区无证音像门店高达200家。过去文化部门在取缔“城中村”无证门店，最多只能没收光碟等经营物品，罚款经常执行不到位，无证门店的取缔工作如同割韭菜一般难以完成。多数非法经营人员，还经常纠缠闹市、起哄围攻，执法难度相当大。2006年，区文化、公安联手对无证门店实施“精确打击”，仅办理27宗刑打案件，便实现了全区无公开经营的无证门店。

二是大型电子市场无证柜台基本得到控制。华强北商业街是全国有名的商业旺区，其电子原配件市场具有国内龙头地位，人气非常旺。但是，不少不法分子利用经营电子原配件的柜台，打擦边球经营盗版光碟，其中以万商电脑城为最，2004年涉及盗版的柜台就达90多家。市场上曾流行一句话“买盗版，到万商”，对福田的商业环境造成恶劣影响。很长一段时间里，有关部门采取了“地毯式清理”、“闭路电视监控”、“派员驻场办公”等多种办法，却都久治不下。2004年，有关部门采取刑事打击与“一次性淘汰（中止租赁合同、清理出场）”双管齐下的办法，3个月就完成了整治任务，效果立竿见影。

三是一线执法安全得到保障。暴力抗法事件发生在取缔无证经营中的比重最大，程度最恶劣。有手持煤气罐“同归于尽”的；有大面积围攻，扬言“竖着进来，横着出去”的；甚至有商家暗里联合，围堵通道大打出手的！刑事打击工作开展以后，过去善于和执法人员纠缠的不法分子，现在考虑的是如何保住人身自由的问题，根本没有暴力抗法的机会。

三、对刑事打击盗版工作的思考

四年来，市、区“扫黄打非”部门在贯彻中央有关部署，积极落实行政执法与刑事司法相衔接的同时，也不断对此项工作开展调研。

（一）打一场反盗版的人民战争

在反盗版工作中流行一种说法，“毒品和盗版利润率相同，风险却大不相同”。盗版的有组织性、流通性和毒品十分相似，在消费群体方面比毒品更加广泛。但是，目前我们仍存在横向和纵向两个方面的执法不平衡现象，这种现象导致仅仅在一个地区加大力度，或者仅仅对一种市场形态进行监管，难以解决盗版泛滥问题的现状。

不妨积极学习、借鉴禁毒工作的思路、策略、方法，在此基础上创新机制，逐步形成打击盗版的天罗地网，将刑事打击盗版工作推向纵深，特别是深入打击盗版的上游形态和区域集散地。

（二）刑事打击工作的拓展

政治性非法出版物和非法卫星小前端问题，存在极大的政治安全隐患。盗版问题已经发展成为中美贸易谈判的焦点。“黑网吧”问题，已经成为群众高度关注的社会热点，这些问题都需要强有力的手段来实现有效监管。

2006年6月25日，在市政法委、市文化市场管理办的牵头下，市公、检、法三家联合下发了《关于办理无证无照非法经营网吧刑事案件若干问题的指导意见》，对“黑网吧”刑事案件的立案标准、证据要求、管辖权限、部门衔接等方面作了明确、细化的规定。同年10月10日，我市通过媒体报道了深圳首宗刑事打击“黑网吧”案件，取得了很好的社会效果。下一步，刑事打击“黑网吧”的工作有望在全市深入开展，这将极大遏制“黑网吧”反复回潮的势头，有利于在全市建立健全网吧管理和整治的长效机制。

（三）创新措施是深入开展“扫黄打非”工作的根本要求

刚刚开始开展刑事打击盗版工作的时候，一

些同志们也谈到过消极观点，出现过畏难情绪。比如："刑事案件是公安机关的事，凭什么文化部门主动去推"；"不就是卖几张碟嘛，用不着抓人吧"；"500张就判了，监狱不就人满为患了吗?"有的同志认为，基层政策能力有限，执法只能是"机械运动"，难以创新也"无新可创"。不能否认，基层执法确实有很浓的"机械味道"，往往因为这个原因，一些同志工作时间一长，就开始产生惰性，习惯于将现存的问题往体制上推，将现存的困难往"历史遗留问题"上推，这是不可取的。

市、区"扫黄打非"有关部门共同努力，针对行政执法威力不足的问题，走通刑事打击盗版的道路，是创新；通过协调培训，充分调动成员单位的积极性，全面推开刑事打击盗版工作，也是创新；通过实战摸索，科学合法地提高办案效率，更是创新。只有创新，才能够有效解决反盗版面临的各种难题，开创"扫黄打非"工作的新局面。

（麦　帆）

浅谈基层文化执法队伍建设应以人为本

深圳市福田区文化局

基层文化执法力量不足，是当前文化市场管理和"扫黄打非"工作的普遍问题之一。截至2007年3月底，全国已成立文化市场执法机构3706个，共有文化市场专职执法人员20797名①，平均每支执法机构拥有执法人员不足6名，如何通过加强队伍建设，从素质中要力量、要效率，建设一支政治过硬、业务精通、纪律严明、作风正派的基层执法队伍，是进一步加强新形势下文化市场监管工作的迫切需要。

2005年以来，以全国文化综合执法体制试点改革为契机，深圳市福田区文化局立足基层执法工作的新变化，在队伍建设工作中坚持"以人为本"，始终注重对干部的锻炼与培养，积极探索加强基层文化执法队伍建设的有效途径。

一、深圳市基层文化执法工作的基本特点

2005年以来，随着文化综合执法体制改革的逐渐深入，区一级文化执法队伍面临如下新形势：一是执法任务激增。同时承担文化市场、广播影视、新闻出版、文物保护等四大领域的执法任务，并承担文化市场管理和"扫黄打非"办的日常事务。经初步梳理，基层文化综合执法的法定执法职能就由原来164项增至375项，增幅为129%；二是由于受到编制管理的局限，执法任务的增幅与执法编制的增幅不可能实现正比；三是"执法重心下移"和"属地管理"得到逐步落实，基层文化执法队的监管压力日益增大。

二、加强文化执法队伍的综合素质建设

（一）抓基础，注重结构建设

一是优化人员结构，组建以法律专业为班底的队伍。2003年至2006年期间，通过轮岗、公务员公开招考和接收部队优秀专业干部等办法，配齐配强队伍人员，逐步改变过去"以工代干"、"专业不对口"的队伍人员局面。目前，区文化执法大队共有执法人员15名，其中研究生学历1人、本科学历14人，法律专业8人，形成了以法律专业为班底，同时配备中文、计算机、安全生产等专业的人才格局。

二是科学设置岗位，有效落实"重心下移"。坚持"充实一线"的原则，大队的案件审理、内勤保障、数据统计、文字材料等工作，始终坚持由两名同志来完成，其他执法人员一律充实到"地面执法组"，两名副大队长兼任"地面执法

① 刘玉珠：《文化市场：满足人民精神文化需求的重要渠道》，载《中国文化报》2008年11月10日。

组”组长。

三是聘请文化执法协管员，分担行政执法中的辅助性工作。在坚持行政执法至少由两名以上执法人员依法完成的前提下，争取了区里的政策，聘请了6名专业保安人员，完成文化执法中的“安全保障”、“秩序维护”和“搬运抬”等辅助工作，为执法人员安全提供了一定保障，提高了执法效能。

（二）抓业务，提高工作水平

一是实行轮流讲课制度，提高执法人员业务能力。除了组织执法人员积极参加市、区文化部门组织的各种执法培训以外，大队内部长期坚持“轮流讲课”制度，统筹安排与个人申报相结合，确定讲课主题、积极收集材料、发挥自身专长，每周轮流讲课。一方面提高形成了良好的“讲学习、比业务”的氛围；另一方面，为队员提供了口才锻炼的平台。

二是分行业调研，培养专家型人才。以执法组为单位，确定了10个行业的调研任务，不搞泛泛而谈，坚持“调研一个课题，解决一个问题，推动一项工作”思路，突出理论学习对实践工作的指导作用。因在刑事打击盗版工作上善于推动及总结，2006年、2007年，区文化执法大队两次获邀到全国相关业务培训班做专题授课；2008年，执法大队两篇调研文章荣获文化部市场司“音像行业管理与建设”征文二等奖、三等奖，学习成效明显。

（三）抓规范，实施严格管理

一是行政执法“规范化”建设。开展法定管辖权梳理，明确了375项、2066种违法行为的适用依据、基本构成等。下一步还将在此基础上，进一步明确各项违法行为的基本证据要求，力求统一执法业务口径；根据法律、法规，研究制定了新版的“文广新”综合执法法律文书（现场使用7种、后续办理15种），通过完善法律文书，规范使用法言法语、堵塞案件办理漏洞、明确案件办理程序、落实调查与审理相对分离的基本原则。

二是强化“责任意识”，培养队员形成良好的工作习惯。

文化执法工作突发事件多、政治风险高、工作压力大。作为基层执法队伍，福田区文化市场行政执法大队始终坚持将队员“责任意识”的培养，放在队伍管理的重要位置，具体包括四个方面：

1. 严格把关的“程序意识”。任何工作都不能由一个人从头包干，严防绝对独立办案的漏洞。执法工作，公文办理，一律严格执行法律、法规和规章制度的程序。

2. 一级对一级负责的“层级意识”。一般情况下，不允许越级、跨部门分配任务，不允许越级汇报工作，尽量避免产生不必要的误会。

3. 突发事件的“报告意识”。包括执法突发事件，重大案件的及时报告，也包括可能影响工作安排的私人事务的报告（如短暂离开深圳）。

4. 杜绝“有去无回”的“跟踪意识”。完善自我事务管理，做好各项工作的备忘录；专项行动由专人跟踪，专门案件由专人负责；上级交办的任务，工作进展、存在问题和完成情况等，都要求及时报告，等等。

（四）抓作风，落实廉政工作

一是堵塞案件办理漏洞，从制度上确保廉洁。严禁单独办案，案件包干到底，加强案件办理的程序管理，实现调查与审理相分离；严格管理执法文书，做到操作规范、程序合法，法律文书的更换、修改，行政执法案件不予立案、从轻或减轻行政处罚的，必须说明理由；依法落实重大行政处罚案件的集体讨论制度和听证申辩制度。

二是加强干部“谈心”，从思想上确保自律。干部“谈心”是区文化执法大队近年来形成的良好工作方法，通过公开谈、个别谈、主动谈等多种形式，及时掌握干部的思想动态、工作现状和生活困难，切实做到关心人、理解人和爱护人，调动干部积极性，增强队伍凝聚力和战斗力。

三是开展文娱活动，从心态上确保阳光。利用好本部门的各种资源，鼓励干部积极参与各种文娱活动和比赛，在全局范围内成立篮球、羽毛球、登山、游泳、阅读等业余兴趣团队，坚持开展活动，锻炼身体、促进交流，培养高尚、健康的生活情趣。

三、对基层文化执法队伍建设“以人为本”的几点认识

队伍建设的“以人为本”，其基本要求就是在工作中始终注重对干部的锻炼和培养。只有实现了干部素质的飞跃，才能确保各项工作能够落实到位。通过提升执法队伍的整体素质，提高执法队伍的战斗力，促进文化市场行政执法工作再上新的台阶，达到文化市场繁荣发展、规范有序的局面。

（一）对“以人为本”中的“本”字作进一步分析。“本”既可以理解为“根本”，也可以理解为“资本（人力资本）”

基层文化执法队伍建设之所以要以人为“根本”是因为人是执法队的基本元素，是组成队伍的细胞，执法队伍的发展离不开每个执法队员的共同努力。目前，区级文化执法队伍监管的各类经营单位行业门类多、数量多、动态性强，热点多、难点多，应对市场的法规也多，基层文化执法队伍建设需要建立一整套新陈代谢机制，实行竞争上岗，严把入口、择优录用，按照年轻化、专业化、高起点、高标准的要求选配与执法监管工作相适应的人员从事执法工作，对不适应一线执法工作人员及时进行调整，始终保持执法队伍的生机与活力，形成朝气蓬勃、积极向上的工作氛围。这是提高执法效能和执法水平的前提和保证。

基层文化执法队伍建设“以人为本”还包括以人为“资本（人力资本）”。文化市场管理重心下移至区县一级后，基层文化执法队伍责任范围变大，职权责任更重，尽早增加编制，充实执法力量成为共识。执法人员编制不足是导致许多工作不能迅速到位的主要原因，执法人员加班加点早已经成为家常便饭，只能靠自己的身体去拼，用自己的健康去搏。由于部门机构编制的限制，目前还不可能大规模的扩充执法队伍，但是要缓解执法力量不足的局面，增加文化执法协管员，让他们完成一些基本的辅助性执法工作，在一定程度上有积极效果。

（二）以人为本是加强执法人员业务培训、做好行政执法工作的根本保证

在做好选人用人工作的同时，还要抓好育人塑人这个环节，只着眼于用人而忽视育人，是短视的。要树立向素质要战斗力的观念，做到一手抓政治理论学习，一手抓法律知识更新，把抓好教育培训作为执法队伍建设的一项基础性工作，坚持不懈地提高执法队伍的整体素质。基层文化执法工作具有较强的政策性、专业性和综合性，随着文化工作形势的发展，原有法律法规体系在不断的调整和完善，新的法律法规也在不断的出台，这就要求我们要在工作中建立健全一整套的学习和培训制度，通过定期集中培训、轮流讲课、课题调研、定期考核考试等形式，使执法人员尽快地熟练掌握“大文化”领域的法律法规知识，力争成为文化市场管理的多面手，掌握扫黄打非的过硬本领，以适应新形势下日益繁重的文化综合执法工作需要。

（三）以人为本是挖掘执法队伍内部潜力、提高执法效能的重要手段

要根据辖区实际情况，确定人员岗位责任目标任务，建立执法人员绩效考评档案，制定考核细则，严密考核程序，将现实表现和工作绩效与职务升降和奖励挂钩，切实推行奖勤罚懒，惩劣治散的监督制约和激励机制，遏制不思进取、得过且过的不良习气，引导广大执法人员把心思放在事业上，把精力用在工作中，激励执法人员在工作中充分发挥智慧和潜能，并在实践中得到锤炼和提高。与此同时，还应高度重视执法硬件建设，尽力做好执法队伍的后勤保障工作，加大资金投入，尽力满足一线执法人员正常履行职责所需要的工作条件，促进执法效率的有效提高。

（肖飞宇）

广 州 市

2008 年“扫黄打非”工作总结

广州市“扫黄打非”办

2008年是党和国家发展进程中极不寻常的一年，也是广州“扫黄打非”工作极不平凡的一年。在广州市委市政府和市“扫黄打非”工作领导小组的正确领导下，全市“扫黄打非”战线的同志们始终保持昂扬的精神状态，按照中央和省的决策部署，围绕纪念改革开放30周年，迎接北京奥运会、残奥会成功举办，抗击历史罕见自然灾害，争创全国文明城市等重大任务，坚持强化日常监管，抓住难点攻坚，不间断地开展集中行动和专项治理，频频刷新工作成绩。在封堵和查缴各类非法出版物、清除淫秽色情等文化垃圾、打击侵权盗版活动、查处取缔非法报刊、封堵删除网上有害信息和查处取缔“黑网吧”等方面迈上了新台阶。在加强日常监管、创新工作手段、开展联合办案、研发监管系统、完善长效机制等方面取得了新突破。全年共出动执法人员10.5万人次，检查图书、音像和电子出版物等各类经营店档4万余家次，检查印刷、复制企业9761家次，收缴各类非法出版物2437万件，办理各类案件1720宗，其中行政结案1702宗，刑事结案18宗，判刑29人。特别是河北—广州“3·18”非法出版物案、“12·25”非法出版物案等重大案件受到全国“扫黄打非”办的充分肯定。全年工作力度大、主动性强、覆盖面广、措施有力，文化市场秩序和社会文化环境得到了明显改观，为促进广州文化繁荣发展作出了积极贡献。突出表现在四个方面：

一、加强市场研判，着力规范经营秩序、维护社会文化安全

随着文化市场的高速发展，广州市“扫黄打非”办积极强化信息情报采集，不断加大对文化市场舆情和形势的研判，加强风险分析和情况汇总，全面掌握市场动态，分阶段、分专题制订周密工作预案，细化预警和应急措施，做到关口前移、心中有数。狠抓大案要案的查处工作，着力规范市场经营秩序，维护社会文化安全。年初，针对广东遭受冰雪自然灾害，大量非法音像制品滞留市内货运场的实情，迅速组织执法人员开展“截流”专项整治行动，集中打击货运场非法运输盗版音像制品行为，共收缴盗版音像制品114.8万张（其中淫秽光盘65.4万张），刑事拘留5名涉案嫌疑人。奥运会前后，组织实施了“断点”行动，加强对出版物印刷、运输、邮递、进口、仓储等各个环节的监管，严肃查处印刷、进口非法境外报纸期刊和各类非法出版物行为，坚决取缔无证照印刷厂，截断非法境外报纸期刊和各类非法出版物的运输分销渠道。年底，又部署了“收网”行动，密切配合公安部门深入侦察，全力破除地下销售网络，抓获违法犯罪分子，打掉违法犯罪团伙。同时，将清除淫秽色情、凶杀暴力、封建迷信和伪科学的出版物，删除不良网络信息内容，打击取缔“黑网吧”，规范报刊亭经营秩序等主要任务贯穿于全年，为配合广州争创全国文明城市，营造未成年人健康成长环境作出了积极努力。

二、创新工作手段，着力实现资源共享、提高文化执法效率

面对文化市场侵权盗版行为的日益集团化、高科技化，广州市着眼于长远发展，大力推进管理和服务信息化，超前规划建设了文化市场安全管理信息系统平台，于2008年底完成了一期建设。在全市构建了统一、顺畅的信息网络，实现在“扫黄打非”各成员单位之间、市和区（县级市）之间信息开放、资源共享、运行高效。同时，为改进以往依靠目测判断出版物是否正版，现场执法证据不足，执法现场容易产生争执，执法效率低下的问题，广州市与国家新闻出版总署信息中心密切合作，建成了文化市场出版物监管数据库系统，并将其纳入文化市场安全管理信息系统平台，为快速查验侵权盗版出版物、共享信息情报、规范执法程序等方面提供了有利条件，也为全国出版物核查工作起到了探索和试点作用。通过该数据库，一是为文化执法部门提供了全市详细的文化经营单位信息，并根据违规情况形成重点监控对象库，方便监管；二是为执法人员现场快速鉴别和取证提供依据，实现案件处理规范化、电子化，大大提高了办案效率；三是为领导科学决策提供支持；四是加强了与相关职能部门之间、区县文化执法部门之间的沟通联系；五是方便市民及时了解文化市场公告信息。

三、深化部门合作，破获广东省第一起网络侵权刑事案件

广州市“扫黄打非”办注重发挥协调、督办职能，坚持用先进的理念、切实的行动去影响相关职能部门，使部门之间统一思想、提高认识、共同提升，更好地推动“扫黄打非”工作。特别是2007年3月27日，广州市文化执法总队查处了“成功商贸网”销售盗版视频光盘案，现场查获当事人林某经营盗版刻录（复制）光盘5497张，非法经营的邮寄清单、收款、收据资料一批，电脑主机三台，并及时移交司法机关处理。在此案办理过程中，市“扫黄打非”办主动与公安机关及检察院、法院等司法部门保持密切联系，及时加强指导协调，按照《行政执法机关移送涉嫌犯罪案件的规定》，督促文化执法部门主动配合公安机关，切实抓好调查取证工作，全力协助公安机关进行证据固定、分类与鉴定，配合预审部门分赴北京、太原、云南、重庆、深圳等地调查取证，进一步完善证据。积极协调检察机关，深入分析“扫黄打非”斗争形势以及打击网络侵权盗版行为的重要性，力求让法院充分掌握案情。由于行政和司法部门有效衔接，紧密配合，横向互动，天河区法院于2008年11月10日以侵犯著作权罪判处林某有期徒刑1年零2个月，并处罚金1万元。该案件的查处，开创了广东地区利用刑事手段打击网络侵权案件先河，严厉打击了网络盗版行为，同时为同类案件的判决提供了参考依据，也为建立联合办案机制提供了宝贵经验。

四、坚持舆论宣传，着力营造“拒绝盗版，使用正版”的社会氛围

广州市在组织开展“扫黄打非”各项重大活动中，善于借助各媒体平台，全方位、多角度地开展宣传教育，深刻揭露制黄贩黄、侵权盗版等非法出版的严重危害，积极动员社会各界和广大群众支持、参与“扫黄打非”斗争，营造“拒绝盗版，使用正版”的良好氛围。一是举行集中销毁侵权盗版及非法出版物活动，请省市分管领导出席启动仪式并发出倡议，同时邀请新闻媒体广泛报道，争取社会各界人士的共鸣。二是组织联合执法行动，邀请新闻媒体跟踪报道违法违规经营行为，正面引导广大群众的消费理念。三是及时公开曝光办结的典型案件，震慑违法犯罪分子的嚣张气焰，对违法犯罪活动形成强大的舆论压力。四是充分利用校园版权保护教育基地，开展“拒绝盗版，从我做起”的主题教育活动，引导广大青少年自觉抵制不良文化和侵权盗版产品。

深　圳　市

2008 年“扫黄打非”工作总结

深圳市“扫黄打非”办

2008 年，深圳市、区“扫黄打非”有关部门在市委、市政府的领导下，深入贯彻落实全国“扫黄打非”工作第二十一次电视电话会议和广东省文管办有关部署，按照“标本兼治、重在治本”的工作方针，全力封堵查缴各类非法出版物，严厉打击侵权盗版行为，大力清除影响未成年人健康成长的文化垃圾，严肃查处各类非法报刊，积极推进网上“扫黄打非”，为奥运会的举办和改革开放 30 周年纪念活动营造了良好的社会舆论环境，为实现深圳经济、政治、文化和社会建设“四位一体”综合发展和协调发展做出新的成绩。据统计，全市各成员单位共出动近 31 万人次，检查持证出版物经营场所 3.1 万余家次，查处违法经营场所、经营点（包括街头游商地摊）2.2 万家次，收缴非法出版物 432 万余张（册、份），其中有害出版物 2.5 万份，查获非法光盘生产线 5 条，破获非法出版物刑事案件 116 起，拘留、逮捕、起诉或宣判违法经营者 144 人，删除手机、互联网淫秽色情等有害信息 7.2 亿条。

一、召开“扫黄打非”工作会议，印发行动方案，周密部署全年“扫黄打非”工作

1 月 17 日，全国第二十一次“扫黄打非”工作电视电话会议之后，深圳市“扫黄打非”工作领导小组副组长、市政府副秘书长黄国强总结了 2007 年工作，部署了 2008 年工作。2 月 28 日，经多次酝酿研究，深圳市召开全市 2008 年“扫黄打非”工作会议。市“扫黄打非”工作领导小组副组长、副市长闫小培对 2008 年“扫黄打非”工作作全面部署。并强调指出，今年深圳的“扫黄打非”工作，要坚决按照中央、省的部署和要求，不折不扣地逐项抓好落实。同时要根据全市“扫黄打非”工作的特点，将查堵、收缴有害出版物作为今年的首要任务。

根据上述会议和上级文件精神，市“扫黄打非”工作领导小组制定了《2008 年深圳市“扫黄打非”行动方案》，对全年“扫黄打非”工作做出具体安排。该方案由市委办公厅、市政府办公厅联合转发。3 月底前，各区“扫黄打非”工作领导小组或召开会议，或印发工作方案，采取各种形式部署全年度的“扫黄打非”工作。

二、开展贯穿全年的专项行动，长期保持高压态势，确保出版物市场平稳有序

（一）“扫黄打非”第一阶段专项行动

在行动期间，我办还根据上级要求开展了“3·01”专项行动。全市共出动执法人员 19940 余人次，检查出版物场所 11000 余间次；收缴各类非法出版物 561772 张（册、份），其中有害出版物 2498 份；文化执法部门成功移送公安机关刑事案件 28 宗；公安机关办理治安、刑事案件 332 宗，治安、刑事拘留 647 人。

（二）“扫黄打非”第二阶段专项行动

全市共出动执法人员 3.5 万余人次，检查出版物场所 2.9 万间次；收缴各类非法出版物 85.6 万张（册、份），其中有害出版物 407 份；办理出版物治安、刑事案件 267 宗，其中刑事案件13宗，刑事拘留或逮捕15人；组织删除手机、互联网淫秽色情等有害信息191万余条，关闭违法网站4个，停止手机通信服务266部。

（三）奥运前30天出版物市场集中清查行动

全市共出动执法人员1.3人次，检查出版物场所3012间次；收缴各类非法出版物84.6万余张（册、份），其中有害出版物1.3万份；办理出版物刑事案件11宗，刑事拘留或逮捕28人。市委常委、宣传部长、“扫黄打非”工作领导小组组长王京生于8月27日在市“扫黄打非”办《关于深圳市奥运前30天集中清查出版物市场专项行动的情况报告》上批示：这件事有部署，有战果，应予肯定和表彰，希望不松懈，不停步，做出更大成绩。8月3日晚，中央电视台《焦点访谈》节目对深圳市奥运前30天出版物市场集中清查行动的做法进行了报道。

（四）严厉打击非法报刊专项行动

全市共出动执法人员1.7人次，检查书报刊等出版物经营场所1.2万间次；收缴各类非法出版物31.2万余张（册、份），其中政治性非法出版物5009份；办理出版物刑事案件11宗，刑事拘留或逮捕14人。全国“扫黄打非”办督导组对我市开展的专项行动表示充分肯定。

（五）其他专项行动

一是4·26知识产权日集中检查和宣传活动。于21日至25日连续破获盗版刑事案件4宗，收缴非法音像制品21万余张。26日，市、区文化行政部门设立了14个宣传点，制作、发放知识产权宣传手册和宣传页5000册，集中销毁盗版、非法出版物5万余张（册、份）。二是第四届文博会保障行动。5月初制定并下发行动方案，并成立文化市场督导组实施督察指导工作。三是印刷、复制企业专项检查。从6月11日至25日，共检查各类印刷复制企业289家，立案查处涉嫌超范围经营的印刷企业7家。

三、成员单位各司其职，密切配合，形成“扫黄打非”工作合力

各区、各有关成员单位按照“谁主管、谁负责”和属地管理的原则，深入开展“扫黄打非”工作。其中：

公安部门积极开展两法衔接，主导办理全部“扫黄打非”刑事案件。探索办理非法生产、运输、销售等卫星电视接收器等新型刑事案件。积极开展清理整治网上淫秽色情信息专项行动。共出动警力5.9万人次，检查场所4.5万家次，查处违法场所6576家次，查处各类书报15.3万余本，查获音像制品57.4万余张。主导破获地下光盘生产线5条。办理非法生产、运输、销售等卫星电视接收器刑事案件3宗，收缴卫星电视接收器910台。删除淫秽色情等违法信息条，协调、指导各运营商删除淫秽色情等违法信息34.5万条，关闭违法网站4个。

文化、新闻出版部门加强对出版物进出口经营单位的监管和进口书报刊、音像制品内容的审查，组织对持证书报刊、音像经营单位的集中检查。联合公安部门在宝安区捣毁2条地下非法光盘生产线。协调、配合公安部门办理105宗刑事打击案件，刑拘、逮捕或判处违法经营者133人。据统计，2008年，市文化、新闻出版部门共出动3228人次，检查文化经营场所3200家（次），收缴非法出版物77.4万余张（册），立案133宗，结案124宗。

通信管理部门在企业内部建立网络与信息安全责任人制度。把各企业健全网络信息安全制度、互联网站备案、移动语音整治、违法短信治理、打击网络淫秽色情活动与“扫黄打非”结合实施。在通信网方面，截至8月份共过滤不良短信息133万条，停止手机短信服务或通信服务共计1944部；在互联网方面，BBS、博客、论坛中共删除不良信息411万余条，过滤公共聊天类的不良信息7.17亿条，配合相关部门关闭网站6个。

工商部门严厉查处各类企业及分支机构、个体工商户超出标准登记范围擅自经营出版物的违法行为。依法查处集贸市场、商品交易市场及商场、超市内无照经营出版物的行为。共出动9242人次，检查文化市场经营单位4万余家，收缴各类非法出版物2.1万余份。

城管部门严格执行《深圳市城市管理行政执法过程管理规范》，合理划分时间段，全天候控制路段。认真落实街道综合执法黄牌警示制度，对执法不到位造成辖区乱摆卖现象泛滥的街道，不及时整改的，发书面警告直至黄牌和红牌。全年查办摆卖非法书刊、光盘案件1万多宗，罚没非法书刊6.46万余本、非法光盘302984张。查处取缔“黑网吧”303间，收缴电脑设备9000多套（件）。

深圳海关加大口岸、海上、陆路巡查和对货运、快件、行邮、旅检等渠道的查验力度。所属大鹏海关破获“7·24”境外教科书转口案，封堵境外有害图书5000册。蛇口海关配合有关部门破获“7·28”境外报刊非法进口案，封堵境外有害报刊8300份。

公安边防支队、交通、邮政、机场、铁路等部门和各区“扫黄打非”办都对有关工作积极部署，对净化我市出版物市场、确保全年“扫黄打非”工作的最终胜利起到重要作用。

四、查办大要案，办理新型案件，实现“两法衔接”机制常态化

各有关部门继续以市公检法三家会签的《关于办理出版物刑事案件若干问题的指导意见》为指导，坚持打源头、端窝点、破网络，将刑事打击非法出版物作为“扫黄打非”的重点内容和长期工作。成功办理出版物刑事案件116宗，拘留、逮捕、起诉或宣判犯罪人员144名。比较典型的案件有“1·17”地下光盘生产线案、“12·01”特大制作、销售盗版音像制品案、“1·07”地下光盘生产线案、“5·15”特大非法运输音像制品案和“7·15”特大淫秽、盗版音像制品系列批销案等案件。

此外，针对文化市场无证经营情况严重的问题，有关部门除办理出版物大要案之外，还继续探索在“扫黄打非”工作其他领域实现“两法衔接”。2008年1月22日，福田区“扫黄打”办会同有关部门一举端掉两个黑网吧，收缴上网服务专用设备共145件，对两名经营者予以刑事拘留。罗湖区“扫黄打非”办也会同有关部门于2008年1月13日、4月14日、4月15日端掉三个黑网吧，5名经营者被刑事拘留。南山区也于1月份端掉两个黑网吧，刑拘2名经营者。2008年9月3日，深圳市广电局、市文化市场行政执法总队联合相关部门经过近1个月的艰苦努力，成功侦破一起非法销售卫星电视地面接收设施案件，现场查缴卫星电视地面接收机838台，刑事拘留3人。此案标志着我市文化、广电领域推进行政执法与刑事司法相衔接工作取得新的进展。

广西壮族自治区

2008年“扫黄打非”工作总结

广西壮族自治区“扫黄打非”办

2008年，在全国“扫黄打非”办和自治区党委、政府的正确领导下，广西“扫黄打非”战线以党的十七大和十七届三中全会精神为指导，认真贯彻落实中央及自治区领导有关“扫黄打非”工作的一系列重要指示，以及第二十一次全国“扫黄打非”工作电视电话会议精神，紧紧围绕实践科学发展观和构建和谐社会的要求，按照《2008年广西“扫黄打非”行动方案》，坚持日常监管和集中行动相结合，坚持打防并举、标本兼治、综合治理，深入开展“扫黄打非”斗争，在封堵查缴非法出版物、扫除淫秽色情等有害文化垃圾、打击侵权盗版行为、查处取缔非法出版物销售活动、屏蔽查处互联网有害信息等重点工作方面取得了显著成效；在开展集中行动、专项治理、查处大案要案、营造舆论氛围、完善部门联动机制等方面取得了新的成绩，积累了宝贵的经验。特别是在奥运会前及奥运召开期间，我区进一步加大对出版物市场监管的力度，全方位、高密度、深层次开展“扫黄打非”工作，使得这一时期出版物市场状况成为我区“扫黄打非”历史上最好时期，多次得到全国“扫黄打非”办领导和全国检查组的好评。据不完全统计，全区“扫黄打非”工作部门全年共出动“扫黄打非”执法人员8.5万人次，检查出版物市场、摊点9.4万家（次），收缴各类非法出版物和侵权盗版制品340多万件，查处各类制黄贩黄非法出版和侵权盗版案件761件，行政处罚案件583件，移送司法机关案件16件，刑事处罚7人。为促进广西建设社会主义先进文化省（区）、构建和谐社会做出了积极贡献。

一、自治区党委、政府领导高度重视，“扫黄打非”各项工作组织协调及时有力

年初，自治区党委办公厅、自治区政府办公厅联合转发了《2008年广西“扫黄打非”行动方案》，自治区“扫黄打非”工作小组及时召开了2008年全区“扫黄打非”工作电视电话会议，对全年工作进行部署。自治区领导多次就“扫黄打非”、出版物市场监管工作作出重要批示。4月20日，在南宁举行了全区统一集中销毁侵权盗版及非法出版物活动，自治区党委常委、宣传部长沈北海，自治区政府副主席李康出席活动并作重要讲话。同时在区内13个市设立销毁活动分会场，各市分管“扫黄打非”工作的主要领导亲自到会并讲话。7月9日我区“扫黄打非”办收到全国“扫黄打非”工作小组关于开展奥运前30天出版物市场集中清查行动的通知后，沈北海同志即指示：立即将文件精神传达到全区“扫黄打非”工作小组各成员单位和各市，确保人员到位，责任到位，迅速开展清查行动，确保全区出版物市场健康、平稳、有序。根据指示精神，全区各地各有关部门立即行动，开展专项治理和集中行动，自治区党委政府领导的靠前指挥，有力地推动了各地市“扫黄打非”工作。全区各市党委政府领导对“扫黄打非”工作也高度重视，亲临一线靠前指挥，极大地促进了全区“扫黄打非”工作的深入开展。各级“扫黄打非”工作小组办公室充分发挥组织协调职能，按照全国“扫黄打非”办和自治区党委政府的要求，结合本地实际开展“扫黄打非”行动。“扫黄打非”各成员单位积极配合，分工负责，形成了巨大的合力和威慑力，为今年全区“扫黄打非”工作取得了重大成果奠定了坚实的基础。

二、2008年全区“扫黄打非”工作成绩显著

首先，各专项行动开展得扎实有效。全区各级“扫黄打非”部门根据《2008年广西“扫黄打非”方案》的部署和重大活动期间出版物市场的特点，深入开展了以查堵非法出版物为重点的第一阶段专项行动，集中进行了以整治印刷复制和运输环节为重点的第二阶段专项行动，围绕北京奥运会，自治区“两会一节”和自治区成立50周年大庆等重大活动，相继进行了奥运会前30天出版物市场集中清理行动和向自治区成立50周年大庆献礼文化安全工程，打击非法报刊专项行动也取得了决定性的胜利。通过一系列专项行动，近年来存在的一些重点、难点、热点等问题在去年得到了根本性的解决。在专项行动中，涌现出了以南宁市青秀区“扫黄打非”工作小组办公室为代表的被全国“扫黄打非”工作小组和自治区“扫黄打非”工作小组评为“迎奥运保稳定”的一大批先进集体和先进个人。其次，出版物市场日常监管进一步加强。自治区“扫黄打非”办于2008年上半年和下半年分别组织了两次大型出版物交叉执法检查，各市“扫黄打非”

部门也安排了足够的人力开展对本地区的检查执法活动，形成了上下联动、相互协作、分片包干、各负其责的良好格局，“属地管理”和“谁主管谁负责”的要求在我区真正落到了实处。从整个出版物市场环境看，全年收缴各类非法出版物及侵权盗版制品340多万件，同比2007年下降12%左右，这是多年来收缴的非法出版物及侵权盗版制品首次出现下降趋势，全区出版物市场环境逐步改观。再次，深入查办大案要案。坚持“彻查、彻究、彻办”的办案原则，追源头、挖窝点、破网络，充分运用行政执法与刑事打击相结合的手段，打击违法犯罪分子，推动“扫黄打非”工作的深入开展。2008年，重点查处了由桂林市查获的地下储存批销盗版非法音像制品案、岑溪市“扫黄打非”部门查获运输环节的淫秽色情盗版光盘案、柳州市查处的广西首例利用网络制黄贩黄案、来宾市查获的象州县中学进校盗版图书案以及贺州市查处的非法批销非法出版物案等重大案件。对办理上述重大案件的单位和个人，自治区“扫黄打非”工作小组及时给予了表彰奖励。最后，队伍建设、保障能力得到加强。全年，自治区“扫黄打非”办组织了两次区、市、县“扫黄打非”工作人员执法培训班，各市“扫黄”办也相应采取组织岗前培训、交叉执法、案件研究等各种不同的形式来提高各级人员的执法水平。据统计，2008年，全区对“扫黄打非”各种各类人员的培训达5800多人次，整体监管执法水平上了一个新的台阶。在保障能力上，各级各部门尤其是市一级党委政府不断加大对“扫黄打非”工作的投入，在人力、物力、财力上给予了力所能及的支持，交通工具、办案设备、经费保障等方面基本能够达到工作的需要，使开展“扫黄打非”工作始终有可靠有力的保障。

三、2008年“扫黄打非”工作的成功经验

2008年全国“扫黄打非”办组织的联合工作组到广西检查时，对广西的工作给予了充分的肯定，指出广西2008年的“扫黄打非”工作特别是出版物市场秩序是近几年来最好的时期。广西的“扫黄打非”工作之所以取得不俗的成绩，是在不断总结推广经验的基础上一步一步前进的，归纳起来有以下四个方面的经验：一是坚持以科学发展观为指导，自觉服从和服务于经济建设和全党全国工作大局。“扫黄打非”是一项事关国家政治制度、事关意识形态安全、事关文化发展方向的重要工作，我们始终把它放在推进社会主义文化大发展大繁荣的全局中来谋划对策、思考工作、改进措施，始终把打击非法出版物作为“扫黄打非”工作的重中之重，始终根据国际国内形势的变化和全党工作大局的调整开展专项治理和集中打击；二是形成了党委领导、“扫黄打非”机构统一协调、相关部门分工负责、上下联动左右联防的工作体制。全区从区、市、县到乡镇的“扫黄打非”工作组长都是当地党委的领导，工作办公室挂靠在新闻出版局或文化体育局，这种体制、机制非常有利于依法行政和工作落实。自治区和各地市“扫黄打非”工作小组成员单位有20多个，工作分解到各职能部门，既分工负责，又形成了一个有力的拳头；三是有效运用行政执法和刑事司法两种手段开展“扫黄打非”工作。行政执法对单位有效，刑事打击对罪犯有效，两种手段结合，威力更大。我们始终将查办案件尤其是查办大案要案作为推动“扫黄打非”工作深入开展的重要手段，案件查办力度不断加大。2008年的特点是，涉及跨区域的大案要案和难以推进的典型案件，都由自治区“扫黄打非”办和公安部门联合召开协调会督办，先后在桂林、梧州、贺州等地召开案件协调会，作出部署，提出要求。过去不想办大案、把大案办成小案，以行政处罚代替刑事打击的地方，思想认识有很大转变，把办案作为“扫黄打非”一项重要工作切实抓了起来，加大对违法犯罪分子的刑事打击力度；四是建立健全各项制度，为开展“扫黄打非”工作提供基本保障。“扫黄打非”工作是一项长期而艰巨的任务，必须建立长效管理机制，才能深化和推进。对此，我们根据全国“扫黄打非”工作总的要求，结合自身工作实际，建立健全了一整套开展“扫黄打非”的长效机制，先后颁布实施了《广西“扫黄打非”工作责任制》、《广西"扫黄打非"工作考核细则》、《边境八县（市、区）"扫黄打非"联防协作制度》、《关于对举报"制黄""贩黄"、侵权盗版和其他非法出版物有功人员奖励办法》等15项制度9个办法，有效地规范和推动了全区"扫黄打非"工作的深入开展。

领导讲话

在2008年广西"扫黄打非"工作电视电话会议上的讲话（摘要）

广西壮族自治区党委常委、宣传部长、自治区"扫黄打非"工作小组组长
沈北海

一、认真总结经验，巩固扩大成果

回顾几年来广西的"扫黄打非"工作，各地、各部门创造了许多好经验，其中最重要的就是始终围绕广西中心工作开展"扫黄打非"，坚持在大局下部署工作和开展行动，始终把打击非法出版活动作为"扫黄打非"工作的首要任务，自觉为全区稳定和发展这个大局服务。二是坚持保障和满足广大人民群众的文化权益和需求，着力维护文化市场的良好秩序，解决群众反应强烈的文化垃圾问题。三是高举保护知识产权伟大旗帜，广泛团结各届社会力量参与"扫黄打非"，争取社会舆论的理解和认可。四是坚持法律、行政、经济、文化等手段综合治理文化市场，教育与惩罚相结合，行政执法与打击犯罪相结合，积极探索行之有效的文化管理模式。五是坚持"属地管理"和"谁主管、谁负责"的原则，做到守土有则，守土负责。六是坚持密切配合，协同作战，上下一体，区域联动，部门互动，形成工作合力。七是保持舆论宣传强势，宣传一批正面典型，曝光一批重大案件和违法违规行为，赢得了广大群众的更多理解和支持。

二、认清形势，提高认识，不断增强工作的责任感和使命感

当前广西"扫黄打非"斗争面临的形势依然严峻，任务十分繁重。敌对势力更多地利用文化传播渠道对我实施渗透、攻击、破坏、捣乱，非法出版活动出现境内外相勾结、政治诉求与经济利益相结合、传统手段与新技术手段并用的特点，查封非法出版物的任务仍然艰巨。非法出版活动呈现向团伙化、网络化、专业化、规模化发展的趋势，保护知识产权、打击侵权盗版的重要性进一步突显。利用互联网传播政治性有害信息、淫秽色情信息、侵权盗版作品和销售非法出版物的问题越来越突出，对拓展"扫黄打非"工作领域，创新监管手段提出了新的更高要求。

三、突出重点，真抓实干，务求"扫黄打非"工作取得实效

一是坚决查缴非法出版物，确实维护社会政治稳定。打击非法出版活动始终是"扫黄打非"工作的首要任务，要继续保持高压态势，特别要紧紧围绕全国"两会"、"奥运会"、改革开放30周年和自治区成立50周年等重大活动和敏感时间开展集中行动，坚决封堵和查缴各类非法出版物和"法轮功"等邪教组织宣传品。严防境外非法出版物在境内非法印制和销售，严密封堵利用互联网传播有害信息，做到严密监控、露头就打、不留死角。

二是集中打击各种侵权盗版活动，维护国家形象。在"4·26"世界知识产权日前后，广西"扫黄打非"工作小组将要组织各地开展集中销毁盗版制品活动。全国"两会"、奥运会和自治区成立50周年前后，各地要重点清查书报刊、音像制品、计算机软件等市场，坚决清除兜售非法出版物的游商小贩。

三是全面开展网上“扫黄打非”，集中打击网络淫秽色情活动。要把网上的“扫黄打非”作为全年的经常性工作，组织开展网络“扫黄打非”的专项行动，坚决遏制网络色情及各种有害信息泛滥的趋势。

四是严肃查处各类非法报刊，维护文化市场的良好秩序。继续开展了整治和打击假报刊、假记者站、假记者、假新闻的专项行动，坚决取缔各种形式的非法报刊以及利用广告印刷品形式非法出版的报刊。

四、明确责任要求，完善工作机制，务求工作实效

一是要加强组织领导，注重协调配合，形成工作合力。各级“扫黄打非”工作领导小组组长要切实履行职责，对重大工作亲自指挥，做到领导到位、工作到位、责任到位、措施到位。对领导有力、工作扎实、成效显著的地区和个人，要给予表彰和奖励；对工作失误、造成严重后果的要追究责任。各有关部门要按照“谁主管、谁负责”的原则，各司其职，组织实施好牵头负责的工作任务，切实负起主要责任。各级“扫黄打非”办公室要强化部署、协调、检查、指导、督办的职能，确保各项任务落到实处。

二要加强日常监管，完善工作机制，实施综合治理。各级党委、政府要将“扫黄打非”工作与文明和谐创建活动、社会治安综合治理、整顿和规范市场经济秩序有机结合起来，作为评选文明城市、文明城区、文明单位和检验平安建设、社会治安治理成果的重要指标考评。

三要强化舆论宣传，扩大社会影响。要充分发挥报刊、广播、电视、互联网等媒体的作用，利用新闻、评论、访谈、综述、专栏、公益广告、手机短信等多种形式，保持舆论宣传强势，不断提高“扫黄打非”的社会影响力和公共认同度，为“扫黄打非”工作营造良好的舆论氛围。

四要加强队伍建设，提供必要保障。要坚持“扫黄打非”只能加强、不能削弱的原则，保障必要的经费和装备投入，推动“扫黄打非”机构和队伍建设，切实解决力量不足的问题。要重视加强“扫黄打非”队伍。各级领导要关心和爱护战斗在“扫黄打非”一线的同志，切实帮助他们解决在工作和生活中遇到的实际困难和问题。有条件的地区可在政策允许范围内，为“扫黄打非”执法人员购买人身意外伤害等保险。

2008 年 2 月

在 2008 年全国集中销毁侵权盗版及非法出版物活动南宁分会场的讲话（接要）

广西壮族自治区人民政府副主席
李　康

在“4·26”世界知识产权日即将到来的今天，广西“扫黄打非”工作小组根据全国的统一部署，在南宁设立主会场，并在其他 13 个市设立分会场，举行集中销毁侵权盗版及非法出版物活动，对 2007 年以来广西收缴的 245 万件侵权盗版和非法出版物进行公开销毁，具有特别重要的意义。它向全社会宣传和展示了广西在全面建设小康社会的进程中，更加重视保护知识产权和民族创新能力，坚持不懈地开展“扫黄打非”、打击侵权盗版的坚强决心、有效措施和重大成果，进一步树立了我国政府在加入世界贸易组织以后保护知识产权良好的国际形象，由此唤起广大人民群众理解和参与“扫黄打非”斗争的积极性，提高全社会公众对保护知识产权的认同感，在全社会逐步形成打击盗版、培育和支持正版的社会意识。

2007 年下半年以来，广西“扫黄打非”的各级部门在自治区党委、政府的正确领导下，根据全国“扫黄打非”工作小组的统一部署，认真贯彻党的十七大文件精神，全面落实科学发展观，组织动员全社会各方面的力量，深入开展“扫黄打非”各项专项行动，严厉查办制黄贩黄、侵权盗版和非法出版的大案要案，从清理下游的市场，到堵截生产制作的源头，再到整治储运加工的中间环节；从打击盗版音像制品，到打击盗版图书教材教辅，再到治理网上有害信息；从一个月的专项治理到“反盗版百日行动”，再到“反盗版天天行动”，这一系列的“扫黄打非”行动取得了显著的成效，为广西维护社会稳定和国家安全、构建和谐社会以及营造积极健康的舆论氛围和文化环境做出了巨大的贡献。在此，我代表自治区人民政府向战斗在“扫黄打非”斗争第一线的全体同志表示诚挚的问候和崇高的敬意！

从境外、省外流入我区的各类非法出版物时有发现，淫秽色情出版物屡禁不止，侵权盗版行为特别是互联网上的侵权盗版行为还没得到有效遏制。面对这种情况，要求各级“扫黄打非”部门要居安思危，要从实践“三个代表”的高度，从维护国家政治稳定、社会安定和文化安全的高度，从保护创新精神、振兴民族文化和发展先进文化的高度，认识“扫黄打非”和保护知识产权工作的重要性，不断增强政治意识、责任意识和大局意识，坚持不懈地开展“扫黄打非”斗争。下一步，全区“扫黄打非”各级部门要根据《2008年广西“扫黄打非”行动方案》重点做好以下五项工作：一是全面清查出版物市场，坚决查禁各类非法出版物和“法轮功”等邪教宣传品，坚决取缔兜售各类非法出版物的游商、地摊，加大对煽动民族分裂的非法出版物和非法宗教宣传品的查禁力度；二是全面开展网上“扫黄打非”，及时封堵和删除传播有害信息的网站和网页，严查网络侵权盗版行为；三是深挖非法出版和侵权盗版的源头，取缔参与非法出版和侵权盗版的印刷、复制企业；四是进一步加大对铁路、公路、水路、航空、邮政等运输环节出版物的查禁力度，有效截断盗版和非法出版物的流通渠道。五是坚决取缔各类非法报刊，依法取缔非法传媒机构和擅自设立的工作站和记者站。

同志们，再过几天，我们就迎来了“4·26”世界知识产权日了。我们欣喜地看到，当前无论是机关、企业、学校、社区还是普通老百姓，打击侵权盗版、保护知识产权的观念正在深入人心，这是搞好“扫黄打非”工作最坚实的群众基础。希望“扫黄打非”战线的同志们继续发扬特别讲政治、特别能吃苦、特别能战斗、特别能奉献的精神，不断推动“扫黄打非”工作向纵深发展，为净化文化市场环境、保护知识产权，建设富裕、文明和谐新广西做出新的更大的贡献。

2008年4月

精心组织、周密部署、狠抓落实
把广西“扫黄打非”工作推上新的台阶（摘要）

——在2008年广西“扫黄打非”工作电视电话会议上的讲话

广西壮族自治区新闻出版局党组书记、局长、自治区“扫黄打非”工作小组副组长
邓纯东

一、2007年广西“扫黄打非”工作水平提高、成绩显著

2007年，广西“扫黄打非”工作在全国“扫黄打非”工作小组和自治区党委政府的领导下，认真贯彻落实《广西2007年“扫黄打非”行动方案》和中央、自治区领导一系列指示、批

示精神，以“反盗版天天行动”和“文化环保工程”平台，不间断地开展专项治理和集中打击行动，取得了明显成绩，圆满完成了2007年“扫黄打非”各项工作任务。自治区“扫黄打非”工作小组办公室第一次被国家授予“中国政府出版奖”的最高荣誉，涌现了3个全国办案有功先进集体和3个办案有功个人，2人被评为全国“扫黄打非”先进个人。全年全区共出动检查执法人员9.7万人次，检查出版物市场、摊点11.1万（个次），取缔或关闭非法、违规出版物市场、摊点和非法网站1750家，收缴各类非法出版物和侵权盗版制品210万件，查处各类“制黄贩黄”、非法出版和侵权盗版案件1074件，行政处罚案件897起，移送司法机关案件23件，刑事处罚14人。为建设富裕文明和谐新广西做出了新的贡献。

1. 坚持“扫黄打非”领导体制和工作机制，牢牢把握“扫黄打非”工作的主动权。广西“扫黄打非”工作小组各成员单位充分发挥主动性，按照“属地管理”、和“谁主管、谁负责”的要求，结合本地、本部门实际情况，周密部署，多管齐下，确保“扫黄打非”工作任务落实、组织落实、措施落实、责任落实。“反盗版天天行动”取得明显成效

2. 打击非法出版活动和整治“四假”专项行动取得阶段性成果。根据全国扫黄办的统一部署，从2007年8月到11月底，在全国统一开展的打击非法出版活动和以整治假报刊、假记者站、假记者、假新闻等“四假”专项行动。在专项行动期间，全区共出动检查执法人员14800人次，检查书报刊亭8700多家，检查印刷企业3500家，收缴非法报刊98000多份，查处非法编辑部1个，清理非法出版物散发地1个。

3. 扫除淫秽色情和网上有害信息等文化垃圾取得重大突破。2007年，广西将扫除淫秽色情清除网上有害信息等文化垃圾作为“扫黄打非”工作重要内容来抓。以校园周边为重点，坚决查缴宣扬淫秽色情、恐怖暴力、封建迷信等书报刊、音像制品、电子出版物和游戏软件，取得了重大突破。2007年6月，全区开展了《死亡笔记》等恐怖类非法出版物及印刷品的清缴工作，共查获《死亡笔记》等恐怖类非法出版物和印刷品1353件，音像和电子出版物173张，《鬼吹灯系列》等恐怖类印刷品971册。

2007年，广西首例勾结境外淫秽色情网站在境内“制黄贩黄”案件被查获，犯罪嫌疑人韦某某及涉案人员分别被柳州市柳北区人民法院判处3到12年不等的有期徒刑，并处适当的罚金。该案的成功破获，引起了全国关注，为成功打击网络“制黄贩黄”提供了经验，该案专案组被评为全国办案有功集体。

二、当前我区出版物市场的基本状况和存在的主要问题

1. 各类非法出版物时有发现，且品种有所增多。

2. 侵权盗版行为仍然十分严重。受高额利润驱动，个别学校同不法书商相勾结，购买盗版教材、教辅的行为屡禁不止，假冒书号，高定价、低折扣的盗版文学畅销书在市场上仍占有较高的比例；盗版光盘和计算机软件虽然比以前有所减少，但仍然是音像市场的重灾区；印刷行业盗印出版物的行为时有发生；区外个别出版社变相盗版的教辅资料充斥我区市场。

3. 非法报刊屡禁不绝，销售“六合彩”赌博资料的现象十分突出。

4. 淫秽色情出版物和网上有害信息呈上升之势。

5. 表演、娱乐场所一些夹杂淫秽色情的演出又有所抬头。

三、突出重点，狠抓落实，不断提高广西“扫黄打非”工作水平

1. 突出今年“扫黄打非”工作的重点，加大对政治性非法出版物的打击力度。

2. 坚决打击盗版教材教辅、音像制品、电子出版物和计算机软件侵权盗版行为。

3. 继续开展整治假报刊、假记者站、假记者、假新闻等“四假”专项行动。

4. 拓展网上“扫黄打非”工作领域，清除

网络有害信息。

5. 抓好“扫黄打非”大案要案的查处。重点查处销售政治性非法出版物、“法轮功”类反动宣传品以及走私贩私的窝点，打掉一批从事非法出版和盗版盗印的团伙，摧毁其地下网络。

2008年是全面贯彻落实党的十七大精神，实现“十一五”规划关键性的一年，全国和广西大事多、喜事多，出版物市场监管工作任务繁重、使命光荣。我们要按照《2008年广西“扫黄打非”行动方案》的部署，全面、认真地落实好广西宣传思想工作会议上自治区党委郭声琨书记讲话的精神，全面认真地落实好自治区党委宣传部长沈部长在宣传思想工作会议上的讲话和今天讲话的要求，认真实施，高标准地完成好“扫黄打非”各项任务，确保广西出版物市场的健康有序，为繁荣社会主义文化创造更好的环境，建设富裕文化和谐新广西做出更多的贡献。

2008年2月

在自治区“扫黄打非”办与北京十五家出版社反盗版联盟座谈会上的讲话（摘要）

广西壮族自治区新闻出版（版权）局副局长、自治区“扫黄打非”工作小组办公室主任

黄　健

在举世瞩目的第二十九届奥运会闭幕后，北京15家出版社来到壮乡广西传经送宝，我谨代表广西新闻出版局、“扫黄打非”办公室对各位的到来表示感谢热烈欢迎。刚才高教社杨松涛副社长和广西“扫黄”办副主任向润华等3位同志做了发言，我很赞同。在这里我讲几点意见。

一是近几年广西“扫黄打非”工作取得了可喜的成绩。

近几年来，广西的“扫黄打非”工作喜报频传，自治区“扫黄打非”办公室2003至2005年连续3年被中央宣传部、全国“扫黄打非”办公室等8部门评为全国“扫黄打非”先进集体，2006年又被评为全国“扫黄打非”办案有功集体，2007年被授予国家首届出版政府奖，成为全国“扫黄打非”系统唯一获此殊荣的单位。

二是广西这几年做了大量的基础性工作，为今后深入开展“扫黄打非”斗争，完成中央和全国“扫黄”办下达的工作任务奠定了坚实的基础。

1. 完善工作制度，充实执法队伍。自治区“扫黄打非”工作小组办公室自2003年从自治区党委宣传部调整到自治区新闻出版局以来，先后颁布了《广西“扫黄打非”工作责任制》、等九项制度。2003年8月和2005年11月，拨出300万元专款，为全区14个市和合浦、东兴、凭祥、大新、龙州、靖西、宁明、那坡、防城等边境九县（区）配置了“扫黄打非”执法专用车。

2. 开展了一系列的“扫黄打非”专项行动，有效地清理了出版物市场。根据全国“扫黄打非”的统一部署，开展了封堵和查缴政治性非法出版物、“法轮功”类出版物的专项行动，查禁淫秽色情出版物的专项行动，打击盗版教材、教辅的专项行动，打击非法报刊的专项行动，封堵和打击走私盗版光盘的专项行动。

3. 查办了一系列的“扫黄打非”大案要案，极大地震慑了犯罪分子积累了工作经验。2003年以来，自治区“扫黄打非”办公室联合有关部门，先后查处了吴非、罗宇林制作淫秽图书牟利案等大案要案共25件。2006年联合南宁海关缉私局查处了郭碧华、林跃华特大团伙走私盗版光盘案，共走私盗版光盘2569万张，总案值1.24亿元，主犯林跃华被崇左市中级人民法院以走私罪判处无期徒刑，剥夺政治权利终身，罚金400

万元，其他犯罪嫌疑人分别被判处15年以下的有期徒刑。

据不完全统计，2004年以来，广西共查处各类制黄贩黄、非法出版和侵权盗版案件17547件、刑事处罚75人，收缴各类非法出版物和侵权盗版制品3000多万册（张）。

4. 多层次、多方位的广泛宣传，为广西有效开展“扫黄打非”，促进新闻出版业的繁荣和发展创造良好的舆论氛围。

2005年广西“扫黄打非”办制作了3万张“扫黄打非”举报牌，分别悬挂在全区各地的出版物经营场所、歌舞娱乐场所、居民小区、农贸市场等，引起了社会各界的普遍关注。2004至2008年分别在南宁、凭祥等地举行集中销毁走私盗版光盘大行动暨万人签名活动，向全社会展示广西“扫黄打非”的重大成果。

三是当前广西“扫黄打非”的形势依然严峻，任重而道远。

1. 从境外、省外流入我区的各类非法出版物时有发现，且品种有所增多。2005至2008年，我区各有关部门查获的非法出版物有几十种之多。这些非法出版物内容针对性强，污蔑我国国家领导人，对我国现行的政治、经济、文化等政策作歪曲报道，已成为影响我国和社会安定的重要因素。

2. 淫秽色情出版物屡禁不止，严重损害未成年人的身心健康。我区破获的一系列的制销、传播淫秽出版物的大案要案，缴获的淫秽出版物的载体主要以淫秽光盘、淫秽书刊为主；销售方式上则以不法游商、地摊向路人兜售和个别音像、电子出版物业主暗地里销售为主。另外，通过互联网传播淫秽图片、淫秽信息在我区呈上升之势。

3. 走私、贩运、销售盗版光盘的现象十分猖獗，封堵和打击走私盗版光盘的形势依然十分严峻。从近年来我区破获的案件来看，走私集团每年通过中越边境向我区走私光盘的数量超过一千万张；区内贩运、销售盗版光盘的现象仍然十分严重。

4. 侵权盗版行为仍然十分严重。主要表现为：市场上盗版教材教辅、盗版文学畅销书、盗版光盘和计算机软件仍占有较高比例；印刷行业盗版出版物的行为时有发生，特别是盗版教材教辅的行为仍然严重；个别学校受利益驱使购买盗版教材、教辅的行为仍时有发生。

5. 非法小报小刊屡禁不绝，印刷、销售“六合彩”赌博资料的现象十分严重。非法小报小刊及“六合彩”资料有的涉嫌泄漏国家机密，有的篡改历史事实，有的宣扬封建迷信、渲染恐怖暴力，借此诈骗钱财，由此导致的人民群众的财产损失，诱发的一系列犯罪严重扰乱人民群众正常的生活秩序，进而影响到整个社会安定。

为此，我们充分认识到“扫黄打非”工作的长期性、艰巨性和复杂性，坚决克服松懈麻痹心理，在党中央、国务院和自治区党委政府的坚强领导下，坚决把广西的“扫黄打非”工作做好。也希望各与会出版社和反盗版联盟的同志们一如既往地继续对广西“扫黄打非”工作予以关心、帮助和支持。

2008年11月

2008年“扫黄打非”大案要案综述

广西壮族自治区“扫黄打非”办

一、桂林“5·03”地下批销盗版音像制品案

桂林市“扫黄打非”办在对出版物市场进行监管中发现，在桂林市中心一些地段特别三多路至微笑堂一带，经常有一些不法商贩在晚上7点至10点之间设点摆摊出售淫秽色情及盗版音像制品，人民群众反映比较强烈。2008年5月1日，桂林市“扫黄打非”办召集市公安局、市新闻出版局相关负责人，研究整治方案和措施，决定在“五一”期间由市公安局和市“扫黄打非”办采取联合行动，进行专项整治。为加强组织领导，成立了统一行动指挥部，公安局副局长任指挥长，市公安治安巡逻支队、治安管理支队抽调30多名警力，市“扫黄打非”办也抽调了近10名执法人员参战，并作了具体分工。明确任务后，将行动定于5月3日晚8时30分。

5月3日，执法人员按照行动计划，在三多路口一带先行展开摸排，在发现兜售淫秽盗版光碟摊点后，即扮装成游客暗中对摊点实施控制。晚9时，指挥部获悉现场情况后，发出行动指令。执法人员迅速对兜售摊点进行围堵，当场捣毁摊点3个，抓获摊主王佳清、王铁桥、王爱群等3人，并缴获淫秽盗版光盘300余张。公安人员立即对该3人进行讯问，其中王铁桥供认了其兜售的淫秽、盗版光碟是向租住在市铁西一里19号1—1的刘刚军处进货。掌握了这一重大线索后，联合执法人员迅速前往王某供认的铁西一里19号1—1号开展清查，在该出租屋内发现大量淫秽、盗版光盘，共查获淫秽及盗版光盘131麻袋10万余张。嫌疑人刘某某及其妻子吕某某在此之前已闻讯逃走（9月抓获归案）。

由于案情重大，联合检查组经初步研究，决定由市公安局成立专案组，进行刑事立案侦查，顺藤摸瓜，追根溯源，严查彻究。在专案组民警的进一步讯问下，嫌疑人王铁桥又供认位于市环城西一路226号1栋1—3—2号的另一家供货窝点。5月4日凌晨3时，负责侦查工作的治安巡逻支队办案民警对现场进行守候监视。清晨6时许，房间亮灯后，民警迅速冲入，当场抓获莫某某等6人，查获9万余张盗版光碟。

针对象山辖区存在大量地下批销淫秽、盗版光碟这一严重情况，5月5日，在专案组的统一指挥下，象山区公安分局、市“扫黄打非”办组织力量对辖区内的出租房进行了一次全面清查，又查出了位于市环城西一路226号1栋1—3—2号出租房和2栋2—2—1号出租房的两个窝点，分别查获淫秽、盗版光碟10万和2万余张。

至此，在“5·03”案中，取缔游商地摊8个，捣毁地下批发盗版光盘窝点4个，抓获犯罪嫌疑人9人，收缴盗版光盘32万张，淫秽色情光盘500余张。

据犯罪嫌疑人莫某某交代，盗版光盘是从湖南邵东县进货，主要是通过小麻雀物流公司托运至桂林。莫某某从2006年年底开始经营盗版光盘生意，主要批发给市区及临桂、灵川、阳朔、永福等郊县小摊贩。

目前，犯罪嫌疑人莫某某已被依法逮捕，王佳清、王铁桥因出售淫秽光盘被依法行政拘留；王爱群等5人被警告教育后释放。

此案是桂林市近十年来破获的涉案人员之多、范围之广、案值最大的地下批销盗版光盘案，从源头上解决了桂林市音像市场多年来存在的盗版光盘泛滥的局面。在案件的查办过程中，市“扫黄打非”部门充分发挥了组织协调和督办职能，及时沟通情报信息，预先暗访摸清情况，组织制定整治方案；公安部门充分发挥“扫黄打非”办案主力军作用，发扬连续作战精神，辗转广东、湖南等地，往返3000公里调查取证，在最短时间内侦查结案，为有效打击犯罪活动起到了关键作用。

二、贺州市“8·23”批销非法出版物案

2008年8月21日上午，贺州市新闻出版局及“扫黄”办执法人员到该市的“贺州商贸城”张贴举报有奖告示，向市民悬赏举报贩卖非法出版物线索。

2008年22日，一市民以发短信方式向贺州局举报，称市区有一个批销非法出版物和盗版图书的窝点。经贺州局向其介绍了有关举报奖励政策后，举报人即举报了窝点具体地点及不法人员的姓名。当天中午，贺州局执法人员秘密到现场进行核实；下午3点20分，贺州局组织召开局务会议，向全局人员通报情况，并与大家商量具体对策。由于案情重大，应与公安部门联手行动，确保行动成功。之后，立即与贺州市公安局

经侦支队第五大队联系，要求协助破案，贺州市公安局在听取情况介绍后，立即答应全力支持，并计划约定第二天行动。

2008年23日，贺州局（办）执法人员7人、经侦大队8人按时到达八步区武装部院内集合，商定具体行动方案后，执法人员兵分两路行动，一路直赴杨某位于市区八达中路36—12楼三楼之住处，一路盯梢其市区银河街219号二楼的仓库。8点30分，全部执法人员到位后，执法人员扮成书商向杨某家里打电话，当时杨某不在家，其妻接电话后，约定下楼开门并一起到仓库拿书，但由于不法分子警惕性高，从楼上窗口看见楼下是生人面孔后引起了她的警觉；公安人员在表明身份，要求其开门接受检查时，她拒不开门并也不再接电话。在此情况下，执法人员果断决定，从端掉杨某的仓库入手，打开其仓库，起获证据后再查其住处。后来在市政管理局路灯管理处的支持下，用升降车托起两名公安人员从二楼窗口进入其仓库，并把仓库门打开。在其仓库内，执法人员发现仓库内满屋子全是盗版图书，并意外发现仓库旁的一颜姓老头住的小屋中藏有一批盗版光碟和淫秽色情光碟、图片及一批盗版图书。执法人员当场将其控制，并组织人员对颜屋中的非法出版物及杨姓老板仓库的各类图书进行清点。

与此同时，执法人员直捣杨某的住处。因杨妻拒不开门，执法人员又用升降车托起两名公安人员通过窗口进入其三楼的住房，在打开其房门后，公安人员当即将杨妻抓获，并在其住处查获大量盗版教辅图书。经初步查实，杨某名叫杨遇远，其妻名叫李冬洋，均为湖南省邵阳市邵东县人；夫妻俩从1999年起，在无《出版物经营许可证》的情况下长期从事非法出版物批销活动，暗中向贺州市所辖的三县两区县城及一些乡镇的客户批销各类非法出版物（其中包括淫秽色情图书期刊）。据其交代，所批销的各类非法出版物均来自其老家邵东县。

经清点核实，在杨某某、李某某夫妻住处和仓库共查获盗版教辅、盗版字典词典类工具书和封建迷信类图书等各类非法出版物34340册，总码洋达31万元；在颜景南处查获盗版音像制品482张、盗版图书390册，涉嫌淫秽色情光盘近百张。李某某当日被行政拘留，后转为刑事拘留，经公安机关大量调查取证（9月23日和自治区督办组、市“扫黄打非”办公室人员专程到湖南邵东调查取证），事实清楚，证据确凿，9月27日，贺州市八步区人民检察院批准以非法经营罪逮捕李某某。11月18日，八步区人民检察院以非法经营罪向八步区人民法院对李冬洋提起公诉，12月4日，贺州市八步区人民法院依法组成合议庭，公开审理了此案。以非法经营罪判处李某某有期徒刑5年，并处罚金人民币1万元。法院审理后认为，被告人李某某在没有依法取得《出版物经营许可证》和工商营业执照的情况下，长期非法销售大量非法出版物，社会危害较大，严重扰乱市场秩序，情节特别严重，已触犯刑律，构成非法经营罪，应予惩处。鉴于被告人李某某认罪态度较好，且积极退赃，法院在量刑时可以对其酌情从轻处罚，依法作出上述判决。对杨某某的追捕工作仍在进行中。颜某某案已另案处理。

李某某非法经营案的成功破获，有力地打击了不法分了的违法行为，进一步净化了贺州市的出版物市场和文化环境。此案为贺州市近年来查处的最大的一起批销非法出版物案件。

三、广西岑溪市“3·4”特大运输违法音像制品案

2008年3月4日上午，岑溪市文体局根据群众举报，与岑溪市公安局经侦大队联合执法，在岑罗路探花收费站成功截获一辆由广州开往云南的重型特殊结构货车，在现场检查中，发现该车有运输违法音像制品的重大嫌疑，当即与公安机关一起将该车开到停车场，并组织20多人将全车货物搬下车，查获586箱涉嫌违法音像制品。岑溪市文体局的办案人员立即向分管文体工作的市政府副市长和局主要领导作了汇报，同时立即向梧州市文化局作了汇报，梧州市又即刻向自治区文化厅市场处、自治区文化稽查总队汇报。岑溪市"扫黄打非"工作小组办公室同时向梧州市"扫黄打非"工作小组办公室作了汇报。上级部门高度重视该案的查处工作，及时指导岑溪市文体局做好案件的取证工作，密切保持电话联络，随时解答案件查处中的疑难问题。当日下午，梧州市"扫黄打非"办的领导、梧州市文化局分管领导以及文化稽查支队的同志赶到岑溪指导查处工作的开展。区"扫黄打非"办公室和区文化稽查总队也派出精兵强将赶赴岑溪指导破案查案工作。梧州市、岑溪市各级领导关心案件的进展情况，岑溪市苏颖副市长亲临现场，与文化稽查队的同志一起研究案件的侦查工作。

岑溪市文体局全力以赴做好案件的查处工作，并以市文化稽查队为骨干，成立专案小组，抽调20名人员用了10多天时间对该批涉嫌违法音像制品进行清点、抽样登记造册，然后由局音像制品鉴定小组鉴定。经过一个月的日夜奋战，全部音像制品鉴定完毕。据统计，该批涉嫌违法音像制品共24万张，其中正版音像制品3.7万张，非法音像制品20万张（其中盗版音像制品19.6万张，涉嫌淫秽音像制品4460张）。

经进一步调查，云南昆明市西山区捷龙货运服务部是一家专门从事货运服务运输企业，2008年3月3日分别在广州三元里走马岗9号和庆丰市场两个货场装载了这批涉嫌违法音像制品，由于货主在托运之前都将货物包装好，并标明是百货、文具之类等名称，导致该货运部没有打开包装箱一一检查，而且由于货主是凭托运单领回货物，许多货主都是写张三、李四等花名，致使案发后该货运部不能提供货物托运者的真实姓名。该货运部主要责任是，在运输音像制品时没有按照文化部等部门《关于加强音像制品运输传递管理的通知》的有关规定，核准文化部登记的音像制品总批发单位和发货和收费单位必须持相应的《音像制品批发经营许可证》和所在省、地（市）分管音像市场的音像制品行政管理部门出具的核准证明，办理托运和交寄或提取手续。而且在货主没有写真实姓名的情况下，承担运输服务。

2008年4月7日，岑溪市文体局根据《音像制品批发、零售、出售管理办法》第36条、第38条的规定，依法没收云南昆明市西山区捷龙货运服务部运输的违法音像制品200101张，罚款3万元，同时按照有关规定将案件移交公安机关追究有关责任人的刑事责任。

这是一起典型的运输违法音像制品案件。按照文化部《音像制品批发、零售、出售管理办法》第38条的规定"托运、邮寄、运输或者储存第四条规定禁止经营的和第二十一条规定不得经营的音像制品，或者为经营上述音像制品提供场所、代理等便利条件的，由文化行政部门或经依法授权的执法机构没收上述音像制品，并依照有关法律、法规对责任人予以处罚；涉嫌犯罪的，按照有关规定移送司法部门，依法追究刑事责任"，岑溪市文体局按照《高法高检关于办理侵犯知识产权刑事案件具体应用法律若干问题的解释》第十六条规定"明知他人实施侵犯知识产权犯罪，而为其提供贷款、资金、账号、发票、证明、许可证件，或者提供生产、经营场所或运输、储存、代理进出口等便利条件、帮助的，以侵犯知识产权犯罪的共犯论处。"和第十二条规定本解释所称"非法经营数额"，是指行为人在实施侵犯知识产权行为过程中，制造、储存、运输、销售侵权产品的价值。已销售的侵权产品的价值，按照实际销售的价格计算。制造、储存、运输和未销售的侵权产品的价值，按照标价或者已经查清的侵权产品的实际销售平均价格计算。侵权产品没有标价或者无法查清其实际销售价格的，按照被侵权产品的市场中间价格计算。由于不能证明该货运部是明知他人实施侵犯知识产权犯罪，而为其提供运输服务，不能按照侵犯知识产权犯罪的共犯论处。

岑溪市文体局将该案件移交给岑溪市公安局经侦大队，由其进一步追查有关货主和违法音像制品提供者的责任。但由于没有能得到货主的真实姓名，从货物运输清单上看货主也有50至60人之多，要查实具体的货主真实姓名十分困难，而且货物运输清单上标明的也只是百货、文具之类的名称，案件涉及及两地三家，要进一步追查有关货主和违法音像制品提供者的责任十分困难，案件还在进一步侦办之中。此类案件的查处，由于在运输途中，查办工作遇到的困难很大。如何协调各方面的力量，获取更多查办案件的线索，是今后查办此类案件要思考和解决的问题。

2008年“扫黄打非”大事记

广西壮族自治区“扫黄打非”办

1月17日，全国“扫黄打非”工作小组决定授予广西壮族自治区“扫黄打非”工作小组办公室、广西壮族自治区“韦某某和覃某某等利用网络制售淫秽色情物品案”专案组和广西玉林市公安局玉州分局等3个单位为全国“扫黄打非”办案有功集体称号。授予韦胜福、唐学荣等2位同志为全国“扫黄打非”工作先进个人称号；黎苇、赖克强、王景丹等3位同志全国“扫黄打非”办案有功个人称号。

2月1日，广西“扫黄打非”工作小组通知，从1月下旬至3月底，在全区开展以打击政治性非法出版物为重点的第一阶段专项行动。

2月1日至2日，南宁铁路局“扫黄打非”办组织对南宁站、黎塘站、柳州站等进行执法检查，共查缴非法盗版书刊230多册，报纸321份，封建迷信书刊51册，取缔无证非法经营书摊6个。

2月25日，广西“扫黄打非”工作小组在南宁市（主会场）召开“第二十一次广西‘扫黄打非’工作电视电话会议”。

2月27日，玉林市“扫黄打非”工作小组办公室组织有关部门对音像市场、闹市区的音像制品店以及各农贸市场的流动地摊进行检查，共检查音像店20余家，下架封存、收缴“恐怖灵异类”音像制品1000余张。

2月27日，根据新闻出版总署通知，广西壮族自治区“扫黄打非”工作小组办公室被评为“首届中国出版政府奖先进出版单位”。被授予荣誉称号。

2月28日至3月5日，柳州市“扫黄打非”部门开展了为期7天的出版物市场检查，检查经营场所504家（次），查缴政治性非法出版物3张（册）、淫秽色情出版物738张（册）；其中，《艳照门》光盘3张，封建迷信出版物1101册，盗版出版物1690册。

3月4日，岑溪市新闻出版局、文体局、公安局在岑溪市岑罗路探花公路收费站，查获由广州运往云南的一辆重型特殊结构货车装载的586箱非法音像制品，经鉴定该批违法音像制品光盘有235763张，其中无防伪标识155833张，淫秽内容的4920张，有防伪标识的79880张。

3月14日，柳州市新闻出版局在红阳路云岭区3号查获一个非法报刊地下发行窝点，当场查扣涉嫌非法出版报刊33种，近3万余张。

3月15日，南宁市“扫黄打非”工作小组组织市属6城区的新闻出版、文化、工商、市政等部门开展联合执法检查，查处违法经营单位23家，收缴“六合彩”非法资料500余册，非法报刊1100余册，非法报纸520份，淫秽光盘20余张，盗版音像制品1200余张。

4月20日，广西“扫黄打非”工作小组根据全国的统一部署，在广西首府南宁举行2008年全国集中销毁侵权盗版及非法出版物活动（广西分会场）。此次活动在南宁设主会场，全区13个地级市设分会场，共销毁245万件侵权盗版和非法出版物。

自治区“扫黄打非”工作小组组长、自治区党委常委、宣传部部长沈北海，自治区副主席李康出席南宁主会场活动仪式并讲话，自治区“扫黄打非”工作小组办公室主任、自治区新闻出版局党组副书记、副局长黄健主持现场活动。南宁市“扫黄打非”工作小组组长、市委常委、宣传部部长、副市长肖莺子代表南宁市讲话，南宁二中学生代表在活动仪式上宣读了“拒绝盗版，从我做起”的倡议书。13个地级市的党委、人大、政府、政协和“扫黄打非”工作小组成员单位的领导参加了本市的销毁活动。

4月中旬至6月底，自治区“扫黄打非”工作小组在全区开展了“扫黄打非”第二阶段专项行动。

5月3日至5日，桂林市“扫黄打非”办会同市公安局、市新闻出版（版权）局联合行动，一举成功破获了3个地下储存批销盗版非法音像制品窝点，收缴盗版非法音像制品32万张，刑事拘留1人，行政拘留2人，治安警告教育5人。

5月28日，自治区新闻出版局和自治区“扫黄打非”办成立印刷复制业专项检查领导小组并下发通知，联合对全区印刷复制企业进行全面检查。

5月29日，广西“扫黄打非”工作小组办公室组织召开全区14个市及南宁铁路局“扫黄打非”工作小组办公室主任会议，部署迎奥运“扫黄打非”专项行动，传达全国“保稳定，迎奥运‘扫黄打非’办公室主任会议”及柳斌杰同志的讲话精神，就奥运火炬到广西传递和迎奥运这个阶段的“扫黄打非”工作提出了明确的工作目标和工作重点。

5月29日至30日，广西“2008年全区‘扫黄打非’行政执法培训班”在南宁开班。全区14个市、南宁铁路局和109个县（区、市）的“扫黄打非”办主任、执法人员等近160人参加了培训班。自治区“扫黄打非”工作小组副组长、区新闻出版局党组书记、局长邓纯东同志出席开班仪式并作重要讲话。自治区“扫黄打非”工作小组办公室主任、区新闻出版局党组副书记、副局长黄健同志传达了中央关于“扫黄打非”工作的最新指示精神和工作部署，并就我国和广西的“扫黄打非”斗争形势和工作任务作了精辟阐述。

6月4日，桂林市公安局网监支队在位于桂林市象山区大风山附近查获一家大量提供淫秽色情电影供上网者观看的网吧，查扣了该网吧存有160部淫秽色情影片的服务器。

6月27日，广西“扫黄打非”办、自治区版权局会同南宁市“扫黄打非”办、版权局等有关部门，对南宁市工人文化宫书报摊点和民族商场音像制品销售区进行了联合执法检查，收缴各类非法出版物31本和盗版光盘5300多张。其中淫秽书刊13本，盗版图书18本，淫秽色情光碟21张和盗版光盘5300张。

7月8日至8月7日，广西壮族自治区“扫黄打非”工作小组在全区组织开展奥运前30天出版物市场集中清查行动。此次行动全区各地共收缴各类非法出版物和盗版制品45万多件，处罚违法违规店档摊点106个，取缔无证经营印刷厂1家，移交公安机关追究刑事责任案件14件。此次活动后，经自治区“扫黄打非”工作小组考核评定，授予南宁市“扫黄打非”工作小组办公室等6个单位一等奖；北海市“扫黄打非”工作小组办公室等10个单位二等奖。

7月31日，天峨、龙州公安机关分别破获取缔“全能神”、“实际神”非法邪教组织和法轮功传教组织各1个，查处收缴《抵挡全能神受惩罚的典型事例》《中国大陆假基督教基督迷惑人的典型案例》《必须进入的真理信神达到蒙神拯救》等非法邪教组织和“法轮功”反动宣传资料372种，共631册（份），反动内容光盘71种220张，封堵境外流入我区的违禁出版物2483件。

8月8日，广西“扫黄打非”办启动“处理非法转播奥运赛事案件快速反应机制”。广西区通信管理局于20点25分采取技术手段将正在非法转播奥运会开幕式的“体育视频”网站关闭。

9月16日，来宾市新闻出版局查获不法书商发行给象州县中学的9294册盗版图书（码洋218575.42元）案。

10月9日，广西来宾市新闻出版局在合山市依法收缴盗版图书1213册，码洋约5万元，并依法取缔该无证经营摊点。

11月24日，广西召开自治区“扫黄打非”工作小组成员单位联席会议。28个成员单位的领导或负责人参加会议。自治区“扫黄打非”工作小组办公室向会议通报了2008年全自治区“扫黄打非”工作情况，并就2009年“扫黄打非”工作与各成员单位进行了探讨研究。

自治区文化厅、自治区公安厅、南宁市委等7个成员单位先后作了交流发言，通报了本单位2008年“扫黄打非”工作情况。

11月24日至29日，自治区“扫黄打非”办组织全区14个市和南宁铁路局“扫黄打非”办对全区出版物市场进行了交叉执法检查。

12月18日，自治区2008年“扫黄打非”重点督办案件“贺州市8·23批销非法出版物案”一审宣判，贺州市八步区人民法院以非法经营罪判处李某某有期徒刑5年，并处罚金人民币1万元。

12月9日，广西“扫黄打非”办在全国“扫黄打非”办的直接具体指导下，组织联合南宁市“扫黄打非”办、南宁市新闻出版局、南宁市公安局治安管理支队，根据人民出版社提供的案件线索，在南宁市燕多书店租赁的位于广西气象学校的图书仓库内查获盗版《理论热点面对面》等非法出版物共计11种3635册。同时，在燕多书店法人乔某位于新竹路北二里11—1号1栋5—502号的家里查获盗版图书进货凭证和账目来往票据等实施违法行为的物证。

12月19日，玉林市新闻出版局与玉林市公安局治安支队联合行动，在玉林城区民主南路连续端掉了两个印制“六合彩”赌博资料窝点，收缴了三台用于作案的印刷设备和一批印刷资料。

12月20日，自治区“扫黄打非”工作小组办公室，在办公室主任、自治区新闻出版局党组副书记、副局长黄健同志（正厅级）的带领下到柳州市开展出版物市场监管调研。

调研听取了柳州市“扫黄打非”工作汇报和柳州市新闻出版局、文化局、公安局、鱼峰区“扫黄打非”办等单位提出的加强力量，提高技术含量，加大“扫黄打非”和文化市场执法力度等方面的意见和建议。柳州市出版物经营业主代表也就如何保持柳州市文化市场健康、稳定和有序地发展积极建言献策。

12月26日，广西全区“扫黄打非”行政执法培训班在柳州市开班。培训班特邀全国“扫黄打非”工作小组办公室专职副主任、反非法和违禁出版物司司长李宝中同志授课；自治区“扫黄打非”工作小组办公室主任、自治区新闻出版局党组副书记、副局长黄健同志主持，柳州市委副书记、副市长张福海同志到班致辞。广西各市、县“扫黄打非”办负责人和行政执法人员160人参加了培训。

12月29日，自治区“扫黄打非”工作小组办公室召开2008年广西“扫黄打非”工作新闻发布会。广西日报社副总编辑于起翔主持了新闻发布会。黄健同志向社会和广西新闻界通报了2008年广西“扫黄打非”工作的基本情况和大案要案的查处情况。

南　宁　市

2008 年“扫黄打非”工作总结

南宁市“扫黄打非”工作小组办公室

2008 年，南宁市进一步加大“扫黄打非”工作的力度，有效打击各种政治性非法出版物、淫秽色情、凶杀暴力、盗版等非法出版物，规范文化市场秩序，取得了较好成效。一年来，全市共出动检查人员 2.9 万余人（次），检查经营单位 2.1 万余家（次），收缴各类非法出版物 53.15 万件，其中，非法图书 4.5 万余册，非法音像制品、电子出版物 45 万余张（盒），“六合彩”非法资料 2.6 万余册（份），淫秽色情出版物 7800 余件，电子游戏机电脑板 1446 块，电子游戏机 543 台，查处发布淫秽色情信息的网站 3 家，删除淫秽色情图片 718 张。

一、思想高度重视，组织领导形成合力

（一）行动迅速，精心部署

南宁市分别于 1 月、2 月份，组织各县、区和市直各成员单位负责人 60 多人收看了全国、全区电视电话会议的实况，并召开了 2008 年全市“扫黄打非”工作会议，对 2008 年度的工作进行了全面部署。会后各县区各乡镇和各部门都结合实际，迅速研究、全面部署，并制订了《2008 年“扫黄打非”行动方案》，形成了全市上下齐抓共管“扫黄打非”工作的良好氛围。

（二）上下联动，形成合力

一是，市委、政府领导高度重视“扫黄打非”工作。市委常委、宣传部部长、副市长肖莺子同志年内对“扫黄打非”工作作出的重要批示达 18 件，亲自主持召开“扫黄打非”工作协调会就有 6 次，并多次亲自带领执法人员对出版物市场进行检查。11 月份，市政府领导调整工作分工后，市“扫黄打非”工作小组副组长、副市长李国忠同志及时听取了“扫黄打非”工作汇报，对“扫黄打非”工作作出重要指示。二是各县、区（开发区）和各部门的领导同志深入市场、深入“扫黄打非”工作第一线，解决实际存在的问题，进一步增强了工作的针对性、预见性、指导性和可操作性，有效地推进了“扫黄打非”工作的深入开展。三是各县、区（开发区）和各部门的“扫黄打非”执法一线的同志发扬特别能吃苦、特别能战斗、特别能奉献的精神，工作靠前，不怕疲劳，不畏艰险，连续作战，坚持不懈。市“扫黄打非”办组织全市性的各类集中联合执法专项行动达十余次，是近几年来开展活动最多、时间持续最长的一年。

（三）服务周到，协调有力

市“扫黄打非”办切实履行部署、协调、指导、督查的职责，截至 10 月底，共受理来信、来电、来访等各类举报 160 多件，挂牌督办或转办的举报信件 46 件，批转下发市领导指示、批示的重要文件 30 多件，起草报批的专项行动方案、文件、通知等 50 多件，编发简报 6 期 360 多份，建立了“扫黄打非”工作成果月报制度，制订了工作成果月报表，规定了月报纪律和要求，成为市、县领导联系群众、指导工作的桥梁，使市、县、区领导及时掌握“扫黄打非”工作状况，便于领导指挥决策。

二、突出工作重点，专项行动成效明显

全市切实强化对出版物市场的日常监管，不间断地组织开展市场清理专项行动。仅市“扫黄打非”办公室组织全市性的“扫黄打非”专项行动就有10余次，共出动检查车辆2150多车次，检查人员2.9万余人（次），检查经营单位2.1万余家（次），收缴各类非法出版物32万多件。主要有：

（一）组织开展“扫黄打非”第一次专项行动

1月至3月，按照自治区统一部署，市“扫黄打非”办开展了打击非法出版活动专项行动和整治假报刊、假记者、假记者站、假新闻专项行动。在此期间，市委常委、宣传部部长、副市长肖莺子同志亲自带领市新闻出版局、公安局、文化局、工商局、城管局、邮政局等部门执法人员，对春节前后的首府出版物市场进行了全面地检查。这次专项行动全市共出动检查车辆220多车次，检查人员1160多人次，检查经营单位660多家次。共收缴非法出版物11890多件，其中音像制品4320多张，淫秽色情出版物650份，非法报纸2060份，“六合彩”非法资料4860多份。全市没有发现销售非法出版物的现象，出版物市场平稳有序，文化舆论环境氛围良好。

（二）开展“扫黄打非”第二次专项行动

3月至6月，市“扫黄打非”办分别组织了两次大规模的“扫黄打非”集中行动，即分别于3月15日和4月20日，组织市、县、区（开发区）新闻出版、文化、公安、工商、市政、邮政等部门，以打击无证经营、占道摆卖等违法违规经营出版物活动，查处政治性非法出版物、“六合彩”非法资料、淫秽色情、盗版等各类非法出版物为工作重点，对全市各出版物集中交易市场、书店、报刊亭、音像店等出版物经营场所，以及城市广场、农贸市场和城郊结合部等区域进行了大范围的检查。两次行动共出动执法人员达150余人次，出动执法车辆30余台次，查处违法违规经营单位53家（次），收缴“六合彩”非法资料2500余册（份）、非法书刊3100余册、非法报纸2520份、淫秽光盘20余张、盗版音像制品8200余张。

（三）开展“保稳定迎奥运”出版物市场集中清查专项行动

在北京奥运会前1个月至残奥会闭幕期间，市、县、区（开发区）“扫黄打非”办分别组织新闻出版、文化、公安、工商、城管等部门组成联合执法组，开展“扫黄打非”“天天行动”。全市共组织执法检查组20余支，每天出动执法人员达250余人，对全市各出版物市场、繁华街区、主次干道、集贸市场等区域、路段进行了地毯式、拉网式地检查，据统计，本次专项行动全市共收缴各类非法出版物26万余件。此次专项行动，我市被自治区“扫黄打非”工作小组评为一等奖。

（四）开展“奥运产品质量检查专项行动”

5月份，市“扫黄打非”办和新闻出版局根据自治区的统一部署，组织开展了“奥运产品质量检查专项行动”，对出版物印刷企业、包装装潢印刷企业进行了全面检查，确保奥运产品在我市印刷质量不出问题。据统计，奥运产品质量检查专项行动，全市共出动检查人员590多人次，检查印刷企业412家次。通过本次专项行动的检查，有效推进了各印刷企业依法经营意识，检查中没有发现印刷奥运产品质量问题。

（五）开展查堵交通运输环节非法出版物专项行动

8月份，市“扫黄打非”办组织市交通局、文化局、公安局、工商局、城管局等部门组成联合执法组，开展查堵交通运输环节非法出版物专项行动。对全市各客运站、货运站、火车站、码头等交通枢纽内的出版物发行网点和货物托运站、行包房等运输环节进行全面、细致地检查。从检查情况看，各站点、码头候车室及周边出版物发行网点均能依法办理相关经营证照并亮证经营，所发行的出版物基本情况良好；各运输企业、客运站、货运站和码头管理机构能够按照要求，建立查堵贩运、传播非法出版物的工作机制，规范承运制度，严格承运手续，切实加强对客货运站场的控制检查。

（六）开展创建全国文明城市出版物市场治理整顿专项行动

在7月至9月的全市创城攻坚行动中，市、县（区）“扫黄打非”办组织了新闻出版、公安、文化、工商、城管等部门，认真开展了对全市书报刊、电子出版物、音像制品等出版物市场，以及印刷、复制企业的检查，严格取缔无证照经营活动，共检查书报刊、电子出版物、音像制品经营单位及印刷、复制企业6300余家次，取缔无证照经营单位（摊点）231家（个），查处、纠正违法违规经营行为398起。

（七）开展重点治滥专项行动

经过排查，全市有6处重点区域虽经各县、区多次整治，但仍有非法出版物交易泛滥、形成了局部集散地，引起了领导的关注、市民的不满。为了从根本上彻底整治这些重点区域，市“扫黄打非”办在3月份对相关县、区进行了挂牌督办、限期整改，并在年内定期不定期地组织开展市、县、区联合执法行动。全市共组织新闻出版、文化、公安、工商、城管等部门联合执法9次，出动执法人员1900余人次，共突击查处取缔无证经营摊点40多个次，收缴非法书刊6200多册、盗版音像制品14800张、收缴淫秽音像制品2900张、非法电子出版物600多张。通过整治，上述6个重点区域市场环境得到了净化，非法经营活动已经得到了有效遏制。

（八）开展查办大案要案专项行动

今年全市各级“扫黄打非”办及相关部门加大了查办各类违法违规案件的力度，全市共受理群众举报案件线索53件，查办“扫黄打非”案件174件。其中案情较为重大的有：

1. 查处上英印刷有限责任公司装订“六合彩”非法资料案。2008年1月2日，我市新闻出版局、公安局联合执法，在上英印刷有限责任公司装订车间内查获《宝贵直通车》等6种“六合彩”非法资料1405册、散页5.7万份。市新闻出版局依法对上英印刷有限责任公司违规装订“六合彩”资料的行为作出行政处罚。

2. 查处王某某侵犯知识产权刑事案件。2007年8月13日，市公安局治安支队五大队接到上级部门转来的微软（中国）有限公司报案称，犯罪嫌疑人王某某、彭某某未经微软（中国）有限公司许可，非法复制、发行微软公司产品，违法所得数额巨大。该大队立即成立专案组，着手立案侦查，经过辗转深圳等地调查取证，于2008年5月16日，将潜逃半年多的本案主犯王某某抓获归案，现已对上述两人以涉嫌侵犯著作权罪向检察院提请批准逮捕。

3. 查处王某某网络传播淫秽色情图片刑事案件。2008年1月，市公安局治安支队接群众举报，“摩天人体艺术网”网站上发布有大量的淫秽色情图片。经查，该网站于2008年1月开办，服务器为我市英拓公司提供，犯罪嫌疑人为山东省肥城市人。经鉴定，该网站发布的图片中有718张被认定为淫秽色情图片。市公安局治安支队民警于3月26日赶赴山东省泰安市将犯罪嫌疑人王栋抓获。目前已批捕。

（九）开展全国集中销毁非法出版物活动专项行动

为贯彻落实全国、全区“扫黄打非”办的统一部署，市“扫黄打非”工作小组和自治区“扫黄打非”工作小组于4月20日在南宁市五象广场共同主办了“2008年全国集中销毁侵权盗版及非法出版物广西分会场活动”。自治区党委常委、宣传部长沈北海，自治区政府副主席李康，南宁市党委常委、宣传部长、副市长肖莺子等区、市领导出席活动并作重要讲话，南宁市“扫黄打非”工作小组各成员单位相关人员及南宁市部分图书音像经营业主、海关代表、公安代表、武警代表、工商代表、城管代表、学生代表等约700人参加了活动，现场销毁盗版音像制品20余万件、非法图书10万余件，是迄今为止在广西举行的规模最大的侵权盗版、非法出版物集中销毁活动。《人民日报》、新华社、《广西日报》、广西电视台、《南国早报》《法制快报》《南宁日报》、南宁电视台等中央、自治区及南宁市各主要媒体对活动进行了报道。

三、加强宣传教育，提高“扫黄打非”意识

（一）积极开展形式多样的宣传教育活动，为“扫黄打非”营造良好的社会舆论氛围

据统计，年内自治区和市本级主要宣传媒体报道全市“扫黄打非”工作的有关信息达20多条，全市开展“扫黄打非”工作宣传活动散发的宣传资料3.5万多份，受理法律法规咨询的市民群众2.5万多人次，悬挂“扫黄打非”宣传横额标语2000多条（幅）。

（二）举办各种不同类型的业务培训班

市“扫黄打非”办在注意加强日常对“扫黄打非”行政执法人员的严格教育、严格管理、严格监督、严格要求的同时，分别于5月、9月和11月三次组织市、县、区（开发区）150余名“扫黄打非”行政执法人员进行行政执法培训学习。通过培训，全市“扫黄打非”系统的执法工作人员的执法水平得到进一步提高。

2008年12月12日

海　南　省

2008年“扫黄打非”工作总结

海南省“扫黄打非”办

一年来，在省“扫黄打非”领导小组和厅党组的领导下，认真贯彻落实中央和我省“扫黄打非”工作的部署。以迎接北京奥运会召开为主线，始终保持“扫黄打非”工作的高压态势，努力探索出版物市场长效监管机制，有效地遏制了出版物市场的各类非法现象，维护了出版物市场正常秩序，确保了“海南建省办特区20周年庆典”、“奥运火炬接力海南首传”和北京奥运会期间全省政治稳定和文化安全。据统计，全省共出动执法检查人员17120人次，检查出版物经营单位及店档摊点14801家（个），取缔出版物非法经营点124家，行政处罚283家（个），共收缴各类非法出版物62多万件，其中非法音像制品56万多件、淫秽色情出版物2万多件，收缴非法书报刊及盗版计算机软件近4万多册（件）。查处案件407宗，刑事拘留4人。

一、主要做法和成果

（一）强化领导责任，注重工作落实

第二十一次全国“扫黄打非”工作电视电话会议召开后，按照省政府原副省长符桂花对2008年全省“扫黄打非”工作的整体部署和要求，结合海南的实际，及时制订出《2008年海南省“扫黄打非”行动方案》，并以省委、省政府两办名义向全省下发。在此期间，按照省委办公厅的要求，根据各单位换届后的人事变动情况，对省“扫黄打非”领导小组成员及成员单位做了适当调整和补充，并上报省委办公厅审定。各市县“扫黄打非”办根据省“扫黄打非”行动方案及时制订出具体行动方案，迅速开展封堵非法出版物、扫除淫秽色情文化垃圾和打击侵权盗版保护知识产权的各项专项行动。

（二）强化执法监管，营造良好环镜

为确保元旦、春节、“两会”、北京奥运会期间出版物市场平稳有序，营造健康、和谐的文化氛围，省“扫黄打非”办组织协调文化出版、公安、海关、工商及各市县“扫黄打非”办细化第一季度专项行动方案，实施打击非法出版活动专项行动。按照全国“扫黄打非”办的通知要求，

部署和下发了《海南省开展严厉打击非法出版物专项行动通知》，并协调各市县“扫黄打非”办和有关单位组织实施。为促使专项行动落实到位，明确行动的指导思想、工作任务和工作目标，按“属地管理”、“谁主管、谁负责”的原则，各司其职、各负其责、协同作战。把海口、三亚、万宁、琼海作为我省打击非法出版物的重点地区，反复清查，并开展形式多样的宣传活动，发动社会力量积极参与专项治理行动。省“扫黄打非”办在做好组织协调工作的同时，积极协调有关部门开展联合检查，深入一线督查指导、总结经验，推动整个专项行动深入开展。

（三）坚持标本兼治，深挖大案要案

我省始终把打团伙、破网络、端窝点作为打击重点，在市场监管工作上，创新工作方法，改变时间惯例，采取暗访和突击检查相结合，积极宣传发动社会各界和广大群众支持“扫黄打非”工作，广泛搜集有关线索，明显提高了侦破大案要案的成功率。

1月13日，根据全国“扫黄打非”办、国家文化部有关领导的指示，省“扫黄打非”办协调省市公安部门、文化广电出版体育文化市场稽查部门迅速组成联合执法检查组，对海南文广电子光碟有限公司光碟复制厂进行突击检查，现场查处了其H200生产线正在使用无码模具镜面非法复制VCD光盘，并在其生产线上查扣了无生产委托证明的《猫和老鼠》、《唐老鸭从军记》等VCD光盘近万张。由于案情重大，省“扫黄打非”办多次组织省和海口市的政法委、文化、公安、检察等部门人员召开“1·13”案件协调会，按照“彻查、彻纠、彻办”的原则，将犯罪分子绳之以法。由于省政法委对该案的高度重视，在奥运会期间办案起到关键作用，成绩突出，被全国“扫黄打非”办推荐为全国“扫黄打非”办案先进单位。

1月3日，省文化市场稽查总队执法人员成功捣毁了海口市文明中路一非法音像制品地下批发窝点，查获非法音像制品2.7万余多张，其中压缩光碟9666张、淫秽色情音像制品280多张。两名涉案人员被移送司法机关处理。3月17日，省文化稽查总队联合海口市美兰区文化市场执法人员全线出击，在海口市博爱南横路查获一个特大非法音像制品窝点，当场收缴8台母盘翻录机，在其出租屋内缴获12.6万多张（盒）假冒光碟和磁带。3月24日晚，省“扫黄打非”办、文化市场稽查总队、公安厅会同海口市美兰区公安分局、文体局采取联合行动，对海口市美兰区文明中路东风桥上的图书经营摊点进行突击检查，依法取缔一批非法经营盗版图书的摊点，收缴各类非法出版物2万多册，其中包括国家明令禁止的非法出版物十余本，执法人员依法暂扣了该批非法出版物。

为侦破全国“扫黄打非”办关于《新高尔夫》和《中华实用临床医学杂志》等非法出版刊物的举报案件，7月30日，省“扫黄打非”办、省文化市场稽查总队、海口市公安局联合行动，突击检查了海口市《新高尔夫》杂志社编辑部。该杂志社未经主管部门批准，擅自从事组稿、编辑和印刷等出版活动，依法处以罚款3万元并停止非法出版活动。8月4日，省文化市场稽查总队在公安及市、区两级文化市场稽查队执法人员的密切配合下，突击检查了海口市东方洋路一处租赁公寓，现场查获《中华实用临床医学杂志》《中国临床新医学杂志》及《中国实用新医学杂志》等杂志400多本，现场查扣电话机9部、办公电脑3台和9枚不同杂志社的公章、财务专用章。据调查了解，该窝点还非法出版《中国现代医学双月刊》和《中华中西医临床杂志》等多种杂志期刊。近年来，他们在非法学术期刊网站打着“解决作者发表的难题，帮助职称评审过关”为口号向全国征订论文，并以发表论文收取500元以上的版面费骗取作者钱财，实施诈骗敛财活动。在被缴获的电脑中，发现里面保存了全国各地3万多名作者的姓名和联系方式，非法经营额到400多万元。目前，此案3名犯罪嫌疑人已被海口市秀英区检察院批准逮捕。

（四）集中开展查缴盗版非法出版物行动

根据全国“扫黄打非”工作小组关于举办2008年全国“扫黄打非”办的统一部署，为了进一步推动“反盗版天天行动”和“扫黄打非”春季战役的深入开展，迎接“4·26”世界知识产权日，省“扫黄打非”办精心组织策划，于4月22日在海口市琼山影剧院门前与全国统一集中举行销毁侵权盗版及非法出版物活动，省政府林方略副省长出席活动并讲话，现场销毁30万多件各类盗版非法出版物。

（五）加大信息交流和重大情况请示报告制度

今年以来，省“扫黄打非”办注重加强舆论宣传和信息交流报送工作。一是充分发挥报刊、广播、电视、互联网等媒体的作用，适时报道一批“扫黄打非”重大案件查处结果和典型案例，不断提高保护知识产权工作的社会影响力，为“扫黄打非”工作营造良好的舆论氛围，进一步树立我国政府保护知识产权的良好形象。二是及时向全国“扫黄打非”办和省“扫黄打非”领导小组正副组长上报要情快报；三是及时编发《工作简报》7期，及时交流“扫黄打非”工作经验和信息。其中，有50多篇在《中国新闻出版报》发表，45条信息被“中国扫黄打非网”刊发，5条信息被海南省政府网站采用，省内新闻媒体报道“扫黄打非”工作20余次，有力地扩大了我省“扫黄打非”工作在省内外的影响。

二、存在的问题和困难

一是随着新形势的发展，“扫黄打非”任务日趋尖锐繁重，执法队伍急需在人力和财力上得到大力支持，部分市县因经济发展较慢，已影响了执法队伍的建设，执法力度薄弱。二是由于经济利益的驱使，一些非法盗版音像制品、盗版电脑软件制售活动仍然时有出现，不法分子采取“打一抢换一个地方”，且与执法部门“错时上班”，执法巡查范围过小，行动时间固定，容易忽视问题。三是争取编制、经费和装备的改善，提高技术防控能力。此外，“扫黄打非”行政执法人员素质问题；执法队伍编制归口及装备落后问题；监管方式手段与当前文化市场发展不相适应问题等等，一定程度上影响着“扫黄打非”部门正确履行行政监管的有效实施，除了以上客观原因外，自身监管管理方式也存在一些不适应、不符合科学发展观的要求。针对出现的新动向、新问题，将来在工作中一定用科学发展观来武装头脑，推进行政执法改革与发展，规范“扫黄打非”防范意识，做好事前服务，为“扫黄打非”创新发展提供必要的和谐服务。

领导讲话

在全国“扫黄打非”电视电话会议省分会场上讲话

海南省人民政府副省长、省“扫黄打非”领导小组副组长

林方略

刚才，我们收看了全国“扫黄打非”电视电话会议，会议对2008年的“扫黄打非”工作做了具体部署和安排。下面，就海南省如何贯彻落实会议精神讲几点意见。

一、统一思想、提高认识，切实增强做好新形势下“扫黄打非”工作的使命感和紧迫感

“扫黄打非”工作是发展社会主义精神文明的一项重要工作，事关党和国家的工作大局，事

关于孙后代健康成长和社会经济稳定，我们必须保持清醒的头脑，要从“推动社会主义文化大发展大繁荣”的战略高度，从切实保护知识产权，促进经济、政治、文化持续协调发展的战略高度，充分认识“扫黄打非”工作的极端重要性。我们必须十分明确，深入开展“扫黄打非”斗争，一定要旗帜鲜明，毫不动摇。“扫黄打非”工作只能进一步加强，决不能有丝毫削弱。

二、突出工作重点，进一步加大“扫黄打非”的执法工作力度

要积极推进文化市场综合行政执法工作，要重视加强“扫黄打非”队伍建设和人员培训，努力建设一支政治坚定、素质优良、业务精通、作风过硬的行政执法队伍。同时，要确保“扫黄打非”工作必要的经费投入，改善装备条件，扭转目前“扫黄打非”经费、装备普遍不足的现状。要建立完善依法查处、综合执法和社会治安综合治理等工作机制，是对出版物市场实行标本兼治的根本途径。要充分掌握和运用好法律武器，及时查处大案要案，用法律力量震慑不法分子的非法出版活动。要坚持严厉打击与宣传教育相结合，引导广大群众特别是青少年不断增强保护知识产权的意识，努力在全社会形成“拒绝盗版，从我做起”的良好氛围。

三、完善规章制度，进一步规范出版物市场的管理

坚持统一领导，发挥部门作用。要坚持和完善党委、政府统一领导，各级“扫黄打非”领导小组及其办公室组织协调，各市县联防协作，各部门齐抓共管，广大人民群众积极参与的“扫黄打非”领导体制和工作机制，进一步完善“扫黄打非”工作责任制。“扫黄打非”各成员单位一定要明确责任，各尽其职，相互配合，保证“扫黄打非”正常有序运转。

对那些在“扫黄打非”工作中，搞地方和部门保护主义，或揽权推则、相互推诿，致使出版物问题突出、市场混乱的，要及时通报“扫黄打非”领导小组，约请责任人进行诫勉谈话并通报批评，并责令限期整改。对那些与不法分子勾结，充当非法出版活动后台和保护伞的执法人员，坚决清除执法队伍，并给予相应的处罚。各市县、各有关部门在“扫黄打非”行动中，要依法执政，按章处罚，保证海南省出版物市场管理逐步规范化。

四、加强组织领导，进一步为“扫黄打非”工作创造条件

各级党委和政府要高度重视“扫黄打非”工作，切实加强组织领导，要结合本地、本部门实际，将“扫黄打非”工作列入重要的议事日程，实行工作责任制和责任追究制。各级宣传、政法、文化出版、公安、教育等部门，要认真落实管理责任制，把各项任务落到实处。要把打击侵权盗版与开展法律法规宣传教育结合起来，引导广大群众特别是青少年积极参与“拒绝盗版，从我做起”的保护知识产权主题活动，努力营造有利于增强民族自主创新能力的良好社会氛围。要把规范市场秩序与促进市场繁荣结合起来，努力推出一批思想性、艺术性、观赏性俱佳的优秀文化产品，不断满足人民群众日益增长的精神文化需求。

2008 年 1 月 20 日

在 2008 年全国集中销毁侵权盗版及非法出版物活动海南省分会场上的讲话

海南省人民政府副省长、省“扫黄打非”领导小组副组长

林方略

按照全国的统一部署，今天我们在这里举行 2008 年全省集中销毁侵权盗版及非法出版物活动。举办这次大型公开销毁活动，是为了展示全省“扫黄打非”工作所取得的重大成果，同时以强有

力的事实，向世人表明我省保护知识产权、严厉打击侵权盗版活动的一贯立场和坚定决心。同时，希望借此活动，在全社会倡扬打击盗版、支持正版、共同培育和打造正版市场的良好意识。

当前，海南省文化事业和文化产业正处在改革发展的新时期，各项文化建设在不断加快，文化市场日益繁荣，人民群众的精神文化生活越来越丰富多彩。但是，当前全省“扫黄打非”斗争面临的形势依然严峻，任务十分繁重。出版物市场存在一些不容忽视的现象，非法出版物特别是政治性非法出版物时有发现，制黄贩黄屡禁不绝，私彩、彩经等非法印刷在一些地区比较突出等。

目前，海南省“扫黄打非”工作正在深入开展。各市县，各有关部门要进一步增强“扫黄打非”工作的责任感和使命感，要从维护国家文化安全、社会稳定的高度，进一步提高对“扫黄打非”斗争重要性、长期性、艰巨性和紧迫性的认识。认真落实“属地管理”和“谁主管、谁负责”的原则，切实落实“扫黄打非”工作责任制，做到任务、人员、措施、工作四到位。进一步加大对出版活动和出版物市场的监管力度，严密查堵各类非法出版物，依法打击各种侵权盗版活动，全面开展网上“扫黄打非”，严肃查处非法报刊制售活动，建立健全长效监管机制，从源头上防范非法出版和“制黄贩黄”问题。

同志们，再过4天，我们就迎来“4·26”世界知识产权日。希望“扫黄打非”战线的同志们继续发扬特别讲政治、特别能吃苦、特别能战斗、特别能奉献的精神，不断推动“扫黄打非”工作向纵深发展，为进一步净化我省文化市场环境、保护知识产权、构建和谐海南作出新的更大的贡献。

2008年4月22日

2008年“扫黄打非”大案要案综述

海南省“扫黄打非”办

1月13日，在全国“扫黄打非”办和文化部有关负责同志组织下，海南省文体厅、省“扫黄打非”办、省文化稽查总队的执法人员在海南文广天发电子光碟有限公司二分厂，查获了利用无SID码的模具在H200生产线非法复制VCD音乐光碟，现场共扣押天发光碟复制厂用无SID码模具生产的无SID码光碟5360张、有SID码光盘11600张、有码无名光碟900张，从H200生产线上拆下用于复制生产无SID码的模具1个、母盘2张，涉嫌非法复制光碟的母盘2265张，查封了用于生产无SID码的H200生产线1条，抓获了涉嫌非法复制光碟人员王某某、何某某、袁某某、江某某、唐某某等5人。其中，王某某是该复制厂的承包经营人。尔后，省文化市场稽查总队和海口市公安局治安支队执法人员根据其口供，在海口市蓝天路金桃苑大厦D栋查到为该厂侵权光碟进行磨码的窝点，但当时已人去屋空，仅发现一些为光盘磨码留下的碎屑和SID码为H201的VCD光碟275张。14日即以涉嫌侵犯著作权罪立案侦查，并于当日对犯罪嫌疑人王某某采取刑事拘留的强制措施。

经查，从2007年4月开始，犯罪嫌疑人王某某非法购买了一个无SID码的模具。同年11月，承接了张老板2000张光碟复制业务。2008年1月13日，王某某指使工人利用无SID码的模具非法复制2000张光碟时被查处。

琼山区人民法院认为，王某某为牟取非法利益，违反国家规定，非法复制光碟扰乱市场秩序，情节严重，其行为已构成非法经营罪，应依法惩处。12月8日，法院以非法经营罪判处其厂长王某某有期徒刑6个月，缓刑1年，并处罚金人民币2000元。

3月17日，省文化稽查总队联合海口市美兰区文化市场执法人员全线出击，在海口市博爱南横路查获一个特大非法音像制品窝点，当场收缴8台母盘翻录机，在其出租屋内缴获12.6万多张（盒）假冒光碟和磁带，并当即查封了造假音像制品的出租屋三套，非法造假人员闻风而逃，为海南省以来数量最多的一次。此案已移交公安机关进一步查处中。

8月4日，在海口市、区两级公安、文化部门的密切配合下，突击检查了位于海口市东方洋路一处租赁公寓，现场查获《中华实用临床医学杂志》、《中国临床新医学杂志》等杂志400多本，现场查扣电话机9部、办公电脑3台和9枚不同杂志社的公章、财务专用章。据调查了解，该窝点还非法出版《中国现代医学双月刊》和《中华中西医临床杂志》等多种杂志期刊。近年来，他们在非法学术期刊网站打着“解决作者发表的难题，帮助职称评审过关”为口号向全国征订论文，并以发表论文收取500元以上的版面费骗取作者钱财，实施诈骗敛财活动，非法经营额达到400多万元。11月25日，3名犯罪嫌疑人已被海口市秀英区检察院批准逮捕。

2008年“扫黄打非”大事记

海南省“扫黄打非”办

1月3日，省文化市场稽查总队执法人员成功捣毁了海口市文明中路一非法音像制品地下批发窝点，查获非法音像制品27000多张，其中压缩光碟9666张、淫秽色情音像制品280多张。两名涉案人员被移送司法机关处理。

1月10日，省文化市场稽查总队执法人员根据所掌握的线索，分赴文昌、琼海等市县进行突击检查，分别查处了从事非法琼剧演出团体和专门从事非法琼剧类音像制品的批发窝点各1个，3家经营盗版的音像店受到处罚，现场查获盗版琼剧VCD影碟1.5万余多张，录音带154盒，为保护海南地方传统剧目的知识产权发挥了积极作用。

1月13日，根据全国“扫黄打非”办、国家文化部有关领导的指示，省“扫黄打非”办协调省市公安部门、文化广电出版体育文化市场稽查部门迅速组成联合执法检查组，对海南文广电子光碟有限公司光碟复制厂进行突击检查，现场查处了其H200生产线正在使用无码模具镜面非法复制VCD光盘，并在其生产线上查扣了无生产委托证明的《猫和老鼠》、《唐老鸭从军记》等VCD光盘近万张。

1月15日，全国“扫黄打非”办专门来函对我省查处“1·13”复制非法光盘案给予祝贺。来函称，欣闻1月13日海南省打掉一个非法生产复制光盘窝点，这是你省“扫黄打非”斗争取得的一个重大胜利，也是今年全国“扫黄打非”斗争破获的第一起重大案件。在向你们表示祝贺的同时，希望你们按照“彻查、彻究、彻办”的原则，坚决办好此案，为全国“扫黄打非”斗争深入开展做出新的贡献。省委常委、省“扫黄打非”领导小组组长周文彰在祝贺函上作出批示：“望再接再厉，并按全国‘扫黄打非’办的要求，把此案办好！”

1月19日，第二十一次全国“扫黄打非”工作电视电话会议海南省分会场召开，省人民政府副省长、省“扫黄打非”副组长符桂花出席会议并讲话。

3月5日，海南省文化市场稽查总队执法人员经过多天的摸查暗访，一举捣毁了位于海口博爱南路大英新村53号的一个非法音像制品地下批发窝点，共收缴盗版DVD3300张，其中淫秽色情光盘240张。

3月9日，根据群众的举报，海口市琼山区

文化市场稽查队员在灵山镇抓获一名贩卖《艳照门》等淫秽光碟的女子，当场查获《艳照门》淫秽光碟24张，其他淫秽光碟187张，盗版光碟2200张，随后并将该女子移交灵山镇派出所处理。

3月17日，省文化稽查总队联合海口市美兰区文化市场执法人员全线出击，在海口市博爱南横路查获一个特大非法音像制品窝点，当场收缴8台母盘翻录机，在其出租屋内缴获12.6万多张（盒）假冒光碟和磁带。

3月24日，省“扫黄打非”办、文化市场稽查总队、公安厅会同海口市美兰区公安分局、文体局采取联合行动，对海口市美兰区文明中路东风桥上的图书经营摊点进行突击检查，依法取缔一批非法经营盗版图书的摊点，收缴各类非法出版物2万多册，其中包括国家明令禁止的非法出版物十余本，执法人员依法暂扣了该批非法出版物。

3月24日至27日，省“扫黄打非”办组织海口市公安、城管、文化市场稽查队等部门27人，对海口市东风桥一带的游商和地摊进行突击检查，共清理18个彩经销售、彩票奖码、旧报刊摆卖地摊和非法兜售盗版音像制品的游商8名，收缴盗版音像制品1000多张，旧报刊3万多册。海口市文化市场执法部门以万绿园、黄金大酒店、人民广场路公园门口等地点为重点路段和清查对象，并进行一系列“扫黄打非”行动。据统计，共检查收缴非法音像制品1000多张，盗版淫秽光碟127张，4名涉嫌销售非法制品人员被移送公安机关处理，打击游商摊贩行动初见成效。

4月1日起，由省“扫黄打非”办牵头，省文化市场稽查总队有关负责同志组成的联合调查组，对全省出版物和印刷市场进行专项大检查。通过此次大检查，有效地遏制了非法出版物的制售活动，检查出版物经营单位及店档摊点800多家（个），取缔出版物非法经营点6家，累计收缴淫秽光盘、色情淫秽书刊等非法出版物2000多张（册）。

4月5日至8日，省文化市场稽查总队会同工商部门执法人员突击检查海府地区26家印刷厂。在海口市“博威”和“万乘”两家印刷厂，执法人员分别发现违规印刷非法出版物数千本，执法人员当场予以查扣，并给予行政处罚。

4月22日，在海口市琼山影剧院门前与全国统一集中举行销毁侵权盗版及非法出版物活动，省政府林方略副省长出席活动并讲话，现场销毁30万多件各类盗版非法出版物。

5月12日，根据群众举报，海口市文化市场稽查大队联合美兰区公安分局人民路派出所，对该市的沿江三西路校园附近的人民西里101号的“丽斌音像店”和“月丹书店”进行突击检查，当场查获涉嫌淫秽、盗版光盘360张，非法图书2700多册。文化市场执法人员当场查扣了“月丹书店”书架上《设计情妇》等淫秽小说880多册，300多张淫秽盗版光盘被当场移交给人民路派出所进行处理。

5月15日，省文化市场稽查总队执法人员在公安部门的积极配合下，一举捣毁了位于海口博爱南路的一个非法音像制品地下批发窝点，共收缴盗版光碟3000多张，其中淫秽色情光盘250余张。

5月19日至21日，为“全国哀悼日”，国务院公告在此期间停止一切公共娱乐活动。省“扫黄打非”办、厅文化市场产业处、文化市场稽查总队等部门结合全省实际情况，分别下发紧急通知，要求全省娱乐场所、影剧院、网吧游戏等娱乐活动全部停止，以此向遇难同胞致以最深切的悼念和哀思。

5月26日以来，海口市琼山区文化市场执法人员采取连续10多天的严查流动摊贩贩卖非法音像制品行动，对辖区内文化市场进行全面清查，现场取缔了2家音像制品流动摊点，收缴非法音像制品1800多张，有力地打击了出版物市场的违法违规活动，震慑了违法犯罪分子的嚣张气焰，为成功举办奥运会营造良好的舆论氛围和文化环境。

从5月下旬开始，省文化广电出版体育厅、

海南省“扫黄打非”领导小组办公室作出决定，在全省范围内开展为期40天的印刷复制企业专项大检查行动。

根据6月3日厅长办公会议议定要求，由省“扫黄打非”办、厅图音处、厅报刊处、省文化市场稽查总队抽调人员成立检查组，分别对申请加入“正版产品销售示范单位”的26家新华书店和新南方书城、创新书店、省音像发行中心3家民营企业进行逐一检查。

6月10日，省文化市场稽查总队经过多天的侦查、守候，摸清了海口市解放西路新华书店旁原省财政厅办公楼三楼有一盗版音像制品窝点。根据掌握的情况迅即对该窝点采取行动，现场查获大批盗版音像制品，其中盗版光盘1.2万余多张，淫秽光碟1100张。

6月16日至30日，由省“扫黄打非”办、省文化广电出版体育厅报刊发行处、省版权局、省文化市场稽查总队等部门组成的奥运前出版物市场检查组，坚持“四个不放过”的原则对全省出版物市场进行了一次全面大检查。

7月4日，琼中县“扫黄打非”办接到在县汽车站内有某非法教徒利用雪灾地震事件说事的情况报告，该办立即组织协调公安、民族宗教局等部门，采取联合行动，依法对这批来自广东、江西、浙江等地的教徒进行说服教育，及时制止了此次非法活动，现场收缴尚未散发出去的《雪灾刚过，地震又来》等非法邪教宣传品共3300份，有效地维护了该县的社会治安稳定。

7月5日至7日，儋州市文体局联合市工商行政管理局执法人员，对所辖那大地区的所有印刷厂进行一次全面检查。执法人员依法取缔了无证照经营的“明大”、“玉联”和“文达”3家印刷厂，并现场没收了全部印刷机械和工具。对有照无证经营的“鑫华”及“鸿业”两家印刷厂进行了查封，并处以5000和1万元不等的罚金。

7月10日起，为北京奥运会召开营造和谐的文化氛围，定安县文体局联合公安局开展为期一个月的以整治音像制品为重点的“扫黄打非”突击行动，并作出了群众举报一经查实给予经济奖励的承诺。

7月17日，海南省召开文体系统负责人会议，部署奥运期间加强对出版物市场监督，确保全省文化市场安全。会议提出，奥运期间全省出版物市场要采取“三查三抓”方式，即日常巡查、暗访抽查和举报核查，抓好大局意识、整体谋划和成员单位的工作合力。省委常委、宣传部长周文彰出席会议并对此项工作作出重要部署。

7月18日，文昌市召开文化市场协调小组会议，部署奥运期间加强对文化市场监督，确保文化市场安全。会议提出，奥运期间加大文化市场的巡查监管力度，加强对报刊亭、图书销售出租点、印刷源头和游商地摊的监管，重点治理政治性非法出版物，加强暑期网吧市场的规范管理，促进文化市场健康持续发展。市委常委、宣传部长王钟出席会议并对此项工作作出重要部署。

7月22日，海南省海口市“扫黄打非”办公室联合市文化市场稽查大队、龙华区文化市场稽查队执法人员，根据群众的举报线索，在龙华一横路南北两侧各查获一个盗版音像制品窝点，现场累计查缴到藏匿的盗版光碟6000多张，犯罪嫌疑人闻风而逃。这是该市开展奥运前“扫黄打非”专项行动以来查获的最大储藏窝点。

7月30日，省“扫黄打非”办、省文化市场稽查总队、海口市公安局联合行动，突击检查了海口市《新高尔夫》杂志社编辑部。该杂志社未经主管部门批准，擅自从事组稿、编辑和印刷等出版活动，依法处以罚款3万元并停止非法出版活动。

8月1日，省“扫黄打非”办及时组织召集省工商、文化、公安、教育等部门负责人参加的打击“黑网吧”行动的协调会议，部署开展为期两个月的整治“黑网吧”专项行动。

8月4日，省文化市场稽查总队在公安及市、区两级文化市场稽查队执法人员的密切配合下，突击检查了海口市东方洋路一处租赁公寓，现场查获《中华实用临床医学杂志》、《中国临床新医学杂志》及《中国实用新医学杂志》等杂志400多本，现场查扣电话机9部、办公电脑3台和9枚不同杂志社的公章、财务专用章。据调查了解，该窝点还非法出版《中国现代医学双月刊》和《中华中西医临床杂志》等多种杂志期刊。

10月中旬，省委政法委已被评为2008年北京奥运会期间全国“扫黄打非”办案先进单位。

11月22日，省文化市场稽查总队在海口市公安、城管及美兰文化市场稽查队、琼山文化市场稽查队等部门的配合下，对海口市东风桥一带的游商和地摊进行突击检查，共清理18个彩经销售、彩票讲码、旧报刊摆卖地摊和非法兜售盗版音像制品的游商，收缴盗版音像制品100张，非法旧报刊65册。海口市文化出版执法部门分别对万绿园、黄金大酒店、人民广场路公园门口等重点路段进行突击清查，共检查收缴非法音像制品2483张，盗版淫秽光碟127张，4名涉嫌销售非法制品人员被移送公安机关处理。

11月25日至28日，省文化市场稽查总队在万宁兴隆举办全省文化市场行政执法培训班，来自各市县文化市场行政执法人员及文体局分管领导共172人参加了培训，文体厅副厅长柳松华出席开班仪式并发表讲话。举办此次培训班目的是为了提高我省文化市场行政执法队伍的思想素质和执法水平，进一步规范执法程序和执法文书的制作。

11月以来，文昌市以举办“航天高峰论坛”、“环海南岛国际公路自行车赛”和“海南岛欢乐节”等国内外大型活动为契机，组织公安、文化、工商、城管等部门在全市范围内开展了打击非法出版物专项整治行动，从印刷源头和流通环节对出版物市场进行了全面检查，严查出版物非法制售行为。通过此次专项行动，累计查缴盗版音像制品500多件，查扣非法出版物32册，基本扼制了出版物非法制售势头，维护了出版物市场的健康与繁荣。

12月26日起，省“扫黄打非”办组织人员分三个阶段对全省的出版物市场、印刷复制企业、文化市场、出版物经营活动及安全生产工作进行专项检查。

海　口　市

2008年“扫黄打非”工作总结

海口市“扫黄打非”办

我市2008年“扫黄打非”工作在市委、市政府正确领导下，坚持以邓小平理论和“三个代表”重要思想为指导，深入贯彻落实科学发展观，按照全国“扫黄打非”总体要求和部署，结合我市实际，认真贯彻市委、市政府领导的重要批示精神，坚持监管与繁荣并举的方针，各成员单位齐抓共管、共同努力、密切合作，以“扫黄打非”为统领，广泛开展宣传教育活动，严密组织专项整治行动，在封堵非法出版物、扫除淫秽色情等文化垃圾、打击侵权盗版行为、取缔非法报刊、清除互联网有害信息等方面取得了显著成效，在查处大案要案、营造舆论氛围、完善部门联动机制方面，取得了新的进展，始终保持查堵政治性非法出版物的高压态势，有效地控制政治性非法出版物的传播，有力地维护了我市文化安全和社会政治稳定。

一、2008年“扫黄打非”工作情况

（一）统一思想，认清形势，坚持不懈地开展“扫黄打非”斗争

“扫黄打非”是一项长期而艰巨的工作，需要全体成员单位的密切配合和共同努力，也需要领导的高度重视。市委常委、宣传部长陈军，市政府副市长刘庆声等领导同志多次召开会议和实地调研，听取“扫黄打非”工作汇报，了解工作进展情况，协调解决有关问题。各成员单位按照市“扫黄打非”行动方案的要求，召开本单位的“扫黄打非”会议，制订具体行动方案，对本单位“扫黄打非”工作作出了明确部署。海口港务公安局抽调一批责任心强的民警组成行动小组，专门负责港区范围内“扫黄打非”。市教育局针对我市学校周边的“扫黄打非”工作态势，多次召开党组会进行专题研究，制订有针对性的方案和切实可行的措施。市邮政局成立以局长为组长的“扫黄打非”领导小组，很抓本系统“扫黄打非”工作的落实。琼山区成立联合稽查队伍，各司其职、落实责任，并设立报告制度、通报制度、举报奖励制度和日常检查记录制度，极大地促进了“扫黄打非”工作的开展。由于各单位、各职能部门认识到位，措施得力，使得我市“扫黄打非”得以健康顺利的开展。

（二）始终保持高压态势，坚决遏制各类非法出版活动，切实维护社会稳定

在奥运会召开前后，市邮政局根据市“扫黄打非”行动安排，组织开展了一系列邮政系统“扫黄打非”专项行动，着力配合文化市场执法单位查缴了一批政治性非法出版物、宣扬淫秽色情、凶杀暴力、封建迷信及伪科学内容的音像制品、出版物、图书、卡通画册。海口港务公安局针对辖区内的实际情况，开展专项清查行动，采用便衣巡逻守候和跟踪盯梢的手段，一年来共派便衣民警84人（次），查处贩卖、出售淫秽光盘和书刊案件6起，并在港口设卡查堵，加强对进出岛车辆检查，严厉打击运输非法出版物的行为。4月18日和6月5日分别在港区内查获利用过海车辆夹带非法出版物的案件，缴获非法出版物3276张，依法处理涉案人员2人。琼山辖区内的长途汽车站、南北水果批发市场内过去有20多家兼营书刊、报纸店，大部分属无证经营，每次检查时经营者不但不配合，反而态度十分蛮横，长途汽车站和南北水果批发市场一度成了“扫黄打非”的隐患地。为解决这一问题，琼山区“扫黄打非”领导小组把长途汽车站和南北水果批发市场列入区“扫黄打非”工作的重点，领导亲自带队进行多次突击检查，积极宣传国家有关法律法规，教育经营者文明经商，守法经营。至去年底，已取缔了规模小、档次低的几家经营点，另几家成规模、上档次的经营户办理了《文化经营许可证》，消除了工作隐患，有效地解决了“扫黄打非”工作的难点问题。

（三）实施“文化环保工程”，清除淫秽色情等文化垃圾及网上有害信息，营造有益于青少年健康成长的文化环境

实施“文化环保工程”，特别是加强对网吧的管理，以解决群众反映的热点问题为重点，做好长效管理机制试点工作。根据文化部等三部委《关于网吧管理工作有关问题的通知》精神，持续认真做好网吧的清理整治，通过多种渠道和多种方式，解决网吧违规接纳未成年人和浏览网上有害信息等群众反映的热点问题。一是抓住重点，解决未成年人进入网吧和网吧内浏览有害信息的行为。网吧的违规行为，最大的问题是接纳未成年人进入和为网民提供浏览有害信息的便利。问题的存在不仅有网吧经营业主法律意识淡薄、唯利是图、铤而走险的因素，还与管理措施不到位，管理人员责任性不强，工作中只满足于一般性的检查有关。为解决网吧接纳未成年人等热点问题，市“扫黄打非”领导小组办公室会同有关职能部门，分别在学生的寒假和暑假组织网吧专项整治行动，加大对网吧接纳未成年人、严重超时经营和网吧内浏览不健康信息的查处力度。市文体局依据《互联网上网服务营业场所管理条例》的规定和文化部等十三部委《关于进一

步加强网吧和网络游戏管理的通知》精神，结合我市实际，制订了《海口市网吧违规处罚量化标准》。市公安局网监处充分利用自身的优势，加大对网吧浏览有害信息的查处力度，并及时拦堵网上有害信息，抑制互联网信息的低俗之风。市文体局从有关职能部门、退休教师、国家退职工作人员和热心我市文化事业的人士中聘请了25名文化市场义务监督员，加强了对文化市场的监控力度。市教育局、市文体局、市公安局、海口工商局密切配合，联合执法，对海口华侨中学附近的文化市场进行清查，一举端掉6家黑网吧，受到了广大学生及家长的赞扬。二是进一步加强法制宣传教育。针对部分网吧业主法律意识淡薄的问题，市文体局联合有关职能部门，组织了两次网吧业主法律法规培训，对网吧业主及其管理人员开展相关法律、法规的宣传教育和文明经营，诚信守法教育，提高网吧业主守法经营的自觉性。同时，加强文化市场管理人员的法制教育和业务培训，不断提高执法人员的政治意识、责任意识、业务能力和执法水平。三是积极探索、逐步建立网吧管理的长效机制，为未成年健康成长创造良好的社会环境。各职能部门密切配合，着力围绕四个系统建立网吧管理长效机制。一是在全市形成全方位、立体化的严密监控网络；二是管理责任制和经营管理技术并举，完善领导督察制度；三是分时段、有重点适时开展专项治理行动，坚决打击违法经营行为；四是在全市互联网上网服务营业场所中大力倡导连锁化、主题化、品牌化。海口工商局为切实规范我网吧经营秩序，保护青少年的身心健康，积极建立防范和铲除黑网吧的“两条防线”、追究“两个责任”的工作机制，构筑市场巡查、12315投诉、户口辖区全面查和专业队伍重点查的一道防线；构筑学校—家庭—居（村）委会的防线。在检查中发现问题经济既追究当事人违法责任，又追究辖区监管者的责任，较好地保证了工作任务的落实。

全年，全市共检查经营场所5800多家（次），出动执法人员6500多人（次），收缴各类非法出版物43万多件，其中非法出版物和“法轮功”等邪教组织宣传品16件，侵权盗版出版物41万多件，淫秽色情出版物2400多件，非法报刊2万多份，处罚违规店档摊点203个，处罚违规印刷复制企业9家，取缔关闭店档摊点47个、印刷复制企业2家，取缔黑网吧12家，查处各类案件130起（其中淫秽色情出版物案件25起，侵权盗版案件70·起），行政处罚案件104起。

通过全市“扫黄打非”各成员单位的共同配合和积极努力，保证了我市社会政治稳定，为我市营造了一个文明、健康、和谐的社会文化环境，确保了我市迎接建省二十周年，奥运会火炬传递等多项重大工作的顺利完成。但也存在着一些不容忽视的问题，主要表现在：“扫黄打非”工作进展不平衡，个别部门、单位对“扫黄打非”工作重视不够；图书、音像、软件市场盗版时有反弹；私彩、彩经等非法印刷，虽然得到打击，但非法彩票、彩经等地下印刷活动还没有得到根本遏制；出版物市场的日常监管措施不得力；执法队伍经费不能保障，装备条件已不适应工作要求；“扫黄打非”机构兼职人员较多，影响工作效率和质量；报送信息不及时，不主动，反馈滞后。这些问题，需要我们要加以克服和改进。

二、主要经验和体会

（一）增加政治责任感，不断深化对“扫黄打非”重要性的认识

2008年，我市“扫黄打非”工作得到了市委、市政府的高度重视和有力支持，市委、市政府领导多次做出批示，给予工作指导；市“扫黄打非”领导小组数次召开工作会议，认真听取各部门、各成员单位和市“扫黄打非”领导小组办公室工作汇报，及时研究解决存在的问题，并经常深入基层调查研究，指导工作。强化对“扫黄打非”工作重要性、长期性和复杂性的认识，把思想统一到全国、省“扫黄打非”总体方案上来。市“扫黄打非”领导小组根据上级的部署和要求，及时制定《海口市2008年“扫黄打非”行动方案》，对我市2008年“扫黄打非”做了全面具体的部署，进一步明确了工作的总任务、总目标、工作的重点、应采取的措施和具体要求，进一步增强做好“扫黄打非”的紧迫感、责任感和使命感，并按照行动方案的要求认真抓落实，使我市“扫黄打非”得以扎扎实实，卓有成效地开展。

（二）扩大舆论宣传和社会监督，动员全社会力量开展“扫黄打非”

“扫黄打非”是一个社会系统工程。按照全国、省“扫黄打非”领导小组的要求，依照《海口市2008年“扫黄打非”行动方案》，我们充分利用多种形式扩大舆论宣传和社会监督，动员全社会力量开展“扫黄打非”；年初，我们在全市范围内掀起了声势浩大的“扫黄打非”宣传教育活动，使“扫黄打非”家喻户晓，人人皆知，取得了明显效果。一是集中学习教育。市文体局组织全市文化经营企业业主，传达学习有关通知、规定，统一思想，提高认识，确保“扫黄打非”深入人心，并通过反复细致的思想教育，提高业主依法经营的能力。二是结合执法检查做好宣传教育。执法人员在组织对市场的检查过程中，利用一切可以利用的时机对业主进行政策法规的宣传教育。三是舆论宣传。通过出动宣传车，张挂标语，闭路电视、出版宣传栏，印发宣传资料，举办法规学习班，设立宣传岗等多种形式，多渠道地宣传“扫黄打非”重要意义，重点宣传《音像制品管理条例》、《出版管理条例》、《印刷业管理条例》、《娱乐场所管理条例》和《营业性演出管理条例》等，使人民群众以及从事文化经营的业主掌握辨别、预防、抗击“黄”“非”的有关知识，不断提高全民“扫黄打非”思想意识，提高群众自我抵御“黄”“非”能力，在全市范围内形成一个良好的“扫黄打非”氛围。全年全市组织宣传活动14次，张挂横幅66条，出版宣传栏13期，散发宣传资料4300余份。海口港务公安局通过海港闭路电视宣传4次。

（三）专项治理是“扫黄打非”取得成效的重要措施

根据形势和任务的要求，关注群众普遍关心问题，狠抓重点部位整治，严厉打击不法活动。对“扫黄打非”行动方案中确定的重点整治部位和重点监控部位，市“扫黄打非”办向各辖区发出限期整改通知，并对整改情况进行监督检查。为切实解决我市近年来贩卖盗版音像制品较突出的问题，市“扫黄打非”办将其列为全市整治重点，自6月中旬至8月底，组织开展专项行动，加大对非法音像制品的查处力度。各有关部门高度重视，将其作为我市创建“全国文明城市工作先进市”的重要工作列入议事日程。对重点地区和难点问题，市“扫黄打非”办采取异地检查、执法等手段，查处了一批违规经营企业，规范了文化市场经营秩序，有力地震慑了违法犯罪活动。

（四）全面整治是“扫黄打非”取得成效的根本手段

根据文化市场发展快，涉及面广的特点，我们把城镇与乡村治理结合起来，在重点抓好城市整治的同时，对各乡镇文化市场也采取了相应的整治行动，使农村文化市场同样得到净化，深受农村人民群众的好评。通过全面整治行动，“扫黄打非”收到了较好的成效，主要体现在：一是广大市民及文化经营企业对“扫黄打非”的思想认识和抵御“黄”“非”的能力得到了进一步的提高；二是在全社会形成了一个良好的“扫黄打非”工作氛围；三是“黄”“非”犯罪活动得到了有效的遏制；四是文化市场得到了进一步的净化，呈现了新的健康繁荣的局面；五是文化市场的管理进一步制度化、规范化。

（五）长效机制是“扫黄打非”的基本目标

如何建立起行之有效的长效管理机制，使“扫黄打非”有条不紊开展，使“黄”“非”犯罪活动得到根本遏制，是每一个“扫黄打非”工作人员的迫切愿望，同时也是“扫黄打非”的基本目标。为此我们进行了积极的探索。一是建立定期会议制度。市“扫黄打非”领导小组坚持每季度召开一次工作会议，听取工作汇报，分析形势，研究对策，部署工作任务。二是建立健全“扫黄打非”领导责任制和责任追究制，明确工作职责，把任务落实到人，层层抓落实。三是建立健全检查和汇报制度。市“扫黄打非”领导小组定期不定期地对各有关单位的“扫黄打非”进行检查、指导，各成员单位定期向市“扫黄打非”领导小组报告工作情况。四是建立相互沟通和联系制度。各成员单位保持经常性的联系，互通情况，交流经验，共同参与，齐抓共管。

2009年，是新中国成立60周年，是深入贯彻落实党的十七大精神、推进“十一五”规划顺利实施的关键一年。“扫黄打非”工作面临新的形势，任务更加艰巨繁重。我们要在市委、市政府的正确领导下，不断总结经验，提高理论水平和办案能力，继续深入开展“扫黄打非”斗争，营造良好的社会文化环境，为保障我市“十一五”规划顺利实施，促进我市经济社会健康发展，构建和谐海口做出更大的贡献。

四　川　省

2008年“扫黄打非”工作总结

四川省“扫黄打非”办

2008年，是我省极不平凡而又难忘的一年。年初抵御冰冻雪灾袭击、平息藏区“3·16”打炸抢烧事件、抗击地震抢险救灾、举办北京奥运火炬传递、加快灾后重建促进经济增长等，形势极其复杂而又严峻，任务极其重大而又艰巨。在各级党委、政府的坚强领导下，在各有关部门的大力支持配合下，全省“扫黄打非”和市场监管部门始终坚持一手抓抗震救灾，一手抓“扫黄打非”，目标明确、工作主动、齐心协力，共克时艰，在强化出版物市场监管、防止非法出版物传播、封堵互联网有害信息、打击淫秽色情出版物、查处取缔非法报刊制售活动、清查出版物市场、查堵非法出版物运输渠道以及查办大案要案等方面做了大量工作，取得了显著成效。据统计，2008年全省开展“扫黄打非”行动中，共查缴各类非法出版物387万余件。其中：非法出版物和“法轮功”邪教及非法宗教宣传品9.83万余件，淫秽色情出版物9.96万余件，盗版出版物337万余件，非法报刊5.1万余份。出动检查人员22.1万人次，检查市场、店摊、印刷复制企业21.9万余家；处罚违法违规企业4629家，取缔非法经营1044家；查办案件1310余起。全省“扫黄打非”维护了出版物市场的稳定，为北京奥运会的成功举办，为抗震救灾和加快灾后重建营造了良好文化环境和舆论氛围，作出了积极贡献。省“扫黄打非”办、省出版物市场稽查总队分别被评为2008年全国迎奥运保稳定“扫黄打非”工作先进集体。

一、领导重视，及时部署

省委、省政府高度重视“扫黄打非”工作。1月31日，2008年四川省“扫黄打非”工作电视电话会议在成都召开，省人民政府副省长、省“扫黄打非”工作领导小组组长黄彦蓉同志出席会议并作重要讲话。会议全面贯彻了第二十一次全国“扫黄打非”工作电视电话会议精神，并总结了2007年工作，表彰了先进，部署了2008年任务。3月6日，省委办公厅、省政府办公厅以川委办［2008］2号文件转发了我省《2008年

“扫黄打非”行动方案工作安排》。7月11日，省政府副省长、各“扫黄打非”工作领导小组组长黄彦蓉同志就奥运前及奥运期间的“扫黄打非”工作作出了明确批示要求。10月24日，黄彦蓉副省长在省“扫黄打非”办报送的《关于全国“扫黄打非”检查组来我省检查“扫黄打非”及打击非法报刊专项行动的报告》上批示：今年我省“扫黄打非”工作在领导小组办公室及各成员单位和各地的共同努力下，艰苦工作，奋力拼搏，在加强市场监管、打击非法出版活动、为奥运会营造良好环境、建立长效机制等方面，做了大量工作，取得了明显成效。望再接再厉，不断巩固和扩大取得的成果，为“两个加快”营造良好的社会发展环境。12月9日，黄彦蓉副省长在省政府副秘书长、省“扫黄打非”工作领导小组副组长陈保明的陪同下，到省新闻出版局进行调研和慰问，对全省“扫黄打非”工作给予了充分肯定，并提出了重要指导意见。

二、强化监管，净化市场

年初我们及时发出了《关于开展2008年“扫黄打非”第一阶段专项行动，净化春节、“两会”期间出版物市场的通知》，在全省范围内开展了以打击非法出版物为重点的第一阶段专项行动，进一步净化市场，为2008年春节和全国“两会”召开营造健康和谐的社会文化环境。4月下旬，又发出了《关于开展2008年“扫黄打非”第二阶段专项行动的通知》，部署第二阶段专项行动，坚决查堵各类非法出版物，开展集中治理印刷复制企业，坚决查处利用交通运输渠道贩运非法出版物案件，维护政治安定和社会稳定，确保北京奥运会的成功举办。随后我们又相续发出了《关于开展印刷复制业专项检查行动的通知》、《关于坚决打击利用交通运输渠道贩运非法出版物的通知》、《关于进一步加强政治性非法出版物封堵查缴工作的意见》、《关于深入开展“扫黄打非”进社区试点工作的通知》分别对各项工作作了专门部署，提出具体要求。6月20日，召开全省“扫黄打非”办主任及省级有关成员单位负责人会议，贯彻落实全国会议精神，部署安排奥运前全省“扫黄打非”工作，并及时印发了《关于开展奥运前出版物市场集中清查行动的紧急通知》。10月至11月，开展了进一步严厉打击非法报刊专项行动，出动检查人员3.5万人（次），检查市场1.47万个（次），检查摊点6800余个（次），检查印刷复制企业3500余家（次）；收缴各类非法报刊1.1万余份；处罚印刷复制企业59家。各项专项行动都收到了实效。

三、突出重点，查办大案

各地、各部门在强化日常监管和开展集中行动中，查办案件1300余件，破获重点案件20余起，打掉地下窝点数十个，收缴非法出版物380余万件，极大地震慑了违法犯罪分子。在淫秽色情及侵权盗版出版物案件中，成都市文化市场稽查队查获“1·03”非法音像制品案，成都市武侯区新闻出版、公安部门查办“2·27”、“4·23”非法音像制品案，成都市“扫黄打非”办在奥运开幕期间查获的“8·13”非法图书窝点案，眉山市执法人员于5月12日大地震当天冒着地震危险，连续奋战15小时，查获非法印刷厂印刷宗教非法出版物案，由省和乐山市文化、新闻出版、公安部门查办的“1·21”非法音像制品案，成都市武侯区新闻出版和公安部门查办的“4·23”盗版音像制品案等，省出版物市场稽查总队查办的“6·04”非法音像制品窝点案和“7·18”盗版光盘窝点案，已移送司法机关正在审理之中。

四、精心组织，集中销毁

4月20日，根据全国统一部署，省和成都市“扫黄打非”工作领导小组主办了2008年全国集中销毁侵权盗版及非法出版物活动四川省暨成都市分会场销毁仪式，黄彦蓉副省长出席并发表讲话，成都市王忠林副市长主持销毁仪式，省“扫黄打非”工作领导小组副组长陈保明、邹吉祥、周国良，以及韩国、泰国驻成都领事馆官员，省和成都市新闻出版、文化、教育、工商、交通、知识产权、城管等部门及成都海关的负责同志，省和成都市“扫黄打非”工作领导小组成员单位的负责人，省和成都市新闻出版、文化、公安、工商、城管、学校及有关行业的代表共计400余人参加了销毁仪式。集中销毁了各类侵权盗版及非法出版物，共计138万余件。与此同时，自贡、攀枝花、泸州、遂宁、内江、乐山、南充、宜宾、广安、达州、雅安、眉山、甘孜、凉山共14个市州也分别设立了集中销毁现场，同时销毁了各类盗版及非法出版物共计48万余件。此次活动集中展示了全省打击侵权盗版和非法出版活动的工作成果。在"4·26"世界知识产权日前后，各地、各部门都结合自身实际，相继开展了一系列内容丰富、形式多样、寓教于乐的打击侵权盗版、保护知识产权的宣传活动，收到了较好地宣传效果。

五、抗震救灾，自强不息

正当全省人民满怀激情喜迎北京奥运火炬将在我省传递的时候，举世震惊的"5·12"汶川特大地震发生了，成都、德阳、绵阳、广元、雅安、阿坝6市州及20余个县市区文化新闻出版及"扫黄打非"和市场监管工作深受重创，职工及家属均发生了人员伤亡，办公用房和职工宿舍顷刻垮塌或变成危房，办公设施严重损毁，各项管理难以正常有效开展，各项工作和日常生活面临前所未有的重大困难。在省委、省政府的坚强领导下，省"扫黄打非"和市场监管部门迅速投入到抗震救灾中来。大家不顾余震不断的危险，坚守工作岗位，实行值班制度，收集各地受灾受损情况，迅速向有关部门报告，并向重灾地区发去慰问信慰问电，转达党和政府的关怀及兄弟地区的关心，鼓励受灾地区的同志们坚定信心，自强不息，重建家园，夺取抗震救灾全面胜利。省新闻出版局立即从自有经费中向受灾极重的6个市州和18个县市区新闻出版部门划出救灾资金120万元，成为灾区新闻出版部门收到的第一笔救援款。省版权局启动了抗震救灾作品登记快速通道，为抗震救灾题材的作品提供免费特办服务，已办理1万余件，免费300余万元。成都市"扫黄打非"及市场监管部门在第一时间奔赴灾区，实施对口救援，展开紧急赈灾救援。德阳市"扫黄打非"及市场监管部门，停止了一切工休，坚守工作岗位，克服了通信中断、交通堵塞，办公房屋设备严重损坏等困难，迅速奔赴极重灾区调查灾情、看望伤员、慰问遇难者亲属，送去生活急需物品，解决受灾群众燃眉之急。并针对灾后出版物市场出现销售非法地震纪实光碟和图书的情况，及时加大市场检查力度，共收缴有关"5·12"地震的非法出版物6000余张（册），有效地遏制了非法地震纪实光碟的扩散，维护了地震灾区社会和出版物市场的稳定。绵阳市"扫黄打非"及市场监管部门顾不得办公楼成为危楼的危险，立即在第一时间向九洲体育馆临时灾民救助点和堰塞湖溃坝灾民疏散点分别派驻了救助小分队，向北川县城地震废墟派驻了境外媒体服务小分队，开展各种慰问和服务活动。

六、推进试点，完善机制

2008年，根据党的十七大关于"推动社会主义文化大发展大繁荣"的要求，按照省委办公厅、省政府办公厅转发的《2008年"扫黄打非"行动方案的工作安排》，我们在总结经验的基础上，于6月中旬发出了《关于深入开展"扫黄打非"进社区试点工作的通知》，在更大范围内扩大试点工作。目前，全省已有14个地区79个社区启动了第二批试点工作。11月28日，我们在成都召开了全省"扫黄打非"进社区试点工作会议。全国"扫黄打非"办、新闻出版总署反非法和违禁出版物司副司长黄晓新同志专程莅临会议指导并讲话。与会同志还参观了成都市试点单位新园、花园社区。此次会议极大地推动了试点工作深入发展。

领导讲话

在2008年四川省“扫黄打非”工作电视电话会议上的讲话

四川省人民政府副省长
黄彦蓉

这次全省“扫黄打非”工作电视电话会议的主要任务是：贯彻第二十一次全国“扫黄打非”工作电视电话会议和刘云山同志重要讲话精神，总结工作，表彰先进、分析形势，明确任务，进一步推进我省“扫黄打非”工作深入开展。

会议对荣获2007年全省“扫黄打非”工作先进集体、有功集体和个人进行了表彰，借此机会，我代表省政府和省“扫黄打非”工作领导小组，向受到表彰的单位和个人表示热烈的祝贺！向多年来付出辛勤努力、战斗在“扫黄打非”一线的同志们，表示崇高的敬意和衷心的感谢！

刚才国良和王萍同志在会上对去年工作作了总结，对2008年的“扫黄打非”工作进行了具体部署，我完全赞成。下面，我再讲几点意见：

一、认真学习领会全国会议和刘云山同志的重要讲话精神，做到“七个坚持”，巩固和扩大“扫黄打非”工作成果

1月17日，第二十一次全国“扫黄打非”工作电视电话会议在北京召开，中共中央政治局委员、书记处书记、中宣部部长、全国“扫黄打非”工作小组组长刘云山同志出席会议并作了重要讲话。云山同志全面总结了党的十六大以来“扫黄打非”工作取得的经验，充分肯定了成绩，深刻分析了当前面临的新形势、新任务、新要求，进一步明确了今年的总体要求和工作重点，并对做好今年“扫黄打非”各项工作提出了明确要求。我们一定要认真学习和深刻领会云山同志的重要讲话精神，切实抓好我省“扫黄打非”工作。

党的十六大以来，特别是刚刚过去的2007年，全省的“扫黄打非”工作在省委、省政府的领导下，各地各部门按照全国和全省的统一部署，始终保持良好的精神状态，扎实开展集中行动和专项治理，切实加强文化市场日常监管，在为党的十七大营造良好思想氛围和文化环境，巩固社会政治稳定和国家安全，推进“坚持科学发展、构建和谐四川”方面，做了大量富有成效的工作，取得了十分明显的成效。通过上下努力，收缴了一大批非法出版物，查处了一批违法违规企业，端掉了一批非法印制的窝点，摧毁了一批非法出版物地下批销网络，有效的打击和遏制了各类非法出版活动，使我省的文化市场始终保持了繁荣、健康、有序的发展态势。

在过去开展的“扫黄打非”工作中，各地各部门创造了许多好的经验，我们要认真进行总结，其中最重要的就是要做到云山同志指出的七个坚持。即：一是坚持在党和国家工作大局下部署和行动，始终把打击非法出版活动作为“扫黄打非”工作的首要任务，自觉地为大局服务；二是坚持保障最广大群众的文化权益，着力维护文化市场的良好秩序，着力解决群众反映强烈的文化垃圾问题；三是坚决保护知识产权，广泛团结各种社会力量参与“扫黄打非”，争取国际舆论的理解和认同；四是坚持用法律、行政、经济、文化等手段综合治理文化市场，教育与惩治相结合，行政执法和打击犯罪相结合，积极探索中国特色的文化管理模式；五是坚持属地管理和“谁主管、谁负责”的原则，做到守土有责，守土负责；六是坚持密切配合协同作战，上下一体、区域联动、部门互动形成工作合力；七是坚持改革创新，不断完善工作机制，拓展工作领域，丰富工作手段，提高工作水平。要充分认识和牢牢把握“扫黄打非”工作的规律性，并在今后工作实践中不断地丰富和完善，更好地为党和政府工作大局服务。

二、深刻认识“扫黄打非”面临的新形势、新任务、新要求，进一步增强工作的责任感和使命感

党的十七大高举中国特色社会主义伟大旗帜，确定了在新的历史起点上继续全面建设小康社会、加快推进社会主义现代化的奋斗目标，进一步明确了经济建设、政治建设、文化建设、社会建设共同发展的目标。要坚持不懈地开展“扫黄打非”，营造良好社会环境、文化环境和社会风气，这是建立社会主义先进文化，巩固马克思主义在意识形态领域指导地位的迫切需要，是加强社会主义法制建设，维护社会主义市场经济秩序的迫切需要，是中国人民群众的强烈愿望和保护青少年身心健康的迫切需要，是保护知识产权的迫切需要。当前全省文化出版物市场总体形势很好，意识形态领域的主流积极健康向上，非法出版物和淫秽色情出版物得到有效遏制，侵权盗版出版物得到有效治理，正版出版物销售额逐步增长，出版物市场面貌有较大改观；广大出版物经营业主守法经营的意识明显增强，人民群众使用和维护正版制品的自觉性有明显提高，全社会抵制侵权盗版制品的氛围正在逐步形成。但是一些不法分子受利益驱动，铤而走险，制售政治性非法出版物的现象时有发生，淫秽色情等文化垃圾屡查不绝，盗版出版物屡禁不止。面对复杂形势和繁重任务，我们要保持清醒的头脑增强忧患意识，深刻认识新形势下“扫黄打非”工作极端重要性和现实紧迫性，进一步增加责任感、使命感，坚定不移地把“扫黄打非”的工作深入持久地开展下去。

三、准确把握总体要求，抓住“扫黄打非”工作的重点

今年是全面学习宣传贯彻和落实党的十七大精神及省九次党代会、九届四次全会部署、加快推进社会主义现代化建设的重要一年，今年是改革开放30周年，北京将举办奥运会，“扫黄打非”工作服务党和国家工作的大局，维护社会政治稳定的任务很重，保护知识产权、净化文化环境、促进文化大繁荣、大发展的任务很重。根据中央的部署，今年我省的“扫黄打非”工作要按照认真贯彻党的十七大精神和省九次党代会、九届四次全会的具体部署，高举中国特色的社会主义伟大旗帜，以邓小平理论和“三个代表”重要思想为指导，深入贯彻落实科学发展观，坚定不移地保护知识产权，开展专项治理，加强日常监管，坚决打击各种非法出版活动，全力维护社会政治稳定和国家的文化安全，积极营造良好社会环境、文化环境和社会风尚，为推动文化的大发展、大繁荣，促进我省经济和社会各项事业加快发展、科学发展、又好又快发展提供可靠保障。工作中要突出以下几个重点；

（一）坚决地查堵非法出版物，切实维护社会政治稳定

打击非法出版活动始终是“扫黄打非”工作首要任务。要继续保持高压态势，特别是要紧紧围绕全国“两会”和北京奥运会、纪念改革开放30周年等重大活动和政治敏感期，开展集中行动。坚决封堵和查缴各类非法出版物和“法轮功”等邪教组织的宣传品，防止境外出版物非法流入省内，防止境外非法出版物在省内印制、扩展，防止利用互联网传播有害信息，做到严密监控、立体防范、露头就打。

（二）要集中打击各种侵权盗版活动，维护政府形象

随着北京奥运会的临近，世界更加会持续地聚焦中国，保护知识产权问题仍然是关注的热点，我们要加大对各类侵权盗版行为和非法出版活动的打击力度，进一步树立中国政府保护知识产权的良好形象，进一步为促进自主创新，提高国家核心竞争力营造良好的舆论氛围和社会环境。在“4・26”世界知识产权日前后，省“扫黄打非”工作领导小组要按照全国的部署，组织各地开展集中地销毁盗版制品的活动。奥运会前后，各地要重点清查书报刊、音像制品、计算机

软件等市场，坚决清除兜售非法出版物的游商小贩。

（三）全面开展网上“扫黄打非”，集中打击网络淫秽色情活动

结合前一阶段的治理，网络文化环境得到了明显的净化，但网络淫秽色情活动尚未得到根本的遏制，利用网络传播有害信息的现象还严重的存在，我们要把网上“扫黄打非”作为全年的经常性工作，近期要由公安牵头、十部门联合组织开展依法打击网络淫秽色情的专项行动，坚决遏制网络淫秽色情泛滥的趋势。

（四）严肃查处各类非法报刊，维护文化市场的良好秩序

非法报刊近年来，有越演越烈之势，往往以合法的形式在报刊亭等场所公开出现，传播政治谣言和低俗色情等文化垃圾，欺骗性强，社会各界和广大群众反映强烈，必须加大整治力度。前段我们开展的打击“四假”专项行动取得了明显成效，要继续推进，扩大战果，坚决取缔各种形式的非法报刊，以及利用广告印刷品形式非法出版的报刊，

四、明确责任要求，完善工作机制、狠抓任务的落实

今年“扫黄打非”工作任务重、要求高、影响大，各地、各有关部门要增强政治意识和大局意识，加强整体谋划，注重统筹协调，按照属地管理和谁主管谁负责的原则，严格落实责任制，把总体目标与阶段性目标紧密结合起来，确保各项任务落到实处。

（一）要加强组织领导，明确工作职责

“扫黄打非”事关全局，各地、各部门的主要负责同志要亲自过问，分管领导要靠前指挥，切实担负领导责任。要按照省委办公厅、省政府办公厅即将批转的全省 2008 年“扫黄打非”行动方案，结合实际，细化措施，完善机制，强化督促检查，确保各项任务落实到位，防止有分工不负责，有责任不落实。对领导有力、工作扎实、成绩显著的地区和个人要给予表彰和奖励，对工作疏忽造成严重后果的要追究责任。

（二）要加强协调配合，形成工作合力

各级“扫黄打非”工作领导小组办公室要加强与有关部门的沟通联系，强化部署、协调、指导、督办的职能。各有关部门要按照“谁主管、谁负责”的原则，密切配合，协同作战，进一步完善上下一体、区域联动、部门互动的工作机制。要加快文化市场综合执法改革的步伐，进一步整合执法资源，提高执法效力，切实把“扫黄打非”工作作为文化市场综合执法的核心任务，努力探索创新“扫黄打非”体制、机制与文化市场综合执法紧密结合的新途径。

（三）要加强日常监管，查办大要案件

进一步完善准入和退出机制，拓宽社会监管渠道，建立市场巡查机制，强化对文化市场的日常监管。同时要注意研究新情况、新问题，找准非法出版活动的特点，增强“扫黄打非”的针对性，依法有效地打击违法犯罪活动。对跨地区、跨部门的案件要加强协调配合、联合办案，排除地方保护主义的干扰，力求彻底摧毁犯罪团伙和网络。要做好行政执法与刑事司法的衔接，充分运用刑事手段打击违法犯罪分子，形成强有力的法律威慑。

（四）要加强综合治理，加大宣传力度

要以群众性精神文明创建活动、平安建设等为载体，把“扫黄打非”工作与正在开展的城市网格化管理试点、新农村建设工作、社会综合治理结合起来，积极推进“扫黄打非”进社区试点工作，坚持把“扫黄打非”工作的成效，作为评选文明城市、文明社区、文明单位和衡量社会治安综合治理成效的重要指标，纳入目标管理。综合利用社会宣传、专题培训、学校教育等形式，提高社会公众保护知识产权、参与“扫黄打非”的积极性，推动行业协会发挥自律和服务作用，加大对“扫黄打非”工作的宣传报道力度，宣传各级党委政府采取的有效措施，反映社会各界和干部群众广泛支持，推广各地文化企业自觉守法经营的先进典型，同时加强舆论监督，及时曝光不法经营行为，揭露各种形式的非法出版活动。

（五）要提供有力保障、加强队伍建设

要坚持“扫黄打非”工作只能加强、不能削弱的原则，各级在机构、编制、经费、装备等方面要给予必要的保障，“扫黄打非”专项经费要纳入同级财政预算，做到逐年有所增加。各级“扫黄打非”工作领导小组办公室作为工作小组的常设机构，要进一步完善机构、充实力量、提高素质，确保发挥其职能作用。同时，要加强“扫黄打非”队伍的思想、组织和作风建设，加强对执法人员的法律法规和业务知识的培训，努力造就一支政治强、业务精、纪律严、作风硬的执法队伍。

同志们：“扫黄打非”工作是实现全面建设小康社会目标的重要保障，我们从事的是一项功在当代、利在千秋的崇高事业。让我们紧密团结在以胡锦涛同志为总书记的党中央周围，在省委、省政府的领导下，始终保持昂扬向上的精神状态，继续发扬特别能战斗、特别能吃苦、特别能奉献的良好作风，以出色的工作业绩，为推动我省文化大发展、大繁荣，促进经济和社会各项事业加快发展、科学发展、又好又快发展做出新的贡献！

2008 年 1 月 31 日

在2008年四川省“扫黄打非”工作电视电话会议上的讲话

四川省委政法委副书记、省综治办主任、省“扫黄打非”工作领导小组副组长
王　萍

今天，全省“扫黄打非”工作领导小组召开电视电话会议，贯彻落实全国第 21 次“扫黄打非”工作电视电话会议精神，总结 2007 年全省“扫黄打非”工作，表彰“扫黄打非”工作先进集体和先进个人，部署 2008 年全省“扫黄打非”工作。我代表省委政法委、省综治委对受到表彰的先进集体和先进个人表示热烈的祝贺。下面，我就各级政法委、综治委（办）贯彻落实这次会议精神讲几点意见。

一、深化认识，进一步增强做好“扫黄打非”工作的责任感

2007 年，在省委、省政府和各级党委、政府的统一领导下，全省各级政法委、综治委和政法各部门认真贯彻落实中央和省上关于“扫黄打非”工作的部署和要求，紧密配合宣传、新闻出版、文化、工商等有关部门，坚持打源头、端窝点、破网络的方针，把查办大案要案作为“扫黄打非”斗争的突破口，积极组织开展“扫黄打非”专项治理，重点查办了一批有影响的大要案件，特别是在扫除淫秽色情出版物、依法打击盗版音像制品、取缔非法报刊和网上扫黄打非等方面发挥了重要的职能作用，有力地维护了我省社会政治稳定和文化安全，为构建社会主义和谐社会，保障党的十七大顺利召开，促进青少年健康成长营造了良好的社会文化环境。

但是，我们也要清醒地看到，“扫黄打非”工作仍然面临着十分严峻的形势。非法出版活动向团伙化、网络化、专业化、规模化发展；以青少年学生为读者对象的不良出版物、不良影视节目、不良网络游戏和制黄贩黄、网上传播淫秽色情活动，已成为青少年违法犯罪的重要原因；非法出版物有增无减，侵权盗版行为屡禁不止，法轮功等邪教组织反动宣传品屡查不绝，与此同时对利用互联网、手机短信等传播不良信息的问题目前还缺乏有效的监管办法，“扫黄打非”工作任务仍然很繁重。各级政法委、综治委（办）要从捍卫中国特色社会主义旗帜的政治高度，从全面建设小康社会，构建社会主义和谐社会的全局高度，从维护国家长治久安的战略高度，进一步深化对开展“扫黄打非”工作重要性、长期性、

艰巨性和复杂性的认识，进一步增强做好“扫黄打非”工作的责任感和紧迫感。始终坚持“打防结合、预防为主、专群结合、依靠群众”的工作方针，树立常抓不懈、长期作战的思想，认真履行工作职责，推动“扫黄打非”工作的有效开展。

二、突出重点，狠抓落实，务求实效

各级政法、综治部门要认真贯彻全国、全省“扫黄打非”工作电视电话会议精神，紧密结合当地当前实际，突出工作重点，采取有效措施，狠抓工作落实。要继续把制黄贩黄窝点、走私盗版活动、在互联网上传播有害信息活动作为打击的重点。与各有关部门协同作战，积极开展市场清查、查办大案要案、打击走私和严格监管等各项工作。

（一）进一步加大查禁各类非法出版物的力度

要配合有关部门加大对出版物市场的清查力度，查禁非法报刊和暴力恐怖、淫秽色情出版物等各类非法出版物。公安机关要积极配合新闻出版、文化、工商等部门，加大对书报刊批发市场、音像市场、电子软件市场的清查力度。对兜售各类非法出版物和盗版出版物、淫秽音像制品的不法分子，要坚决依法打击。

（二）进一步加大对重要部位和重点环节的监管力度

要采取坚决措施，加大对境内外非法出版物流入通道、各类图书音像制品批发市场、车站、机场、码头、繁华商业街区等繁华地段，以及校园周边地段出版物销售网点的监管力度，严密防止各类非法出版物的进入和扩散，从源头上保障出版物市场的正常秩序。特别要加强网上“扫黄打非”，对手机短信、互联网、声讯台等实施有效监管，严厉打击利用互联网、移动通讯终端、声讯台传播淫秽色情等有害信息的行为。切实加大对互联网和上网服务营业场所的监管，特别是对接纳未成年人浏览色情有害信息的上网服务场所，要坚决予以取缔，依法查处。

（三）进一步加大对大案要案的查处力度

各部门要加强协作配合，加大打击力度。要加强情报信息工作，深挖案件线索，坚决打掉从事走私、制作、印刷、复制、销售非法出版物活动的犯罪团伙，端掉其制作储运窝点，摧毁其地下发行网络，铲除严重破坏出版物市场秩序的根源。对在全省有影响的大案要案和跨地区的案件，各级党委政法委要协调司法机关做好“扫黄打非”重大案件的立案、侦破、审理工作，加强指导和监督。公安机关要发挥主力军作用，切实加强对案件侦破的组织领导，加大工作力度。要充分运用最高人民法院关于审理出版物刑事案件，最高人民法院、最高人民检察院关于办理侵犯知识产权刑事案件和关于办理利用互联网、移动通讯终端、声讯台制作、复制、出版、贩卖、传播淫秽电子信息刑事案件等司法解释，充分运用刑事和行政处罚手段，加大对走私、制售非法出版物活动的打击力度，形成强大的法律威慑力。各司法机关对有关部门移送的应该追究刑事责任的案件，要及时立案，坚决依法追究犯罪嫌疑人的刑事责任。

（四）进一步加大治安管理和防范工作力度

要加强对印刷、复制企业和运输行业、销售经营场所的日常管理，坚决取缔无照经营、违法经营的企业，从严查处违法经营行为。进一步加大治安整治的力度，对在城市人员流动较大的地区和场所兜售盗版图书、淫秽光盘的游商进行坚决治理，并寻根追源，打掉其制作窝点和销售网络。要切实加强对出租房屋的管理，对为非法出版活动提供制作、储运场所的房屋出租人要依法进行经济处罚，追究其相关责任。

三、充分发挥综合治理和群防群治组织在“扫黄打非”工作中的作用，形成齐抓共管的工作格局

“扫黄打非”工作是社会治安综合治理的重要内容，需要全社会共同努力。各级综治委（办）要积极与本地“扫黄打非”工作领导小组及其办公室紧密配合，协调、指导各地区和有关部门共同做好“扫黄打非”工作。在工作中要做到三个结合：

（一）与排查整治治安混乱地区和治安突出问题专项行动相结合

各地在开展整治治安混乱地区和治安突出问题专项行动中，要将“扫黄打非”工作作为重要内容，做到同部署、同落实、同检查。对出版、贩卖非法出版物和兜售淫秽色情书刊光盘等不法活动进行坚决清理。要进一步发挥基层党政组织和居委会、治保会、调委会等基层组织，以及各种行业协会、群防群治队伍在“扫黄打非”工作中的作用，组织“四车多员”等治安信息员参与“扫黄打非”，举报违法犯罪，协助公安机关及有关部门开展“扫黄打非”工作。

（二）与预防青少年违法犯罪工作相结合

要坚决扫除宣扬淫秽色情、凶杀暴力、低俗文化、封建迷信以及伪科学的音像制品、游戏软件、“口袋本”图书、卡通画册等以未成年人为主要读者对象，危害青少年身心健康的有害出版物。要进一步加强学生思想道德建设和青少年法制教育，广泛开展适合青少年特点的各种教育活动，提高广大青少年抵制和远离淫秽、非法出版物的自觉性。

（三）与社会治安综合治理工作检查和考核相结合

各级综治委（办）要把“扫黄打非”工作纳入社会治安综合治理工作目标和考核，对在“扫黄打非”工作中失职、渎职，导致非法出版物泛滥、影响恶劣的地区和单位及其责任人，要按照社会治安综合治理的有关规定，严肃追究有关部门和领导责任，该一票否决的坚决一票否决。

同志们，今年和今后一个时期“扫黄打非”任务繁重，责任重大。我们要认真贯彻中央和省委、省政府关于“扫黄打非”工作的一系列重要部署和要求，切实抓好这次会议精神的落实，进一步加大工作力度，深入开展“扫黄打非”各项工作，为我省加快发展、科学发展、又好又快发展，构建平安和谐四川作出新的贡献。

2008年1月31日

在2008年四川省“扫黄打非”工作电视电话会议上的讲话

四川省新闻出版（版权）局局长、党组书记、
省“扫黄打非”工作领导小组副组长兼办公室主任
周国良

这次全省“扫黄打非”工作电视电话会议，是深入贯彻党的十七大和省委九届四次全会精神，落实全国“扫黄打非”电视电话会议具体部署的一次重要会议。省人民政府副省长、省“扫黄打非”工作领导小组组长黄彦蓉同志将在会上作重要讲话，部署我省全年“扫黄打非”工作。全省各级“扫黄打非”机构和成员单位，要认真学习贯彻彦蓉省长重要讲话精神，按照这次电视电话会议的部署，抓好“扫黄打非”各项工作任务的落实。下面，我讲两点意见：

一、关于2007年全省“扫黄打非”工作的回顾

2007年，在省委、省政府的正确领导和各级党委、政府的高度重视下，我省“扫黄打非”工作按照全国统一部署和要求，围绕为党的十七大营造良好舆论氛围和文化环境这条主线，高举保护知识产权旗帜，利用“反盗版天天行动”、“文化环保工程”和网络专项治理等平台，保持日常监管的高压态势，持续开展专项治理和集中打击行动，在查堵违禁出版物、扫除淫秽色情等文化垃圾、打击侵权盗版行为、整治非法报刊、

开展网上“扫黄打非”和探索市场监管长效机制等工作方面，取得了明显的成绩。

一年来，全省共收缴各类非法出版物400万余件。其中：违禁出版物、“法轮功”邪教组织和非法宗教宣传品7.5万余件；淫秽色情出版物7.7万余件；侵权盗版出版物380万余件；非法报纸期刊6万余份。全省共出动执法人员20.5万余人次，检查市场、店摊、印刷复制企业22万余家；处罚违规店摊、印刷复制企业、网站1万余家；取缔关闭店摊、印刷复制企业和非法网站1325家；查办案件1147起。“扫黄打非”集中行动和专项治理的开展，有力地打击了各类非法出版活动，有效地遏制了侵权盗版行为，极大地净化了出版物市场，维护了和谐稳定的大局，促进了全省社会稳定、经济建设和文化发展，为党的十七大胜利召开营造了良好的舆论氛围和文化环境。回顾过去一年的工作，主要有以下三个特点：

（一）组织领导有力

省委、省政府高度重视“扫黄打非”工作，年初将“扫黄打非”列入省委工作要点和政府工作报告，并及时以“两办”文件向全省转发了“扫黄打非”行动方案实施意见，省分管领导经常听取“扫黄打非”工作汇报，对各阶段工作作出了明确的指示和批示。省委宣传部将“扫黄打非”工作纳入文明城市创建活动之中进行部署和考核，省委政法委将“扫黄打非”作为社会治安综合治理和平安建设的考核内容。全省各地、各部门切实加强领导，以高度的使命感和责任感重视抓好“扫黄打非”工作，坚持属地管理谁主管、谁负责的原则，做到守土有责、守土负责，把“扫黄打非”与整顿和规范市场经济秩序、社会治安综合治理、精神文明创建活动、预防青少年违法犯罪等工作有机结合起来。成都市把“扫黄打非”纳入市委、市政府目标任务管理体系之中，实行专项目标管理，为开展“扫黄打非”工作提供了有力的组织保证。

（二）工作重点突出

根据全国部署，2007年全省“扫黄打非”工作紧紧围绕一条主线，就是为党的十七大营造良好舆论氛围和文化环境，突出三个重点：一是开展以查缴违禁出版物为主要任务的春季战役；二是以净化文化环境为中心的夏季战役；三是以打击非法出版活动和治理“四假”为目标的专项行动。通过这些行动深入扎实推进，强化了监管力度，保持了高压态势，取得了显著的成效。各地、各部门集中力量，协同作战，查处了一批大要案件，端掉了一批窝点，缴获了一大批非法出版物，极大地净化了文化出版物市场，实现了全省文化出版物市场繁荣、健康、平稳、有序的发展态势，为党的十七大的召开营造了良好舆论氛围和文化环境。

（三）监管机制创新

各地、各部门在工作中坚持改革创新，不断完善工作机制，在探索建立长效监管机制方面取得了显著成绩。一是在省和市（州）和县（市、区）稽查部门普遍建立市场监管巡查制度，加强对重点地区、重点部位、重点时段市场的巡查暗访，强化了日常监管，掌握了主动权，及时发现和处置问题，把问题解决在萌芽状态。二是进一步推进“扫黄打非”进社区试点工作，试点工作在成都、自贡、泸州等11个城市深入开展，目前试点社区已经达到60余个。各试点地区组织领导有力、保障措施到位、工作任务落实，使“扫黄打非”宣传教育深入人心、社区文化环境明显净化、社区文化阵地建设进一步加强，在建立长效机制上积累了有益经验。三是探索对重点部位及游商的治本之策取得了重要成果：成都市龙泉区公安分局高洞水果市场辖区派出所与市场管理办、治保队密切配合，狠抓天网工程建设，通过人防、物防、技防等措施，有效治理了这个市场内游商兜售非法出版物的顽症；成都市文化局在全国率先建立12318文化市场联网举报受理系统，进一步扩大了文化行政部门执法线索来源，提高了行政执法工作效率；成都火车北站管理办公室执法分局针对火车北站地区的特点，统筹执法力量，充分发挥执法人员与协管人员的作用，对游商地摊实施综合治理收到了显著效果。

总之，由于各级党委、政府的高度重视，各成员单位和有关部门的密切配合，各级“扫黄打非”办及市场监管部门的努力工作，我省各地出版物市场总体态势良好。违禁出版物和淫秽色情出版物得到有效遏制，侵权盗版出版物得到有效治理，正版出版物销售额逐步增长，出版物市场面貌有较大改观；广大出版物经营业主守法经营的意识明显增强，人民群众使用和维护正版制品的自觉性有明显提高，全社会抵制侵权盗版制品的氛围正在逐步形成。

在充分肯定成绩的同时，也要看到存在一些不可忽视的问题。如：游商销售违禁出版物的现象时有发生；光盘、纸介、网上淫秽色情等文化垃圾屡查不绝；音像制品、计算机软件、图书等盗版出版物屡禁不止；非法报刊、擅自编印内部资料性出版物的问题也愈加突出。全省“扫黄打非”总体看成效很大，但发展不平衡，在一些地区和部门，对“扫黄打非”工作还有重视不够、抓得不力的问题。这些问题务必引起各级的高度重视，积极采取有效措施在今后的工作中切实加以解决。

二、关于2008年“扫黄打非”工作

2008年，是全面学习宣传贯彻和落实党的十七大精神及省九次党代会、省委九届四次全会部署、加快推进社会主义现代化建设的重要一年，是改革开放30周年，是北京奥运会举办之年，大事越多敏感问题也越多，“扫黄打非”斗争面临的形势依然严峻、任务依然繁重。做好2008年的“扫黄打非”工作，意义十分重大。为此，提出以下要求：

（一）进一步提高认识

面对新形势、新挑战，各级“扫黄打非”工作机构和新闻出版、版权行政部门要进一步统一思想，提高认识，增强做好“扫黄打非”工作的责任感和使命感。一是要从维护国家文化安全、社会稳定的高度，进一步提高对“扫黄打非”斗争重要性、长期性、艰巨性和紧迫性的认识，要把思想和行动统一到中央和省上的决策部署上来，保卫好、维护好主流意识形态主渠道和主流文化的主阵地。二是要落实好属地管理、谁主管、谁负责的原则，在当地党委和政府的领导下，把“扫黄打非”摆到相关管理部门的重要位置，列入重要议事日程，切实加强组织领导，及时研究解决存在的主要问题，做到任务、人员、措施、工作四到位。三是要切实履行“扫黄打非”职责，完成好分工负责的任务，进一步加大对出版活动和出版物市场的监管力度，建立健全长效监管机制，从源头上防范非法出版和“制黄贩黄”问题。

（二）明确总体要求

根据中央的部署，今年我省的“扫黄打非”工作的总体要求是：高举中国特色社会主义伟大旗帜，以党的十七大精神和省九次党代会、省委九届四次全会的部署为指导，深入贯彻落实科学发展观，坚定不移地保护知识产权，开展专项治理，加强日常监管；坚决封堵查缴违禁出版物；坚决扫除淫秽色情等文化垃圾；坚决打击各种侵权盗版和非法出版活动，全力维护社会政治稳定和国家的文化安全，为推动文化大发展大繁荣提供坚强保障，为全面建设小康社会、促进我省经济和社会各项事业加快发展、科学发展、又好又快发展创造良好的舆论氛围和文化环境。

（三）抓好工作重点

一是要把封堵和查缴违禁出版物作为出版物市场监管工作的第一位任务，始终保持高压态势。加强对出版物进出口的监管和对进口出版物的内容审查，严防境外有害出版物通过正式渠道流入境内。加强对出版单位、印刷复制企业的执法检查，尤其是加强对“三来一补”企业的监管，严防境外政治性出版物在境内翻印复制。坚决查缴违禁出版物和“法轮功”等邪教组织宣传品，抓住一切可疑线索，深挖彻究，着力打团伙、破网络，严厉打击犯罪分子。二是依法打击各种侵权盗版版活动。坚持常抓不懈，做到反盗版天天有行动，天天见成效。及时对出版物市场进行全面检查，根据掌握的线索，追查盗版制品的生产源头，深挖非法印制窝点和非法光盘生产线，严厉查处参与盗版盗印、非法刻录活动的企业，情节严重的坚决吊销其经营许可证。大力打击非法预装、销售计算机软件行为，继续在机关、学校，企事业单位中推行计算机软件正版化工作。加强对大中型企业、机关、学校图书馆采购馆藏图书的监管，防止盗版及非法出版物以批量采购方式进入企事业单位图书馆。积极配合有关部门，查处取缔销售盗版及非法出版物的游商地摊和无证照经营者。三是全面开展网上“扫黄打非”。网络盗版，量大面广，为害甚烈。必须加强对网络出版活动的监管，规范网络出版行为，坚决清除网络盗版产品和有害信息，近期要积极配合公安等十部门，组织开展依法打击网络淫秽色情的专项行动，坚决遏制网络淫秽色情泛滥的趋势。四是严肃查处非法报刊制售活动。继续深入整治假报刊、假记者站、假记者、假新闻，及时公布非法报刊名录，清查报刊发行市场，坚决收缴各类非法报刊，依法取缔非法报刊社、编辑部、记者站、工作站等机构，严厉查处报刊出版单位的违法违规行为。

（四）落实好行动安排

根据全国统一部署，2008 年“扫黄打非”工作分三个阶段开展专项行动：一是 1 月下旬至 3 月底，开展以查堵各类非法出版物为重点的专项行动，迎接全国“两会”顺利召开；二是 4 月中旬至 6 月中旬，开展以整治印刷复制和运输环节为重点专项行动，集中销毁盗版及非法出版物，迎接“4·26”世界知识产权日、确保敏感期平稳顺利；三是 7 月中旬至 10 月中旬，开展以清理出版物市场为重点的专项行动，迎接北京奥运会。各级“扫黄打非”工作机构和新闻出版、版权行政部门，要在三个阶段的专项行动中担当主力，根据查堵违禁出版物、整治印刷复制环节、清理出版物市场等重点任务要求，切实担负起牵头部门的职责，制定周密的整治方案，扎扎实实地予以实施。

（五）坚持改革创新

各级“扫黄打非”工作机构、新闻出版和版权行政部门要进一步解放思想，勇于改革和创新，探索与相关部门密切协作、协同配合的新机制，市场监管长效机制，不断提高“扫黄打非”工作水平。同时，要进一步强化行业管理，引导行业自律，切实履行好自身职责；坚持科学管理、依法管理，全面提高行政执法水平，为规范市场秩序，推进公正执法、文明执法起好表率作用。

同志们，2008 年“扫黄打非”任务重、要求高，我们要在省委、省政府的领导下，以党的十七大和省九次党代会、省委九届四次全会精神为指导，按照全国、全省电视电话会议的部署和要求，精心组织，周密部署，努力开拓，扎实做好 2008 年“扫黄打非”工作，为推动我省经济和社会各项事业加快发展、科学发展、又好又快发展做出新的贡献。

2008 年 1 月 31 日

在全省“扫黄打非”进社区试点工作会议上的讲话摘要

四川省新闻出版（版权）局局长、党组书记、
省“扫黄打非”工作领导小组副组长兼办公室主任
周国良

一、这个会是对 2006 年以来我们开展“扫黄打非”进社区试点工作的小结

就是要回答到底这项工作成功与否，有那些经验值得总结？从刚才四位同志的发言中，这些经验在一定程度上得到了反映，他们只是我们近 140 个试点社区代表，或者说是部分经验。应该说通过两年多的试点，各个社区有很多经验值得去总结。为啥要搞这项工作，我们的初衷和想

法，就是在当前监管任务重，盗版又猖獗这么一个形势和条件下，破解小队伍怎样管好出版物大市场这个难题，也是探索建立出版物管理长效机制的一种尝试。经过两年的实践，确实取得了很好的成效，一是宣传和教育了群众，提升了知识产权保护意识，起了潜移默化的作用；二是净化了出版物市场。社区到处有标语，宣传画，老百姓有了认识，社区环境氛围好，使得淫秽色情、盗版光盘或书籍就没得市场，搞盗版的非法经营者没得机会。三是先进文化、至少是健康文化占领了市场。因为盗版和乱七八糟的出版物进不去，大家感受到的是健康文化氛围，潜移默化影响群众。这三点是有非常明显的成效。由于全省的市场很大，我们现在的专职管理人员人数很少，精力顾不过来，再加大充实队伍，我们也不可能把所有的市场都管得住，因此，必须要探索依靠和发动人民群众共同来管理，所以我们推进“扫黄打非”进社区试点工作，就是想达到这样一个目的。刚才黄司长提出探索“扫黄打非”到农村、进乡村这个机制。我想，随着我省农家书屋建立、发展和巩固，进乡村这个机制随之是可以建立起来的。下一步我们还要在农村开展农家读书活动，提升意识，灌输一些正确导向性的东西，也就是要探索如何占领农村文化阵地。两年的工作大家没有白做，成绩的取得是我们大家的共同努力，是基层同志辛勤劳动的成果，是省级有关部门大力配合支持的结果，这个成果是显而易见的，要继续巩固和发展。

二、继续探索出版物市场长效监管机制

多年来，出版物市场监管机构名称有所变化，但市场监管任务没有变，始终没有减轻。我想有两条原因，一是因为我们是社会主义制度，对我们社会主义制度不满的人，总要想方设法对着干；二是利益驱动，所以监管市场的任务不会减轻。这么些年来，大家都在探索如何把市场管好，确实付出了不少的艰辛。战斗在这条战线的同志非常艰苦，不分白天或晚上，甚至冒着生命危险，特别是办团伙案件，真是冒着生命危险。这里我强调，第一点要强化责任意识。在座的同志们要有责任意识，地方政府也要强化责任意识，这也是我们长效机制当中不可缺少的一项机制。不管哪个地方、哪级政府，这个市场在你管辖范围之内，你就有责任，监管好这块市场，不能出任何问题，“扫黄打非”三条底线非常清楚，在你这个地方不管是政治的、淫秽色情的还是盗版侵权的都不能出现，是地方政府的责任，我们在座的是代表地方政府在行使管理职能，除了我们自己加强责任意识外，地方政府不要认为这块工作可有可无，要对领导多提醒、灌输和宣传。第二点，我们要继续巩固多年来探索的比较成功的机制或办法。一是市场监管人员要加强对市场巡查暗访，做到对市场了如指掌，至少要全面掌握市场动态情况，做到心中有数。二是发动群众举报，完善群众举报机制。群众举报是比较成功的好办法，我们市场大，只靠专职市场管理人员远远不够，要发动群众，挖掘举报线索。三是推进“扫黄打非”进社区；四是集中专项行动和日常监管相结合；五是抓大案要案的查处，通过媒体向社会公布、宣传，震慑犯罪分子。六是部门责任制和部门联动工作机制。我们“扫黄打非”领导小组由省上若干个部门组成，办公室的工作也要依靠各成员单位，成员单位是有职责和任务的，要落实和完善部门责任制和部门联动工作机制。第三点，加大市场监管力度。刚才黄司长通报了情况，提出了明确要求，我们要加强市场监管，近期是加强元旦、春节的市场管理。明年大事多、喜事多，任务也更重、更多，所以我们一定要按照中央和省委、省政府的要求，认真做好今后工作，确保不能出什么大问题。

2008 年 11 月 28 日

2008 年“扫黄打非”大案要案综述

四川省“扫黄打非”办

2008 年，是我省极不平凡极不寻常的一年。在省委、省政府的坚强领导下，全省“扫黄打非”和市场监管部门始终坚持一手抓抗震救灾，一手抓“扫黄打非”，在强化出版物市场监管、查办大案要案等方面做了大量工作，共查办案件1310 余起，有效打击了违法违规经营活动，维护了出版物市场的稳定，为北京奥运会成功举办，为抗震救灾和加快灾后重建营造了良好文化环境和舆论氛围，作出了积极贡献。典型案例如下：

一、成都市“1·03”违法音像制品复制案

2008 年 1 月 3 日上午，成都市文化市场稽查队联合成都市金牛区文化市场稽查队一举捣毁位于成都市五块石电子电器市场赛云台路智业小区一商住房 3 楼民居内从事违法音像制品生产制作、批发、贩运窝点，现场缴获《投名状》、《集结号》、《色戒》、《红歌乐坛流行》、《网球王子》等非法音像制品 10 万余盘（盒），证据保存刻录设备 2 套，同时将现场查缴的 1 万余张淫秽色情光盘和抓获的 2 名涉嫌违法人员移交公安机关。

成都市文化局接群众举报，在成都市五块石电子电器市场赛云台路智业小区有人从事贩卖违法音像制品活动。市文化局对此高度重视，由于处于元旦放假期间，立即招回休假人员成立专案组，对五块石电子电器市场赛云台路智业小区派出执法人员进行了近一周的摸排和连续地蹲点守候，经过多方调查，发现该窝点位于小区一栋民居 3 楼内，所处位置相当隐蔽，为了掌握准确的线索和破案成功，稽查队员多次化妆潜伏窝点周边进行暗访摸查，摸清了情况。

2008 年元月 3 日，成都市文化市场稽查队联合金牛区文化市场稽查队和金牛区公安部门共 20 余人开展突击行动，具体工作落实到人，到达现场后很快控制了正在销售违法音像制品的不法人员，现场查缴《投名状》、《集结号》、《色戒》、《红歌乐坛流行》、《网球王子》等非法音像制品 10 万余盘（盒），淫秽音像制品 1 万余张，证据保存刻录设备 2 套。一举捣毁了这个位于五块石电子电器市场赛云台路智业小区住房 3 楼民居内从事违法音像制品生产制作、批发、贩运窝点。

现场查获的 10 万余张违法复制的音像制品和刻录设备予以收缴，现场查缴的 1 万余张淫秽色情碟和抓获的 2 名涉嫌违法人员移交公安机关，公安机关立案调查。

此案是成都市近年来破获的盗版音像制品种类最齐、内容最新、一次查获刻录淫秽色情音像制品数量最多的案件。也是首次破获利用民房直接生产加工非法音像制品的地下加工厂。现场查缴的音像制品种类涉及故事碟、歌碟、卡通碟、刻录碟、录音磁带以及淫秽色情碟等，盗版内容大都是现今正在热映和上市的电影、电视剧节目，整套 3 居室及厨房、厕所、过道全部堆满光盘，特别是淫秽光盘直接生产加工且数量之多，是成都近几年来不多见的。受到利益驱使的不法分子顶风作案，场地更隐蔽，手段更狡猾，放弃外来进货渠道，采用多台刻录机大批量生产、加工、刻制盗版音像制品。更是自去年 12 月开展音像制品集中执法行动连续破获的非法音像制品大要案，查缴《色戒》《苹果》《投名状》《女特警》《金婚》等影视大片盗版音像制品 3 万余张后取得的又一重大战果，其中《色戒》《苹果》共计 530 余张。

近年来，在加强对音像市场日常监管的同时，成都市文化部门将执法工作重点转到深挖严查非法音像制品地下仓储式交易窝点、斩断非法音像制品流通主渠道上，每年查缴非法音像制品

都在100万盘以上，已先后查获非法音像制品地下交易窝点110余个，收缴非法音像制品970余万盘，从而为正版音像制品销售创造良好发展空间，为成都市获得全国唯一的“国家知识产权工作示范城市”称号做出了突出贡献。

二、成都运输非法音像制品案

为深入贯彻知识产权保护，四川省文化市场稽查总队坚持截渠道、打窝点的方针，2005年至2008年在对违法音像制品门店、地下窝点直接进行查处的同时，加强同公安部门的密切配合，建立联合执法机制，堵源截流、常抓不懈严厉打击利用航空、铁路、公路等货运渠道运输违法音像制品行为，2005年至2008年期间，通过打击各类运输渠道所查获的违法音像制品达90余万张，淫秽音像制品8.2万余张，有效地减少了违法音像制品流入我省的数量。

四川省文化市场稽查总队得到情报，一辆载有大量非法音像制品、车牌号为甘M12066的零担货车正向成都驶来。情况紧急，省文化市场稽查总队立即与省公安厅和省交通厅公安处联系。当晚，省文化厅市场处、稽查总队和省交通厅公安处在成渝高速公路工作人员配合下，在成渝高速公路成都段的三个路口布防。经过一夜的守候，终于在次日凌晨4点多，成功拦截了甘M12066货车，当场查获违法音像制品37件，另有12件因压在其他大件货物下，需到仓库卸货时方能查获，省文化厅执法人员押送该车来到位于成都市驷马桥路15号新1号的阿坝物流仓库，在数家货运公司的仓库又发现大宗非法音像制品。省文化厅立即通知成都市文化局，调集金牛区文化市场执法人员，在该运输集散地的联程物流、运祥物流、广州市金利货运提货站、广州市柏鸿基物流有限公司成都安发货运，共查获违法音像制品近200件，共计6万余张。此次行动沉重地打击了违音像制品经营者的气焰，从流通环节遏制了成都市违法音像制品的泛滥，有效地保护了音像制品市场的正常经营秩序，有力地维护了知识产权。

据物流公司人员交待，成都市的物流公司共有500多家，几乎每天每家物流公司承运的货物中都有违法音像制品。因而，这些物流公司已成为违法音像制品流入成都市的主要渠道和集散地。针对大量非法音像制品大都夹杂在零担货车中流入我省，查获难度很大的情况，我省文化行政部门将与公安部门和交通部门密切配合，把整治非法音像制品运输渠道作为打击违法音像制品的重点之一。四川省文化稽查总队派出专人调查摸排广东到成都的运输物流运输场所，根据货运公司为逃避检查，避开我们稽查人员8小时工作时间通常在半夜或凌晨卸货的特点，四川省文化市场稽查总队联合成都市文化市场稽查队改变作战策略，常常于晚上11点或临晨5点出击，分别对成都市“兄弟货运”、“阿坝物流”、“广联货运”、“安发货运”等涉嫌运输违法音像制品的物流公司布控，并采取“杀回马枪”的方式进行侦察，发现违法音像制品立即收缴。

在查公路运输的同时，我省文化部门加强和航空、铁路公安部门的联系，常常采用突击检查的方式不定期不定时对到达成都的航班和火车货运车皮进行抽查。

打击违法音像制品运输渠道，违法音像制品得到集中收缴，不同程度上避免了查分销商散布各地而数量少打击困难执法成本高的情况，有效地防止了违法音像制品在我省的蔓延。但由于各部门对运输方无强制处理手段，在加上托运方往往采用假名或雇佣个体运营者提货，造成无法查找违法音像制品的托运者，只能对违法音像制品予以收缴。但通过长期的整治，有效地打击了不法分子，为我省文化市场的繁荣稳定起到了积极的作用。

三、乐山“1·21”特大淫秽及盗版光盘销售案

四川省文化、公安部门在2006年9月22日查获乐山市长江市场“兴达音像”违法音像制品共计15万余张（涉嫌淫秽音像制品11560张），涉案主犯在逃的情况下，于2008年1月21日再次出击，查获原“兴达音像”改头换面以“三圆音像”所经销的非法音像制品71676

张音像制品。2008 年 2 月 25 日，经乐山市人民检察院批准，依法逮捕 1 名犯罪嫌疑人，取保候审 4 名。

2006 年 9 月 22 日，省文化市场稽查总队会同乐山市文化局、公安局，查获乐山“兴达音像”门市违法音像制品 15 万余张（涉案主犯在逃）。此后，省文化市场稽查总队对乐山市长江市场原“兴达音像”经营场所进行长期监控，发现其改头换面以“三圆音像”名义继续从事违法音像制品的批销活动。

2008 年 1 月 21 日，省文化市场稽查总队会同省公安厅、乐山市文化局、乐山市公安局，对“三圆音像”和“新境界音像”同时进行突击检查。由于联合执法行动部署周密、分工明确，执法人员顷刻便控制了现场。执法人员在“三圆音像”查获涉嫌违法音像制品 7 万余张，其中，查获文化部列为重点查缴对象的完整版《苹果》、《色戒》（完整版）90 张及《投名状》、《集结号》等大片，查获涉嫌淫秽音像制品 320 余张，抓获涉案人员 18 人；在“新境界音像”查获涉嫌违法音像制品 6 千余张，挡获涉案人员 4 人。

乐山市文化局迅速对“兴达音像”案展开调查，并依法作出吊销该经营场所《音像制品经营许可证》，没收全部违法音像制品的行政处罚决定。由于案件情节严重，涉嫌犯罪，乐山市文化局依法将案件移交乐山市公安机关立案调查。后因涉案法人逃逸，此案进入继查阶段，并纳入省文化市场稽查总队重点监控视线。

省文化市场稽查总队对两处查获的 8 万余张涉嫌违法音像制品及相关证据进行了登记保存，对违法音像制品鉴定后，将此案依法移交给乐山市文化局。鉴于此案当事人涉嫌犯罪，省文化市场稽查总队指导乐山市文化局依法将案件移交给乐山市公安局。乐山市公安局对涉案人员进行了调查，其中 6 名涉案人员被刑事拘留。

为了深挖“1・21”案件线索，有力打击文化市场违法犯罪活动，1 月 29 日，省文化市场稽查总队再次与乐山市公安局、乐山市文化局联手对“三圆音像”主要分销售商家“金旋风音像”和“三人行音像”的三处经营场所进行了突击检查，共收缴违法音像制品 6573 张，其中涉嫌淫秽音像制品 362 张。省文化厅督促乐山市文化局“金旋风音像”案件依法移交乐山市公安局，并对上述二个音像制品经营业主依法作出行政处罚。公安机关已侦办结案，移交乐山市中区检察院审查起诉，不日将进行庭审。

乐山市“1・21”案是我省继“4・15”案件后成功破获的又一起特大销售违法音像制品案件，也是我省首次打掉盘踞二级城市乐山地区辐射所辖区县及眉山地区的特大淫秽及盗版光盘销售案件。此案历时 3 年，先后查获违法音像制品 23 万余张，淫秽音像制品 1.2 万余张，抓获涉案人员 27 名。“兴达音像”在经营非法音像制品被吊销《音像制品经营许可证》的情况下，受利益驱使，改头换面继续从事非法经营活动，其经营的时间长，数量大，辐射面广，违反了国家法律法规，扰乱了音像市场的管理秩序。通过文化、公安机关联合打击，有效地遏制了不法分子的嚣张气焰，给全省还在销售违法音像制品的不法销售商敲响了丧钟。

四、物流公司运输盗版光盘案

2008 年 12 月 26 日，成都市新闻出版（版权）局根据信息员掌握的线索，联合成都市公安局治安大队在熊猫大道回龙停车场内的某某物流一举查获从广州长途运输至该货运站的《金耳环》、《黑三角》、《潜伏》等盗版光盘 10 万余张，以及涉嫌淫秽光盘 1 万余张。

根据八部门下发的《关于坚决打击利用交通运输渠道贩运非法出版物的通知》精神，成都市新闻出版（版权）局加大了对物流中心、货运站非法出版物的清查。10 月，成都市新闻出版（版权）局执法人员得到有不法商贩从广州通过汽车长途运输盗版光盘至熊猫大道回龙停车场内广联物流的情况。执法人员通过信息员对回龙货运内从广州来的货车进行了逐一排查，最终掌握了运输盗版光盘的时间规律、到站后的暂时存放点等重要信息。12 月 26 日，成都市新闻出版（版权）局联合成都市公安局治安大队于凌晨 6

时便蹲守在某某物流周边等待从广州至该货运站的长途汽车，8时，一辆货车开进了某某物流，并停靠下货，搬运工首先将该货车车厢中部上层的货物搬下，当一些用编织袋打包货物暴露出来后，这时，在一旁蹲守的执法人员立即上前检查，发现这批准备运走的货物是涉嫌盗版的《金耳环》、《黑三角》、《潜伏》等光盘制品，共有53件，约10万余张，以及涉嫌淫秽光盘制品约1万余张，执法人员将涉案物品全部予以先行登记保存。

经调查查明，晋M XX的车主叫荆某某，他是12月24日从广州黄金湾货运站出发的。川A XX的车主叫冯某某，四川省简阳市某某乡人，12月25日在某某物流等客时，一位姓李的中年男子雇佣他的货车于12月26日早上拉一车电器。8点，李姓中年男子通过号码为13816XX985的电话通知他将货车开往晋M XX旁准备载货，执法人员出现后，该电话就一直处于关机状态。最后执法人员将现行登记保存的物品全部予以收缴。

该案件在查处过程中，执法人员克服种种困难摸清了不法商贩的活动规律，机智采取措施应对了检查过程中，现场不明人员数次煽动围观群众企图阻止正常执法工作的恶劣执法环境，确保了盗版及淫秽出版物全部被查缴，打击了不法商贩的嚣张气焰。但因为各种原因使该案未能得到进一步深挖，让不法分子承担应有法律制裁不得不说是本案的一大遗憾。

近几年，我市在各物流中心、货运站查获的非法及盗版光盘次数和数量日益增多，一次性查获数量达到了几万、十几万甚至20余万张，当事人已经触犯刑律，应受到法律的制裁，而事实上，最终能进入司法程序的却寥寥无几，与以零售方式从事非法经营出版物的案件相比，似乎货运站查获的案件更难以进行下一步的深挖。究其原因是多方面的，但物流中心及货运站的管理不善也是一个极其重要的因素，当事人只需提供一个姓名或电话号码就可以实现货物的发出和接收。不法商贩正是利用了这一点，采用假名和临时电话卡作为保护，当不法经营行为被执法人员发现时，货运部提供的货主信息根本无法同货主联系起来，即便是货主在场，由于姓名不同也不能认定，往往造成查获了非法和盗版出版物却找不到当事人的尴尬局面，大大削弱了打击非法经营和侵权盗版行为的法律效果和社会效果。

通过查处此案应该看到，虽然我们当前打击非法经营出版物和侵权盗版行为的力度在不断加大，成绩斐然，社会影响面也在日益加深，但“扫黄打非”是一项艰苦而长期的工作，它需要各部门、社会各方面的共同参与、支持和维护，只有通过建立和加强出版物出版、复制、印刷、发行、运输、储存等各个流通环节的日常监管机制，才能避免不法商贩有机可乘，切实维护好出版物市场经营秩序。

五、“8·13”非法出版物窝点案

2008年，围绕“扫黄打非”和出版物市场监管工作，成都市各级“扫黄打非”部门在加强日常监管的同时，加强了群众举报的受理和查处工作，扩大举报线索来源，深挖细查窝点，通过打击非法出版物地下批销窝点、截堵非法出版物运输渠道等手段，严厉打击了一批非法出版活动，全年捣毁非法出版物窝点53个，累计查获非法出版物276万余册（盘）。

2008年8月以来，为全力保障北京奥运会召开期间和成都市创建全国文明城市迎检冲刺阶段出版物市场的稳定，成都市新闻出版局采取专项行动和日常检查相结合的方式，加强了对出版物市场的监管，并通过派出信息员“吊线”，查获并捣毁一批非法出版物窝点。

成都市火车北站和五块石地区是交通和物流枢纽，非法出版活动相对频繁，市场监管和综合治理难度较大。8月上旬，成都市新闻出版局执法人员安排信息员对该地区非法出版活动展开侦查。通过多日的暗访跟踪，区域内二环路北二段某某厂仓库内一非法出版物窝点终于浮出水面。据信息员反馈，该窝点地理位置偏僻，违法犯罪人员活动诡异，窝点内储存了大量涉嫌盗版、封建迷信类非法出版物。根据这一线索，成都市新闻出版局当即会同成都市公安局召开案前分析会，通报线索，制定查办方案。8月13日下午3点，成都市新闻出版局执法人员与市公安局干警按计划到达指定地点蹲守。受该点的地理环境限制，车辆不宜近距离停放，执法人员只能头顶烈日，忍受着地表40多度的高温煎熬，在远处观察窝点动向。两个多小时后，终于将前来整理货品的女工张某抓获。执法人员现场查获《万年历》、《通好运》、《三世演禽》等涉嫌封建迷信出版物40余种和《茶余饭后》、《打工妹》、《鬼故事》等非法刊物120余种。经现场清点，查获的非法出版物300余件，共计12.6万余册。

经公安部门初查，嫌疑人张某，系简阳市来蓉务工人员，日前受雇于肖某，负责清理货物。由于张某来蓉务工时间不长，且对该窝点具体情况不了解，在规定扣留时间结束后，公安部门对其解除扣留，并根据其交代的情况，对窝主肖某展开侦察。

该点未办理《出版物经营许可证》，属无证经营。在该点查获的一部分出版物无出版单位、书号、作者和版权页，另一部分出版物有上述标注，但存在明显错误和漏洞，个别出版物涉嫌违禁内容。上述出版物当事人均不能提供发行委托书和进货凭证，经执法人员初步认定为非法出版物。综上所述，该点从事非法出版活动，违反了《出版物市场管理规定》第三条、第二十四条的规定。

案发后，执法人员对查获的出版物进行了异地证据先行登记保存，并责令嫌疑人张某通知窝主接受调查询问。证据先行登记保存期满后，窝主仍未前来接受调查。根据《中华人民共和国行政处罚法》的规定，我们对证据先行登记保存的物品作收缴处理。

1. 某某厂非法出版物窝点案查获的出版物数量巨大，是成都市近几年来查办的图书类非法出版物大案。该案的查办标志着成都市在打击非法出版物、保护知识产权上的新突破，具有积极的示范意义。通过这一窝点案件的办理，一方面为今后办理类似案件提供了成功经验，另一方面初步形成了“扫黄打非”协调配合的良好工作机制。

2. 该窝点所在区域处于成都市交通、物流地段，一些不法分子企图在这里租用仓库，从外地发运非法出版物至此进行清点、包装后销售。此案的查办，有效遏制了此类违法犯罪的势头，有利于成都出版物市场的健康有序，对净化出版物市场有重要意义。

3. 该案的查办，体现了打击非法出版活动信息员制度的成功实施，我市在运用信息员打击非法出版活动方面取得新的突破，这将对不法分子产生强大的威慑力，有利于我市出版物市场的健康繁荣发展。

4. 该案的不足之处在于未能抓获窝主，利用行政和刑事手段相结合打击非法出版活动，将其绳之以法，这是值得以后进一步思考和探索的地方。

六、物流贩运盗版与淫秽音像制品案

2008年5月中旬，四川省出版物市场稽查总队接群众举报在成都市熊猫大道某某停车场内“某某物流”货运公司从广东运送大量盗版音像制品发往成都。同时，省出版物稽查总队将举报情况通报成华区文化广电新闻出版局（以下简称“成华区文广新局”）稽查队。

为了成功查处此案，成华区文广新局采取积极有力措施查办此案：一是积极详细地做好摸底调查工作。群众反映后，成华区文广新局加大对“某某物流”货运公司的监控力度，在“5·12汶川大地震”后余震不断的情况下，派得力执法人员潜伏在该区域进行观察和详细摸底，及时掌握贩运违规音像制品车辆到达的时间、贩运数量和各收件人取货的时间、方式。二是制定有效的行动方案。针对摸底调查的情况，成华区文广新与省出版物市场稽查总队、成华区公安分局密切磋商查处行动方案，并做好保密工作。三是周密组织开展突击检查行动。2008年6月4日凌晨5时，潜伏的同志将观察的违规情况迅速报告相关部门，成华区文广新局与省出版物市场稽查总队、成华区公安分局执法人员迅速启动行动方案，对成华区熊猫大道某停车场内的该物流公司仓库进行突击检查，并迅速控制现场，详细调查取证，证据保存相关的违规物品。

经查，该物流公司是一家主要承运广州至成都的货运物流公司，于2007年10月19日，曾被成华区文广新局在成华区XX路XX号时查获过，贩运违法音像制品案达21万余张，随后，此公司隐蔽的搬迁到成都市熊猫大道XX停车场内继续违规经营。此公司在违规贩运违法音像制品时非常隐蔽，主要采取将违法音像制品与电器等其他物品混杂在一起，并且包装也很相似，到货时间和取货时间均选择到深夜和凌晨。

2008年6月4日，成华区文广新局与省出版物市场稽查总队、成华区公安分局联合行动，对位于成华区熊猫大道某某停车场内的“某某物流”仓库进行突击检查，现场查获当日凌晨由广州发至成都的盗版和淫秽色情音像制品20.5万张，其中淫秽音像制品17000张，且保存了相关的收据资料。现场检查发现：这批光盘有8000余个品种，110余件包裹，有署名“杨路”、“李兵”、“平哥”、“满哥”的17人，货主姓名含混不清的13人，音像制品数量最多达60000余张的是“杨路”，淫秽色情光盘数量最多达10000多张的是“李兵”。

案件查获后，省出版物市场稽查总队、成华区文广新局和成华区公安分局迅速组织成立“成华区6.4违规贩运盗版与淫秽音像制品案专案组”，负责对此案件的调查处理，专案组对音像制品认定为盗版和淫秽音像制品，同时将黄色淫秽的音像制品迅速移交公安机关进行处理。2008年6月11日，省“扫黄打非”办组织召开“六四大案”讨论协调会，主要讨论如何深挖“六四大案”，进一步扩大“扫黄打非”成果，此会省“扫黄打非”办黄主任出席，省出版物稽查总队、成华区文广新局、市新闻出版局稽查队、省公安厅治安总队、成都市公安局成华分局相关负责人参会。2008年6月16日，将此案作为“涉嫌犯罪案件”移送到省公安厅进一步调查处理。

该案例是一起典型从运输环节查获的贩运违法音像制品案，该物流公司曾先后两次被成华区文广新局等部门查获，沉重地打击了不法分子的嚣张气焰，切断了川内一些盗版光盘零售商的货源。同时，也发现贩运音像制品的手段非常隐蔽，在摸底核实、查处行动和调查处理的过程中相关部门要紧密配合和周密部署才能成功查处，才能有效追究违法经营者的刑事责任。

七、四川“7·18”销售非法音像制品案

2008年7月18日，四川省出版物市场稽查总队根据群众举报线索，会同成都市金牛区新闻出版局和公安机关，在成都市金牛区城隍庙南一巷信立电器商城负二层捣毁一销售盗版光盘的窝点，查缴盗版光盘30320张，其中涉嫌淫秽色情光盘300张。抓获涉案嫌疑人两人，交由公安机关追究刑事责任。

2008年7月，群众向四川省出版物市场稽查总队反映，在成都市城隍庙电器市场的信立大厦地下负二层，暗藏一销售侵权盗版音像制品的窝点，主要向我省一些二级市场批销盗版音像制品。总队接此举报后高度重视，安排执法人员立即进行了前期踩点工作，摸清了窝点位置和销售活动情况，并根据摸查情况制定了详细的行动方案。

2008年7月18日，总队执法人员根据行动方案，联合区新闻出版局展开了对该窝点的捣毁行动。上午9时许，执法人员根据前期踩点位置，下到灯光昏暗的大厦地下室，经过曲曲弯弯的狭窄通道，来到一排红砖隔离的简易房外。执法人员发现各间房门紧锁，仅在一旁角落的破椅上斜座一20多岁女子，口称她并不是这里的主人，也不知到上锁房间内有何物。执法人员根据经验判断，此女子并非是无关人员，很可能就是窝点主人。于是一边控制住该女子，一边找来梯子，通过砖墙接缝处逐房间观察，并观察到其中一间房内摆放有大量的光碟，确定了该处为销售窝点。经过执法人员对该女子的大量说服工作和摆在面前的事实，此人不得不承认自己名叫贺某，是屋内光碟的货主，并交出房门钥匙。打开房门后，执法人员发现，该处约有20多平方米，靠墙设立的货架上摆放着大量用于销售的音像制品，由于货架不足，更多的光碟不得不堆放在地下。现场散落的多张销售记录，显示此处生意的“兴旺”。此时另一嫌疑人贺某某闻风前来打探，也被执法人员识破并被抓获。经执法人员对这些音像制品初步检查，发现均属无识别码，无出版单位的光盘，数量多达3万余张。内容既有热播的港台剧、韩剧，更多的是国内制作播出的电视连续剧。在清理过程中，发现墙角一隐蔽处暗藏一纸箱，取出后经检查发现是300多张色情光碟。鉴于现场检查的情况，贺某、贺某某两人大肆销售侵权盗版音像制品及色情光碟，涉嫌构成犯罪，执法人员立即商请辖区派出所派出警官联合执法。成都市金牛公安分局人民北路派出所的警官到现场后对现场状况也感到震惊，在提取相关证据和办理完相关手续后，将两嫌疑人带回派出所继续调查，除色情光碟外，其他涉案盗版音像制品悉数被稽查总队异地封存。

根据《出版管理条例》、《出版管理行政处罚实施办法》的有关规定，现场的非法出版物由四川省出版物市场稽查总队在开具“证据先行登记保存”后，予以异地封存。由于该案已涉嫌犯罪，两名当事人被属地公安机关刑事拘留并开展继续侦察。公安机关在刑事侦察完结后，将案件移送检察机关批捕并以“非法经营罪”和“贩卖淫秽物品牟利罪”向人民法院提起公诉。目前，该案已由金牛区人民法院进行了开庭审理，即将宣判。

成都市城隍庙电器市场原有的几个销售音像制品的商场，由于管理不严，出现较多暗地贩卖盗版音像制品的现象，被国家有关部门联合清理整顿后，一些不法商贩遂将销售活动转入了更加隐秘的地方进行。一直以来省、市、区的版权、文化等执法部门多次对该区域暗地批销侵权盗版音像制品的活动进行打击，取得了丰硕的战果。但由于受利益驱使，一些心存侥幸的不法人员仍然暗地进行销售侵权盗版音像制品的活动。

该两嫌疑人被批准逮捕并被送上法庭，乃是四川严厉打击销售非法音像制品的重拳出击。对我省出版物市场的净化，特别是严厉打击销售各类盗版光碟的行为及案件的查办起到了重要作用。也为今后办理此类行政案件向司法机关移送追究刑事责任，摸索和总结了更多的实践经验，以利建立和健全长效联动机制。

2008年“扫黄打非”大事记

四川省“扫黄打非”办

1月3日，成都市文化市场稽查队会同金牛区文化市场稽查队，一举捣毁了位于五块石电子电器市场旁赛云台路智业小区一居民出租房内从事盗版音像制品刻、录、批发、贩运的窝点。查获《色戒》等非法音像制品10万余张（其中有淫秽色情光盘1万余张）、刻录设备2套、涉案人员2人。

1月12日，泸州市叙永县工商局会同文化、新闻出版、公安等部门，对位于该县西外车站附近涉嫌批销盗版光盘的“王氏音像”门市进行突击检查，现场查获盗版VCD光盘3万余张，其中涉嫌淫秽光盘400余张。

1月17日，全国第二十一次“扫黄打非”工作电视电话会议在北京召开，中共中央政治局委员、书记处书记、中宣部部长刘云山出席会议并讲话。省政府副省长、省“扫黄打非”工作领导小组组长张作哈及各位副组长、成员单位及有关部门负责人在四川分会场参加了会议。会后举行了我省领导小组负责人会议，研究确定了贯彻意见。

1月21日，省文化市场稽查总队会同省公安厅及乐山市文化局、公安局，对涉嫌经营违法音像制品的乐山市“三圆音像”和“新境界音像”进行了突击检查，现场查获涉嫌违法音像制品8万余张，抓获涉案人员5名。以后依法逮捕1人，取保候审4人

1月30日，省“扫黄打非”办公室印发《关于开展2008年“扫黄打非”第一阶段专项行动，净化春节、两会期间出版物市场的通知》，对全省第一季度“扫黄打非”工作作出部署，组织开展以非法出版物为重点的专项行动，为全国“两会”召开营造健康和谐的社会文化环境。

1月31日，全省2008年“扫黄打非”工作电视电话会议在成都召开。主题是：贯彻第二十一次全国“扫黄打非”工作电视电话会议精神，总结2007年全省“扫黄打非”工作，表彰先进、部署任务。省政府副省长、省“扫黄打非”工作领导小组组长黄彦蓉同志出席会议并作重要讲话。省“扫黄打非”工作领导小组各成员单位和省级有关部门的负责同志，部分受表彰的集体和个人代表，文化出版部分行业协会及有关单位，主要新闻单位记者参加了成都主会场的会议。各市、州党委、政府分管领导，“扫黄打非”工作领导小组各成员单位，有关部门的负责人在各市、州分会场参加了会议。

2月22日，眉山市仁寿县出版物市场稽查队根据群众举报，查获了山东某公司违反规定，向仁寿县中学和仁寿县二中违规销售教辅资料一案，共缴获违规教辅资料147件、码洋约30余万元。

2月27日，成都市武侯区文化市场稽查队与区公安分局、跳伞塔派出所的民警一起，捣毁了位于武侯某小区内的盗版光盘窝点，共查获盗版影视光盘9万余张及淫秽色情光盘6000余张(其中《艳照门》光盘32张)，抓获涉案人员11人。同日，德阳市文化新闻出版稽查支队，查获了该市海正广场两间出租房内的非法音像制品2万余张（有《色戒》、《苹果》等DVD、HDVD光盘及软件）。

2月下旬以来：成都海关驻邮局办事连续多次查获进境反动宣传品共计17件、108张（盘、本)。内容主要有境外“法轮功”邪教组织寄递的反动宣传品和极力鼓吹“藏独”的反动宣传品。

3月5日，省“扫黄打非”办协调省和成都市宣传、文化、新闻出版、公安、通管等有关部门，开展网上和出版物市场以查缴反动纪录片《共产主义血泪史》为主要内容的专项行动，在数码广场负二楼停车场，查获淫秽光盘260盘、无SID码光盘6500盘。在成都市青龙场货运广场内查获“广联货运”库房内窝藏的非法音像制品11万余张（其中有涉嫌淫秽光盘2.8万余张)。

3月6日，省委办公厅、省政府办公厅转发我省《2008年“扫黄打非”行动方案工作安排》，要求各地、各部门结合实际认真贯彻执行。

3月14日，省“扫黄打非”办在成都召开了领导小组部分成员单位联络员会议，总结交流2008年“扫黄打非”工作第一阶段专项行动的情况。省“扫黄打非”办专职副主任黄煜同志主持会议并通报情况部署工作，省文化、新闻出版、公安、工商等部分成员单位的部门负责人和联络员近50人参加座谈会。

4月20日，2008年全国集中销毁侵权盗版及非法出版物活动四川省暨成都市分会场销毁仪式在成都市八一家具城精品广场隆重举行。省政府副省长、省“扫黄打非”工作领导小组组长黄彦蓉出席并发表讲话。省和成都市“扫黄打非”工作领导小组负责同志，韩国、泰国驻成都总领事馆官员，省和成都市新闻出版、文化、教育、工商、交通、知识产权、城管等部门及成都海关的负责同志及有关行业的代表共计400余人参加了销毁仪式。共销毁各类侵权盗版及非法出版物138万余件。同时，自贡、攀枝花、泸州、遂宁、内江、乐山、南充、宜宾、广安、达州、雅安、眉山、甘孜、凉山共14个市州也分别设立了集中销毁现场，销毁各类盗版及非法出版物共计48

万余件。

4月22日，省"扫黄打非"工作领导小组发出了《关于开展2008年"扫黄打非"第二阶段专项行动的通知》，决定从2008年4月下旬至6月底在全省范围内开展"扫黄打非"第二阶段专项行动。

4月23日，成都市武侯区新闻出版局会同区公安分局查获盗版音像制品大案，捣毁隐蔽在一居民楼院内的窝点7个，查获盗版音像制品近20余万张（其中有淫秽光盘3万余张、各种盗版软件1万余张），抓获涉案人员15名。

5月12日，四川发生汶川大地震。眉山市新闻出版局稽查支队会同市公安局治安支队及洪雅县稽查队，冒着大地震的危险，连续奋战15小时查获了位于洪雅县将军乡一竹制品厂内的地下印刷厂，查获非法宗教印刷品6000多件。

5月22日，省"扫黄打非"工作领导小组办公室向全省"5·12"大地震重灾地区发出慰问信。自贡市高新区文化新闻出版稽查大队队员陶佳迪，将举行婚礼时收到的82600元礼金全部捐献给了地震灾区人民。

6月4日，为了坚决打击非法出版物违法贩运活动，省"扫黄打非"工作领导小组办公室、省交通厅、成都铁道局、省公安厅、成都海关、省新闻出版局、民航西南地区管理局、省邮政公司发出《关于坚决打击利用交通运输渠道贩运非法出版物的通知》。

省出版物市场稽查总队会同成都市成华区的相关部门联合行动，在成都市回龙停车场内的"广联物流"仓库，查获近期热销的盗版光盘《奋斗》、《双面胶Ⅱ》、《天道》和淫秽色情光盘《成熟贵妇人》、《欢乐性今宵》、《风尘女子艳情史》、《性爱激情》等20.5万余张。

6月10日，省"扫黄打非"工作领导小组办公室发出《关于深入开展"扫黄打非"进社区试点工作的通知》，对扩大试点、深入推进"扫黄打非"进社区工作作了具体部署。

6月20日，省"扫黄打非"办在成都召开了全省各市州"扫黄打非"办主任会议。主题是：传达贯彻全国"迎奥运、维护出版物市场稳定'扫黄打非'办公室主任会议"精神，总结上半年工作，部署迎奥运期间全省"扫黄打非"重点任务，为夺取抗震救灾全面胜利和北京奥运会成功举办营造良好文化环境及舆论氛围。省"扫黄打非"工作领导小组副组长兼办公室主任、省新闻出版局局长周国良同志出席会议并讲话。

6月23日至25日，省出版物市场稽查总队在眉山市举办了眉山、乐山、雅安片区出版物市场稽查人员实用业务知识培训班，参加培训的有三个市及所辖17个县（区、市）的出版物市场稽查人员，部分市、县（区）局分管领导，以及应邀参加培训的成都市、甘孜州局稽查队负责人，共计135人。

6月23日至25日，省"扫黄打非"办专职副主任黄煜带队前往资阳市检查调研"扫黄打非"进社区试点工作。

7月2日至3日，省"扫黄打非"办专职副主任黄煜带领省"扫黄办"及稽查总队有关人员到北川等地区调查研究，查看地震灾情，慰问"扫黄打非"干部群众。

7月10日，省"扫黄打非"工作领导小组发出《关于开展奥运前出版物市场集中清查行动的紧急通知》，提出了总体要求和目标任务、行动步骤和具体安排，确定成都、自贡、乐山、宜宾、广安等奥运圣火传递城市为重点地区，对地震重灾地区，要求结合本地实际，在抓好抗震救灾的基础上，努力搞好集中清查行动。

7月11日，省政府副省长、省"扫黄打非"工作领导小组组长黄彦蓉同志在四川省"扫黄打非"信息专报第十三期题为《一手抓抗震救灾一手抓市场监管 四川省破获一起运输渠道贩运非法音像制品大案》上批示："破获贩运非法音像制品大案是四川省'扫黄打非'工作取得的又一重大成果。望再接再厉，为奥运会召开创造良好的社会文化环境。"为此，省新闻出版局召开有关业务处室负责人会议，对在北京奥运会期间省局担负的"扫黄打非"工作任务制定了部门分工责任制。

7月18日，省出版物市场稽查总队会同成都金牛区新闻出版、公安部门的执法人员进行突击检查，捣毁了位于成都市城隍庙南一巷信立电器商城负二层的一个销售盗版光盘的窝点，查缴盗版光盘30320张，其中涉嫌色情淫秽光盘300余张。

7月22日至30日，省“扫黄打非”办组织省新闻出版、文化、交通、公安、工商等部门执法人员分成四个督导检查组，由成员单位领导带队，以奥运圣火传递城市为重点，分别对成都市、眉山市、乐山市、自贡市、宜宾市、资阳市、内江市、广安市、遂宁市、南充市等，以及成都市公路货运市场进行了全面督导检查。

7月23日，成都市“扫黄打非”办组织文化、公安、工商、城管等部门，开展了“7·23打击非法出版活动集中行动”。此次行动全市共查缴各类非法出版物2.4万余件。

7月24日，达州市“扫黄打非”部门积极行动，狠抓落实，组织协调市新闻出版、文化、公安、工商联合执法，在通川区塔沱社区将非法书贩抓获，共查获非法图书320个品种，总码洋5.3万余元。

7月28日，省“扫黄打非”办专职副主任黄煜同志带队，对成都市双流县华阳镇市场进行了抽查，收缴了一游商兜售的淫秽光盘及非法图书共40余件。

8月5日，成都地区出版物市场情况分析会在成都市拉萨大酒店举行，省“扫黄打非”办公室、省新闻出版局版权、音像、发行、出版物市场稽查总队及成都市有关区、县（市）“扫黄打非”、市场监管部门负责人共50余人参加会议。省新闻出版局党组成员、省“扫黄打非”办公室专职副主任黄煜同志出席会议并讲话。

8月13日，成都市新闻出版局会同公安局查获了位于二环路北二段某厂仓库内销售非法出版物的窝点，现场查获《阴阳宅》等涉嫌封建迷信内容的非法图书9万余册，以及《一夜风流》等非法刊物3万余册，共计13.6万余册。

10月9日至12日，以全国“扫黄打非”办信息处处长王喜凯为组长的检查组来川检查指导工作，在省“扫黄打非”办公室负责同志的陪同下，先后检查和听取了成都、绵阳、遂宁等城市“扫黄打非”工作及打击非法报刊专项行动的情况，实地考察了报刊亭、出版物市场、公路货运物流中心和“扫黄打非”进社区试点的情况，对四川“扫黄打非”工作给予了充分肯定。

10月17日，成都市新闻出版局联合市公安局的执法人员，在位于成都市建龙钢材市场一窝点内查获涉嫌非法出版物和涉嫌非法杂志共计7000余册，挡获嫌疑人1名。随即在嫌疑人暂住地又查获涉嫌封建迷信出版物4万余册。

11月11日，省“扫黄打非”办召开全国“扫黄打非”交办案件查办协调会议。省“扫黄打非”办、省公安厅治安总队、省出版物市场稽查总队、成都、德阳、绵阳、南充和达州等地“扫黄打非”办和公安局治安部门的负责人和案件经办人员共计30余人参加会议。

11月28日，全省“扫黄打非”进社区试点工作会议在成都召开。主题是：总结了全省开展“扫黄打非”进社区试点工作，通报奥运会前后全省出版物市场监管工作情况，传达贯彻全国有关会议精神，部署安排年底前有关工作。全国“扫黄打非”办、新闻出版总署反非法和违禁出版物司副司长黄晓新同志专程莅临会议指导，省“扫黄打非”工作领导小组副组长兼办公室主任、省新闻出版局局长周国良同志出席会议并讲话，省新闻出版局党组成员、省“扫黄打非”工作领导小组办公室专职副主任黄煜同志主持会议并报告工作。会上，5个试点地区代表作了交流发言，与会人员参观了成都市试点单位高新区新园社区和青羊区花园社区。各市（州）“扫黄打非”工作领导小组办公室的领导和有关负责人、开展试点社区的部分代表，省级有关部门负责人共70余人参加了会议。

11月27日、12月2日，成都市新闻出版局在调查摸底充分掌握情况的基础上，对藏匿在东华电脑城和城隍庙的两个盗版窝点分别采取了突击检查行动，现场抓获涉案人员6名，查获盗版光盘4.8万张。

12月9日，省政府副省长、省“扫黄打非”工作领导小组组长黄彦蓉同志在省政府副秘书长、省“扫黄打非”工作领导小组副组长陈保明的陪同下，到省新闻出版局、省“扫黄打非”办公室调查研究，看望干部群众，充分肯定全省“扫黄打非”工作，并提出了指导意见。

12月26日，成都市新闻出版局会同市公安局，对位于熊猫大道回龙停车场内的某货运站进行守候检查，在一辆从广州发往成都的货运车上，现场查获盗版非法音像制品53件，共10万余张，其中淫秽光盘达1万余张。

创新经验

关于开展“扫黄打非”进社区试点工作的情况报告

四川省“扫黄打非”工作领导小组办公室

为切实解决文化出版物市场存在的突出问题，加强社区“扫黄打非”工作，努力营造健康、文明的社区文化生活环境，根据全国“扫黄打非”工作部署和省委、省政府要求，我们在学习兄弟省开展“扫黄打非”进社区试点工作经验的基础上，自2006年8月以来，在成都、自贡、攀枝花、泸州、德阳、绵阳、广元、乐山、资阳、内江、遂宁等城市140个社区相继开展了“扫黄打非”进社区试点工作。各地在认真学习先进地区经验的基础上，积极开拓创新，勇于实践探索，积累了各具特色的有益经验，取得了十分明显的成效，为建立“扫黄打非”长效机制、营造健康文明的社区文化生活环境、切实保障未成年人健康成长，提高社区居民的精神文化生活质量，维护社会政治稳定和国家文化安全等发挥了积极作用。现将有关情况报告于后。

一、基本做法

社区是城镇最基层的组织，是党和政府各项方针政策的落脚点。开展“扫黄打非”进社区试点工作，就是要在社区深入开展“扫黄打非”的宣传教育活动，动员社区广大群众积极参与，缓解“扫黄打非”工作目前面临“大市场小队伍、硬任务软手段”的被动局面，这是探索解决当前文化出版物市场存在的突出问题，建立“扫黄打非”标本兼治长效机制的有效途径。根据全国“扫黄打非”工作部署和省委、省政府要求，我们在学习借鉴辽宁省锦州市开展“扫黄打非”进社区试点工作经验的基础上提出了《关于开展“扫黄打非”进社区试点工作的意见》。经过广泛征求各市州和各成员单位意见，报经省“扫黄打非”工作领导小组主要负责同志同意，省“扫黄打非”工作领导小组于2006年8月印发了《关于开展“扫黄打非”进社区试点工作的意见》，随即在全省11个城市60余个社区启动了“扫黄打非”进社区试点工作。2008年6月，根据党的十七大关于“推动社会主义文化大发展大繁荣”的要求，省“扫黄打非”办又发出了《关于深入开展“扫黄打非”进社区试点工作的通知》，第二批试点工作已在全省14个地区79个社区相继启动。我们的基本做法如下。

（一）明确指导思想，制定工作目标

1. 试点工作的指导思想。以邓小平理论和“三个代表”重要思想为指导，全面落实科学发展观，紧紧围绕全省“十一五”规划和建设西部文化强省的发展目标，积极探索建立“扫黄打非”工作长效机制，在社会最基础层社区组织开展“扫黄打非”，把工作做到千家万户，通过广大社区居民的积极参与，努力形成广大人民群众自觉抵制各类非法出版物，自觉维护社区文化环境的良好氛围，确保全省文化出版物市场健康有

序发展。

2. 试点工作的目标任务。将“扫黄打非”纳入社区整顿和规范市场经济秩序、精神文明创建、平安创建活动和纠正行业不正之风的总体工作中进行统一部署安排，统一检查考核，充分发挥基层党政组织和居委会、治保会、调委会等基层组织的作用，确保“扫黄打非”工作任务和责任落实到基层。在社区通过开展各种形式的宣传教育活动，切实提高广大居民对“扫黄打非”的思想认识，自觉增强精神文明创建意识，教育孩子和家人坚决抵制非法出版物、淫秽色情出版物、有害卡通读物和盗版出版物；组织和发动社区群众自觉投身到“扫黄打非”斗争中来，积极配合开展对辖区内和周边书报刊、音像经营网点、“网吧”、电子游戏厅和其他文化出版经营场所的监督管理，举报和反映辖区内发生的违法经营行为，彻底清缴危害政治稳定、社会安定的非法出版物，全面扫除侵害未成年人身心健康的淫秽色情出版物和有害卡通读物，使盗版出版物无处藏身，将腐朽文化垃圾扫地出门，使先进文化之树在每一个家庭牢牢扎根，营造健康、文明的文化生活环境，切实保障未成年人健康成长，提高社区居民的精神文化生活质量，共同建设我们美好的家园。

（二）突出工作重点，抓好三项任务

1. 开展宣传教育，提高思想认识。思想是行动的先导，只有思想认识提高了，才能在行动上做到自觉。因此，抓好宣传教育是首要任务。一是利用社区广播站、宣传栏、黑板报等，开辟“扫黄打非”专栏、专题宣传，设立有关“扫黄打非”内容的标语、警示牌，举办“扫黄打非”知识和成果展示，组织寓教于乐的“扫黄打非”宣传教育活动等。二是在社区组织开展有关“扫黄打非”的法律法规咨询活动和“扫黄打非”报告会、座谈会、经验交流会、培训班等，编印“扫黄打非”宣传资料，发放到社区居民家庭。三是教育和引导社区居民自觉抵制各类“黄、非”出版物，增强“非法出版物不进家门”的自律意识，树立和宣传抵制侵权盗版、打击非法出版物的先进典型。

2. 广泛发动群众，监控和举报违法经营行为。开展“扫黄打非”进社区，广泛发动群众、动员群众积极参与群防群治，监督市场和举报违法经营活动，是改变目前“扫黄打非”工作面临“大市场小队伍、硬任务软手段”被动局面的有效途径。为此，一是在社区显要位置公布“扫黄打非”工作部门的举报电话，方便群众举报和及时反馈社区周边非法出版物的经营活动。二是要在社区建立重要情况及时报告制度，有条件的应建立举报奖励机制，对有功人员实施一定奖励。三是要在社区内建立文化市场义务监督员队伍，协助有关部门对辖区内和周边的书报刊、音像经营网点、网吧、电子游戏厅和其他文化出版物经营场所进行监控，及时发现和报告社区内非法出版物的批销、藏匿、传播及游商兜售等不法行为。

3. 建设社区先进文化，引导和丰富社区文化生活。社区是各类群众最为集中的社会活动共同体，社区文化建设对于引导和丰富社区群众文化生活具有十分重要的导向作用。因此，一是在试点社区内开设了正版图书、报刊、音像制品阅览室或租赁店，有条件的还建立了绿色网吧等群众文化活动场所，方便社区群众阅览、租借、购买和上网的精神文化需要。二是不定期组织社区群众开展健康有益、丰富多彩的文化娱乐活动和精神文明创建等活动，以优秀的文学艺术作品和健康向上的文化活动占领社区文化阵地。

（三）坚持属地管理，加强组织领导

开展“扫黄打非”进社区试点工作，加强组织领导是重要保证。我们要求坚持属地管理、分级负责原则，在省“扫黄打非”工作领导小组的领导下，按照“试点先行、以点带面、总结经验、逐步推开”的原则，有计划、有步骤地开展“扫黄打非”进社区工作。

市（州）“扫黄打非”工作领导小组负责领导本地区“扫黄打非”进社区试点工作，市（州）“扫黄打非”工作领导小组办公室负责具体组织实施工作。建立由街道、社区党组织、行政、管委会、所辖主要单位和有关方面负责同志及工作人员等参加的社区“扫黄打非”工作协调小组，具体组织和实施开展“扫黄打非”进社区工作。坚持属地管理原则，各级“扫黄打非”工作领导小组要切实履行职责，确保“扫黄打非”进社区工作领导到位、任务到位、责任到位、措施到位，及时研究和解决试点工作中的有关问题。各级“扫黄打非”工作领导小组要积极争取党委、政府对开展试点工作的领导，协调有关部门给予支持与配合，确保试点工作必要的经费投入。

（四）试点先行，逐步推开

1. 按照省“扫黄打非”工作领导小组确定的“试点先行、以点带面、总结经验、逐步推开”的原则，确定在成都、自贡、攀枝花、泸州、德阳、绵阳、广元、乐山、资阳等市，各选择了1—2个基础条件好、有代表性的社区，于2006年底相继开展了试点工作。内江市和遂宁市也主动开展了试点工作。第一批全省共有61个社区开展了试点工作。

2. 根据党的十七大关于“推动社会主义文化大发展大繁荣”的要求，按照全省“扫黄打非”工作统一部署，我们在总结经验的基础上，决定在更大范围内扩大试点工作。2008年6月中旬，省“扫黄打非”办发出了《关于深入开展“扫黄打非”进社区试点工作的通知》。在成都、自贡、攀枝花、泸州、德阳、绵阳、广元、遂宁、内江、南充、广安、眉山、资阳等14个地区79个社区相继开展了第二批试点工作。

（五）经费支持，表彰先进

按照省“扫黄打非”工作领导小组印发的《关于开展“扫黄打非”进社区试点工作的意见》要求：年终将“扫黄打非”进社区试点工作纳入全省“扫黄打非”考核和评选先进范围，对在开展“扫黄打非”进社区工作中做出突出贡献的集体和个人予以表彰奖励。2007年1月，在各地评选推荐的基础上，省“扫黄打非”工作领导小组授予成都市武侯区红牌楼龙爪社区、自贡市富顺县富世镇金山社区等等11个社区“2006年全省‘扫黄打非’进社区试点工作奖”，颁发奖金16.5万元。2008年1月，授予成都彭州市“扫黄打非”工作领导小组办公室、自贡市高新区方冲社区处等14个单位“2007年全省‘扫黄打非’进社区试点工作先进集体”称号，颁发奖金21万元。2009年1月，授予成都市高新区社会事业局、自贡市自流井区新街富台山社区等14个单位“2008年四川省‘扫黄打非’进社区试点工作先进集体称号”，颁发奖金14万元。

考虑到我省各地社区经费普遍比较困难，在开展试点工作中需要增加一定经费支出，2008年，我们争取省财政部门拨款25万元，用于补助试点社区的宣传培训经费。

二、主要成效

开展试点工作两年多的实践证明，“扫黄打非”进社区是建立“扫黄打非”长效机制的正确选择，其成效主要在以下几方面：

（一）“扫黄打非”宣传教育深入人心

通过在社区设立“扫黄打非”宣传栏、标语牌，入户散发宣传资料，将“扫黄打非”融入社区群众文化活动等形式，使得“扫黄打非”的宣传教育深入人心，广大居民群众对“扫黄打非”工作的重要性有了全新的认识，改变了人们过去认为“扫黄打非”只是公安局、派出所的事情的看法，明白了“扫黄打非”关系“大家”和“小家”，“抵制侵权盗版、人人都有义务”。通过宣传教育，社区群众增强了抵制非法出版物的意识，自觉做到不买、不看、不传，并积极进行抵制，主动参与到“扫黄打非”中来，维护社区文化环境，使未成年人的成长环境得到有效净化，社区先进文化阵地不断发展壮大。成都彭州市摄制的以“扫黄打非”为题材的电视短剧《李二哥遭烫》和反映“扫黄打非”工作的《十分关注》电视栏目，以及组织别开生面的“扫黄打非”知识竞赛活动等，宣传效果显著，深受群众欢迎和好评，一些群众激动地说：“开展‘扫黄打非’进社区确实好，免得我们再受骗上当了！”

（二）社区文化环境得到明显净化

通过在社区公布“扫黄打非”举报电话、发

动群众举报、组织培训讲座、义务监督员队伍随时在社区及其周边的巡视检查等办法，对非法出版物经营活动产生了较大震慑作用，非法出版物在社区成了“过街老鼠”、无立锥之地。目前，试点社区内基本做到了无贩卖非法出版物的游商、地摊及窝点，出版物经营门店基本无出租、出售非法出版物现象，有效遏制了社区内非法出版物的批销、藏匿、传播及游商兜售等不法行为，社区内及周边的文化出版物经营场所切实得到了净化，秩序平稳有序。富顺金山社区居民阳腾芬看见游商在社区内出售盗版光碟时，立即进行了举报，并对社区干部说：决不能让这些盗版物进入我们社区污染环境和损害青少年身心健康；有的群众还主动将收到的“法轮功”宣传品以及家里的侵权盗版等非法出版物交到到社区来。

（三）社区文化建设进一步加强

通过在社区建立正版图书报刊阅览室、音像制品租赁点及绿色网吧等群众文化活动场所，组织社区群众开展健康有益的文化娱乐活动，极大的地丰富了社区群众文化的内容和形式，不仅用健康向上的文化活动引领了群众文化生活，促进了社区先进文化建设，而且方便了群众对健康向上精神文化产品的需求，使他们的文化权益在一定程度上得到了有效保障。内江市试点单位翔龙社区投入资金6万余元，建成了面积达100多平方米、藏书1万余册的高标准图书室，也是全市第一个社区电子阅览室，实现了与市图书馆的联网阅读，并全天候开放，解决了社区群众“买书难、借书难、看书难”的问题，发挥了引导社区居民自觉抵制有害读物、拒绝淫秽色情和盗版非法出版物的作用。成都市龙爪社区不仅建立了社区图书阅览室，还建立了社区绿色网吧，免费向青少年开放，深受群众喜爱。

三、几点体会

开展“扫黄打非”进社区试点工作，是一项全新的探索性的工作，需要不断积累，总结提高，逐步完善。我们认为工作中把握住以下几点是至关重要的。

（一）领导重视、保障落实

开展“扫黄打非”进社区试点工作，需要配合的部门多、统筹综合性强，仅靠“扫黄打非”办一家是无法完成的，必须依靠党委和政府的高度重视、强有力的组织领导和经费条件方面的大力支持，这是试点工作得以顺利开展的关键。德阳市建立了市政府分管副市长任组长、市委、市政府相关单位为成员的“扫黄打非”进社区试点工作协调小组，负责全市试点工作。泸州市委、市政府将“扫黄打非”进社区工作列入重要议事日程，市委常委、宣传部长曹建国，副市长梁伟华及时作出了“要加强协调、相互配合，推进试点工作，加大对非法出版、制售活动的打击，进一步规范市场管理、净化市场环境”的批示。曹建国常委和梁伟华副市长还亲自带队到各个试点社区调研指导，检查验收，给试点社区工作站授牌。彭州市委、市政府将“扫黄打非”进社区试点工作纳入政府工作目标管理，在专项经费十分紧张的情况下，拨出5万元用于启动试点工作，保证了试点工作初期硬件设施的建设，做到了人员到位、措施到位、经费到位，从而有力地保障了试点工作的顺利开展。

（二）组织到位、人员落实

各地“扫黄打非”工作领导小组对开展试点工作都提出了具体的指导意见，制定了周密可行的工作规划。各级“扫黄打非”办公室积极协调，精心组织，涉及的有关部门大力支持，主动配合，落实了相关人员，明确了工作责任，制定了实施方案。各试点社区都建立了有社区党组织、行政部门和所辖主要单位及有关方面负责同志参加的社区“扫黄打非”工作小组，专门负责具体落实试点工作的各项任务。泸州市建立了由市委常委、宣传部长曹建国任组长，副市长梁伟华及有关部门领导为成员的市“扫黄打非”进社区试点工作领导小组，加强对全市试点工作的领导，并在试点社区都组建了“扫黄打非”工作站。彭州市委常委、副市长谭学军亲自担任天彭镇社区试点工作领导小组组长，市文体广电新闻出版局局长、天彭镇党委书记任副组长，成员由该市政法委、市公安局、市工商局等相关单位组成，在领导小组还下设了一个协调组，具体负责组织、协调工作。

（三）任务明确、制度落实

各试点单位求真务实、开拓进取、真抓实干，把试点工作任务分解到了各部门、各单位，将“扫黄打非”工作与社区文明创建活动、平安建设活动、社会治安综合治理、整顿和规范市场经济秩序、预防青少年违法犯罪活动等项工作统筹起来，统一部署安排，统一检查考核，促进了试点工作顺利有效开展。各试点社区都建立了一整套“扫黄打非”工作的相关制度如：《“扫黄打非”社区工作站制度》、《工作记录登记制度》、《巡查记录登记制度》、《日常监管制度》、《定期报告制度》、《举报登记制度》、《社区“扫黄打非”义务监督员职责》、《社区“扫黄打非”家庭公约》等，以确保责任清晰、任务明确和社区各项制度落到实处。泸州市在全市10个试点社区建立图书室12个，绿色网吧4个，文艺宣传队10支，有义务监督员130人，设立“扫黄打非”宣传栏50处，发放宣传资料3万余份，张贴警示牌3000余块，组织大型宣传活动10余次，在电影放映前宣传“扫黄打非”法律法规及相关知识的电影放映200余场，受教育市民达到12万余人次，组织社区所在地学校学生开展“扫黄打非”知识教育活动30余次，参加活动的学生4万多人次。自贡市方冲社区在青少年中开展的“捐一本书，读百本书”活动，举办家长学校，开展各种讲座，引导学生多读书，读正版书，倡导健康文化生活，抵御不良文化影响，深受学生及家长欢迎。

（四）因地制宜、开拓创新

试点工作是一项建立“扫黄打非”长效机制的全新工作，各地情况千差万别，不可能套用一个简单固定的模式来完成，只能因地制宜，从各地的实际情况出发，发展创新，积极探索，不断总结，逐步提高。成都市在开展试点工作中认识到位，方向明确，思路清晰，措施有力，坚持高起点、高标准、高要求，制订方案注重可操作性，积极争取当地党政支持，优化试点工作条件，找准与社区工作的结合点，在资源共享中创新，在互助共建中发展，以活动为载体，坚持在寓教于乐中增强工作的针对性和实效性。他们总结的“资源共享”的经验（文化市场义务监督员队伍与社区治安协管员及守楼护院巡逻员队伍结合起来、将“扫黄打非”的内容和要求与社区原有的文化阵地建设和群众文化活动结合起来），实现了“扫黄打非”在社区工作中“进得去、呆得住、有发展”的目标。“扫黄打非”是精神文明建设的重要内容，泸州市“扫黄打非”办与市精神文明办共同研究制定了“扫黄打非”进社区试点工作方案，在工作中紧紧抓住“四个结合”，即：将“扫黄打非”进社区和精神文明建设相结合、和市民素质教育相结合、和群众监督相结合、和文化建设相结合，切实将“扫黄打非”工作纳入到社区工作任务中，真正实现了“扫黄打非”工作和社区工作的有机融合。

四、今后打算

各地在开展“扫黄打非”进社区试点工作中，遇到了不少的问题和困难，主要是：目前社区干部普遍较少、任务繁重、经费紧张，开展“扫黄打非”进社区，在开展宣传教育活动、培训和聘请市场监督员、实施举报奖励、建立社区图书室或出版物租赁点及绿色网吧等，这些都需要一定经费投入，也是社区文化建设的必要保障条件；“扫黄打非”工作具有较强的政策性和专业性，社区干部和市场监督员对“扫黄打非”方面的法律法规及相关知识了解不多，认识不够，需要进行业务培训提高，等等。

因此：一是充分发挥协调作用，积极争取各级党委、政府加强领导，将“扫黄打非”纳入社区工作总盘子，统筹安排部署，实行目标考核，对所需经费在政策上要给予支持，列入财政预算，为试点工作创造必要的条件，并及时研究和解决工作中出现的种种问题，推进社区“扫黄打非”工作顺利有效开展。二是认真总结试点工作经验，发扬成绩，克服不足，不断改进完善，提高试点工作的层次和水平，巩固和扩大试点工作成果，在还没有开展但有条件开展的地区推进试点工作，最终使试点工作常态化，纳入正常工作部署。三是按照中央“把‘扫黄打非’工作与城市社区建设和社会主义新农村建设结合起来”、“切实加强乡镇和社区对文化市场的管理”的要求，在总结城镇开展“扫黄打非”进社区的基础上，逐步将试点工作向乡村延伸，确保城镇和乡村的“扫黄打非”工作有人抓、有人管，不断巩固和发展基层文化阵地。四是加强对社区干部和监督员“扫黄打非”方面的有关政策法规及相关知识的培训工作，不断提高他们的政策法规水平和工作能力。协调组织新闻媒体，加大对“扫黄打非”进社区试点工作的宣传报道力度，提高社会各界参与“扫黄打非”的自觉性。

成 都 市

2008 年“扫黄打非”工作总结

成都市“扫黄打非”办

2008 是极不平凡的一年，也是成都“扫黄打非”战线走过的最为艰辛、最为难忘的一年。在成都市委、市政府的坚强领导下，在全国和省“扫黄打非”办的有力指导下，全市“扫黄打非”战线认真贯彻落实《2008 年“扫黄打非”行动方案》和市委市政府领导同志的重要指示、批示精神，坚持以邓小平理论和“三个代表”重要思想为指导，经受住了“5·12”特大地震的严峻考验，紧紧围绕全市中心工作，以为成功举办北京奥运会和全国文明城市创建营造良好舆论氛围和市场环境为主线，高举保护知识产权旗帜，利用“反盗版天天行动”、“文化环保工程”和网络专项治理等平台，以打击非法出版物为重点，不间断地开展专项治理和集中打击行动，保持日常监管的高压态势。据统计，2008 年全市共出动执法人员 108210 人次，检查出版物店档摊点 28060 家次，开展集中行动和专项执法检查 56 次，关闭非法店档、摊点 745 个，取缔游商地摊 2 万余处，取缔关闭无证照印刷复制企业 43 家，捣毁非法出版物运输、储存、经销窝点 53 个，删除本地网络有害信息 4700 余条。收缴各类非法出版物 276 万余件，其中有害出版物及宣传品 6959 件，淫秽色情出版物 81218 件，非法报纸期刊 1.2 万件，走私光盘 600 件，盗版出版物 266 万余件，查办案件 443 起，其中移送司法案件 3 起。全市“扫黄打非”工作取得了显著成效，成都市新闻出版局、成都市“扫黄打非”办公室分别荣获 2008 年全国“扫黄打非”工作先进集体、全国迎奥运保稳定“扫黄打非”先进集体称号。

成都市委、市政府高度重视“扫黄打非”工作。2008 年，在推进成都试验区建设中，从实现统筹城乡“四位一体”科学发展战略目标、把握社会主流舆论导向、提升城市文明程度、保护知识产权创造、优化文化生态环境、保障群众文化权益等重要方面出发，进一步加强了对“扫黄打非”工作的统筹安排和领导推动。市委、市政府主要领导亲自过问“扫黄打非”工作，连续两年将“扫黄打非”任务纳入市委、市政府专项目标考核管理体系，写入了本届政府五年工作报告和年度工作报告；市委常委、宣传部长何华章，市政府副市长、市“扫黄打非”领导小组组长王忠林同志多次听取汇报，对全年工作以及“3·14”涉藏维稳、“5·12”抗震救灾、迎奥运保稳定等特殊时期和创建全国文明城市等全局性“扫黄打非”任务，及时作出部署和指示。

在2008年“3·14”涉藏维稳、抗震救灾、迎奥运保稳定等特殊时期和敏感时期，以及创建全国文明城市工作中，成都市“扫黄打非”工作领导小组指挥有力，王忠林副市长代表市委市政府长期值守都江堰市，在坐镇指挥抗震救灾和灾后重建的同时，十分关切全市“扫黄打非”工作进展，不断提出工作要求。市新闻出版（版权）局局长、市“扫黄打非”工作领导小组副组长兼办公室主任毛大付，市新闻出版（版权）局副局长、市“扫黄打非”办公室常务副主任宋辉坚持深入一线、靠前指挥、带队执法，直接参与案件查办并经常性暗访调研，及时掌握市场动向、调整工作策略；市“扫黄打非”办公室注重发挥工作机构职责，周密部署，精心指导、大力协调，组织、开展了多次专项行动，及时督办“扫黄打非”大要案件，同时加强了与全国和省“扫黄打非”工作部门的联系，为成都“扫黄打非”工作争取到更有力的指导；市级各成员单位按照谁主管、谁负责原则，切实履行职责，提高了工作整体合力，特别是宣传、政法、新闻出版、文化、广电、公安、城管、工商等部门密切配合，充分发挥了骨干作用；各区（市）县按照“属地管理”原则，切实加强了成都的出版物市场日常监管和重点市场、重点部位的暗访巡查，努力做到“守土有责、守土负责、守土尽责”。全年全市“扫黄打非”工作始终保持高压态势，坚决封堵查缴有害出版物和淫秽色情出版物，坚决打击侵权盗版活动，有效遏制了各种非法出版活动。

在总结日常监管经验的基础上，成都市初步形成了以动态管理、责任倒查、部门协作、整体联动、应急防控、暗访巡查、舆论宣传等七大长效工作机制为核心的出版物市场监管体系，提高了全市出版物市场管控水平；在城乡11个社区开展了“扫黄打非”进社区试点工作，探索形成了在不同条件下开展“扫黄打非”的模式，提升了社区市民素质，创造了成都经验；积极推进“扫黄打非”行政执法与刑事处罚衔接机制的建立，切实加大对非法出版物经营活动的司法打击力度；认真开展“我为奥运做贡献，文明经营我争先”活动，引导出版物经营者树立“经营正版光荣、经营盗版可耻”的良好风尚；做好全市抗震救灾和灾后重建出版物市场监管工作，严密封堵查缴利用地震制造谣言、扰乱视听、扰乱社会秩序的非法出版物和网上有害信息，确保灾后出版物市场稳定、有序；开展了涉藏非法出版物的专项清查，有效杜绝了成都范围内印刷、复制、传播涉藏非法出版物；市“扫黄打非”办成立抗震救灾应急小分队，奔赴都江堰、彭州、大邑、崇州等重灾区直接参与抢险救灾；丰富宣传手段，制作公益广告和宣传手册，营造广大群众理解、支持、参与“扫黄打非”的良好氛围。全市业已形成了以新闻出版稽查队伍为核心，文化、广电、工商、城管、公安等部门为骨干的“扫黄打非”执法体系，构建了“宣传教育、监督防范、查处打击”三位一体的工作格局，开创了复杂环境下出版物市场监管的新局面，取得了“扫黄打非”工作的大突破。

奥运期间成都无一例非法转播奥运赛事的侵权事件和非法出版、制黄贩黄、侵权盗版的恶性事件发生，全国文明城市创建中“出版物管理”目标任务圆满完成，出版物市场秩序达到了成都市历史最好水平，为成功举办北京奥运会营造了良好舆论氛围和文化市场环境，为成功创建全国文明城市做出了积极贡献。

贵 州 省

2008 年“扫黄打非”工作总结

贵州省“扫黄打非”办

2008 年，贵州省“扫黄打非”的工作，遵照中央、省《关于 2008 年“扫黄打非”行动方案》的工作部署和工作要求，在省委、省政府的统一领导下，全省各级“扫黄打非”工作领导小组办公室及成员单位相互协调、密切配合，把迎接北京奥运会、残奥会和纪念改革开放 30 周年作为工作主线，以“反盗版天天行动”为工作平台，以出版物市场日常监管和专项整治行动为工作手段，以营造健康有序、繁荣发展的出版物市场环境为工作目标，始终保持“扫黄打非”高压态势，严厉打击出版物市场中的各种违法违规经营活动，取得了明显成效，较好地完成了全年“扫黄打非”工作目标。

全年共出动执法检查人员 38562 人次，检查出版物市场 7113 个次，检查店档摊点 20914 个次，检查印刷复制企业 5728 个次，检查网吧经营场所 51483 个次，处罚店档摊点 321 个，处罚印刷复制企业 55 个，处罚违规网吧、网站 58 个，取缔关闭店档摊点 630 个，取缔关闭印刷复制企业 56 个。全省行政处罚案件 122 起，行政罚款 877872 元。其中：淫秽色情出版物案件 8 起，侵权盗版出版物案件 112 起，网络“扫黄打非”案件 2 起，刑事审结案件 10 起，刑事处罚个人 23 人。取缔经营非法出版物的游商地摊 5809 个，取缔无证照经营网吧 157 个，查扣电脑等设备 227 台，查缴各类非法出版物为 2107040 件。其中：邪教组织宣传品 225 件，非法宗教宣传品 1070 件，淫秽色情出版物 10756 件，盗版图书 110771 件，盗版教材教辅读物 97333 件，盗版软件及电子出版物 46100 件，非法报纸期刊 9006 份，走私光盘 204 件，盗版音像制品 1831575 件。

一、加强组织领导 为开展“扫黄打非”工作提供保障

为切实加强对“扫黄打非”工作的组织领导，2008 年 5 月，针对各地党政领导班子换届问题，充实和调整了全省 9 个市（州、地）、88 个县（市、区、特区）“扫黄打非”组织领导和机构，逐步建立和完善了“扫黄打非”工作相应的工作制度，以确保工作的正常开展。

二、精心部署工作 确保“扫黄打非”工作取得实效

2008 年 3 月 3 日，根据全国第二十一次“扫黄打非”工作电视电话会议精神，省“扫黄打非”工作领导小组在贵阳市召开了全省第二十一次“扫黄打非”工作电视电话会议，此次会议第一次将省的年度“扫黄打非”工作会议延伸至 88 个县（市、区、特区）。省的会议召开后，各级“扫黄打非”工作领导小组均结合本地区实际，及时组织召开“扫黄打非”工作会议，对年度的具体工作进行了安排和部署。

重点抓好阶段性工作，巩固“扫黄打非”工作成果，实现年度“扫黄打非”各专项行动间的有效衔接。

一是强化“两节”、“两会”期间出版物市场的监管工作，积极营造健康向上的文化环境。

1月5日至2月15日，贵州遭遇了历史上罕见的雪凝灾害，严重影响了人们正常的生产、生活和工作。在此期间，全省各级“扫黄打非”工作部门及新闻出版（版权）战线上的广大干部职工克服恶劣天气给工作带来的困难，按照省“扫黄打非”办公室《关于切实加强2008年“两节”“两会”期间出版物市场监管工作的通知》要求，从大局出发，切实加大监管力度，切实履行工作职责，取得第一阶段较好工作成绩。

二是严厉查处印刷行业各种违法违规行为，取缔非法印刷窝点。省“扫黄打非”办公室针对全省印刷企业存在的突出问题和群众反映的情况，发出了《关于组织开展清查印刷企业、取缔非法印刷窝点专项工作的通知》，从2月12日至3月12日，在全省范围内开展了为期一个月的清查违规印刷企业、取缔非法印刷窝点专项行动。各地执法部门严格依照国务院《印刷业管理条例》、《无照经营查处取缔办法》等法规开展了专项清查工作。

三是依法严厉整治网络淫秽色情等有害信息。为深入打击网络淫秽色情等违法犯罪活动，开展互联网长效管理机制建设，综合治理人民群众反映强烈的网上“文化垃圾”等问题，根据省委常委、省委宣传部长、省“扫黄打非”工作领导小组副组长兼办公室主任谌贻琴批示，组织开展全省依法打击整治网络淫秽色情等有害信息专项行动。

四是为加强和改进大学生和未成年人思想道德教育，切实为未成年人健康成长营造良好的社会环境。省“扫黄打非”工作领导小组办公室在阶段性专项行动的通知中，要求各级“扫黄打非”工作部门要切实加强对校园周边出版物市场进行认真清理，各地新闻出版、版权部门会同教育、公安、文化等部门对校园周边的书店、文具店、音像店等公共场所进行了高密度的清查，重点查缴了危害未成年人身心健康的淫秽色情出版物、“口袋本”图书、有害卡通画册、不良游戏软件和盗版教材教辅读物。

五是认真落实“5·27”全国“扫黄打非”办公室主任会议精神。省“扫黄打非”办公室结合实际，对全省6至8月的阶段性“扫黄打非”工作进行了具体安排。在此期间重点抓了三项工作：1. 及时召开相关工作会议。7月29日，省、贵阳市“扫黄打非”办公室联合召开了省会贵阳地区“扫黄打非”办公室主任会议，对奥运前及奥运期间的相关工作再次进行了具体部署。7月30日，省“扫黄打非”办公室与省书刊发行业协会共同组织，召集省出版物批发市场和省出版物集散中心的经营户召开“我为奥运做贡献、文明经营我争先”的动员大会，积极促进行业自律，使经营者形成守法经营意识。随后各市（州、地）新闻出版（版权）、公安、工商、城管、交通、文化等行政管理部门，也相继会同当地书刊发行业协会及时组织召开出版物经营户动员大会，宣传有关政策法规和全国范围内“扫黄打非”案件的查处情况，明确守法经营的责任和义务，保证所经营的门店不销售盗版和非法出版物。2. 加大“扫黄打非”工作力度，认真抓好全省出版物市场的集中清查整治工作。北京奥运会前30天内，全省各级“扫黄打非”办公室及其工作部门认真履行职责，对辖区出版物市场实行不间断、高密度地巡查，做到发现问题及时解决。在奥运会倒计时20天和倒计时10天两个时间段内，各级“扫黄打非”工作领导小组办公室依靠当地党委、政府的领导，积极协调“扫黄打非”工作成员单位，组织开展联合执法检查。重点对辖区的书报刊、音像和计算机软件制品集中经营场所及批发、零售、出租、放映单位，城市繁华街区和超市、宾馆饭店、广场、剧院等公众人口密集区，公路、铁路、航空交通枢纽，旅游景点、城乡集贸市场等进行高密度、全方位、立体式的拉网式大清查，排查隐患，杜绝死角，有力打击各种侵权盗版经营行为和非法出版活动。3. 全面加强对省内重点地区的督导检查和指导工作。8月5日至8月22日，省“扫黄打非”办公室按照奥运前的工作安排，抽调人员组成督导检查组，对遵义市、黔南州、黔东南州、安顺市、六盘水市五个重点地区奥运前及奥运期间出版物市场集中清查行动进行督导检查，帮助、指导各地“扫黄打非”斗争的深入开展，确保了奥运会期间全省出版物市场的健康有序。

六是按照全国“扫黄打非”办公室《关于加强奥运会后出版物市场监管 深入开展“扫黄打非”斗争的通知》、《关于进一部开展严厉打击非法报刊专项行动的通知》要求。国庆期间，省“扫黄打非”办公室要求全省各级“扫黄打非”工作部门要认真借鉴奥运会期间所积累的成功经验，转化已取得的工作成绩，以实际行动确保中央关于纪念改革开放30周年所部署的各项重大工作的圆满完成。

三、注重调查研究 加强工作指导 及时掌握全省“扫黄打非”工作动态

一是针对贵州“东”、“南”两个主要公路进口非法出版物和盗版音像制品流入问题，为做到有效截流，省“扫黄打非”办公室决定将“东”、“南”两进口列为全年“扫黄打非”工作的重点，在“东”、“南”两进口地建立省、市（州、地）、县（市、区、特区）三级联防、联查工作机制。以铜仁地区玉屏县和黔南州独山县为重点，切实解决好两地“东”进口和“南”进口非法出版物和盗版音像制品流入贵州及经过贵州过境进入邻省等地的问题。省“扫黄打非”办公室组织人员于3月下旬和4月下旬先后分赴铜仁地区的铜仁市、玉屏县，黔南州的都匀市、独山县，黔东南州的凯里市、麻江县，遵义市的红花岗区等地进行出版物市场检查和调研，着力围绕解决封堵非法出版物运输环节源头和进一步规范出版物市场经营秩序等“扫黄打非”重点问题开展工作。调研组根据掌握的情况，撰写调研报告，制订方案及措施，并会同省有关部门联合向全省各市（州、地）下发了《关于进一步加强对交通、铁路、航空、邮政物流等出版物运输环节实施有效监管的通知》，以确保交通运输环节“扫黄打非”日常监管不失控。

二是帮助基层一线解决工作中的重点问题。3月21日，省“扫黄打非”办公室检查组对铜仁市金滩市场和鸿基图书音像中心进行了暗访。发现两个市场盗版及非法出版物经营情况较为突出，针对存在问题，检查组指导和帮助铜仁地区“扫黄打非”办公室协调“扫黄打非”相关成员单位，整合执法资源，采取有效措施，集中对经营非法出版物的市场进行有效打击和规范。4月22日至24日，检查组到遵义市红花岗区沙河小区“图书音像批发城”进行了实地暗访摸底，查实该出版物市场经营非法出版物现象十分严重，当即与市新闻出版（版权）局、市“扫黄打非”办公室领导交换了意见，通报相关情况。针对铜仁地区铜仁市的金滩市场、鸿基图书音像中心，以及遵义市红花岗区的沙河小区“图书音像批发城”，经营非法出版物问题比较严重的问题，为以点带面推动工作，省“扫黄打非”办公室结合全省工作实际，在第二阶段专项行动中作出了具体工作部署，要求各级工作部门进一步理清思路，抓住本地区的重点、难点问题，采取强力的手段和有效的措施，对工作中所存在的各种问题切实加以解决。

三是根据年初省人大、政协会议代表和委员提出的意见与提案，按照安排，5月，省“扫黄打非”办公室指定专人，通过认真调研后，分别完成了对省政协第十届一次会议第145号提案刘大泯委员对于《净化出版物市场法制环境，打击非法出版报刊市场》有关问题的答复，省政协十届第一次会议团体第14号提案《关于正确应对“恐怖文化”缓解青少年心理压力的建议》问题的答复。

四、加大对“扫黄打非”案件的查处

省“扫黄打非”办公室参照《全国“扫黄打非”案件备案及督办办法》，制定下发了《贵州省“扫黄打非”案件备案及督办试行办法》。2008年省“扫黄打非”办公室向全国“扫黄打非”办公室上报贵州“扫黄打非”案件7起。查处涉案非法音像制品数量达74万件，涉案金额为106万元。对涉及刑事处罚的案件，已由当地行政执法部门移交给当地司法部门依法进行处理。

在各级“扫黄打非”办公室的协调下，全省

各级人民法院依照刑法和“两高”相关司法解释的规定，充分发挥刑事审判职能作用，全年共受理涉及“扫黄打非”刑事案件10起23人，审结10起23人，其中以制作、复制、贩卖、传播淫秽物品牟利罪宣判8件14人，以传播淫秽物品罪宣判2件9人，结案率100%。

2008年，省“扫黄打非”办公室会同有关部门共完成全国“扫黄打非”办公室转来的督办案件4起。做到件件有落实，事事有结果，较好地完成了案件督办任务。

五、突出抓好“扫黄打非”信息宣传工作

2008年，省“扫黄打非”办公室加大了对全省“扫黄打非”工作的信息宣传，注重和改进“扫黄打非”宣传工作方式，及时准确地报道全省各地深入开展“扫黄打非”斗争的工作情况，为推动全省的“扫黄打非”工作发挥了积极导向作用。

一是及时收集整理了全省“扫黄打非”战线工作方面的信息3958条，编发了31期75851万字的贵州“扫黄打非”工作信息，上报全国“扫黄打非”办公室贵州“扫黄打非”工作信息55条，经采用在中国“扫黄打非”网上显示45条。全年有9条信息在全国“扫黄打非”工作简报或工作快报上刊登，有3篇反映贵州“扫黄打非”工作的文章在《中国新闻出版报》发表，有25条工作信息在贵州人民广播电台综合新闻栏目里进行广播，有11条工作信息在贵州电视台《新闻联播》栏目中予以报道，有81条工作信息在《贵州都市报》和《贵州商报》上刊登。

二是采取利用法律法规咨询、发放宣传资料、设立展板宣传、手机公益短信、广告媒体、文艺演出、公开组织销毁活动（“4·26”销毁活动中，全省共销毁非法出版物1357919件，其中：由省“扫黄打非”办公室与贵阳市“扫黄打非”办公室在贵阳市中心人民广场销毁105万件）等形式，全方位地宣传我省“扫黄打非”工作成就，扩大社会影响力。全年发放各种宣传资料218926份，发送公益短信1982717条，回答群众咨询81297次。

三是抓住工作的宣传重点，突出热点，注重宣传实效。如：北京奥运会期间，根据出版物市场集中清查专项行动的工作开展情况，把宣传工作分成奥运前30天、奥运期间、残奥会期间三个阶段，工作中注重前期的工作部署，突出中期工作落实，善于后期工作的总结，收到了良好的宣传效果。

领导讲话

在第二十一次全省“扫黄打非”工作电视电话会议上的讲话

贵州省委副书记、省“扫黄打非”工作领导小组组长

王富玉

这次会议，是在组织深入贯彻学习落实十七大精神时，召开的全省“扫黄打非”工作电视电话会议。刚才，庆生同志对2008年的“扫黄打非”工作进行了部署并提出了具体工作要求，刘援朝同志、林连华同志代表部门作了讲话，我完全赞成。

党的十六大以来，省委、省政府高度重视“扫黄打非”工作，每年都作出专门部署，各地各部门按照省的统一部署和要求，做了大量富有成效的工作。5年来，全省出动执法人员9.2万余人（次），取缔非法出版物经营点5700余个，办理行政、刑事案件2780件，查缴各类非法出

版物1403万件，其中非法书刊687.6万册，非法音像制品657.3万张，非法电子出版物58.1万张，淫秽色情等有害非法出版物29·3万余册（盘）。有效打击和遏制了各类非法出版活动，使出版物市场始终保持了繁荣健康有序的态势，为维护社会政治稳定和国家安全、为党和国家工作大局做出了积极贡献。尤其是刚刚过去的2007年，各地各部门始终保持良好的精神状态，开展集中行动和专项治理，切实加强文化市场日常监管，在为十七大营造良好思想舆论氛围和文化环境方面发挥了重要作用。在已召开的全国第21次"扫黄打非"电视电话暨表彰会议上，贵州省受到全国表彰的有：贵阳市委宣传部长、市"扫黄打非"工作领导小组组长蒋星恒、省"扫黄打非"办公室主任科员李翔等2名先进个人；贵阳市"扫黄打非"办公室、贵阳市南明区文体局等2个有功集体和贵阳市南明区文体局文化稽查队队长罗灿忠1个有功个人，就是去年全省工作中涌现出来的先进。借此机会，向他们、向多年来付出辛勤努力的同志们，尤其是我省今年雪灾凝冻期间战斗在"扫黄打非"工作第一线的同志们致以崇高敬意和衷心感谢！，

回顾5年的"扫黄打非"工作，全省各地各部门创造了许多好经验，值得认真总结。其中最基本的是做到七个"坚持"：一是坚持在党和国家工作大局下部署和行动，始终把打击非法出版活动作为"扫黄打非"工作的首要任务，自觉为大局服务；二是坚持保障最广大人民群众的文化权益，着力维护文化市场的良好秩序，着力解决群众反映强烈的文化垃圾问题；三是坚持保护知识产权，广泛团结各种社会力量参与"扫黄打非"；四是坚持运用法律、行政、经济、文化等手段综合治理文化市场，教育与惩治相结合，行政执法与打击犯罪相结合，积极探索适合于贵州实际的文化管理模式；五是坚持属地管理和谁主管、谁负责的原则，做到守土有责、守土负责；六是坚持密切配合、协同作战，上下一体、区域联动、部门互动，形成工作合力；七是坚持改革创新，不断完善工作机制，拓展工作领域，丰富工作手段，提高工作水平。这些经验，体现了全省各级工作部门对"扫黄打非"工作规律的认识和把握，要很好珍惜，并在今后工作中不断丰富完善。在总结工作成绩和经验的同时，全省各级"扫黄打非"工作部门及成员单位还应看到工作中存在的不足。一是专项行动与日常监管衔接还不够好。往往出现专项行动期间打得有力，转入日常监管后就有松懈，非法出版物容易回潮。二是运输渠道堵截非法出版物的措施还没有真正到位。贵州省的非法出版物主要是周边省、市、区大量流入，公路、铁路运输渠道监管堵截措施不到位，市场上的非法出版物必然屡禁不止。三是对不法游商的治理还应加大治理力度，尽最大努力将市场秩序化。总之，这些问题的存在，造成了贵州省出版物市场不容乐观，形势依然严峻的局面。下面就如何贯彻好二十一次全国"扫黄打非"会议精神，做好2008年的工作，讲三点意见：

一、要进一步深化对"扫黄打非"工作的认识，保持旺盛的工作劲头

各级各部门都要深刻地认识"扫黄打非"面临的新形势、新任务、新要求，进一步增强工作责任感和使命感。党的十七大高举中国特色社会主义伟大旗帜，确定了在新的历史起点上继续全面建设小康社会、加快推进社会主义现代化的奋斗目标，这一目标是经济建设、政治建设、文化建设和社会建设共同发展的目标。坚持不懈开展"扫黄打非"，营造良好的社会环境、文化环境和社会风气，是建设社会主义先进文化、巩固马克思主义在意识形态领域指导地位的迫切需要，是加强社会主义法制建设、维护社会主义市场经济秩序的迫切需要，是顺应人民群众强烈愿望、保护青少年身心健康的迫切需要。当前，贵州省出版物市场的总体形势是好的，意识形态领域主流积极健康向上，但境外势力极力推行所谓意识形态新战略，对中国加紧进行思想文化渗透，与中国争夺阵地、争夺群众、争夺人心。面对复杂形势和繁重任务，全省"扫黄打非"战线必须保持清醒头脑，增强忧患意识，切实地克服"扫黄打

非”松劲麻痹的思想，深刻认识新形势下“扫黄打非”工作的重要性和现实紧迫性，进一步增强责任感、使命感，保持旺盛的工作劲头，坚定不移地把“扫黄打非”工作深入持久开展下去。

二、要突出重点，全面带动全年工作

2008年是全面学习宣传贯彻党的十七大精神、加快推进社会主义现代化的重要一年，中国将纪念改革开放30周年，将举办北京奥运会。“扫黄打非”工作服务党和国家工作大局、维护社会政治稳定的任务很重，保护知识产权、净化文化环境、促进文化大发展大繁荣的任务很重。2008年全省的“扫黄打非”工作，各地各部门要认真贯彻学习第二十一次全国“扫黄打非”工作电视电话会议精神，按照中央和省的部署，全面贯彻党的十七大精神，高举中国特色社会主义伟大旗帜，以邓小平理论和“三个代表”重要思想为指导，深入贯彻落实科学发展观，坚定不移地保护知识产权，开展专项治理，加强日常监管，坚决打击各种非法出版活动，全力维护社会政治稳定和国家文化安全，积极营造良好社会环境、文化环境和社会风尚，为推动贵州省文化大发展大繁荣、促进全面建设小康社会，实现经济社会发展历史性跨越提供有力的保障。具体工作，要突出以下重点：

1. 坚决查缴违禁内容非法出版物，切实维护社会政治稳定。打击违禁内容非法出版活动，始终是“扫黄打非”工作的首要任务。要继续保持高压态势，特别是紧紧围绕全国“两会”、奥运会、纪念改革开放30周年等重大活动和敏感期，开展集中行动，坚决封堵和查缴各类违禁内容非法出版物和邪教组织宣传品，坚决防止境外违禁内容出版物非法流入贵州市场和在省内非法印制和利用互联网传播。做到严密监控、立体防范、露头坚决打击，不留后患。

2. 集中打击各种侵权盗版活动，加强舆论宣传，充分展示贵州省保护知识产权的良好形象。随着北京奥运会的临近，国际舆论将会持续聚焦我们国家，保护知识产权问题仍是关注热点。全省各级“扫黄打非”工作部门要加大对各类侵权盗版行为和非法出版活动的打击力度，进一步树立中国保护知识产权的良好形象，进一步为促进自主创新、提升国家核心竞争力营造良好的舆论氛围和社会环境。全年要在加强文化市场日常监管的基础上，抓紧查办、审结、曝光一批侵权盗版重点案件，形成震慑。在“4·26”世界知识产权日前后，贵州省“扫黄打非”工作领导小组办公室要组织各地运用各种媒体进行保护知识产权舆论宣传报道、开展统一集中销毁盗版制品的活动。奥运会前后，各市（州、地）要重点清查书报刊、音像制品、计算机软件等市场，涉及国外来宾和游客所到的城市、景点、交通枢纽、宾馆饭店等地方，特别要做好周边地区的整治和管理，坚决清理兜售非法出版物的游商小贩。抓住北京奥运契机，借助“多彩贵州”文化品牌，利用“多彩贵州”的文化资源，宣传贵州文化事业的健康发展，推进贵州文化产业快速增长，满足广大群众的文化生活需求。

3. 全面开展网上“扫黄打非”工作，集中打击网络淫秽色情活动。经过前一段的集中治理，贵州省网络文化环境有了明显净化，但网络淫秽色情活动尚未得到根本遏制，利用网络传播有害信息的现象仍严重存在，我们要把网上“扫黄打非”作为全年的经常性工作，摆上重要议事日程。各市（州、地）要组织开展网络“扫黄打非”专项行动，坚决遏止网络色情泛滥的趋势。相对于传统文化市场，网上“扫黄打非”工作难度更大。各级要认真研究网络传播规律和网络技术发展趋势，进一步完善网络管理法规，依法清除网上淫秽色情等有害信息，依法严厉打击网上违法犯罪活动，依法加强互联网管理，努力构建和谐健康的网络环境。

4. 严肃查处各类非法报刊，维护文化市场良好秩序。非法报刊近年来呈现愈演愈烈之势，往往以合法形式在省内报刊亭等场所公开出现，传播政治谣言和低俗色情等文化垃圾，社会影响恶劣，群众反映强烈，必须加大整治力度。前一段按照中央专项行动部署，各地工作取得了明显成效，要继续推进、扩大战果。坚决取缔各种形式的非法报刊，包括“一号多刊”、假冒伪造刊号、利用境外注册刊号在境内出版，以及利用广告印刷品形式非法出版的报刊。严厉查处未经批准，擅自从境外进口并公开出售的报刊。建立健全省内报刊审读制度，加强和规范管理，牢牢把握主流舆论导向。

三、要加强领导，狠抓工作落实

2008年“扫黄打非”工作任务重，要求高，影响大，各市（州、地）、各有关部门要增强政治意识和大局观念，加强整体谋划，注重统筹协调，按照属地管理和“谁主管、谁负责”的原则，严格落实责任制，把总体目标与阶段性目标紧密结合起来，确保各项任务落到实处。

1. 要加强组织领导。“扫黄打非”事关全局，各市（州、地）、各部门主要负责同志要亲自过问，分管领导要靠前指挥，切实担负起领导责任。要按照中央和省的2008年行动方案，结合实际，细化措施，完善机制，强化监督检查，确保各项任务落实到位，防止有分工不负责，有责任不落实。对领导有力、工作扎实、成效显著的地区和个人，要给予表彰奖励；对因工作失误造成严重后果的，要追究责任。

2. 要加强协同配合。各地各部门要密切配合、协同作战，进一步完善上下一体、区域联动、部门互动的工作机制。从贵州省文化市场的实际出发，积极探索文化市场综合执法改革，推进整合执法资源，加强联合办案，对跨地区、跨部门案件，要集中力量，联合行动，提高执法效能。要针对非法出版活动的新动向，积极开展全方位、立体执法、联合办案，严厉打击跨省跨区域非法出版、运输非法出版物活动。

3. 要加强日常监管。要进一步完善出版经营单位的准入和退出机制，拓宽社会监督渠道，强化对文化市场的日常监管。同时，要注意研究新情况、新问题，在工作中创新工作思路，改进工作方法，勇于工作实践，掌握非法出版活动的特点，增强“扫黄打非”的针对性，依法有效打击违法犯罪活动。

4. 要加强结合治理。要以群众性精神文明创建活动、平安建设等为载体，把“扫黄打非”工作与整脏治乱、新农村建设、社会治安综合治理等活动结合起来。坚持把“扫黄打非”工作成效，作为评选文明城市、文明社区、文明单位和衡量社会治安综合治理成效的重要指标。综合运用社会宣传、专题培训、学校教育等形式，提高社会公众保护知识产权、参与“扫黄打非”的积极性，推动行业协会发挥自律和服务作用。加大对“扫黄打非”工作的宣传报道力度，宣传各级党委、政府采取的有效措施，反映社会各界和干部群众的广泛支持，推广各类文化企业自觉守法经营的先进典型，同时加强舆论监督，完善举报和举报奖励制度，及时曝光不法经营行为，揭露和严厉打击各种形式的非法出版活动。

同志们，“扫黄打非”工作是实现全面建设小康社会目标的重要保障，大家从事的是一项功在当代、利在千秋的崇高事业。让我们在以胡锦涛同志为总书记的党中央领导下，在省委、省政府的直接领导下，继续保持昂扬向上的精神状态，发扬特别能战斗、特别能吃苦、特别能奉献的良好作风，以出色的工作业绩去努力开创贵州省“扫黄打非”工作的新局面。

2008年3月3日

在2008年贵州分会场销毁侵权盗版及非法出版物活动上的讲话

贵州省人民政府副省长
谢庆生

为进一步推动贵州省实施“绿色文化工程”和切实转化2008年第一阶段“扫黄打非”专项行动工作成果，以实际行动迎接“4·26”世界知识产权日。按照中央的统一部署，今天省、市“扫黄打非”工作领导小组共同在这里举行公开销毁侵权盗版及非法出版物100万件活动。其目的，就是要向全社会表明省委、省政府实施科教兴黔战略、高举保护知识产权旗帜、严厉打击侵权盗版活动的坚定立场和坚强决心。就是希望通过这些活动，进一步警示、震慑违法犯罪分子和非法经营者，唤起贵州全省广大人民群众理解、支持和参与“扫黄打非”斗争的积极性，始终保持对“扫黄打非”的高压态势，在全社会逐步形成保护知识产权、反对侵权盗版的良好意识和良好风气。

2008年是全面学习宣传贯彻党的十七大精神的第一年，是加快推进社会主义现代化的重要之年，是改革开放30周年，是北京将奥运会举办之年，深入开展好“扫黄打非”斗争尤显重要。“扫黄打非”工作每年都列入中央和省的工作重点，就是因为它是特殊领域的特殊工作，是关系意识形态安全的战略问题。只有把“扫黄打非”工作放在反渗透、防分化的大局中认识，才能看到它首先是战场其次才是市场，首先是斗争其次才是竞争，首先是政治其次才是文化。我们一定要时刻保持高度警惕，决不可麻痹大意，掉以轻心。

保护知识产权、打击侵权盗版，坚持“扫黄打非”斗争、保护青少年健康成长，打击盗版支持正版、科学发展共建和谐，是实现国家发展战略至关重要的环节，是推进中国经济和社会发展的紧迫需要，是中国建设法制社会、完善社会主义核心价值体制进程中，整顿和规范市场经济秩序的必然要求，是进一步扩大对外开放、积极应对国际局势和处理国际事务的必要条件。保护知识产权最根本的是鼓励民族创新，促进民族产业的快速发展。

2008年以来，全省各级党委、政府、“扫黄打非”工作领导小组、办公室及成员单位，认真贯彻落实中央第21次“扫黄打非”工作电视电话会议及2008年省“扫黄打非”行动方案，积极开展第一阶段“扫黄打非”专项行动，全省共收缴各类非法出版物54.5万件，出动执法检查人员5728人次，检查出版物市场1856个，检查店档摊点4874个，检查印刷复制企业9255家，处罚违规店档摊点46个，印刷企业7家，取缔违规单位和游商地摊471个，非法印刷窝点19个，全省行政处罚案件52宗、刑事处罚案件3件。有效加强了知识产权保护工作和遏制了省内销售盗版非法出版物猖獗的势头。这些成绩的取得，是各级党委、政府高度重视，各级“扫黄打非”工作领导小组、办公室以及文化、新闻出版、版权、公安、工商、交通、海关等职能部门密切配合、协同作战的结果，也是广大人民群众积极参与的结果，在这里，我代表省委、省政府、省“扫黄打非”工作领导小组向战斗和工作在“扫黄打非”第一线的全体同志表示诚挚的慰问和崇高的敬意！

在肯定成绩的同时，我们应清醒地看到，贵州省出版物市场仍存在着一些突出问题。如果侵权盗版及非法出版活动不能得到有效遏制，不但会影响我们国家在国际上的形象，甚至会抑制、扼杀我们民族的原创精神和创新动力，扰乱国家正常的经济秩序。因此，对于侵权盗版非法出版活动，我们决不能坐视其肆虐，必须认真整治，严厉打击。各地、各部门，要认真落实省委、省政府关于整顿和规范市场经济秩序的一系列部署和2008年贵州省“扫黄打非”行动方案，深刻分析贵州省“扫黄打非”所面临的新特点、新情况、新问题，认真总结工作中的成功做法和经验，进一步抓好贵州省“扫黄打非”工作，净化贵州省出版物市场，为广大人民群众营造一个良好的文化环境。

同志们，“扫黄打非”斗争是功在当代、利在千秋的正义之举，是贵州建设和谐社会必须作出的努力。全省“扫黄打非”战线及相关部门一定要认真贯彻党的十七大精神，全面落实科学发展观，自觉践行“三个代表”重要思想，坚持不懈深入地开展“扫黄打非”工作，确保贵州省文化安全，进一步促进贵州省文化事业的大发展与大繁荣，为开创我省“扫黄打非”工作新局面，为实现贵州省经济社会发展跨越式发展而努力奋斗。

2008年4月20日

认真贯彻十七大精神　深入开展“扫黄打非”斗争
在全省第二十一次“扫黄打非”工作电视电话会议上的讲话

贵州省新闻出版（版权）局长、省“扫黄打非”工作领导小组办公室常务副主任
刘援朝

这次全省“扫黄打非”工作电视电话会议，是在全面贯彻落实党的十七大战略精神，全力推动社会主义文化大发展大繁荣的新形势下召开的一次重要会议。王富玉同志将在会上作重要讲话，部署了2008年的“扫黄打非”行动。全省各级新闻出版、版权部门，要认真学习贯彻王富玉同志重要讲话精神，按照这次会议的部署，切实履行职责，认真开展“扫黄打非”斗争，为贵州省经济社会发展创造良好的文化环境。下面，我结合新闻出版、版权行政部门的任务，讲几点意见。

一、认清形势，提高认识，进一步增强责任感和使命感

党的十六大以来，在省委、省政府的高度重视和领导下，全省“扫黄打非”工作成效显著，在推进构建社会主义核心价值体系、坚持社会主义先进文化前进方向等方面发挥了重要作用。2007年，全省“扫黄打非”工作部署周密、行动迅速，突出重点，措施得力，工作始终处于主动地位。特别是在打击非法出版、清除淫秽色情文化、保护知识产权、开展网上“扫黄打非”、查办大案要案等方面，取得了新进展，得到了广大群众的赞誉，为党的十七大召开营造了良好的舆论文化环境。“扫黄打非”工作每年都列入中央和省的工作重点，就是因为它是特殊领域的特殊工作，是关系意识形态安全的战略问题。只有把“扫黄打非”工作放在反渗透、防分化的大局中去认识，才能看到它首先是战场其次才是市场，首先是斗争其次才是竞争，首先是政治其次才是文化，是以文化形式出现的意识形态领域的政治斗争，才能深切的理解“扫黄打非”工作的重要性和紧迫性。

2008年，是全面贯彻落实党的十七大精神的第一年，是人大、政府、政协换届之年，是改革开放30周年，是北京奥运会举办之年。可谓大事多，喜事多。但经验告诉我们，大事越多敏感问题也越多。目前，“扫黄打非”斗争面临的形势依然十分严峻：违禁内容非法出版物出现了渗透的新动向和新特点，淫秽色情出版物仍在地下传播，非法报刊和违规出版报刊不断改换形式，侵权盗版非法出版物经营活动仍在进行，利用网络传播有害信息屡禁不止，非法制售、传播活动

呈现跨地区、跨行业、团伙化、网络化趋势，非法印刷窝点问题突出，一些合法出版、印刷企业和光盘刻录公司参与盗版，犯罪分子内外勾结、行为隐蔽、显现手段多变。

面对新形势、新挑战，各级新闻出版、版权行政部门要进一步统一思想，提高认识，增强责任感和使命感。一是要从维护国家文化安全、社会稳定的高度，进一步提高对“扫黄打非”斗争重要性、长期性、艰巨性和紧迫性的认识，切实将思想和行动统一到中央的决策部署上来，保卫好、维护好主流意识形态主渠道和主流文化的主阵地。二是要落实属地管理、谁主管、谁负责的原则，把“扫黄打非”工作摆到新闻出版和版权管理的重要位置，加强组织领导，及时研究解决本部门、本战线存在的主要问题，切实做到任务、人员、措施、工作四到位，尽力提供经费、装备等保障条件。三是要认真履行“扫黄打非”职责，进一步加大对出版活动和出版物市场的监管力度，建立健全长效监管机制，从源头上防范非法出版和“制黄贩黄”问题。

二、明确目标，突出重点，切实履行“扫黄打非”分工职责

省委、省政府“两办”即将转发的《2008年“扫黄打非”行动方案》确定了2008年“扫黄打非”的总体要求、工作任务和主要措施。各级新闻出版、版权行政部门要坚决按照省的总体部署和要求，结合实际研究和制定具体的工作方案，突出抓好重点工作、重点地区、重点部位、重点环节，认真抓好本单位负责的相关任务的落实，以实实在在的措施推动“扫黄打非”斗争不断向纵深发展。

各级新闻出版、版权行政部门要将以下四项任务作为工作重点，加强监管。一是严密查堵违禁内容非法出版物。要把封堵和查缴违禁内容非法出版物作为出版物市场监管工作的第一位任务，始终保持高压态势，严防境外违禁内容有害出版物通过各种渠道流入贵州市场。加强对出版单位、印刷复制企业的执法检查，严防境外违禁内容非法出版物在境内翻印复制。坚决查缴违禁内容非法出版物和邪教组织宣传品，抓住一切可疑线索深挖彻究，着力打团伙、破网络，严厉打击犯罪分子。二是依法打击各种侵权盗版活动。坚持常抓不懈，做到反盗版天天有行动，天天见成效。对出版物市场要认真作出安排，结合各地实际，组织进行全面检查。要追查盗版制品的生产源头，深挖非法印刷窝点，严厉查处参与盗版盗印、非法刻录活动的企业，情节严重的坚决吊销其经营许可证。大力打击非法预装、销售计算机软件行为，继续在全省机关、学校、企事业单位中推行计算机软件正版化工作。加强对大中型企业、机关、学校图书馆采购馆藏图书监管，防止盗版及非法出版物以批量采购方式进入企事业单位图书馆。积极配合有关部门，查处取缔销售盗版及非法出版物的游商地摊和无证照经营者。三是全面开展网上“扫黄打非”工作。加强对网络出版活动的监管，规范网络出版行为，坚决清除网络盗版产品和有害信息。四是严肃查处非法报刊制售活动。继续深入整治假报刊、假记者站、假记者、假新闻，及时公布非法报刊名录，清查报刊发行市场，坚决收缴各类非法报刊，依法取缔非法报刊社、编辑部、记者站、工作站等机构，纠正、重罚报刊出版单位的违法违规行为。

各级新闻出版和版权行政部门，要在2008年三个阶段相继开展的“扫黄打非”专项行动中，担当主力，根据查堵违禁内容非法出版物、整治印刷复制环节、清理出版物市场等重点任务，切实担负起牵头部门的职责，制定周密的整治方案，扎扎实实地予以实施。要顾全大局，严肃纪律，依法行政，解决好贵州省销售非法出版物和盗版出版物等突出问题，进一步规范市场秩序。

三、改革创新，密切协作，不断提高“扫黄打非”工作水平

各级新闻出版、版权行政部门要进一步解放思想，勇于改革，用创新的思路和方法，去思考我们工作的全局和重点。要积极探索与文化、公安、工商、建设（城管）、运输等相关部门密切协作、协同配合的新机制，不断提高“扫黄打非”工作水平。

一是要进一步强化行业管理，引导行业自律。新闻出版部门首先要加强对新闻出版编、印、发各单位的监管，把好选题关、印制关、市场准入关，通过对单位负责人进行政策和法律法规教育培训等多种形式，引导新闻出版单位增强自律力，自觉与各类违法违规行为作斗争。

二是要勇于开拓创新。积极探求我省文化市场综合执法体制改革路子，切实将“扫黄打非”工作作为文化市场综合执法的核心内容并统领文化市场综合执法工作，努力探索创新“扫黄打非”体制、机制与文化市场综合执法紧密结合的新途径，使之成为推动社会主义文化大发展大繁荣的坚强保障。开展市场调查和对策研究，特别要注意研究“扫黄打非”延伸到乡镇、社区后出现的新情况，农村地区“扫黄打非”的新要求，创新思路和方式方法，以市场办法、经济办法解决敏感问题。

三是要科学管理、依法管理。要研究科学的管理方法和思路，注意政策法规的连贯性和系统性。要研究依法管理中执法策略和方式，全面提高各级新闻出版、版权行政部门的执法水平。针对“扫黄打非”工作中出现的新情况、新问题，从出版、印刷、复制源头到发行销售终端，着力研究制定加强行业管理的具体措施，并且落实到管理实践中。

四是要加强与相关部门的协作。各级新闻出版、版权行政部门要与相关部门及时沟通，协同作战，形成合力。尤其是在集中行动和案件查办上，要主动协调，积极服务，全力配合，促进行动有实效、案件早侦破，严惩犯罪分子，教育从业人员，鼓舞执法士气。

2008 年 3 月 3 日

在二十一次全省“扫黄打非”工作会议上的讲话

贵州省政法委副书记、省综合治理办公室主任、省“扫黄打非”工作领导小组成员
林连华

根据会议安排，就全省各级政法、综治部门深入开展“扫黄打非”工作，讲三点意见。

一、统一思想，提高认识，进一步增强做好“扫黄打非”工作的责任感

2007 年，贵州省政法各部门在各级党委、政府的领导下，按照中央和省关于“扫黄打非”工作的部署和要求，把“扫黄打非”作为政法、综治工作的重要内容，列入“平安贵州”建设的一项重要工作，密切配合宣传、新闻出版、文化、工商等有关部门，开展了声势浩大的“扫黄打非”专项行动，坚决查堵违禁内容非法出版物、扫除淫秽色情等文化垃圾、打击侵权盗版行为、整治非法报刊，认真开展网上“扫黄打非”工作，始终保持了对各种违法犯罪活动的高压态势；坚持排查摸底，突出工作重点，加大清查整治力度，破获一批大案要案，端掉一批犯罪窝点，抓获一批犯罪嫌疑人；及时受理“扫黄打非”案件，组织精干力量快侦、快诉、快判，依法严惩一批违法犯罪分子。同时，坚持“打防结合、预防为主，专群结合、依靠群众”的工作方针，结合平安建设，推动“扫黄打非”工作向基层延伸，促进各项工作的落实，为贵州文化市场健康有序发展和构建“和谐贵州”，发挥了重要的作用，成绩明显。

2008 年，既是全面贯彻落实党的十七大精神的关键一年，又是中国在北京举办举国关注、举世瞩目的奥运盛会的重要一年，维护社会和谐稳定、净化文化和出版物市场工作任务十分繁重，“扫黄打非”工作面临的形势依然十分严峻。一是境外势力利用文化传播渠道对我国实施渗透和破

坏，企图危害我国社会政治稳定；二是非法出版活动向团伙化、网络化、专业化、规模化发展，社会危害越来越大；三是各种形式的非法报刊违法出版活动，严重扰乱了出版市场秩序；四是各种形式的侵权盗版活动日益突出，损害中华民族创新力和文化产业的健康发展，影响了中国的国际形象；五是利用互联网传播色情、暴力、网络垃圾等腐朽文化屡禁不绝，不仅给违法犯罪提供了滋生土壤，还严重影响着青少年的健康成长。

对此，各级政法、综治部门必须清醒认识当前形势，一定要从捍卫中国特色社会主义旗帜、捍卫中国特色社会主义理论、捍卫中国特色社会主义道路的政治高度，从全面建设小康社会、构建社会主义和谐社会的高度，从巩固党的执政地位、维护国家长治久安的战略高度，充分认识"扫黄打非"工作的极端重要性。切实按照全国、全省政法工作会议精神和这次会议的要求，进一步提高对"扫黄打非"斗争重要性、长期性、紧迫性的认识，进一步增强政治意识、大局意识、责任意识和忧患意识，一定要把思想统一到中央、省委的决策部署上来。各地政法部门一定要把"扫黄打非"工作作为维护治安秩序和社会稳定的一项重要任务，加强组织领导，积极参与专项行动和整治，进一步加大执法力度，确保"扫黄打非"工作落到实处，取得实效。

二、围绕难点，突出重点，进一步加大"扫黄打非"工作的力度

各级政法、综治部门要紧密结合本地区、本部门的实际，采取切实有效的各项工作措施，狠抓落实，努力争取更好的工作效果。

一是要紧密配合有关部门严密查堵违禁内容非法出版物。要把制售违禁内容非法出版物活动作为打击重点，坚决封堵和查缴传播政治谣言、制造思想混乱、误导群众情绪、破坏社会稳定、危害国家统一、煽动民族分裂、攻击党的领导、诬蔑社会主义制度的违禁内容非法出版物和邪教组织的宣传品；坚决查禁传播政治谣言的非法报刊。公安机关要积极配合新闻出版、文化、工商等部门，加大对书报刊批发市场、音像市场、电子软件市场的清查力度。坚决打击兜售违禁内容非法出版物和盗版出版物、淫秽音像制品的违法犯罪活动。

二是要深入开展网上"扫黄打非"斗争。各级政法部门特别是公安机关，要切实加强网上斗争，建立健全网上综合防控体系，加大网上巡查力度，及时封堵网上反动有害信息，切断其传播渠道。要依法加强互联网安全监督管理和网络信息监控，密切关注网上舆情动向，做到早发现、早处置，坚决查处利用信息网络传播各类有害信息等违法犯罪活动。要严厉打击网上色情活动，扫除淫秽色情等文化垃圾，为青少年健康成长创造良好的社会环境。要严厉打击利用互联网、网吧、移动通讯终端、声讯台、录像厅、手机短信等传播文化垃圾、有害信息的行为，并寻根溯源，挖出犯罪窝点，严惩组织头目。要对群众反映强烈的接纳未成年人浏览色情有害信息的黑网吧和违规经营的上网服务场所，坚决予以取缔，依法严厉查处。要进一步净化网络文化环境，规范网络文化经营秩序。

三是要进一步加大侦破和查办大案要案的工作力度。各级政法部门要加强情报信息工作，建立情报信息网络，做到早发现，早控制。要深挖犯罪线索，查找犯罪活动源头，坚决打掉从事走私、制作、印刷、复制、销售非法出版物活动的犯罪团伙，端掉其制作储藏窝点，摧毁其地下发行网络。各级党委政法委要切实加大对案件的协调力度，特别是对大案要案和跨地区的案件，必须落实责任，加强督查，确保立案、侦破、审理等环节的办案质量。各级公安机关要发挥"扫黄打非"主力军作用，强化对重大案件侦破的组织领导，加大工作力度，务求工作实效。公安、法院、检察院要密切配合，用好用足用够现有法律，做好行政执法与刑事司法的衔接，充分运用刑事打击手段，严惩犯罪，形成强大的法律威慑力。要对有关部门移送的应该追究刑事责任的案件，务必做到及时立案，坚决依法追究犯罪嫌疑人的刑事责任。要进一步规范执法行为，对有法不依、执法不严、以罚代刑，办人情案，充当保护伞，甚至与不法分子相互勾结，进行权钱交易的执法人员，一旦发现，要依法严厉查处，并追究有关领导的责任。

四是要加强治安管理和防范工作。各地要加强对出版、发行单位和印刷、复制企业的监管，依法严厉查处单位和企业的违法违规行为，从源头上保障出版物市场的正常秩序。要坚决取缔无照经营、违法经营的企业，从严查处违法经营行为。要进一步加大治安整治的力度，对在城市繁华地区和公共场所兜售盗版图书、淫秽光盘的游商、摊商进行坚决治理。

三、群策群力，综合治理，进一步形成齐抓共管的工作格局

“扫黄打非”工作，涉及部门多，覆盖面广，工作难度大。各地要坚持“打防结合、预防为主，专群结合、依靠群众”的方针，以深入开展平安文化市场建设为载体，着力建设“扫黄打非”工作长效机制。各级综治委要按照《关于深入推进“平安贵州”建设的意见》和《2008年全省社会治安综合治理工作要点》的要求，认真落实“扫黄打非”工作责任，明确目标任务，切实加强组织领导，确保“扫黄打非”工作在基层得到落实。各级综治办要积极与当地“扫黄打非”工作领导小组及其办公室配合，协调、指导综治成员单位共同做好“扫黄打非”工作。

构建社会主义和谐社会、维护社会稳定和确保人民群众平安，既关系到重要的民生问题，又关系到经济社会发展的环境问题。各级政法、综治部门要紧紧围绕促进社会和谐、确保社会稳定、保障人民平安，深入开展“平安贵州”建设这一奋斗目标，扎实做好“扫黄打非”工作，努力在提高层次、完善机制、取得实效上下功夫。要进一步发挥基层党政组织和居委会、治保会、调委会的作用，调动其参与“扫黄打非”工作的积极性，将任务和责任落到实处。宣传、文化、工商、新闻出版等综治委成员单位在落实综治责任的同时，加强协调配合，积极参与“扫黄打非”工作，形成齐抓共管的工作局面。要把“扫黄打非”工作与排查整治治安混乱地区和突出治安问题等专项行动结合起来，对出版、贩卖非法出版物和兜售淫秽色情书刊、光盘等不法活动进行坚决清理，对问题严重的地方，要协调有关部门采取有效措施，实施综合整治，做到发现一处清理一处巩固一处。要充分发挥综治群防群治网络和治安信息员的作用，把“扫黄打非”工作的触角延伸到街道社区、乡镇村寨，延伸到社会每个角落，形成严密的防范网络。要坚决扫除危害青少年身心健康的有害信息和出版物，采取多种形式，结合典型案例，加大宣传教育力度，增强广大青少年自觉抵制和远离淫秽色情等有害出版物、色情网络游戏侵蚀的能力。要通过加强治安管理，深挖非法出版活动制作、储运场所。要以流动人口服务管理为重点，着力加强和完善社会管理，进一步细化“扫黄打非”工作措施，落实工作责任。要强化对出租房屋的管理，通过以房管人，以业控人，及时发现违法犯罪活动和违法犯罪人员。同时，要大力提倡和表彰见义勇为行为，鼓励群众举报违法犯罪线索，调动群众参与“扫黄打非”工作的积极性，努力形成人人参与、全社会支持“扫黄打非”工作的良好格局。要坚持属地管理和谁主管、谁负责的原则，落实领导责任制，努力在齐抓共管上下工夫，在落实责任上下工夫，在健全制度上下工夫，在构建长效工作机制上下工夫。并把“扫黄打非”工作纳入社会治安综合治理年度考核内容，作为评先表彰和检验综治工作成果的指标之一。

同志们，扎实开展“扫黄打非”斗争，深入开展“平安贵州”建设、全面推进社会治安综合治理意义重大，任务光荣而艰巨。让我们紧密团结在以胡锦涛同志为总书记的党中央周围，以党的十七大精神为指引，高举中国特色社会主义伟大旗帜，在省委、省政府的正确领导下，认真落实这次会议的部署和要求，进一步振奋精神，开拓进取，扎实工作，为构建“和谐贵州”、实现贵州经济社会发展的历史性跨越作出新的更大的贡献！

2008年3月3日

2008年“扫黄打非”大案要案综述

贵州省“扫黄打非”办

2008年，贵州省“扫黄打非”大案要案的查处工作，在各级“扫黄打非”办公室的协调下，全省各级司法机关依照《中华人民共和国刑法》和“两高”相关司法解释的规定，充分发挥刑事审判职能作用，严厉打击了罪犯，有力地震慑了不法行为。全年共受理涉及“扫黄打非”刑事案件10起23人，审结10起23人，其中以制作、复制、贩卖、传播淫秽物品牟利罪宣判8件14人，以传播淫秽物品罪宣判2件9人，结案率100%。省“扫黄打非”办公室会同有关部门共完成全国“扫黄打非”办公室转来的督办案件4起。主要案件如下：

1. 非法销售盗版音像制品案。

2008年1月10日，按照省、市“扫黄打非”办公室领导的工作要求，贵阳市文化市场稽查支队会同贵阳市公安局治安支队采取联合行动，对2007年“12·27”贵阳市最大盗版音像制品案，所查处的东方音像城内的三家音像制品批发销售店进行复查。

在“梅梅音像店”又发现其销售盗版音像制品（该店法人孙某因“12·27”案被公安机关在押），经过执法人员认真清查，从该店仓库内查获大批盗版音像制品，据统计共有1万余套共2万余张，涉案金额达3万元。

贵阳市公安局治安支队当即将“梅梅音像店”经营盗版音像制品的6名嫌疑人带回进行处理，并已立案侦查之中，等待不法分子的将是法律的严惩。

2. 周定娥等销售淫秽音像制品案。

2008年5月12日，黔西县人民法院以贩卖淫秽物品牟利罪判处被告人周定娥有期徒刑3年，并处罚金人民币3000元；判处被告人黄某某有期徒刑8个月，并处罚金人民币1000元。

2007年9月份，被告人黄某某在湖南省邵东县音像市场以每张0.9元的价格购得170张淫秽色情光碟，后在黔西县城关镇城南路98号其经营的姐妹电器店内，以每张1元的价格将170张淫秽光碟贩卖给周定娥。

2006年10月至2007年9月期间，被告人周定娥以每张1元或1.2元的价格购得1000余张淫秽光碟，后在其位于黔西县城关镇环城南路的周荣音像店，以每张2元至4元的价格贩卖淫秽光碟300余张给他人。2007年9月21日，被告人周定娥在其店内贩卖8张淫秽光碟给陈某，得款29元。2007年9月26日11时许，黔西县公安局干警在周定娥店内查获895张淫秽光碟。

因涉嫌贩卖淫秽物品牟利罪被告人周定娥于2007年9月27日被黔西县公安局刑事拘留，于2007年11月2日经黔西县人民检察院批准逮捕，同年11月6日由黔西县公安局执行逮捕。被告人黄某某因涉嫌贩卖淫秽物品牟利罪于2007年10月10日被黔西县公安局刑事拘留，并于2007年11月2日经黔西县人民检察院批准逮捕，同年11月6日由黔西县公安局执行逮捕。

此案件的成功宣判，为贵州各级“扫黄打非”工作部门不断深化行政执法与刑事司法的有效衔接，在进一步加大对非法出版物刑事案件的打击力度方面作了有效探索。同时也证明了贵州各级“扫黄打非”工作部门认真贯彻中央精神，彻底铲除“文化垃圾”，以优异成绩迎接北京奥运会和纪念改革开放30周年的责任感、使命感和政治意识。

3. 卜珍利贩卖淫秽光碟案。

2007年10月下旬，贵州省盘县农民卜珍利从云南昆明购买淫秽光碟在盘县城关镇解放路188号自己所开设的“音乐天堂”音像店内进行贩卖，获得赃款250元。2007年11月2日，盘县公安局干警进行执法检查时一举打掉了这一贩卖淫秽光碟窝点，并在该店内查获淫秽光碟171张。

2008年3月5日，卜珍利被正式逮捕，2008年4月16日，盘县人民检察院以贩卖淫秽物品牟利罪对被告人卜珍利向盘县人民法院提起公诉。2008年4月24日，盘县人民法院依照《中华人民共和国刑法》第三百六十三条之规定，开庭审理了此案。在审理过程中，法院认为，被告人卜珍利犯贩卖淫秽物品牟利罪，判处有期徒刑六个月，同时处罚金人民币3000元整；依法没收违法所得250元，上缴国库。

4. 陈登晖等网上传播淫秽物品案。

2007年7月25日，在贵州省黔东南州凯里市世纪辉煌网吧负责网吧硬件维护的陈登晖便开始利用该网吧的电脑主机，从互联网上下载名为“远古”的教程，并使用“远古”模板安装视频点播系统软件服务器，创建电影网站（局域网）。在创建电影网站过程中，毛某某积极帮助陈登晖从互联网上下载淫秽电影，并上传到网吧服务器上。

2007年8月上旬，陈登晖完成创建电影网站，取名为“辉煌影院”，正式在世纪辉煌网吧开通。随后，毛某某、韦某某、黄某某、陆某某、洪某积极参与并帮助，将淫秽电影上传到辉煌旗舰网吧、银河系网吧等网吧的服务器上，供广大的上网人员观看。

经黔东南州公安局网监支队对其进行电子数据检查，显示结果发现被告人陈登晖所创建的电影网站服务器共上传淫秽电影375个，被客户访问74232次，其中：2007年7月被访问20067次，2007年8月被访问54165次。

因涉嫌犯复制、传播淫秽物品罪，被告人陈登晖、毛某某、韦某某、黄某某、陆某某、洪某于2007年8月18日被凯里市公安局刑事拘留，并与同年9月24日批准正式逮捕，其中被告人洪锐于同年9月14日被取保候审。

2008年7月22日，在公诉机关大量的证人证言、现场勘查笔录、书证、电子数据检查报告、视听资料、鉴定结论和被告人的供述与辩解的前提下，黔东南州凯里市人民法院依法以传播淫秽物品罪分别判处被告人陈登晖、毛玉平、韦德鹏、黄俊法有期徒刑1年零6个月，判处被告人陆桂忠有期徒刑1年，判处被告人洪锐有期徒刑1年、缓刑1年，并没收了全部非法经营设备：电脑主机143台，UTEK电脑主机4台，电脑显示器81台，AOC电脑显示器75台，电影服务器硬盘6个，收费主机硬盘8个，上网电脑主机8台，USB接口1个，非法光盘21张，服务器1个，PC电脑主机1台。

5. 贵阳市非法销售淫秽、盗版光碟案。

2008年9月18日，贵阳市“反盗版，端窝点，追根打源”专案组在市内的遵义路成功破获一起贩卖淫秽、盗版光碟案，查获非法音像制品33914张，当事人已被公安机关刑事拘留。此案的成功告破，有力地打击了犯罪分子的嚣张气焰，为推进贵阳市“扫黄打非”斗争的深入开展打下了基础。

自贵阳市“反盗版”专案组在与贵阳市“扫黄打非”工作领导小组签定《工作目标责任书》后，认真履行职能，切实在工作的实效性上下功夫，迅速组织精兵强将展开工作，对辖区文化出版物市场进行明察暗访。在专案组的不懈努力和辛勤劳动下，执法人员终于掌握了从事销售非法出版物犯罪活动的相关线索。

2008年9月18日，在专案组领导小组组长、市公安局副局长刘晓渝同志的亲自组织指挥下，贵阳市文化市场稽查支队会同贵阳市公安局治安支队联合采取行动，出动执法人员15人，车辆4台，对遵义路的“环宇音像店”进行执法检查，在店内查获大量淫秽、盗版光碟。经清点，现场查获盗版音像制品32606张，查获淫秽音像制品654盒1308张，涉案金额达11万元。

目前，“环宇音像店”的负责人付某已被公安机关刑事拘留，案件还在进一步审理中。

6. 黄伟坚等网上传播淫秽物品案。

凯里市人民法院继奥运前宣判陈某某等传播

淫秽物品案之后，认真按照中央和省有关开展网上“扫黄打非”工作要求，积极运用“两高”的相关司法解释，奥运前夕又及时审结一起网上“扫黄打非”案件，有效地震慑了利用网络、移动通讯、声讯台等手段，从事制作、出版、贩卖、传播淫秽电子信息的犯罪分子，严厉打击了各种非法出版活动。

黄某某，系广东省广州市人，在2004年初至2007年12月期间，利用服务器架设在境外的“花和尚北美情趣社区”淫秽色情网站，用网名“向往未来”、“DONG”在该网站先后任见习版主、分类主管、终极管理员等职务，在网站发布帖子525个，发布淫秽图片18766张。

宗某，系江苏省滨海县人，在2006年11月至2007年11月间，用网名“一品郎君”在该网站先后任巡查、高级版主、图片总监等职务，在网站发布帖子516个，发布淫秽图片5403张。

李某某，系江西省南丰县人，在2006年至2007年12月间，用网名“寺院主持”、“太阳之神”在该网站先后任巡查、中级版主、高级版主、超级版主等职务，在网站发布帖子358个，发布淫秽图片4608张。

廉某某，系河南省焦作市人，在2006年12月至2007年9月间，用网名“月之神”、“影子”在该网站中先后担任见习版主、初级版主、高级版主、交易区版主等职务，在网站发布淫秽图片，在其资料被修改后勘察查获淫秽图片1张。

张某某，系江苏省沛县人，在2007年3月至2007年9月间，用网名“风雪夜”在该网站先后任巡查、见习版主、中级版主、高级版主、超级版主等职务，在网站发布帖子500个，发布淫秽图片10732张。

樊某某，系湖南省安仁县人，在2006年9月至2007年12月间，用网名“同朝共事”、“雨后彩虹”在该网站先后任见习版主、图片总监等职务，在网站发布帖子135个，发布淫秽图片981张。

因涉嫌犯传播淫秽物品罪，被告人黄某某、宗某、李某某、廉某某、张某某、樊某某分别于2007年9至12月刑事拘留，并于2008年1月25日正式逮捕。

2008年8月5日，黔东南州凯里市人民法院开庭审理了此案。认为“花和尚北美情趣社区”淫秽色情网站发展境内外管理人员数十人，会员达数万人，境内外网管人员来自全国很多个省、市、区，网站共发布淫秽色情图片981081张，社会影响较大，受危及人员较多。

鉴于此案的有关犯罪事实及侦破后有立功表现等情况，凯里市人民法院依法以传播淫秽物品罪分别判处被告人黄伟坚有期徒刑1年2个月，判处被告人宗某、张某某有期徒刑11个月，判处被告人李某某有期徒刑10个月，判处被告人廉某某、樊某某犯传播淫秽物品罪，免予刑事处罚。

7. 方庆柱贩卖淫秽光碟案。

2008年8月8日，贵阳市南明区人民法院公开审判一起贩卖淫秽光碟案，对贩卖淫秽光碟的犯罪人方庆柱予以依法宣判。

方庆柱，男，贵阳市人，无业。2008年5月6日中午12时许，在市区的省展览馆音像公司门口贩卖淫秽光碟时被公安机关民警当场抓获，并在其驾驶的轿车内及住处所收缴淫秽光碟1861张。

2008年5月7日，被告方庆柱因涉嫌贩卖淫秽物品牟利罪被刑事拘留，5月22日被批准逮捕。7月21日，因被告方庆柱犯贩卖淫秽物品牟利罪，贵阳市南明区人民检察院向贵阳市南明区人民法院提起公诉。贵阳市南明区人民法院当日立案，并依法组成合议庭，公开审理了此案。

贵阳市南明区人民法院根据公诉机关提交的事实、证据以及被告人供述、证人证词等确认，被告方庆柱以牟利为目的、贩卖淫秽光碟1861张，犯罪性质严重，社会危害极大，其行为已构成贩卖淫秽物品牟利罪。但鉴于其已着手实施犯罪、由于意志以外的原因而未能得逞、属于犯罪未遂的事实等情节，2008年8月8日，贵阳市南明区人民法院依法作出了公开宣判，判处被告方庆柱有期徒刑3年，没收涉案的淫秽光碟1861张，并处人民币3000元的罚款。

2008年“扫黄打非”大事记

贵州省“扫黄打非”办

1月1日，为确保全省“两节”、“两会”期间出版物市场平稳有序和健康发展，省“扫黄打非”办发出《关于切实加强2008年“两节”、“两会”期间出版物市场监管工作的通知》，要求全省各级“扫黄打非”办、各工作部门，要以封堵违禁内容非法出版物、打击非法出版活动为重点，以“反盗版天天行动”为平台，采取有效措施，保持“扫黄打非”高压态势，加大出版物市场监管工作力度。

1月3日，省“扫黄打非”办根据群众举报，及时组织执法人员前往黔西南州兴义市对违规非法印制窝点进行调查。黔西南州“扫黄打非”工作领导小组领导高度重视，州委副书记、州“扫黄打非”工作领导小组组长廖飞，立即召集州委常委、副州长、州“扫黄打非”工作领导小组副组长贺登强，州委常委、州政法委书记、州“扫黄打非”工作领导小组副组长罗黔生，州委常委、州委宣传部长杜丹及州“扫黄打非”成员单位负责人召开紧急会议，对存在问题提出具体要求。截至1月5日，共查处违规非法印刷窝点16家。

1月10日，贵阳市“反盗版、端窝点”专案组，继成功告破“12·27”非法音像制品案后，在贵阳市东方音像城的“梅梅音像店”查获非法音像制品2.3万件，涉案金额5万元，6名涉案人员被移交公安机关处理。

1月15日，贵阳市“反盗版、端窝点、追根打源”专案组通过前期的暗访调查，在位于市内黄金路旁的居民楼内端掉一销售非法音像制品的黑窝点，当场收缴非法音像制品32257张，涉案金额6.5万元。

2月3日，省教育厅发出紧急通知，要求全省教育系统认真做好2008年“扫黄打非”第一阶段专项行动工作。要高度重视校园的“扫黄打非”工作，切实加强领导，采取强力措施，坚决杜绝非法出版物在校园的制售传播；要加强对校园网络管理，严禁有害信息通过网上传播；要切实加强对大中小学校馆配图书的监管工作。

2月4日至2月5日，针对省内网吧、网络中群众所反映强烈的问题及管理存在的突出问题，省委常委、省委宣传部长、省“扫黄打非”工作领导小组副组长兼办公室主任谌贻琴连续两次作出批示要求省“扫黄打非”办认真落实有关通知要求，同时加大对网吧、网络视频的管理，净化文化环境。

3月3日，贵州省召开了全省第二十一次“扫黄打非”工作电视电话会议，并第一次将会议延伸至88个县（市、区、特区）。会上，省委副书记、省“扫黄打非”工作领导小组组长王富玉对年度工作作了重要讲话，会议由省委常委、省委宣传部长、省“扫黄打非”工作领导小组副组长兼办公室主任谌贻琴主持，省人民政府副省长谢庆生宣读了《贵州省2008年“扫黄打非”行动方案》，省新闻出版（版权）局局长、省“扫黄打非”工作领导小组办公室常务副主任刘援朝代表新闻出版（版权）部门作贯彻意见讲话，省委政法委副书记林连华代表政法、综治部门作贯彻意见讲话。

3月9日，按照中央有关部委联合通知要求，为进一步打击网络淫秽色情等违法犯罪活动，进一步开展互联网长效管理机制建设，综合治理人民群众反映强烈的网上问题。省委宣传部、省公安厅、省“扫黄打非”办公室等13个部门，联合发出《贵州省依法严厉打击整治网络淫秽色情等有害信息专项行动的通知》，要求各级各部门要高度重视此项工作，加强领导，密切配合，明确责任，深入动员，发动群众，强化对工作的检查和指导，并结合本地本部门工作实际，认真搞好与年度“扫黄打非”其他阶段专项行动工作的有机结合。

3月15日，为有效加强对全省印刷企业的管理，规范印刷行业经营秩序，严厉查处违规印刷行为，取缔非法印刷窝点。省“扫黄打非”办发出《关于组织开展清查印刷企业、取缔非法印刷窝点专项工作的通知》，在全省开展了为期1个月的集中清查违规印刷企业、取缔非法印刷窝点专项行动。

3月20日至26日，针对贵州“东”、“南”两主要公路进口非法出版物和盗版音像制品流入问题，为做到有效截流，确保全省出版物市场的健康有序。省“扫黄打非”办组织人员赴铜仁地区玉屏县和黔南州独山县，就如何设立省、地、县三级“扫黄打非”联防、联查工作机制展开检查调研，并形成完整的调研报告。

4月1日，省“扫黄打非”办发出《关于认真组织开展做好“世界知识产权日”期间各项活动及宣传工作的紧急通知》，要求各级“扫黄打非”工作部门，要以全国统一举行的集中销毁侵权盗版及非法出版物活动为主要内容，创新“扫黄打非”宣传工作手段，拓展“扫黄打非”宣传工作渠道，采取利用法律法规咨询、发放宣传资料、手机公益短信、广告宣传载体、文艺演出等，开展形式多样的宣传活动。

4月16日，盘县人民检察院以贩卖淫秽物品牟利罪对被告人卜某某向盘县人民法院提起公诉。2008年4月24日，盘县人民法院依照《中华人民共和国刑法》第三百六十三条之规定，开庭审理了此案。在审理过程中，法院认为，被告人卜某某犯贩卖淫秽物品牟利罪，判处有期徒刑6个月，同时处罚金人民币3000元整；依法没收违法所得250元，上缴国库。

4月20日，根据中央“两办”《2008年“扫黄打非”行动方案》的有关精神，以及全国“扫黄打非”工作小组《关于2008年全国统一举行集中销毁侵权盗版及非法出版物活动的紧急通知》的要求，为及时转化2008年第一阶段“扫黄打非”工作成果，扎实推动全省第二阶段“扫黄打非”工作的有序进行，省“扫黄打非”办和贵阳市“扫黄打非”办联合在省会贵阳市人民广场举行2008年贵州省集中销毁侵权盗版及非法出版物100万件活动。省委常委、省委宣传部长、省“扫黄打非”工作领导小组副组长兼办公室主任谌贻琴参加并宣布销毁活动开始，省人民政府副省长谢庆生代表省委、省政府作重要讲话。

5月8日，为进一步加强全省出版物运输环节的监管工作，会同省交通厅、省公安厅、贵阳海关、省邮政管理局、省新闻出版局、民航贵州监管办、成铁贵阳办事处八个部门联合发出《关于进一步加强对交通、铁路、航空、邮政物流等出版物运输环节实施有效监管的通知》，对各部门做好出版物运输渠道的监管工作提出了具体要求。

5月12日，毕节地区黔西县人民法院依法以贩卖淫秽物品牟利罪判处被告人周某某有期徒刑3年，并处罚金人民币3000元，判处被告人黄爱民有期徒刑8个月，并处罚金人民币1000元。

6月6日，由省“扫黄打非”办牵头组织，协调省公安厅，省工商局，省新闻出版局，省版权局，贵阳市工商局，贵阳市南明区“扫黄打非”办、区公安分局、区工商分局、区文化市场稽查大队，出动执法检查人员37人，对贵阳市遵义路贵州东方音像城进行联合执法检查。共查获盗版音像制品15万件，暂扣涉嫌盗版音像制品7万件。省“扫黄打非”办副主任刘筱平亲自指挥了此次执法检查行动，省内主要媒体进行了跟踪报道，震慑了不法经营者的嚣张气焰，同时也为奥运火炬6月12日在贵阳的传递提供了良好的文化环境。

6月10日，为认真贯彻落实“5·27”全国“扫黄打非”办公室主任会议精神，省“扫黄打非”办结合全省“扫黄打非”工作实际，对6、7、8三个月的阶段性工作进行了具体部署，在全省范围内深入开展“迎接奥运、净化市场、促进繁荣”为主题的文化出版物市场集中整治专项行动，通过有效的日常监管，从根本上遏制各类非法出版活动，筑起守卫贵州文化安全的“稳固防线”，为北京奥运会营造健康和谐的舆论氛围。

7月15日，按照全国“扫黄打非”办《关于开展奥运前30天出版物市场集中清查行动的紧急通知》要求，省“扫黄打非”办在《关于全力做好维护社会稳定、迎接北京奥运会，深入开展“扫黄打非”工作的通知》等系列工作意见的基础上，再次发出《关于着力抓好奥运前全省出版物市场监管和清查工作的紧急通知》，要求全省各级各有关部门，在当前及今后一段时间内，着力抓好重点地区、重点部位、重点目标、重点违禁内容和非法出版物的监管和清查工作。

7月21日，省“扫黄打非”办发出《关于〈贵州省奥运前30天出版物市场集中清查行动考核评比细则〉的通知》，要求各地各部门严格按照通知明确的任务，切实抓好工作的落实，并保证工作的质量。对开展工作突出、成绩优异的单位和个人，作为推评全国先进集体和先进个人的依据和条件。

7月25日，黔东南州凯里市人民法院宣判“扫黄打非”刑事案件，依法以传播淫秽物品罪，分别判处被告人陈某某、毛某某、韦某某、黄某某有期徒刑1年零6个月，判处被告人陆桂忠有期徒刑1年，判处被告人洪锐有期徒刑1年、缓刑1年。

7月29日，省“扫黄打非”办、贵阳市“扫黄打非”办联合在省新闻出版局召开贵阳地区“扫黄打非”办公室主任会议。会议主要对奥运期间出版物市场监管和集中清查工作进行周密部署。会议要求贵阳市“扫黄打非”的各项工作必须保质保量地完成，为全省其他市（州、地）带好头、树好杆，坚决杜绝各种纰漏发生。

7月30日，省“扫黄打非”办会同省书刊发行协会，组织召开了省图书批发市场经营业主“我为奥运做贡献、文明经营我争先”动员会。要求各经营业主用实际行动维护好国家的形象和利益，尽好义务和责任，落实好各项法规和经营制度，自觉做文明经营的表率，立足本职，顾全大局，真正为奥运会作出自己的贡献。

8月5日，继奥运前成功宣判陈某某等传播淫秽物品案后，黔东南州凯里市人民法院依法以传播淫秽物品罪分别判处被告人黄某某有期徒刑1年2个月，判处被告人宗某、张某某有期徒刑11个月，判处被告人李某某有期徒刑10个月，判处被告人廉某某、樊某某犯传播淫秽物品罪，免予刑事处罚。

8月8日，贵阳市南明区人民法院公开审判一起贩卖淫秽光碟案，对贩卖淫秽光碟的犯罪人方某某予以依法宣判。南明区人民法院根据公诉机关提交的事实、证据以及被告人供述、证人证词等确认，被告方某某以牟利为目的、贩卖淫秽光碟1861张，犯罪性质严重，社会危害极大，其行为已构成贩卖淫秽物品牟利罪。但鉴于其已着手实施犯罪、由于意志以外的原因而未能得逞、属于犯罪未遂的事实等情节，依法作出公开宣判，判处被告方某某有期徒刑3年，没收涉案的淫秽光碟1861张，并处人民币3000元的罚款。

8月5日至22日，省“扫黄打非”办按照奥运前的工作安排，抽调人员组成督导检查组，对遵义市、黔南州、黔东南州、安顺市、六盘水市五个重点地区奥运期间出版物市场集中清查行动进行督导检查。共实地查看了以上五个地区的27县（市、区、特区）出版物市场49个，配合当地执法部门查缴盗版音像制品和盗版软件5219张，收缴各种非法书刊1691册，并以督导检查为牵引，指导推动各地“扫黄打非”斗争的深入开展。

9月18日，贵阳市“反盗版、端窝点”专案组在组长、市公安局副局长刘晓渝的指挥下，对市内遵义路的“环宇音像店”进行执法检查，现场查获盗版音像制品32606张，查获淫秽色情光碟1308张，涉案金额11万元。其经营者付某被公安机关刑事拘留。

9月25日，在开展严厉打击非法报刊专项行动中，贵阳市“扫黄打非”办公室在如何抓好专项行动与实际情况的结合上下工夫，针对报刊市场存在的主要问题，进行归纳汇总，并加以认真研究，注重工作的针对性和有效性，确保了工作质量。工作中突出“八个行动重点”；围绕“八个重点检查范围”；强调“六点要求”。

2008年10月9日，省“扫黄打非”办公室根据年度工作部署，为认真总结各地各部门开展“扫黄打非”工作情况，树立典型，鼓励先进，推动全省“扫黄打非”工作，发出《关于开展2008年全省“扫黄打非”考核暨推荐评奖工作的通知》，要求全省各级“扫黄打非”工作部门及成员单位要层层严格把关，确保考核推评工作的质量和效果。

11月5日，接群众举报，贵阳市“扫黄打非”办公室迅速组织协调市文化市场支队和市公安局网监支队对此立案调查，在掌握确凿的线索和证据后，市文化市场稽查支队、市公安局网监支队在贵州网通机房查获与此案有关的服务器2台，抓获当事人潘某，并查获大量证据和“私服”牟利款1020元。

11月24日，贵州省“扫黄打非”办公室，贵阳市文化市场稽查支队，安顺市文化市场稽查支队在北京奥运会期间成绩突出，被全国“扫黄打非”工作小组授予“迎奥运保稳定‘扫黄打非’先进集体”荣誉称号。

12月11日，省“扫黄打非”工作领导小组结合年度整体工作情况，并经各地、各部门推荐，以及省“扫黄打非”办严格的初审初评，推荐：贵州省出版物市场稽查队，贵州省遵义市正安县新闻出版局为参评全国“扫黄打非”的先进集体；推荐：贵州省黔南州文化、新闻出版（版权）局新闻出版文化市场管理科科长祝迎生，贵州省公安厅治安总队案件处正科级侦察员李浩为参评全国“扫黄打非”的先进个人；推荐：贵州省黔东南州凯里市人民法院，贵州省贵阳市“反盗版、端窝点、追根打源”专案组为参评全国“扫黄打非”的有功集体；推荐：贵州省贵阳市文化市场稽查支队支队长王鸿，贵州省贵阳市公安局治安支队二大队副科级侦察员何韦参评全国“扫黄打非”的有功个人。

12月15日至18日，在深入学习实践科学发展观活动中，为进一步提高全省“扫黄打非”及新闻出版执法干部的整体素质和能力，不断增强依法开展“扫黄打非”斗争和新闻出版监管工作的政治意识、大局意识、责任意识、使命意识、创新意识，贵州省“扫黄打非”工作领导小组办公室，贵州省新闻出版局联合在省会贵阳举办全省“扫黄打非”暨新闻出版执法干部培训班。局党组成员、纪检组长刘钢作了培训动员，省“扫黄打非”工作领导小组办公室副主任刘筱平、省法制办负责人等为培训班进行授课。全省9个市（州、地）“扫黄打非”办公室负责人、新闻出版科科长、文化市场稽查队长，以及市（州、地）所在城市区（市）的文化市场稽查队长，省出版物市场稽查队的部分同志，共87人参加了此次培训。

12月29日，按照省政法委、省“扫黄打非”办公室、省公安厅等相关部门联合通知要求，贵阳市“扫黄打非”办公室及时下达了督办工作通知，贵阳市文化市场稽查支队迅速组织执法人员对多个区域开展专项检查行动。贵阳市文化市场稽查支队对贵阳十七中周边的“久久网吧”、“大地网吧”、“伊网情深网吧”进行突击检查。在“伊网情深网吧”内查获有11名十七中初中部学生正在上网，其中有6名在上网娱乐。检查人员将该网吧运行收费电脑主机1台查扣，进行证据保存，以待处理。同日下午，贵阳市文化市场稽查支队对贵阳实验二中周边开展专项检查，在兴贵路99号取缔刘其明无证书刊地摊1个，收缴非法出版物32册。当日晚8时，贵阳市文化市场稽查支队又对盐务街口、商专门口、贵医后门周边进行专项检查。在北京华联商厦门口取缔游商地摊3个，收缴盗版光碟3059

张，在盐务街口取缔游商地摊2个，收缴盗版光碟3219张，取缔无证书摊1个，收缴非法图书153册、淫秽图书17册；在贵医后门兴贵报刊经营部收缴盗版光碟18927张，非法报纸417份，在兴贵书店收缴盗版光碟1000张、非法报纸171份。

创新经验

截源堵流　严把入口　全力封堵非法出版物的流入
省“扫黄打非”办公室积极探索“扫黄打非”工作的有效机制

贵州省“扫黄打非”办

贵州地处不邻边、不邻海、不邻江的内陆省区，由于经济的“欠发达”、资源的“欠开发”，社会经济发展处于比较滞后地位。正是基于此种原因，多年来，在开展“扫黄打非”工作中，贵州省区域内未发现和查处涉嫌非法光盘生产线、制售非法出版物的重大要案。流入省内城市的非法出版物、盗版音像制品，其来源是通过公路的运输途径由省的“东”、“南”两个主要进口进入省内。

2008年，针对贵州“东”、“南”两主要公路进口非法出版物和盗版音像制品流入问题，为做到有效截流，确保全省文化和出版物市场的健康有序，省“扫黄打非”办公室决定将“东”、“南”两进口列为全年“扫黄打非”工作重点，在“东”、“南”两进口地设立省、地、县三级联防、联查工作机制，此项工作以铜仁地区玉屏县和黔南州独山县为重点，切实解决好两地“东”进口和“南”进口非法出版物和盗版音像制品通过高速、国道、省道运入贵州及经过贵州过境进入邻省等地的问题。根据此工作安排，省“扫黄打非”办公室组织人员于3月下旬和4月下旬先后分赴铜仁地区的铜仁市、玉屏县，黔南州的都匀市、独山县，黔东南州的凯里市、麻江县，遵义市的红花岗区等地进行出版物市场检查调研，着力围绕解决封堵非法出版物运输环节源头和进一步规范出版物市场经营秩序等“扫黄打非”重点问题开展工作。

2008年3月20日至23日，省“扫黄打非”办公室检查调研组到铜仁地区检查调研工作。在与地委宣传部长顾明杰和地区新闻出版局（版权）局长龙丽红交换意见后，3月21日，检查调研组在地区新闻出版局李永华副局长的陪同下，对铜仁市金滩市场和鸿基图书音像中心进行了暗访。针对以上两个市场盗版及非法出版物活动情况较为突出的问题，检查调研组要求地区“扫黄打非”办公室要协调“扫黄打非”工作部门，整合执法资源，采取有效措施，集中对经营非法出版物的市场进行有效打击和规范。随后检查调研组下到玉屏县开展调研。玉屏县所辖大龙镇位于黔东湘西交界处，系中南地区至西南地区出入口，南跨广西，北连重庆。沪瑞高速公路、玉铜高等级公路、320国道、201省道、湘黔铁路、株六复线铁路在此交织。

随着贵州通往湖南玉三高速公路的开通，公路成了非法出版物运送的主要路径，大龙也成为东进口“扫黄打非”工作的重要关口。在深入进行检查调研后，检查调研组与县人民政府刘云友县长交换了在大龙设立贵州东进口非法出版物查验关口和“扫黄打非”联动机制的意见，得到了赞同并当即拍板由政府拿出2万元前期筹备经费给予支持，同时要求县公安局禁毒大队要全力支持和配合，以禁毒检查站为依托，坚决守牢玉屏贵州东进口非法出版物储运通道。在县有关领导的协调下，由县委宣传部长组织在县里召开了关于建贵州东进口“扫黄打非”联动机制专题研究会，检查调研组、玉屏县“扫黄打非”办、政法委、新闻出版、文化、公安、高管、运管等部门负责人参加了会议。会上充分肯定了玉屏县“扫黄打非”办公室，坚持依法行政，积极会同公安、交通、运管等部门，加强对公路运输、客运车站和营运车辆的检查，严厉打击各种非法出版物违法活动，严守黔东门户关口，取得了明显成效。在认真听取了各个部门建立联防、联查机制的经验做法和意见的基础上，达成共识，初步议定建立起省、地、县三级联防、联查机制，提出在进一步深入做好调查研究工作时，尽快拟定出具体工作方案报省“扫黄打非”工作领导小组领导予以审批实施。

2008年3月24日至26日，检查调研组与黔南州“扫黄打非”办公室的负责人前往独山县，就如何建立贵州南进口非法出版物查验关口（新寨：贵州与广西接界地）和“扫黄打非”联防联查机制，与该县分管副县长及县“扫黄打非”办公室、县公安局、县运管部门有关领导交换了意见，对如何守住非法出版物通过运输渠道，从广西、广东等省区流入贵州市场，解决好为省内其他市（州、地）出版物市场查处非法出版物减压降荷等问题，切实把住源头关口，进行了认真研究分析，广泛地征求了意见。

在检查调研工作期间，为全面掌握贵州出版物市场非法经营活动情况，检查调研组还深入黔东南州的凯里市及麻江县的出版物市场实地查看出版物经营状况，并就存在的问题，及时给当地“扫黄打非”办公室的负责人提出具体要求。

2008年4月22日至24日，在遵义市“扫黄打非”办公室有关负责人的陪同下，检查调研组到遵义市红花岗区沙河小区“图书音像批发城”进行了暗访，发现该出版物市场经营非法出版物问题较为严重，当即与市新闻出版（版权）局局长兼市“扫黄打非”办公室主任张鹏健交换了意见，通报相关情况，并要求尽快拿出整改方案，对该市场进行限期整治。目前，关于建立贵州“东”进口、“南”进口“扫黄打非”联防联查工作机制的相关方案，省、地、县三级“扫黄打非”办公室正在联合制定中。与此同时，铜仁地区铜仁市的金滩市场、鸿基图书音像中心，以及遵义市红花岗区的沙河小区“图书音像批发城”，经营非法出版物问题比较严重的市场，省“扫黄打非”办公室已责成当地“扫黄打非”办公室在第二阶段专项行动中，采取强力的手段和有效的措施，在当地党委、政府的领导下，会同各级“扫黄打非”工作部门联合行动加以实际解决。

贵州立体式拉网清查出版物市场
北京奥运期间执行24小时值班和每日“零报告”制度

为确保北京奥运会及残奥会期间全省文化市场的健康有序，贵州省“扫黄打非”办公室作出部署，严格按照“属地管理”、“谁主管、谁负责”的原则，认真落实“奥运维稳”工作责任制。为进一步明确任务，还要求各级各部门认真执行24小时值班制度和严格落实每日“零报告”制度，此举收到了良好效果。2008年8月8日北京奥运会开幕至2008年8月24日北京奥运会闭幕的17天时间里，省会贵阳市共出动执法人员663人（次），车辆186台（次），检查各类出版物经营门店1105个（次），收缴各类非法出版物72866件。同时打掉地下盗版音像制品批发窝点1个，取缔销售盗版音像制品游商地摊及书刊无证经营户55个。对非法出版物经营行为的严厉打击，遏制了各种非法出版活动的枝伸蔓延。

一、高密度巡查不间断

北京奥运会期间，贵州全省各级“扫黄打

非”办及相关部门的执法人员对辖区文化出版物市场实行不间断、高密度巡查，做到及时发现问题及时加以解决。同时，在奥运会倒计时20天和倒计时10天两个时间段内，全省各级“扫黄打非”办公室，以“反盗版天天行动”为工作平台，积极协调“扫黄打非”成员单位，统一开展联合执法检查。各地均组织了两次以上，且每次不少于5天的出版物市场集中清查专项行动，重点是对辖区的书报刊、音像和计算机软件制品集中经营场所及批发、零售、出租、放映单位，城市繁华街区、交通枢纽、旅游景点、城乡集贸市场、宾馆饭店等区域进行高密度、全方位、立体式的拉网式大清查。排查隐患，杜绝死角，坚决打击各种侵权盗版行为和非法出版活动。奥运期间，全省各级“扫黄打非”工作部门加大了对重点部位的日常监管力度。主要对省内城市繁华街区、旅游名胜景点（贵阳花溪、遵义会址、黄果树瀑布、荔波风景区、雷山郎岱等），铁路、公路、航空交通枢纽，宾馆饭店、大型超市、公园、广场、剧院等公众人口密集区等部位实施不间断巡查，制定了区域监管责任制并落实到人，认真抓好重点目标的反复清查。对辖区内的书报刊、音像制品、计算机软件批发、零售、出租、放映单位，以及电子出版物市场等重点目标进行反复清查，杜绝了游商走贩兜售盗版和非法图书、光盘等非法经营活动的出现。

二、树立诚信服务意识

2008年7月30日，由贵州省“扫黄打非”办公室与省书刊协会共同组织，召集省出版物批发市场和省出版物集散中心的经营户召开“我为奥运做贡献、文明经营我争先”的动员大会，积极促进行业自律，使经营者形成守法经营意识。随后省内各市（州、地）新闻出版（版权）、公安、工商、城管、交通、文化等行政管理部门，会同当地书刊协会及时组织召开出版物经营业主动员大会，宣传有关政策法规和全国范围内“扫黄打非”案件的查处情况，警醒和教育广大出版物经营者，使每位出版物经营者牢固树立守法经营意识，明确守法经营的责任和义务，保证所经营的门店不销售盗版和非法出版物，在守法经营中为奥运会做贡献。以此，在全省范围内，进一步使经营者树立和培养经营正版光荣、经营盗版可耻的良好风尚。

三、加大惩处并及时曝光案件

为了加大对盗版非法出版物经营活动的打击和惩处，奥运会期间，贵州宣判了“4·16”盘县卜某某贩卖淫秽物品牟利案，“5·12”黔西县周某某贩卖淫秽物品牟利案，“7·22”凯里市陈某某网上传播淫秽物品案三起“扫黄打非”案件，并以破获贩卖传播淫秽色情音像制品和开展网上“扫黄打非”案为突破口，进一步加大对“扫黄打非”案件的查处力度，及时组织召开案件情况通报会，组织、协调公检法机关相互配合，协同办案。在保证办案质量的同时，加快工作节奏，提高办案效率，快速、高效、准确地审结相关案件，较好地实现了行政处罚与刑事打击的有效衔接。在此基础上，不断总结经验，对出版物市场集中清查行动中发现的经营盗版行为，严格按照“反盗版百日行动”的原则和标准进行处罚，依法严厉打击侵犯著作权的犯罪活动。

北京残奥会开幕后，贵州省各级“扫黄打非”办公室及其成员单位，继续发扬吃苦耐劳和持续作战的工作作风，认真履行职责，再接再厉，不断总结工作经验，把出版物市场清查行动工作引向深入。根据贵州省“扫黄打非”信息宣传工作要求，省、市、县三级的新闻媒体也加强了对开展出版物市场集中清查行动的宣传报道工作。在人民群众关注的热点问题上，突出宣传了“扫黄打非”的先进典型，集中报道了一批监管有力、情况较好的文化单位和守法经营出版物的业主，同时，各级行政执法部门公开曝光了一批侵权盗版案件，有力地震慑了违法犯罪分子，获得了社会各界对“扫黄打非”打击侵权盗版、保护知识产权工作的参与度与支持度。

（李　翔）

瞄准屡禁不止的非法音像制品

——与贵阳市反盗版专案组同行

《贵州日报》

自2007年11月起，贵阳市“反盗版”专案组便开始对贵阳市内音像制品批发、销售重点地段和重点部位进行排查摸底。专案组人员在工作中发现位于省展览馆附近一招待所，每天均有许多人空手进入，然后拿着形似光碟的物品从招待所出来，并每隔一段时间，就有大批箱状货物在清晨或深夜运进招待所内。通过1个多月的蹲点查源，一个地下盗版音像制品批发窝点逐渐浮出水面。2007年12月27日13时，根据事先查明的情况，专案组会同有关部门对该招待所进行突击检查，当场共收缴盗版音像制品221177张，其中含有涉嫌淫秽内容光碟5000套。从查获的进出单据显示，该窝点自2006年以来，从广东、湖南等地购进盗版音像制品，经分类整理后，通过进货人将盗版光碟销往省内各市（州、地），已形成固定货源、固定客源的销售批发网络。当日下午16时，专案组又突击检查了遵义路东方音像城内的5家音像制品销售门店，从3家门面及其仓库内查获盗版音像制品88383张。对涉嫌销售盗版音像制品的刘某、孙某、陈某进行刑事拘留。同时，公安部门全力对案件进行审理。此案被列为全国“2007年保护知识产权十大案件”之一。

2008年1月10日，相关执法人员又在孙某已被收押的音像店内发现并查获12941张盗版音像制品。

音像店内销售盗版光碟缘何如此“猖獗”？

原因一：旺盛需求造就了市场“繁荣”

为什么有如此之众的“队伍”热衷于盗版光碟生意？究其原因是旺盛的市场需求。“卖报纸实在是赚不了几个钱，才顺带卖卖这些碟，比报纸好卖多喽！”这是记者走访位于贵阳市宝山北路的一些兼卖盗版光碟的报摊亭时，亭主说得最多的一句话。

除了兼卖，更有许多人以此为业。这些专卖盗版光碟的游商走贩常和执法人员玩“游戏”，看见执法人员就“藏、跑、躲”，小贩之间还有“相互照应”，一人看到执法人员，其他人都会在第一时间知道，给出版物市场的稽查工作带来了难度。

据经营盗版光碟的一小贩说，在市面上，“不健康”的黄碟，一般不会摆出来，“有需要再拿”，是惯用手段。这从另一个侧面给“扫黄打非”工作也带来了新的挑战。

记者在宝山北路一个车站旁发现一个摆满了各种报刊杂志的报摊点，过往行人络绎不绝，时不时有人驻足选报。与此同时，摆放在报纸旁边的一堆盗版光碟，却更加受人青睐。各种各样的热门影视剧应有尽有。摊主介绍，尽管图像质量粗糙，但3块钱一张的超低价格使其始终占有一定市场。类似于这样的小摊点，记者发现在不足300米的宝山北路地段，就有不下5家……

原因二：治标却难于治本

面对屡禁不止的盗版制品，相关职能部门将如何作为？

长期以来，全省各地“扫黄打非”部门从未停止过对出版物市场的整顿、对侵权盗版活动的打击。从过去的“反盗版百日行动”到现在的“反盗版天天有行动，天天见行动”。

尽管盗版制品屡禁不止，但以“反盗版天天行动”为平台的集中行动与日常监管相结合的执法措施有成效。为确保2008年全省“两节”、“两会”期间出版物市场平稳有序健康发展，省“扫黄打非”办公室发出紧急通知，要求全省各级“扫黄打非”工作部门和成员单位要全力封堵违禁内容非法出版物，严厉打击各种非法出版活动，对检查中存在的问题，要依法从严从快从重处理。

同时，加大对出版物经营户的教育培训力度，使之懂法、守法经营。省的相关部门希望全体市民积极行动起来，共同营造一个繁荣和谐健康的文化市场环境（此文已于2008年1月25日在《贵州日报》7版新闻观察发表）。

（周 静 王 欣）

贵 阳 市

2008年“扫黄打非”工作总结

贵阳市“扫黄打非”工作领导小组办公室

2008年，按照全国、省、市“扫黄打非”工作部署和全市“严打‘两抢一盗’，保卫百姓平安”文化市场专项整治的总体要求，在贵阳市“扫黄打非”工作领导小组的直接领导下，贵阳市各级“扫黄打非”工作部门积极探索“扫黄打非”长效机制，采取有效措施，加强市场监管，开展专项治理，端窝点、打源头，着力查处大案、要案，“扫黄打非”工作取得了明显成效。全市出版物市场各类非法经营活动得到有效遏制，市场正版出版物占有量呈上升趋势，收缴非法出版物总量呈下降趋势。尤其是在北京奥运会期间，贵阳市各工作部门圆满完成了各项任务，为北京奥运会、北京残奥会的成功举办营造了良好的舆论氛围和社会文化环境。2008年全市共出动检查人员8905人次、车辆2290辆次；开展专项行动305次；检查出版物市场经营户9179家次；查缴各类非法出版物72.38万件，取缔各类违法违规店档摊点582个，删除网上有害信息2000余条，依法捣毁非法仓储窝点5个，抓获犯罪嫌疑人19人，刑事拘留11人，批准逮捕3人；查办案件16起，刑事审结1起。基本实现文化市场整治1年“六个明显减少（政治性非法出版物明显减少，侵权盗版出版物明显减少，走私盗版音像制品明显减少，危害青少年健康成长的恐怖类、淫秽色情出版物明显减少，销售非法出版物的游商和地摊明显减少，未成年人进入网吧的状况明显减少）”的预期目标。

一、强化组织领导，精心安排部署

贵阳市“扫黄打非”工作领导小组适时组织召开了“两节”、“两会”期间出版物市场专项整治工作会议、全市“扫黄打非”工作会议、奥运期间出版物市场集中清查行动会议及季度联席会议，对阶段性工作进行了部署。同时将“扫黄打非”工作列入重要议事日程，纳入到了“严打‘两抢一盗’，保卫百姓平安”专项整治、全国文明城市创建、社会治安综合治理、整顿和规范市场经济秩序、未成年人思想道德建设等全市各项重要工作和综合测评当中。

二、健全长效机制，提升工作水平

贵阳市“扫黄打非”办公室制定实施了《贵阳市“扫黄打非”工作联动制度》，进一步完善了贵阳市“扫黄打非”联动机制和“扫黄打非”联动工作体系。在“两节”、“两会”、北京奥运会、纪念改革开放30周年等重大节庆、会议和活动期间，贵阳市凭借其较为完善的联动机制和工作体系，天天查市场，日日有行动，全市各级各部门齐抓共管，上下扭成一股绳，心往一处想，劲往一处使，确保了全市文化市场的健康繁荣平稳有序。

三、加强市场监管，开展专项治理

2008年，贵阳市“扫黄打非”办公室相继组织开展了“两节”“两会”期间出版物市场集中检查行动、奥运期间出版物市场集中清查行动、打击“四假”及进一步严厉打击非法报刊专项行动、印刷企业专项检查行动、网吧专项治理行动、打击非法预装计算机软件专项行动、校园及周边出版物市场专项治理行动、打击网络淫秽色情专项行动等行动，有效净化了文化市场环境，维护了社会稳定和文化安全，为贵阳市生态文明城市建设营造了良好的舆论氛围。

四、端窝点打源头，查处大案要案

2008年，贵阳市“扫黄打非”办公室组织全市“扫黄打非”工作部门以“为‘抗凝冻，保民生’、全国‘两会’、北京奥运会、北京残奥会和改革开放30周年营造良好的舆论氛围和社会文化环境”为主线，以“反盗版天天行动”为工作平台，追根打源，端窝点，查大案，竭力封堵非法出版物批销窝点，从源头上净化全市文化市场，连续破获了“1·10”盗版音像制品案、“1·15”盗版音像制品案、“3·5”盗版音像制品案、方某某贩卖淫秽物品牟利案、“8·15”盗版音像制品案、“9·18”销售淫秽和盗版光碟案等一系列大案要案，震慑了违法犯罪分子。

五、加大宣传力度，提高公众意识

据不完全统计，2008年全市共在各类新闻媒体及内部工作资料上发布信息200余条次。新闻宣传中既有法规宣传，也有典型案例；既有执法情况，也有工作成果。“4·26”世界知识产权日期间，贵阳市“扫黄打非”工作领导小组会同贵州省“扫黄打非”工作领导小组组织有关单位，在贵阳市人民广场举办了迄今为止贵阳市规模最大、销毁数量最多的公开销毁活动——“全国统一集中销毁侵权盗版及非法出版物贵州分会场销毁活动”，集中销毁非法出版物100余万件。同时组织广大市民在“打击盗版，支持正版，保护知识产权”横幅上签名，向群众散发宣传资料5万余份。通过加强宣传工作，一方面畅通了信息公开渠道，另一方面教育了广大经营户，提高了广大公众的“扫黄打非”意识，树立了省会城市贵阳市保护知识产权的良好形象，为深入开展“扫黄打非”行动营造了良好的舆论声势。

云　南　省

2008年“扫黄打非”工作总结

云南省“扫黄打非”办

2008年，在省委、省政府坚强领导和全国“扫黄打非”办公室有力指导下，云南各级“扫黄打非”办公室及各成员单位全面贯彻落实全国全省《2008年“扫黄打非”行动方案》和第二十一次全国暨全省“扫黄打非”工作电视电话会议精神，精心组织、连续作战，打防并举、综合治理，较好地完成了年初制定的各项工作任务，为边疆稳定、社会和谐作出了新的贡献。

一、围绕中心，服务大局，全年工作成效显著

2008年，云南省各级党委、政府和“扫黄打非”工作部门认真按照全国统一部署，结合实际，全面落实“扫黄打非”工作方针、原则和制度，深入持续开展“扫黄打非”集中行动和专项整治，取得了显著成绩。据不完全统计，全省共出动行政执法人员10万多人次，检查出版物经营场所17万个（次），查缴非法出版物170余万件，其中违禁内容出版物近1万件、淫秽色情出版物5万多件、侵权盗版出版物167万件，取缔非法经营场所近1千个，办理行政处罚案件1815起、刑事处罚案件4起。

（一）全力查缴封堵违禁内容出版物和“法轮功”邪教组织宣传品，维护全省社会政治稳定

全省始终把查缴封堵违禁内容出版物作为“扫黄打非”重中之重，保持高压态势，加强执法力度，坚决封堵、收缴各类违禁内容出版物，坚决打击涉及各类违禁内容出版物违法犯罪活动，坚决取缔兜售违禁内容出版物游商，认真开展出版物市场专项治理行动，成功破获了一批案件。据不全统计，全年共查获违禁内容出版物9875件、“法轮功”邪教组织宣传品3279件，为维护云南社会政治稳定、民族团结和文化安全，促进全省文化事业繁荣发展发挥了积极作用。

（二）切实开展专项整治，确保出版物市场健康有序

一是在全省范围内开展印刷市场清查整顿专项行动。对全省各类印刷企业进行了拉网式检查，共出动执法人员5000多人次，车辆300多台次，检查各类印刷企业14640家，责令13家违规经营单位限期整改，查处62家违规企业，取缔4家经营户。二是在全省报刊市场全面清查专项行动中，共出动检查人员6000人次，对火车站、汽车客运站、机场、码头及书报刊批发市场等进行仔细检查，共检查出版物市场2890个、店档摊点2798个，收缴非法出版物13.5万件，其中盗版出版物13.4万件、非法报刊3500份，处罚店档摊点84个。三是开展打击非法进口和买卖境外书号专项行动。查获非法进口到我省并准备销售全国各地的《茶艺·普洱壶艺》300余册，查处两家单位同时涉嫌从香港购买书号、未经批准擅自出版印刷发行的行为，查获了一家冒用“中国新闻调查云南联络处”名义，未经许可擅自成立从事非法采编的非法记者站。全年全省各地查处各类非法出版案95起，收缴非法书、报刊2万余册（份）。

（三）严肃查办大案要案，有效震慑违法犯罪活动

全年查获大案要案6起：一是在昆明市西坝河北村345号、346号查获涉嫌盗版光盘43960张，抓获涉嫌违法人员5人；二是在昆明新南站商业广场二楼C区201、202号及一个仓库查获非法出版物15万余册；三是在昆明市新闻路音像批销中心周边一音像制品批发黑仓库收缴非法音像制品1万余片（盒）；四是在昆明官渡区永安路198号仙园大旅社308号查缴非法出版物音像制品1万余片；五是在昆明市鼓楼路华联音像图书经营部、“兴愿音像店”和“华联音像经营部”查获盗版软件2000余张（盘），加密狗（密钥）500多个、解密芯片150个、计算机游戏及应用等盗版软件200余张（盘），六是在昆明市福德村查处3个批销非法出版物黑窝点，查获非法出版物10290册。

（四）积极开展版权保护，打盗维权工作取得创新性发展

不断加大对数字出版领域侵权盗版行为打击力度，一些举措在全国领域内走在前列。省版权局依法对昆明12家网吧未经著作权人授权许可非法使用和传播他人软件、音乐、游戏、影视等作品以及规避或破坏技术保护措施等网络侵权盗版活动进行了查处；对昆明好乐迪音乐娱乐有限公司和昆明山石玖度吧餐饮娱乐有限公司非法使用曲库的侵权行为进行查处；对昆明市益兴电子信息工程有限公司、昆明市五华区泰恒隆业电子产品经营部、雷石公司和视翰公司驻昆明办事处等9家VOD集成和提供商

公司以营利为目的擅自大量复制、销售著作权人授权投诉人管理的影音作品的侵权行为进行行政处罚。

（五）坚决贯彻落实中央领导同志重要批示，全力净化未成年人健康成长文化环境

李长春同志10月27日在中办秘书局《每日汇报》第9137号刊登的《网称“嫖娼许可证”等“恶搞证件”受到云南省昆明市小学生“追捧”》信息上作出重要批示，要求我省报告核处情况。云南省委书记白恩培同志，省委常委、省委宣传部长、省“扫黄打非”领导小组组长张田欣同志迅速作出批示，要求迅速查处。省“扫黄打非”办迅速启动了“扫黄打非”工作紧急预案，部署全省各地对各类“恶搞证件”、“搞怪卡片”进行坚决查缴。省出版物市场稽查总队通过明察暗访，摸清了“恶搞证件”的有关情况。昆明市加大监管巡查力度，将全市中小学校园周边销售出版物门店摊点作为检查的重中之重，同时对印刷复制企业、出版物零售出租门店和地摊等反复进行了拉网式清查。省、市新闻出版、公安、工商、文化等职能部门按照各自工作职责，对“恶搞证件”进行了全面的查缴和封堵。各级教育行政部门加强校园管理，及时清查并动员学生上交手中的各类“恶搞证件”，防止在校园里传播。至11月中旬，全省文化、新闻出版、工商、公安人员检查各类出版物市10277家，查获收缴各类“恶搞证件”10663张（套、盘、个），查获类似“恶搞证件”的“搞怪卡片”制作软件502片（册、盘），有效遏制了“恶搞证件”活动。

全年全省共查处淫秽色情出版案件89起，关闭色情网站9个，查获有害音像制品51227张、盗版教材教辅读物21326册（张）。

（六）认真开展网上“扫黄打非”，努力保障网络安全

省公安厅、通信管理局、新闻出版局、广电厅等有关部门积极配合，大力开展网上“扫黄打非”，打击侵权盗版行为、摒除有害信息，维护网上文化安全。全年共处置各种网络有害信息7930条，清查互联网服务单位、联网单位3748家，警告违规单位375家，罚款16家，查处行政案件215起，处理45人。

二、联系省情，突出重心，始终抓紧抓好重点区域的“扫黄打非”工作

一是把省会城市昆明作为“扫黄打非”工作的重点地区。鉴于昆明市的特殊地位，云南省向来注重抓好昆明市的“扫黄打非”工作。年初，省“扫黄打非”办加强了对昆明市“扫黄打非”办的指导与协作。年内，昆明市进一步对重点地区进行了重点整治，一些非法出版物屡打不止、屡禁不绝的地段，在经过几次持续不断地打击、治理之下，有了显著改观。全年，省、市“扫黄打非”工作部门展开联合行动，成功破获了5起重大非法出版物案，打掉了一批隐藏较深藏匿较久的地下黑窝点，一些案件的成功查处受到了全国“扫黄打非”办的高度重视。

二是抓好边境口岸地区的“扫黄打非”工作。云南省地处边疆，与缅甸、老挝、越南三国接壤，陆地边境线长达4061公里，边境口岸、通道较多，全省16个州市中有8个处在边境一线。特殊的地缘状况，使云南成为境外势力和不法分子的觊觎之地。云南省把加强对边境口岸地区非法出版物的查堵，作为全省“扫黄打非”工作的一项重要任务。边境地区“扫黄打非”工作部门克服困难、坚守阵地，加强日常市场监管，加大边境检查工作力度，保持高压工作态势，有效地将各类非法出版物封堵于国门之外。全年边境一线8州市共查获各种非法出版物40余万件。

三是高度重视迪庆藏区的特殊性，切实抓好藏区的“扫黄打非”工作，维护藏区的稳定。迪庆藏族自治州因其特殊性，一直是云南省“扫黄打非”工作的敏感地区而备受重视。拉萨“3·14”打砸抢烧暴力事件发生后，省、州“扫黄打非”工作部门积极应对，从讲政治的高度出发，认真组织开展“保稳定、迎奥运打击非法出版物”活动，抵制达赖集团企图实施的分裂、破坏活动，维护迪庆藏区稳定。迪庆州

组织力量认真全面地对辖区内销售的藏语言音像制品、出版物进行普遍审读；为迎接奥运火炬在香格里拉站的传递，迪庆州、香格里拉县召开城区网吧业主和全州印刷复制业主会议，重申有关法律、法规和要求，对存在的问题和潜在的安全隐患，作出了具体的整改要求。全州“扫黄打非”战线时刻保持清醒的头脑，立足工作岗位，强化市场监管，加大检查频率，采取集中检查和日常检查相结合的办法，做到市场天天有人查，对存在的突出问题及时开展集中整治，全年查获各类非法出版物近10万件，保证了出版物市场的健康稳定。

三、健全机制，改善条件，自身建设得到不断加强

2008年，全省各级“扫黄打非”办公室和有关工作部门自身建设继续得到加强。一是各地“扫黄打非”办公室办公条件得到有效改善。上半年省“扫黄打非”办以工作考核方式，对临沧市等8个州市进行以奖代补，共下发资金45万元用于改善基层“扫黄打非”办公条件。二是队伍建设进一步得到加强。文山州、普洱市、临沧市进一步理顺关系，落实或增加了“扫黄打非”队伍编制。省出版物稽查总队编写了《新闻出版（版权）行政执法程序》，进一步规范全省新闻出版（版权）执法人员的执法行为和执法标准，建立健全了全省出版物稽查队伍和出版物市场分类档案，进一步明确了各级各类人员和市场的职责、责任。文山州专门组织“扫黄打非”工作培训班，德宏州、丽江市、西双版纳州稽查队每周安排半个工作日，用以会代训的形式进行业务培训。三是制度建设进一步深化。年内全省各州市均建立了《“扫黄打非”工作应急预案》，并按照中央、省委的要求将“扫黄打非”工作纳入未成年人思想道德建设工作测评体系。

领导讲话

在云南省第二十一次“扫黄打非”工作电视电话会议上的讲话（摘要）

云南省委常委、省委宣传部长、省“扫黄打非”领导小组组长
张田欣

我就如何贯彻落实好第二十一次全国“扫黄打非”工作电视电话会议精神，认真做好我省今年“扫黄打非”工作讲几点意见：

一、提高认识，着眼全局，进一步增强做好“扫黄打非”工作的责任感和使命感

过去一年里，在中央关于“扫黄打非”工作一系列指示精神指导下和省委、省政府正确领导下，我省“扫黄打非”战线认真贯彻落实全国、全省《2007年“扫黄打非”行动方案》和第二十次全国暨全省“扫黄打非”电视电话会议精神及2007年省“扫黄打非”领导小组会议精神，坚持打防并举、标本兼治、综合治理，成果显著。全年相继组织开展了“反盗版天天行动”、迎接“两会”净化文化市场专项行动、打击网络淫秽色情专项行动和打击非法出版活动专项行动等专项斗争，不间断地实施了“扫黄打非”春季战役和夏季战役，为边疆稳定、社会和谐作出了新的贡献。

但是，我们必须清醒地看到，“扫黄打非”是一场长期、艰巨、复杂的政治、经济、文化斗争，已经取得的成绩只是阶段性的。当前“扫黄打非”斗争面临的形势依然严峻，任务更加繁重。当前我省面临的主要问题是：以境外出版物为底本的违禁内容出版物的品种有所增加；境外

非法宗教出版物和达赖集团“藏独”民族分裂主义宣传品对我边境一线和藏区进行渗透的问题还时有发生；淫秽色情出版物，特别是以青少年为对象的有害卡通画册和淫秽“口袋本”图书等出版物，危害社会和学生的现象还没有得到根本遏制；从内地或沿海地区向我省倾销盗版图书、盗版光盘的地下通道还未完全摧毁，盗版音像制品和电子出版物在我省市场上仍占有一定的比例；盗版教材和教学辅导读物在一些州市、特别是贫困地区流入校园的问题依然存在；无证摊点和沿街兜售各类非法、盗版出版物的游商屡打不绝，个别部位有回潮之势；小商品批发市场批发、销售非法和盗版出版物的现象屡禁不止；非法、盗版出版物的印制、运输、批发、销售向团伙化、网络化、规模化、专业化的方向发展；利用境外注册刊号在境内非法发行报刊的现象时有发现；利用互联网和现代通讯手段刊载违禁内容出版物、盗版出版物以及传播政治谣言、淫秽色情和其他有害信息的问题依然存在。

今年大事多、喜事多，敏感问题不少。各级党委、政府和各有关部门一定要始终保持清醒头脑，准确把握形势，充分认识“扫黄打非”斗争的长期性、艰巨性和复杂性。要从建设先进文化、培育和弘扬民族精神、保护民族自主创新能力、巩固党的执政地位和提高党的执政能力的高度，进一步增强政治意识、大局意识、责任意识、阵地意识和忧患意识，树立长期作战、锲而不舍的思想，坚定信心，振奋精神，把“扫黄打非”斗争深入持久地开展下去。要认真贯彻落实好全国第二十一次“扫黄打非”工作电视电话会议精神，按照会议的统一部署制订好各地、各有关部门和单位的《“扫黄打非”行动方案》。要不断分析新形势、研究新情况、总结新经验、解决新问题，以扎实有效的工作，推动全省“扫黄打非”工作再上新台阶。

二、围绕中心，突出重点，坚持不懈地开展“扫黄打非”斗争

根据中央总的工作要求和我省实际，2008年，全省“扫黄打非”工作要高举“扫黄打非”和保护知识产权两面旗帜，从全面贯彻落实科学发展观、维护国家文化安全、政治安全和社会稳定的高度出发，组织动员社会各方面力量，围绕中心、服务大局，突出重点、标本兼治，查办大案、深挖彻究，通过开展专项治理和加强日常监管，解决文化市场存在的突出问题，为落实党的十七大精神和构建社会主义和谐社会创造良好的文化环境。

进一步强化对“扫黄打非”工作的领导。各级党委、政府要按照“守土有责”的原则，充分担负起“扫黄打非”的政治责任，高度重视并切实抓好“扫黄打非”工作。要把思想和行动统一到中央和全省的工作部署上来，将“扫黄打非”工作列入重要议事日程加以研究，认真解决“扫黄打非”工作中的突出问题，确保“扫黄打非”工作领导到位、任务到位、责任到位、措施到位。要切实履行净化文化市场环境的政治责任，建立完善本地区、本部门、本单位“扫黄打非”工作机制，层层落实领导责任制、部门责任制和单位责任制，推动“扫黄打非”工作不断向纵深发展。

进一步完善落实“扫黄打非”工作机制。全省各地区、各有关部门和单位要认真落实“扫黄打非”各项工作制度，并根据形势发展不断健全完善各项制度。基层一线要结合自身情况，把各项制度细化，使之更加符合基层实际，从而形成一套比较完整又易于操作的工作机制。通过建立健全和严格落实各项制度，尽快形成各级党委、政府统一领导、各级“扫黄打非”领导小组及其办公室组织协调、各地区联防协作、各部门齐抓共管、全流程赏罚分明、全系统奋发向上、全社会积极参与的工作格局，保证“扫黄打非”各项工作落到实处。

进一步加强“扫黄打非”队伍建设。各级党委、政府和各主管部门要关心、爱护“扫黄打非”这支队伍，在思想作风上要严格要求，生活上要给予关心，工作中要给予支持。要重视“扫黄打非”队伍建设，加强行政策法规教育和业务培训，不断提高这支队伍的思想政治素质和业务素质。要按照政治强、业务精、作风正、纪律严的要求，重视、加强对执法人员的选拔、录用和培训工作，进一步加强行政执法队伍建设，提高依法行政的能力和水平，提高执法工作效率。要采取有力措施，进一步做好“扫黄打非”队伍的机构、人员、编制、经费、装备的落实工作，切实改变“扫黄打非”力量严重薄弱的局面，使之与所承担的日趋繁重的工作任务相适应，为做好各项工作提供强有力的保障。

进一步加大舆论宣传力度。广泛利用报刊、广播、影视、展览、座谈、报告会等宣传形式，大力宣传“扫黄打非”的重要意义，揭露制黄贩黄、侵权盗版和非法出版活动的危害，宣传有关法律法规、规章制度和工作成果。宣传报道要围绕年度工作安排，有计划、有步骤、分阶段地展开。通过努力，营造有利于“扫黄打非”的社会舆论环境，动员社会各界和广大人民群众积极参与“扫黄打非”斗争。

2008年“扫黄打非”工作的序幕已经拉开，工作思路和目标任务已经明确，关键在于狠抓落实。希望全省“扫黄打非”战线锐意进取，扎实工作，创新发展，圆满完成2008年“扫黄打非”的各项任务，进一步开创全省“扫黄打非”工作的新局面，以扎实有效的工作，为建设富裕民主文明开放和谐云南作出新的贡献！

2008年1月17日

在2008年全省集中销毁侵权盗版及非法出版物活动上的讲话（摘要）

云南省新闻出版（版权）局局长、省“扫黄打非”领导小组成员

张德文

根据党中央、国务院关于2008年“扫黄打非”工作的统一部署，为进一步推动打击侵权盗版及非法出版物工作深入进行，我们在这里举行2008年全国集中销毁侵权盗版及非法出版物云南省销毁活动。举行集中销毁活动，充分表明党中央、国务院和省委、省政府开展“扫黄打非”斗争，坚决打击侵权盗版及非法出版活动、保护知识产权的态度和决心，是党和政府实践“三个代表”重要思想和科学发展观，构建社会主义和谐社会，为广大人民群众办实事、办好事的具体体现。

这次活动，集中销毁的侵权盗版及非法出版物是今年以来我省各地“扫黄打非”工作部门依法收缴的各类走私、盗版音像制品，盗版软件及电子出版物，盗版及非法书报刊等。我相信，通过举办这次大型集中销毁活动，必将有力地警示、震慑违法犯罪分子和非法经营者，必将进一步激发社会各界理解、支持和参与“扫黄打非”斗争的信念。

党中央、国务院和省委、省政府历来十分重视“扫黄打非”工作。全省各级党委、政府和各有关部门坚决贯彻党中央、国务院和省委、省政府关于“扫黄打非”工作的一系列精神，连续21年来按照中央的统一部署开展了“扫黄打非”斗争。我们围绕每年的“扫黄打非”行动方案，坚持打防并举、标本兼治、综合治理，深入开展专项行动，加强日常监管。在打击各类非法出版物制售活动，维护社会政治稳定；在清除淫秽色情等文化垃圾，营造有利于青少年健康成长的文化环境；在打击各类侵权盗版活动，树立保护知识产权良好形象；在查处互联网有害信息传播行为，拓展网上“扫黄打非”工作领域等方面取得了显著成绩。“扫黄打非”工作为服务全党、全国和全省工作大局，净化社会风气，保护知识产权，发展文化产业，建设民族文化大省起到了积极的作用。

坚持不懈地开展“扫黄打非”斗争，营造稳定社会环境和良好社会风气，事关党和国家工作

大局，事关民族文化产业发展，事关子孙后代健康成长。因此，我们必须保持清醒的头脑，充分认识“扫黄打非”斗争的长期性、艰巨性和复杂性，持之以恒地把“扫黄打非”斗争开展下去。当前，全省各级党委、政府要按照“三个代表”重要思想和科学发展观的要求，把思想和行动统一到十七大精神和中央及省委、省政府的工作部署上来，进一步加强对“扫黄打非”工作的领导，增强对“扫黄打非”工作的责任感和使命感。各地、各有关部门要按照《2008 年全省“扫黄打非”行动方案》的部署，加强对各类非法出版物的打击力度，维护政治安定和社会稳定；要采取切实措施，有效打击侵权盗版及非法出版活动，保护知识产权；要坚决打击制作、贩卖淫秽色情出版物活动，保护青少年身心健康；要研究工作中出现的新情况、新问题，不断改进工作；要进一步完善工作机制，加强“扫黄打非”工作的制度化、规范化建设，进一步提高日常监管的能力和水平；要把“扫黄打非”与繁荣发展社会主义先进文化结合起来，与深入开展精神文明创建活动结合起来，与整顿和规范市场经济结合起来。针对我省当前文化和出版物市场存在的突出问题，通过连续不断地开展“扫黄打非”斗争，进一步净化文化和出版物市场。

“扫黄打非”、打击侵权盗版及非法出版活动，是文明战胜腐朽，是维护民族创新精神、保护知识产权的历史性工程，意义重大，任务艰巨。希望全社会理解、支持、参与这一正义的事业，希望“扫黄打非”战线上的同志们勇于奉献、不辱使命、再立新功，为维护社会政治稳定和国家文化安全，为推动社会主义文化大发展大繁荣、促进全面建设小康社会提供保障，让党中央放心，让广大人民群众满意。

2008 年 4 月 20 日

2008 年“扫黄打非”大事记

云南省“扫黄打非”办

1 月 16 日，在昆明召开全国暨全省“扫黄打非”工作电视电话会，会议认真贯彻落实第二十一次全国“扫黄打非”工作电视电话会议精神，部署 2008 年全省“扫黄打非”工作。对 2007 年全省“扫黄打非”工作中做出突出贡献的 14 个先进集体、17 名先进个人，15 个有功集体、7 名有功个人进行了表彰奖励。省委常委、省委宣传部长、省“扫黄打非”领导小组组长张田欣同志讲话，省人民政府副省长、省“扫黄打非”领导小组副组长高峰同志宣读表彰决定。

1 月 8 日，根据群众举报，昆明市有关部门抽调精干力量，对西坝河北村 345 号、346 号涉嫌藏匿淫秽及盗版光盘仓库展开行动，查获涉嫌盗版光碟 43960 张（盒），抓获涉嫌违法人员 5 人。

1 月 16 日，昆明市文化市场稽查队成功查处一起非法光盘案。查获名为《共产主义血泪史》DVD 光盘 13 套（每套 2 片，共计 26 片）、《中国，革命的世纪》DVD 光盘 12 套（每套 3 片，共计 36 片），以及其他涉嫌非法音像制品共 230 余种，合计 1569 片。

2 月 25 日至 27 日，云南省出版物市场稽查总队查获非法进口杂志 316 册，非法出版、印刷、发行盗版图书 1600 册，其他非法书籍 300 多册。

3 月 4 日，腾冲县成功破获“3・04”重大非法出版物案，查获违禁内容出版物《夏雷》卷二 55 册、卷三 45 册，底稿 568 份，国内特快专递邮件详清单 374 份。

4 月 20 日，在全省范围内举行声势浩大的销毁非法出版物活动。省会城市昆明为主会场，各州市中心城市为分会场。全省共销毁侵权盗版及非法出版物133万件，其中昆明主会场销毁95.6万件。省委常委、省委宣传部长、省“扫黄打非”领导小组组长张田欣等党政领导出席现场活动，省新闻出版（版权）局局长张德文代表省“扫黄打非”领导小组讲话。

6月11日，云南省出版物市场稽查总队和昆明市文化市场稽查队，在昆明市新南站商业广场查获各类非法出版物15万余件，其中淫秽色情出版物7800余件，凶杀、暴力、恐怖、迷信类非法出版物8000余件。

7月6日，云南省“扫黄打非”领导小组办公室召开2008年全省“维护社会稳定，迎接北京奥运会，全力做好‘扫黄打非’工作专题会议”。会议对上半年工作进行总结，对做好“奥运”期间“扫黄打非”工作作了全面部署。

8月2日，云南省新闻出版（版权）局副局长，省“扫黄打非”领导小组办公室主任艾罕炳，对曲靖市“扫黄打非”工作进行调研，对进一步做好下半年“扫黄打非”各项工作提出明确要求。

10月25日至11月12日，云南省各级“扫黄打非”工作部门认真落实中央和省委领导同志有关批示精神，查获危害青少年健康成长的各类“恶搞证件”10663张（套、盘、个）、类似“恶搞证件”的“搞怪卡片”制作软件502片（册、盘）。

创新经验

昆明市五华区多管齐下整治校园周边文化环境

云南省“扫黄打非”办公室

昆明市五华区园西路出版物市场是云南省高校较为集中的地区，长期以来，游商地摊无证经营和沿街叫卖盗版图书、音像制品和软件现象突出，屡禁不止。按照《中共中央关于进一步加强和改进未成年人思想道德建设的若干意见》和全国暨全省“扫黄打非”电视电话会议精神，以及《2008年全省“扫黄打非”行动方案》部署，昆明市五华区“扫黄打非”领导小组组织，区文化旅游局、“扫黄打非”办公室牵头，各相关部门共同参与，对五华区园西路校园周边文化环境进行了近1年的集中整治。通过持续整治，有效净化了园西路校园周边的文化环境。五华区“扫黄打非”工作部门共出动检查人员1000余人次，车辆200余辆（次），收缴非法出版物3万余件，移送公安机关案件4起9人，其中无照经营的37家经营户已全部转向经营，1家经营户搬离，证照齐全的7家经营户正常经营，游商零贩沿街叫卖现象得到有效遏制，整治工作取得了显著成果。五华区的主要做法是：

一、加强领导，统一认识

五华区委、区政府对园西路出版物市场的治理工作高度重视，认真贯彻落实《中共中央关于进一步加强和改进未成年人思想道德建设的若干意见》和全国暨全省“扫黄打非”工作电视电话会议精神，把整治校园周边文化环境作为“扫黄打非”和促进青少年健康成长的一项重要工作来抓。成立了由区委常委、区委宣传部长、区“扫黄打非”领导小组组长凡群为组长，区政府副区长李鸿，区政府副区长、公安五华分局局长李云峰为副组长，区文化旅游局、公安五华分局、工商五华分局、区城市管理局、相关办事处等部门（单位）主要负责同志为成员的五华区“校园周边文化环境整治行动领导小组”，下设专门办公室。从文化、公安、工商、城管、办事处等部门（单位）抽调10名干部组成了整治行动组。各部门做到了思想统一，认识到位。区政府李鸿副区长、公安五华分局局长李云峰多次过问整治工作进展情况，并提出具体工作要求，反复强调工作纪律。

二、制定方案，周密部署

针对园西路出版物市场存在的种种问题，由区文化旅游局负责，公安、工商、城管、办事处等部门（单位）参与，共同制定了《五华区“扫黄打非”夏季战役行动方案》、《五华区校园周边文化环境整治行动工作方案》。把园西路、一二一大街、建设路、圆通北路等高校较集中的地区作为整治主要范围，把取缔无证经营、杜绝售卖盗版音像制品、清理游商零贩作为整治的重点。采取了教育与处罚相结合的方式内，对园西路校园周边合法经营户进行了有关法律法规及经营者的社会责任的教育，讲清道理，帮助他们认清形势，打消侥幸心理，积极配合政府搞好校园周边文化环境整治。进而对零散小贩进行清理。

三、加大查处力度，严格依法办事

一是由整治行动组负责对园西路出版物市场的经营场所执行24小时不间断巡查，反复清查取缔贩卖盗版、非法出版物的游商零贩和无证照经营行为；二是公布举报电话，接受群众举报。把文化市场管理科、文化市场稽查队举报电话及公安、工商、城管等部门（单位）的电话号码打印张贴于醒目处；三是严格依法整治，依据文化市场管理的有关法律法规，做到有法必依、违法必究、执法必严，对违法违规经营者依法惩罚，决不姑息迁就；四是耐心说服、化解矛盾，对参加整治行动的全体工作人员，明确了严格的工作纪律，做到“三不准”，即不准通风报信，不准接受经营户宴请，不准违规执法。按照“谁管辖、谁负责”和“分片包干，责任到人”的原则实行责任制。将园西路出版物市场片区划为若干个责任区，建立了责任制。采取巡查相结合、查堵相结合、分散集中相结合，分别在不同时间、不同时段开展突击检查，有效打击了园西路校园周边出版物市场违法违规行为。

四、齐抓共管，强化宣传，动员群众积极参与

在区委、区政府领导下和区“扫黄打非”领带小组及其办公室具体组织协调下，一是“扫黄打非”各成员单位及相关部门积极参与，文化、公安、工商、城管等部门进一步明确职责，既各司其职，又通力合作。集中行动出人出力，密切配合，整治小组多次召开协调会及通报会，形成了“扫黄打非”工作合力。二是加强宣传，发动群众积极参与。不少群众通过打举报电话、发短信等方式，为整治行动提供信息和线索，为整治行动及时掌握情况，主管部门从快从严打击违法经营行为起了积极作用。三是加强协调配合，“扫黄打非”办公室充分发挥协调指导作用，及时编写《专项整治工作简报》，指导工作，通报情况，总结交流经验。

五、规范经营，加强管理，建立长效机制

为巩固整治成果，防止“反弹”，建立加强日常监管制度。一是强化日常监督，聘请义务监督员，增加巡查密度，做到严防死守；二是加强与相关职能部门的联系，形成联防联动机制；三是加强对广大经营者的培训和教育，引导经营户守法经营，诚实守信；四是文明执法，严格执法程序，做到“三满意”，群众满意、经营者满意、自己满意；四是鼓励上规模、上档次，经营业绩良好，具有反盗版实力的音像制品和电子出版物经营企业进驻园西路出版物市场，为广大人民群众提供合法健康的音像、电子出版物制品；五是充分发动群众、依靠群众，做到群防群治、综合治理。

昆　明　市

2008年“扫黄打非”工作总结

昆明市“扫黄打非”办

省“扫黄打非”领导小组办公室：

根据省“扫黄打非”办的要求，现将我市2008年“扫黄打非”工作总结上报。

一、领导高度重视，把“扫黄打非”斗争引向深入

昆明市委、市政府十分重视“扫黄打非”工作，市“扫黄打非”领导小组对认真贯彻好全国暨全省“扫黄打非”电视电话会议精神，提出明确要求。根据省“扫黄打非”办2008年“扫黄打非”工作的总体部署，昆明市紧紧围绕省“扫黄打非”的四个工作重点，拟定下发了以为全国及省“两会”胜利召开营造良好舆论氛围、以打击非法出版物为主的“惊蛰行动方案”、“‘扫黄打非’第二阶段行动方案”、“迎奥运，维护出版物市场稳定专项行动”和查缴“特殊证件”专项行动方案，组织开展了打击各类非法出版物专项行动，成效显著。

据不完全统计，今年全市共出动执法人员27279人（次），车辆4785辆（次），检查出版物市场4754家（次），取缔无证摊点199个，行政处罚155起，刑事处罚案件3起，收缴各类非法出版物68万余（件、盒）；查缴和学生主动上交的“特殊证件”或“搞怪卡片”非法印刷品3509张。全市出版物市场管理工作取得了显著成效。

二、突出重点，精心组织开展好各项专项整治行动

今年，我市突出围绕“迎奥运，维护出版物市场稳定专项行动”、“惊蛰行动”、“扫黄打非第二阶段行动”、“打击非法出版物专项行动”和查缴“特殊证件”专项行动工作，及时对全市“扫黄打非”工作进行了部署。在抓好面上工作的同时，突出对重点区域、重点地段的整治，加强四个城区出版物市场、商品集中的农贸市场、学校周边、人行天桥、车站、机场等地段、场所的整治。

1. 认真开展迎“两会”严查非法出版物“扫黄打非”第二阶段专项行动、“春季战役”和“惊蛰”行动。为迎接全国和省“两会”的召开，按照全国和省“扫黄打非”办的工作要求，在去年“反盗版百日行动”取得阶段性成果的基础上，由市“扫黄打非”办牵头，协调公安、工商、城管，根据各自的职责，制定方案，采取切实有效的措施，组织开展了以打击非法出版物的“扫黄打非”第二阶段专项行动、“春季战役”和“惊蛰”专项行动。结合专项行动的开展，昆明市突出破大案要案，堵源头打黑窝，震慑不法盗版商的嚣张气焰。年初，根据群众举报在西山区福海乡西坝村345、346号查获一个非法音像制品黑窝点，现场收缴非法音像制品43960片（盒）。涉案人员已移交公安部门调查处理。

2. 突出重点区域的整治。我市结合出版物市场各项专项整治工作，坚持“扫黄打非”斗争，加大对出版物市场的整治力度。在巩固“三市场一周边”整治工作的同时，针对重点地段、重点部位和重点地区的突出问题，采取三个整治步骤：一是派出暗访检查组，确定问题集中的地摊、游商区域，联动相关部门综合整治；二是加大对印刷复制企业的监管力度，集中对违法违规企业进行整治；三是加大对地下黑仓库、黑批发的打击力度，查处了8起大案要案。

3. 组织开展“迎奥运，维护出版物市场稳定”专项行动。为确保奥运会的成功举办，根据文化部和全国“扫黄打非”办关于开展“奥运保障行动”的安排部署，拟定下发了《昆明市“迎奥运，维护出版物市场稳定”专项整治行动方案》。联合公安、工商、城管等相关职能部门，组织对问题突出的重点地域、重点部位、重点时段销售非法出版物的游商和地摊进行整治。突击行动全市共出动执法人员201人（次），出动车辆65辆（次），检查出版物市场396家（次），查处违法违规经营单位35家，取缔无证摊点3个，收缴各类非法出版物7763册（盘、盒）。

三、查处大案要案，不断净化出版物市场

昆明市作为省会中心城市，是全省政治、文化、经济的中心，也是全省出版物的聚散地、批销中心和枢纽。昆明市出版物市场管理的好坏，直接关乎着全省出版物市场的繁荣和发展。为确保昆明市出版物市场的健康、有序，我市制定了有力措施，把“打团伙、端窝点、破网络”作为重点目标，认真抓实，抓出成效。

1. 坚决封堵和查处非法出版物。各级党委、政府和成员单位在“扫黄打非”斗争中，坚持打“黑窝”抓大案为重点，密切配合，堵源截流，查处了一批大案要案。1月16日，针对昆明市国家安全局出版的《昆明国家安全信息（第4期）》中反映文林街文化巷内新声达音像店出售名为《共产主义血泪史》反动光碟的情况，市文化局领导高度重视，马上作出“请市文化稽查队立即严查并上报查处情况，确保文化安全”的指示，根据属地管理原则，及时安排市稽查队联合五华区文化市场稽查队，立即对该店进行了突击检查，执法人员现场查获《信息》中所反映的名为《共产主义血泪史》DVD激光数码视盘13套，同时，还查到另一部疑似含有反动内容，名为《中国，革命的世纪》的DVD光碟12套。另外，还查获其他涉嫌非法音像制品230余种，共计1569盘。

2. 加大大案要案的查处力度。市“扫黄打非”领导小组协调各成员单位及各县（市）区“扫黄打非”办，按照“属地管理、守土有责”的原则，各司其职，各尽其责，加大对重点地域、重点部位、重点环节、重点时段出版物市场的监管和巡查力度，把中小学校园周边销售出版物的门店、地摊，作为检查的重中之重，同时对印刷企业，出版物零售、出租和地摊等进行拉网式的清查。特别是加大查堵非法出版物的流入渠道，端掉一批黑窝点。6月份，昆明市稽查队联合省、区稽查部门对新南站商业广场二楼C区201、202号两个门面和一个仓库进行了突击检查，现场查获涉嫌非法出版物15万余册，其中涉嫌淫秽书籍3000余册，涉嫌宣传暴力和迷信书籍8000余册，涉嫌违禁非法出版物2000余册。此案由昆明市文化市场稽查队和官渡区公安分局福德派出所联合调查后作进一步处理。7月初，昆明市文化稽查队联合公安，对新闻路音像批销中心周边进行了突击检查，发现一个音像制品批发黑仓库，现场查缴非法音像制品（DVD、压缩DVD）33件，共1万余盘（盒）。8月4日，官渡区文化市场稽查队联合省文化市场稽查总队，突击查处了位于永安路198号仙园大旅社308号的非法音像制品窝点，查缴非法出版物音像制品1万余盘。8月7日市文化市场稽查队取缔环城西路一出租房内批销非法音像制品的黑窝点，收缴涉嫌非法音像制品16件，共3100盘（盒）。10月15日，昆明市文化市场稽查队、官渡区文化市场稽查队和公安部门，取缔福德村内三个批销非法出版物的黑窝点，查获非法出版物10290册。

3. 组织开展印刷复制业专项整治行动。根据新闻出版总署、全国“扫黄打非”办《关于开展印刷复制业专项检查行动的通知》精神和云南省新闻出版局关于开展印刷业专项行动检查的通知，结合我市实际，按照“属地管理”和“谁主管谁负责”的原则，在全市范围内开展以取缔无证经营、规范印刷业为重点的专项整治行动。针对四个区的整治重点，检查组对五华区“三小印”和印刷企业比较集中的一二一大街、龙泉路等片区；盘龙区的菠萝村周边、马家营、金实小区、白云路、穿金路沿线及印刷业相对集中的城中村、城郊结合部；西山区的马街片区及城乡结合部；官渡的六甲街道办事处、关上街道办事处、关上街道办事处等片区的“三小印”店面及印刷厂区进行了抽查，此次专项行动，全市共动执法人员708人（次）；车辆208（辆）次，检查印刷企业及三小印经营门店454家（次），丝印广告招牌制作30余家。收缴非法出版物1700余（册）本；非法音像制品7000余片（盒）；取缔非法出版物经营场所4个；取缔无证摊点15个。

4. 坚决贯彻落实中央、省、市领导有关出版物市场的重要批示，查缴“特殊证件”或“搞怪卡片”等非法印刷品。中央和省委领导对昆明市出现的名为“特殊证件”或“搞怪卡片”之类的非法印刷品，其内容低俗，主要针对中小学生和未成年人进行兜售的问题作出重要批示后，昆明市领导高度重视，及时传达，迅速部署，特别是昆明市按照市委、市政府领导的具体要求，工作有方案、有措施、有组织，整治工作扎实有力。昆明市突出了联合行动，联合执法，综合整治，从印刷渠道、流通环节、网络信息等方面加大工作力度，在突出面上的查缴的同时，根据每天查缴的情况，逐步转向既面上查缴，又重点打击。从源头上坚决打击“特殊证件”或“搞怪卡片”非法印刷品，加大对流通环节的整治，查缴力度大，使非法销售“特殊证件”或“搞怪卡片”非法印刷品得到了有力打击，截至11月13日，昆明市共出动执法人员1419人（次），出动车辆370辆（次），检查经营门店1429家（次），检查市场7个，检查印刷复制企业24个；查缴和学生主动上交的“特殊证件”或“搞怪卡片”非法印刷品3509张，专项整治行动取得阶段性成效。

5. 巩固治理成果，集中销毁非法出版物。为充分展示今年我市“扫黄打非”的工作成果，根据全国“扫黄打非”领导小组的总体部署，结合“4·26”知识产权日宣传活动，市“扫黄打非”办组织在西山区碧鸡广场举行了“全国集中销毁侵权盗版及非法出版物云南会场活动”，现场共销毁各类非法出版物95.6万余册（盘、盒）。

四、今后的主要工作

根据中央、省的统一部署，加强“扫黄打非”斗争的领导，重点突出：加大对出版物市场的监管力度；继续整顿和规范印刷复制业；封堵和查处互联网有害信息；继续开展打源头、端黑窝的集中行动，使我市出版物市场健康、有序发展。

2008年12月5日

西藏自治区

2008年“扫黄打非”工作总结

西藏自治区“扫黄打非”办

一、总体情况

2008年，西藏自治区各级“扫黄打非”办公室及其成员单位在各项行动中共出动执法人员4508人（次），检查店档摊点6427个（次），共收缴各类非法出版物22.1万余件，其中，违禁类非法出版物3545件，宗教类非法出版物1312

件，淫秽色情出版物1.3万余件，盗版出版物20万余件，其中盗版图书1.8万余件、盗版音像制品16.2万余件、盗版教材教辅读物8102件、盗版软件及电子出版物1.6万余件。圆满完成了2008年“扫黄打非”各项既定任务，进一步净化了全区出版物市场环境，为建设“小康西藏、和谐西藏、平安西藏”营造了良好的舆论氛围和文化环境。

二、主要工作

（一）“春节”、“藏历年”前后市场清查行动

为深入贯彻落实第二十一次“扫黄打非”工作电视电话精神，确保春节、藏历年期间全区出版物市场的繁荣与稳定。按照全国“扫黄打非”工作小组办公室《2008年“扫黄打非”行动方案》关于第一阶段行动的总体部署，1—3月，全区各级“扫黄打非”部门相继组织协调相关成员单位开展了出版物市场春季大检查，共查获违禁类非法出版物570件，淫秽色情出版物2853件，盗版图书5186册，盗版音像制品5.7万余件，盗版软件及电子出版物4221件。

（二）“扫黄打非”第二阶段行动

全区各级“扫黄打非”部门在第二阶段行动中共查获违禁类出版物697件，淫秽色情出版物1034件，盗版出版物2.9万余件（盗版图书1692件，盗版音像制品2.4万余件，盗版教材教辅读物1784件，盗版软件及电子出版物750件）。

（三）奥运会期间出版物市场清查行动

奥运会期间，全区各级“扫黄打非”工作领导小组办公室和相关部门在出版物市场整治行动中共查获非法宣传品1000余件，没收淫秽色情出版物5000余件，删除黄色手机电影200部，收缴盗版图书2.3万余册，盗版音像制品3.5万余件，盗版教材教辅读物6745件，盗版软件及电子出版物7320件，取缔无证照经营行为和游商地摊15家。

（四）藏语言音像制品内容审查和市场清查行动

根据《关于加强藏语言音像制品内容审查和市场管理的通知》精神，自治区“扫黄打非”办公室、新闻出版局组织相关成员单位对西藏音像出版社、西藏梦幻之园音乐制作中心等音像制品出版、制作单位进行了仔细检查，并对上述单位近年来出版、制作的音像制品进行了详细审读。那曲地区查获了宣扬宗教狂热和鼓吹“大藏区”的非法藏语言音像制品近500盘（盒）。山南地区查获刻录非法音像制品200盘。日喀则地区、拉萨市公安局国保支队查获非法图书、经书、音像制品100余件。

（五）网上“扫黄打非”工作取得新突破

1. 查处传播有害信息博客“LOVETIBET”。2008年4月26日，拉萨市公安局网监支队发现“LOVETIBET”的博客登载有关于西藏的信息达数十篇之多，拉萨市公安局网监支队已将该博客进行了关闭、删除处理。

2. 全面清理非法藏语歌曲。按照自治区党委常委、政法委书记、公安厅党委书记王宾宜同志的指示，7月10日，拉萨市“扫黄打非”工作领导小组办公室联合拉萨市公安局网监支队对拉萨市的手机销售门店和手机铃声、彩铃下载点进行了检查。在检查中执法人员当即责令彻底删除含有非法内容的歌曲、手机铃声、彩铃，立即停止向顾客提供下载服务，并要求各商家在未取得著作权人许可和不清楚歌曲内容的情况下一律不得向顾客提供下载服务。

3. 全力打击利用网站传播淫秽色情出版物行为。6月5日，山南地区“扫黄打非”工作领导小组办公室、地区公安处网监支队在网络文化市场清查过程中发现名为“JP资讯交流网”和“中国小姐交易联盟网”两个网站登载有大量的淫秽色情电影、图片和文字信息。“JP资讯交流网”创建于2008年5月，服务器在广州，当时该网站已有注册会员259名，登载有淫秽色情电影数百部、淫秽色情图片数百张、淫秽色情小说200余篇。“中国小姐交易联盟网”于2008年3月下旬创建，服务器位于辽宁鞍山，该网站当时已有注册会员3.2万余名，登载的淫秽色情电影已达5000多部，淫秽色情图片多达数万张，淫秽色情小说近千部，各类淫秽色情文章和帖子17.9万余篇。该网站还登载了28个省市及其他多个地方的所谓色情场所的服务态度、安全程度、价格明细、联系方式等方面有害信息。山南地区公安处已将案件顺利移交至网站注册地公安网监部门。

（六）承办八省区“扫黄打非”协调联动工作会议

11月3日，由全国“扫黄打非”工作小组办公室主办，中央宣传部出版局、公安部治安局参与，西藏自治区“扫黄打非”工作领导小组办公室承办，青海、甘肃、四川、云南、广东、江苏、浙江等省区参加的“扫黄打非”协调联动工作会议在拉萨召开。西藏自治区党委常委、宣传部长、“扫黄打非”工作领导小组组长崔玉英，新闻出版总署反非法和违禁出版物司副司长毛小茂出席会议并讲话。西藏自治区“扫黄打非”工作领导小组副组长、新闻出版（版权）局党组书记、局长旺堆次仁汇报了近几年来西藏封堵和查缴“藏独”反动出版物及宣传品的工作情况。会议深入分析了当前西藏和其他藏区打击违禁类非法出版物的严峻形势和艰巨任务，交流了各相关省区当前打击违禁类非法出版物的基本情况，修改完善了全国“扫黄打非”工作小组《关于建立打击“藏独”反动出版物及宣传品协调联动机制（征求意见稿）》，初步研究了打击“藏独”反动出版物及宣传品跨省区案件督办查办工作，对进一步建立健全跨省区协调联动长效机制，整合资源，共同打击“藏独”反动出版物及宣传品，确保涉藏地区意识形态安全，起到了积极的推动作用。

（七）出版物审读和信息报送情况

2008年，西藏自治区“扫黄打非”办公室共协助公安、安全、工商等部门审读鉴定各类违禁类非法出版物共计230多件，共出具审读鉴定书32份，为相关部门及时办案提供了准确的法律依据。及时撰写“扫黄打非”简报、要情、报告等，将一些重要信息、要情及时上报全国“扫黄打非”办公室和自治区党委、政府。全年从各地（市）及各部门上传的《工作简报》和《文化市场信息》中编发《扫黄打非要情》3期；《工作简报》4期。

领导讲话

在第二十一次全国“扫黄打非”工作电视电话会议西藏分会场上的讲话（摘要）

西藏自治区党委常委、宣传部长、“扫黄打非”工作领导小组组长

崔玉英

一、2007年全区“扫黄打非”工作成绩显著，应予以充分肯定

2007年，中央七部委联合召开了第二十次全国“扫黄打非”工作电视电话会议。自治区党委、政府高度重视，及时召开全区“扫黄打非”工作会议，认真学习贯彻全国会议精神，对全区“扫黄打非”工作作了周密部署。一年来，在区党委、政府的坚强领导下，全区“扫黄打非”各项工作扎实推进，取得了明显成效。

一是紧紧围绕迎接十七大、服务十七大这条主线，深入开展“扫黄打非”工作。在封堵非法出版物，扫除淫秽色情等文化垃圾，打击侵权盗版行为，整治“四假”和打击非法出版活动，清除互联网有害信息等方面取得了显著效果；在完

善部门联动机制，开展专项治理，查处大案要案方面取得了新的进展。为党的十七大胜利召开营造了良好氛围，做出了积极贡献。

二是“扫黄打非”工作力度不断加大，打击重点、打击数量都明显增强。2007年，全区共出动“扫黄打非”执法人员7301人次，检查出版物店档摊点2986个次，共收缴各类非法出版物近20万件，查办案件170起。

三是自治区“扫黄打非”工作领导小组各成员单位以及各地（市）、各相关部门高度重视，认识到位，始终坚持一手抓繁荣，一手抓管理，工作积极主动，既做到了责任明确，又密切协作，齐抓共管，使2007年全区“扫黄打非”工作有声势、有力度、有创新、有成效，呈现出良好的治理态势。

二、充分认识“扫黄打非”工作面临的形势

当前，西藏“扫黄打非”斗争面临的形势依然严峻，任务十分繁重。

“扫黄打非”斗争是意识形态工作的一个重要组成部分，面对复杂形势和严峻挑战，“扫黄打非”工作部门一定要从保护国家政治安全、文化安全和构建和谐西藏的高度，充分认识“扫黄打非”工作的重要性和长期性，居安思危，准确判断态势，加强对策研究，及时采取切实可行的措施，始终把握主动权、打好主动仗，不断提高工作水平，不断增强为全区工作大局服务的能力。

三、2008年全区“扫黄打非”工作的重点

2008年，是全区贯彻落实党的十七大精神的重要一年，是改革开放30周年，是北京奥运会举办之年，也是西藏实施“十一五”规划的攻坚之年，统一思想、凝聚力量的任务十分繁重。按照中央“扫黄打非”工作领导小组2008年工作要点，结合西藏实际，2008年，封堵和打击非法出版物、“法轮功”等邪教组织宣传品仍然是全区“扫黄打非”工作的重中之重。衡量一个地区、一个部门“扫黄打非”工作的标准，仍然是看能否把各类非法出版物遏制到最低限度，能否从根本上严防非法出版物在本地区的出现、销售和扩散。

要坚决清除淫秽色情等有害读物及网上有害信息，营造有益于青少年健康成长的文化环境。坚决查缴宣扬淫秽色情、鼓吹凶杀暴力、封建迷信及伪科学内容的音像制品、电子出版物、游戏软件和以未成年人为主要读者对象的各类有害读物，严厉打击通过互联网、网吧、声讯台、手机短信及各类移动终端传播淫秽色情等有害信息的行为，结合典型案例，加大宣传教育力度，动员全社会特别是教育中小学生自觉抵制淫秽色情等有害信息的侵蚀。

要继续推进“反盗版天天行动”，巩固“扫黄打非”成果。要继续对全区书报刊、音像和计算机软件集中经营场所及批发、零售、出租、放映单位开展执法检查。加大对盗版制品源头的治理力度，加强对重点口岸、边境地区的检查和对有关进出口货物的查验，严厉打击光盘走私活动，确保天天有行动，天天见成效。

四、几点要求

第一，要进一步加强领导、形成合力。要继续坚持和完善各级党委、政府统一领导，各级“扫黄打非”工作领导小组及其办公室组织协调，各成员单位各司其职，各地区联防协作，各部门齐抓共管，广大人民群众积极参与的领导体制和工作机制。

第二，要明确分工，健全机制。要完善情报预警、快速反应、联合封堵和案件查处等工作机制。

第三，要加强队伍建设，提高管理水平。要建立和完善管理责任制，强化对重点部位的日常监管，加强对出版物经营者的法律法规培训和教育。加强“扫黄打非”队伍建设，不断提高“扫黄打非”执法队伍的装备水平和技术能力，为他们依法履行职责创造必要的条件。做好“扫黄打非”的舆论宣传工作，充分发挥报刊、广播、电视、互联网、移动终端等各类媒体的作用，利用多种形式大力宣传“扫黄打非”和保护知识产权的重大意义，引导公众积极参与“扫黄打非”斗争。

2008年1月17日

在打击“藏独”反动出版物及宣传品协调联动工作会议上的讲话（摘要）

西藏自治区党委常委、宣传部长、“扫黄打非”工作领导小组组长
崔玉英

本次会议的主要任务是：认真贯彻落实中央领导关于维护西藏和其他藏区社会稳定的重要批示精神，深入分析当前西藏和其他藏区打击非法出版物的严峻形势和艰巨任务，修改完善全国“扫黄打非”工作小组《关于建立打击“藏独”反动出版物及宣传品协调联动机制的意见（征求意见稿）》，研究部署打击“藏独”反动出版物及宣传品跨省区案件督办查处工作。开好这次会议，对于进一步建立健全跨省区协调联动的长效机制，整合资源、形成合力，共同打击“藏独”反动出版物及宣传品，进一步净化文化市场，确保涉藏地区意识形态安全，必将起到积极的推动作用。

一、西藏意识形态工作面临的严峻形势和艰巨任务

2008年是很不平凡的一年，大事多、难事多。“3·14”事件后，在党中央的坚强领导下，自治区党委、政府坚决贯彻中央决策部署，团结带领全区党政军警民英勇作战，迅速平息事件，很快恢复了正常的生产生活秩序，取得了反分裂斗争的阶段性重大胜利。全区宣传思想战线按照中央和区党委的决策部署，迅速行动，整合资源、形成合力，各部门协同作战，密切配合，团结教育群众，凝聚鼓舞人心，牢牢掌握了舆论斗争的主动权和话语权。特别是自治区“扫黄打非”部门和新闻出版部门，加大执法力度，全面查缴40多种反动读物和音像制品，迅速编写出版了《拉萨“3·14”事件真相》、《历史的见证》等优秀出版物，深刻揭示“3·14”事件的背景、性质、危害。

目前，全区社会局势已经全面好转。但同时也要清醒地看到，西藏意识形态领域面临着更为严峻的挑战。

二、几点工作建议和要求

1. 建议并希望全国“扫黄打非”工作小组进一步加强对打击“藏独”反动出版物及宣传品工作的领导协调，统一指导指挥，统一部署安排，形成快速高效、协同一致、全面防控、精确打击的工作格局。

2. 建议并希望八省区在全国“扫黄打非”工作小组的直接领导下，坚持联席会议制度，进一步加强信息沟通和联络联系，交流情况、分析形势、研究对策、协调行动，形成对“藏独”类反动出版物及宣传品鉴定标准的统一认识，形成跨省区联合办案的机制，形成切断其非法复制、销售渠道和途径的打击措施，形成强有力的工作合力。

3. 西藏是“藏独”类反动出版物及宣传品渗透的重点地区，我区各相关部门一定要按照全国“扫黄打非”工作小组办公室的部署和要求，以当前正在全区开展的深入学习实践科学发展观活动为契机，切实承担起我们的职责，将各项工作落到实处，确保取得实效。

2008年11月3日

在打击“藏独”反动出版物及宣传品协调联动机制工作会议上的情况汇报（摘要）

西藏新闻出版（版权）局党组书记、局长、自治区“扫黄打非”工作领导小组副组长
旺堆次仁

一、西藏“扫黄打非”工作的基本情况

（一）始终把“扫黄打非”工作作为一项政治任务来抓

西藏自治区党委、政府高度重视“扫黄打非”工作，区党委分管意识形态和政府分管新闻出版工作的领导亲自担任“扫黄打非”工作领导小组正副组长，始终把“扫黄打非”工作列入各级党委、政府的重要议事日程，连续19年以党办、政办名义转发本年度“扫黄打非”工作行动方案，每年年初都要召开“扫黄打非”工作会议，认真总结工作、精心部署新一年的行动方案。自治区分管领导对“扫黄打非”工作中的重点工作，亲自过问、专题研究、认真落实。现任西藏自治区“扫黄打非”工作领导小组组长由自治区党委常委、宣传部长崔玉英同志担任，自治区副主席多托和区新闻出版局党组书记、局长旺堆次仁同志任副组长。“扫黄打非”工作领导小组办公室设在自治区新闻出版局，由区新闻出版局党组副书记、副局长孙宝林同志兼任办公室主任。目前，西藏自治区“扫黄打非”工作领导小组成员单位由区党委宣传部、区党委政法委、区编办、新闻出版局、版权局、工商行政管理局、公安厅、文化厅、拉萨海关、武警边防总队、广电局、交通厅、民宗委、教育厅、邮政局、民航西藏区局、拉萨市人民政府、青藏铁路公司拉萨办事处共18个部门组成。各地（市）也设立了“扫黄打非”工作领导小组及其办公室，地（市）委、行署（政府）领导任正副组长。

（二）西藏“扫黄打非”工作具有的特殊性

按照“全面贯彻中央关于新时期西藏工作的指导思想，坚持有中国特色、西藏特点的发展路子，坚持反对分裂、维护稳定，坚持为民宗旨和“老西藏精神”，推进科学发展，推进长治久安”的总体要求，紧紧围绕西藏自治区党委、政府的中心工作，积极探索“扫黄打非”工作的管理规律和长效机制，切实解决非法出版物和反动出版物屡打不尽、屡禁不绝的问题，显得越来越突出，越来越迫切。

（三）西藏“扫黄打非”工作的主要成效

近年来，先后查缴各类非法出版物970多万件。其中，违禁类非法出版物240多万件，反动出版物及宣传品160多万件，侵权盗版出版物570多万件。特别是今年拉萨“3·14”打砸抢烧严重暴力犯罪事件以来，共查缴各类违禁类非法出版物3万多件，公安机关依法查办违禁类非法出版物案件30多起。

2008年“扫黄打非”大事记

西藏自治区“扫黄打非”办

1月16日，第二十一次全国“扫黄打非”工作电视电话会议召开，自治区党委常委、宣传部长、区“扫黄打非”工作领导小组组长崔玉英出席西藏分会场会议并做了重要讲话。她就西藏2008年“扫黄打非”工作作了全面部署和安排，要求各地（市）和各有关部门一定要认真学习、深刻领会刘云山同志的讲话精神，按照中央的统一部署，切实抓好西藏2008年的“扫黄打非”工作。

2月1日起，西藏自治区各级“扫黄打非”部门在藏历新年、春节期间相继组织协调相关成员单位开展了出版物市场春季大检查，共查获违禁类非法出版物570件，淫秽色情出版物2853件，盗版图书5186册，盗版音像制品57653件，盗版软件及电子出版物4221件。

4月21日开始，西藏自治区开展“扫黄打非”第二阶段行动，共查获违禁类非法出版物697件，淫秽色情出版物1034件，盗版出版物29079件。

6月5日，山南地区“扫黄打非”工作领导小组办公室、地区公安处网监支队发现名为“JP资讯交流网”和“中国小姐交易联盟网”两个网站登载有大量的淫秽色情电影、图片和文字信息。“JP资讯交流网”，服务器在广州，当时该网站已有注册会员259名，登载有淫秽色情电影数百部、淫秽色情图片数百张、淫秽色情小说200余篇。“中国小姐交易联盟网”服务器位于辽宁鞍山，该网站当时已有注册会员32561名，登载的淫秽色情电影已达5000多部、淫秽色情图片多达数万张、淫秽色情小说近千部、各类淫秽色情文章和帖子179043篇。山南地区公安处已将案件顺利移交至网站注册地公安网监部门。

7月10日，拉萨市“扫黄打非”工作领导小组办公室联合拉萨市公安局网监支队对拉萨市的手机销售门店和手机铃声、彩铃下载点进行了检查。执法人员当即责令彻底删除含有非法内容的歌曲、手机铃声、彩铃，立即停止向顾客提供下载服务，并要求各商家在未取得著作权人许可和不清楚歌曲内容的情况下一律不得向顾客提供下载服务。

7月20日，自治区“扫黄打非”办公室、新闻出版局组织相关成员单位对西藏音像出版社、西藏梦幻之园音乐制作中心等音像制品出版、制作单位进行了仔细检查，并对上述单位近年来出版、制作的音像制品进行了详细审读。那曲地区查获了宣扬宗教狂热和鼓吹“大藏区”的非法藏语言音像制品近500盘（盒）。山南地区查获刻录非法音像制品200盘。日喀则地区、拉萨市公安局国保支队查获非法图书、经书、音像制品100余件。

8月8日开始，全区各级“扫黄打非”办公室和相关部门在奥运会期间的出版物市场整治行动中共查获非法宣传品1000余件，淫秽色情出版物5000余件，删除黄色手机电影200部，收缴盗版图书23429册、盗版音像制品35236件、盗版教材教辅读物6745件、盗版软件及电子出版物7320件，取缔无证照经营行为和游商地摊15家。

11月3日，由全国“扫黄打非”办公室主办，中央宣传部出版局、公安部治安局参与，西藏自治区“扫黄打非”工作领导小组办公室承办，青海、甘肃、四川、云南、广东、江苏、浙江等省区参加的“扫黄打非”协调联动工作会议在拉萨召开。西藏自治区党委常委、宣传部长、“扫黄打非”工作领导小组组长崔玉英，新闻出版总署反非法和违禁出版物司副司长毛小茂出席会议并讲话，西藏自治区“扫黄打非”工作领导小组副组长、新闻出版（版权）局党组书记、局长旺堆次仁汇报了近几年来西藏封堵和查缴“藏独”反动出版物及宣传品的工作情况。

拉　萨　市

2008 年“扫黄打非”工作总结

拉萨市“扫黄打非”办

2008 年，拉萨市“扫黄打非”办全面加强对全市文化娱乐服务场所监督管理工作，协同公安、工商等部门按照“谁主管、谁负责”的原则，明确分工，认真制定和落实管理措施，相互监督，相互配合，齐抓共管，组织和发动全社会力量，本着“保护合法、打击违法、取缔非法”的原则，依照《娱乐场所管理条例》，采取多种措施，扎实开展“扫黄打非”工作，确保了工作的制度化、经常化。

按照2008 年初制定的工作计划和要求，拉萨市“扫黄打非”办重点做好了以下八个方面的工作：

一是对全市文化娱乐场所进行全面排查，重点调查全市歌舞、网吧、音像等经营场所的非法经营问题；

二是把娱乐服务场所是否持有合法证照作为一项重要内容来抓，对无照经营的单位采取严厉处罚；

三是要求娱乐服务场所建立情况报告制度，严格演出节目内容和质量关口，认真审查节目内容，及时、准确地掌握情况，严防各类违法犯罪活动；

四是对茶园、歌舞娱乐场所设置的包厢、包间安装展现室内整体环境的透明门窗或设有内锁装置的落实情况进行了检查，对不符合要求的场所提出了整改意见，敦促整改落实情况，直至达标；

五是查处以营利为目的的陪侍或为以营利陪侍为目的的人员提供方便和条件的歌舞娱乐场所，发现问题，责令其停业整顿；

六是采取灵活多样的方式，开展法制宣传教育以及争创全国文明城市等宣传活动，号召全社会积极参与，动员广大群众自觉与文化市场违法犯罪活动作斗争，形成良好的社会风气。

七是利用新闻媒体集中宣传打击整治行动的进展情况和取得的战果，对违法经营行为进行曝光。

八是加强监督检查和信息报送工作，及时掌握工作进展情况，及时报告有关部门。

一、具体做法：

1. 结合我市文化市场实际状况，及时制定符合自治区和拉萨市要求的“扫黄打非”行动方案，同时在春节、藏历年、雪顿、国庆节等重大节日期间，由拉萨市“扫黄打非”办牵头，组成由公安、工商、教育、通信等部门为成员单位的联合工作组，周密部署，落实责任，加大监管，确保了文化市场专项整治行动工作的有效开展。

2. 根据全区“扫黄打非”工作领导小组办公室部署要求，认真完成各项工作任务，及时上报工作信息、报告、总结等。2008 年拉萨市

“扫黄打非”办已报送《2008年“扫黄打非”行动方案》、《拉萨市贯彻落实全国打击非法出版物活动专项行动实施方案》、《拉萨市开展打击政治性非法出版物和非法出版物活动行动方案》、《“扫黄打非”工作情况汇报》、《上半年工作总结》以及信息简报30期。

3. 全年开展各类专项整治及文化市场检查活动21次，其中开展“扫黄打非”专项行动4次，共出动执法人员2500余人（次），执法车辆920辆（次），检查文化市场各类经营场所2800余家（次），收缴非法音像制品8万余张（盘），查缴违禁类非法音像制品423张（盘），警告违规经营场所50家（次），暂扣文化经营许可证41家。全年受理群众举报投诉电话39个。

通过开展深入持久的“扫黄打非”斗争，有力地净化了市场环境，确保了我市文化市场的安全稳定。

二、存在的问题和困难

1. 违规经营尤其是网吧违规接纳未成年现象屡禁不止；

2. 执法力量严重不足，监管困难；

3. 管理经费紧缺。

三、下步工作重点

在进一步巩固以往工作成果的基础上，加大对全市文化娱乐市场的日常监管，不断推进文化市场管理工作上新台阶。明年，我们的工作重点是联合有关部门集中力量开展对校园周边的联合执法行动。依法打击利用互联网、网吧、移动终端等传播淫秽色情、有害信息等违法行动。同时，还将积极配合教育部门对青少年的教育活动，通过举办知识讲座等有效宣传，进一步培育青少年自觉抵制各类腐朽思想文化侵蚀的良好风气。根据《互联网上网服务营业场所管理条例》和文化部《互联网文化管理暂行规定》等有关法规，严厉打击网吧等互联网上网服务营业场所违法接纳未成年人进入及利用互联网提供淫秽、色情、暴力、赌博、愚昧、迷信等不健康内容的游戏活动。继续坚持从严审批，从严管理、从严控制总量、从严打击违法经营的原则，加强对“网吧”等互联网上网营业场所的行政执法力度，加强技术监管，探索实施长效机制，规范经营行为，改善行业形象，引导我市互联网上网营业场所向规范化、连锁化、专业化方向发展。

陕　西　省

2008年“扫黄打非”工作总结

陕西省“扫黄打非”办

2008年，陕西各级“扫黄打非”机构紧紧围绕“三大工程”、“四大战役”（即：实施封堵查缴动摇社会主义核心价值体系的违禁内容出版物及有害信息的“精神家园守护工程”；实施清除淫秽色情、凶杀暴力、黑色恐怖、封建迷信及伪科学等文化垃圾的“文化环境保护工程”；实施打击侵权盗版，树立政府保护知识产权良好形象的“版权保护形象工程”。开展以整治报刊“四假”为重点的打击非法出版活动专项行动“春季战役”；开展以打击出版物非法印制活动为重点的印刷业清理整顿专项行动“夏季战役”；开展以打击非法经营为重点的清理出版物市场环境专项行动“秋季战役”；开展以打击盗版为重点的保护知识产权专项行动“冬季战役”），坚持日常监管与专项治理相结合、打击整治与宣传引导相结合，深入开展“扫黄打非”各项工作，全省出版物市场保持总体健康有序，全社会进一步形成了支持“扫黄打非”、抵制侵权盗版的环境氛围。据不完全统计，全年共出动检查人员8.8万余人次，检查出版物市场2.2万个次，检查店档摊点1.2万个次，印刷复制企业10759家次，收缴非法出版物62万余件。其中：“法轮功”邪教组织宣传品289件、非法宗教宣传品7609件、淫秽色情出版物1.1万余件、盗版出版物5.7万余件、非法报刊2.6万余份，处罚店档摊点747个、印刷复制企业272家次、网站10家次，关闭取缔店档摊点272个、网站3家。

一、加强领导，为深入开展“扫黄打非”工作创造必要条件

省、市、区各级分管领导或就“扫黄打非”工作做出批示，或深入执法一线现场指导，积极推动全省“扫黄打非”工作。1月17日，全国第21次“扫黄打非”工作电视电话会议陕西分会暨2008年全省“扫黄打非”工作电视电话会议召开，总结2007年全省“扫黄打非”工作，安排部署2008年“扫黄打非”工作，表彰2007年全省“扫黄打非”工作19个先进集体、29名先进个人。省“扫黄打非”工作领导小组领导同志、各成员单位的相关负责人出席会议。各市（区）“扫黄打非”工作领导小组组长、副组长出席当地“扫黄打非”重要会议和重大活动，支持本地区“扫黄打非”工作深入开展。奥运期间，省委常委、宣传部长、省“扫黄打非”工作领导小组组长胡悦同志就“扫黄打非”工作做出批示：一手抓繁荣一手抓管理是我们的工作方针，“谁主管谁负责”和“属地管理”是我们的基本原则。“扫黄打非”工作政治性、政策性很强，中央要求高，群众呼声大。我们要站在讲政治的高度，按照我省《行动方案》，认真抓好各项工作。特别是在奥运会期间，省委宣传部、省“扫黄打非”办要紧跟中央步伐，抓好组织和协调工作，督促各地各部门按照预定标准和要求，完成好各项工作任务。有关新闻媒体要积极跟进，始终保持高压态势。

通过召开全省“扫黄打非”办主任联席会议，采取听取工作汇报、查看相关资料、投票测评的形式，对各地、各部门一年来开展工作情况及其成效进行考评。考评工作在总结往年经验教训的基础上，进一步充实测评参考材料，如实呈现各地、各部门2008年案件查办回复情况排名表、统计月报按时报送情况排名表、统计月报中反映日常监管成效的重要指标排名表、“‘4·20’侵权盗版等非法出版物销毁活动”中上缴非法出版物数量排名表等资料，把日常工作的绩效状况纳入年度考评之中。

加强“扫黄打非”工作体制机制建设。经省委、省政府同意，省“扫黄打非”工作领导小组新增省高级法院、省人民检察院、省编办、省通信管理局、西北民航管理局、西安市人民政府6家成员单位，由2006年的19家充实为25家。西安市编办批准市新闻出版局增设“扫黄打非”工作处，增加1名处级领导职数。商洛市编办批准市文化市场稽查队加挂“扫黄打非”办公室牌子，增加全额拨款事业编制2名；市“扫黄打非”办设专职副主任一名，经费列入财政预算。

二、加强宣传，营造有利于“扫黄打非”工作的社会环境和舆论氛围

精心组织实施全国统一销毁非法出版物陕西分会场活动，充分发挥“‘4·20’销毁活动”的载体和平台作用，扩大导向作用和宣传效果。4月20日，陕西集中销毁侵权盗版等非法出版物80万件。其中，书刊30万册，音像制品41万盘，报纸、卡片和单页9万份。胡悦同志出席活动并宣布销毁令。西安市公安、工商、文化市场综合执法、城管执法部门和大、中、小学的学生代表方队，全省新闻出版企事业单位、经营商户代表约700人参加销毁活动。陕西电视台、陕西广播电台、《陕西日报》、《华商报》、《三秦都市报》、西部网、西安电视一台、西安电视二台、

《西安日报》、《西安晚报》等媒体对销毁活动进行了报道，其中，陕西电视台通过卫视频道、陕西一套的《陕西新闻》、《今晚播报》等多栏目滚动播出。陕西销毁活动规模大、影响大、声势大，社会反响强烈，有力地宣传了“扫黄打非”和反盗版工作。

三、强化专项治理，切实维护出版物市场的健康有序

坚持明察暗访全省出版物经营场所，检查督导各地各部门履行职责，强化出版物市场监管。与此同时，按照全国“扫黄打非”办统一部署，结合陕西实际，有针对性地开展专项治理行动。2008年，全省主要实施了奥运期间出版物市场清查，打击非法报刊，打击网络淫秽色情内容、有害信息等重大专项行动。

自5月27日全国会议后，组织开展了奥运期间出版物市场清查专项行动相关工作。在奥运会和残奥会期间，陕西各级“扫黄打非”机构严格监管，保持高压，全省出版物市场保持了守法经营、健康有序的良好态势。

从9月24日至10月31日，全省开展了以西安市为重点、以打击非法报刊为主要内容的出版物市场专项整治集中行动。行动期间，全省共出动检查人员13408人次，检查出版物市场3985个次，店档摊点1786个次，印刷复制企业1443家次，收缴非法出版物77341件，取缔非法店档摊点49个（其中，非法报刊摊点25个），处罚违规店档摊点86个，印刷复制企业66家（其中，停业整顿1家），查办行政处罚案件86起（其中，非法报刊立案查处28起）。

1月至10月，组织开展了依法打击网络淫秽色情等有害信息专项行动。行动期间，全省累计检查互联网服务单位、联网单位8340家，查获各类有害信息51450条（其中：淫秽色情信息3513条），警告违规单位324家，罚款93家，停机整顿127家，停止联网106家，关闭网站、栏目129个。

四、强化案件查办，提升“扫黄打非”打击力度

2008年，省“扫黄打非”办把案件查办工作列为优先方向，给予重点加强和倾斜。6月24日至25日，召开全省案件查办研讨会，回顾2006年以来案件查办工作开展情况，研讨“扫黄打非”案件查办中法律法规适用等问题；强调行政部门与司法部门的协调配合，加大对非法出版活动的刑事打击力度，增强惩治违法犯罪分子的威慑效应；提请公安部门积极开展对涉嫌传播淫秽色情出版物案件的主动侦办；规范并强化案件查办管理工作，重申报备制度，要求各地及时查处并回复转办和督办案件。全年共查办各类案件728起，截至年底，已起诉3起、8人，批捕2人、判刑1人。破获了“西安5·22非法出版案”、“宝鸡白某、郭某利用互联网组织淫秽表演牟利案”、“黑客攻击陕西省地震局网站案”，其中，“西安5·22非法出版案”系全国“扫黄打非”重大案件，省“扫黄打非”办高度重视，成立了领导小组，垫付资金30余万元，召开8次办案工作会议，协调相关省（区、市）有关部门配合调查取证工作，帮助解决具体困难。

领导讲话

破解制约因素，推动“扫黄打非”工作深入开展

陕西省委常委、宣传部长、省“扫黄打非”工作领导小组组长
马中平

全国统一开展“扫黄打非”工作已有20多年。历史经验表明，愈是改革开放，就愈是要“扫黄打非”；改革开放愈是要深化，“扫黄打非”就愈是要加强。我国已进入改革发展的关键时期，经济体制深刻变革，社会结构深刻变动，利益格局深刻调整，思想观念深刻变化，社会思想意识多元、多样、多变的特征日益明显，人们思想活动的独立性、选择性、多变性、差异性特征更加明显。一些别有用心的人与境外遥相呼应，不时制造一些杂音噪音，煽动不满情绪。淫秽色情、凶杀暴力、黑色恐怖、封建迷信等文化垃圾从传统出版载体向网络、手机、移动通信终端等新载体迅速转移。总之，“扫黄打非”工作面临的形势不容乐观。省委省政府一贯高度重视“扫黄打非”工作，新一届省委常委会还把“扫黄打非”工作纳入了年度目标任务之中。各地、各部门务必要讲政治、讲纪律，自觉把思想统一到中央的决策部署上来，统一到省委省政府的工作要求上来，把“扫黄打非”工作摆上更加突出的位置，加强领导，认真组织，以对党和人民高度负责的精神，切实开展好这一事关党和国家工作大局、事关子孙后代健康成长的重要工作。

近年来，在各方面的共同努力下，我省“扫黄打非”工作不断取得明显成效。但是，工作中仍然存在薄弱环节和制约因素。其集中表现是：案件查办不够得力，一些地方体制不顺，一些地方和部门监管乏力，基层“扫黄打非”办公室普遍无人员编制、经费紧张，等等。2008年，全省“扫黄打非”工作要突出以下四个重点。第一，排除干扰，进一步加大案件查办工作力度。查办案件特别是查办大案要案，是深入开展“扫黄打非”斗争的重要手段。一方面，通过查办案件，可以震慑违法犯罪分子，警示相关的市场主体和从业人员，教育和引导广大人民群众；另一方面，可以为有关方面制定行业发展规划、进行结构和布局调整、改进和加强日常监管、修订相关法律规章，提供有针对性、时效性的市场动态信息和背景资料。因此，对“扫黄打非”案件查办工作必须大力加强，抓出声势。在实践中，要充分考虑到这样一些干扰：一是错误的政绩观。一些地方和部门有案不查，有案不报，怕影响所谓的“政绩”和“形象”。其实，各种非法出版、制黄贩黄、侵权盗版案件的发生，是不以我们的意志为转移的。隐瞒案情不报、捂着盖着不查，是失职、渎职，甚至还可能是违法犯罪。二是受制于“关系网”。现在，党风、政风、行风和社会风气总体是好的，但也确有不尽如人意的方面。一些不法分子一旦被举报、受调查，立即四处托关系、走门子，竭尽所能将大事化小、小事化了，少数执法办案人员经不起说情者的诱惑和压力，致使案件查办工作受到影响。三是极少数执法人员有不同程度的违纪倾向，甚至涉案。要努力排除这些干扰因素，把我省“扫黄打非”案件查办工作提高到一个新的水平。第二，理顺工作关系，建立运转有效的“扫黄打非”工作体制。目前，我省一些市区正在进行文化体制改革和城市综合执法改革，这是大势所趋，要继续积极推进。需要强调指出的是，改革是为了有利于增强执政能力，有利于提高工作效率，有利于事业发展。在改革调

整中，对“扫黄打非”职能，一定要强化，绝不能弱化，更不能落空；党对文化工作的领导包括对文化市场执法的领导，而文化执法的首要任务就是“扫黄打非”，要用“扫黄打非”工作实际成果检验一个地区文化市场综合执法的能力和综合执法改革的成效。各级“扫黄打非”工作领导小组组长是同级党委政府“扫黄打非”工作的第一责任人，要对辖区“扫黄打非”工作负总责，要通过建立责任链条的方式，一级抓一级，层层抓落实，确保“扫黄打非”工作领导到位、责任到位、措施到位、工作到位。第三，全面贯彻“扫黄打非”“属地管理”和“谁主管、谁负责”的原则，依法履行监管职能。从省“扫黄打非”工作领导小组联合检查组的调查情况来看，全省“扫黄打非”工作开展得并不平衡，绝大多数市区和部门能够坚持依法行政、认真履行职责，但也有个别市区和部门存在对“扫黄打非”工作重视不够的情形，存在一定程度的“地方保护”和“行业保护”。希望这些地方和部门，切实改进和加强工作。第四，加强软硬件建设，为“扫黄打非”工作提供必要保障。各市区“扫黄打非”办公室无人员编制、经费紧张的问题应当引起当地党委政府的重视，有关方面应积极推动，努力解决，防止因为编制、经费制约使“扫黄打非”责任落空。与此同时，要优化“扫黄打非”工作人员的配备，关心执法一线同志的生活和困难，加强业务培训和学习考察，为他们履行职责、落实任务、提升工作质量与水平，提供尽可能好的条件。

2008 年 1 月 17 日

2008 年“扫黄打非”大案要案综述

陕西省“扫黄打非”办

2008 年，省“扫黄打非”办把案件查办工作列为优先方向，采取三项措施予以重点加强和倾斜：一是领导带头协调查办、督办大案；二是不惜财力支持办案；三是组织召开案件查办研讨会，提高执法办案水平。在查办“陕西西安‘5·22’非法出版案”中，成立领导小组，省“扫黄打非”工作领导小组成员兼办公室主任、省新闻出版局副局长陆柯仑兼任组长，西安市“扫黄打非”办主任、市新闻出版局局长王新民和西安市公安局治安分局副局长卢西安分别兼任副组长，垫付资金 30 余万元；陆柯仑 8 次主持办案协调会议，帮助解决具体困难；省“扫黄打非”办专职副主任石新娟多次参加会议，分析案情，协调相关省（区、市）有关部门配合调查取证工作。上半年，召开全省案件查办研讨会，回顾 2006 年以来案件查办工作开展情况，研讨“扫黄打非”案件查办中法律法规适用等问题；强调行政部门与司法部门的协调配合，加大对非法出版活动的刑事打击力度，增强惩治违法犯罪分子的威慑效应；提请公安部门积极开展对淫秽色情等案件的主动侦办；规范并强化案件查办管理工作，重申报备制度，要求各地及时查处并回复转办和督办案件。据统计，截至 12 月 31 日，全省共查办各类案件 728 起，起诉 3 起、8 人，批捕 2 人、判刑 1 人。

案件名称：陕西西安“5·22”非法出版案

有群众通过书信向中宣部举报：西安街头大量销售一种名为《错爱》的刊物，内容庸俗不堪、淫秽无比。全国“扫黄打非”办向陕西省“扫黄打非”办发出案件转办函，要求调查处理。

陕西省“扫黄打非”办批转西安市“扫黄打非”办查办该案，并给予密切关注、全程督导、大力支持。5 月 19 日，省“扫黄打非”办专职副主任石新娟在西安街头购得《西藏艺术研究（错爱）》（女色版、男色版）并详细查看，带着“《西藏艺术研究》应是研究性刊物，怎么会出版低俗读物呢?”的疑问，与西藏自治区“扫黄打非”办进行了沟通和讨论，在后者的协助下，查明《西藏艺术研究（错爱）》（女色版、男色版）为假冒《西藏艺术研究》名义的读物。据此，石新娟安排西安市“扫黄打非”办按“非法出版案”对该案正式立案调查、深挖内幕、追根溯源。5月26日，西安市“扫黄打非”办报来情况：查获西安地图出版社印刷厂承印《错爱》9期，每期10万册，报亭销售5元/册，非法经营额达450万元的原始证据。于是，石新娟立即向省“扫黄打非”工作领导小组成员兼办公室主任、省新闻出版局副局长陆柯仑做了报告，并建议按“非法出版物刑事案件”立案侦办。5月30日，陆柯仑主持召开省、西安市有关方面参加的案件查办协调会，会上将该案定名为“陕西西安‘5·22’非法出版案”，成立了案件查办领导小组和专案组，陆柯仑任领导小组组长。6月30日，全国“扫黄打非”办将该案列为全国重点督办案件。随后，工作人员展开了紧锣密鼓的调查取证工作。西藏自治区“扫黄打非”办协调有关方面对涉案的印刷委托书进行了核查，结果显示：西安地图出版社印刷厂出具的《西藏艺术研究（错爱）》（女色版）图书、国棉四厂印刷厂出具的《西藏艺术研究（错爱）》（男色版）图书，以及相关印章、签名均为伪造。鉴于此，专案组将此前对涉案印刷环节的“违规加印”定性改为“非法印刷”，《错爱》非法出版案值等也扩大到18期、140余万册、700余万元。与此同时，省“扫黄打非”办还通过《错爱》销售增值税发票，了解到《错爱》的销售范围涉及16个省（区、市）的20个城市，随即向涉及的16省（区、市）有关方面发出协查函，最后收到各地复函并转给公安部门。

嫌疑人情况：庞某，男，1977年5月出生，汉族，大学本科文化，陕西西安人，西藏自治区新闻出版局《男孩女孩》周刊社社长。张某，女，1956年11月出生，汉族，大专文化，陕西扶风人，西藏自治区新闻出版局《男孩女孩》周刊社副社长。马某，男，1956年4月出生，汉族，大专文化，陕西西安人，西安地图出版社印刷厂厂长。党某，男，1962年6月出生，汉族，高中文化，陕西富平人，西安地图出版社印刷厂生产经营科副科长。朱某，男，1960年7月出生，汉族，大学本科文化，山西永济人，国棉四厂劳动服务公司印刷厂厂长。

张某为出版非法刊物《错爱》，在自身没有经营资质的情况下，用20万元从庞某处获取了假的图书、期刊印刷和发行委托书后，使用假冒刊号印刷、发行非法刊物《错爱》。西安地图出版社印刷厂和国棉四厂劳动服务公司印刷厂在没有按规定验证的情况下，印刷该非法刊物，印刷数额分别达126万册和16万册。张某自2006年10月至2008年5月共出版发行非法刊物《错爱》18期、140余万册，涉案金额达700余万元。

截至12月31日，案件仍在查办之中。庞某于9月14日，因涉嫌非法经营罪被刑事拘留，10月14日，经陕西省西安市灞桥区人民检察院批准依法逮捕。张某于9月14日，因涉嫌非法经营罪被处刑事拘留，在逃，10月24日投案自首，后因心脏病突发住院治疗，11月4日取保候审。12月3日，马某、党某、朱某因涉嫌非法经营罪分别取保候审。

2008年“扫黄打非”大事记

陕西省“扫黄打非”办

1月3日，省委常委、宣传部长、省“扫黄打非”工作领导小组组长马中平批示：2007年的“扫黄打非”工作是很有成效的，请向办公室及这条战线的同志们表示感谢和敬意。新的一年要持之以恒，再接再厉，扎扎实实地把这项工作抓紧抓好，为和谐陕西建设作出新贡献！

1月4日，副省长、省“扫黄打非”工作领导小组副组长李堂堂批示：去年我省“扫黄打非”工作富有成效，对于促进社会和谐、推动科学发展，起到了积极的作用，在新的一年里，“扫黄打非”依然面临十分艰巨繁重的任务，务必增强政治意识，加强工作基础，创造良好的工作条件，落实有效的工作措施，在净化文化市场、建设和谐文化、促进社会稳定方面作出更大的成绩。

1月17日，全省“扫黄打非”工作电视电话会议召开，部署安排了2008年“扫黄打非”工作，表彰了2007年“扫黄打非”工作先进集体和先进个人。马中平出席会议并讲话，省政府副秘书长、省“扫黄打非”工作领导小组成员庄长兴主持会议。

3月18日至20日，由省“扫黄打非”办、省委宣传部、省公安厅、省工商局、省新闻出版局组成的联合检查组，对西安海关、西安铁路局、省交通厅运输管理局涉及出版物运输等环节的业务现场实施了联合检查。

4月2日，省公安厅召开新闻发布会，公布全省“打击网络淫秽色情等有害信息专项行动”进展情况。

4月20日，全国统一销毁侵权盗版等非法出版物（陕西分会场）活动在西安市举行。省委常委、宣传部长、省“扫黄打非”工作领导小组组长胡悦出席并宣布销毁令。陕西销毁侵权盗版等非法出版物共计80万件。

5月14日，省委宣传部、省新闻出版局联合召开全省出版管理工作通气会，要求各书、报、刊、音像、电子出版物出版发行单位加强自律，依法依纪开展各项业务工作；要求各市（区）“扫黄打非”办、省级成员单位深入开展“扫黄打非”斗争，切实加强出版物市场监管。

5月22日，省“扫黄打非”办协调成立陕西西安“5·22”非法出版案领导机构。省“扫黄打非”工作领导小组成员兼办公室主任、省新闻出版局副局长陆柯仑任领导小组组长，西安市“扫黄打非”工作领导小组办公室主任、市新闻出版局局长王新民任专案组组长。

6月24日至25日，全省“扫黄打非”案件查办暨迎奥运 维护出版物市场稳定工作会议召开。会议传达“5·27”全国“扫黄打非”办公室主任会议精神，部署全省迎奥运“扫黄打非”工作，研究“扫黄打非”案件查办工作。

8月1日，党委常委、宣传部长、省“扫黄打非”工作领导小组组长胡悦批示：一手抓繁荣一手抓管理是我们的工作方针，“谁主管、谁负责”和“属地管理”是我们的基本原则。“扫黄打非”工作政治性、政策性很强，中央要求高，群众呼声大。我们要站在讲政治的高度，按照我省《行动方案》，认真抓好各项工作。特别是在奥运会期间，省委宣传部、省“扫黄打非”办要紧跟中央步伐，抓好组织和协调工作，督促各地各部门按照预定标准和要求，完成好各项工作任务。有关新闻媒体要积极跟进，始终保持高压态势。

7月15日至8月30日，省“扫黄打非”工作领导小组派出三个联合检查组，分赴全省各地检查奥运期间出版物市场、督导“扫黄打非”

工作。

9月5日，经省委、省政府同意，省“扫黄打非”工作领导小组新增省高级法院、省人民检察院、省编办、省通信管理局、西北民航管理局、西安市人民政府6家成员单位。

9月24日，省“扫黄打非”工作领导小组发出通知，从9月24日至10月31日，以西安市为重点，在全省开展“打击非法报刊专项行动”。

11月12日，党委常委、宣传部长、省“扫黄打非”工作领导小组组长胡悦就贯彻全国跨省大案办案协调会议精神批示：此事重大，要高度重视。请商出版处、网络处与省“扫黄打非”办，按中央要求，协调有关部门抓紧查处，抓紧结案。同时，要以我省调整充实“扫黄打非”工作机构为契机，广泛调动成员单位力量，要建立我省“扫黄打非”长效机制。

12月4日，全省“扫黄打非”办主任联席会议召开，通过听取工作汇报、查看相关资料、投票测评的形式，公开考评各市区、省级各成员单位2008年工作。

西　安　市

2008年“扫黄打非”工作总结

西安市“扫黄打非”办

2008年，西安市“扫黄打非”工作在市委、市政府的正确领导下，认真落实“扫黄打非”工作电视电话会议精神和《2008年“扫黄打非”行动方案》的工作部署，切实强化出版物市场监管，取得显著成效。据统计，全年共出动检查人员8700多人次，检查出版物市场960个次，检查店档摊点1320个次，收缴非法出版物2.6万余件。其中：违禁类非法出版物234件，淫秽色情出版物4400件，侵权盗版出版物2.6万余件。进一步净化了文化市场环境，为北京奥运会的胜利召开和促进西安市社会经济发展、全面构建和谐社会及争创文明城市创造了良好的文化氛围。

一、高度重视，切实加强“扫黄打非”工作机构建设

西安市委、市政府对“扫黄打非”工作一直非常重视。年初，市委书记孙清云对制定《2008年西安市“扫黄打非”行动方案》做了重要批示，市委常委、宣传部长、市“扫黄打非”工作领导小组组长王军要求全市各级“扫黄打非”工作部门要充分认识新时期开展“扫黄打非”工作的极端重要性和紧迫性，落实工作责任。市委、市政府切实贯彻“扫黄打非”工作“只能加强，不能削弱”的要求，将西安市文化市场行政执法总队增补为“扫黄打非”工作领导小组成员单位。西安市新闻出版局“扫黄打非”工作处正式批准设立，成为承担市“扫黄打非”工作领导小组办公室日常工作的常设机构。

二、加强组织协调，形成“扫黄打非”工作合力

紧紧围绕全年“扫黄打非”重点工作，及时组织召开全市“扫黄打非”办公室主任联席会议，就出版物市场形势及存在的问题进行分析研究。市“扫黄打非”办充分发挥协调作用，各成员单位各司其责，密切配合，联合执法，形成合力。及时编发《“扫黄打非”简报》和工作信息，全面反映西安市“扫黄打非”工作情况和出版物市场动态，使之成为“扫黄打非”工作沟通信息、交流经验、协调指导的有效平台。

三、开展专项行动与加强日常监管相结合，出版物市场整治效果明显

西安市各级“扫黄打非”工作部门以迎接北京奥运会召开和纪念改革开放30周年为主线，围绕封堵查缴违禁类非法出版物和淫秽色情出版物、打击各种侵权盗版等重要任务，在加强日常监管的同时，组织开展“扫黄打非”春季战役、夏季战役等专项行动和奥运前出版物市场清查行动，出版物市场整治效果明显。

相关执法部门对全市书报刊、音像制品集中经营场所及批发、零售、出租单位、繁华街区、交通枢纽等区域进行反复检查，对销售盗版音像制品的经营单位予以取缔关停。市文化市场行政执法总队联合市公安局对钟鼓楼印刷市场进行集中检查，对无证经营的非法印刷单位依法予以取缔，规范印刷业经营秩序。市文化局以治理重点地区非法经营、取缔非法经营窝点、做好舆论宣传为重点全面开展集中清查行动。市城管执法局坚持每日巡查，清理取缔兜售非法出版物的游商地摊，并对各区整治工作实行每周两次大普查制度。在加强出版物市场日常监管的同时，加大对出版物储运环节检查力度，在西安海纳物流中心现场查缴《新东方GRE句子填空》等盗版图书共15包，约1000余册。通过集中清查、严厉打击各类违法违规经营，有效维护了西安市出版物市场的健康稳定。

四、加强奥运后出版物市场整治，打击非法报刊专项行动顺利开展

积极开展以严厉打击非法报刊为主要内容的出版物市场集中整治行动，对照《非法报刊目录》对辖区内书报刊零售单位按照经营类型、规模、地段进行全面清查。加强对繁华闹市、居民小区及大专院校周边等地区进行不间断的反复检查。通过专项行动的开展，西安市文化市场环境有了明显改观。游商地摊明显减少，合法经营意识不断加强，西安书刊批发市场等出版物集中经营场所经营管理日趋规范。

五、承办组织集中销毁侵权盗版及非法出版物活动取得圆满成功

4月20日，全国集中销毁侵权盗版及非法出版物陕西省分会场销毁活动在西安隆重举行。西安市出版物经营、印刷复制企业代表和网吧经营者代表及大中小学学生代表等700多人参观了销毁活动。这次活动共销毁全省各市区县及有关单位移送的侵权盗版及非法出版物80万件，其中西安市送交的侵权盗版及非法出版物30多万件，充分展示了保护知识产权，打击侵权盗版活动的坚定立场。

六、抓好转办督办案件落实，查办大案要案取得重大进展

抓好重大案件查处工作是推动“扫黄打非”工作深入开展的重要手段。5月22日，由陕西省新闻出版局、西安市新闻出版局、西安市公安局、西安市文化市场行政执法总队联合组成“陕西西安‘5·22’专案组”，查实了非法出版发行《错爱》期刊一案，涉及非法金额714万余元，约142万余册，此案两名主犯已被批准逮捕，移交司法机关依法追究刑事责任。

西安市作为西部主要的文化城市，是全省乃至西北地区“扫黄打非”工作的重要阵地，任务重、责任大。相关部门认识到位、措施得力、工作扎实，2008年的“扫黄打非”工作取得明显成效。西安市“扫黄打非”工作领导小组办公室被评为全国“扫黄打非”工作先进集体，陕西西安“5·22”非法出版案专案组被评为全国“扫黄打非”工作有功集体，多名执法人员受到嘉奖。

甘 肃 省

2008年“扫黄打非”工作总结

甘肃省“扫黄打非”办

2008年，我省各级各有关部门积极贯彻落实国家有关部署和要求，紧紧围绕北京奥运会的召开和和谐甘肃建设这两个工作中心，开展了以省城为重点，以“扫黄打非”第一次专项行动、第二次专项行动、奥运前30天出版物市场集中清查行动、严厉打击非法报刊专项行动等为重点的专项整治行动，有步骤地深入推进“扫黄打非”工作，取得了明显阶段性成果。全年全省共查缴各类非法出版物150.8万件。其中违禁类非法出版物8035件，“法轮功”等邪教组织宣传品和非法宗教宣传品4.16万件，淫秽色情出版物8.52万件，盗版图书42.5万件，盗版音像制品70.4万件，盗版教材教辅读物15.3万件，盗版软件及电子出版物5.51万件，非法报纸期刊3.69万份。查办各类案件284起。主要工作表现在：

一、加强组织领导，周密安排部署

我省今年“扫黄打非”工作谋划早、行动快。新年前夕，省“扫黄打非”办即以省“扫黄打非”工作小组名义向各地各有关部门发出《通知》，就整治和净化“两节”、“两会”期间出版物市场，搞好全省“扫黄打非”第一阶段专项行动进行了部署。1月18日，省委常委、省委宣传部长、省“扫黄打非”工作小组组长励小捷，副省长、省“扫黄打非”工作小组副组长咸辉，与省有关部门以及兰州、临夏、天水等6市州有关部门负责同志共同在甘肃分会场收看收听了第二十一次全国“扫黄打非”工作电视电话会议实况。励小捷就贯彻全国会议精神做了重要讲话，要求省有关部门和各地认真学习贯彻中央领导同志重要讲话精神，切实抓好新一年全省“扫黄打非”工作，为党和政府工作大局服务。省“扫黄打非”办在分析全省“扫黄打非”工作形势基础上起草的《2008年全省“扫黄打非”行动方案》，经省委、省政府同意，以省委办发文件转发各地各有关部门贯彻执行。4月中旬，省上召开全省“扫黄打非”工作会议，总结工作，表彰先进，进一步全面部署和动员2008年全省“扫黄打非”和出版物市场监管工作。各地各有关部门根据国家和省《方案》要求，结合本地本部门实际，制定具体行动方案积极部署安排年度工作。针对拉萨和我省甘南藏族自治州部分市县发生的社会事件，省“扫黄打非”工作小组办公室3月下旬发出密码电报，要求各地尤其是甘南州高度重视打击违禁类非法出版活动，切实维护民族地区和全省社会政治稳定，保障北京奥运会的圆满成功。励小捷同志先后两次作出专门批示，要求加强薄弱环节工作，严肃查办非法出版案件。4月份开始，省“扫黄打非”办会同省新闻出版局相继采取了一系列措施，重点抓了全省印刷复制业和出版物运输环节专项整治行动。围绕北京奥运会的召开，从6月份开始我省相继组织开展了以封堵、查缴非法出版物为重点的6、7、8三个月“扫黄打非”专项行动、奥运前30天出版物市场集中清查行动和残奥会期间出版物市场清查行动。这些工作围绕中心、服务大局，保障了北京奥运会的成功举办和我省抗震救灾工作的顺利进行。按照国家的相关部署，我省积极组织开展了打击非法报刊专项行动，全省特别是兰州市对报刊市场进行了一次彻底的清查和整顿。针对全国打击非法报刊专项行动联合检查组检查我省打击非法报刊专项行动和“扫黄打非”工作时提出的意见和建议，省“扫黄打非”办及时组织召开了省有关部门和兰州市参加的会议，商讨整顿措施，并在整顿行动结束后将有关情况及时报全国“扫黄打非”办。11月中旬，贯彻八省区“打击‘藏独’反动出版物及宣传品协调联动工作会议”精神，省“扫黄打非”办召开了甘南藏族自治州等地参加的情况通报会，通报了有关会议精神，具体安排部署了我省这方面的工作。省“扫黄打非”办还通过编发《简报》等方式及时通报国家和省上有关精神，督促、指导兰州市和其他重点地区抓紧抓实“扫黄打非”工作。

二、大力清查市场，积极查办案件

各地各有关部门今年在市场清查和案件查办上下了很大工夫，取得了显著成效。从新年前夕开始，各地出版物市场稽查监管部门就根据省领导指示和省“扫黄打非”办有关通知，迅即组织力量集中检查“两节”、“两会”期间城乡出版物市场。不少地方对“游商”摊点聚集地域和以往出问题较多的经营点反复多次检查。省城兰州的市场清查和案件查办工作抓得得力、有效。数次荣获全国“扫黄打非”先进集体、办案有功集体称号的兰州市文化市场行政执法支队经整合重组后以更加昂扬的精神风貌和更加务实的工作作风投入“扫黄打非”，毫不懈怠和富有成效地开展专项行动。该支队及市属各县大队仅今年上半年就查缴各类非法出版物63万件，其中非法图书2100册，淫秽色情光盘3.8万余张、淫秽色情图书及封建迷信图书1.6万余册，盗版音像制品及软件和电子出版物25万余张，盗版及其他非法图书教材教辅26万多册，非法报刊3万余份；破获重点案件11起，其中移交司法部门2起。该队下大气力抓堵源截流，先后在铁路、公路出版物运输环节查获非法出版物运贩活动29起，在流通环节端掉地下批发窝点6处。其中先后4次在兰州市三角花园广州—兰州铁路快运部查获由广州发至兰州的非法音像制品15万张，淫秽色情光盘5800张；在兰州市焦家湾货运集散中心截获由郑州、河北发兰州的非法图书5万册；在雁滩两处居民小区分别查获非法图书各2万余册；在兰海商贸城某音像店查获淫秽色情光盘1700张、盗版光盘1.5万张。4月17日，该队一举捣毁一设在兰州医学院家属院内的存书库房，查缴盗版教辅读物53种、9000余册，涉案码洋80万元。该案破获后，引起中央有关媒体的密切关注，中央电视台派专人来该队了解案件的破获情况，并于4月26日世界知识产权日之际在中央电视台12频道详细报道了破获案件的整个过程。一系列案件的破获，有力地净化了省城出版物市场，打击了违法犯罪活动。省“扫黄打非”办、省新闻出版局主要负责同志在该队调研时赞誉该队工作有力度、有成果，应予鼓励和支持。省文化市场稽查队年初以来大力清查省城两大音像制品批发市场和铁路运输环节，查获非法音像制品7.8万张，破获1起涉嫌淫秽音像制品案。省新闻出版局在组织力量审查鉴定基层报审的涉案图书报刊、加强对重点印刷厂抽查的同时，着力抓甘肃书刊批发市场的日常稽查监管工作，查处违规批发店13家（次），查缴非法书刊50多种、5000多册，还责成3种违规报纸下架停售。省“扫黄打非”办会同省公安厅对重庆“8·29”制售非法报刊案甘肃涉案单位与个人做了行政处罚。省有关部门还查获一起假冒违禁类新闻记者非法出版《华夏时报·西部周刊》涉嫌犯罪案件和一起假冒新闻记者涉嫌诈骗企业钱财案件。兰州铁路局“扫黄打非”办组织人员在全国“两会”期间开展了铁路站车文化大检查活动，保证了铁路站车文化市场的安全。

三、加强基础工作，放眼未来发展

在下气力抓专项行动的同时，各地出版物市场管理部门继续抓了“扫黄打非”基础性工作。一是加强文化市场综合执法体制改革。兰州市委、市政府在前期工作的基础上进一步整合市、县文化市场执法资源，组建了县级建制的兰州市文化市场行政执法支队，各县区则成立了文化市场行政执法大队。资源整合后的兰州市文化执法队伍比过去更加有战斗力。嘉峪关市主管部门也申报成立文化市场行政执法支队。省“扫黄打非”办指导文化市场综合执法体制改革试点市在成立文化市场管理工作领导小组及其办公室的同时，要求各地务必保留或加挂“扫黄打非”工作小组办公室牌子，以突出“扫黄打非”在文化市场管理中的核心地位。二是大力开展“扫黄打非”舆论宣传工作。4 月 20 日，省“扫黄打非”工作小组办公室在东方红广场举行了大规模销毁侵权盗版及非法出版物活动，103 万件文化垃圾及精神毒品被销毁，是销毁量超百万件的 17 个省市区之一。4 月中旬，省“扫黄打非”办公室会同省有关部门开展了丰富多彩的全省保护知识产权宣传周活动，有效营造了保护知识产权的社会舆论氛围。天水市还结合“3・15”消费者权益日宣传活动举行了非法出版物销毁活动。三是开展制度建设和法律法规培训工作。省市两级新闻出版行政部门开展了全省出版物发行单位和印刷企业的年度审核登记工作，注销和暂缓登记了少数违规印刷和发行单位。一些市举办了出版物发行、印刷单位法人代表及市场管理人员政策法规培训班。临夏州采取措施认真抓民族宗教类出版物市场的日常监管工作和制度建设。

我省今年的“扫黄打非”工作还存在一些问题和薄弱环节，如有些地方的领导对“扫黄打非”工作不够重视，工作不够扎实；有的地区和部门工作进展缓慢，市场清查不深入；一些地方和部门存在重案件查处轻店面管理现象，案件查处上欠下工夫等。我们将努力改进工作，争取把工作做得更好。

另外，在日常工作中，我们感到，经费、设备和人员短缺依然是制约我省“扫黄打非”工作的严重瓶颈。尤其是今年国家调整音像制品管理格局以后，省级管理部分工作分量变化较大，新闻出版等单位压力骤增。尽管近几年在国家和省市领导的支持下这方面工作有了一定进展，但经费严重短缺、设备落后缺乏、人员编制不足的局面仍未得到根本改观，这与违法犯罪分子高科技、精装备、团伙化作案的趋势形成了鲜明的对比。随着近年“扫黄打非”任务的不断加重，基层“扫黄打非”战线人员少、压力大、成效不明显，一股懈怠之风也在悄悄蔓延。因此，我们建议全国“扫黄打非”办向上建言并积极协调各方面关系，由国家财政部发文尽快将“扫黄打非”经费纳入各级政府财政预算，并适当增加“扫黄打非”部门人员编制，从而彻底解决“扫黄打非”经费、装备问题。

领导讲话

在第二十一次全国“扫黄打非”工作电视电话会议甘肃分会场的讲话

甘肃省委常委、宣传部长、省“扫黄打非”工作小组组长
励小捷

刚才我们收看收听了第二十一次全国“扫黄打非”工作电视电话会议，这是新年伊始全国“扫黄打非”工作小组召开的一次重要会议。会议总结了 2007 年全国“扫黄打非”工作，部署了 2008 年“扫黄打非”战线的任务，表彰了先进集体和先进个人。下面，我就贯彻这次全国会议精神，做好当前我省“扫黄打非”工作简要讲几点意见：

一是认真传达贯彻全国会议精神。第二十一次全国“扫黄打非”工作电视电话会议精神很重要。刘云山同志的讲话高屋建瓴，要求明确，有很强的针对性和指导意义。各地各有关部门要认真学习，深刻领会，贯彻落实到具体工作中。要进一步把我们的思想和行动统一到中央的总体部署上来，切实提高对新形势下“扫黄打非”工作极端重要性的认识，增强做好今后“扫黄打非”工作的责任感和自觉性。

二是请省“扫黄打非”办公室抓紧筹备全省“扫黄打非”工作会议。会议要总结我省近年“扫黄打非”工作，全面部署和动员我省2008年“扫黄打非”工作，表彰全省“扫黄打非”工作先进集体和先进个人。过去一年中，我省“扫黄打非”工作动手早、行动快，重点突出，措施比较得力，处于较主动位置。尤其是兰州、临夏等重点地区的工作取得了较显著成效。但我们必须清醒地认识到，当前我省“扫黄打非”和文化市场监管工作还存在诸多问题和薄弱环节。近年中宣部与全国“扫黄打非”办及《人民日报》、中央政策研究室《简报》等重要媒体均先后就我省兰州等市“扫黄打非”存在的问题发过暗访通报和情况反映。各地各有关部门要高度重视改进我们工作中存在的问题和薄弱环节，丝毫不可沾沾自喜，丝毫不可松劲，务必更加兢兢业业，扎扎实实地开展工作。“扫黄打非”各成员单位要认真履行各自职责，坚持“谁主管、谁负责”和属地管理原则，密切配合，以良好的精神状态做好新一年的“扫黄打非”工作。

三是制定好《2008年甘肃省“扫黄打非”行动方案》。省“扫黄打非”工作小组办公室要在正确分析形势，特别是出版物市场存在的突出问题和薄弱环节的基础上，根据这次全国会议精神，抓紧制定我省2008年“扫黄打非”行动方案。征求有关部门意见后报省“扫黄打非”工作小组审定，以省委、省政府“两办”文件转发各地各有关部门贯彻实施。

四是继续深入开展整治“四假”和打击非法出版活动两个专项行动，切实抓好春节和“两会”期间的“扫黄打非”和文化市场监管工作，保障城乡广大群众在欢乐祥和、健康文明的文化氛围中欢度春节，保障省和全国人大、政协“两会”在良好的文化市场环境中召开。省“扫黄打非”工作小组新年前夕已发出通知，要求各地各有关部门从五个方面切实抓好“两节”、“两会”期间“扫黄打非”和文化市场监管工作。省“扫黄打非”办元旦前还召开了省和兰州市有关部门负责人会议，对省城岁尾年初的相关工作进行了认真部署和动员。希望兰州市和各地各有关部门积极行动，加强稽查监管，决不给违法经营者可乘之机，绝不能因管理上的空挡使违禁类非法出版物、淫秽色情出版物及非法报刊在春节和“两会”期间抬头和蔓延。

2008年1月17日

在全省“扫黄打非”工作专题会议上的讲话

甘肃省副省长、省“扫黄打非”工作小组副组长
咸　辉

这次“扫黄打非”工作专题会议，是在全省人民一手抓灾后恢复重建，一手抓经济社会发展的新形势下召开的。会议的主要任务是，贯彻全国“扫黄打非”办公室主任会议精神，分析当前“扫黄打非”工作形势，安排部署奥运会前全省“扫黄打非”工作重点任务，为北京奥运会的成功举办营造健康向上的文化市场环境。刚才，张余胜同志宣读了《保稳定迎奥运全力做好当前“扫黄打非”工作的安排意见》，兰州、甘南和省公安厅、省交通厅、省通信管理局、兰州海关

的负责同志作了很好的发言。省“扫黄打非”工作小组办公室已下发文件，对封堵查缴违禁类非法出版物工作进行了部署，各地、各成员单位要认真抓好落实。下面，我讲三点意见。

一、充分认识当前“扫黄打非”工作面临的形势

今年是极为重要、极为特殊的一年，在连续遭受雨雪冰冻和地震灾害的情况下，举世瞩目的北京奥运会即将举办，还将迎来改革开放30周年。对此，我们必须保持清醒的认识和高度的警惕，紧紧围绕当前大局开展工作。

从“扫黄打非”工作角度来讲，境内外势力实施干扰破坏活动的一个重要手段就是出版传播各类有害出版物和互联网有害信息。从国家主管部门通报的信息以及我省相关情况看，当前非法出版物出现三个趋势：一是违禁类非法出版物呈上升趋势；二是“法轮功”等邪教组织宣传品的传播手法不断翻新；三是鼓吹“藏独”的反动宣传品增多。

总之，当前“扫黄打非”工作面临的形势十分严峻，各地各有关部门要高度重视，切实把思想和行动统一到中央精神上来，突出工作重点，立足主动防范，深入细致地做好“扫黄打非”和文化市场监管工作，坚决防止引起社会广泛议论、危害国家安全和社会稳定的违禁类非法出版物进入市场，为举办一届高水平、有特色的奥运会营造良好的舆论氛围和文化环境。

二、切实抓好奥运会前“扫黄打非”工作

认真做好奥运会前6、7、8三个月的“扫黄打非”工作，对于确保北京奥运会的成功举办、维护国家政治安定和社会稳定具有特别重要的意义。各地各有关部门要深刻认识做好当前“扫黄打非”工作的极端重要性，进一步增强政治意识、大局意识、责任意识、危机意识，保持清醒头脑，保持高压态势，坚持不懈地开展“扫黄打非”斗争，把各项任务落到实处。

一要认真落实“属地管理”和“谁主管谁负责”原则，加强对“扫黄打非”工作的组织领导。各地各有关部门主要领导要亲自过问，分管领导要靠前指挥，抓好组织落实。各级“扫黄打非”工作小组的负责同志要切实担负起领导责任，强化对奥运会前“扫黄打非”工作的组织领导，结合本地实际，做出专门部署，制定具体措施，全力抓好各项重点任务的落实。各级“扫黄打非”工作小组要将重点任务细化分解到有关地区和部门，实行问责制和责任追究制，防止出现有分工不负责、有任务不落实、有责任不到位等问题。各地各有关部门要采取有针对性、操作性的具体措施，强化对重点区域、重点环节、重点部位、重点对象的监管，高标准、严要求，确保奥运会前“扫黄打非”各项工作取得实效。各级“扫黄打非”工作小组办公室要履行好部署、指导、协调、督办的职责，对重点地区和重点部位进行检查督导。

二要始终把查堵违禁类非法出版物作为重点。各地各有关部门要本着“稳定压倒一切”的原则，始终将打击制售传播违禁类非法出版物作为首要任务，做到露头就打、绝不手软。要制定查堵违禁类非法出版物的应急预案，精心策划，周密部署，一旦发现问题，及时采取果断措施加以应对。有关部门和地区务必高度重视，以强有力的措施做好相关工作，坚决防止危害国家统一和社会稳定的非法出版物及宣传品在社会上传播。

三要从快从严查处审理一批重大案件。各地各有关部门要按照“彻查、彻究、彻办”的原则，挖窝点、打团伙、破网络，深入查办大案要案，强力震慑违法犯罪分子。兰州市文化市场行政执法支队今年初组建以来，在查办案件上很有力度和成效。各地也要以查办案件为突破口，深入推进“扫黄打非”工作。各行政执法部门对制售非法出版物及盗版制品、涉嫌达到刑事处罚标准的案件，要及时移送公安机关立案查处。司法机关要依据现行法律法规，抓紧审结有关“扫黄打非”案件。对涉及违禁类非法出版物的案件和其他重大案件的犯罪分子，要依法处罚。新闻媒体要宣传依法审结的“扫黄打非”案件，震慑犯罪，教育广大经营者。

四要加强协调配合，进一步增强工作合力。当前在“扫黄打非”工作中，我们既要整顿出版物市场，治理印刷复制企业，打击销售非法出版物和侵权盗版行为，又要加强对出版物运输环节的执法检查，取缔兜售非法出版物的游商和无证照经营者，查处利用网络传播淫秽色情等违法行为，形成工作合力非常重要。各地各有关部门要进一步增强大局观念和责任意识，既要按照工作任务的分工，各司其职，各负其责，又要相互协作，密切配合，努力形成快速反应、整体防控的工作格局，做到属地管理与部门管理相衔接、主管部门与协管部门相配合。

三、不断夯实“扫黄打非”工作的基础

“扫黄打非”是一项长期任务，要着眼于促进出版物及文化市场的健康发展，不断夯实工作基础，抓好基层工作。

一要建立健全长效监管机制。比如，要建立“扫黄打非”工作责任制和责任追究制、预警机制、督查机制、重点案件查办机制、联防协作机制、基层市场监控机制、奖惩机制、社会宣传和舆论监督机制，等等。通过健全长效机制，逐步将“扫黄打非”工作从较多依靠集中行动向加强日常监管转变，从专项治理向标本兼治、综合治理转变。

二要切实解决市、县“扫黄打非”无经费、无装备的问题。近几年，省委办公厅、省政府办公厅每年初转发的全省“扫黄打非”工作有关文件都明确要求，各级政府要将“扫黄打非”经费纳入同级财政预算，实行专款专用，确保“扫黄打非”工作必需的经费投入，提高“扫黄打非”执法队伍的装备水平和技术能力。去年，省财政厅、省“扫黄打非”办联合发文，要求各地建立“扫黄打非”经费保障机制，切实解决“扫黄打非”存在的无工作经费问题。据省“扫黄打非”办最近了解的情况，一些市、县“扫黄打非”与文化市场监管工作的专项经费还是得不到基本保障。希望市、县政府和财政部门切实重视解决这一问题，保证“扫黄打非”工作的必要条件。

三要综合运用法律、行政和经济等手段，治理文化市场。要把“扫黄打非”工作与正在开展的城市网格化管理试点、社会主义新农村建设工作结合起来，坚持把“扫黄打非”工作的成效，作为评选文明城市、文明社区、文明村镇、文明单位和平安建设、社会治安综合治理成果的一项重要指标。广泛动员群众参与“扫黄打非”，鼓励群众举报各类非法出版活动和淫秽色情活动。统筹各种社会力量，实现科学管理、依法管理、综合管理，推进“扫黄打非”工作深入开展。

同志们，今年“扫黄打非”工作任务艰巨，使命光荣。我们要深入贯彻党的十七大精神，按照推动文化大发展大繁荣的要求，进一步振奋精神，扎实工作，不断推动“扫黄打非”工作上新台阶，为北京奥运会的成功举办，为净化文化市场环境、构建和谐社会做出积极贡献。

2008年6月20日

在通报打击非法报刊专项行动中央检查组反馈意见会上的讲话

甘肃省新闻出版局局长、党组书记、省“扫黄打非”工作领导小组副组长兼办公室主任
张余胜

今天这个会议很重要，我们召集大家来开会，主要是研究讨论问题。多年以来，我们省“扫黄打非”工作做的比较好，但这次中央检查组对我们的印象不好，反馈的意见结果让人震惊和痛惜。中央这次检查是根据云山同志的批示奔宁夏来的，顺路看甘肃，没想到在我们这里所到之处没有不出问题的。我认为这次检查较为真实地反映了我省文化出版物市场的真实现状，形势比较严峻。

检查组提出的问题是严肃的也是客观存在的，反映出我省“扫黄打非”工作的突出问题，说明我们在文化和出版物市场监管方面的薄弱环节。刚才袁局长通报了中央检查组的反馈意见，大家又各自分析了原因，提出了整改建议，谈得很好。我省“扫黄打非”工作在省委省政府的高度重视下，在各成员单位、各级“扫黄打非”工作部门的共同努力下，近年来取得明显成效，为推进我省经济、政治、文化和社会建设，加强文化和出版物市场管理发挥了重要作用。在全国，我省的工作多次受到全国“扫黄打非”工作小组的肯定和表扬。但这次中央检查组来我省检查工作，所发现的问题使我们心情沉重。目前，客观上，“扫黄打非”机构、人员、经费、装备情况与所承担的任务不相适应，基层工作非常辛苦，但还是打不胜打，防不胜防。主观上，有的部门和单位对“扫黄打非”工作认识不到位，重视程度不够，责任意识不强，包括成员单位没有把“扫黄打非”放在重要位置，市场清查不深入，疏于日常市场的管理，还存在着管理不到位，制度不健全，职责不明确的问题。其次，“扫黄打非”成员单位协调配合不够，协调机制没有建立起来。工商、文化、公安、新闻出版、城建、邮政等相关部门没有形成联动机制，平时缺乏沟通，互不了解情况，造成管理环节的缺失。其三是执法力度不够，措施不力。平时执法检查只能收几本书、收几盘光碟，对违法经营者来说无关紧要，没有伤筋动骨，违法成本远远小于获益成本，对违法者没有构成强有力的打击。

由于我来省新闻出版局工作的时间不长，总结规律性的东西就不讲了，为进一步把责任和任务落到实处，现就下一步的工作谈几点意见。

一、进一步提高认识，统一思想

各有关部门和单位要切实提高对“扫黄打非”工作重要性的认识，“扫黄打非”工作关系着我国文化安全和意识形态安全，是党中央交给我们的一项重要的政治任务。这项工作从中央到省委省政府都很重视，因为它是特殊领域的特殊工作，首先是战场其次才是市场，首先是斗争其次才是竞争，首先是政治其次才是文化。所以每年都被列入中央工作要点，每年都专题部署，每年都有中央领导的大量批示。前不久，胡锦涛总书记在党的十七届三中全会上，讲到当前全党要抓的五个方面的问题，其中第二个就是讲意识形态问题。由此可见，建设良好的文化环境，加强出版物市场监管是迫在眉睫的大事。净化出版物市场环境，要坚持不懈地封堵和查缴非法出版物，要坚持不懈地扫除淫秽色情等文化垃圾，要坚持不懈地打击侵权盗版出版物，要坚持不懈地查处和取缔非法报刊，要坚持不懈地查处网上有害信息和侵权盗版行为。只有把“扫黄打非”放在反渗透、防分化的大局中去认识，才能看到它是以文化形式出现的意识形态领域的政治斗争，才能理解、重视和加强“扫黄打非”工作的重要性和紧迫性。大家要清楚，“扫黄打非”不是一个单位或几个单位的事，每个成员单位都有分工，也就是说都有责任。确保国家安全和社会稳定，是对我们每个成员单位政治敏锐性和工作责任心的严峻考验，是对我们执法水平和工作作风的严峻考验，我们必须做到头脑清醒，立场坚定、旗帜鲜明，措施有力、方法科学，自觉将思想和行动统一到中央和省上的决策部署上来，将打击非法出版物和打击非法报刊专项行动工作与本单位的中心任务相结合，确保“扫黄打非”工作任务落到实处。

二、加强力量，明确责任分工

我省的“扫黄打非”工作兰州市是重点，只要抓住兰州市就抓住了全省的“牛鼻子”，但兰州的事情难办，在兰州工作就得有办难事的思想准备。你们的责任重大，除自身工作要努力外，首先要对市场形势有一个基本判断，要充分认识我省特别是兰州市形势的严峻性，其次要树立搞好工作的信心，另外还要争取市上领导出面协调，争取方方面面的支持，我局也会全力支持。

人员是落实工作的根本，机构是工作的保证。各单位要落实责任，指定专人负责“扫黄打非”工作，确保工作有人组织、责任有人担当。每个责任人都要主动与有关单位和省办保持联系，做到每项工作要有计划、有安排、有总结。责任单位负责人要切实担负起政治责任和领导责任，要亲自组织，亲自督促检查，靠前指挥，狠抓落实。今年初，中央领导同志对“扫黄打非”工作总结出五条基本经验：一是始终坚持在党和国家工作大局下部署和行动，自觉地为大局服务；二是坚持属地管理、“谁主管、谁负责”的原则，做到守土有责，守土负责；三是加强协调合作，各部门密切配合，形成工作合力；四是坚持教育与惩处相结合，开展广泛的舆论宣传，加大行政执法和刑事打击的力度；五是坚持用改革创新的精神贯穿到“扫黄打非”全过程，深入推进文化市场综合执法改革，不断完善工作机制。省上领导也多次谈到“扫黄打非”工作的重要性。中央对“扫黄打非”工作的要求，在甘肃落实有困难，但把这些事情要做好，我们要进行联合检查，一年搞几次，造成舆论；要查源头，一年搞几个案子，要有一个震慑作用，做到打防并举，破案与日常监管要结合，这样市场会有一个大的变化。省“扫黄打非”办要制定联动机制制度，由省办牵头，公安、工商、城建、文化出版及邮政等相关部门组成检查组，每年定期或不定期组织市场检查，下工夫查处游商销售违禁类非法出版物及盗版光盘，使个别长期销售违禁类非法出版物且屡查屡犯的游商得到有效治理，力争摧毁其批销网络和存储窝点，最大限度地压缩游商地摊的生存空间，严厉惩治其违法犯罪行为。通过各种检查让“非法”和“盗版”无处藏身，或者让违法经营者付出较大的违法成本，迫使他们守法经营。通过检查要体现“谁主管、谁负责”、“谁审批、谁负责”和“属地管理”的原则。“谁主管、谁负责”就是要按照职责分工，每个成员单位把该管的事情一定要管起来，主动与有关单位配合，把工作落到实处。“谁审批、谁负责”就是办证单位要负全责，省上办的证省上要主抓，市上办的证市上要主抓。要按照有关条款严格管理，该吊销经营许可证的要坚决吊销其许可证，该清除出集中经营场所的要坚决清除；涉嫌构成犯罪的，坚决移交司法机关，依法追究其刑事责任。“属地管理”就是所在地党政部门要把“扫黄打非”工作列入重要议事日程，要进一步明确责任，将任务和责任分解下移，落实到具体部门，建立长效机制。

三、理顺关系，突出重点，强化监管，完善制度

目前，兰州市的文化市场执法力量主要集中在市文化市场稽查支队，仅靠文化出版局和执法队是不够的，要和城关、安宁、七里河联合起来搞，这样任务才会落到实处。除省市相关部门按职责管理外，兰州市“扫黄打非”办要明确各成员单位的任务和目标，要将打击违禁类非法出版物作为“扫黄打非”首要任务，始终保持高压态势，既要抓大案要案，还要注重日常监管工作，要有分工、有措施，要注重与省办和成员单位的合作。对兰州地区来说，你们是“属地管理”的落实者，你们引导着我省文化市场的健康发展，所以，你们责任重大，任务艰巨。作为市“扫黄打非”办要争取市委市政府对执法部门的支持，特别是争取从人力、物力、财力上给予倾斜。要有相应的制度来约束经营者，让经营者要有规可循。

书刊批发市场和出版物较集中的经营场所，要加强日常监管，坚决杜绝非法和盗版出版物在市场上出现。应借鉴兄弟省市的管理经验，试派监管人员，选配懂业务，敢管理，年富力强的人，采取专人负责，层层签订责任书等办法，解决市场监管存在的突出问题。

四、加强联系沟通，实行通报制度

省办除组织联合检查外，不定期召开成员单位联系会议，通报市场监管情况，研讨管理办法，形成互动的管理格局。有针对性地组织相关单位对重点部位进行突击检查，发现问题，及时纠正。也可争取邀请媒体参与的办法，边检查边曝光，通过媒体的监督，增强成员单位的责任心。对每次检查结果实行通报制度。今后的“扫黄打非”表彰奖励也要根据平常的管理因素考虑。

五、分析原因，提出整改措施

对这次中央检查组提出的问题，各单位要根据职责和任务，结合科学发展观教育活动，剖析出现问题的原因，提出整改措施。望回去后将这次会议情况向本单位主要负责人进行汇报，认真分析问题产生的原因，提出整改措施，一周内以文字形式报省“扫黄打非”办公室，省“扫黄打非”办汇总整理后尽快向全国“扫黄打非”办报告。这次检查出的问题，将通报全省各市县。

2008 年 11 月 6 日

2008 年“扫黄打非”大事记

甘肃省“扫黄打非”办

1 月 7 日，省“扫黄打非”办、省新闻出版局联合转发全国“扫黄打非”办、新闻出版总署《关于公布第三批非法报刊目录的通知》，继续组织全省深入开展打击非法报刊专项行动。

1 月 18 日，第二十一次全国“扫黄打非”工作电视电话会议甘肃分会场会议在兰州召开。省委常委、宣传部长、省“扫黄打非”工作小组组长励小捷，副省长、省“扫黄打非”工作小组副组长咸辉，与省“扫黄打非”工作小组成员单位等 40 多个部门以及兰州、临夏、天水等 6 个重点市州有关部门的负责同志收看收听了电视电话会议实况。励小捷就贯彻全国会议精神做了重要讲话，他要求各地和省有关部门认真学习贯彻中央领导同志重要讲话精神，切实抓好新一年全省“扫黄打非”工作，为党和政府工作大局服务。

1 月 24 日，省“扫黄打非”办发出紧急通知，组织各地查缴宗教类非法出版物，并要求临夏州做好辖区内宗教类出版物的调查摸底工作，严厉打击地下非法宗教类出版物印制活动。

2 月 4 日，在掌握大量事实的基础上，省“扫黄打非”办致函全国“扫黄打非”办，报告在甘肃的外省若干不法分子制售非法报刊的有关信息。

2 月 25 日，省“扫黄打非”工作小组转发全国“扫黄打非”工作小组《关于认真学习贯彻刘云山同志在第二十一次全国“扫黄打非”工作电视电话会议上的讲话的通知》，供各地各部门学习。

3 月份，根据全国《“扫黄打非”行动方案》和甘肃实际，在大量调研工作的基础上，省“扫黄打非”办制定《2008 年甘肃“扫黄打非”行动方案》，报省委省政府批准并以“两办”名义下发各地各部门执行。

4 月 7 日，兰州市文化市场行政执法支队根据线索一举端掉一设在兰州大学医学院家属院的“黑窝点”，查获盗版教辅 53 个品种，9000 余册，涉案码洋 80 余万元。该案的破获，引起了中央有关媒体的关注，中央电视台派专人到该队了解案件破获情况，并于 4 月 26 日“世界知识产权日”之际，由中央电视台 12 频道详细报道了案件破获的全过程。

4 月 8 日，省“扫黄打非”办发出通知，组织各地严厉查禁违禁类非法出版物。

4 月 15 日，经省委省政府主管领导批准，新任省新闻出版（版权）局局长张余胜同志兼任甘肃省“扫黄打非”工作小组副组长兼办公室主任，从而完成了省“扫黄打非”工作小组办公室领导岗位的交接工作。

4 月中旬，全省“扫黄打非”工作会议在兰州召开，会议总结了 2007 年工作，表彰了 2007 年“扫黄打非”工作先进集体和先进个人，进一步全面部署和动员了 2008 年全省“扫黄打非”和出版物市场监管工作。

4 月中下旬，围绕“保护知识产权宣传周”这个主题，省“扫黄打非”办会同省有关部门开展了丰富多彩的社会宣传活动，有效营造了保护知识产权的良好社会舆论氛围。

4月20日，按照全国“扫黄打非”办的统一部署，省“扫黄打非”办组织举行了2008年全国销毁侵权盗版及非法出版物活动甘肃分会场活动，103万件文化垃圾及精神毒品被销毁，我省是全国销毁量超百万件的17个省市区之一。

4月22日，省“扫黄打非”小组发出加急密电，部署开展全省2008年“扫黄打非”第二阶段专项行动。

5月30日，省“扫黄打非”办转发《关于全国“扫黄打非”工作小组成员单位2008年任务分工的通知》，供各地各部门参照执行。

6月10日，省“扫黄打非”办、省交通厅等8部门联合发文，在全省开展坚决打击利用交通运输渠道贩运非法出版物行动。

6月13日，兰州市文化市场行政执法支队捣毁两处批销贩卖违禁淫秽色情、封建迷信类非法出版物的“黑窝点”，共查获非法出版物7000余册。

6月16日，兰州市文化市场行政执法支队查获一起特大运输非法出版物案件，拦截查获非法出版物4万余册，码洋150余万元。

6月18日、20日，省“扫黄打非”办转发全国“扫黄打非”办《关于进一步加强宗教类非法出版物和宣传品查缴封堵工作的通知》和《关于进一步加强违禁类非法出版物封堵查缴工作的意见》，要求各地加强宗教类非法出版物及宣传品、违禁类非法出版物的查缴工作，确保奥运前出版物市场的繁荣与稳定。

6月20日，全省“迎奥运保稳定”“扫黄打非”工作专题会议在兰州召开。各市州“扫黄打非”办、省“扫黄打非”工作小组各成员单位的负责同志参加了会议。副省长、省“扫黄打非”工作小组副组长咸辉出席会议并就做好当前工作做了重要讲话。后讲话以省“扫黄打非”工作小组名义下发各地各部门贯彻执行。

6月30日，省“扫黄打非”办专门下发通知给甘南、武威、兰州三市州和省文化厅、公安厅、新闻出版局等部门，要求切实加强对藏语言音像制品的内容审查和市场监管工作，确保藏区社会局势稳定、确保北京奥运会顺利举办。

7月10日，省“扫黄打非”办转发全国“扫黄打非”办《关于开展奥运前30天出版物市场集中清查行动的紧急通知》并印发《奥运前30天出版物市场集中清查行动考核评比细则》，开展全省奥运前30天出版物市场集中清查工作。

7月24日，省新闻出版局组织召开甘肃书刊批发市场出版物经营单位管理工作会议，安排部署“我为奥运做贡献，文明经营我争先”活动。各经营单位主动上缴盗版出版物若干册，净化了市场内经营环境。

8月8日，省“扫黄打非”办起草《甘肃省关于开展奥运前30天出版物市场集中清查行动情况的报告》并报全国“扫黄打非”审阅。

8月20日，省“扫黄打非”办发出通知，组织各地全面清查收缴侵权北京2008年奥运会开幕式和奥运会相关题材音像制品。

8月25日，兰州市文化市场行政执法支队根据群众举报线索，经过5天的现场侦查、跟踪蹲守，一举捣毁一非法刻录光盘的窝点，现场查获已刻录非法光盘21种2000余盘，裸盘1000张及光盘封面3.7万余张，刻录机1台。

9月8日，省“扫黄打非在”办发出通知，要求各地继续做好残奥会期间的出版物市场清查工作。

9月27日，省“扫黄打非”办发出通知，组织各地开展进一步严厉打击非法报刊专项行动。

10月12日至14日，全国“扫黄打非”联合检查组一行3人来我省检查打击非法报刊专项行动开展情况。在市场检查和听取省“扫黄打非”办负责同志工作汇报的基础上，联合检查组在肯定工作的同时，对我省打击非法报刊专项行动开展情况和“扫黄打非”工作中存在的问题提出了意见和建议。

10月30日，省“扫黄打非”办组织召开打击非法报刊专项行动联合检查组反馈意见情况通报会。会上，省“扫黄打非”办负责同志通报了联合检查组在检查中发现和存在的问题，并提出了整改的意见和建议。兰州市、省文化厅、省建设厅等单位就“游商”治理、非法报刊的整治等多年困扰我省“扫黄打非”的重点难点问题进行了探讨，并提出了具体的整改措施。11 月 13 日，在大力整改基础上，省“扫黄打非”办将联合检查组反馈意见整顿情况书面上报全国“扫黄打非”办。

11 月 26 日，省“扫黄打非”办、省交通厅 5 部门联合转发全国“扫黄打非”办有关文件，开展严格规范高速公路服务区出版物经营秩序行动。

12 月 31 日，省“扫黄打非”办发文，组织部署全省 2009 年“两节”、“两会”期间出版物市场监管工作。

创新经验

甘肃省“扫黄打非”工作和打击非法报刊专项行动情况汇报

甘肃省“扫黄打非”办

按照《关于进一步开展严厉打击非法报刊专项行动的通知》精神，在去年相关工作的基础上，我省组织开展了进一步严厉打击非法报刊专项行动，目前行动正在进行当中。根据全国“扫黄打非”工作小组办公室《关于对打击非法报刊专项行动进行检查的通知》的要求，下面就我省今年以来“扫黄打非”工作和打击非法报刊专项行动开展情况做一简单汇报，不足之处敬请批评指正。

一、今年以来的“扫黄打非”工作

今年以来，我省各级各有关部门积极贯彻落实国家有关部署和要求，紧紧围绕北京奥运会和和谐甘肃建设这两个工作重心，开展了以省城为重点，以打击非法出版活动和整治“四假”专项行动、奥运前 30 天出版物市场集中清查行动、严厉打击非法报刊专项行动等为重点的专项整治行动，有步骤地深入推进“扫黄打非”工作，取得了明显阶段性成果。截至 9 月底，全省查缴各类非法出版物 132 万件，其中违禁类非法出版物、“法轮功”等邪教组织宣传品 8800 多件，淫秽色情出版物 7.69 万件，盗版图书 36.89 万件，盗版音像制品 61.69 万件、盗版电子出版物及软件 3.75 万件，非法报纸期刊 6.09 万份；查办各类案件 223 起。主要工作表现在：

一是加强组织领导。我省今年“扫黄打非”工作谋划早、行动快。新年前夕，省“扫黄打非”办即以省“扫黄打非”工作小组名义向各地各有关部门发出《通知》，就整治和净化“两节”、“两会”期间出版物市场，搞好全省“扫黄打非”第一阶段专项行动进行了部署。1 月 18 日，省委常委、省委宣传部部长、省“扫黄打非”工作小组组长励小捷，副省长、省“扫黄打非”工作小组副组长咸辉，与省有关部门以及兰州、临夏、天水等 6 市州有关部门负责同志共同在甘肃分会场收看收听了第二十一次全国“扫黄打非”工作电视电话会议实况，并就贯彻全国会议精神做了重要讲话，要求省有关部门和各地认真学习贯彻中央领导同志重要讲话精神，切实抓好新一年全省“扫黄打非”工作，为党和政府工作大局服务。省“扫黄打非”办在分析全省“扫黄打非”工作形势基础上起草的《2008 年全省“扫黄打非”行动方案》，经省委、省政府同意，以省委办发文件转发各地各有关部门贯彻执行。4 月中旬省上召开全省“扫黄打非”工作会议，总结工作，表彰先进，进一步全面部署和动员 2008 年全省“扫黄打非”和出版物市场监管工作。我省工商管理部门早早对系统内的“扫黄打非”工作进行了部署和安排。省领导励小捷同志先后两次作出专门批示，要求加强薄弱环节工作，严肃查办非法出版案件。4月份以来，省“扫黄打非”办会同省新闻出版局相继采取了一系列措施，重点抓了全省印刷复制业和出版物运输环节专项整治行动。围绕北京奥运会的召开，从6月份开始我省相继组织开展了以封堵、查缴非法出版物为重点的6、7、8三个月的“扫黄打非”工作、奥运前30天出版物市场集中清查行动和加强奥运会后的出版物市场监管工作。这些工作围绕中心、服务大局，保障了北京奥运会的成功举办和抗震救灾工作的顺利进行。省“扫黄打非”办还通过编发《简报》等方式及时通报国家和省上有关精神，督促、指导兰州市和其他重点地区抓紧抓实“扫黄打非”工作。

二是大力清查市场、查办案件。各地及省有关部门今年的“扫黄打非”工作普遍抓得比较紧。从新年前夕开始，各地出版物市场稽查监管部门根据省领导指示和省“扫黄打非”办有关通知，迅即组织力量投入集中检查“两节”、“两会”期间城乡出版物市场行动。不少地方对“游商”摊点聚集地域和以往出问题较多的经营点反复多次地“杀回马枪”。省城兰州的市场清查和案件查办工作抓得得力、有效。数次荣获全国“扫黄打非”先进集体、办案有功集体称号的兰州市文化市场行政执法支队经整合重组后以更加昂扬的精神风貌和更加务实的工作作风投入“扫黄打非”，毫不懈怠和富有成效地开展专项行动。该支队及市属各县大队仅今年上半年就查缴各类非法出版物65万件，其中违禁类非法图书2100册，淫秽色情光盘3.8万余张、淫秽色情图书及封建迷信图书1.6万余册，盗版音像制品及电子出版物软件25万余张，盗版及其他非法图书教材教辅26万多册，非法报刊5万余份。破获重点案件11起，其中移交司法部门2起。该队下大气力抓堵源截流，先后在铁路、公路出版物运输环节查获非法出版物运贩活动29起，在流通环节端掉地下批发窝点6处。其中先后4次在兰州市三角花园广州—兰州铁路快运部查获由广州发至兰州的非法音像制品15万张，淫秽色情光盘5800张；在兰州市焦家湾货运集散中心截获由郑州、河北发兰州的非法图书5万册；在雁滩两处居民小区分别查获非法图书各2万余册；在兰海商贸城某音像店查获淫秽色情光盘1700张、盗版光盘1.5万张。有力地净化了省城出版物市场，打击了违法犯罪活动。省“扫黄打非”办、省新闻出版局主要负责同志赞誉该队工作有力度、有成果，应予鼓励和支持。省文化市场稽查队年初以来大力清查省城两大音像制品批发市场和铁路运输环节，查获非法音像制品7.8万张，破获1起涉嫌淫秽音像制品案。省新闻出版局在组织力量审查鉴定基层报审的涉案图书报刊、加强对重点印刷厂抽查的同时，着力抓甘肃书刊批发市场的日常稽查监管工作，查处违规批发店13家（次），查缴非法书刊50多种、5000多册，还责成3种违规报纸下架停售。省“扫黄打非”办会同省公安厅对重庆“8·29”制售非法报刊案甘肃涉案单位与个人进行了行政处罚。省有关部门还查获一起假冒新闻记者非法出版《华夏时报·西部周刊》涉嫌犯罪案件和一起假冒新闻记者涉嫌诈骗企业钱财案件。兰州铁路局“扫黄打非”办组织人员在全国“两会”期间开展了铁路站车文化大检查活动。

三是强化基础工作。在下气力抓专项行动的同时，各地出版物市场管理部门继续抓了“扫黄打非”基础性工作。兰州市委、市政府进一步深入文化市场综合执法体制改革，整合市、县文化市场执法资源，组建了县级建制的兰州市文化市场行政执法支队。嘉峪关市主管部门也申报成立文化市场行政执法支队。省“扫黄打非”办指导文化市场综合执法体制改革试点市在成立文化市场管理工作领导小组及其办公室的同时，务必保留或加挂“扫黄打非”工作小组办公室牌子，以突出“扫黄打非”在文化市场管理中的核心位置。4月20日，省“扫黄打非”工作小组办公室在东方红广场举行了大规模销毁侵权盗版及非法出版物活动，103万件文化垃圾及精神毒品被销毁，是销毁量超百万件的17个省市区之一。4月中旬，省“扫黄打非”办公室会同省有关部门开展了丰富多彩的全省“保护知识产权宣传周”活动，有效营造了保护知识产权的社会舆论氛围。省市两级新闻出版行政部门开展了全省出版物发行单位和印刷企业的年度审核登记工作，注销和暂缓登记了少数违规印刷和发行单位。一些市举办了出版物发行、印刷单位法人代表及市场管理人员政策法规培训班。天水市还结合“3·15”消费者权益日宣传活动举行了非法出版物销毁活动。临夏州采取措施认真抓民族宗教类出版物市场的日常监管工作和制度建设。

我省今年的“扫黄打非”工作还存在一些问题和薄弱环节，如有的地区和部门工作进展慢，市场清查不深入，案件查处上欠下工夫等。我们将努力改进工作，争取把工作干得更好。另外，在日常工作中，我们感到，经费、设备和人员短缺依然是制约我省“扫黄打非”工作的严重瓶颈。尽管近几年在国家和省市领导的支持下这方面工作有了一定进展，但经费严重短缺、设备落后缺乏、人员编制不足的局面仍未得到根本改观。随着近年“扫黄打非”任务的不断加重，基层“扫黄打非”战线已是怨声连天，苦不堪言。因此，我们建议全国“扫黄打非”办向上建言，将“扫黄打非”经费纳入各级政府财政预算，彻底解决“扫黄打非”经费问题，并适当增加“扫黄打非”部门人员编制，从而缓解任务过于繁重的问题。

二、打击非法报刊专项行动开展情况

按照全国“扫黄打非”办公室和新闻出版总署的统一部署，从去年8月底开始，我省开展了打击非法出版活动和打击“四假”专项行动，专项行动以非法报刊为重点整治对象，取得了阶段性成果。2008年，全省共收缴各类非法报刊近百种、4.3万份，查处非法记者7名、违法违规记者站4家。去年年末被中央政策研究室《简报》反映的“充斥色情暴力内容的假报纸泛滥嘉峪关”的相关案件线索，在省“扫黄打非”办等的努力下得到查实，并向上作了汇报。在此基础上，我省今年继续开展了非法报刊整治工作，严厉打击非法报刊专项行动正在进行当中。

1. 专项行动的部署和安排。在接到全国“扫黄打非”办《关于进一步开展严厉打击非法报刊的专项行动的通知》后，我办领导十分重视，在尽可能短的时间里将《通知》转发各地，要求各地按照《通知》要求，以打击非法出版活动和打击“四假”专项行动的劲头和做法，继续做好我省非法报刊的整治工作，维持北京奥运会期间我省出版物市场的良好局面。由于非法报刊问题集中反映在兰州市，省“扫黄打非”办还及时与兰州市“扫黄打非”部门交流了兰州市非法报刊的治理意见，就兰州市的工作给予了具体指导。目前，各市州对专项行动的开展做了安排和部署。

2. 全省报刊市场的清查情况。从去年的打击非法出版活动和整治“四假”专项行动的情况看，我省非法报刊整治工作的重点是“截流”的问题，因为非法报刊的源头在外省市。今年以来，我省各级“扫黄打非”部门以封堵源头为重点，以大力清剿街头“游商”为主要手段，积极开展报刊市场的清理整治工作，据统计，今年1至9月。全省共收缴各类非法报刊6万多份，全省报刊市场一度混乱的局面得到较大改善，整治行动取得了阶段性成果。作为全省整治工作重点的兰州市，在整治中共查缴非法报刊5万多份。经过整治，据估计，兰州市非法报刊的数量锐减70%，有力地打击了非法报刊泛滥的情况，为全省报刊市场的净化作出了贡献。

3. 非法报刊案件的查办。在去年工作的基础上，我省继续紧抓非法报刊案件的查办工作。省“扫黄打非”办会同省公安厅在大量调查取证工作的基础上对重庆“8·29”制售非法报刊案甘肃涉案单位和个人给予了行政处罚。省有关部门查获一起假冒新闻记者非法出版《华夏时报·西部周刊》涉嫌犯罪案件和一起假冒新闻记者涉嫌诈骗企业钱财案件。

4. 打击非法报刊长效机制建设情况。在整治行动开展的过程中，我省积极探索打击非法报刊长效机制的建设。在实践工作中，我们初步建立了四项机制：一是与铁路、公路管理部门联手，堵死非法报刊进入我省的渠道。这是我省非法报刊治理工作的关键之所在。我省市场上的非法报刊基本上都是从外地进来的，卡住运输环节，就等于堵死了非法报刊进入我省的渠道。兰州市文化市场行政执法支队与兰州铁路局行包房合作，截获了大量进入我省的非法报刊，取得了很好的效果。二是建立对印刷复制企业的检查、巡查机制，从源头上杜绝非法报刊的出笼。对印刷企业实施反复检查，特别是对城乡结合部及易发生问题的印刷企业实施重点监控，以防个别印刷企业为牟取利益，铤而走险。形成了打防结合，监管并重的工作格局。三是以街头“游商”为重点，大力清查报刊市场。街头“游商”兜售非法报刊，是城市出版物市场治理中的顽疾，也是整治工作的重点，唯有大力清查报刊市场，清剿街头“游商”，才能净化报刊市场。四是与新闻媒体携手，加大专项治理工作的宣传力度，在全社会营造一个非法报刊整治的良好氛围。通过新闻媒体的宣传，举报各类非法经营行为的电话逐渐增多，说明宣传教育起到了作用。

5. 专项行动中存在的问题和建议。在实际整治工作中，我们也发现了一些问题。一是由于我省市场上的非法报刊基本来自外省，且不法分子为了逃避打击，报刊上登载的有关信息缺失或严重不实，给鉴定工作带来了极大的不便。一份报刊的鉴定，来回需要花费大量时间和精力，这给执法工作带来不小的困难。因此我们建议，全国“扫黄打非”办加强对各地非法报刊目录的收集，然后及时下发给各省市自治区，以互通信息，从而避免在鉴定环节上花大气力。二是由于非法报刊从制作、流通到销售往往是一个跨省行为，并形成了一个网络。甲省制作的非法报刊经过流通到乙省销售，要彻底打掉这个网络，需要各省市之间联合和相互配合。所以我们希望建立打击非法报刊联合会议制度，建立联合协调机制，互通信息，密切配合，彻底打击非法报刊经营行为。

兰州市

2008年“扫黄打非”工作总结

兰州市“扫黄打非”办

2008年，在市委、市政府的正确领导下，在省“扫黄打非”工作小组办公室的精心指导下，我市“扫黄打非”战线紧紧围绕“迎奥运保稳定”及争创全国文明城市两个主题，统一部署、精心组织，不间断地组织开展了以打击非法出版物及侵权盗版活动为重点的“扫黄打非”第一、二次专项行动、奥运前30天出版物市场集中清查行动以及打击非法报刊专项行动等多次集中和专项整治行动，取得了显著成效。兰州市“扫黄打非”办被全国“扫黄打非”工作小组评选为“迎奥运保稳定‘扫黄打非’先进集体”。2008年的具体工作如下：

一、领导重视、部署周密、分工明确、形成合力

2008年，我市“扫黄打非”战线始终坚持以邓小平理论和“三个代表”重要思想为指导，全面贯彻落实科学发展观，紧紧围绕维护社会稳定，以确保北京奥运会成功举办和争创全国文明城市为目标，认真贯彻落实第二十一次全国“扫黄打非”工作电视电话会议精神及省“扫黄打非”办有关会议精神，周密部署，积极开展“扫黄打非”和文化市场监管工作。在确定今年目标任务的同时，各部门按照职责再次明确了任务分工，细化了工作，同时又注意相互间的安排，形成了工作合力。7月11日，市“扫黄打非”工作小组召开扩大会议，制定下发了《关于全力做好我市当前“扫黄打非”工作的安排意见》，全面部署了我市专项治理工作。按照“属地管理”和“谁主管、谁负责”的原则，对我市专项治理工作做了详细的分工。具体安排如下：

1. 文化出版部门发挥市场主导作用，统筹协调文化、出版市场的管理工作，开展对音像制品批发零售和出租放映单位的执法检查；打击非法出版、印刷、复制源头，深挖非法生产、包装、仓储窝点和非法光盘生产线；协助有关部门查处取缔“游商”、地摊和无证照经营者；对出版物市场、印刷市场、娱乐市场及网吧进行全面检查并对违规单位做出行政处罚。

2. 公安部门以挖窝点、查根源、打团伙为重点主要从事侵权盗版和非法出版物案件的侦破工作：有力打击非法出版物及深挖非法光盘生产线；加强对互联网和移动通讯终端的监控，密切关注舆情动向，及时删除屏蔽网络有害信息；依法打击网络传播淫秽色情活动；为相关部门的工作保驾护航。

3. 工商部门配合有关部门开展对出版物集中经营场所及批发、零售单位和展销活动的执法检查，以查处无证照经营的“黑店”为重点，依法处罚违法经营单位，直至吊销营业执照。发挥局、所联动的优势，加强市场巡查，掌握线索，追根溯源，严厉查处印、贮、运、销各种非法出版物活动。

4. 城市管理行政执法部门以打击销售非法出版物的游商、地摊、夜市小贩为主，将清理整顿销售非法出版物市场（游商、地摊）的管理工作纳入市容建设评估体系和数字化城市管理系统，全面治理街头巷尾的非法出版物销售活动，确保市场面貌整洁。

5. 交通管理部门以防范和查堵利用公路和水路渠道贩运非法出版物活动为主，加强对运输从业人员的宣传教育，有效地遏制非法出版物的蔓延。

6. 邮政部门负责邮运、邮递渠道非法出版物的查堵工作，严格对邮件的验视和收寄。

二、统一思想、狠抓落实

今年是奥运之年，随着北京奥运会的临近，境内外各种力量遥相呼应，勾连聚合，以干扰北京奥运会为目标的各种破坏捣乱活动不断升级，对我国国家安全和社会稳定构成了严重威胁。各种势力及“法轮功”组织以破坏北京奥运会和攻击我国社会主义制度、颠覆人民民主专政政权为目的，利用非法出版物及宣传品，煽动社会不满情绪、制造社会动乱，使得出版物市场形势严峻，检查整顿工作任务艰巨。

为此，全国“扫黄打非”办、国家新闻出版总署、省“扫黄打非”办，针对各个阶段形势，及时下发文件、密电部署指导“扫黄打非”工作。为了保证准确、及时落实上级精神，市“扫黄打非”办收到文件后及时报领导批示，根据批示，认真学习，领会精神，及时制定可行性工作方案，下发文件安排相关部门立即开展工作。在每次专项行动前，相关部门和单位都严格按照“属地管理”和“谁主管、谁负责”的原则，制定方案、分解任务、落实责任、专门部署。对重点区域、重点环节、重点部位、重点对象进行重点检查、重点治理、重点监管。市“扫黄打非”办充分发挥了综合协调功能，随时掌握工作落实进展情况，发现新情况及时解决及时上报。由于工作分工做到了量化、细化，加之措施到位、任务明确，今年我市各个阶段专项治理工作成效显著。

市“扫黄打非”办全年共计转、下发文件35份，上报“扫黄打非”工作成果统计表、各次专项整顿总结及报表40余份。从而为保证政令畅通和上级部门正确决策提供了保障和依据。

三、主要工作

（一）市场检查工作相关数据

1. 共出动检查人员27182人（次）；

2. 共出动检查车辆5800余辆（次）；

3. 共查获各类非法出版物85万余册（张）。其中淫秽色情光盘3.8万余张、淫秽色情、封建迷信书刊1.6万余册；违禁类图书2100册；盗版音像、软件和电子出版物45万余张；各类凶杀暴力及灵异类图书6000余册；其他类盗版图书30余万册；非法报刊5万余份；“法轮功”类宣传品646张。

4. 查获运输渠道案件29起；

5. 检查出版物市场（店、摊）5296家；

6. 检查印刷企业1028家（次）；

7. 检查网吧2000余家（次），行政处罚45家，取缔“黑网吧”6家；

8. 查处游戏厅56家，砸毁电路板368块；

9. 销毁不良玩具30件；

10. 取缔无证照经营场所387家，清理游商500余家（次）；

11. 取缔非法网站1家；

12. 查处非法出版物案件498起；

13. 抓获违法犯罪嫌疑人69人；

14. 共计罚款10.3万余元。

（二）典型案例

1. 今年4月7日，市文化市场行政执法支队直属大队工作人员通过数日摸排，详细掌握了不法书商的活动规律，一举端掉其设在兰州大学医学院家属院内存放非法出版物的库房。共查获盗版教辅53个品种，9000余册，涉案码洋80余万。该案的破获，引起了中央有关媒体的关注，中央电视台派专人到该队了解案件破获情况，并于4月26日“世界知识产权日”之际，由中央电视台12频道详细报道了案件破获的全过程。

2. 6月13日，市文化市场行政执法支队直属大队联合城关、七里河大队集中捣毁两处批销贩卖违禁淫秽色情、封建迷信类非法出版物“黑窝点”，查获非法出版物7000余册。16日，该队再次在安宁区一运输环节中，拦截查获一起特大非法出版物案件，共查获非法出版物4万余册，码洋150余万元。就此，省“扫黄打非”简报连续多期对该队工作予以报道，给予了充分的肯定，并将这几起案件破获情况向全国“扫黄打非”办公室进行了上报。副省长咸辉同志在全省“扫黄打非”工作专题会议上对支队的工作给予了充分的肯定。

3. 8月20日，市文化市场行政执法支队七里河大队通过线人举报，得知在位于本辖区下西园81号出租屋内有一非法刻录光盘的窝点，专门批销给游商贩卖，严重扰乱了出版物市场，给社会造成了极坏的影响。由于该地处于少数民族聚集区，人员环境复杂，为保证行动万无一失，该大队队员经过5天的现场侦查，跟踪蹲守，8月25日，在直属大队和城关大队的配合下，一举捣毁该窝点，现场查获已刻非法光盘21种2000余盘，裸盘1000张及光盘封面37000余张，刻录机1台。

4. 8月29日，市文化市场行政执法支队在定西北路123号院内一举查获盗版人民卫生出版社的教辅教材25个品种，1890册，码洋10余万元，另有盗版其他出版社的图书28个品种，2280册（套），码洋16余万元。

四、2009年工作打算

2008年，我市的“扫黄打非”工作，在市委、市政府领导下，在省“扫黄打非”办公室具体指导下，上下一心，树立了高度的政治意识、大局意识、责任意识。始终坚持“守土有责、守土负责、守土尽责”的原则，工作中既有明细分工，又有相互协作，形成了工作合力。因此，我市今年工作取得了一定的成绩。

2009年，我们要坚持用科学发展观统筹“扫黄打非”工作，创新工作方法，转变工作观念，改变以往“扫黄打非”工作仅仅停留于“打”和“扫”层面上的局面，多从保障、繁荣、发展的层面上去思考、谋划“扫黄打非”工作，努力做到出版物市场的繁荣和有序。

青　海　省

2008年“扫黄打非”工作总结

青海省“扫黄打非”办

2008年，我省“扫黄打非”工作以全国第二十一次电视电话会议精神为指导，按照省委、省政府办公厅下发的《青海省2008年“扫黄打非”行动方案》的要求，坚持教育防范、布网控制、集中打击的原则，认真组织开展了七次专项行动，即“两节”、“两会”期间出版物市场执法检查，打击整治网络淫秽色情等有害信息，打击非法出版物特别是宣扬“藏独”非法出版物，维护社会稳定迎接北京奥运“扫黄打非”，打击利用交通运输渠道贩运非法出版物，打击非法报刊，清理整顿校园周边出版物市场环境等专项行动，取得了重要的成果。据统计，2008年，全省共出动执法人员1.5万人（次），查缴各类非法出版物12.7万余件。其中违禁类非法出版物1035件，淫秽色情出版物8700余张，非法报刊8800余份，盗版出版物9.5万余件，非法宗教宣传品910件。

一、高度重视

2008年，省委、省政府和有关部门对“扫黄打非”工作高度重视，周密部署，精心安排，整体谋划，统一协调，综合整治。

一是省委常委会工作要点、全省思想宣传工作会议、全省新闻出版工作通报会、全省新闻出版工作会议等都把“扫黄打非”工作作为一项重要内容作了安排部署。

二是省委、省政府领导对“扫黄打非”工作多次作出重要批示，指导工作。省委常委、宣传部长曲青山在全省“扫黄打非”工作会议上强调：要认真做好出版物市场监管工作，认真落实2008年‘扫黄打非’行动方案，开展集中行动和专项治理，坚决查缴违禁类非法出版物，坚决取缔淫秽色情出版物，坚决打击各类侵权盗版行为，为全国‘两会’、改革开放30周年、奥运会等重大活动营造良好文化环境。副省长、省“扫黄打非”领导小组组长吉狄马加在第二十一次全国“扫黄打非”电视电话会议青海分会场讲话中明确要求：全省各级党委政府要切实加强对“扫黄打非”工作的领导，把“扫黄打非”工作纳入重要议事日程，对“扫黄打非”工作开展不力，出现重大问题的地区和部门要追究有关领导的责任。最近，省委书记强卫和省长宋秀岩就加强校园周边环境作出重要批示。强卫书记的批示：要下大力气加强校园周边环境综合治理，坚决清理整治有害学生身心健康的商业活动，并建立健全日常管理机制。西宁市不仅卫生、绿化环境要走在全省前列，精神文明建设、社会环境也要为全省做出榜样。宋秀岩省长的批示：要抓紧治理、建章立制，还校园周边健康和谐环境。这些重要批示，体现了省委、省政府领导对全省“扫黄打非”工作的关心和支持，对深入开展“扫黄打非”工作具有重要的指导意义和推动作用。

三是按照中央的统一安排部署，结合我省实际，及时制定下发了《青海省2008年“扫黄打非”行动方案》，确定了2008年全省“扫黄打非”工作的指导思想、工作重点、目标任务，明确了工作步骤、工作要求。全省各地区、各成员单位结合各自实际，层层安排部署。

二、加大“两节”、“两会”期间“扫黄打非”工作力度

2008年元旦、春节期间，恰逢我省召开十一届人大一次会议和政协十届一次会议。为确保“两节”和我省及全国“两会”期间出版物市场秩序稳定，省“扫黄打非”领导小组办公室及时发出了《关于“两节”、“两会”期间加强出版物市场监管工作的通知》。我省各地按照《通知》要求，加大出版物市场的监督检查。

省“扫黄打非”办公室会同有关部门对我省“两会”会址和“两会”代表住址附近的报刊厅、音像店、青海省图书批发市场、互动网吧等进行了突击检查。省文化厅采取有效措施，开展了音像市场专项检查整治行动，并对互联网上网服务营业场所实施机关内应管理技术，应用计算机远程监控与执法人员现场监督检查相结合，规范互联网上网服务营业场所的经营行为。

全省各州、地、市、县在“两节”、“两会”期间统一开展集中行动，全面反复清查本地出版物市场。许多地区的“扫黄打非”领导小组组长认真履行第一责任人职责，亲自动员部署，亲自带队检查。如玉树州州委常委、宣传部长、州“扫黄打非”领导小组组长李玉英在收到《通知》的第二天就主持召开结古地区“扫黄打非”工作动员部署会。会后亲自带队对结古地区文化市场进行了突击检查和整治，共查缴盗版光盘及违规音像制品2300余张。

三、迎奥运保稳定，深入开展“扫黄打非”斗争

为贯彻落实5月27日北京召开的“全国‘扫黄打非’办公室主任会议”精神，做好奥运期间我省“扫黄打非”工作，6月13日，我省在西宁召开了维护社会稳定，迎接北京奥运“扫黄打非”工作专题会议，对北京奥运期间全力做好我省“扫黄打非”工作进行了安排部署。省“扫黄打非”领导小组副组长、省新闻出版局局长张进京在会上作了重要讲话。各州、地、市“扫黄打非”领导小组办公室主任、省“扫黄打非”领导小组各成员单位相关负责人、省新闻出版局各处室负责人参加了会议。会后，海东地区、海西州、海北州、西宁市等重点地区和有关部门立即召开会议，传达中央和省上会议精神，进一步明确工作任务，加大出版物市场管理力度。公安部门重点清查违禁类非法出版物，共收缴“法轮功”邪教图书36册、宣传品216件、光碟97张，非法报刊2800余张（册）。省工商、文化等部门密切配合，共出动执法人员430人次，检查各类出版物市场1000余家（次），收缴各类非法出版物7500余件，处理违法人员38人。省广播电视局对引进剧严格三级审查制度，严防各类政治事故、责任事故，对18部具有违禁、色情等内容的电影进行了相应的处理。由于我省在奥运会期间清理整顿出版物市场成绩明显，省“扫黄打非”领导小组办公室、海南州文体广电局被全国“扫黄打非”工作小组评为“迎奥运保稳定‘扫黄打非’先进集体”。

四、严厉打击违禁类非法出版物及宣传品

为认真贯彻落实中共中央和青海省委关于维护藏区社会稳定的指示精神，全省各地、有关部门积极行动，采取有力措施，不断加大对民文出版物市场的监管力度，严防煽动民族分裂、破坏民族团结、宣扬“藏独”等非法出版物的传播。

（一）领导重视，安排及时

“3·14”拉萨暴力犯罪事件发生后，我省出版物市场也出现宣扬“藏独”倾向的非法出版物，我省对此引起高度重视，省委常委、宣传部长曲青山作出重要批示。省“扫黄打非”办公室于3月25日下发了《关于严查和封堵宣扬“藏独”非法出版物的通知》。《通知》明确指出，各级“扫黄打非”办公室对打击“藏独”非法出版物及宣传品肩负着重要政治使命，要求各地区、各有关部门要时刻保持高度警惕和高压态势，严防此类非法出版物造谣惑众，制造事端，破坏安定团结的大好局面。不断加大对宣扬“藏独”等非法出版物的监管和稽查力度，重点查缴寺院和僧人擅自出版、印刷、复制、发行、传播的非法出版物。全面清查市场，堵源截流，严密封堵，采取24小时值班制度，充分发挥“扫黄打非”工作联动机制，布网控制，重点打击。

（二）行动迅速，效果明显

按照省委领导和省“扫黄打非”办的部署，全省各级“扫黄打非”办公室、各成员单位采取积极有效的措施，结合本地区、本部门实际，扎实开展工作。期间，全省共出动执法人员2000余人次，查缴宣扬“藏独”内容的非法音像制品1800余件，查缴非法藏文图书1600余册。西宁市公安局国内安全保卫支队根据线索，抓获涉嫌危害国家安全罪的犯罪嫌疑人当智项欠，当场缴获各类非法藏文图书20余本，此案正在进一步审理中。

（三）认真鉴定，加强审读

全国“扫黄打非”办公室《关于加强藏语言音像制品内容审查和市场管理的通知》下发后，省新闻出版局局长，省“扫黄打非”领导小组副组长张进京立即作出批示：值得思考、值得注意、值得警惕、值得防范！必须要加强审查和管理。有了制度，但必须要严格执行，制度才能管用。省“扫黄打非”领导小组专职副组长兼办公室主任、省新闻出版局副局长张承伟批示：请“扫黄打非”办做两方面工作，一是收集我省音像市场正在销售和音像出版社正在出版的藏语言类音像制品，组织专家进行审查鉴定；二是对出版市场不断组织清查，保持高压态势，确保我省出版物市场不出大的问题。

为认真贯彻落实好全国“扫黄打非”办《通知》精神，根据局领导要求，省“扫黄打非”办公室与有关部门组成联合工作组，对西宁市城东区、湟中县等重点地区的藏语言音像制品市场进行了逐户检查、抽样。省内各地区同时开展工作，全省共抽取《赞普使者》、《雪域命运》、《太阳部落》、《草原灵魂》等藏语言音像制品样品288种。其中VCD 200种，CD 6种，DVD 2种，录音带80种。为做好抽取样品的鉴定审读工作，省新闻出版局成立了审读专家小组，专门召开了审读工作座谈会。截至目前，音像制品的版本记录等技术鉴定已经完成，内容方面的审读正在紧张进行中 。

五、清理整顿校园周边出版物市场环境

为进一步净化和规范我省校园周边出版物市场环境，贯彻落实省委、省政府领导重要批示精神，坚决打击向中小学生兜售不利于青少年身心健康的非法出版物和印刷品的违法活动，省“扫黄打非”领导小组办公室于12月5日发出《关于开展清理整顿校园周边出版物市场环境专项治理行动的紧急通知》，决定开展为期半个月的清理整顿校园周边出版物市场环境专项整治行动。重点查缴校园周边淫秽色情、凶杀暴力、封建迷信、恐怖类、低级庸俗的图书、报刊、音像制品、盗版教材教辅读物以及游戏卡片、非法印刷品。全省各地积极行动，迅速形成严密防范，密切合作，联合行动机制，全力整治校园周边环境。

12月3日，西宁市教育局、文化广播电视局、公安局、卫生局、商务局等职能部门抽调150名工作人员，分成15个检查组，对省城15所学校周边的综合商店、音像店、文化用品店、饮食摊点、玩具店、食品店及报刊销售点进行突击检查，共查获淫秽色情光盘200余张，暴力色情、“口袋本”书籍（贴画）310件，搞笑证件、烟幕弹、仿真枪等不健康玩具200余件，取缔1家非法电玩城。

12月4日，西宁市工商局、互助路工商所执法人员从小商品批发市场一家名为荣华诚信玩具店内查扣了大量搞笑证件、口袋书、烟幕弹等“三无”产品。

12月5日，省综治委下发了《关于开展集中整治校园及周边治安秩序专项行动的安排意见》，在全省范围内开展为期一个月的集中整治校园周边治安秩序专项行动，重点打击对师生的伤害、抢劫、诈骗、盗窃等各类违法犯罪活动，铲除校园及周边存在的流氓恶势力犯罪团伙；取缔和清理整顿校园及周边违规经营的网吧、电子游戏厅、录像厅、歌舞厅、音像书刊店和违章建筑。

12月5日至9日，省“扫黄打非”领导小组专职副组长、省新闻出版局副局长张承伟带队，对西宁地区的青海大学、七中、观门街小学、南山路小学等38所大中小学及平安、乐都、民和县的王家庄小学、乐都县中学、平安第一中学 等20余所中小学校园周边出版物市场环境进行了检查。共查缴《鬼故事》、《吸血游戏》等恐怖类非法出版物650册，《茶余饭后》、《电晕你短信》等危害青少年身心健康的淫秽出版物340册，《蜡笔小新》、《爆笑校园》等“口袋书”1000余册以及一批内容不健康的贴画、“搞笑证件”等。

六、加强宣传教育，营造“扫黄打非”舆论氛围

我们始终把教育防范作为“扫黄打非”的一项重要工作去做，各地区、有关部门利用多种形式，大力宣传“扫黄打非”工作。

1月11日、12日，省“扫黄打非”领导小组办公室与青海人民广播电台制作专题节目，与听众互动并介绍我省“扫黄打非”面临的形势、任务、取得的成果以及出版物市场上存在的问题。在“3·15”消费者权益日、“保护知识产权宣传周”、“12·4”法制宣传日等大型宣传活动中，通过设立“扫黄打非”展示台、宣传展板、悬挂横幅、散发宣传单、播放警示教育片等形式，广泛宣传《中华人民共和国著作权法》、《音像制品管理条例》、《出版物市场管理规定》等法律法规，深受群众称赞。连续两年分赴全省各州、地、市、县进行“扫黄打非”巡回展出，参观的群众达15万人，散发宣传资料10万余份，收到了良好的宣传效果。

4月20日，省“扫黄打非”办根据全国“扫黄打非”工作小组的统一部署，与全国各地区同步在省会西宁举行了非法出版物公开销毁活动，对去年下半年以来查缴的近20万件侵权盗版及非法出版物进行公开销毁。这次销毁活动是我省近年来规模最大、销毁非法出版物数量最多的一次销毁活动。

今年，省“扫黄打非”领导小组办公室两次向全省手机用户发送了内容为“维护出版物市场稳定，迎接北京奥运，社会各界踊跃举报，打击非法出版活动”和“省‘扫黄打非’办提醒：严禁制作、出版、印刷、发行、传播各类分裂祖国、破坏民族团结的非法宣传品和出版物”的公益信息，起到了很好的警示教育作用。

7月23日，省“扫黄打非”领导小组办公室与省新闻出版局联合在西宁市中心广场举办了维护社会稳定、迎接北京奥运、保护知识产权、深入开展“扫黄打非”斗争大型宣传活动。省“扫黄打非”领导小组组长、副省长吉狄马加，省“扫黄打非”领导小组副组长、省新闻出版局局长张进京，省“扫黄打非”领导小组副组长、省政府副秘书长李宁，省“扫黄打非”领导小组专职副组长、省新闻出版局副局长张承伟等领导同志参加了宣传活动。活动通过展出展板、悬挂横幅、发放宣传材料、现场咨询、与观众交流、宣讲相关知识、万人签名等形式大力宣传奥运期间开展“扫黄打非”工作的必要性、重要性和特殊意义。吉狄马加副省长仔细浏览了展板内容，详细询问了奥运会前我省“扫黄打非”工作的安排部署情况，要求“扫黄打非”工作的同志一定要高度重视奥运会期间出版物市场的管理工作，务必采取有效措施，坚决防止违禁类非法出版物在我省市场上销售，严厉打击非法出版活动，确保我省出版物市场健康向上不出问题。

为纪念“扫黄打非”工作全面开展20年，省“扫黄打非”领导小组办公室组织编写、编辑出版了约30万字的《青海“扫黄打非”20年》一书。从“奋进历程”、“领导讲话”、“组织机构”、“工作探索”、“表彰先进”等五个方面，比较全面、客观地反映了青海省20年来的“扫黄打非”工作，起到了展示工作成就，总结实践经验，整顿、保存历史资料的作用。

2008年，省“扫黄打非”领导小组办公室共编发工作简报33期，其中21条信息被全国“扫黄打非”网登载，15条信息在《新闻出版》《中国知识产权报》、《西海都市报》、《西宁晚报》等报刊登载。

七、加大培训力度，提高执法水平

4月16日至18日，省“扫黄打非”领导小组办公室在西宁市小岛培训基地举办了全省“扫黄打非”办公室主任培训班。各州、地、市和西宁市各区县、海东地区各县的“扫黄打非”办公室主任或文化稽查人员，省“扫黄打非”领导小组各成员单位相关处室负责人50余人参加了培训。培训的主要内容有“扫黄打非”工作概述、“扫黄打非”信息与宣传工作、印刷业管理的若干问题、音像制品的鉴别常识、广播电视与“扫黄打非”工作、电子出版物知识、著作权相关知识等。根据培训班的要求，海东地区、海西州、海北州、西宁市等对本地区“扫黄打非”执法人员也开展了多种形式的培训活动。

5月18日，西宁市文广局举办了西宁地区其他印刷品印刷企业管理人员法规培训班，重点讲解了《印刷业管理条例》及“扫黄打非”工作有关政策法规。

6月19日至20日，海东地区召开了“扫黄打非”工作培训座谈会。会上传达了省“扫黄打非”领导小组召开的“维护社会稳定，迎接北京奥运，全力做好‘扫黄打非’工作专题会议”精神，各县就文化市场管理和“扫黄打非”工作进行广泛交流，部署了北京奥运会期间出版物市场的整治工作。

6月25日至26日，青海省新闻出版（版权）局举办了法律法规培训班。全省各级新闻出版、“扫黄打非”执法人员140人参加了培训。讲授学习了图书、报纸、期刊、音像、电子出版物、版权、“扫黄打非”等行政监管工作的法律、法规及基本业务知识，以及坚持依法行政，规范执法程序，改进出版物市场管理方式方法，并向考试合格的学员颁发了《中华人民共和国新闻出版行政执法证》。

八、存在的问题及建议

一是违禁类非法出版物有增多趋势；二是淫秽色情出版物特别是音像制品的淫秽色情出版物屡禁不绝；三是盗版盗印非法出版物仍有一定市场，不易识别；四是全省州、地、市、县尚无建立综合执法和“扫黄打非”的专职队伍。

建议：一是全国“扫黄打非”办公室给边远地区给予一定的专项经费补贴，解决实际困难。二是组织“扫黄打非”有关人员进行学习考察。三是多举办几次面向基层业务培训班。

九、2009年主要工作

1. 按照全国“扫黄打非”领导小组办公室的部署，结合我省实际，制定并以省委、省政府两办名义转发《青海省2009年“扫黄打非”行动方案》。

2. 把查处违禁类非法出版物作为“扫黄打非”工作的重中之重。

3. 召开全省2008年“扫黄打非”工作会议；青海省“扫黄打非”20年总结表彰大会；打击违禁类非法出版物及宣传品协调联动工作会议。

4. 适时组织开展专项行动。

5. 适时举办基层“扫黄打非”执法人员培训班。

6. 组织开展全省非法出版物销毁活动。

7. 继续开展“扫黄打非”巡回展等多种形式的宣传活动。

8. 配合文化体制改革，做好我省文化市场综合执法队伍的组建工作。

9. 拟组织各州、地、市和成员单位“扫黄打非”负责人外出考察学习。

10. 认真做好全国“扫黄打非”工作小组办公室、省委省政府和局党组交办的其他工作。

领导讲话

维护社会稳定　迎接北京奥运全力做好“扫黄打非”工作

青海省新闻出版局局长、省“扫黄打非”领导小组副组长
张进京

根据当前形势和任务的要求，今天，省“扫黄打非”领导小组在这里召开维护社会稳定，迎接北京奥运“扫黄打非”工作专题会议。这次会议的主要内容是分析当前“扫黄打非”面临的形势，回顾前一阶段工作，安排部署当前我省“扫黄打非”工作任务。刚才，马文辉同志传达了全国“扫黄打非”办公室主任会议精神，省“扫黄打非”领导小组副组长、省委宣传部常务副部长王向明同志就维护社会稳定，迎接北京奥运“扫黄打非”工作作了安排部署，西宁市、黄南州、玉树州、省文化厅、省交通厅的同志作了很好的大会发言。大家在发言中交流了情况，分析了形势，同时对开展好目前“扫黄打非”工作提出了很好的意见和建议，我完全同意，下面我再讲几点意见。

一、上半年工作回顾

上半年，全省“扫黄打非”工作在省委、省政府的正确领导下，在全国“扫黄打非”工作小组办公室的具体指导下，各地区、各有关部门坚持教育防范、布网控制、集中打击三管齐下的原则，以打击违禁类非法出版物特别是宣扬“藏独”非法出版物、网络有害信息、侵权盗版非法出版物为重点，以高度的政治责任感，认真部署，精心组织，加强监管，严密封堵，强化宣传，净化出版物市场，取得了阶段性成果。总体来说，上半年的工作有力度、有创新、有亮点。

一是省委、省政府高度重视“扫黄打非”工作。今年省委常委会工作要点中再次把深入开展“扫黄打非”工作列入要点之一，全省思想宣传工作会议把“扫黄打非”工作作为一项重要内容作了安排部署。省委常委、宣传部长曲青山同志，省“扫黄打非”领导小组组长、副省长吉狄马加同志等省委、省政府领导多次听取“扫黄打非”工作汇报并及时作出重要批示。曲部长在中央人民广播电台2008年第96期内参《我国藏语言出版物审查制度缺失，卫星电视收视设备市场管理混乱》上批示：请进京、巨伟、承伟、大伟同志阅，藏文出版物要加强审读和把关，如属非法出版物要加大打击收缴力度。卫星接收设施的出售与安装问题要研究解决的办法，如果是全国共性问题，则要积极向国家广电总局反应。吉狄马加副省长在第二十一次全国“扫黄打非”电视电话会议青海分会场强调：各地区、各有关部门一定要增强责任意识、大局意识、忧患意识，切实履行属地管理和部门管理职责，加大“扫黄打非”工作力度，为社会主义文化的大发展大繁荣保驾护航，为维护我国政府保护知识产权的良好形象努力工作等，省领导的重视、支持有力地指导了全省“扫黄打非”工作有效开展。

二是严防违禁非法出版物传播。根据中央和省委关于维护藏区社会稳定的要求，省“扫黄打非”办公室及时下发了《关于严查和封堵宣扬“藏独”非法出版物的通知》，对全省藏文出版物市场进行了暗访和调研，采取有力措施，加大对藏文出版物市场的监管力度，3月份，在省通信管理局和青海移动公司、联通公司的支持下向全省180万手机用户发送了内容为“省‘扫黄打非’办提醒：严禁制作、出版、印刷、发行、传播各类分裂祖国、破坏民族团结的非法宣传品和出版物”的公益信息，起到了很好的警示教育作

用。同时各地区、有关部门按照省“扫黄打非”办公室的总体安排部署，认真组织，反复清查市场，实行24小时值班制度，遇有重要情况及时上报，违禁类非法出版物严密防范，始终保持了高压态势。

三是全面清查出版物市场，公开销毁非法出版物。在元旦、春节、全国和我省“两会”召开期间及第一阶段、第二阶段专项行动中，全省各级“扫黄打非”部门对“两会”会址、代表住址及本地区出版物经营场所、互联网进行了全面检查。4月20日，省“扫黄打非”办根据全国“扫黄打非”工作小组的统一部署，与全国各地区同步在省会西宁举行了非法出版物公开销毁活动，对去年下半年以来查缴的近20万件侵权盗版及非法出版物进行公开销毁。进一步推动了“反盗版天天行动”和“扫黄打非”工作的深入开展，警示、震慑了违法犯罪分子和非法经营者。

四是积极开展网上“扫黄打非”工作。根据全国依法打击网络淫秽色情专项行动电视电话会议精神，成立了青海省依法打击整治网络淫秽色情等有害信息专项行动协调小组及办公室，召开了专项行动工作会议，制定了《青海省依法打击整治网络淫秽色情等有害信息专项行动工作方案》，对专项行动做出了具体安排部署。各州、市、地公安机关网监部门会同有关部门针对全省网吧等互联网服务营业场所私设视频服务器传播淫秽色情等有害信息情况进行了摸排调查，抽查网吧120余家，检查基础电信运营企业5家，抽查重点互联网业务经营单位4家。据统计：上半年全省共出动执法人员2098人（次），检查出版物市场1011家（次），检查店档摊点500多个，检查印刷复制企业230余家，查缴各类非法出版物4.6万余件，上述工作成绩的取得，是省委、省政府高度重视和大力支持的结果，是全省各级“扫黄打非”部门相互配合、相互支持、共同努力的结果。

同时，我们应该清醒地认识到“扫黄打非”的形势也不容乐观：违禁类非法出版物在一些地区时有发现，淫秽色情、盗版以及其他非法出版销售活动仍比较活跃。盗版、非法出版物的印制、储运、批发、销售活动向团伙化、网络化发展，手段更加隐蔽。我省的出版物市场与全国相比，比较稳定，但也存在一些不容忽视的问题，例如：“法轮功”等邪教组织宣传品以种种手段以个别书报刊夹带、公交车上散发、直接放到家属院各住户门口进行传播。《旧闻揭秘》、《全球武备动态》、《故事经》等非法报纸也在街头公开出售。《鬼故事》、《猛鬼故事》、《死亡笔记》等恐怖类非法出版物严重危害着青少年的身心健康。淫秽色情出版物，特别是淫秽色情光盘在西门口小游园、一些音像制品销售店（摊）公开或半公开兜售。面对出版物市场面临的复杂形势和存在的问题，我们必须保持清醒的认识和高度的警惕，一定要增强责任意识、大局意识、忧患意识，切实履行属地管理和谁主管谁负责的原则，守土有责、守土负责、守土尽责，深入细致地做好“扫黄打非”工作，确保一方平安。

二、认真组织开展好6、7、8三个月工作

1. 坚决打击和严密封堵境外违禁类有害出版物。打击违禁类非法出版物始终是“扫黄打非”工作的重中之重。我们要坚决封堵和查缴宣传政治谣言、制造思想混乱、误导群众情绪、破坏社会稳定、危害国家统一、煽动民族分裂、攻击党的领导、诬蔑社会主义制度的非法出版物和“法轮功”等邪教组织的宣传品。海关、公安、邮政等部门要加强对旅客携带、货运夹带、邮件收寄进境印刷品和音像制品的查验，特别是对来自重点国家地区的物品要重点查验，对有不良记录的“重点人”要过关必查，努力将违禁类出版物和宣传品封堵于界外。新闻出版部门要加强对出版物进出口经营单位的监管和进口出版物的内容审查，防止境外违禁类有害出版物通过正式渠道流入境内。根据我省省情，黄南、玉树、果洛、西宁市等相关地区要采取积极措施，不断加大对藏语言出版物的审读、检验、检查，坚决查缴藏语言非法出版物，并追根溯源，注意发现和从严查处制作藏语言非法出版物的案件。

2. 深入查处利用网络传播淫秽色情等有害信息、销售非法出版物和侵权盗版行为。公安、通信管理、新闻出版等部门要以依法打击整治网络淫秽色情有害信息专项行动为平台，加强对互联网及移动通信网络的监控，密切关注网上舆情动向，及时删除屏蔽境内外网站登载的各类有害信息，深入查处利用网络传播淫秽色情等有害信息、销售非法出版物和侵犯知识产权的行为。

3. 集中治理印刷复制企业，严厉打击制售非法出版物及盗版制品的行为。新闻出版、文化、工商、公安等部门要在市场清查的基础上，深入追查非法出版物及盗版制品的源头，深挖非法制售、储运窝点及非法光盘生产线，坚决取缔无证照印刷企业，严厉打击制售非法出版物及盗版制品的行为。新闻出版总署和全国“扫黄打非”办公室日前已就治理印刷复制企业工作作出了专门部署，各地区、各有关部门，将印刷复制企业集中地区、非法印刷复制案件多发地和非法印刷复制隐患地区作为重点，对印刷复制企业在制品、承接业务等情况进行认真检查，严肃查处承接非法出版物及盗版制品印制业务的企业，情节严重的要坚决吊销其经营许可证。西宁市是我省印刷复制企业专项整治的重点。

4. 加大对出版物运输环节的执法检查力度，建立健全查堵非法出版物的工作机制和监管制度，有效切断非法出版物及盗版制品的流通渠道。全国“扫黄打非”工作小组办公室、交通运输部、铁道部、公安部、海关总署、新闻出版总署、中国民用航空局、国家邮政局日前联合下发了《关于坚决打击利用交通运输渠道贩运非法出版物的通知》，各地区、各有关单位通过深入的调查研究，掌握本地区非法出版物贩运活动的基本规律、手段和特点，建立健全查堵非法出版物的工作机制和监管制度，并加大对出版物运输环节的执法检查力度，严格核查出版物发货、承运手续，对有不良记录的发货人和承运企业要重点监控，防止利用伪造证件、伪报品名、伪装托运等手段从事违法运输活动，不留死角，不留盲点，有效切断非法出版物及盗版制品的流通渠道。

5. 全面清查出版物市场，坚决收缴各类非法出版物及盗版制品，坚决取缔兜售非法出版物的游商和无证照经营者。各地、有关部门要集中力量对书报刊、音像制品、计算机软件制品及电脑电子市场和繁华街区、旅游景点、交通枢纽、宾馆饭店等场所的出版物市场进行全面检查，坚决收缴各类非法出版物及盗版制品，坚决取缔兜售非法出版物的游商和无证照经营者。要建立游商及无证照经营者违法信息档案，对累计销售非法出版物及盗版制品达到刑事处罚标准的，要严格追究其刑事责任。

同志们，2008 年，是极为重要、极为特殊的一年，在连续遭受雨雪冰冻和地震灾害的情况下，我们要举办举世瞩目的北京奥运会，还将迎来改革开放 30 周年。特别是举办北京奥运会，对我国既是一次难得的机遇，也是一次严峻的挑战。我们一定要坚决按照中央和省委的要求，以高度的政治责任感和历史使命感，发扬抗冰救灾和抗震救灾的精神，扎实工作，务求实效，发挥主动性，掌握主动权，打好主动仗，推动我省“扫黄打非”斗争深入开展，为北京奥运会的成功举办，维护青海的社会稳定做出积极的贡献。

2008 年 6 月 13 日

在2008年全国集中销毁侵权盗版及非法出版物活动青海分会场的讲话

青海省委宣传部常务副部长、省"扫黄打非"领导小组副组长
王向明

根据全国"扫黄打非"工作小组的统一部署，今天我省在这里与全国其他地区同时举行销毁盗版非法出版物活动，对去年下半年以来查缴的21万件侵权盗版及非法出版物进行公开销毁，其中非法书报刊12万张（册），盗版音像制品6.5万张（盘），盗版软件2.5万张（盘）。其目的是进一步推动"反盗版天天行动"和"扫黄打非"工作的深入开展，迎接"4·26"世界知识产权日，进一步整顿和规范文化市场秩序，展示我省近一段时期"扫黄打非"取得的重大成果，警示、震慑违法犯罪分子和非法经营者。同时，向全社会展示我国政府保护知识产权原则，打击侵权盗版活动的坚定立场和所取得的成果，树立保护知识产权的良好形象，进一步增强社会各界理解、支持和参与"扫黄打非"斗争的意识。

2007年，我省"扫黄打非"工作在省委、省政府的正确领导下，在全省各级"扫黄打非"领导小组办公室及其成员单位的共同努力下，组织开展了"扫黄打非"春季战役、夏季战役、依法打击网络淫秽色情、整治校园周边环境等专项行动，进一步净化了我省文化市场，取得了明显的成效。但是，出版物市场上仍然存在一些不容忽视的问题，违禁类非法出版物时有出现，淫秽色情出版物、盗版及其他非法出版物屡禁不绝，网络传播不良信息、网吧接纳未成年人等问题都不同程度的存在。面对出版物市场的复杂形势和存在的问题，我们一定要增强责任意识、大局意识、忧患意识，切实坚持属地管理和"谁主管、谁负责"的原则，加大工作力度，不断推进"扫黄打非"工作深入开展。

今年是改革开放30周年，我国将举办2008年北京奥运会，大事多，喜事多，"扫黄打非"任务艰巨，责任重大。我们要认真落实好2008年"扫黄打非"行动方案，组织开展集中行动和专项治理，坚决查堵违禁类非法出版物，坚决清除淫秽色情等文化垃圾，坚决打击各种侵权盗版行为，优化社会环境。

同志们，"扫黄打非"工作是党和人民赋予我们的一项重要政治任务，是一场长期、复杂的斗争，我们一定要按照省委、省政府的要求，以高度的政治责任感，真抓实干，精抓细干，确保全省"扫黄打非"工作各项任务的落实，为建设富裕文明和谐新青海做出我们应有的贡献。

2008年4月20日

在全省"扫黄打非"办公室主任培训班上的讲话

青海省新闻出版局副局长、省"扫黄打非"领导小组专职副组长兼办公室主任
张承伟

在阳光明媚，春暖花开的季节，全省"扫黄打非"办公室主任培训班在西宁如期举办，这是我省"扫黄打非"工作中的一件盛事，也是参与"扫黄打非"工作同志们的一件大事、好事。在此，我代表省"扫黄打非"领导小组及办公室向这次培训班的举办表示热烈的祝贺，向参加培训

班的各位同仁、各位学员表示诚挚的欢迎并致以亲切的问候!

举办这次培训班，是为了进一步提高各地、各部门“扫黄打非”工作人员的能力和素质，特别是提高一线执法人员依法行政的能力，规范行政执法行为，切实提升全省“扫黄打非”工作的质量与水平，增强“扫黄打非”队伍的战斗力和凝聚力，加强交流与合作，达到相互学习、相互促进的目的。希望大家珍惜这次机会，认真授课，专心听讲，做好笔记，在有限的时间内尽最大努力多学一些，学深一些“扫黄打非”业务知识和法律法规，为今后的工作打下良好的基础。

2007年，我省“扫黄打非”工作在省委、省政府的正确领导下，在全省各级“扫黄打非”领导小组办公室及其成员单位的共同努力下，按照教育防范、布网控制、集中打击三管齐下的原则，紧紧围绕严厉打击非法出版物、积极实施“文化环保工程”、继续开展“反盗版天天行动”三个重要环节，组织开展了“扫黄打非”春季战役、夏季战役，打击盗版教材教辅读物，治理销售盗版及非法出版物游商地摊和无证照经营行为，依法打击网络淫秽色情，查缴《死亡笔记》整治校园周边环境，整治假报刊、假记者站、假记者、假新闻，打击非法出版活动等8次专项行动，取得了较好的成效。通过开展专项行动，加强日常监管，强化舆论宣传，进一步提高了全社会对“扫黄打非”工作的认识，有力地维护了我省出版物市场的稳定和社会安定。2007年，我省共出动执法人员12823人（次），检查店档摊点4182家（次）、印刷复制企业175家，查缴各类非法出版物18万余件，处罚经营单位、店档摊点101家。总体来说，2007年的“扫黄打非”工作有力度、有创新、有亮点。在此，我代表省“扫黄打非”领导小组及办公室向奋斗在“扫黄打非”战线的同志们表示深深的谢意和崇高的敬意!

在看到成绩的同时，我们要清醒地认识到“扫黄打非”工作面临的严峻形势，危害国家统一和煽动民族分裂的非法出版物在一些地区时有发现，淫秽色情、盗版以及其他非法出版销售活动仍比较活跃。盗版、非法出版物的印制、储运、批发、销售活动向团伙化、网络化发展，手段更加隐蔽。从我省情况看，违禁类非法出版物时有出现，淫秽色情出版物屡禁不绝，盗版出版物特别是民族宗教类非法出版物、网络传播不良信息、网吧未成年人进入等问题都不同程度的存在。面对出版物市场面临的复杂形势和存在的问题，我们一定要增强责任意识、大局意识、忧患意识，切实履行属地管理和部门管理职责，加大工作力度，为社会主义文化的大繁荣大发展保驾护航，为维护我国政府保护知识产权的良好形象努力工作。

今后一个时期，全省“扫黄打非”工作要坚持以邓小平理论和“三个代表”重要思想为指导，全面落实科学发展观，为贯彻落实好党的十七大和省十一次党代会、省委十一届三次全委会议和省十一届人大一次会议精神，推动社会主义文化大繁荣大发展营造良好的文化环境。要重点抓好以下五个方面的工作：

一是坚决查堵非法出版物，确保我省政治稳定。把打击违禁类非法出版物作为“扫黄打非”工作的重中之重来抓。采取有力措施，从运输、印刷、销售环节入手，严把进货和印刷关口，严查出版物市场。在重要节假日、全国“两会”召开前后、奥运会期间要组织开展查缴违禁出版物集中行动，始终保持对违禁类非法出版物的高压态势，一经发现，坚决予以收缴，并追根溯源，依法作出处理。要加大对全省印刷复制企业的监管力度，严厉查处擅自印制和非法加印加制等行为，坚决打击违规印制非法民文和宗教宣传品行为。对监管不力，酿成重大事端的要追究主要负责人的责任，务必把这项严肃的政治任务抓紧、抓实，确保我省政治稳定。二是坚决清除淫秽色情等文化垃圾和网上有害信息，不断净化青少年成长环境。我们要通过集中整治和日常监管，对出版物销售场所、校园周边文化经营场所进行不定时检查，及时查缴宣扬淫秽色情、凶杀暴力、封建迷信、恐怖内容的出版物。要把网上“扫黄打非”摆在更加重要的位置，切实加强对网站、网吧、手机短信和其他移动终端的有效监管，严厉打击通过互联网、手机短信、声讯台传播淫秽色情等有害信息的行为，营造有利于青少年健康成长的良好环境。三是继续开展“反盗版天天行动”，切实保护知识产权。当前，我省版权保护工作形势依然非常严峻，打击侵权盗版，保护知识产权，不仅是确保经济社会持续发展的需要，也是增强自主创新能力的重要环节，我们要常抓不懈。要坚持反复清查市场，加大对盗版音像制品、盗版图书特别是加大对名著、畅销书、工具书、盗版教材教辅读物、网络侵权盗版的查处和打击力度，对问题突出的要依法严肃处理。要注重查处大案要案，深挖批销盗版出版物和刻录光盘窝点，封堵盗版出版物源头。四是继续开展打击假报刊、假记者站、假记者、假新闻专项活动，维护新闻媒体公信力和社会公众利益。要继续清除危害国家文化安全、损害公众利益、干扰新闻出版秩序、破坏新闻出版工作者形象的“四害”，为新闻出版业健康和谐发展创造良好的环境。我省要重点查处“一号多刊”的违纪行为。坚决取缔未经审批、私自印刷的报刊，切实规范出版物市场秩序。五是加大舆论宣传力度，优化社会环境。要充分利用报刊、电台、电视等媒体，采取墙报、板报、横幅、标语、展览等多种手段，发挥多方面的作用，通过多种形式的舆论宣传活动，大力宣传非法出版物活动的危害性和开展“扫黄打非”工作的重要性、必要性、紧迫性，使“扫黄打非”工作形成声势，让广大人民群众理解、拥护和参与“扫黄打非”工作，从而在全社会形成“拒绝盗版”、“远离精神垃圾”、自觉抵制腐朽文化和有害信息的良好社会氛围。

同志们，“扫黄打非”工作是党和人民赋予我们的一项重要政治任务，是一场长期、复杂的斗争，我们一定要按照省委、省政府的要求，以高度的政治责任感，真抓实干，精抓细干，确保全省“扫黄打非”工作各项任务的落实，为建设富裕文明和谐新青海做出我们应有的贡献。

2008 年 4 月 17 日

2008 年“扫黄打非”大事记

青海省“扫黄打非”办

1 月 10 日至 11 日，省“扫黄打非”办公室对省“两会”驻址、会址附近的音像图书店摊及报刊亭进行了检查，主要查缴特别是有“藏独”内容的非法出版物、淫秽色情出版物。

1 月 15 日，按照全国“扫黄打非”办公室转来西藏自治区“扫黄打非”办公室关于协查盗版举报材料的要求，专门组织人员及时对我省的有关印刷厂家和藏文图书市场进行了全面检查，对销售的该书进行了抽查，并与西藏“扫黄打非”办进行了核对，没有发现盗版出版物。

1 月 17 日，第二十一次全国“扫黄打非”电视电话会议召开，我省设立分会场，吉狄马加副省长在会上作了重要讲话，相关部门参加了会议。

从 1 月下旬起，“扫黄打非”办草拟《青海省 2008 年“扫黄打非”行动方案》，征求省领导及成员单位意见后，于 2 月 27 日上报省委要求以“两办”名义转发。

1 月 11、12 日，马文辉副主任与其他有关处室一道做客青海人民广播电台，介绍“扫黄扫黄打非”工作。

2 月 14 日，向全国“扫黄打非”办公室上报了我省春节前开展打击违禁类非法出版物及“四假”情况。

2 月中旬起，调查了我省部分藏文出版物市场，草拟在我省召开五省区藏文出版物市场联防协作会议的请示，并于2月25日，正式向全国“扫黄打非”办公室提交了召开会议请示。

2月中旬起，开始为编写《青海“扫黄打非”20年》（暂定名）一书做准备工作。

根据省委曲青山部长的有关指示，针对藏区发生的打、砸、抢、烧事件，3月25日，我办下发了《关于严查和封堵宣扬“藏独”非法出版物的通知》，要求各地区、有关部门高度重视，严查破坏民族团结、不利于社会稳定的非法出版物。

针对个别藏文书刊刊载有诋毁藏佛教神圣形象的问题，由张承伟副局长带队，省“扫黄打非”办公室组织人员对西宁地区、海东、海南部分藏区出版物市场进行了重点检查。

4月初，省“扫黄打非”办公室在省通信管理局、中国移动青海分公司、中国联通青海分公司的配合支持下，向全省180万手机用户发送了内容为“省‘扫黄打非’办提醒：严禁制作、出版、印刷、发行、传播各类分裂祖国、破坏民族团结的非法宣传品和出版物。

4月16日至18日，在西宁市小岛基地举办了“扫黄打非”办公室主任培训班，参加培训的有各州、地、市和西宁市各区县、海东地区各县的“扫黄打非”办公室主任或文化稽查人员，省“扫黄打非”领导小组各成员单位相关处室负责人。培训内容有：“扫黄打非”工作概述、“扫黄打非”信息与宣传工作、印刷业管理的若干问题、音像制品的鉴别常识、广播电视与“扫黄打非”工作、电子出版物知识、著作权相关知识等。

4月20日，在西宁市举行了“青海省2008年集中销毁侵权盗版及非法出版物活动”，销毁活动由张承伟副局长主持，省“扫黄打非”领导小组副组长、省委宣传部常务副部长王向明同志，西宁市“扫黄打非”领导小组副组长、西宁市副市长王绚在会上分别讲话，经营户代表也在会上作了发言。与会领导和参会群众在“打击盗版，支持正版，保护知识产权”条幅上签名。

4月23日至26日，在海南州共和县和贵德县举办了“扫黄打非”宣传展。

4月28日，下发《关于开展2008年“扫黄打非”第二阶段专项行动的通知》，以封堵境外违禁类非法出版物、及时删除屏蔽网络有害信息、集中治理印刷复制企业、大力查堵出版物运输渠道为重点的第二阶段专项行动展开。转发密码电报6个，编发简报15期，快报1期。

5月27日，“创新与未来——青少年版权保护主题教育活动启动仪式暨万名青少年‘支持正版，使用正版，抵制盗版’签名活动”在西宁市第一中学举行。2100余名师生参加了启动仪式，并在“支持正版，使用正版，抵制盗版”的横幅上签名。

6月4日，省委常委、宣传部长曲青山同志在中央人民广播电台2008年第96期内参《我国藏语言出版物审查制度缺失，卫星电视收视设备市场管理混乱》上作了重要批示。根据曲部长的批示精神，省“扫黄打非”领导小组办公室高度重视，及时研究部署，于6月27日下发了《关于加强藏语言音像制品内容审查和市场管理的通知》，要求全省各级“扫黄打非”办公室要组织有关部门迅速对本地区藏语言音像制品市场进行一次全面清查，重点查缴含有政治性问题的藏语言音像制品。

6月13日，省“扫黄打非”领导小组在西宁市召开了维护社会稳定，迎接北京奥运“扫黄打非”工作专题会议。传达了5月27日全国“扫黄打非”办公室主任会议精神，安排部署我省维护社会稳定，迎接北京奥运“扫黄打非”工作。

我省西宁市、海东地区、海西州等重点地区积极部署开展6、7、8三个月“扫黄打非”工作，为北京奥运会营造良好文化环境。

7月23日，省“扫黄打非”办公室与省新闻出版局联合在西宁市中心广场举办维护社会稳定、迎接北京奥运、保护知识产权、深入开展“扫黄打非”斗争大型宣传活动。吉狄马加副省长、张进京局长、李宁副秘书长、张承伟副局长参加了宣传活动。

7月28日至8月1日，张进京局长到果洛州调研“扫黄打非”及新闻出版工作。

9月27日至28日，张承伟副局长节前带队检查出版物市场。收缴淫秽色情音像制品1200张，盗版图书200册。

9月底、10月初，省“扫黄打非”领导小组办公室会同省新闻出版局出版处对青海省图书批发市场二级批发单位进行了全面检查，对重点路段的书报刊亭和学校周边的书店进行了抽查。共收缴编造、盗用刊号的《读友》、《现代军事观察》、《国际军事先驱》、《核心军事档案》、《全球军情博览》、《世界军事展望》等非法报纸6种870份，《爱刊》、《薄荷》、《美少女》、《千奇百怪》、《奇闻怪事》等非法刊物7种235册，《猛鬼故事》等恐怖类图书2种110册，《新概念英语》盗版教辅4种140册。对销售非法报刊的3家二级批发单位作出批评教育、限期整改的处理。

11月24日，省“扫黄打非”领导小组召开专题会议，传达贯彻全国“扫黄打非”办公室在西藏召开的“打击‘藏独’反动出版物及宣传品协调联动机制工作会议”精神。张承伟副局长在会上做了重要讲话。

我省玉树州、贵南县、循化县等积极开展整治出版物市场执法人员培训活动。

12月5日至9日，省“扫黄打非”领导小组专职副组长、省新闻出版局副局长张承伟带队，对西宁地区的青海大学、青海师范大学、七中、观门街小学、南山路小学等38所大中小学及平安、乐都、民和县的王家庄小学、乐都县中学、平安第一中学等20余所中小学校园周边出版物市场环境进行了检查。共查缴《鬼故事》、《吸血游戏》等恐怖类非法出版物650册，《茶余饭后》、《电晕你短信》等危害青少年身心健康的淫秽出版物340册，《蜡笔小新》、《爆笑校园》等“口袋书”1000余册。

12月10日至11日，省“扫黄打非”办公室会同省文明办、省关工委、省公安厅、省教育厅、省文化厅、省工商局、省卫生厅等部门对西宁市一中、七中、十四中、二十二中、观门街小学、晓泉小学、扬家庄小学等校园周边40余家出版物市场和综合商店环境进行了调研。听取了学校领导、教师、学生家长、学生、社区干部、街道工作人员等代表的意见和建议，分发了调查问卷。

12月12日，省“扫黄打非”领导小组专职副组长、省新闻出版局副局长张承伟同志主持召开藏语言音像出版物审读工作座谈会。会上，传达学习了西藏会议精神，具体部署了对近期收缴的345种藏语言音像制品的审查工作。省民委少数民族语文办公室主任梅才让、青海民族出版社副总编辑索南才让等10位藏语言出版物审读专家，省新闻出版局新闻出版处负责同志及省“扫黄打非”办公室工作人员参加了会议。

省委书记强卫、省长宋秀岩就加强校园周边环境综合治理作出重要批示。充分反映了省委、省政府领导对校园周边环境综合治理以及我省“扫黄打非”工作的高度重视，对加强校园周边出版物市场的监管和深入开展“扫黄打非”工作具有十分重要的指导意义。

全年共下发“扫黄打非”各类文件35份，转发全国“扫黄打非”办公室文件、密电24份，撰写各类简报、快报35期。

西　宁　市

2008年“扫黄打非”工作总结

西宁市“扫黄打非”办

2008年，在市委、市政府的领导下，在省“扫黄打非”办的工作指导下，西宁市“扫黄打非”办认真落实《西宁市2008年“扫黄打非”行动方案》，克服困难、恪尽职守，精心组织、认真工作，很好地完成了全年的各项工作任务。

一、领导重视，认真安排部署“扫黄打非”工作

市委、市政府领导高度重视，精心安排部署文化市场管理工作，及时研究下发了《西宁市2008年“扫黄打非”工作行动方案》，定期召开成员单位通报会，及时解决工作中出现的问题和困难，使“扫黄打非”工作早安排、早动手。市委常委、宣传部长、市“扫黄打非”领导小组组长杜淑品、市政府副市长、市“扫黄打非”领导小组副组长王绚在年初“两节”期间带领市“扫黄打非”领导小组部分成员，检查了西宁市文化市场及“扫黄打非”工作开展情况，并先后两次组织召开了全市“扫黄打非”及文化市场管理工作协调会议，进一步提高了迎“奥运”期间“扫黄打非”成员单位之间联动机制和协调能力。市、区县各级“扫黄打非”领导小组办公室及有关成员单位认真贯彻会议精神，精心组织安排部署了2008年本辖区“扫黄打非”行动方案。

二、重点突出，各成员单位加强全面治理

各成员单位及区县“扫黄打非”领导小组办公室认真按照国家和省、市“扫黄打非”领导小组办公室的有关通知精神，相继开展了一系列专项治理行动。

1. 1月至3月“两节”、“两会”期间，认真按照《西宁市2008年“扫黄打非”行动方案》中的工作要求，将封堵和查缴宗教类、违禁类非法出版物作为市场监管工作的重中之重，始终保持高压态势，集中整治宗教类、违禁类、淫秽色情等有害出版物，净化出版物市场环境。重点对《温家宝变阁》、《自由之路》等违禁类非法出版物以及危害青少年身心健康的有害卡通画册及淫秽“口袋本”、《鬼故事》等恐怖类图书集中进行了清理检查。全市开展了出版物市场的专项治理工作，各区县集中执法力量，加强了对重点地区、重点场所的监控，加大了对出版物批发渠道的检查力度，行动中收缴了各类违禁类非法出版物90册、鬼故事等非法书报刊660册，取缔流动售书摊点7家，检查67家经营场所、共收缴各类非法音像制品33300余张。在1月24日、西宁市公安局在“3·14”事件后，会同工商、文化、宗教等部门开展多次清缴整顿工作，共查缴各种非法宣传品37000张（枚），审查业主23人、警告7人，并集中销毁了去年以来查获的淫秽光盘10294张、淫秽光盘外包装23000张、淫秽书刊6523册。

2. 4月份开展了印刷复制企业的专项治理工作。从源头上杜绝非法出版物的流出。市“扫黄打非”办对西宁地区76家印刷企业，从生产环节到产品销售等方面进行了细致的检查，检查中没收非法印制的书刊300册，对违规印刷企业及时进行了处理。举办了2期音像、网吧管理人员、经营业主参加的普法培训班；举办了1期印刷企业管理人员法制培训班，西宁地区71家企业的管理人员和法人代表参加了学习并给四川灾区捐款3165元。城东区“扫黄打非”办针对辖区特殊情况从相关部门抽调20人组成联合检查组对辖区火车站、长途汽车站、滨河路地区以及中小学周边打字复印和出版物经营商户认真进行了登记检查，收缴了各类非法出版物800余册、收缴带有宗教色彩的图片3400张；城中区加大了小游园出版物流动摊点的治理工作。4月26日上午在省“扫黄打非”办的统一部署下，对我市清理整顿音像制品市场以来查获的约99000余盘（张）侵权盗版及非法音像制品进行了集中公开销毁。

3.“五一”及“郁金香”节期间，重点开展了网上“扫黄打非”工作和出版物市场的治理工作，市“扫黄打非”办重点对省图书批发城、音像批发店、火车站地区的图书、报刊零售摊点、印刷企业和网吧依法进行了检查。共检查各类经营场所67家，检查中收缴非法书报刊1560余册、盗版音像制品、电子软件3700盘（张）。城西区“扫黄打非”办收缴非法书刊138册、淫秽音像制品1200余盘（张）、盗版软件100余张，对辖区42家网吧重点进行了检查，对接纳未成年人的1家进行了查处。大通、湟中、湟源县在行动中共检查出版物、网吧等各类文化经营场所168家次，查缴各类非法出版物470张册，其中淫秽光盘150张，收缴非法“口袋本”120册，取缔流动摊点3家，查封出版物经营户2家。公安局查获“法轮功”反动宣传品1272册及其他物品，抓获6名“法轮功”人员，逮捕1人。

4.6月至8月，围绕北京奥运会召开组织全市开展了“迎奥运，全力开展非法出版物专项整治工作”。重点对湟中塔尔寺、大通、湟源主要街道、西宁火车站博览书市等图书零售摊点进行了检查，收缴非法出版物264册、盗版教材61册。同时加强了侵权盗版出版物的收缴工作，按照青海省版权局《关于开展打击侵权盗版电子软件和非法预装计算机软件专项行动》通知要求，对辖区计算机软件市场和图书市场集中进行了清理，城西区收缴了盗版计算机软件3100张和非法图书44册。8月底市“扫黄打非”办会同市公安局、工商局、民宗局等有关部门对我市重点地区出版物市场进行了抽查。

5.9月至10月根据市上创卫工作统一部署，重点开展了小网吧、小歌舞厅卫生环境专项整治工作。会同有关部门联合开展了6次整顿音像市场、电子游戏经营场所、网吧和文化娱乐场所“黄、赌、毒”等专项治理活动，对城中区天路书店涉嫌销售非法违禁出版物一案进行了行政处罚，有效地净化了文化市场。

在秋季开学期间到12月5日，我市各区县结合“创卫”工作相继开展了规范出版物市场、收缴盗版教辅读物、净化中小学周边出版物市场检查工作，共检查学校周边经营场所165处，查缴非法音像制品463张、查缴非法盗版书刊1641册。

截至12月初，在“扫黄打非”工作中，全市共出动执法人员6760人次，车辆1321台（次），检查各文化市场类经营单位6100余家（次）、出版物经营单位375家次，印刷企业677家次。收缴非法出版物61032册（张）、盗版出版物18413册（张）、取缔无证经营书报刊流动摊点21家；收缴各类非法音像制品、电子软件141673盘（张），其中，淫秽光盘480张，查处违法经营单位和个人98家（次），办理督办案件2件。

宁夏回族自治区

2008年“扫黄打非”工作总结

宁夏回族自治区“扫黄打非”办

2008年是大事之年，举世瞩目的第29届奥运会和残奥会在北京召开，又逢中国改革开放30周年、宁夏回族自治区成立50周年华诞，也是我区“扫黄打非”工作推进新实践、展示新形象、开创新局面的一年。一年来，在自治区党委、政府和全国“扫黄打非”办公室的正确领导下，我办紧紧围绕落实科学发展观和构建和谐社会的要求，认真贯彻落实全国和自治区第二十一次“扫黄打非”工作电视电话会议精神，按照自治区党委、政府两办转发《自治区党委宣传部、政法委、自治区“扫黄打非”工作小组办公室关于2008年“扫黄打非”行动方案》的通知部署，坚持以邓小平理论和“三个代表”重要思想为指导，全面落实科学发展观，大力保护知识产权，坚持“扫黄打非”工作只能加强，不能削弱的原则。遵照“守土有责，守土负责，守土尽责”的工作要求，坚持日常监管与专项行动相结合，坚持打防并举、标本兼治、综合治理，不断健全完善“扫黄打非”工作新体制、新机制、新理念，致力夯实基础，稳步推进，锐意创新。各项工作取得了突破性进展，为我区“扫黄打非”工作迈上新台阶揭开了新的篇章。

2008年，自治区“扫黄打非”办先后召开了两次工作小组会，七次工作联席会，先后转发、下发了《关于加强寒假、春节、“两会”期间文化市场执法检查工作的通知》等36个文件，18期简报，上全国“扫黄打非”快报1篇，简报3篇，《中国“扫黄打非”网》发布宁夏简报及信息70个；联合自治区新闻出版局等8个部门联合发文5个；组织8个专项整治行动，联合集中检查行动17次；转发各类查缴电报18个并一一落实上报。全区各有关部门共出动执法人员13215人（次），检查出版物市场5195家（次），店档、摊点6242个（次），印刷复制企业1458家（次）；取缔、关闭非法店档及游商地摊74个；共收缴各类非法出版物30万余件，其中盗版图书16.4万余册，违禁类非法出版物1811件，宗教类非法出版物及宣传品5354件，非法报纸期刊5170份，淫秽色情出版物1.1万余件，非法电子软件及音像制品11.2万余件；媒体曝光侵权盗版案件5起；查处违规印刷厂94家；网上删除、屏蔽有害信息47条；处罚违规网站27家；移送公安机关案件12起；吊销许可证9家。查办案件59起，行政处罚案件214起（其中违禁类非法出版物案件17起，淫秽色情出版物案件45起，侵权盗版案件148起，网上传播有害信息及侵权盗版案件4起）。现就宁夏2008年“扫黄打非”工作总结如下：

一、2008年“扫黄打非”工作基本情况

2月18日自治区召开了第二十一次全区“扫黄打非”工作会议，全面总结了2007年“扫黄打非”工作，安排部署了2008年的“扫黄打非”工作任务，自治区党委常委、宣传部长、自治区“扫黄打非”工作领导小组组长杨春光同志作了重要讲话。随后，自治区党委、政府办公厅转发了《自治区党委宣传部、政法委、自治区

“扫黄打非”工作小组办公室关于2008年“扫黄打非”行动方案》的通知，要求自治区“扫黄打非”工作小组办公室充分发挥组织协调作用，科学指挥，统筹兼顾，紧紧依靠广大人民群众和社会各界的支持，通过全区“扫黄打非”工作者的共同努力，坚持不懈地开展“扫黄打非”斗争。

（一）开展净化春节、“两会”期间出版物市场专项行动

1月31日，自治区“扫黄打非”工作小组办公室召开了2008年第一次“扫黄打非”各成员单位工作联席会议，会议传达了全国“扫黄打非”工作小组办公室《关于开展2008年“扫黄打非”第一阶段专项行动，净化春节、两会期间出版物市场的通知》，由自治区“扫黄打非”工作小组办公室牵头，联合公安、工商、文化、新闻出版、文化市场行政执法、城管等部门组成执法检查组，对银川地区的书报刊、计算机软件、音像制品等出版物市场进行集中检查。共检查出版物经营单位20家，收缴非法电子出版物4200张、非法音像制品6000张，非法刊物40件。这次集中检查行动确保了春节、“两会”期间的文化安全，打好了2008年“扫黄打非”开局之战。

（二）开展以打击违禁类非法出版物为重点的第一阶段专项行动

为认真贯彻落实自治区“两办”转发的《2008年“扫黄打非”行动方案》及中央和自治区领导同志关于查处非法出版物的有关重要批示、指示精神，我们在“扫黄打非”工作中不断强化政治意识，从年初开始部署了打击违禁类非法出版物专项治理行动。

在专项行动中，自治区“扫黄打非”工作小组办公室组织公安、工商、文化、新闻出版、文化市场行政执法、城管等部门全面重点清查出版物市场，严格查缴违禁类非法出版物和“法轮功”等邪教组织宣传品，坚决取缔兜售违禁类非法出版物的游商地摊，采取错时执法的方式，对其出没活跃的重点时段重点区域实施重点监控，并追根溯源，严查彻究，彻底摧毁制售非法出版物的源头和网络。各部门共出动执法人员980余人（次），取缔贩售盗版及非法出版物摊点10个，收缴非法书刊6000余件，其中违禁类非法出版物23件，淫秽出版物44件，盗版音像制品6000余张。

（三）加大“保护知识产权”宣传力度，营造良好舆论氛围

为迎接“4·26”世界知识产权日，4月20日，自治区“扫黄打非”工作小组在银川市南门广场与全国同步举行2008年全国侵权盗版及非法出版物集中销毁活动，自治区党委常委、宣传部长、自治区“扫黄打非”工作小组组长杨春光做了重要讲话。随后，杨春光部长与自治区人大副主任冯炯华，自治区政府副主席、“扫黄打非”工作小组副组长姚爱兴，自治区政协副主席安纯人共同启动了销毁仪式。自治区“扫黄打非”工作小组各成员单位的负责同志，自治区“扫黄打非”工作领导小组办公室主任、副主任及各市“扫黄打非”工作小组办公室负责人出席了活动并与所有参会人员以及近千名各界群众在写有“打击盗版 支持正版 保护知识产权”的条幅上签名，当天集中销毁了30.1万余件侵权盗版非法出版物。

通过这次销毁侵权盗版及非法出版物活动，宣传了保护知识产权的重要意义，增强了社会各界理解、支持和参与“扫黄打非”斗争的反盗版意识，同时展示了我区“扫黄打非”工作的重要成果。

（四）开展以清理整顿印刷复制环节和打击侵权盗版为重点的第二阶段专项行动

按照中央关于进一步整顿规范市场经济秩序和“扫黄打非”工作的总体部署，自治区有关部门在自治区党委、政府的领导下联合组织了多次专项治理，有力打击了制作、销售和采购盗版教材、教辅类读物和其他出版行为，取得了一定成效。

2008年5月自治区“扫黄打非”工作小组办公室接到自治区新闻出版局版权处转来的国家版权局反盗版举报中心的举报材料。举报人称，

宁夏平罗县回民中学2003年开始，高一到高三所使用的教辅材料均为盗版图书。我办立即协调自治区文化市场行政执法总队和新闻出版局成立了专案组。经查，平罗县回民中学高一到高三学生所使用的22种教辅材料其中13种为盗版出版物，9种为正式出版物。自治区文化市场行政执法总队根据《出版管理条例》和《出版物市场管理规定》的有关规定，对涉案的3名当事人给予了没收违法所得和罚款的行政处罚，“5·20”盗版教辅案成功告破、结案。与此同时，我办还有针对性地加大对印刷企业的检查力度，严厉查处印刷盗版及非法出版物的违法违规企业，查办、审结和曝光了一批非法侵权盗版的重点案件。如对固原日报社印刷厂和宁夏精捷彩色印务有限公司违规印刷《点句成金》一书，按照有关法规规定，自治区文化市场行政执法总队分别对固原日报社印刷厂和宁夏精捷彩色印务有限公司给予了没收非法出版物《点句成金》9652册和罚款的行政处罚。

（五）加大网上“扫黄打非”工作力度，重点查处网络传播有害信息及网上侵权盗版案件

今年开始，自治区加强了对网络信息的监控，密切关注网上舆情动向，做到早发现、早处置。坚决查处利用互联网、声讯台、手机短信、上网服务经营场所传播各类有害信息的行为，坚决查处网络侵权盗版案件。

1月28日，自治区“扫黄打非”办办案人员赶赴上海调查宁夏广播电视网络有限公司视频点播栏目播放日本影片《死亡笔记》一案，在全国“扫黄打非”办正确指导和上海市“扫黄打非”办的大力协助下，2月底，这一涉及宁夏、上海、北京的案件成功告破。

自治区广电局广播电视监测中心于今年2月1日至3月10日在对宁夏有视听节目网站的视听节目监测时发现，《固原网》、《银川网》等5家抢注我区域名的网站在视频中播放明令禁止的日本动画片《死亡笔记》，自治区“扫黄打非”办及时将此案通报给全国“扫黄打非”办和福建省“扫黄打非”办协助查办，并通知自治区通信管理局与福建省通信管理局联系对五家违规网站予以关闭。

3月10日，自治区新闻出版局互联网出版监控中心向自治区“扫黄打非”办举报称：检测发现“宁夏大学生网”涉嫌侵权盗版类网站。经查，“宁夏大学生网”涉及软件、游戏、动画、电影、音乐和文学等下载栏目，且均未经授权，属侵权盗版类网站。目前，该网站已被依法关闭。

4月11日自治区“扫黄打非”办根据举报线索，与自治区新闻出版局互联网出版监控中心在百度网页对xiao77进行搜索，发现该网站有大量淫秽色情内容并有淫秽色情网站链接，链接后发现有更多淫秽色情信息的2个网站，有关部门通过技术手段对该网站的淫秽色情等有害信息进行了删除和屏蔽。

（六）开展了以“迎奥运、迎残奥、迎大庆打击违禁类非法出版物和侵权盗版”为工作重点的专项行动

根据全国“扫黄打非”办《关于开展奥运前30天出版物市场集中清查行动的紧急通知》、《关于继续做好残奥会期间出版物市场清查工作的通知》和《关于加强奥运会后出版物市场监管深入开展“扫黄打非”斗争的通知》的部署和要求，组织全区各市“扫黄打非”办和有关部门从2008年7月至10月第三阶段期间开展了以“迎奥运、迎残奥、迎大庆打击违禁类非法出版物和侵权盗版”为工作重点的“扫黄打非”专项行动。

1. 开展奥运前30天出版物市场集中清查行动。7月11日，自治区“扫黄打非”办下发了《关于开展奥运前30天出版物市场集中清查行动的紧急通知》，并于当日组织召开了第五次自治区“扫黄打非”成员单位联席会，部署行动方案，明确部门职责。清查行动期间，自治区“扫黄打非”办组织各市“扫黄打非”办以及新闻出版、公安、工商、文化市场行政执法、广电、城管等有关部门对全区出版物市场开展了四次专项治理行动和13次集中清查行动。

2. 开展“庆奥运、迎大庆，文明经营我争先”行业自律活动。8月6日，由自治区新闻出版局、银川市新闻出版局、银川市文化市场行政执法支队共同组织区、市两家书报刊发行协会以及36家具有一定经营规模的出版物经营单位代表，开展了以“庆奥运、迎大庆，文明经营我争先”为主题的行业自律大会。会上宣传了有关方针政策、法律法规，协会和经营单位代表发言承诺表示保护知识产权、抵制盗版制品、开展自查自纠，不经营盗版制品和“假一罚十”。各经营单位和新闻版权、文化市场行政执法部门签订了责任书，进一步树立了经营正版光荣、经营盗版可耻的良好风尚。

3. 开展残奥会、两庆期间出版物市场清查工作。9月，全国“扫黄打非”工作小组办公室下发《继续做好残奥会期间出版物市场清查工作的通知》后，自治区党委常委、宣传部长、“扫黄打非”工作小组组长杨春光和自治区政府副主席、“扫黄打非”工作小组副组长李堂堂分别作了专门指示，要求各级“扫黄打非”部门在自治区50大庆和国庆节期间加大对出版物市场的检查力度，确保“两庆”期间出版物市场的平稳、有序。9月16日，自治区“扫黄打非”办召开紧急会议，部署了9月16日至10月7日为期20天的保稳定突击检查专项行动，针对出版物市场存在的突出问题，切实加大执法检查力度，保持高密度、高强度、高频率的高压态势，对银川、吴忠、石嘴山等重点城市，全面排查歌舞娱乐、游艺娱乐、营业性演出、网吧等文化经营场所和营业性演出活动存在的突出问题和安全隐患，确保了我区残奥会和两庆期间文化市场的安全稳定。

4. 加大对重点案件的查办力度。按照奥运前30天集中清查行动内紧外松、扎实深入、突出重点、追根溯源、务求实效的原则，自治区“扫黄打非”办协调相关部门重点清查出版物市场，加大了对违禁类非法出版物、宗教类非法出版物及宣传品的监控和查缴力度，追根溯源，严查彻究，彻底摧毁制售非法出版物的源头和网络。在“7·17”宗教类非法出版物案中，自治区“扫黄打非”办协调自治区公安厅治安总队、文化市场行政执法总队、平罗县公安局组成专案组，在平罗县一佛事用品商店查缴了2875册大肆宣扬封建迷信思想的宗教类非法出版物，自治区领导同志对此案做出专门批示；自治区“扫黄打非”办联合自治区文化市场行政执法总队、石嘴山市安全局成功破获“8·15”宗教类非法出版物案，查缴宣扬基督教类非法出版物1624册。各部门在办案过程中，采取果断措施，行动迅速，使此类非法出版物无一外露、扩散。8月20日，自治区“扫黄打非”办联合自治区新闻出版局、宗教局、文化市场行政执法总队对银川市新华书店销售的可能引发民族矛盾的74册图书进行了封存。

5. 加强信息沟通，扩大舆论宣传。8月4日，自治区“扫黄打非”办下发了《关于转发〈奥运前30天出版物市场集中清查行动考核评比细则〉的通知》，要求各市、各有关部门根据本地、本部门的实际情况认真执行每日“零报告”制度，专项行动期间自治区“扫黄打非”办共收到各市及有关部门报送“零报告”执法信息53条，自治区“扫黄打非”办向全国“扫黄打非”办报送“零报告”信息24篇。

清查行动期间，自治区党委宣传部和我办组织宁夏电视台、《宁夏日报》、宁夏新闻网、宁夏人民广播电台、《新消息报》、《法制新报》等6家新闻媒体对历次集中清查行动进行了跟踪报道，共发表各类报道8篇，为北京奥运会和自治区成立50周年大庆营造了良好的文化舆论环境。为了让广大人民群众更多的了解文化市场行政执法和“扫黄打非”的重要性，接受群众对执法工作的监督和文化市场不法经营行为的举报，经过不懈努力，“宁夏文化市场行政执法网”8月初开始试运行，目前还在运行调试阶段。

（七）进一步开展打击非法报刊专项行动

为认真贯彻落实全国“扫黄打非”工作小组办公室《关于进一步开展严厉打击非法报刊专项行动的通知》精神，切实加强报刊市场的监管措施，全面清查报刊发行市场，坚决收缴各类非法报刊，严肃查处出版、印刷、发行、传播非法报刊的行为，从9月28日开始在全区范围内开展了为期一个月的打击非法报刊专项行动。此次专项行动在自治区“扫黄打非”工作小组统一部署下，由我办牵头，组织公安、工商、新闻出版、文化市场行政执法、交通、城建等部门联合行动，每周组织一次联合清查，对报刊发行公司、批发零售店（点）、物流中心、货运站进行全方位清查行动，做到不留死角，不漏网点。严格取缔非法报刊，严厉查处非法报刊出版案件，严肃处理从事违法违规报刊经营活动的单位及责任人。

在专项行动中，自治区“扫黄办”协调组织由公安、新闻出版、文化市场行政执法组成的特别行动小组，对发行《谈兵论剑》、《亮剑风云》、《法制文荟》、《大众军事》等盗用刊名或无刊名非法报刊的银川德莫克文化交流有限公司和“特畅书店”、火车站邮政报刊亭、玫苑宾馆报刊亭等3家报刊零售摊点吊销《出版物经营许可证》。对违规发行非法报刊的“宁夏飞报报业责任有限公司”、“宁夏邮政图书报刊零售公司”等2家报刊发行单位分别给予处罚。

10月28日，自治区文化市场行政执法总队对违规承印内部资料《金波漪澜》的银川市新辉煌印刷厂、利雅得印刷厂等4家违规印刷厂和一名当事人进行了行政处罚。与此同时，我们还对兄弟省区“扫黄打非”办的工作给予积极支持协助，如10月20日接陕西省“扫黄打非”办来函，称陕西在开展打击非法报刊专项行动中发现报纸《宁夏科技报》，该报纸属阴阳报头，请我办协助查证。我办立即将该报纸送自治区新闻出版局鉴定，经鉴定，《宁夏科技报》不是我区正式出版物，为非法出版物。刊号已注销。我办已复函陕西“扫黄打非”办对该非法报刊予以封堵查缴，并追根溯源。

10月10日，以国家新闻出版总署反非法和违禁出版物司副司长毛小茂为组长的检查组一行三人来到宁夏，对我区打击非法报刊专项行动开展情况暨报刊市场状况进行为期3天的检查，并听取了自治区“扫黄打非”办工作汇报。自治区党委宣传部副部长、“扫黄打非”工作小组办公室主任张克洪带队，新闻出版、公安、工商、文化市场行政执法等成员单位的负责人组成自治区检查组对首府城市银川、重点城市石嘴山的报刊批发市场、报刊发行公司、报刊亭、音像电子卖场、物流中心等进行了检查。检查组组长毛小茂同志对我区出版物市场的治理、“扫黄打非”各阶段工作的部署、开展落实情况给予了高度评价。

（八）部门联动形成合力，严厉打击侵权盗版犯罪活动及销售非法出版物和侵犯知识产权行为

按照自治区“扫黄打非”工作的总体部署要求，2008年，全区公安、新闻出版、工商、海关、广电、城管等部门按照“各司其职，各负其责”的原则，群策群力，圆满完成了各项工作任务，为全区“扫黄打非”工作贡献了力量。

公安部门全年共出动警力1100余人（次），出动车辆370余辆（次），清查整治各种娱乐场所227家，收缴“法轮功”邪教组织宣传光盘307张、宣传单21份、宣传册16本，淫秽色情书刊55册，盗版书刊270册；新闻出版部门充分发挥出版物市场监管的主体作用，及时严格鉴定非法出版物，加大互联网监控力度，举办保护知识产权宣传周活动；工商部门开展了保护奥运知识产权和奥运广告市场的专项整治行动，加强“网吧”专项治理，对各类文化娱乐场所逐一排查，发现问题及时处理；广电部门开展了净化网络环境，清除网络淫秽色情等有害视听节目专项行动，制定了《宁夏广播电视监测中心依法监听监看网络淫秽色情有害信息专项行动工作方案》，对全区经营性网站逐一检查，对有问题网站和视听栏目进行了清查。各级城管部门将“扫黄打非”工作列入城市市容建设评估体系，纳入了城管执法日常工作，开通了城管12319服务热线，加强了奥运、大庆期间出版物市场的清查工作；海关部门发挥了国门守护神的作用，采取多项措

施，切实加强对进出境旅客的监管力度，保证境外政治性非法出版物没有流入我区。

（九）开展岗位练兵，切实加强执法队伍建设

作为监管文化市场和出版物市场的行政执法队伍如果没有坚定的政治理想信念、不掌握党的政策方针、不熟练掌握业务知识和技能是无法把“扫黄打非”工作做好、做深、做细的。为此，根据自治区“扫黄打非”办的安排，10月28日，自治区文化市场行政执法总队邀请法制办举办了为期两天的全区文化市场行政执法人员法律法规及业务培训班，11月1日开始五市支队相继举办了6期培训班。培训班结束后，总队又举办了业务技能比赛。全年，新闻出版、版权部门也相继举办了3期版权知识及执法培训班。通过培训考核，执法人员自身业务素质、创造力、工作水平明显提高，真正做到了自治区党委要求的国家工作人员“清清白白做人、堂堂正正执法、干干净净干事”。

“5·12”汶川大地震发生后，自治区“扫黄打非”办、文化市场行政执法总队及五市支队的全体党员共捐献了3.8万元的“特殊党费”，宁夏书报刊协会、网吧协会主动组织几百名经营业者向灾区进行捐款。“哀悼日”期间，全区各娱乐场所都能积极配合暂停营业，以实际行动向这次大地震中的遇难者致哀！

二、2008年“扫黄打非”主要工作措施及体会

我区高度重视“扫黄打非”工作，在全国“扫黄打非”办的领导下，我们不断深入分析研究“扫黄打非”斗争面临的形式和任务，努力把握新时期“扫黄打非”工作的特点和规律，不断探索新时期“扫黄打非”工作的新路子，制定工作措施。我们在工作中首先明确了“四个一切”即：稳定和谐压倒一切；秩序规范决定一切；法制公开保障一切；繁荣稳定衡量一切。在出版物市场的日常监管中持续保持高强度、高频率、高密度的高压态势，采取的“五项措施”是：上下联动、整体防控；部门联动、形成合力；紧盯市场、突击检查；随时受理、快速反应；强化监控、及时出击。突出“四个重点”，即：重点地区、重点部位、重点领域、重点环节。做到“六个确保”，确保打盗维权取得实效；确保出版物市场规范有序；确保青少年健康成长的环境安全；确保新闻出版发行市场的导向正确；确保文化事业和文化产业的健康发展；确保我区社会政治稳定文化安全。

通过一年的辛勤工作，在“扫黄打非”工作中，我们深深感到：

1. 领导重视是确保“扫黄打非”各项工作贯彻落实的关键。7月27日，自治区党委书记陈建国在《要情与动态》第80期就“7·17”宗教类非法出版物案作出重要批示；7月25日陈建国书记专门就《宁夏信息》第00721期中“零担货运成为境外基督教组织向我投递宣传品的新渠道”这一信息作出重要批示；1月30日，在自治区党委贯彻全国宣传思想工作会议精神常委会上提出了“打赢文化市场监管战”指导性意见。自治区党委常委、宣传部长、“扫黄打非”工作领导小组组长杨春光对打击非法报刊专项行动作出重要批示。自治区政府副主席、“扫黄打非”工作小组副组长李堂堂也对落实会议精神又作了批示，并专程对银川市文化市场进行了检查，多次对重要案件作出了批示。自治区“扫黄打非”工作小组办公室副主任、文化市场行政执法总队总队长杨津秋多次组织召开“扫黄打非”工作联席会议和专项行动会，保证了我区“扫黄打非”各项工作的顺利开展。

2. 迎难而上是“扫黄打非”工作能够取得成效的保证。在实际工作中，我们对市场中暴露出的问题不躲避、不回避，抓住问题的关键，集中治理整顿。2008年7月24日宁夏《新消息报》刊登了“非法报纸银川泛滥”一文后，引起了中央和自治区领导高度重视，并做出重要批示。针对我区报刊市场暴露出的问题，我们及时采取相应措施，加强工作针对性，对全区报刊市场进行调查摸底，突出工作重点，保持高压态势，开展了多次集中清查行动，逐一排查，有什么问

题就治理什么问题，什么问题突出就重点治理什么问题，取得了一定成效。并以此为契机，坚持把“扫黄打非”和经常性的依法管理紧密结合起来，建立报刊市场监管的长效机制。集中时间，集中精力，查找市场监管中存在的突出问题和薄弱环节。建立健全防控机制，实现监管关口前移，重心前移，正本清源，坚决防止出现反弹。

3. 加强宣传，保障信息畅通是“扫黄打非”工作的重要环节。信息交流是“扫黄打非”工作中不可或缺的一个重要环节，也是上级领导和部门了解、指导我们工作的重要形式和渠道。为此，自治区“扫黄打非”办2008年专门下发了《关于报送“扫黄打非”工作信息和通讯联络电话的通知》，要求各市“扫黄打非”办和各成员单位报送信息员名单，并对信息报送工作做出了明确的要求，对沟通地方情况、指导工作发挥了重要作用。遇有重大行动及时召开工作联席会议，确保信息通畅。执行全国“扫黄打非”办交办事项从不过夜，保持了高效、精干、特别能战斗的工作作风。同时加强与新闻媒体的沟通和联系，加大“扫黄打非”工作的宣传力度，起到了鼓舞士气，震慑不法分子，得到了社会各界对“扫黄打非”工作的理解与支持的作用。

三、对“扫黄打非”工作深层次问题的思考和探索

构建“扫黄打非”工作长效机制是“扫黄打非”工作的重要环节，是开展打击各类非法出版物和非法出版活动重要保障，2008年，自治区“扫黄打非”办结合我区出版物市场的实际状况，逐步转变过去年年都制订工作方案，但大多是“头痛医头，脚痛医脚”，哪里出事打哪里，以打专项战役为主的流于形式、效率不高的工作模式，逐步在以“预防为主”、探索和建立出版物市场监管的长效机制上下工夫，不断探索，健全完善了出版物市场的长效监管机制。

一是强化责任机制。我们把“扫黄打非”工作纳入社会治安综合治理评定的范畴，实行“一票否决”制度。把任务细化分解到各市、县（区）及相关部门，层层落实领导责任制、部门责任制、区域责任制、目标责任制、行政执法责任制和案件查办责任制，做到各负其责、不留空档，使各个环节上都有人管，出了问题有人负责，坚决防止有分工不负责、有任务不明晰、有责任不到位的问题出现。

二是强化部门协作机制。实行部门协作，内外联动，条块结合，不断加强部门间的协作，在形成工作合力上下功夫，做到公开检查和秘密行动双管齐下，工作中做到信息共享，逐步实现行政执法的信息化。

三是加强属地管理机制。始终坚持“属地管理”和“谁主管、谁负责”的原则，把守土有责、守土负责、守土尽责落实到管理上，落实到行动上，落实到执法上，落实到建立长效机制上。

四是健全案件查办机制。充分运用刑事和行政处罚手段，依法加大对走私、制售非法出版物的打击力度，深入查办案件，注意发现有价值的线索，投入必要的技术手段和力量，对非法出版物追根溯源，严查彻究。

五是加强日常监管机制。加强对出版物市场的日常监管，特别是加强对出版物出版、运销、仓储的日常监管，严厉打击非法出版物经营活动、严肃处理非法出版物经营行为。重点时段加强对重点部位出版物市场的巡查，责任分解下移，利用更多的社会资源，最大限度地压缩非法经营活动的生存空间。

六是建立防控机制。我们将市场防控机制作为一种长效工作机制落实到日常工作中，进一步增强大局观念和责任意识，加强监管工作的薄弱环节，做好事先防控工作，打造快速反应、整体防控的工作格局，实现监管关口前移，重心前移，正本清源。

七是健全舆论宣传机制。完善正面宣传和舆论引导工作机制，广泛利用报刊、广播、电视等形式大力宣传非法出版发行活动和色情文化娱乐活动的社会危害性和开展“扫黄打非”斗争的重要性、必要性和紧迫性。加强行业自律、自查自纠等相关方面的报道，积极开展法制宣传，形成广大群众理解、支持、参与“扫黄打非”的工作机制。

八是建立执法监督机制。建立健全行政执法监督体系，构筑执法人员舆论、法律、纪律监督网络，多层次、全方位地强化执法人员监督机制。积极开展岗位练兵，加强执法人员业务素质，建设一支思想过硬、素质优良、业务精湛，能够切实推进文化产业全面协调和可持续发展的执法队伍。

四、存在的主要问题和今后的工作打算

（一）存在的主要问题

经过前一阶段一系列的“扫黄打非”专项整治行动，严厉打击了出版物市场存在的各类违法犯罪活动，有效遏制了违规经营行为，我区音像制品、出版物市场经营秩序进一步得到规范，市场面貌有了较大改观，“扫黄打非”工作取得了阶段性的成效，但是在肯定成绩的同时，也必须清醒的看到，我区“扫黄打非”工作还存在着一些亟待解决的问题。

一是对正规图书、音像制品经营单位销售非法出版物等违规经营行为还需进一步规范。二是工作中还有盲点，如网上“扫黄打非”，网络侵权盗版等相关案件的查处工作还需加强。三是对运输、仓储出版物这一环节的日常监管还需加强。四是对贩售非法出版物的游商治理难度较大。五是“扫黄打非”工作开展还不平衡，一些地方对此项工作重视程度还不够，“扫黄打非”的机构、人员、经费、编制均未落实到位，影响了工作的开展。

（二）今后的工作打算

今后一段时间，我们将按照全国“扫黄打非”办和自治区的总体部署，确立“有为”才能“有位”的思想，结合自身的实际，每年都要有工作亮点，抓住关键问题、关键环节、集中突破，干出几件拿得出手、经得起检验的工作来。

1. 确保“扫黄打非”“三条底线”的基本目标，加强文化市场安全生产工作，建立健全文化市场经营单位安全生产责任制度，按照“谁主管、谁负责”的原则，严格落实目标责任制，确保各项工作措施到位、任务到岗、责任到人。

2. 坚持不懈地抓好大要案的查办和督办工作，抓紧审结案件，深入推进案件办理进程。

3. 坚决落实自治区党委书记陈建国同志的重要批示精神，针对我区的地域特征，加大对利用零担货运方式运输违禁类非法出版物和宗教类非法出版物及宣传品的封堵和查缴工作。

4. 深入开展打击非法报刊专项行动，坚决查处和取缔假冒国内合法报刊、伪造报名刊号、使用广告印刷品出报出刊，伪冒军事报刊等非法出版报刊活动，把打击“四假”专项行动不间断的开展下去巩固工作成果，坚决防止反弹。

5. 重点做好打击各类侵权盗版活动、清理取缔贩售非法出版物的游商地摊和无证照经营行为、加大网上“扫黄打非”工作力度等“扫黄打非”经常性工作。

6. 加强高速公路服务区的出版物经营管理工作，开展集中清查行动，推动建立出版物统一配送和连锁经营体系。

7. 加大对中小学教材教辅读物及教学音像制品市场的日常监管工作。

我们力争做到所有专项治理和集中行动都有部署、有措施、有成效，行动结束后有总结、有经验，各项工作紧密衔接，不留空当，保持高压态势和连续整治的力度，开拓创新，真抓实干，努力开创我区“扫黄打非”工作的新局面。

领导讲话

在第二十一次全区“扫黄打非”工作会议上的讲话

宁夏回族自治区文化市场行政执法总队总队长
杨津秋

第二十一次全区“扫黄打非”工作会议是在全面贯彻落实党的十七大和自治区第十次党代会精神，奋力开创宁夏跨越式发展和全面推动社会主义文化大发展、大繁荣的新形势下召开的一次重要会议。刚才自治区综治办利爱国副主任讲话中也强调了“扫黄打非”工作在社会综合治理中的重要地位，我完全赞成，希望大家要认真学习领会。两天前，春光常委、德良常委召开了自治区“扫黄打非”工作小组2008年的第一次全体会议，两位常委全面了解了我区2007年“扫黄打非”工作情况，同时都对今年的“扫黄打非”工作提出了更高的要求。我们一定要全面、完整、准确的理解、领会春光常委和德良常委的讲话精神，在自治区党委、政府领导下，全力维护文化市场安全，捍卫党的意识形态，营造良好的社会文化氛围，全面开展网上“扫黄打非”和加大对违禁类非法出版物的查处力度，把“扫黄打非”和迎大庆保障行动密切的结合起来，以坚决、果断、迅速、有力的防范措施和高压态势，打胜当前全区净化文化市场和网络文化环境这一仗。

自1987年以来，自治区党委、政府高度重视“扫黄打非”工作，已经连续20多年对“扫黄打非”每年的工作都进行了部署。全区各地各部门也始终能按照自治区的统一部署和要求，积极开展了许多富有成效的工作，使我区的“扫黄打非”工作有声势、专项治理工作有力度。不仅收缴了一大批非法出版物，查处了一批违法违规企业，摧毁了一批地下发行、销售网络，严惩了一批违法犯罪分子，有效的打击和遏制了各类非法出版活动，也很好地维护了我区文化市场始终保持繁荣健康有序的态势，为自治区党委和政府工作大局做出了积极的贡献。在此我代表自治区“扫黄打非”工作小组办公室向多年来战斗在“扫黄打非”一线的同志们表示崇高的敬意和衷心的感谢。

坚持不懈的抓好“扫黄打非”工作是加强社会主义法制建设，维护社会主义市场经济秩序和谐的时代需要；是顺应人民群众强烈愿望，保护青少年身心健康的民心需要；是保护知识产权，维护国家良好形象的政府需要。面对当前国际国内的复杂形势，我们要保持清醒的头脑，增强忧患意识，深刻认识新形势下“扫黄打非”工作的极端重要性和现实紧迫性，增强责任感、使命感，坚定不移地将“扫黄打非”工作深入、持久地开展下去。下面我讲几点意见：

一、以高度的政治责任感，落实全区“扫黄打非”工作任务

2008年是全面贯彻落实党的十七大和自治区第十次党代会精神的第一年；是纪念改革开放30周年、北京举办奥运会和自治区成立50周年的大庆年，也是新换届的各级人大、政府新班子工作开局之年；这一年大事多、好事多，但问题也多，要特别注意这些重要时间段的市场监管，各地、各有关部门要以高度的政治责任感，发挥主动性，掌握主动权，打好主动仗，加大市场的日常监管，确保文化市场总体态势健康向上、平稳有序，为自治区成立50周年大庆创造良好的文化环境。

二、准确把握总体要求，健全“扫黄打非”工作机构和联防机制

目前，“扫黄打非”的任务主要是两个方面：

一方面是封堵和查缴违禁类非法出版物、扫除淫秽色情等文化垃圾、打击侵权盗版出版物、查处和取缔非法报刊、查处网上有害信息和侵权盗版行为五项重点任务，另一方面，“扫黄打非”工作必须立足大局，围绕党和国家以及自治区的重大活动和事件开展集中行动和专项治理，营造良好的舆论思想环境。

抓好“扫黄打非”工作必须保证各级党委、政府的统一领导，特别是要及时调整和充实“扫黄打非”工作机构，防止因人事变动给当地“扫黄打非”工作造成被动局面。全区各级“扫黄打非”工作小组及办公室、各成员单位要进一步加强协调，加强区市之间、市与县之间以及部门之间的联防协作机制，切实做到齐抓共管，对重点时段的重点案件一定要做到能及时发现，严查彻究，办成铁案。

三、各司其职，各尽其责，牢牢抓住“扫黄打非”的工作重点

五市及各成员单位要把2008年“扫黄打非”工作作为贯彻党的十七大和自治区第十次党代会精神的具体工作来抓，有针对性的开展工作，要注意抓好以下几个重点工作：

（一）坚决查缴违禁类非法出版物，维护社会政治稳定

打击违禁类非法出版活动始终是“扫黄打非”工作的首要任务，要继续保持高压态势，特别是要紧紧围绕“两会”、奥运会、纪念改革开放30周年和自治区成立50周年大庆等重大活动和政治敏感期开展有针对性的集中治理以及专项行动，坚决封堵和查缴各类违禁类非法出版物以及邪教组织的宣传品，严防境外出版的违禁类出版物以各种非法手段流入自治区境内，严防区内出现非法出版物的印刷、发行活动和利用互联网传播有害信息，做到严密监控、严密防范。

（二）保护知识产权，集中力量打击各种侵权、盗版活动

随着北京“奥运会”的临近，国际舆论将会持续的聚焦中国，“保护知识产权，维护国家形象”仍然是一个关注的热点问题，为进一步树立我国政府保护知识产权的良好形象，促进自主创新和提升国家核心竞争力。在“4·26”世界知识产权日前后，自治区“扫黄打非”工作小组将组织各地开展集中的销毁盗版制品的活动，在“奥运会”和自治区成立50周年大庆前后，各地要重点清查书报刊、音像制品、计算机软件等市场，坚决清除兜售非法出版物的游商、小贩，营造良好的舆论氛围和社会环境。

（三）全面开展网上“扫黄打非”工作，要集中精力打好净化网络文化之仗

继续深入开展打击网络淫秽色情活动。经过去年以来的治理，网络文化环境得到了明显的净化，但网络淫秽色情活动尚未得到根本的遏制，利用网络传播淫秽色情等有害信息的现象还严重存在。2008年要把网上的“扫黄打非”作为全年的经常性工作开展起来，特别是近期公安、新闻出版、电信、文化和文化执法部门要组织开展网络扫黄的专项行动，坚决遏制网络色情泛滥的趋势。

（四）严肃查处各类非法报刊，维护文化市场的良好秩序

非法报刊近年来有愈演愈烈之势，往往以合法的形式在报刊亭等场所公开出现，传播政治谣言和低俗色情等文化垃圾欺骗性强，社会各界和广大群众反映强烈。必须加大整治力度，前一段我们开展专项行动，取得了明显的成效。要继续扩大战果，坚决取缔各种形式的非法报刊以及利用广告印刷品形式非法出版的报刊。

四、顾全大局，完善综合治理新机制，开创我区“扫黄打非”工作的新局面

“扫黄打非”工作是一项要求高、责任大的艰巨任务。今年，按照属地管理和“谁主管、谁负责”的原则，全区“扫黄打非”工作以开展“迎大庆保障行动”为主线，以迎接和保障“两会”、“奥运”和我区“50周年大庆”等活动的安全贯穿始终，针对不同时间、不同内容开展有重点的专项治理保障行动，整体上分三个阶段来开展。

1月下旬至3月底是第一阶段，开展以打击违禁类非法出版物为重点的专项行动，在全国“两会”召开前后重点打击走私团伙，规范出版物进出口公司经营行为，全面清查出版物市场，坚决查缴违禁类非法出版物等邪教组织宣传品，坚决取缔兜售非法出版物的游商、地摊，特别要加强查堵煽动民族分裂的非法出版物。

4月中旬至6月中旬为第二阶段，开展以整治印刷复制和运输环节为重点的专项行动。全面检查图书、音像、计算机软件制品及电脑、电子市场，重点追查盗版制品的生产源头，深挖非法印刷窝点和光盘生产线，严厉查处参与盗版、盗印、非法刻录活动的企业，印刷复制企业集中的区域是专项整治的重点。

7月中旬至10月中旬是第三阶段，开展以清理出版物市场为重点的专项行动。围绕自治区成立50周年大庆和北京“奥运会”两件大事，反复清查书报刊、音像、计算机软件经营场所，重点检查城市中心街区和重要景点景区、车站、宾馆饭店等重点部位，严格清理销售非法出版物的游商、地摊和无证照经营者。严禁境外出版物在定点以外的场所销售。

各地各部门要按照自治区两办转发的《2008年“扫黄打非”行动方案》精神，增强政治意识和大局意识，切实做到：一要加强组织领导。五市及各成员单位的主要负责同志要亲自过问，分管领导要靠前指挥，对由工作失误造成严重后果的一定要追究其责任。二要加强协调配合。五市及各成员单位要密切配合、协同作战机制要进一步完善，提高执法效果。三要加强日常监管。进一步完善准入和退出机制，拓宽社会监管渠道；同时要增强“扫黄打非”的针对性，注意研究新情况、新问题，掌握非法出版活动的特点，依法有效的打击违法犯罪活动。四要加强综合治理。要以群众性的精神文明创建活动、平安建设等为载体，把“扫黄打非”工作与正在开展的城市网络化管理试点、新农村建设工作、社会综合治理结合起来，坚持把“扫黄打非”工作的成效作为评选文明城市、文明社区、文明单位和衡量社会综合治理成效的重要指标。综合运用社会宣传专题培训、学校教育的形式，提高社会公众保护知识产权，参与“扫黄打非”的积极性。推动行业协会发挥自律和服务作用，加大对“扫黄打非”工作的宣传报道力度，宣传各级党委、政府采取的有效措施，反映社会各界和干部群众的广泛支持，推广各类文化企业自觉守法经营的先进典型，同时加强舆论监督，及时曝光不法经营的行为，揭露各种形式的非法出版活动。

同志们，“扫黄打非”工作是一项功在当代、利在千秋的崇高事业，让我们在胡锦涛同志为总书记的党中央领导下，在自治区党委、政府和全国“扫黄打非”办公室的统一指挥下，坚决维护文化市场安全，捍卫党的意识形态，营造良好的社会文化氛围，让我们始终保持昂扬向上的精神状态，继续发扬特别能吃苦、特别能战斗、特别能奉献的良好作风，进一步加大对违禁类非法出版物查处力度，全面开展网上“扫黄打非”和大庆保障行动，果断、迅速、有力、坚决地打胜当前正在开展的净化文化市场和网络文化环境这一仗，以出色的业绩为党和人民做出新的贡献。

2008年2月18日

在第二十一次全区“扫黄打非”工作会议上的发言

宁夏回族自治区党委政法委综合治理办公室委员会专职副主任
利爱国

在今天召开的全区第二十一次“扫黄打非”工作会议上，总结了2007年“扫黄打非”工作，部署了2008年的工作任务，并表彰了2007年度“扫黄打非”工作先进集体和先进个人。对今天受到表彰奖励的先进集体和个人表示热烈的祝贺。下面，我就贯彻落实这次会议精神，充分发挥好政法综治部门在深入开展“扫黄打非”中的职能作用讲几点意见。

一、统一思想，提高认识，切实增强做好“扫黄打非”工作的责任感和紧迫感

2007年，在自治区党委、政府的正确领导下，全区各级政法、综治部门认真贯彻落实中央办公厅、国务院办公厅转发的《2007年“扫黄打非”行动方案》和中央、自治区领导同志的一系列重要指示、批示精神，配合宣传、新闻出版、文化、工商等有关部门，积极开展了查堵违禁类非法出版物、扫除淫秽色情等文化垃圾、打击侵权盗版行为、整治非法报刊和网上“扫黄打非”等重点工作，各级政法、综治部门，认真履行职责，坚持“打防结合、预防为主，专群结合、依靠群众”的工作方针，结合政法、综治工作和平安建设，努力将“扫黄打非”工作向基层延伸，同时将“扫黄打非”工作纳入社会治安综合治理年度考核，促进了工作措施的落实，为构建社会主义和谐社会，维护我区的政治稳定、社会安定和文化安全，为党的十七大和自治区第十次党代会的胜利召开营造了良好的舆论文化环境。

2008年是全面贯彻落实党的十七大作出战略部署的重要一年，也是北京奥运会、自治区50周年大庆的举办之年，维护好文化市场秩序、净化文化环境对促进全社会的和谐稳定意义重大，责任也重大。

各级政法、综治部门要从维护党和国家长治久安的战略高度，充分认识“扫黄打非”工作的重要性。要按照全国“扫黄打非”工作电视电话会议精神和这次电视电话会议的要求，进一步提高对“扫黄打非”斗争重要性、长期性的认识，进一步增强政治意识、大局意识、责任意识和忧患意识，切实将认识和行动统一到中央和自治区的决策部署上来。把“扫黄打非”工作作为维护社会稳定和社会治安综合治理的一项重要任务，认真履行职责，积极参与“扫黄打非”集中行动和专项治理，进一步加大惩治力度，确保“扫黄打非”工作的各项措施落到实处。

二、综合治理，群防群治，切实构建起齐抓共管的工作格局

“扫黄打非”工作涉及的部门多，覆盖面广，难度大。需要各部门密切配合，齐抓共管。各级政法综治部门要认真落实“扫黄打非”工作责任，明确目标任务，加强组织领导，确保“扫黄打非”工作层层有人抓、有人管。各级综治办要积极与当地“扫黄打非”工作领导小组及其办公室协作配合，协调、指导综治成员单位共同做好“扫黄打非”工作。重点要抓好“五个结合”：

一是要坚持将“扫黄打非”工作与当前正在深入开展的综合治理和平安建设工作紧密结合。党的十七大从夺取全面建设小康社会新胜利的高度，对加强社会治安综合治理，深入开展平安建设提出了新的更高的要求。各级综治组织要紧密结合当前开展的综合治理和平安建设工作，深入开展“扫黄打非”工作，努力在提高层次、完善机制、取得实效上下功夫。要进一步发挥基层党政组织、综治组织的作用，充分调动其参与“扫黄打非”工作的积极性，将“扫黄打非”的任务和责任层层得到落实。

二是要坚持将“扫黄打非”工作与对治安混乱地区和突出治安问题的排查整治紧密结合起来。对出版、贩卖非法出版物和兜售淫秽色情书刊、光盘等不法活动进行坚决清理，对问题严重的地方，要协调有关部门切实采取有效措施，实施综合治理，做到发现一处、清理一处、巩固一处。要充分发挥群防群治网络和治安信息员的作用，将“扫黄打非”工作的触角延伸到街道社区、乡镇村庄，延伸到“死角”、“盲点”，形成严密的防范网络。

三是要坚持将“扫黄打非”工作与正在实施的“为了明天—预防青少年违法犯罪工程”紧密结合起来。要坚持常抓不懈，坚决扫除危害青少年身心健康的有害信息和出版物。要切实加强对青少年的法制宣传教育，增强广大青少年自觉抵制和远离淫秽色情等有害出版物、色情网络游戏侵蚀的能力。

四是要坚持将“扫黄打非”工作与进一步加强对流动人口的管理服务紧密结合起来。要结合贯彻落实中央办公厅、国务院办公厅转发的《中央社会治安综合治理委员会关于进一步加强流动人口服务和管理工作的意见》文件精神，进一步细化“扫黄打非”工作措施，落实工作责任。通过加强治安管理，深挖非法出版活动制作、储运场所。同时，加大查处力度，对典型案例进行曝光，教育群众，震慑犯罪。要积极畅通举报渠道，调动群众参与“扫黄打非”工作的积极性，努力形成人人参与、全社会支持“扫黄打非”工作的良好局面。

五是要坚持将“扫黄打非”工作与对社会治安综合治理工作的考核紧密结合起来。要坚持“属地管理”和“谁主管、谁负责”的原则，努力在齐抓共管上下工夫，在落实责任上下工夫，在构建长效工作机制上下工夫。要认真落实社会治安综合治理领导责任制和责任查究制度，对在“扫黄打非”工作中领导不力、工作失职、问题突出的地区、单位和个人，该“一票否决”的要坚决“一票否决”。

同志们，“扫黄打非”工作任务繁重，责任重大。我们要坚持以中国特色社会主义理论为指导，深入贯彻落实科学发展观，按照构建社会主义和谐社会的总体要求，扎实工作，奋力开拓，把2008年全区“扫黄打非”工作方案确定的目标任务完成好、落实好，为北京奥运会的成功举办和自治区50周年大庆营造良好的文化环境和社会治安环境。

2008年2月18日

2008年“扫黄打非”大事记

宁夏回族自治区“扫黄打非”办

1月17日，全国“扫黄打非”工作小组召开了第二十一次全国“扫黄打非”工作电视电话会议，宁夏设立了分会场，各市“扫黄打非”工作小组办公室，自治区“扫黄打非”工作小组各成员单位、自治区各有关单位参加了宁夏分会场会议。

1月28日，自治区“扫黄打非”办办案人员赶赴上海调查宁夏广播电视网络有限公司视频点播栏目播放日本影片《死亡笔记》一案，在全国“扫黄打非”办正确指导和上海市“扫黄打非”办的大力协助下，2月底，这一涉及宁夏、上海、北京的案件成功告破。

1月29日，自治区党委常委、宣传部长杨春光同志，专程来到自治区文化市场行政执法总队（自治区“扫黄打非”工作小组办公室）慰问工作在一线的执法人员。

1月31日，自治区“扫黄打非”工作小组办公室于召开了2008年“扫黄打非”各成员单位的第一次工作联席会议，传达了全国“扫黄打非”工作小组办公室《关于开展2008年“扫黄打非”第一阶段专项行动净化春节、“两会”期间出版物市场的通知》精神；通报了《全国“扫黄打非”工作小组关于表彰2007年全国“扫黄打非”工作先进集体、先进个人和办案有功集体、有功个人的决定》；安排部署了春节前后（1月至3月期间）对区内重点城市银川、石嘴山、吴忠的书报刊、计算机软件、音像制品等出版物市场进行一次集中检查行动。

2月15日，自治区党委杨春光、苏德良两位常委主持召开了2008年自治区“扫黄打非”工作小组各成员单位及五市“扫黄打非”工作负责人会议，并分别作了重要讲话。

2月18日，在全区思想道德建设工作动员大会上，自治区党委书记陈建国、自治区主席王正伟、自治区党委、人大、政府、政协等领导出席会议并为2007年度“扫黄打非”工作中成绩突出的银川市工商行政管理局公平交易局等12个先进单位、郭正祥等25名先进个人颁发了奖牌和证书。自治区各市（县）“扫黄打非”工作小组办公室负责人、自治区“扫黄打非”工作小组各成员单位负责人、自治区文化市场行政执法总队100余人参加了会议。

3月10日，自治区新闻出版局互联网出版监控中心向自治区“扫黄打非”办举报称：检测发现“宁夏大学生网”涉嫌侵权盗版类网站。经查，“宁夏大学生网”涉及软件、游戏、动画、电影、音乐和文学等下载栏目，且均未经授权，属侵权盗版类网站，目前，该网站已被依法关闭。

4月11日，自治区“扫黄打非”办根据举报线索，与自治区新闻出版局互联网出版监控中心在百度网页对xiao77进行搜索，发现该网站有大量淫秽色情内容并有淫秽色情网站链接，链接后发现有更多淫秽色情信息的2个网站，有关部门通过技术手段对该网站的淫秽色情等有害信息进行了删除和屏蔽。

4月11日，自治区人大副主任冯炯华带领自治区人大教科文卫委一行7人对银川地区的文化市场及自治区文化市场行政执法工作进行了调研。

4月14日，自治区“扫黄打非”工作小组办公室召开各成员单位第二次联席会议。安排部署“4·20”全国统一销毁活动。

为迎接“4·26”世界知识产权日，自治区“扫黄打非”工作领导小组于4月20日在银川市南门广场与全国同步举行集中销毁侵权盗版及非法出版物活动。

5月14日，宁夏“扫黄打非”工作小组办公室接到宁夏新闻出版局版权处转来的国家版权局反盗版举报中心的举报材料，举报人称：宁夏平罗县回民中学自2003年开始，高一到高三所使用的教辅材料均为盗版图书。

5月20日，宁夏“扫黄打非”工作小组办公室立即协调宁夏文化市场行政执法总队成立专案组并与宁夏新闻出版局取得联系，当日赶赴宁夏平罗县回民中学对此案进行调查，调查中发现，宁夏平罗县回民中学学生使用的教辅材料有重大盗版嫌疑，专案组对高一到高三学生所使用的22种教辅材料进行了抽样取证并送交宁夏新闻出版局对22种抽样取证的教辅材料进行鉴定，鉴定结果为：13种为盗版出版物，9种为正式出版物。专案组经过对脱某、郝某、白某询问调查，3人均对给宁夏平罗县回中提供13种盗版教辅材料的违法事实供认不讳。

8月6日，由自治区新闻出版局、银川市新闻出版局、银川市文化市场行政执法支队共同组织区、市两家书报刊发行协会以及36家具有一定经营规模的出版物经营单位代表，开展了以“庆奥运、迎大庆，文明经营我争先”为主题的行业自律大会。会上宣传了有关方针政策、法律法规，协会和经营单位代表发言承诺表示保护知识产权、抵制盗版制品、开展自查自纠，不经营盗版制品和“假一罚十”。各经营单位和新闻版权、文化市场行政执法部门签订了责任书，进一步树立了经营正版光荣、经营盗版可耻的良好风尚。

8月20日，自治区“扫黄打非”办联合自

治区新闻出版局、宗教局、文化市场行政执法总队对银川市新华书店销售的可能引发民族矛盾的《图释世界史》一书74册进行了封存。

8月22日，奥运会期间，为进一步巩固我区出版物市场治理成果，确保我区出版物市场健康、稳定、有序发展，对近期我区出版物市场出现的新情况、新问题，做好应对和监管措施，自治区“扫黄打非”工作小组办公室召开了自治区“扫黄打非”工作小组办公室第六次联席会议。

9月16日，自治区“扫黄打非”办召开紧急会议，部署了9月16日至10月7日为期20天的保稳定突击检查专项行动，针对出版物市场存在的突出问题，切实加大执法检查力度，保持高密度、高强度、高频率的高压态势，对银川、吴忠、石嘴山等重点城市全面排查歌舞娱乐、游艺娱乐、营业性演出、网吧等文化经营场所和营业性演出活动存在的突出问题和安全隐患，确保了我区残奥会和两庆期间文化市场的安全稳定。

9月28日，根据全国“扫黄打非”工作小组办公室重要文件精神，为进一步做好我区出版物市场监管工作，巩固我区出版物市场治理成果，确保我区出版物市场健康、稳定、有序发展，对今后一段时期开展严厉打击非法出版物专项行动做好安排部署，自治区“扫黄打非”工作小组办公室召开了自治区“扫黄打非”工作小组办公室第七次联席会议。

10月10日至11日，根据全国“扫黄打非”办、国家新闻出版总署《关于对打击非法报刊专项行动进行检查的通知》要求，由国家新闻出版总署毛小茂副司长带领的中央打击非法报刊专项检查组与由自治区党委宣传部张克洪副部长带领的有新闻出版、公安、工商、文化执法等部门组成联合检查组，对我区首府银川和重点城市石嘴山市的报刊市场进行了检查。

检查组通过对我区出版物市场实地查看，他们一致认为：宁夏出版物市场是健康、平稳、有序的，态势良好；“扫黄打非”工作开展是认真、细致、全面的，工作到位。

10月11日，自治区“扫黄打非”工作小组办公室召集会议，会上，中央检查组组长毛小茂副司长传达了中央领导同志有关打击非法报刊的重要批示精神；听取了自治区“扫黄打非”工作小组办公室今年以来“扫黄打非”工作情况汇报。新闻出版、公安、工商、文化执法等14个单位负责人参加了会议。

10月28日，自治区文化市场行政执法总队对违规承印内部资料《金波漪澜》的银川市新辉煌印刷厂、利雅得印刷厂等4家违规印刷厂和一名当事人进行了行政处罚。

10月20日，接陕西省“扫黄打非”办来函，称陕西在开展打击非法报刊专项行动中发现国内《宁夏科技报》（天下武备），该报纸属阴阳报头，请自治区“扫黄打非”办协助查证。自治区“扫黄打非”办立即将该报纸送自治区新闻出版局鉴定，经鉴定，《宁夏科技报》（天下武备）不是我区正式出版物，为非法出版物。刊号已注销。自治区“扫黄打非”办已复函陕西“扫黄打非”办对该非法报刊予以封堵查缴，并追根溯源。

12月25日，根据全国“扫黄打非”工作小组办公室《关于开展2008年全国“扫黄打非”考核暨评奖工作的通知》和自治区社会治安综合治理委员会办公室有关“扫黄打非”工作考评精神，自治区“扫黄打非”工作小组办公室决定开展2008年度“扫黄打非”工作考核评比，并随文下了发《自治区“扫黄打非”工作考核评比实施细则》、《2008年市、县（区）“扫黄打非”工作考核评比表》和《2008年自治区“扫黄打非”工作小组各成员单位“扫黄打非”工作考核评比表》。

银 川 市

2008年“扫黄打非”工作总结

银川市“扫黄打非”办

2008年，银川市各族人民共同见证了举世瞩目的北京“奥运会”和自治区成立50周年的历史辉煌。在这个不平凡的年度里，银川市各级文化、新闻出版、广播电视等主管部门在市委、市政府的领导下认真贯彻落实党的十七大精神，以邓小平理论、“三个代表”重要思想和科学发展观为指导统领全市文化市场管理及“扫黄打非”专项整治工作，坚持“一手抓繁荣，一手抓管理”方针，依法行政、加强管理，立足实际、创新工作，强化服务、注重效能，积极开展“扫黄打非”专项整治和文化市场行政监督执法工作，为全市经济社会发展和“三个文明”建设以及构建和谐社会创造了良好的文化市场环境。

一、调整机构，加强领导

2008年年初，根据全市文化市场管理工作发展实际、按照国家及自治区“扫黄打非”办公室要求，银川市人民政府及时调整了文化市场管理工作领导小组和“扫黄打非”工作领导小组，充实了各个层面的成员单位及分管领导、强化了工作职责、明确了工作任务、制定了文化市场管理和“扫黄打非”工作领导小组的主要职责与工作制度，专门确定了全市2008年“扫黄打非”工作的主要任务和目标。

二、加强监管、扎实工作

（一）认真受理群众来信来访和举报，积极开展督办工作

2008年，银川市文化市场管理工作领导小组办公室积极协调市文化市场行政执法支队加强对12318文化市场举报热线的管理工作，提升举报服务质量，建立举报反馈机制。全年共接到各类群众举报电话和政府督办案件307起，立案279起，移交公安司法部门11起，办结260件。对受理的各类举报电话，办公室工作人员详细记录、认真办理，努力做到了事事有回复、件件有落实，办结率达到100%。

（二）加强法律法规宣传教育

为规范文化市场经营业主的依法经营行为，银川市文化市场管理工作领导小组办公室协调相关部门共举办各类法规培训班12次，增强了经营业主守法经营和行业自律行为。此外，参与了全区集中销毁侵权盗版及非法出版物活动，组织200名经营业主参加了“扫黄打非”专项整治现场会，将收缴的非法及淫秽色情音像制品14万余盘（张），非法出版物8万余册（本）现场进行了销毁。

三、加强执法，净化环境

1. 认真开展网吧专项整治工作。2008年，银川市重点打击网吧违规接纳未成年人行为，多次协调公安、工商、新闻媒体等单位对全市网吧进行集中统一检查，并不定期开展“节假日专项检查行动”、“学生放学期间专项行动”、“周末专项行动”等。集中检查行动共计20次。在整治工作中，各成员单位严格按照自治区文化市场行政执法总队《关于建立违法违规网吧“一次性死亡”和“黑名单”警示制度的实施办法》等专项规定，对一次接纳未成年人的网吧列入“黑

名单”，对连续两次接纳未成年人的加挂“违规经营 重点监管”警示牌，对累计三次接纳未成年人、一次接纳8名以上（含8名）未成年人的，采取“一次性死亡”，由总队依法提请自治区文化厅吊销《网络文化经营许可证》。

2. 认真整治校园周边文化市场秩序。今年5月，为确保全市各中小学校良好的教学工作秩序，有效维护校园周边文化市场环境，确保北京“奥运会”和自治区成立50周年大庆活动期间社会秩序稳定，根据自治区综治委《关于在全区集中开展学校周边社会治安环境“三排查三整治”专项行动的通知》要求，银川市认真开展了校园周边文化市场秩序专项整治工作，并取得了阶段性成果。一是坚决取缔校园周边书刊、音像摊点，坚决铲除校园周边存在的“黄赌毒”现象；二是加强对邻近校园500米地带图书、音像出租、零售行业的管理，重点清理、查处了带有色情、灵异、暴力、凶杀、恐怖、封建迷信和法轮功等内容的非法图书及音像制品，严厉打击经营者向未成年人提供对健康成长有害的出版物品的不法经营行为；三是将校园周围的文化场所列人重点巡查范围，进行重点监督、重点管理，并要求经营者要从培养一代新人的大局出发，对一些虽属正规范畴，但不适宜未成年人观看的图书和音像制品要坚决下架，否则限期搬离异地经营。这些举措，确保了银川市“三排查三整治”专项行动的有序开展和政治效果，有力维护了全市各中小学校的教学工作秩序和校园周边文化市场环境，确保了北京“奥运会”和自治区50大庆期间社会秩序的稳定。

3. 严厉查处盗版教材、教辅。受经济利益的诱惑和驱使，银川市个别中小学校仍存在购买和使用盗版教辅读物的行为。这种行为，扰乱了市场秩序、影响了教学质量、误导了教师和学生、助长了不正之风。同时，也暴露出个别学校领导从思想上对盗版教辅危害性认识不够，从而助长了个别教师的错误行为。银川市将打击盗版教辅读物作为“扫黄打非”专项整治工作的重点，始终保持“严查严打”态势。年内，共开展打击盗版教材、教辅专项行动12次，将保护知识产权和保障未成年人合法权益工作落到实处。

4. 坚决清理整顿和取缔非法经营的歌舞娱乐场所。银川市努力加强对经营性歌舞娱乐场所的规范管理，严把文化市场“准入关”，严厉打击歌舞娱乐场所非法接纳未成年人及“涉色涉黄”经营行为，为未成年人的健康成长及成年人的健康消费创造良好的文化环境。年内，联合支队、公安、环保、卫生、工商等部门对银川市辖区内歌舞娱乐场所、酒吧进行了10次全面检查，依法提请有关部门取缔了7家存在严重违法经营现象的酒吧。

5. 加强对电子游戏室的监管力度。对电子游戏室的整治一直是“扫黄打非”专项整治工作的重要内容，银川市有力打击利用电子游戏室上网服务营业场所经营含有色情、赌博、暴力、恐怖、愚昧迷信等不良内容的电脑游戏和非网络游戏。在整治工作中，各主要成员单位坚持日常巡查和重点监管相结合、严厉查处电子游戏室法定节假日外违规接待未成年人、特别是中小学生进入电子游戏室行为。通过整治，有效遏制了全市电子游戏室违规接待未成年人行为、规范了电子游戏室的经营秩序。

四、依法行政，注重实效

在今年的“扫黄打非”专项行动中，银川市支队共出动检查人员2000余人（次），检查网吧300余家、歌舞娱乐场所145家、酒吧86家、台球室21家、书报刊摊点28家，立案18件，结案10件，联合取缔酒吧7家。受理各类行政案件152件，立案调查138件，办结101件。

1. 严厉打击无证经营业主，保证市场正常秩序。从元月份开始，银川市文化市场管理工作领导小组办公室协调文化市场行政执法单位对全市歌舞娱乐场所进行清理整顿，重点对无证经营的歌舞娱乐场所进行清理检查，共检查歌舞娱乐场所24家、查处私自安装KTV包房酒吧100余家；5月份，联合公安、工商、文化行政执法等部门对湖滨东街银河家园居民楼下开设酒吧进行了检查，查处存在违规开设 KTV 包房酒吧 8 家，并根据相关规定暂扣了 18 家经营单位的音响设备、路游服务器等设备，责令其限期整改，杜绝违规经营行为。

2. 查处游戏厅在法定节假日外接纳未成年人现象。今年 3 月，银川市文化市场管理工作领导小组办公室协调文化市场行政执法单位及银川市公安局兴庆区分局开展了为期 10 天的游戏娱乐场所专项整治行动，重点查处利用游戏机进行赌博、非节假日接待未成年人进入等违法违规现象，共检查游戏厅 48 家，查处违法违规游戏厅 10 家，立案处罚 1 家，现场销毁赌博性游戏机 60 余台。此举有效地规范了游戏厅的经营秩序，为青少年健康娱乐环境的营造及游戏厅环境的净化起到了积极的推动作用。

3. 打击、封堵违禁类非法出版物。根据全国及自治区“扫黄打非”电视电话会议精神和国家、自治区“扫黄打非”办公室统一部署，按照自治区《2008 年“扫黄打非”行动方案》，银川市有效开展了违禁类非法出版物专项检查行动，有力打击、封堵了一批违禁类非法出版物。

4. 严厉打击盗版音像制品和淫秽色情出版物。坚持“打反复、反复打”的原则，按照专项行动与日常检查相结合的方针，银川市年内以城乡结合部及游商摊点为重点，不断加大日常检查力度，使全市文化市场管理、特别是“扫黄打非”专项整治不留死角。今年 4 月，文化市场行政执法单位对银川鼓楼电脑软件市场进行了全面整治，收缴高压缩比 DVD 光盘 2000 余盘，有力打击了侵权盗版音像制品和淫秽色情出版物等违法经营行为。与此同时，大力开展游商、地摊专项检查行动，共查处游商摊点 13 家，收缴各类非法书刊 6000 余本、压缩 DVD 2600 余套、VCD 200 余张。

5. 全年共协调各成员单位开展“扫黄打非”等各类专项检查 300 余次，共出动执法人员 6700 余人次，检查各类场所 7680 余家（次），暂扣计算机硬盘、CPU、路游器、游戏机板、电脑主机及调音台、电脑点歌器等 974 台（块），收缴各类盗版书刊 10 万余册，收缴各类非法报纸 1210 份，收缴各类非法音像制品 1.7485 万盘（张），查处违法地面接收单位 120 家，没收卫星天线 626 架、高频头 52 只、数字接收机 32 台、暂扣电视遥控天线 110 架，微波专用电源 1200 只，电缆 14600 米，多路微波 280 架、卫星地面接收设施 167 架、停业整顿 46 家，吊销行政许可 5 家，收缴罚款 95.37 万元。这些举措，有力打击了文化市场违法违规现象、确保了银川市文化市场健康有序发展。

6. 开展卫星电视广播地面接收设施专项检查行动。今年 3 月，根据总队转发的《关于转发〈关于依法严厉打击涉卫星电视广播地面接收设施违法犯罪活动的通知〉的通知》，银川支队联合市文化广播电视局开展了春季打击涉卫星电视广播地面接收设施违法犯罪专项检查行动，重点检查了银川小吃街地面卫星接收设施销售点、市区各大涉外宾馆、招待所安装使用卫星地面接收设施单位经营等场所，共检查 135 家，暂扣卫星接收天线 29 架、数字接收机 52 台、高频头 2 只，限令整改 4 家，限令自行拆除卫星地面接收设施 80 余家。3 月 27 日，支队联合贺兰县公安局、工商局、法院、检察院、文广局，对贺兰县辖区内销售、安装、使用卫星电视广播地面接收设施经营户进行了全面检查，共拆除、暂扣卫星电视地面接收天线 20 个、接收机 35 台。49 架，高频头 2 只，数字接收机 87 台。

新疆维吾尔自治区

2008 年“扫黄打非”工作总结

新疆维吾尔自治区“扫黄打非”办

2008 年，自治区“扫黄打非”工作在自治区党委、人民政府的高度重视下、在全国“扫黄打非”办公室的具体指导下，以科学发展观统领“扫黄打非”各项工作，认真做好调查研究，及时准确的掌握非法出版活动的态势，提高“扫黄打非”工作的针对性和前瞻性。针对自治区出版物市场存在的问题，集中时间、集中力量、有重点、有目的地对图书、音像、印刷、运输市场环节进行了集中整顿。在防止境内外违禁非法出版物流入自治区、封堵互联网有害信息、打击淫秽色情等有害出版物、查处取缔非法报刊制售活动、清查出版物市场、查堵非法出版物运输渠道以及查办大案要案等方面做了大量的工作。据统计，2008 年全疆共出动执法人员 3.6 万人（次）；出动车辆 7800 辆（次）；检查出版物市场 3832 个（次），检查店档摊点 8306 个（次），检查印刷复制企业 2470 家；收缴非法出版物总数 87.7 万册，其中违禁非法出版物 3.1 万册，“法轮功”邪教组织宣传品 151 册，淫秽色情出版物 4666 册，盗版图书 11.7 万余册，盗版音像制品 64.7 万余张，盗版软件及电子出版物 1.9 万余张，盗版教材教辅 7642 册，非法报纸期刊 4.88 万余份，走私光盘 30 张；取缔关闭店档摊点 47 个，取缔关闭印刷复制企业 10 家。“扫黄打非”工作的开展，有效打击了非法出版物经营活动，使自治区出版物市场经营秩序有了进一步好转。现将 2008 年工作总结如下：

一、领导重视，周密部署

按照中央两办转发的《2008 年全国“扫黄打非”行动方案》和 2008 年全国第二十一次“扫黄打非”电视电话会议的总体部署和要求，自治区“扫黄打非”工作领导小组办公室，立即筹备召开了 2008 年自治区“扫黄打非”工作电视电话会议，自治区党委常委、宣传部长李屹作了重要讲话，分析了自治区的形势，对做好 2008 年自治区的“扫黄打非”工作进行了安排部署。铁力瓦尔迪·阿不都热西提副主席就做好 2008 年“扫黄打非”工作提出了具体要求。根据自治区领导的安排和部署，自治区“扫黄打非”办公室结合自治区的实际，制定了《2008 年新疆维吾尔自治区“扫黄打非”行动方案》，及时下发到各地州市县、各成员单位。各地“扫黄打非”办公室积极行动，进一步“扫黄打非”工作领导小组组长承担第一责任人的责任，加强“扫黄打非”工作指导、组织、协调、督察的职能，使全年的各项措施落到实处，为自治区社会稳定和文化安全提供了基础保障。

二、明确责任，加强工作的调研和督查，确保“扫黄打非”工作各项任务的落实

为明确“扫黄打非”工作责任，自治区“扫黄打非”工作领导小组根据全国“扫黄打非”工作小组的要求，对自治区“扫黄打非”工作领导小组领导及成员单位进行了调整充实，并要求各地按照自治区的安排，对本地“扫黄打非”领导机构进行调整充实，确保全年工作任务

的落实。特别是全国“扫黄打非”办公室主任会议之后，自治区“扫黄打非”办要求各地在奥运会期间成立由各地州市主要负责人任组长的奥运会前30天出版物市场专项治理领导小组，统一负责本地区集中行动的组织协调和督查，结合本地实际对行动方案、工作任务、落实措施进行督察。加强行动期间的阶段性考核，对于行动开展不力，市场秩序混乱，恶性事件频发的地区予以通报批评。为使奥运会前30天集中行动抓出成效，自治区“扫黄打非”办公室印发了《关于各地州市在奥运会期间文化市场集中整治行动方案》和督导检查的安排意见。自治区新闻出版局还制定下发了《关于明确自治区新闻出版局有关部门在北京奥运会期间“扫黄打非”工作任务的通知》，细化分解了自治区新闻出版局有关处室和各地州市新闻出版局在北京奥运会期间“扫黄打非”各项任务，明确了相关的责任处室，并要求各地各有关处室要尽职尽责，严格执法，做到有法必依，执法必严，违法必究，全力做好北京奥运会期间的“扫黄打非”工作。

自治区“扫黄打非”工作领导小组办公室几年来一直将调查研究作为“扫黄打非”的一项重要工作来抓，通过开展一系列的调查研究，牢牢掌握“扫黄打非”工作的主动权，以逐步实现出版物市场的长效管理，取得良好的效果。首先落实工作目标责任制，规定“扫黄打非”办公室每年都要组织开展一至二次全区范围内的“扫黄打非”调研活动，并提交2篇有价值的调研报告，为领导决策提供服务。其次是落实时间保障制，要求新闻出版局“扫黄打非”办公室的工作人员每年必须保证两个月下基层的调研时间。第三是每年必须解决一个在基层调研过程中的实际困难。具体调研做法采取走出去、请进来的做法，实行“三访”制。一是走访，即不定期地走访各成员单位和各地州、县市“扫黄打非”办公室，从正面了解“扫黄打非”工作的动态；二是暗访，即对区内的出版物市场进行不打招呼的暗访，侧面了解出版物市场的真实情况；三是明访，即采取开座谈会，执法检查等方式，对经营出版物的业主进行访问，以求发现非法出版物的新动向。由于我们走访及时、面广，统计准确，写出的调研报告质量高，具有较强的参考价值，掌握了大量的第一手材料，提出了不少合理化建议，受到了自治区党委、政府的肯定和好评。2008年自治区“扫黄打非”办公室先后组织了3次调研，通过调研并采取监管措施，使自治区出版物市场秩序健康繁荣发展。

三、始终将打击违禁类非法出版物作为首要任务，保持高压态势，做到露头就打，确保文化安全

为进一步加强自治区的政治稳定与社会安定，严厉打击违禁类非法出版物和非法出版活动，有效遏制违禁类非法宣传品的传播和扩散。自治区“扫黄打非”办公室先后下发《关于开展2008年“扫黄打非”第一阶段专项行动净化春节、“两会”期间出版物市场的通知》、《关于自治区“两会”和“春节”前在全区开展以打击违禁类非法出版物为重点的集中治理行动的通知》等文件，明确了打击的重点地区、重点内容。

2008年1月15日至17日、2月1日至3日，全区统一集中开展了以打击违禁类非法出版物为重点的集中治理行动。各地、各部门对本辖区内的图书、音像出版物市场、报刊亭、居民区、宗教活动场所周围、乡镇农村集贸市场、学校周边和游商地摊等出版物经营场所进行集中清查。在这次专项治理行动中，全区共查缴非法出版物8.75万册，其中盗版出版物总数8.72万册，违禁非法出版物41册，“法轮功”邪教组织宣传品41册，淫秽色情出版物262册。

1月18日，为巩固和提高自治区打击违禁非法出版物专项治理工作成果，进一步净化自治区出版物市场，加强和自治区“扫黄打非”各成员单位的协作，自治区“扫黄打非”办公室邀请自治区党委宣传部、文化厅、公安厅、建设厅、交通厅、通讯管理局、乌鲁木齐市等10家“扫黄打非”成员单位举行座谈会。座谈会上通报了全区2007年“扫黄打非”工作情况、存在的问题及原因，听取了各成员单位2008年全区“扫黄打非”工作的意见和建议。

四、围绕部署和要求，全力打好确保奥运会前后出版物市场安全的攻坚战

全区各地州“扫黄打非”工作小组认真落实国家和自治区关于开展奥运前30天清查行动的统一部署，相继召开了宣传动员大会。召集出版物市场经营户开展了“我为奥运做贡献，文明经营我争先”活动，宣传相关政策，要求各经营单位认真开展自查自纠，鼓励经营户自觉上交侵权盗版和非法出版物。据不完全统计：全区各地州市奥运前举办经营户培训班达23期，培训人员达2000余人。一些地区还借此活动，在经营户中广泛开展了“文明诚信经营户流动红旗”评比活动。各地还充分利用新闻媒体，号召全社会积极参与，保护知识产权，打击非法出版物和非法出版活动，为奥运会的顺利举办提供良好的文化氛围。

自治区“扫黄打非”办公室对全疆开展奥运会前30天的出版物市场集中清查行动作了周密部署。要求各地、各部门将这次集中清查行动作为2008年“扫黄打非”第二阶段工作的重点，把清查“疆独”“三股势力”的宗教类非法宣传品作为清查行动的重中之重，确保北京奥运会期间自治区出版物市场的安全。

7月17日至19日，由自治区“扫黄打非”办公室组织，自治区新闻出版局、文化厅、公安厅、工商局、民委（宗教局）、乌鲁木齐市“扫黄打非”工作领导小组有关成员单位组成联合执法检查组，对首府乌鲁木齐市出版物市场进行了高密度的拉网式大检查，拉开了出版物市场集中清查的序幕。3天共检查各类出版物市场、摊点及网吧230家次，收缴各类非法音像出版物3万余张（盘）；取缔无照经营进口非法音像制品店两家，收缴刻录机一台。7月30日至31日，新闻出版、公安、邮政等有关成员单位组成联合执法检查组，对首府乌鲁木齐市的报刊亭进行大检查。收缴非法报刊3452册（份），盗版光盘667张。

五、加大联合执法检查力度，掌握“扫黄打非”的主动权

（一）堵住源头，规范自治区印刷复制市场秩序

为了贯彻落实《2008年“扫黄打非”行动方案》以及全国“扫黄打非”工作小组办公室《关于开展2008年“扫黄打非”第二阶段专项行动的通知》要求，自治区“扫黄打非”工作领导小组办公室决定开展以整治印刷、复制业等源头企业为重点的专项行动，进一步规范印刷市场秩序，加强对印刷企业的监管力度，从源头上切断非法出版物生产场所，积极营造良好的出版物印刷环境。于2008年4月28日至29日，由自治区新闻出版局牵头，自治区文化厅、公安厅、工商行政管理局、乌鲁木齐市“扫黄打非”工作领导小组办公室组成的联合检查，对乌鲁木齐市区部分印刷企业的印刷经营情况进行检查。

（二）齐抓共管，规范自治区交通运输环节出版物市场秩序

进一步加大对铁路、公路、水路、航空、邮政等运输环节的检查力度，有效切断非法出版物的流通渠道。自治区“扫黄打非”办组织自治区交通厅、自治区公安厅、自治区工商行政管理局、乌鲁木齐铁路局、乌鲁木齐民航管理局、乌鲁木齐市新闻出版局、民航等成员单位，从5月21日到23日用3天时间对乌鲁木齐市的车站候车室、候机厅、重点货场、托运部、物流中心、车站周围的游商、地摊及长途班车内使用的光碟音像制品进行了专项检查。查扣非法出版物4870册（张），其中：违禁类非法出版物110册、非法期刊134册、非法口袋本46册、非法画册20册、盗版图书3234册、盗版音像及电子出版物1326张，查扣电脑1台、打印机1台、扫描仪1台、液晶电视1台，并查封无证照非法个体印刷厂1家。

（三）突出重点、全面清查报刊市场

自10月1日起，自治区启动了打击非法报刊专项行动，此次行动主要对报刊市场进行集中检查清理，依法查缴非法报刊。2008年11月10

日，自治区“扫黄打非”办组织公安、工商、邮政报刊等部门召开打击非法报刊专项治理工作协调会，进一步研究制定专项治理方案，根据各部门“扫黄打非”工作任务，按职责分工和联合工作机制对自治区开展这次打击非法报刊专项治理进行安排部署。10月14日至16日，10月23日至30日，在全区范围内又开展了两次打击非法报刊专项治理统一行动。经过近一个月的清理检查，各地、各职能部门紧密配合、共同努力，书报刊亭面貌有了明显改观。

自治区邮政局要求各报刊亭严把进货渠道关，严格按照邮发报刊目录所列品种进行进货，对各地州市局自行组织进货的特发报刊等出版物，要验明该出版物是否有持有新闻出版管理部门颁发的“报纸、期刊”出版许可证后方可经营。强化对邮政报刊亭配送管理制度和检查制度，并将自治区新闻出版局编印的非法报刊目录复印发放到每个经营户手中，要求他们针对非法目录自查自纠，对隐瞒不报以及经营业主私自进货等行为进行严肃处理。同时专门向各地州市邮政局发传真电报通知各地州市邮政局针对立即采取行动，并主动向当地文化管理部门索取目录，大范围、深层次认真组织一次清查行动。确保了自治区零售报刊亭市场的平稳。

自治区交通、铁路等部门加大对全市各货运物流站，铁路货台的检查力度，对出版物发货、承运手续等进行了严格检查，有效防止了利用伪造证件、伪报品名、伪装托运等手段从事违法运输，有效切断非法出版物及盗版制品的流通渠道。

据统计，在一个月的专项整治期间，全区共计出动检查人员3120人次，检查各类报刊市场及摊点900余个次，印刷复制企业345家次，查缴各类非法报刊36000余份，行政处罚出版物经营单位36家，印刷复制单位12家，取缔无证照出版物经营摊点9家。

2008年，虽然自治区“扫黄打非”工作取得了显著成果。但同时也必须清醒地看到工作中存在的问题。一是出版物运输环节监管难度大，运输托运点多，托运货物流通渠道多，造成监督管理工作不到位，出版物托运货物管理不力，没有形成有效打击利用交通运输渠道贩运非法出版物联合工作机制。二是印刷、复制企业市场监管力度有待进一步加强，部分印刷企业，尤其是一些打字复印、刻录店在没有任何承印、复制手续的情况下，就私自印刷、复制、刻录。三是“扫黄打非”跨省联防协作机制尚待尽快建立健全。

领导讲话

在自治区2008年“扫黄打非”和出版工作电视电话会议上的讲话

新疆维吾尔自治区党委常委、宣传部长、“扫黄打非”工作领导小组组长

李　屹

今天我们在这里召开自治区2008年“扫黄打非”工作电视电话会议，主要任务是总结自治区2007年“扫黄打非”工作，表彰2007年度自治区“扫黄打非”工作先进集体、先进个人和办案有功集体和有功个人，部署2008年“扫黄打非”工作任务。刚才，祝谦同志宣读了自治区2008年“扫黄打非”工作要点，刘长明同志、沈鑫塘同志就如何做好2008年“扫黄打非”工作发了言，和田地区代表自治区“扫黄打非”先进集体、先进个人、有功集体、有功个人做了发

言，几位同志讲得很好，我完全赞同。

2007年是自治区“扫黄打非”工作取得显著成绩的一年。全区各地州市、各有关部门，按照全国“扫黄打非”工作小组办公室和自治区党委、人民政府的统一要求，紧紧抓住党和政府关注、人民群众关心、社会反映强烈的问题，把打击违禁非法出版物、宣传品作为全年工作的重中之重，大力度地开展专项治理和集中整治行动，打掉了一批传播非法宗教宣传品、制售各类非法出版物的黑窝点，取缔了一批违法经营商户和不法摊点，查办了一批大案要案，打击侵权盗版和网络非法活动，清除各种污染社会环境和损害青少年身心健康的淫秽色情文化垃圾，净化了未成年人的成长环境，巩固和发展了文化、出版物市场平稳有序发展的总体态势，为党的十七大胜利召开和自治区改革发展稳定营造了良好的文化舆论氛围，做出了应有的贡献。在此，我代表自治区党委、自治区人民政府向受到表彰奖励的“扫黄打非”工作先进集体和先进个人、有功集体和有功个人表示热烈的祝贺！向战斗在全区“扫黄打非”工作战线的同志们表示衷心的感谢，并致以诚挚的问候。

2008年，是全面贯彻落实党的十七大做出的重大战略部署的第一年，是改革开放30周年，是北京奥运会举办年，是落实国务院32号文件的起步年，是庆祝新中国成立60周年的筹备年。按照全国宣传思想工作会议精神和第二十一次全国“扫黄打非”工作电视电话会议精神，结合新疆实际，自治区2008年“扫黄打非”工作总的要求是：高举中国特色社会主义伟大旗帜，以邓小平理论和“三个代表”重要思想为指导，全面贯彻党的十七大精神，深入落实科学发展观，以打击违禁非法出版物为重点，加强日常监管，开展专项行动，打击侵权盗版行为，开展网上“扫黄打非”斗争，查处非法报刊制售活动，扫除淫秽色情等文化垃圾，全力维护国家安定、社会稳定和文化安全，为自治区改革、发展、稳定营造良好的文化舆论环境。

下面，我强调几点意见：

一、提高认识，进一步增强做好“扫黄打非”工作的责任感和使命感

“扫黄打非”是关系意识形态安全的战略问题。首先是战场其次才是市场，首先是斗争其次才是竞争，首先是政治其次才是文化。坚持不懈地开展“扫黄打非”工作，营造良好的社会文化环境，是建设先进文化、巩固马克思主义在意识形态领域指导地位的迫切需要，是建设社会主义核心价值体系、培育文明社会风尚的迫切需要，是加强社会主义法制建设、维护社会主义市场经济秩序的迫切需要。当前，世界范围内各种文化交流日趋频繁，维护我国意识形态安全和文化安全的任务十分紧迫。出版物市场监管、“扫黄打非”工作面临的形势依然严峻。各级党委、政府和有关部门一定要从贯彻落实党的十七大精神的高度，从建设社会主义先进文化、构建社会主义和谐社会的高度，从巩固和加强党的执政地位、维护国家文化安全、确保国家长治久安的高度，充分认识“扫黄打非”工作的重要性和紧迫性，切实把思想统一到中央和自治区的决策部署上来，进一步增强做好“扫黄打非”工作的责任感和使命感。

二、突出重点，进一步增强“扫黄打非”工作的针对性和实效性

按照中央部署，结合自治区实际，2008年“扫黄打非”工作要突出抓好重点工作、重点地区、重点部位、重点环节，以务实的工作推动工作的落实。

（一）继续加大对违禁非法出版物的打击力度

打击违禁非法出版物始终是自治区“扫黄打非”工作的重中之重。要始终保持严打高压态势，坚决封堵和查缴传播政治谣言、制造思想混乱、误导群众情绪、破坏社会稳定、危害国家统一、煽动民族分裂，严防境外违禁出版物流入境内，严防境内非法印制、刻录、销售违禁非法出版物，严防利用互联网传播有害信息。要做到严密监控、立体防范、露头就打，加大打击频次，深挖彻究，打源头、打窝点、打团伙。

（二）严厉打击各种侵权盗版行为

要认真总结“反盗版百日行动”的成功经验，进一步加强对书报刊、音像和计算机软件制品集中经营场所及批发、零售、出租、放映单位和印刷、复制、刻录等企业的日常监管，继续深挖非法生产、包装、仓储窝点，持续清理销售盗版及非法出版物的游商地摊和无证照经营者，强力推进机关、事业单位和重点企业使用软件正版化工作。

（三）大力加强网上“扫黄打非”

目前，利用网络传播各类有害信息、从事淫秽色情活动、提供非法软件下载、销售非法出版物的活动呈泛滥之势，必须引起我们的高度重视。必须把净化网络文化环境、规范网络文化经营秩序作为“扫黄打非”的一项本职工作和重要内容，加强网络信息监控，强化网络公共服务终端管理，密切关注网上舆情动向，做到早发现、早处置。对境外网站刊登的有害信息要及时封堵；对境内网站刊登、链接的有害信息要责令删除，督促其完善技术过滤措施。对利用信息网络传播各类有害信息、提供非法软件下载服务、销售非法出版物的行为，要坚决打击。要认真落实加强网络文化建设和管理的有关规定，积极探索网上“扫黄打非”的有效途径，建立长效机制，进一步规范网络经营秩序，净化网络文化环境。

三、加强领导，进一步落实“扫黄打非”工作责任制

“扫黄打非”工作任务重、责任大。各地、各部门要把这项工作纳入总体工作部署，明确任务，综合研究，职责分工，抓好落实，确保取得实实在在的成效。

一要强化责任意识。自治区2008年“扫黄打非”行动方案已经自治区党委、政府批准下发，各地州市党委、政府要落实“属地管理”和“谁主管、谁负责”的原则，将“扫黄打非”工作列入重要议事日程，及时研究解决“扫黄打非”工作中遇到的新情况、新问题。各级“扫黄打非”工作小组组长作为第一责任人，要切实履行职责。要坚持“扫黄打非”工作只能加强不能削弱的原则，要将“扫黄打非”工作与精神文明创建活动，社会治安综合治理、整顿和规范市场经济秩序有机结合起来，作为评选文明城市、文明单位和检验平安建设、社会治安综合治理成果的重要指标，统一部署，统一落实，统一考评。

二要形成监管合力。“扫黄打非”工作是一项长期而艰巨的任务，不可能一蹴而就，要把出版活动监管作为市场监管的前置性工作，切实做到关口前移，把好源头，各负其责，主动防范。各地州市“扫黄打非”工作领导小组办公室要强化部署、协调、指导、督办的职能，各“扫黄打非”成员单位要按照“谁主管、谁负责”的原则，实施好各自应牵头负责的工作任务，自治区“扫黄”办要协调新闻出版、文化、工商、城管、公安、海关、交通等部门力量，对文化市场进行全天候、全覆盖的执法检查，既要切实加强日常监管，又要坚持不懈地开展集中专项治理，对繁华街道、车站、景点、音像及图书市场等重点部位、重点地段要加强日常监管和治理。特别要加强部门之间的协调配合，及时沟通，协同作战，形成合力。

三要完善工作机制。针对近几年自治区“扫黄打非”工作中出现的新情况、新问题，各地州市、各成员单位要从出版、印刷、复制源头到发行销售终端，研究制定加强行业管理的具体措施。公安、工商、文化、新闻出版、交通、通讯、海关等成员单位要建立健全企业、事业法人违法违规信息档案，要建立违法违规“黑名单”。对被吊销经营许可证或营业执照的企业及其法人代表，要在有关政府网站和新闻媒体上公告曝光，并在一定的期限内不准其从事相关业务。建立健全守法经营承诺制度，有关行政主管部门可据此追究违规违约的经营单位及其主办单位的责任。要加大大案要案查办力度，以大案要案为突破口，不放过任何有价值的线索，追源头，挖窝点，案件线索指向哪里，案件就查办到哪里。要按照全国“扫黄打非”案件备案督办制度的要求，进一步完善案件督办和案件通报制度。

四要加强队伍建设。做好“扫黄打非”工作，关键靠人、靠队伍。这些年，自治区“扫黄打非”队伍在实践中得到了锻炼、经受了考验，表现出了很强的战斗力。但与新形势、新任务相比，还有诸多不适应，必须把充实队伍、提高执法人员的素质作为保证“扫黄打非”工作质量、效率的关键。要加强“扫黄打非”队伍的思想、组织和作风建设，加强对执法人员的法律法规和业务知识的培训，努力造就一支政治强、业务精、纪律严、作风硬的执法队伍。要关心和爱护战斗在“扫黄打非”一线的同志，切实帮助他们解决实际困难和问题。要保障“扫黄打非”执法用车和工作经费，根据中央两办文件要求，“扫黄打非”专项工作经费要纳入同级财政预算，实行专款专用和“收支两条线”，根据当地经济发展水平和工作需要，要逐年增加对“扫黄打非”工作的经费投入。

同志们，“扫黄打非”事关全党全国工作大局，事关国家文化安全，事关社会政治稳定，任务繁重，使命光荣。我们要认真贯彻党的十七大精神和第二十一次全国“扫黄打非”电视电话会议精神，进一步增强政治意识、大局意识、阵地意识、责任意识和忧患意识，切实把思想和行动统一到中央和自治区党委的决策部署上来，坚持不懈地开展“扫黄打非”斗争，为迎接奥运盛会，为构建和谐新疆、全面建设小康社会做出新的更大的贡献！

2008 年 3 月 17 日

在第二十一次全国“扫黄打非”工作电视电话会议新疆分会场上的讲话

新疆维吾尔自治区党委常委、宣传部长、“扫黄打非”工作领导小组组长

李　屹

刚才召开的第二十一次全国“扫黄打非”电视电话会议，是一次十分重要的会议。会议总结了全国2007年“扫黄打非”工作，部署了2008年“扫黄打非”工作任务。中共中央政治局委员、书记处书记、中宣部长、全国“扫黄打非”工作小组组长刘云山同志作了重要讲话。会议表彰了2007年度全国“扫黄打非”工作先进集体、先进个人和办案有功集体、有功个人。自治区的出版物市场稽查队、乌鲁木齐市新闻出版局和吐鲁洪、李源同志榜上有名。在此，我代表自治区党委、自治区人民政府向受到表彰的先进集体和先进个人、有功集体和有功个人表示热烈祝贺！向为自治区“扫黄打非”工作付出心血和汗水的同志们表示衷心的感谢！

2007年，自治区“扫黄打非”工作，按照全国“扫黄打非”工作小组办公室和自治区党委的统一部署，加强工作部署，加大工作力度，召开了全区“扫黄打非”工作会议，以打击违禁非法出版物为重点，大力度地开展专项治理和集中行动，打击侵权盗版和网络非法活动，查处重大案件，保持日常监管高压态势，取得了明显成绩，为党的十七大胜利召开营造了良好的文化舆论氛围。全年共出动执法人员5.9万余人（次）、车辆1.2万辆（次），检查出版物市场6435个（次），检查店档摊点1.7万个（次），收缴非法出版物182万余册，其中违禁类非法出版物709册，宗教类非法出版物及反动宣传品3.1万余册，淫秽色情出版物6657册，盗版图书37万余册，盗版音像制品51万余张，盗版软件及电子出版物9701张，盗版教材教辅4091册，非法报刊3.6万余份，非法盗版盗印挂历84.5万余册，走私光盘1223张；处罚店档摊点915个，取缔关闭店档摊点94个，取缔关闭印刷、复制、打字、复印、刻录企业（店）35家，取缔关闭非法网站3个，移交公安机关查处的案件81起。

2008年，是我们全面贯彻落实党的十七大作

出的重大战略部署的第一年，是实施“十一五”规划承上启下的一年，是改革开放30周年，也是我们深入贯彻落实科学发展观、深入贯彻国务院32号文件、积极推进新疆经济社会各项事业又好又快发展的重要一年。“扫黄打非”任务繁重，责任重大。按照第二十一次全国“扫黄打非”工作电视电话会议精神，结合新疆实际，我们提出工作总的要求是：高举中国特色社会主义伟大旗帜，以邓小平理论和“三个代表”重要思想为指导，全国贯彻党的十七大精神，深入落实科学发展观，以打击违禁非法出版物为重点，加强日常监管，开展专项行动，打击侵权盗版行为，开展网上“扫黄打非”斗争、查处非法报刊制售活动、扫除淫秽色情等文化垃圾，全力维护国家安定、社会稳定和文化安全，为自治区改革发展稳定营造良好的文化舆论环境。

下面，我就贯彻全国“扫黄打非”电视电话会议精神，做好2008年自治区“扫黄打非”工作再强调几点意见。

一、突出重点，整体推进

新疆打击违禁非法出版物始终是自治区“扫黄打非”工作的重中之重。在自治区一些重点地区违禁非法宣传品时隐时现，屡打屡现，不曾绝迹，成了一大顽症。封堵和查缴违禁非法出版物的工作形势依然严峻。地下印刷、复制、刻录、销售非法宗教宣传品的违法犯罪活动不断，对此，我们不能有丝毫的麻痹和松懈。要坚持抓打击、抓源头、抓大案、抓反复，一抓到底，抓住不放，抓出成效。同时，要注意统筹抓好打击各类侵权盗版行为、查处非法报刊制售活动、清除网络有害信息、扫除淫秽色情非法出版物等文化垃圾等工作，力求在重点突破中实现整体工作的全面推进。

二、加强监管，严格执法

“扫黄打非”工作是一项长期而艰巨的任务，不可能一蹴而就。要把出版活动监管作为市场监管的前置性工作，切实做到关口前移，把好源头，主动防范。要统筹新闻出版、文化、工商、城管、公安等各部门力量，对文化市场进行全天候、全覆盖的执法检查。既要切实加强日常监管，又要坚持不懈地开展集中专项治理，特别是要加强对繁华街道、车站、景点、音像及图书市场等重点部位、重点地段的日常监管和治理。对违禁非法出版物，要早发现、早查处、早控制，决不让其甚嚣尘上、坐大成势。对侵权盗版出版物，要建立严格监管、坚决查缴、协同配合的联合工作机制。通过严守入境渠道、严防境内翻印、严密清查市场、严禁网络传播、严查大案要案，对非法出版、制黄贩黄、侵权盗版始终保持高压态势，2008年要按照全国“扫黄打非”工作领导小组的统一部署，根据重点地区的实际情况，加大专项治理的密度，形成浓厚的氛围和有力的威慑，确保出版活动和出版物市场健康、繁荣、有序。

三、密切配合，协同作战

“扫黄打非”工作是一项社会系统工程，需要各地、各有关部门高度重视、切实履行职责，需要全社会各方面的共同支持。要毫不动摇地坚持“属地管理”和“谁主管、谁负责”的原则，做到守土有责、守土负责、守土尽责。要始终坚持和完善各级党委、政府统一领导，各级“扫黄打非”工作领导小组组织协调，相关部门各负其责、相互配合、快速反应，广大人民群众积极参与、整体防控的工作机制。各级“扫黄打非”工作领导小组成员单位，要发扬连续作战、常年作战的精神，在各司其职的基础上，加强综合治理，强化大局意识，加强协作配合，形成合力，重拳出击，力求取得全区“扫黄打非”工作的明显成效。

同志们，“扫黄打非”事关全党全国大局，事关国家文化安全，事关社会政治稳定，任务繁重，使命光荣。让我们积极行动起来，认真贯彻这次电视电话会议精神，进一步增强政治意识、大局意识、阵地意识、责任意识和忧患意识，切实把思想和行动统一到中央和自治区党委的决策部署上来，坚持不懈地开展“扫黄打非”斗争，进一步净化文化出版物市场，为构建和谐新疆、全面建设小康社会作出更大的贡献！

2008年1月17日

在第二十一次全国“扫黄打非”电视电话会议新疆分会场结束时的讲话

新疆维吾尔自治区副主席
库热西·买合苏提

第二十一次全国“扫黄打非”工作电视电话会议结束了，中共中央政治局委员、中央书记处书记、中宣部部长、全国“扫黄打非”工作小组组长刘云山同志就作好当前和今后一个时期“扫黄打非”工作，作了重要讲话，提出了希望和要求。会议总结了2007年全国“扫黄打非”工作，对2008年全国“扫黄打非”工作进行了总体安排和部署。会议还表彰奖励了2007年全国“扫黄打非”先进集体、先进个人，有功集体和有功个人。刚才自治区党委常委、宣传部长、自治区“扫黄打非”工作领导小组组长李屹同志对自治区2007年的“扫黄打非”工作进行了简要回顾，并就如何认真贯彻第二十一次全国“扫黄打非”工作电视电话会议精神和做好2008年自治区“扫黄打非”工作提出了具体要求。会后各地、各部门要认真学习贯彻刘云山同志和李屹常委的重要讲话精神，结合本地、本部门实际，按照2008年全国“扫黄打非”工作总体方案的要求和“属地管理”，“谁主管、谁负责”的原则，扎扎实实的做好“扫黄打非”各项工作，坚持不懈地开展“扫黄打非”斗争。一是要坚决打击违禁非法出版活动和非法出版物，切实维护自治区社会政治稳定和文化安全。2008年要紧紧抓住打击违禁非法出版活动这个重点，围绕自治区党委和自治区人民政府的中心工作，按照全国“扫黄打非”工作总体方案的要求和自治区的统一部署，结合“反盗版天天行动”继续在全区范围内组织开展以打击违禁非法出版活动专项行动为主的“扫黄打非”战役，对违禁非法出版物始终保持高压态势。二是坚决清除淫秽色情等文化垃圾和网上有害信息，营造有利于青少年健康成长的文化环境。要继续把全区学校周边和图书、报刊批发市场、音像和计算机软件批发市场、繁华街区、旅游景点、宾馆饭店、夜市、过街天桥、地下通道、医院、车站、机场、口岸、火车站等人员流动量较大的公共场所作为重点部位，加强日常监管。三是坚决打击各种侵权盗版活动。要依法加大对印刷复制业的执法检查力度。坚决取缔无证照经营的印刷、复制企业。四是坚决查处和取缔非法报刊，继续开展打击“四假”行动。五是坚决查处利用互联网传播不良信息和侵权盗版行为，把网上“扫黄打非”工作纳入工作总体布局，进一步加大打击力度。要继续发扬保护知识产权和民族创新精神，继续开展“反盗版天天行动”，不断净化自治区出版物市场，为青少年健康成长和和谐文化建设营造良好的出版物市场环境和文化氛围，为促进自治区经济发展、社会进步，为自治区的社会政治稳定和文化大发展、大繁荣做出更大贡献！

同志们，2008年是学习贯彻落实党的十七大的头一年，也是我国改革开放30周年，我们还将迎接奥运会的胜利召开，目前正值自治区两会胜利召开期间。各地各部门要以高度的政治责任感和使命感，认真落实中央和自治区的部署，把“扫黄打非”工作纳入自己的职责范围，作为在意识形态领域反分裂斗争的重要工作加以贯彻落实。各地“扫黄打非”工作领导小组要积极发挥组织、指导、协调作用，各部门要进一步明确责任，相互配合，形成合力，发挥整体效能，做到守土有责、守土负责、守土尽责，坚持“扫黄打非”只能加强、不能削弱的原则，扎扎实实做工作，认认真真抓落实，确保自治区文化安全，使自治区出版活动、出版物市场健康、繁荣有序。

2008年1月17日

在2008年全国集中销毁侵权盗版及非法出版物活动新疆分会场上的讲话

新疆维吾尔自治区副主席
铁力瓦尔迪·阿不都热西提

根据全国“扫黄打非”办公室的统一部署，今天我们在这里举行2008年全国集中销毁侵权盗版及非法出版物新疆分会场销毁活动，展示自治区打击侵权盗版及非法出版物的成果，向社会表明自治区打击侵权盗版及非法出版物、维护知识产权的坚强决心。借此机会，我代表自治区党委、人民政府，向长期战斗在“扫黄打非”斗争第一线的同志们表示亲切的问候并致以崇高的敬意!

2007年，自治区“扫黄打非”工作在自治区党委、人民政府的正确领导下，按照“打防并举、标本兼治、综合治理”的方针，集中开展专项行动，切实加强日常监管，在封堵和查缴违禁类、宗教类非法出版物、清除淫秽色情等文化垃圾、打击各类侵权盗版活动、查处互联网有害信息传播行为、创新“扫黄打非”工作体制机制等方面，都取得了显著成绩。据不完全统计，2007年全疆共出动执法人员5.9万人（次）；检查出版物市场6435个（次）；检查店档摊点1.7万个（次）；收缴各类非法出版物182万件，其中违禁类非法出版物709件，宗教类非法出版物及反动宣传品3.1万件，淫秽色情出版物6657件，盗版图书和非法报刊、挂历125.5万件，盗版音像制品、计算机软件及电子出版物51.9万件，走私光盘1223张。经过广大执法人员的共同努力，有效地控制了违禁类非法出版物的传播范围，遏制了宗教类非法出版物的蔓延势头，打击了制黄贩黄、侵权盗版犯罪行为，为净化出版物市场环境，维护自治区文化安全与社会稳定作出了积极贡献。

但是，我们必须清醒地认识到，地下印刷、复制、刻录、销售非法宗教宣传品的违法犯罪活动不断；各种侵权盗版现象、淫秽色情文化垃圾屡打不绝；利用互联网出版物传播有害信息日益突出，“扫黄打非”工作面临的形势依然严峻。特别是2008年国家的大事多、喜事多，将举行纪念改革开放30周年、举办北京奥运会等重大活动。面对复杂形势和繁重任务，各级党委、政府和有关部门一定要从贯彻落实十七大精神的高度，从构建社会主义和谐社会的高度，从巩固和加强党的执政地位的高度，充分认识“扫黄打非”工作的极端重要性，坚持“一手抓繁荣、一手抓管理”的方针，把打击侵权盗版及非法出版物作为一项长期、艰巨而又紧迫的工作来抓，进一步巩固和扩大整治成果。要始终保持高压态势，把打击违禁类、宗教类非法出版物作为“扫黄打非”工作的重中之重，坚决予以封堵和查缴，严防境外流入境内，严防境内非法制售，严防利用互联网传播有害信息，做到严密监控、立体防范、露头就打，加大频次，深挖彻究；要严厉打击各种侵权盗版行为，认真总结“反盗版百日行动”的成功经验，进一步加强日常监管，继续深挖盗版窝点，持续清理非法经营者。同时，要积极探索文化市场长效管理体制，调动各方面力量，与侵犯知识产权的行为作斗争，形成全社会尊重知识产权、保护知识产权的良好氛围。全体“扫黄打非”战线的同志要继续保持高度警惕，不断研究新情况、掌握新动向、发现新问题、探索新方法，不辱使命，再接再厉，总结经验，乘胜追击，为迎接北京奥运会的胜利举办，为构建和谐新疆，为广大人民群众营造健康向上的文化环境做出新的贡献。

同志们，我国政府在打击侵权盗版及非法出版物、保护知识产权方面历来旗帜鲜明，态度坚决，推动有力。我相信，在自治区党委、人民政府的坚强领导下，在全区各有关职能部门和广大人民群众的共同努力下，自治区打击侵权盗版及非法出版物，繁荣和发展出版物市场工作一定会取得更大的成绩！

2008 年 4 月 20 日

在自治区出版物市场“扫黄打非”监管人员培训班上的讲话

新疆维吾尔自治区新闻出版局局长
米吉提·卡德尔

今天自治区“扫黄打非”工作领导小组办公室和自治区新闻出版局举办的自治区出版物市场“扫黄打非”监管人员培训班正式开学。各地州、县市主管“扫黄打非”工作的负责同志及执法人员参加了这次培训。在此，我谨代表自治区新闻出版局对参加此次培训的学员表示热烈的欢迎。

新闻出版工作是党的工作的重要组成部分，是意识形态的重要阵地，出版物市场“扫黄打非”工作是新闻出版工作的一个重要组成部分，肩负着在意识形态领域维护祖国统一和民族团结、反对民族分裂主义和非法宗教活动的重大政治责任。近年来，自治区出版物市场“扫黄打非”监管工作在自治区“扫黄打非”工作领导小组的正确领导下，在国家新闻出版总署和全国“扫黄打非”办的指导下，紧紧围绕自治区的工作大局，加强日常监管，突出工作重点，始终保持“扫黄打非”工作的高压态势。组织开展了“打击违禁类、宗教类非法出版物专项行动”和“反盗版天天行动”及“扫黄打非”春季、夏季战役等一系列集中行动，有效打击了违禁类非法出版物、宗教类非法出版物、淫秽色情出版物、侵权盗版等非法出版物的传播势头。为自治区的社会稳定、文化安全和出版物市场的健康有序的发展，为营造有利于自治区经济社会发展，建设和谐社会和青少年健康成长的文化环境做出了积极的努力，取得了可喜的成绩。

当前自治区总体形势很好，全区上下正在全面贯彻落实党的十七大做出的重大战略部署，深入贯彻国务院 32 号文件，进一步落实科学发展观，积极推进社会主义和谐社会建设，经济平衡发展，各项事业全面进步。同时我们也要清醒的看到目前“扫黄打非”斗争面临的形势依然十分严峻。淫秽色情出版物在地下传播，非法报刊不断改换形式，利用网络传播有害信息屡禁不止，在经济利益的驱动下各类侵权盗版行为时有发生，面对这些存在的问题，我们绝不能掉以轻心。胡锦涛总书记在党的十六届六中全会上强调指出·“意识形态工作是党的一项十分重要的工作，经济工作搞不好要出大问题，意识形态工作搞不好也要出大问题。在集中力量进行经济建设的同时，一刻也不能放松意识形态工作”。“扫黄打非”斗争是意识形态工作的一个重要组成部分，面对复杂形势和严峻挑战，各级“扫黄打非”工作部门要从大局出发，发挥主动性，掌握主动权，打好主动仗，及时采取可行的措施，不断提高工作水平，不断增强为党和国家工作大局服务的能力。

同志们，这次的出版物市场“扫黄打非”监管人员培训班，就是根据基层“扫黄打非”监管人员的强烈要求，和全区出版物市场监管队伍的现状举办的。这次培训班，我们邀请了全国“扫黄打非”工作小组办公室的领导以及自治区党校教授和出版物市场、版权管理的专家，分别就行政许可法、行政处罚法、行政复议法和图书、音像、印刷、版权及宗教出版物的管理，出版物的鉴定，出版物市场的监管等内容进行授课。对于长年战斗在“扫黄打非”第一线，最基层的执法人员，能有一个这样的机会，坐下来，认认真真学习监管业务知识，难能可贵，希望参加这次培训班的同志，抓住这次机会认真听课，取得好的学习成绩。

最近，自治区党委召开干部大会，认真分析当前新疆反分裂斗争所面临的复杂形势。在2008年北京奥运会开幕前后，短时间内新疆就连续发生了3起十分恶劣的暴力恐怖案件。这些情况说明新疆的反分裂斗争进入了一个尖锐、激烈和复杂的时期。因此，当前自治区“扫黄打非”面临的形势非常严峻，工作任务非常繁重。“扫黄打非”这一社会系统工程，需要全社会各方面的共同支持，各地州、县市要结合本地区的工作实际按照自治区2008年“扫黄打非”工作方案，贯彻“属地管理”和“谁主管、谁负责”的原则，健全机构，制定计划，分解任务，明确责任，守土有责，以求真务实的精神，扎扎实实地做好职责范围的各项工作，坚持不懈地开展“扫黄打非”斗争、打击各种侵权盗版行为和非法出版活动，保护知识产权和民族创新精神，不断净化出版物市场，为青少年健康成长和和谐文化建设提供良好的文化氛围，为促进自治区经济发展、社会稳定、夺取反分裂斗争新胜利做出了更大的贡献！

2008年9月22日

2008年“扫黄打非”大案要案综述

新疆维吾尔自治区“扫黄打非”办

2008年，在全国“扫黄打非”办和自治区党委、政府的正确领导下，我区各级文化市场综合执法机构充分发挥主力军作用，积极贯彻落实全区“扫黄打非”行动方案，与当地工商、公安、城管等部门通力合作，坚持下气力、端窝点、打团伙、破网络，以案件查处推动“扫黄打非”不断向纵深发展。据初步统计，2008年我区共办理案件435起，其中大案要案12起，收缴非法出版物总数877193册，取缔关闭店档摊点47个、取缔关闭印刷复制企业10家。

一、乌鲁木齐“3·24”非法印制藏传佛像案

2008年3月24日上午，乌鲁木齐市稽查大队得到消息称：佰利达商贸有限公司正在印刷藏传佛教彩色单页。稽查人员随即对佰利达商贸有限公司进行暗中监视，经跟踪摸底发现，该印刷公司将印刷品运到吉美达印刷有限公司覆膜，稽查人员当即与水区国保大队联系，与国保大队民警共同对吉美达印刷有限公司负责人进行了调查，当场查扣16500张佛像图片。经乌鲁木齐市民族宗教委员会鉴定，该批佛像图片属于未经批准，非法印制。乌鲁木齐市文化局对佰利达商贸有限公司处以罚款5万元整。

二、哈某非法印刷《世纪奏响的史记》图书案

2008年4月15日，塔城地区文化市场稽查大队对额敏县农九师印刷进行检查，发现该印刷厂非法印刷无书号且内容有严重问题的《哈斯尔家谱》一书500册（实际书名为《世纪奏响的史记》）哈文版，地区文化市场稽查大队予以收缴，同时对农九师印刷厂非法印刷《哈斯尔家谱》给予1万元处罚，对其他涉案人员给予党内警告处分。

三、乌市光华书店经营盗版图书案

2008年4月17日，塔城地区文化市场稽查大队接到群众举报，乌市光华书店（新疆光华图书有限公司）给塔城地区和布克赛尔蒙古自治县教育局销售的4万余册，码洋110余万元的图书存在盗版。塔城地区文化市场稽查大队当即受理，一行3人当日在文化市场稽查队长的带领下前往和丰县，对这批图书进行了检查。4月18日，地区文化市场稽查人员对和丰县城关小学、由乌市

光华书店销售给和丰县教育局的图书共4万余册、300余件、码洋价110余万元的图书当场查获，并对其先行登记保存，由和丰县教育局和供货商共同保管。7月15日，自治区新闻出版局（版权局）提供鉴定结论，上述图书中有63种盗版图书，计4693册，价值14.2万余元；违规图书127种、计9752册，价值43.1万余元。

根据中华人民共和国新闻出版总署《出版物市场管理规定》第二十四条第（二）款、第四十三条之规定，做出了没收销售盗版图书4693（套册）码洋价14.2万余元，对销售违规图书9752（套册）加盖违规出版章，再不能销售使用并对该书店给予5万元的罚款。

四、和田市“吐鲁帕尔”音像店非法制售光碟案

2008年7月18日，和田地区“扫黄打非”办督察组在对和田市出版物市场进行了联合大检查时，在大巴扎十字路口的“吐鲁帕尔”音像店检查，发现该店二层楼层内有大量非法刻录VCD、DVD光碟及刻录设备，执法人员随即对该店进行了全面清查，经查：该店有非法刻录VCD、DVD光碟5270盘（张），录像带14盘，录音带155盒，空白光碟835张，自制VCD彩色光碟外封皮187张。非法刻录设备：刻录机15台，电脑1台，打印机1台，放像机1台，小型录音机1台，录放机1台，移动硬盘和读卡器各1个。当事人的上述行为违反《著作权法》和《音像制品管理条例》，情节严重、性质恶劣，地区文体局责令和田市文体新闻出版局根据保护著作权法有关规定，将该案移交司法机关依法追究刑事责任。

五、乌鲁木齐市三宝吉祥网吧侵犯他人录音录像制品信息网络传播权案

2008年7月18日，乌鲁木齐市文化市场稽查大队稽查人员对三宝吉祥网吧进行检查发现该网吧通过其电影服务器将电影《功夫熊猫》供上网者观看。其行为构成未经许可擅自向公众提供他人录音录像制品。根据《信息网络传播权保护条例》第十八条第一项之规定对三宝吉祥网吧罚款5000元。

新疆汉唐传媒有限公司未经批准擅自从事出版物出版、发行业务案。

2008年7月31日，乌鲁木齐市文化市场稽查大队检查新疆汉唐传媒有限公司时发现该公司涉嫌未经批准擅自从事非法出版物《21世纪人才报·新疆人才》的出版、发行业务。根据掌握的情况，8月1日，稽查人员联合公安部门办案人员在某印刷厂查获了该公司委托印刷的《21世纪人才报·新疆人才》1.9万份，经鉴定《21世纪人才报·新疆人才》为非法出版物。乌鲁木齐市稽查大队根据《出版市场管理规定》对汉唐传媒有限公司予以没收非法出版《21世纪人才报·新疆人才》1.9万份，违法所得4.4万余元并处罚款1万元的行政处罚。

六、乌鲁木齐“11·19”非法印制邪教出版物案件

2008年11月19日，乌鲁木齐市文化市场稽查大队根据线人举报，对位于乌苏路20号的民顺设计工作室进行检查，发现该场所只办理了个体工商营业执照，在印刷厂区内，印刷工人正在一台四开胶印机上印制出版物，印刷单页内容涉及抨击我国现行社会主义制度，稽查人员认为该批出版物涉嫌非法邪教类出版物。稽查人员在现场向印刷场所负责人询问后得知，该批出版物总共要印刷6000本，印刷总费用4.8万元，该书共有800多页，已经印刷了700余页，还有100余页未上机印刷。稽查人员迅速与乌鲁木齐市公安局反邪教科取得了联系，经赶到的公安人员鉴定，这批出版物系东方闪电（又称世纪神、全能神）组织的工作手册，属典型的邪教出版物。稽查人员对此案进行取证后现场将案件移交公安机关追究其刑事责任。

七、和田市依某非法制售光碟案

2008年11月4日，和田地区文体新闻出版局接到市文体局的报告，根据消息和田市大巴扎派出所抓获1名盗版音像制品制售批发商贩，当场查获盗版光盘1800张、用于批发光盘交通工具夏利车1辆，和田地区文体新闻出版局立即联系地区公安局，地区公安局派1名治安支队副队长协同地区文化市场办案人员马上前往墨玉县布恰克其乡奥吐拉亚卡其村依米提·那丁家中检查，嫌疑人家属已将制售盗版的工具烧焚销毁，执法人员赶到现场时还有未燃尽的残留物。

八、"12·24" 非法民语音像制品案

针对乌鲁木齐市天山区解放南路、和平路、新疆民街等重点路段的盗版音像制品有所抬头的现象，天山区"扫黄打非"领导小组办公室组织协调天山区"扫黄打非"各成员单位，经过两个月的摸底调查，2008 年 12 月 24 日下午 17 时在中环路西域轻工基地背面金坤溢景轩 C 区一居民楼地下室成功端掉一民语地下刻录复制光盘窝点，当场查获非法复制盗版电影、电视剧音像制品 1.2 万余张，同时还查获大批制造盗版光碟所需要的封皮、包装盒、空白碟和光驱等物品，并追回一批已交到托运部准备发往阿克苏的光碟。另外在案发现场还发现了一个账本，上面记录着从 2008 年 1 月份以来发往全疆各地的盗版光碟的数量，以及 20 余张母碟。涉案当事人已移交公安部门依法追究刑事责任。

2008 年"扫黄打非"大事记

新疆维吾尔自治区"扫黄打非"办

1 月 18 日，参加第二十一次全国"扫黄打非"工作电视电话会议新疆分会场会议。自治区党委常委、宣传部长李屹作了重要讲话，自治区副主席库热西·买合苏提主持分会场会议。

下午，自治区"扫黄打非"办公室邀请了自治区党委宣传部、自治区新闻出版局、文化厅、公安厅、建设厅、交通厅、通讯管理局、乌鲁木齐市等 10 家"扫黄打非"成员单位举行座谈会。通报全区 2007 年"扫黄打非"工作情况、存在的问题及原因，听取了各成员单位 2008 年全区"扫黄打非"工作的意见和建议。

2 月 3 日至 6 日，自治区新闻出版局联合公安、工商、乌鲁木齐市"扫黄打非"办等成员单位，组成联合检查组在红旗路地下负二层电脑音像超市成功端掉两个非法音像制品批销窝点，收缴各类非法音像制品 6.3 万余张，其中：盗版音像制品 1.9 万余张，高压缩 DVD 光盘 3.5 万余张，盗版计算机软件 6600 张，淫秽光盘 2000 张。

3 月 6 日至 7 日，乌鲁木齐市新闻出版局在乌鲁木齐市天山区、水磨沟区、沙依巴克区、新市区等四个中心城区开展集中检查，重点加大对违禁类非法出版物及宗教类非法出版物进行检查。通过为期 2 天的专项治理行动，检查场所 140 余家。共查缴非法出版物近 1 万册张，其中盗版图书 5000 册，盗版光盘 4900 张，违禁类非法出版物 30 余册。

3 月 14 日，为了加大对新闻出版法律法规的宣传，使广大消费者掌握识别正盗版的常识，在"3·15"消费者权益保护日即将到来之际，自治区新闻出版局邀请了《新疆日报》、《乌鲁木齐晚报》、《都市报》和新疆电视台 9 频道的记者，以记者问答的形式，宣传了鉴别非法出版物的有关知识和法律法规。

3 月 15 日，阿勒泰地区新闻出版局在"3·15"国际消费者权益保护日，在繁华街区，采取设立咨询台，出动宣传车，发放宣传单，悬挂横幅等多种形式进行出版物市场法律法规知识的宣传，并将 2007 年在整顿文化、出版物市场经营秩序打击盗版音像制品及非法出版物行动中收缴的 2.68 万余张盗版音像制品，50 张盗版电脑软件和 457 册非法出版物集中统一销毁。

3 月 22 日至 23 日，按照自治区"扫黄打非"工作领导小组办公室关于开展"春季战役"的总体要求，为一进步规范印刷市场秩序，加强对印刷企业的监管力度，自治区新闻出版局"扫黄打非”办公室会同局印刷管理处，对乌鲁木齐市部分印刷企业的印刷经营情况进行执法检查。

3月24日，乌鲁木齐市稽查大队对乌市佰利达商贸有限公司进行检查，查扣非法印刷藏传佛教彩色印刷品1.65万张。

4月14日，2008全国“扫黄打非”春季战役盗版非法出版物集中销毁活动新疆销毁现场在乌鲁木齐市南门人民剧场广场进行。这次活动集中销毁了各类盗版非法出版物59万余件，1300余种。其中：非法图书600余种16万余件；非法音像制品及计算机软件700余种43万余件。

5月12日，在乌鲁木齐市昆仑宾馆召开自治区2008年“扫黄打非”工作会议。自治区党委常委、宣传部长、自治区“扫黄打非”工作领导小组组长李屹，自治区副主席、自治区“扫黄打非”工作领导小组副组长库热西·买合苏提参加会议并作重要讲话。参加会议的有近280人。

5月16日，伊犁州霍城县“扫黄打非”工作以迎接奥运会胜利召开为主线，由县委宣传部牵头，文化、公安、工商、民宗等部门参与，以“严查非法出版物、维护文化安全”为目的，重点查处违禁类非法出版物和制售盗版书刊、音像制品行动在该县展开。检查当天共检查出版物、音像制品经营场所17家，查处经营盗版《2008北京奥运会金曲珍藏版》光盘1张、压缩盗版DVD光盘181张。对3家涉嫌经营盗版书刊场所责令限期整改。

5月19日至21日，吐鲁番地委宣传部、文体新闻出版和公安、工商等6部门联合开展交通运输环节非法出版物专项治理行动，对交通运输环节中图书、报纸、期刊、音像制品和电子出版物等非法出版物进行专项整治。

5月21日，自治区“扫黄打非”办公室组织各成员单位，参加全国“扫黄打非”工作2008年第一次视讯会（新疆分会场）会议。自治区党委常委、宣传部长李屹同志到会并作重要讲话。

5月23日，库尔勒市公安局国保大队在库尔勒市英下路清真寺附近查缴了违禁类非法出版物200余册张。

6月1日，自治区“扫黄打非”办公室，组织乌鲁木齐市“扫黄打非”工作领导小组有关成员单位，开展了打击违禁类非法出版物集中治理行动。根据乌鲁木齐市出版物市场现状，重点对山西巷、二道桥、南门、火车站、商贸城等重点地段，进行了集中清查治理，检查出版物经营场所250家（次），收缴盗版图书327册，涉嫌非法印刷图书1.75万册，违禁类非法图书141册。

6月19日，由哈密地区新闻版局、公安局、工商局组织的集中行动小组在哈密地区南粤文化中心门前查处一起吴某夫妇在哈密地区销售非法出版物案。当场查扣运输非法出版物车辆1辆，收缴违禁类出版物5997册。

6月11日，由自治区交通厅牵头，自治区公安厅、新闻出版局等单位组成检查小组，对乌鲁木齐市运输渠道进行了明察暗访。执法人员在乌鲁木齐市南郊客运站托运部查获了17件运往南疆于田县的非法出版物，并当场进行收缴；对在碾子沟客运站候车大厅发现的大量盗版书籍和非法出版物千余册，也当场进行收缴。

6月14日至21日，自治区党委宣传部、自治区新闻出版局、公安厅、民委（宗教局）、建设厅等六家单位、52人组成的督查组，对自治区重点地州市打击违禁类非法宣传品专项治理工作进行督查。

7月17日至19日，自治区新闻出版局、文化厅、公安厅、工商局、民委（宗教局）、乌鲁木齐市“扫黄打非”工作领导小组有关成员单位等部门组成联合执法检查组，对首府乌鲁木齐市书报刊、音像和计算机软件制品集中经营场所及批发、零售、出租、宗教活动场所周边、早（夜）市、网吧等区域和场所进行了高密度的拉网式大检查。进一步强化了出版物市场监管力度，规范了出版物市场秩序，取得了明显成效。3天共出动检查人员115人次，检查各类出版物市场、摊点及网吧230家次，非法图书473册，违禁类图书73册，收缴淫秽色情图书及小“口袋本”165册，非法音像制品及计算机软件3.1

万余张（盘），淫秽色情光盘110张（盘），取缔无照经营进口非法音像制品店2家，收缴刻录机1台。

7月22日至24日，吐鲁番地委宣传部、地区文化体育新闻出版局、公安局、工商局、建设局、民宗委在全地区统一开展奥运前出版物市场的督察检查工作中，在吐鲁番市大河沿镇火车站附近，从5家无证经营出版物的小卖部收缴违禁类非法期刊218本。

8月2日，乌鲁木齐市文化市场稽查大队执法人员联合天山区国保大队在山西巷民宅内查处了3个音像刻录、仓储窝点，查获宣扬《圣战》、《人体炸弹》等录像光碟200余张，非法音像制品7500余张，录像封皮1.5万余张。

9月21日至9月26日，自治区举办出版物市场"扫黄打非"监管人员培训班。全区15个地州市和90个县（市、区）出版物市场监管人员近160余人参加了这次培训班。对"扫黄打非"性质、任务及工作职责、出版物市场监管相关法律法规适用依法行政、行政执法的基本程序、版权、印刷业等管理及非法出版物的鉴定等内容进行了授课。

10月11日，根据全国《关于进一步开展严厉打击非法报刊专项行动的通知》，自治区"扫黄打非"办公室召集自治区公安、工商、邮政、市新闻出版局召开关于严厉打击非法报刊集中行动协调会，根据"谁主管、谁负责"的原则，安排以乌鲁木齐市"扫黄打非"办公室牵头，其他成员单位配合，自治区"扫黄打非"办公室督导的形式开展乌鲁木齐市的集中行动，取得了一定的实效。

10月16日至17日，乌鲁木齐市"扫黄打非"办开展的打击非法报刊集中检查行动。共收缴非法报纸269份，非法期刊174册，图书313册，口袋本65册，淫秽口袋本3册，盗版光盘756张，磁带256盘。

11月7日，自治区新闻出版局与自治区公安厅治安总队治安侦查支队有关人员，召开天津、江苏制售非法出版物涉及新疆案件协调会。

创新经验

堵源截流　多措并举　长效监控　卓有成效地开展"扫黄打非"斗争

2008年新疆维吾尔自治区"扫黄打非"工作以"平安奥运"为目标，严格落实"扫黄打非"工作责任，不断加大对出版物市场违法犯罪活动的打击力度，各级"扫黄打非"部门较好地完成了封堵和查缴违禁出版物的任务，全面打击各种侵权盗版活动，网络"扫黄打非"不断深入，查办重大案件工作不断取得突破，工作合力进一步增强，工作机制不断完善，实现了2008年"扫黄打非"工作的预期目标。

一、深入开展调研，摸清存在的问题

自治区"扫黄打非"执法人员对全区出版物市场现状进行了深入的调研，发现当前出版物市场存在的问题仍很多，如果这些问题得不到及时妥善解决，必将影响自治区出版物市场健康有序的发展。

一是违禁类、宗教类非法出版物的违法销售活动还没有得到彻底禁绝。街头游商贩卖违禁类、宗教类非法出版物，学校周边一些不法商贩向学生兜售有害卡通画册和淫秽色情小口袋书现象时有发生。二是盗版出版物尤其是盗版教材、教辅读物和盗版高压缩DVD光盘、计算机软件的销售屡打不绝。刻录、贩运、销售非法出版物的活动，越来越呈现出团伙化、规模化、网络化、专业化的发展趋势。三是印刷企业特别是中小型印刷厂盗印、无手续印刷等违法违规行为时有发生。极个别地处偏僻的无证黑印刷厂仍在偷印内容有严重问题的非法出版物和盗版教材、教辅读物。

上述问题的存在，使我们清醒地认识到“扫黄打非”工作的重要性和艰巨性。为此我们在认真反思和总结以往“扫黄打非”工作经验和教训的基础上，按照“发展与规范相结合，教育与惩处并重”的原则，不断探索建立“扫黄打非”长效工作机制，制定《新疆“扫黄打非”长效工作机制若干规定》，将过去主要依靠运动式突击检查，大规模统一行动的监管方式，转变为集中执法与日常监管相结合，并以常态化执法为主的监管形式，将有关部门的少数执法人员在面上的工作，变为把广大相关人群都组织起来，共同参与“扫黄打非”斗争，从根本上解决非法出版物泛滥的问题，达到标本兼治的目的。如乡镇出版物市场监管，各县市采取了委托乡镇文化站干部为义务监督员，对当地的出版物市场进行管理。地州所在城市为加强社区出版物市场管理，聘请离退休人员为义务监督员，对社区出版物市场进行监管。从而动员全社会力量，形成了一个“扫黄打非”群防群治网络。

二、坚持培训与建设并举，提升依法行政水平

“扫黄打非”工作，体制是根本，机制是保障，队伍是关键。加强“扫黄打非”队伍建设，不断提高文化执法人员综合素质，提升“扫黄打非”队伍战斗力，以适应日益深入的“扫黄打非”斗争，是“扫黄打非”工作的一项重大任务。在工作中，一是加强制度建设，围绕“执法机构要体现法制管理”的理念，各级“扫黄打非”执法部门不断加强法制建设。按照程序重于实体的要求，制定了行政处罚程序规范标准，编制了统一的法律文书规范样式，编辑了《新闻出版法律法规汇编》，进一步完善了《举报案件受理制度》、《行政案件错案追究制度》、《新疆图书批发市场严格购销制度》、《出版物集中经营场所特派员制度》、《出版物经营者违纪违规公布制度》等用于指导日常行政执法和管理工作的规范性制度，促进了政务公开和依法行政。

二是始终抓好法制培训工作。2008 年 9 月，自治区举办了全区出版物市场执法人员培训班。此次培训班受训范围一直延伸到县市级出版物市场执法人员。培训班针对“扫黄打非”工作的形势、性质、任务及工作职责、出版物市场监管相关法律法规适用依法行政、行政执法的基本程序、版权、印刷业等管理及非法出版物的鉴定等内容进行了授课。通过培训进一步提高了学员对做好新形势下“扫黄打非”工作的重要性、长期性、复杂性的认识，掌握了出版物市场监管手段、执法程序和非法出版物的认定和鉴别等相关业务知识，为今后自治区出版物市场健康、繁荣发展打下了良好的基础。

三、齐抓共管，形成合力，始终保持“扫黄打非”工作的有效落实

“扫黄打非”工作是一项长期、艰巨的任务，实践证明，做好“扫黄打非”工作，关键在于强有力的领导和严格的执法。为此，我们建立了成员单位联席会议制度，与各成员单位在工作中保持经常性的联系，互通情况，交流经验，共同参与。积极协调配合司法机关做好了重大案件的立案、侦破和审理工作；加强了对音像市场、出版和发行单位、印刷复制企业及出版物市场的监管，在查处重大案件方面切实发挥了主力军作用。联合行动组不定期召开成员单位联络员会议，采取错开正常上班时间、错开正常执法时段、错开公休时间的“三错时检查”的方式开展专项行动，取得显著成效。在行动中，部门之间各司其职、密切配合、现场处置到位。对执法检查中发现的违法违规问题，未达到刑事立案标准的，由文化、新闻出版执法部门和工商部门予以行政查处；涉嫌刑事犯罪的，移送公安机关立案查处。这样一来，一方面有效地解决了文化执法部门一家不能解决的市场监管难题，提高了行政执法效能；另一方面，为触及刑法的案件及时获取信息、保留证据，增强了案件进入司法程序的时效性。

四、完善社会监督，扩大舆论宣传

加强舆论宣传和教育力度，注重培育引导，为出版物市场营造一个良好的环境。几年来，自治区“扫黄打非”办公室坚持每年至少举办1至2次的图书、音像、印刷市场的经营业主法律法规知识培训班。对各经营单位不仅要管人而且要管思想，使经营业主从思想上增强对“扫黄打非”工作重要性的认识，使广大经营户及时掌握国务院及省、市关于出版物市场的各项法律法规和规章，以及“扫黄打非”的各项方针、政策，从而提高业主自觉遵纪守法和依法经营的意识。在媒体上对查处的违法违规经营行为进行曝光，同时在媒体上大力宣传非法出版物、侵权盗版的危害，加强人民群众自觉保护知识产权，抵制侵权盗版行为的意识，形成了强大的舆论氛围，教育了广大人民群众，震慑了犯罪分子。

五、加强报刊发行业的监管

邮政报刊亭是报刊发行的重要渠道，也是“扫黄打非”市场监管的重要部位。针对一些邮政报刊亭、其他报刊亭存在着销售非法出版物等问题，自治区“扫黄打非”办公室联合邮政报刊局、建设厅等部门开展专项整治活动，出台整治措施，在杜绝邮政报刊亭经营非法书报刊上下工夫，取得很好效果。

2008年，自治区“扫黄打非”办公室针对乌鲁木齐市部分报刊亭存在经营非法书刊、随意扩大销售范围和经营场地等问题，召开了由乌鲁木齐市“扫黄打非”办、市新闻出版、邮政、工商、城管等部门领导参加的座谈会，并决定从6月20日至7月20日在全市范围开展邮政报刊亭专项整治活动。整治活动分为调查摸底、整改实施、检查验收三个阶段。整治的重点有三项：一是明确管理。所有邮政报刊亭须经有关部门批准、由市邮政局投资设立，邮政局委托报刊零售公司统一使用管理，其他报刊亭要办齐相关许可经营手续；二是明确经营范围。所有报刊亭不得销售工商营业执照规定经营范围以外的商品，严禁销售各类非法书报刊和盗版制品；三是明确营业时间。会后，乌鲁木齐新闻出版、邮政、工商、城管等部门按照职责分工，切实加强对报刊亭的监管。文化、新闻出版部门重点加强日常巡查，检查报刊零售市场是否存在销售非法盗版出版物等问题；邮政部门重点把好进货关，绝不允许有私自进货现象，在坚决杜绝非法出版物进入报刊零售市场上下工夫；工商部门重点对报刊零售市场的非法小广告和无证经营行为实施严厉打击。广大经营户积极响应号召，切实转变经营理念，正确处理好社会效益和经济效益的关系，认真履行法律法规所规定的义务和自己对社会的承诺，共同推动报刊市场的文明建设。

六、加强对文化市场的调研，着手建立“扫黄打非”长效机制

根据自治区党委领导的有关指示精神，每年由自治区“扫黄打非”办公室牵头，自治区文化厅、新闻出版局、公安厅、工商局、组成自治区出版物市场调研组对全区文化市场进行了调研。调研组采取听汇报、召开座谈会、汇报会等形式，认真听取了地州市党委、政府及文化、公安、工商等部门领导的情况汇报，召开了部分文化经营户代表座谈会。在调研过程中进一步听取了方方面面的意见，总结汇总后向自治区党委、政府提出了许多好的建议和措施，为进一步理顺出版物市场管理体制，加强行政执法队伍建设，加大对出版物市场管理的经费投入，为如何做好“扫黄打非”工作提供了依据。在调研中，调研组还将各地州市“扫黄打非”工作中一些好的做法和经验，进行了认真的总结，以简报的形式下发各地州市、各成员单位学习参考。

七、表彰先进，弘扬正气，营造“扫黄打非”的良好氛围

为了表彰先进，树立典型，弘扬正气，推动“扫黄打非”工作的深入开展，自治区“扫黄打非”领导小组连续5年对全区涌现出的先进集体、先进个人进行了表彰。2008年又对全区涌现出的29个先进集体，24个先进个人，5个大案要案办案有功单位进行了表彰。通过表彰先进，鼓舞了在全区“扫黄打非”工作中做出突出贡献的先进单位、先进个人，在全社会产生了积极的影响。

（钱　倩）

乌鲁木齐市

2008 年“扫黄打非”工作总结

乌鲁木齐市“扫黄打非”办

“扫黄打非”是新闻出版工作的一面政治旗帜，是一项战略任务，是文化市场反分裂、反渗透的最前沿阵地。乌鲁木齐市作为新疆的首府城市，与自治区其他地州相比，文化市场发展较为迅速，由于场所多，分布广，所以监管任务十分繁重，面临的形势十分严峻。针对这种情况，我市始终牢固树立“扫黄打非”工作“三个首先”的思想：“扫黄打非”首先是战场，其次才是市场；首先是斗争，其次才是竞争；首先是政治，其次才是文化。

2008 年，我市在自治区党委、自治区政府的正确领导下，在自治区“扫黄打非”领导小组的具体指导下，紧紧围绕全市工作大局，认真贯彻全国“扫黄打非”工作会议精神，坚持以邓小平理论和“三个代表”重要思想为指导，全面落实科学发展观和构建社会主义和谐社会的重大战略思想，以集中开展专项治理、严厉打击违禁类、宗教类非法出版物为重点，切实加强文化市场日常监管，坚决清除淫秽色情等文化垃圾，坚定不移地保护知识产权，有效治理各类侵权盗版行为，始终保持“扫黄打非”工作的高压态势，先后组织开展了北京奥运会前“扫黄打非”夏季战役、“奥运前30天出版物市场集中清查行动”等一系列以“迎奥运、保平安”为内容的“扫黄打非”集中行动，有效打击了政治性非法出版物、宗教类非法出版物、淫秽色情出版物、侵权盗版等各类非法出版物的传播，使全市的出版物市场环境进一步净化，出版物市场秩序进一步规范。乌鲁木齐市“扫黄打非”领导小组办公室始终严格贯彻落实国家和自治区有关意识形态领域“扫黄打非”的方针、政策，根据市委市政府的授权，拟定全市“扫黄打非”工作计划并组织实施，协调各部门开展“扫黄打非”专项治理工作，取得了一定成绩，并多次荣获全国及自治区奖励。

据不完全统计，今年以来，我市共出动执法人员 1 万余人（次），3635 车（次），检查场所 1.29 万余家（次），共收缴非法出版物 30 万余册，其中查扣非法宗教宣传品 1 万余册，淫秽色情出版物 702 册，查扣盗版出版物 28.2 万余册（其中盗版出版图书 8.3 万余册，盗版音像制品 17.78 万余张，盗版教材教辅读物 7312 册，盗版软件及电子出版物 1.3 万余张），非法报纸期刊 2.3 万余册（份），并进行集中销毁行动一次，共计销毁各类非法出版物 38 万余册，全年共组织 8 次大规模的专项治理行动，极大地震慑了不法分子，有力地打击了各类非法出版物和非法出版活动，使我市出版物市场经营秩序有了进一步好转。

一、基本情况

出版物市场作为文化市场的重要组成部分，目前场所总量已达 1842 家（不含自治区办证），其中音像制品经营单位 601 家，图书报刊、电子出版物经营单位 302 家，印刷企业 939 家。由于场所多，分布广，所以监管任务十分繁重，面临的形势十分严峻。针对这种情况，我们在自治区党委和政府的正确领导下，在自治区“扫黄打非”领导小组的具体指导下，坚持以邓小平理论“三个代表”重要思想和科学发展观及全国“扫黄打非”第二十一次工作会议精神为指导，紧密围绕全市工作大局和党的中心工作，扎实开展了以严厉打击违禁类、宗教类非法出版物为重点的“扫黄打非”集中行动，在整顿和规范文化市场经营秩序方面取得了新的成果。即：在封堵和查缴政治性、宗教类非法出版物，扫除淫秽色情等文化垃圾，打击侵权盗版行为，取缔非法报刊，清除互联网有害信息等方面取得新的成效；在开展专项治理，查处大案要案，营造舆论氛围，完善部门联动机制方面等取得了新的进展；尤其是“奥运期间夏季战役”的开展，不仅遏制了出版物市场上盗版制品猖獗的势头，也大大增强了广大群众保护知识产权的意识，在社会上产生了积极反响，为服务自治区和我市工作大局，以及为维护国家文化安全和我市社会政治稳定做出了积极贡献。

二、主要做法

（一）提高认识，加大力度，始终把“扫黄打非”工作作为文化市场管理的重中之重

我市对“扫黄打非”工作高度重视，每次全国和自治区“扫黄打非”工作会议召开以后，就专门召开会议进行传达和学习。特别是今年全国“扫黄打非”第二十一次工作会议召开后，我们在专门召开会议进行学习传达的同时，根据工作需要调整完善了“扫黄打非”工作机构，并按照《自治区2008年“扫黄打非”工作实施方案》的要求，结合我市工作实际，研究制定了《乌鲁木齐市2008年“扫黄打非”工作实施方案》；按照部门工作职责，建立健全了“扫黄打非”领导责任制和责任追究制；按照属地管理的原则，实行市、区（县）文化市场两级管理，建立了相应的监督机制：完善了重点区域反复查、重大问题突击查、关键时刻昼夜查、接到举报迅速查、集中行动领导带队查等制度；建立了情报、预警、发现、处置的应急控制机制，落实从进口、印刷、复制、流通到消费等环节的管理制度。另外，为确保“扫黄打非”工作进展顺利，取得成效，我们适时组织局相关处室及单位分析研究文化市场动态，收集、汇总具体情况，及时提出相应对策，做出具体安排。同时，还坚持每季度召开一次会议，听取工作汇报，指出存在问题，安排新的任务。积极配合全市每一次专项集中行动或查处大案要案，对重大问题一抓到底，保证万无一失，确保领导到位，任务到位、责任到位，措施到位。

（二）齐抓共管，形成合力始终保持“扫黄打非”工作的有效落实

“扫黄打非”工作是一项长期、艰巨的任务，实践证明，做好“扫黄打非”工作，关键在于强有力的领导和严格的执法。为此，我市各成员单位在工作中保持经常性的联系，互通情况，交流经验，共同参与。加强了“扫黄打非”工作相关法律法规的宣传力度，并组织新闻媒体对出版物市场专项治理行动进行及时采访，报道典型案件，形成了强大的舆论攻势，据不完全统计，全年共上报各类“扫黄打非”信息50余篇，并多次刊载于全国及自治区级报刊杂志上；积极协调配合司法机关做好了重大案件的立案、侦破和审理工作；加强了对音像市场、出版和发行单位、印刷复制企业及出版物市场的监管，加大了对盗版教材和教辅读物的查处力度，在查处重大案件方面切实发挥了主力军作用。

（三）明确任务，突出重点，始终保持“扫黄打非”工作的高压态势

今年来，我们从维护全市政治稳定、民族团结、社会发展的大局出发，始终把查处政治性、宗教类非法出版物和反动宣传品作为出版物市场监管工作的重中之重，狠抓了七个方面的治理工作；一是开展了对学校周边、社区活动场所、图书音像市场、车站、机场、医院、旅游景区等重点部位的出版物店摊的集中整治，有力地打击了这些有害出版物的传播，使校园周边的出版物经营活动得到明显规范。二是按照全国、自治区“扫黄打非”总体方案的要求，在全市开展了打击盗版教材、教辅读物专项治理行动，重点对出版发行盗版教材教辅读物、学校违规购买使用盗

版教材教辅进行了整治。三是组织公安、工商、行政执法、文化、新闻出版等部门开展了取缔非法游商和出版物零售店档，以及城乡集贸市场、闹市区、民营书店、音像店、游商摊点非法出版物的专项治理。四是深入开展了解放南路专项治理行动，通过对二道桥、山西巷等重点地区、重点地段、重点部位进行暗访检查，取缔了一批无证经营和超范围经营出版物的店摊，查缴了一批非法编印，宣扬恐怖、凶杀、暴力、色情、愚昧迷信等内容的非法出版物，以及一些高定价、低折扣的违规出版物，使其有了很大改观，塑造了首府城市的良好形象。五是根据全国、自治区“扫黄打非”办安排部署，结合我市实际，遵循“追根究底、穷追猛打”和“标本兼治、重在治本”的工作方针，先后组织开展了“两会”和“春节”前在全市开展以打击非法出版物为重点的集中治理行动；继续深入开展打击非法出版活动专项行动和整治“四假”专项行动；打击网络侵权盗版专项行动；打击利用交通运输渠道贩运非法出版物活动专项行动；解放南路片区文化市场专项整治工作；重点运输环节出版物经营活动专项检查集中行动；奥运前30天出版物市场集中清查行动等一系列专项行动。着力查获了一批大案要案，其中影响较大的有：

2008年3月24日，我市新闻出版局执法人员查获佰利达商贸有限公司印制的非法宗教出版物藏传佛教彩色单页，共计3种1.65万张。

新疆汉唐传媒有限公司未经批准擅自从事出版物出版、发行业务案。新疆汉唐传媒有限公司涉嫌未经批准擅自从事非法出版物《21世纪人才报·新疆人才》的出版、发行业务。2008年7月31日，我局执法人员联合公安部门在某印刷厂查获了该公司委托印刷的《21世纪人才报·新疆人才》1.9万千份，经鉴定《21世纪人才报·新疆人才》为非法出版物。根据《出版市场管理规定》对汉唐传媒有限公司予以行政处罚。

2008年8月，我市新闻出版局执法人员联合公安部门对山西巷三个出租房进行检查发现《坦塔维作品精选》、《聚礼（主麻礼）演讲精选》等宗教类非法出版物6册，收缴非法民语图书1547册，非法民语光碟1.2万余盘，光碟封皮10万张，刻录机42台，电脑主机3台，刑拘3人。此案正在进一步调查当中。

2008年11月9日，我市乌苏路20号一无证经营的印刷厂内查获《东方闪电工作手册》6000余册，经鉴定该手册为非法出版物。此案已由我局移交公安部门处理。

（四）加强监管，防患未然，始终把握“扫黄打非”工作的主动权

加强对印刷（复制）业的监管，从源头上遏止非法出版物的蔓延扩散，坚持日常管理和集中检查相结合，严格实行《图书期刊印制委托书》制度，对出版物印刷环节实施监管，防止非法出版物的出版印刷。为加强对印刷企业的经常性监督检查，文化市场管理部门每个月都去印刷企业检查指导工作，掌握印刷市场动态，规范印刷市场秩序，发现问题及时处理，消除了一些问题的隐患。运用工作例会、文化市场协会网站、信息交流平台、文化市场简报和反分裂斗争再教育讲座等多种形式进行宣传教育，共举办培训班13期，培训人员1763人次，培训合格率达100%，使经营者全面正确地了解了新疆发展的历史，明确认识了当前形势，激发了文化市场经营者建设美好家园、创造和谐发展新成就的工作热情。

今后，我们将按照自治区和我市“扫黄打非”领导小组的部署和要求，认真学习借鉴好的经验和做法，不断加大打击力度，深入持久地把“扫黄打非”工作开展好，为净化我市文化市场、维护社会政治稳定、构建和谐乌鲁木齐做出更大的成绩。

四、表彰与奖励

全国“扫黄打非”工作小组关于表彰2008年全国“扫黄打非”有功集体、有功个人和先进集体、先进个人的决定

各省、自治区、直辖市“扫黄打非”工作领导小组，全国“扫黄打非”工作小组各成员单位：

在党中央、国务院的高度重视和坚强领导下，在极不平凡的2008年里，全国“扫黄打非”工作以党的十七大和十七届三中全会精神为指导，以深入学习实践科学发展观为主题，以迎奥运、保稳定为重点，认真贯彻落实中央“两办”转发的《2008年“扫黄打非”行动方案》和中央领导同志的重要指示、批示精神，高举保护知识产权旗帜，在强化日常监管的同时，始终保持对各类非法出版活动的高压态势，不间断地组织开展了迎接“两节”、“两会”、维护西藏稳定、抗震救灾、奥运前60天集中治理等6个专项行动和奥运会后防反弹工作，为平息藏区骚乱、抗震救灾、北京奥运会的成功举办和纪念改革开放30周年营造了良好的舆论文化环境，为维护文化安全、市场秩序、社会稳定做出了重要贡献。

为鼓励先进和有功人员，全国“扫黄打非”工作小组决定对在2008年“扫黄打非”工作中涌现出来的有功集体、有功个人和先进集体、先进个人进行表彰、奖励。决定授予河北、广州“3·18”制售非法出版物案专案组等96个单位全国“扫黄打非”有功集体称号，授予北京市公安局治安管理总队行动支队三队民警王启振等88名同志全国“扫黄打非”有功个人称号，授予安徽省“扫黄打非”领导小组办公室等128个单位全国“扫黄打非”先进集体称号，授予天津市文化市场行政执法总队副总队长钟鸿青等143位同志全国“扫黄打非”先进个人称号。

希望受表彰的单位和个人继续努力，再创佳绩。希望全国各级“扫黄打非”部门和工作人员以受表彰的单位和个人为榜样，全面贯彻落实党的十七大和十七届三中全会精神，以科学发展观为统领，高举保护知识产权旗帜，严密封堵政治性非法出版物及网上有害信息，严厉打击侵权盗版活动，坚持开展集中治理，切实加强日常监管，为维护意识形态安全，促进社会和谐稳定，推动文化大发展大繁荣，实现经济社会又好又快发展营造良好舆论氛围和文化环境。

附件：

1. 2008年全国“扫黄打非”有功集体名单
2. 2008年全国“扫黄打非”有功个人名单
3. 2008年全国“扫黄打非”先进集体名单
4. 2008年全国“扫黄打非”先进个人名单

附件 1

2008 年全国“扫黄打非”有功集体名单

北京“9·29”假记者证案专案组
北京“11·05”假冒国家工作人员销售非法出版物案专案组
北京“5·04”非法出版物案专案组
天津市公安局行动技术总队
天津市公安局和平区分局
天津“1·08”非法光盘案专案组
天津“6·03”批销盗版、淫秽音像制品团伙网络案专案组
河北省石家庄市公安局国保支队“3·27”专案组
河北、广州“3·18”制售非法出版物案专案组
山西省太原市“1·09”销售侵权盗版图书案办案组
山西省临汾市公安局霍东分局侦破刘小兵假冒记者敲诈勒索案办案组
山西省临汾“8·25”真假记者勾结诈骗巨款案办案组
山西省霍宝干河煤矿封口费事件联合调查组
山西省大同智根明销售盗版图书案办案组
内蒙古自治区呼和浩特市“扫黄打非”工作小组办公室
辽宁省沈阳市《沿海时报》非法记者站案专案组
辽宁省鞍山市文化市场综合行政执法队
吉林省“8·19”非法报刊专案组
吉林省松原市公安局公共信息网络监察支队
黑龙江省哈尔滨市“7·15”盗版印刷案专案组
黑龙江省双鸭山市“6·30”非法发行案专案组
黑龙江省哈尔滨市“5·24”特大制售非法出版物案专案组
上海市文化市场行政执法总队
上海市公安局治安总队行动队
上海铁路局北郊站
上海“沈家祺经营非法教辅读物案”专案组
江苏省徐州“3·03”制售非法报纸团伙网络案专案组
江苏省苏州市公安局信息网络安全监察处
江苏省启东市公安局治安大队
浙江省宁波市文化市场行政执法总队
浙江省金华市公安局婺城分局国保大队
安徽省公安厅治安总队
安徽省阜阳市非法印刷销售图书案专案组
安徽省合肥市“1·03”图书盗版案专案侦破组
福建省福州市公安局公共信息网络安全监察处
福建省厦门市文化市场稽查队
福建省厦门市公安局治安支队
江西省萍乡市“5·07”淫秽光盘案专案组
江西省九江·庐山“7·22”网络侵权案专案组
江西省“4·18”非法图书案专案组
山东省青岛市公安局市北分局
山东省聊城市东昌府区“扫黄打非”办公室
山东省烟台市出版物市场稽查队
河南省新乡市“7·24”非法图书案专案组
河南省郑州市“3·25”盗印出版物案专案协调组
湖北省咸宁市“4·01”非法出版物案专案组
湖北省武汉市江汉区“7·2”贩卖淫秽物品案专案组
湖北省黄冈市陈异峰销售盗版图书案专案组
湖南省岳阳“11·1”非法出版经营案专案组
湖南省长沙市新闻出版局
广东省广州市公安局
广东省广州市文化市场综合行政执法总队四科
广东省深圳市“1·17”地下光盘生产线专案组
广东省深圳市“12·01”特大制作、销售盗版音像制品案专案组
广东省广州海关南海缉私分局
广东省广州市海珠区“扫黄打非”工作领导小组办公室
广东省广州市萝岗区文化市场综合行政执法队
广东省广州市“12·25”非法出版物案专案组

广西壮族自治区桂林市公安局治安巡逻警察支队
广西壮族自治区崇左市龙州县公安局国内安全保卫大队
广西壮族自治区梧州岑溪市文化和体育局
广西壮族自治区贺州市公安局八步分局经侦大队
广西壮族自治区来宾市版权局
海南省文化市场稽查总队
海南省海口市公安局秀英分局
四川省泸州市“扫黄打非”工作领导小组办公室
四川省交通厅公安处
重庆市公安局经济犯罪侦查总队
重庆市“7·19”非法光盘经营案专案组
重庆市“11·19”淫秽书籍经营案专案组
贵州省黔东南州凯里市人民法院
贵州省贵阳市“反盗版、端窝点、追根打源”专案组
云南省昆明市“1·16”非法光盘案专案组
云南省“6·11”重大非法出版案专案组
云南省腾冲县“3·04”非法出版案专案组
西藏自治区公安厅国保总队
拉萨海关缉私局
陕西省西安“5·22”非法出版案案件组
陕西省宝鸡市公安局网监支队
陕西省西安咸阳机场海关
甘肃省兰州市文化市场行政执法支队
甘肃省平凉市公安局公共信息网络安全监察支队
青海省西宁市城西区“扫黄打非”领导小组办公室
宁夏回族自治区新闻出版局版权管理处
宁夏回族自治区石嘴山市工商行政管理局经济检查大队
新疆维吾尔自治区乌鲁木齐市新闻出版局（版权局）
新疆维吾尔自治区伊犁哈萨克自治州霍城县文化市场稽查大队
沈阳铁路局党委宣传部、“扫黄”工作领导小组办公室
太原铁路局党委宣传部、“扫黄”工作领导小组办公室
呼和浩特铁路局党委宣传部、“扫黄”工作领导小组办公室
安徽省通信管理局
山西省通信管理局
福建省通信管理局
北京海关驻邮局办事处
成都海关驻邮局办事处
广州海关缉私局查私处

附件2

2008年全国“扫黄打非”有功个人名单

王启振　男　北京市公安局治安管理总队行动支队三队民警
徐　剑　男　北京市文化市场行政执法总队执法三队一科科长
王兴民　男　北京市宣武区文化委员会执法队副队长
刘建华　男　天津市公安局治安管理总队副总队长
谷士平　男　天津市公安局行动技术总队指挥室主任
王家琪　男　天津市公安局和平区分局治安科副科长
苏秀敏　女　河北省秦皇岛市新闻出版局科长
梁宝印　男　山西省新闻出版局副局长
董原生　男　山西省临汾市公安局霍东分局副局长
薛丽英　女　山西省太原市“扫黄打非”工作领导组办公室主任科员
谢惠生　男　山西省临汾市文化新闻出版局新闻出版科科长
杨志明　男　山西省吕梁市“扫黄打非”工作领导组办公室主任
赵向阳　男　内蒙古自治区通辽市“扫黄打非”

工作领导小组办公室主任
刘淑华　女　内蒙古自治区赤峰市松山区文化市场稽查队队长
王继栋　男　辽宁省公安厅治安管理总队一支队支队长
李安庆　男　辽宁省“扫黄打非”工作小组办公室副主任
李文林　男　辽宁省大连市“扫黄打非”工作小组办公室专职副主任
吴长明　男　吉林省辽源市文化市场稽查支队科员
张庆新　男　黑龙江哈尔滨市公安局刑侦支队三大队一中队中队长
李　波　男　黑龙江哈尔滨市公安局治安支队治安大队大队长
夏卫标　男　上海市闵行区文化执法大队
赵颖华　女　上海市黄浦区人民检察院公诉科主诉检察官
汪　浩　男　江苏省扬州市公安局广陵分局治安大队教导员
刘延胜　男　江苏省无锡市文化综合行政执法支队二大队大队长
刘寒松　女　江苏省镇江市润州区检察院公诉科科长
潘太标　男　浙江省温州市文化市场行政执法支队副支队长
王晓红　女　浙江省杭州市文化市场行政执法总队
刘　声　男　安徽省合肥市公安局网监支队支队长
潘　甦　男　安徽省宿州市新闻出版局局长
简五一　男　安徽省“扫黄打非”领导小组办公室主任
颜艺坚　男　福建省厦门市同安区文化市场稽查队副队长
陈国忠　男　福建省福州市公安局洋中派出所副所长
郭晓红　女　福建省龙岩市上杭县文化体育出版局新闻出版股股长
王东进　男　江西省公安厅治安总队行动队政委
周民祥　男　江西省景德镇市出版物市场稽查支队支队长
熊　焰　男　江西省庐山“扫黄打非”办公室主任
徐国东　男　山东省泰安市文化市场稽查支队支队长
郭瑞庆　男　山东省滨州市新闻出版局副局长
张型华　男　山东省济宁市公安局治安支队副支队长
郭建新　男　河南省人民检察院侦查监督处处长
孙士信　男　河南省开封市“扫黄打非”工作领导小组办公室副主任
张文书　男　河南省郑州市“扫黄打非”工作领导小组办公室副主任
张郢翔　男　湖北省公安厅治安总队科员
谭鄂生　男　湖北省恩施州文化体育局副局长
邓　军　男　湖南省岳阳市公安局巡特警支队副大队长
郑一夫　男　湖南省岳阳县新闻出版局局长
江　南　男　广东省广州市文化市场综合行政执法总队政委
王海波　男　广东省广州市新闻出版和广播电视局执法监督处副主任科员
田穗生　男　广东省广州市文化市场综合行政执法总队队长
姜登科　男　广东省深圳市“扫黄打非”办副主任、市文化市场行政执法总队副总队长
钟新棠　男　广东省佛山市文化市场综合执法大队副大队长
邓伟梯　男　广州白云机场海关科员
刘　梅　女　广东省广州市越秀区委宣传部常委、宣传部长
樊文保　男　广东省“扫黄打非”工作领导小组办公室副主任
左　雄　男　广西壮族自治区南宁市公安局治安管理支队副支队长
李厚全　男　广西壮族自治区柳州市新闻出版局

局长
李永志　男　广西壮族自治区玉林市公安局治安支队副支队长
郑　剑　男　海南省文化市场稽查总队总队长
李昌东　男　海南省海口市公安局治安支队干警
刘永微　男　四川省出版物市场稽查总队主任科员
刘　平　男　四川省成都市文化市场稽查队队长
戴　宏　男　重庆市人民检察院第五分院侦查监督处处长
陈　霞　女　重庆市高级人民法院刑事审判第二庭助理审判员
肖　蓓　女　重庆市北碚区文化市场行政执法大队大队长
王　鸿　男　贵州省贵阳市文化市场稽查支队支队长
何　韦　男　贵州省贵阳市公安局治安支队二大队副科级侦察员
苏　凯　男　云南省出版物市场稽查总队副主任科员
扎西顿珠　男　西藏自治区日喀则地区公安处国保支队副主任科员
占　堆　男　西藏自治区拉萨市公安局国保支队机动侦察大队大队长
石新娟　女　陕西省“扫黄打非”工作领导小组办公室专职副主任
李成锁　男　陕西省西安市新闻出版局发行处处长
李秋仓　男　陕西省西安市公安局治安局特行科科长
黄宗胜　男　甘肃省公安厅治安总队治安科科长
兰　彧　男　青海省海西州文体广电局文化市场科科长
徐景武　男　宁夏回族自治区公安厅治安管理总队行动支队支队长
黄浩宇　男　宁夏回族自治区文化市场行政执法总队银川市支队执法一大队副大队长
张俊武　男　新疆维吾尔自治区塔城地区新闻出版局文化市场稽查大队大队长
黄　平　男　北京市通信管理局信息安全处副处长
戴荣惠　女　天津市通信管理局市场管理处干部
赵淳璐　男　国家计算机网络应急技术处理协调中心信息安全处职工
万　军　男　南昌铁路局党委宣传部部长、“扫黄”办主任
王　雄　男　郑州铁路局党委宣传部部长、“扫黄”办主任
姚　迈　男　广州铁路公安局广州公安处处长
黄伟庆　男　深圳海关缉私局蛇口分局缉私科副科长
陈　鑫　男　青岛海关缉私局办公室副主任科员
叶芳耘　女　上海海关驻邮局办事处印刷品监管科科长
徐　亮　男　商务印书馆版权处处长
吴　勤　男　高等教育出版社打击盗版办公室主任

附件 3

2008 年全国“扫黄打非”先进集体名单

北京市“扫黄打非”工作领导小组办公室
北京市公安局治安管理总队行动支队三队
北京市城市管理综合行政执法局
北京市朝阳区“扫黄打非”工作领导小组办公室
北京市海淀区“扫黄打非”工作领导小组办公室
北京市石景山区“扫黄打非”工作领导小组办公室
天津市“扫黄打非”工作领导小组办公室
天津市通信管理局市场监管处
天津市公安局治安管理总队
天津海关缉私局
中共河北省委宣传部

河北省新闻出版局
河北省工商行政管理局公平交易处
河北省通信管理局市场监管处
河北省高速公路禄发实业总公司涿州公司（服务区）
山西省“扫黄打非”工作领导小组办公室
山西省忻州市文化市场稽查大队
山西省运城市“扫黄打非”工作领导组办公室
内蒙古自治区呼和浩特市工商局
呼和浩特海关驻白塔机场办事处邮监科
辽宁省沈阳市文化市场行政执法总队
辽宁省大连市“扫黄打非”工作小组办公室
辽宁省营口市“扫黄打非”工作领导小组办公室
吉林省长春市新闻出版局
黑龙江省新闻出版局出版物市场监管处
黑龙江省公安厅治安总队
上海市黄浦区文化市场行政执法大队
上海海关驻邮局办事处
上海市工商行政管理局普陀分局
上海市虹口区人民法院刑事审判庭
江苏省“扫黄打非”工作领导小组办公室
江苏省徐州市“扫黄打非”工作领导小组办公室
江苏省张家港市“扫黄打非”工作领导小组办公室
浙江省新闻出版局执法指导监督处
浙江省湖州市“扫黄打非”工作领导小组办公室
浙江省温岭市“扫黄打非”工作领导小组办公室
安徽省“扫黄打非”领导小组办公室
安徽省安庆市委宣传部
安徽省亳州市“扫黄打非”领导小组办公室
福建省“扫黄打非”领导小组办公室
福建省厦门市“扫黄打非”领导小组办公室
福建省泉州市“扫黄打非”领导小组办公室
厦门海关缉私局侦查二处
江西省公安厅治安警察总队直属行动队
江西省九江市“扫黄打非”工作领导小组办公室
江西省赣州市“扫黄打非”工作领导小组办公室
山东省青岛市“扫黄打非”办公室
山东省济南市新闻出版局
山东省曲阜市文化市场管理办公室
河南省林州市“扫黄打非”工作领导小组办公室
河南省开封市“扫黄打非”工作领导小组办公室
河南省信阳市“扫黄打非”工作领导小组办公室
湖北省“扫黄打非”工作小组办公室
湖北省武汉市新闻出版局
湖北省文化市场稽查总队
湖北省襄樊市新闻出版局
湖南省岳阳市“扫黄打非”工作小组办公室
湖南省怀化市“扫黄打非”工作小组办公室
长沙海关驻黄花机场办事处
湖南省常德市“扫黄打非”工作小组办公室
广东省广州市“扫黄打非”工作领导小组办公室
广东省深圳市“扫黄打非”工作领导小组办公室
广东省公安厅
海关总署广东分署法规处
广东省委政法委综治工作处
广东省工商行政管理局
广东省东莞市文化市场管理工作领导小组办公室
广东省佛山市文化市场管理工作领导小组办公室
广东省广州市文化市场综合行政执法总队
海南省公安厅
海南省定安县“扫黄打非”领导小组办公室
广西壮族自治区文化稽查总队
广西壮族自治区南宁市“扫黄打非”工作小组办公室
广西壮族自治区柳州市“扫黄打非”工作小组办公室
东兴海关旅检科
四川省工商局公平交易处
四川省德阳市“扫黄打非”工作领导小组办公室
四川省绵阳市“扫黄打非”工作领导小组办公室
四川省成都市新闻出版局
四川省广安市“扫黄打非”工作领导小组办公室
云南省昆明市“扫黄打非”领导小组办公室
云南省迪庆藏族自治州“扫黄打非”领导小组办公室
重庆市文化市场行政执法总队
中共重庆市纪委

重庆市永川区“扫黄打非”工作小组办公室
贵州省出版物市场稽查队
贵州省遵义市正安县新闻出版局
西藏自治区“扫黄打非”工作领导小组办公室
西藏自治区林芝地区“扫黄打非”工作领导小组办公室
陕西省西安市“扫黄打非”工作领导小组办公室
陕西省新闻出版局出版物市场监管处
陕西省西安市文化市场行政执法总队
陕西省商洛市“扫黄打非”工作领导小组办公室
甘肃省张掖市“扫黄打非”工作小组办公室
青海省海东地区“扫黄打非”领导小组办公室
青海省果洛州“扫黄打非”领导小组办公室
宁夏回族自治区“扫黄打非”工作小组办公室
宁夏回族自治区公安厅治安管理总队
新疆维吾尔自治区新闻出版局（版权局）
教育部基础教育一司
工业和信息化部通信保障局信息安全管理处
公安部三局一处
公安部一局三处
公安部公共信息网络安全监察局管理监察处
公安部光盘生产源鉴定中心
交通运输部公安局
中国民用航空局公安局
铁道部“扫黄”工作领导小组办公室
文化部市场司网络文化处
海关总署监管司行邮处
海关总署缉私局综合治理处
国家工商行政管理总局公平交易局经济检查处
国家广播电影电视总局传媒机构管理司
新华社国内部中央新闻采访中心政文采访室
中国新闻社政文部
人民日报社网络中心教科文体部
中央人民广播电台时政采访部
中国国际广播电台中国报道部
中央电视台新闻中心《法治在线》栏目
中央电视台新闻中心新闻采编部
中央电视台《大家看法》栏目
经济日报社政科文新闻部
光明日报社图书出版部
法制日报社政文部
中国知识产权报社
中国新闻出版报版权监管新闻部
新华网
中国平安网

附件4

2008年全国“扫黄打非”先进个人名单

陈启刚　男　北京市委宣传部常务副部长
于　阳　男　北京市大兴区人民检察院侦查监督处处长
刘卫兵　男　北京市工商行政管理局昌平分局副局长
杨　铁　男　北京市文化市场行政执法总队执法一队队长
郭振跃　男　北京市交通执法总队执法综合处处长
王野霏　男　北京市新闻出版局副局长
邢卫东　男　北京市西城区文化委员会执法二分队副队长
钟鸿青　男　天津市文化市场行政执法总队副总队长
丁福东　男　天津市公安局副局长
吕东明　男　天津市和平区“扫黄打非”工作领导小组办公室副主任
孔令哲　男　天津市南开区“扫黄打非”工作领导小组办公室主任
宋宝鹿　男　天津市城市管理综合执法局执法协调处干部
李宝生　男　河北省三河市新闻出版局局长
张福彤　男　河北省社会治安综合治理委员会办公室主任科员
解　欣　男　河北省文化厅文化市场处主任科员

项向阳　男　河北省新闻出版局办公室主任
张广亮　男　山西省太原市“扫黄打非”工作领导组办公室主任
康瑞波　男　山西省“扫黄打非”工作领导小组办公室副调研员
李忠革　男　山西省大同市新闻出版局副局长
马爱民　男　山西省“扫黄打非”工作领导小组办公室副主任
陈宏鹰　女　内蒙古自治区“扫黄打非”工作小组办公室副主任
孙舒凡　男　内蒙古自治区党委宣传部改革发展处处长
车　竞　女　辽宁省营口市政府副市长
于洪洋　男　大连海关缉私局反走私综合治理办公室主任
汤尔利　男　辽宁省委宣传部新闻出版处调研员
刘　刚　男　吉林省新闻出版局出版物市场监管处　副主任科员
张春华　女　吉林省敦化市文化新闻出版和体育局局长
胡宪武　男　吉林省新闻出版局副局长
郝景文　男　黑龙江省新闻出版局出版物市场监管处副处长
齐国平　男　黑龙江省佳木斯市文化市场稽查支队支队长
姜　涛　女　黑龙江省七台河市新闻出版局出版科科长
范忠诚　男　黑龙江省绥化市工商局公平交易局公平交易科副科长
景俊安　男　上海市普陀区文化市场行政执法大队大队长
陈万钧　男　上海铁路局党委宣传部副部长
钱月明　男　上海市浦东新区潍坊新村街道党工委副书记
史金虎　男　上海东方书报刊服务有限公司总经理、党委书记
胡连生　男　江苏省委宣传部新闻出版处副处长
华颂瑞　男　江苏省新闻出版局副巡视员
张建国　男　江苏省南京市“扫黄打非”工作领导小组办公室副主任
顾　翔　男　江苏省南通市“扫黄打非”工作领导小组办公室副主任
姚颂和　男　浙江省文化厅执法指导监督处处长
舒月明　男　浙江省宁波市文化广电新闻出版局副局长
金奇烽　男　浙江省绍兴市文化市场行政执法支队大队长
田宇原　男　浙江省文化厅副厅长
朱小都　男　浙江省工商局经济检查处副处长
范春梅　女　浙江省新闻出版局副局长
赵世对　男　安徽省委宣传部副部长
李修松　男　安徽省省文化厅副厅长
沈言胜　男　安徽省铜陵市委常委、宣传部长
江　娅　女　安徽省蚌埠市委常委、副市长
李　甡　女　福州海关驻邮局办事处印刷品音像制品监管科主任科员
谢雨田　男　福建省莆田市公安局网络安全科侦察队队长
洪建权　男　福建省泉州市鲤城区文体旅游局副局长
李玉光　男　福建省新闻出版局巡视员
黄福生　男　江西省上饶市新闻出版局局长
张　纯　男　江西省南昌市“扫黄打非”工作领导小组办公室副主任
欧阳东来　男　江西省“扫黄打非”工作领导小组办公室主任科员
胡美良　男　南昌海关驻昌北机场办事处旅检科科长
房利娜　女　山东省临沂市文化市场管理执法局局长
王献忠　男　山东省东营市垦利县“扫黄打非”办公室主任
云俊波　男　河南省“扫黄打非”工作领导小组办公室副主任科员
魏景义　男　河南省驻马店市“扫黄打非”工作领导小组办公室科长
郑海清　男　河南省通信管理局处长
刘传生　男　湖北省新闻出版局出版物发行与市

场监管处处长
戴勤谨　男　湖北省武汉市武昌区文体局副局长
陈发山　男　湖北省孝感市新闻出版局新闻出版、版权科科长
陈智涛　男　武汉海关缉私局办公室副主任科员
丁红星　男　湖北省黄石市新闻出版局副调研员
唐成红　男　湖南省委宣传部出版处处长
罗永康　男　湖南省新闻出版局出版物市场管理处处长
阳卫国　男　湖南省株洲市委常委、宣传部部长
易鸿斌　男　湖南省衡阳市新闻出版局副局长、市“扫黄打非”办主任
陈春怀　女　广东省文化市场管理工作领导小组办公室常务副主任
刘晓阳　女　广东省文化厅文化市场处副处长
陈逸菁　女　广东省通信管理局主任科员
陈国坚　男　广东省佛山市公安局南海分局治安管理大队副大队长
周素勤　女　广东省广州市新闻出版和广播电视局党委书记
钟健平　男　广东省广州市委政法委秘书长
陆志强　男　广东省广州市天河区委宣传部常委、宣传部长
谢胜桃　男　广西壮族自治区“扫黄打非”工作小组办公室副调研员
湛培莲　女　广西壮族自治区公安厅治安警察总队副队长
刘益华　男　南宁海关驻邮局办事处
许忠生　男　南宁铁路局“扫黄打非”工作小组办公室主任
张福海　男　广西壮族自治区柳州市委副书记、副市长
唐小浪　男　海南省海口市美兰区文化市场稽查队队长
邹吉祥　男　四川省委宣传部副部长
李荣彪　男　四川省公安厅治安总队副总队长
杨　涛　男　四川省新闻出版局副调研员
黄　煜　女　四川省“扫黄打非”工作领导小组办公室专职副主任
王合清　男　重庆市委宣传部副部长
张德江　男　重庆市检察院侦查监督处处长
刘　斌　男　重庆市“扫黄打非”工作小组办公室副主任
祝迎生　男　贵州省黔南州文化、新闻出版（版权）局新闻出版、文化市场管理科科长
李　浩　男　贵州省公安厅治安总队案件处正科级侦察员
湛　江　男　云南省曲靖市工商局局长
旺堆次仁　男　西藏自治区新闻出版局党组书记、局长
李九成　男　西藏自治区工商行政管理局公平交易处副处长
孙宝林　男　西藏自治区“扫黄打非”领导小组办公室主任
成立笠　男　陕西省委宣传部出版处处长
苏有军　男　陕西省“扫黄打非”工作领导小组办公室主任科员
王　铎　男　陕西省汉中市委宣传部副部长
袁爱华　女　甘肃省新闻出版局副局长
朱绍民　男　青海省西宁市文体广电局副局长
刘建民　男　宁夏回族自治区文化市场行政执法总队法制监察处副处长
王　嘉　男　宁夏回族自治区银川市城市管理综合执法局指挥调度中心主任
吐尔洪·依明　男　新疆维吾尔自治区出版物市场稽查队队长
吴　瑾　女　新疆维吾尔自治区工商局公平交易局科长
刘林松　男　新疆维吾尔自治区通信管理局市场监管处科员
李宝柱　男　中央政法委宣传教育指导室主任（正局级）
魏小波　女　教育部社会科学司出版管理处处长
雷　英　女　工业和信息化部电信管理局市场管理处干部
徐　沪　男　公安部三局副局长
周　戈　男　公安部三局一处副处长

郭　奇　男　公安部一局三处副主任科员
虞　震　男　公安部信息网络安全监察局案件侦查处主任科员
张志勇　男　公安部光盘生产源鉴定中心鉴定员
杨海英　男　住房和城乡建设部城建司市容环境管理处处长
方杰义　男　住房和城乡建设部城建司综合法规处调研员
陈必平　男　上海港公安局治安管理支队副支队长
陈谊菡　女　铁道部政治部宣传部宣传处处长
张峥嵘　女　铁道部政治部宣传部副调研员
刘晓东　男　文化部市场司音像处处长
高　平　男　文化部市场司稽查指导处副主任科员
李晓武　男　海关总署缉私局副局长
刘少栋　男　广电总局传媒机构管理司网络传播管理处主任科员
杜长红　女　国家工商行政管理总局公平交易局经济检查处副处长
周　晨　女　国家工商行政管理总局公平交易局经济检查处副主任科员
徐　立　男　中国民用航空局党委办公室副主任
毕　斌　男　解放军总政治部宣传部新闻出版局副团职干事
隋笑飞　男　新华社国内部中央新闻采访中心政文采访室记者
孙自法　男　中国新闻社记者
黄　维　女　人民日报社网络中心编辑
伊圣涛　男　中央人民广播电台记者、编辑
刘思恩　女　中国国际广播电台记者
刘　涛　男　中央电视台新闻中心编辑
吴　春　女　中央电视台社教中心频道编辑部《天网》主编
赵红梅　女　中央电视台社教中心法制专题部《大家看法》栏目主编
邢宇皓　男　光明日报社图书出版部主编
艾　芳　女　经济日报社政科文部主任记者
朱　磊　女　法制日报社记者
赖名芳　女　中国新闻出版报版权监管新闻部主任
熊红祥　男　新华网法制频道主编
袁　韵　女　新华网《中国平安网》编辑部副主任

关于表彰迎奥运保稳定“扫黄打非”先进集体的决定

各省、自治区、直辖市“扫黄打非”工作领导小组办公室，全国“扫黄打非”工作小组各成员单位：

在党中央、国务院的坚强领导下，北京奥运会和残奥会取得圆满成功。为此，各地各有关部门按照迎奥运、保稳定的统一部署，精心组织、密切配合、连续作战，付出了艰苦努力，取得了显著成效，不间断地开展了以打击非法出版及侵权盗版活动为重点的第一次专项行动、第二次专项行动、六七八三个月专项行动、奥运前30天专项行动和残奥会期间加强出版物市场清查工作，使这一阶段出版物市场面貌成为近年来最好时期，为北京奥运会和残奥会成功举办营造了良好的文化氛围和舆论环境，也为今后“扫黄打非”工作的开展积累了成功做法和宝贵经验。

为了总结经验、表彰先进，开创“扫黄打非”工作新局面，根据全国“扫黄打非”工作小组下发的《关于开展奥运前30天出版物市场集中清查行动的紧急通知》决定，对迎奥运、保稳定期间作出重要成绩和突出贡献的北京市“扫黄打非”工作领导小组办公室等95个集体予以表彰奖励，授予“迎奥运保稳定‘扫黄打非’先进集体”荣誉称号。

这次受到表彰的先进集体的事迹，充分体现

了“扫黄打非”讲政治、讲大局、连续作战、甘于奉献、求真务实、密切协作的精神。“扫黄打非”战线的全体同志们要深入学习实践科学发展观，以受到表彰的先进集体为榜样，大力发扬他们的崇高精神和优良作风，围绕中心、服务大局、扎实工作、改革创新，推动“扫黄打非”工作向纵深发展。希望受到表彰的先进集体珍惜荣誉、谦虚谨慎、不断进取、再创佳绩，继续为“扫黄打非”工作做出新的更大贡献。

附件：迎奥运保稳定“扫黄打非”先进集体名单（95家）

附件

迎奥运保稳定“扫黄打非”先进集体名单（95家）

北京市“扫黄打非”工作领导小组办公室
北京市公安局治安管理总队
北京市工商行政管理局执法检查大队
北京市朝阳区“扫黄打非”工作领导小组办公室
北京市海淀区“扫黄打非”工作领导小组办公室
北京市石景山区“扫黄打非”工作领导小组办公室
天津市“扫黄打非”工作领导小组办公室
天津市公安局
天津市城市管理综合执法局
天津市新闻出版局版权处
天津市南开区“扫黄打非”工作领导小组办公室
河北省新闻出版局
河北省文化厅市场处
河北省公安厅
秦皇岛市“扫黄打非”工作领导小组办公室
山西省“扫黄打非”工作领导小组办公室
吕梁市交口县文化市场稽查队
运城市盐湖区新闻出版局
包头市“扫黄打非”工作领导小组办公室
辽宁省“扫黄打非”工作领导小组办公室
沈阳市“扫黄打非”工作领导小组办公室
大连海关
沈阳铁路局“扫黄打非”领导小组办公室
长春市“扫黄打非”领导小组办公室
哈尔滨市公安局“5·24”特大制售非法出版物案专案组
上海市文化市场行政执法总队
上海市公安局治安总队
上海市工商行政管理局公平交易处
上海市城市管理执法总队
上海市徐汇区文化市场管理（扫黄打非）工作办公室
江苏省“扫黄打非”工作领导小组办公室
南京市出版物市场综合执法支队
江苏省常州市文化行政综合执法支队
浙江省“扫黄打非”工作领导小组办公室
杭州海关
绍兴市文化市场行政执法总队
安徽省“扫黄打非”领导小组办公室
合肥市文化广播电视新闻出版局
黄山市文明办
福建省“扫黄打非”工作领导小组办公室
晋江市新闻出版局
福州市新闻出版局
江西省“扫黄打非”工作领导小组办公室
吉安市新闻出版局出版物市场稽查支队
萍乡市安源区新闻出版局
山东省“扫黄打非”工作领导小组办公室
青岛市新闻出版（版权）局
山东省公安厅治安警察总队
青岛市市南区“扫黄打非”工作领导小组办公室
郑州市新闻出版局出版物稽查大队
湖北省“扫黄打非”工作小组办公室
武汉市新闻出版局

湖南省“扫黄打非”工作小组办公室
岳阳市新闻出版局
怀化市新闻出版局
广东省“扫黄打非”工作领导小组办公室
广州市文化市场综合行政执法总队
深圳市文化市场行政执法总队
东莞市文化市场综合执法大队
广西壮族自治区“扫黄打非”工作小组办公室
广西壮族自治区公安厅网络警察总队
南宁市青秀区“扫黄打非”工作小组办公室
中共海南省委政法委员会
四川省“扫黄打非”工作领导小组办公室
四川省出版物市场稽查总队
成都市“扫黄打非”工作领导小组办公室
眉山市文化稽查支队
重庆市文化市场行政执法总队
重庆市南岸区文化市场行政执法大队
贵州省“扫黄打非”工作领导小组办公室
贵阳市文化市场稽查支队
安顺市文化市场稽查支队
云南省“扫黄打非”工作领导小组办公室
西藏自治区“扫黄打非”工作领导小组办公室
日喀则地区公安处国保支队
山南地区“扫黄打非”工作领导小组办公室
陕西省“扫黄打非”工作领导小组办公室
商洛市“扫黄打非”工作领导小组办公室
兰州市“扫黄打非”工作领导小组办公室
青海省“扫黄打非”工作领导小组办公室
海南州文体广电局
宁夏回族自治区“扫黄打非”工作小组办公室
宁夏文化市场行政执法总队银川市支队
宁夏回族自治区公安厅治安总队
喀什地区“扫黄打非”工作领导小组办公室
公安部治安局一处
文化部文化市场司
教育部社会科学司
铁道部政治部宣传部
交通运输部公安局
海关总署缉私局
国家工商行政管理总局公平交易局经济检查处
中国民用航空局党委办公室
新闻出版总署印刷发行管理司
国家版权局版权管理司

关于表彰奖励北京“10·12”侵权盗版案办案有功集体、有功个人的决定

由全国“扫黄打非”工作小组办公室、公安部挂牌督办，北京市“扫黄打非”工作领导小组部署、指挥查办的北京“10·12”侵权盗版案，已经结案。2007年10月25日，7名案犯均被以非法经营罪判处有期徒刑并罚款，其中张宏伟被判处有期徒刑3年6个月，罚款人民币50万元；贾枫被判处有期徒刑1年，缓刑1年，罚款人民币25万元；葛苍被判处有期徒刑2年，缓刑2年，罚款人民币5万元；白殿林被判处有期徒刑1年，缓刑1年，罚款人民币17万元；李野、申闯、韩晓宇分别被判处有期徒刑1年，缓刑1年，罚款人民币2万元。

在北京市委、市政府和市“扫黄打非”工作领导小组的正确领导下，北京市公安、文化执法、检察、审判等部门相互协作、密切配合，特别是市“扫黄打非”办、市公安局治安管理总队、市文化行政执法总队联合成立了强有力的专案组，迅速出击，全面布控，根据某单位购买的1500套《江泽民文选》存在多处印刷错误的事实，按照“彻查、彻究、彻办”的原则，对这一重要线索深挖彻究，在掌握犯罪嫌疑人的大量犯罪证据，将北京有关犯罪嫌疑人抓捕之后，又远

赴黑龙江将有关犯罪嫌疑人抓获，从而将该犯罪团伙一网打净。该案的成功告破，从源头上铲除了这一盗印政治性图书的犯罪团伙，维护了党和国家领导人经典著作的严肃性，在社会上产生了很大影响，极大地震慑了此类违法犯罪活动。

为此，全国“扫黄打非”工作小组决定表彰、奖励查办北京“10·12”侵权盗版案作出突出贡献的有功集体和有功个人：授予北京市公安局治安管理总队行动支队、北京市文化市场行政执法总队执法二队等两个单位为北京“10·12”侵权盗版案办案有功集体，各颁发奖金2万元；授予北京市公安局治安管理总队行动支队副队长郑义、北京市公安局治安管理总队行动支队三队副队长陈均红、北京市公安局治安管理总队民警陈京东、北京市公安局治安管理总队民警戴月、北京市“扫黄打非”办公室综合处处长余应举、北京市文化市场行政执法总队执法二队副队长陈敬等六人为北京“10·12”侵权盗版案办案有功个人，各颁发奖金5千元。

希望受表彰的有功集体和有功个人，继续发扬在查办案件中所表现出来的政治坚定、纪律严明、敢打硬仗、深挖彻究的精神和作风，锐意进取，再立新功。同时也希望北京及全国“扫黄打非”战线的同志们，以受表彰的有功集体和有功个人为榜样，继续发扬特别讲政治、特别守纪律、特别能吃苦、特别能战斗的精神，切实加强市场监管，坚决查办大案要案，深入开展“扫黄打非”，积极营造良好的舆论氛围和文化环境，为成功举办北京奥运会、推动文化大发展大繁荣、促进全面建设小康社会提供保障。

关于表彰广州“3·17”特大磨码盗版光盘案、上海—广州“3·30”非法出版物团伙网络案、重庆“8·29”制售非法报刊特大团伙网络案办案有功集体和有功个人的通报

各省（区、市）“扫黄打非”工作领导小组，全国“扫黄打非”工作小组各成员单位：

由全国“扫黄打非”工作小组办公室和公安部挂牌督办，有关省市“扫黄打非”工作领导小组部署、指挥，公安、司法等部门积极参与、密切配合查办的广州“3·17”特大磨码盗版光盘案、上海—广州“3·30”非法出版物团伙网络案、重庆“8·29”制售非法报刊特大团伙网络案均已告破。根据中央领导的重要批示精神，全国“扫黄打非”工作小组已派员分赴广州、上海、重庆等三地召开表彰大会，对上述三案的办案有功集体、有功个人进行了表彰奖励，现予以通报。希望全国“扫黄打非”战线的同志们，以受表彰的有功集体和有功个人为榜样，坚决查办大要案，努力提升文化市场执法和刑事打击的力度和水平，以实际行动贯彻落实党的十七大精神，为“扫黄打非”斗争深入开展再立新功！

附件

1. 关于表彰奖励广州“3·17”特大磨码盗版光盘案办案有功集体、有功个人的决定

2. 关于表彰奖励上海—广州“3·30”非法出版物团伙网络案办案有功集体、有功个人的决定

3. 关于表彰奖励重庆“8·29”制售非法报刊特大团伙网络案办案有功集体、有功个人的决定

附件 1

关于表彰奖励广州“3·17”特大磨码盗版光盘案办案有功集体、有功个人的决定

广东省“扫黄打非”工作领导小组，广州市“扫黄打非”工作领导小组，公安部：

由全国“扫黄打非”工作小组办公室和公安部挂牌督办，广东省“扫黄打非”工作领导小组部署、指挥查办的广州“3·17”特大磨码盗版光盘案，查获非法音像制品181万余张，母盘3301张，涉嫌淫秽光盘150张，光盘磨码机30台。这是我国开展“扫黄打非”斗争20年来查获的最大一起磨码、造码盗版光盘生产窝点案件。10名犯罪嫌疑人已被广州市公安局按程序移送司法机关，等待他们的将是严厉的审判。广东省新闻出版局对涉案的汕头海洋音像出版社和广东太平洋数码科技有限公司等出版、复制单位作出了行政处罚。

为查办此案，广州市公安局、广州市文化市场综合行政执法总队成立了强有力的专案组开展案件侦办工作，有关部门密切配合、通力合作，按照全国“扫黄打非”工作小组确立的“彻查、彻办、彻究”原则，追根溯源，全面开展对涉案有关的出版、复制单位进行调查取证。参与办案的同志们政治坚定，纪律严明，夜以继日，长途奔波，为案件查办做出了重要贡献，并且积累了宝贵的经验，必将有力推动全国“扫黄打非”办案工作更有成效的开展。

根据中央领导的重要批示精神，全国“扫黄打非”工作小组决定表彰、奖励查办广州“3·17”特大磨码盗版光盘案做出突出贡献的有功集体和有功个人：授予广州市公安局治安支队、广东省公安厅治安局、公安部光盘生产源鉴定中心等三个单位为广州“3·17”特大磨码盗版光盘案办案有功集体；授予广州市公安局治安支队副支队长陶涛、广州市公安局治安支队二大队中队长雷阳、广州市公安局技术侦查支队副大队长曾广娈、广州市文化市场综合行政执法总队调研员陈向群、广州市文化市场综合行政执法总队主任科员彭志斌、广东省公安厅治安局行动处行动队副队长朱子杰、公安部光盘生产源鉴定中心综合管理部部长杨易藩、公安部治安管理局九处副处长刘际伟等8人为广州“3·17”特大磨码盗版光盘案办案有功个人。

希望受表彰的有功集体和有功个人，继续发扬在查处案件中所表现出的坚定的政治立场、严格的组织纪律、优良的业务素质和吃苦耐劳、连续作战、敢打硬仗、深究彻办的工作作风，锐意进取，再创佳绩。同时也希望广东省及全国“扫黄打非”战线的同志们以受表彰的有功集体和有功个人为榜样，发扬特别讲政治、特别守纪律、特别能吃苦、特别能战斗的精神，加强市场监管，坚决查办大案要案，继续推动“扫黄打非”斗争深入开展，以实际行动贯彻落实党的十七大精神，为进一步净化文化市场、保障社会主义文化大发展大繁荣作出新的贡献。

附件 2

关于表彰奖励上海—广州“3·30”非法出版物团伙网络案办案有功集体、有功个人的决定

上海市“扫黄打非”工作小组，广州市“扫黄打非”工作领导小组，公安部：

由全国“扫黄打非”工作小组办公室和公安部挂牌督办，上海市“扫黄打非”工作小组、广州市“扫黄打非”工作领导小组分头部署、指挥查办的上海—广州“3·30”非法出版物团伙网络案，目前已经结案。

在上海、广州两地专案领导小组的坚强领导下，公安、司法等部门通力合作、有关部门密切

配合，在6个月时间里，调查取证足迹遍布上海、广东、河南、安徽、江苏、浙江、天津、山西等8个省市，打掉制售团伙9个、印刷储存窝点10处，抓获犯罪嫌疑人22名，查获非法出版物30多种2万余册，淫秽及其他非法出版物8.3万余册。这是涉及境外走私、境内策划、印刷、运输、批发、销售非法出版物为一体的重大团伙案，也是公安、司法部门及时衔接、各地各部门密切配合的典型案例。该案的破获，不仅使我们掌握了目前制售非法出版物的新情况，使我国打击非法出版物进入了新阶段，也为今后打击类似犯罪团伙积累了经验。

根据中央领导的重要批示精神，全国“扫黄打非”工作小组决定表彰、奖励查办上海—广州“3·30”非法出版物团伙网络案做出突出贡献的有功集体和有功个人：授予上海市公安局国内安全保卫局、广东省广州市公安局国内安全保卫支队、上海市人民检察院第二分院侦查监督处办案一科、上海市第二中级人民法院刑二庭、上海市“扫黄打非”工作小组办公室、公安部国内安全保卫局三处等六个单位为上海—广州“3·30”非法出版物团伙网络案办案有功集体；授予上海市公安局国内安全保卫局四处副处长朱敏慧（女）、上海市公安局国内安全保卫局四处副主任科员谭健新、上海市人民检察院第二分院公诉处助理检察员陈宏、广东省公安厅国内安全保卫局一处科长王松、广东省公安厅国内安全保卫局一处副科长唐家俊、广东省广州市公安局国内安全保卫支队副主任科员陈宁、广东省广州市公安局国内安全保卫支队科员王涛、广东省广州市公安局预审支队科员陈连生、广州市“扫黄打非”工作领导小组办公室副主任科员彭彬、公安部国内安全保卫局三处副处长高飞、公安部国内安全保卫局三处副处长刘艳红（女）等11人为上海—广州“3·30”非法出版物团伙网络案办案有功个人。

希望受表彰的有功集体和有功个人，继续发扬在查处案件中所表现出的政治坚定、态度坚决、顾全大局、密切协作、作风顽强、深挖彻究的精神和作风，再创佳绩。同时也希望上海、广州及全国“扫黄打非”战线的同志们，以受表彰的有功集体和有功个人为榜样，发扬特别讲政治、特别守纪律、特别能吃苦、特别能战斗的精神，加强市场监管，坚决查办大案要案，继续推动“扫黄打非”斗争深入开展，以实际行动贯彻落实党的十七大精神，为进一步净化文化市场、保障社会主义文化大发展大繁荣作出新的贡献。

附件3

关于表彰奖励重庆“8·29”制售非法报刊特大团伙网络案办案有功集体、有功个人的决定

重庆市“扫黄打非”工作小组，公安部：

重庆“8·29”制售非法报刊特大团伙网络案是全国“扫黄打非”工作小组办公室和公安部挂牌督办案件。该案线索涉及全国29个省（区、市），是我国开展“扫黄打非”斗争20年来查获的一起涉案线索最多、涉案范围最大、利用合法渠道从事非法出版活动的特大团伙网络案。在重庆市“扫黄打非”工作小组的部署、指挥下，按照“彻查、彻究、彻办”的原则，经重庆专案组、文化市场行政执法总队的艰苦努力及有关部门密切配合，彻底打掉了这一特大团伙网络案。2007年12月11日，重庆市第五中级人民法院认定被告单位重庆德林传媒有限公司出版、印刷、发行严重危害社会秩序和扰乱市场秩序的《新世纪报道》、《国际时事周刊》、《国际军事纵横》等16种非法报纸，共计162万余份，对该案依法作出一审判决：重庆德林传媒有限公司犯非法经营罪，判处罚金40万元；主犯潘江因非法经营罪被判处有期徒刑10年，并处罚金20万元；主犯彭琴被判有期徒刑5年，并处罚金10万元。

重庆“8·29”制售非法报刊特大团伙网络案具有涉案数量大、家族团伙犯罪、涉案范围

广、犯罪手段狡猾、跨省换货发行、犯罪嫌疑人反侦察能力强等六个特点，为我们提供了新形势下非法报刊犯罪活动的规律、特点和基本特征。通过对该案的查办，探索出新形势下打击全国性非法出版活动大案的一个重要经验，就是在党和政府的坚强领导下，贯彻“彻查、彻究、彻办”的原则，由公安部门担当主力，司法部门作坚强后盾，“扫黄打非”部门部署、协调并提供保障，全国各地、各部门密切配合、形成合力。这一经验是极为宝贵的，将会有力促进全国“扫黄打非”斗争特别是查办大要案工作的深入开展。

根据中央领导的重要批示精神，全国“扫黄打非”工作小组决定表彰、奖励查办重庆“8·29”制售非法报刊特大团伙网络案做出突出贡献的有功集体和有功个人：授予重庆市公安局国保总队二支队、重庆市第五中级人民法院、重庆市人民检察院第五分院、重庆市文化市场行政执法总队执法二处等四单位为重庆“8·29”制售非法报刊特大团伙网络案办案有功集体；授予重庆市公安局国保总队副总队长宋跃勇、重庆市公安局国保总队二支队副支队长蔡宁、重庆市委政法委督查处处长许强、重庆市第五中级人民法院刑事审判第二庭庭长陈一川、重庆市人民检察院第五分院助理检察员杨旭东、重庆市公安局国保总队二支队侦察员黎霞、重庆市公安局国保总队二支队侦察员刘正祥、重庆市文化市场行政执法总队执法一处主任科员尚军、重庆市文化市场行政执法总队执法二处执法队员贺宝强、公安部治安管理局一处主任科员徐永等 10 人为重庆“8·29”制售非法报刊特大团伙网络案办案有功个人。

希望受表彰的有功集体和个人，继续发扬在查处案件中所表现出的坚定的政治立场、严格的组织纪律、优良的业务素质以及吃苦耐劳、连续作战、敢打硬仗、甘于奉献的精神，锐意进取，再创佳绩。同时也希望重庆市及全国“扫黄打非”战线的同志们以受表彰的有功集体和有功个人为榜样，发扬特别讲政治、特别守纪律、特别能吃苦、特别能战斗的精神，加强市场监管，坚决查办大案要案，努力提升文化执法和刑事打击的水平，以实际行动贯彻落实党的十七大精神，为全国“扫黄打非”斗争深入开展再立新功！

五、附　录

2008年北京市“扫黄打非”工作成果统计表

非法出版物收缴情况		收缴非法出版物总数（件）（1.—7. 相加）	（1）	3325774
		1. 违禁内容出版物（件）	（2）	72078
		2. 法轮功邪教组织宣传品（件）	（3）	—
		3. 非法宗教宣传品（件）	（4）	43987
		4. 淫秽色情出版物（件）	（5）	68552
		5. 盗版出版物总数（①—④相加）	（6）	3060833
		①盗版图书（件）	（7）	1216490
		②盗版音像制品（件）	（8）	1750188
		③盗版教材教辅读物（件）	（9）	84136
		④盗版软件及电子出版物（件）	（10）	10019
		6. 非法报纸期刊（份）	（11）	80304
		7. 走私光盘（张）	（12）	20
		非法光盘生产线（条）	（13）	—
市场监管情况	检查市场	出动检查人员（人次）	（14）	219238
		检查出版物市场（个次）	（15）	35924
		检查店档摊点（个次）	（16）	27230
		检查印刷复制企业（家次）	（17）	6649
	处罚违规	店档摊点（个）	（18）	136
		印刷复制企业（家）	（19）	67
		网站（家）	（20）	12
	取缔关闭	店档摊点（个）	（21）	1164
		印刷复制企业（家）	（22）	167
		非法网站（家）	（23）	3
查处案件情况	查办案件	查办案件总数（起）（1.—4. 相加）	（24）	504
		1. 违禁内容出版物案件（件）	（25）	7
		2. 淫秽色情出版物案件（件）	（26）	7
		3. 侵权盗版出版物案件（件）	（27）	486
		4. 网络“扫黄打非”案件（①—③相加）	（28）	4
		①网上非法出版、经营案件（件）	（29）	1
		②网上传播有害信息案件（件）	（30）	—
		③网络侵权盗版、“私服”、“外挂”案件（件）	（31）	3
	刑政案件	刑政处罚案件	（32）	6
	刑政案件	移送司法机关案件（件）	（33）	7
		刑事审结案件（件）	（34）	13
		刑事处罚个人（人）	（35）	512

2008年天津市“扫黄打非”工作成果统计表

非法出版物收缴情况		收缴非法出版物总数（件）（1.—7. 相加）	(1)	1261420
		1. 含有违禁内容非法出版物（件）	(2)	3111
		2. “法轮功”邪教组织宣传品（件）	(3)	463
		3. 非法宗教宣传品（件）	(4)	20412
		4. 淫秽色情出版物（件）	(5)	66312
		5. 盗版出版物总数（件）（①—④相加）	(6)	1132282
		①盗版图书（件）	(7)	117493
		②盗版音像制品（件）	(8)	988974
		③盗版教材教辅读物（件）	(9)	2327
		④盗版软件及电子出版物（件）	(10)	23488
		6. 非法报纸期刊（份）	(11)	38840
		7. 走私光盘（张）	(12)	—
		非法光盘生产线（条）	(13)	—
市场监管情况	检查市场	出动检查人员（人次）	(14)	34550
		检查出版物市场（个次）	(15)	4110
		检查店档摊点（个次）	(16)	14656
		检查印刷复制企业（家次）	(17)	4780
	处罚违规	店档摊点（个）	(18)	293
		印刷复制企业（家）	(19)	18
		网站（家）	(20)	—
	取缔关闭	店档摊点（个）	(21)	1170
		印刷复制企业（家）	(22)	5
		非法网站（家）	(23)	—
查处案件情况		行政处罚案件总数（起）（1.—5. 相加）	(24)	312
		1. 非法出版物案件（起）	(25)	—
		2. 淫秽色情出版物案件（起）	(26)	285
		3. 侵权盗版出版物案件（起）	(27)	26
		4. 网络“扫黄打非”案件（起）（①—③相加）	(28)	—
		①网上非法出版、经营案件（起）	(29)	—
		②网上传播有害信息案件（起）	(30)	—
		③网络侵权盗版、“私服”、“外挂”案件（起）	(31)	—
		5. 其他（起）	(32)	1
		刑事处理案件数（起）	(33)	7
		1. 刑事审结案件（起）	(34)	1
		2. 刑事处罚个人（人）	(35)	32
		查办案件（行政+刑事）总数（起）	(36)	319

2008年上海市“扫黄打非”工作成果统计表

非法出版物收缴情况		收缴非法出版物总数（件）（1.—7. 相加）	(1)	7518259
		1. 政治性非法出版物（件）	(2)	12707
		2. “法轮功”邪教组织宣传品（件）	(3)	831520
		3. 非法宗教宣传品（件）	(4)	3864
		4. 淫秽色情出版物（件）	(5)	53496
		5. 盗版出版物总数（件）（①—④相加）	(6)	6329665
		①盗版图书（件）	(7)	449397
		②盗版音像制品（件）	(8)	5802443
		③盗版教材教辅读物（件）	(9)	—
		④盗版软件及电子出版物（件）	(10)	77825
		6. 非法报纸期刊（份）	(11)	287007
		7. 走私光盘（张）	(12)	—
		非法光盘生产线（条）	(13)	—
市场监管情况	检查市场	出动检查人员（人次）	(14)	118459
		检查出版物市场（个次）	(15)	707
		检查店档摊点（个次）	(16)	57878
		检查印刷复制企业（家次）	(17)	26236
	处罚违规	店档摊点（个）	(18)	355
		印刷复制企业（家）	(19)	36
		网站（家）	(20)	9
	取缔关闭	店档摊点（个）	(21)	5388
		印刷复制企业（家）	(22)	3
		非法网站（家）	(23)	1
查处案件情况		行政处罚案件总数（起）（1.—5. 相加）	(24)	447
		1. 政治性非法出版物案件（起）	(25)	—
		2. 淫秽色情出版物案件（起）	(26)	—
		3. 侵权盗版出版物案件（起）	(27)	404
		4. 网络“扫黄打非”案件（起）（①—③相加）	(28)	14
		①网上非法出版、经营案件（起）	(29)	11
		②网上传播有害信息案件（起）	(30)	—
		③网络侵权盗版、“私服”、“外挂”案件（起）	(31)	3
		5. 其他（起）	(32)	29
		刑事处理案件数（起）	(33)	18
		1. 刑事审结案件（起）	(34)	12
		2. 刑事处罚个人（人）	(35)	39
		查办案件（行政+刑事）总数（起）	(36)	465

2008 年重庆市“扫黄打非”工作成果统计表

非法出版物收缴情况		收缴非法出版物总数（件）（1.—7. 相加）	(1)	932677
		1. 政治性非法出版物（件）	(2)	3312
		2. “法轮功”邪教组织宣传品（件）	(3)	927
		3. 非法宗教宣传品（件）	(4)	3431
		4. 淫秽色情出版物（件）	(5)	56146
		5. 盗版出版物总数（件）（①—④相加）	(6)	850259
		①盗版图书（件）	(7)	229325
		②盗版音像制品（件）	(8)	557410
		③盗版教材教辅读物（件）	(9)	19564
		④盗版软件及电子出版物（件）	(10)	43960
		6. 非法报纸期刊（份）	(11)	14850
		7. 走私光盘（张）	(12)	3752
		非法光盘生产线（条）	(13)	—
市场监管情况	检查市场	出动检查人员（人次）	(14)	91112
		检查出版物市场（个次）	(15)	58842
		检查店档摊点（个次）	(16)	13562
		检查印刷复制企业（家次）	(17)	9146
	处罚违规	店档摊点（个）	(18)	4065
		印刷复制企业（家）	(19)	71
		网站（家）	(20)	24
	取缔关闭	店档摊点（个）	(21)	188
		印刷复制企业（家）	(22)	1
		非法网站（家）	(23)	—
查处案件情况		行政处罚案件总数（起）（1.—5. 相加）	(24)	245
		1. 政治性非法出版物案件（起）	(25)	3
		2. 淫秽色情出版物案件（起）	(26)	71
		3. 侵权盗版出版物案件（起）	(27)	134
		4. 网络“扫黄打非”案件（起）（①—③相加）	(28)	24
		①网上非法出版、经营案件（起）	(29)	2
		②网上传播有害信息案件（起）	(30)	8
		③网络侵权盗版、“私服”、“外挂”案件（起）	(31)	14
		5. 其他（起）	(32)	13
		刑事处理案件数（起）	(33)	18
		1. 刑事审结案件（起）	(34)	15
		2. 刑事处罚个人（人）	(35)	26
		查办案件（行政＋刑事）总数（起）	(36)	263

2008年河北省“扫黄打非”工作成果统计表

非法出版物收缴情况		收缴非法出版物总数（件）（1.—7. 相加）	(1)	963433
		1. 政治性非法出版物（件）	(2)	—
		2. “法轮功”邪教组织宣传品（件）	(3)	—
		3. 非法宗教宣传品（件）	(4)	1000
		4. 淫秽色情出版物（件）	(5)	263
		5. 盗版出版物总数（件）（①—④相加）	(6)	900228
		①盗版图书（件）	(7)	380170
		②盗版音像制品（件）	(8)	286404
		③盗版教材教辅读物（件）	(9)	157033
		④盗版软件及电子出版物（件）	(10)	76621
		6. 非法报纸期刊（份）	(11)	61942
		7. 走私光盘（张）	(12)	—
		非法光盘生产线（条）	(13)	—
市场监管情况	检查市场	出动检查人员（人次）	(14)	110198
		检查出版物市场（个次）	(15)	11776
		检查店档摊点（个次）	(16)	57138
		检查印刷复制企业（家次）	(17)	34366
	处罚违规	店档摊点（个）	(18)	1056
		印刷复制企业（家）	(19)	132
		网站（家）	(20)	5
	取缔关闭	店档摊点（个）	(21)	1257
		印刷复制企业（家）	(22)	4
		非法网站（家）	(23)	12
查处案件情况		行政处罚案件总数（起）（1.—5. 相加）	(24)	331
		1. 政治性非法出版物案件（起）	(25)	—
		2. 淫秽色情出版物案件（起）	(26)	—
		3. 侵权盗版出版物案件（起）	(27)	272
		4. 网络“扫黄打非”案件（起）（①—③相加）	(28)	11
		①网上非法出版、经营案件（起）	(29)	7
		②网上传播有害信息案件（起）	(30)	—
		③网络侵权盗版、“私服”、“外挂”案件（起）	(31)	4
		5. 其他（起）	(32)	48
		刑事处理案件数（起）	(33)	—
		1. 刑事审结案件（起）	(34)	—
		2. 刑事处罚个人（人）	(35)	—
		查办案件（行政＋刑事）总数（起）	(36)	331

2008年山西省“扫黄打非”工作成果统计表

非法出版物收缴情况		收缴非法出版物总数（件）（1.—7. 相加）	（1）	1319687
		1. 政治性非法出版物（件）	（2）	7898
		2. “法轮功”邪教组织宣传品（件）	（3）	—
		3. 非法宗教宣传品（件）	（4）	6297
		4. 淫秽色情出版物（件）	（5）	10621
		5. 盗版出版物总数（件）（①—④相加）	（6）	1269451
		①盗版图书（件）	（7）	408900
		②盗版音像制品（件）	（8）	99805
		③盗版教材教辅读物（件）	（9）	723895
		④盗版软件及电子出版物（件）	（10）	36851
		6. 非法报纸期刊（份）	（11）	25420
		7. 走私光盘（张）	（12）	—
		非法光盘生产线（条）	（13）	—
市场监管情况	检查市场	出动检查人员（人次）	（14）	61698
		检查出版物市场（个次）	（15）	2428
		检查店档摊点（个次）	（16）	14697
		检查印刷复制企业（家次）	（17）	4593
	处罚违规	店档摊点（个）	（18）	1597
		印刷复制企业（家）	（19）	146
		网站（家）	（20）	—
	取缔关闭	店档摊点（个）	（21）	372
		印刷复制企业（家）	（22）	—
		非法网站（家）	（23）	—
查处案件情况		行政处罚案件总数（起）（1.—5. 相加）	（24）	294
		1. 政治性非法出版物案件（起）	（25）	12
		2. 淫秽色情出版物案件（起）	（26）	38
		3. 侵权盗版出版物案件（起）	（27）	235
		4. 网络“扫黄打非”案件（起）（①—③相加）	（28）	9
		①网上非法出版、经营案件（起）	（29）	3
		②网上传播有害信息案件（起）	（30）	2
		③网络侵权盗版、“私服”、“外挂”案件（起）	（31）	4
		5. 其他（起）	（32）	—
		刑事处理案件数（起）	（33）	11
		1. 刑事审结案件（起）	（34）	6
		2. 刑事处罚个人（人）	（35）	12
		查办案件（行政＋刑事）总数（起）	（36）	305

2008年内蒙古自治区“扫黄打非”工作成果统计表

非法出版物收缴情况		收缴非法出版物总数（件）（1.—7. 相加）	（1）	1205951
		1. 政治性非法出版物（件）	（2）	27817
		2. “法轮功”邪教组织宣传品（件）	（3）	582
		3. 非法宗教宣传品（件）	（4）	4757
		4. 淫秽色情出版物（件）	（5）	39105
		5. 盗版出版物总数（件）（①—④相加）	（6）	1082219
		①盗版图书（件）	（7）	146238
		②盗版音像制品（件）	（8）	798148
		③盗版教材教辅读物（件）	（9）	53554
		④盗版软件及电子出版物（件）	（10）	84279
		6. 非法报纸期刊（份）	（11）	51455
		7. 走私光盘（张）	（12）	16
		非法光盘生产线（条）	（13）	—
市场监管情况	检查市场	出动检查人员（人次）	（14）	194878
		检查出版物市场（个次）	（15）	56676
		检查店档摊点（个次）	（16）	60440
		检查印刷复制企业（家次）	（17）	21676
	处罚违规	店档摊点（个）	（18）	2472
		印刷复制企业（家）	（19）	956
		网站（家）	（20）	—
	取缔关闭	店档摊点（个）	（21）	822
		印刷复制企业（家）	（22）	46
		非法网站（家）	（23）	—
查处案件情况		行政处罚案件总数（起）（1.—5. 相加）	（24）	964
		1. 政治性非法出版物案件（起）	（25）	26
		2. 淫秽色情出版物案件（起）	（26）	156
		3. 侵权盗版出版物案件（起）	（27）	599
		4. 网络“扫黄打非”案件（起）（①—③相加）	（28）	10
		①网上非法出版、经营案件（起）	（29）	—
		②网上传播有害信息案件（起）	（30）	8
		③网络侵权盗版、“私服”、“外挂”案件（起）	（31）	2
		5. 其他（起）	（32）	173
		刑事处理案件数（起）	（33）	—
		1. 刑事审结案件（起）	（34）	—
		2. 刑事处罚个人（人）	（35）	—
		查办案件（行政＋刑事）总数（起）	（36）	964

2008年辽宁省“扫黄打非”工作成果统计表

非法出版物收缴情况		收缴非法出版物总数（件）（1.—7. 相加）	（1）	2573000
		1. 政治性非法出版物（件）	（2）	9786
		2. “法轮功”邪教组织宣传品（件）	（3）	17000
		3. 非法宗教宣传品（件）	（4）	26000
		4. 淫秽色情出版物（件）	（5）	238000
		5. 盗版出版物总数（件）（①—④相加）	（6）	1887514
		①盗版图书（件）	（7）	415514
		②盗版音像制品（件）	（8）	796000
		③盗版教材教辅读物（件）	（9）	153000
		④盗版软件及电子出版物（件）	（10）	523000
		6. 非法报纸期刊（份）	（11）	394700
		7. 走私光盘（张）	（12）	—
		非法光盘生产线（条）	（13）	—
市场监管情况	检查市场	出动检查人员（人次）	（14）	36000
		检查出版物市场（个次）	（15）	124
		检查店档摊点（个次）	（16）	9540
		检查印刷复制企业（家次）	（17）	6500
	处罚违规	店档摊点（个）	（18）	13470
		印刷复制企业（家）	（19）	1400
		网站（家）	（20）	—
	取缔关闭	店档摊点（个）	（21）	2475
		印刷复制企业（家）	（22）	—
		非法网站（家）	（23）	—
查处案件情况		行政处罚案件总数（起）（1.—5. 相加）	（24）	1725
		1. 政治性非法出版物案件（起）	（25）	74
		2. 淫秽色情出版物案件（起）	（26）	176
		3. 侵权盗版出版物案件（起）	（27）	1200
		4. 网络“扫黄打非”案件（起）（①—③相加）	（28）	—
		①网上非法出版、经营案件（起）	（29）	—
		②网上传播有害信息案件（起）	（30）	—
		③网络侵权盗版、“私服”、“外挂”案件（起）	（31）	—
		5. 其他（起）	（32）	275
		刑事处理案件数（起）	（33）	23
		1. 刑事审结案件（起）	（34）	5
		2. 刑事处罚个人（人）	（35）	12
		查办案件（行政＋刑事）总数（起）	（36）	1748

2008年吉林省“扫黄打非”工作成果统计表

非法出版物收缴情况		收缴非法出版物总数（件）（1.—7. 相加）	(1)	1426890
		1. 政治性非法出版物（件）	(2)	4266
		2. “法轮功”邪教组织宣传品（件）	(3)	—
		3. 非法宗教宣传品（件）	(4)	—
		4. 淫秽色情出版物（件）	(5)	129272
		5. 盗版出版物总数（件）（①—④相加）	(6)	1061647
		①盗版图书（件）	(7)	289449
		②盗版音像制品（件）	(8)	606716
		③盗版教材教辅读物（件）	(9)	13324
		④盗版软件及电子出版物（件）	(10)	152158
		6. 非法报纸期刊（份）	(11)	231705
		7. 走私光盘（张）	(12)	—
		非法光盘生产线（条）	(13)	—
市场监管情况	检查市场	出动检查人员（人次）	(14)	33235
		检查出版物市场（个次）	(15)	7611
		检查店档摊点（个次）	(16)	30161
		检查印刷复制企业（家次）	(17)	6112
	处罚违规	店档摊点（个）	(18)	385
		印刷复制企业（家）	(19)	78
		网站（家）	(20)	—
	取缔关闭	店档摊点（个）	(21)	118
		印刷复制企业（家）	(22)	—
		非法网站（家）	(23)	—
查处案件情况		行政处罚案件总数（起）（1.—5. 相加）	(24)	204
		1. 政治性非法出版物案件（起）	(25)	1
		2. 淫秽色情出版物案件（起）	(26)	49
		3. 侵权盗版出版物案件（起）	(27)	145
		4. 网络“扫黄打非”案件（起）（①—③相加）	(28)	—
		①网上非法出版、经营案件（起）	(29)	—
		②网上传播有害信息案件（起）	(30)	—
		③网络侵权盗版、“私服”、“外挂”案件（起）	(31)	—
		5. 其他（起）	(32)	9
		刑事处理案件数（起）	(33)	—
		1. 刑事审结案件（起）	(34)	—
		2. 刑事处罚个人（人）	(35)	—
		查办案件（行政＋刑事）总数（起）	(36)	204

2008 年黑龙江省“扫黄打非”工作成果统计表

非法出版物收缴情况		收缴非法出版物总数（件）（1.—7. 相加）	（1）	320102
		1. 违禁内容出版物（件）	（2）	270
		2. “法轮功”邪教组织宣传品（件）	（3）	—
		3. 非法宗教宣传品（件）	（4）	—
		4. 淫秽色情出版物（件）	（5）	6000
		5. 盗版出版物总数（①—④相加）	（6）	295332
		①盗版图书（件）	（7）	81000
		②盗版音像制品（件）	（8）	102200
		③盗版教材教辅读物（件）	（9）	71932
		④盗版软件及电子出版物（件）	（10）	40200
		6. 非法报纸期刊（份）	（11）	18500
		7. 走私光盘（张）	（12）	—
		非法光盘生产线（条）	（13）	—
市场监管情况	检查市场	出动检查人员（人次）	（14）	6210
		检查出版物市场（个次）	（15）	654
		检查店档摊点（个次）	（16）	11200
		检查印刷复制企业（家次）	（17）	2520
	处罚违规	店档摊点（个）	（18）	194
		印刷复制企业（家）	（19）	14
		网站（家）	（20）	2
	取缔关闭	店档摊点（个）	（21）	64
		印刷复制企业（家）	（22）	2
		非法网站（家）	（23）	13
查处案件情况	查办案件	查办案件总数（起）（1.—4. 相加）	（24）	242
		1. 违禁内容出版物案件（件）	（25）	—
		2. 淫秽色情出版物案件（件）	（26）	4
		3. 侵权盗版出版物案件（件）	（27）	238
		4. 网络“扫黄打非”案件（①—③相加）	（28）	—
		①网上非法出版、经营案件（件）	（29）	—
		②网上传播有害信息案件（件）	（30）	—
		③网络侵权盗版、“私服”、“外挂”案件（件）	（31）	—
	刑政案件	刑政处罚案件	（32）	210
	刑政案件	移送司法机关案件（件）	（33）	7
		刑事审结案件（件）	（34）	6
		刑事处罚个人（人）	（35）	16

2008 年江苏省“扫黄打非”工作成果统计表

非法出版物收缴情况		收缴非法出版物总数（件）（1.—7. 相加）	（1）	3934108
		1. 政治性非法出版物（件）	（2）	1560
		2. “法轮功”邪教组织宣传品（件）	（3）	10
		3. 非法宗教宣传品（件）	（4）	527
		4. 淫秽色情出版物（件）	（5）	31274
		5. 盗版出版物总数（件）（①—④相加）	（6）	3736403
		①盗版图书（件）	（7）	449626
		②盗版音像制品（件）	（8）	3009392
		③盗版教材教辅读物（件）	（9）	69166
		④盗版软件及电子出版物（件）	（10）	208219
		6. 非法报纸期刊（份）	（11）	164334
		7. 走私光盘（张）	（12）	—
		非法光盘生产线（条）	（13）	—
市场监管情况	检查市场	出动检查人员（人次）	（14）	98090
		检查出版物市场（个次）	（15）	47914
		检查店档摊点（个次）	（16）	33213
		检查印刷复制企业（家次）	（17）	14394
	处罚违规	店档摊点（个）	（18）	311
		印刷复制企业（家）	（19）	167
		网站（家）	（20）	7
	取缔关闭	店档摊点（个）	（21）	1896
		印刷复制企业（家）	（22）	39
		非法网站（家）	（23）	7
查处案件情况		行政处罚案件总数（起）（1.—5. 相加）	（24）	391
		1. 政治性非法出版物案件（起）	（25）	1
		2. 淫秽色情出版物案件（起）	（26）	11
		3. 侵权盗版出版物案件（起）	（27）	157
		4. 网络“扫黄打非”案件（起）（①—③相加）	（28）	8
		①网上非法出版、经营案件（起）	（29）	—
		②网上传播有害信息案件（起）	（30）	1
		③网络侵权盗版、“私服”、“外挂”案件（起）	（31）	7
		5. 其他（起）	（32）	214
		刑事处理案件数（起）	（33）	18
		1. 刑事审结案件（起）	（34）	10
		2. 刑事处罚个人（人）	（35）	13
		查办案件（行政 + 刑事）总数（起）	（36）	409

2008 年浙江省"扫黄打非"工作成果统计表

非法出版物收缴情况		收缴非法出版物总数（件）（1.—7. 相加）	(1)	2115033
		1. 政治性非法出版物（件）	(2)	43
		2. "法轮功"邪教组织宣传品（件）	(3)	10476
		3. 非法宗教宣传品（件）	(4)	8916
		4. 淫秽色情出版物（件）	(5)	72486
		5. 盗版出版物总数（件）（①—④相加）	(6)	1946277
		①盗版图书（件）	(7)	540152
		②盗版音像制品（件）	(8)	1308012
		③盗版教材教辅读物（件）	(9)	44763
		④盗版软件及电子出版物（件）	(10)	53350
		6. 非法报纸期刊（份）	(11)	76835
		7. 走私光盘（张）	(12)	—
		非法光盘生产线（条）	(13)	—
市场监管情况	检查市场	出动检查人员（人次）	(14)	94535
		检查出版物市场（个次）	(15)	26224
		检查店档摊点（个次）	(16)	50703
		检查印刷复制企业（家次）	(17)	16897
	处罚违规	店档摊点（个）	(18)	1128
		印刷复制企业（家）	(19)	416
		网站（家）	(20)	126
	取缔关闭	店档摊点（个）	(21)	3188
		印刷复制企业（家）	(22)	115
		非法网站（家）	(23)	214
查处案件情况		行政处罚案件总数（起）（1.—5. 相加）	(24)	1111
		1. 政治性非法出版物案件（起）	(25)	3
		2. 淫秽色情出版物案件（起）	(26)	24
		3. 侵权盗版出版物案件（起）	(27)	562
		4. 网络"扫黄打非"案件（起）（①—③相加）	(28)	24
		①网上非法出版、经营案件（起）	(29)	4
		②网上传播有害信息案件（起）	(30)	9
		③网络侵权盗版、"私服"、"外挂"案件（起）	(31)	11
		5. 其他（起）	(32)	498
		刑事处理案件数（起）	(33)	26
		1. 刑事审结案件（起）	(34)	11
		2. 刑事处罚个人（人）	(35)	35
		查办案件（行政＋刑事）总数（起）	(36)	1137

2008年安徽省"扫黄打非"工作成果统计表

非法出版物收缴情况		收缴非法出版物总数（件）（1.—7. 相加）	(1)	896426
		1. 政治性非法出版物（件）	(2)	3157
		2. "法轮功"邪教组织宣传品（件）	(3)	97
		3. 非法宗教宣传品（件）	(4)	1669
		4. 淫秽色情出版物（件）	(5)	4928
		5. 盗版出版物总数（件）（①—④相加）	(6)	867361
		①盗版图书（件）	(7)	455549
		②盗版音像制品（件）	(8)	326806
		③盗版教材教辅读物（件）	(9)	48300
		④盗版软件及电子出版物（件）	(10)	36706
		6. 非法报纸期刊（份）	(11)	19214
		7. 走私光盘（张）	(12)	—
		非法光盘生产线（条）	(13)	—
市场监管情况	检查市场	出动检查人员（人次）	(14)	71285
		检查出版物市场（个次）	(15)	6033
		检查店档摊点（个次）	(16)	49568
		检查印刷复制企业（家次）	(17)	6746
	处罚违规	店档摊点（个）	(18)	715
		印刷复制企业（家）	(19)	61
		网站（家）	(20)	27
	取缔关闭	店档摊点（个）	(21)	426
		印刷复制企业（家）	(22)	10
		非法网站（家）	(23)	—
查处案件情况		行政处罚案件总数（起）（1.—5. 相加）	(24)	256
		1. 政治性非法出版物案件（起）	(25)	—
		2. 淫秽色情出版物案件（起）	(26)	36
		3. 侵权盗版出版物案件（起）	(27)	165
		4. 网络"扫黄打非"案件（起）（①—③相加）	(28)	55
		①网上非法出版、经营案件（起）	(29)	—
		②网上传播有害信息案件（起）	(30)	20
		③网络侵权盗版、"私服"、"外挂"案件（起）	(31)	35
		5. 其他（起）	(32)	—
		刑事处理案件数（起）	(33)	1
		1. 刑事审结案件（起）	(34)	1
		2. 刑事处罚个人（人）	(35)	3
		查办案件（行政+刑事）总数（起）	(36)	257

2008年福建省“扫黄打非”工作成果统计表

<table>
<tr><td rowspan="13" colspan="2">非法出版物收缴情况</td><td>收缴非法出版物总数（件）（1.—7. 相加）</td><td>（1）</td><td>1109413</td></tr>
<tr><td>1. 违禁内容非法出版物（件）</td><td>（2）</td><td>60012</td></tr>
<tr><td>2. “法轮功”邪教组织宣传品（件）</td><td>（3）</td><td>35</td></tr>
<tr><td>3. 非法宗教宣传品（件）</td><td>（4）</td><td>2766</td></tr>
<tr><td>4. 淫秽色情出版物（件）</td><td>（5）</td><td>24322</td></tr>
<tr><td>5. 盗版出版物总数（件）（①—④相加）</td><td>（6）</td><td>992775</td></tr>
<tr><td>①盗版图书（件）</td><td>（7）</td><td>356495</td></tr>
<tr><td>②盗版音像制品（件）</td><td>（8）</td><td>575995</td></tr>
<tr><td>③盗版教材教辅读物（件）</td><td>（9）</td><td>34959</td></tr>
<tr><td>④盗版软件及电子出版物（件）</td><td>（10）</td><td>25326</td></tr>
<tr><td>6. 非法报纸期刊（份）</td><td>（11）</td><td>29304</td></tr>
<tr><td>7. 走私光盘（张）</td><td>（12）</td><td>199</td></tr>
<tr><td>非法光盘生产线（条）</td><td>（13）</td><td>—</td></tr>
<tr><td rowspan="10">市场监管情况</td><td rowspan="4">检查市场</td><td>出动检查人员（人次）</td><td>（14）</td><td>91883</td></tr>
<tr><td>检查出版物市场（个次）</td><td>（15）</td><td>13586</td></tr>
<tr><td>检查店档摊点（个次）</td><td>（16）</td><td>43662</td></tr>
<tr><td>检查印刷复制企业（家次）</td><td>（17）</td><td>5836</td></tr>
<tr><td rowspan="3">处罚违规</td><td>店档摊点（个）</td><td>（18）</td><td>682</td></tr>
<tr><td>印刷复制企业（家）</td><td>（19）</td><td>50</td></tr>
<tr><td>网站（家）</td><td>（20）</td><td>6</td></tr>
<tr><td rowspan="3">取缔关闭</td><td>店档摊点（个）</td><td>（21）</td><td>2187</td></tr>
<tr><td>印刷复制企业（家）</td><td>（22）</td><td>353</td></tr>
<tr><td>非法网站（家）</td><td>（23）</td><td>87</td></tr>
<tr><td rowspan="13" colspan="2">查处案件情况</td><td>行政处罚案件总数（起）（1.—5. 相加）</td><td>（24）</td><td>645</td></tr>
<tr><td>1. 政治性非法出版物案件（起）</td><td>（25）</td><td>19</td></tr>
<tr><td>2. 淫秽色情出版物案件（起）</td><td>（26）</td><td>84</td></tr>
<tr><td>3. 侵权盗版出版物案件（起）</td><td>（27）</td><td>343</td></tr>
<tr><td>4. 网络“扫黄打非”案件（起）（①—③相加）</td><td>（28）</td><td>—</td></tr>
<tr><td>①网上非法出版、经营案件（起）</td><td>（29）</td><td>2</td></tr>
<tr><td>②网上传播有害信息案件（起）</td><td>（30）</td><td>4</td></tr>
<tr><td>③网络侵权盗版、“私服”、“外挂”案件（起）</td><td>（31）</td><td>6</td></tr>
<tr><td>5. 其他（起）</td><td>（32）</td><td>193</td></tr>
<tr><td>刑事处理案件数（起）</td><td>（33）</td><td>6</td></tr>
<tr><td>1. 刑事审结案件（起）</td><td>（34）</td><td>2</td></tr>
<tr><td>2. 刑事处罚个人（人）</td><td>（35）</td><td>4</td></tr>
<tr><td>查办案件（行政＋刑事）总数（起）</td><td>（36）</td><td>651</td></tr>
</table>

2008年江西省“扫黄打非”工作成果统计表

非法出版物收缴情况		收缴非法出版物总数（件）（1.—7. 相加）	(1)	1145366
		1. 政治性非法出版物（件）	(2)	3249
		2. “法轮功”邪教组织宣传品（件）	(3)	—
		3. 非法宗教宣传品（件）	(4)	4305
		4. 淫秽色情出版物（件）	(5)	21947
		5. 盗版出版物总数（件）（①—④相加）	(6)	1076297
		①盗版图书（件）	(7)	178200
		②盗版音像制品（件）	(8)	278697
		③盗版教材教辅读物（件）	(9)	516457
		④盗版软件及电子出版物（件）	(10)	102943
		6. 非法报纸期刊（份）	(11)	39568
		7. 走私光盘（张）	(12)	—
		非法光盘生产线（条）	(13)	—
市场监管情况	检查市场	出动检查人员（人次）	(14)	41845
		检查出版物市场（个次）	(15)	15400
		检查店档摊点（个次）	(16)	26180
		检查印刷复制企业（家次）	(17)	12450
	处罚违规	店档摊点（个）	(18)	214
		印刷复制企业（家）	(19)	12
		网站（家）	(20)	13
	取缔关闭	店档摊点（个）	(21)	519
		印刷复制企业（家）	(22)	3
		非法网站（家）	(23)	2
查处案件情况		行政处罚案件总数（起）（1.—5. 相加）	(24)	164
		1. 政治性非法出版物案件（起）	(25)	2
		2. 淫秽色情出版物案件（起）	(26)	24
		3. 侵权盗版出版物案件（起）	(27)	85
		4. 网络“扫黄打非”案件（起）（①—③相加）	(28)	6
		①网上非法出版、经营案件（起）	(29)	—
		②网上传播有害信息案件（起）	(30)	—
		③网络侵权盗版、“私服”、“外挂”案件（起）	(31)	6
		5. 其他（起）	(32)	47
		刑事处理案件数（起）	(33)	4
		1. 刑事审结案件（起）	(34)	4
		2. 刑事处罚个人（人）	(35)	7
		查办案件（行政+刑事）总数（起）	(36)	168

2008 年山东省“扫黄打非”工作成果统计表

非法出版物收缴情况		收缴非法出版物总数（件）（1.—7. 相加）	（1）	1971484
		1．违禁内容非法出版物（件）	（2）	91
		2．“法轮功”邪教组织宣传品（件）	（3）	16
		3．非法宗教宣传品（件）	（4）	607
		4．淫秽色情出版物（件）	（5）	3106
		5．盗版出版物总数（①—④相加）	（6）	1883262
		①盗版图书（件）	（7）	822255
		②盗版音像制品（件）	（8）	740059
		③盗版教材教辅读物（件）	（9）	189771
		④盗版软件及电子出版物（件）	（10）	131177
		6．非法报纸期刊（份）	（11）	84402
		7．走私光盘（张）	（12）	—
		非法光盘生产线（条）	（13）	—
市场监管情况	检查市场	出动检查人员（人次）	（14）	112819
		检查出版物市场（个次）	（15）	79341
		检查店档摊点（个次）	（16）	76940
		检查印刷复制企业（家次）	（17）	32529
	处罚违规	店档摊点（个）	（18）	1322
		印刷复制企业（家）	（19）	161
		网站（家）	（20）	26
	取缔关闭	店档摊点（个）	（21）	1690
		印刷复制企业（家）	（22）	16
		非法网站（家）	（23）	81
查处案件情况	查办案件	查办案件总数（起）（1.—4. 相加）	（24）	740
		1．违禁内容出版物案件（件）	（25）	—
		2．淫秽色情出版物案件（件）	（26）	57
		3．侵权盗版出版物案件（件）	（27）	675
		4．网络“扫黄打非”案件（①—③相加）	（28）	8
		①网上非法出版、经营案件（件）	（29）	1
		②网上传播有害信息案件（件）	（30）	5
		③网络侵权盗版、“私服”、“外挂”案件（件）	（31）	2
	刑政案件	刑政处罚案件	（32）	635
	刑政案件	移送司法机关案件（件）	（33）	21
		刑事审结案件（件）	（34）	18
		刑事处罚个人（人）	（35）	29

2008年河南省“扫黄打非”工作成果统计表

非法出版物收缴情况		收缴非法出版物总数（件）（1.—7. 相加）	(1)	2430448
		1. 政治性非法出版物（件）	(2)	4123
		2. “法轮功”邪教组织宣传品（件）	(3)	7083
		3. 非法宗教宣传品（件）	(4)	14064
		4. 淫秽色情出版物（件）	(5)	52723
		5. 盗版出版物总数（件）（①—④相加）	(6)	2300161
		①盗版图书（件）	(7)	140118
		②盗版音像制品（件）	(8)	835544
		③盗版教材教辅读物（件）	(9)	654008
		④盗版软件及电子出版物（件）	(10)	670491
		6. 非法报纸期刊（份）	(11)	42141
		7. 走私光盘（张）	(12)	10153
		非法光盘生产线（条）	(13)	—
市场监管情况	检查市场	出动检查人员（人次）	(14)	16441
		检查出版物市场（个次）	(15)	23814
		检查店档摊点（个次）	(16)	57716
		检查印刷复制企业（家次）	(17)	20187
	处罚违规	店档摊点（个）	(18)	1941
		印刷复制企业（家）	(19)	344
		网站（家）	(20)	25
	取缔关闭	店档摊点（个）	(21)	1590
		印刷复制企业（家）	(22)	60
		非法网站（家）	(23)	18
查处案件情况		行政处罚案件总数（起）（1.—5. 相加）	(24)	1647
		1. 政治性非法出版物案件（起）	(25)	20
		2. 淫秽色情出版物案件（起）	(26)	81
		3. 侵权盗版出版物案件（起）	(27)	1198
		4. 网络“扫黄打非”案件（起）（①—③相加）	(28)	51
		①网上非法出版、经营案件（起）	(29)	14
		②网上传播有害信息案件（起）	(30)	10
		③网络侵权盗版、“私服”、“外挂”案件（起）	(31)	27
		5. 其他（起）	(32)	297
		刑事处理案件数（起）	(33)	57
		1. 刑事审结案件（起）	(34)	6
		2. 刑事处罚个人（人）	(35)	51
		查办案件（行政+刑事）总数（起）	(36)	1704

2008 年湖北省“扫黄打非”工作成果统计表

<table>
<tr><td colspan="2" rowspan="13">非法出版物收缴情况</td><td>收缴非法出版物总数（件）（1.—7. 相加）</td><td>(1)</td><td>1279737</td></tr>
<tr><td>1. 政治性非法出版物（件）</td><td>(2)</td><td>6337</td></tr>
<tr><td>2. “法轮功”邪教组织宣传品（件）</td><td>(3)</td><td>185</td></tr>
<tr><td>3. 非法宗教宣传品（件）</td><td>(4)</td><td>2047</td></tr>
<tr><td>4. 淫秽色情出版物（件）</td><td>(5)</td><td>30278</td></tr>
<tr><td>5. 盗版出版物总数（件）（①—④相加）</td><td>(6)</td><td>1053757</td></tr>
<tr><td>①盗版图书（件）</td><td>(7)</td><td>213106</td></tr>
<tr><td>②盗版音像制品（件）</td><td>(8)</td><td>659086</td></tr>
<tr><td>③盗版教材教辅读物（件）</td><td>(9)</td><td>153437</td></tr>
<tr><td>④盗版软件及电子出版物（件）</td><td>(10)</td><td>28128</td></tr>
<tr><td>6. 非法报纸期刊（份）</td><td>(11)</td><td>174560</td></tr>
<tr><td>7. 走私光盘（张）</td><td>(12)</td><td>12573</td></tr>
<tr><td>非法光盘生产线（条）</td><td>(13)</td><td>—</td></tr>
<tr><td rowspan="10">市场监管情况</td><td rowspan="4">检查市场</td><td>出动检查人员（人次）</td><td>(14)</td><td>68304</td></tr>
<tr><td>检查出版物市场（个次）</td><td>(15)</td><td>18436</td></tr>
<tr><td>检查店档摊点（个次）</td><td>(16)</td><td>34571</td></tr>
<tr><td>检查印刷复制企业（家次）</td><td>(17)</td><td>12220</td></tr>
<tr><td rowspan="3">处罚违规</td><td>店档摊点（个）</td><td>(18)</td><td>574</td></tr>
<tr><td>印刷复制企业（家）</td><td>(19)</td><td>172</td></tr>
<tr><td>网站（家）</td><td>(20)</td><td>9</td></tr>
<tr><td rowspan="3">取缔关闭</td><td>店档摊点（个）</td><td>(21)</td><td>278</td></tr>
<tr><td>印刷复制企业（家）</td><td>(22)</td><td>13</td></tr>
<tr><td>非法网站（家）</td><td>(23)</td><td>3</td></tr>
<tr><td colspan="2" rowspan="13">查处案件情况</td><td>行政处罚案件总数（起）（1.—5. 相加）</td><td>(24)</td><td>358</td></tr>
<tr><td>1. 政治性非法出版物案件（起）</td><td>(25)</td><td>2</td></tr>
<tr><td>2. 淫秽色情出版物案件（起）</td><td>(26)</td><td>75</td></tr>
<tr><td>3. 侵权盗版出版物案件（起）</td><td>(27)</td><td>227</td></tr>
<tr><td>4. 网络“扫黄打非”案件（起）（①—③相加）</td><td>(28)</td><td>21</td></tr>
<tr><td>①网上非法出版、经营案件（起）</td><td>(29)</td><td>2</td></tr>
<tr><td>②网上传播有害信息案件（起）</td><td>(30)</td><td>10</td></tr>
<tr><td>③网络侵权盗版、“私服”、“外挂”案件（起）</td><td>(31)</td><td>9</td></tr>
<tr><td>5. 其他（起）</td><td>(32)</td><td>33</td></tr>
<tr><td>刑事处理案件数（起）</td><td>(33)</td><td>10</td></tr>
<tr><td>1. 刑事审结案件（起）</td><td>(34)</td><td>1</td></tr>
<tr><td>2. 刑事处罚个人（人）</td><td>(35)</td><td>7</td></tr>
<tr><td>查办案件（行政＋刑事）总数（起）</td><td>(36)</td><td>368</td></tr>
</table>

2008年湖南省“扫黄打非”工作成果统计表

非法出版物收缴情况		收缴非法出版物总数（件）（1.—7. 相加）	（1）	2186347
		1. 政治性非法出版物（件）	（2）	4
		2. “法轮功”邪教组织宣传品（件）	（3）	3918
		3. 非法宗教宣传品（件）	（4）	7168
		4. 淫秽色情出版物（件）	（5）	20105
		5. 盗版出版物总数（件）（①—④相加）	（6）	2029661
		①盗版图书（件）	（7）	762470
		②盗版音像制品（件）	（8）	1098342
		③盗版教材教辅读物（件）	（9）	167186
		④盗版软件及电子出版物（件）	（10）	1663
		6. 非法报纸期刊（份）	（11）	125491
		7. 走私光盘（张）	（12）	—
		非法光盘生产线（条）	（13）	—
市场监管情况	检查市场	出动检查人员（人次）	（14）	119175
		检查出版物市场（个次）	（15）	11360
		检查店档摊点（个次）	（16）	43789
		检查印刷复制企业（家次）	（17）	12347
	处罚违规	店档摊点（个）	（18）	1752
		印刷复制企业（家）	（19）	386
		网站（家）	（20）	203
	取缔关闭	店档摊点（个）	（21）	1367
		印刷复制企业（家）	（22）	27
		非法网站（家）	（23）	30
查处案件情况		行政处罚案件总数（起）（1.—5. 相加）	（24）	3108
		1. 政治性非法出版物案件（起）	（25）	2
		2. 淫秽色情出版物案件（起）	（26）	219
		3. 侵权盗版出版物案件（起）	（27）	1686
		4. 网络“扫黄打非”案件（起）（①—③相加）	（28）	73
		①网上非法出版、经营案件（起）	（29）	11
		②网上传播有害信息案件（起）	（30）	47
		③网络侵权盗版、“私服”、“外挂”案件（起）	（31）	15
		5. 其他（起）	（32）	1128
		刑事处理案件数（起）	（33）	12
		1. 刑事审结案件（起）	（34）	—
		2. 刑事处罚个人（人）	（35）	25
		查办案件（行政+刑事）总数（起）	（36）	3120

2008年广东省“扫黄打非”工作成果统计表

非法出版物收缴情况		收缴非法出版物总数（件）（1.—7. 相加）	（1）	30343101
		1. 政治性非法出版物（件）	（2）	16726
		2. “法轮功”邪教组织宣传品（件）	（3）	19783
		3. 非法宗教宣传品（件）	（4）	1115
		4. 淫秽色情出版物（件）	（5）	746714
		5. 盗版出版物总数（①—④相加）	（6）	29348155
		①盗版图书（件）	（7）	2643819
		②盗版音像制品（件）	（8）	25879589
		③盗版教材教辅读物（件）	（9）	104183
		④盗版软件及电子出版物（件）	（10）	720564
		6. 非法报纸期刊（份）	（11）	210608
		7. 走私光盘（张）	（12）	—
		非法光盘生产线（条）	（13）	6
市场监管情况	检查市场	出动检查人员（人次）	（14）	788574
		检查出版物市场（个次）	（15）	4171
		检查店档摊点（个次）	（16）	191094
		检查印刷复制企业（家次）	（17）	60302
	处罚违规	店档摊点（个）	（18）	7071
		印刷复制企业（家）	（19）	540
		网站（家）	（20）	4455
	取缔关闭	店档摊点（个）	（21）	3407
		印刷复制企业（家）	（22）	122
		非法网站（家）	（23）	79
查处案件情况	查办案件	查办案件总数（起）（1.—4. 相加）	（24）	2696
		1. 违禁内容出版物案件（件）	（25）	4
		2. 淫秽色情出版物案件（件）	（26）	85
		3. 侵权盗版出版物案件（件）	（27）	1468
		4. 网络“扫黄打非”案件（①—③相加）	（28）	1139
		①网上非法出版、经营案件（件）	（29）	20
		②网上传播有害信息案件（件）	（30）	16
		③网络侵权盗版、“私服”、“外挂”案件（件）	（31）	1103
	刑政案件	刑政处罚案件	（32）	5046
	刑政案件	移送司法机关案件（件）	（33）	93
		刑事审结案件（件）	（34）	63
		追究刑事责任（人）	（35）	131

2008年广西壮族自治区“扫黄打非”工作成果统计表

非法出版物收缴情况		收缴非法出版物总数（件）（1.—7. 相加）	（1）	3631975
		1. 违禁内容出版物（件）	（2）	2105
		2. “法轮功”邪教组织宣传品（件）	（3）	2874
		3. 非法宗教宣传品（件）	（4）	16437
		4. 淫秽色情出版物（件）	（5）	39236
		5. 盗版出版物总数（①—④相加）	（6）	1758666
		①盗版图书（件）	（7）	269783
		②盗版音像制品（件）	（8）	1333695
		③盗版教材教辅读物（件）	（9）	51258
		④盗版软件及电子出版物（件）	（10）	103930
		6. 非法报纸期刊（份）	（11）	1798401
		7. 走私光盘（张）	（12）	14256
		非法光盘生产线（条）	（13）	—
市场监管情况	检查市场	出动检查人员（人次）	（14）	98880
		检查出版物市场（个次）	（15）	12488
		检查店档摊点（个次）	（16）	98859
		检查印刷复制企业（家次）	（17）	18642
	处罚违规	店档摊点（个）	（18）	1058
		印刷复制企业（家）	（19）	50
		网站（家）	（20）	452
	取缔关闭	店档摊点（个）	（21）	1653
		印刷复制企业（家）	（22）	23
		非法网站（家）	（23）	7
查处案件情况	查办案件	查办案件总数（起）（1.—4. 相加）	（24）	901
		1. 违禁内容出版物案件（件）	（25）	27
		2. 淫秽色情出版物案件（件）	（26）	80
		3. 侵权盗版出版物案件（件）	（27）	728
		4. 网络“扫黄打非”案件（①—③相加）	（28）	66
		①网上非法出版、经营案件（件）	（29）	12
		②网上传播有害信息案件（件）	（30）	53
		③网络侵权盗版、“私服”、“外挂”案件（件）	（31）	1
	刑政案件	刑政处罚案件	（32）	716
	刑政案件	移送司法机关案件（件）	（33）	16
		刑事审结案件（件）	（34）	4
		刑事处罚个人（人）	（35）	7

2008 年海南省“扫黄打非”工作成果统计表

非法出版物收缴情况		收缴非法出版物总数（件）（1.—7. 相加）	（1）	627034
		1. 政治性非法出版物（件）	（2）	—
		2. “法轮功”邪教组织宣传品（件）	（3）	—
		3. 非法宗教宣传品（件）	（4）	3300
		4. 淫秽色情出版物（件）	（5）	21894
		5. 盗版出版物总数（件）（①—④相加）	（6）	601140
		①盗版图书（件）	（7）	46488
		②盗版音像制品（件）	（8）	553431
		③盗版教材教辅读物（件）	（9）	156
		④盗版软件及电子出版物（件）	（10）	1065
		6. 非法报纸期刊（份）	（11）	450
		7. 走私光盘（张）	（12）	250
		非法光盘生产线（条）	（13）	—
市场监管情况	检查市场	出动检查人员（人次）	（14）	22225
		检查出版物市场（个次）	（15）	6885
		检查店档摊点（个次）	（16）	12406
		检查印刷复制企业（家次）	（17）	2657
	处罚违规	店档摊点（个）	（18）	297
		印刷复制企业（家）	（19）	26
		网站（家）	（20）	—
	取缔关闭	店档摊点（个）	（21）	150
		印刷复制企业（家）	（22）	2
		非法网站（家）	（23）	—
查处案件情况		行政处罚案件总数（起）（1.—5. 相加）	（24）	403
		1. 政治性非法出版物案件（起）	（25）	—
		2. 淫秽色情出版物案件（起）	（26）	30
		3. 侵权盗版出版物案件（起）	（27）	328
		4. 网络“扫黄打非”案件（起）（①—③相加）	（28）	2
		①网上非法出版、经营案件（起）	（29）	—
		②网上传播有害信息案件（起）	（30）	2
		③网络侵权盗版、“私服”、“外挂”案件（起）	（31）	—
		5. 其他（起）	（32）	43
		刑事处理案件数（起）	（33）	4
		1. 刑事审结案件（起）	（34）	3
		2. 刑事处罚个人（人）	（35）	4
		查办案件（行政+刑事）总数（起）	（36）	407

2008年四川省“扫黄打非”工作成果统计表

非法出版物收缴情况		收缴非法出版物总数（件）（1.—7. 相加）	(1)	3876500
		1. 政治性非法出版物（件）	(2)	8060
		2. “法轮功”邪教组织宣传品（件）	(3)	1040
		3. 非法宗教宣传品（件）	(4)	98633
		4. 淫秽色情出版物（件）	(5)	102889
		5. 盗版出版物总数（件）（①—④相加）	(6)	3610271
		①盗版图书（件）	(7)	237584
		②盗版音像制品（件）	(8)	3257813
		③盗版教材教辅读物（件）	(9)	67380
		④盗版软件及电子出版物（件）	(10)	47494
		6. 非法报纸期刊（份）	(11)	54855
		7. 走私光盘（张）	(12)	752
		非法光盘生产线（条）	(13)	—
市场监管情况	检查市场	出动检查人员（人次）	(14)	222920
		检查出版物市场（个次）	(15)	98686
		检查店档摊点（个次）	(16)	78681
		检查印刷复制企业（家次）	(17)	36286
	处罚违规	店档摊点（个）	(18)	3189
		印刷复制企业（家）	(19)	505
		网站（家）	(20)	175
	取缔关闭	店档摊点（个）	(21)	996
		印刷复制企业（家）	(22)	43
		非法网站（家）	(23)	5
查处案件情况		行政处罚案件总数（起）（1.—5. 相加）	(24)	1313
		1. 政治性非法出版物案件（起）	(25)	60
		2. 淫秽色情出版物案件（起）	(26)	66
		3. 侵权盗版出版物案件（起）	(27)	778
		4. 网络“扫黄打非”案件（起）（①—③相加）	(28)	4
		①网上非法出版、经营案件（起）	(29)	3
		②网上传播有害信息案件（起）	(30)	—
		③网络侵权盗版、“私服”、“外挂”案件（起）	(31)	1
		5. 其他（起）	(32)	405
		刑事处理案件数（起）	(33)	5
		1. 刑事审结案件（起）	(34)	1
		2. 刑事处罚个人（人）	(35)	3
		查办案件（行政＋刑事）总数（起）	(36)	1318

2008年贵州省“扫黄打非”工作成果统计表

非法出版物收缴情况		收缴非法出版物总数（件）（1.—7. 相加）	（1）	2107040
		1. 政治性非法出版物（件）	（2）	—
		2. “法轮功”邪教组织宣传品（件）	（3）	225
		3. 非法宗教宣传品（件）	（4）	1070
		4. 淫秽色情出版物（件）	（5）	10756
		5. 盗版出版物总数（件）（①—④相加）	（6）	2085779
		①盗版图书（件）	（7）	110771
		②盗版音像制品（件）	（8）	1831575
		③盗版教材教辅读物（件）	（9）	97333
		④盗版软件及电子出版物（件）	（10）	46100
		6. 非法报纸期刊（份）	（11）	9006
		7. 走私光盘（张）	（12）	204
		非法光盘生产线（条）	（13）	—
市场监管情况	检查市场	出动检查人员（人次）	（14）	38562
		检查出版物市场（个次）	（15）	7113
		检查店档摊点（个次）	（16）	20914
		检查印刷复制企业（家次）	（17）	5728
	处罚违规	店档摊点（个）	（18）	321
		印刷复制企业（家）	（19）	55
		网站（家）	（20）	58
	取缔关闭	店档摊点（个）	（21）	630
		印刷复制企业（家）	（22）	56
		非法网站（家）	（23）	157
查处案件情况		行政处罚案件总数（起）（1.—5. 相加）	（24）	122
		1. 政治性非法出版物案件（起）	（25）	—
		2. 淫秽色情出版物案件（起）	（26）	8
		3. 侵权盗版出版物案件（起）	（27）	112
		4. 网络“扫黄打非”案件（起）（①—③相加）	（28）	2
		①网上非法出版、经营案件（起）	（29）	—
		②网上传播有害信息案件（起）	（30）	2
		③网络侵权盗版、“私服”、“外挂”案件（起）	（31）	—
		5. 其他（起）	（32）	—
		刑事处理案件数（起）	（33）	10
		1. 刑事审结案件（起）	（34）	10
		2. 刑事处罚个人（人）	（35）	23
		查办案件（行政＋刑事）总数（起）	（36）	132

2008 年云南省“扫黄打非”工作成果统计表

非法出版物收缴情况		收缴非法出版物总数（件）（1.—7. 相加）	（1）	1743755
		1．违禁内容非法出版物（件）	（2）	9875
		2．“法轮功”邪教组织宣传品（件）	（3）	3279
		3．非法宗教宣传品（件）	（4）	1277
		4．淫秽色情出版物（件）	（5）	50906
		5．盗版出版物总数（①—④相加）	（6）	1668878
		①盗版图书（件）	（7）	585766
		②盗版音像制品（件）	（8）	1050186
		③盗版教材教辅读物（件）	（9）	21298
		④盗版软件及电子出版物（件）	（10）	11628
		6．非法报纸期刊（份）	（11）	4145
		7．走私光盘（张）	（12）	5395
		非法光盘生产线（条）	（13）	—
市场监管情况	检查市场	出动检查人员（人次）	（14）	104316
		检查出版物市场（个次）	（15）	64387
		检查店档摊点（个次）	（16）	109140
		检查印刷复制企业（家次）	（17）	14640
	处罚违规	店档摊点（个）	（18）	919
		印刷复制企业（家）	（19）	62
		网站（家）	（20）	27
	取缔关闭	店档摊点（个）	（21）	832
		印刷复制企业（家）	（22）	4
		非法网站（家）	（23）	2
查处案件情况	查办案件	查办案件总数（起）（1.—4. 相加）	（24）	2023
		1．违禁内容出版物案件（件）	（25）	30
		2．淫秽色情出版物案件（件）	（26）	71
		3．侵权盗版出版物案件（件）	（27）	1707
		4．网络“扫黄打非”案件（①—③相加）	（28）	215
		①网上非法出版、经营案件（件）	（29）	8
		②网上传播有害信息案件（件）	（30）	112
		③网络侵权盗版、“私服”、“外挂”案件（件）	（31）	95
	刑政案件	刑政处罚案件	（32）	1815
	刑政案件	移送司法机关案件（件）	（33）	4
		刑事审结案件（件）	（34）	1
		刑事处罚个人（人）	（35）	1

2008年西藏自治区“扫黄打非”工作成果统计表

非法出版物收缴情况		收缴非法出版物总数（件）（1.—7. 相加）	(1)	411812
		1. 违禁内容出版物（件）	(2)	3545
		2. “法轮功”邪教组织宣传品（件）	(3)	—
		3. 非法宗教宣传品（件）	(4)	—
		4. 淫秽色情出版物（件）	(5)	1312
		5. 盗版出版物总数（①—④相加）	(6)	391374
		①盗版图书（件）	(7)	203464
		②盗版音像制品（件）	(8)	17674
		③盗版教材教辅读物（件）	(9)	162134
		④盗版软件及电子出版物（件）	(10)	8102
		6. 非法报纸期刊（份）	(11)	15581
		7. 走私光盘（张）	(12)	—
		非法光盘生产线（条）	(13)	—
市场监管情况	检查市场	出动检查人员（人次）	(14)	4508
		检查出版物市场（个次）	(15)	—
		检查店档摊点（个次）	(16)	6427
		检查印刷复制企业（家次）	(17)	—
	处罚违规	店档摊点（个）	(18)	—
		印刷复制企业（家）	(19)	—
		网站（家）	(20)	—
	取缔关闭	店档摊点（个）	(21)	—
		印刷复制企业（家）	(22)	—
		非法网站（家）	(23)	—
查处案件情况	查办案件	查办案件总数（起）（1.—4. 相加）	(24)	—
		1. 违禁内容出版物案件（件）	(25)	—
		2. 淫秽色情出版物案件（件）	(26)	—
		3. 侵权盗版出版物案件（件）	(27)	—
		4. 网络“扫黄打非”案件（①—③相加）	(28)	—
		①网上非法出版、经营案件（件）	(29)	—
		②网上传播有害信息案件（件）	(30)	—
		③网络侵权盗版、“私服”、“外挂”案件（件）	(31)	—
	刑政案件	刑政处罚案件	(32)	—
	刑政案件	移送司法机关案件（件）	(33)	—
		刑事审结案件（件）	(34)	—
		刑事处罚个人（人）	(35)	—

2008年陕西省“扫黄打非”工作成果统计表

非法出版物收缴情况		收缴非法出版物总数（件）（1.—7. 相加）	(1)	621394
		1. 政治性非法出版物（件）	(2)	2683
		2. “法轮功”邪教组织宣传品（件）	(3)	289
		3. 非法宗教宣传品（件）	(4)	7609
		4. 淫秽色情出版物（件）	(5)	11777
		5. 盗版出版物总数（件）（①—④相加）	(6)	572832
		①盗版图书（件）	(7)	188295
		②盗版音像制品（件）	(8)	243919
		③盗版教材教辅读物（件）	(9)	89679
		④盗版软件及电子出版物（件）	(10)	50939
		6. 非法报纸期刊（份）	(11)	26204
		7. 走私光盘（张）	(12)	—
		非法光盘生产线（条）	(13)	—
市场监管情况	检查市场	出动检查人员（人次）	(14)	88842
		检查出版物市场（个次）	(15)	22889
		检查店档摊点（个次）	(16)	12025
		检查印刷复制企业（家次）	(17)	10759
	处罚违规	店档摊点（个）	(18)	747
		印刷复制企业（家）	(19)	272
		网站（家）	(20)	10
	取缔关闭	店档摊点（个）	(21)	272
		印刷复制企业（家）	(22)	—
		非法网站（家）	(23)	3
查处案件情况		行政处罚案件总数（起）（1.—5. 相加）	(24)	725
		1. 政治性非法出版物案件（起）	(25)	77
		2. 淫秽色情出版物案件（起）	(26)	122
		3. 侵权盗版出版物案件（起）	(27)	486
		4. 网络“扫黄打非”案件（起）（①—③相加）	(28)	40
		①网上非法出版、经营案件（起）	(29)	8
		②网上传播有害信息案件（起）	(30)	32
		③网络侵权盗版、“私服”、“外挂”案件（起）	(31)	—
		5. 其他（起）	(32)	—
		刑事处理案件数（起）	(33)	3
		1. 刑事审结案件（起）	(34)	1
		2. 刑事处罚个人（人）	(35)	1
		查办案件（行政+刑事）总数（起）	(36)	728

2008年甘肃省“扫黄打非”工作成果统计表

非法出版物收缴情况		收缴非法出版物总数（件）（1.—7. 相加）	（1）	1508480
		1. 政治性非法出版物（件）	（2）	8035
		2. “法轮功”邪教组织宣传品（件）	（3）	2331
		3. 非法宗教宣传品（件）	（4）	39262
		4. 淫秽色情出版物（件）	（5）	85152
		5. 盗版出版物总数（件）（①—④相加）	（6）	1336817
		①盗版图书（件）	（7）	424800
		②盗版音像制品（件）	（8）	703998
		③盗版教材教辅读物（件）	（9）	152906
		④盗版软件及电子出版物（件）	（10）	55113
		6. 非法报纸期刊（份）	（11）	36883
		7. 走私光盘（张）	（12）	—
		非法光盘生产线（条）	（13）	—
市场监管情况	检查市场	出动检查人员（人次）	（14）	51143
		检查出版物市场（个次）	（15）	6647
		检查店档摊点（个次）	（16）	27738
		检查印刷复制企业（家次）	（17）	3944
	处罚违规	店档摊点（个）	（18）	2356
		印刷复制企业（家）	（19）	312
		网站（家）	（20）	324
	取缔关闭	店档摊点（个）	（21）	2154
		印刷复制企业（家）	（22）	71
		非法网站（家）	（23）	5
查处案件情况		行政处罚案件总数（起）（1.—5. 相加）	（24）	284
		1. 政治性非法出版物案件（起）	（25）	2
		2. 淫秽色情出版物案件（起）	（26）	106
		3. 侵权盗版出版物案件（起）	（27）	132
		4. 网络“扫黄打非”案件（起）（①—③相加）	（28）	42
		①网上非法出版、经营案件（起）	（29）	2
		②网上传播有害信息案件（起）	（30）	4
		③网络侵权盗版、“私服”、“外挂”案件（起）	（31）	36
		5. 其他（起）	（32）	2
		刑事处理案件数（起）	（33）	—
		1. 刑事审结案件（起）	（34）	—
		2. 刑事处罚个人（人）	（35）	—
		查办案件（行政+刑事）总数（起）	（36）	284

2008年青海省“扫黄打非”工作成果统计表

非法出版物收缴情况		收缴非法出版物总数（件）（1.—7. 相加）	（1）	125284
		1. 政治性非法出版物（件）	（2）	11697
		2. “法轮功”邪教组织宣传品（件）	（3）	177
		3. 非法宗教宣传品（件）	（4）	910
		4. 淫秽色情出版物（件）	（5）	8700
		5. 盗版出版物总数（件）（①—④相加）	（6）	95000
		①盗版图书（件）	（7）	16293
		②盗版音像制品（件）	（8）	68534
		③盗版教材教辅读物（件）	（9）	4033
		④盗版软件及电子出版物（件）	（10）	6140
		6. 非法报纸期刊（份）	（11）	8800
市场监管情况	检查市场	出动检查人员（人次）	（12）	15851
		检查出版物市场（个次）	（13）	1343
		检查店档摊点（个次）	（14）	5249
		检查印刷复制企业（家次）	（15）	792
	处罚违规	店档摊点（个）	（16）	183
		印刷复制企业（家）	（17）	57
		网站（家）	（18）	—
	取缔关闭	店档摊点（个）	（19）	63
		印刷复制企业（家）	（20）	1
		非法网站（家）	（21）	—
查处案件情况		行政处罚案件总数（起）（1.—5. 相加）	（22）	3
		1. 政治性非法出版物案件（起）	（23）	1
		2. 淫秽色情出版物案件（起）	（24）	—
		3. 侵权盗版出版物案件（起）	（25）	—
		4. 网络“扫黄打非”案件（起）（①—③相加）	（26）	2
		①网上非法出版、经营案件（起）	（27）	1
		②网上传播有害信息案件（起）	（28）	—
		③网络侵权盗版、“私服”、“外挂”案件（起）	（29）	1
		5. 其他（起）	（30）	—
		刑事处理案件数（起）	（31）	—
		1. 刑事审结案件（起）	（32）	—
		2. 刑事处罚个人（人）	（33）	—
		查办案件（行政+刑事）总数（起）	（34）	3

2008 年宁夏回族自治区“扫黄打非”工作成果统计表

非法出版物收缴情况		收缴非法出版物总数（件）（1.—7. 相加）	(1)	301309
		1. 政治性非法出版物（件）	(2)	1811
		2. “法轮功”邪教组织宣传品（件）	(3)	344
		3. 非法宗教宣传品（件）	(4)	5354
		4. 淫秽色情出版物（件）	(5)	11530
		5. 盗版出版物总数（件）（①—④相加）	(6)	277100
		①盗版图书（件）	(7)	156330
		②盗版音像制品（件）	(8)	97800
		③盗版教材教辅读物（件）	(9)	8170
		④盗版软件及电子出版物（件）	(10)	14800
		6. 非法报纸期刊（份）	(11)	5170
		7. 走私光盘（张）	(12)	—
		非法光盘生产线（条）	(13)	—
市场监管情况	检查市场	出动检查人员（人次）	(14)	13215
		检查出版物市场（个次）	(15)	5195
		检查店档摊点（个次）	(16)	6242
		检查印刷复制企业（家次）	(17)	1458
	处罚违规	店档摊点（个）	(18)	271
		印刷复制企业（家）	(19)	94
		网站（家）	(20)	27
	取缔关闭	店档摊点（个）	(21)	74
		印刷复制企业（家）	(22)	—
		非法网站（家）	(23)	4
查处案件情况		行政处罚案件总数（起）（1.—5. 相加）	(24)	214
		1. 政治性非法出版物案件（起）	(25)	17
		2. 淫秽色情出版物案件（起）	(26)	45
		3. 侵权盗版出版物案件（起）	(27)	148
		4. 网络“扫黄打非”案件（起）（①—③相加）	(28)	4
		①网上非法出版、经营案件（起）	(29)	—
		②网上传播有害信息案件（起）	(30)	4
		③网络侵权盗版、“私服”、“外挂”案件（起）	(31)	—
		5. 其他（起）	(32)	—
		刑事处理案件数（起）	(33)	12
		1. 刑事审结案件（起）	(34)	3
		2. 刑事处罚个人（人）	(35)	17
		查办案件（行政＋刑事）总数（起）	(36)	226

2008年新疆维吾尔自治区“扫黄打非”工作成果统计表

非法出版物收缴情况		收缴非法出版物总数（件）（1.—7. 相加）	（1）	860083
		1. 政治性非法出版物（件）	（2）	1390
		2. “法轮功”邪教组织宣传品（件）	（3）	151
		3. 非法宗教宣传品（件）	（4）	29905
		4. 淫秽色情出版物（件）	（5）	4666
		5. 盗版出版物总数（件）（①—④相加）	（6）	775075
		①盗版图书（件）	（7）	117579
		②盗版音像制品（件）	（8）	647951
		③盗版教材教辅读物（件）	（9）	7642
		④盗版软件及电子出版物（件）	（10）	1903
		6. 非法报纸期刊（份）	（11）	48866
		7. 走私光盘（张）	（12）	30
		非法光盘生产线（条）	（13）	—
市场监管情况	检查市场	出动检查人员（人次）	（14）	36265
		检查出版物市场（个次）	（15）	3832
		检查店档摊点（个次）	（16）	8306
		检查印刷复制企业（家次）	（17）	2470
	处罚违规	店档摊点（个）	（18）	280
		印刷复制企业（家）	（19）	129
		网站（家）	（20）	51
	取缔关闭	店档摊点（个）	（21）	47
		印刷复制企业（家）	（22）	10
		非法网站（家）	（23）	—
查处案件情况		行政处罚案件总数（起）（1.—5. 相加）	（24）	432
		1. 政治性非法出版物案件（起）	（25）	—
		2. 淫秽色情出版物案件（起）	（26）	1
		3. 侵权盗版出版物案件（起）	（27）	334
		4. 网络“扫黄打非”案件（起）（①—③相加）	（28）	—
		①网上非法出版、经营案件（起）	（29）	—
		②网上传播有害信息案件（起）	（30）	—
		③网络侵权盗版、“私服”、“外挂”案件（起）	（31）	—
		5. 其他（起）	（32）	97
		刑事处理案件数（起）	（33）	12
		1. 刑事审结案件（起）	（34）	12
		2. 刑事处罚个人（人）	（35）	17
		查办案件（行政+刑事）总数（起）	（36）	444

各省（自治区、直辖市）及副省级城市“扫黄打非”机构名录

机构名称	邮编	地址	举报电话
北京市“扫黄打非”工作领导小组办公室	100088	北京市海淀区花园路27号	010－12318
天津市“扫黄打非”工作领导小组办公室	300381	天津市南开区卫津南路38号	022－12318
上海市“扫黄打非”工作领导小组办公室	200031	上海市永嘉路383号	021－64743191
重庆市“扫黄打非”工作领导小组办公室	400015	重庆市渝中区人民路252号	023－12318
河北省“扫黄打非”工作领导小组办公室	050061	河北省石家庄市友谊北大街330号	0311－87778414
石家庄市“扫黄打非”工作领导小组办公室	050011	石家庄市建设北大街1号	0311－86687872
山西省“扫黄打非”工作领导小组办公室	030012	山西省太原市建设南路15号新闻出版大厦	0351－4956026
太原市“扫黄打非”工作领导小组办公室	030082	太原市新建路69号市政府大院4号楼419室	0351－4226822
内蒙古自治区“扫黄打非”工作领导小组办公室	010010	内蒙古自治区呼和浩特市新城区老缸房街18号	0471－4913875
呼和浩特市“扫黄打非”工作领导小组办公室	010050	内蒙古自治区呼和浩特市玉泉区大北街24号	0471－12318
辽宁省“扫黄打非”工作领导小组办公室	110001	沈阳市和平区北一马路108号	024－23255630
沈阳市“扫黄打非”工作领导小组办公室	110032	沈阳市皇姑区昆山东路14号	024－12318
大连市“扫黄打非”工作领导小组办公室	116011	大连市西岗区新开路金福星大厦西门2110号	0411－83767882
吉林省“扫黄打非”工作领导小组办公室	130021	吉林省长春市人民大街4646号	0431－85642118
长春市“扫黄打非”工作领导小组办公室	130022	吉林省长春市人民大街10111号	0431－88777853
黑龙江省“扫黄打非”工作领导小组办公室	150010	黑龙江省哈尔滨市道里区森林街68号	0451－87652636

续表

机构名称	邮编	地址	举报电话
哈尔滨市“扫黄打非”工作领导小组办公室	150021	黑龙江省哈尔滨市松北区世纪大道1号	0451－84664494
江苏省“扫黄打非”工作领导小组办公室	210009	南京市高云岭56号	025－83374795
南京市“扫黄打非”工作领导小组办公室	210018	南京市成贤街43号3号楼	025－83283838
浙江省“扫黄打非”工作领导小组办公室	310013	杭州市曙光路53号	0571－86496523
宁波市“扫黄打非”工作领导小组办公室	315010	宁波市解放北路148号7楼	0574－12318
杭州市“扫黄打非”工作领导小组办公室	310012	杭州市文二路268号市文广新局7楼717室	0571－12318
安徽省“扫黄打非”工作领导小组办公室	230001	合肥市长江中路39号	0551－2622110
合肥市“扫黄打非”工作领导小组办公室	230001	合肥市徽州大道17号	0551－2637170
福建省“扫黄打非”工作领导小组办公室	350001	福建省福州市鼓楼区东水路76号	0591－87519010
厦门市“扫黄打非”工作领导小组办公室	361004	厦门市湖滨一里26号闽南大厦20层	0592－5335218
江西省“扫黄打非”工作领导小组办公室	330008	南昌市阳明路310号	0791－6895235
南昌市“扫黄打非”工作领导小组办公室	330038	南昌市会展路199号红股大厦A座8楼805室	0791－3986902
山东省“扫黄打非”工作领导小组办公室	250011	省府前街1号	0531－86061705
济南市“扫黄打非”工作领导小组办公室	250102	济南市龙奥大厦F1432	0531－66608255
青岛市“扫黄打非”工作领导小组办公室	266071	青岛市山东路10号丙	0532－85814926
河南省“扫黄打非”工作领导小组办公室	450002	河南省郑州市经五路66号	0371－65715830
郑州市“扫黄打非”工作领导小组办公室	450065	河南省郑州市淮河东路53号	0371－67182209
湖北省“扫黄打非”工作领导小组办公室	430077	武汉市黄鹂路39号	027－68892428
武汉市“扫黄打非”工作领导小组办公室	430015	武汉市高雄路153号	027－85779871

续表

机构名称	邮编	地址	举报电话
湖南省“扫黄打非”工作领导小组办公室	410005	长沙市营盘东路38号湖南省新闻出版局	0731－4432545
长沙市“扫黄打非”工作领导小组办公室	410013	长沙市岳麓大道1号长沙市新闻出版局	0731－8667421
广东省“扫黄打非”工作领导小组办公室	510075	广州市环市东路水荫路11号	020－37605226
广州市“扫黄打非”工作领导小组办公室	510030	广州市吉祥路58号	020－12318
深圳市“扫黄打非”工作领导小组办公室	518031	深圳市深南中路1043号文化大楼	0755－12318
广西壮族自治区“扫黄打非”工作领导小组办公室	530028	南宁市金湖路53号	0771－5516028
南宁市“扫黄打非”工作领导小组办公室	530028	南宁市嘉宾路1号市政府3号楼6楼	0771－5530550
海南省“扫黄打非”工作领导小组办公室	570204	海口市海府路59号省府大楼1501室	0898－12318
海口市“扫黄打非”工作领导小组办公室	570208	海口市海甸二西路1号	0898－12318
四川省“扫黄打非”工作领导小组办公室	610015	成都市桂花巷21号	028－86696782
成都市“扫黄打非”工作领导小组办公室	610042	成都市天府大道北段966号4楼6层40651室	028－61885398(白天) 028－61885383(晚上)
贵州省“扫黄打非”工作领导小组办公室	550002	贵阳市延安中路5－9号省新闻出版大楼9层	0851－5821463
贵阳市“扫黄打非”工作领导小组办公室	550081	贵阳市金阳新区市级行政中心二期B区202室	0851－12318
云南省“扫黄打非”工作领导小组办公室	650034	昆明市环城西路609号	0871－4110330
昆明市“扫黄打非”工作领导小组办公室	650216	昆明市大树后营省外文书店4楼	0871－12318
西藏自治区“扫黄打非”工作领导小组办公室	850000	西藏自治区拉萨市林廓北路20号	0891－6829430
拉萨市“扫黄打非”工作领导小组办公室	850000	拉萨市江苏东路24号	0891－6356762
陕西省“扫黄打非”工作领导小组办公室	710003	陕西省西安市北大街147号	029－87205452
西安市“扫黄打非”工作领导小组办公室	710007	西安市北院门159号市政府院内	029－87200328

续表

机构名称	邮编	地址	举报电话
甘肃省“扫黄打非”工作领导小组办公室	730010	兰州市庆阳路230号	0931－8439705
兰州市“扫黄打非”工作领导小组办公室	730030	兰州市城关区五泉西路35号	0931－12318
青海省“扫黄打非”工作领导小组办公室	810001	青海省西宁市同仁路10号省新闻出版局	0971－6108459
西宁市“扫黄打非”工作领导小组办公室	810000	青海省西宁市南关街43号西宁市文广局	0971－8224554
宁夏回族自治区“扫黄打非”工作领导小组办公室	750001	银川市兴庆区利民街121号（西塔院内）	0951－12318
银川市“扫黄打非”工作领导小组办公室	750011	银川市金凤区北京中路	0951－12318
新疆维吾尔自治区“扫黄打非”工作领导小组办公室	830002	乌鲁木齐市健康路2号	0991－2398111
乌鲁木齐市“扫黄打非”工作领导小组办公室	830000	乌鲁木齐市阿勒泰路22号	0991－4562500